Wirtschaftsstrafgesetz (WiStG) *n (n)* economic offences act

Wirtschaftsstruktur *n (f)* economic structure

Wirtschaftssystem *n (n)* economic system; **Wirtschaftssystem mit überwiegend zentraler Planung** *n (n)* command economy

Wirtschafts- und Konjunkturkonzept *n (n)* economic concept

Wirtschafts- und Sozialausschuss *n (m)* economic and social committee

Wirtschaftsunternehmen *n (n)* business enterprise

Wirtschaftsverband *n (m)* federation; industrial association; trade association

Wirtschaftsverfassung *n (f)* constitution of the economy

Wirtschaftsverwaltung *n (f)* administration of the economy

Wirtschaftswachstum *n (n)* economic growth

Wirtschaftswert *n (m)* economic value

Wirtschaftswissenschaft *n (f)* economics (as an academic subject); economic science

Wirtschaftszentrum *n (n)* commercial centre; economic centre; centre of commerce

Wirtschaftszweig *n (m)* (branch of) trade; branch of industry; sector of the economy

Wirtshaus *n (n)* pub(lic house); saloon (US); inn

wischbeständig *adj* wipe-resistant; resistant to wiping

Wissen *n (n)* knowledge; **beträchtliches Wissen** *n (n)* considerable knowledge

Wissenschaftspark *n (m)* science park

wissentlich unberechtigt *adj* knowingly false; mala fide (lat.)

witterungsbeständig *adj* weather-resistant; weatherproof; stainless

Witterungsverhältnisse *n/pl (n)* weather (or atmospheric) conditions

Woche *n (f)* week

Wochenendhaus *n (n)* cabin; weekend house; second home (holiday house); **Wochenendhausgebiet** *n (n)* area of weekend cottages; weekend home area

Wohl der Allgemeinheit *n (n)* common welfare; communal well-being; public welfare; *Syn.: Allgemeinwohl*

Wohlfahrt *n (f)* welfare (services); charity; **Wohlfahrtsverband** *n (m)* charity

Wohlstand *n (m)* prosperity; wealth; affluence

Abkürzung / abbreviation

Wortart / parts of speech

räumliche Zuordnung / regional lable

Stammeintrag / headword

abgeleiteter (zusammengesetzter) Begriff / derivative

Synonyme und Antonyme / synonyms and antonyms

Luisenstraße 24, 65185 Wiesbaden, GERMANY
ISBN 978-3-940219-06-0 4., überarbeitete Auflage April 2011
(ISBN 978-3-940219-00-8 3., überarbeitete Auflage Mai 2007)
(ISBN 978-3-9805824-8-3 2., überarbeitete Auflage September 2005)
(ISBN 978-3-9805824-5-2 Erstausgabe März 2005)

WÖRTERBUCH IMMOBILIENWIRTSCHAFT

REAL ESTATE DICTIONARY

Schulte, Lee, Paul (Hrsg.)
Gier, Evans

WÖRTERBUCH IMMOBILIEN-WIRTSCHAFT

englisch – deutsch
deutsch – englisch

REAL ESTATE DICTIONARY

English – German
German – English

4., überarbeitete Auflage

IMMOBILIEN ZEITUNG
edition

Impressum

Herausgeber:
Prof. Karl-Werner Schulte, Anthony Lee, Eduard Paul

Bearbeitung und Lektorat:
Sonja Gier, Alec Evans
Thomas Hilsheimer, Jan Mucha

Konzeption und Koordination:
Jan Mucha, Thomas Hilsheimer, Sonja Gier

Mitarbeit:
Lydia Blaj, Thorsten Schräder, Gernot Frankhäuser, Henrik Stallbohm,
Tobias Herbst, Thorsten Kiel, Johannes Kupers, Jens Till Schneider,
Daniel Reichwein, Frank-Michael Schulte, Peter Wolfers,
Philipp Naubereit, Bärbel Maul, Marilyn Glover, Sabine Krewel

Satz:
Simone Scheurer, Sibylle Tietze

Umschlagsgestaltung:
epiphan visual solutions, Mainz

Druck:
Druckerei C.H. Beck, Nördlingen

Fachliche Beratung:
Philipp Hess, Maye & Hess Rechtsanwälte, Frankfurt; John Grigg; Uwe Seifert

Besonderer Dank geht für die Unterstützung an:
BIIS Bundesverband der Immobilien-Investment-Sachverständigen e.V., Frankfurt
ebs European Business School, Oestrich-Winkel
gif e.V., Wiesbaden
HypZert GmbH, Berlin
immoebs e.V., Wiesbaden
Jones Lang LaSalle GmbH, Frankfurt

Weiterhin bedanken wir uns bei:
Appraisal Institute (AI); Marc F. Bates MAI, Chicago/USA; Peter Champness FRICS; COMES REAL, München; Deloitte & Touche, Nürnberg; GFK Prisma Institut für Handels-, Stadt- und Regionalforschung GmbH & Co. KG, Hamburg; Brian Glanville MAI; IC Immobilienfonds-Gruppe, München; International Valuation Standards Committee (IVSC), London; Philippe Malaquin; Wayne A. Nygard MAI; James K. Robinson MAI, Minkato, Minnesota/USA; Royal Institution of Chartered Surveyors, London/Frankfurt; The European Group of Valuers' Associations (TEGoVA), TMW Pramerica Property Investment GmbH, München; Raymond Trotz FRICS; John Turner MRICS, Frankfurt; Prof. Dr. Henning Zülch, Clausthal-Zellerfeld

Inhaltsverzeichnis / *Table of contents*

Im hinteren Einbanddeckel finden Sie Ihren individuellen Zugangscode zur Onlineversion des Wörterbuchs auf www.immobilien-zeitung.de.

Foreword to the 1st edition

The increasing significance of European and global real estate markets underlines the key importance of professional competence at international level. Germany, in particular, is ever more popular with international investors seeking new opportunities for diversification.

The original impetus for the compilation of this book was to provide a near-essential tool for German-speaking real estate professionals in a world that is ever-increasingly influenced by American and British companies and institutions. Before the publication of this dictionary the options were to refer either to the Internet, to general dictionaries or to specialist works for the fields bordering real estate, in particular law, architecture and construction and taxation. The widespread use of word lists within individual companies was a symptom of the lack of a comprehensive book that could serve the whole real estate industry.

It quickly became clear that this could not be viewed as an Einbahnstraße: Anglo-Saxon property professionals active in the German speaking countries or interested in German affairs are at least as much in need of a specialist dictionary to translate and/or explain the specific terminologies, methods and practices of the German and Austrian systems. It was promptly realised that the German-English section of the book should be added.

In the coming years there will certainly be need for further additions and changes, in order to include revisions, new words and phrases and to correct an inevitable (but, it is to be hoped, small) number of errors. Nonetheless, the publisher, Immobilien Zeitung, and the editors and co-authors have made the first effort to establish this "traditional" real estate dictionary, which should provide an additional, useful aid for the everyday life of the real estate professional working – or interested – in Germany.

Quillan, France, May 2005

Alec Evans

Vorwort zur vierten Auflage

Wie die Vorgängerauflagen wurde auch diese vierte Auflage noch einmal gründlich überarbeitet und durch zahlreiche neue Einträge ergänzt, in bewährter Zusammenarbeit mit unserem Autor Alec Evans. Um das Buch in Umfang und Gewicht in seiner handlichen Form zu erhalten, wurden gleichzeitig allgemeinere Einträge, die wir für ein Fachwörterbuch dieser Art für verzichtbar hielten, entfernt. Die größte Neuerung, die zu dieser Auflage verwirklicht wurde, ist, dass unser Wörterbuch Ihnen nunmehr auch online über das Internet zur Verfügung steht; damit entsprechen wir dem vielfachen Wunsch unserer Leser nach einer digitalen Version. Genaueres hierzu erfahren Sie im Internet unter www.immobilien-zeitung.de/woerterbuch; Ihren persönlichen Zugangscode finden Sie im hinteren Einbanddeckel des Buches.

Wiesbaden, im April 2011

Thomas Hilsheimer

Vorwort zur ersten Auflage

Fachkompetenz auf internationalem Niveau ist ein bedeutender Erfolgsfaktor, denn immer mehr Immobilienunternehmen werden grenzüberschreitend tätig. Auch in Deutschland unterliegen die steigende Professionalisierung der Immobilienbranche sowie die Weiterentwicklung ihrer Methoden und Standards vielfältigen Einflüssen aus internationalen, insbesondere angloamerikanischen Immobilienmärkten. So wird die Harmonisierung der Immobilienbewertung nach IVSC und TEGoVA oder die Rechnungslegung nach IAS/IFRS und US-GAAP in den nächsten Jahren noch stärker an Bedeutung gewinnen.

Die englische Sprache gehört inzwischen fast selbstverständlich zum Handwerkszeug vieler Immobilienprofis im deutschsprachigen Raum. Auf der anderen Seite sind aber auch die im deutschsprachigen Raum aktiven englischsprachigen und anderen internationalen Unternehmen gezwungen, sich mit dem deutschen Fachvokabular auseinander zu setzen. Standards sind hier in der Branche noch zu erarbeiten.

Bisher musste sich die Immobilienbranche oft mit allgemeinen Wirtschafts- und juristischen Wörterbüchern und mit den wenigen Fachwörterbüchern ihrer Rand- und benachbarten Disziplinen wie z.B. Gebäudetechnik oder Architektur behelfen. Der offensichtliche Mangel an einem umfassenden englisch-deutschen Wörterbuch für die gesamte Immobilienwirtschaft wird besonders sinnfällig durch die zahlreichen Wörterlisten, die in größeren wie auch kleineren Unternehmen kursieren und von denen einige – nur begrenzt nutzbare und nicht immer zuverlässige – den Weg in das Internet gefunden haben, wo sie als erste Behelfe fungieren. Spätestens dann, wenn ein Begriff des einen Sprachraums keine eindeutige Entsprechung im jeweils anderen Sprachraum besitzt, müssen diese Wörterlisten jedoch versagen.

Mit dem vorliegenden Werk hat die Immobilien Zeitung zusammen mit den Herausgebern den ersten Versuch unternommen, ein sorgfältig erarbeitetes „klassisches" Wörterbuch, das zwischen der wörtlichen Übersetzung und der erläuternden Umschreibung unterscheidet, zu erstellen. In den kommenden Jahren wird es sicher-

Foreword to the 2nd Edition

The encouragingly large demand for the Real Estate Dictionary has made it necessary to produce a new edition less than six months after the appearance of the first edition. For this new edition the dictionary has once again been carefully checked and corrected. Numerous additional entries have been included, a good many as a result of information provided by readers. We take this opportunity to express our grateful thanks for your help and support. Once again we would like renew our invitation, already included in the first edition, to cooperate in the work on this dictionary (cf. p. 14).

In order to make the dictionary more convenient for English-speaking readers, the foreword, introduction and list of authors have been expanded in English.

Wiesbaden, August 2005

Foreword to the 3rd edition

The unremitting march of progress continues to drive changes in nearly all the manifold disciplines that are covered by the real estate umbrella. Naturally, specialist publications must also take these into account. It therefore goes without saying that, in collaboration with the editorial department of the Immobilien Zeitung, Alec Evans, the author of the Real Estate Dictionary, ispressing ahead continuously with its development, even after the publication of this third edition. Since the publication of the second edition in September 2005 many new entries have been included in the dictionary. A large number of them have resulted from suggestions by our readers, for which as always we are particularly grateful. A large number of entries have also been revised and, as part of the process, some less pertinent entries have been removed.

Wiesbaden, May 2007

Thomas Hilsheimer

lich viele Überarbeitungen, Erweiterungen und Korrekturen geben. Zunächst aber ist der Anfang gemacht, und die Immobilienwirtschaft verfügt nunmehr über ein weiteres, wichtiges Werkzeug für den beruflichen Alltag.

Oestrich-Winkel, im Februar 2005

Prof. Karl-Werner Schulte
Anthony Lee
Eduard Paul

Vorwort zur zweiten Auflage

Die erfreulich große Nachfrage nach dem Wörterbuch Immobilienwirtschaft hat bereits ein halbes Jahr nach Erscheinen der ersten Auflage eine Neuauflage notwendig gemacht. Das Wörterbuch wurde für diese Neuauflage noch einmal gründlich durchgesehen und korrigiert. Zudem wurden zahlreiche Einträge u. a. nach Hinweisen unserer Leser, für die wir uns herzlich bedanken möchten, neu aufgenommen. Unsere in der ersten Auflage geäußerte Einladung zur Mitarbeit an diesem Wörterbuch (siehe S. 14) möchten wir hiermit ausdrücklich erneuern.

Um das Wörterbuch für englischsprachige Leser komfortabler zu machen, wurden Vorwort, Einleitung und Autorenverzeichnis in englischer Sprache ergänzt.

Wiesbaden, im August 2005

Vorwort zur dritten Auflage

Die zahlreichen Einzeldisziplinen der Immobilienwirtschaft entwickeln sich in unverminderter Dynamik. Dem muss auch die Fachliteratur Rechnung tragen. Daher ist es selbstverständlich, dass das Wörterbuch Immobilienwirtschaft – durch seinen Autor Alec Evans in Zusammenarbeit mit dem Lektorat der Immobilien Zeitung – kontinuierlich weitergeführt wird, auch über diese dritte Auflage hinaus. Seit Erscheinen der zweiten Auflage im September 2005 sind zahlreiche Einträge neu in das Wörterbuch eingegangen, nicht wenige davon aufgrund von Hinweisen unserer Leser, denen unser herzlicher Dank gilt. Eine weit größere Zahl von Einträgen wurde überarbeitet; dafür ist das Buch um Einträge, auf die verzichtet werden konnte, reduziert worden.

Wiesbaden, im Mai 2007

Thomas Hilsheimer

Introduction

Work on this dictionary began at the end of 2001, when the editors Karl-Werner Schulte and Anthony Lee, together with Markus Amon, who is now director of the ebs Immobilienakademie (real estate academy) in Munich, brought the first drafts to the Immobilien Zeitung. The original plan, which was to publish as an editorial series in the Immobilien Zeitung, was, however, quickly rejected. One reason was that such fragmentary treatment of English-German translations would have been of little value to the reader. Even more importantly, the extent and complexity of the subject matter – demonstrated by the size of this book – quickly became clear. The idea of compiling a comprehensive dictionary for all aspects of real estate was born.

Sonja Gier, academic assistant to the Chair of Real Estate Management, with an over-10-strong team, worked intensely on the concept and basis for the dictionary, under the leadership of Karl-Werner Schulte und Anthony Lee. The basis of this work was various word lists as well as a thorough comparison with specialized literature in English. During the course of the work Eduard Paul joined the project as an additional editor and author, whereby the dictionary expanded to its present size. In the last phase of the work, Alec Evans – already involved as an author from the beginning of the project – took over final responsibility for the content of the dictionary. The publisher's staff, supported by the editor of Immobilien Zeitung, also played a major role in the completion of this book.

Structure and Content

The Real Estate Dictionary includes the whole range (in the widest sense) of real estate disciplines. The total of around 43,000 entries covers essential vocabulary for real estate practitioners from the fields of project development, valuation and appraisal, town and country planning, law, taxation, finance and accounting as well as the associated fields of architecture and construction, investment, business management, marketing, economics and retailing, even as far as technical, trade and craft matters.

The layout of the book integrates **headwords** and **derived expressions**, **words** and **phrases** and even **typical applications (derivatives)** into blocks, partly according to grammatical criteria and partly by semantics, so that in each case the headword introduces a paragraph and the derived entries follow in continuous text. This layout should not only aid clarity but should also facilitate the recognition of contextual and linguistic connections.

Einleitung

Die Arbeiten an dem vorliegenden Wörterbuch begannen Ende 2001, als die Herausgeber Karl-Werner Schulte und Anthony Lee sowie Markus Amon, heute Geschäftsführer der ebs Immoakademie in München, mit den ersten Entwürfen auf die Immobilien Zeitung zutraten. Der ursprüngliche Plan, eine redaktionelle Serie in der Immobilien Zeitung zu veröffentlichen, wurde schnell verworfen. Zum einem wäre eine bruchstückhafte Abhandlung englisch-deutscher Übersetzungen für den Leser kaum von Wert gewesen; zum anderen zeigte sich recht bald, wie umfangreich und komplex das Thema ist, was nicht zuletzt auch der Umfang des vorliegenden Buches dokumentiert. Die Idee, ein umfassendes Wörterbuch für alle Bereiche der Immobilienwirtschaft zu erstellen, war geboren.

Unter der Leitung der Herausgeber Karl-Werner Schulte und Anthony Lee erarbeitete Sonja Gier, wissenschaftliche Assistentin am Stiftungslehrstuhl Immobilienökonomie, mit einem mehr als 10köpfigen Team die Konzeption und den Grundstock für das Wörterbuch. Arbeitsgrundlage dabei waren diverse Wörterlisten sowie der konsequente Abgleich englischsprachiger Fachliteratur. Im Projektverlauf konnte als weiterer Herausgeber und Autor Eduard Paul gewonnen werden, wodurch das Wörterbuch zu seinen heutigen Dimensionen angewachsen ist. In der letzten Phase der Arbeit übernahm schließlich Alec Evans – der bereits zu Beginn des Projektes als Autor beteiligt war – die inhaltliche Leitung des Wörterbuches, bei dessen Fertigstellung auch die Mitarbeiter des Verlages selbst mit Unterstützung der Redaktion der Immobilien Zeitung maßgeblichen Anteil hatten.

Aufbau und Inhalt

Das Wörterbuch der Immobilienwirtschaft umfasst die gesamte Bandbreite der (im weiteren Sinne) immobilienwirtschaftlichen Disziplinen. Mit insgesamt ca. 43.000 Einträgen soll das für die immobilienwirtschaftliche Berufspraxis wesentliche Vokabular aus den Gebieten Projektentwicklung, Wertermittlung, Raum- und Stadtplanung, Recht, Steuern, Finanzen und Rechnungswesen sowie weiterhin aus den angrenzenden Fachgebieten Architektur, Bau, Investitionsrechnung, Unternehmensorganisation, Marketing, Volkswirtschaft, Einzelhandel bis hin zu den technischen und handwerklichen Bereichen abgedeckt sein.

In der Darstellung sind **„Stamm"einträge (Headwords)** und **abgeleitete Begriffe, Wörter** und **Wortzusammensetzungen** bis hin zu **typischen Verwendungen (Derivatives)** nach teils grammatikalischen, teils semantischen Kriterien in Blöcke zusammengefasst, so dass der Stammeintrag jeweils einen Absatz einleitet und die abgeleiteten Einträge im fortlaufenden Text folgen. Diese Darstellung soll nicht nur zur besseren Übersichtlichkeit beitragen, sondern auch das Erkennen von inhaltlichen und sprachlichen Zusammenhängen erleichtern.

Every dictionary entry comprises the headword (the term with its determining additions), its translation and/or an explanation. Normally, the headword consists of the actual term (accentuated in **bold type**) and its grammatical and classifying additions. Directly after the term is its part of speech (*in italics*). Many entries have, as a second addition, a textual classification (*also in italics*) according to the topic or field of application of the term (*tax; law*; etc.). Please see the list of abbreviations in the back endpapers of the book. Terms that are country-specific (e.g. *GB* for Great Britain or *US* for the United States) or refer to a particular variant of English (mainly *BE* for British English; *AE* for American) are identified by those abbreviations, in italics, between the term and its translation.

Both translations and explanations have been made as short as possible while being as detailed as is necessary. Simple words and expressions, with a direct equivalent in the other language, have normally been limited to a literal translation. If there is no such direct equivalent, or if there are variations in the content of the definition, something that is not unusual as a result of different customs and practices (frequently legal), a short explanation is provided.

The **English-German** section of the dictionary includes a comprehensive system of cross-references. Cross-references (indicated by an arrow →) from within translations and explanations refer to other related entries. Some entries also have further references to one or more other entries in the dictionary that include supplementary information on the use of the term. References to synonyms and antonyms follow in italic print, preceded by *Syn.* or *Ant.* respectively. Occasionally, where entries have the same meaning, a reference is given from the less-frequently used term to the more common one. Abbreviations, mainly of the names of institutions but also including other common abbreviations of relevant terms, have separate entries cross-referenced to the main definition, which also includes the abbreviation in brackets.

In the **German-English** section the gender of nouns is indicated in brackets. The application in a particular language area (mostly GB or US) is also shown in brackets directly after the term. This part of the dictionary has not been classified according to subject areas.

The dictionary includes the names of important real estate institutions and laws relevant to the sector. Finally, the appendix includes selected illustrations and tables as a practical aid to major topics.

The publisher and authors sincerely hope that, in this book, they have succeeded in providing real estate practitioners with a welcome, practical and maybe even indispensable aid.

Jeder Wörterbucheintrag besteht aus dem Lemma (der Vokabel mit den bestimmenden Zusätzen), der Übersetzung und/oder Erläuterung. Das Lemma besteht in der Regel aus der (in **Fettdruck** hervorgehobenen) eigentlichen Vokabel und den grammatikalischen und klassifizierenden Zusätzen. Auf die Vokabel folgt in der Regel direkt die Angabe der *Wortart (kursiv)*. Als zweiter Zusatz folgt bei zahlreichen Einträgen eine inhaltliche *Klassifizierung (ebenfalls kursiv)* nach Themen- bzw. Anwendungsgebieten der Vokabel (*Tax* steht hier z.B. für Steuern, *Law* für Recht – vgl. das Abkürzungsverzeichnis im hinteren Einbanddeckel dieses Buches). Ist ein Begriff einem bestimmten Land (z.B. *GB* für Großbritannien oder *US* für die Vereinigten Staaten) oder einem spezifischen Sprachgebrauch (zumeist *BE* bzw. *AE* für britisches bzw. amerikanisches Englisch) zuzuordnen, findet sich dieses Kürzel zwischen Vokabel und Übersetzung kursiv gesetzt in Klammern.

Die Übersetzungen und Erläuterungen sind so kurz wie möglich und so ausführlich wie nötig gehalten. Bei einfachen Wörtern und Begriffen, die in der jeweils anderen Sprache eine direkte Entsprechung kennen, beschränkt sich der Eintrag in der Regel auf die wörtliche Übersetzung. Gibt es diese direkte Entsprechung nicht, oder gibt es inhaltliche Abweichungen in der Begriffsbestimmung, was nicht selten auf abweichende (oft: Rechts-)Gepflogenheiten zurückzuführen ist, wird der Begriff kurz erläutert.

Im **Englisch-Deutsch-Teil** des Wörterbuchs ist ein umfassendes Verweissystem angelegt. Verweise (in Form eines Pfeiles „→") finden sich innerhalb von Übersetzungen und Erläuterungen, in denen Bezug auf andere Vokabeln genommen wird. Manche Einträge besitzen aber auch weiterführende Verweise zu einem oder mehreren anderen Einträgen im Wörterbuch, in dem sich ergänzende Informationen zum Gebrauch des Begriffes finden. Hinweise auf *Synonyme* (bedeutungsgleiche Begriffe) und *Antonyme* (gegensätzliche Begriffe) folgen – in kursiver Schrift und mit einem vorangestellten *Syn.* bzw. *Ant.* Gelegentlich wird bei bedeutungsgleichen Begriffen von dem weniger gebräuchlichen auf den gebräuchlicheren Begriff verwiesen. Abkürzungen, zumeist von Institutionen, aber auch sonstige übliche Abkürzungen einschlägiger Begriffe werden als eigenständige Einträge geführt, die auf den Haupteintrag verweisen, bei dem die Abkürzung in Klammer als ein Teil der Vokabel geführt wird.

Im **Deutsch-Englisch-Teil** erfolgt bei Substantiven die Angabe des grammatischen Geschlechts in Klammern. Die Zugehörigkeit zu einem bestimmten Sprachraum (zumeist GB oder US) wird hier direkt hinter der Vokabel in Klammern angezeigt. Auf eine Klassifizierung der Einträge nach Themengebieten wurde in diesem Wörterbuchteil verzichtet.

In das Wörterbuch integriert sind auch die Bezeichnungen der wichtigsten Institutionen der Immobilienwirtschaft und der branchenrelevanten Gesetze. Im Anhang des Wörterbuch schließlich sollen einige ausgewählte Zeichnungen und tabellarische Darstellungen Praxishilfen zu zentralen Themengebieten bieten.

Der Verlag und seine Autoren hoffen, der Immobilienwirtschaft mit diesem Buch ein willkommenes und brauchbares, vielleicht sogar ein unentbehrliches Hilfsmittel zur Verfügung stellen zu können.

Fehler und Verbesserungsvorschläge

Der Aufwand, ein solches Wörterbuch zu erstellen, ist groß, und die Schwierigkeiten, die damit verbunden sind, sind offensichtlich. Wir sind uns bewusst, dass dieses Wörterbuch niemals perfekt sein kann, dass es immer die Möglichkeit zu weiterer Verbesserung bietet. Auch bilden sich in einem so umfassenden und beweglichen Wirtschaftsgebiet wie der Immobilienwirtschaft immer wieder neue Begrifflichkeiten aus, die es in spätere Auflagen aufzunehmen gilt.

Um die größtmögliche Nutzbarkeit dieses Werkes zu erreichen, möchten wir unsere Leser ausdrücklich zur Mitarbeit einladen. Ergänzungs- und Verbesserungsvorschläge und sonstige Anregungen – etwa zu weiteren Zeichnungen und thematischen Zusammenstellungen im Anhang – können dem Verlag über folgende Internetseite mitgeteilt werden:

Internet: http://www.immobilien-zeitung.de/woerterbuch
E-Mail: woerterbuch@immobilien-zeitung.de

Suggestions for Corrections, Additions and Improvements

Compiling a dictionary such as this requires considerable time and effort. The problems involved are manifest. We are aware that this dictionary could never be perfect and that there are always opportunities for further improvement. In addition, the real estate sector, encompassing a very sweeping and flexible range of subjects, is constantly coining new words and phrases that will be worthy of inclusion in later editions.

To make this volume as useful as possible, we would specifically like to invite all readers to cooperate in the work. Suggestions for additional entries, corrections and any other ideas, for instance for additional drawings or subject-oriented tables in the appendix, are always welcome and can be notified to the publisher via the following websites:

Internet: http://www.immobilien-zeitung.de/woerterbuch
Email: woerterbuch@immobilien-zeitung.de

englisch – deutsch
English – German

A

A1 *Val* erstklassig

AAA *Fin* Triple-A-Rating; AAA bezeichnet die beste Bonität (das beste Rating) eines Kreditnehmers auf einer Rating-Skala von AAA bis D

AAB *Tax (US)* → Assessment Appeal Board

AAD certificate *Val, Plan (GB)* → certificate of appropriate alternative development

AAI *Plan* → area of archaeological importance

AAR *Val* → average annual return

abandon *v/t* aufgeben, ausbuchen, außer Betrieb nehmen, nicht annehmen, zurückziehen; **abandon a claim** einen Anspruch aufgeben; **abandoned farmland** *n* verlassenes Ackerland (n), Sozialbrache (f); **abandoned land** *n* → derelict land; **abandoned property** *n Law* herrenloser Besitz (m), verlassener Besitz (m), herrenloses Grundstück (n); **abandoned (industrial) site** *n* Altstandort (m), Industrieruine (f)

abandonment *n Law* Aufgabe (f), Verzicht (m), Überlassung (f); Verlassen (n); Abtretung (f) von Rechten; im Gegensatz zur gleichen Vokabel in der Umgangssprache geschieht abandonment bei Immobilien i.d.R. freiwillig; **abandonment clause** *n* Abandonklausel (f), Aufgabeerklärung (f)

abate *v/t Law* abstellen, einstellen, erlassen, ermäßigen, herabsetzen, nachlassen

abatement *n Law* Herabsetzung (f), Ermäßigung (f); Minderung (f); Behebung (f), Beseitigung (f); **abatement notice** *n* Bescheid einer örtlichen Behörde, der die Behebung einer von einem Grundstücksbesitzer ausgehenden Störung (z.B. Lärm oder andere Emissionen) anordnet

abattoir *n* Schlachthaus (n), Schlachthof (m)

abbey *n* Abtei (f), Abteikirche (f)

abbreviate *v/t* abkürzen, verkürzen; **abbreviated version** *n* Kurzfassung (f), verkürzte Fassung (f)

abbreviation *n* Abkürzung (f)

ability *n* Befähigung (f), Fähigkeit (f); **ability to pay** *n* Solvenz (f), Zahlungsfähigkeit (f)

ab initio *Law (lat.)* von Anfang an

able *adj* imstande, im Stande; **able to pay** zahlungsfähig; **able to purchase** imstande zu kaufen; → ready, willing and able

abode *n* Wohnsitz (m), Aufenthaltsort (m)

abolish *v/t* abschaffen, aufheben

abolition *n* Beseitigung (f), Abschaffung (f), Aufhebung (f); *Syn.: abolishment*; **abolition of restrictions** *n* Abschaffung (f) von Beschränkungen; **abolition of trade barriers** *n* Abbau (m) von Handelsschranken

abortive expenditure *n Val, Law* fehlgeschlagene Ausgaben (fpl); → sunk costs

abrasion *n ArCo* Abreiben (n), Abrieb (m); **abrasion resistant** *adj* abriebfest, verschleißfest

abrasive *n* Schleifmittel (n)

abridge *v/t* abkürzen

abrogate *v/t Law* (Gesetz) aufheben, abschaffen, außer Kraft setzen

ABS *Fin* → asset-backed securities

absentee landlord *n* → absentee owner; **absentee owner** *n* nicht ortsansässiger Eigentümer (m) eines (Immobilien-) Besitzes, der Erträge aus diesem Besitz zieht; beautragt i.d.R. Verwalter, seine Interessen wahrzunehmen; *Syn.: absentee landlord*

absolute *adj* absolut, uneingeschränkt; **absolute auction** *n Law, Mkt (US)* Versteigerung ohne versteckten Mindestpreis; Auktionsgegenstand wird zum Höchstgebot verkauft; *Ant.: reserve price auction*; **absolute covenant** *n Law* rechtsverbindliches Versprechen (n); das Versprechen ist bedingungslos und kann nicht aufgehoben werden; **absolute estate** *n Law* unbeschränktes Eigentum (n); **absolute fee simple** *n Law* → fee simple absolute; **absolute frequency** *n* Anzahl (f) in einer Klasse; **absolute guarantee** *n* selbstschuldnerische Bürgschaft (f); **absolute insolvency** *n* Überschuldung (f); **absolute leasehold** *n Law (US)* uneingeschränkter Mietbesitz (m); garantiert, dass der Verpächter berechtigt war, das Grundstück zu verpachten; → absolute title; **absolute leasehold title** *n Law (GB)* → absolute leasehold; **absolute liability** *n Law* volle Haftung (f); *Syn.: strict liability*; **absolute**

a

order *n Law* veralteter Begriff für Anordnung zur Zwangsenteignung; → expropriation; condemnation order; **absolute ownership** *n Law* unbeschränktes Eigentum (n); **absolute sale contract** *n Law* Kaufvertrag (m) ohne Eigentumsvorbehalt; **absolute title** *n Law* uneingeschränktes Eigentumsrecht (n), unbeschränktes dingliches Recht (n); **absolute trust** *n Law* → bare trust; **absolute value** *n math* absoluter Betrag (m), absoluter Wert (m), Absolutwert (m)

absolutely net lease *n (US)* → triple-net lease

absorb costs *v/t* anteilmäßig verrechnen; **absorbed (cost) basis** *n Fin* Vollkostenbasis (f)

absorbing well *n ArCo* Sickerschacht (m)

absorption *n* Absorption (f), Aufnahme (f); **absorption of costs** *n* Kostentragung (f), Kostenübernahme (f), Kostendeckung (f); **absorption of space** *n* Vermietungsleistung (f)

absorption and turnover vacancy *n* kurzfristiger Leerstand (m) durch Mieterwechsel und Neuvermietung

absorption account *n* Sammelkonto (n); **absorption chiller** *n* Absorptionskälteanlage (f); **absorption rate** *n* Absorptionsrate (f)

abstention *n Law* Enthaltung (f), Stimmenthaltung (f)

abstract *n* Zusammenfassung (f); **abstract of judgement** *n Law (US)* Auszug (m) eines Urteils; **abstract of title** *n Law (US)* Grundbuchauszug (m); *Syn.: title abstract*; → land certificate (GB)

abstract company *n Law (US)* Gesellschaft, die Rechtstitelüberprüfungen durchführt oder mit Eigentumsnachweisen oder Angebotsnachweisen assistiert; **abstract update** *n Law (US)* Aktualisierung (f) des Grundbuchauszugs

abstracter *n Law (US)* Rechercheur (m) für Rechtstitel; bereitet Zusammenfassungen (abstracts) der rechtlich relevanten Informationen zu einem Grundstück vor; organisiert in der → American Land Title Association

abstraction (method) *n Val* Bewertungsmethode, bei der der Gutachter den Bodenwert durch Abzug jeglicher baulicher Veränderungen am Grundstück vom Verkaufspreis ermittelt; *Syn.: abstraction approach, allocation method, extraction method*; **abstraction approach** *n Val* → abstraction (method)

abuse *n* Missbrauch (m); **abuse of law** *n Law* Rechtsmissbrauch (m); **abuse of rights** *n Law* Rechtsmissbrauch (m)

abusive *adj* missbräuchlich

abut *v/i ArCo* angrenzen, anstoßen; **abutting owner** *n Law* Anlieger (m), Anrainer (m); *Syn.: abutter*; **abutting properties** *n/pl Law* angrenzende Grundstücke (npl)

abutment *n ArCo* Widerlager (n); Druckfundament (n), Stoßfuge (f); **abutment pressure** *n ArCo* Widerlagerdruck (m); **abutment stone** *n ArCo* Widerlagerstein (m)

abuttals *n/pl Law* Grundstücksgrenzen (fpl)

abutter *n Law* Anlieger (m), Anrainer (m), Grundstücksanlieger (m), Nachbar (m) (eines Grundstücks)

accede *v/i* beitreten

accelerate *v/t* beschleunigen; **accelerated depreciation** *n Val, Tax* wörtl.: beschleunigte Abschreibung (f); vergleichbar der Sonder-AfA Ost; ein Beispiel für eine accelerated depreciation method ist das → Modified Accelerated Cost Recovery System (MACRS); **Accelerated Cost Recovery System (ACRS)** *n Tax (US)* beschleunigtes Abschreibungssystem (n); Abschreibungssystem, das 1981 die komplizierteren beschleunigten Abschreibungsmethoden ersetzte. Seit 1986: → Modified Accelerated Cost Recovery System (MACRS)

acceleration *n* Beschleunigung (f); vorzeitige Fälligkeit (f); **acceleration clause** *n Law* Vorfälligkeitsklausel (f)

accept *v/t* akzeptieren, annehmen, hinnehmen, in Empfang nehmen; **accepted value** *n* Anrechnungswert (m)

acceptability *n Law* Zumutbarkeit (f)

acceptable *adj* tragbar; **acceptable as collateral security** *Fin* beleihbar; **acceptable purchase price** *n* geeigneter Kaufpreis (m)

acceptance *n Law* Annahme (f), Zustimmung (f); Akzept (n); **acceptance certificate** *n Law* Abnahmeprotokoll (n), Abnahmezeugnis (n), Abnahmeschein (m); **acceptance corporation** *n Fin (US)* Kreditinstitut (n), allg.: Bank (f); **acceptance deadline** *n Law* Angebotsbindefrist (f); **acceptance documents** *n/pl Law* Abnahmebescheinigung (f), Abnahmeunterlagen (fpl); **acceptance period** *n* Abnahmefrist (f)

access *n* Eingang (m), Zugang (m), Zutritt (m), Zufahrt (f); (EDV) Zugriff (m); **access to motorway** *n* Autobahnanschluss (m); **access to transport** *n* Verkehrsanbindung (f)

access agreement *n Plan, Law* Zugangsvereinbarung (f); **access assumptions** *n/pl* Zugangsvoraussetzungen (fpl); **access door** *n* Einstiegsöffnung (f), Revisionsöffnung (f); **access gate** *n* Zufahrtstor (n); **access panel** *n* Montagedeckel (m), Zugangstürchen (n); **access path** *n* Zuwegung (f), Zugangsweg (m); **access privilege** *n* Zugriffsrecht (n); **access ramp** *n* Zufahrtsrampe (f); **access right** *n Law* Wegerecht (n), Zugangsrecht (n); *Syn.: right of access*; **access road** *n* Sammelstraße (f), Zufahrt (f), Zufahrtsstraße (f), Zuwegung (f); **access route** *n* Erschließungsweg (m)

accessibility *n* Zugänglichkeit (f), Erreichbarkeit (f); Qualität (Umfang) der Zugangs-/Zugriffsmöglichkeiten; **accessibility by public transport** *n* Erreichbarkeit (f) mit öffentlichen Verkehrsmitteln

accessible *adj* begehbar; **accessible duct** *n* begehbarer Leitungskanal (m)

accession *n* Beitritt (m), Vermögenszuwachs (m), Zugang (m); **accession to ownership** *n Law* Eigentumserwerb (m); **accession to the EU** *n* Beitritt (m) zur EU

accessories *n/pl* Zusatzeinrichtung (f)

accessory *adj* beiläufig, zusätzlich; **accessory apartment** *n (US)* Einliegerwohnung (f); **accessory building** *n Law (US)* Nebengebäude (n); *Syn.: ancillary building*; **accessory contract** *n Law* Zusatzvertrag (m); **accessory property** *n* Zusatzeinrichtung (f); **accessory security** *n* akzessorische Sicherheit (f); **accessory use** *n Plan (US)* beiläufige Nutzung (f) (eines Gebäudes oder Grundstücks), Nebennutzung (f); bedarf keiner weiteren Genehmigung, wenn die Hauptnutzung des Grundstücks bereits genehmigt ist; *Syn.: incidental use*

accident book *n* Unfallregister (n)

accommodation *n* Räumlichkeit(en) (fpl); Unterkunft (f), Unterbringung (f); Anpassung (f); Entgegenkommen (n); Zugeständnis (n); **accommodation of conflicting interests** *n* Interessenausgleich (m)

accommodation agent *n* Wohnungsmakler (m), Zimmervermittlung (f); **accommodation allowance** *n* Wohngeld (n); **accommodation density** *Plan* → residential density; **accommodation land** *n* Grundstücke, die als Bauland geeignet wären, aber noch für andere Zwecke genutzt werden; **accommodation party** *n Fin, Law (US)* Bürge (f), Garant (m); **accommodation price** *n* Gefälligkeitspreis (m); **accommodation requirement** *n* Raumbedarf (m); **accommodation unit** *n (GB)* Wohneinheit (f); **accommodation works** *n/pl Val, Law* Nebenarbeiten im Rahmen von Bautätigkeiten (z.B. Bau einer Autobahn) zur Linderung der Belästigung der Anwohner; bspw. neue Zäune, Lärmschutzmaßnahmen etc.

accord and satisfaction *n* vergleichsweise Erfüllung (f) einer Verbindlichkeit

in accordance with entsprechend, in Übereinstimmung mit

according to *präp* gemäß, laut; **according to contract** vertragsgemäß; **according to regulations** vorschriftsgemäß; **according to scale** maßstabsgerecht

accordion door *n* Harmonikatür (f); **accordion partition** *n* Faltwand (f)

account *n Fin* (statement) Abrechnung (f); (bank) Konto (n); (report) Bericht (m), Darstellung (f); (responsibility) Rechenschaft (f); (stock market) Abrechnungszeitraum (m); **account books** *n/pl* Bücher (npl) (Rechnungswesen), Geschäftsbücher (npl), Kontobuch (n); *Syn.: books of account*; **account information** *n Fin* Abrechnungsdaten (pl); **account updating** *n Fin* Aktualisierung (f) des Kontos

accountability *n* Rechenschaftspflicht (f), Verantwortlichkeit (f) vor dem Vorgesetzten

accountancy *n Fin* Buchführung (n), Rechnungslegung (f), Rechnungswesen (n), Theorie (f) und Praxis (f) des Rechnungswesens

accountant *n* Buchhalter (m), Buchprüfer (m), Wirtschaftsprüfer (m); Steuerberater (m); *Syn.: bookkeeper*

account for *v/i* abrechnen als, erklären, nachweisen, rechtfertigen

accounting *n Fin* Buchführung (f); Rechnungslegung (f); Rechnungswesen (n); Bilanzierung (f); *Syn.: bookkeeping*; **ac-**

a

counting entry *n Fin* Buchung (f); **accounting method** *n* Gewinnermittlungsverfahren (n); **accounting period** *n Fin* Abrechnungszeitraum (m), Abrechnungsperiode (f); Buchungsperiode (f); **accounting principles** *n/pl Fin* Rechnungslegungsgrundsätze (mpl); *Syn.: accounting standards, accounting rules*; **accounting rate of return** *n* rechnerische Rendite (f); **accounting records** *n/pl* Bücher (npl), Geschäftsbücher (npl); Buchungsunterlagen (fpl); Forderungen (fpl) (US); **Accounting Standards Board** *n Org (GB)* Gremium, das die Grundsätze der Bilanzierungsstandards und Rechnungsführung festlegt; **Accounting Task Force (ATF)** *n Org* Arbeitsgruppe (f) des Baseler Komitees zum Rechnungswesen; **accounting transaction** *n* interner Buchungsfall (m); z.B. Abschreibung; **accounting unit** *n* Abrechnungseinheit (f); Wirtschaftseinheit (f) mit eigenem Rechnungswesen

accounts *n/pl Fin* Abschluss (GB) (m), Bücher (npl), Forderungen (US) (fpl), Geschäftsbücher (npl); **accounts method** *n Val (GB)* → profits method; **accounts payable (A/cs Pay.)** *n/pl Fin (US)* zu zahlende Rechnungen (fpl), Verbindlichkeiten (fpl); Kreditoren (mpl); *Ant.: accounts receivable*; **accounts receivable (A/cs Rec.)** *n/pl Fin (US)* Forderungen (fpl), Außenstände (mpl); Debitoren (mpl); *Ant.: accounts payable*; **accounts receivable financing** *n Fin* Aufteilung (f), Factoring (n)

accoustical engineer *n* Bauakustiker (m)

accreditation *n* Akkreditierung (f); **accreditation body** *n* Akkreditierungsstelle (f)

accredited (by) *adj* akkreditiert (durch)

Accredited Farm Manager (AFM) *n* wörtlich: akkreditierter Manager (m) eines landwirtschaftlichen Betriebs; Titel wird verliehen von der → American Society of Farm Managers and Rural Appraisers (ASFMRA)

Accredited Land Consultant (ALC) *n (US)* Qualifizierung, die am Realtors' Land Institute erworben wird

Accredited Management Organization (AMO) *n Org (US)* vom → Institute of Real Estate Management (IREM) anerkanntes Immobilienverwaltungs- bzw. -managementunternehmen

Accredited Relocation Agent (ARA) *n (US)* Berufsbezeichnung für Makler, die Firmen bei Standortverlagerungen, Umzügen sowie An- und Verkauf von Immobilien beraten und unterstützen

Accredited Residential Manager (ARM) *n (US)* wörtlich: akkreditierter Wohnimmobilienverwalter (m); Titel, der vom → Institute of Real Estate Management vergeben wird

Accredited Rural Appraiser (ARA) *n (US)* zertifizierter Sachverständiger/Bewerter mit Spezialisierung auf landwirtschaftliche Immobilien; Titel wird von der American Society of Farm Managers and Rural Appraisers (ASFMRA) verliehen

accretion *n* Zuwachs (m), Zunahme (f); Wertzuwachs (m)

accrual *n Fin* Abgrenzung (f); Rechnungsabgrenzung (f); Rückstellung (f); Zuwachs (m), Auflaufen (von Zinsen) (n); Ansammlung (f); (Zeitpunkt der) Entstehung (f); jur. auch: Zuwachsung (f); **accruals** *npl Fin* aufgelaufene Verbindlichkeiten (fpl), antizipative Posten (mpl), Rückstellungen (fpl)

on an accrual basis periodengerecht

accrual for pensions *n* Pensionsrückstellung (f); **accrual of expenses** *n Fin* Abgrenzung (f) von Aufwendungen; **accrual of funds** *n* Mittelzufluss (m), Mittelaufkommen (n); **accrual of interest payable** *n* Abgrenzung (f) von Zinsaufwand, aufgelaufene Zinsverbindlichkeiten (fpl); **accrual of interest receivable** *n* Abgrenzung (f) des Zinsertrags

accrual accounting *n Fin* periodengerechtes Rechnungswesen (n), periodisches Rechnungswesen (n); **accrual basis accounting** *n* Periodenabrechnung (f) (IAS 1.25); periodengetreue Buchführung (mit Abgrenzung); **accrual date** *n* Abgrenzungsstichtag (m); Fälligkeitstag (m), Fälligkeitstermin (m); **accrual entry** *n Fin* Abgrenzungsbuchung (f); *Syn.: accrual posting*; **accrual income statement** *n Fin* Aufwands- und Ertragsrechnung (f); bezieht nicht nur (Kassen-) Einkünfte und Aufwände, sondern auch wertmäßige Bestandsveränderungen und Veränderungen der Kapitalwerte ein; **accrual period** *n* Abgrenzungszeitraum (m); **accrual principle** *n* Grundsatz (m) der Periodenabgrenzung

accrue *v/t* abgrenzen; anhäufen, auflaufen, anfallen; **accrued but unrealised gains** *n Tax* nicht realisierte Zwischengewinne (mpl); **accrued compound interest** *n* aufgelaufene Zinseszinsen (mpl); **accrued depreciation** *n Fin, Tax* aufgelaufene Abschreibungen (fpl), bisherige Abschreibungen (fpl); *Syn.: accumulated depreciation*; **accrued expenses** *n/pl* antizipative Passiva (pl); Kostenrückstellung (f); angefallene Gebühren (fpl); **accrued income** *n Fin* antizipative Aktiva (pl), aktive Rechnungsabgrenzungsposten (mpl); *Syn.: accrued items, prepaid expenses*; **accrued interest** *n Fin* angefallene Zinsen (mpl), aufgelaufene Zinsen (mpl); **accrued liability** *n* Rückstellung (f); angefallene Verbindlichkeit (f); **accrued rent** *n* Mietrückstände (mpl); **accrued revenue** *n Fin* aktiver Rechnungsabgrenzungsposten (m), Einnahmen (mpl), die im laufenden Geschäftsjahr noch keinen Ertrag darstellen; **accrued rights** *n/pl* erworbene Rechte (npl); **accrued taxes** *n/pl* Steuerrückstellung (f); Steuerschuld (f)

accumulate *v/t* aufzinsen; **accumulated book profit** *n* aufgelaufener Buchgewinn (m); **accumulated costs** *n/pl* angefallene Kosten (pl); **accumulated debt** *n* aufgelaufene Verschuldung (f); **accumulated deficit** *n* aufgelaufener Verlust (m); **accumulated depletion** *n* kumulierte Abschreibung (f); die Summe der bis zu einem bestimmten Zeitpunkt vorgenommenen Abschreibungen auf ein Wirtschaftsgut; **accumulated depreciation** *Fin, Tax* → accrued depreciation; **accumulated interest** *n* Aufzinsung (f); **accumulated value** *n* Endwert (m)

accumulation *n* Anhäufung (f); Aufzinsung (f); **accumulation of capital** *n* Kapitalansammlung (f), Kapitalbildung (f); **accumulation of risk** *n* Risikohäufung (f); **accumulation of value** *n* Wertbildung (f)
accumulation factor *n* Aufzinsungsfaktor (m)

accumulative rate *n Val* niedriger, sicherer Zinssatz, z.B. bei der Bewertung von leasehold interests

accuracy *n* Abstimmungsgenauigkeit (f), Genauigkeit (f); **accuracy of measurement** *n* Messgenauigkeit (f)

acid resistant paving (with epoxy coating) *n* säurefestes Pflaster (n) (mit Epoxy-Oberschicht); **acid washed plaster** *n* Waschputz (m)

acknowledgement *n* schriftliche Bestätigung (f); **acknowledgement and undertaking** *n (GB)* (wörtlich) Bestätigung und Verpflichtung; die Bestätigung, dass eine bestimmte Partei Einsicht in eine (Grundstücks-) Urkunde, die sich nicht in ihrem Besitz befinden, nehmen und Kopien davon behalten darf; **acknowledgement of indebtedness** *n* Schuldanerkenntnis (n)

ACM *ArCo* → asbestos-containing material

a coelo usque ad centrum *Law (lat.)* vom Himmel bis zum Zentrum der Erde; bezeichnet die theoretischen Grenzen der Rechte eines Grundstücksbesitzers

acoustical engineer *n ArCo* Bauakustiker (m)

acquire *v/t* erwerben, anschaffen; **acquiring authority** *n Law* erwerbende Behörde (f); Behörde, die ein Grundstück durch Enteignung (oder durch Gesetze, die Enteignungsvollmacht erteilen) erwirbt

acquiree (company) *n* erworbenes Unternehmen (n)

acquisition *n* Ankauf (m), Erwerb (m); **acquisition of a company** *n* Unternehmenskauf (m); **acquisition of land** *n* Grunderwerb (m)
acquisition at book value *n* Übernahme (f) zum Buchwert; **acquisition in good faith** *n* gutgläubiger Erwerb (m)
acquisition commitment *n* Ankaufsverpflichtung (f); **acquisition cost principle** *n* Anschaffungskostenprinzip (n); **acquisition costs** *n/pl Val, Law, Tax* Anschaffungskosten (pl); Erwerbsnebenkosten (pl); **acquisition-development-construction loan** *n Fin (US)* → ADC loan; **acquisition loan** *n Fin (US)* Darlehen (ausschließlich) zum Ankauf eines Grundstückes; → ADC loan; **acquisition value** *n* Anschaffungswert (m), Beschaffungswert (m)

acquittance *n Fin* Tilgung (f); Quittung (f); Befreiung von einer Pflicht

acre *n* Morgen (m); 1 acre = 4.840 square yards = 4.047 m^2; **acre foot** *n* 43,560 Kubikfuß; Volumen (z.B. Wasser, Erde), das notwendig ist, um einen Acre einen Fuß hoch zu bedecken

acreage *n* Fläche (f), landwirtschaftliche Anbaufläche (f); **acreage zoning** *n Plan*

a

Bebauungsplanung mit der Zielsetzung, die Bebauungsdichte (residential density) zu reduzieren; *Syn.: large-lot zoning, snob-zoning*

ACRS → Accelerated Cost Recovery System

acrylic paint *n* Acrylfarbe (f)

act *n* Handlung (f), Tat (f); Gesetz (n); **act of God** *n Law* höhere Gewalt (f); **act of Parliament** *n Law (GB)* (verabschiedetes) Gesetz (n)

act *v/i* handeln; **act as intermediary** vermitteln; **act carelessly** leichtfertig, unvorsichtig, nachlässig, leichtsinnig handeln; **act in concert** zusammenarbeiten; **act jointly** zusammenarbeiten

Act./360 *Fin* Zinsberechnungsmethode, bei der die Zinsen taggenau berechnet werden (basiert auf einem 360-Tage-Jahr)

action *n Law* Handlung (f), Klage (f), Vorgehen (n), Prozess (m); Tat (f); **action for annulment** *n Law* Anfechtungsklage (f); **action for ejectment** *n Law (US)* (ownership) Klage gegen unberechtigte Besetzung durch einen Dritten ohne gültige Rechtstitel; (tenant) Räumungsklage; *Syn.: action for eviction*; **action for implement** *n Law (sco.)* Klage (f) für effektive Vertragserfüllung; **action for recovery** *n Law (GB)* Klage gegen unberechtigte Besetzung durch einen Dritten ohne gültige Rechtstitel; Besitzklage

action in personam *n Law* obligatorische Klage (f); **action in rem** *n Law* dingliche Klage (f)

action area *n Plan (GB)* Sanierungsgebiet (n); **action price** *n Ret* Sonderpreis (m), Sonderangebot (n)

active *adj* aktiv; **active accounts** *n/pl Fin* aktive Konten (npl), Konten mit lebhaften Umsätzen; **active market** *n Econ* aktiver Markt (m); **active paper** *n Fin* zinstragendes Wertpapier (n); **active partner** *n* aktiver Gesellschafter (m), aktiver Teilhaber (m); **active repair time** *n* Instandsetzungsdauer (f); **active solar heating** *n ArCo* aktive Solarheizung (f); im Gegensatz zum passive solar heating wird Fotovoltaik eingesetzt, um die Sonnenenergie zum Beheizen von Räumen und Wasser zu nutzen; *Ant.: passive solar heating*; **active trust** *n Law* aktive Treuhänderschaft (f); Treuhänder ist verpflichtet, aktive Maßnahmen vorzunehmen, z.B. Veräußerung von Immobilien und Aufteilung des Erlöses unter Gläubigern; *Syn.: special trust*; *Ant.: absolute trust, dry trust, bare trust, naked trust, passive trust*

activity *n* Berufstätigkeit (f), Beschäftigung (f), Tätigkeit (f)

actual *adj* tatsächlich, eigentlich, echt; **actual age** *n* tatsächliches Alter (n); **actual authority** *n Law* Vertretungsmacht (f); **actual cash value** *n Law* Marktwert (m), angemessener Marktpreis (m); **actual cash value insurance** *n Law* Zeitwertversicherung (f); *Ant.: reinstatement value insurance, replacement value insurance*; **actual cost determination** *n Fin* Nachkalkulation (f); **actual costs** *n* Ist-Kosten (pl); **actual damages** *n Law* tatsächlicher (Vermögens-) Schaden (m), tatsächlicher Verlust (m); auch: Schadenersatz für tatsächlichen Vermögensschaden; **actual earnings** *n/pl* Effektivlohn (m); **actual eviction** *n Law* Zwangsräumung (f); **actual expenditure** *n* tatsächliche Ausgaben (fpl); **actual load** *n* tatsächliche Belastung (f); **actual market price** *n* Tagespreis (m); **actual notice** *n Law* tatsächliche Kenntnis (f); **actual price** *n* Marktpreis (m); **actual rent payable** *n* laufende fällige Miete (f); *Syn.: current rent payable*; **actual value** *n Law* Istwert (m), tatsächlicher Wert (m); **actual value method** *n* Kapitalkonsolidierung (f); **actual yield** *n* effektive Rendite (f)

actuarial *adj* versicherungsmathematisch, versicherungstechnisch, versicherungsstatistisch; **actuarial assumption** *n* Rechenparameter (m), versicherungsmathematische Annahme (f); **actuarial return** *n* interner Zinsfuß (m), interner Zinssatz (m); *Syn.: internal rate of return (IRR)*

actuary *n* Aktuar (m), Versicherungsmathematiker (m)

acute angled *adj* spitzwinklig

acyclic *adj* aperiodisch

ad → advertisement

ADA *Law* → Americans with Disabilities Act

adapt *v/t* anpassen (an)

adaptation *n* Anpassung (f), Angleichung (f); Umbau (m)

adapter *n ArCo* Adapter (m), Formstück (n)

ADC loan (acquisition-development-construction loan) *n Fin (US)* Zwischenfinan-

zierungsdarlehen (n); Darlehen zum Erwerb eines Grundstücks und zur Entwicklung eines Projekts
add *v/t* beifügen, addieren, hinzufügen
add-backs *n/pl Val* Hinzurechnungen (fpl)
added *adj* hinzugefügt; **added value** *n* Mehrwert (m)
addend *n* Summand (m)
addendum *n* Nachtrag (m), Zusatz (m)
addition *n* Anhang (m), Beimengung (f), Ergänzung (f), Hinzufügung (f), Hinzurechnung (f), Zusatz (m); **additions to fixed assets (company produced)** *n/pl* andere aktivierte Eigenleistungen (fpl); Zugang (m) zum Sachanlagevermögen; **addition to a building** *n* Gebäudeerweiterung (f), Anbau (m); *Syn.: extension*
additional *adj* zusätzlich; **additional billing** *n* Nachforderung (f); **additional capital** *n* Zusatzkapital (n); **additional capitalization** *n* Nachaktivierung (f); **additional charge mortgage** *n Fin (US)* nachrangiges Darlehen (f); hypothekenähnliche Urkunde, um ein über das erste Hypothekendarlehen hinausgehendes Darlehen zu besichern; **additional charges** *n/pl* Mehrkosten (pl), Nebenkosten (pl); **additional components** *n/pl* Zusatzeinrichtung (f); **additional costs** *n/pl* Mehrkosten (pl), Nebenkosten (pl), zusätzliche Kosten (pl), Zusatzkosten (pl); **additional deposit** *n Fin* zusätzliche Anzahlung (f), zusätzliches Sicherheitspfand (n); **additional dividend** *n* Zusatzdividende (f); **additional expenses** *n/pl* Nebenkosten (pl); **additional function** *n* Nebenfunktion (f); **additional heating** *n* Zusatzheizung (f); **additional income** *n* Mehrgewinn (m), zusätzliches Einkommen (n); **additional load(ing)** *n* Zusatzbelastung (f); **additional payment** *n* Nachschuss (m); **additional premium** *n* Zuschlagsprämie (f); **additional principal payment** *n* zusätzliche Tilgung (f); **additional profit** *n* Mehrgewinn (m), zusätzlicher Erlös (m) (beim Verkauf eines Vermögenswertes); **additional provision** *n* Zusatzbestimmung (f); **additional revenues** *n/pl Fin* zusätzliche Erlöse (mpl); (Umsätze; z.B. IAS 32, 34, 39); **additional service(s)** *n* Zusatzleistungen (fpl); **additional space** *n* zusätzlicher Raum (m); **additional space option** *n Law* Flächenerweiterungsoption (f); (vertraglich gesicherte) Option zur Anmietung weiterer Flächen; **additional stock issue** *n* Wiederaufstockung (f) des Kapitals; **additional surcharge** *n* Zusatzsteuer (f); *Syn.: additional (sur)tax*; **additional tax** *n* Zusatzsteuer (f); **additional value** *n* Mehrwert (m)
additive *n* Additiv (n), Zusatzmittel (n), Zusatzstoff (m); **additive process** *n* Additivverfahren (n); **additive method** *n* additive Methode (f)
add-on factor *n* **1.** *Fin* Risikozuschlag (m); **2.** *Val* Verhältnis zwischen vermietbarer und nutzbarer Fläche; Vervielfältiger für die Berechnung der vermietbaren Fläche; *Syn.: load factor, rentable-to-usable ratio*
address *n* Anschrift (f), Adresse (f); Ansprache (f), Rede (f)
address oneself *v/r* sich wenden (an), sich bewerben (bei)
add up *v/t* aufaddieren
adequate *adj* angemessen, ausreichend, ordnungsgemäß; **adequate compensation** *n Val, Law* angemessene Entschädigung (f); *Syn.: just compensation*; **adequate control** *n* ordnungsgemäße Bewirtschaftung (f); **adequate number** *n* ausreichende Zahl (f)
adhere *v/i* anhängen, festhalten an, hängen bleiben, kleben
adhesion *n ArCo* Haftfähigkeit (f), Haftvermögen (n); **adhesion contract** *n Law* Vertrag mit einseitig auferlegten Bedingungen; der Vertrag kann entweder akzeptiert oder abgelehnt werden, eine Nachverhandlung (einzelner Vertragsbestandteile) ist nicht möglich; *Syn.: take-it-or-leave-it contract*; **adhesion zone** *n ArCo* Haftbereich (m)
adhesive seal *n* Klebeplombe (f)
ad hoc publicity *n Fin* Ad-hoc-Publizität (f)
ad idem *Law (lat.)* in Übereinstimmung (f) mit
adjacency *n* unmittelbare Nachbarschaft (f)
adjacent *adj* angrenzend, anliegend, benachbart; **adjacent area** *n* angrenzender Bereich (m); **adjacent building** *n* Nachbargebäude (n), Nebengebäude (n); **adjacent owner** *n* angrenzender Eigentümer (m), Nachbar (m); **adjacent property** *n* angrenzender Grundbesitz (m), Nachbargrundstück (n)

a

adjoining *adj* angrenzend, benachbart, anliegend; **adjoining owner** *n* benachbarter Eigentümer (m), Anrainer (m)

adjudication *n Law* Urteil (n), Gerichtsentscheidung (f), richterlicher Entscheid (m); *Syn.: sentence*

adjudicator *n Law* Schlichter (m), Schiedsgutachter (m)

adjust *v/t* berichtigen, regulieren; **adjusted funds from operations (AFFO)** *n/pl Fin (US)* wörtlich: angepasstes Ergebnis der gewöhnlichen Geschäftstätigkeit; REIT-spezifischer Begriff: tatsächlicher Reinertrag nach Anpassungen für z.B. → straight lining der Mieten und Rücklagen für (nicht umlagefähige) Kosten; → real estate investment trust, funds from operations, cash available for distribution; **adjusted gross income** → effective gross income; **adjusted market price** *n* angepasster Marktpreis (m); **adjusted sales price** *n Val (US)* angepasster Verkaufspreis (m); Verkaufspreis eines vergleichbaren Objekts mit Anpassungen für zusätzliche bzw. fehlende Eigenschaften (z.B. Garage, größerer/kleinerer Garten, Reparaturbedarf etc.); Ergebnis der → comparison method of valuation; **adjusted tax basis** *n Tax (US)* angepasste Steuerbemessungsgrundlage (f); ursprüngliche Kosten eines Objektes zuzüglich Aufwendungen für Verbesserungsmaßnahmen abzüglich Abschreibung

adjusting events after the balance sheet date *n/pl* wertaufhellende Informationen (fpl), wertaufhellende Tatsachen (fpl) (IAS 10); **adjusting sleeve** *n ArCo* Einpassmuffe (f)

adjustable *adj* verstellbar, regulierbar; anpassungsfähig; **adjustable mortgage** *n Fin* Gleitzinshypothek (f), zinsvariable Hypothek (f); *Syn.: adjustable-rate mortgage, flexible-rate mortgage, variable-rate mortgage, floating-rate mortgage*; **adjustable-rate loan** *n Fin* zinsvariables Darlehen (n); **adjustable-rate mortgage (ARM)** *n Fin* Gleitzinshypothek (f), zinsvariable Hypothek (f); *Syn.: adjustable mortgage, flexible-rate mortgage, variable-rate mortgage, floating-rate mortgage*

adjustment *n* Angleichung (f), Anpassung (f), Ausgleich (m), Berichtigung (f), Regelung (f), Regulierung (f), Saldo (m); **adjustment for current market conditions** *n* Anpassung (f) an die Marktlage, Marktanpassung (f); **adjustment of assessed value** *n* Anpassung (f) des Einheitswertes; **adjustment of boundary** *n* Grenzregelung(en) (f)

adjustment clause *n* Gleitklausel (f), Wertsicherungsklausel (f); **adjustment costs** *n/pl insur* Regulierungskosten (pl); *Syn.: claim expenses, settlement costs*; **adjustment grid** *n* Anpassungsraster (n); **adjustment interval** *n Fin* Anpassungsintervall (n); Zeitraum zwischen möglichen Zinsanpassungen (bei zinsvariablen Darlehen); i.d.R. 1 Monat, 6 Monate, 1 Jahr usw.; **adjustment law** *n Law* Anpassungsgesetz (n); **adjustment levy** *n* Wertabschöpfung (f); **adjustment measure** *n* Anpassungsmaßnahme (f); **adjustment sheet** *Fin, Law (US)* → closing statement

Adler clause *n Law* Klausel, die das Vorkaufsrecht des Vermieters garantiert

ad medium filium (viae or aquae) *Law (lat.)* zur Mitte eines Flusses oder einer Straße; Regel über Grundstücksgrenzen, die an eine Straße oder einen Wasserlauf grenzen

administer *v/t* verwalten

administration *n* Verwaltung (f), Leitung (f); (government) Regierung (f); **administration building** *n* Verwaltungsgebäude (n); **administration of oath** *n* Vereidigung (f); **administration of property** *n* Immobilienzwangsverwaltung (f), Zwangsverwaltung (f)

administrative *adj* Verwaltungs-; **administrative act** *n* Verwaltungsakt (m); **administrative agency** *n (US)* Behörde (f); **administrative assistance** *n* Amtshilfe (f); **administrative audit** *n* Innenrevision (f); **administrative body** *n* Verwaltungsbehörde (f); **administrative charge** *n Fin* → administrative expenses; **administrative court** *n Law* Verwaltungsgericht (n); **administrative decision** *n* Bescheid (m); **administrative expenses** *n/pl* Verwaltungsaufwand (m), Verwaltungskosten (pl); *Syn.: administrative overheads, administrative charge*; **administrative fee** *n* Verwaltungsgebühr (f); **administrative finality** *n* Bestandskraft (f); **administrative instruction** *n* Verwaltungsanordnung (f); **administrative law** *n* Verwaltungsrecht (n); **administrative measures** *n/pl* Ordnungsmaßnahmen (fpl); **administrative order** *n* Verwaltungsakt (m); **administrative overheads** *n/pl Fin* Verwaltungskosten (pl); *Syn.: administrative expenses, administrative charge*; **administrative practice** *n* Verwaltungspraxis (f); **administrative principles** *n/pl* Verwaltungsgrundsätze (mpl); **Administrative Procedures Act** *n (US)* Verwaltungsverfahrensgesetz (n); **administrative regulations** *n/pl* Verwaltungsvorschriften (fpl); **administrative review** *n* behördliche Prüfung (f); **administrative rule** *n* Verwaltungsvorschrift (f)

administrator *n* Verwalter (m), Verwaltungsfachmann (m), US: Konkursverwalter (m); → receiver; **administrator of an estate** *n* Vermögensverwalter (m)

admission *n* Zutritt (m), Eintritt (m), Aufnahme (f), Zulassung (f); **admission requirements** *n/pl* Zulassungsvoraussetzungen (fpl); **admission standards** *n/pl* Zulassungsbedingungen (fpl); z.B. zu einem Berufsverband

admit *v/t* zulassen

admixing *n* Beimischung (f); *Syn.: admixture*

adobe *n ArCo* Adobe (m); luftgetrockneter (nicht gebrannter) Ziegelstein; in Trockengebieten verbreitet

adopt *v/t* übernehmen; **adopt a resolution** beschließen; **adopted discount rate** *n* angenommene Abzinsungsrate (f); **adopted highway** *n Plan, Law* öffentliche Straße (f); von der öffentlichen Hand instandzuhalten

adornment *n* Verzierung (f)

ADR *Fin, Tax* → asset depreciation range

ADS *Fin* → alternative depreciation system

ad valorem (a.v.) *(lat.)* nach Wert; dem Wert entsprechend; **ad valorem tax** *n Tax* Wertsteuer (f); insbesondere Grundsteuer

advance *n* Vorschuss (m), Anzahlung (f); Darlehen (n), Kredit (m); Steigerung (f), Anstieg (m), Erhöhung (f); **in advance** vorschüssig, vorab, im Voraus

advance commission *n Fin* Kreditbeschaffungsprovision (f); **advance commitment** *n Fin* Vorschussverbindlichkeit (f); Vorausverpflichtung (f); **advance compensation** *n Val, Law* (provisorische) Bezahlung einer Entschädigung im Voraus; **advance corporation tax (ACT)** *n Tax (GB)* Körperschaftsteuer-Vorauszahlung (f); **advance factory** *n* spekulativ gebaute Fabrik (f); **advance fee** *n Fin* Gebührenvorschuss (m); **advance investment** *n* Investitionsvorleistung (f); **advance payment** *n* Anzahlung (f), Vorauszahlung (f); **advance payments code** *n Fin (GB)* Vorauszahlung oder Bürgschaft eines Entwicklers (oder Besitzers), um Straßenbaukosten zuzusichern; **advance service charge** *n PptMgt* Nebenkostenvorauszahlung (f)

advanced vocational training *n* berufliche Fortbildung (f)

advancement *n* Aufstieg (m), Beförderung (f)

advantage *n* Vorteil (m)

adverse *adj* negativ, ungünstig, ablehnend; **adverse audit opinion** *n* negativer Bestätigungsvermerk (m); **adverse differential** *n* unterschiedliche Effekte (mpl) (z.B. einer Politik) auf verschiedene Bürger, Grundstücke etc.; **adverse land use** *Plan* → preexisting use; **adverse occupation** *Law* → adverse use; **adverse opinion** *n* Versagung (f) eines Bestätigungsvermerkes, Versagungsvermerk (m); **adverse possession** *n Law* Ersitzung (f); Gewohnheitsrecht (n) eines Hausbesetzers; **adverse report** *n* negativer Bericht (m); **adverse use** *n Law* Besetzung (f), unerlaubte Benutzung (f); **adverse user** *n Law* Besetzer (m), Hausbesetzer (m)

advert *n (GB)* → advertisement

advertise *v/t* Inserat aufgeben, inserieren, werben

advertisement *n Mkt* Anzeige (f), Annonce (f), Inserat (n); Werbung (f), Fernsehspot (m); Bekanntmachung (f); *Syn.: ad, advert*

advertising *n Mkt* Werbung (f), Reklame (f); **advertising charges** *n/pl* Werbekosten (pl) (Reklame); **advertising medium** *n Mkt* Werbemedium (n), Werbeträger (m), Werbemittel (n); **advertising restriction** *n* Werbebeschränkung (f); **advertising space** *n* Reklamefläche (f)

advice *n* Benachrichtigung (f), Beratung (f), Ratschlag (m)

advise *v/t* benachrichtigen, mitteilen; **advisory board** *n* Beirat (m), Verwaltungsrat (m); *Syn.: advisory council*; **advisory council of experts** *n* Sachverständigenbeirat (m); **advisory opinion** *n* gutachterliche

a

Stellungnahme (f); **advisory service** *n* Beratungsdienst (m), Kundenberatung (f); **advisory skills** *n/pl* Beratungskompetenz (f)

adviser *n* Berater (m); *Syn.: advisor*

advocate *n Law* Anwalt (m), Verfechter (m), Verteidiger (m)

advocate *v/t* befürworten, verfechten, verteidigen

aerated concrete *n ArCo* Gasbeton (m), Isolierbeton (m), Porenbeton (m), Schaumbeton (m); *Syn.: porous concrete*; **aerated concrete block** *n ArCo* Gasbetonblock (m)

aeration *n* Belüftung (f)

aerial *n* Antenne (f)

aerial *adj* aus der Luft; **aerial map** *n* Luftbildkarte (f); **aerial photograph** *n* Luftbild (n), Luftaufnahme (f); **aerial pipeline** *n* Freileitung (f); **aerial survey** *n* Luftvermessung (f); **aerial view** *n* Luftbild (n)

aesthetic zoning → zoning

affiant *n Law (US)* Vereidigter (m)

affidavit *n Law* Affidavit (n), beeidigte Erklärung (f), eidesstattliche Erklärung (f)

affiliate *v/t* als Mitglied aufnehmen, angliedern, anschließen; **affiliate broker** *n Mkt* lizenzierter, angestellter Makler (m); *Syn.: associate broker, broker-associate, broker-salesperson*

affiliated *adj* assoziiert, angegliedert; **affiliated company** *n* angegliedertes Unternehmen (n), angeschlossenes Unternehmen (n), Konzerngesellschaft (f); **affiliated group** *n* Konzerngruppe (f)

affiliation *n* Angliederung (n), Zugehörigkeit (f); **affiliation privilege** *n Tax* Schachtelprivileg (n)

affirm *v/t* bekräftigen

affirmation *n Law* Beteuerung (f); Bestätigung (f); **affirmation in lieu of oath** *n Law* eidesstattliche Versicherung (f)

affirmative covenant *Law* → positive covenant

affixed to land *adj Law* auf Grund befestigt, mit dem Boden verbunden

AFFO *Fin, PptMgt* → adjusted funds from operations

affordability index *n* Erschwinglichkeitsindex (m)

affordable *adj* finanziell möglich, finanziell tragbar, bezahlbar; **affordable housing** *n Plan* kostengünstiger Wohnungsbau (m)

afforestation *n* Aufforstung (f)

AFIDA *Fin, Law (US)* → Agricultural Foreign Investment Disclosure Act

AFM → Accredited Farm Manager

a fortiori *adj Law (lat.)* offensichtlich

A-frame *n ArCo* A-Rahmen (m)

African Real Estate Society (AfRES) *Org* afrikanischer Immobilienverband mit Sitz in Südafrika; zugehörig zur → International Real Estate Society (IRES)

after-acquired property clause *n Fin, Law (US)* Klausel (f) in einem Darlehensvertrag, die festlegt, dass alle folgenden Immobilienakquisitionen dem Hypothekengläubiger ebenfalls als Sicherheit dienen

aftercare *n Mkt* Nachbetreuung (f); **aftercare condition** *n Plan (GB)* Bedingung für eine Baugenehmigung z.B. im Bergbau, dass ein Grundstück nach dem Abbau etwa in Ackerland umgewandelt werden muss

after-completion costs *n/pl* Kosten (pl) nach Baufertigstellung

after-tax cash flow *n Fin, Val* Netto-Cashflow (m), Cashflow (m) nach Steuern; **after-tax income** *n* Nachsteuergewinn (m), Ertrag (m) nach Steuern

AGA *Law* → authorised guarantee agreement

AGA *Org* → American Guild of Appraisers

against all risks (a.a.r.) gegen alle Gefahren, gegen alle Risiken

age *n* Alter (n); **aged trial balance** *n* Probebilanz (f), nach Alter aufgeschlüsselt; **age-life method** *n Fin, Tax (US)* auf der prognostizierten Nutzungsdauer des Gebäudes basierte Abschreibungsmethode; *Syn.: age-life depreciation*; **age limit** *n* Altersbegrenzung (f); **age structure** *n* Altersstruktur (f)

aged receivables lang ausstehende Forderungen (fpl); Forderungen, die länger als eine definierte Zeit (z.B. 90 Tage) offen sind

ag(e)ing date *n* Fälligkeitstag (m), Fälligkeitstermin (m); **ag(e)ing process** *n* Alterungsprozess (m) (Gebäude)

agency *n* Agentur (f), Vertretung (f); Behörde (f), Dienststelle (f); Bevollmächtigung (f); **agency by acquiescence** *n* Duldungsvollmacht (f); **agency by estoppel** *n Law* durch schlüssiges Verhalten erteilte Vollmacht (f), Duldungsvollmacht (f); **agency by ratification** *n Law* Genehmigung (f) einer Vertretung

agency of necessity *n Law* Vertretung (f) im Notfall ohne Ermächtigung
agency agreement *n* Agenturvertrag (m); Vertretungsvertrag (m); **agency disclosure** *n Law* Offenlegung (f) des Vertretungsverhältnisses
agent *n* Vertreter (m), Agent (m); Vermittler (m); Bevollmächtigter (m); **agent's fee** *n Mkt* Maklerprovision (f), Courtage (f)
agglomeration *n Plan* Ballungsgebiet (n), dicht besiedeltes Gebiet (n)
aggravated damages *n Law* erhöhter Schaden(s)ersatz (m)
aggregate *n* Summe (f); **aggregate amount** *n* Gesamtsumme (f), Summe (f); **aggregate tax rate** *n* Gesamtsteuersatz (m); **aggregate value** *n* Gesamtwert (m); **aggregate value added** *n* volkswirtschaftliche Wertschöpfung (f)
aggregation *n* Ansammlung (f), Anhäufung (f); Zusammenschluss (m)
aggrieved *adj* geschädigt, benachteiligt; bedrückt, betrübt
agio *n Fin* Aufgeld (n)
agrarian *adj* landwirtschaftlich; **agrarian reform** *n* Bodenrechtsreform (f), Bodenreform (f); **agrarian structure** *n* Agrarstruktur (f)
agree *v/i* einverstanden sein, übereinkommen, vereinbaren, zustimmen; **as agreed** wie verabredet
agree on conditions Bedingungen vereinbaren; **agree to an amendment** einem Abänderungsantrag zustimmen; **agree to maintain secrecy** Geheimhaltung vereinbaren
agreed equivalent (value) *n* vereinbarter Gegenwert (m); **agreed value insurance** *n* Festwertversicherung (f)
agreement *n* Vereinbarung (f) (schriftlich); **by agreement** vertraglich; **in agreement with** entsprechend, in Übereinstimmung mit
agreement for a lease *n Law* (schriftliche) Vereinbarung, einen Mietvertrag zu schließen; *Syn.: contract for a lease*; **agreement for sale and purchase** *n Law* Kaufvertrag (m); **agreement in restraint of competition** *n* wettbewerbsbeschränkende Vereinbarung (f); **agreement of sale** *n Law, Mkt* (schriftlicher) Kaufvertrag (m); *Syn.: earnest money contract (US)*; **agreement to agree** *n Law* vorläufige Vereinbarung (f); Vereinbarung, die nicht alle Eigenschaften eines gültigen Kaufvertrages besitzt; → conditional contract; **agreement to arbitrate** *n* Schiedsgerichtsvereinbarung (f); **agreement to convey** *n Law (US)* Vertrag (m) auf Übertragung; Form des Kaufvertrags
agreement certificate *n* Beglaubigung (f) einer Vereinbarung; **agreement price** *n* Einigungspreis (m)
agricultural *adj* landwirtschaftlich; **agricultural area** *n* landwirtschaftliche Fläche (f); **agricultural building allowance** *n Tax (GB)* Abschreibung der Baukosten von landwirtschaftlichen genutzten Gebäuden; **agricultural districts** *n/pl* Agrargebiete (npl); **Agricultural Foreign Investment Disclosure Act (AFIDA)** *Fin, Law (US)* Gesetz über die Angabe zum Grundbesitz von Ausländern; **agricultural holding** *n* landwirtschaftliches Pachtgut (n), landwirtschaftlicher Besitz (m); **(pure) agricultural land** *n* (reines) Agrarland (n), (rein) landwirtschaftlich genutzte Fläche (f); **agricultural land value** *n* landwirtschaftlicher Bodenwert (m); **agricultural market value** *n* landwirtschaftlicher Verkehrswert (m); **Agricultural Mortgage Corporation (AMC)** *Org (GB)* unabhängige Körperschaft, die Hypotheken für Agrarland vergibt; **agricultural operation** *n* landwirtschaftlicher Betrieb (m); **agricultural property** *n* landwirtschaftlicher Besitz (m); **agricultural property valuation** *n* Bewertung (f) landwirtschaftlicher Immobilien; **agricultural tenancy** *n Law* landwirtschaftliches Pachtverhältnis (n)
agriculture *n* Landwirtschaft (f)
AHLV *Plan* → area of high landscape value
AI *Org* → Appraisal Institute
AIA *Org* → American Institute of Architects
air *n* Luft (f); **air chimney** *n* Wrasenabzug (m); **air-conditioner** *n* Klimagerät (n); **air-conditioning** *n ArCo* Klimatisierung (f); **air-conditioning system** *n* Klimaanlage (f); **air-conditioning unit** *n* Klimagerät (n); **aircraft noise** *n* Fluglärm (m); **air curtain** *n ArCo* Luftschleieranlage (f); (over door) Türluftschleieranlage (f); **air easement** *Law (GB)* → right to air; **air escape valve** *n* Belüftungsventil (n), Entlüftungsventil (n); **airfield** *n* Flugplatz (m); **air flue** *n* Wrasenabzug (m); **air gap** *n* Luftzwischen-

a

raum (m); **air heater** *n* Lufterhitzer (m); **air heating** *n* Luftheizung (f); **air lot** *n Law (US)* bestimmter gekennzeichneter Luftraum über einem Grundstück (z.B. Eigentumswohnung); **air park** *n (US)* Gebiet, das Teil eines Flughafens ist oder an einen Flughafen angrenzt und mit Gewerbe-, Industrie- oder Büroflächen bebaut ist; **air permeability** *n* Luftdurchgängigkeit (f); **air photograph** *n* Luftbild (n), Luftaufnahme (f); **airplane picture** *n* Luftbild (n), Luftaufnahme (f); **air pollutant** *n* Luftschadstoff (m); **air pollution** *n* Luftverschmutzung (f), Luftverunreinigung (f), Immission (f); **airport** *n* Flughafen (m); **airport zoning** *n Plan* Gebiet mit Nutzungsbeschränkung in der Nähe eines Flughafens; **air pre-heater** *n* Luftvorwärmer (m); **air-pressure test** *n* Druckluftprüfung (f); **air purification** *n* Luftreinhaltung (f); **air quality** *n* Luftqualität (f), Raumluftqualität (f); **air rights** *n/pl Law (US)* Luftrechte (npl); Rechte an dem Raum oberhalb der Erdoberfläche, der nach amerikanischem Recht bis zu einer bestimmten Höhe Gegenstand besonderer Rechte sein kann und getrennt veräußerbar ist; *Syn.: air space rights (GB)*; **air space** *n ArCo* Luftzwischenraum (m), Luftspalt (m), leere Zwischenschicht (f); **air survey** *n* Luftbild (n), Luftaufnahme (f); **air-tight** *adj* luftdicht; **airtightness** *n ArCo* → building airtightness; **air valve** *n* Belüftungsventil (n), Entlüftungsventil (n), Luftventil (n)

AIREA → American Institute of Real Estate Appraisers

airing *n* Belüftung (f)

AIR lease *n Law (US)* AIR-Pachtvertrag (m); Pachtvertrag nach den Richtlinien der American Industrial Real Estate Association (US-Verband der Industrieimmobilienbranche)

aisle *n ArCo* Gang (m), Mittelgang (m)

alarm *n* Warnung (f); **alarm system** *n* Alarmanlage (f), Alarmsystem (n), Warnanlage (f)

ALC → Accredited Land Consultant

alcove *n* Alkoven (m), Nische (f)

ALDA *Org* → American Land Development Association

alder *n* Erle (f)

aleatory contract *n Law* aleatorischer Vertrag (m), Risikovertrag (m); vom Eintritt eines zukünftigen ungewissen Ereignisses abhängiger Vertrag

alien *adj* fremd, andersartig

alienation *n Law* Eigentumsübertragung (f), Übertragung (f), Umschreibung (f), Veräußerung (f); **alienation clause** *n Law* Klausel in einem Darlehensvertrag, dass beim Verkauf der besicherten Immobilie eine sofortige Tilgung/Rückzahlung des Darlehens zu erfolgen hat; *Syn.: non-assignment clause, due-on-sale clause*

alienee *n Law* Erwerber (m)

alienor *n Law* Veräußerer (m)

alignment *n ArCo* Ausrichtung (f), Baufluchtlinie (f), Fluchtlinie (f), Trasse (f)

alimentary trust *n Law (GB)* Sonderfall eines Treuhandverhältnisses; mit dem Ziel, einen laufenden Ertrag für den Begünstigten zu erwirtschaften; → protective trust

aliquot *Law* aliquot, ohne Rest teilend, gleich teilend

all-day trading *n* Rund-um-die-Uhr-Handel (m)

allegation *n* Behauptung (f)

allege *v/t* behaupten

alley *n ArCo* Durchgang (m), Verbindungsgang (m); schmale Gasse (f)

all-glass wall *n* Ganzglaswand (f)

alligator *n Fin, Val (US)* etwas (z.B. Vertragsklausel), das die wirtschaftliche Leistung eines Objektes stark reduziert

all-inclusive contract *n Law* Pauschalvertrag (m); *Syn.: package-deal contract, all-in contract*; **all-inclusive insurance** *n* Gesamtversicherung (f); *Syn.: all-loss insurance, all-risk insurance, all-risks insurance, all-in insurance*; **all-inclusive mortgage** *Fin (US)* → wrap-around mortgage; **all-inclusive price** *n* Pauschalpreis (m); **all-inclusive services** *n* Pauschalleistungen (fpl)

all-loss insurance *n* Gesamtversicherung (f); *Syn.: all-risk(s) insurance, all-in insurance*

all mod cons veraltete Abk. für "all modern conveniences": moderner Komfort, z.B. Zentralheizung, Badezimmer, internes WC

allocate *v/t* anteilmäßig verrechnen, bereitstellen, einstellen, verteilen, zurechnen, zuteilen, zuweisen; **allocated costs** *n/pl* Umlagekosten (pl)

a

allocation *n* Umlage (f) von Kosten, Umlegung (f), Verrechnung (f) von Kosten, Verteilung (f) von Kosten, Zuführung (f) von Kosten, Zuordnung (f), Zurechnung (f) von Kosten, Zuteilung (f); **allocation of acquisition cost** *n* Kaufpreisallokation (f), Verteilung (f) der Anschaffungskosten des Unternehmenserwerbs; **allocation of expenses** *n* Zuordnung (f) von Erwerbsaufwendungen; **allocation of property** *n* Besitzeinweisung (f); **allocation of purchase price** *n* Kaufpreisallokation (f); **allocation to reserves** *n Fin* Rücklage (f), Zuweisung (f) an die Reserven, Dotierung (f) der Rückstellungen

allocation factor *n* Umlegungsmaßstab (m); **allocation formula** *n* Verteilungsschlüssel (m), Zerlegungsmaßstab (m); **allocation method** *n* → abstraction (method); **allocation value** *n* Zuteilungswert (m)

allodial system *n Law* System von Landbesitz und Eigentum, unter dem, anders als im Feudalsystem, Landbesitz jedem offen steht

allodium *n Law (lat.)* Allod(ium) (n); Erbe und Eigen: das vom Eigentümer (Grundherr) selbst genutzte Stück Land

allonge *n Law* Allonge (f), Anhang (m) an einem Wechsel

allot *v/t* zuteilen; **allot land** Land aufteilen

allotment *n* **1.** Verteilung (f), Zuteilung (f), Zuweisung (f); **allotment value** *n* Zuteilungswert (m); **2.** *(GB)* Kleingarten (m), Schrebergarten (m); **allotment land** *n* Kleingartenland (n), Laubenkolonie (f)

allotted *adj* bewilligt; **allotted capital** *n* Dotationskapital (n)

allow *v/t* gewähren, zulassen; **allow for** berücksichtigen; **allow time for payment** Zahlungsziel einräumen

allowable *adj* abzugsfähig, steuerlich absetzbar

allowance *n Tax* Freibetrag (m), Steuerfreibetrag (m); **allowance for depletion** *n* Wertberichtigung (f) auf Substanzverringerung; **allowance for doubtful accounts** *n Tax* Wertberichtigung (f) auf zweifelhafte Forderungen; **allowance for housing** *n* Wohnungsgeld (n); **allowance for loss on investment** *n Tax* Wertberichtigung (f) auf Beteiligungen; **allowance for wear and tear** *n* Absetzung (f) für Abnutzung

allowed alternative treatment *n* alternativ zulässige Methode (f) (gemäß IAS 16)

alloy *n* Legierung (f)

all-plastic board *n* Vollkunststoffplatte (f), Vollplastikplatte (f)

all-purpose primer *n* Universalgrundierung (f)

all-risk insurance *n* Gesamtversicherung (f); *Syn.: all-risks insurance, all-loss insurance, all-in insurance, all-inclusive insurance*; **all-risk rate** *n* Gesamtversicherungstarif (m); Versicherungstarif für Gesamtversicherung; → all-risk insurance; **all-risks yield (ARY)** *Fin, Val* Kapitalisierungssatz (Rendite) wird besonders in den traditionellen Bewertungsverfahren in GB (→ term and reversion method, hardcore method) angewendet; alle renditebeeinflussenden Parameter werden darin explizit berücksichtigt; *Syn.: capitalisation rate*

all-round visibility *n* Rundumsicht (f)

alluvion *n* → allovium

alluvium *n* Anschwemmung (f), Schlick (m); *Syn.: alluvion*

ALTA *Org* → American Land Title Association

alter *v/t* abändern, ändern, modifizieren, umbauen

alteration *n* Abänderung (f), Abdingbarkeit (f), Änderung (f), Berichtigung (f), Korrektur (f), Nachtrag (m); **alteration of use** *n* Nutzungsänderung (f); **alterations (to a building)** *n/pl ArCo* Umbau (m), Umgestaltung (f)

altered *adj* geändert, verändert

alternate bending strength *n* Wechselbiegefestigkeit (f)

alternating current *n* Wechselstrom (m); **alternating load** *n* Wechsellast (f); **alternating stress** *n* Wechselspannung (f)

alternative *n* Variante (f)

alternative *adj* alternativ; **alternative accommodation** *n Val* Ersatzfläche (f), Ausweichfläche (f); **alternative costs** *n/pl* Alternativkosten (pl), Opportunitätskosten (pl); **alternative depreciation system (ADS)** *n Tax (US)* wörtlich: alternatives Abschreibungssystem; alternative Abschreibungsmethode unter dem MACRS (→ Modified Accelerated Cost Recovery System), das lineare Abschreibung unterstellt; **alternative investments** *n/pl* Alternativanlagen (fpl), vergleichbare Anlagen

a

(fpl); **alternative mortgage instrument (AMI)** *n Fin (US)* Hypothek ohne feste Laufzeit und Tilgungsmethode; **alternative mortgage loan** *n Fin* Hypothek ohne feste Laufzeit und Tilgungsmethode; **alternative procedure** *n (GB)* (lit.) alternatives Verfahren (n); Enteignungsverfahren unter dem Compulsory Purchase Act 1965 (veraltet); **alternative risk transfer (ART)** *n* alternative Risikoübertragung (f); **alternative use** *n Val* Alternativnutzung (f), alternative Verwendung (f); **alternative use value (AUV)** *n Val (GB)* Wert bei alternativer Nutzung; der Begriff alternative use value steht im Zusammenhang mit der Bilanzierung von eigengenutzten Immobilien und wird immer dann ausgewiesen, wenn er sich deutlich vom → existing use value unterscheidet

altitude *n* Höhenlage (f)

aluminium *n* Aluminium (n); *Syn.: aluminum (US)*; **aluminium cover** *n* Aluminiumabdeckung (f); **aluminium foil** *n* Aluminiumfolie (f); **aluminium glazing bar** *n* Aluminiumfenstersprosse (f); **aluminium radiator** *n* Aluminiumheizkörper (m); **aluminium roof cladding** *n* Aluminiumdachbekleidung (f)

amalgamate *v/t* verschmelzen

AMB *Org* → Ancient Monuments Board

ambient *adj* umgebend; **ambient temperature** *n* Raumtemperatur (f), Umgebungstemperatur (f); **ambient temperature sensor** *n* Raumluftfühler (m)

ambulatory *n ArCo* Arkade (f); Wandelgang (m)

AMC *Org (GB)* → Agricultural Mortgage Corporation

ameliorating waste *n Law* dauerhafte Veränderung eines Grundstücks durch einen Nießbraucher, die nicht mit einer Wertminderung einhergeht; *Syn.: meliorating waste*

amelioration *n* Bodenverbesserung (f)

amend *v/t* abändern; **as amended** in der Fassung von

amendment *n Law* Abänderung (f), Abdingbarkeit (f), Änderung (f), Berichtigung (f), Korrektur (f), Nachtrag (m); **amendment clause** *n* Abänderungsklausel (f)

amenities *n/pl* Anlagen (fpl), Einrichtungen (fpl); Wohnkomfort (m), Vorzüge (mpl); Dienstleistungen und Anlagen, die das Leben der Einwohner angenehmer machen: Kinder brauchen Schulen, deren Eltern Kinos, Restaurants usw.

amenity *n* Annehmlichkeit (f), Vorzug (m); schöne Lage (f); **amenity land** *n* Freiflächen in der Nähe einer Wohnbebauung

American Guild of Appraisers (AGA) *Org (US)* einer von mehreren Berufsverbänden für Immobiliensachverständige und -bewerter/innen

American Institute of Architects (AIA) *Org (US)* US-Amerikanischer Berufsverband für Architektinnen und Architekten

American Institute of Real Estate Appraisers (AIREA) *n Org (US)* seit 1991 mit dem → Appraisal Institute (AI) zusammengeschlossen

American Land Development Association (ALDA) *Org (US)* nationaler Fachverband der Entwicklungswirtschaft, insbesondere der Immobilienbranche im Wohn- und Freizeitbereich

American Land Title Association (ALTA) *Org (US)* Verband der Rechtstitelversicherer und → abstracter mit Sitz in Washington, DC; ALTA-Mitglieder überprüfen die Rechtssicherheit beim Grundstückskauf; assoziierte Mitglieder von ALTA sind u.a. Anwälte, Bauträger, Entwickler, Makler und Bestandshalter

American option *n Fin* amerikanische Option (f); Option, die jederzeit ausgeübt werden kann

American Real Estate and Urban Economics Association (AREUEA) *n Org (US)* Forum zur Verbindung von Immobilienentwicklung, Wirtschaft und Stadtplanung

American Real Estate Society (ARES) *n Org (US)* amerikanischer Immobilienverband; zugehörig zur → International Real Estate Society (IRES)

American Society for Industrial Security (ASIS) *Org (US)* Fachverband der Sicherheitsdienste

American Society of Appraisers (ASA) *Org (US)* Berufsverband von Beratern und Sachverständigen für Privat- und Geschäftseigentum

American Society of Farm Managers and Rural Appraisers (ASFMRA) *Org (US)* Berufsverband für Manager und Berater, die auf landwirtschaftliche Immobilien spezialisiert sind

American Society of Home Inspectors (ASHI) *Org* Fachverband für Gutachter und Bewerter, die auf Wohneigentum spezialisiert sind

American Society of Real Estate Counselors (ASREC) *Org (US)* Berufsverband der Immobilienberater

Americans with Disabilities Act (ADA) *n Law (US)* Arbeitsunfähigkeitsgesetz (n)

AMI *Fin* → alternative mortgage instrument

AMO *Org* → Accredited Management Organization

amortise, amortize *v/t Fin* amortisieren; tilgen; **amortized cost method** *n* Amortisationsmethode (f)

amortization *n Fin, Tax* Amortisation (f), Amortisierung (f); Abschreibung (f); Tilgung (f); *Syn.: amortisation (BE)*; **amortization charges** *n/pl* Abschreibungslasten (fpl); **amortization fund** *n Fin* Tilgungsfonds (m); Tilgungsrücklage (f); *Syn.: sinking fund*; **amortization holiday** *n Fin* Zeitraum, während dem lediglich Zinszahlungen ohne Tilgung des Kapitals durch einen Kreditnehmer fällig sind; **amortization loan** *n Fin* Tilgungsanleihe (f); *Syn.: amortization mortgage*; **amortization method** *n* Abschreibungsmethode (f) immaterieller Vermögenswerte, Verteilungsmethode (f) für Disagien, etc.; **amortization mortgage** *n Fin* Annuitätenhypothek (f), Tilgungshypothek (f), Amortisationshypothek (f); *Syn.: annuity mortgage, level-payment mortgage, constant payment mortgage, amortizing mortgage (US)*; **amortization plan** *n Fin* Tilgungsplan (m); **amortization rate** *n Fin* Tilgungsrate (f); **amortization schedule** *n Fin* Tilgungsplan (m); **amortization term** *n Fin* Tilgungszeitraum (m)

amortizement *n Fin (US)* Tilgung (f); *Syn.: amortisation*

amount *n* Betrag (m), Wert (m), Summe (f); **amount due for payment** *n* fälliger Betrag (m); **amount insured** *n* Deckungssumme (f); **amount of annuity** *n* Rentenendwert (m); **amount of one** *n Val* Wert, den eine Serie von Einzahlungen von einer Währungseinheit pro Periode nach einer bestimmten Anzahl von Perioden mit Zins und Zinseszins hat; *Syn.: compound amount of one, future worth of one*; **amount of redemption** *n* Ablösungssumme (m); **amount outstanding** *n* ausstehender Betrag (m); **amount paid out** *n* Auszahlung (f); **amount remaining** *n* Differenzbetrag (m), Restbetrag (m); **amount stated** *n* Wertansatz (m)

ample *adj* weitläufig, ausgedehnt, reichlich, üppig

AMS *Org (GB)* → Ancient Monuments Society

anaconda mortgage *n Fin* Hypothek mit einer Klausel, dass alle Schulden des Kreditnehmers gegenüber dem Kreditgeber gesichert sind; sog. anaconda clause oder auch Mother Hubbard clause

analysis *n* Analyse (f), Berechnungsverfahren (n), Prüfung (f), Untersuchung (f); **analysis of fixed assets** *n* Anlagespiegel (m); **analysis of purchase prices** *n* Kaufpreisanalyse (f), Kaufpreisauswertung (f); **analysis of sale contracts** *n* Auswertung (f) von Kaufverträgen

anchor *n* Festpunkt (m); **anchor outlet** *n Ret* → anchor store; **anchor store** *n Ret (US)* durch einen Ankermieter angemieteter Laden, der andere Mieter anzieht; wichtigster Laden eines Einkaufszentrums; *Syn.: magnet store (US)*; **anchor tenant** *n Ret* Ankermieter (m); Hauptmieter in einem Einkaufszentrum; wichtiger und bekannter Mieter, der andere Mieter anzieht

anchor *v/t* verankern

anchorage *n* Verankerung (f)

ancient demesne *n Law (GB)* wörtlich: altertümlicher/alter Grundbesitz; Land im Besitz der Krone; **ancient lights** *n/pl Law (GB)* (Gewohnheits-) Recht auf Tageslicht; ein Fenster, das über lange Jahre Tageslicht (etwa in eine Wohnung) einlässt, begründet nach englischer Rechtsprechung einen Anspruch auf Tageslicht und verhindert den Bau angrenzender Gebäude, die den Lichteinfall behindern würden; **ancient monument** *n* Denkmal (n), Kulturdenkmal (n); **to schedule/list as ancient monument** unter Denkmalschutz stellen; **Ancient Monuments Acts** *n (GB)* Denkmalschutzgesetze (npl); **Ancient Monuments Board (AMB)** *Org (GB)* nationale und regionale Ämter für Beratung bei Management, Instandhaltung etc.

a

historischer Bauwerke; **Ancient Monuments Society (AMS)** *Org (GB)* Gesellschaft für das Studium und für die Bewahrung historischer Bauwerke; **ancient rent** *n Law (GB)* (sehr niedrige) bestehende Miete (f); veraltet

ancillary *adj* Neben-; **ancillary accommodation** *n* Nebenfläche (f); **ancillary area** *n* Nebenfläche (f); **ancillary building** *n* Nebengebäude (n); Gebäude, das in Verbindung mit einem Hauptgebäude genutzt wird, z.B. eine Garage, Werkstatt etc.; *Syn.: outbuilding, out-building, accessory building*; **ancillary construction costs** *n/pl* Baunebenkosten (pl); **ancillary expenses** *n/pl* Nebenkosten (pl); **ancillary services** *n/pl* Nebenleistungen (fpl); **ancillary space** *n* Nebennutzfläche (f), Nebenfläche (f); **ancillary use** *n* Nebennutzung (f)

angle *n* Winkel (m); **angle of viewing** *n* Ablesewinkel (m)

angle bar *n* Winkelprofil (n); **angle hinge** *n* Winkelband (n); **angle plate** *n* Winkelstütze (f)

animus possidendi *n Law (lat.)* Absicht (f) zu besitzen

animus revertendi *n Law (lat.)* Rückkehrabsicht (f)

annexation *n* Hinzufügung (f); Aneignung (f)

annexe *n* Anhang (m), Nachtrag (m); Nebengebäude (n); *Syn.: annex (AE)*

announce *v/t* bekannt geben, bekannt machen

announcement *n* Bekanntmachung (f)

annoyance factor *n* Lästigkeitsfaktor (m)

annual *adj* jährlich; **annual accounts** *n/pl Fin* Jahresabschluss (m); **annual balance sheet** *n* Abschlussbilanz (f); **annual budget** *n* Jahresbudget (n); **annual cost approach** *n* Annuitätenmethode (f); Methode in der Investitionsrechnung, bei der die Investition über den Annuitätenfaktor auf die Nutzungsdauer verteilt wird; die mit der Investition verbundenen Erträge werden dann pro Periode verglichen (im Gegensatz zur → net present value analysis bzw. Kapitalwertmethode); **annual debt service (ADS)** *n* jährlicher Kapitaldienst (m), jährlicher Schuldendienst (m); **annual depreciation charge** *n* Abschreibung (f) pro Jahr, Jahresabschreibung (f); **annual equivalent** *n* auf Jahresbasis umgerechnet; **annual general meeting (AGM)** *n* Jahresvollversammlung (f); **annual heat output** *n* Jahreswärmeabgabe (f); **annual income** *n* Jahreseinkommen (n); **annual loan constant** *n* jährlicher Darlehensfaktor (m); Verhältnis zwischen jährlichem Schuldendienst und ursprünglichem Darlehensbetrag; **annual mean** *n* Jahresmittel (n); **annual mortgage constant** *n Fin, Val (US)* wörtlich: jährliche Darlehenskonstante; Verhältnis zwischen jährlicher Rückzahlung und ursprünglichem Darlehensbetrag; *Syn.: annual loan constant*; **annual mortgagor statement** *n Fin (US)* Jahresabrechnung eines Darlehens, jährlicher Auszug für Kreditnehmer; **annual net rent** *n* Jahresnettomiete (f); Jahresreinertrag (m); **annual percentage rate (APR)** *n* Jahreszinssatz (m), jährlicher Effektivzins (m); **annual rent** *n* Jahresmiete (f); **annual rental value** *n* Jahresmietwert (m); **annual report** *n* Jahresabschluss (m), Geschäftsbericht (m); **annual (sales) revenue** *n* Jahresumsatz (m); **annual sinking fund (ASF) (payment)** *n* jährliche Tilgungsfondszahlung (f); jährliche Tilgungsrate (f); der jährliche Betrag, um nach n Jahren einen Endwert von 1 Euro zu erzielen; **annual sinking fund rate** *n Val* jährlicher Zinssatz (m) auf Schuldentilgungsfonds; **annual statement of accounts** *n* Jahresabschluss (m); **annual valuation** *n* jährliche Bewertung (f); **annual value** *n* jährlicher Mietwert (m), Jahreswert (m), Jahresertrag (m)

annualization *n* Umrechnung (f) auf Jahresbasis

annuitant *n Law* Rentner (m)

annuity *n Fin, Val* Annuität (f); Rente (f); **annuity for the period** *n* Zeitrente (f); **annuity payable in advance** *n* vorschüssige Rente (f)

annuity benefit *n* Leibrente (f) (rechtlich), Kaufpreisrente (f); **annuity capitalization** *n Val (US)* → discounted cash flow method; **annuity certain** *n* Zeitrente (f); **annuity charge** *n* Rentenschuld (f); **annuity due** *n* vorschüssige Rente (f); **annuity factor** *n math (US)* Wiedergewinnungsfaktor (m), Annuitätenfaktor (m), Rentenbarwertfaktor (m), Vervielfältiger (m); **annuity insurance** *n* Rentenversicherung (f); **annuity loan** *n* Annuitätendarlehen (n); **annuity method** *n math* Annuitätenmethode (f); **annuity mortgage** *Fin (US)* → reverse annuity mortgage; **annuity value** *n* Endwert (m), Rentenbarwert (m)

annular vault *n ArCo* Ringgewölbe (n)

annulment *n Law* Nichtigkeitserklärung (f)

anonymisation *n* Anonymisierung (f)

antecedent *adj* vorhergehend

antenuptial agreement *n Law* Ehevertrag (m)

anteroom *n* Vestibül (n), Vorraum (m)

anti-abuse rules *n/pl Law* Missbrauchsvorschriften (fpl)

anti-assignment clause *n Law* Klausel (f) gegen Übereignung

anti-avoidance legislation *n Law* Gesetzgebung, die Steuerumgehung verhindern soll

anti-churning provisions *n/pl Fin* Vorschriften (fpl) gegen Provisionsschneiderei

anticipate *v/t* vorwegnehmen, erwarten; **anticipated minimum yield** *n Val* erwartete Mindestrendite (f); **anticipated profit** *n* imaginärer Gewinn (m); **anticipated redemption** *n* vorzeitige Tilgung (f); **anticipated value** *n* Erwartungswert (m)

anticipation *n* Erwartung (f), Vorwegnahme (f), Vorausberechnung (f); **anticipation privilege** *n Law (US)* Recht (n) auf vorzeitige Tilgung; Klausel in einem Darlehensvertrag; *Syn.: prepayment privilege*

anticipatory *adj* neuheitsschädlich; **anticipatory breach of contract** *n Law* vorzeitiger Vertragsrücktritt (m)

anti-competitive *adj* wettbewerbswidrig; **anti-competitive behaviour** *n* wettbewerbsfeindliches Verhalten (n)

anti-pole *n* Gegenpol (m)

anti-rot *adj* unverrotbar

anti-slip *adj* rutschfest

anti-trust laws *n/pl Law* Kartellgesetze (npl)

antivibration mounting *n* vibrationsfreie Montage (f)

AONB *Plan* → area of outstanding natural beauty

apartment *n* Wohnung (f), Etagenwohnung (f), Wohneinheit (f); **apartment building** *n* Wohngebäude (n), Mehrfamilienhaus (n), Mehrfamilienwohnhaus (n), Wohnhaus (n); Mietshaus (n) mit mindestens drei Wohneinheiten; *Syn.: apartment house*; **apartment district** *n Plan (US)* Wohngebiet (n); Mietshausgebiet (n); **apartment hotel** *n (US)* Appartementhotel (n), Wohnhotel (n); **apartment house** → apartment building; **apartment ownership** *n* Wohnungseigentum (n)

APC → Assessment of Professional Competence

aperiodic *adj* aperiodisch

aperture *n* Blende (f), Öffnung (f)

apparel shop *n* Bekleidungshaus (n), Modehaus (n)

apparent *adj* offenbar, offensichtlich; **apparent authority** *n Law* Anscheinsvollmacht (f); **apparent defect** *n* offensichtlicher Mangel (m); *Syn.: patent defect*; **apparent easement** *n Law* wörtlich: sichtbare Dienstbarkeit, offensichtliche Dienstbarkeit; Grunddienstbarkeit, die keines Nachweises bedarf; **apparent title** *n Law (US)* Scheineigentum (n), scheinbar einwandfreier Rechtstitel (m); *Syn.: colour of title*

appeal *n Law* Revision (f), Anfechtung (f), Berufung (f); → planning appeal; **appeal procedure** *n* Rechtsbehelfsverfahren (n), Rechtsmittelverfahren (n); **appeals board** *n Law* Revisionsgremium (n)

appeal *v/t Law* anrufen, in Revision gehen

appear *v/i* erscheinen

appellant *n Law* Berufungskläger (m)

appellate committee *n Law* Berufungsausschuss (m)

appellee *n Law* Berufungsbeklagter (m)

appendant *n* Anhang (m)

appendant *adj* dazugehörig

appendix *n* Anhang (m), Zusatz (m)

applicable *adj* anwendbar, zutreffend; **non-applicable, not applicable** nicht anwendbar, keine Angabe (k.A.), entfällt **applicable tax rate** *n* anzuwendender Steuersatz (m)

applicant *n* Bewerber (m)

application *n* Anforderung (f), Antrag (m), Anwendung (f), Applikation (f), Gesuch (n); **application for a job** *n* Bewerbung (f); **application for a mortgage** *n* Hypothekenantrag (m); **application for building licence** *n* Bauantrag (m); **application for construction permit** *n* Bauantrag (m); **application for entry, membership etc.** *n*

a

Beitrittsantrag (m); **application for outline planning permission** *n* Bauvoranfrage (f), Bauanfrage (f)
application of funds *n* Mittelverwendung (f)
application manual *n* Anwendungshandbuch (n); **application principle** *n* Antragsprinzip (n)
apply for *v/i* beantragen, sich bewerben (bei)
apply to *v/i* anwenden auf
appointed day *n Law* Stichtag (m), festgesetzter Termin (m)
appointment *n* Termin (m), Verabredung (f); Ernennung (f), Einsetzung (f), Berufung (f); Bestellung (f); **appointment and swearing-in** *n Law* Bestellung (f) und Vereidigung (f)
apportion *v/t* aufteilen, umlegen
apportionment *n* Aufteilung (f), Zuteilung (f); Umlegung (f); **apportionment of costs** *n* Kostenverteilung (f)
appraisable *adj* abschätzbar
appraisal *n Val* Bewertung (f); Beurteilung (f); hat in GB auch die Bedeutung einer Schätzung oder Analyse des persönlichen Wertes für den Besitzer (oder Kaufinteressenten); *Syn.: valuation*; **to carry out an appraisal** ein Gutachten erstellen
appraisal by summation *n Val (US)* Sachwertverfahren (n); Substanzwertverfahren (n); **appraisal of agricultural land** *n* Bodenschätzung (f); *Syn.: soil appraisal*; **appraisal of fixed assets** *n* Schätzung (f) von Anlagevermögen
Appraisal and Valuation Manual *Val (GB)* → Red Book; **appraisal application** *n* Wertermittlungsantrag (m), Wertermittlungsformular (n); **appraisal approach** *n Val* Bewertungsmethode (f); **appraisal certificate** *n Val (US)* Wertgutachten (n); *Syn.: valuation certificate*; **appraisal clause** *n Law (US)* Bewertungsklausel (f); Klausel in einem Immobilienversicherungsvertrag, die es im Streitfall jeder Seite erlaubt, einen Gutachter zu beauftragen, um den Versicherungsschaden zu schätzen; **appraisal correlation** *n Val (US)* Gewichtung und Vergleich zwischen den Ergebnissen verschiedener Bewertungsverfahren; **appraisal date** *n Val* Bewertungsstichtag (m); **appraisal deficiencies** *n/pl* Gutachtenmängel (mpl); **appraisal fee** *n (US)* Schätzgebühr (f), Gutachterhonorar (n), Gebühr (f) für Bewertungsgutachten; **appraisal fee schedule** *n Val (US)* Honorartarif (m) für Bewertungen; → Ryde's scale; **Appraisal Foundation** *n Org, Val (US)* in Washington DC ansässige Organisation, die Ausbildungs- und Bewertungsstandards definiert; → Uniform Standards of Professional Appraisal Practice (USPAP); **Appraisal Institute (AI)** *Val, Org (US)* international agierender Verband der Immobilienbewerter/-gutachter mit Sitz in Chicago; Schwerpunkt in den USA und Kanada; 1991 entstanden durch den Zusammenschluss des American Institute of Real Estate Appraisers und der Society of Real Estate Appraisers; AI-Mitglieder können zwei verschiedene Qualifikationen haben: MAI (Bewerter für jede Art von Immobilien) und SRA (Bewerter für Wohnimmobilien); **appraisal method** *n* Bewertungsmethode (f), Bewertungsverfahren (n); **appraisal methodology** *n* Bewertungslehre (f), Methodenlehre (f) der Wertermittlung, Wertermittlungslehre (f); **appraisal principle** *n* Bewertungsprinzip (n); **appraisal refund** *n* Erstattung (eines Anteils) der Objektbewertungskosten; bes. bei Hypotheken; **appraisal report** *n Val* Bewertungsgutachten (n); **appraisal review** *n Fin, Tax (US)* Bewertungsüberprüfung (f), Zweitgutachten (m), Bewertungsrezension (f); **appraisal theory** *n* Bewertungstheorie (f)
appraisal-based index *n Econ* bewertungsbasierter Index (m)
appraise *v/t* abschätzen, auswerten, bemessen, bewerten, schätzen, taxieren; **appraised value** *n Val* geschätzter Wert (m), Schätzwert (m)
appraisement *n Val (US)* (amtliche) Schätzung (f)
appraiser *n* Gutachter (m), Bewerter (m); **appraiser liability** *n* Gutachterhaftung (f)
appreciation *n* Wertsteigerung (f), Wertzuwachs (m), Zuschreibung (f); **appreciation-participation mortgage** *Fin* → participating mortgage
approach *n* Ansatz (m); Zufahrt (f); **approach road** *n* Zufahrtsstraße (f)
approach *v/t* sich nähern, behandeln
approbate and reprobate *v/t Law* juristischer Grundsatz: Man kann etwas nicht

gleichzeitig annehmen und ablehnen; quod approbo non reprobo: was ich genehmige, weise ich nicht zurück; entspricht im Deutschen dem Grundsatz von Treu und Glauben

appropriate *adj* zweckgebunden, geeignet, angemessen; **appropriate alternative development** *n Law* geeignete Alternativentwicklung (f); im Enteignungsfall; **appropriate court** *n* zuständiges Gericht (n); **appropriated retained earnings** *n/pl* Rücklage (f)

appropriateness *n* Zumutbarkeit (f), Angemessenheit (f)

appropriation *n Law* Bestimmung (f), Verwendung (f), Zweckbindung (f); Bereitstellung (f), Zuweisung (f), Aneignung (f)

approval *n* Genehmigung (f), Zustimmung (f); **on approval** zur Ansicht

approval number *n* Zulassungsnummer (f); **approval of architectural design** *n* Bauartzulassung (f); **approval phase** *n* Genehmigungsphase (f); **approval practice** *n* Genehmigungspraxis (f)

approved *adj* anerkannt, genehmigt; **approved inspector** *n ArCo (GB)* genehmigter Prüfer (m); Bauexperte, der (nach Genehmigung) im Auftrag des Bauamtes die Aufsicht über ein Bauprojekt übernimmt

approvement *n Law* Genehmigung (f); auch: Steigerung der Erträge eines Grundstücks

approximate *adj* überschlägig; **approximate value** *n* Näherungswert (m); **appurtenance(s)** *n(pl)* Zubehör (n); Grundstücksbestandteile (mpl), wesentliche Bestandteile (mpl)

appurtenant *adj Law* zugehörig; **appurtenant easement** *n Law* Grunddienstbarkeit (f); *Ant.: personal easement*

APR → annual percentage rate

apron *n ArCo* Schutzplatte (f); Verkleidung (f)

aptitude *n* Befähigung (f)

APUT *Fin (GB)* → authorised property unit trust

aqueous *adj* wässrig, wasserhaltig

ARA *(US)* → Accredited Relocation Agent

ARA *(US)* → Accredited Rural Appraiser

arbiter *n* Schiedsrichter (m), Schlichter (m)

arbitrage *n Fin* Arbitrage (f); **arbitrage in space** *n* Raumarbitrage (f)

arbitrage calculation *n* Arbitragerechnung (f); **arbitrage stocks** *n/pl* Arbitragewerte (mpl)

arbitral award *n Law* Schiedsspruch (m); **arbitral jurisdiction** *n Law* Schiedsgerichtsbarkeit (f)

arbitrary *adj* willkürlich, launisch; **arbitrary zoning** *n Plan (US)* willkürliche/unbegründete Flächennutzungsplanung

arbitration *n Law* Schieds(gerichts)verfahren (n); **arbitration agreement** *n Law* Schiedsvereinbarung (f); **arbitration award** *n Law* Schiedsspruch (m); **arbitration clause** *n Law* Schiedsgerichtsklausel (f); **arbitration code** *n Law* Schiedsgerichtsordnung (f); **arbitration commission** *n Law* Schiedskommission (f); **arbitration procedure** *n Law* Schiedsverfahren (n), Schiedsvermittlung (f); **arbitration report** *n Law* Schiedsgutachten (n); **arbitration tribunal** *n* Schiedsgericht (n)

arbitrator *n* Schiedsrichter (m), Schlichter (m); Schiedsstelle (f); **arbitrator's award** *n* Schiedsspruch (m)

arcade *n ArCo* Arkade (f), Bogengang (f), Passage (f), Galerie (f); **arcaded court** *n* Arkadenhof (m)

arch *n ArCo* Bogen (m); Gewölbe (n); **arched roof** *n* Deckengewölbe (n)

archaeological finds *n/pl* Bodenaltertümer (pl); **archaeological survey** *n* archäologische Geländeaufnahme (f); auch: Amt für archäologische Geländeaufnahme

architect *n* Architekt (m); **architects association** *n* Architektenkammer (f); **architect's contract** *n* Architektenvertrag (m); **architect's fee** *n* Architektengebühr (f); **architect's fees regulations** *n/pl* Architektengebührenordnung (f)

architecture *n* Architektur (f); **architectural academy** *n* Bauakademie (f); **architectural drawing** *n ArCo* Bauplan (m); Bauzeichnung (f); **architectural feature** *n ArCo* Baumerkmal (n); **architectural monument** *n ArCo* Baudenkmal (n); **architectural plan** *n* Bauzeichnung (f); **architectural style** *n ArCo* Baustil (m), Architekturstil (m); Bauweise (f)

are (a) *n* Ar (n); 100 m

area *n* Gebiet (n), Fläche (f); **area of applicability** *n* Geltungsbereich (m); **area of archaeological importance (AAI)** *n Plan (GB)* gesetzliche Denkmalzone von archäologi-

a

scher Bedeutung; **area of authority** *n* Zuständigkeitsbereich (m); **area of comprehensive development** *n Plan (GB)* Altstadtsanierungsgebiet (n); Begriff unter dem GB Town and Country Planning Act 1990; *Syn.: comprehensive development area*; **area of economic activity** *n* Wirtschaftsraum (m); **area of high landscape value (AHLV)** *n Plan (GB)* Landschaftsschutzgebiet (n); **area of outstanding natural beauty (AONB)** *n (GB)* Landschaftsschutzgebiet (n); **area of responsibility** *n* Verantwortungsbereich (m); **area of special control (of advertisements)** *n Plan (GB)* von den Planungsbehörden festgelegtes Gebiet mit besonderer Kontrolle über Werbeschilder etc. zur Erhaltung der Ästhetik; **area of special scientific interest** *n* Gebiet von besonderem wissenschaftlichem Interesse (Naturschutzgebiet)

area contribution *n* Flächenbeitrag (m); **area demand** *n* lokale Nachfrage (f); **area development planning** *n* Bauleitplanung (f); **area load** *n* Flächenlast (f); **area management broker (AMB)** *Mkt (US)* Immobilienmanager als Angestellter des Bundes im Bereich Sozialer Wohnungsbau; **area map** *n* Bezirksplan (m); Gebietsplan (m); **area plan** *n* Landschaftsplan (m); **area profile** *n* Standortanalyse (f); ein area profile zeigt i.d.R. in tabellarischer Form eine Reihe von Schlüsselindikatoren für ein bestimmtes geografisches (bspw. Region) oder administratives (bspw. Postleitzahlenbereich, Gemeinde, Landkreis etc.) Gebiet an; zu den Indikatoren gehören bspw. statistische Informationen über demografische und wirtschaftliche Entwicklungen, den Arbeitsmarkt, das Bildungsniveau, die Kriminalitätsrate etc.; *Syn.: local area profile*; **area ratio** *n* Flächenverhältnis (n); **areaway** *n ArCo* Durchgang (m), Lichthof (m), Passage (f), Vorplatz (m)

ARELLO *Org* → Association of Real Estate License Law Officials

arenaceous *adj* sandhaltig, sandig

ARES *Org* → American Real Estate Society

AREUEA *Org* → American Real Estate and Urban Economics Association

argillaceous *adj* tonig; **argillaceous rock** *n* Tongestein (n)

argillite *n* Tongestein (n)

argue *v/i* argumentieren, sich streiten

argument *n* Argument (n)

arithmetic mean *n* arithmetischer Durchschnitt (m), arithmetischer Mittelwert (m); **arithmetic zoning** *n Val, Ret* arithmetische Einteilung zur Beurteilung von Ladeneinheiten; die an der Straße liegende Fläche (z.B. bis zu 6 m Tiefe) hat den höchsten Wert (zone A). Jede weitere Zone (z.B. ab 6 m) wird um 50% reduziert; *Syn.: arithmetical zoning*; → zone A rent

ARM *Fin* → adjustable rate mortgage

ARM → Accredited Residential Manager

arm's length *n* auf Basis von Marktpreisen; **arm's length principle** *n* Fremdvergleichsgrundsatz (m); **arm's length transaction** *n* Abschluss (m) auf Basis von Marktpreisen; Transaktion (f) zwischen unabhängigen Parteien

armament factory *n* Rüstungsbetrieb (m)

armour plate glass *n* Sicherheitsglas (n), Panzerglas (n)

ARR *Fin, Val* → average rate of return

arrangement *n* Abkommen (n), Abmachung (f); **arrangement of girders** *n* Trägeranordnung (f); **arrangement with creditors** *n* Abkommen (n) mit den Gläubigern
arrangement fee *n* Kreditgebühr (f)

arranger *n Fin* Arranger (m), Konsortialführer (m); **arranger of credit** *n Fin* Hypothekenmakler (m)

arrears *n/pl Fin* Rückstand (m), Zahlungsrückstand (m); **in arrears** in Verzug; **arrears of rent** *n/pl* Mietrückstände (mpl)

arrest *n* Beschlagnahme (f)

arterial road *n* Hauptverkehrsstraße (f)

article 4 direction *n Plan (GB)* Anordnung unter Artikel 4 der Town & Country Planning General Development Order 1988 (as amended); Änderung oder Annullierung der zulässigen Bebauung durch die Gemeinde (planning authority)

articles of association *n/pl Law (GB)* Gründungsvertrag (m), Gesellschaftsvertrag (m), Satzung (f); **articles of incorporation** *n/pl Law (US)* Gründungsvertrag (m), Gesellschaftsvertrag (m), Satzung (f); **articles of roup** *n/pl Law (sco.)* Verkaufsbedingungen einer Versteigerung (mündlich bekannt gegeben)

artificial *adj* künstlich; **artificial person** *n* juristische Person (f); **artificial stone** *n* Werkstein (m)

Art Nouveau *n* Jugendstil (m)
AS/RS → Automated Storage and Retrieval System
ASA *Org* → American Society of Appraisers
asbestos *n ArCo* Asbest (m); **asbestos-cement** *n* Asbestzement (m); **asbestos-cement cladding** *n* Asbestzementverkleidung (f); **asbestos-cement factory** *n* Asbestzementfabrik (f); **asbestos-cement pipe** *n* Asbestzementrohr (n); **(corrugated) asbestos-cement roof covering** *n* Wellfaserzementdachbelag (m); **asbestos-cement sheet** *n* Asbestzementplatte (f); **asbestos-cement shingle(s)** *n* Asbestzementschiefer (m); **asbestos-containing material (ACM)** *n ArCo* asbesthaltiges Material (n); **asbestos sheet** *n* Asbestplatte (f)
as-built drawing *n* Bestandszeichnung (f), Revisionsplan (m), Revisionszeichnung (f)
ascertain *v/t* feststellen, ermitteln
ascertainment *n* Ermittlung (f), Feststellung (f), Erfassung (f)
ASF *Val* → annual sinking fund
ASFMRA *Org* → American Society of Farm Managers and Rural Appraisers
ash *n* **1.** Asche (f); **ash bunker** *n* Aschebunker (m); **ash drain** *n* Ascheabzug (m); **ash dump** *n* Aschenkippe (f); **2.** (tree) Esche (f); **ash veneer** *n* Eschefurnier (n)
ASHI *Org* → American Society of Home Inspectors
ashlar *n* Quaderstein (m), Naturstein (m), Naturwerkstein (m)
ashlaring *n* Natursteinmauerwerk (n), Werksteinmauerwerk (n); *Syn.: ashlar masonry*
Asian option *n Fin* asiatische Option (f); Auszahlung abhängig vom Durchschnittswert des unterliegenden Wertpapiers; *Syn.: average option*
Asian Real Estate Society (AsRES) *Org* asiatischer Immobilienverband; zugehörig zur → International Real Estate Society (IRES)
as inspected wie besehen, wie besichtigt, wie die Ware liegt und steht
as is *adj Law* ohne Mängelgewähr; unverändert; *Syn.: as it stands*
ASIS *Org* → American Society for Industrial Security
as it stands → as is
asked price *Mkt* → asking price
asking price *n Mkt* Preisvorstellung (f); Preiserwartung (f); **asking rent** *n Mkt* Mieterwartung (f); Mietforderung (f)
aspen *n* Espe (f)
asphalt *n ArCo* Asphalt (m); Bitumen (n); **asphalt flooring** *n* Asphaltfußboden (m); **asphalt tanking** *n* wasserdichte Bitumenisolierung (f)
asphaltic felt *n* Teerpappe (f)
ASREC *Org* → American Society of Real Estate Counselors
assart *n* Rodung (f)
assemblage *n Dev* Arrondierung (f), Parzellenvereinigung (f); Zusammenlegung mehrerer Grundstücke zum Zwecke der Entwicklung; **assemblage value** *n Val, Dev* → plottage value
assemble *v/t* zusammenbauen
assembly *n* Montage (f); → assemblage; **assembly schedule** *n* Montageplan (m); **assembly value** *n Val, Dev* → plottage value; **assembly work** *n* Montage (f)
assent *n* Genehmigung (f), Zustimmung (f), Billigung (f)
assent *v/i* zustimmen
assert *v/t* behaupten, erklären; **asserted value** *n* angeblicher Wert (m)
assertion *n* Behauptung (f), Feststellung (f)
assess *v/t* abschätzen, auswerten, bemessen, bewerten; einschätzen, schätzen, taxieren, Wert feststellen; **assess for taxation** steuerlich veranlagen
assessable *adj* abschätzbar, bewertbar, festsetzbar, nachschusspflichtig, steuerpflichtig
assessed valuation *n* Schätzung (f); Einheitsbewertung (f); steuerliche Vermögensbewertung (f); **assessed value** *n Tax* Einheitswert (m); **assessed value for tax purposes** *n* Steuerbemessungswert (m), Steuerwert (m)
assessment *n* Bewertung (f), Begutachtung (f), Einschätzung (f), Beurteilung (f); Steuern: Veranlagung (f), Schätzung (f), Vermögensbewertung (f); **assessment of economic efficiency** *n* Rentabilitätsrechnung (f), Wirtschaftlichkeitsrechnung (f); **Assessment of Professional Competence (APC)** *n* Prüfung der RICS zur Aufnahme als Member; berechtigt zum Tragen des Titels MRICS (Professional Member of the RICS); **assessment of project** *n* Planfeststellung (f)

a

Assessment Appeal Board (AAB) *n Tax (CAN)* örtliche Behörde, die Beschwerden über eine Überbewertung von Immobilien für Steuerzwecke entgegennimmt und bearbeitet; **assessment notice** *n Tax* Steuerbescheid (m); *Syn.: notice of assessment*; **assessment period** *n Tax* Veranlagungszeitraum (m); Zeitraum, in dem alle Grundstücke eines assessment district neu veranlagt werden müssen; *Syn.: assessment cycle, assessment frequency*; **assessment procedure** *n Plan, Tax* Bewertungsverfahren (n); Veranlagungsverfahren (n); **assessment ratio** *n Val (US)* Verhältnis zwischen Einheitswert und Marktwert; **assessment roll** *n Tax (US)* Steuerliste (f), Veranlagungsliste (f)

assessor *n* Gutachter (m), Schätzer (m); Beisitzer (m); **assessor of taxes** *n (US)* Steuerbeamter (m)

asset *n* Anlage (f), Vermögensgegenstand (m); Aktivposten (m), Aktivum (n); Bestand (m); → assets; **asset account** *n* Aktivkonto (n), Bestandskonto (n); **asset allocation** *n* Portfoliostrukturierung (f); **asset and liability statement** *n* Vermögensbilanz (f), Vermögensrechnung (f); **asset class** *n Fin* Anlageklasse (f); **asset consultant** *n* Vermögensberater (m); **asset deal** *n* Übernahme durch Kauf der Einzelwirtschaftsgüter; im Gegensatz zum share deal werden die Vermögensgegenstände beim asset deal direkt erworben; *Ant.: share deal*; **asset depletion** *n* substanzbedingte Wertminderung (f), Substanzverringerung (f), Substanzverzehr (m); **asset depreciation range (ADR)** *n Tax (US)* von der IRS vorgegebene Abschreibungsrichtlinien, die Spannen für die Abschreibungsdauer verschiedener Aktivaklassen festlegen; **asset disposals** *n/pl* Anlageabgänge (mpl); **asset exposure** *n* Ausleihungen (fpl); **asset life** *n* Nutzungsdauer (f) eines Wirtschaftsguts; **asset management** *n* Bestandsführung (f) von Immobilien, Vermögensmanagement (n); **asset rights** *n/pl Fin, Law* Wertpapiere, die (ggf. u.A.) Rechte auf einen Anteil des Vermögens einer Firma (oder des Staates im Fall von z.B. Bundesobligationen) verbriefen; **asset securitization** *n Fin* Aktivaverbriefung (f); **asset selection** *n* Vermögensauswahl (f); **asset side** *n* Aktivseite (f); **asset stripping** *n Fin* Ausschlachtung von Vermögensgegenständen eines Unternehmens, meist im Rahmen einer (feindlichen) Übernahme; Zerschlagung durch Verkauf von Teilbereichen oder Aktiva; **asset transfer** *n* Vermögensübertragung (f); **asset valuation** *n Fin, Val (GB)* Bewertung (f) von Betriebsvermögen; Anlagebewertung (f), Vermögensbewertung (f); *Ant.: investment valuation*; **asset value** *n Tax, Fin* Sachwert (m), Substanzwert (m), Reproduktionswert (m), Vermögenswert (m); **asset value method** *n* Sachwertverfahren (n)

asset-backed commercial papers (ABCP) *n* durch Vermögenswerte besicherte Handelspapiere (npl)

asset-backed securities (ABS) *n/pl Fin* aktivagestützte Wertpapiere (npl)

assets *n/pl* Aktiva (pl), Vermögen (n); **assets of the balance sheet** *n/pl* Aktivseite (f); **assets under construction** *n/pl* Sachanlagen (fpl) im Bau; **assets used in the business** *n/pl* Betriebsvermögen (n)

assets and liabilities *n/pl* Aktiva und Passiva (pl); **assets and liabilities structure** *n* Aktiva und Passiva (pl), Vermögensstruktur (f)

assign *v/t Law* übertragen, übereignen, abtreten; **assigned account** *n* abgetretenes Konto (n); **assigned claim** *n* abgetretene Forderung (f); **assigned debt** *n Fin* abgetretene Forderung (f); **assigned value** *n* bestimmter Wert (m)

assignable *adj* übertragbar

assignation of lease *n Law (sco.)* → assignment of lease; **assignation of rent** *n Law* → assignment of rent

assignee *n Law* Abtretungsempfänger (m), Zessionar (m)

assignment *n* Abtretung (f), Übertragung (f), Übereignung (f); **assignment by way of security** *n Fin* Sicherungsabtretung (f); **assignment of claim** *n Fin* Forderungsabtretung (f); **assignment of costs** *n* Umlage (f) von Kosten, Verrechnung (f) von Kosten, Verteilung (f) von Kosten, Zuführung (f) von Kosten, Zurechnung (f) von Kosten; **assignment of debt** *n Fin* Forderungsabtretung (f), Abtretung (f) einer Forderung; *Syn.: cession*; **assignment of lease** *n Law* Übertragung des Erbbaurechtes, Miet- oder Pachtvertrags; kein sublease/subletting. Bei leases, die bis 25 Jahre oder länger gültig sind, bleibt der ursprüngliche Mieter/Pächter für die Säumnisse der jeweiligen assignees (z.B. unbezahlte Miete) zuständig, auch wenn er aufgrund von Weitervermietungen den nicht zahlenden assignee gar nicht kennt. Bei lettings ab 1991 gilt dies nicht mehr; **assignment of property** *n* Vermögensübertragung (f); **assignment of rent** *n* Umleitung (f) der Miete auf den Hypothekengläubiger

assignor *n Law* Rechtsvorgänger (m), Zedent (m)

assigns *n/pl Law* Rechtsnachfolger (mpl)

assistance *n* Beistand (m)

assistant *n* Assistent (m), Stellvertreter (m) im Betrieb

assisted area *n Plan* Fördergebiet (n), Ausbaugebiet (n); Gebiet mit Sonderplanungsstatus (Subventionen für ABM, Firmen usw.), das besondere Förderung durch die EU genießt; es gibt zwei Arten von assisted area: → objective 1 region (früher development area) und → objective 2 region (früher intermediate area)

assisted living *n* betreutes Wohnen (n)

associate *n* Gesellschafter (m); **associate broker** *n Mkt* lizensierter, angestellter Makler; *Syn.: affiliate broker, broker-salesperson, broker-associate*

associated enterprise *n* angegliedertes Unternehmen (n), angeschlossenes Unternehmen (n), Konzerngesellschaft (f), verbundenes Unternehmen (n)

association *n* Genossenschaft (f), Gesellschaft (f), Handelsgesellschaft (f), Verband (m), Vereinigung (f), Zusammenschluss (m); **association of experts** *n* Sachverständigenverband (m); **Association of Real Estate License Law Officials (ARELLO)** *Org (US)* internationaler Verband (Schwerpunkt USA) von Regulierungsbehörden und -institutionen für den Immobilienmarkt; Sitz in Montgomery, Alabama

assumable loan *n Fin (US)* übertragbares Darlehen (n); Darlehen, das an den Käufer eines Objektes übertragen werden kann, üblicherweise zu gleichen Konditionen

assume *v/t* annehmen, voraussetzen; übernehmen; **assume a mortgage** Hypothek übernehmen; **assume a risk** Risiko übernehmen

assumed useful life *n* betriebsgewöhnliche Nutzungsdauer (f), Wirtschaftsleben (n); **assumed value** *n* Annahmewert (m)

assumption *n* Annahme (f), hypothetische Annahme (f), Übernahme (f), Vermutung (f), Voraussetzung (f); **assumption of debt** *n* Schuldübernahme (f); **assumption of liabilities** *n* Schuldübernahme (f); **assumption of mortgage** *n Fin* Hypothekenübernahme (f), Übernahme (f) einer Hypothekenschuld

assumption clause *n Law* Schuldübernahmeklausel (f); im Falle des Verkaufs des Objektes; *Syn.: due-on-sale clause, nonassumption clause*; **assumption fee** *n Law* Gebühr für die Übertragung (Übernahme) einer Hypothek

assurance *n (GB)* → insurance

assured *adj* versichert, gesichert, zugesichert; *Syn.: insured*; **assured income** *n* gesichertes Einkommen (n); **assured shorthold tenancy (AST)** *n Law (GB)* übliche Variante eines Wohnungsmietvertrags; unter dem Housing Act 1988, modifiziert durch den Housing Act 1996

AST *Law* → assured shorthold tenancy

athletic facilities *n/pl* Sporteinrichtungen (fpl)

atmospheric conditions *n/pl* Witterungsverhältnisse (npl); **atmospheric moisture** *n* Luftfeuchtigkeit (f)

atrium *n ArCo* Atrium (n), Lichthof (m); **atrium house** *n* Atrium(haus) (n)

attached *adj* aneinander gebaut; angeschlossen, beigefügt; **attached equipment** *n* beigefügte Ausrüstung (f), beigefügte Geräte (npl); *Syn.: accompanying equipment*; **attached garage** *n* Anbaugarage (f)

attachment *n* Beschlagnahme (f); **attachments** *n/pl* Anlage (f), Anhang (m); **attachments to buildings** *n/pl* Anbauten (mpl)

attack *n* Angriff (m)

attend *v/t* besuchen, teilnehmen, betreuen, sich um etwas kümmern, sich etwas widmen; **attended time** *n* Betriebsstunden (fpl)

attendance list *n* Anwesenheitsliste (f); **attendance stock exchange** *n Fin* konventionelle Börse mit physischer Anwesenheit der Teilnehmer

a

attendant expenses *n/pl* Grunderwerbsnebenkosten (pl), Grundstücksnebenkosten (pl), Nebenkosten (pl)
attention *n* Beachtung (f), Aufmerksamkeit (f)
attentive *adj* aufmerksam
attestation clause *n Law* Beglaubigungsvermerk (m)
attic *n ArCo* Attika (f); Dachgeschoss (n), Dachboden (m); **attic apartment** *n (US)* Dachgeschosswohnung (f); *Syn.: penthouse apartment (GB)*; **attic flat** *n* Dachwohnung (f)
attorney *n Law* Anwalt (m), Rechtsanwalt (m); Bevollmächtigter (m), gesetzlicher Vertreter (m); **attorney fees** *n/pl Law (US)* Anwaltsgebühren (fpl); **attorney-in-fact** *n Law* Stellvertreter (m), Bevollmächtigter (m), Handlungsbevollmächtigter (m); **attorney's charges** *n/pl* Rechtsanwaltskosten (pl)
attornment *n Law (US)* Fortsetzung (f) des Pachtverhältnisses; Einverständnis eines Mieters, einen neuen Vermieter zu akzeptieren (z.B. nach Verkauf des Objektes oder im Konkursfall des Vermieters); **attornment clause** *n Law (US)* Mietvertragsklausel, die den Mieter verpflichtet, einen neuen Vermieter anzuerkennen; Sicherheitsmaßnahme für neuen Vermieter, z.B. im Falle einer → foreclosure (Zwangsvollstreckung) gegen den ursprünglichen Vermieter
attractiveness *n* Attraktivität (f)
attractive nuisance *n Law (US)* Gefahrenquelle (f); für Kinder; **attractive nuisance doctrine** *n Law (US)* Rechtsmeinung, die die Haftung des Grundstückseigentümers bei fahrlässiger Handhabung mit gefährlichen Anziehungspunkten für Kinder vorsieht, bspw. bei ungeschützten Baustellen, Swimming Pools, offen stehenden Schächten etc.
attributable income *n Tax* zuzurechnendes Einkommen (n)
attribute *v/t* zurechnen; **attribute value to** Wert beilegen
attributes *n/pl* Attribute (npl), Eigenschaften (fpl), Merkmale (npl)
attribution *n* Umlage (f) von Kosten, Verrechnung (f) von Kosten, Verteilung (f) von Kosten, Zuführung (f) von Kosten, Zurechnung (f) von Kosten
auction *n Mkt* Versteigerung (f); **auction by candle** *n Mkt (GB)* Verpachtung von Land durch Versteigerung; ehemals Auktionen, die mit dem Entzünden einer markierten Kerze begannen und bei Erreichen der Markierung endeten; **auction ring** *n* **1.** *Law, Mkt* betrügerische Absprache zwischen Bietern bei einer Auktion; *Syn.: knock-out agreement, bidding agreement*; **2.** *Mkt (US)* Versteigerungsmanege (f); hauptsächlich Viehmarkt; **auction sale** *n* Verkauf (m) durch Versteigerung
auctioneer *n* Auktionator (m), Versteigerer (m)
audi alteram partem *Law (lat.)* Grundsatz des rechtlichen Gehörs; wörtlich: höre die andere Seite
audit *n* Prüfung (f), Buchprüfung (f), Revision (f); **audit of annual accounts** *n* Abschlussprüfung (f)
audit agency *n* Prüfungsstelle (f); **audit certificate** *n* Bestätigungsvermerk (m); **audit date** *n* Prüfungsstichtag (m); **audit fee** *n* Prüfungshonorar (n), Prüfungskosten (pl); **audit period** *n* Prüfungszeitraum (m); **audit programme** *n* Prüfungsprogramm (n); **audit report** *n* Prüfungsvermerk (m), Revisionsbericht (m); **audit requirement** *n* Prüfungspflicht (f); **audit scope** *n* Prüfungsumfang (m)
audit *v/t* auditieren; **audited financial statements** *n/pl* geprüfter Jahresabschluss (m)
auditing *n* Prüfungswesen (n); **auditing procedures** *n/pl* Prüfungshandlungen (fpl); **auditing standard** *n* Prüfungsgrundsatz (m)
auditor *n* Abschlussprüfer (m), Wirtschaftsprüfer (m), Buchprüfer (m)
augment *v/t* sich steigern, vermehren, vergrößern, zunehmen
augmentation *n* Steigerung (f), Vergrößerung (f), Vermehrung (f), Aufbesserung (f)
authenticate *v/t* beglaubigen, bescheinigen, bestätigen; **authenticated document** *n* beglaubigte Urkunde (f)
authentication *n* Beglaubigung (f); **authentication of a signature** *n* Unterschriftsbeglaubigung (f)
authorised *adj (GB)* → authorized; **authorised development** *n* → permitted development; **authorised guarantee agreement (AGA)** *n Law (GB)* eine nach dem

Landlord and Tenant (Covenants) Act 1995 mögliche Übereinkunft zwischen Vermieter und Mieter, wonach abweichend von der Regel im Falle einer Übertragung des Mietvertrags an einen Dritten (→ assignment of lease) der ursprüngliche Mieter für die Verpflichtungen aus dem Mietvertrag (insbes. Mietzahlung) einzustehen hat, falls der neue Mieter diesen nicht nachkommt; gilt nur für die erste Übertragung; → privity of contract; **authorised property unit trust (APUT)** *n Fin (GB)* von der Financial Services Authority zugelassene Immobilien-Investmentgesellschaft; *Ant.: unauthorised property unit trust (UPUT)*

authority *n* Behörde (f); Befugnis (f), Vollmacht (f); **the authorities** *n/pl* bezeichnet alle Organe und Aktivitäten der Regierung auf Gemeinde-, Kreis-, nationaler Ebene, die irgendwie das Alltagsleben der Bürger beeinflussen können

authority in charge *n* zuständige Behörde (f); **authority to conclude a contract** *n* Abschlussvollmacht (f); **authority to purchase** *n* Ankaufsermächtigung (f); **authority to sign** *n* Zeichnungsvollmacht (f)

authorization *n* Bevollmächtigung (f), Ermächtigung (f), Genehmigung (f), Zustimmung (f); **authorization requirement** *n* Genehmigungsvorbehalt (m)

authorize *v/t* beauftragen mit, ermächtigen, in Auftrag geben, zuständig sein für; *Syn.: authorise (BE)*

authorized *adj* autorisiert, befugt, ermächtigt, bevollmächtigt; erlaubt, genehmigt, bewilligt; **authorized but unissued capital** *n* bedingtes Kapital (n); **authorized for issue** *adj* zur Veröffentlichung freigegeben; **authorized rent** *n* Bewilligungsmiete (f); **authorized share capital** *n Fin* genehmigtes Kapital (n), Nennkapital (n); **authorized use** *n Plan* bewilligte Nutzung (f)

Automated Storage and Retrieval System (AS/RS) *n* automatisches Hochregallagersystem (n)

automatic *adj* automatisch; **automatic fire alarm** *n* automatische Brandmeldeanlage (f); **automatic fire door** *n* automatische Brandschutztür (f); **automatic reinstatement clause** *n Law* Klausel zur automatischen Weiterversicherung; Klausel in Versicherungsvertrag, die die Versicherung mit der ursprünglichen Deckungssumme wieder in Kraft setzt, nachdem ein Verlust gedeckt worden ist; **automatic self-test** *n* Selbstüberwachung (f)

automation *n* Automatisierung (f)

autonomy *n* Selbstverwaltung (f)

AUV *Val (GB)* → alternative use value

auxiliary *adj* Hilfs-; **auxiliary activity** *n* Hilfstätigkeit (f); **auxiliary boiler** *n* Hilfskessel (m); **auxiliary building** *n* Nebengebäude (n); **auxiliary construction** *n* Hilfskonstruktion (f); **auxiliary cooler** *n* Hilfskühler (m); **auxiliary facility** *n* Zusatzeinrichtung (f); **auxiliary lane** *n* Zusatzstraße (f); **auxiliary personnel** *n* Hilfskräfte (fpl); **auxiliary reinforcement** *n* Hilfsbewehrung (f)

availability *n* Verfügbarkeit (f); **availability of property** *n* Eigentumsverfügbarkeit (f) **availability factor** *n* Verfügbarkeitsfaktor (m)

available *adj* verfügbar, vorhanden; **available-for-sale financial assets** *n/pl* veräußerbare Werte (mpl), zur Veräußerung verfügbare finanzielle Vermögenswerte (mpl); **available space** *n* Leerstandsfläche (f), verfügbare Fläche (f)

avails *n/pl* Nutzen (m), Gewinn (m), Ertrag (m), Vorteil (m)

avenue *n* Allee (f), Straße (f), Hauptstraße (f), Prachtstraße (f)

average *n* Durchschnitt (m), Mittelwert (m)

average *adj* durchschnittlich; **average annual return (AAR)** *n Fin, Val* durchschnittliche Jahresrendite (f); **average consumption expenditure** *n* durchschnittliche Verbrauchsausgabe (f); **average cost of living** *n* durchschnittliche Lebenshaltungskosten (pl); **average deviation** *n* Durchschnittsabweichung (f), Toleranz (f); **average flow temperature** *n* gemittelte Vorlauftemperatur (f); **average interest rates** *n/pl* Durchschnittsverzinsung (f); **average land value** *n* durchschnittlicher Bodenwert (m), Durchschnittsbodenwert (m); **average option** *n* → Asian option; **average price** *n* durchschnittlicher Preis (m); **average productive life** *n* durchschnittliche Nutzungsdauer (f); **average rate of return (ARR)** *n Fin, Val* gewogene Durchschnittsrendite (f); **average rent** *n* Durchschnittsmiete (f); **average room rate** *n*

Zimmerdurchschnittspreis (m) (Hotel); **average size** *n* Durchschnittsgröße (f); **average thermal load** *n* durchschnittliche Wärmelast (f); **average useful life** *n* durchschnittliche Nutzungsdauer (f); **average value** *n* Durchschnittswert (m), Mittelwert (m); **average yield** *n* Durchschnittsrendite (f)

averaging *n* Mittelung (f)

aversion *n* Abneigung (f)

aviation easement *n Law* Grunddienstbarkeit für Luftfahrt; erlaubt das Überfliegen eines Grundstücks (z.B. zu Gunsten eines benachbarten Flughafens) bzw. untersagt die Bebauung des Grundstücks oberhalb einer gewissen Höhe

avoidance *n* Vermeidung (f), Meiden (n); (Verhütung) Abwendung (f); (Überlistung) Umgehung (f); (Annullierung) Aufhebung (f), Nichtigkeitserklärung (f); (Abberufung) Widerruf (m); → tax avoidance

avulsion *n* Abschwemmung (f); auch: Veränderung des Verlaufs von Grundstücksgrenzen infolge der plötzlichen Veränderung eines Flusslaufes

award *n* Erteilung (f), Vergabe (f), Zuschlag (m); Auszeichnung (f), Verleihung (f); Schiedsspruch (m); **award of (construction) contract** *n* Bauvergabe (f), Vergabe (f) von Aufträgen, Vergabe (f) von Verträgen; **award of damages** *n* Schaden(s)ersatz (m)

award *v/t* bemessen, schätzen, zusprechen, zuerkennen

away-going crop *n* → way-going crop

awning *n* Markise (f), Sonnenblende (f); **awning window** *n ArCo* Ausstellfenster (n), Klappfenster (n), Klappflügelfenster (n), Senkklappenfenster (n)

axial compensator *n* Axialkompensator (m); **axial expansion joint** *n* Axialkompensator (m); **axial force** *n* axiale Kraft (f); **axial growth** *n Plan* Wachstum (n) von Städten entlang der Hauptverkehrsachsen; resultiert in einer sternförmigen Struktur

axiomatic method *n* deduktive Methode (f)

axis *n* Achse (f); **axis dimension** *n* Achsmaß (n)

B

bachelor flat *n (veraltet)* Apartment (n), Einzimmerwohnung (f), Junggesellenwohnung (f)

Bachelor of Arts (BA) *n* Bakkalaureus der Geisteswissenschaften (m); **Bachelor of Laws (LLB)** *n* Bakkalaureus der Rechte (m); *Syn.: Bachelor of Law*

back building *n* Hinterhaus (n); **back-country** *n (US)* Hinterland (n); *Syn.: hinterland; outback (Austr.); upstate*; **back door** *n* Hintereingang (m)

backer *n* Indossant (m), Sponsor (m)

backfill *n ArCo* Verfüllmaterial (n); Verfüllung (f); **backfill concrete** *n* Hinterfüllbeton (m); **backfilling** *n* Hinterfüllung (f)

background study *n* Hintergrundanalyse (f)

backhand rent *n Law (sco.)* nachschüssig bezahlte Miete (f)

backing *n* finanzielle Unterstützung (f), Indossament (n), Übertragung (f) der Urkunde; techn.: Trägerschalung (f), Stütze (f), Unterschicht (f); **backing concrete** *n* Unterbau (m); **backing masonry** *n* Hintermauerung (f); **backing panel** *n* Rückwand (f); **backing plaster** *n* Unterputz (m)

back land *n Plan, Dev* Grundstück ohne Straßenfront oder (direkten) Zugang; **back letter** *n Law* Vereinbarung zwischen Mieter und Vermieter, die aus bestimmten Gründen nicht Bestandteil des Mietvertrags, aber dennoch für beide Parteien bindend ist

backlog *n* Rückstände (mpl); **backlog of orders** *n* in Arbeit befindliche Aufträge (mpl); **backlog of payment** *n* Zahlungsrückstand (m)

back payment *n* (of rent, salary) Nachzahlung (f); (of a loan etc.) Rückzahlung (f); **back plate** *n* Unterlagsblech (n); **back premises** *n/pl* Hintergebäude (n); **back rent** *n (US)* Mietrückstand (m); **back stairs** *n/pl* Hintertreppe (f)

back-to-back credit *n* Gegenakkreditiv (n); **back-to-back escrow** *n Law (US)* Treuhandkonto (n); notwendig beim gleichzeitigen Verkauf eines Objekts und Ankauf eines anderen Objekts; **back-to-back house** *n (GB)* Reihenhaus in einer Doppelreihe, d.h. mit gemeinsamer Rückwand; typische Bebauung des 19. Jh. in Industriegroßstädten, besonders in Nordengland; **back-to-back lease** *n Law, Mkt* Zugeständnis des Vermieters an einen potenziellen Mieter, dessen bestehenden Mietvertrag zu übernehmen, damit er bei ihm Flächen mietet; **back-to-back loan** *n Fin* wechselseitiger Kredit (m)

back-up *n* Unterstützung (f), Unterschicht (f); **back-up contract** *n Fin, Law* Immobilienkaufvertrag, der dann rechtsgültig wird, wenn ein vorrangiger Vertrag nicht zustande kommt; **back-up masonry** *n* Hintermauerung (f); **back-up offer** *n Mkt (US)* Immobilienkaufangebot, das zum Zug kommt, falls das erstrangige Angebot nicht zustande kommt; **back-up unit** *n* Reserveanlage (f); **back-up value** *n* Sicherungswert (m)

back view *n* Rückansicht (f)

backwards *adj* rückwärts

backyard *n (GB)* Hinterhof (m); *(US)* Garten (m) hinter dem Haus

bad debt *n* Forderungsausfall (m); zweifelhafte Forderungen (fpl); **bad debt loss** *n* Forderungsausfall (m); als Verlust abgebuchte Forderung; **bad debtor** *n* zahlungsunfähiger Schuldner (m)

bad investment *n* Fehlinvestition (f); **bad title** *n Law* Besitztitel, der keinen eindeutigen Eigentumsnachweis erbringen kann

badges of trade *n/pl Tax (GB)* Merkmale (npl) des Gewerbetreibens; die Aufstellung der badges of trade dient der fiskalischen Einordnung von Tätigkeiten, auch in Bezug auf den gewerblichen Grundstückshandel

baffle board *n ArCo* Prallwand (f)

bagatelle *n* Bagatelle (f)

bagged cement *n* Sackzement (m)

bailable *adj* bürgschaftsfähig

bailee *n Law* Treuhänder (m), Verwahrer (m), treuhänderischer Verwalter (m)

bailiff *n (GB)* Gerichtsvollzieher (m), Gerichtsdiener (m); Landvogt (m), Gutsverwalter (m)

bailment *n Law* Verwahrung (f), Hinterlegung (f); Besitzübertragung (f)

b

bailor *n Law* Deponent (m), Hinterleger (m), Übergeber (m)
balance *n* Ausgleich (m), Saldo (m), Gleichgewicht (n); **balance of accounts** *n* Saldenliste (f); **balance of forces** *n* Kräftebilanz (f); **balance of payments** *n* Zahlungsbilanz (f); **balance of purchase price** *n* Restkaufgeld (n); **balance of trade** *n* Handelsbilanz (f)
balance carried forward *n* Saldovortrag (m); *Syn.: balance brought forward*
balance confirmation *n* Saldenbestätigung (f)
balance sheet *n Fin* Bilanz (f); **off balance sheet (OBS)** außerhalb der Bilanz; **on balance sheet** bilanzwirksam
balance sheet asset *n* bilanzfähiges Vermögen (n); **balance sheet day** *n* Bilanzstichtag (m); **balance sheet depreciation** *n* buchmäßige Abschreibung (f); **balance sheet liquidity** *n* Liquidationsbilanz (f); **balance sheet profit** *n* Bilanzgewinn (m)
balance *v/t* ausgleichen; **balance out losses** Verluste ausgleichen
balanced *adj Fin* abgerechnet
Balanced Scorecard *n PptMgt* Management- bzw. Controllinginstrument; zu Beginn der 90er Jahre von Professor Robert F. Kaplan und Dr. David P. Norton konzipiert
balancing *n* Abgleich (m); **balancing item** *n* Ausgleichsbetrag (m)
balcony *n ArCo* Balkon (m); **balcony drainage** *n* Balkonentwässerung (f)
balloon *n Fin* hohe Kreditrestschuld (f); **balloon mortgage** *n Fin* Hypothek, deren periodische Zahlungen sich während ihrer Laufzeit nicht völlig amortisieren, so dass am Fälligkeitsdatum ein verbleibender Kapitalbetrag (balloon) zu bezahlen ist; **balloon payment** *n* hohe Abschlusszahlung (f) einer Hypothek, Resttilgung (f) (einer Hypothek), Endfälligkeitstilgung (f)
balloon *v/t* in die Höhe treiben
ballooning *n* Kurstreiberei (f)
ballpark price *n (US)* ungefährer Preis (m)
ball valve *n* Kugelhahn (m), Kugelventil (n)
Baltimore method *n ArCo (US)* Baumethode für Aufzugsschächte (benannt nach der General Elevator Co. of Baltimore)
baluster *n ArCo* Baluster (m); Geländersäule (f); Treppengeländerpfosten (m)
balustrade *n ArCo* Balustrade (f), Brüstung (f), Geländer (n)
ban *n* Verbot (n)
BANANA *n Plan* Gegner einer neuen Immobilienentwicklung, insbesondere in der Nachbarschaft; BANANA ist ein Akronym: Build Absolutely Nothing Anywhere Near Anyone; → NIMBY
band of investment (method) *n* Anlagenbewertungsmethode, basierend auf einem Vergleich der Renditen von Kredit und Kapital
band saw *n* Bandsäge (f)
banister *n ArCo* Geländerpfosten (m)
bank *n* Bank (f), Kreditinstitut (n); **bank advance** *n* Bankdarlehen (n); **bank balance** *n* Bankguthaben (n); **bank branch** *n* Bankgeschäftsstelle (f); **bank building** *n* Bankgebäude (n); **bank certificate** *n* Bankbescheinigung (f); **bank charges** *n/pl* Bankspesen (pl); Bankgebühren (fpl); *Syn.: banking charges*; **bank draft** *n* Bankakzept (n), Tratte (f); *Syn.: banker's draft*; **bank group** *n* Bankgruppe (f), Bankkonzern (m); **bank guarantee** *n* Bankbürgschaft (f); **bank holiday** *n (GB)* beweglicher Feiertag (m); **bank insurance fund (BIF)** *n* Fonds für die Versicherung der Geldeinlagen von Kreditinstituten; **bank loan** *n* Bankdarlehen (n), Bankkredit (m); **bank loan rate** *n* Zinssatz (m) für Bankkredite; **bank overdraft** *n* Banküberziehungskredit (m); **bank rate** *n* Diskontsatz (m); **bank reference** *n* Bankauskunft (f); **bank statement** *n* Bankauszug (m), Kontoauszug (m)
bankable assets *n/pl* bankfähige Vermögenswerte (mpl)
banker's draft *n* → bank draft; **bankers' acceptance** *n* Bankwechsel (m)
banking *n* Bankwesen (n); **Banking Act of 1933** *n (US)* Bundesgesetz über die Bankeinlagensicherung und die Trennung von Investment- und Kreditbankgeschäften; *Syn.: Glass-Steagall Act*; **banking charges** *n/pl* → bank charges; **banking industry** *n* Kreditwirtschaft (f); **banking law** *n Law* Bankgesetz (n)
Bank of International Settlements (BIS) *Org* Bank für internationalen Zahlungsausgleich
bankrupt *adj* zahlungsunfähig, bankrott, (ugs.) pleite; **(to) go bankrupt** in Konkurs gehen
bankrupt estate *Law* → estate in bankruptcy

bankruptcy *n* Insolvenz (f), Konkurs (m), Bankrott (m); **(to) file for bankruptcy** *Fin* Konkurs anmelden/beantragen
bankruptcy proceedings *n/pl Fin* Insolvenzverfahren (n), Konkursverfahren (n); **(to) institute bankruptcy proceedings** *Fin* Konkurs eröffnen, Konkursverfahren einleiten
bankruptcy remoteness *n Fin* Konkurssicherheit (f); **bankruptcy statement** *n* Konkursbilanz (f); *Syn.: statement of bankruptcy*

barbed bolt *n ArCo* Widerhakenbolzen (m); **barbed wire fence** *n ArCo* Stacheldrahtzaun (m)

bar chart *n* Balkendiagramm (n), Histogramm (n)

bare *adj* nackt, bloß; **bare conductor** *n* nichtisolierter Leiter (m); **bare licence** *n Law* Genehmigung, ein Objekt zu nutzen ohne Vertrag oder Gegenleistung; **bare title** *n Law* Eigentum ohne Recht auf Nutzung (z.B. Treuhand); **bare trust** *n Law* einfache Treuhand (f); *Syn.: naked trust, simple trust*; *Ant.: active trust*

bargain *n* Abschluss (m); Schnäppchen (n); **bargain and sale deed** *n Law (US)* → deed of bargain and sale

bargain *v/t* verhandeln; *Syn.: negotiate*

barge board *n ArCo* Ortgangbrett (n), Stirnbrett (n), Wetterbrett (n)

barn *n* Scheune (f); Stall (m)

barracks *n/pl* Baulager (n), Bauunterkünfte (fpl), Kaserne (f)

barrel bolt *n ArCo* Türriegel (m); **barrel roof** *n ArCo* Tonnendach (n); **barrel vault** *n ArCo* Tonnengewölbe (n); *Syn.: tunnel vault, cradle vault*

barring the entail *Law* → disentailment

barrister *n Law (GB)* bei höheren Gerichten zugelassener Anwalt

barter *n Law* Tausch (m), Tauschhandel (m), Naturaltausch (m)

base *n ArCo* Einzelfundament (n), Fundamentsockel (m), Grundmauern (fpl), Streifenfundament (n), Untergrund (m), Unterlage (f); **baseboard** *n ArCo* Fußbodenleiste (f), Fußleiste (f), Sockelleiste (f); **base company** *n* Basisgesellschaft (f); **base course** *n ArCo* Tragschicht (f); **base date** *n* Basisdatum (n); **base duct** *n ArCo* Kanalsohle (f); **base fabric** *n ArCo* Trägergewebe (n); **base fee** *n* Grundgebühr (f); **base interest rate** *n Fin* → base rate; **base land value** *n* Bodenrichtwert (m), Ausgangswert (m); **base line** *n (US)* Standlinie (f), Grundlinie (f); von staatlichem Landmesser für Beschreibung einer Parzelle im Kataster genutzt

base load *n* Grundlast (f); **base load performance** *n* Grundlastleistung (f); **base load plant** *n* Grundlastanlage (f); **base load range** *n* Grundlastbereich (m)

base map *n* Übersichtskarte (f); Karte ohne Details

basement *n ArCo* Kellergeschoss (n), Untergeschoss (n), Souterrain (n); **basement boiler room** *n ArCo* Heizungskeller (m); **basement building** *n ArCo* unterkellertes Gebäude (n); **basement house** *n ArCo (US)* ebenerdiges Haus (n); Haus ohne Unterkellerung, dessen Erdgeschoss hauptsächlich Aufbewahrungszwecken dient; **basement vault** *n ArCo* Kellergewölbe (n)

base period *n* Basiszeitraum (m) eines Index; **base plate** *n ArCo* Fußplatte (f)

base rate *n Fin* Basis(zins)satz (m); Eckzins (m); *Syn.: base lending rate*; (interbank) Leitzins (m); *Syn. prime rate (US); minimum lending rate*; (price etc.) Grundtarif (m); Grundrate (f); (insur.) Feuertarif (m); Grundtarif (m); *Syn.: basic rate*; **base rate trackers** *n* Fonds (mpl), die sich an den Leitzinsen der Zentralbanken orientieren

base rent *n* Grundmiete (f), fixe Miete (f), Basismiete (f); **base rent abatement** *n* Herabsetzung (f) der Basismiete z.B. durch mietfreie Zeiten

base shoe *n ArCo (US)* Holzleiste (f); Gesimsleiste (f); **base slab** *n ArCo* Fundamentplatte (f); **base tile** *n ArCo* Sockelfliese (f); **base value** *n* Basiswert (m), Bezugswert (m); **base year** *n* Basisjahr (n)

basic *adj* Grund-, Haupt-, wesentlich; **basic amount** *n* Grundwert (m); **basic area** *n* Grundfläche (f); **basic charge** *n* Grundgebühr (f); **basic conditions** *n/pl* Rahmenbedingungen (fpl); **basic dimension** *n* Ausgangswert (m), Nennmaß (n); **basic earnings per share** *n/pl* unverwässertes Ergebnis (n) je Aktie; **basic economic unit** *n* wirtschaftliche Einheit (f); **basic insulation** *n* Grundisolierung (f); **basic maintenance** *n* Grundinstandhaltung (f); **basic module** *n* Grundbaustein (m); **basic price** *n* Grundpreis (m); **basic rate** *n Tax (GB)* mittlerer Steuersatz im progressiven Steuersystem;

b

b

Syn.: base rate; **basic rent** *n Law* → base rent; **basic repairs** *n/pl* Schönheitsreparaturen (fpl); *Syn.: decorative repairs*; **basic services** *n/pl* Grundleistungen (fpl); **basic tariff** *n* Grundpreis (m); **basic tax allowance** *n* Grundfreibetrag (m); **basic value** *n* Ausgangswert (m); **basic yield** *n* Grundrendite (f), Jahresrendite (f)

basin *n* Waschbecken (n); **basin tap** *n* Wasserhahn (m), Standhahn (m)

basis *n* Basis (f), Grundlage (f); **basis of calculation** *n* Berechnungsgrundlage (f); **basis of valuation** *n* Bewertungsgrundlage (f)

basis point (BP) *n* Basispunkt (m); 1/100 eines Prozents

Basle Capital Accord *n Fin* Basler Eigenkapitalvereinbarung (f); **Basle Committee** *n* Basler Ausschuss (m)

batable land *n* Land, auf das zwei Parteien Anspruch erheben; z.B. Grenzgebiet zwischen England und Schottland; veraltet

batching *n* Bestimmen (n) des Mischungsverhältnisses

bath *n* Bad (n), Badezimmer (n); **bathroom** *n* Bad (n), Badezimmer (n); (US) Toilette (f); **bath tub** *n* Badewanne (f)

batten *n ArCo* Leiste (f), Latte (f); **decorative batten** *n ArCo* Zierleiste (f)

batter *n ArCo* Neigung; Schräge; (of embankment) Böschung(sneigung); **batter board** *n ArCo* Schnurgerüst (n); **batter wall** *n ArCo* Schrägwand (f)

battery-operated *adj* batteriebetrieben

battlement *n* Zinne (f); **battlement tower** *n* Zinnenturm (m), Wehrturm (m)

bay *n ArCo* Erker (m); Laube (f); **bay window** *n ArCo* Erkerfenster (n); Erker (m)

bazaar store *n Ret* → variety store

BBA *Org (GB)* → British Banker's Association

BCSC *Ret, Org* → British Council of Shopping Centres

beach gravel *n* Strandkies (m)

bead *n* Leiste (f), Wulst (m)

beam *n ArCo* Balken (m), Träger (m); **beam construction** *n* Balkenkonstruktion (f); **beam filling** *n* Ausmauerung (f), Vormauerung (f); **beam roof** *n* Balkendach (n), Balkendecke (f)

bear *n Fin* Baisse-Spekulant (m), Baissier (m); **bear market** *n Fin* Baissemarkt (m); (Wertpapier-) Markt mit anhaltend fallenden Kursen

bearer *n* Inhaber (m), Träger (m); **bearer bill** *n Fin* Inhaberpapier (n); *Syn.: promissory note*; **bearer bond** *n Fin* Inhaberschuldverschreibung (f); **bearer instrument** *n* Inhaberpapier (n); **bearer share** *n Fin (GB)* Inhaberaktie (f); *Syn.: bearer security, bearer stock*; *Ant.: name share, nominal share, registered share*

bearing *n ArCo* Auflager (n); Tonnenlager (n); Lager (n), Lagerung (f); Stützung (f); **bearing area** *n ArCo* Gründungsfläche (f); **bearing capacity** *n ArCo* Tragfähigkeit (f); **bearing course** *n ArCo* Tragschicht (f); **bearing plate** *n ArCo* Tragplatte (f); **bearing pressure** *n ArCo* Auflagerdruck (m), Auflagerpressung (f); **bearing structure** *n ArCo* Tragekonstruktion (f), Tragrahmen (m); **(load-)bearing wall** *n ArCo* tragende Wand (f)

beastgate *n Law* → cattlegate

bed *n* Bett (n); (stream) Flussbett (n); (flower) Blumenbeet (n); **bed and breakfast (B&B)** *n* Übernachtung (f) mit Frühstück, Pension (f); auch: Verkauf und Wiederkauf von Aktien (am folgenden Tag), um Capital Gains Tax (Kapitalertragsteuer) zu umgehen; **bedrock** *n* felsiger Untergrund (m), Felsboden (m); **bedroom** *n* Schlafzimmer (n); **bedside table** *n* Nachttisch (m); **bedsitter** *n (GB)* Einzimmerwohnung (f), Wohnschlafzimmer (n); *Syn.: bedsitting room*

beech *n* Buche (f)

before-and-after method *n Val* Bewertungsmethode, um die Effekte einer Änderung (z.B. Grunddienstbarkeit, Bau einer neuen Autobahn oder Teilenteignung) auf den Grundstückswert zu schätzen; findet Anwendung im Enteignungsfall; **before-and-after rule** *n Val (US)* Regel für die Festsetzung von Schadenersatz im Fall einer Enteignung; → federal rule; state rule; **before-and-after valuation** *n Val* → before-and-after method

before-tax cash flow *n Fin, Val* Cashflow (m) vor Steuern

bell *n* Glocke (f), Klingel (f); **bell cote** *n* Giebeltürmchen (n); **bell push** *n* Klingelknopf (m)

belly-up (to go) *v/i (ugs.)* abkratzen, in Konkurs gehen

below-market interest rate (BMIR) *n Fin* Zinsrate, die unter dem Marktpreis liegt

beltway *n* Umgehungsstraße (f); *Syn.: belt highway, by-pass*
belvedere *n* Belvedere (n), Sommerhaus (n) mit Aussichtspunkt, Aussichtsturm (m); *Syn.: gazebo*
bench *n* Sitzbank (f), Werkbank (f)
benched foundation *n ArCo* Stufenfundament; *Syn.: stepped foundation*
benchmark *n* Benchmark (m), Bezugswert (m), Richtwert (m); **benchmark figure** *n* Vergleichszahl (f) für eine Branche; **benchmark risk weighting (BRW)** *n* Benchmark-Risikogewichtung (f); **benchmark treatment** *n* bevorzugte Methode (f), Bewertungsansatz (m) (nach IAS 16)
bend *n ArCo* Winkelstück (n)
bending *n* Abwinklung (f), Biegung (f); **bending load** *n* Biegebeanspruchung (f); **bending resistant** *adj* biegesteif; **bending stress** *n* Biegespannung (f)
benefice *n Law* → ecclesiastical benefice
beneficial *adj Law* zuträglich, vorteilhaft; **beneficial enjoyment** *n Law* Nießbrauchberechtigung (f), wirtschaftliche Nutzung (f); **beneficial interest** *n Law* Nutzungsrecht (n), materieller Eigentumsanspruch (m), faktisches (wirtschaftliches) Eigentumsrecht (n); **beneficial occupation** *n Tax (GB)* → rateable occupation; **beneficial occupier** *n Law* Nutzungsberechtigter (m), wirtschaftlicher Eigentümer (m); **beneficial owner** *n Law* wirtschaftlicher Eigentümer (m); **beneficial ownership** *n Law* wirtschaftlicher Besitz (m), wirtschaftliches Eigentum (n); **beneficial use** *n Law* Nutznießung (f)
beneficiary *n Fin, Law* Begünstigter (m), Nutznießer (m), Anspruchsberechtigter (m); z.B. einer Versicherung, einer Treuhand oder eines Testaments
benefit *n* Nutzen (m), Vorteil (m); Unterstützung (f), Beihilfe (f); **benefits** *n/pl* Leistungen (fpl)
benefit in kind *n* geldwerter Vorteil (m); Sachleistung (f); nicht in Geld gezahlte Leistungen eines Arbeitgebers zugunsten eines Arbeitnehmers; *Syn.: benefit in money's worth; non-cash benefit*
benefit analysis *n* Nutzwertanalyse (f);
benefit *v/i* profitieren
benevolent association *n* gemeinnütziger Verein (m); *Syn.: charitable association, non-profit association*
BEP *n Fin* → break-even (point)
bequeath *v/t* vererben, vermachen
bequest *n* Vermächtnis (n), Hinterlassenschaft (f)
berm *n ArCo* Absatz (m), Böschung (f), Berme (f); horizontaler Absatz in einer Böschung
best estimate *n* beste Schätzung (f); **best rent** *n* höchstmögliche Miete (f); **best use value** *n* bester Nutzwert (m); *Syn.: highest efficiency*
beta value *n Fin* Betawert (m); Maßgröße für die Volatilität einer Aktie; drückt aus, in welchem Maße ein Wertpapier bei Veränderungen des Gesamtmarktes reagiert
betterment *n Law, Tax* Wertsteigerung (f); Verbesserung (f); **betterment levy** *n Tax (GB)* Steuer auf Wertsteigerung von Grundbesitz
betting office *n* Wettbüro (n)
bezel *n* Blende (f)
biannual *adj* zweimal jährlich, halbjährlich; *Ant.: biennial*
bias *n* Abneigung (f), Befangenheit (f), Parteilichkeit (f), Vorurteil (n), verzerrende Einflüsse (mpl); Schrägstreifen (mpl), Schräge (f), Neigung (f); **without bias** unparteiisch, unvoreingenommen; *Syn.: without prejudice*
biased *adj* befangen, parteiisch, voreingenommen
bibcock *n* Wasserhahn (m)
BIC *Mkt* → broker in charge
bicycle track *n* Radweg (m), Fahrradweg (m)
bid *n* Angebot (n); Gebot (n); **bid award** *n* Zuschlag (m); **bid bond** *n Law* Bietungsgarantie (f); **bid price** *n* Geldkurs (m), Nachfragepreis (m)
bid-rent *n Econ/geogr.* die Miete bzw. der Preis, den ein werdender Mieter bzw. Käufer unter der Theorie der Boden- und Flächennutzung (nach Modellen von u.a. Burgess, Hoyt oder Von Thünen) für die Nutzung eines Grundstücks maximal zu zahlen bereit ist; als Annahme bei einer Versteigerung; **bid-rent curve** *n Econ/geogr.* Indifferenzkurve für Miete bzw. Bodenpreise in verschiedene Lagen einer Stadt unter der Theorie der Boden- und Flächennutzung; **bid-rent function** *n Econ/geogr.* bid-rent-Funktion (f); mathematische Funktion zur bid-rent curve
bidder *n* Bieter (m); Bewerber (m)

b

b

bidding agreement *n Law, Mkt* betrügerische Absprache zwischen Bietern bei einer Auktion; *Syn.: knock-out agreement, auction ring*
bidet *n* Bidet (n)
biennial *adj* zweijährlich, alle zwei Jahre; *Ant.: biannual*
BIF → bank insurance fund
bifurcation *n* Verzweigung (f); **bifurcation stress** *n* Verzweigungsspannung (f)
Big Emerging Markets (BEMs) *n/pl* aufsteigende Märkte (mpl)
bikeway *n* → bicycle track
bilateral *adj* zweiseitig; **bilateral commercial transactions** *n/pl* zweiseitige Handelsgeschäfte (npl); **bilateral contract** *n Law* zweiseitiger Vertrag (m), bilateraler Vertrag (m), gegenseitiger Vertrag (m); *Syn.: synallagmatic contract*
bi-level *n ArCo (US)* Haus auf zwei Ebenen; der Haupteingang liegt typischerweise zwischen den Ebenen, im Untergeschoss befinden sich hauptsächlich Garage und Freizeitraum
bill *n* Rechnung (f); Wechsel (m); Klageschrift (f); Gesetzentwurf (m), Gesetzesvorlage (f); **bill of exchange** *n Fin* Tratte (f), Wechsel (m); **bill of quantities** *n ArCo* Bauleistungsverzeichnis (n), Leistungsverzeichnis (n), Bauleistungsbeschreibung (f); Stück- und Mengenliste (f); **bill of sale** *n Law* Übereignungsvertrag (m), Verkaufsurkunde (f); **bill of variations** *n ArCo* Auflistung von (Kosten-) Abweichungen bei Entwicklungsprojekten
bill *v/t* ausrechnen, berechnen
billboard *n Mkt (US)* Plakatwand (f), Anschlagbrett (n), Reklametafel (f); **billboard advertising** *n Mkt* Plakatwerbung (f)
billing *n (US)* Abrechnung (f), Ausstellen (n) und Zusenden (n) von Rechnungen, Berechnung (f); **billing date** *n* Rechnungsdatum (n); **billing period** *n* Abrechnungszeitraum (m); (utililties etc.) Verrechnungszeitraum (m); **billing unit** *n* Abrechnungseinheit (f)
billion *n (US)* Milliarde (f)
bi-monthly *adj* zweimonatlich; alle zwei Monate; auch: zweimal im Monat
bind *n* Bindemittel (n)
binder *n Mkt (US)* Vorvertrag (m) mit Anzahlung; üblicherweise Anzahlung von 10% des Kaufpreises (→ earnest money) auf ein Treuhandkonto oder an die → title insurance company
binder *n ArCo* Bundbalken (m); Zwischendeckenbalken (m)
binding *adj* verbindlich; **binding agreement** *n* rechtsverbindlicher Vertrag (m), unwiderrufliches Abkommen (n); **binding law** *n* zwingendes Recht (n); **binding offer** *n* bindendes Angebot (n); **binding rafter** *n* Pfette (m)
biotope *n* Biotop (n)
birch *n* Birke (f)
bird's-eye view *n* Vogelperspektive (f)
bird dog *v/t* beobachten, verfolgen, überwachen
bitumen *n* Bitumen (n); **bituminous concrete** *n* Asphaltbeton (m), Schwarzbeton (m); **bituminous felt** *n* Bitumenpappe (f); **bituminous paint** *n* Bitumenanstrich (m)
bi-weekly *adj* zweiwöchentlich, vierzehntäglich; auch: zweimal wöchentlich
Black's Guide *n (US)* ausführliches und umfangreiches Verzeichnis von gewerblichen Immobilien
black list *n* schwarze Liste (f), Insolvenzliste (f)
black mail *n Law* → black rent
blackmail *v/t* erpressen
black rent *n Law* Naturalrente (f); *Syn.: black mail; Ant.: white rent*
blacksmith *n* Schmied (n)
blacktop *n ArCo (US)* Teerstraße (f), Asphaltdecke (f), Schwarzdecke (f)
blanket *n* Decke (f); **blanket bond** *n* sicherungsweise abgetretene Hypothek (f); **blanket coverage** *n* flächendeckende Versorgung (f); Pauschaldeckung (f) (Versicherung); **blanket insurance policy** *n* Dachpolice (f); **blanket mortgage** *n Fin* durch mehr als eine Immobilie besichertes Darlehen; Verpfändung ganzer Bestände; **blanket policy** *n* → blanket insurance policy
blank form *n* Formblatt (n)
blast furnace *n* Hochofen (m)
bleeding a project *Dev, PptMgt* Überbewertung von Kosten und Gebühren bei Neubauprojekten, um den → developer's profit zu maximieren; bei der Verwaltung von existierenden Objekten maximale Abschöpfung des gegenwärtigen Einkommens durch Verzicht auf diverse Maßnahmen

blend *v/t* vermischen; **blended rate** *n Fin (US)* Mischzins (m); Zinssatz für einen verlängerten Kredit, der höher ist als der ursprüngliche Zinssatz, aber niedriger als der Zinssatz für Neuabschlüsse

blight *n Plan* negative Auswirkung auf den Wert eines Objektes durch von öffentlichen Behörden geplante Projekte; **blight notice** *n Val, Law (GB)* wörtl. Behinderungsanzeige (f); wenn ein Grundstücksbesitzer durch verzögerte oder unsichere Bauplanung sich in der Nutzung seines Grundstücks behindert sieht (→ planning blight), kann er sich an die Behörde (local planning authority, Bauplanungsamt) mit einer blight notice wenden; eine erfolgreiche blight notice ermöglicht eine purchase notice (Kaufaufforderung), die nach section 150 (1) des Town and Country Planning Act 1990 zu einem → inverse compulsory purchase (Zwangskauf) durch die Behörde führen kann

blighted area *n Plan* heruntergekommenes Viertel (n)

blind *n* Jalousie (f), Markise (f), Sonnenblende (f)

blind ad *n Mkt* anonyme Anzeige, die nur die Telefonnummer oder das Postfach, nicht aber den Namen oder die Hausadresse des Inserenten enthält; eine Anzeige, die keinen Hinweis darauf enthält, dass der Inserent ein Makler ist

blinding *n ArCo* Sauberkeitsschicht (f), Unterbeton (m) (Schicht)

blind pool *n Fin, Law* Kapitalanlagegesellschaft in Form einer Kommanditgesellschaft, bei der den Kommanditisten die Investitionsprojekte zum Zeitpunkt der Anlageentscheidung nicht bekannt sind

block *n* Häuserblock (m); Gebäude (n); Trakt (m); Block (m), Mauerblock (m); **block and tackle** *n* Flaschenzug (m); **block of buildings** *n* Baublock (m), Gebäudekomplex (m); **block of flats** *n ArCo (GB)* Mietshaus (n); Wohnblock (m), Häuserblock (m), Mehrfamilienhaus (n); *Syn.: apartment house (US)*

block board *n ArCo* Stabplatte (f), Tischlerplatte (f); **blockbusting** *n (US)* illegaler und unmoralischer Versuch, jemanden zum Angstverkauf eines Objektes (insbes. Wohnhaus) zu verleiten mit der Begründung, dass eine Veränderung in der Nachbarschaft (z.B. ein Verkauf von anderen Häusern an Mitglieder einer Religionsminderheit o.Ä.) zu einem Einbruch der Immobilienwerte führen werde; *Syn.: panic peddling, panic selling*; → federal fair housing law; **block construction** *n ArCo* Blockbauweise (f); **block discount (on shares)** *n* Paketabschlag (m); **block heat and power plant** *n* Blockheizkraftwerk (n); **block load** *n* Blocklast (f); **block plan** *n* Aufriss (m) eines Häuserblocks, grober Lageplan (m); **block policy** *n* Generalpolice (f); **block sale** *n* En-bloc-Verkauf (m), Paketverkauf (m); bes. Mietwohnungen; **block structure** *n* Blockbauweise (f); **block system** *n ArCo* Stapelsystem (n)

block up *v/t* vermauern, zumauern

blot on title *n Law* Rechtsmangel (m) (auf Besitzrecht)

blowlamp *n* Lötlampe (f); *Syn.: blowtorch*

Blue Book *n Val* (wörtl.) Blaues Buch, Europäische Bewertungsstandards, veröffentlicht von TEGoVA

blue chips *n/pl Fin* Standardwerte (mpl), Blue Chips (mpl), erstrangige Aktien (fpl), Aktien (fpl) erstklassiger Unternehmen

blueprint *n ArCo* Entwurf (m), Blaupause (f), Bauzeichnung (f)

blue-print *v/t ArCo* entwerfen, planen

blue-sky laws *n/pl Fin, Law (US)* Gesetze gegen betrügerischen Wertpapierhandel

BMIR *Fin* → below-market interest rate

board *n* **1.** *ArCo* Brett (n), Tafel (f); **board foot** *n* Grundeinheit zur Messung von (Bau-) Holz; eine Holzplatte, die 1 inch x 12 inch misst und 1 foot lang ist, entspricht 1 board foot; entsprechend misst 1 board foot 144 cubic inches; **board insulation** *n* Plattendämmung (f); **2.** Behörde (f), Amt (n), Stelle (f); Ausschuss (m), Gremium (n), Leitungsgremium (n), höchstes Leitungsorgan (n); **board of adjustment** *n Plan (US)* Gremium, das Ausnahmen (variances) von der vorgesehenen Bebauung genehmigt, sofern die Änderungen mit den anderen Immobilien des → zoning district in Einklang zu bringen sind; → special exception; **board of directors** *n* höchstes Aufsichts- und Kontrollorgan der angloamerikanischen Aktiengesellschaft; überwacht die Geschäftsführung und entscheidet Grundsatzfragen; **board of equalization** *n (US)* Ausgleichsbehörde (f), Ausgleichs-

b

stelle (f); unabhängige Dienststelle, die Berufungsklagen gegen Immobilienfeststellungen und Klassifizierung entscheidet und sichert, dass Steuerfeststellungen gleichmäßig sind; **board of management** *n* Vorstand (m); **board of realtors** *n (US)* regionales Gremium von Immobilienmaklern; **board of works** *n* Bauamt (n)
board member *n* Vorstandsmitglied (n)

boarding *n ArCo* Bauzaun (m), Verschlag (m)

boarding house *n* Pension (f), Gästehaus (n), Fremdenheim (n); neudeutsch für ein Hotel, in das man sich längerfristig einmietet; insbesondere für Geschäftsleute; **boarding school** *n* Heimschule (f), Internat (n)

body *n* Körper (m); Körperschaft (f); **body of a company** *n* Gesellschaftsorgan (n); **body of persons** *n* Personenvereinigung (f), Personenzusammenschluss (m)
body colour *n* Deckfarbe (f); **body corporate** *n* juristische Person (f)

bogus merchandise *n* Warenfälschungen (fpl)

boil down *v/t* zusammenfassen

boiler *n ArCo* Boiler (m), Durchlauferhitzer (m), Heizkessel (m); **boiler control** *n* Kesselansteuerung (f); **boiler feed water** *n* Kesselspeisewasser (n); **boiler house** *n* Heizwerk (n), Kesselhaus (n); **boiler output** *n* Kesselleistung (f); **boiler plant** *n* Kesselanlage (f)

boilerplate *n Law (US)* Standardvertrag (m), Standardtext (m), Vordruck (m); auch: Kochplatte; **boilerplate clauses** *n/pl Law (US)* allgemeine Geschäftsbedingungen (fpl), Standardklauseln (fpl), Standardkonditionen (fpl)

boiler pressure vessel *n* Kesseldruckgefäß (n); **boiler room** *n* Heizungskeller (m), Kesselraum (m); **boiler unit** *n* Kesseleinheit (f)

bolt *n ArCo* Bolzen (m), Riegel (m), Schraube (f)

BOMA *Org* → Building Owners and Managers Association

bona fide *(lat.)* in gutem Glauben; echt; redlich; **bona fide purchaser** *n (lat.)* Käufer (m) in gutem Glauben; gutgläubiger Käufer (m)

bona vacantia *n Law (lat.)* (mainly GB) Objekt ohne Besitzer; unbeanspruchter Gegenstand; etwa nach dem Tod eines erbenlosen Besitzers oder falls der/die Besitzer eines Unternehmens nicht auffindbar ist/sind, oder ein Schatzfund (treasure trove); **bona vacantia property** *n (lat.)* herrenloses Grundstück (n)

bond *n* **1.** *Fin* Obligation (f), Schuldverschreibung (f); Schuldschein (m); **Bond Buyers Index (BBI)** *n* Anleihekäuferindex (m); **bond premium** *n* Aufgeld (n); **bonds account** *n* Aberdepot (n); **2.** *Law* Bindung (f), Verpflichtung (f); **bond for deed** *Law* → contract for deed

bondable net lease *n* langfristiger Mietvertrag mit einem Großunternehmen bester Kreditwürdigkeit

bonded warehouse *n* Zolllager (n), Zollverschlusslager (n); Lagerhaus für unverzollte Waren; *Syn.: excise warehouse;* **bonded wood construction** *n ArCo* Holzleimbau (m)

bonding *n ArCo* Verbindung (f), Verklebung (f), Verleimung (f); **bonding agent** *n ArCo* Bindemittel (n), Haftgrund (m)

bondsman *n Law* Bürge (m)

boning rod *n ArCo* Visierkreuz (n)

bonnet hinge *n ArCo* Haubenscharnier (n)

bonus *n* Bonus (m), Sondervergütung (f), Prämie (f); **bonus for early completion** *n* Prämie (f) für vorzeitige Fertigstellung
bonus depreciation *n Fin, Tax* Sonderabschreibung (f); **bonus issue** *n Fin (GB)* Ausgabe (f) von Gratisaktien, Gratisaktie (f); *Syn.: scrip issue*; **bonus zoning** *n (US)* → incentive zoning

book *n* Buch (n); **book cost** *n Fin* Anschaffungskosten (pl); **book depreciation** *n Fin* Buchwertabschreibung (f), bilanzielle Abschreibung (f); **book gain** *n Fin* Buchgewinn (m); **bookkeeper** *n* Buchhalter (m); *Syn.: accountant*; **bookkeeping** *n* Buchhaltung (f); *Syn.: accountancy*; **book rack** *n* Bücherregal (n); **book rate of return (BRR)** *n Fin* Buchrendite (f); **book shelf** *n* Bücherbrett (n); **book value** *n Fin* Buchwert (m), Restbuchwert (m)

book *v/t* buchen

Books of Council and Session *n/pl Law (sco.)* öffentliches Register für Urkunden und Akten

boom *n* Boom (m), Wirtschaftsaufschwung (m), Hochkonjunktur (f); **boom in capital investment** *n* Investitionsboom (m)

boom crane *n* Auslegerkran (m)

booster pump *n* Zusatzpumpe (f), Druckerhöhungspumpe (f)

boot *n (US)* Geld oder Wertsache zum Ausgleich eines Wertunterschieds beim Tausch von Objekten

border *n* Grenze (f); Rand (m); **border tile** *n* Randfliese (f), Randziegel (m)

bordering country *n* Nachbarstaat (m), Anrainerstaat (m)

border (on) *v/t* angrenzen (an)

bore *n* Bohrung (f)

borough *n* (allgemein) Bezirk (m); Gemeinde (f); Stadtbezirk (m); US: (kreisfreie) Gemeinde; (Alaska) Landkreis; (New York) einer der 5 Stadtbezirke; → London borough, metropolitan borough; **borough council** *n* Gemeinde (f), Kreisausschuss (m)

borrow *v/t* etwas von jemandem ausleihen; *Ant.: lend*; **borrowed funds** *n/pl* aufgenommene Mittel (npl)

borrowing *n* Kreditnahme (f); **borrowings** *n/pl Fin* Ausleihungen (fpl), Darlehen (n) **borrowing costs** *n/pl Fin* Fremdkapitalkosten (pl), Fremdkapitalzinsen (mpl), Kreditkosten (pl); **borrowing power** *n Fin* Kreditfähigkeit (f); **borrowing rate** *n Fin* Kreditsatz (m), Sollzinssatz (m)

borrower *n* Darlehensnehmer (m), Entleiher (m), Kreditnehmer (m)

bossage *n ArCo* Bossenwerk (n), Rustika (f); roh behauenes Quaderwerk; *Syn.: rustication, rusticated masonry*

BOT *Dev* → build-operate-transfer

bote *Law* → estovers

bottleneck *n* Engpass (m); Straßenverengung (f); **bottleneck capacity** *n* Engpassleistung (f)

bottle trap *n* Flaschensiphon (m)

bottom *n ArCo* Boden (m), Fundament (n); **bottom of foundation** *n* Fundamentsohle (f)
bottom chord *n* Untergurt (m); **bottom chord member** *n* Untergurtstab (m); **bottom edge** *n* Unterkante (f); **bottom-hinged sash** *n* Kippflügel (m); **bottom-hinged window** *n* Kippfenster (n), Kippflügelfenster (n); **bottomland** *n* Schwemmland (n); **bottom plate** *n* Fundamentplatte (f); **bottom price** *n* äußerster Preis (m), unterster Preis (m); **bottom rail** *n* untere Leiste des Türrahmens; **bottom reinforcement** *n* untere Bewehrung (f); **bottom transom** *n* untere Traverse (f); **bottom-up approach** *n Fin, PfoMgt* Bottom-up Approach (m); Investitionsentscheidungen werden beim bottom-up approach of investment primär auf Basis der Eigenschaften der einzelnen Immobilie, nicht der Eigenschaften bzw. des Zustands bestimmter Immobilienmärkte getroffen; *Ant.: top-down approach*; **bottom view** *n* Untersicht (f)

boulders *n/pl* Findlingsgestein (n), grobes Geröll (n)

boulevard *n* Boulevard (m), Prachtstraße (f)

boundary *n* Abgrenzung (f), Begrenzung (f), Grenze (f); **boundary fence** *n* Umzäunung (f); **boundary line** *n* Grenzlinie (f), Begrenzungslinie (f); **boundary mark** *n* Grenzmarkierung (f); **boundary regulation** *n* Grenzregelung (f); **boundary stone** *n* Grenzstein (m); **boundary survey** *n* Grenzvermessung (f); **boundary wall** *n* Grenzmauer (f); **boundary zone** *n* Randzone (f)

bourse *n* Börse (f)

bouyant *adj* boomend; schnell wachsend

bowl *n* Spülbecken (n); **bowl urinal** *n* Urinal (n)

box girder *n* Hohlkastenträger (m)

BP → basis point

BPF *Org (GB)* → British Property Federation

BPN *Plan* → building preservation notice

BPO *Plan* → building preservation order

brace *n ArCo* Aussteifungsstrebe (f), Kopfbug (m), Steife (f), Strebe (f)

brace *v/t* versteifen

bracing *n ArCo* Verstrebung (f), Strebe (f); Versteifung (f); **bracing struts** *n ArCo* Aussteifungsstäbe (mpl)

bracket *n ArCo* Ausleger (m); Konsole (f), Kragstütze (f); Träger (m), Strebe (f)

branch *n* Zweig (m); Zweigstelle (f); **branch of business** *n* Branche (f); **branch of industry** *n* Wirtschaftszweig (m)
branch establishment *n* Zweigniederlassung (f), Filiale (f); **branch line** *n* Anschlussleitung (f); **branch-off** *n* Abzweigleitung (f); **branch office** *n* Außenstelle (f), Filiale (f), Geschäftsstelle (f), Nebenstelle (f), Zweigbüro (f), Zweigstelle (f); **branch pipe** *n* Abzweigstutzen (m); **branch pipeline** *n* Abgangsleitung (f); **branch rule** *n Tax* (cross-border taxation) Betriebsstättenprinzip (n); **branch site** *n* Zweigbetrieb (m); **branch store** *n* Filialbetrieb (m)

brand *n Mkt* Marke (f), Warenzeichen (n); **brand orientation** *n Mkt* Markenorientierung (f)

b

branded goods *n/pl Mkt* Markenartikel (mpl)

brass *n* Messing (n); **hot-pressed brass** *n* Pressmessing (n)

brass plate company *n* Briefkastengesellschaft (f)

BRE *ArCo (GB)* → Building Research Establishment

breach *n* Bruch (m), Verletzung (f) eines Vertrags; **breach of close** *n Law* Hausfriedensbruch (m); widerrechtliches bzw. unbefugtes Betreten eines fremden Grundstücks; *Syn.: breach of domestic peace*; **breach of contract** *n Law* Vertragsverletzung (f); **breach of covenant** *n Law* Vertragsbruch (m); **breach of duty of care** *n Law* Verletzung (f) einer Sorgfaltspflicht; **breach of trust** *n Law* Vertrauensbruch (m); **breach of warranty** *n Law* Verletzung (f) der Gewährleistungspflicht, Garantieverletzung (f), Nichteinhaltung (f) der Garantie; **breach of warranty of authority** *n Law* Verletzung des Vollmachtsnachweises

bread-winner *n* Versorger (m) (einer Familie)

break *n* Bruch (m); Unterbrechung (f), Pause (f); **break clause** *n Law* Kündigungsklausel (f); **break costs** *n/pl Fin, Law* Vorfälligkeitsentschädigung (f)

break *v/t* brechen; **break a lease** Mietvertrag kündigen; **break an entail** *Law* → disentail

breakdown *n* Aufschlüsselung (f), Einsturz (m), Untergliederung (f), Zusammenbruch (m); **breakdown method** *Val* aufgegliedertes Verfahren; Berechnungsmethode für Abschreibungen; z.B. im → cost approach: getrennt geschätzte Beträge für → physical obsolescence (physische Veralterung), → technical obsolescence (technische Veralterung) und → economic obsolescence (wirtschaftliche Veralterung) werden addiert und von den → reproduction costs (Wiederherstellungskosten) abgezogen; → observed condition (depreciation) method

break down by zone *v/t* nach Zonen aufgliedern; **breaking down of trade barriers** *n* Abbau (m) von Handelsschranken

break-even (point) (BEP) *n Fin* Gewinnschwelle (f), Rentabilitätsgrenze (f), Rentabilitätsschwelle (f), Kostendeckungspunkt (m); **break-even analysis** *n Fin, Val* Gewinnschwellenanalyse (f), Gewinnschwellenrechnung (f), Deckungspunktanalyse (f); **break-even ratio** *n Fin* eine Risikokennziffer, die besonders in den USA bei Banken Anwendung findet; Formel: (Betriebskosten + Schuldendienst)/Bruttoeinnahme; *Syn.: default ratio*

break off *v/t* abbrechen

breakout rooms *n/pl* (kleinere) Konferenzräume in einem Hotel oder Konferenzzentrum u.a. für Gruppenarbeit, z.B. in Verbindung mit einem größeren Tagungsraum *Syn.: group rooms*

break-up *n* Aufhebung (f), Aufteilung (f), Beendigung (f); **break-up value** *n* Abbruchswert (m), Zerschlagungswert (m), Zwangsliquidationswert (m)

BREEAM (BRE Environmental Assessment Method) *(GB)* weit verbreitete Methode zur Bewertung der Umweltauswirkungen von Bauaktivitäten durch das britische Bauforschungsinstitut → Building Research Establishment. Bewertet werden der Energie- und Ressourceneinsatz, die Raumluftqualität sowie Durchführung und Organisation der Bautätigkeit

breeze concrete *n ArCo* Gefällebeton (m)

brick *n ArCo* Ziegelstein (m), Backstein (m); **brick building** *n* Backsteinbau (m); **brick chippings** *n/pl* Ziegelsplitt (m); **brick clay** *n* Ziegelbeton (m); **brick dimension** *n* → brick size; **brick earth** *n* Ziegelerde (f); **brick facing** *n* Ziegelverkleidung (f); Mauerverblendung (f); **brick field** *n* Ziegellager (n); **brick fireplace** *n* Ziegelkamin (m); **brick infill** *n* Ausfachungsmauerwerk (n); **brick kiln** *n* Ziegelofen (m); **bricklayer** *n ArCo* Maurer (m); **bricklayer's tools** *n/pl* Maurerwerkzeuge (npl); **brick lintel** *n* gemauerter Sturz (m); **brick pattern** *n* Ziegelmuster (n); **brick paving** *n* Ziegelpflaster (n); **brick row house** *n ArCo (US)* typisches Backstein-Reihenhaus aus dem 19. Jahrhundert; **brick size** *n* Ziegelformat (n), Ziegelgröße (f), Ziegelmaß (n); **brick structures** *n/pl* gemauerte Bauteile (npl); **brick vault** *n* Ziegelgewölbe (n); **brick wall** *n* Ziegelmauer (f), Ziegelwand (f); **brickwork** *n ArCo* Maurerarbeiten (fpl), Ziegelsteinverband (m)

bricks and mortar Steine (mpl) und Mörtel (m); im übertragenen Sinne: Immobilien; **bricks and mortar valuation** *n Val* (wörtl.) Ziegelstein- und Mörtelbewertung: Schätzung des Substanzwerts eines Gebäudes; findet häufig Anwendung bei Beleihungen

brick up *v/t* aufmauern, zumauern

bridge *n* Brücke (f); **bridge financing** *n Fin* Zwischenfinanzierung (f), Überbrückungsfinanzierung (m); *Syn.: bridging financing*; **bridge loan** *n Fin (US)* Überbrückungskredit (m), Zwischenkredit (m); *Syn.: bridging loan (GB)*; **bridge mortgage** *n Fin* Brückenhypothek (f); **bridge-over (loan)** *Fin* → bridging loan

bridging *n* Überbrückung (f); **bridging loan** *n Fin (GB)* Zwischenkredit (m), Überbrückungskredit (m); *Syn.: bridge loan (US), gap loan*

bridle path *n* → bridleway

bridleway *n* Reitweg (m); öffentlicher Reit- (und Wander-) Weg; für Fahrzeugverkehr gesperrt

bring *v/t* bringen; **bring assets** Vermögenswerte einbringen; **bring charges against** verklagen; **bring on line** in Betrieb setzen; **bring to an understanding** vermitteln; **bring together** vermitteln

bring-down search *n Law (US)* Nachforschung (Unterlagen, Register etc.), um mögliche Änderungen seit einer früheren Nachforschung festzustellen; → title search

British Banker's Association (BBA) *Org (GB)* Verband der britischen Banken

British Council of Shopping Centres (BCSC) *Ret, Org (GB)* Organisation, die Shoppingcenter und deren Geschäftsinteressen hinsichtlich Management und Entwicklung vertritt

British Property Federation (BPF) *Org (GB)* Verband britischer (Investment-) Immobilienbesitzer und Verwalter

British Thermal Unit (BTU) *ArCo (GB)* Norm für Wärmeeinheit, 1 BTU = 105,05585 Joule

broad form insurance *n* Versicherung (f) mit erweiterter Deckungsform, Versicherung (f) mit Pauschaldeckung; *Syn.: all-risks insurance*

brochure *n Mkt* Broschüre (f), Prospekt (m)

broke *adj (ugs.)* bankrott

broken brick concrete *n* Ziegelsplittbeton (m); **broken joint** *n* versetzte Fuge (f); **broken stone** *n* Schotter (m)

broker *n Mkt* Makler (m), Immobilienmakler (m), Grundstücksmakler (m); **broker-dealer** *n* Broker (m), Händler (m); **broker fund** *n* Broker-Fonds (m); **broker in charge (BIC)** *n Mkt* für eine Niederlassung verantwortlicher Makler; **broker price opinion (BPO)** *n Val, Mkt (US)* schriftliche Einschätzung eines Maklers über den Marktwert eines Objektes; i.d.R. wesentlich günstiger als die Bewertung durch einen Gutachter; **broker's commission** *Mkt* → brokerage; **broker's duty of loyalty** *n* Loyalitätsverpflichtung (f) des Maklers; **broker's loan** *n* Maklerkredit (m); **broker's ticket** *n* Liste (f) aller Kauf- und Verkaufsaufträge eines Broker; **broker's valuation method (on the basis of yearly gross income)** *n* Maklerverfahren (n) (auf Basis der Jahresrohmiete)

brokerage *n Mkt* (business) Maklergeschäft (n), Maklergewerbe (n); (fee) Provision (f), Courtage (f), Maklergebühr (f); **brokerage commission** *n Mkt* Maklercourtage (f); *Syn.: broker's commission, brokerage fee*; **brokerage contract** *n Mkt* Maklervertrag (m); **brokerage fee** *n Mkt* Maklergebühr (f); **brokerage firm** *n Mkt* Maklerfirma (f); **brokerage statement** *n Mkt* Courtagerechnung (f), Maklerabrechnung (f)

brokered trade *n Mkt* Maklerabschluss (m)

bronze *n* Bronze (f); **bronze plated** *adj* bronziert

broom clean *adj* besenrein

brother-sister company *n* Schwestergesellschaft (f)

brown coal *n* Braunkohle (f); **brown coal coke** *n* Braunkohlenkoks (m)

brownfield *n Plan* → brownfield site; **brownfield development** *n* Neuentwicklung (f) auf Industriebrachen; *Syn.: brownfield regeneration, brownfield restoration*; **brownfield regeneration** *n* → brownfield development; **brownfield restoration** *n* → brownfield development; **brownfield site** *n* Industriebrache (f)

brown land *n Plan* → brownfield site

brownstone *n ArCo* Braunstein (m), Buntsandstein (m); **brownstone house** *n ArCo* Haus aus Buntsandstein (brownstone); typisches Reihenhaus aus dem 19. Jahrhundert

BRR *Fin* → book rate of return

brush *n* Bürste (f), Pinsel (m); **brush application** *n ArCo* (Lack, Farbe usw.) Streichverfahren (n). Streichauftrag (m), Bürstauftrag (m),

b

brushability *n* Streichfähigkeit (f)
brushable *adj* streichfähig
BSPRA *Fin* → Builders and Sponsors Profit and Risk Allowance
buck *n ArCo* Türzarge (f)
bucket *n* Eimer (m)
buckling *n* Knickung (f)
budget *n* Budget (n), Haushalt (m), Etat (m), Vorschaurechnung (f); **annual budget** *n* Jahresbudget (n); **cash budget** *n* Einnahmen- und Ausgabenplan (m); **rollover budget** *n (US)* Wiederholungsbudget (n) i.S.v. ein Budget aus dem Vorjahr übernehmen; auch: ein nicht voll in Anspruch genommenes Budget ins Folgejahr übertragen (to roll over)
budget law *n Law* Haushaltsrecht (n); **budget mortgage** *n Fin* Hypothek, die den Kreditnehmer neben periodischen Zins- und Tilgungszahlungen auch zur periodischen Zahlung von Versicherungsprämien und Grundsteuern verpflichtet
build *v/t* bauen, erbauen; *Syn.: construct*; **build in** einbauen; **build on** anbauen, bebauen; **build over** *v/t* überbauen; über etw. bauen; *Syn.: to roof over, to build a roof over*; **build to suit** *v/t Dev* maßgeschneidertes Bauen (n); bezeichnet den Bau einer Immobilie exakt nach den Wünschen des Auftraggebers, bezogen auf Layout, Standort etc.; **build up** aufbauen; **build upon** bebauen
buildable area *n Plan, Dev* bebaubare Fläche (f) eines Grundstücks; zulässige Grundfläche der baulichen Anlagen
builder *n* Bauunternehmer (m), Bauträger (m), Baufirma (f); Erbauer (m); Baufachmann (m); **builder's level** *n* Baunivellier (m); **builders lien** *n* Bauhandwerkersicherungshypothek (f); **builder's merchant** *n (GB)* Baustoffhandlung (f); **builder's model** *n* Bauherrenmodell (n); **builder's risk insurance** *n* Baurisikoversicherung (f), Bauwesenversicherung (f); **builder's yard** *n* Bauhof (m); **builder warranty** *n Dev, ArCo (US)* Gewährleistung (f) des Bauunternehmers
Builders and Sponsors Profit and Risk Allowance (BSPRA) *Fin (US)* kalkulierter Zuschlag auf den Projektwert im öffentlichen Wohnungsbau (Gewinnmarge, Risikozuschlag); dient zur Berechnung des gesamten Kreditbedarfs bei bestimmten staatlich geförderten Wohnungsbauprogrammen
building *n* Gebäude (n), Bau (m), Bauwerk (n); *Syn.: edifice*; **buildings under construction** *n/pl* Anlagen (fpl) im Bau; **two- (or double-) winged building** *n* zweiflügeliges Gebäude (n)
building and civil engineering *n* Hoch- und Tiefbau (m)
building activity *n* Bautätigkeit (f); **building agreement** *n* Bauabsprache (f) zwischen Besitzer und Developer; **building airtightness** *n* Gebäudedichtheit (f); **building alteration** *n* Gebäudeumbau (m); **building analysis** *n Val* Gebäudeanalyse (f); **building application** *n* Bauantrag (m); **building area** *n* Gebäudegrundrissfläche (f), bebaute Fläche (f); auch: Bebauungsgebiet (n); **building asset value** *n* Gebäudesachwert (m), Gebäudevermögenswert (m); **building authority** *n* Bauamt (n), Baubehörde (f), Bauverwaltung (f); **building automatisation** *n* Gebäudeautomatisierung (f), Gebäudeleittechnik (f); **building ban** *n Plan* Bausperre (f); **building beam** *n* Unterzug (m); **building bid** *n/pl (US)* (gewerbliche) Bauausschreibung (f); **building block** *n* Baustein (m); **building-block concept** *n* Baukastenprinzip (n); **building-block design** *n* → building-block concept; **building boom** *n* Bauhochkonjunktur (f); **building byelaws** *n Plan, Law* Bauvorschriften (fpl); **building certificate** *n Plan* Bauschein (m); Genehmigung einer Baumaßnahme; **building classification** *n* Gebäudeeinteilung (f); **building code** *n Law (US)* Bauordnung (f); Bauvorschriften (fpl); → Uniform Building Code (UBC); **building column** *n* Gebäudestütze (f); **building complex** *n* Gebäudekomplex (m); **building components** *n/pl* Bauteile (npl), Bauelemente (npl); **building construction** *n* Bauausführung (f), Baukonstruktion (f), Hochbau (m); **building contract** *n Dev, Law* Bauvertrag (m); **building contractor** *n* Bauunternehmer (m), Bauunternehmen (n); Hochbaufirma (f); **building control** *n Plan* Bauaufsicht (f); **building control system** *n* Gebäudeleittechnik (f); **building cost** *n* Baukosten (pl); **building cost index** *n* Bau(preis)index, Baukostenindex; **building damages** *n/pl* Bauschäden (mpl); **building damp** *n* Baufeuchte (f); **building defect** *n*

Baumangel (m); **building deficiencies** *n/pl* Bauschäden (mpl); **building department** *n* Baubehörde (f); **building description** *n* Gebäudebeschreibung (f), Baubeschreibung (f); **building design** *n* Baugestaltung (f); **building documents** *n* Bauvorlagen (fpl); **building drainage** *n* Hausentwässerung (f); **building drawing** *n* Bauzeichnung (f); **building ecology** *n* Bauökologie (f); **building engineer** *n* Bauingenieur (m); **building engineering** *n* Bautechnik (f); **building estimate** *n* Baukostenvoranschlag (m); *Syn.: builder's estimate*; **building expert** *n* Bausachverständiger (m); **building expertise** *n* Baugutachten (n); **building factor** *n* Gebäudefaktor (m); **building finance** *n* Baudarlehen (n), Baugeld (n); **building fire insurance** *n* Gebäudefeuerversicherung (f); **building foundation** *n* Gebäudefundament (n); **building freeze** *n* Bausperre (f); **building frontage** *n* Gebäudefront (f), Hausfront (f); Straßenfront eines Gebäudes; **building function** *n* Baufunktion (f); **building height** *n* Bauhöhe (f), Gebäudehöhe (f); **building industry** *n* Baubranche (f), Bauindustrie (f), Bauwirtschaft (f); **building inspection** *n* Bauüberwachung (f); Bauabnahme (f); **building insurance** *n* Gebäudeversicherung (f), Immobiliarversicherung (f); **building intelligence** *n* Gebäudeintelligenz (f); **building investments** *n/pl* Bauinvestitionen (fpl); **building knowledge** *n* Baukunde (f); **building land** *n* Bauland (n); **building law** *n Law* Baurecht (n); **building lease** *n Law* Baupacht (f), Baupachtvertrag (m); i.d.R. 99 Jahre; **building legislation** *n* Baugesetzgebung (f); **building liability insurance** *n* Gebäudehaftpflichtversicherung (f); **building licence** *n Law* Baugenehmigung (f), Bauerlaubnis (f); *Syn.: building license (AE)*; **building line** *n Plan* Baulinie (f); Baufluchtlinie (f); Abstand zwischen Gebäude und Grundstücksgrenze; **building loan** *Fin* → construction loan; **building loan agreement** *n Fin* Kredit, der nach Bauetappen in mehreren Tranchen ausgezahlt wird; *Syn.: construction loan agreement*; **building logbook** *n* → energy performance certificate; **building lot** *n* Bauplatz (m); **building machinery** *n* Baumaschinen (fpl); **building maintenance** *n PptMgt* Gebäudeinstandhaltung (f); **building material(s)** *n(pl)* Baumaterial (n), Baustoff (m); **building measures** *n/pl* Baumaßnahmen (fpl); **building method** *n* Bauweise (f); **building mortgage** *n* Baugeldhypothek (f); **building noise** *n* Baulärm (m); **building notice** *n* Bauanzeige (f); *Syn.: building notification*; **building obsolescence** *n* Überalterung (f) eines Gebäudes, Alterswertminderung (f); **building operations** *n/pl Dev* Bauarbeiten (pl); auch: Gebäudebetrieb (m); **building order** *n* Baugebot; **building ordinances** *n/pl* Bauverordnungen (fpl); **building owner** *n* Bauherr (m), Gebäudeeigentümer (m); **Building Owners and Managers Association (BOMA)** *n Org (US)* nationale Vereinigung von Immobilienfachleuten, beschäftigt sich v.a. mit dem Management von Büro- und Hochhäusern; **Building Owners and Managers Institute (BOMI)** *Org (US)* Weiterbildungsinstitut der BOMA; **building paper** Baupapier (n); Baupappe (f); **building pass** *n* Gebäudepass (m); Ausweis zum Betreten eines Gebäudes, Besucherausweis; *Syn.: building entry pass*; **building period** *n Dev* Bauzeit (f); **building permission** *n Plan, Dev* Baugenehmigung (f); *Syn.: building permit*; **building permit** *n Plan* Baugenehmigung (f); **building phase** *n* Bauabschnitt (f); **building pit** *n* Baugrube (f); **building plan** *n* Bauzeichnung (f), Blaupause (f); **building plot** *n* Baugrundstück (n), Bauparzelle (f); **building preservation notice (BPN)** *n Plan* Bescheid der → planning authority oder National Park authority, der ein Gebäude für die Dauer von sechs Monaten einem → listed building gleichstellt; die Entscheidung, ob es danach unter Denkmalschutz gestellt wird, obliegt dem → Secretary of State; **building preservation order (BPO)** *n Plan* Beschluss zur Erhaltung (Denkmalschutz) eines Gebäudes; in GB aufgehoben und durch die → building preservation notice (BPN) nach dem Town and Country Planning Act 1968 ersetzt; in anderen Staaten (z.B. Barbados) noch gültig; **building price** *n* Baupreis (m); **building price index** *n Econ* Baukostenindex (m), Baupreisindex (m); *Syn.: construction cost index*; **building price index series** *n* Bau(preis)indexreihe (f); **building prohibition** *n* Bauverbot (n); **building project** *n* Bauvorhaben (n); **building promoter** *n*

b

Bauträger (m); **building quality** *n* Bauqualität (f); **building register** *n Plan* Gebäudebuch (n), Grundbuch (n); **building regulations** *n/pl Plan, Dev* Bauordnung (f); **building request** *n* Baugesuch (n); **Building Research Establishment (BRE)** *Org (GB)* britisches Bauforschungsinstitut; staatliche Forschungseinrichtung (in Garston, UK) für Bauwesen, Gestaltung und Baumaterialen; **building residual technique** *n Val* Bewertungsansatz, der vom Rohertrag die Bodenwertverzinsung abzieht, um den Wert der baulichen Anlagen zu ermitteln; **building restriction line** *n* Baufluchtlinie (f), Baugrenze (f); **building restrictions** *n/pl Plan* Flächennutzungsbeschränkungen (fpl); **building scheme** *n Dev* Bauvorhaben (n); geplante Bebauung (f); *Syn.: scheme of development*; **building sector** *n* Bausektor (m); **building services** *n/pl* Gebäudetechnik (f), Haustechnik (f); **building services engineer** *n* Haustechniker (m); **building signage** *n* Gebäudebeschilderung (f); **building site** *n* Baugebiet (n), Bauplatz (m), Baustelle (f); **building site survey (measurement)** *n* Abmessen (n) der Baustelle; **building society** *n (GB)* Bausparkasse (f); in einigen Bereichen vergleichbar mit deutschen Bausparkassen; **building stock** *n* (in e.g. a portfolio, town or region) Gebäudebestand (m); **building stocks** *n/pl* Bauaktien (fpl); *Syn.: building shares*; **building stone** *n* Baustein (m); **building structure** *n* Tragwerk (n) eines Gebäudes; **building style** *n* Bauformat (n); Baustil (m); **building subsidy** *n* Baukostenzuschuss (m), Bauzuschuss (m), verlorener Mieterzuschuss (m); **building supervision** *n* Bauüberwachung (f); **building supervisory authority** *n* Bauaufsichtsbehörde (f), Baugenehmigungsbehörde (f), Bauordnungsbehörde (f); **building supply firm** *n* Baustoffhandlung (f); **building survey** *n* Baugutachten (n); Gebäudeaufnahme (f); **building surveyor** *n* Baugutachter (m), Bausachverständiger (m); **building tender** *n/pl (GB)* (gewerbliche) Bauausschreibung (f); **building trade** *n (GB)* Baugewerbe (n), Bauwirtschaft (f); **building types** *n/pl* Gebäudetypen (mpl); **building volume** *n* umbauter Raum (m); **building wing** *n* Gebäudeteil (m); **building work** *n* Bauleistung (f)

build-operate-transfer (BOT) *n Dev* Betreibermodell (n); wörtlich: bauen, betreiben, transferieren

build-up *n* Aufbau (m)

built *adj* gebaut; **built-in cupboard** *n (GB)* Einbauschrank (m), Wandschrank (m); **built-in frame** *n* Einbaurahmen (m); **built-in kitchen** *n* Einbauküche (f); *Syn.: fitted kitchen*; **built-ins** *n/pl ArCo* fest eingebaute Einrichtungen (fpl); z.B. Einbauküche oder fest verankerte Gegenstände wie Kamine o.Ä.; → fixtures; fittings; **built-to-suit** *adj ArCo* maßgeschneidert gebaut; bezeichnet den Bau oder Umbau nach den Vorgaben und Bedürfnissen des Auftraggebers oder Nutzers

built-up area *n* bebautes Gelände (n), geschlossene Ortschaft (f); **built-up capitalization rate** *Fin* → component capitalization rate; **built-up method** *n Fin, Val* Methode zur additiven Herleitung des Diskontierungszinssatzes aus der Summe des risikofreien Zinses plus einer Risikoprämie

bulb *n* Glühbirne (f)

bulge *n* Wulst (m)

bulk *n* Volumen (n), Ausmaß (n); **bulk collection** *n* Sperrmüllabfuhr (f); **bulk commodity** *n* Massengut (n); **bulk consumer** *n* Großverbraucher (m); **bulk discount** *n* Mengenrabatt (m) als Waren- oder Preisrabatt; *Syn.: quantity discount, volume discount*; **bulk mortgage** *Fin* → blanket mortgage; **bulk order** *n* Großauftrag (m); **bulk price** *n* Mengenpreis (m); **bulk sale** *n PptMgt, Mkt* Bulk Sale (m), Paketverkauf (m); Begriff wird im Zusammenhang mit dem Verkauf großer Immobilienbestände – insbesondere durch → non-property companies – gebraucht; **bulk sampling** *n* Stichprobenentnahme (f) aus der Masse; **bulk zoning** → zoning

bull *n* Haussier (m), Haussespekulant (m); *Ant.: bear*; **bull market** *n* Hausse (f); (Wertpapier-) Markt mit anhaltendem Preisanstieg; *Ant.: bear market*

bulldozer *n* Planierrampe (f)

bullet *n Fin* Kugel (f), Geschoss (n); auch: Gliederungspunkt (m); **bullet loan** *n Fin* endfälliges Darlehen (n), Darlehen (n) mit Tilgungsaufschub; Anleihe (f) mit Endfälligkeit; **bullet repayment** *n Fin* endfällige Tilgung (f)

bullet-proof glass *n* Panzerglas (n), schusssicheres Glas (n)
bullwhip effect *n* Schweinezyklus (m)
bundle of rights *n Law* die Gesamtheit von Eigentumsrechten; Immobilienbesitz (oder Nutzung) besteht von einem juristischen Blickwinkel aus einem Bündel verschiedener Rechte
bungalow *n* Bungalow (m), einstöckiges Haus (n)
bunker *n* Luftschutzraum (m)
burden *n* Gewicht (n), Last (f); **burden of contract or covenant** *n Law* Lasten (fpl); **burden of proof** *n Law* Beweislast (f), Beweispflicht (f), Beweisführungspflicht (f)
burden *v/t* belasten
Bureau of Economic Analysis (BEA) *n Org* Büro für Wirtschaftlichkeitsanalyse (n)
Bureau of Labor Statistics (BLS) *n Org* US-Büro für Arbeitsstatistik (n)
Bureau of the Census (BC) *n Org (US)* Statistikamt (n)
bureau rate *n* einheitliche Versicherungsprämie für Gebäudeversicherung
burglar bar *n* Fenstergitter (n)
burial ground *n* Friedhofsgelände (n); *Syn.: burial site, burying ground*
burner *n* Brenner (m); **burner muffle** *n* Brennermuffe (f)
burn-off *n* Vorauszahlung (f); **burn-off-buyer's closing costs (US)** *n/pl* Kosten (pl) des Käufers für Treuhandabwicklung, Rechtstitelversicherung usw.
burst pipe insurance *n* Leitungswasserversicherung (f); *Syn.: tap water damage insurance*
bury *v/t* graben, vergraben; **buried duct** *n* Unterflurkanal (m); **buried fitting** *n* erdverlegte Armatur (f); **buried pipe** *n* unterirdische Leitung (f); **buried tank** *n* Erdtank (m)
bus duct *n* Stromschiene (f); Kabelkanal (m)
bushing *n* Hülse (f)
business *n* Unternehmen (n), Unternehmung (f), Handel (m); Gewerbe (n); Betrieb (m), Firma (f), Geschäft (n); **business accommodation** *n* Geschäftsräume (mpl); **business activity** *n* Konjunktur (f); **business area** *n* Geschäftsviertel (n), Gewerbeviertel (n); Geschäftsfläche (f), Gewerbefläche (f); **business association** *n* Wirtschaftsfachverband (m); **business combination** *n* Unternehmenszusammenschluss (m); → merger; **business cycle** *n Econ* Konjunktur (f), Konjunkturverlauf (m), Konjunkturzyklus (m), Geschäftszyklus (m); Wirtschaftskreislauf (m); **business cycle component** *n Econ* Konjunkturkomponente (f); **business cycle indicators** *n/pl Econ* Konjunkturindikatoren (mpl); **business enterprise** *n* Wirtschaftsunternehmen (n); **business enterprise value** *n* Wert (m) eines Wirtschaftsunternehmens; **business expenses** *n/pl Fin, Tax* Betriebsausgaben (fpl); **business failures** *n/pl* Insolvenzen (fpl); **business income** *n Fin, Val, Tax* Einkünfte (pl) aus Gewerbebetrieb, gewerbliche Einkünfte (pl); Geschäftseinnahmen (fpl); Unternehmensgewinn (m); **business integration** *n* wirtschaftliche Eingliederung (f); **business interruption insurance** *n* Betriebsunterbrechungsversicherung (f); *Syn.: interruption insurance*; → contingent business interruption insurance; **business inventory** *n* Betriebsvorräte (mpl); **business lease** *n Law* Gewerbemietvertrag (m), gewerblicher Mietvertrag (m); **business liability insurance** *n* Betriebshaftpflichtversicherung (f); **business loan** *n* Betriebsmittelkredit (m); *Syn.: capital loan*; **businessman** *n* Gewerbetreibender (m), Kaufmann (m); **business manager** *n* Geschäftsleiter (m); **business merger** *n* Geschäftszusammenschluss (m); **business negotiation** *n* Vermittlung (f) von Geschäften; **business operations** *n/pl* Geschäfte (npl); **business park** *n* Gewerbepark (m); **business premises** *n/pl* Geschäftsräume (mpl), Firmengelände (n), Betriebsgelände (n); sämtliche Flächen (Land und Gebäude) an einem Standort, die von einem Unternehmen belegt sind; **business property** *n* Geschäftsgrundstück (n); Betriebsvermögen (n); **business reporting** *n* Business Reporting (n), Berichtswesen (n); **business sector** *n* Wirtschaftssektor (m); **business segment** *n* Bereich (n), Geschäftsbereich (n), Geschäftssegment (n), Geschäftszweig (m), sachliches Geschäftsfeld (n); **business set-up costs** *n/pl* Anlaufkosten (pl); **business space** *n* Gewerbefläche (f); **business survey** *n* Konjunkturumfrage (f); *Syn.: business cycles survey*; **business tenancy** *n Law* gewerbliches Mietverhältnis (n); **business transaction** *n* Geschäftsabschluss

b

(m); **business unity** *n* wirtschaftliche Einheit (f); **business valuation** *n* Unternehmensbewertung (f); **business value** *n Fin, Val* Unternehmenswert (m); Wert eines Unternehmens bzw. Geschäftszweiges; **business year** *n* Geschäftsjahr (n), Geschäftsjahr für Besteuerung (f), Rechnungsjahr (n), Steuerjahr (n), Wirtschaftsjahr (n) für Besteuerung; **business case** (wörtl.) Geschäftsfall (m); Business Case (m), Wirtschaftlichkeitsrechnung (f); Werkzeug zur Prognose u.a. des finanziellen Ergebnisses einer Entscheidung oder eines Vorhabens; *Syn.: cost-benefit analysis, feasibility study*; **business-related cost** *n* Betriebsausgaben (fpl); **business-related income** *n* Betriebseinnahmen (fpl)

bus stop *n* Bushaltestelle (f)

bust *adj* bankrott

butcher's shop *n* Fleischerei (f), Metzgerei (f), Schlachterei (f)

butterfly flap *n* Absperrklappe (f); **butterfly hinge** *n ArCo* Drehflügel (m)

butt joint *n ArCo* Stoßfuge (f)

buttress *n ArCo* Strebepfeiler (m)

buy *v/t* kaufen, erwerben; **buy-and-hold strategy** *n Fin* Strategie, einen Vermögenswert zu kaufen und für eine längere Zeit zu halten insbesondere bei Immobilien und im Aktienbereich gebräuchlich

buy back *n* Rückkauf (m); **buy-back agreement** *n Law* Rückkauf(s)vereinbarung (f); **buy-back option** *n Law* Rückkaufoption (f); *Syn.: repurchase option*

buydown *n Fin* Tilgungshypothek, bei der ein Anteil der monatlichen Zahlungen in der Anfangsphase von einer dritten Partei beglichen wird, um den Hypothekenschuldner zu entlasten

buyer *n* Käufer (m), Abnehmer (m), Erwerber (m); Einkäufer (m); *Ant.: seller*; **buyer behaviour** *n Mkt* Einkaufsverhalten (n); **buyer behaviour analysis** *n Mkt* Analyse (f) des Käuferverhaltens; **buyer's broker** *n Mkt* Makler, der den Käufer vertritt; **buyer's closing costs** *n/pl* Kosten (pl) der Rechtstitelversicherung, Kosten des Käufers für Treuhandabwicklung; **buyer's commitment** *n* Verpflichtung des Käufers; **buyer's market** *n* Käufermarkt (m); **buyer's option** *n Mkt* Kaufoption (f); *Syn.: call option, purchase option*

buy in *v/t* zurückkaufen, aufkaufen, einkaufen; insbes. eigene Aktien rückkaufen

buying *n* Ankauf (m); *Syn.: purchasing*; **buying combine** *n* → purchasing cooperative; **buying pattern** *n Ret* Einkaufsverhalten (n); **buying power index** *n Econ (US)* Kaufkraftkennziffer (f); *Syn.: index of purchasing power*; **buying rate** *n* Kaufkurs (m)

buy off *v/t* abfinden

buy on opening *v/t Fin* zum Eröffnungspreis/-kurs kaufen

buy-out *n* Übernahme (f), Unternehmensübernahme (f); → management buy-out, leveraged buy-out

buzzer *n* Summer (m)

byelaw *n Law (GB)* Gemeindesatzung (f); Gemeindeverordnung (f), städtische Verordnung (f); *(US)* Satzung (f); Geschäftsordnung (f); *Syn.: bylaw, by-law, bye-law*

by-product *n* Nebenprodukt (n)

C

CAA *Law* → Clean Air Act
cabin *n* Holzhütte (f), Blockhütte (f), Ferienhütte (f), Wochenendhaus (n); Baubude (f)
cabinet *n* Schrank (m), Vitrine (f); **cabinet-maker** *n* Möbelschreiner (m); **cabinet-making** *n* Möbeltischlerei (f)
cable *n* Kabel (n); **cable break** *n* Kabelbruch (m); **cable shaft** *n* Kabelschacht (m); **cable store** *n* Kabelkeller (m); **cable trench** *n* Kabelgraben (m)
cabling *n* Verkabelung (f)
CAD *Val* → central appraisal district
CAD *ArCo* → computer aided design
CAD *Fin* → cash available for distribution
cadastral *adj* Kataster-; **cadastral map** *n* Katasterkarte (f); *Syn.: cadastral plan*; **cadastral survey** *n* Katastervermessung (f), Katasteraufnahme (f); **cadastral unit** *n* Flurstück (n)
cadastre *n* Kataster (m/n), Grundstücksverzeichnis (n)
CAE *Org* → Certified Assessment Evaluator
caisson *n ArCo* Caisson (m), Senkkasten (m)
calculate *v/t* ausrechnen, berechnen, kalkulieren
calculation *n* Berechnung (f), Kalkulation (f); **calculation in arrear** *n* nachschüssige Berechnung (f); **calculation of area** *n math.* Flächenberechnung (f); **calculation of heat loss** *n* Wärmeverlustberechnung (f); **calculation of interest** *n* Zins(be)rechnung (f); **calculation of potential** *n* Potenzialberechnung (f); **calculation of profitability** *n* Wirtschaftlichkeitsberechnung (f); **calculation of value** *n* Wertberechnung (f) (objektiv); **calculation of worth** *n* Wertberechnung (f) (subjektiv)
calculator *n* Rechenwerk (n), Taschenrechner (m)
calendar year *n* Kalenderjahr (n); entspricht dem gregorianischen Kalender (das Jahr beginnt am 1. Januar und endet am 31. Dezember); *Syn.: civil year*
calibration *n* Eichung (f); **calibration authority** *n* Eichbehörde (f); **calibration period** *n* Eichfrist (f); *Syn.: calibration term*; **calibration scale** *n* Einstellskala (f); **calibration term** *n* → calibration period; **calibration validity period** *n* → calibration period
call *n* Kaufoption (f); Zahlungsaufforderung (f); Nachfrage (f); **call loan** *n Fin* kurzfristiges Darlehen (n); Kredit, der üblicherweise an Makler, Händler oder Investmentbanker gewährt wird, der jederzeit vom Kreditgeber zurückgefordert oder vom Kreditnehmer zurückgezahlt werden kann; **call money** *n Fin* Tagesgeld (n); **call mortgage** *Fin* → call loan; **call option** *n Fin* Kaufoption (f), Rückkaufoption (f), Schuldnerkündigungsrecht (n); **call provision** *n Fin, Law* Kündigungsklausel (f); **call report** *n Fin* Quartalsbericht (m) einer Bank (informiert insbesondere über Kreditrisiken)
callable *adj* abrufbar, befristet, begrenzbar, kündbar
called for redemption *adj* zur Tilgung aufgerufen
called-in planning application *n Plan (GB)* Bauantrag, der aufgrund der überörtlichen Bedeutung an das Ministerium berufen wird
call in a loan or mortgage *v/t* ein Darlehen oder eine Hypothek kündigen; **call-in (of a loan)** *n Fin, Law (US)* Kündigung (f) eines Darlehens
calling for tenders *n* Angebotseinholung (f), Bauart (f)
calling system *n* Aufrufsystem (n)
calorific value *n* Heizwert (m)
CAM *PptMgt* → common area maintenance
camping site *n* Campingplatz (m)
Canadian (rollover) mortgage *n Fin* wörtlich: kanadische Hypothek; Hypothek mit variabler Zinshöhe, die alle fünf Jahre neu verhandelt wird
canal *n* Kanal (m), Rohr (n), Schacht (m)
canalization *n* Kanalisierung (f)
canalize *v/t* kanalisieren
cancel *v/t* stornieren, zurücktreten; **cancel a mortgage** Hypothek löschen; **cancel an order** abbestellen; **cancel a subscription** abbestellen
cancellation *n* Stornierung (f), Annullierung (f), Löschung (f), Streichung (f);

Widerruf (m), Aufhebung (f), Ungültigkeitserklärung (f); **cancellation of an agreement** *n* Vertragsannulierung (f) **cancellation charge** *n* Annullierungskosten (pl), Stornogebühr (f); **cancellation clause** *n Law* Rücktrittsklausel (f); **cancellation proceedings** *n/pl* Aufgebotsverfahren (n)

C

candidate *n* Bewerber (m), Kandidat (m)

candle auction *n Mkt (US)* Auktion per Anrufbeantworter; Interessenten können (i.d.R. nach Registrierung) anrufen und werden telefonisch über den aktuellen Stand des Bietens informiert. Sie können dann auf einem Anrufbeantworter ein höheres Angebot hinterlassen. Das höchste Gebot bis zu einem bestimmten Zeitpunkt erhält den Zuschlag.

candle foot *n* → foot-candle

Candlemas *n* Mariä Lichtmess (f); Kirchenfest, 2. Februar. Häufig für vierteljährliche Mietzahlungen genutzt. „Quarter-day" in Schottland; → quarter days

canon *n Law* Richtschnur (f); Grundprinzip (n), Regel (f); Maßstab (m)

canopy *n* Schutzdach (n), Vordach (n)

canteen *n* Kantine (f), Casino (n), Betriebsrestaurant (n)

cantilever *n ArCo* Kragarm (m), Ausleger (m), Freiträger (m)

cantilever(ed) *adj* freitragend; **cantilever(ed) beam** *n ArCo* Freiträger (m); **cantilever(ed) construction** *n ArCo* freitragende Konstruktion (f); **cantilever(ed) roof** *n ArCo* vorkragendes Dach (n); **cantilever(ed) slab** *n ArCo* Kragplatte (f); **cantilever(ed) staircase** *n ArCo* vorkragende Treppe (f)

canvas *n* Segeltuch (n), Zeltstoff (m); Leinwand (f)

canvassing *n Mkt* Direktvertrieb (m), Kundenwerbung (f), Kundenakquisition (f)

cap *n* **1.** Decke (f), Deckel (m); **cap plate** *n* Kopfplatte (f); **2.** *Fin* Höchstzinssatz (m); bei Hypotheken mit variablen Zinsen die Höchstgrenze für den Zinssatz innerhalb eines bestimmten Zeitraumes oder über die Laufzeit der Hypothek; **cap rate** *n* → capitalization rate

capability *n* Fähigkeit (f); **capability assessment** *n* Potenzialbeurteilung (f)

capacity *n* **1.** Befähigung (f), Leistung (f); **capacity costs** *n/pl* leistungsabhängige Kosten (pl); **2.** Fassungsvermögen (n), Kapazität (f), Leistung (f), Rauminhalt (m); **capacity calculation** *n* Kapazitätsberechnung (f); **3.** *n Law* Rechtsfähigkeit (f), Geschäftsfähigkeit (f); juristische und finanzielle Fähigkeit einer Person oder Gesellschaft einen gültigen Vertrag zu vereinbaren; **capacity to contract** *n* Geschäftsfähigkeit (f); **capacity to pay** *n* Solvenz (f), Zahlungsbereitschaft (f)

CAPEX → capital expenditure

capital 1. *n* Hauptstadt (f)

capital 2. *n ArCo* Kapitell (n)

capital 3. *n Fin* Kapital (n), Grundkapital (n), Stammkapital (n), Vermögen (n); **capital at risk** *n* → risk capital; **capital employed (CE)** *n* eingesetztes Kapital (n), investiertes Kapital (n), Kapitaleinsatz (m); **capital from outside sources** *n* Fremdkapital (n); *Syn.: outside capital*

capital account *n* Kapitalkonto (n); **capital accretion** *n* Kapitalzuwachs (m); **capital accumulation** *n* Kapitalbildung (f), Kapitalakkumulation (f); **capital adequacy** *n* angemessene Kapitalausstattung (f); **capital allowance** *n Fin, Tax* Abschreibung (f), Abschreibungsbetrag (m); **capital appreciation** *n* Vermögenszuwachs (m); **capital asset** *n* Vermögensgegenstand (m), Anlagegegenstand (m), Gegenstand (m) des Anlagevermögens; **capital asset pricing (CAP)** *n* Kapitalanlagepreis (m); **capital asset pricing model** *n Val* Modell zur Bestimmung der Risiko-Rendite-Relation von Investitionen

capital-based taxes *n/pl* Substanzsteuern (fpl)

capital budget *n* Investitionsbudget (n); **capital budgeting** *n* Investitionsplanung (f), Kapitalbedarfsrechnung (f), Investitionsrechnung (f); die Bestimmung, welche potenziellen Langzeitprojekte es wert sind, unternommen zu werden, durch den Vergleich des erwarteten Barwerts der künftigen Einnahmeüberschüsse mit dem internen Zinsfuß; **capital calls** *n/pl* Kapitalbeschaffung (f); Aufrufung des Kapitals zur Einzahlung; **capital charges** *n/pl* Kapitalkosten (pl); **capital comparison approach** *n Val* → sales comparison approach; **capital consolidation** *n* Kapitalkonsolidierung (f); **capital contributions** *n/pl* Kapitaleinlagen (fpl); **capital costs**

n/pl Kapitalkosten (pl); **capital deficit** *n* Überschuldung (f)

capital expenditure (CAPEX) *n* Investitionsaufwand (m), Kapitalaufwand (m); **capital expenditure budget** *n* Investitionsbudget (n); **capital expenditure evaluation** *n* Rentabilitätsrechnung (f), Wirtschaftlichkeitsrechnung (f); **capital expenditure requirements** *n* Investitionsbedarf (m)

capital flows *n/pl* Kapitalfluss (m); Kapitalverkehr (m); **capital formation** *n* Vermögensbildung (f); **capital funds** *n/pl* Eigenmittel (pl); **capital gain** *n Val, Tax* Kapitalzuwachs (m), Wertzuwachs (m), Veräußerungsgewinn (m); **capital gains tax (CGT)** *n Tax* Kapitalertragsteuer (f), Vermögenszuwachssteuer (f), Veräußerungsgewinnsteuer (f); **capital gap** *n* Kapitallücke (f); **capital gearing** *n* Verschuldungsgrad (m); Nettofremdkapitalquote (f); **capital growth** *n* Kapitalzuwachs (m), Wertzuwachs (m); **capital improvement (CI)** *n (US)* Modernisierungsinvestion (f), Substanzverbesserungsinvestition (f); **capital increase** *n* Kapitalerhöhung (f), Stammeinlage (f)

capital intensive *adj* kapitalintensiv

capital investment *n* Investition (f), Kapitalanlage (f); **capital investment company** *n* Kapitalanlagegesellschaft (f); **capital investment financing** *n* Investitionsfinanzierung (f); **capital investment needs** *n/pl* Investitionsbedarf (m); **capital lease** → finance lease; **capital levy** *n* Vermögensabgabe (f); **capital loan** *n* Betriebsmittelkredit (m); *Syn.: business loan*; **capital loss** *n Tax* Kapitalverlust (m); Veräußerungsverlust (m); **capital market** *n* Kapitalmarkt (m); **capital market interest rate** *n* Kapitalmarktzins (m); **capital market research** *n* Kapitalmarktforschung (f); **capital outlay** *n* Investitionsausgaben (fpl), Kapitalausgabe (f); **capital profit** *n* Veräußerungsgewinn (m); *Syn.: capital gain*; **capital project evaluation** *n* Bewertung (f) eines Investitionsobjektes, Investitionsbewertung (f), Projektbewertung (f); **capital rating** *n* Eigenkapitalbewertung (f); **capital recapture** *n Val* Rückfluss des Kapitaleinsatzes aus einer Immobilieninvestition (ohne Ertrag); Einziehung bereits abgeschriebener Forderungen; **capital recapture rate** *Val* → recapture rate; **capital reconstruction** *n (GB)* Sanierung (f) (Finanzen); **capital recovery** *n Val* Kapitalrückfluss (m); → recapture rate; **capital recovery factor** *n math* Annuitätenfaktor (m), Investitionsrechnung (f), Kapitaldienstfaktor (m), Wiedergewinnungsfaktor (m); **capital reduction** *n* Kapitalherabsetzung (f), Kapitalschnitt (m); **capital reorganization** *n (US)* Sanierung (f) (Finanzen); **capital requirement** *n* Kapitalbedarf (m); **capital reserve(s)** *n(pl)* Kapitalrücklage (f); **capital resources** *n/pl* Eigenmittel (pl), Kapitalausstattung (f); **capital returns** *n/pl* Kapitalerträge (mpl); **capital share** *n* Grundkapital (n), Kapitalanteil (m), Stammkapital (n); **capital spending** *n* Investitionsausgaben (fpl), Kapitalausgabe (f); **capital stock** *n (US)* Grundkapital (n); *Syn.: share capital (GB)*; **capital structure** *n* Kapitalstruktur (f); **capital tax** *n Tax* Kapitalsteuer (f); Vermögen(s)steuer (f); **capital transfer tax (CTT)** *n Tax (GB)* Schenkung- und Erbschaftsteuer (f); 1986 durch → inheritance tax ersetzt; **capital turnover** *n* Kapitalumschlag (m); **capital user costs** *n/pl Fin* Kapitalnutzungskosten (pl); **capital value** *n* Kapitalwert (m); **capital yield** *n* Kapitalertrag (m); **capital yields tax** *n* Kapitalertragsteuer (f)

capitalisable *adj* → capitalizable

capitalisation *n* → capitalization

capitalise *v/t* → capitalize

capitalised *adj* → capitalized

capitalizable *adj* kapitalisierbar; *Syn.: capitalisable*

capitalization *n Fin* Aktivierung (f); Kapitalisierung (f); **capitalization in perpetuity** *n* zeitlich unbeschränkte Kapitalisierung (f)

capitalization factor *n Val* Kapitalisierungsfaktor (m); **capitalization rate (cap rate)** *n Val* Kapitalisierungsrate (f), Kapitalisierungsfaktor (m); mit der cap rate lässt sich der Wert eines Gebäudes aus dem Jahreseinkommen des Gebäudes errechnen; *Syn.: all-risks yield*; **capitalization table** *n Val* Tabelle mit Kapitalisierungsfaktoren; → valuation table; **capitalization technique** *n* Kapitalisierungstechnik (f); **capitalization value** *n* Kapitalisierungswert (m)

capitalize *v/t Fin* kapitalisieren; *Syn.: capitalise*

C

capitalized *adj* kapitalisiert, aktiviert; *Syn.: capitalised*; **capitalized economic profit (CEP)** *n Val* Barwert (m) des Unternehmensgewinns; **capitalized income approach** *n Val* Ertragswertverfahren (n); **capitalized income value** *n Val* Ertragswert (m); **capitalized leases** *n/pl* aktivierte Mietanlagen (fpl); **capitalized service** *n* aktivierte Eigenleistungen (fpl); **capitalized value** *n* Kapitalwert (m)

capping *n ArCo* Mauerabdeckung (f)

capture a market *v/t* einen Markt erobern

CAR *n ArCo* → contractor's all risks insurance

car factory *n* Automobilfabrik (f); **car park** *n* Parkplatz (m); *Syn.: parking lot (US)*; **car parking ratio** *n ArCo* Parkplatzkoeffizient (m); die Anzahl der Parkplätze im Verhältnis zu einer Fläche; **car wash** *n* Waschanlage (f)

caravan site *n* Campingplatz (m) (auch für Wohnzwecke)

carbon combustion *n* Kohlenstoffausbrand (m); **carbon content** *n* Kohlenstoffgehalt (m); **carbon dioxide** *n* Kohlenstoffdioxid (n)

carcass *n* Rohbau (m)

care *n* Betreuung (f), Sorgfalt (f)

career *n* Beruf (m), berufliche Laufbahn (f), Karriere (f)

caretaker *n (GB)* Hausmeister (m)

carpenter *n* Zimmerer (m), Zimmermann (m); **carpenter's hammer** *n* Zimmermannshammer (m); **carpenter's ruler** *n* Zollstock (m); *Syn.: inch rule*; **carpenter's shop** *n* Zimmerwerkstatt (f), Schreinerei (f); **carpenter's work** *n* Zimmerarbeiten (fpl)

carpentry *n ArCo* Zimmererhandwerk (n), Zimmermannshandwerk (n); Tischlerei (f); **carpentry tools** *n/pl* Zimmerwerkzeuge (npl); **carpentry work** *n* Zimmermannsarbeit (f)

carpet *n* Teppich (m), Wandteppich (m); **carpet flooring** *n* Teppichboden (m); **carpet strip** *n ArCo* Teppichbodenleiste (f), Teppichhalteleiste (f); Streifen aus Holz oder Metall, der Teppichboden festhält, z.B. in Türöffnungen; *Syn.: carpet skirting*

carpetable area *n (US)* bedeckbare Fläche; begehbare Fläche innerhalb einer Mieteinheit, die tatsächlich durch Teppichboden oder andere Deckung bedeckt ist, d.h. ohne Schächte und Stützen, Wände und Trennwände, Heizung oder Klimaeinheiten

carport *n* Einstellplatz (m)

carriage *n* Zustellgebühr (f); **carriage costs** *n/pl* Beförderungskosten (pl); **carriageway** *n* Fahrbahn (f)

carried at cost *adj* zu Anschaffungskosten, zu Herstellungskosten

carryback financing *n Fin (US)* Finanzierung eines Verkaufs, bei der der Verkäufer dem Käufer einen Teil des Kaufpreises leiht

carry forward *n Fin* Vortrag (m)

carrying *n* Umlage (f) von Kosten, Verrechnung (f) von Kosten, Verteilung (f) von Kosten, Zuführung (f) von Kosten, Zurechnung (f) von Kosten; **carrying amount** *n* Buchwert (m), in der Bilanz ausgewiesener Wert (m); **carrying capacity** *n* Tragvermögen (n); **carrying charges** *n/pl (US)* laufende Kosten (pl) für eine Immobilie; **carrying costs** *n/pl (US)* Fixkosten (pl); z.B. Grundsteuer, Versicherung, Instandhaltung; *Syn.: holding costs*; **carrying value** *n* Buchwert (m)

carry out *v/t* ausüben, realisieren, vornehmen; **carrying out** *n* Durchführung (f)

carryover basis *n Tax (US)* Steuerbemessungsgrundlage (f) für Erbschaft- und Schenkungsteuer; **carry-over clause** *n Law, Mkt* → extender clause; **carry-over loss** *n Tax* Verlustvortrag (m); *Syn.: loss carried forward*

cartage *n* Zustellgebühr (f), Fuhrgeld (n), Anfuhrkosten (pl)

cartridge paper *n* Kartonpapier (n); *Syn.: Bristol board*

cartway *n* → carriageway

carve out a market *v/t* Markt aufteilen

carve up *v/t* aufgliedern, aufschlüsseln, aufteilen, zerlegen

case *n* Fall (m); **case stated** *n Law* Revisionsvorlage (f); auch: schriftliche Übereinkunft zwischen Kläger und Verteidiger; zusammenfassende Klageschrift

case law *n Law* Präzedenzrecht (n), Fallrecht (n); **case study** *n* Fallstudie (f)

casein glue *n* Weißleim (m)

casement *n ArCo* Fensterflügel (m), Flügelrahmen (m); **casement door** *n* Fenstertür (f); **casement fastener** *n* Vorreiber (m); **casement frame** *n* Fensterflügel (m), Flügelrahmen (m); **casement stay** *n* Sturmhaken (m); **casement window** *n* Drehflügelfenster (n), Kastenfenster (n)

cash *n* Geld (n), Bargeld (n), liquide Mittel (npl); **cash and carry warehouse** *n Ret* Abholmarkt (m), Selbstbedienungsmarkt (m); **cash available for distribution (CAD)** *n Fin* wörtlich: zur Ausschüttung zur Verfügung stehende Barmittel; REIT-spezifischer Begriff: Kennzahl für die Fähigkeit eines → REIT, Mittel zu generieren, die an die Anteilseigner ausgeschüttet werden können; wird berechnet durch Abzug periodisch wiederkehrender immobilienbezogener Kosten und nicht zahlungswirksamer Ausgaben sowie einmaliger Aufwendungen von den → funds from operations; *Syn.: funds available for distribution*; → adjusted funds from operations

cash accounting *n* → cash basis accounting; **cash advance** *n* Barvorschuss (m); **cash allowance** *n* Barzuschuss (m); **cash balance** *n* Barsaldo (m); **cash basis accounting** *n* Einnahmen- und Ausgabenrechnung (EAÜ) (f), Einnahmen-Überschussrechnung (EÜR) (f); *Syn.: cash based accounting*; **cash budget** *n* Einnahmen- und Ausgabenplan (m); **cash contribution** *n* Bareinlage (f); **cash deposit** *n* Bareinzahlung (f); **cash disbursement** *n* Geldausgang (m); **cash discount** *n* Skonto (m/n), Barzahlungsrabatt (m); **cash distribution** *n* Barausschüttung (f); **cash dividend** *n* Barausschüttung (f)

cash down gegen Barzahlung, in bar

cash drain *n* Abfluss (m) liquider Mittel; **cash drawings** *n/pl* Barentnahme (f); **cash equity investor** *n* Investor, der seine Anlagen auf Geld und Aktien begrenzt

cash equivalency *n* Barwert (m); **cash equivalency analysis** *n* Barwertanalyse (f); **cash equivalency price** *n* Barwertpreis (m); **cash equivalent** *n Fin* **1.** Bartwert (m); **2.** Geldmarktpapiere (npl), die zur Barposition eines Investmentfonds gehören; **cash expenditure** *n* Barausgaben (fpl)

cash flow *n Fin* Cashflow (m), Barmittelstrom (m); **cash flow after debt service/servicing** *n* Cashflow (m) nach Schuldendienst; **cash flow analysis** *n Fin, Val* Geldflussrechnung (f), Kapitalflussrechnung (f); **cash flow before debt servicing** *n* Cashflow (m) vor Schuldendienst; **cash flow forecast** *n* Einnahmen- und Ausgabenplan (m); **cash flow mortgage** *n* Hypothek (f), die nur dann Zinszahlungen erfordert, wenn das besicherte Objekt tatsächlich einen Cashflow generiert; **cash flow rate** *n* Cashflowrate (f), Liquiditätszuflussrate (f); **cash flow related lending** *n* Finanzierung, die sich an den Zahlungsströmen (cash flows) des jeweiligen Projektes und nicht bspw. an der Bonität des Grundstückseigentümers orientiert; Begriff stammt aus der Projektfinanzierung; **cash flow risk** *n* Cashflowrisiko (n); **cash flow statement** *n* Kapitalflussrechnung (f); **cash flow underwriting** *n* Zeichnungspolitik (f)

cash fund *n* Fonds (m) der flüssigen Mittel

cash-generating unit *n* zahlungsmittelgenerierende Einheit (f)

cash indemnity *n* Geldentschädigung (f); **cash inflow (CI)** *n* Mittelzufluss (m), Zahlungsmittelzufluss (m); **cash in hand** *n (GB)* Barbestand (m), Kasse (f); **cash method accounting** *n* → cash basis accounting

cash on cash *n Fin (US)* Methode für Renditeberechnung auf Anlagen ohne Zweitmarkt; jährliche Einnahme relativ zur Gesamtinvestition; **cash on cash return** *n* Barkapitalrückfluss (m); **cash on delivery (C.O.D.)** *n* Zahlung (f) bei Lieferung; **cash on hand** *n (US)* Barbestand (m), Barmittel (pl), Kasse (f); **cash on the barrelhead** *n* bar auf die Kralle (ugs.); *Syn.: cash on the line*

cash outflow (CO) *n* Auszahlungsströme (mpl), Geldabfluss (m), Mittelabflüsse (mpl), Zahlungsmittelabfluss (m); **cash outgoings** *n/pl* Barausgänge (mpl); **cash outlay** *n* Barausgaben (fpl), Geldabfluss (m); **cash-out refinance** *n Fin (US)* Refinanzierung (m) mit Mittelfreisetzung; Refinanzierung eines Hypothekendarlehens, wobei der Auszahlungsbetrag des neuen Darlehens höher ist als der Restbetrag des alten Darlehens; *Syn.: equity release*; **cash payment** *n* Bar(aus)zahlung (f); **cash position** *n* Liquiditätslage (f); **cash price** *n* Barzahlungspreis (m); **cash proceeds** *n/pl* Einzahlungen (fpl); **cash receipts** *n/pl* Bareinnahmen (fpl), Einzahlungen (fpl), Geldeingang (m); **cash receipts and disbursements method** *Fin* → cash basis accounting; **cash receipts**

C

method of accounting *Fin* → cash basis accounting; **cash reduction** *n* Barabzug (m); **cash refund** *n* Barerstattung (f); **cash rent** *n Law (US)* Geldmiete (f); Miete (für landwirtschaftliche Flächen), die bar beglichen wird; *Ant.: crop share*; **cash requirements** *n/pl* Finanzbedarf (m); **cash reserves** *n/pl* Barbestand (m), Barreserve (f), Liquiditätsreserve (f); **cash sale** *n* Barverkauf (m), Verkauf (m) gegen bar; **cash settlement** *n* Ausgleichsleistung (f), Geldabfindung (f), Geldausgleich (m), Geldentschädigung (f); *Syn.: compensation in cash*; **cash surplus** *n* Barüberschuss (m); **cash surrender value** *n* Lebensversicherungswert (m), Rückkaufswert (m); **cash tenant** *n Fin (US)* (landwirtschaftlicher) Pächter, der bar bezahlt (→ cash rent); *Ant.: sharecropper*; **cash value** *n* Barwert (m), Kapitalwert (m); Marktwert (m); **cash value of a deferred annuity** *n* Barwert (m) einer zukünftigen Rente; **cash withdrawal** *n* Barentnahme (f)

cash with order (c.w.o.) *n* Zahlung (f) bei Auftragserteilung, Zahlung (f) bei Erhalt der Ware

cashier *n* Bankkassierer (m)

casing *n* Gehäuse (n), Verkleidung (f); Hülle (f); Verschalung (f); **casing pipe** *n* Mantelrohr (n); **casing protection** *n* Gehäuseschutz (m)

cast glass *n ArCo* Gussglas (n); **cast-in-situ concrete** *n ArCo* Ortbeton (m); **cast iron** *n ArCo* Gusseisen (n); **cast iron pipe** *n ArCo* Gussrohr (n)

castle *n* Burg (f), Schloss (n)

casualty *n* Schadensfall (m); **casualty insurance** *n Fin (US)* Schadensversicherung (f), Unfallversicherung (f); *Syn.: accident insurance*

catalogue of criteria *n* Kriterienkatalog (m)

catastrophic perils *n/pl Fin* höchste Naturgefahren (fpl); große (Natur-) Katastrophen (fpl) (Flut, Erdbeben, Nuklearunfälle und Krieg)

catch-all clause *n* Auffangbestimmung (f), Auffangvorschrift (f)

catch drain *n* Sammelkanal (m)

catching bargain *n Law (US)* gewissenloses Wuchergeschäft (n); Verkauf eines Anwartschaftrechts; Ablistung des Erbteils

catchment area *n* **1.** Wassereinzugsgebiet (n), Sammelgebiet (n); Abflussgebiet (n), Entwässerungsfläche (f), Entwässerungsgebiet (n); **2.** *Ret* Einzugsgebiet (n), Kundeneinzugsgebiet (n); *Syn.: drawing area (US), trade area*

categories of assets *n/pl* Vermögensarten (fpl)

category A works *n/pl ArCo (US)* Ausbauarbeiten (fpl); Ausbauarbeit (Grundausstattung) ohne Sonder- oder Maßarbeit; *Syn.: basic fitting out*

cathedral glass *n* Kathedralglas (n)

cat ladder *n ArCo* Steigleiter (f)

cattle *n* Rind (n), Rinder (npl); Vieh (n); **cattlegate** *n* Weiderecht für z.B. eine Kuh oder vier Schafe; *Syn.: beastgate, stint*; → stinted pasture; **cattle trespass** *n Law (GB)* Eindringenlassen von Vieh auf fremdes Weideland (zivilrechtliches Delikt)

catwalk *n* Steg (m), Laufsteg (m); Brücke (f); Laufplanke (f)

caulk *v/t ArCo* abdichten, fugen, verkleben; z.B. Fenster abdichten

cause *n* Anlass (m), Ursache (f), Motiv (n); **cause for terminating** *n* Beendigungsgrund (m); **cause of action** *n Law* Klagegrund (m); **cause of a fire** *n* Brandursache (f); **cause of error** *n* Fehlerursache (f); **cause of insolvency** *n* Insolvenzursache (f)

caution *n Law* Verwarnung (f), Verweis (m); (land register notice) Vormerkung (f); **caution money** *n Law* Kaution (f); *Syn.: security, guarantee*

cautious *adj* vorsichtig

caveat *n Law (lat.)* Vorbehalt (m), Vorsichtsmaßnahme (f); Einspruch (m) gegen Patenterneuerung, Patentanmeldung (f) einer unvollständigen Erfindung; **caveat actor** *n Law (lat.)* Mängelprüfungspflicht (f) des Käufers; wörtlich: Sei wachsam, Handelnder!; **caveat emptor** *n Law (lat.)* Ausschluss (m) der Gewährleistung; **caveat subscriptor** *n Law (lat.)* Gewährleistungshaftung (f) des Abnehmers; **caveat venditor** *n Law (lat.)* Gewährleistungshaftung (f) des Verkäufers

cavitation *n* Hohlraumbildung (f)

cavity *n* Hohlraum (m); **cavity wall** *n* Isoliermauerwerk (n), zweischaliges Mauerwerk (n), zweischalige Wand (f)

CBA → cost benefit analysis

CBA → collective bargaining agreement

CBD → central business district

CC *ArCo* → certificate of completion
CC&Rs *Law* → conditions, covenants and restrictions
CCIM → Certified Commercial Investment Member
CCRs *Law* → conditions, covenants and restrictions
CCTV (closed circuit television) *n* Videoüberwachung (f); *Syn.: video surveillance*
CD *Fin* → certificate of deposit
CDBGs *Dev* → community development block grants
CDCs *Dev (US)* → community development corporations
CDM regulations *Law (GB)* → construction, design and management regulations
cease and desist order *n Law* Unterlassungsverfügung (f), Unterlassungsanordnung (f)
cedar shingle *n* Zedernschindel (f)
cede *v/t Law* abtreten (z.B. Versicherungsforderungen)
ceiling *n* **1.** *ArCo* Decke (f), Raumdecke (f); Dachinnenverkleidung (f), Täfelung (f); **ceiling battens** *n/pl* Deckenlattung (f); **ceiling board** *n* Deckenbrett (n), Deckplatte (f); **ceiling height** *n* Deckenhöhe (f), lichte Höhe (f); **ceiling joist** *n* Deckenbalken (m), deckentragendes Querholz (n), Unterzug (m); **ceiling light** *n* Deckenbeleuchtung (f); **ceiling panelling** *n* Paneeldecke (f); **ceiling plaster** *n* Deckenputz (m)
ceiling *n* **2.** *Fin* Höchstpreis (m); Obergrenze (f); **ceiling loan** *n (US)* (maximale) Beleihungsgrenze (f); **ceiling price** *n* höchster Preis (m), äußerster Preis (m), Maximalpreis (m), Höchstpreis (m), Preisobergrenze (f); **ceiling value** *n* Höchstwert (m)
cell *n* Zelle (f); **cellular brick** *n* Zellenziegel (m), Hohlziegel (m) (Mauerwerk); **cellular concrete** *n* Isolierbeton (m), Porenbeton (m), Schaumbeton (m); **cellular construction** *n* Zellenbauweise (f); **cellular design** *n* Zellenbauweise (f); **cellular structure** *n ArCo* Zellenbau (m), Zellenstruktur (f); *Syn.: linear building*
cellar *n* Keller (m), Kellergeschoss (n); **cellar vault** *n* Kellergewölbe (n)
cement *n ArCo* Zement (m); Kitt (m); Klebstoff (m); **cement asbestos** *n* Asbestzement (m); **cement based** *adj* zementhaltig; **cement based waterproof coating** *n* Zementsperrschicht (f); **cement bound** *adj* zementgebunden; **cement concrete** *n* Zementbeton (m); **cement content** *n* Zementgehalt (m); **cement dust** *n* Zementstaub (m); **cement floor** *n* Zementestrich (m); **cement grade** *n* Zementgüte (f); **cement grain** *n* Zementkorn (n); **cement grout** *n* Zementschlamm (m); **cement injection** *n* Zementverpressung (f); **cement injection pressure** *n* Zementierdruck (m); **cement injection pump** *n* Zementierpumpe (f); **cement lime mortar** *n* Kalkzementmörtel (m); **cement mill** *n* Zementfabrik (f), Zementmühle (f), Zementwerk (n); **cement mortar** *n* Zementmörtel (m); **cement paste** *n* Zementleim (m), Zementpaste (f); **cement paving** *n* Zementpflaster (n); **cement plant** *n* Zementfabrik (f), Zementwerk (n); **cement plaster** *n* Zementputz (m); **cement roofing tile** *n* Zementdachstein (m); **cement screed** *n* Zementestrich (m); **cement strength** *n* Zementfestigkeit (f); **cement substitute** *n* Zementersatz (m); **cement tile** *n* Zementplatte (f); **cement-water ratio** *n* Zement-Wasser-Verhältnis (n)
cement *v/t* zementieren
cementation *n* Zementierung (f)
cemetery *n* Friedhof (m)
census *n* Großzählung (f), Totalstatistik (f), Zensus (m), Volkszählung (f); **census of employment** *n* Arbeitsstättenzählung (f) **census data** *n/pl* statistische Daten (pl) der Bevölkerungszählung
center *n (US)* Zentrum (n), Mittelpunkt (m), Hauptanziehungspunkt (m); *Syn.: centre (GB)*; **center of gravity** *n* Schwerpunkt (m); **center of vital interests** *n* Mittelpunkt (m) der Lebensinteressen **center line** *n* Achslinie (f); **center nozzle** *n* Mittelauslauf (m); **center point** *n* Mittelpunkt (m); **center-to-center distance** *n* Achsmaß (n); **center types** *n/pl Mkt* Einkaufszentrentypen (npl)
centered *adj* zentriert
central *adj* zentral; **central activities zone (CAZ)** *n Plan (GB)* Kerngebiet (n), Innenstadt (f); **central appraisal district (CAD)** *n Tax (US)* vom Gesetzgeber bestimmt, um steuerlich relevante Bewertungen von Grundbesitz vorzunehmen; **central bank** *n* Notenbank (f), Zentralbank (f); **central bank intervention** *n* Intervention (f) der Zentralbank; **central business district**

C

(CBD) *n* Kerngebiet (n); Hauptgeschäftsbereich einer Stadt; **central city** *n* Innenstadt (f); Großstadt (f); im Zentrum einer metropolitan area; **central column** *n* Mittelsäule (f); **central core** *n ArCo* Mittelkern (m), Zentralkern (m); Treppenhäuser, Aufzugsschächte etc.; **central department** *n* Zentralabteilung (f); **central headquarters** *n* Hauptverwaltung (f); **central heating** *n* Zentralheizung (f); **central locking** *n* Zentralverschluss (m); **central place** *n* zentraler Ort (m); **central place hierarchy** *n* Zentralität (f); **central store** *n* Hauptlager (n); **central tendency** *n* Lokalisationsparameter (m), Maß (n) der Zentraltendenz; **central walk** *n* Mittelgang (m); **central wholesale market** *n* Großmarkt (m)

centralisation *n* Zentralisierung (f)

centrality *n* Zentralität (f)

centrally heated *adj* zentralbeheizt

centre *n (GB)* → center

centred *adj* zentriert

centrifugal pump *n* Kreiselpumpe (f)

CEP *Val* → capitalized economic profit

ceramic floor tile *n* Keramikbodenfliese (f); **ceramic tile** *n* keramische Fliese (f)

certain rent *n Val* → dead rent; **certain term** *n Law* feste Dauer (f) (Mietvertrag etc.); *Syn.: fixed term*; *Ant.: periodic*

certificate *n* Bescheinigung (f), Nachweis (m), rechtsgültiges Dokument (n) in Schriftform, Urkunde (f), Zeugnis (n), Zulassungspapier (n); **certificate for payment** *n ArCo* bestätigte Bauleistungsabrechnung (f); **certificate of acceptance** *n ArCo* Abnahmeschein (m), Abnahmeprotokoll (n); *Syn.: acceptance certificate*; **certificate of appraisal** *n Val (US)* förmliches Bewertungsgutachten (n); *Syn.: valuation certificate*; **certificate of appropriate alternative development (AAD certificate)** *n Law (GB)* Bescheinigung (f) über den Wert eines enteigneten Grundstücks; im Rahmen des Land Compensation Act 1961; berücksichtigt auch das Entwicklungspotenzial, welches vorhanden gewesen wäre, wenn das Grundstück nicht enteignet, sondern auf dem freien Markt veräußert worden wäre; **certificate of approval** *n* Zulassungsbescheid (m); **certificate of authority** *n* Vollmacht (f) (schriftliches Dokument); **certificate of charge** *n Law* → charge certificate; **certificate of completion (CC)** *n Dev, ArCo* Abnahmebescheinigung (f); Abnahmeprotokoll (n); **certificate of deposit (CD)** *n Fin* Einlagenzertifikat (n); **certificate of discharge** *n Law* Unbedenklichkeitsbescheinigung (f); (land charge) schriftliche Bestätigung über Auflösung der Briefgrundschuld/Löschung einer Grundschuld; → clearance certificate; **certificate of eligibility** *n Fin (US)* Nachweis (m) der Anspruchsberechtigung; z.B. eines Kriegsveteranen für ein vergünstigtes Darlehen; **certificate of established use** *n Plan (GB)* amtliche Bescheinigung, dass ein Objekt und/oder dessen Nutzung unter Bestandsschutz steht (Substanz- und Nutzungsschutz); inzwischen ersetzt unter dem Town and Country Planning Act 1990 durch CLEUD (→ certificate of lawfulness of existing use or development) und CLOPUD (→ certificate of lawfulness of proposed use or development); **certificate of estoppel** *n Law* → estoppel certificate; **certificate of exemption** *n* Freistellungsbescheinigung (f); *Syn.: exemption certificate*; **certificate of fair rent** *n Law (GB)* eine von einem rent officer ausgestellte Urkunde, die einen bestehenden Mietzins als angemessen (maximal zulässige Miete unter dem Housing Act 1977) bescheinigt; **certificate of immunity** *n Plan, Law (GB)* Bescheinigung, dass ein Objekt innerhalb der nächsten fünf Jahre nicht unter Denkmalschutz gestellt wird; *Syn.: certificate of non-listing*; **certificate of import** *n* Import-Zertifikat (n); **certificate of indebtedness** *n Fin, Law* Schuldschein (m); **certificate of inspection** *n* Inspektionszertifikat (n); **certificate of insurance** *n* Versicherungspolice (f); **certificate of lawfulness of existing use or development (CLEUD)** *n Plan (GB)* amtliche Bescheinigung unter dem Town and Country Planning Act 1990, dass ein Objekt und/oder dessen Nutzung unter Bestandsschutz steht (Substanzschutz, falls ein Objekt für zumindest 4 Jahre ohne Baugenehmigung existiert hat und/oder Nutzungsschutz, falls eine Nutzung für zumindest 10 Jahre ohne Baugenehmigung existiert hat); **certificate of lawfulness of proposed use or development (CLOPUD)** *n Plan (GB)* amtliche Bescheinigung unter dem Town and Country Planning Act 1990 ähnlich wie ein → certificate of lawfulness of existing use or development (CLEUD), jedoch für eine beantragte Nutzung und/oder Entwicklung; **certificate of making good defects** *n ArCo* Bauabnahmeprotokoll (n) zur Bestätigung der Mängelbeseitigung bzw. Restmängelfreiheit; **certificate of no defence** *n Law* → estoppel certificate; **certificate of non-crystallisation** *n Fin* Bestätigung (an einen Dritten), dass die im Rahmen einer → floating charge an einen Kreditgläubiger sicherheitshalber überlassenen Forderungen bzw. Gegenstände nicht aufgrund ausgebliebener Ratenzahlungen an den Gläubiger übergegangen sind (crystallisation); **certificate of non-listing** *n Plan (GB)* → certificate of immunity; **certificate of occupancy (CO)** *n ArCo (US)* Gebrauchsabnahmebescheinigung (f), Bezugsfähigkeitsbescheinigung (f); von Baubehörden erstellt; **certificate of practical completion** *n ArCo, Law* Bescheinigung (f) durch in der Regel den Architekten, dass ein Gebäude vertragsgemäß zu einem bestimmten Termin fertig gestellt wurde; **certificate of purchase (or sale)** *n Law, Tax* Grunderwerbsbescheinigung (f); → tax certificate; **certificate of reasonable value (CRV)** *n Val, Law* Zertifikat des Departments of Veterans Affairs (VA), das den Beleihungswert einer Immobilie dokumentiert; **certificate of satisfaction** *Fin* → satisfaction certificate; **certificate of title** *n Law* Besitzurkunde (f), Eigentumsnachweis (m), Grundbuchauszug (m); **certificate of valuation** *n Val* förmliches Bewertungsgutachten (n); *Syn.: valuation certificate*; **certificate of value** *n* Wertzertifikat (n)

certificate *v/t* zulassen

certificated *adj* zertifiziert

certify *v/t* zertifizieren, bescheinigen, beglaubigen, attestieren, beurkunden; **certified appraiser** *n* vereidigter Sachverständiger (m) bzw. Schätzer (m), Gutachter (m); **Certified Assessment Evaluator (CAE)** *n* Zertifikat, das von der → International Association of Assessing Officers (IAAO) an Immobiliengutachter vergeben wird; **certified check (or cheque)** *n* beglaubigter Scheck (m); **Certified Commercial Investment Member (CCIM)** *(US)* zertifizierter Experte im Bereich Gewerbe-/Investitionsimmobilien; **Certified Financial Planner (CFP)** *n* zertifizierter Vermögens- und Finanzplaner (m); **certified general appraiser** *n* beglaubigter Gutachter (m); **certified historic structure** *n Plan, Tax (US)* im → National Register of Historic Places eingetragenes Baudenkmal; die Sanierung solcher Gebäude wird in den USA steuerlich begünstigt; **Certified Property Manager (CPM)** *n* Bezeichnung, die vom → Institute of Real Estate Management an Immobilienverwalter/-manager vergeben wird; **Certified Public Accountant (CPA)** *n (US)* Gutachter (m), Sachprüfer (m), Wirtschaftsprüfer (m); **certified residential appraiser** *n* beglaubigter Gutachter (m) für Wohnimmobilien; **Certified Residential Broker (CRB)** *n (US)* Bezeichnung, die vom → Realtors National Marketing Institute an Makler im Bereich Wohnimmobilien verliehen wird; **Certified Residential Specialist (CRS)** *n* vom Council of Residential Specialists zertifizierter Wohnimmobilienmakler; **certified statement** *n* Feststellung (f); **certified surveyor** *n* Landvermesser (m) mit staatlichem Zeugnis, zertifizierter Gutachter (m), zertifizierter Landvermesser (m); **certified (true) copy** *n* (amtlich) beglaubigte Abschrift (f), Kopie (f)

certiorari *n Law (lat.)* Vorlage der Akten an ein höheres Gericht

certum est quod certum reddi potest *Law (lat.)* sicher ist, was sicher zurückverfolgt werden kann; Rechtsgrundsatz: ein Vertrag, dem vertragswesentliche Bestandteile fehlen (z.B. Preis, Vertragspartner etc.), ist ungültig

cesspit *n* Senkgrube (f); **cesspool** *n* Senkgrube (f), Klärgrube (f)

cessation of (any) activities *n* Einstellung (f) der Tätigkeit; **cessation of business** *n* Betriebseinstellung (f); **cessation of capitalization** *n* Ende (n) des Aktivierungszeitraums

cesser *n Law* Beendigung (f), Löschung (f) (z.B. einer Haftung); **cesser of rent** *n Law* Einstellung (f) der Mietzahlungen; z.B. wenn ein vermietetes Objekt abgebrannt ist

C

cession *n Law* Zession (f), Abtretung (f); **cession deed** *n Law* Abtretungsurkunde (f), Übereignungsurkunde (f)
cessment *n Tax* Schätzung (f); Steuer (f) (veraltet)
cestui que trust *n Law* Begünstigter (m); veraltet
CFC-free *adj* FCKW-frei; **CFC-free foam** *n* FCKW-freier Schaum (m)
CFP *n* → certified financial planner
CGT *Tax* → capital gains tax
chain *n* Kette (f); Reihe (f), Verkettung (f); Einzelhandelskette (f); **chain of title** *n Law* vollständiger Eigentumsnachweis (m); lückenlose Auflistung aller vorausgegangenen Eigentumsübertragungen
chain store *n Ret* Filiale (f); Filialkette (f)
chain *v/t* verketten
chair *n* Stuhl (m)
chairman *n* Vorsitzender (m); **chairman of the executive board** *n (US)* Vorstandsvorsitzender (m); **chairman of the management board** *n (GB)* Vorstandsvorsitzender (m); **chairman of the supervisory board** *n* Vorsitzender (m) des Aufsichtsrates
chalet *n* Chalet (n), Ferienhaus (n), Landhaus (n); Sennhütte (f), Berghütte (f)
challenge *n* Herausforderung (f)
challenge *v/t* anfechten, bestreiten, herausfordern
Chamber of Commerce (COC) *n* Handelskammer (f)
chamber of (consulting) engineers *n* Ingenieurkammer (f)
chamfered *adj* abgekantet, abgeschrägt
champerty *n Law* Beteiligung an einem Gerichtsverfahren gegen Beteiligung am Prozesserlös; in manchen Gerichtsbarkeiten (z.B. USA) untersagt; *Syn.: champertous maintenance*
chance *n* Gelegenheit (f); **chances in the market** *n/pl* Marktchancen (fpl)
chance bargain *n* Gelegenheitsgeschäft (n), Gelegenheitskauf (m)
chancellery *n* Kanzlei (f)
Chancery Division *n Law (GB)* Abteilung des obersten Gerichtshofes; zuständig für Immobiliensachen, einschließlich Betrug und Konkursverfahren
change *n* Abänderung (f), Änderung (f), Abdingbarkeit (f), Berichtigung (f), Korrektur (f), Nachtrag (m), Veränderung (f), Wechselgeld (n); **change compared to prior year** *n* Veränderung (f) gegenüber dem Vorjahr; **change in accounting principles** *n* Änderung (f) von Bilanzierungsmethoden; **change in book value (of an asset)** *n* Bestandsveränderung (f); **change in residence** *n* Wohnsitzwechsel (m); **change in state** *n* Zustandsänderung (f); **change in zoning** *n* Umzonung (f), Veränderung (f) der Gebietsaufteilung; **change of location** *n* Standortverlegung (f); **change of ownership** *n* Besitzwechsel (m) (von Eigentum); **change of residence** *n* Wohnortwechsel (f), Wohnsitzwechsel (f); **change of use** *n Plan* Nutzungsänderung (f)
change *v/t* abändern, ändern, umtauschen, umwandeln, verändern, verwandeln; **changing income** *n* sich ändernde Einnahmen (fpl); **changing value** *n* Wertveränderung (f)
channel *n ArCo* Vertiefung (f); Kanal (m); Auskehlung (f); Ablaufrinne (f); Flussbett (n); **channel iron** *n* U-Eisen (n)
chapter *n* Kapitel (n), Abschnitt (m)
character *n* Zeichen (n)
characteristic *n* Eigenschaft (f), Merkmal (n); **characteristic conditions** *n/pl* Zustandsmerkmale (npl) (einer Immobilie); **characteristic curve** *n* Kennlinie (f); **characteristic value** *n* Kennwert (m)
characterize *v/t* kennzeichnen
charge *v/t* belasten; berechnen; etwas als Sicherung für einen Kredit belasten; eine Gebühr verlangen; **charge depreciation** *v/t* abschreiben, abwerten
charge off abschreiben, abwerten; **charge with** beauftragen mit, ermächtigen, in Auftrag geben, zuständig sein für
charge 1. *n* Belastung (f); Gebühr (f), Abgabe (f); Preis (m), Kosten (pl); **charge by way of legal mortgage** *n Law* Grundpfandrecht (n), Hypothek (f); **charge on real property** *n* Grundstücksbelastung (f)
charge certificate *n Law* Grundschuldbrief (m); *Syn.: certificate of charge*
charges *n/pl* Aufwendungen (fpl); Gebühren (fpl); Kosten (pl); Anklagepunkte (mpl); **charges and deductions** *n/pl* Zu- und Abschläge (mpl); **charges register** *n Law (GB)* Grundstückslastenregister (n); das charges register ist Teil des → land registry. Es enthält Daten über Dienstbarkeiten, Hypotheken etc.

charge 2. *n Law* Anklage (f), Vorwurf (m), Beschuldigung (f)
chargeable *adj* gebührenpflichtig; **chargeable asset** *n* anrechenbarer Vermögenswert (m); *Syn.: recoverable amount of an asset*; **chargeable costs** *n/pl* anrechenbare Kosten (pl); **chargeable gain** *n Tax* steuerpflichtiger (Kapital-) Gewinn (m); **chargeable realised development value (CRDV)** *n Tax (GB)* steuerpflichtiger erlöster Entwicklungswert (m); Steuersatz unter dem (inzwischen aufgehobenen) Development Land Tax Act 1976; entsprach (etwas vereinfacht) dem Marktwert des Objektes abzüglich des Wertes, den das Objekt gehabt hätte, wenn keine Entwicklung möglich gewesen wäre
charged value *n Tax (US)* Einheitswert (m)
charging of a property *n* Belastung (f) eines Grundstücks
charging authority *n (GB)* für Steuer- oder Gebührenerhebung zuständige Behörde; z.B. Grundsteuer (council tax) oder congestion charge (Staugebühr in London); **charging lien** *n Law* Sicherungspfandrecht (n); **charging order** *n Law* Beschlagnahmeverfügung (f); **charging set** *n* Ladegerät (n)
chargor *n Fin* Hypothekenschuldner (m)
charitable *adj* gemeinnützig, wohltätig, karitativ; **charitable organisation** *n* gemeinnütziger Verein (m); **charitable trust** *n* wohltätige Stiftung (f); mildtätige Einrichtung (f)
charity *n* Wohlfahrt (f); Wohlfahrtsverband (m); Wohltätigkeitsorganisation (f)
chart *n* Karte (f), Übersicht (f)
charter *n* Satzung (f); **charter member** *n* Gründungsmitglied (n)
chartered *adj* (staatlich) geprüft; **chartered accountant** *n (GB)* Sachprüfer (m), Wirtschaftsprüfer (m); **chartered corporation** *n* konzessionierte Gesellschaft (f), eingetragene Gesellschaft (f), Körperschaft (f) (durch Hoheitsakt geschaffen); **chartered public accountant** *n* Wirtschaftsprüfer (m); **chartered right** *n* verbrieftes Recht (n); **chartered surveyor** *n Val, Org* von der → Royal Institution of Chartered Surveyors anerkannter Sachverständiger; **Chartered Valuation Surveyor (CVS)** *n* Chartered Surveyor (m) mit dem Schwerpunkt Immobilienbewertung
chase *n (GB)* privates Jagdrevier (n); Jagdrecht (n)
chattel fixtures *n/pl* → trade fixtures; **chattel mortgage** *n Law* Mobiliarhypothek (f); Sicherungsübereignung (f); Pfandrecht an beweglichen Sachen
chattels *n/pl Law* bewegliches Eigentum (n), Mobiliar (n); **chattels personal** *n/pl Law* persönliche Habe (f); **chattels real** *n/pl Law* Grundstücksrechte (npl)
check *n* Check (m), Überprüfung (f), Kontrolle (f); Scheck (m); Rechnung (f); **check number** *n* Checkzahl (f), Prüfzahl (f)
check *v/t* überprüfen, kontrollieren; **check against** vergleichen mit
checked (by) *adj* geprüft (durch)
checkered pattern *n* Würfelmuster (n); **checker(ed) plate** *n* Riffelblech (n)
checking *n* Prüfung (f)
checkout *n* Ausgangsprüfung (f); Kasse (f); Abmeldung (f)
checksum *n* Checksumme (f); **checksum error** *n* Checksummenfehler (m)
check valve (hydraulically damped) *n* hydraulisch gedämpfte Rückschlagklappe (f)
cheek *n* Wange (f)
chemical degasification *n* chemische Entgasung (f)
chemicals *n/pl* Chemikalien (fpl)
chemical solution *n* chemische Lösung (f)
cherry picking *n* allg.: die Auswahl des Besten; spezif.: selektive Auswahl besonders qualitativ hochwertigen Sachvermögens zur Absicherung von Forderungen; wird von Gläubigern und Aktionären missbilligt und ist in einigen Ländern verboten
Chief Executive Officer (CEO) *n* Vorsitzender (m) der Geschäftsführung, Vorstandssprecher (m), Vorstandsvorsitzender (m)
children's playground *n* Kinderspielplatz (m)
chiller *n* Kälteanlage (f)
chilling a sale *n Law, Mkt* Verabredung (f) niedrigen Bietens; illegale Absprache einiger Bieter, um Mitbieter zu entmutigen und das Objekt zu einem künstlich niedrigen Preis zu erwerben; *Syn.: damping a sale*
chimney *n ArCo* Schornstein (m), Schlot (m), Kamin (m), Rauchabzug (m); **chimney cap** *n* Schornsteinkappe (f), Kaminaufsatz (m); **chimney flashing** *n* Schornsteinein-

fassung (f); **chimney piece** *n* Kaminaufsatz (m); **chimney pot** *n* Schornsteinaufsatzrohr (n)

Chinese wall *n* Informationssperre (f); Trennung zwischen Abteilungen einer Firma zur Vermeidung von Interessenkonflikten

C

chipboard *n* Spanplatte (f), Spanholz (n)

chips *n/pl* gebrochener Kies (m)

chit *n (GB ugs.)* Zettel (m), Quittung (f)

chlorofluorocarbon (CFC) *n* Fluorchlorkohlenwasserstoff (m) (FCKW)

choice property *n* erstklassige Objekte (npl)

choking *n* Verstopfung (f)

chord *n* Sehne (f)

chose *n Law* Objekt (n), Gegenstand (m); **chose in action** *n* obligatorischer Anspruch (m); Forderung (f), Forderungsrecht (n); immaterieller Rechtsgegenstand (m); **chose in possession** *n Law* bewegliches Recht (n); Gegenstand (m) des beweglichen Vermögens; an Besitz gebundenes Recht (n)

CHP generation plant *n* Kraft-Wärme-Kopplungsanlage (f)

chromium plated *adj* verchromt

chronological age → actual age

chrysotile *n* Weißasbest (m)

church *n* Kirche (f); **church rate** *n Tax* Kirchensteuer (f) (veraltet)

Church Commissioners *n/pl (GB)* Verwaltung der Vermögen (Aktien, Immobilien usw.) der Church of England

churn *n* **1.** (customer) Kundenabwanderung (f); (staff) Mitarbeiterverlust (m), Mitarbeiterfluktuation (f); **2.** (Fin) (excessive trading) überhöhter Handel z.B. von Wertpapieren, um Maklercourtage zu erhöhen; **3.** (FM) Verlegung von Mitarbeitern oder Arbeitsstätten innerhalb eines Gebäudes (meist US)

churning *n* Provisionsschneiderei (f); wörtlich: buttern – nicht notwendiger Kauf und Verkauf von Anlagen, besonders durch treuhänderische Verwalter, um Provision zu erhöhen

chute *n ArCo* Rinne (f)

cinder concrete *n ArCo* Schlackenbeton (m); **cinder outlet** *n ArCo* Ascheabzug (m)

cinema *n (GB)* Kino (n), Lichtspielhaus (n)

circle *n* Kreis (m)

circuit *n* Beschaltung (f), Stromkreis (m), Stromkreislauf (m); **circuit breaker** *n* Ausschalter (m)

circular *n* Rundschreiben (n)

circular *adj* ringförmig; **circular beam** *n ArCo* Ringbalken (m); **circular building** *n ArCo* Rundbau (m); **circular downpipe** *n ArCo* rundes Fallrohr (n); **circular girder** *n ArCo* Ringträger (m); **circular saw** *n* Kreissäge (f)

circulating assets *n/pl* Umlaufvermögen (n); **circulating capital** *n Fin* Betriebskapital (n), Umlaufkapital (n)

circulation *n* Zirkulation (f); **circulation area** *n* Verkehrsfläche (f); **circulation line** *n* Umwälzleistung (f); **circulation pump** *n* Umwälzpumpe (f); **circulation space** *n* Verkehrsfläche (f); **circulation system** *n* Kreislaufsystem (n); **circulation water** *n* Umlaufwasser (n)

CIREI *Org (US)* → Commercial Investment Real Estate Institute

cistern *n ArCo* Wasserbehälter (m), Wasserspeicher (m), Wassertank (m); Zisterne (f)

citation *n* Vorladung (f); Zitat (n); lobende Erwähnung (f)

citizen involvement *n* Bürgerbeteiligung (f); **citizen participation** *n Plan, Dev* Bürgerbeteiligung (f); *Syn.: public participation*; **citizenship** *n* Staatsangehörigkeit (f)

city *n* Stadt (f); allgemein größer als eine → town; in GB: Stadt mit einer Kathedrale; **city beautification** *n (US)* Stadtverschönerung (f); typ. durch Begrünung und landschaftsgestalterische Maßnahmen; **city block** *n* Baublock (m); Teil eines überwiegend bebauten Stadtbietes, das allseits von Straßen oder Wegen umschlossen ist *Syn.: block, urban block*; **city centre** *n (GB)* Stadtzentrum (n), Stadtmitte (f), Innenstadt (f); *Syn.: city center (US)*; **city engineer** *n (US)* städtischer technischer Beamter (m); **city expansion plan** *n* Stadterweiterungsplan (m); **city hall** *n (US)* Rathaus (n); **city location** *n* Citylage (f); **city marketing** *n* Stadtmarketing (n); **city perimeter** *n* Stadtrand (m), Stadtrandlage (f); **city planning department** *n (US)* Stadtplanungsamt (n); **city region** *n Plan* Stadtregion (f); **city tax assessor** *n* Gemeindesteueramt (n); **city wall** *n* Stadtmauer (f)

civic *adj* städtisch, Stadt-; bürgerlich, Bürger-; **civic center** *n* Gemeindezentrum (n); Verwaltungszentrum (n), Behördenviertel (n)

civil *adj* bürgerlich, Bürger-; zivilrechtlich; **civil action** *n* Zivilprozess (m); **civil day** *n* Kalendertag (m); Mitternacht bis Mitternacht; **civil engineer** *n* Bauingenieur (m); **civil engineering** *n* Tiefbau (m), Tiefbautechnik (f); **civil law** *n Law* Zivilrecht (n), Privatrecht (n), bürgerliches Recht (n); **civil wrong** *n Law* Vergehen (n), rechtswidrige Handlung (f); **civil year** *n* Kalenderjahr (n)

cladding *n* Verkleidung (f); Ausmauerung (f); Fassade (f); *Syn.: façade*; **cladding glass** *n* Verkleidungsglas (n)

claim *n* Mängelrüge (f), Reklamation (f); Anrecht (n), Anspruch (m), Forderung (f); Klage (f), Klageanspruch (m); Schadensfall (m); Schadensforderung (f); **claim arising from a land charge** *n* Grundschuldforderung **claim for compensation** *n* Schaden(s)ersatzanspruch (m); **claim for damages** *n* Schaden(s)ersatzanspruch (m), Entschädigungsanspruch (m); Schaden(s)ersatzklage (f); **claim for possession** *n* Räumungsklage (f); **claim for rent** *n* Mietforderung (f), Pachtforderung (f), Forderung (f) des Verpächters auf Zahlung des Pachtzinses; **claim of right** *n Law* Rechtsanspruch (m); **claim of title** *n Law* Eigentumsanspruch (m); **claim to an inheritance** *n* Erbschaftsanspruch (m) **claim expenses** *n/pl insur* Regulierungskosten (pl); *Syn.: settlement costs, adjustment costs*;

claim *v/t* fordern, Ansprüche geltend machen; **claim back** *v/t* zurückfordern; **claiming of benefits** *n* Inanspruchnahme (f) von Leistungen

clamp *n* Bauklammer (f), Bügel (m)

clamp *v/t* einspannen

clandestine mortgage *n Law (US)* wörtlich: heimliche Hypothek (f); ein Darlehen, das entgegen dem Wortlaut tatsächlich auf einem Objekt gesichert ist

clapboard *n ArCo* Dachschindel (f); Schindel (f)

clarification plant *n* Kläranlage (f)

clarity *n* Übersichtlichkeit (f); **clarity requirement** *n* Klarheitsgebot (n); z.B. für Verbindungen zwischen Banken unter dem (US) GLBA (Financial Services Act)

clash of interests *n* Interessenkonflikt (m)

class *n* Klasse (f), Schicht (f), Kategorie (f); **class of assets** *n* Gruppe (f) von Sachanlagen; **class of risk** *n* Gefahrenklasse (f)

class A building *n* luxuriöses Gebäude (n); **class gift** *n* Schenkung an eine bestimmte Personengruppe oder einen bestimmten Personenkreis; **class rooms** *n/pl* Schulungsräume (mpl)

classical procedure *n* klassisches Verfahren (n); z.B. für die Berechnung von Lebensrenten; **classical system of corporate taxation** *n* klassisches Körperschaftsteuersystem (n)

classification *n* Gliederung (f), Klassenbildung (f), Klassifikation (f), Klassifizierung (f); **classification by size** *n* Größengliederung (f)

classify *v/t* aufgliedern, aufschlüsseln, einstufen, einteilen, gliedern, klassifizieren, unterteilen, zerlegen; **classified ad** *n Mkt* Kleinanzeige (f)

clause *n* Klausel (f); Bestimmung (f)

claw-back *n Fin, Tax* Rückforderung (f); **claw-back clause** *n* Rückforderungsklausel (f)

clay *n* Lehm (m), Tonerde (f); **clay brick building** *n* Backsteinbau (m), Ziegelbau (m); **clay pantile** *n* Pfannenziegel (m); **clay pipe** *n* Tonrohr (n); **clay pit** *n* Lehmgrube (f), Tongrube (f)

clayey *adj* tonig; **clayey sandstone** *n* Tonsandstein (m)

clean air *n* Reinluft (f); **Clean Air Act (CAA)** *n (US)* Luftschutzgesetz (n); **Clean Air Act Amendments (CAAA)** *n Law (US)* Ergänzungen von 1990 zum CAA, dem Gesetz gegen Luftverschmutzung; **clean air zone** *n* luftverschmutzungsfreie Zone (f); Nichtraucherzone (f)

clean transfer *n Law* ordnungsgemäße Übergabe (f); **Clean Water Act (CWA)** *n (US)* Wasserschutzgesetz (n)

cleaner *n* Reiniger (m); **cleaner's room** *n* Putzraum (m)

cleaning *n* Reinigung (f); **cleaning plan** *n PptMgt* Reinigungsplan (m)

clean room *n ArCo* Reinraum (m), keimfreier Raum (m)

clean up *v/t* reinigen, sauber machen

cleanup, clean-up *n* Sanierung (f); Reinigung (f)

clear *v/t* abrechnen, freilegen; **clear title** *v/t Law (US)* das Besitzrecht (n) bereinigen; Überprüfung und ggf. Beseitigung von Grundstückslasten (z.B. bestehenden Dienstbarkeiten oder Hypotheken etc.) vor Übertragung

C

clear *adj* klar, frei; schuldenfrei, unbelasted; **clear of mortgages** *adj* hypothekenfrei **clear and marketable title** *n* unbelasteter und rechtsmangelfreier Rechtstitel (m); **clear dimension** *n* lichtes Maß (n); **clear estate** *n* lastenfreier Grundbesitz (m); **clear glass** *n* Klarglas (n); **clear height** *n ArCo* lichte Höhe (f); **clear lease** *n Val, Law* Miet-/Pachtvertrag ohne nichtumlagefähige Kosten; der Mieter (Pächter) kommt für alle Kosten (einschließlich Reparaturen an Dach und Fach) auf; besonders von institutionellen Anlegern (Fonds etc.) angestrebt; **clear opening dimensions** *n/pl* fertiges (Rahmen-) Lichtmaß (n); **clear span** *n ArCo* freie Stützweite (f); **clear title** *n Law* uneingeschränktes Besitzrecht (n); unangreifbares Eigentum (n); von Rechten anderer freier Rechtstitel (m); **clear varnish** *n* Klarlack (m); **clear width** *n* lichte Breite (f), lichte Weite (f)

clearance *n* **1.** Beseitigung (f), Entfernung (f), Räumung (f); Verrechnung (f); Abfertigung (f) (Zoll); **clearance area** *n Plan* ein Gebiet, auf dem aufgrund von Unbewohnbarkeit bzw. Unzumutbarkeit alle Gebäude abzureißen sind; im Allgemeinen verkündet durch eine Regierungserklärung, auf die in der Regel die Akquisition der betroffenen Grundstücke (wenn notwendig durch Enteignung) und der Abriss der Gebäude folgt; **clearance certificate** *n Tax* steuerliche Unbedenklichkeitsbescheinigung (f); (customs) Zollfreigabeschein (m); **clearance item** *n* Abrechnungsposten (mpl); **clearance order** *n Plan, Law (GB)* Abrisserlass (m), Abbrucherlass (m); Rechtsverordnung, z.B. unter dem Housing Act 1985, dass alle Gebäude in einer → clearance area abzureißen sind, wenn notwendig durch Enteignung; **clearance sale** *n* Ausverkauf (m)

clearance *n* **2.** *ArCo* lichtes Maß (n), lichte Weite (f)

cleared site value *n Val, Law (GB)* Wert des freigelegten Grundstücks; Bewertungsverfahren unter dem Land Compensation Act 1961 für die Schätzung von Schadenersatz für Häuser, die nicht mehr für Wohnzwecke geeignet sind; 1990 aufgehoben

clearing *n* Clearing (n), Räumung (f); **clearing account** *n* Verrechnungskonto (n); **clearing house** *n* Verrechnungsstelle (f), Clearinghaus (n); **clearing operations** *n/pl* Schaffung (f) der Baufreiheit; **clearing system (bank)** *n* Abrechnungsverkehr (m)

cleat *n* Klemme (f)

clerical error *n* Rechenfehler (m)

clerk of (the) works *n ArCo* Bauleiter (m); Werkmeister (m); eine vom Bauherren für die Überwachung der Bauqualität und des Baufortschritts beauftragte Vertretung auf der Baustelle

CLEUD *n Plan (GB)* → certificate of lawfulness of existing use or development

client *n* Auftraggeber (m); Kunde (m); Klient (m); Mandant (m); **client choice** *n* Kundenwahl (f); **client report** *n* Klientenbericht (m); **client trust account** *n Fin, Law* Treuhandkonto (n); *Syn.: fiduciary account*

climate *n* Klima (n); **climate changes** *n/pl* Klimaveränderung (f); **climate control** *n* Klimatisierung (f)

climbing irons *n/pl* Steigeisen (n)

clinker *n ArCo* Klinkerstein (m); **clinker brick** *n* Klinker (m); **clinker concrete** *n* Schlackenbeton (m)

clipped header *n* Halbziegel (m); *Syn.: half brick, snap header*

cloaca *n ArCo* Senkgrube (f)

cloak room *n* Garderobe (f)

clogged (up) *adj* verstopft

clog on the equity of redemption *n Law* Behinderung (f) des Pfandauslösungsrechts → equity of redemption

cloister vault *n ArCo* Walmgewölbe (n)

CLOPUD *n Plan (GB)* → certificate of lawfulness of proposed use or development

close *n* Abschluss (z.B. einer Transaktion); (Börse) Ende des Handelstages; → closing

close company *n Law* ein Unternehmen, das von nicht mehr als fünf Aktionären kontrolliert wird; **close range** *n* Nahbereich (m)

closed *adj* geschlossen; stillgelegt; **closed circuit television** *n* → CCTV; **closed circular pipeline** *n* Ringleitung (f); **closed corporation** *n (US)* Gesellschaft (f) mit beschränkter Haftung; **closed-door discount store** *n Ret* Discounter/Diskontladen, der nur an Kunden mit Mitgliedskarte verkauft; *Syn.: wholesale club, closed-door discount house*

closed-end fund *n Fin* geschlossener Investmentfonds (m); *Syn.: closed-end in-*

vestment fund; **closed-end investment company** → closed-end investment fund; **closed-end investment fund** *n* geschlossener Investmentfonds (m), Investmentfonds (f) mit begrenzter Emissionshöhe; *Syn.: closed-end trust, closed-end investment company*; **closed-end investment trust** *n Fin* → closed-end investment fund; **closed-end mortgage** *Fin* → closed mortgage; **closed-end property fund** *n* geschlossener Immobilienfonds (m); **closed-end real estate fund** → closed-end property fund; **closed-end trust** *Fin* → closed-end investment trust

closed heating circuit *n* abgeschlossener Heizkreislauf (m); **closed loop** *n* Rohrkreislauf (m); **closed mortgage** *n Fin* unveränderliche Hypothek (f); Hypothek, die aufgrund des Darlehensvertrages weder vorzeitig abgelöst, noch angezahlt, noch in ihren Konditionen verändert werden kann; *Syn.: closed-end mortgage*; *Ant.: open-end mortgage*; **closed price** *n* vereinbarter Preis (m); **closed system** *n* geschlossene Bauweise (f); **closed tender** *n* beschränkte Ausschreibung (f)

closed down *adj* abgewickelt

closer *n Mkt (US)* Repräsentant einer → title insurance company, der dem Abschluss einer Immobilientransaktion beiwohnt

closet *n ArCo* begehbarer Kleiderschrank (m); Wandschrank (f); Kammer (f)

close-up *n* Nahansicht (f)

closing *n* **1.** (Transaktion) Abschluss (m), Übergabe (f), Abnahme; (Betrieb) Stilllegung; **2.** (US) letzter Schritt in einer Immobilientransaktion: Auflassung eines Grundstücks gegen Bezahlung des Kaufpreises

closing *adj* abschließend, Abschluss-; **closing bid** *n* letzte(s) Höchstgebot (n); **closing charges** → closing fees; **closing costs** → closing fees; **closing date** *n* **1.** Abgabetermin (m), Abschlusstermin (m), Tag des (Geschäfts-) Abschlusses; bei Bilanzen: Bilanzstichtag; bei Bewerbungen: Bewerbungsfrist, Einsendeschluss; bei Medien: Anzeigenschluss; **2.** *Law (US)* Auflassungsdatum (n); Termin für endgültige Übertragung einer Immobilie, im Kaufvertrag vereinbart; *Syn.: completion date*; **closing-down sale** *n* Räumungsverkauf (m); *Syn.: clearance sale, liquidation sale*; **closing entry** *n* Abschlussbuchung (f); **closing fees** *n/pl (US)* Abschlusskosten (pl), Erwerbsnebenkosten (pl), Veräußerungsnebenkosten (pl); Nebenkosten einer Grundstücksübertragung, zahlbar durch den Käufer und/oder Verkäufer; *Syn.: closing costs, closing charges*; **closing order** *n Law (GB)* Erlass durch die örtlichen Behörden unter dem Housing Act 1985 Ss. 264, 267, der ein Wohnhaus für unbewohnbar (→ unfit for human habitation) erklärt, woraufhin es nicht mehr – oder nur für bestimmte genehmigte Zwecke – genutzt werden darf; **closing protection letter** *n Law (US)* Schutzbrief (m) für Abschluss einer Grundstücksübertragung; Schutz gegen Geldverlust durch Betrug des Treuhänders; Bestandteil der → title insurance; **closing rate** *n* Stichtagskurs (m); **closing statement** *n* **1.** *Law (US)* Abschlussbericht (m), Schlussplädoyer (n); **2.** *Mkt (US)* Endabrechnung (f); Auflistung der Abschlusskosten der Transaktion und aller Ein- und Auszahlungen; zeigt, wie die Kosten zwischen Käufer und Verkäufer aufgeteilt werden

closure *n* Schließung (f), Stilllegung (f); Auflösung (f); Sperrung (f)

clothes shop *n* Bekleidungshaus (n), Modehaus (n); *Syn.: cloth shop, apparel shop*

clouded title *n (US)* Rechtstitel (m) mit tatsächlichen oder potenziellen Mangeln, die die Vermarktbarkeit beeinträchtigen könnten z.B. bestehen mögliche Rechte anderer an dem Grundbesitz

cloud on title *n Law* tatsächlicher oder potenzieller Rechtsmangel (m), der die Vermarktbarkeit eines Rechtstitels beeinträchtigen kann

club deal *n Fin* → syndicated loan

clue *n* Anhaltspunkt (m)

CLUP *Plan* → comprehensive land use plan

cluster development *n Plan* Clusterentwicklung (f); räumlich gehäufte Entwicklung von kleineren Wohneinheiten mit Gemeinschaftsbereichen; **cluster housing** *n Plan* Aufteilung, bei der Zweifamilienhäuser sehr nah beieinander stehen und sich gemeinsame Innenhofbereiche (Parkplätze und Freizeitbereich) teilen; **cluster zoning** *n Plan* Flächennutzungsplan, der im Gegensatz zu herkömmlichen → zoning ordinances die Bebauungsdichte für ein ganzes Gebiet vorgibt, so dass der Bauherr größere Flexibilität bzgl. der Bebauung genießt; bei den üblichen Flächennutzungsplänen wird die Bebauungsdichte Grundstück für Grundstück vorgegeben

C

clustering *n Plan, Mkt* Gruppierung (f), Clustering (n)

CMA *Val* → comparative market analysis

CMBS *Fin* → commercial mortgage backed securities

CML *Org (GB)* → Council of Mortgage Lenders

CMO *Fin* → collateralised mortgage obligation

CO *ArCo* → certificate of occupancy

co-agent *n Mkt* → joint agent

coal *n* Kohle (f); **coal ash deposits** *n/pl* Kohleaschenablagerung (f); **coal bunker** *n* Kohlebunker (m); **coal feeding system** *n* Bekohlungssystem (n); **coal-fired large-scale power plant** *n* kohlegefeuertes Großkraftwerk (n); **coal firing** *n* Kohlefeuerung (f); **coal gasification** *n* Kohlevergasung (f); **coal heat** *n* Kohleheizung (f); **coal mining subsidence** *n* Bergschaden (m)

coarse gravel *n* grober Kies (m), Grobkies (m); **coarse plaster** *n* Rohputz (m)

co-assurance *n* → co-insurance

coastal area *n Plan* Küstengebiet (n); Streifen Festland und Meer, dessen Breite sich nach den Umweltgegebenheiten und den menschlichen Aktivitäten zur Nutzung der Meeresressourcen richtet; *Syn.: coastal district, littoral land*

coated *adj* lackiert

coating *n* Auskleidung(sschicht) (f)

coat of paint *n* Anstrich (m)

coaxial cable *n* Koaxialkabel (n)

cobblestones *n/pl* Kopfsteinpflaster (n), Pflastersteine (mpl)

cock loft *n* Spitzboden (m)

code *n Law* Gesetzbuch (n); Kodex (m), Richtlinie (f); **code of conduct** *n* Verhaltenskodex (m), Verhaltensgrundsätze (mpl), Verhaltensnorm (f), Verhaltensregeln (fpl); Verwaltungsvorschrift (f); **code of ethics** *n* Moralkodex (m); Standesordnung (f); **Code of Measuring Practice** *n (GB)* von RICS (→ Royal Institution of Chartered Surveyors) und ISVA (→ Incorporated Society of Valuers and Auctioneers) publizierte Verfahrensregeln zur Vermessung von Gebäuden; **code of professional ethics** *n* Ehrenkodex (m)

code designation *n* Kurzbezeichnung (f)

code *v/t* mit Kennziffern versehen

codicil *n Law (lat.)* Kodizill (n); Nachtrag (m), Zusatz (m), Anhang (m); Verfügung ohne Erbeinsetzung, mit der über einzelne Nachlassgegenstände verfügt wird; wörtlich: kleines Schriftstück

coding *n* Verschlüsselung (f)

coefficient *n* Koeffizient (m); **coefficient of regression** *n* Regressionskoeffizient (m); **coefficient of thermal expansion** *n* Wärmedehnzahl (f); **coefficient of viscosity** *n* Viskositätsbeiwert (m)

coercion *n* Zwang (m), Nötigung (f)

coercive *adj* zwangsweise, zwingend; **coercive measure** *n* Zwangsmaßnahme (f)

coffee shop *n* Kaffee-Shop (m), Kaffee-Laden (m)

coffered ceiling *n ArCo* Kassettendecke (f); *Syn.: coffered slab, waffle-slab ceiling*

co-generated electric power *n* Kraft-Wärme-Kopplungsstrom (m)

cogeneration *n ArCo* Kraft-Wärme-Kopplung (f) (KWK); **cogeneration plant** *n* Heizkraftwerk (n)

cognovit note *n Fin, Law* Schuldanerkenntnis (n) mit Unterwerfungsklausel; Schuldschein, der eine Klausel enthält, die den Besitzer zu einer Forderung gegen den Ausstellenden im Falle des Zahlungsverzugs autorisiert

co-heirs *n/pl Law* Miterben (pl), Erbberechtigte (pl)

cohousing communities *n/pl Dev* Gemeinschaften, in denen Wohnimmobilien von einer Personengruppe gemeinsam geplant, gebaut und bewohnt werden, während sie sich Kosten und Ressourcen teilen

coincidence factor *n* Gleichzeitigkeitsfaktor (m) der Wärmeabgabe

coincident indicator *n Econ* gleichlaufender Indikator (m); gesamtwirtschaftlicher Indikator, der Informationen zum konjunkturellen Trend gibt

co-insurance *n* Teilversicherung (f), Versicherung (f) mit Eigenanteil/Selbstbeteiligung; *Syn.: co-assurance*

coke firing *n* Koksfeuerung (f)

coking plant *n* Kokerei (f)

cold *adj* kalt; **cold call** *n Mkt* Versuch, einen Kunden am Telefon ohne vorherige Terminabsprache zu gewinnen; Telefonmarketingstrategie; **cold canvass** *n Mkt* unangemeldeter Vertreterbesuch; **cold laying** *n* Kaltverlegung (f); **cold meter** *n* Kältezähler (m); **cold store** *n* Kühlhaus, Kühllager; (for chilled or frozen goods) Tiefkühlhaus

cold water *n* Kaltwasser (n); **cold water pipe** *n* Kaltwasserleitung (f); **cold water supply** *n* Kaltwasserversorgung (f)

collaborate *v/i* zusammenarbeiten

collapse *n* Einsturz (m), Zusammenbruch (m)

collapsible *adj* zusammenklappbar; **collapsible corporation** *n Fin, Tax* Unternehmen, dessen Geschäft in den nächsten drei Jahren aufgegeben wird; steuerlich relevant, da Erlöse aus Verkauf oder Liquidierung als Einkünfte der Aktionäre angesehen werden

collar *n* Höchst- und Mindestzins (m) bei → floating rate notes

collar beam *n ArCo* Kehlbalken (m), Querriegel (m); **collar roof** *n* unverschiebbar Kehlbalkendach (n)

collate *v/t* abgleichen

collateral *n Fin* Sicherheit (f), Kreditsicherheit (f), Pfand (n)

collateral *adj* zusätzlich; **collateral agreement** *n Law* Nebenabrede (f), Nebenabmachung (f), Nebenabkommen (n), Zusatzabkommen (n); Begleitvertrag (m); auch: ein Dokument, das weitere Sicherheiten in ein Schuldverhältnis einbringt; *Syn.: collateral contract*; **collateral assurance** *Law* → collateral agreement; **collateral contract** *n* Zusatzvertrag (m); **collateral credit** *n Fin* besicherter Kredit (m); **collateral heirs** *Law* → co-heirs; **collateral loan** *n* Realkredit (m), Sachkredit (m); **collateral mortgage bond** *n* Hypothekenschuldverschreibung (f); **collateral security** *n Fin* Sicherungsgegenstand (m), akzessorische Sicherheit (f); auch: das Einbringen weiterer Sicherheiten in ein Schuldverhältnis; **collateral sheet** *n* Sicherheitenspiegel (m); **collateral value** *n Fin* Beleihungswert (m)

collateralize *v/t Fin* besichern, absichern; **collateralized debt obligations (CDO)** *n/pl* Wertpapiere (npl), die mit einem Pool von Anleihen, Krediten oder auch strukturierten Produkten besichert sind; **collateralized loan obligations (CLO)** *n/pl* Kreditverpflichtungen (fpl), die mit Sicherheiten hinterlegt sind; **collateralized mortgage obligation (CMO)** *n Fin* hypothekarisch besicherte Anleihe (f)

collection *n* Sammlung (f), Ansammlung (f), Zusammentragen (n); **collection of documents** *n* Urkundensammlung (f); **collection of rents** *n* Mietinkasso (n)

collection account *n Fin* Sammelkonto (n), Inkasso-Konto (n); **collection agency** *n* Inkassobüro (n); **collection area** *n* (water etc.) Einzugsbereich (m), Hinterland (n); **collection loss** *n* Abnahmeverlust (m), Mietausfall (m), Zahlungsausfall (m); **collection order** *n* Inkassoauftrag (m); **collection rate** *n* Zahlungsrate (f)

collections *n/pl* Inkasso (n)

collective *adj* kollektiv, gemeinsam; **collective bargaining agreement (CBA)** *n* Tarifvertrag (m); **collective insurance** *n* Kollektivversicherung (f), Sammelversicherung (f), Gruppenversicherung (f); **collective ownership** *n* Miteigentümerschaft (f); Kollektivbesitz (m), Gemeinschaftseigentum (n); **collective task** *n* Gemeinschaftsaufgabe (f)

collector *n* Sammler (m); **collector's price** *n* Liebhaberpreis (m); **collector's value** *n* Liebhaberwert (m)

college education *n* Hochschulausbildung (f)

College of Estate Management (CEM) *Org (GB)* Institut der University of Reading; bietet u.a. Lehrgänge zur Weiterbildung in allen Bereichen der Immobilienökonomie an

collegial body *n* Kollegialorgan (n)

colloidal *adj* unlöslich

collusion *n* Kollusion (f), unerlaubte Absprache (f)

colonnade *n* Arkade (f)

colour of title *n Law (US)* Scheineigentum (n), scheinbar einwandfreier Rechtstitel (m); *Syn.: apparent title*

column *n ArCo* Säule (f), Pfeiler (m); **column cladding** *n* Stützenverkleidung (f); **column grid** *n* Stützenraster (n)

columned hall *n ArCo* Säulenhalle (f)

column-free *adj* stützenfrei

combination *n* Kombination (f), Zusammenschluss (m); **combination in restraint of competition** *n* wettbewerbsbeschränkender Zusammenschluss (m); **combination lock** *n* Zahlenkombinationsschloss (n); **combination mortgage** *n Fin* Kombi-Hypothek (f), Mix-Hypothek (f); **combination potential** *n* Koppelungspotenzial (n); **combination trust** *n Law* Treuhandgesellschaft, sowohl als Finanzierer als auch als Investor im Immobilienbereich tätig

combine *n* Konzern (m)

combined *adj* vereint, vereinigt, kombiniert; **combined analysis** *n* Sammelanalyse (f); **combined drainage system** *n* Mischkanalisation (f), Mischsystem (n) der Entwässerung; **combined fuel operation** *n* Doppelbrennstoffbetrieb (m); **combined heat and power plant (CHP)** *n* Erzeugung (f) von Wärme und Strom, Heizkraftwerk (n), Kraft-Wärme-Kopplungsanlage (f); **combined overhead rate** *n* Zuschlag (m) für fixe und variable Gemeinkosten; **combined production** *n* Koppelproduktion (f); **combined residential density** *n Plan* Anzahl der bewohnbaren Räume/Zimmer per ha (habitable rooms per hectare = hrh); auch: → Wohndichte (Einwohner pro ha) für gemischte Wohnungsbauentwicklungen, etwa mit Ein- und Mehrfamilienhäusern; **combined sewage system** *n* Mischkanalisation (f), Mischsystem (n) der Entwässerung; **combined sewer** *n* Mischwassersammler (m); Abwasserkanal für Regen- und Schmutzwasser

combining of contracts *n* Zusammenfassung (f) von Fertigungsaufträgen zu einer Bewertungseinheit

combustible *adj* brennbar

combustion *n* Feuerung (f); **combustion capacity** *n* Feuerungsleistung (f); **combustion chamber** *n* Brennkammer (f); **combustion efficiency** *n* Feuerungswirkungsgrad (m); **combustion heat performance** *n* Feuerungswärmeleistung (f); **combustion performance** *n* Feuerungsleistung (f); **combustion plant** *n* Feuerungsanlage (f); **combustion technique** *n* Feuerungsführung (f)

come into force *v/i* in Kraft setzen, in Kraft treten, wirksam werden; *Syn.: enter into force*; **come on stream** *v/i* in Betrieb gehen; **come out on strike** *v/i* in den Streik treten; **come to terms** *v/i* sich einigen

comfortable *adj* wohnlich, komfortabel

comfort letter *n Fin, Law* Patronatserklärung (f), Bonitätsbestätigung (f); *Syn.: letter of comfort*

coming *adj* künftig, zukünftig

coming on stream *n* Inbetriebnahme (f)

command *n* Befehl (m); **command economy** *n* Planwirtschaft (f), Kommandowirtschaft (f), Wirtschaftssystem (n) mit überwiegend zentraler Planung; *Syn.: controlled economy*

commencement *n* Beginn (m); **commencement of a contractual relationship** *n* Vertragsbeginn (m); **commencement of a procedure** *n* Einleitung (f) eines Verfahrens; **commencement of business** *n* Aufnahme (f) der Geschäftstätigkeit; **commencement of capitalization** *n* Beginn des Aktivierungszeitraums; **commencement of work** *n Dev, ArCo* Baubginn (m); Einrichtung (f) der Baustelle; Arbeitsantritt (m), Beginn (m) der Arbeit

commerce *n* Verkehr (m)

commercial *adj* geschäfts-, gewerblich genutzt, handelsüblich, kaufmännisch, kommerziell; **commercial acre** *n* Fläche von 4.047 m² zur gewerblichen Nutzung; **commercial area** *n* Gewerbegebiet (n); **commercial bank** *n* Geschäftsbank (f), Handelsbank (f); Depositenbank (f); **commercial broker** *n Mkt* Gewerbeimmobilienmakler (m); *Syn.: commercial property (US: real estate) agent, commercial realtor (US)*; **commercial building** *n* Geschäftshaus (n), gewerblich genutztes Gebäude (n); **commercial centre** *n* Handelszentrum (n), Wirtschaftszentrum (n); **commercial claims** *n/pl* wirtschaftliche Rechte (npl); **commercial code** *n Law* Handelsgesetz (n); **commercial compulsion** *n* wirtschaftlicher Zwang (m); **commercial court** *n Law* Handelsgericht (n); **commercial developer** *n Dev* Projektentwickler (m) bzw. Bauträger (m) im Gewerbeimmobiliensektor; **commercial district** *n* Gewerbegebiet (n); **commercial failures** *n/pl* Insolvenzen (fpl); **Commercial Investment Real Estate Institute (CIREI)** *n Org (US)* Institut, das sich auf Gewerbeimmobilien spezialisiert hat; vergibt das Zertifikat Certified Commercial Investment Member (CCIM); **commercial law** *n* Handelsrecht (n); **under commercial law** handelsrechtlich; **commercial lease** *n* Gewerbemietvertrag (m), gewerblicher Mietvertrag (m); **commercial leasing** *n* Vermietung (f) von Gewerbeobjekten; **commercial loan** *n Fin* Warenkredit (m) (kurzfristig); **commercial mortgage-backed securities (CMBS)** *n/pl Fin* hypothekarisch gesicherte Wertpapiere (npl); durch Gewerbeimmobilien-Hypotheken gesichert; **commercial offer** *n* Kostenvoranschlag (m); **commercial paper** *n Fin* Handelspapiere (npl), kurzfristige Geldmarktpapiere (npl); **commercial profits** *n/pl* Einkünfte (pl) aus Gewerbebetrieb; **commercial property** *n* Gewerbeimmobilie(n) (f(pl)); *Syn.: commercial real estate*; **commercial real estate** → commercial property; **commercial real estate dealings** *n* gewerblicher Grundstückshandel (m); **commercial register** *n* Handelsregister (n); *Syn.: commercial registry*; **commercial risk** *n* wirtschaftliches Risiko (n); **commercial space** *n* Gewerbefläche (f); **commercial strip property** *n (US)* kleine, gewerblich genutzte Gebäudeanlage (f), meist an einer Hauptstraße oder Straßenkreuzung; **commercial survey** *n* Marktanalyse (f); **commercial transaction** *n* Geschäft (n) (im Sinne von Geschäftsvorfall), Handelsgeschäft (n); **commercial use** *n* gewerbliche Nutzung (f); kommerzielle Verwendung (f); **commercial waterway** *n* Handelswasserstraße (f); gewerblich genutzte Wasserstraße

commingled fund *n Fin, Law* wörtlich: zusammengemischter Anlagefonds; Fonds, der Vermögen mehrerer Konten umfasst, die zusammengelegt wurden; häufig mit dem Zweck, Verwaltungskosten zu reduzieren

commingling *n Fin, Law* Vermischung (f); die Vermischung von Wertpapieren von Kunden mit eigenen Sicherheiten der Bank oder des Maklers (normalerweise gesetzwidrig)

commission *n Mkt* **1.** Maklergebühr (f), Vermittlerprovision (f); Courtage (f); **2.** Kommission (f), Komitee (n), Ausschuss (m); → Real Estate Commission; **commission agent** *Mkt* → broker; **Commission for the New Towns** *n Org (GB)* Ausschuss für die Entwicklung von neuen Städten bzw. Stadtteilen; neuer Titel: English Partnerships; **commission merchant** *n Fin* Kommissionär (m), Kommissionshändler (m); *Syn.: factor*; **commission split** *n Mkt* Aufteilung (f) der Provision zwischen beteiligten Maklern

commission *v/t* in Auftrag geben, beauftragen; in Betrieb nehmen; bevollmächtigen

C

commissioning *n* Inbetriebnahme (f)

commissive waste *n* absichtliche Beschädigung (f) (am Pachtgrundstück), absichtliche Substanzschädigung (f)

commitment *n Fin* Darlehenszusage (f), Kreditzusage (f); bindende Verpflichtung (f); **commitment fee** *n Fin* Bereitstellungsprovision (f); **commitment interest** *n* Bereitstellungsprovision (f)

committed *adj* engagiert

committee *n* Ausschuss (m); **committee of experts** *n* Fachausschuss (m), Gutachterausschuss (m); **committee of the estate** *n* Vermögensverwalter (m)

commodities finance (CF) *n* Konsumgüterfinanzierung (f)

commodity *n* Handelsgut (n), Handelsware (f); Rohstoff (m); **commodity contracts** *n/pl* Warentermingeschäfte (npl); **commodity groups** *n/pl* Bedarfsgruppen (fpl)

common *n* Gemeindeland (n), Allmende (f); **common of pasture** *n Law* Weiderecht (n)

common *adj* gemeinschaftlich, gemeinsam; **common area** *n* Gemeinschaftsflächen (fpl); **common area charges** *n/pl PptMgt* Nebenkosten für Gemeinschaftsflächen; **common area maintenance (CAM)** *n PptMgt* Instandhaltung (f) der Gemeinschaftsflächen; auch: Instandhaltungskosten für Gemeinschaftsflächen; **common control** *n* gemeinsame Beherrschung (f), gemeinsame Kontrolle (f); **common covenants** *n/pl Law* Restriktionen des künftigen Verhaltens, die gewöhnlich in Kaufverträgen aufgeführt werden; verbieten z.B. das Pflanzen bestimmter Baumarten zum Schutze unterirdischer Bebauung; *Syn.: usual covenants*; **common duty of care** *n Law* allgemeine Sorgfaltspflicht (f); **common elements** *n/pl* Gemeinschaftseigentum in einer Wohnanlage mit Eigentumswohnungen (→ condominium); *Syn.: common parts*; **common expenses** *n/pl* Gemeinkosten (pl); Instandhaltungs- und Verwaltungskosten, die sich die Mieter einer Immobilie teilen; **common good** *n* Allgemeinwohl

C

(n), Wohl (n) der Allgemeinheit, öffentliches Wohl (n); **common ground** *n* Gemeindeland (n); gemeinsame Basis (f); **common interest** *n Law (sco.)* wörtlich: gemeinsames Interesse; Pflicht von z.B. Besitzern von Eigentumswohnungen, die wichtigen Bestandteile des Gesamtgebäudes (Dach, Fundament usw.) instand zu halten; nicht mit → common parts (Gemeinschaftsflächen) zu verwechseln; **common land** *n* Allmende (f), Gemeindeland (n); *Syn.: common, common ground*; **common law** *n Law* Richterrecht (n); Gewohnheitsrecht (n); **common level ratio** *n* einheitliche Stufenkennzahl (f); **common lodging-house** *n (GB)* Obdachlosenasyl (n); **common ownership** *n Law* Miteigentum (n); Gesellschaftseigentum (n); **common partition wall** *n ArCo* Trenn- oder Scheidewand, die zwei Räume teilt; **common parts** *n/pl* Gemeinschaftsflächen eines Komplexes von Eigentumswohnungen (→ condominium); *Syn.: common elements*; **common payment** *n* übliches Entgelt (n); **common profits** *n/pl* Saldo aller Einnahmen aus Gemeinschaftsflächen eines → condominium nach Abzug der Gemeinkosten; **common property** *n* öffentliche Flächen (fpl); Verkehrsflächen, Grünflächen etc.; *Syn.: communal property*; Law (sco.) Gemeinschaftsflächen (fpl) Syn.: common parts; (Econ) Gemeinschaftseigentum (n); **common rafter** *n* Zwischensparren (m); **common room** *n* Aufenthaltsraum (m); **common socage** *n Law (GB)* Fron (f); Lehensleistung (f); Frongut (n); Lehensleistungen, die vom Pächter zu erbringen waren; **common stock** *n (US)* Aktienkapital (n); **common task** *n* Gemeinschaftsaufgabe (f); **common use** *n* übliche Nutzung (f), allgemeine Verwendung (f); **common wall** *n ArCo* gemeinsame Wand (f); **common welfare** *n* Allgemeinwohl (n), öffentliches Wohl (n), Wohl (n) der Allgemeinheit

commoners *n/pl* Bürger (m); Berechtigter (m) einer Allmende

commonhold *n (GB)* Teileigentum (n); seit 2003 eine neue Form von Teileigentum (Wohneigentum) in England und Wales; ein commonhold ist Teil eines freehold land (als commonhold land bei der Land Registry eingetragen); als commonhold wird auch das Prinzip verstanden, freehold properties in Teileigentum aufzuteilen

communal *adj* Gemeinde-, Gemeinschafts-, kommunal; **communal bond** *n* Kommunalschuldverschreibung (f); **communal facility** *n* Gemeinschaftsanlage (f), Gemeinschaftseinrichtung (f)

communication technology *n* Kommunikationstechnologie (f)

community *n* Gemeinde (f); Gemeinschaft (f), Gemeinwesen (n); **community of heirs** *n Law* Erbengemeinschaft (f); **community of interests** *n* Interessengemeinschaft (f) **community apartment** *n (US)* Apartmenthaus, das in Form einer → tenancy in common (Bruchteilseigentum) gehalten wird; **community appearance** *n* Ortsbild (n); **community assets** *n/pl* Gemeindevermögen (n); **community centre** *n* Bürgerhaus (n), Gemeinschaftshaus (n); Gemeindezentrum (n); → community shopping center; **community charge** *n Tax (GB)* Gemeindesteuer (f); sog. poll tax (Kopfsteuer); sehr unpopuläre Steuer, die 1993 durch die council tax ersetzt wurde; **community development block grants (CDBGs)** *n/pl Dev (US)* vom HUD (US Department of Housing and Urban Development) bereitgestellte Mittel zur Gemeinde- und Stadtentwicklung; **community development corporations (CDCs)** *n/pl (US)* die lokale wirtschaftliche Entwicklung fördernde gemeinnützige Organisationen; **community facilities** *n/pl* gemeinschaftliche Einrichtungen (fpl); örtliche Einrichtungen (fpl); *Syn.: local facilities*; **community housing** *n* gemeinnütziges Wohnungswesen (n); Wohnungen mit niedrigen Mieten, deren Bau staatlich subventioniert wird; Bau erfolgt durch sog. CHDO (community housing development organizations); **community land** *n* Gemeindeland (n); **Community Land Act 1975** *n (GB)* Gesetz zur Einleitung von u.a. Enteignungsmacht und Besteuerung von Entwicklungswert; **community land scheme** *n Plan, Law (GB)* 1974 novelliertes System zur Klassifizierung von Grundbesitz der Gemeinde; unterscheidet den Besitz in „operationalen" (z.B. zu vermietende, verkaufende Grundstücke) und „gemeinschaftlichen" (z.B. zur Verwendung als Grünanlagen); **community planning** *n* Ortsplanung (f), Siedlungsplanung (f); **community planning policy** *n* gemeindliche Raumordnung (f); **community property (CP)** *n Law* Gemeinschaftsgut (n), Gesamthandeigentum (n), eheliche Gütergemeinschaft (f); *Ant.: separate property (SP)*; **community shopping center** *n Ret (US)* mittelgroßes Einkaufszentrum, das etwa 20.000 bis 100.000 Kunden in einem Umkreis von 10 bis 20 Minuten versorgt; **community statute** *n* gemeindliche Satzung (f)

commutation *n Val* Umwandlung (f)

commute *v/i* pendeln

commuted value *n Val* → present value

commuter *n* Pendler (m); **commuter belt** *n* Einzugsbereich (m), Hinterland (n)

commuting costs *n/pl Tax* Aufwendungen für Fahrten zwischen Wohnung und Arbeitsstätte

co-mortgagor *n Law* Mitschuldner (m) einer Hypothek; Person, die einen Vertrag über ein Hypothekendarlehen mitunterzeichnet

comovement *n Fin* analog verlaufende Preis- bzw. Wertentwicklung verschiedener Anlagenklassen

compact development *n* geschlossene Bauweise (f); **compact district heating station** *n* Fernwärme-Kompaktstation (f)

compaction *n ArCo* Verdichtung (f)

company *n* Unternehmen (n); Firma (f), Betrieb (m); Gesellschaft (f); **company accounts** *n/pl* Firmenkonten (npl); **company bank** *n* Hausbank (f); **company group** *n* Konzern (m); **company in formation** *n* Vorgesellschaft (f); *Syn.: corporation in formation*; **company law** *n* Gesellschaftsrecht (n); **company letting** *n* Anmietung von Wohnraum durch ein Unternehmen; i.d.R. für Bewohnung durch Mitarbeiter; **company limited by guarantee** *n Law (GB)* Gesellschaft mit beschränkter Nachschusspflicht; **company net assets** *n/pl* Gesellschaftsvermögen (n); *Syn.: partnership net assets*; **company-owned flat** *n* Werkswohnung (f); **company premises** *n/pl* Betriebsgrundstück (n); **company-produced additions to fixed assets** *n/pl* → additions to fixed assets; **company property** *n* Firmeneigentum (n); **company registration** *n* Firmeneintrag (m), Handelsregistereintrag (m); **company split (-up)** *n* Betriebsaufspaltung (f)

comparability *n* Vergleichbarkeit (f)

comparable *adj* vergleichbar; **comparable property** *n Val* Vergleichsobjekt (n); **comparable rent** *n* Vergleichsmiete (f); **comparable sales** *n/pl (US)* Preisvergleich (m) mit Verkäufen ähnlichen Grundbesitzes; **comparable securities** *n/pl* vergleichbare Sicherheiten (fpl); **comparable uncontrolled price method** *n* Preisvergleichsmethode (f); **comparable value** *n* → comparative value

comparables *n Val* Vergleichsobjekte (npl)

comparative *adj* vergleichend, Vergleichs-; **comparative analysis** *n Val* Vergleichsanalyse (f), vergleichende Analyse (f); **comparative approach** *Val* → sales comparison approach; **comparative information** *n* vergleichende Information (f); **comparative market analysis (CMA)** *n Val* vergleichende Marktanalyse (f), Vergleichswertverfahren (n); informelle Schätzung des Marktwertes einer Immobilie, meist durch einen Makler zur Einschätzung des erzielbaren Verkaufspreises; **comparative method** *Val* → sales comparison approach; **comparative presentation** *n* Vergleichsübersicht (f); **comparative price** *n* Vergleichspreis (m); **comparative property** *n* Vergleichsgrundstück (n); **comparative sales approach** *Val* → sales comparison approach; **comparative unit method** *n Val* Methode zur Wertermittlung mit Hilfe einer Vergleichseinheit; **comparative value** *n* Vergleichswert (m)

compare (with) *v/t* vergleichen mit

comparison *n* Vergleich (m); **comparison analysis** *n* Vergleichsanalyse (f); **comparison approach** *Val* → sales comparison approach; **comparison goods** *n/pl Ret* Gebrauchsgüter (npl), dauerhafte Güter (npl); Güter wie Kleidung, Schuhe, haltbare Haushaltwaren und Freizeitwaren; Kunden fahren zum Kauf dieser Güter weitere Strecken als für Verbrauchsgüter (convenience goods); **comparison method** *n Val* → sales comparison approach; **comparison of budget and actual (figures)** *n* Soll-Ist-Vergleich (m); **comparison of prices** *n* Preisvergleich (m); **comparison shop** *n Ret* Geschäft, das Gebrauchsgüter (→ comparison goods) verkauft

compartment *n* Abschnitt (m); **compartment wall** *n ArCo* Brandwand (f)

C

compass *n* Zirkel (m); Kompass (m); **compass brick** *n ArCo* Keilziegel (m), Radialziegel (m), Ringziegel (m); **compass points** *n/pl* Himmelsrichtungen (fpl); **compass roof** *n ArCo* Runddach (n), Tonnendach (n)

compatibility *n* Kompatibilität (f)

compel *v/t* erzwingen, nötigen

compelling evidence *n* zwingender Beweis (m)

compensate *v/t* abfinden, ausgleichen, vergüten

compensation *n* Entschädigung (f); **compensation for compulsory purchase** *n* → compulsory purchase compensation; **compensation for condemnation** *n (US)* Entschädigung (f) für Enteignung; **compensation for damages** *n* Schaden(s)ersatz (m); **compensation for disturbance** *n* Enteignungsentschädigung (f); Entschädigung (f) des Mieters im Falle der Beendigung eines Mietverhältnisses; **compensation for improvements** *n* Ausgleichszahlung (f) für Verbesserungen der Mietsache; **compensation for injurious affection** *n* Entschädigung (f) für gesundheitliche Belastungen; **compensation for loss of use** *n* Nutzungsentschädigung (f); **compensation for planning restrictions** *n* Entschädigung (f) für Baubeschränkungen; **compensation for severance** *n* Abfindung (f)
compensation in cash *n* Ausgleichsleistung (f), Geldabfindung (f), Geldausgleich (m), Geldentschädigung (f); *Syn.: cash settlement*; **compensation in land** *n* Landentschädigung (f)
compensation amount *n* Ausgleichsbetrag (m); **compensation claim** *n* Entschädigungsanspruch (m), Schaden(s)ersatzanspruch (m); **compensation law** *n* Entschädigungsgesetz (n); **compensation measure** *n* Ausgleichsmaßnahme (f); **compensation notice** *n Law (GB)* Entschädigungsbescheid (m); Rückruf einer Baugenehmigung unter dem Town and Country Planning Act 1990 Part IV; **compensation payment** *n* Ausgleichsleistung (f), Geldausgleich (m), Abfindungszahlung (f); **compensation value** *n* Abfindungswert (m), Ersatzwert (m), Wiederbeschaffungswert (m)

compensatory *adj* kompensatorisch, ausgleichend; **compensatory amount** *n* Ausgleichsbetrag (m); **compensatory area** *n* Ausgleichsfläche (f); **compensatory payment** *n* Entschädigungsleistung (f)

compete *v/i* konkurrieren; **competing interest** *n* Wettbewerbsinteresse (n)

competence *n* Befugnis (f), Kompetenz (f), Zuständigkeit (f)

competent *adj* fachkundig, kompetent, zuständig, qualifiziert; **competent authority** *n* zuständige Behörde (f); **competent landlord** *n* zuständiger Grundstücksbesitzer (m); **competent parties** *n/pl* betroffene Parteien (fpl); zuständige Parteien (fpl)

competition *n* Konkurrenz (f), Wettbewerb (m); **competition analysis** *n* Konkurrenzanalyse (f), Wettbewerbsanalyse (f); **competition authority** *n* Wettbewerbsbehörde (f); **competition control** *n* restriktive Konkurrenzpolitik (f); **competition policy** *n* Wettbewerbspolitik (f)

competitive *adj* kostengünstig, wettbewerbsfähig; **competitive advantage** *n* Wettbewerbsvorteil (m); **competitive behaviour** *n* Wettbewerbsverhalten (n); **competitive comparison** *n* Wettbewerbsvergleich (m); **competitive drawback** *n* Wettbewerbsnachteil (m); **competitive market** *n* Wettbewerbsmarkt (m), wettbewerbsfähiger Markt (m); **competitive market analysis** *n Val* Wettbewerbsanalyse (f); **competitive office space** *n* kostengünstige Bürofläche; **competitive position** *n* Wettbewerbslage (f); **competitive pressure** *n* Konkurrenzdruck (m), Wettbewerbsdruck (m); **competitive price** *n* Wettbewerbspreis (m); **competitive product** *n* Wettbewerbsprodukt (n); **competitive situation** *n* Wettbewerbssituation (f); **competitive supply** *n* konkurrierendes Faktorangebot (n)

competitors' assessment *n* Einschätzung (f) der Wettbewerber

complainant *n Law* Kläger (m)

complaint *n* Beanstandung (f), Mängelrüge (f), Reklamation (f); **complaints management** *n* Beschwerdemanagement (n)

complementary *adj* ergänzend; **complementary property** *n* ergänzendes Eigentum (n); **complementary value** *n* Werterganzung (f)

complete *v/t* fertig stellen, vervollständigen, ausbauen; **completed-contract method** *n* Gewinnrealisierung (f)

complete *adj* vollständig, vollwertig; **complete appraisal** *n Val* nach den → Uniform Standards of Professional Appraisal Practice durchgeführte Bewertung; **complete economic breakdown** *n* wirtschaftlicher Zusammenbruch (m); **complete failure** *n* Einsturz (m), Zusammenbruch (m)

completion *n ArCo, Law* Fertigstellung (f), (Vertrags)erfüllung (f); bes. bei Erfüllung einer Übertragung: endgültige Übergabe z.B. des Eigentums; **completion of contracts for sale of land** *n Law* Abschluss (m) (eines (Grundstücks-) Kaufvertrags)

completion bond *n ArCo, Law* Erfüllungsgarantie (f), Vollendungsgarantie (f); **completion certificate** *ArCo* → certificate of completion; **completion costs** *n/pl* Abschlusskosten (pl); einer Immobilientransaktion; **completion date** *n ArCo* Fertigstellungstermin (m); **completion deadline** *n ArCo* Fertigstellungstermin (m); **completion fee** *n* Abschlussgebühr (f); *Syn.: sales charge*; **completion notice** *n Tax* Fertigstellungsbescheid (m); (GB) auch: unter dem Local Government Finance Act 1992 Section 17 eine Mitteilung, dass ein (ggf. im Bau befindliches) Objekt nach einem bestimmten Datum für Gemeindesteuerzwecke (local rates) als fertiggestellt gilt; **completion rate** *n* Fertigstellungsrate (f); **completion statement** *n Law* Erklärung des Verkäufers, welchen Betrag der Käufer bei Fertigstellung zu zahlen hat; **completion time** *n* Fertigstellungstermin (m); **completion work** *n* Ausbauarbeiten (fpl)

complex *adj* komplex

compliance *n* Erfüllung (f); Zustimmung (f), Erlaubnis (f); **compliance control** *n ArCo* Einhaltungskontrolle (f), Erfüllungskontrolle (f); **compliance inspection** *n ArCo* Einhaltungskontrolle (f), Erfüllungskontrolle (f), Abnahme (f)

complicate *v/t* erschweren

comply with *v/t* einwilligen in; einhalten, erfüllen, befolgen

compo mortar *n ArCo* Kalkzementmörtel (m)

component *n ArCo* Bauelement (n), Bauteil (n); **component of a building** *n* Baubestandteil (m)

component building *n ArCo* Fertighaus (n); *Syn.: prefab-house*; **component capitalization rate** *n Val* zusammengesetzter Diskontierungszinssatz, der diverse Risiken berücksichtigt; *Syn.: summation rate, built-up capitalisation rate*; **component depreciation** *n Fin, Tax (US)* Methode für die Berechnung von Abschreibungen auf Basis der einzelnen Bestandteile einer Immobilie; **component financing** *n Fin* Teilfinanzierung (f); Immobilie wird in Anteile aufgespalten, die jeweils unabhängig finanziert werden; *Syn.: partial financing*; **component part** *n* Bauelement (n); **component solution** *n* Komponentenlösung (f)

composite *adj* zusammengesetzt; **composite depreciation** *n Fin, Tax* Gruppenabschreibung (f); **composite hereditament** *n Tax (GB)* Kompositobjekt (n); unter dem Local Government Finance Act 1988 s64(9) ein gemischt genutztes Objekt, das für local rates (Gemeindesteuer) steuerpflichtig ist; **composite rate** *n Fin* risikoäquivalente Rendite (f); **composite rate** *n Tax* Pauschalsteuersatz (m); **composite title** *n* → cross lease

composition *n* **1.** Zusammensetzung (f); **2.** *ArCo* Kunststoff (m)

compound *n* Verbund (m), Verbindung (f), Zusammensetzung (f); **compound amount** *n* Aufzinsungsfaktor (m); **compound amount of one** *n Val* → amount of one; **compound annual average growth (CAAG)** *n* durchschnittliches Wachstum (m) pro Jahr; **compound instrument** *n* strukturiertes Finanzprodukt (n), zusammengesetztes Finanzierungsinstrument (n); **compound interest** *n Fin* Zinseszins (m); **compound interest calculation** *n* Zinseszinsrechnung (f); **compound value** *n Val* aufgezinster Wert (m)

compound *v/t Law* einen Vergleich schließen, vergleichen

compounding *n* Aufzinsung (f)

comprehensible *adj* nachvollziehbar

comprehension *n* Verständnis (n), Begriffsvermögen (n)

comprehensive *adj* umfassend, ausführlich; **comprehensive development** *n Plan*

C

Entwicklung eines Gebietes im Zusammenhang meist einer bestehenden Bebauung; **comprehensive development area (CDA)** *n Plan* Gesamtentwicklungsgebiet (n); Gebiet, für das die Gemeinde (Planungsbehörden) eine über das normale Ausmaß hinausgehende Handhabe hat, um die Entwicklung zu fördern; **comprehensive insurance** *n* Kaskoversicherung (f); **comprehensive land use plan (CLUP)** *n Plan* (umfassender) Flächennutzungsplan (m); **comprehensive stress** *n* Druckspannung (f)

compress *v/t* verdichten; **compressed air** *n* Druckluft (f); **compressed asphalt** *n* Stampfasphalt (m); **compressed concrete** *n* Stampfbeton (m); **compressed cork** *n* Presskork (m)

compressible *adj* zusammendrückbar

compression *n* Verdichtung (f); **compression joint** *n* Pressfuge (f); **compression pad** *n ArCo* Platte (f), Sohle (f), Einzelfundament (n); **compression strength** *n* Druckfestigkeit (f)

compressive reinforcement *n* Druckbewehrung (f)

compressor *n* Kompressor (m)

comprise *v/t* umfassen

compromise proposal *n* Vermittlungsvorschlag (m)

comptroller *n* Rechnungsprüfer (m)

compulsory *adj* obligatorisch; bindend, verbindlich, zwangsweise, zwangsläufig, pflichtgemäß; **compulsory acquisition** *n* Zwangserwerb (m); **compulsory auction** *n Law* Zwangsversteigerung (f); **compulsory calibration** *n* Eichpflicht (f); **compulsory competitive tendering** *n Dev, ArCo* vorgeschriebene öffentliche Ausschreibung (f), vorgeschriebene wettbewerbliche Ausschreibung (f); in zahlreichen Ländern durch Gesetzgeber vorgeschriebene Pflicht zur Ausschreibung, insbesondere bei öffentlichen Aufträgen; **compulsory dues** *n/pl* Zwangsbeiträge (mpl); **compulsory execution** *n* Zwangsvollstreckung (f); **compulsory liquidation** *n Fin* Zwangsliquidation (f); **compulsory listing** *n Mkt* Pflichteintragung (f); **compulsory portion** *n* Pflichtteil (m); **compulsory powers** *n/pl Law (GB)* Recht (n) bzw. gesetzliche Macht (f), Grundstücke zu enteignen; üblicherweise gesetzlich geregelt unter dem Planning and Compulsory Purchase Act; **under the shadow of compulsory powers** bedroht durch eine Zwangsenteignung; **compulsory purchase** *n Law* Enteignung (f); Zwangsverkauf (m); → inverse compulsory purchase; **compulsory purchase compensation** *n Law* Enteignungsentschädigung (f); **compulsory purchase order (CPO)** *n Law* Enteignungsbeschluss (m); **compulsory settlement** *n* Zwangsvergleich (m)

computation *n* Berechnung (f); **computation of interest** *n* Zinsrechnung (f)

compute *v/t* ausrechnen, berechnen

computer aided (CA) *adj* rechnergestützt, computergestützt; **computer aided design (CAD)** *n* computerunterstützte Konstruktion (f), computergestützter Entwurf (m)

computing center *n* Rechenzentrum (n); *Syn.: computer center*

concatenate *v/t* verketten

concealed *adj* verdeckt; **concealed brackets** *n/pl* verdeckte Träger (fpl); **concealed cable** *n* Unterputzkabel (n); **concealed installation** *n* Unterputzinstallation (f); **concealed lighting** *n* indirekte Beleuchtung (f); **concealed pipe** *n* Unterputzrohr (n)

concealment *n Law* Geheimhaltung (f)

concentrated load *n* Einzellast (f), Punktlast (f)

concentration *n* Konzentration (f); **concentration area** *n* Verdichtungsraum (m); **concentration rule** *n* Konzentrationsgebot (n)

concentric circle theory *n Plan* eine Stadtentwicklungstheorie, nach der Städte sich kreisförmig ausdehnen; *Syn.: concentric zone theory*

concentric zone theory *n Plan* → concentric circle theory

concept notion *n* Begriff (m); **concept of value** *n* Wertbegriff (m)

concertina door *n ArCo* Harmonikatür (f)

concession *n* Zugeständnis (n), Einräumung (f), Bewilligung (f); Konzession (f); **concession agreement** *n* Einräumungsvertrag (m), Konzessionsvertrag (m); **concession project** *n Dev* Konzessionsmodell (n)

concessionaire *n* Konzessionär (m), Konzessionsinhaber (m)

concessionary terms *n/pl* günstige Bedingungen (fpl), Vorzugskonditionen (fpl)
concierge services *n/pl* zentraler Empfangsservice (m), Pförtnerservice (m); Laufburschendienste (mpl)
conciliation *n* Schlichtung (f), Mediation (f); **conciliation agreement** *n Law* Schlichtungsvertrag (m), Schlichtungsvereinbarung (f); **conciliation procedure** *n* Schlichtungsverfahren (f); **conciliation proceedings** *n/pl* Schlichtungsverfahren (n), Güteverhandlung (f), Sühnetermin (m)
conciliator *n* Schlichter (m), Mediator (m)
concise *adj* gedrängt, kurz und bündig, knapp, prägnant
conclusion *n* Abschluss (m) (Vertrag), Fazit (n), Schlussfolgerung (f); **conclusion of a bargain** *n* Geschäftsabschluss (m); **conclusion of contract** *n Law* Vertragsabschluss (m)
conclusive *adj* schlüssig, unwiderleglich, bestandskräftig; **conclusive proof** *n* zwingender Beweis (m)
concrete *n ArCo* Beton (m); **concrete block** *n* Betonstein (m) (für Mauerwerk); **concrete building** *n* Betongebäude (n); **concrete cover** *n* Betondeckel (m); bei Betonarbeiten auch: Abdeckung von Bewehrungsstäben mit Beton; **concrete duct** *n* Betonkanal (m), Betonschacht (m), Betontrog (m); **concrete engineering** *n* Betontechnik (f); **concrete exposed aggregate finish** *n* Waschbeton (m); **concrete floor** *n* Betonfußboden (m); **concrete pavement** *n* Betondecke (f), betonierter Fußweg (m); **concrete pipe** *n* Betonrohr (n); **concrete slab** *n* Betondecke (f); **concrete vibrator** *n* Betonrüttler (m); **concrete work** *n* Betonarbeit (f)
concrete *adj* konkret
concur *v/i* zustimmen; **concurrent interests** *n/pl Law* übereinstimmende Interessen (npl); **concurrent ownership** *n Law* gemeinschaftliches Eigentum (n); Miteigentum (n)
condemn *v/t* verurteilen; für unbewohnbar erklären, für abbruchreif erklären; **condemn property** enteignen
condemnation *n* Verurteilung (f); Missbilligung (f); Enteignung (f); **condemnation award** *n Law (US)* Enteignungsentschädigung (f); **condemnation order** *n Law (US)* Enteignungsbeschluss (m); **condemnation proceedings** *n/pl Law (US)* Enteignungsverfahren (n)
condemned *adj ArCo* abbruchreif
condemnee *n Law (US)* Enteigneter (m); von einer Enteignung betroffener Eigentümer
condemnor *n Law (US)* Enteigner (m); *Syn.: dispossessor*
condensate *n* Kondensat (n), Schwitzwasser (n)
condensation water *n* Schwitzwasser (n)
condenser *n* Kondensator (m)
condensing boiler *n* Brennwertkessel (m), Kondensationskessel (m); **condensing insulation** *n* Kondensatisolierung (f); **condensing power station** *n* Kondensationskraftwerk (n); *Syn.: condensation power station;* **condensing turbine** *n* Kondensationsturbine (f)
condition *n* Bedingung (f); Zustand (m); **condition precedent** *n Law* aufschiebende Bedingung (f); **conditions, covenants and restrictions (CCRs)** *n/pl Law (US)* Bedingungen (fpl), Belastungen (fpl) und Beschränkungen (fpl); besonders bei der Übertragung von Eigentum (Kaufvertrag) in den USA; *Syn.: covenants, conditions and restrictions (CC&Rs)*
condition of average clause *n* Proportionalregel (f); **condition of the property** *n* Beschaffenheit (f) des Grundstücks, Nutzungszustand (m); **conditions of contract** *n/pl (US)* Vertragsbedingungen (fpl); **conditions of engagement** *n/pl* Beteiligungsbedingungen (fpl), Bindungsbedingungen (fpl); **conditions of sale** *n/pl* Verkaufsbedingungen (fpl); **conditions of supply** *n/pl* Lieferbedingungen (fpl); **conditions of the tender** *n/pl* Ausschreibungsbedingungen (fpl); **conditions of transport** *n/pl* Beförderungsbedingungen (fpl)
conditions survey *n* Gutachten (n) über den Zustand eines Gebäudes
condition subsequent *n Law* auflösende Bedingung (f)
conditional *adj* bedingt; **conditional acceptance** *n* bedingte Annahme (f); **conditional agreement** *n Mkt* Vertrag (m) mit Vorbehaltsklausel; **conditional clause** *n* bedingte Klausel (f); **conditional contract** *n Law* bedingter Vertrag (m); **conditional delivery** *n* bedingte Lieferung (f); **conditional fee simple** *n Law* bedingtes unbeschränktes Eigentum (n); der (Vor-) Besit-

C

zer behält das Recht, in bestimmten Fällen zu kündigen. Diese Kündigung erfolgt jedoch nicht automatisch; *Syn.: fee simple conditional*; **conditional increase of capital (stock)** *n* bedingte Kapitalerhöhung (f); **conditional loan commitment** *n Fin* bedingte Kreditzusage (f); **conditional offer** *n* bedingtes Angebot (n); **conditional right** *n* bedingtes Recht (n); **conditional sale** *n* Kauf (m), der nur rechtsgültig wird, wenn alle Vertragsbedingungen erfüllt sind; **conditional sale(s) contract** *n Law* bedingter Kaufvertrag (m) unter Eigentumsvorbehalt; *Syn.: sale with reservation (of ownership)*; **conditional transaction** *n* bedingtes Rechtsgeschäft (n); **conditional use permit** *n Plan* spezielle Genehmigung der zoning authority für bestimmte Nutzungen; *Syn.: special use permit*; → conditional use zoning; **conditional use zoning** *n Plan* spezielle Flächennutzung, die bei der Flächennutzungsplanung vorgesehen ist, jedoch bestimmte Bedingungen erfüllen und erst genehmigt werden muss; *Syn.: special use zoning*

conditioning of waste *n* Müllaufbereitung (f)

condo *n (US)* → condominium; **condohotel** *n* (betreutes) Wohnen (n) mit Rezeption, Kurzzeitmietverträgen und Sonderserviceleistungen; *Syn.: condotel*

condominium *n Law (US)* Eigentumswohnung (f); Form des Immobilieneigentums: Eigentum an einer Wohneinheit (genau genommen am umbauten Raum) mit geteiltem Eigentum an Grundstück, Gemeinschaftsflächen und Gebäuden; **Condominium Act** *n (Can.)* Wohnungseigentumsgesetz (n); **condominium conversion** *n* Umwandlung (f) eines Mietwohngebäudes in Eigentumswohnungen; **condominium declaration** *n* Teilungserklärung (f); **condominium owners' association** *n* Wohnungseigentümergemeinschaft (f); **condominium property** *n* (gemeinschaftliches) Wohneigentum (n); **condominium regulations** *n/pl Law* Gemeinschaftsordnung (f)

conduct *v/t* durchführen, führen, verwalten

conductivity *n* Leitfähigkeit (f); **conductivity measurement** *n* Leitfähigkeitsmessung (f)

conductor *n* Führer (m), Leiter (m)

conduit *n* **1.** *ArCo* Leitung (f); Rohr (n), Leitungsrohr (n); Kabelkanal (m); **2.** *Fin* Bezeichnung für ein Unternehmen, das → mortgage-backed securities ausgibt, die auf von dritten Kreditinstituten erworbenen Hypothekendarlehen basieren

cone *n* Kegel (m)

conference *n* Konferenz (f); **conference committee** *n (US)* Vermittlungsausschuss (m); **conference room** *n* Besprechungszimmer (n); **conference timetable** *n* Konferenzprogramm (n)

confer (with) *v/i* beraten

confidence *n* Vertrauen (n); **confidence index** *n Econ* Vertrauensindex (m); **confidence interval** *n stat.* Konfidenzintervall (n); **confidence level** *n stat.* Konfidenzniveau (f), Vertrauensniveau (n)

confidential *adj* vertraulich; **confidential report** *n* vertraulicher Bericht (m)

confidentiality clause *n* Vertrauensklausel (f)

confirm *v/t* bekräftigen, bestätigen

confirmation of sale *n Mkt* Verkaufsbestätigung (f)

confirmatory deed *Law* → correction deed

confiscation *n* Einziehung (f), Konfiszierung (f), Konfiskation (f); *Syn.: appropriation*

conflagration *n* Großbrand (m)

conflicting interests *n/pl* Interessenkonflikt (m); **conflicting land uses** *n/pl Plan* konfligierende Bodennutzungen (fpl)

conflict of interest(s) *n* Interessenkollision (f), Interessenkonflikt (m); **conflict of law rule** *n Law* Kollisionsnorm (f), Kollisionsregel (f); *Syn.: tie-breaker rule (US);* **conflict of qualification (double taxation)** *n* Qualifikationskonflikt (m)

conformable to *adj* entsprechend, in Übereinstimmung mit

conformance test *n (US)* Abnahmeprüfung (f), Konformitätsprüfung (f); *Syn.: conformity test*

conforming use *n Plan* konforme Nutzung (f), genehmigte Nutzung (f)

conformity *n* Übereinstimmung (f), Konformität (f), Anforderungserfüllung (f); **in conformity with** entsprechend, in Übereinstimmung mit

conformity certificate *n* Bauartzulassung (f)

confusion *n* Verwechslung (f), Verwirkung (f), Irritation (f)

congestion *n* (traffic) Stauung (f); Anhäufung (f); **congestion charge** *n* Staugebühr (f)
conglomeration *n* Ansammlung (f); **conglomeration of property** *n* Vermögensmasse (f)
conical roof *n ArCo* Kegeldach (n)
coniferous wood *n* Nadelholz (n)
conjuncture *n* Zusammenfallen (n) von Umständen
connect *v/t* anschließen; **connecting cable** *n* Anschlusskabel (n); **connecting passage** *n* Durchgang (m); **connecting piece** *n* Anschlussstück (n); **connecting room** *n* Hausanschlussraum (m), Verbindungsraum (m); **connecting system** *n* Anschlusssystem (n)
connected *adj* angeschlossen, verbunden, zusammenhängend; **connected (heat) load** *n* Anschlusswert (m); **connected markets** *n/pl* vernetzte Märkte (mpl)
connection *n* Anbindung (f), Anschluss (m), Verbindung (f); **connection and customer installation** *n* Anschluss- und Kundenanlagen (fpl)
connection charge *n* Anschlusskostenbeitrag (m); **connection duct** *n* Anschlusskanal (m); **connection kit** *n* Anschlussset (n); **connection line** *n* Verbindungsleitung (f), Anschlussleitung (f); **connection pipe work** *n* Anschlussverrohrung (f); **connection rate** *n* Anschlusskostenbeitrag (m); **connection technology** *n* Anschlusstechnik (f); **connection thread** *n* Anschlussgewinde (n)
connector *n* Buchse (f), Anschlussstück (n); **connector plate** *n* Anschlussplatte (f); **connector plug** *n* Anschlussstecker (m)
connotation *n* Bedeutung (f), Nebenbedeutung (f), Begriffsinhalt (m), Bedeutungsumfang (m), Konnotation (f)
conscientious *adj* gewissenhaft, sorgfältig
consensus ad idem *n Law (lat.)* Einmütigkeit (f); *Syn.: consensus in idem*
consent *n* Zustimmung (f); *Plan, Dev* Baugenehmigung (f), Bauerlaubnis (f); **consent decree** *n Law* Vergleich (f), einverständliche Entscheidung (f); Anerkenntnisurteil (n), Unterwerfungsentscheidung (f)
consequence *n* Wirkung (f), Folge (f); **consequential costs** *n/pl* Folgekosten (pl); **consequential damage** *n* Mangelfolgeschaden (m), mittelbarer Schaden (m); **consequential damages** *n/pl Law* Schaden(s)ersatz (m) für Folgeschäden; **consequential loss insurance** *n* Folgeschadenversicherung (f)
conservancy tank *n* Klärgrube (f), Senkgrube (f)
conservation *n* Erhaltung (f), Bewahrung (f), Konservierung (f); Naturschutz (m), Umweltschutz (m); **conservation of historic monuments** *n* Erhalt (m) historischer Stätten, Erhalt von Baudenkmälern
conservation area *n Plan* Schutzgebiet (n) für Denkmäler, Denkmalschutzgebiet (n), Landschaftsschutzgebiet (n); Naturschutzgebiet (n); **conservation easement** *n Law (US)* Grunddienstbarkeit (f) mit der Verpflichtung zum Landschaftsschutz oder Denkmalschutz; freiwillige Vereinbarung, die eine Entwicklung auf einem Grundstück einschränkt; häufig mit Steuervorteilen verbunden; *Syn.: preservation easement*
conservative *adj* konservativ; **conservative assumption** *n* konservative Annahme (f); **conservative valuation** *n* vorsichtige Bewertung (f), konservative Bewertung (f)
conservator *n* Restaurator (m)
conservatory *n ArCo* Wintergarten (m); → dwarf wall (conservatory)
consideration *n* Abwägung (f), Gegenleistung (f); **consideration period** *n* Bedenkfrist (f)
consignment *n* Versendung (f), Verschickung (f); auch: Kommission (f); **consignment note** *n Mkt* Frachtbrief (f), schriftliche Benachrichtigung (f); **consignment stock** *n* Komissionslager (n)
consignor *n Law* Absender (m), Versender (m), Konsignant (m); *Syn.: consigner*
consistence *n* Zähigkeit (f)
consistency *n* Konsistenz (f), Übereinstimmung (f), logische Folge (f), Beständigkeit (f), Stetigkeit (f), Stetigkeitsgrundsatz (m) (Bilanzierung); **consistency of valuation** *n* Bewertungsstetigkeit (f)
consistency concept *n* Grundsatz (m) der Stetigkeit
consistent *adj* stetig, widerspruchsfrei; **consistent use** *n Plan* Konzept, nach dem bei der Bewertung für Grund und Boden keine andere Nutzungsart unterstellt werden kann als für die Aufbauten

C

consolidate *v/t* festigen; zusammenschließen; **consolidated accounts** *n/pl Fin* Konzernbilanz (f); **consolidated bonds** *n/pl* Ablösungsschuldverschreibungen (fpl); **consolidated financial statement** *n* Konzernabschluss (m)

consolidation *n Dev* Zusammenführung (f), Arrondierung (f); Bodenfestigung (f); *Syn.: assemblage*; **consolidation of farmland** *n* Flurbereinigung (f); **consolidation of roads** *n Dev, ArCo* Straßenbefestigung (f)

consortium *n ArCo, Law* Arbeitsgemeinschaft (f) (in Bauverträgen)

constant *adj* gleichbleibend, konstant; **constant annual per cent** *Fin, Val* → mortgage constant; **constant payment** *n (US)* gleichbleibende Schuldendienstzahlungen (fpl); **constant payment loan** *n Fin* Annuitätendarlehen (n); **constant payment mortgage (CPM)** *n Fin* Annuitätenhypothek (f), Tilgungshypothek (f); **constant rent factor** *n* ein Faktor zur Anpassung der Marktmiete bei überdurchschnittlich langen Mietanpassungszeiträumen

constituent *n* Vollmachtgeber (m); **constituents** *n/pl* wesentliche Bestandteile (mpl)

constituent state *n* verbundener Staat (m)

constitute a quorum *v/t* beschlussfähig sein

constitution *n Law* Verfassung (f), Grundgesetz (n); **constitutional law** *n Law* Verfassungsrecht (n)

constrain *v/t* beschränken

constraint *n* Druck (m), Zwang (m), Beschränkung (f)

construct a plant *v/t* eine Anlage erstellen

construction *n ArCo* Bauen (n), Bau (m), Errichtung (f); Bauwerk (n); Konstruktion (f), Bauweise (f); **construction, design and management (CDM) regulations** *n Law (GB)* Vorschriften zum ordnungsgemäßen Planen und Vorgehen bei Bauvorhaben (1994); dienen der Reduzierung der Unfallgefahr; **construction allowance** *n Law* Zuschuss für den Ausbau der Mietsache; Vermieter zahlt Ausbau ganz oder teilweise; **construction authority** *n* Bauaufsichtsbehörde (f), Baugenehmigungsbehörde (f), Bauordnungsbehörde (f); **construction bond** *n Dev, ArCo* Leistungsgarantie (f), Erfüllungsgarantie (f), Bürgschaft (f), Kaution (f) eines Bauunternehmens; *Syn.: performance bond*; **construction book** *n* Baubuch (n); **construction boom** *n* Bauboom (m); **construction code** *n* Bauordnungsrecht (n); **construction company** *n* Baufirma (f); **construction completion** *n* Bauausführung (f), Baufertigstellung (f); **construction consortium** *n* Bauarbeitsgemeinschaft (f); **construction consultation** *n ArCo* Bauabsprache (f); **construction contract** *n ArCo, Law* Bauvertrag (m), Bauausführungsvertrag (m)

construction cost(s) *n/pl ArCo* Baukosten (pl), Gestehungskosten (pl); **construction cost of a building** *n* Bauwert (m), Baukosten (f); **construction cost index** *n Val, ArCo, Econ* Baukostenindex (m), Baupreisindex (m); *Syn.: building price index*

construction delay *n ArCo* Bauverzögerung (f); **construction diary** *n* Bautagebuch (n); **construction dimensions** *n/pl* Baumasse (f); **construction documents** *n/pl Dev, ArCo* Bauunterlagen (fpl); **construction drawing** *n Dev, ArCo* Bauzeichnung (f), Ausführungszeichnung (f); **construction engineering** *n* Bautechnik (f); **construction expenditure** *n Tax* Herstellungsaufwand (m); **construction expert** *n* Baufachmann (m); **construction finance** *n* Baufinanzierung (f), Baufinanzierungsmittel (pl); **construction firm** *n* Baufirma (f), Bauunternehmer (m); **construction freeze** *n* Bausperre (f); **construction gang** *n* Bautrupp (m); **construction gravel** *n* Baukies (m); **construction industry** *n* Bauwirtschaft (f); **construction in progress** *n* Anlagen (fpl) im Bau, im Bau befindliche Anlagen (fpl) (Bilanz); **construction insurance** *n* Bauherrenversicherung (f); **construction land** *n* Baugebiet (n); **construction law** *n* Bauordnungsrecht (n); **construction line** *n* Baulinie (f); **construction loan** *n* kurzfristiges Baudarlehen (n), das nicht durch eine Hypothek abgedeckt ist; **construction loan agreement** *Fin (US)* → building loan agreement; **construction management** *n ArCo* Bauleitung (f), Baumanagement (n); **construction mass** *n* Baumasse (f); **construction materials** *n/pl* Baumaterial (n), Baustoffe (mpl); **construction materials industry** *n* Baustoffindustrie (f); **construction measure** *n* Baumaßnahme (f); **construction method** *n*

Bauweise (f); **construction orders** *n/pl* Bauaufträge (mpl); **construction period** *n Dev, ArCo* Bauzeit (f); Bauphase (f); **construction permit** *Dev, ArCo* → building permit; **construction phase** *n* Bauphase (f); **construction plan** *n* Bauentwurf (m), Bauplan (m), Ausführungsplan (m); **construction price** *n* Baupreis (m); **construction program(me)** *n* Terminplan (m); **construction project** *n Dev, ArCo* Bauprojekt (n), Bauvorhaben (n); **construction retainage** *Dev, ArCo* → retention sum; **construction rider** *n Law* Teil des Mietvertrags, der alle vom Vermieter zu verrichtenden Arbeiten aufführt (i.d.R. beim Innenausbau); *Syn.: workletter, work letter*; **construction schedule** *n* Bauzeit(en)plan (m), Terminplan (m); **construction site** *n* Baustelle (f), Bauplatz (m); **construction site supervisor** *n* Bauführer (m), Bauleiter (m); **construction standard** *n* Baunorm (f); **construction stoppage** *n* Baustopp (m); **construction supervision** *n* Bauaufsicht (f), Bauüberwachung (f), Bauleitung (f); **construction system** *n* Bausystem (n); **construction team** *n* Bautrupp (m); **construction technique** *n ArCo* Bautechnologie (f); Baumethode (f); **construction time** *n* Bauzeit (f); **construction unit** *n* Bautrupp (m); **construction value** *n* Bauwert (m), Konstruktionswert (m); **construction walls** *n/pl* Konstruktionswände (fpl); *Syn.: structural walls*; **construction work** *n* Bauarbeiten (fpl); Baumaßnahmen (fpl); **construction worker** *n* Bauarbeiter (m)

constructional element *n* Konstruktionselement (n)

constructive *adj Law* konstruktiv, aufbauend; schöpferisch; **constructive contract** *Law* → implied contract; **constructive damages** *Law* → consequential damages; **constructive dividend** *n* verdeckte Gewinnausschüttung (f); **constructive eviction** *n Law* Umgehung der gerichtlich angeordneten Zwangsräumung durch Aktivitäten des Eigentümers, die den Mieter zur Aufgabe des Mietobjektes zwingen; bspw. Unterlassung der Instandhaltung, Austauschen der Schlösser, Unterbrechung der Wasserversorgung, Belästigung des Mieters oder Zunageln der Tür; **constructive fraud** *n Law* dem Betrug gleichgestellte Tatbestände; **constructive mortgage** *Fin (US)* → equitable mortgage; **constructive notice** *n Law* zurechenbare Kenntnis (f); **constructive obligation** *n* faktische Verpflichtung (f), wirtschaftliche Verpflichtung (f); **constructive possession** *n* → ratione soli; **constructive receipt** *n Law* fingierte Rechnung (f); **constructive trust** *n Law* fingiertes Treuhandverhältnis (n)

consult *v/t* beraten

consultancy *n* Beratungsfirma (f); **consultancy fee** *n* Beratungsgebühr (f); **consultancy service** *n* Beratungsservice (m)

consultant *n* Berater (m)

consultation *n* Anhörungen (fpl), Beratung (f); **consultation procedure** *n* Konsultationsverfahren (n)

consulting *n* Beratung (f); **consulting agency** *n* Beratungsstelle (f); **consulting assignment** *n* Beratungsaufgabe (f); **consulting company** *n* Beratungsgesellschaft (f); **consulting engineer** *n* beratender Ingenieur (m)

consumable equipment *n* abnutzbare Betriebsmittel (pl)

consumer *n* Verbraucher (m); **consumer behaviour** *n* Konsumverhalten (n); **consumer electronics retailer** *n Ret* Unterhaltungselektronikfachmarkt (m); **consumer facility** *n* Abnehmeranlage (f); **consumer goods** *n/pl Ret* Konsumgüter (npl), Verbrauchsgüter (npl); *Syn.: consumption goods*; → convenience goods; comparison goods; **consumer group** *n* Abnehmergruppe (f); **consumer loan** *n* Kleinkredit (m); **consumer price index (CPI)** *n Econ* Verbraucherpreisindex (m); **consumer('s) installation** *n* (utilities) Abnehmeranlage (f), Kundenanlage (f), Verbraucheranlage (f); (telecomms.) Hauszentrale (f)

consummate *v/t* vollenden, vollziehen, schließen, beenden

consumption *n* Verbrauch (m); **consumption calculation** *n* Verbrauchsberechnung (f); **consumption data** *n/pl* Verbrauchsdaten (pl); **consumption factor** *n* Verbrauchsfaktor (m); **consumption registration** *n* Verbrauchsregistrierung (f); **consumption value** *n* Verbrauchswert (m)

contact meter *n* Kontaktzähler (m); **contact person** *n* Ansprechpartner (m)

contaminant *n* Schadstoff (m), Verunreinigungssubstanz (f)

C

contaminated *adj* verunreinigt, kontaminiert; **contaminated area** *n* Altlast (f), Altlasten (fpl), Altlastenstandort (m); **contaminated land** *n* kontaminiertes Land (n), Altlast(en) (f(pl)); **contaminated site** *n* Altlast (f), Altlasten (fpl), kontaminierter Standort (m); **contaminated soil** *n* verseuchter Boden (m), schadstoffbelastetes Erdreich (n)

contamination *n* Kontaminierung (f); **contamination control** *n* Kontaminationsüberwachung (f); **contamination hazard** *n* Verseuchungsgefahr (f); **contamination remediation** *n ArCo* Altlastensanierung (f)

contaminative materials *n/pl* verunreinigendes Material (n)

contend *v/t* behaupten, geltend machen

content *n* Inhalt (m), Rauminhalt (m), Volumen (n); **contents** *n/pl* Inhalt (m), Inhaltsverzeichnis (n)

contention *n* Behauptung (f)

contest *v/t* bestreiten

contestation *n* Anfechtung (f)

contiguous *adj* benachbart, angrenzend

contingency *n* Eventualfall (m), unvorhergesehener Fall (m), ungewisses künftiges Ereignis (n); Eventualverbindlichkeit (f); **contingencies** *n/pl* Unwägbarkeiten (fpl); **contingency clause** *n Law* Klausel in einem Kaufvertrag, die die Gültigkeit des Kaufvertrags an das Eintreten eines bestimmten Ereignisses bzw. die Erfüllung einer Bedingung knüpft; z.B. eine Kreditzusage (Finanzierungsvorbehalt); **contingency contract** *n Law, Mkt* Kaufvertrag, besonders für Wohnobjekte, in dem das Angebot des Käufers von dem Verkauf seines alten Hauses abhängig gemacht wird; normalerweise für einen beschränkten Zeitraum und gegen → earnest money vom Verkäufer akzeptiert; **contingency costs** *n Mkt* → contingency sum; **contingency fee** *n Mkt* Erfolgshonorar (n); insbes. für Rechtsanwälte in den USA; **contingency insurance** *n* Ausfallversicherung (f), Versicherung (f) gegen besondere Gefahren/außergewöhnliche Risiken; **contingency principle** *n Val, Tax (GB)* Bewertungsvariante für Grunderwerbsteuer; besonders auf → leasehold interests; für Nutzungsrechte, die künftige zusätzliche Zahlungen (z.B. einen vereinbarten Aufpreis im Falle der Genehmigung eines Bauantrages) zulassen; **contingency reserve** *n* Sicherheitsrücklage (f), Verlustrückstellung (f), Rückstellung (f) für ungewisse Verbindlichkeiten; **contingency sum** *n Dev* Rücklage (f) für unvorhergesehene Ausgaben; besonders bei Immobilienprojekten mit einem potenziell hohen Anteil an unbekannten Kosten; i.d.R. prozentualer Anteil an den → hard costs (bspw. 5%); *Syn.: contingency costs*

contingent *adj* bedingt, abhängig von; **contingent assets** *n/pl Fin* Eventualforderungen (fpl); (IAS 37); **contingent business interruption insurance** *n* Versicherung gegen Betriebsunterbrechung durch Schaden bei einer anderen Firma (z.B. Zulieferer oder wichtige Kunden); **contingent claims** *n/pl* bedingte Ansprüche (mpl); **contingent consideration** *n* Anpassungsklausel (f), Kaufpreisanpassungsklausel (f); **contingent contract** *Law* → conditional contract; **contingent debt** *Fin* → contingent liability; **contingent estate** *n Law* Grundstück, dessen Eigentumsverhältnisse vom Eintreffen oder Ausbleiben eines zukünftigen Ereignisses abhängen; Erbanwartschaft auf ein Grundstück; **contingent fee** *Law* → contingency fee; **contingent fee simple** *Law* → contingent estate; **contingent insurance** *n* bedingte Versicherung (f); **contingent interest** *n Fin* bedingtes Recht (n), bedingtes Anwartschaftsrecht (n); **contingent liability** *n Fin* Eventualverbindlichkeit (f), bedingte Forderung (f); *Syn.: contingent debt*; **contingent liability insurance** Versicherung z.B. des Vermieters, falls die Versicherung des Mieters nicht ausreichend oder ungültig ist (auch für Bürgen); **contingent payment** *n* bedingte Fälligkeit (f); **contingent remainder** *Law* → remainder, contingent estate; **contingent rentals** *n/pl* Mietzinszahlungen (fpl), die in ihrer Höhe von anderen Faktoren als der Mietzeit abhängen (z.B. Umsatz, Zinsniveau etc.); **contingent right** *n* Anwartschaftsrecht (n); **contingent sale(s) contract** *n Mkt* bedingter Kaufvertrag (m); abhängig von z.B. Verkauf eines anderen Objektes (des Anbieters); **contingent valuation method (CVM)** *n Val, Plan* Methode, um Umweltqualität durch Befragung zu schätzen; die Befragten geben an, wie viel Geld ihnen der Erhalt bestimmter Umweltbedingungen wert ist

continuation *n* Fortführung (f)

continue *v/t* fortsetzen; **continuing education** *n* Weiterbildung (f), Fortbildung (f); **continuing obligation** *n Fin* Dauerschuldverhältnis (n), Dauerschulden (fpl); **continuing operations** *n/pl* fortzuführende Geschäftsbereiche (mpl); **continuing use** *n* fortgesetzte Nutzung (f)

continuity of contracts *n Law* Vertragskontinuität (f); Maßnahme, die Vertragsänderungen – z.B. aufgrund der Einführung des Euro – verhindern soll

continuous *adj* dauernd, ununterbrochen; **continuous beam** *n ArCo* Durchlaufbalken (m); **continuous compounding** *n* fortlaufende Berechnung (f) von Zinseszins; **continuous flow controller** *n* Durchflussmengenregler (m); **continuous flow water heater** *n* Durchlauferhitzer (m); *Syn.: instantaneous water heater*; **continuous monitoring** *n* gleitende Überwachung (f); **continuous operation** *n* Dauerbetrieb (m); **continuous operation clause** *n Ret, Law* Klausel in einem Mietvertrag mit einem Ankermieter, die diesen verpflichtet, sein Geschäft während der Öffnungszeiten des Shoppingcenters geöffnet zu haben

contour *n* Höhenlinie (f), Umriss (m); **contour map** *n* Reliefkarte (f)

contract *n* Vertrag (m); **by contract** vertraglich

contract for a lease *Law* → agreement for a lease; **contract for deed** *n* Grundstückskaufvertrag (m) (mit Abzahlung), Grundstücksabzahlungskauf (m); **contract for sale (of land)** *n Law* (Grundstücks-) Kaufvertrag (m); **contract for services** *n* Dienstvertrag (m); **contract for work and services** *n* Werkvertrag (m); **contract of adhesion** *ArCo* → adhesion contract; **contract of employment** *n* Dienstvertrag (m); **contract of indemnity** *n Law* Garantievertrag (m), Haftungsfreistellung (f); **contract of limited duration** *n* befristeter Vertrag (m); **contract of sale** *n Law* Kaufvertrag (m); **contract of service** *n* Dienstvertrag (m); **contract of tenancy** *Law* → tenancy agreement; **contract to sell** *Law* → contract of sale; **contract under seal** *n Law* gesiegelter Vertrag (m)

contract award *n* Auftragsvergabe (f), Zuschlagserteilung (f); **contract costs** *n/pl* Auftragskosten (pl), Kosten (pl) eines Fertigungsauftrags; **contract default** *n Law* Vertragsverletzung (f); besonders bei Versicherungen; **contract documents** *n/pl* Vertragsunterlagen (fpl); **contract order** *n* Zuschlag (m); **contract penalty** *n Law* Vertragsstrafe (f); *Syn.: contractual penalty*; **contract period** *n* Vertragsfrist (f), vertragliche Laufzeit (f); **contract price** *n* Kaufpreis (m); **contract rent** *n* Vertragsmiete (f); **contract revenue** *n* gesamte Erlöse (mpl) aus einem Fertigungsauftrag, gesamte Erträge (mpl) aus einem Fertigungsauftrag; **contract termination** *n* Vertragsauflösung (f); **contract time** *n* Entwicklungszeit (f), vertraglich vereinbarte Bauzeit (f); der im Vertrag vereinbarte Zeitrahmen für die Fertigstellung, der auch zur Berechnung von Vertragsstrafen im Falle der Verzögerung dient; kann z.B. im Falle schlechter Witterungsverhältnisse unterbrochen werden; → time is of the essence; **contract value** *n* Auftragswert (m), Vertragswert (m); **contract work in progress** *n* am Bilanzstichtag bereits erbrachte, gegenüber dem Kunden noch nicht abgerechnete Leistungen (fpl); **contract zoning** *n Plan (US)* Änderung eines Flächennutzungsplans (rezoning), wobei der Immobilieninvestor die Einhaltung bestimmter, von der Planungsbehörde vorgegebener Bedingungen vertraglich zusichert; → planning agreement

contract *v/t* zusammenziehen; **as contracted** *n* wie vertraglich festgelegt, laut Vertrag

contracting state *n* Vertragsstaat (m)

contraction *n* Schwund (m)

contractor *n* Lieferant (m); Auftragnehmer (m); ausführendes Bauunternehmen (n); meistens: Bauunternehmer (m); **contractor's all risks insurance (CAR)** *n ArCo* Bauleistungsversicherung (f); **contractor's basis valuation method** *n Val, Tax (GB)* Bewertungsverfahren für Rating (Gemeindesteuer) auf Objekte, die normalerweise nicht vermietet werden; *Syn.: contractor's test; contractor's method*; **contractor's bond** → performance bond; **contractor's estimate** *n* Baukostenvoranschlag (m),

C

Kostenvoranschlag (m) beim Bau; erstellt durch den Bauunternehmer; **contractor's liability** *n* Auftragnehmerhaftung (f); **contractor's method of valuation** *Val, Tax (GB)* → contractor's basis; **contractor's test valuation** *Val, Tax (GB)* → contractor's basis

contractual *adj* vertraglich; **contractual agreement** *n* vertragliche Vereinbarung (f); **contractual joint venture** *n Law* Arbeitsgemeinschaft (f); *Syn.: non-equity joint venture*; **contractual penalty** *n* Vertragsstrafe; *Syn: contract penalty*; **contractual period** *n* Vertragsdauer (f); **contractual tenancy** *n Law* vertragliches Mietverhältnis (n); **contractual time penalty** *n* Vertragsstrafe (f) bei Terminüberschreitung

contractually agreed *adj* vertraglich festgelegt

contribute *v/i* beitragen, beisteuern; **contributory assets** *n/pl* beitragspflichtige Vermögenswerte (mpl); **contributory mortgage** *n* Hypothek (f), für mehrere Gläubiger bestellt; **contributory negligence** *n Law* Mitverschulden (n)

contribution *n* Selbstbeteiligung (f); Beteiligung (f); Beitrag (m), Mitwirkung (f); → tenant contributions; **contribution in cash** *n Fin* Bareinlage (f); **contribution in kind** *n Fin* Sacheinlage (f)

contribution to capital *n Fin* Einlage (f); **contribution to fund** *n Fin* Fondsbeitrag (m)

contribution clause *n Law (GB)* Haftungsbegrenzungsklausel (f); **contribution margin** *n Fin* Deckungsbeitrag (m)

control *n* Beherrschung (f), Kontrolle (f), Regelung (f), Verfügungsmacht (f); **control center** *n* Leitstand (m); **control diagram** *n* Arbeitsablaufdiagramm (n), Datenflussplan (m); **control engineering** *n* Regelungstechnik (f); **control instrument** *n* Regelgerät (n); **control loop** *n* Regelkreis (m); **control right** *n* Leitungsrecht (n); **control station** *n* Leitstelle (f); **control system** *n* Leitsystem (n), Regeleinrichtung (f); **control technology** *n* Leittechnik (f); **control total** *n* Kontrollsumme (f)

controlled access highway → limited access highway; **controlled company** *n* abhängige Gesellschaft (f), Organgesellschaft (f); **controlled extraction** *n* gesteuerte Entnahme (f) aus der Turbine; **controlled rent** *n Law* regulierte Miete (f), Miete (f) für preisgebundenen Wohnraum; **controlled tenancy** *n Law (GB)* reguliertes Mietverhältnis (n); meist preisgebundener Wohnraum; heute überholt

controllable cost *n/pl* beeinflussbare Kosten (pl)

controlling enterprise *n* Organträger (m); **controlling equipment** *n* Regeleinrichtung (f)

conurbation *n Plan* Ballungsgebiet (n)

convected heat *n* Konvektionswärme (f)

convection *n* Konvektion (f); **convection current** *n* Wärmeströmung (f); **convection heating** *n* Konvektionsheizung (f)

convector *n* Konvektor (m)

convene *v/t* vorladen

convenience *n* Komfort (m); **convenience goods** *n/pl* Verbrauchsgüter (npl); Waren (fpl) des täglichen Gebrauchs; *Ant.: comparison goods*; **convenience shop** *n Ret* Geschäft, das Waren des täglichen Bedarfs (convenience goods) verkauft; *Syn.: convenience store*; **convenience store** *n* → convenience shop

convenient *adj* geeignet, leicht handhabbar, passend, praktisch, verkehrsgünstig (Lage)

convention centre *n* Konferenzzentrum (n)

conventional *adj* herkömmlich; **conventional construction method** *n* herkömmliche Bauweise (f); **conventional international law** *n* (internationales) Konventionsrecht (n); **conventional loan** *n Fin* Darlehen, das nicht durch eine Regierungsbehörde oder Versicherung garantiert oder versichert ist; *Syn.: conventional mortgage*

converse argument *n* Umkehrschluss (m)

conversion *n Dev, ArCo* Konversion (f), Umwandlung (f); Umbau (m), bauliche Veränderung (f); **conversion coefficient** *n* Umrechnungskoeffizient (m); **conversion cost** *n Fin* Fertigungskosten (pl); **conversion factor** *n* Umrechnungsfaktor (m); **conversion period** *n* Zinsperiode (f); **conversion project** *n* Konversionsprojekt (n), Umbauprojekt (n); **conversion rate** *n* Umrechnungskurs (m); **conversion ratio** *n* Umrechnungssatz (m); **conversion space** *n* Konversionsfläche (f); **conversion table**

n Umrechnungstabelle (f); **conversion type** *n* Umrechnungsart (f)
convert *v/t* umbauen, umrechnen von Währungen; **convert into money** realisieren
converted *adj ArCo* restauriert, umgebaut
convertible *adj* verwandelbar, konvertibel; **convertible bond** *n Fin* Wandelschuldverschreibung (f); **convertible loan stock** *n* Wandelanleihe (f), Wandelschuldverschreibung (f); **convertible mortgage** *n Fin* zinsvariables Hypothekendarlehen mit einer Option, das Hypothekendarlehen zu einem bestimmten Zeitpunkt in ein festverzinsliches Hypothekendarlehen umzuwandeln; **convertible participating mezzanine debt** *n* Finanzierung der zweiten Stufe nach → senior debt; Kreditgeber hat Anspruch auf einen Anteil des Gewinns, den er in → equity capital umwandeln lassen kann
convey *v/t Law* abtreten, übertragen; **convey real property** auflassen
conveyance *n Law (GB)* Auflassung (f), Eigentumsübertragung (f); Prozedur zur Übertragung des Eigentums; → deed of conveyance; **conveyance by agreement** *n* Grundstücksauflassung (f); **conveyance of property** *n* Grundstücksübereignung (f)
conveyance reservation *n* Rückauflassungsvormerkung (f); **conveyance tax** *n Tax (US)* Grunderwerbsteuer (f); *Syn.: transfer tax, stamp duty (GB)*
conveyancer *n Law (GB)* Rechtsanwalt, der auf die Eigentumsübertragung von Immobilien spezialisiert ist; der conveyancer des Verkäufers bereitet den Kaufvertrag vor und führt zusammen mit dem Anwalt des Käufers die rechtlich notwendigen Schritte bis zur Übertragung des Grundstücks durch
conveyancing *n Law (GB)* Akt der Eigentumsübertragung
conveyor belt *n* Förderband (n); **conveyor system** *n* Förderanlage (f)
co-obligor *n Law* mit einer oder mehreren anderen Personen solidarisch haftende Person
cooler *n* Kühler (m)
cooling *n* Abkühlung (f), Kälte (f); **cooling energy** *n* Kälteenergie (f); **cooling service** *n* Kältedienstleistung (f)
cooperate with *v/t* zusammenarbeiten
cooperation *n* Zusammenarbeit (f)
cooperative *n* Genossenschaft (f), Gesellschaft (f), Handelsgesellschaft (f), Verband (m), Vereinigung (f), Zusammenschluss (m); **cooperative bank** *n* genossenschaftliches Kreditinstitut (n), Genossenschaftsbank (f), Kreditgenossenschaft (f); **cooperative building association** *n* Baugenossenschaft (f); **cooperative housing association** *n* Wohnungsbaugenossenschaft (f); **cooperative ownership** *n Law* Genossenschaftseigentum (n); **cooperative property** *n* gemeinschaftliches Eigentum (n)
coordination *n* Einordnung (f)
co-owner *n Law* Miteigentümer (m), Mitinhaber (m); **co-ownership** *n Law* → co-tenancy
coparcenary *n Law* Miteigentum (n); Miterbanteil (m)
coparceners *n/pl Law* Erbengemeinschaft (f)
coping *n ArCo* Mauerabdeckung (f)
copper *n* Kupfer (n); **copper alloy** *n* Kupferlegierung (f); **copper pipe** *n* Kupferrohr (n); **copper roofing** *n* Kupferbedachung (f); **copper shingle** *n* Kupferschindel (f)
coppice *n* Gebüsch (n), Unterholz (n); *Syn.: copse*
copse → coppice
copy *n* Abschrift (f), Ausgabe (f), Exemplar (n)
copyhold *n Law (GB)* spezielles Pachtverhältnis, abgeschafft im Jahre 1926
copyright *n Law* Urheberrecht (n); **copyright law** *n* Urheberrechtsgesetz (n); **copyright royalty** *n* Urheberrechtslizenz (f)
corbel *n ArCo* Kragstein (m), Vorkragung (f); **corbelling** *n ArCo* Vorkragung (f)
corbel *v/t* vorkragen
cordon *n ArCo* Mauerkranz (m), Mauersims (m)
core *n* Kern (m); **core of a building** *n ArCo* Erschließungskern (m); **core of a city/of a district** *n Plan* Kerngebiet (n); **core of the City of London** *n* Kerngebiet des Finanz-/Bankenviertels in London
core area *n* Kerngebiet (n); **coreboard** *n ArCo* Tischlerplatte (f); **core density** *n* Kernrohrdichte (f); **core district** *n* Kerngebiet (n); **core income** *n* Basiseinkommen

(n); **core piece** *n* Kernstück (n); **core ranges** *n/pl* Kernsortimente (npl); **core sectors** *n/pl* Kernbranchen (fpl); **core skills** *n/pl* Hauptexpertisen (fpl); **core space** *n* Nutzfläche (f); *Syn.: usable area*; **core standards** *n/pl* Kernforderungen (fpl), Kernstandards (mpl); **core yield** *n* Diskontierungszinssatz (m) für das → core income; **core zone** *n* Kerngebiet (n)

C

CoreNet Global *Org* international agierender Immobilienverband; CoreNet steht für: Corporate Real Estate Network; 2002 entstanden aus der Fusion von IDRC und NACORE; Mitglieder sind vorwiegend unternehmensbezogene Endnutzer (Corporate End Users); Sitz in Atlanta, USA

cork flooring *n ArCo* Korkbodenbelag (m)

corkscrew stairs/staircase *n* Wendeltreppe (f)

cork tile *n ArCo* Korkfliese (f)

corner *n* Ecke (f); **corner brick** *n* Eck(dach)-ziegel (m); **corner fireplace** *n* Eckkamin (m); **corner lot** *(US)* → corner site; **corner plot** *(GB)* → corner site; **corner region** *n* Eckbereich (m); **corner room** *n ArCo* Eckzimmer (m); **corner shop** *n* Eckladen (m), Tante-Emma-Laden (m); *Syn.: "ma and pa" corner store*; **corner site** *n* Eckgrundstück (n); **corner strip bead** *n ArCo* Putzleiste (f); **corner tile** *n* Eckziegel (m)

cornice *n ArCo* Sims (m/n), Gesims (n), Leiste (f)

corporate *adj* gemeinsam, korporativ; **corporate articles** *n/pl* Satzung (f); **corporate assets** *n/pl* gemeinschaftliche Vermögen (npl), Gesellschaftsvermögen (n), Vermögen (n) der Gesellschaft; **corporate bond** *n Fin* Unternehmensanleihe (f); **corporate capital** *n* Gesellschaftskapital (n); **corporate charter** *n* Gründungsurkunde (f); **corporate governance** *n* Unternehmensführung (f), Corporate Governance; **corporate headquarters** *n/pl* Sitz (m) der Geschäftsleitung; **corporate income tax (CIT)** *n Tax* Körperschaftsteuer (f); **corporate income tax rate** *n* Körperschaftsteuersatz (m); **corporate loan** *n* Industriekredit (m); **corporate objective** *n* Unternehmensziel (n); **corporate profit** *n* Unternehmensgewinn (m); **corporate property** *n* Gesellschaftseigentum (n); **corporate rate** *n* Großfirmensonderpreis (m) (z.B. für ein Hotelzimmer); **corporate real estate assets** *n/pl* Betriebsgrundstücke (npl); **corporate real estate (CRE)** *n PptMgt* Unternehmensimmobilien (fpl); **corporate real estate management (CREM)** *n PptMgt* Management von Unternehmensimmobilien; das aktive, ergebnisorientierte strategische und operative Management betriebsnotwendiger und nicht betriebsnotwendiger Immobilien einer → non-property company; **corporate right** *n* Gesellschaftsrecht (n); **corporate sector** *n* Unternehmenssektor (m); **corporate structure** *n* gesellschaftsrechtliche Struktur (f); **corporate veil** *n Fin* Mantelgesellschaft (f), Firmenmantel (m)

corporate raider *n Fin (colloq.)* „Heuschrecke"; Private-Equity-Gesellschaft oder andere Form der Kapitalbeteiligung z.B. mit mutmaßlich zu kurzfristigen oder überzogenen Renditeerwartungen (z.B. Hedge-Fonds oder „Geierfonds"); die englische Metapher ist weniger abwertend als die deutsche „Heuschrecke"

corporation *n* Kapitalgesellschaft (f), Körperschaft (f); GB auch: Gemeinde(-rat); insbesondere für Großstädte; **corporation under public law** *n* Personalkörperschaft (f); *Syn.: public law corporation*

corporation tax *Tax* → corporate income tax

corporeal *adj Law* körperlich, physisch; **corporeal hereditament** *n Law* vererbbares dingliches Vermögen (n), vererbliche Gegenstände (mpl); **corporeal property** *n Law* materielle Vermögenswerte (mpl)

correct *v/t* berichtigen, korrigieren

correction *n* Berichtigung (f), Bereinigung (f), Korrektur (f), Nachtrag (m); **correction of deficiencies** *n* Mängelbehebung (f), Mängelbeseitigung (f)

correction curve *n* Korrekturgerade (f); **correction deed** *n Law* Berichtigungsurkunde (f); **correction factor** *n* Korrekturfaktor (m)

corrective factor *n* Korrekturfaktor (m); **corrective maintenance** *n* Instandsetzung (f)

correlation *n* Zusammenhang (m), Korrelation (f); **correlation process** *n Val* die Gewichtung der Bewertungsfaktoren bzw. der Ergebnisse verschiedener Bewertungsansätze

correspondent bank *n Fin* Korrespondenzbank (f)

corridor *n* Flur (m), Gang (m), Durchgang (m); **corridor length** *n* Ganglänge (f); **corridor width** *n* Gangbreite (f)
corroborate *v/t* bekräftigen
corroboration *n* Bekräftigung (f)
corrosion *n* Korrosion (f); **corrosion behavior** *n* Korrosionsverhalten (n); **corrosion product** *n* Korrosionsprodukt (n); **corrosion protection** *n* Korrosionsschutz (m)
corrosion-proof *adj* korrosionsfest; **corrosion-resistant** *adj* korrosionsbeständig
corrugated *adj* gewellt, Well-; **corrugated asbestos cement** *n* Wellfaserzement (m); **corrugated asbestos sheet** *n ArCo* Wellasbestplatte (f); **corrugated asphalt** *n ArCo* Wellbitumen (n); **corrugated Eternit** *n ArCo* Welleternit (m/n); **corrugated metal** *n ArCo* Wellblech (n); **corrugated paper** *n ArCo* Wellpappe (f); **corrugated roof** *n ArCo* Welldach (n); **corrugated sheet** *n ArCo* Wellblech (n); **corrugated tube** *n ArCo* Wellrohr (n); **corrugated wire** *n ArCo* Welldraht (m); **corrugated wired glass** *n ArCo* Welldrahtglas (n)
corrugation *n* Welle (f)
corruption *n Law* Bestechung (f), Korruption (f)
cosignatory *n* Mitunterzeichner (m)
cosignature *n* Mitunterschrift (f)
cosiness *n* Wohnlichkeit (f), Behaglichkeit (f)
cosmetics *n/pl* Kosmetik (f)
cost *v/t* kosten
costing rate *n* Zuschlagssatz (m)
costly *adj* aufwendig
cost(s) *n(pl)* Kosten (pl); **cost of acquisition** *n* Anschaffungskosten (pl); **cost of building** *n Fin* Bauaufwand (m), Baukosten (pl), Bebauungskosten (pl), Gebäudeherstellungswert (m), Herstellungsaufwand (m) (Gebäude), Herstellungskosten (pl) (Gebäude); **cost of capital** *n Fin* Kapitalkosten (pl); **cost of capital (rate)** *n* Kapitalkostensatz (m); **cost of capital theory** *n* Kapitalkostentheorie (f); **cost of completion** *n Fin* noch anfallende Fertigungskosten (pl); **cost of construction** *n* Bauaufwand (m); **cost of conversion** *n Fin* Herstellungskosten (pl) (Bilanz); **cost of damage repair** *n* Schadensbeseitigungskosten (pl); **cost of debt** *n Fin* Fremdkapitalkosten (pl); **cost of development** *n* Aufwendungen (fpl) (für Projektentwicklung), Ausgaben (fpl) (für Projektentwicklung), Entwicklungskosten (pl); **cost of dismantling** *n* Abbruchkosten (pl); **cost of disposal** *n* Veräußerungskosten (pl); **cost of excavation/exposure** *n* Freilegungskosten (pl); *Syn.: site preparation costs*; **cost of financing** *n Fin* Finanzierungskosten (pl); **cost of goods manufactured** *n Fin* Fertigungskosten (pl), Herstellungsaufwand (m), Herstellungskosten (pl) (Bilanz); **cost of goods sold** *n Fin* Herstellungskosten (pl) der verkauften Produktion (Gewinn- und Verlustrechnung); **cost of installation** *n* Installationskosten (pl); **cost of living** *n* Lebenshaltungskosten (pl); **cost-of-living clause** *n Law* Indexklausel (f); typ. für Mietanpassungen nach dem Lebenshaltungskostenindex; **cost-of-living index** *n* Lebenshaltungskostenindex (m); *Syn.: retail price index*; **cost of maintenance** *n* Instandhaltungskosten (pl) (Gebäude); **cost of modernization** *n* Modernisierungskosten (pl); **cost of production** *n Fin* Fertigungskosten (pl), Herstellungskosten (pl) (Bilanz), Herstellungskosten (pl) (branchenunabhängig im Sinne vom Herstellungswert); *Syn.: production costs*; **cost of purchase** *n* → acquisition costs; **cost of reconstruction** *n* Sanierungsaufwand (m), Wiederherstellungskosten (pl); **cost of redevelopment** *n* Sanierungskosten (pl); **cost of repair** *n* Reparaturkosten (pl); **cost of repair and maintenance** *n* Reparaturaufwand (m); **cost of replacement method** *Val* → reinstatement method of valuation; **cost of reproduction** *Val* → reproduction cost; **cost of sales** *n Fin* Herstellungskosten (pl) der zur Erzielung von Umsatzerlösen erbrachten Leistungen, Umsatzkosten (pl); **cost of sales method** *n* Umsatzkostenverfahren (n); **cost of upkeep** *n* Instandhaltungskosten (pl) (Gebäude); **cost of work** *n* Aufwendungen (fpl) (für Projektentwicklung), Ausgaben (fpl) (für Projektentwicklung)
cost to cure *n ArCo (US)* (geschätzte) Instandsetzungskosten (pl); häufig notiert in einer bautechnischen Untersuchung, besonders beim Erwerb eines Objektes; **cost to make a sale** *n* Kosten (pl) bis zum Verkauf, noch anfallende Kosten (pl) bis zum Verkauf
cost allocation *n* Umlage (f) von Kosten, Verrechnung (f) von Kosten, Verteilung (f)

C

von Kosten, Zuführung (f) von Kosten, Zurechnung (f) von Kosten; **cost analysis** *n* Kostenanalyse (f); **cost approach** *n Val (US)* → depreciated replacement cost method; **cost ascertainment** *n* Kostenermittlung (f)

cost-based methods *n/pl* kostenbegründete Verfahren (npl); **cost-based valuation** *n* kostenbegründete Bewertung (f)

cost benefit analysis (CBA) *n Val* Kosten-Nutzen-Analyse (f); **cost benefit study** *n* Kosten-Nutzen-Studie (f); **cost check** *n* Kostenüberprüfung (f); **cost consultant** *n* Kostenberater (m); **cost control** *n* Kostenkontrolle (f); **cost-covering principle** *n* Kostendeckungsprinzip (n); Methode für Preisfestsetzung, besonders bei öffentlichen Organisationen; **cost distribution** *n* Verteilung (f) von Kosten; **cost element** *n* Kostenelement (n); **cost estimate** *n* Kostenschätzung (f), Vorkalkulation (f); **cost estimation** *n* Kalkulation (f); **cost formulas** *n/pl* Bewertungs(vereinfachungs)verfahren (n) bei der Ermittlung von Kosten; **cost function** *n* Kostenfunktion (f); **cost index** *n* Kostenindex (m); **cost index trend** *n* Tendenz (f) des Kostenindexes; **cost intensity** *n* Kostenintensität (f); **cost-in-use** *n PptMgt* Kosten einer Immobilie pro Jahr: über die Lebensdauer verteilte Investitionskosten sowie Betriebs- und Instandhaltungskosten; Zahl dient als Entscheidungskriterium zwischen alternativen Entwicklungen; **cost inventory** *n* Kostenbestandsaufnahme (f); **cost investigation** *n* Kostenermittlung (f); **cost-less-depreciation approach** *Val* → depreciated replacement cost method; **cost manuals** *n/pl Dev, ArCo* Baukostenhandbücher (npl); **cost method** *n (GB)* Sachwertverfahren (n) (Wertermittlung); **cost model** *n Fin* Anschaffungswertmethode (f) (IAS 16); **cost overrun** *n* Kostenüberschreitung (f); **cost-pass-through clause** *n Law* Klausel, die Mehrkosten der anderen Partei belastet; **cost-plus contract** *n ArCo, Law* Bauvertrag (m) auf der Basis Abrechnung nach Kosten plus Gewinnmarge; **cost-plus method** *n* Kostenaufschlagsmethode (f); **cost-plus-percentage contract** *n ArCo, Law* Vertrag, der als Vergütung die Entrichtung der Herstellungskosten sowie einen prozentualen Anteil der Herstellungskosten als Gewinnaufschlag vorsieht; **cost price** *n* Selbstkostenpreis (m); Anschaffungspreis (m); **cost-price squeeze** *n* Preis-Kosten-Schere (f); *Syn.: price-cost gap*; **cost-push inflation** *n* Kostendruckinflation (f); **cost ratio** *n* Kostenkennzahl (f); **cost recovery** *n Fin* Kostendeckung (f); **cost-reimbursement contract** *n ArCo, Law* Rückvergütungsvertrag (m); **cost rent** *n* Kostenmiete (f), kostendeckende Miete (f); **cost saving** *n* Kosteneinsparungen (fpl); **cost-summary method** *n* Gesamtkostenverfahren (n); **cost-to-cost method** *n* Ermittlung (f) des Fertigstellungsgrads anhand des Verhältnisses der bisher angefallenen zu den Gesamtkosten des Fertigungsauftrages; **cost type** *n* Kostenart (f), Kostengruppe (f); **cost value** *n* Anschaffungswert (m), Beschaffungswert (m); **cost value method (book value)** *n Fin* Anschaffungswertmethode (f) (IAS 16)

co-subsidiary *n* Schwestergesellschaft (f)

cosy *adj* lauschig, gemütlich

co-tenancy *n Law* Mitbesitz (m), Miteigentum (n), Gemeinschaftseigentum (n); es gibt zwei Arten von co-tenancy: → tenancy in common und → joint tenancy; → tenancy by the entirety

cottage *n* Landhaus (n), Hütte (f)

cotton mill *n* Spinnerei (f)

council *n* Anhörungen (fpl), Ratsmitglied (n), Stadtrat (m); **council house** *n (GB)* Sozialwohnung (f); **council housing** *n (GB)* sozialer Wohnungsbau (m); **council rates** *n/pl* Gemeindesteuer (f); **council tax** *n Tax (GB)* Kommunalabgabe (f), Gemeindesteuer (f); basiert auf Wert des Grundbesitzes

Council of Mortgage Lenders (CML) *Org (GB)* Organisation von Kreditinstituten, die Hypothekendarlehen gewähren

counsel *n* Anwalt (m), Prozessanwalt (m), Rechtsbeistand (m); Beratung (f); *Syn.: lawyer, barrister, solicitor (GB), attorney (US)*

counsel *v/t* empfehlen, raten

counselling *n (GB)* Beratung (f); (GB insbes.) psychologische Beratung

counsellor *n* Berater (m); *Syn.: counselor (AE)*; **counselor of real estate (CRE)** *n Org (US)* internationaler Immobilienberater (m); Mitglied (Eintritt nur auf besondere

Einladung) der US Counselors of Real Estate mit mindestens zehn Jahren Berufserfahrung im Immobilienbereich (mindestens drei davon als Berater)

count against *v/t* anrechnen

counter *n* Schalter (m), Theke (f), Zähler (m); **over the counter** im Freiverkehr, nicht börsengehandelt

counter brace *n* Wechselstab (m)

counter-cyclical *adj* antizyklisch; **counter-cyclical development** *n Dev* antizyklische Projektentwicklung (f)

counterfeit *v/t* fälschen; **counterfeit product** *n* Produktfälschung (f)

counter-flow principle *n* Gegenstromprinzip (n)

counterfort *n ArCo* Verstärkungspfeiler (m)

countermand *v/t* widerrufen

counteroffer *n Mkt* Gegenangebot (n); **counterpart** *n Law* Duplikat (n), Kopie (f), zweite Ausfertigung (f); einer Urkunde; **counter-signature** *n* Mitunterschrift (f); **countervailing duty** *n* Ausgleichsabgabe (f); **countervalue** *n* Gegenwert (m); **counterweight** *n* Gegengewicht (n)

country *n* Land (n); **country area** *n* ländlicher Raum (m); **country road** *n* Landstraße (f); **country seat** *n* Landgut (n); **country site** *n* Landsitz (m)

county *n* Landkreis (m), Kreis (m), Bezirk (m); (GB) Grafschaft; **county borough** *n (GB)* (veraltet) kreisfreie Gemeinde (f); **County Council** *n (GB)* Grafschaftsverwaltung (f); **county court** *n Law (GB)* Amtsgericht (n); **county property records** *n/pl* Grundregister (n); **county recorder** *n (US)* Amt (n), bei dem die Eigentumsübertragung und die den Grundbesitz betreffenden rechtlichen Beschränkungen registriert werden müssen; **county seat** *n* die Gemeinde (f) des Regierungsbezirkes, in der sich die Verwaltungsstellen befinden; **county tax assessor** *n (US)* Beamter (m) des Grundsteueramtes, der für steuerliche Zwecke den Grundstückswert ermittelt; **county tax office** *n (US)* Grundsteueramt (n)

couple close roof *n ArCo* Sonderform des Satteldachs (n)

coupling *n* Kopplung (f)

coupon *n* Coupon (m), Zinsschein (m), Dividendenschein (m); Gutschein (m); **coupon date** *n* Zinstermin (m); **coupon rate** *n Fin* Zinssatz (m) für festverzinsliche Wertpapiere

course of studies *n* Studiengang (m); **course of the economy** *n* wirtschaftliche Entwicklung (f)

course (brickwork) *n ArCo* Schicht (f)

coursed masonry *n* Schichtenmauerwerk (n)

court *n Law* Gericht (n); **court in charge** *n* zuständiges Gericht (n)
court of appeal *n* Berufungsgericht (n); **court of arbitration** *n* Schiedsgericht (n); **court of competent jurisdiction** *n* zuständiges Gericht (n); **court of first instance** *n Law* Gericht (n) der ersten Instanz; **court of jurisdiction** *n* Gerichtsstand (m); **court of last resort** *n Law* Gericht (n) der letzten Instanz; **court of protection** *n Law (GB)* Vormundschaftsgericht (n); zur Verwaltung des Vermögens Entmündigter; **court of second instance** *n* Gericht (n) zweiter Instanz

court-appointed valuer *n* gerichtlich bestellter Gutachter (m), gerichtlich bestellter Sachverständiger (m), gerichtlich bestellter Schätzer (m)

court-approved *adj* gerichtlich anerkannt

court building *n* Gerichtsgebäude (n); **court decision** *n* Gerichtsurteil (n); **court house** *n (US)* Gerichtsgebäude (n); **court judgement** *n* Gerichtsentscheidung (f), Rechtsprechung (f); **court proceedings** *n/pl* Gerichtsverfahren (n)

court-sworn *adj* vereidigt

courtage *n* Courtage (f)

courtesy (to a broker) *n Mkt* Provision (f), Maklerprovision (f); *Syn.: commission*

courtyard *n* Hof (m), Innenhof (m)

covariance *n* Kovarianz (f)

coved cornice *n ArCo* ausgerundete Eckleiste (f)

coved skirting *n ArCo* Sockelleiste (f) mit Hohlkehle

covenant *n Law* Vertrag (m), Vertragsabrede (f); Vertragsklausel (f); bindende Verpflichtung (f); bindende Zusage (f); Zusicherung (f); bezeichnet auch gewerbliche Mieter nach ihrer Bonität (top covenants = Großfirmen); **covenant against assignment or subletting** *Law* Verpflichtung gegen Abtretung oder Untervermietung; typ. Klausel in einem Mietvertrag; → restraint on alienation; **covenant for further**

C

assurance *n Law* Verpflichtung zur Abgabe aller für den Eigentumsübergang notwendigen Erklärungen; typ. Klausel in Übertragungen, bes. in den USA; **covenant for title** *n Law* Zusicherung (f), dass der Rechtsvorgänger (z.B. Verkäufer) Eigentümer war (Rechtsmängelgarantie); **covenant in restraint of trade** *n* Konkurrenzklausel (f), Wettbewerbsklausel (f); **covenant not to compete** *n Law* Wettbewerbsverbot (n); **covenant of seisin** *n Law (US)* Übertragungsurkunde, in der der Verkäufer garantiert, der rechtmäßige Eigentümer der verkauften Sache zu sein; **covenant running with the land** *n Law* mit dem Grundstück verbundene Belastungen (Verpflichtungen) (entspricht Belastungen in Abteilung II des Grundbuchs); *Ant.: covenant in gross*; **covenants, conditions and restrictions (CC&Rs)** *n/pl Law* → conditions, covenants and restrictions (CCRs); **covenants and conditions** *n/pl Law* Verpflichtungen (fpl) und Bedingungen (fpl); **covenant value** *n Law, Tax* (negativer) Wert einer Vereinbarung, z.B. ein Wettbewerbsverbot; u.a. für steuerliche Zwecke notwendig

covenanted *adj* durch Vertrag verpflichtet

covenanter *n* durch Vertrag Berechtigter (m), Vertragskontrahent (m)

cover *n* Abdeckung (f); Deckung (f); **cover note** *n Law* (vorläufige) Deckungszusage (f); **cover plate** *n ArCo* Abdeckplatte (f), Rosette (f), Deckel (m); **cover ratio** *n Fin* Deckungsverhältnis (n)

cover *v/t* (ab)decken, absichern, versichern; **cover a loss** Verlust abdecken

covered area *n* überbaute Fläche (f), überdachte Fläche (f); **covered by contract** *adj* vertraglich abgesichert; **covered mall** *n Ret* geschlossener Center-Mall-Typ; **covered storage area** *n* überdachtes Lager (n); **covered tennis-court** *n* Tennishalle (f)

coverable risk *n* deckungsfähiges Risiko (n)

coverage *n* Versicherungsschutz (m), Zinsdeckung (f); allg.: Anwendungsbereich (m), Rahmen (m), Reichweite (f), Umfang (m)

covering *n* Abdeckung (f), Absicherung (f)

covering letter *n* persönliches Anschreiben (n)

coverture *n Law* (veraltet) Status der Frau im Ehestand

coving *n* Wölbung (f), Hohlkehle (f)

CP *Law* → community property

CPI *Econ* → consumer price index; **CPI escalations** *n/pl* Mieterhöhungen (fpl), die an den Lebenshaltungskostenindex gekoppelt sind

CPM *Fin* → constant payment mortgage

CPM *Org* → certified property manager

CPO *Law* → compulsory purchase order

crack *n ArCo* Riss (m), Spalt (m); **crack formation** *n* Rissbildung (f); **crack gauge** *n ArCo* Rissmonitor (m); *Syn.: tell-tale*

cracking *n* Rissbildung (f); **cracking risk** *n* Rissgefahr (f)

crack-proof *adj* risssicher

cradle *n ArCo* hängendes Gerüst (n), Hängerüstung (f)

cradle vault *n ArCo* Tonnengewölbe (n); *Syn.: barrel vault, tunnel vault*

craft *n* Handwerk (n); **craftman's business** *n* Handwerksbetrieb (m); **craftman's enterprise** *n* Handwerksbetrieb (m); **craftsperson** *n* Handwerker (m)

cram down (deal) *n Fin* **1.** Fusion, bei der die Aktionäre gezwungen werden, unerwünschte Bedingungen (z.B. spekulative Schuldverschreibungen statt Bargeld oder Aktien) zu akzeptieren. **2.** Fähigkeit des Konkursgerichts, die Widersprüche mancher Gläubiger zu verwerfen

cramp *n* Zwinge (f)

crane *n* Kran (m); **crane bay** *n* Kranhalle (f); **crane gantry** *n* Kranbahn (f); *Syn.: crane runway*; **crane plant** *n* Krananlage (f)

crank *n* Kurbel (f); **crankshaft** *n* Kurbelwelle (f)

crate *n* Verschlag (m)

cratered property *n* fehlgeschlagene Immobilieninvestition (f)

crawler *n* Planierraupe (f); **crawler dozer** *n* Planierraupe (f); **crawler tractor** *n* Planierraupe (f)

Crawley costs *n Law (GB)* Nebenkosten, die aus der Akquisition einer neuen Immobilie resultieren, nachdem die alte Immobilie enteignet wurde; diese Nebenkosten schließen sämtliche Nebenkosten ein, die mit der Suche und der Akquisition einer neuen Immobilie einhergehen: Gutachten für Ersatzobjekte, Reisekosten, Umzug usw. Sie sind bei einer Enteignung dem alten Eigentümer zu ersetzen. Der Begriff bezieht sich auf eine der zwei Parteien, die in einem Präzedenzfall um diese Kosten stritten (Harvey v Crawley Development Corporation, 1957). Daher werden diese Kosten mitunter auch als Harvey costs bezeichnet; *Syn.: Harvey costs; compensation for disturbance*

crawl space *n ArCo* niedriger Keller (m), Zwischendecke (f), Kriechkeller (m); enger Raum, der etwa den Zugang zu Wasser- oder Stromleitungen erlaubt; **crawlway** *n* Kriechkeller (m); *Syn.: crawl space*

CRB *(US)* → Certified Residential Broker;

CRDV *Tax (GB)* → chargeable realised development value

CRE *PptMgt* → corporate real estate

CRE → Counselor of Real Estate

create *v/t* begründen, bekräftigen, glaubhaft machen, nachweisen; **create a mortgage** eine Hypothek bestellen; **create value** Wert (m) schaffen

created goodwill *n* originärer Goodwill (m)

creation of a mortgage *n* Hypothekenbestellung (f)

creative financing *n (US)* Finanzierung (f) beim Erwerb von Grundvermögen, die über die üblichen Methoden hinausgeht

credit *n* Kredit (m); Guthaben (n); Kreditwürdigkeit (f), Bonität (f); Zahlungsziel (n); Gutschrift (f); **credit for accrued interest** *n* Zinsgutschrift (f); **credit for underlying taxes** *n* indirekte Steueranrechnung (f)

credit assessment *n* Bonitätsprüfung (f), Kreditwürdigkeitsprüfung (f); **credit check** *n* Kreditwürdigkeitsprüfung (f); **credit control** *n* Kreditkontrolle (f), restriktive Kreditpolitik (f); **credit control procedures** *n/pl* Mahnverfahren (n); **credit conversion factor (CCF)** *n* Kreditumrechnungsfaktor (m); **credit cooperative** *n* Kreditgenossenschaft (f); **credit crunch** *n* → credit squeeze; **credit enhancement** *n* Bonitätsverbesserung (f), Verbesserung (f) der Kreditqualität durch zusätzliche Garantien; **credit interest rate** *n* Habenzinssatz (m); **credit line** *n* Kreditlinie (f), Kreditrahmen (m); **credit rating** → rating; **credit regulation** *n* Kreditregelung (f); **credit report** *n* Kreditauskunft (f); **credit risk** *n* Kreditrisiko (n); **credit risk mitigation (CRM)** *n* Kreditrisikominderung (f); **credit sales** *n/pl* Kreditverkäufe (mpl); **credit scoring** *n* Kreditwürdigkeitsprüfung (f); *Syn.: credit check*; **credit squeeze** *n* Kreditklemme (f); *Syn.: credit crunch*; **credit standing** *n* Bonität (f), Kreditwürdigkeit (f); **credit terms** *n/pl* Kreditkonditionen (fpl)

credit against *v/t* anrechnen

creditable *adj* achtbar, ansehnlich, glaubwürdig; **creditable amount** *n* anrechenbarer Betrag (m); **creditable tax** *n* anrechenbare Steuer (f)

crediting *n* Anrechnung (f); **crediting of taxes** *n* Steueranrechnung (f)

creditor *n* Kreditgeber (m), Gläubiger (m)

creditworthiness *n* Bonität (f), Kreditwürdigkeit (f)

crest tile *n ArCo* Firstziegel (m); *Syn.: ridge tile*

criminal code *n Law* Strafgesetzbuch (n)

criterion *n* Kriterium (n)

critical housing area *n* Wohnungsmangelgebiet (n); **critical path analysis** *n* kritische Verlaufsanalyse (f); **critical value** *n* Grenzwert (m), kritischer Wert (m)

croft *n* Bauernhof (m), Kleinstbetrieb (m)

crop *n* Ernte (f); **crops** *n/pl* Feldfrüchte (fpl); Ernte (f); **crop-share lease** *Law (US)* → sharecropping; **crop yield** *n* Bodenertrag (m), Ernteertrag (m)

cropper *n* Kleinbauer (m), Pächter (m); → sharecropping

crossbar *n ArCo* Querstange (f), Traverse (f); **cross lath** *n ArCo* Windrispe (f), Windrute (f); **cross rafter** *n ArCo* Quersparren (m); **crosswall** *n ArCo* Querwand (f); **crosswall construction** *n ArCo* Schottenbauweise (f)

cross *adj* quer, Quer-, Kreuz-; **cross-border** *adj* grenzüberschreitend; **cross-border investments** *n/pl* grenzüberschreitende Investitionen (fpl); **cross-border link** *n* internationale Zusammenarbeit (f); **cross-correlation** *n Econ* Kreuzkorrelation (f); **cross-cut saw** *n* Bogensäge (f), Kerbsäge (f); **cross-defaulting clause** *n Fin, Law* Klausel (f) in einem Hypothekendarlehensvertrag; eine Verzögerung auf eine (z.B. die 2.) Hypothek wird in der anderen Hypothek automatisch als Ermangelung behandelt; **cross-easements** *n/pl Law* gegenseitige Dienstbarkeiten (fpl); z.B. für die Instandhaltung einer Nachbarwand in gemeinsamem Besitz; **cross-hatching** *n* Kreuzschraffierung (f), Kreuzschraffur (f), Doppelschraffur (f); zur Identifizierung bestimmter Flächen auf Landkarten usw.; **cross lease** *n* gemischte Besitzform (bes. bei Eigentumswohnungen in Neuseeland), wobei jeder Besitzer eine (ungeteilte) Beteiligung am freien Eigentum des Gesamtobjektes und eine → long leasehold (ähnlich einer Erbpacht) für eine bestimmte Einheit hat; *Syn.: composite title*; **cross section** *n* Querschnitt (m); **cross selling** *n Mkt* Cross-Selling (n), Verbundabsatz (m); **cross switch** *n* Kreuzschalter (m)

C

crow bar *n ArCo* Brecheisen (n), Nageleisen (n), Querstab (m)

crowding out *n Econ* Verdrängungswettbewerb (m); *Syn.: predatory competition*

crown agent *n Law (sco.)* Kronanwalt (m) für Zivilsachen; Leiter des Crown Office (Äquivalent zum englischen Lord Chancellor's Department), zuständig für alle Rechtsangelegenheiten (einschließlich Beratung der Regierung); **crown estate** *n (GB)* Krongut (n); Kronland einschließlich erheblicher Gewerbe- und Wohnobjekte, landwirtschaftlicher Flächen, Küstenvorland und Meeresboden. Seit 1760 wird der Nettoertrag an den Fiskus übergeben.; **crownhold** *n Law (GB)* Besitzform (f) der Staatsdomäne; Grundstücke im tatsächlichen Besitz der Krone; → freehold, leasehold; **crown land** *n* Krongut (n), Staatsgut (n); → crown estate

CRS → Certified Residential Specialist

crude oil *n* Erdöl (n), Rohöl (n)

cruising waterway *n (GB)* Binnenwasserstraße (f) für Vergnügungsfahrten; Klassifizierung nach Section 104 des British Waterways Act 1968

crush *v/t* zerkleinern; **crushed brick aggregate** *n* Ziegelsplitt (m); **crushed brick aggregate concrete** *n* Ziegelsplittbeton (m); **crushed stone** *n* Schotter (m)

crusher *n* Zerkleinerer (m)

crushing *n* Zerkleinerung (f)

CRV → certificate of reasonable value

crystallisation *n Fin* Übergang der im Rahmen eines → floating lien übertragenen Sicherheiten (Forderungen oder Inventar) auf den Gläubiger; setzt voraus, dass der Schuldner seinen Schuldendienst nicht geleistet hat; → floating lien; certificate of non-crystallisation

CTF *Fin* → customer trust fund

CTT *Tax* → capital transfer tax

cubage *n* Rauminhalt (m), umbauter Raum (m), Kubikinhalt (m), Kubatur (f)

cubature *n* Rauminhalt (m), Kubikinhalt (m), Kubatur (f)

cube *n* Würfel (m), Kubikzahl (f); **cube farm** *n (US, ugs.)* Großraumbüro (n); → open-plan office

cubic *adj* kubisch, Kubik-; **cubic capacity** *n* Volumen (n), Inhalt (m); **cubic content** *n* Kubatur (f), Rauminhalt (m); umbauter Raum (m); *Syn.: cubical contents*; **cubic density** *n* Baumassenzahl (f) (BMZ); *Syn.: cubic extent ratio, cubic index*; **cubic meter** *n* Kubikmeter (m); **cubic yardage** *n* umbauter Raum (m) (in Kubikyards)

cubicle *n* Kabine (f), Zelle (f); **cubicle booth** *n* Abteil (n), Kabine (f), Zelle (f)

cujus est solum ejus est usque ad coelum et ad inferos *Law (lat.)* → a coelo usque ad centrum

cul-de-sac *n (GB)* Sackgasse (f); *Syn.: no-through road, (US) dead-end street*

culpable ignorance *n* schuldhafte Nichtkenntnis (f)

cultivate *v/t* bebauen

cultivation *n* Anpflanzung (f), Anbau (m) (Landwirtschaft); **cultivation of the soil** *n* Bodenbearbeitung (f), Bodenbewirtschaftung (f)

cultural space *n* Kulturfläche (f)

culvert *n ArCo* Abflussgraben (m), Graben (m), Ablaufkanal (m); Durchlassrohr (n)

cum dividend (cum div) *Fin* einschließlich Dividende (f); bei Kauf/Verkauf von Aktien nach der Bekanntmachung einer Dividende, aber vor dem Zahlungstermin; **cum rights** *Fin* einschließlich Bezugsrechtsemission

cum pref *Fin* → cumulative preference shares

cumulative *adj* Gesamt-, kumulativ; **cumulative attraction** *n Ret* kumulative Anziehungskraft (f); z.B. die Anziehungskraft eines Einkaufszentrums mit einer vielseitigen Ladenpalette; **cumulative consumption** *n* kumulierter Verbrauch (m); **cumulative curve** *n* Summenkurve (f); **cumulative distribution** *n* Summenverteilung (f); **cumulative dividend** *n* kumulative Dividende (f); **cumulative effect** *n* Summenwirkung (f); **cumulative preference shares** *n/pl Fin* kumulative Vorzugsaktien (fpl);

Syn.: cumulative preference stock (US); **cumulative table** *n* Summentabelle (f); **cumulative turnover tax** *n* kumulative Umsatzsteuer (f)

cumulo value *n Val, Tax (GB)* geschätzter Mietwert (p.a.) des gesamten Unternehmens für (grund-)steuerliche Zwecke

cupboard *n* Schrank (m); **cupboard lock** *n* Schranktürschloss (n)

cupola *n ArCo* Kuppel (f); *Syn.: rooflight*

curable *adj* beseitigbar, heilbar; **curable depreciation** *n Val* Veralterung (functional obsolescence) oder Mangel in einem Objekt, dessen Beseitigung unter wirtschaftlichen Gesichtspunkten sinnvoll ist; *Ant.: incurable depreciation*

curb *n ArCo* Bordstein (m); **curb appeal** *n ArCo* Ansicht eines Gebäudes von der Straßenseite aus; **curb market** *n* ungeregelter Freiverkehr (m)

curbstone *n (US)* Rinnstein (m)

cure *v/t* heilen, behandeln

curing *n* Abhärtung (f), Härtung (f)

currency *n* Währung (f); **currency bond** *n Fin* Fremdwährungsanleihe (f); **currency clause** *n* Währungsklausel (f); **currency risk** *n* Kursänderungsrisiko (n)

current *adj* aktuell, gegenwärtig, kurzfristig, laufend; **current account (c/a)** *n* Girokonto (n), laufendes Konto (n); **current assets** *n/pl Fin* Umlaufvermögen (n); *Syn.: circulating assets*; **current capital** *n* Betriebskapital (n); **current consumption** *n* aktueller Verbrauch (m); **current consumption value** *n* aktueller Verbrauchswert (m); **current cost** *n* Tageswert (m); **current cost accounting** *n Fin* Bilanzierung auf der Basis des Wiederbeschaffungswertes, Rechnungslegung zum Tages- oder Marktwert; **current cost approach** *n Fin* Substanzerhaltung (f); **current debt** *n Fin* kurzfristiges Fremdkapital (n), kurzfristige Verbindlichkeiten (fpl); **current income** *n* laufende Erträge (mpl), laufende Einnahmen (fpl); **current investments** *n/pl* kurzfristige Finanzinvestitionen (fpl); **current liability** *n Fin* kurzfristige Verbindlichkeit (f); **current maintenance** *n* laufende Instandhaltung (f); **current market value** *n* Verkehrswert (m); **current period** *n* Berichtsperiode (f), laufende Berichtsperiode (f); **current price** *n* Marktpreis (m); Tageskurs (m); **current rate (of exchange)** *n* aktueller Satz (m); Tageskurs (m); **current receivable** *n* fällige Forderung (f); **current rent** *n* Vertragsmiete (f), Vertragspacht (f); **current rental value** *n* Marktmiete (f), Marktmietwert (m); **current rent paid** *n* tatsächlich bezahlte Miete (f); *Syn.: rent passing*; **current rent payable** *n* → actual rent payable; **current replacement cost** *n (US)* Wiederbeschaffungskosten (pl), Wiederbeschaffungswert (m); **current tax expense** *n* tatsächlicher Ertragsteueraufwand (m); **current tenancy** *n* derzeitige Vermietung (f); **current use value (CUV)** *n Val* Wert (m) bei gegenwärtiger Nutzung; **current value** *n* aktueller Wert (m); **current value accounting** *n Fin* Rechnungslegung (f) zum Zeitwert; **current yield** *n Fin, Val* laufende Rendite (f), laufender Ertrag (m)

curriculum vitae (CV) *n (GB)* Lebenslauf (m)

curtail *v/t* schmälern

curtail schedule *n Fin (US)* → amortization schedule

curtain *n* Vorhang (m), Gardine (f); **curtain rail** *n* Vorhangschiene (f); **curtain rod** *n* Vorhangstange (f); **curtain wall** *n* Curtainwall (f), Vorhangfassade (f); vorgehängte Fassade (f), Pfosten-Riegelfassade (f); **curtain wall frame** *n* Rahmen (m) einer Pfosten-Riegelfassade

curtesy *n Law (GB)* Nießbrauch auf Lebenszeit des Ehemanns auf Landgüter seiner verstorbenen Ehefrau; wird wirksam, wenn das Ehepaar ein gemeinsames Kind gezeugt hat (veraltet)

curtilage *n Law* (meistens) eingezäunter Bereich um ein Gebäude (bes. Wohnhaus) und Außenanlagen

curvature *n* Krümmung (f)

curve *v/t* wölben; **curved line depreciation** *n Fin, Tax* nicht-lineare Abschreibung (f); **curved slab** *n ArCo* geschwungene Deckenplatte (f)

curvilinear *adj* gekrümmt, gebogen

cushion *n ArCo* Puffer (m), Dämpfer (m); Bettungsschicht (f); Polster (n), Kissen (n)

cusped arch *n ArCo* Nasenbogen (m)

custodian *n* Treuhänder (m), Vermögensverwalter (m), Verwahrer (m); Aufseher (m), Wächter (m)

custody *n* Verwahrung (f), Aufbewahrung (f); **custody account** *n* Wertpapierdepot (n); *Syn.: securities account*

C

customary *adj* ortsüblich, üblich; **customary international law** *n* Völkergewohnheitsrecht (n); **customary law** *n* Gewohnheitsrecht (n); **customary right** *n Law* Gewohnheitsrecht (n); anders als das → easement darf das customary right durch eine Personengruppe genutzt werden und betrifft kein definiertes Grundstück; **customary tenure** *n Law* Gewohnheitsgrundbesitz (m); für Entwicklungsländer typische Art des Grundbesitzes; basiert auf von der Gruppe akzeptierten Methoden für Nutzung, Besitz und Übertragung von Grundstücken; die Regeln können Gesetzeskraft haben, obwohl sie ungeschrieben sein dürfen

custom building *n* maßgeschneidertes Gebäude (n); *Syn.: custom built property*

customer *n* Kunde (m), Auftraggeber (m); Gast (m); **customer installation** *n* → consumer('s) installation; **customer relationship management** *n* Kundenbindung (f); **customer's area** *n* Kundenbereich (f) (in Gebäuden); **customer spotting** *n* Kundenverhaltensanalyse (f); **customer survey** *n* Abnehmerbefragung (f); **customer trust fund (CTF)** *n Fin* Verwahrungskonto (n); zum Zwecke der Sicherstellung der pünktlichen Zahlung periodisch anfallender Verpflichtungen wie immobilienbezogene Steuern, Versicherungsprämien etc.; von vielen Kreditgebern vorausgesetzt

custom-made *adj* maßgeschneidert, kundenspezifisch

custom of trade *n* → trade custom

customs *n/pl* Zollbehörde (f); **customs duty** *n* Einfuhrzoll (m); **customs office** *n* Zollamt (n); **customs valuation** *n* Zollbewertung (f), Bewertung für Zollzwecke (f)

cut and fill *n ArCo* Abtragen (n) und Einbauen (n) bei Erdarbeiten

cut back on *v/t* beschneiden

cut down *v/t* reduzieren, einschränken

cut-off date *n* Stichtag (m); **cut-off value** *n* Schwellwert (m)

cut-price store *n* Schnäppchenmarkt (m), Discounter (m)

CWA *Law* → Clean Water Act

cycle *n* Arbeitsgang (m), Bearbeitungszeit (f) pro Stück, Laufzeit (f), Zyklus (m)

cyclicality *n* Zyklizität (f)

cyclical movements *n Econ* zyklische Bewegungen (fpl)

cyclopean wall *n ArCo* Zyklopenmauer (f)

cylinder *n* Zylinder (m); **cylinder lock** *n* Zylinderschloss (n)

D

dam *n* Damm (m), Staudamm (m), Wehr (n); **dam break** *n* Dammbruch (m)

damage *n* Schaden (m), Schädigung (f); **damages** *n/pl Law* Schaden(s)ersatz (m); *Syn.: indemnification*
damage by natural forces *n* Elementarschaden (m); **damage due to dampness** *n* Feuchtigkeitsschaden (m)
damage analysis *n* Schaden(s)analyse (f); **damage feasant** *n Law* Viehschaden (m); **damage statistic** *n* Schaden(s)statistik (f)

damage *v/t* schaden, schädigen

damaged *adj* schadhaft, beschädigt

damp *adj* feucht; **damp course** *n* Feuchtigkeitsisolierungsschicht (f), Feuchtigkeitssperre (f)

damped *adj* gedämpft

damping *n* Dämpfung (f)

damping a sale *Mkt* → chilling a sale

damp proof *adj* feuchtigkeitsdicht

dampproofing *n ArCo* Sperrung (f), Schutzisolierung (f), Feuchtigkeitsisolierung (f), Abdichtung (f); Trockenlegung (f) eines Mauerwerks

dancing step *n ArCo* verzogene Stufe (f)

dangerous premises *n/pl* gefährliches Gebäude (n), nicht verkehrssicheres Gebäude (n); **dangerous structure notice** *n Law (GB)* Bescheid (m) an den Besitzer eines einsturzgefährdeten Bauwerks; durch die Gemeinde überbracht, unter Section 58, Public Health Act 1936 oder Part VII, The London Building Act (Amendment) 1939, falls ein Gebäude in gefährlichem Zustand ist; danach muss der Besitzer das Gebäude innerhalb einer bestimmten Frist sichern (oder abreißen)

danger sign *n* Warnschild (n)

data *n/pl* Daten (pl), Datenmaterial (n); **data analysis** *n* Datenanalyse (f); **data array grid** *n* Datenschema (n); **database** *n* Datenbank (f); **data carrier** *n* Datenträger (m); **data collection** *n* Datensammlung (f); **data communication** *n* Datenfernübertragung (f), Datenübertragung (f); **data field** *n* Datenfeld (n); **data processing** *n* Informationsverarbeitung (f); **data protection** *n* Datenschutz (m); **data rate** *n* Datenrate (f); **data recording** *n* Datenerfassung (f); **data reliability** *n* Datenverlässlichkeit (f); **data security** *n* Datensicherheit (f); **data transfer** *n* Datenübermittlung (f), Datenübertragung (f); **data transmission** → data transfer

date *n* Datum (n), Termin (m); **date of acquisition** *n* Anschaffungszeitpunkt (m), Erwerbszeitpunkt (m), Anschaffungstermin (m); **date of appraisal** *n* Bewertungsstichtag (m); **date of determination** *n* Feststellungsdatum (n); **date of dispatch** *n* Abgangsdatum (n); **date of expiry** *n* Fälligkeitstag (m), Fälligkeitstermin (m); *Syn.: date of expiration*; **date of forwarding** *n* Abgangsdatum (n); **date of inspection** *n* Besichtigungstermin (m); **date of issue** *n* Ausfertigungstag (m), Ausstellungsdatum (n); **date of maturity** *n* Fälligkeitstag (m), Fälligkeitstermin (m); **date of payment** *n* Abrechnungstag (m), Fälligkeitstag (m), Fälligkeitstermin (m), Zahlungstag (m); **date of required payment** *n* Zahlungsziel (n); **date of transmittal** *n* Tag der Übersendung (m); **date of valuation** *n* Bewertungsstichtag (m)

datum *n* Bezugsgröße (f), Referenz (f), Festpunkt (m); → data

daub *v/t* mit Putz bewerfen

daylight *n* Tageslicht (n); *Syn.: natural light*; **daylight code** *n ArCo (GB)* Merkblatt (n) für Tageslichtbeleuchtung; Richtlinien der British Standards Institution, London, 1992; **daylight factor** *n ArCo* Tageslichtquotient (m); **daylight illumination** *n* Tageslichtbeleuchtung (f)

daylighting *n* Tageslichtbeleuchtung (f)

day-room *n* Aufenthaltsraum (m)

days of grace *n* Nachfrist (f)

day-to-day need *n* Alltagsbedarf (m)

day work *n ArCo* Tagelohnarbeit (f); **daywork contract** *n ArCo* Tagelöhnervereinbarung (f)

DCF rate of return → discounted rate of return

DCR → debt coverage ratio

dead end street *n* Sackgasse (f); *Syn.: cul-de-sac*; **dead hand** *Law* → mortmain; **deadline** *n* Abgabefrist (f), Abgabetermin (m),

Fälligkeitstag (m), Fälligkeitstermin (m), Termin (m); **dead load** *n* Eigengewicht (n); **dead loan** *n Fin* langfristiges Darlehen (n); **dead loss** *n* vollständiger Verlust (m); **dead man** *n* Bodenverankerung (f); **dead pledge** *n* Faustpfand (n); Hypothek (f); **dead rent** *n Law* fixe Miete (f) für ein Abbaurecht; auch zu zahlen, wenn nicht abgebaut wird, d.h. vom Rohstoffabbau unabhängig; *Syn.: sleeping rent*; **dead wall** *n ArCo* vollflächige Mauer (f); Mauer, die weder Fenster noch andere Öffnungen hat; **dead wire** *n* tote Leitung (f)

deal *n* Geschäftsabschluss (m); **deal flow** *n Fin* Maß für Investitionen, die ein Investor pro Betrachtungszeitraum tätigt bzw. Investitionsangebote, die pro Betrachtungszeitraum an ihn herangetragen werden

dealer *n* Händler (m); **dealer in land** *n* Grundstückshändler (m); **dealer property** *n Tax (US)* Immobilie, die für den Verkauf vorgesehen ist

deal with *v/i* bearbeiten, behandeln

death duty *n Tax (US)* Erbschaft(s)steuer (f); *Syn.: death tax*

debenture *n Fin* Schuldverschreibung (f)

debit *n* Belastung (f), Schuld (f), Lastschrift (f); **debit balance** *n* Schuldsaldo (m), Sollsaldo (m); **debit claim** *n* Sollanspruch (m); **debit interest** *n* Sollzinsen (pl); **debit order** *n* Abbuchungsauftrag (m); **debit rent** *n* Sollmiete (f); **debit transfer** *n* Abbuchung (f)

debit *v/t* abbuchen

debt *n* Schulden (pl), Verbindlichkeiten (fpl); Verpflichtungen (fpl); **debt due** *n* fällige Forderung (f); **debt on a mortgage** *n* Hypothekarschuld (f); **debts receivable** *n/pl* Außenstände (pl)

debt breakdown *n* Schuldenaufschlüsselung (f); **debt capital** *n Fin* Fremdkapital (n); **debt collection agency** *n* Inkassobüro (n); **debt coverage** *n* Schuldendeckung (f); **debt coverage ratio (DCR)** *n* Schuldendeckungsgrad (m), Verhältnis der Nettoeinnahmen zur Leistungsrate; **debt discount** *n Fin* Damnum (n), Disagio (n), Kreditdisagio (n); **debt-equity ratio** *n Fin, Val* Verhältnis (n) von Fremdkapital zu Eigenkapital; Verschuldungsgrad (m); *Syn.: debt-to-equity ratio*; **debt factor** *n* Schuldenfaktor (m); **debt financing** *n Fin* Fremd(kapital)finanzierung (f); **debt instrument** *n* Schuldinstrument (n); **debt outstanding** *n* Außenstände (mpl), ausstehende Forderung (f); **debt overload** *n* Überschuldung (f); **debt paying ability** *n* Solvenz (f), Zahlungsbereitschaft (f); **debt ratio** *n Fin, Val* Verschuldungsgrad (m); Verhältnis der Schulden zu den Aktiva eines Unternehmens; **debt relief** *n Fin* Schuldenerlass (m); **debt rescheduling** *n Fin* Umschuldung (f); *Syn.: rescheduling of debts*; **debt restructuring** *n* Umschuldung (f)

debt service *n* Kapitaldienst (m), Schuldendienst (m); periodisch zu zahlende, stets gleich bleibende Rate auf eine Kapitalschuld; **debt service capacity** *n* Verschuldungskapazität (f) (eines Projekts); **debt service constant** *Fin, Val* → mortgage constant; **debt service cover(age) ratio (DSCR)** *n Fin* Deckungsgrad (m) des Zinsdienstes durch Mieteinnahmen in der Langfristfinanzierung (cashfloworientierte Verhältniszahl), Kapitaldienstdeckungsgrad (m), Schuldendiensterfüllungsrate (f), Verhältnis freier Cashflow vor Kapitaldienst zum Kapitaldienst

debtor *n* Schuldner (m), Kreditnehmer (m); **debtor interest** *n* Sollzinsen (pl)

decagon *n* Zehneck (n)

decapitalisation *n Val* Grundkapitalsenkung (f)

decastyle *adj* zehnsäulig

decay *n* Verfall (m), Zerfall (m)

decayed timber *n ArCo* verrottetes Holz (n)

decedent *n Law* Erblasser (m)

deceit *n* Betrug (m); arglistige Täuschung (f); Irreführung (f)

decelerate *v/t* verlangsamen

decentralisation *n* Dezentralisierung (f)

deceptive property *n* → fooler

decibel *n* Dezibel (n)

decimal (place) *n* Nachkommastelle (f)

decision *n* Entscheidung (f); **decision criterion** *n* Entscheidungskriterium (n); **decision maker** *n* Entscheidungsträger (m); **decision making** *n* Fällen (n) von Entscheidungen; **decision usefulness** *n Fin* (accounting) Entscheidungsnützlichkeit (f); **decision value** *n* Entscheidungswert (m)

decision-useful information *Fin* (IAS, FASB) entscheidungsnützliche Informationen (fpl)

deck *n ArCo* Fußbodenplatte (f), Plattform (f) (Etage); Stockwerk (n); Flachdachfläche (f), Dachterrasse (f); Schiffsboden (m), Tragboden (m), Deck (n)

declaration *n* Erklärung (f); Deklaration (f); Aussage (f); Ansage (f); Anmeldung (f); Bekanntmachung (f); **declaration of accession** *n* Beitrittserklärung (f); *Syn.: declaration of adhesion*; **declaration of condominium** *n Law (US)* Erklärung zum → condominium (Eigentumswohnung); Unterlagen (mit Lage- und Gebäudeplänen), die formell für die Erstellung eines Gebäudes als condominium notwendig sind. Normalerweise sind die Regeln für z.B. die Verteilung der Instandhaltungs- und Nebenkosten Bestandteil der Erklärung; → enabling declaration; **declaration of guarantee** *n* Bürgschaftserklärung (f); **declaration of homestead** *n Law (US)* Feststellung (f) der Heimstätteneigenschaft eines Grundstücks; zum Zwecke der Ausnutzung des Vollstreckungsfreibetrags für Heimstätten (Schutz des in der Heimstätte gebundenen Eigenkapitals); → homestead; **declaration of intent** *n* Willenserklärung (f); **declaration of trust** *n Law* Treuhanderklärung (f); Begründung (f) eines Treuhandverhältnisses; **declaration of value** *n* Wertangabe (f)

declaratory judgement *n Law* Feststellungsurteil (n)

declare *v/t* beschließen

declared value *n* Deklarationswert (m), Verzollungswert (m)

decline *n* Abschwung (m), Rückgang (m); **decline in value** *n* Wertminderung (f)

decline *v/i* mindern, schrumpfen, sinken, fallen; **declining-balance depreciation** *n Fin, Val, Tax* degressive Abschreibung (f), Restwertabschreibung (f), Buchwertabschreibung (f); *Syn.: declining-balance method, declining depreciation*; **declining-balance method** *n Fin, Val, Tax* → declining balance depreciation; **declining depreciation** *n Fin, Val, Tax* → declining balance depreciation

decline *v/t* ablehnen; *Syn.: reject*

decommissioning *n* Außerbetriebnahme (f)

decomposition *n* Zerlegung (f)

deconcentration *n* Entflechtung (f)

decongestion *n Plan* Auflockerung (f), Entkernung (f)

decor *n* Ausstattung (f) (Räume)

decorated ceiling *n* Zierdecke (f); **decorated door** *n* Ziertür (f)

decorative arch *n* Zierbogen (m); **decorative fittings** *n* Zierbeschläge (mpl); **decorative mansory** *n* Ziermauer (f); **decorative repairs** *n/pl* Schönheitsreparaturen (fpl); *Syn.: basic repairs*; **decorative tile** *n* Zierfliese (f); **decorative wall** *n* Ziermauer (f)

decorating *n* Dekoration (f)

decoration *n* Dekoration (f); Auszeichnung (f)

decorator *n* Dekorateur (m); Maler (m)

decoupling *n* Entkopplung (f)

decrease *n* Abnahme, (f), Herabsetzung (f); **decrease in profits** *n* Ertragsminderung (f); **decrease in value** *n* Abnutzung (f), Abschreibung (f), Herabsetzung (f), Wertminderung (f), Wertverlust (m)

decrease *v/i* abnehmen, verkleinern

decreasing *adj* abnehmend; **decreasing annuity** *n* fallende Annuität (f), fallende Rendite (f); **decreasing return** *n* fallende Rendite (f), sinkende Rendite (f)

decree *n Law* Erlass (m), Dekret (m), Urteil (n), Entscheid (m); Verfügung (f)

decrement *n* stufenweise Verringerung (f), Senkung (f); *Ant.: increment*

dedication *n* Widmung (f)

deduce *v/t* ableiten, deduzieren, folgern

deduct *v/t* absetzen; **deduct from** abziehen von

deductibility *n Tax* Abzugsfähigkeit (f)

deductible *adj* absetzbar, abzugsfähig, steuerlich absetzbar; **deductible expenses** *n/pl* abzugsfähige Ausgaben (fpl); **deductible temporary difference** *n* abzugsfähige temporäre Bilanzdifferenz (f)

deduction *n* Abschreibung (f); Abzug (m), Rabatt (m); Einbehalt (m); Abrechnung (f)

deed *n Law* (of sale) Kaufvertrag (m); (of conveyance) Übertragungsurkunde (f); (notarised) notarielle Urkunde (f), (gesiegelte) Urkunde (f), (gesiegelter) Vertrag (m); auch: Tat (f), Handlung (f); **deed in lieu of foreclosure** *n Fin (US)* Übergabe statt Vollstreckung; (freiwillige) Übertragung eines Objektes auf den Hypothekengläubiger anstelle einer Vollstreckung, falls der Kreditnehmer die Zahlungen nicht mehr leisten kann; **deed in trust** *n Law* Vollmacht eines Treuhänders, ein Grundstück zu verkaufen, zu verpfänden oder zu verteilen; der Begünstigte kontrolliert die Anwendung dieser Vollmacht unter den Vorschriften des Treuhandvertrages; **deed of appointment** *n* Bestallungsurkunde (f); **deed of assignment** *n Law* Abtretungserklärung (f), Übertragungsurkunde (f); **deed of bargain and sale** *n Law (US)* Übertragungsurkunde (f); Verkäufer sichert zu, der Grundstückseigentümer zu sein; *Syn.: bargain and sale deed*; **deed of confirmation** *Law* → correction deed; **deed of conveyance** *n Law (GB)* Übertragungsurkunde (f), Auflassungsvertrag (m); **deed of donation** *n Law* Schenkungsurkunde (f); *Syn.: deed of gift*; **deed of enlargement** *n Law (GB)* wörtlich: Erweiterungsurkunde (f); der Mieter (Pächter) eines Grundstücks hat das Recht, seinen Besitzanspruch auf → fee simple (freies Eigentum) zu erweitern, sofern der Originalvertrag eine Laufzeit von 300 Jahren oder mehr hat und keine Miete (Geldwert) zu zahlen ist. Die Ansprüche der früheren Eigentümer werden dann gelöscht; → enlargement; **deed of foundation** *n* Stiftungsurkunde (f); **deed of gift** *n Law* Schenkungsurkunde (f); *Syn.: deed of donation*; **deed of grant** *n Law* Bewilligungsurkunde (f); Übertragungsmethode, besonders für Krongut oder Grundstücke der öffentlichen Hand; **deed of partition** *n Law* Teilungsvereinbarung (f), besonders unter Erben; **deed of priorities** *n Law (GB)* (schriftliche) Vereinbarung über die Rangfolge; Vereinbarung zur Variierung der Rangfolge mehrerer Darlehen oder Hypotheken; *Syn.: ranking agreement*; **deed of reconveyance** *n Law (US)* Rücklassungsurkunde (f); nach Tilgung eines → deed of trust-Darlehens; überträgt alle Rechte zurück an den Darlehensnehmer (Treugeber); *Syn.: release deed, deed of release*; **deed of rectification** *Law* → rectification, correction deed; **deed of release** *Law* → deed of reconveyance; **deed of sale** *n* Kaufvertrag (m); **deed of surrender** *Law* → surrender; **deed of transfer** *Law* → transfer deed; **deed of trust** *n Law* Treuhandvertrag (m); in vielen Staaten als Sicherungsinstrument anstelle einer Hypothek gebraucht; Immobilie wird so lange zugunsten des Kreditgebers bei einem Treuhänder hinterlegt, bis die Schuld beglichen ist; *Syn.: trust deed*

deed book *n Law (US)* öffentlich zugängliches Buch, das sämtliche aufgezeichneten, für die Öffentlichkeit bestimmten Grundstücksübertragungsurkunden enthält; *Syn.: estate book*; **deed poll** *n Law* Absichtserklärung (f), einseitige Rechtserklärung (f); **deed restriction** *n Law* Nutzungsbeschränkung (f); Klausel in der Übertragungsurkunde; Beschränkung(en) bzgl. der künftigen Nutzung eines Grundstücks, z.B. Art oder Dichte der möglichen Bebauung oder Verbot für bestimmte Nutzungen; *Syn.: restrictive covenant*; **deed tax** *n* Grundbucheintragungssteuer (f)

deemed disposal *n Law* angenommener Verkauf (m); (Tax) fiktive Veräußerung (f); Tätigkeit oder Handlung, die als Veräußerung betrachtet wird; **deemed premium** *n Tax* durch den Vermieter zu versteuernder (fiktiver) Kapitalbetrag; z.B. der errechnete Gegenwert von durch den Mieter vorgenommenen wertsteigernden Bau- oder Instandsetzungsmaßnahmen; **deemed tax** *n* fiktive Steueranrechnung (f)

deep beam *n ArCo* wandartiger Träger (m), Träger (m) mit höherem Querschnitt; **deep plan** *n ArCo* Bürogebäude (n) mit besonders großer Raumtiefe; **deep well** *n ArCo* Tiefbrunnen (m)

de-escalate *v/i* deeskalieren

de-escalation of prices *n (US)* Sinken (n) von Preisen

de facto *adj Law (lat.)* tatsächlich

default *n* Nichterfüllung (f), Nichteinhaltung (f); Versäumnis (n); Verzug (m); Unterlassung (f); Leistungsstörung (f); Ausfall (m); **default in payment** *n* Zahlungsverzug (m); **default on loan repayments** *n* Darlehensrückzahlungsverzug (m); **default on payment** *n* Zahlungsverzug (m)

default judgement *n Law* Säumnisurteil (n); *Syn.: judgement by default;* **default mode (DM)** *n* Standardvorgehen (n); **default rate** *n Fin* Ausfallrate (f), Ausfallquote (f); **default risk** *n Val* Ausfallrisiko (n); Mietausfallrisiko (n); **default setting** *n* Einstellwert (m); **default summons** *n* (gerichtlicher) Mahnbescheid (m); **default values** *n/pl* Standardwerte (mpl)

default *v/i* in Verzug geraten

defaulting *adj* in Verzug; **defaulting debtor** *n* zahlungsunfähiger Schuldner (m)
default ratio *n Fin* → break even ratio
defeasance *n Law* Annullierung (f), Nichtigerklärung (f); **defeasance clause** *n Law* Verwirkungsklausel (f), Heimfallsklausel (f)
defeasible *adj Law* annullierbar; anfechtbar; **defeasible fee simple** *Law* → fee simple defeasible
defeat *v/t* benachteiligen
defect *n* Fehler (m), Mangel (m); **defect in quality** *n* Sachmangel (m); **defect in title** *n Law* Rechtsmangel (m) (auf Besitzrecht) **defect of record** *n Law* Mangel (m) bei der Eintragung (z.B. des Grundstücks) **defect management** *n ArCo* Mängelmanagement (n); **defects liability period** *n ArCo* Gewährleistungsfrist (f); **defects list** *n ArCo* Mängelliste (f)
defective *adj* fehlerhaft, mangelhaft, schadhaft; **defective premises** *n/pl* mangelhafte Grundstücke (npl), sanierungsbedürftige Gebäude (npl)
defendant *n Law* Angeklagter (m); Beklagter (m)
defeneration *n* → usury
deferrals *n/pl* Abgrenzung (f), Rechnungsabgrenzung (f)
deferred *adj* aufgeschoben; aktivisch abgegrenzt; **deferred annuity** *n* aufgeschobene Rente (f); **deferred credit** *n Fin* passiver Abgrenzungsposten (m), transitorische Passiva (pl); **deferred expenses** *n/pl Fin* aktive Rechnungsabgrenzungsposten (mpl), Aufwendungen, die bei einem Vermögenswert im Voraus bezahlt worden sind; **deferred income** *n Fin* transitorische Passiva (pl), passive Rechnungsabgrenzungsposten (mpl); **deferred interest** *n Fin* gestundete Zinsen (mpl); **deferred-interest mortgage (DIM)** *n Fin* Hypothek (f) mit zeitversetzter Zinszahlung; **deferred maintenance** *n* aufgeschobene Instandhaltung (f), Instandhaltungsstau (m); **deferred-payment mortgage (DPM)** *n Fin* Hypothekendarlehen mit geringeren Tilgungszahlungen in den ersten Jahren; zur Entlastung des Kreditnehmers; **deferred-payment sale** *n* Verkauf auf Ratenzahlung; *Syn.: instalment sale*; **deferred revenue** *n* Erträge (mpl), die bei einer Schuld im Voraus zugeflossen sind; **deferred taxes** *n/pl Tax* latente Steuern (fpl); **deferred yield** *n Val (US)* wörtlich: aufgeschobene Rendite (f); z.B. auf Anlagen wie Forstbetrieb oder discount bonds, wobei ein Ertrag erst nach einem bestimmten Zeitraum erzielt wird
deficiency *n* Mangel (m), Ausfall (m), Defizit (n), Fehlbetrag (m); Unzulänglichkeit (f); **deficiency in title** *n* Rechtsmangel (m) **deficiency notification** *n* Abmahnschreiben (n)
deficit financing *n Fin* Defizitfinanzierung (f)
deficit spending *n Econ* (öffentliche) Defizitfinanzierung (f)
define *v/t* abgrenzen, bestimmen, definieren; **defined benefit liability** *n* Schuld (f) aus einem leistungsorientierten Pensionsplan; **defined benefit plan** *n* leistungsorientierter Pensionsplan (m)
definition *n* Begriffsbestimmung (f), Definition (f)
definitive maps *n (GB)* Karten, in denen die für öffentliche Zwecke vorgesehenen Wege ausgewiesen werden
deflated mortgage *n Fin* Hypothekendarlehen, bei dem der Darlehensbetrag vermindert und der Zinssatz im Gegenzug erhöht wurde; zur Erzielung von Steuervorteilen für den Darlehensnehmer
deflation *n Econ* Deflation (f)
deflection *n* Durchbiegung (f)
deformation *n* Verformung (f); **deformation under heat** *n* Hitzeverformung (f) **deformation resistance** *n* Formbeständigkeit (f)
defray *v/t* begleichen, bezahlen, Zahlung leisten
degasification *n* Entgasung (f) bei der Wasseraufbereitung
degree *n* Maß (n); Grad (m); Abschluss (m); **degree of building coverage** *n* Maß (n) der baulichen Nutzung; **degree of efficiency** *n* Wirkungsgrad (m); **degree of freedom** *n* Freiheitsgrad (m); **degree of indeterminacy** *n* Unbestimmtheitsgrad (m); **degree of utilization** *n* Intensitätsgrad (m) **degree day** *n* Gradtag (m)
dehors *n ArCo* Außenwerk (n), Befestigung (f), Außenanlagen (fpl) (eines Schlosses)
dehors *adj Law* irrelevant, außerhalb des Sachgebiets; von frz. dehors (draußen, außerhalb)

de jure *adv Law (lat.)* per Gesetz
Delaforce effect *n Law (GB)* Pächter/Erbbauberechtigter (leaseholder) ist bereit, mehr als einen marktgerechten Kaufpreis für das Eigentum (freehold) zu bezahlen, um Gerichtskosten und Zeitverzögerung zu vermeiden; Bezeichnung leitet sich von dem Rechtsstreit Delaforce vs Evans & Evans (1970) ab
delay *n* Verzug (m), Verzögerung (f); Verspätung (f); **delay in payment** *n* Zahlungsverzug (m)
delay time *n* Laufzeitdifferenz (f)
delay *v/t* verschieben, aufschieben; Verspätung haben; **delayed closing** *n* verzögertes Schließen (n)
delegate authority *v/t* Befugnisse übertragen
delegation of authority *n* Vollmachtsübertragung (f)
delete *v/t* löschen, streichen
deleted *adj* gestrichen, gelöscht
deleterious *adj* schädlich
deliberate *v/i* überlegen, (sich) beraten
deliberate *adj* absichtlich
deliberation *n* Bedächtigkeit (f), Beratung (f), Überlegung (f)
delict *n Law (sco.)* Vergehen (n); Syn.: *civil wrong*
delimit *v/t* abgrenzen, begrenzen, beschränken
delimitation *n* Abgrenzung (f)
delineate *v/t* skizzieren, beschreiben, umreißen
delinquency rate *n Fin* Zahlungsausfallrate (f)
delinquent *n Law* Delinquent (m); Straftäter (m)
delinquent *adj Fin* überfällig
deliver *v/t* zustellen
delivery *n* Übergabe (f), Lieferung (f), Zustellung (f), Aushändigung (f); **delivery and acceptance** *n Law, Mkt* Übergabe (f) und Entgegennahme (f); **delivery by instalment(s)** *n* Lieferung (f) in Raten, Sukzessivlieferung (f), Teillieferung (f)
delivery charge *n* Zustellgebühr (f); **delivery date** *n* Lieferdatum (n); Liefertermin (m); Bezugsfertigkeitsdatum (n); **delivery station** *n* Abgabestation (f); **delivery terms** *n/pl* Lieferbedingungen (fpl); **delivery time** *n* Lieferzeit (f)
Delphi technique *n* Delphi-Verfahren (n)
demand *n* Nachfrage (f), Bedarf (m), Forderung (f); **demand for payment** *n* Zahlungsaufforderung (f)
demand analysis *n* Bedarfsanalyse (f); **demand assessment** *n* Bedarfserkennung (f); **demand deposits** *n/pl Fin* Giroeinlagen (pl), Sichteinlagen (pl); **demand economy** *n* Bedarfswirtschaft (f); **demand forecast** *n* Bedarfsprognose (f); **demand loan** *n Fin* kurzfristiges Darlehen (n); **demand note** *n Law* Zahlungsaufforderung (f), Mahnung (f); **demand potential** *n* Nachfragepotenzial (n); **demand-pull inflation** *n* Nachfrageinflation (f); **demand rate** *n* Bedarfsrate (f); **demand recognition** *n* Bedarfserkennung (f); **demand research** *n* Bedarfsforschung (f); **demand risk** *n* Nachfragerisiko (n); **demand study** *n* Nachfragestudie (f); **demand tariff** *n* Leistungspreistarif (m), Leistungstarif (m)
demand-related costs *n/pl* leistungsabhängige Kosten (pl)
demarcate *v/t* abgrenzen
demerger *n* Entfusionierung (f), Spaltung (f)
demesne land *n Law (GB)* selbst bewirtschaftetes Land; Land in persönlicher Nutzung des Gutsherren (oder der Krone)
demicolumn *n ArCo* Halbsäule (f)
de minimis *Law (lat.)* geringfügig; Bagatell(-sache) (f); de minimis non curat lex: um Belangloses kümmert sich das Gesetz nicht; **de minimis case** *n* Bagatellfall (m); **de minimis settlement** *n Law (US)* Vereinbarung, dass eine Gesetzesverletzung (Altlasten) nur geringfügig war und beschränkter Schadenersatz geleistet wird; besonders unter der U.S. Environmental Protection Agency (EPA)
demise *n Law* Hingang (m), Ableben (n), Tod (m); Verpachtung (f), Vermietung (f); Übertragung (f)
demised premises *n/pl Law* Mietobjekt (n), Mietflächen (fpl); diese Bezeichnung wird i.d.R. nur in Verträgen (oder ähnlichen juristischen Dokumenten) verwendet
demising wall *n* Trennwand (f) zwischen zwei Mietflächen; *Syn.: partition*
demographic shift *n* demografische Veränderung (f), Bevölkerungsverschiebung (f); **demographic trend** *n* demografische Entwicklung (f)
demography *n Econ* Demografie (f)
demolish *v/t* niederreißen, abreißen

demolition *n* Abbruch (m), Abriss (m); Sprengung (f); Zerstörung (f); **demolition contractor** *n* Abbruchbetrieb (m), Abbruchunternehmen (n); **demolition costs** *n/pl* Abrisskosten (pl), Abbruchkosten (pl); **demolition loss** *n Tax (US)* Abrissverlust (m); Steuerabzug nach Abriss eines Objektes (unter bestimmten Umständen); bei gewerblichen Objekten nur möglich, wenn die Entscheidung, das Objekt abzureißen, nach der Akquisition erfolgt ist; **demolition order** *n Plan* Abbruchgebot (n), Abbruchanordnung (f); gerichtliche Anordnung zum Abriss eines Gebäudes; **demolition value** *n* Abbruchswert (m), Abbruchpreis (m); **demolition waste** *n* Abbruchabfall (m); **demolition work** *n* Abbrucharbeiten (fpl)

demonstration home *n ArCo* Musterhaus (n); „Muster" im Sinne von „vorbildlich"; zumeist unter ökologischen Gesichtspunkten; **demonstration plant** *n* Demonstrationsanlage (f)

demoralized market *n* sehr gedrückter Markt (m)

demountable *adj* beweglich, demontierbar; **demountable partition** *n ArCo* versetzbare Trennwand (f)

den *n* Schlupfwinkel (m); kleines Arbeitszimmer (n); ungestörter Raum (m)

denationalization *n* Reprivatisierung (f); **denationalization of properties** *n* Reprivatisierung (f) von Grundstücken

denial *n* Ablehnung (f), Aberkennung (f)

denominator *n* Nenner (m)

denoting stamp *n Tax (GB)* aufgeprägte Stempelmarke (f); Stempel auf einer Urkunde (Dokument X) zur Bestätigung, dass Stempelsteuer auf eine verbundene Urkunde (Dokument Y) bezahlt wurde; Stempel auf einem Duplikat zur Bestätigung, dass Steuer auf das Original bezahlt wurde

dense *adj* dicht, kompakt; geschlossen; **densely populated area** *n* Verdichtungsraum (m)

density *n* Dichte (f), Bebauungsdichte (f); **density of population** *n* → population density; **density of residential units** *n* → residential density

density adjustment *n* Dichtekorrektur (f); **density zoning** *n Plan* Flächennutzungsplanung, die die Anzahl der Wohnhäuser/Wohneinheiten pro Hektar oder Morgen beschränkt

department *n* Abteilung (f), Amt (n), Bereich (m); **department store** *n Ret* Kaufhaus (n), Warenhaus (n)

Department of Housing and Urban Development (HUD) *Org (US)* US-amerikanisches Wohnungs- und Stadtentwicklungsministerium

departmental costs *n/pl* abteilungsbezogene Aufwendungen (fpl); *Syn.: departmental expenses*

departure *n* Abfahrt (f), Abweichung (f), Ausgangspunkt (m); **departure provision (of USPAP)** *n Fin, Val (US)* Abweichungsvorschrift (f); Klausel, die (nur unter bestimmten Umständen) ein Abweichen von den → Uniform Standards of Professional Appraisal Practice (Bewertungsrichtlinien) der Federal Reserve erlaubt; z.B. wenn eine Bewertung nicht alle drei Methoden (Vergleich, Ertragswert, Sachwert) berücksichtigt. Der Bewerter muss in dem Gutachten erklären, dass, und begründen, warum die Abweichungsvorschrift angewendet wurde

dependence analysis *n* Abhängigkeitsanalyse (f)

dependency *n* Abhängigkeit (f); **dependency analysis** *n* → dependence analysis; **dependency report** *n* Abhängigkeitsbericht (m)

dependent *adj* abhängig; **dependent on sales** *adj* umsatzabhängig

dependent employment *n* abhängige Beschäftigung (f), unselbstständige Arbeit (f); *Syn.: paid (usually wage-earning) employment*; **dependent relationship** *n* Abhängigkeitsverhältnis (n)

deplete *v/t* abschreiben, abwerten, Substanz verringern

depletion *n Fin* Substanzverringerung (f), Substanzverzehr (m); Steuerabzugsmöglichkeit wegen reduzierter Grundstückswerte

deplorable state of affairs *n* Missstand (m)

deponent *n Law* vereidigter Zeuge (m)

deposit *n* Anzahlung (f); Kaution (f), Hinterlegung (f); **deposit account** *n* Einlagenkonto (n); **deposit insurance fund (DIF)** → bank insurance fund; **deposit receipt** *n* Hinterlegungsschein (m), Depotschein (m), Einzahlungsbeleg (m)

deposition *n Law* Aussage (f), Zeugenaussage (f)

depositor *n* Anleger (m)

depository *n* Aufbewahrungsart (f), Hinterlegungsart (f), Lagerhaus (n)

deprecatory opinion *n* ablehnendes Gutachten (n)

depreciable *adj* abschreibungsfähig; **depreciable amount** *n* abschreibbarer Betrag (m), Abschreibungsbemessungsgrundlage (f), Abschreibungsbetrag (m), Abschreibungsvolumen (n); **depreciable fixed assets** *n/pl* abnutzbares Anlagevermögen (n); **depreciable life** *n Tax* Abschreibungszeitraum (m), Abschreibungsdauer (f); **depreciable plant assets** *n/pl* abnutzbare Betriebsmittel (pl)

depreciate *v/t* abschreiben, abwerten; **depreciated book value** *n* Restbuchwert (m); **depreciated cost** *n Val* Zeitwert (m); **depreciated cost approach** *n* → depreciated replacement cost method; **depreciated replacement cost (DRC)** *n Val* abgeschriebene Wiederherstellungskosten (pl), Bauwert (m), Reproduktionskostenwert (m), Wiederbeschaffungswert (m) eines gebrauchten Vermögenswertes, Verfahren (n) fortgeführter Ersatzbeschaffungskosten; entspricht etwa dem deutschen Sachwert; die Herstellungskosten werden allerdings nicht für ein identisches, sondern für ein moderneres Ersatzgebäude berechnet; **depreciated replacement cost method** *n Val* Sachwertverfahren (n) (international); *Syn.: depreciated replacement cost approach*

depreciation *n* Abnutzung (f), Abschreibung (f), Herabsetzung (f), planmäßige Abschreibung (f), Wertminderung (f), Wertverlust (m); **depreciation for wear and tear** *n* nutzungsbedingte Abschreibung (f); **depreciation in value** *n* technische Wertminderung (f) **depreciation of intangible assets** *n* Abschreibung (f) immaterieller Anlagegüter; **depreciation of plant and equipment** *n* Abschreibung (f) auf Betriebsanlagen; **depreciation of structures (or buildings)** *n* technische Wertminderung (f), Wertminderung (f) baulicher Anlagen **depreciation allowance** *n Tax* Abschreibung (f); **depreciation (interest) rate** *n* Abschreibungszinssatz (m); **depreciation (rate) tables** *n/pl* Abschreibungstabellen (fpl)

depressed area *n* → distressed area; **depressed market** *n* gedrückter Markt (m); Markt in einer Depressionsphase

depression *n Econ* **1.** Depression (f), Marktflaute (f), Baisse (f); **2.** (ArCo) Wanne (f); Senkung (f)

deprival value *n Val* Verlustwert (m), Wiederbeschaffungswert (m) des Vermögensgegenstandes bei Abgang; Wert eines Objekts im Sinne des entgangenen Nutzens, falls es nicht mehr verfügbar wäre; breite Verwendung besonders in Australien und Neuseeland; → value in use

deprivation *n Law* Beraubung (f); Entzug (m), Aberkennung (f), Entrechtung (f)

depth of foundation *n* Fundamenttiefe (f)

depth factor *n Val (US)* Anpassungsfaktor (m) für Grundstückstiefe; Anpassungsmethode für Bewertungen nach front foot base rate (Linearwert pro Fuß Straßenfront), um Abweichungen von der normalen Grundstückstiefe zu berücksichtigen

depth influence *n (US)* Einfluss (m) der Grundstückstiefe auf den Wert; die Grundstücksfläche, die näher an einer Straße liegt, hat einen höheren Wert als die Fläche, die weiter entfernt ist, d.h. je tiefer ein Grundstück ist, desto niedriger ist der Durchschnittswert pro m^2; → depth table, depth factor

depth table *n (US)* Tabelle, die die prozentualen Verhältnisse zwischen der Tiefe eines zu bewertenden Grundstücks und dessen Wert im Vergleich mit einer Standardparzelle festlegt; findet Anwendung insbesondere bei übertiefen Parzellen

deputy *n* Stellvertreter (m); **deputy chairman** *n* stellvertretender Vorsitzender (m) des Aufsichtsrates; **deputy member of the board of management** *n* stellvertretendes Vorstandsmitglied (n); **deputy member of the executive board** *n (US)* stellvertretendes Vorstandsmitglied (n)

deraign *v/t Law* widerlegen; entlasten; freisprechen; Tatsachen unglaubwürdig machen

derating *n Tax (GB)* Befreiung (f) von Gemeindesteuern; in Großbritannien waren industrielle und landwirtschaftliche Immobilien seit 1929 (Local Government (Derating) Act 1929, Agricultural Rates Act 1933) von local rates (Gemeindesteuern) (teil-)befreit. Die 75%ige Befreiung für industrielle Objekte wurde später (1963) zurückgezogen (mit Ausnahme von Nordirland); existiert auch in anderen Staaten, z.B. Jamaika

derecognition *n Fin* Abgang (m) bzw. Ausbuchung (f) von Sachanlagen (IAS)

deregister *v/t* abmelden

deregulation *n* Abbau (m) von Vorschriften, Deregulierung (f), Liberalisierung (f) von Vorschriften, Lockerung (f) von gesetzlichen Bestimmungen

derelict *adj* baufällig, verfallen; **derelict land** *n* Brache (f), Industriebrache (f); zum Ödland gewordenes Gebiet *Syn.: abandoned land*; **derelict land grant (DLG)** *n Plan (GB)* Brachflächenzuschuss (m); seit den frühen Siebzigern bis Ende 1991 war das DLG-Programm das wichtigste Förderprogramm im Brachflächenrecycling

dereliction *n* Verfall (m)

derivative *n Fin* Derivat (n)

derivative *adj* abgeleitet, nachgeahmt; **derivative acquisition** *n* abgeleiteter Erwerb (m); **derivative claim** *n* abgeleiteter Anspruch (m); **derivative financial instrument** *n* derivatives Finanzinstrument (n); **derivative possession** *n* abgeleiteter Besitz (m)

derive *v/t* ableiten; **derived demand** *n* abgeleitete Nachfrage (f), derivative Nachfrage (f); **derived factor of production** *n* abgeleiteter Produktionsfaktor (m); **derived income** *n* abgeleitetes Einkommen (n); **derived pension** *n* abgeleitete Rente (f), Teilhaberrente (f)

derogate *v/t Law* mindern, beeinträchtigen

derogation *n Law* Beeinträchtigung (f), Schmälerung (f), Nachteil (m); **derogation from grant** *n Law* Verpflichtung eines Grundbesitzers, das Recht, das er seinem Mieter gewährt, nicht dadurch zu schmälern, dass er durch ein weiteres Mietverhältnis die Tätigkeiten des ersten Mieters negativ beeinflusst; bspw. Vermietung angrenzender Gewerbefläche an einen Wettbewerber oder Lagerung von Sprengstoff auf dem angrenzenden Grundstück; **derogation rule** *n* Ausnahmevorschrift (f)

desalination *n* Entsalzung (f) bei der Wasseraufbereitung, Wasserentsalzung (f)

descent *n Law* (gesetzliche) Erbfolge (f); Abstammung (f), Herkunft (f); Übergang (m) von Grundbesitz

description *n* Beschreibung (f), Darstellung (f)

descriptive memorandum *n Mkt* Broschüre (f); das Objekt beschreibender Bericht, der vom Bauträger erstellt wird; anstelle eines Prospektes

design *n ArCo* Entwurf (m), Zeichnung (f), Skizze (f); Bemessung (f); Plan (m); Ausführung (f), Bauweise (f), Bauart (f); Gestaltung (f), Formgebung (f); **design and build contract** *n ArCo, Law* Entwurfs- und Ausführungsvertrag (m); *Syn.: design and construct contract*; **design and management contract** → turnkey contract **design approval** *n* Planfeststellung (f); **design element** *n* Gestaltungselement (n); **design error** *n* Planungsfehler (m); **design load** *n ArCo* Lastannahme (f); **design procedure** *n* Bemessungsverfahren (n); **design specification** *n* Auslegungswert (m)

designated *adj* bezeichnet; bestimmt; benannt; **designated agent** *n* → principal broker; **designated area** *n Plan* für bestimmte zukünftige Nutzung ausgewiesenes Gebiet; **designated broker** *n* → principal broker

designation order *n Law* Verordnung über die Bezeichnung von Gebieten; z.B. für die Ausweisung eines Gebiets als Nationalpark

desire *n* Wunsch (m), Verlangen (n); **desire to expand** *n* Expansionsdrang (m), Expansionswunsch (m)

desired value *n* Sollwert (m)

desist *v/t* unterlassen

desk review *n Val* Überprüfung einer Immobilienbewertung ohne Besichtigung der entsprechenden Immobilie vor Ort; **desk valuation** *n Val* Bewertung, die nicht vor Ort, sondern „am Schreibtisch" anhand verfügbarer Daten vorgenommen wird; Bewertung ohne Begehung bzw. physische Überprüfung der Immobilie

despatch *n* → dispatch

destination *n* Bestimmungsort (m), Ziel (n)

desulphurisation *n* Entschwefelung (f); **desulphurisation installation** *n* Entschwefelungsanlage (f)

detachable connection *n* lösbare Verbindung (f)
detached *adj* (building) frei stehend; (neutral) unparteiisch; (remote) abgehoben; **detached house** *n* frei stehendes Haus (n), Einzelhaus (n), (frei stehendes) Einfamilienhaus (n)

d

detail *n* Detail (n); **detail drawing** *n* Detailplan (m)
detail *v/t* ausführlich beschreiben
detailed *adj* genau; **detailed design** *n* Detailentwurf (m)
deterioration *n* Wertminderung (f); Verfall (m); **deterioration of materials** *n* Verschlechterung (f) der Materialien
determination *n Law* Feststellung (f); Beschluss (m); Entschlossenheit (f); **determination in isolation** *n Law* gesonderte Bestimmung (f), isolierte Bestimmung (f); **determination of location** *n* Standortbestimmung (f); **determination of market value** *n* Marktwertbestimmung (f), Marktwertermittlung (f); **determination of quantities** *n* Massenermittlung (f)
determine *v/t* bemessen, ermitteln, festlegen, schätzen; **not reasonably determinable** nicht verlässlich bestimmbar, nicht mit vertretbarem Aufwand bestimmbar; **determinable fee** *n Law* → fee simple determinable; **determinable interest** *n Law* auflösend bedingtes Nutzungsrecht (n); Recht, das nur bis zu einem bestimmten Ereignis Gültigkeit besitzt, z.B. bis eine bestimmte Person verheiratet ist
detinue *n Law* Besitzvorenthaltung (f), widerrechtliche Zurückbehaltung (f)
detrimental *adj* nachteilig, ungünstig, schädlich; **detrimental to competition** *adj* wettbewerbsfeindlich
devaluation *n Val* Abwertung (f), Entwertung (f); Analyse (f); Analyse von Transaktionen sowie andere Feststellungen, meistens für Gemeindesteuerbewertungen
devalue *v/t* abschreiben, abwerten
develop *v/t* bebauen, entwickeln; **developed area** *n* Siedlungsgebiet (n); **developed land** *n* Bauland (n), erschlossenes Grundstück (n); **developed site** *n* erschlossenes Gelände (n)
developer *n* Bauträger (m), Projektentwickler (m), Erschließungsunternehmen (n); **developer's budget method** *n* Vorschaurechnungsmethode (f) des Projektentwicklers; **developer's fee** *n* Entgelt (n) für den Bauträger/Projektentwickler; **developer's land** *n* Bauland (n); Spekulationsgrundstück (n); **developer's liability** *n* Bauherrenhaftung (f); **developer's profit** *n* Projektentwicklungsgewinn (m); **developer's residual approach** *Val, Dev* → residual method; **developer's return** *n Dev* Gewinn (m) des Projektentwicklers; **developer's risk** *n* Entwicklungsrisiko (n); Bauträgerrisiko (n)
development *n* Entwicklung (f), Bebauung (f), Projektentwicklung (f); **development of fixed assets** *n* Anlagespiegel (m)
development analysis *n Val, Dev* Projektentwicklungsanalyse (f); **development and construction** *n* Entwicklung (f) und Herstellung (f); **development and improvement costs** *n/pl* Entwicklungs- und Verbesserungsaufwendungen (fpl); **development appraisal** *n* Entwicklungsabschätzung (f) eines Projektes, Residual(wert)verfahren (n), Projektentwicklungsbewertung (f); **development approach** *Val* → residual method; **development area** *n Plan (GB)* Fördergebiet (n); Entwicklungsregion, die besondere Förderung durch die EU und/oder die Regierung genießt; vormals special areas oder development districts genannt. Je nach Intensität der Fördermaßnahmen fand eine Einteilung in special development areas, intermediate development areas und einfach development areas statt. In den USA werden derartige Fördergebiete als distressed area bezeichnet; *Syn.: objective 1 region, assisted area, distressed area (US)*; **development assets** *n/pl* Grundstücke (npl) mit unfertigen Gebäuden, Projektentwicklungsvermögen (n), Vermögen (n) in Entstehung; **development brief** *Plan (GB)* → planning brief; **development charge** *n Tax (US)* Erschließungskosten (pl); Erschließungsgebühren (fpl); Abgaben auf Gemeindeebene pro Wohneinheit oder pro m² BGF für Erschließung (Wasser, Abwasser usw.), aber auch z.B. für Schulkosten; **development charter** *n* Entwicklungssatzung (f); **development company** *n* Bauträger (m), Bauträgergesellschaft (f), Baufirma (f); Projektentwicklungsgesellschaft (f); **development**

concept *n* Entwicklungsplanung (f), Nutzungskonzept (n), Stadtentwicklungsplanung (f); **development condition** *n* Entwicklungszustand (m); **development constraint** *n* wertmindernde Belastung (f); **development contract** *n* Bauträgervertrag (m); **development contractor** *n* Entwicklungsträger (m), Bauträgergesellschaft (f), Generalübernehmer (m); **development control office** *n (GB)* Bauordnungsbehörde (f); **development controls** *n/pl* Sicherung (f) der Bauleitplanung; **development costs** *n/pl* Aufschließungskosten (pl), Erschließungskosten (pl), Entwicklungskosten (pl); **development expenditure** *n* jährliche Aufwendungen (fpl) für Projektentwicklung; **development expenses** *n/pl* Gründungskosten (pl); **development finance** *n* Bauzwischenkredit (m); **development freeze** *n Plan, Dev* Bebauungssperre (f); **development gains tax (DGT)** *n Tax (GB)* wörtlich: Entwicklungsgewinnsteuer; seit 1976 ersetzt durch development land tax, die 1985 abgeschafft wurde; **development impact fees** *n/pl Plan, Dev (US)* → impact fees; **(unserviced) development land** *n* Rohbauland (n); **development land tax (DLT)** *n Tax (GB)* wörtlich: Landentwicklungssteuer; 1985 abgeschafft; **development loan** *n Fin, Dev* Aufbaudarlehen (n); Darlehen, das für eine Projektentwicklung gewährt wird; wird zurückgezahlt aus Veräußerungserlösen; → construction loan; **development measure** *n* Entwicklungsmaßnahme (f); Erschließungsmaßnahme (f); **development mortgage** *n* Aufbauhypothek (f); **development order** *Plan* → General Development Order; **development phase** *n* Entwicklungsstufe (f) eines Grundstücks; **development plan** *n Plan (GB)* Flächennutzungsplan (m); Bebauungsplan (m); Erschließungsplan (m); → local development plan; **development planning** *n* Bauleitplanung (f); **development plot** *n* Bauland (n); **development potential** *n* Ausbaupotenzial (n), bauliche Nutzbarkeit (f), Bebaubarkeit (f); **development profit** *n Dev* Projektentwicklungsgewinn (m); **development return** *n Fin, Dev* Entwicklungsrendite (f), Projektentwicklungsrendite (f); **development rights** *n/pl Law* Bebauungsrecht (n); **development scheme** → scheme of development; **development site** *n* Baugrundstück (n), baureifes Land (n); **development valuation** *n Val* → development appraisal; **development value** *n* Entwicklungswert (m), Projektentwicklungswert (m); → negative development value; **development yield** *n (US)* Bebauungsdichte (f); wörtlich: Bebauungsertrag; die Anzahl der zulässigen (Wohn-) Einheiten bzw. m^2 BGF pro Flächeneinheit (z.B. acre); *Syn.: development density*; *Ant.: open space ratio*

deviation *n ArCo* Abweichung (f)

device *n* Gerät (n), Vorrichtung (f); **device error** *n* Gerätefehler (m), Gerätestörung (f); **device number** *n* Gerätenummer (f); **device type** *n* Geräteart (f)

devise *n Law* testamentarische Übertragung (f) von Grundbesitz

devise *v/t Law* Grundbesitz vermachen

devisee *n Law* Erbe (m); testamentarischer Erbe von Grundbesitz

devisor *n Law* Erblasser (m)

devolution *n* Heimfall (m), Ablauf (m); Regionalisierung (f), Dezentralisierung (f)

DH pipeline monitoring system *n* Fernwärmeleitungsüberwachung (f); → district heating

diagnostics *n/pl* Diagnose (f)

diagonal struts *n/pl ArCo* Diagonalstäbe (mpl); **diagonal tie** *n ArCo* Zugstrebe (f)

diameter *n* Durchmesser (m)

diamond *n* Diamant (m), Raute (f); **diamond pattern** *n* Rautenmuster (n)

diamond-shaped *adj* rautenförmig

diastyle *adj* weitsäulig

dictum *n Law* richterliche Meinung (f); Maxime (f); Diktum (n)

diesel engine *n* Dieselmaschine (f)

DIF → deposit insurance fund

difference *n* Unterschied (m), Differenzbetrag (m), Restbetrag (m), Unterschiedsbetrag (m); **differences in value** *n/pl* Wertunterschiede (mpl)

differential method *n* Differenzmethode (f)

differential rent *n (Irl)* einkommensabhängige Miete (f) für Sozialwohnungen; *Syn.: local authority rents*

differentiation *n* Differenzierung (f)

difficulty level *n* Schwierigkeitsstufe (f)

diffused surface water *n* Sickerwasser (n)

diffusion *n* Diffusion (f)
dig *v/t* graben, ausheben
digit *n* Zahl (f), Ziffer (f)
digital standard interface *n* digitale Standardschnittstelle (f)
dilapidated *adj* baufällig
dilapidation *n* Baufälligkeit (f); Gebäudeverfall (m); **dilapidations survey** *n* → schedule of condition
diligent *adj* fleißig, gewissenhaft, sorgfältig
diluted earnings per share *n/pl* verwässertes Ergebnis (n) je Aktie
diluvion *n Law* Erosion (f) eines Flussgrundstücks, i.d.R. durch Abschwemmung; *Syn.: avulsion*
DIM *Fin* → deferred-interest mortgage
dimensional variation *n* Maßabweichung (f)
dimensions *n/pl* Abmessungen (fpl)
diminish *v/t* abnehmen, vermindern; **diminished utility** *n Val* Differenz zwischen den Wiederherstellungskosten einer Immobilie und ihrem Marktwert unter Berücksichtigung der Wettbewerbssituation
diminishing assets *n/pl* → wasting assets; **diminishing-balance depreciation** *n Val, PptMgt* → declining-balance depreciation; **diminishing balance method** *n* → declining-balance depreciation; **diminishing marginal utility** *n* abnehmender Grenznutzen (m); **diminishing returns to scale** *n* abnehmende Skalenerträge (mpl)
diminution in value *n* dauernde Wertminderung (f); *Syn.: diminution of value*
dimmer switch *n* Dämmerungsschalter (m), Dimmer (m)
dining room *n* Speisezimmer (n), Esszimmer (n); Speisesaal (m)
dip application *n* Tauchverfahren (n)
dipping paint *n* Tauchlack (m); *Syn.: dipping varnish*
direct *adj* gerade, direkt, unmittelbar; **direct account** *n* Direktbuchung (f); **direct capitalization** *n Val* Kapitalisierung des Nettoeinkommens mittels einer einfachen Kapitalisierungsrate; **direct comparison method** *Val* → sales comparison approach; **direct connection** *n* direkter Anschluss (m); **direct cost** *n* direkte Kosten (pl), Einzelkosten (pl); **direct current** *n* Gleichstrom (m); **direct debit** *n* Lastschrift (f); **direct heating** *n* Direktheizung (f); **direct injection system** *n* Direkteinblasung (f); **direct labour** *n* direkter Lohn (m); Fertigungslöhne (mpl); **direct mail** *n Mkt* Direktversand (m), Postwurfsendung (f); **direct placement** *n Fin* Direktplatzierung (f); **direct reduction mortgage (DRM)** *n Fin* Tilgungshypothek (f); **direct sales comparison approach** *Val (US)* → sales comparison approach; **direct selling** *n Mkt* Direktvertrieb (m); **direct value comparison (method)** *Val* → sales comparison approach
direction *n* Richtung (f)
directional growth *n Plan* Wachstum einer Stadt/Siedlung in eine bestimmte Richtung; zeitraumbezogene Größe, die starken Einfluss auf Baulandpreise hat
director *n* Direktor (m); Leiter (m); **directors' remuneration** *n* Aufsichtsratsvergütungen (fpl); **director's report** *n* Jahresbericht (m)
directory *n* Adressbuch (n), Dateiverzeichnis (n), Inhaltsverzeichnis (n); **directory assistance** *n* Telefonauskunft (f)
disability *n* Behinderung (f); Arbeitsunfähigkeit (f); Rechtsunfähigkeit (f)
disablement *n* Invalidität (f)
disadvantage *n* Nachteil (m)
disaffirm *v/t Law* ablehnen
disaggregation *n* Zerfall (m)
disassemble *v/t* auseinander nehmen, ausschlachten, demontieren, zerlegen
disassembly *n* Demontage (f), Zerlegung (f)
disaster *n* Katastrophe (f)
disbursement *n* Ausgabe (f); Aufwendung (f); Ausschüttung (f); **disbursement type** *n* Zahlungsart (f); **disbursement voucher** *n* Ausgabenbeleg (m)
disbursing agent *n* Zahlstelle (f)
discharge *n* Ablösung (f), Auszahlung (f), Durchfluss (m), Zahlung (f); **discharge from an obligation** *n* Befreiung (f) von einer Verbindlichkeit; **discharge in bankruptcy** *n Law* Insolvenzaufhebung (f); **discharge of a mortgage** *n* Hypothekenlöschung (f); **discharge of contract** *n* Erlöschen (n) eines vertraglichen Schuldverhältnisses, Vertragserfüllung (f); **discharge of obligations** *n* Erfüllung (f) von Verbindlichkeiten

discharge *v/t* begleichen, bezahlen, Zahlung leisten
disclaim *v/t Law* ablehnen; bestreiten
disclaimer *n Law* Haftungsausschluss (m), Verzicht (m), Verzichterklärung (f); *Syn.: notice of disclaimer*
disclose *v/t* angeben, ausweisen, bekannt geben, bekannt machen, enthüllen, offen legen; **disclosed fee** *n* Honorar (n), das angezeigt bzw. bekannt gemacht wird
disclosure *n* Offenlegung (f); Auskunft (f); Bekanntmachung (f); **disclosure requirements** *n/pl* Angabepflichten (fpl), Offenlegungspflichten (fpl); **disclosure statement** *n Law* Offenlegungsbericht (m)
discontinuance *n* Einstellung (f), Abbruch (m); Unterbrechung (f); **discontinuance order** *n Plan* Stilllegungsverfügung (f)
discontinue *v/t* einstellen; abbrechen; **discontinuing operations** *n/pl* einzustellende betriebliche Tätigkeiten (fpl)
discount *n* Abschlag (m), Preisnachlass (m), Rabatt (m), Skonto (m); **discounts granted** *n/pl* gewährte Skonti (mpl/npl)
discount from face value *n* Disagio (n)
discount broker *n Fin* Wechselmakler (m), Diskontmakler (m); **discount department store** *Ret* → discount store; **discount factor** *n* Abzinsungssatz (m), Diskontsatz (m), Kapitalisierungszinsfuß (m); **discount food retailer** *n Ret* Lebensmitteldiscounter (m); **discount house** *n Ret (US)* **1.** Discounter (m); *Syn.: discount store, discounter*; **2.** (Fin) Diskontbank (f); **discount interest rate** *n* Diskontierungszinssatz (m); **discount points** *n/pl Fin (US)* (Auszahlungs-) Disagio (n); freiwillige Gebühren (jeweils 1% des Darlehensbetrages), die an eine Finanzinstitution gegen eine Verminderung des Zinssatzes bezahlt werden; typischerweise 0,125%iger Nachlass pro Punkt auf eine 30-Jahres-Hypothek. Die Gebühren sind in den USA steuerlich absetzbar; **discount rate** *n* Diskontsatz (m); Diskontierungszinssatz (m); **discount retail outlets** *n/pl Ret* Discounter (m); **discount store** *n Ret* Discounter (m), Diskontladen (m), Discountgeschäft (n); *Syn.: discount department store*; **discount value** *n* Nachlasswert (m); **discount warehouse** *Ret* → discount store; **discount yield** *n Fin* Diskontierungszinssatz (m)
discount *v/t* diskontieren, abzinsen; abziehen
discounted loan *n Fin* Darlehenszinssatz, der geringer ist als der Marktzinssatz; infolgedessen findet Verkauf eines discounted loan auf dem Sekundärmarkt unter dem Nominalwert statt; **discounted mortgage** *n Fin* zinsvergünstigtes Hypothekendarlehen (n); **discounted rate of return** *n Fin* Diskontierungszinssatz (m); *Syn.: discounted cash flow rate of return*
discounted cash flow (DCF) *n* Barwert (m) aller künftigen Einnahmeüberschüsse; **discounted cash flow method (DCF Method)** *n* Barwertverfahren (n), diskontierte Einnahmenüberschussmethode (f); *Syn.: discounted cash flow analysis, discounted cash flow procedure (DCF Procedure), annuity capitalization (US)*
discounting *n* Abzinsung (f), (esp. bills) Diskontierung (f); **discounting model** *n* Diskontierungsmodell (n); **discounting process** *n* Abzinsungsablauf (m), Diskontierungsverlauf (m)
discovery *n Law* Offenlegung (f); Entdeckung (f); **discovery of documents** *n Law* Offenlegung (f) von Dokumenten
discretion *n* Verschwiegenheit (f)
discretionary *adj* treuhänderisch; beliebig; frei verfügbar; **discretionary grant** *n* Zuschuss der örtlichen Behörde für Instandsetzung oder Verschönerung; liegt im Ermessen der Behörde; **discretionary power** *n* Verfügungsgewalt (f); Ermessen (n); **discretionary purchase** *n* Anschaffung (f) von Nicht-Grundgütern; Entscheidungsspielraum (m) beim Einkauf; **discretionary trust** *n Law* uneingeschränktes Treuhandverhältnis (n); Treuhandverhältnis mit uneingeschränkter Ermessensbefugnis
discriminatory *adj* diskriminierend
discuss *v/t* erörtern, besprechen
diseconomies of scale *n/pl* abnehmende Skalenerträge (mpl)
disentail *v/t Law* ein Fideikommiss (unveräußerliches Erbe) auflösen; ein unveräußerliches Erbe in → fee simple (freies Eigentum) umwandeln
disentailing assurance *n Law* eine Akte, die den → entail (Erblehen) sperrt; **disentailing deed** *n Law* Fideikommiss-Aufhe-

bungsvertrag (m); → disentailment, disentail
disentailment *n Law* Auflösung (f) eines Fideikommiss; Auflösung eines erbfolgemäßig festgelegten Besitzes
disequilibrium *n Econ* Ungleichgewicht (n)
disguised distribution *n* verdeckte Gewinnausschüttung (f); *Syn.: hidden profit distribution*
disintermediation *n Fin* Disintermediation (f), Ausschaltung (f) eines Vermittlers
disinvestment *n Fin* → divestment
dismantle *v/t* abbrechen
dismantling *n ArCo* Abbrechen (n), Demontage (f), Abbau (m); **dismantling of trade barriers** *n* Abbau (m) von Handelsschranken
dismantling costs *n/pl ArCo* Abbruchkosten (pl)
dismiss *v/t* beenden, fristlos kündigen
dismissal *n* Entlassung (f), Abberufung (f); **dismissal of directors** *n* Abberufung (f) von Gesellschaftern
dismortgage *v/t Fin* Hypothek (f) tilgen
dispatch *n* Abfertigung (f)
dispatch *n* Warenausgang (m), Versand (m); *Syn.: outgoing shipments, goods outward(s), goods issue, despatch*; **dispatch control** *n* Versandkontrolle (f)
dispatch *v/t* versenden
dispatcher *n* Lastverteiler (m)
dispensation *n* Befreiung (f) von einer Verpflichtung, Aufhebung (f) einer Verpflichtung
dispersion *n* Streuung (f), Verbreitung (f), Dispersion (f), Zersplitterung (f); **dispersion paint** *n* Dispersionsfarbe (f)
displacement *n* Ersetzung (f), Verschiebung (f), Verdrängung (f)
display *n* Anzeige (f), Vorführung (f); **display ad** *n Mkt* Großanzeige (f); Schlagzeilenwerbung (f); aufwendig gestaltete Anzeige; meist mit Grafiken, Unternehmenslogo etc.; *Ant.: classified ad*; **display control** *n* Anzeigensteuerung (f); **display values** *n/pl* Anzeigewerte (mpl)
dispone *v/t Law (sco.)* abtreten; gesetzmäßig vermachen
disposable *adj* aufliegend, verfügbar; **disposable income** *n* verfügbares Einkommen (n)
disposal *n Law* **1.** Anordnung (f), Verfügung (f); **2.** Verkauf (m), Veräußerung (f); Disposition (f), Absatz (m); Entsorgung (f); Deponie (f); **disposal of investments** *n* Abgang (m) von Anlagevermögen; *Syn.: Disposal of assets*
disposal consideration *n* Veräußerungspreis (m), Verkaufspreis (m); **disposal costs** *n/pl* Entsorgungskosten (pl); **disposal field** *n* Rieselfeld (n); Berieselungsgebiet (n); **disposal measure** *n* Entsorgungsmaßnahme (f); **disposal obligation** *n* Veräußerungspflicht (f); **disposal pipe** *n* Entsorgungsleitung (f); **disposal site** → landfill
dispose (of sth.) *v/t* (etwas) entsorgen
disposition *n Law* Verfügung (f)
dispossess *v/t* Besitz entziehen, enteignen, von der Nutzung ausschließen
dispossession *n Law* Enteignung (f); Zwangsräumung (f)
disproportion *n* Missverhältnis (n)
disputed *adj* umstritten
dispute resolution *n* Beilegung (f) von Streitigkeiten
disregard *n* Vernachlässigung (f); Geringschätzung (f)
disrepair *n* Baufälligkeit (f), baufälliger Zustand (m); Verfall (m)
disseizin *n Law* widerrechtliche Enteignung (f), Besitzraubung (f)
disseminate *v/t* verbreiten
dissolution *n* Auflösung (f); Liquidation (f); Scheidung (f)
distance *n* Distanz (f), Entfernung (f); **distance between buildings** *n* Gebäudeabstand (m)
distemper *n* Leimfarbe (f), Temperafarbe (f)
distinguish *v/t* unterscheiden
distortion *n* Verzerrung (f)
distrain *v/t Law* pfänden
distrainable *adj Law* pfändbar
distraint *n Law* Pfändung (f), Zwangsvollstreckung (f)
distress *n Law* Pfändung (f); Bedrängnis (f); **distress for rent due** *n Law* Zwangsvollstreckung (f) aufgrund rückfälliger Mietzahlungen
distressed *adj* in Not, notleidend; **distressed area** *n Plan (US)* Fördergebiet (n); Notstandsgebiet (n); wirtschaftsschwaches Gebiet mit hoher Arbeitslosigkeit, dem besondere staatliche Förderung zuteil wird; *Syn.: depressed area*; **distressed**

property *n* Problemimmobilie (f), notleidende Immobilie (f); **distressed sale** *n* Notverkauf (m)

distribute *v/t* aufteilen, verteilen, ausschütten; **distributed dividend** *n* ausgeschüttete Dividende (f); **distributed income** *n* ausgeschütteter Gewinn (m), ausgeschüttetes Einkommen (n); **distributed profits** *n/pl* ausgeschütteter Gewinn (m), ausgeschüttetes Einkommen (n)

distributee *n Law* Erbe (m); insbesondere in Bezug auf einen Pflichtanteil

distribution *n* Vertrieb (m); Absatz (m); Ausschüttung (f); **distribution in kind** *n Fin* Ausschüttung (f) von Gratisaktien; **distribution of earnings** *n* Ertragsausschüttung (f), Gewinnausschüttung (f); **distribution of income** *n* Einkommensverteilung (f); **distribution of property** *n* Eigentumsverhältnisse (npl); **distribution of wealth** *n* Vermögensverteilung (f); **distribution on a percentage basis** *n* prozentuale Aufteilung (f);
distribution board *n* (elektrischer) Verteilerkasten (m); **distribution centre** *n* Verteilzentrum (n), Verteilerzentrum (n); **distribution expenses** *n/pl* Vertriebskosten (pl); **distribution facilities** *n/pl* Vertriebseinrichtungen (fpl); **distribution factor** *n* Verteilungszahl (f) **distribution rod** *n* Verteilerstab (m); **distribution scale** *n* Maßstab der Verteilung (m), Verteilungsmaßstab (m), Wertmaßstab (m); **distribution space** *n* Logistikflächen (fpl); **distribution stock** *n* Aktien, die über einen längeren Zeitraum und nicht in einer Einzeltransaktion verkauft werden, um den Marktpreis nicht nachteilig zu beeinflussen

distributor *n* (wholesaler) Großhändler (m), Zwischenhändler (m); (supplier) Versorger (m), Lieferant (m); (transport) Logistikfirma (f)

district *n* Kreis (m); Bezirk (m); Gebiet (n); **district cooling** *n* Fernkühlung (f); **district council** *n* Gemeinde (f), Kreisausschuss (m); **district court** *n* Amtsgericht (n); **district heat** *n* Fernwärme (f)

district heating *n* Fernheizung (f); **district heating accounting** *n* Fernwärmeabrechnung (f); **district heating billing** *n* Fernwärmeabrechnung (f); **district heating grid** *n* Fernwärmenetz (n); **district heating network** *n* Fernheiznetz (n), Fernwärmenetz (n); **district heating pipeline route** *n* Fernwärmeleitungstrasse (f); **district heating supplier** *n* Fernwärmeversorgungsunternehmen (n); **district heating supply agreement/contract** *n* Fernwärmevertrag (m); **district heating utility** *n* Fernwärmeversorgungsunternehmen (n)

district land registry *n Law (GB)* regionale → land registry; eines von 24 regionalen Büros in England und Wales; jeweils zuständig für einen geografischen Bereich; **district road** *n* Kreisstraße (f)

disturbance *n Law* Störung (f); besonders infolge einer Enteignung oder Verdrängung; **disturbance compensation** *Law* → compensation for disturbance; **disturbance payment** *n Law (GB)* Ausgleichszahlung (f) für enteignetes Land; nach dem Land Compensation Act von 1973; die Höhe des Betrags richtet sich nach dem entgangenen Gewinn und durch die Enteignung zusätzlich anfallenden Kosten

ditch *n* Graben (m)

diversification *n Fin* Diversifikation (f), Diversifizierung (f), Streuung (f); **diversification of investment** *n* Investitionsverteilung (f)

divest *v/t* veräußern, abstoßen, desinvestieren; *Syn.: disinvest; Ant.: invest*

divestment *n Fin* Desinvestition (f), Investitionsabbau (m); *Syn.: disinvestment*

divide *v/t* aufteilen, teilen, verteilen; **divided interest** *n Law* Teileigentum (n); Eigentumsrecht an einem Teil einer Immobilie

divided agency *n Mkt* → dual agency

dividend *n* Ausschüttung (f), Dividende (f), Gewinnanteil (m); **dividends declared** *n/pl* Dividendenbeschluss (m), Gewinnverwendungsbeschluss (m); *Syn.: dividends proposed*; **dividends received** *n/pl* Beteiligungserträge (mpl), erhaltene Dividende (f), vereinnahmte Dividende (f)
dividend distribution *n* Dividendenausschüttung (f), Gewinnausschüttung (f); **dividend resolution** *n* Ausschüttungsbeschluss (m); **dividend taxation** *n* Ertragsbesteuerung (f); **dividend yield** *n Val* Dividendenertrag (m)

divisible balance *n Val, Tax (GB)* verteilbarer Ertrag (m); Zwischenberechnung der → profits method (Gewinnmethode); Nettoertrag eines (fiktiven) Betriebs (d.h. Bruttoertrag nach Abzug aller Kosten außer Miete), der verteilbar ist zwischen (fiktivem) Verpächter und Pächter

division *n* Abteilung (f), Bereich (m), Geschäftsbereich (m), Geschäftszweig (m), Trennwand (f), Zwischenseite (f); **division of assets** *n* Vermögensverteilung (f); **division wall** *n ArCo* Trennwand (f); im Unterschied zur → partition wall trennt die Wand hier ein Gebäude in zwei verschiedene Hälften; für den Feuerschutz relevant

d

divisional board of management *n* Bereichsvorstand (m); **divisional court** *n Law* Abteilungsgericht (n), Rechtsmittelkammer (f)

DIY → do-it-yourself

dock *n* Anklagebank (f); Kai (m)

dock-high building *n ArCo* Gebäude, dessen Hauptgeschoss auf der Höhe der Ladeplattform eines Lkw liegt; zum effizienten Be- und Entladen

document *n* Akte (f), Beleg (m), Dokument (n), Abrechnungsbeleg (m); **document of title** *n Law* Eigentumsurkunde (f), urkundlicher Rechtstitel (m)

doing business as (DBA) *n (US)* US-amerikanische Bezeichnung für „Firmenname"

do-it-yourself (DIY) *n* Heimwerken (n); **do-it-yourself centre** *n Ret (GB)* Baumarkt (m), Heimwerkermarkt (m); *Syn.: DIY centre*; **do-it-yourself market** *n Ret* Baumarkt (m); **do-it-yourself retail warehouse** *n Ret* Heimwerkermarkt (m); **do-it-yourself store** *n Ret* Heimwerkergeschäft (n)

domain *n* Domäne (f)

dome *n ArCo* Kuppel (f)

domestic *adj* intern; inländisch; einheimisch; **domestic boiler installation** *n* Haus-Kesselanlage (f); **domestic consumption** *n* Inlandsverbrauch (m); **domestic currency** *n* Inlandswährung (f); **domestic demand** *n* interne Nachfrage (f); **domestic fixtures** *ArCo* → tenant's fixtures; **domestic fuel** *n* Hausbrand (m) (in Einzelfeuerungen eingesetzte Brennstoffe); **domestic investment** *n* Inlandsinvestition (f); **domestic market** *n* Inlandsmarkt (m); **domestic securities** *n/pl* inländische Wertpapiere (npl); **domestic tax law** *n* innerstaatliche Steuerrechtsvorschriften (fpl); **domestic waste** *n* Hausmüll (m); **domestic wastewater** *n* normales Abwasser (n); nicht industrielles Abwasser; **domestic water meter** *n* Hauswasserzähler (m)

domicile *n* Haus (n); Wohnsitz (m), Domizil (n)

domiciled *adj* wohnhaft, ansässig; beheimatet

dominant estate *n Law* herrschendes Grundstück (n); dem jeweiligen Eigentümer eines herrschenden Grundstücks werden einzelne Rechte bzw. Grunddienstbarkeiten (easements) am dienenden Grundstück (servient estate) eingeräumt; *Syn.: superior estate*; *Ant.: servient estate*; **dominant tenement** *n Law* → dominant estate

dominating influence *n* beherrschender Einfluss (m)

dominion *n* Herrschaftsgebiet (n); Herrschaft (f)

dominium utile *n Law (sco.)* Herrschaft (f) durch Gebrauch; Nutzungsrecht eines Lehnsmanns unter dem Feudalsystem – wie zwischen Vermieter und Mieter

donation *n* Geldspende (f), Stiftung (f); Zuwendung (f)

door *n* Tür (f); Tor (n); **door accessories** *n/pl* Türzubehör (n); **door bolt** *n* Türriegel (m); **door case/casing** *n (US)* Türfutter (n), Türzarge (f); **door closer** *n* Türschließer (m); **door fittings** *n/pl* Türbeschläge (mpl); **door frame** *n* Türrahmen (m), Türzarge (f); **door handle** *n* Griff (m); **door hinge** *n* Türangel (f); **door knocker** *n* Türklopfer (m); **door lintel** *n* Türsturz (m); **door opener** *n* automatischer Türöffner (m) (z.B. bei einer Garage); **door sill** *n* Türschwelle (f); **doorstop** *n* Türstopper (m); **door viewer** *n* Türspion (m); *Syn.: judas hole, spy hole*; **doorway** *n* Türöffnung (f)

dormant partner *n Law* stiller Gesellschafter (m); stiller Teilhaber (m); → silent partnership

dormer *n ArCo* Gaube (f), Gaupe (f), Dachfenster (n); **dormer window** *n* Gaubenfenster (n), Dach(gauben)fenster (n)

dormitory *n* (Studenten-) Wohnheim (n), Schlafsaal (m); **dormitory town** *n* Schlafstadt (f)

dotted *adj* punktiert

double *adj* doppelt; **double agency** *Mkt* → dual agency; **double bedroom** *n* Doppelzimmer (n); **double compensation** *n* Doppelentschädigung (f); **double door** *n* zweiflügelige Tür (f); **double exemption** *n* Doppelfreistellung (f); **double-flight staircase** *n* zweiläufige Treppe (f); **double floor** *n* Doppelboden (m); **double garage** *n* Doppelgarage (f); **double glazing** *n ArCo* Doppelverglasung (f), Isolierverglasung (f); **double-hung window** *n ArCo* Vertikalschiebefenster (n); beide Flügel lassen sich verschieben; **double insurance** *n Law* Doppelversicherung (f), Überversicherung (f)

double-layered *adj* zweilagig

double-net lease *n Law (US)* Mietvertrag(sverhältnis), bei dem der Mieter für alle Betriebs- und Bewirtschaftungskosten, der Vermieter für Instandhaltung und Wartung aufkommt; *Syn.: net-net lease*; **double non-taxation** *n* Doppel-Nichtbesteuerung (f); **double option** *n Fin* Stellage (f); **double pitch roof** *n ArCo* Satteldach (n); **double residency** *n* Doppelansässigkeit (f); *Syn.: dual residency*; **double room** *n* Doppelzimmer (n); **double-sash window** *n* zweiflügeliges Vertikalschiebefenster (n); **double sinking fund method** *n Val (GB)* Methode für die Bewertung von → leasehold interests mit variablem Ertrag, die durch die Anwendung von doppelten Tilgungsraten (einer der Tilgungsfonds wird nachher abgezogen) Fehler in der normalen Bewertungsmethode (mit Steuerabzug) kompensiert; → sinking fund method; **double swing door** *n* zweiflügelige Pendeltür (f)

double taxation *n Tax* Doppelbesteuerung (f); **double taxation agreement** *n* Doppelbesteuerungsabkommen (n) (DBA); *Syn.: double taxation convention (DTC)*; **double taxation convention (DTC)** *Tax* → double taxation agreement

double tax burden *n* steuerliche Doppelbelastung (f); **double window** *n ArCo* (twin) zweiflügeliges Fenster (n); (double-glazed) Doppelfenster (n)

doubt *v/t* anzweifeln, bezweifeln; **doubtful accounts** *n/pl* dubiose Forderungen (fpl); **doubtful accounts receivable** *n/pl* Forderungsausfälle (mpl), zweifelhafte Forderungen (fpl)

dovetail joint *n ArCo* Schwalbenschwanzverbindung (f)

dowel *n* Dübel (m)

dower *n Law* Mitgift (f); natürliche Gabe (f)

downflow heater *n* Ventilatorheizung (f)

downgrading *n* Abgruppierung (f)

down payment *n Fin* Anzahlung (f)

downpipe *n ArCo* Fallrohr (n), Fallleitung (f)

downside *n* Kehrseite (f), Nachteil (m); **downside risk** *n Val* Risiko einer Abwärtsbewegung (z.B. von Immobilienpreisen); *Ant.: upside potential*

downspout *n ArCo* Überlauf (m); Überlaufrohr (n)

downstand beam *n* Unterzug (m)

downswing *n* Abschwung (m)

downtime costs *n/pl* Leerlaufkosten (pl), Stillstandskosten (pl)

downtown *n (US)* Innenstadt (f)

downtrend *n* fallende Tendenz (f); *Syn.: downward tendancy; downward trend*

downward trend *n* → downtrend

downzoning *n Plan* Änderung der Flächennutzungsplanung, die in einer geringeren → residential density resultiert; *Ant.: upzoning*

dowry *n Law* Mitgift (f), Aussteuer (f)

DPM *Fin* → deferred-payment mortgage

draft *n* Konzept (n); Skizze (f), Entwurf (m); **draft agreement** *n* Vertragsentwurf (m)

draft *v/t* entwerfen; **drafting table** *n* Zeichenbrett (n); Reißbrett (n)

draftsman *n (US)* technischer Zeichner (m); *Syn.: draughtsman (GB)*

dragnet clause *n Fin (US)* Sammelklausel (f), Generalklausel (f); *Syn.: Anaconda clause*; → Mother Hubbard Clause

dragon tie *n* Querband (n)

drain *n ArCo* Ablauf (m); Rinne (f); Kanal (m); Ablasskanal (m), Kanalisationsrohr (n); **drain cock** *n* Ablasshahn (m); **drain pipe** *n* Abflussrohr (n), Entwässerungsleitung (f)

drain *v/i* ablaufen (eines Abwassers)

drainage *n* Dränung (f), Drainage (f), Entwässerung (f), Entwässerungsanlage (f), Kanalisation (f); **drainage gutter** *n* Abflussrinne (f); **drainage trench** *n* Drainagegraben (m)

draining *n* Entleerung (f); **draining board** *n* Ablaufplatte (f)

drainlayer *n* Rohrleger (m)

draught *n* Zugluft (f); *Syn.: draft (US)*; **draught excluder** *n* Zugluftschutz (m); **draught lobby** *n* Windfang (m)

d

d

draughtsman *n (GB)* technischer Zeichner (m); *Syn.: draftsman (US)*
draw *v/t* zeichnen, ziehen; **draw down** *v/t Fin* in Anspruch nehmen
drawback *n* Nachteil (m)
drawer *n* Schublade (f)
drawing *n* Plan (m), Unterschriftsleistung (f), Zeichnung (f), Ziehung (f); **drawing to scale** *n* maßstabsgerechte Zeichnung (f)
drawing area *n Ret (US)* Einzugsgebiet (n), Kundeneinzugsgebiet (n); *Syn.: catchment area*; **drawing power** *n Ret* Anziehungskraft (f); Fähigkeit, Kunden anzulocken
drawing-up *n* Aufstellung (f), Ausfertigung (f), Tabelle (f), Übersicht (f)
draw request *n Fin (US)* Zeitplan eines Projektentwicklers, der aufzeigt, in welchem Projektentwicklungsstadium Bedarf für eine Kreditinanspruchnahme besteht
draw upon *v/t* verfügen (über)
DRC *Val* → depreciated replacement cost
dressing room *n* Ankleidezimmer (n)
dressing table *n* Frisiertisch (m), Kommode (f)
drift to the cities *n* Landflucht (f)
driftway *n* (veraltet) Triftweg (m), Auftriebsweg (m); heutzutage in GB sind viele davon unter dem Countryside and Rights of Way Act 2000 entw. als → bridleway oder → green lane klassifiziert; *Syn.: drove road*
drill hole *n* Bohrung (f)
drilling machine *n* Bohrmaschine (f)
drill track *n* Spur in einem Rangierbahnhof, die der Sortierung von Wagen (bes. Güterwagen) dient
drinking water *n* Trinkwasser (n); **drinking water protection area** *n* Trinkwasserschutzgebiet (n), Wasserschutzgebiet (n)
drip moulding *n* Regenleiste (f)
drive *n* Einfahrt (f); Fahrweg (m)
drive-by appraisal *n Val* Schätzung eines unabhängigen Gutachters, die hauptsächlich auf kürzlich verkauften Vergleichsobjekten basiert; *Syn.: limited appraisal*
DRM *Fin* → direct reduction mortgage
drop *n* Rückgang (m); **drop in price** *n* Preisrückgang (m), Preisrücknahme (f)
drop dead fee *n Fin (GB)* mit einer Finanzinstitution vereinbarte Gebühr, die nur in dem Falle bezahlt wird, dass das Geschäft – z.B. eine Übernahme oder Fusion – nicht zustande kommt; **drop latch** *n* Fallenriegel (m) (Schloss); **drop lock** *n Fin* Vereinbarung bzw. Klausel, dass der Zinssatz bei einer zinsvariablen Finanzierung fixiert wird, sobald er unter ein bestimmtes Niveau fällt; **drop-lock loan** *n Fin* zinsvariables Darlehen, das bei Überschreiten eines bestimmten Zinssatzes in ein Festzinsdarlehen umgewandelt wird
drop *v/i* abflauen
drove road *n* (veraltet) Triftweg (m), Auftriebsweg (m); heutzutage in GB sind viele davon unter dem Countryside and Rights of Way Act 2000 entweder als → bridleway oder → green lane klassifiziert; *Syn.: driftway*
drug store *n* Drogeriemarkt (m)
dry *adj* trocken; **dry construction** *n Fin* Trockenbauweise (f); **dry lining** *n ArCo* Trockenputz (m); Vorsatzschale (f), Verkleidung (f) (meistens Gipskarton); **dry lining system** *n ArCo* Trockenputzsystem (n); Gipskarton-Vorsatzschale (f); **dry mortgage** *n Fin* Darlehen (n) ohne Rückgriffmöglichkeit; *Syn.: non-recourse loan*; **dry perils** *n/pl Law* Katastrophen ohne Wasserschäden; Explosionen, Überschallknall, Flugzeugabstürze, Tumulte, Erdbeben- und/oder Feuerschaden; *Syn.: catastrophe perils (UK)*; **dry rot** *n ArCo* Trockenfäule (f), Hausschwamm (m); *Syn.: sap rot, powder post (US)*; **dry trust** *Law* → bare trust
drying times *n/pl* Trockenzeiten (fpl)
drywall construction *n ArCo* Trockenwandbauweise (f)
DS1 (Land Registry Form) *Law (GB)* Antragsformular des britischen Land Registry (Grundbuchamt) für die Löschung eingetragener Reallasten oder Grundbuchschulden
DS3 (Land Registry Form) *Law (GB)* Antragsformular des britischen Land Registry für die Befreiung eines Teils eines Grundstücks von einer eingetragenen Reallast oder Grundschuld
DSCR → debt service coverage ratio
DTA *Tax* → double taxation agreement
DTC *Tax* → double taxation convention
dual *adj* doppelt, zweierlei; **dual accounting system** *n* dualistisches System (n), Zweikreissystem (n); **dual agency** *n Mkt* Doppelmakler (m); Makler ist für beide Parteien des Vertragsabschlusses tätig; in

manchen US-amerikanischen Staaten illegal; *Syn.: divided agency, double agency*; **dual contract** *n Law* zwei Verträge für eine Transaktion; häufig um eine höhere Fremdfinanzierung zu ermöglichen

dual rate *n* Dualzins (m); **dual-rate capitalization factor** *Val* → dual rate years' purchase; **dual rate method** *n Val (GB)* Dualrenditeverfahren (n); Sondermethode für die Bewertung von → leasehold interests; bei der Bewertung werden zwei Renditen einbezogen: die sog. → remunerative rate (lohnende Rendite) und eine niedrigere → accumulative rate (kumulative Rendite – ggf. nach Steuer), um die Eigenschaften des Erbbaurechtes als (relativ) kurzlebiges Wirtschaftsgut durch Amortisierung zu berücksichtigen; **dual rate tables** *n/pl Val (GB)* Dualzinstabellen (fpl); Bewertungstabelle, die im Rahmen der → dual rate method Anwendung findet; **dual rate years' purchase** *n Val (GB)* Vervielfältiger (Ergebnis von zwei Renditen), der im Rahmen der → dual rate method angewendet wird

dual residence *n* Doppelwohnsitz (m); **dual residence company** *n* an zwei Orten ansässige Gesellschaft (f)

dubitante *n Law (lat.)* Anzweiflung (f) der Entscheidung/des Urteils

duck pond *n* Ententeich (m)

duct *n ArCo* Schacht (m); Rohr (m); Führung (f); Kabelkanal (m); Kühlluftdurchführung (f); **duct cover** *n* Kanaldeckel (m); **duct cross-section** *n* Kanalform (f), Kanalquerschnitt (m)

due *adj* fällig; ordnungsgemäß; **due for demolition** *adj* abbruchreif; **due-on-sale clause** *n Law* Klausel „fällig bei Verkauf“; Klausel in einem Darlehensvertrag, dass beim Verkauf der besicherten Immobilie eine sofortige Tilgung/Rückzahlung des Darlehens zu erfolgen hat

due bill (of exchange) *n* fälliger Wechsel (m); **due date** *n* Fälligkeitstag (m), Fälligkeitstermin (m); Verfallszeit (f); Rückgabetermin (m); Zahlungsziel (n); **due diligence** *n* Due Diligence (f), detaillierte Untersuchung (f), sorgfältige Prüfung (f), Kaufprüfung (f); erforderliche Sorgfalt (f); verkehrsübliche Sorgfalt (f)

dull market *n* flauer Markt (m)

dullness *n* Flaute (f)

dummy company *n* Scheingesellschaft (f); **dummy transaction** *n* Scheingeschäft (n)

dump *n* Müllhalde (f), Deponie (f); **dump category** *n* Deponieklasse (f); **dump volume** *n* Deponievolumen (n)

dumping *n* (underselling) Preisschleuderei (f); (fly-tipping) (illegales) Schuttabladen (n)

dumpy level *n ArCo* Nivellierinstrument (n), Nivellierwaage (f)

dun *v/t* mahnen; **dunning letter** *n* Mahnbrief (m); **dunning procedures** *n/pl* Mahnverfahren (n/npl)

duplex *n (US)* Doppelhaus (n), Zweifamilienhaus (n); **duplex apartment** *n* Wohnung (f) in zwei Stockwerken; **duplex house** *n ArCo (US)* Doppelhaus (n), Zweifamilienhaus (n); *Syn.: semi-detached (UK)*

duplicate *n* Zweitschrift (f)

duplicator *n* Kopierer (m), Vervielfältiger (m)

durability test *n* Haltbarkeitsprüfung (f)

duration *n* Laufzeit (f); Dauer (f); **duration curve** *n* Dauerlinie (f)

duress *n Law* Nötigung (f), Zwang (m)

dust *n* Staub (m)

Dutch auction *n Mkt* holländische Auktion (f); Versteigerung mit laufend erniedrigtem Angebotspreis; Auktion, bei der der Angebotspreis so lange reduziert wird, bis das erste Gebot abgegeben wird; zu diesem Preis findet auch der Verkauf statt

duty *n* Pflicht (f); Abgabe (f), Gebühr (f), Zoll (m); **duty of care** *n Law* Sorgfaltspflicht (f); **duty of discretion** *n* Schweigepflicht (f); **duty to cooperate** *n* Mitwirkungspflicht (f); **duty to disclose** *n* Anzeigepflicht (f); **duty to investigate** *n* Nachforschungspflicht (f); **duty to provide advice** *n* Beratungspflicht (f); **duty to supply information** *n* Informationspflicht (f); **duty to warn** *n* Warnpflicht (f)

dwarf wall *n ArCo* halbhohe Wand (f); Gartenmauer (f); **dwarf wall (conservatory)** *n ArCo (GB)* Wintergarten (f) mit einer niedrigen Backsteinmauer als Basis; *Syn.: conservatory with dwarf wall*

dwell *v/i* wohnen

dwell time *n* Verweilzeit (f)

dwelling *n* Wohnsitz (m); Wohnung (f), Unterkunft (f); **dwelling house** *n* Wohn-

d

haus (n), Wohngebäude (n); **dwelling premises** *n/pl* Wohngrundstück (n), Wohngebäude (n); **dwelling unit** *n* Wohneinheit (f)

dyeworks *n/pl* Färberei (f)

dynamic financial analysis (DFA) *n* dynamische Finanz-Analyse (f)

dynamization *n* Dynamisierung (f)

E

EA → environmental assessment

early loan repayment *n Fin* vorfällige Tilgung (f) eines Darlehens; **early occupancy** *n* Bezug (m) vor Transaktionsabschluss; **early redemption charge** *n Fin* Vorfälligkeitsentschädigung (f); Strafe, die bei vorzeitiger Darlehenstilgung an den Darlehensgeber gezahlt werden muss; *Syn.: early repayment penalty, prepayment penalty, prematurity compensation, payoff penalty, break costs;* **early repayment penalty** *n Fin* → early redemption charge

earmark *v/t* kennzeichnen, bestimmen (als), vorsehen (für)

earnest money *n Mkt* Draufgeld (n); Handgeld (n); typischerweise 0,5 bis 1,5% des Kaufpreises (je nach Interesse des Käufers); falls der Kauf nicht zustande kommt, ist der Verkäufer berechtigt, earnest money einzubehalten; **earnest money account** *n Mkt (US)* Kundenkonto (n), Anderkonto (n); *Syn.: client trust account*; **earnest money contract** *n Mkt (US)* schriftliches Kaufangebot mit nicht rückzahlbarem Draufgeld, falls das Kaufangebot wieder zurückgezogen wird

earning capacity value *n* Ertragskraft (f); (US) Ertragswert (m), Investitionswert (m), bes. bei der Steuerschätzung von landwirtschaftlich genutzten Flächen auf Basis der Rentabilität; **earning power** *n* Ertragskraft (f); **earning value** *n* Ertragswert (m)

earnings *n/pl* Einkommen (n), Einkünfte (pl); Reingewinn (m), Gewinn (m), Ertrag (m); **earnings available for distribution** *n/pl* ausschüttungsfähiger Gewinn (m); **earnings before interest, taxes, depreciation and amortization (EBITDA)** *n/pl* Jahresüberschuss (m) vor Steuern, Zinsen und Abschreibungen; operatives Ergebnis (n); **earnings before interest and taxes (EBIT)** *n/pl* Gewinn (m) vor Zinsaufwand und Steuern; **earnings from continuing operations before interest and taxes** *n/pl* Ergebnis (n) aus laufender Geschäftstätigkeit vor Zinsen und Steuern; **earnings per share** *n/pl* Ergebnis (n) je Aktie

earnings approach *Val (US)* → income capitalization approach; **earnings multiplier** *n Val* Ertragsvervielfältiger (m); **earnings stripping rules** *npl Tax* Zinsschrankenregelung (f); **earnings yield** *n Fin, Val* Verhältnis zwischen Gewinn pro Aktie (earnings per share) und Aktienkurs; Kehrwert der price-earnings ratio (P/E ratio)

earth *n* Erde (f); **earth covering** *n* Erdüberdeckung (f); **earth dam** *n* Erddamm (m); **earth thrust** *n* Erddruck (m)

earthenware *n* Steingut (n); **earthenware pipe** *n* Tonrohr (n)

earthing *n* Einerdung (f), Erdung (f)

earth-moist *adj* erdfeucht

earthquake *n* Erdbeben (n)

earthworks *n/pl* Erdarbeiten (fpl)

ease of assembly *n* leichte Montage (f); **ease of reading** *n* Ablesekomfort (m)

easement *n Law* Grunddienstbarkeit (f), Dienstbarkeit (f), Nutzungsrecht (n); **easement by implied grant** *n Law* Grunddienstbarkeit (f) durch stillschweigende Bewilligung; z.B. ist im Falle eines umschlossenen Grundstücks (ohne Zugang) ein Wegerecht impliziert; **easement by prescription** *n Law* Grunddienstbarkeit (f) durch Ersitzung; → adverse possession; **easement in gross** *n Law* beschränkte persönliche Dienstbarkeit (f)
easement of access *n Law (US)* Wegerecht (n); Recht (n) des freien Zugangs; **easement of convenience** *n Law* Dienstbarkeit (f) zur Nutzungssteigerung; **easement of light** *Law* Recht auf Licht; **easement of necessity** *n Law* notwendige Dienstbarkeit (f); für die Nutzung des beherrschenden Grundstücks unbedingt notwendige Grunddienstbarkeit; *Syn.: easement by (way of) necessity*; **easement of support** *Law* → right of support; **easement of way** *n* Wegerecht (n); *Syn.: right of way*

eastern townhouse *n ArCo (US)* typisches Reihenhaus aus dem 19. Jahrhundert

easy finance *n* bequeme Finanzierung (f)

easy to use *adj* benutzerfreundlich

eat-in kitchen *n* Wohnküche (f)

eave drip *n ArCo (US)* Trauf(en)brett (n); *Syn.: fascia board*

eaves *n/pl ArCo* Traufe (f), Dachtraufe (f), Dachvorsprung (m); **eaves board** *n* Traufbohle (f); **eavesdrop** *n (sco.)* enger Raum zwischen zwei Gebäuden, der dazu dient, Regen von den Dachtraufen abfließen zu lassen; eavesdropping bedeutet auch „lauschen", da der Zwischenraum sich ideal zum Abhören von Gesprächen eignete; **eaves flashing** *n* Traufblech (n); **eaves gutter** *n* Traufrinne (f), vorgehängte Dachrinne (f); **eaves height** *n* Traufhöhe (f); **eaves purlin** *n* Fußpfette (f); **eaves trough** *n ArCo (US)* Ablaufrinne (f), Dachrinne (f), Regenrinne (f); *Syn.: rain gutter*

EBIT *Fin* → earnings before interest and taxes; **EBIT interest coverage** *n* Zinsdeckung (f) durch Ergebnis aus laufender Geschäftstätigkeit vor Zinsen und Steuern

EBITDA *Fin* → earnings before interest, taxes, depreciation and amortization

eccentric *adj* exzentrisch, außermittig

ecclesiastical benefice *n Law (GB)* kirchliche Pfründe (pl); kirchliches Benefizium (n); Ausstattung eines geistlichen Amtes mit Landbesitz und Einkünften; *Syn.: benefice*; **ecclesiastical property** *n* Immobilien im Eigentum der Kirche

ECOA *Law (US)* → Equal Credit Opportunity Act

ecological *adj* ökologisch; **ecological awareness** *n* Umweltbewusstsein (n); **ecological disaster** *n* ökologischer Zusammenbruch (m), Umweltkatastrophe (f); **ecological factor** *n* Umweltfaktor (m); **ecological menace** *n* Umweltgefahr (f)

ecologically acceptable *adj* umweltverträglich; **ecologically harmful** *adj* umweltfeindlich

ecology *n* Ökologie (f), Umwelt (f)

economic *adj* ökonomisch, wirtschaftlich; **economic activity** *n* wirtschaftliche Tätigkeit (f); **economic administration** *n* Wirtschaftsverwaltung (f); **economic affairs** *n/pl* Wirtschaftsgeschehen (n); **economic analysis** *n* wirtschaftliche Betrachtungsweise (f), Wirtschaftlichkeitsanalyse (f); **economic and social committee** *n* Wirtschafts- und Sozialausschuss (m); **economic area** *n* Wirtschaftsgebiet (n); **economic base** *n Econ* wirtschaftliche Grundlage (f) wirtschaftliche Basis (f); z.B. Wertschöpfungsbasis einer Stadt oder Region; **economic behaviour** *n* wirtschaftliches Verhalten (n); **economic benefit** *n* wirtschaftlicher Nutzen (m), wirtschaftlicher Vermögensvorteil (m); **economic calculation** *n* Rentabilitätsrechnung (f), Wirtschaftlichkeitsrechnung (f); **economic characteristic** *n* Wirtschaftsmerkmal (n), wirtschaftliches Merkmal (n); **economic crisis** *n* Wirtschaftskrise (f); **economic data** *n/pl* Wirtschaftsdaten (pl); **economic development** *n* wirtschaftliche Entwicklung (f); **economic double taxation** *n* wirtschaftliche Doppelbesteuerung (f); **economic downswing** *n* wirtschaftlicher Abstieg (m), Wirtschaftsabschwung (m); **economic efficiency** *n* Wirtschaftlichkeit (f); **economic entity** *n* wirtschaftliche Einheit (f); **economic environment** *n* (gesamt)wirtschaftliches Umfeld (n); **economic feasibility analysis** *n* → feasibility study; **economic feasibility study** *n* → feasibility study; **economic force** *n* Wirtschaftsgewalt (f); **economic forecast** *n* Konjunkturprognose (f); **economic forecast data** *n/pl* volkswirtschaftliche Prognosedaten (pl); **economic goal** *n* wirtschaftspolitisches Ziel (n); **economic growth** *n* Wirtschaftswachstum (n); **economic integration** *n* wirtschaftliche Eingliederung (f); **economic law** *n* Wirtschaftsrecht (n); **economic life** *n* Nutzungsdauer (f), betriebsgewöhnliche Nutzungsdauer (f), wirtschaftliche Nutzungsdauer (f), Wirtschaftsleben (n), Lebensdauer (f) baulicher Anlagen; *Syn.: useful life*; **economic life-time** *n PfoMgt* wirtschaftliche Lebensdauer (f); **economic limit** *n* wirtschaftliche Grenze (f); **economic loss** *n* Vermögensschaden (m); **economic matters** *n/pl* Wirtschaftsgeschehen (n); **economic outlook** *n* wirtschaftliche Perspektive (f); **economic ownership** *n* wirtschaftlicher Besitz (m), wirtschaftliches Eigentum (n); **economic performance** *n* wirtschaftliches Ergebnis (n), Wirtschaftsleistung (f); **economic planning** *n* Wirtschaftsplanung (f); **economic policy** *n* Wirtschaftspolitik (f); **economic power** *n* Wirtschaftskraft (f); **economic procedure** *n* betriebswirtschaftliches Verfahren (n); **economic recovery** *n* Wirtschaftsbelebung (f); **economic reform** *n* Wirtschaftsreform (f); **economic region** *n* Wirtschaftsraum (m); **economic relations** *n/pl* Wirtschaftsbeziehungen (fpl); **economic rent** *n* Marktmiete (f); auf dem freien Markt erzielbare Miete; *Ant.: cost rent*; **economic research** *n* Wirtschaftsforschung (f); **economic sector** *n* Wirtschaftssektor (m); **economic situation** *n* Konjunktur (f); **economic structure** *n* Wirtschaftsstruktur (f); **economic system** *n* Wirtschaftssystem (n); **economic targets** *n/pl* wirtschaftspolitische Ziele (npl); **economic theory** *n* volkswirtschaftliche Theorie (f); **economic trend (of a region)** *n* (regionaler) Konjunkturverlauf (m); **economic unit** *n* Wirtschaftseinheit (f); **economic unity** *n* wirtschaftliche Einheit (f); **economic upswing** *n* wirtschaftlicher Aufstieg (m), Wirtschaftsaufschwung (m); *Syn.: economic upturn*; **economic upturn** *n* → economic upswing; **economic value** *n* wirtschaftlicher Wert (m), objektiver Wert (m); auf ökonomischen Faktoren basierender Wert eines Grundstücks

economical *adj* sparsam, wirtschaftlich; **economically dependent** *adj* wirtschaftlich abhängig; **economically independent** *adj* wirtschaftlich selb(st)ständig; **economically undeveloped area** *n* strukturschwaches Gebiet (n)

economics *n/pl* Volkswirtschaftslehre (f)

economy *n* optimale Ressourcen-Allokation (f), sparsame Bewirtschaftung (f), Sparsamkeit (f), Volkswirtschaft (f), Wirtschaft (f), Wirtschaftlichkeit (f); **economy as a whole** *n* Gesamtwirtschaft (f)

economies of agglomeration *n/pl Econ* Agglomerationseffekte (mpl), Skaleneffekte (mpl) durch Anhäufung; **economies of scale** *n/pl* Größendegression (f), Größenvorteile (mpl), Skaleneffekte (mpl); **economies of scope** *n/pl* Verbundvorteile (mpl)

ecosystem *n* Ökosystem (n)

edge *n* Rand (m), Seite (f); **edge of the forest** *n* Waldrand (m)

edge plate *n* Türkantenschoner (m); **edge strip** *n* Umleimer (m)

edifice *n* Gebäude (n)

edit *v/t* bearbeiten, behandeln

editor *n* Herausgeber (m)

education *n* Ausbildung (f), Bildung (f)

EEC → European Economic Community

effect *n* Wirkung (f); **effects** *n/pl* Effekten (pl), Vermögenswerte (mpl)

effect of a contract *n* Wirkung (f) eines Vertrages; **effect on third parties** *n* Wirkung (f) gegenüber Dritten

effective *adj* wirkungsvoll, wirksam, effektiv; **effective for tax purposes** *adj* steuerlich anerkannt

effective annual yield *n* jährliche Effektivverzinsung (f); **effective date** *n* erstmaliger Anwendungszeitpunkt (m), Zeitpunkt (m) des In-Kraft-Tretens; **effective demand** *n* wirksame Nachfrage (f); **effective depth** *n* Nutzhöhe (f); **effective floor area** *n* effektiv nutzbare Fläche (f), Nettonutzfläche (f) (DIN); → net internal area, net usable area; **effective gross income (EGI)** *n Fin, Val* effektive Bruttomieteinnahmen (fpl); erwartete Bruttomieteinnahmen nach Abzügen für Leerstand und Mietausfall; **effective gross income multiplier (EGIM)** *n Fin, Val* effektiver Bruttoeinkommensmultiplikator (m); Verhältnis zwischen Preis bzw. Wert der Immobilie und Bruttomieteinnahmen (effective gross income); **effective gross revenue** *n* effektiver Bruttoertrag (m); **effective height** *n* Nutzhöhe (f); **effective interest method** *n* Effektivzinsmethode (f); **effective interest rate** *n* effektiver Zinssatz (m); **effective interest yield** *n* Effektivverzinsung (f); **effective life** *n* Nutzungsdauer (f); **effective rent** *n Fin, Val* effektive Miete (f); → headline rent (Nominalmiete) nach Anpassungen für → incentives (mietfreie Periode, Ausbau) und/oder ein → premium (Kapitalanzahlung)

effectiveness *n* Wirksamkeit (f), Effektivität (f)

effect payment *v/t* begleichen, bezahlen, Zahlung leisten

efficacy *n* Wirksamkeit (f), positive Wirkung (f)

efficiency *n* Effizienz (f); Leistungsfähigkeit (f); Wirtschaftlichkeit (f); **efficiency apartment** *n (US)* Kleinwohnung (f), Einzimmerwohnung (f), Studio (n); meist mit Schlaf-Wohnzimmereinheit; **efficiency factor** *n* Wirkungsgrad (m); **efficiency ratio** *n* Verhältnis (n) vermietbarer Fläche zur Gesamtgebäudefläche; **efficiency rule** *n* Wirtschaftlichkeitsprinzip (n); **efficiency unit** → efficiency apartment

efficient frontier *n* wirtschaftliche Grenze (f)
efflorescence *n* Ausblühung (f)
effluence *n ArCo* Ausfluss (m)
effluent disposal *n* Abwasserbeseitigung (f)
EGI *Fin, Val* → effective gross income
EGIM *Fin, Val* → effective gross income multiplier
egress *n* Ausgang (m)
EIA → environmental impact assessment
EIS → environmental impact statement
ejusdem generis *Law (lat.)* derselben Art
elapsed time *n* abgelaufene Zeit (f)
elastic foundation *n ArCo* elastische Bettung (f)
elasticity *n* Elastizität (f); **elasticity of demand** *n Econ* elastische Nachfrage (f)
elasto plastic stress *n* elasto-plastische Beanspruchung (f)
elbow *n* Ellbogen (m), Krümmer (m)
elderly housing *n (US)* Seniorenwohnungen (fpl), Seniorenresidenz (f); betreutes Wohnen für ältere Leute; *Syn.: sheltered housing, senior housing*
election *n* Wahl (f)
electric boiler *n* Elektrokessel (m); **electric filter** *n* Elektrofilter (m); **electric hammer** *n* Elektrohammer (m); **electric heating** *n* elektrische Heizung (f); **electric storage heater** *n* Elektrospeicher (m), Nachtspeicher (m); **electric wiring** *n* Elektroverdrahtung (f)
electrical installation *n* Elektroinstallation (f); **electrical superstore** *n* Elektro-Fachmarkt (m)
electrician *n* Elektriker (m)
electricity *n* Strom (m); **electricity costs** *pl* Stromkosten (pl); **electricity network** *n* Stromnetz (n); **electricity supplier** *n* Stromversorgungsunternehmen (n); **electricity utility** *n* Stromversorgungsunternehmen (n)
electro-conductive *adj* elektrisch leitend
electrolyte conductivity *n* Elektrolytleitfähigkeit (f)
electromagnetic distance measurement (EDM) *n* Vermessungstechnik auf elektromagnetischer Basis; **electromagnetic filter** *n* Elektromagnetfilter (m)
electronic data interchange (EDI) *n* elektronischer Datenaustausch (m); **electronic seal** *n* elektronische Plombe (f); **electronic smog** *n* Elektrosmog (m)
eleemosynary corporation *n* → non-profit corporation
element *n* Bauelement (n), Bestandteil (m), Komponente (f); **element of comparison** *n* Vergleichselement (n)
elevated railroad *n (US)* Hochbahn (f); **elevated railway** *n (GB)* Hochbahn (f)
elevation *n ArCo* Ansicht (f); Aufriss (m), Riss (m); Höhe (f); Erhöhung (f); Anhebung (f); Hügel (m)
elevator *n* Aufzug (m); Fahrstuhl (m); **elevator and conveyor systems** *n/pl* Aufzugs- und Förderanlage (f); **elevator equipment** *n* Aufzugsanlage (f); **elevator lobby** *n (US)* Aufzugsvorraum (m); **elevator shaft** *n* Aufzugsschacht (m); **elevator system** *n* Aufzugsanlage (f)
eligibility *n* Eignung (f)
eligible *adj* geeignet, qualifiziert; **eligible as collateral for a loan** *adj Fin* beleihbar **eligible home** *n (US)* förderungswürdiger Wohnraum (m); z.B. für Steuerbegünstigung oder Förderung für ältere oder behinderte Menschen; **eligible investment** *Fin* mündelsichere Anlage (f); → gilt-edged securities; **eligible liabilities** *n/pl Fin (GB)* geeignete reservepflichtige Einlagen; *Syn.: reserve base*
eliminate competition *v/t* Wettbewerb ausschalten
elimination of competition *n* Verhinderung (f), Einschränkung (f) oder Verfälschung (f) des Wettbewerbs
Ellwood technique *n Val* Bewertungstechnik für fremdfinanzierte, Einkommen generierende Immobilien
embankment *n* Aufschüttung (f), Böschung (f), Damm (m)
embedded *adj* fest eingefügt; **embedded derivative** *n* eingebettetes Derivat (n)
emblements *n/pl* Ernte (f) auf dem Halm, Feldfrüchte (fpl); Saatgut (n); auch: Recht des Vorbesitzers/Vorpächters auf die durch seine Arbeit gezogene Ernte, die erst nach Verkauf des Grundstücks/Ende des Pachtverhältnisses geerntet werden kann; *Syn.: fructus industriales*; → way-going crop
embodied energy *n ArCo* Primärenergieinhalt (m)
embody *v/t* verkörpern
emergency *n* Notfall (m); **emergency exit** *n* Notausgang (m); **emergency generator** *n*

Notgenerator (m); **emergency key** *n* Notschlüssel (m); **emergency (escape) lighting** *n* Notbeleuchtung (f), Sicherheitsbeleuchtung (f); **emergency maintenance** *n* Notwartung (f); **emergency passage** *n* Notweg (m); **emergency sale** *n* Notverkauf (m); **emergency stairs** *n/pl* Fluchttreppe (f); **emergency walk** *n* Notweg (m); **emergency water supply** *n* Notwasserversorgung (f); **emergency way** *n* Notweg (m)

emerging market *n* neuer Markt (m); Wachstumsmarkt (m)

eminent domain *n Law (US)* Enteignungsbefugnis (f) des Staates im öffentlichen Interesse; → condemnation (US), compulsory purchase (GB)

emission *n* Emission (f); **emission control** *n* Emissionsüberwachung (f); **emission control law** *n Plan, Law* Emissionsschutzrecht (n); **emission limit** *n* Emissionsgrenzwert (m); **emission ratio** *n* Emissionsgrad (m)

emphasis *n* Schwerpunkt (m)

employ *v/t* beschäftigen, anstellen

employed persons *n/pl* Berufstätige (pl)

employee *n* Arbeitnehmer (m); Beschäftigter (m); **employee benefits** *n/pl* Leistungen (fpl) an Arbeitnehmer; **employee numbers** *n/pl* Anzahl (f) der Arbeitnehmer; **employee retirement income security act (ERISA)** *n (US)* Gesetz zum Schutz von Anspruchsberechtigten von Pensionsplänen

employer *n* Arbeitgeber (m), Auftraggeber (m); **employer's loan** *n* Arbeitgeberdarlehen (n); **employer's payroll taxes and social security contributions** *n/pl* Arbeitgeberanteil (m); Lohnsteuer und Sozialabgaben; **employer's reference** *n (GB)* Arbeitszeugnis (n), Zeugnis (n)

employment *n* Beschäftigung (f), Tätigkeit (f); **employment of outside experts** *n* Hinzuziehung (f) von Sachverständigen **employment analysis** *n* Beschäftigungsanalyse (f); **employment history** *n* beruflicher Werdegang (f)

empower *v/t* ermächtigen, in Auftrag geben; **empowered** *adj* befugt

empty building plot *n* Baulücke (f); *Syn.: empty site*

emptying *n* Entleerung (f)

empty nesters *n/pl (US)* Ehepaar, dessen Kinder schon ihren eigenen Haushalt etabliert haben; wichtiger Anteil der Nachfrage nach kleineren Häusern oder Wohnungen

empty rate *n Tax* → unoccupied rate

empty site *n* → empty building plot

emulsion membrane *n* Emulsionshaut (f); **emulsion paint** *n* Emulsionsfarbe (f)

enabling declaration *n (US)* Vereinbarung, die die Verwaltung eines condominium (Eigentumswohnung) regelt; z.B. Verteilung der Instandhaltungskosten, Stimmrechte der Wohnungseigentümer etc.; **enabling work** *n ArCo* Vorbereitungsarbeiten (fpl), vorbereitende Maßnahmen (fpl); insbesondere im Zusammenhang mit Projektentwicklungen

enact *v/t* erlassen, gesetzlich verfügen

enactment *n Law* Inkraftsetzung (f); Erlass (m); Verfügung (f)

enamel paint *n* Lackfarbe (f)

en-bloc sale *n* En-bloc-Verkauf (m); zumeist Verkauf eines ganzen Wohngebäudes (mehrere Wohnungen) oder Wohnimmobilienportfolios

enclave *n* Enklave (f)

enclose *v/t* beifügen; umzäunen; **enclosing wall** *n ArCo* Umfassungsmauer (f); *Syn.: enclosure wall*

enclosure *n (GB)* Umbauung (f), umbauter Raum (m); Einzäunung (f), Umzäunung (f); Einfriedung (f) von Gemeindeland; Anlage (f); **enclosure wall** *n ArCo* Einfriedungsmauer (f), Umfassungswand (f)

encompass *v/t* einschließen, enthalten

encroachment *n Law* Eingriff (m); Übergriff (m); Beeinträchtigung (f); unbefugtes Eindringen (n); *Syn.: incroachment*

encumber *v/t* belasten, hypothekarisch belasten; **encumber real property** ein Grundstück belasten

encumbered *adj* belastet, hypothekarisch belastet

encumbrance *n Law* Last (f), Belastung (f); **encumbrance of land** *n* Grundstücksbelastung (f); **encumbrance on property** *n* Grundpfandrecht (n); **encumbrance with a mortgage** *n Fin, Law* Hypothekenbelastung (f)

encumbrancer *n Fin* Hypothekengläubiger (m)

end *n* Ende (n); **end of year (EOY)** *n* Jahresende (n); Jahresabschluss (m); **end-of-year bonus** *n* Abschlussvergütung (f)

end loan *n Fin, Val* Ersatz eines kurzfristigen Baudarlehens (→ construction loan) durch ein langfristiges Darlehen; **end money** *n Dev* Sicherheitsreserve (f); für den Fall, dass tatsächliche Baukosten die Kostenschätzung überschreiten; **end nozzle** *n* Endauslauf (m); **end sleeve** *n* Abschlussmuffe (f); **end socket** *n* Abschlussmuffe (f); **end user** *n* Endverbraucher (m); **end value** *n* Endwert (m)

e

endogeneity *n Econ* Endogenität

endogenous *adj Econ* endogen

endorse *v/t* indossieren; **endorsable securities** *n/pl* indossable Wertpapiere (npl)

endorsement *n Fin* Indossament (n); (approval) Billigung (f); Anerkennung (f), (confirmation) Bekräftigung (f); (annotation) Vermerk (m)

endorser *n* Indossant (m)

endowment *n Fin, Law* Schenkung (f), Stiftung (f), Stiftungskapital (n); Ausstattung (f) mit Vermögenswerten; **endowment fund** *n Fin* Fonds (m); Stiftungsfonds (m); Investmentfonds, der eine Institution wie z.B. ein College, ein Museum oder eine Stiftung unterstützt; **endowment (life) insurance** *n* gemischte Lebensversicherung (f), Kapitallebensversicherung (f); Versicherung auf den Todes- und Erlebensfall; **endowment mortgage** *n Fin, Val (GB)* durch eine Lebensversicherung abgesicherte Hypothek, Hypothekendarlehen mit Tilgungssicherung durch Lebensversicherungsvertrag

endurance limit *n* Ermüdungsfestigkeit (f), Materialermüdungsfestigkeit (f)

enduring *adj* dauerhaft, beständig, ausdauernd

energy *n* Energie (f); **energy addition** *n* Energiezufuhr (f); **energy balance** *n* Energiebilanz (f); **energy conservation** *n* Energiesparen (n); *Syn.: energy saving*; **energy consumption** *n* Energieverbrauch (m); **energy contracting** *n* Energiecontracting (n); **energy costs** *n/pl* Energiekosten (pl); **energy efficiency** *n* Energieeffizienz (f), Energieeinsparung (f), rationelle Energieverwendung (f); **energy input** *n* Energieaufwand (m); **energy management** *n ArCo* Energieverwaltung (f); **energy performance certificate** *n* Energieausweis (EG-Richtlinie 2002/91/EG); **energy performance contracting** *n* Energiespar-Contracting (n); **Energy Performance of Buildings (EU Directive 2002/91/EC)** *n Law* Gesamtenergieeffizienz von Gebäuden (EG-Richtlinie 2002/91/EG); **energy policy** *n* Energiepolitik (f); **energy pulse** *n* Energieimpuls (m); **energy resources** *n/pl* Energieressourcen (fpl); **energy saving** *n* Energieeinsparung (f); **energy service contracting** *n* → energy contracting; **energy supply** *n* Energieversorgung (f); **energy tax** *n* Energiesteuer (f)

energy-conscious *adj* energiebewusst

enfeoffment *n Law* (historisch) Handlung oder Instrument, durch das die Rechte an einem Grundbesitz transferiert werden; meist Gewährung einer Fläche durch einen Feudalherrn an seinen Vasallen für feudale Dienste

enforce *v/t* durchsetzen, zwingen

enforceable instrument *n* vollstreckbare Urkunde (f)

enforced *adj* erzwungen

enforcement *n* Erzwingung (f), gewaltsame Durchsetzung (f), Vollstreckung (f) (Urteil); **enforcement fine** *n* Zwangsgeld (n); **enforcement notice** *n Plan, Law* Bescheid der Baubehörde an einen Grundstückseigentümer wegen unzulässiger Bebauung oder Bebauung ohne Baugenehmigung (Schwarzbau)

enfranchisement *n Fin* Übertragung (f) eines Stimmrechts; → leasehold enfranchisement

engineer *n* Ingenieur (m); Techniker (m)

engineering *n* Ingenieurwesen (n), Technik (f); **engineering brick** *n* Hartbrandstein (m), Klinker (m), Klinkerstein (m); **engineering drawing** *n* Zeichnung (f), Plan (m); **engineering insurance** *n* Bauleistungsversicherung (f); Gefahrendeckung für entstehende Bauwerke in der Roh-, Aus- und Umbauphase

engine works *n/pl* Maschinenfabrik (f)

English covenants of title *n/pl Law (US)* historisch: Eigentumsurkunden in den ursprünglich 13 Staaten der USA, die aus der Kolonialzeit stammen; sehr gute Besitztitel

English Partnerships → Commission for the New Towns

engrossment *n Law* Ausfertigung (f), Urkundenausfertigung (f); Urkunde (f)

enhance value *v/t* den Wert steigern

enjoin *v/t* vorschreiben, auferlegen
enjoyment *n Law* Ausübung (f) eines Rechts; Nutzung (f) (einer Immobilie); Freude (f); Genuss (m)
enlarge *v/t* vergrößern; erweitern
enlargement *n* Erweiterung (f), Vergrößerung (f)
enquiry *n* Abfrage (f); Anfrage (f); Ermittlung (f); Prüfung (f); *Syn.: inquiry*
enrichment *n Law* Anreicherung (f); Bereicherung (f)
enrolled agent *n (US)* lizenzierter Steuerexperte (m)
entablature *n ArCo* Gebälk (n)
entail *n Law* (historisch) Erblehen (n), unveräußerliches Erbe (n); *Syn.: fee tail*
entail *v/t* implizieren, mit sich bringen, verbunden sein mit, zur Folge haben; in ein Fideikommiss umwandeln; **entailed estate** *n Law* Fideikommiss (n); Familiengut (n); **entailed interest** *n Law* (historisch) unveräußerliches Erbe (n), Erblehen (n); erbfolgemäßig festgelegter Besitz
enter *n* Eintrag (m); Eingabe (f); *Syn.: entry*
enter *v/t* eintreten, beitreten, eingeben, eintragen; **enter into a contract** einen Vertrag abschließen; **enter into force** in Kraft setzen, in Kraft treten, wirksam werden; *Syn.: come into force*
enterprise *n* Unternehmen (n), Betrieb (m); **enterprise zone** *n (GB)* Fördergebiet (n); ausgewiesenes Gebiet zur Wirtschaftsförderung mit Steuervergünstigungen, Finanzierungsvorteilen etc.
entire floor *n* Vollgeschoss (n); **entire sum** *n* volle Summe (f); **entire tenancy** *n Law* → tenancy in severalty
entirety *n* Ganzheit (f); **entirety value** *n Val, Tax (GB)* Wert (m) der Gesamtheit; Wert des Gesamtrechts (z.B. an einem Objekt mit Mit- oder Teileigentum). Es wird üblicherweise ein Abzug von der arithmetischen Verteilung vorgenommen, um die Nachteile des Miteigentums zu berücksichtigen. Häufig für steuerliche Zwecke angewendet (z.B. Kapitalertragsteuer), besonders bei Teilhaberschaften
entitled *adj Law* befugt, berechtigt
entitlement *n* Anspruch (m), Anrecht (n), Berechtigung (f), Anwartschaft (f)
entity *n* Einheit (f), rechtlich selb(st)ständiges Unternehmen (n), Unternehmen (n)
entrance *n* Eingang (m); Portal (n); Zugang (m); **entrance area** *n* Eingangsbereich (m); **entrance hall** *n* Eingangshalle (f)
entrepreneur *n* Unternehmer (m), Entrepreneur (m), Existenzgründer (m)
entrepreneurial *adj* unternehmerisch; **entrepreneurial incentive** *n* Leistungsanreiz (m) im Unternehmen; **entrepreneurial profit** *n* Unternehmergewinn (m)
entresol *n* Zwischengeschoss (n)
entry *n* Eingang (m), Zugang (m); Eintragung (f); Buchung (f); Ausweisung (f); Beitritt (m); → notice of entry; **entry into the EU** *n* Beitritt (m) zur EU
entry price *n* Aufnahmebetrag (m) einer Schuld, Beschaffungspreis (m) eines Vermögenswertes
enure *v/i Law* in Kraft treten
envelope *n ArCo* Gebäudehülle (f), Ummantelung (f); Verkleidung (f); Sammelbegriff für Außenfassade, Dach, Fenster und Außentüren
environment *n* Umwelt (f); Umfeld (n)
environmental analysis *n* Umfeldanalyse (f); **environmental architecture** *n* landschaftsgebundene Architektur (f); **environmental assessment** → environmental impact assessment (EIA); **environmental audit** *n* Öko-Audit (n), Umweltbetriebsprüfung (f); **environmental compatibility** *n* Umweltverträglichkeit (f); **environmental conditions** *n/pl* Umweltbedingungen (fpl); **environmental disaster** *n* Umweltkatastrophe (f); **environmental impact** *n* Auswirkungen (fpl) auf die Umwelt, Umweltbelastung (f); **environmental impact assessment (EIA)** *n Plan, Dev (GB)* Umweltverträglichkeitsprüfung (f); **environmental impact statement (EIS)** *Plan (US)* Umweltverträglichkeitsstudie (f) *Syn.: environmental impact report*; **environmental impact study** *n* Umweltverträglichkeitsprüfung (f); **environmental law** *n* Umweltrecht (n); **environmental legislation** *n* Umweltgesetzgebung (f); **environmental liability** *n* Umwelthaftung (f), Haftung (f) für Umweltschäden; **environmental monitoring** *n* Umweltüberwachung (f); **environmental planning** *n* Umweltplanung (f); **environmental pollution** *n* Umweltverschmutzung (f); **environmental property assessment (EPRA)** *n Dev (US)* Umweltverträglichkeitsprüfung (f); gesetzlich geregelter

e

Prozess zur Bestimmung der Umweltverträglichkeit eines umweltkritischen großen Bauvorhabens; **environmental protection** *n Plan* Umweltschutz (m); **environmental protection agency (EPA)** *n Org (US)* Umweltschutzbehörde (f); **environmental risk** *n* Umweltrisiko (n), Umweltgefahr (f); **environmental scanning** *n* Marktbeobachtung (f), Konkurrenzbeobachtung (f); **environmental site assessment (ESA)** *n* Umweltverträglichkeitsprüfung (f) eines Grundstücks; weniger streng als → environmental audit; **environmental statement (ES)** *n (GB)* Bericht (m) zur Umweltverträglichkeitsprüfung, UVP-Bericht (m); fasst Ergebnisse der Umweltverträglichkeitsprüfung zusammen; **environment protection act** *n* Milieuschutzsatzung (f)

environmentally damaging *adj* umweltschädigend

EOY → end of year

EPA → Environmental Protection Agency

epitome *n* Inbegriff (m); Inhaltsangabe (f)

epoxy membrane *n* Epoxyhaut (f); **epoxy paint** *n* Epoxyanstrich (m)

EPRA *Org* → European Public Real Estate Association

EPRA *Val* → environmental property assessment

equal *adj* gleich, identisch; **equal probability** *n* Gleichwahrscheinlichkeit (f)

Equal Credit Opportunity Act (ECOA) *n Law (US)* Antidiskriminierungsgesetz in Bezug auf die Vergabe von Krediten

equalisation *n* → equalization

equalization *n* Ausgleich (m), Angleichung (f); Gleichstellung (f); **equalization benefit** *n* Ausgleichsleistung (f), Geldausgleich (m); **equalization fund** *n Fin* Ausgleichsfonds (m)

equalize *v/t* ausgleichen

equated rent *n Val* bezeichnet die für überdurchschnittlich lange Mietanpassungszeiträume adjustierte Vertragsmiete; **equated yield (EY)** *n Val* durchschnittliche Immobilienrendite (f); ohne Berücksichtigung eines eventuellen Mietwertwachstums; deshalb mit anderen Anlageformen mindestens theoretisch vergleichbar

equate with *v/t* gleichsetzen

equation *n* Gleichung (f)

equilibrium *n* Gleichgewicht (n); Ausgleich (m); **equilibrium pressure** *n* Gleichgewichtsdruck (m); **equilibrium value** *n* Gleichgewichtswert (m)

equipment *n* Ausrüstung (f), Ausstattung (f), Geräte (npl), Einreichung (f); **equipment of a building** *n* Gebäudeausstattung (f); *Syn.: fixtures and fittings* **equipment room** *n* Geräteraum (m), Haustechnikraum (m)

equitable *adj* gerecht, recht und billig; billigkeitsrechtlich; **equitable distribution** *n* gewogene Aufteilung (f); **equitable distribution of land** *n* gerechte Landverteilung (f); **equitable easement** *n Law* Dienstbarkeit, die nicht in der Eigentumsurkunde eingetragen, sondern vertraglich vereinbart ist; erlischt, wenn das Grundstück an einen neuen Eigentümer veräußert wird, der keine Kenntnis von der Dienstbarkeit hat; *Syn.: equitable servitude*; **equitable law** *n* ungeschriebenes Billigkeitsrecht (n); **equitable lease** *n Law (GB)* Rechtsstand, der eintritt, wenn ein Mietvorvertrag abgeschlossen wurde und der Mieter schon vor der eigentlichen Übergabe Besitzer der Immobilie ist; wird vor Gericht wie ein lease behandelt; *Syn.: informal lease*; **equitable lien** *n Law* Sicherungspfandrecht (n); **equitable mortgage** *n Fin, Law* formlose Hypothek (f); Pfandrecht, das zwar gerichtlich durchgesetzt werden kann, jedoch keine echte Hypothek ist; **equitable rate of interest** *n Law* gerechter Zinssatz (m); **equitable right of redemption** *Fin, Law* → equity of redemption; **equitable servitude** *Law* → equitable easement; **equitable title** *n* Anrecht (n) auf das rechtmäßige Eigentum

equitableness *n* Zumutbarkeit (f)

equity *n Fin* Eigenkapital (n); **equity adjusted mortgage** *Fin* → participating mortgage; **equity base** *n Fin* Eigenkapitalbasis (f); **equity capital** *n Fin* Eigenkapital (n), Beteiligungskapital (n); **equity capitalization** *n* Eigenkapitalausstattung (f); **equity carve-out** *n* Eigenkapitalaufteilung (f); **equity dilution** *n* Kapitalverwässerung (f); **equity dividend rate** *n* Eigenkapitalrendite (f); **equity earnings** *n/pl* Beteiligungserträge (mpl); **equity financing** *n Fin* Eigenfinanzierung (f), Beteiligungsfinanzierung (f); *Syn.: equity in-*

vestment; **equity gap** *n Fin* Eigenkapitallücke (f); **equity holder** *n* Anteilseigner (m); **equity instrument** *n* Eigenkapitalinstrument (n); **equity investment** → equity financing; **equity joint venture** *n Fin* Gemeinschaftsunternehmen (n); mit Eigenkapitalbeteiligung aller beteiligten Parteien; **equity kicker** *n Fin* Equity Kicker (m), Kaufoption (f) auf Unternehmensanteile; Ertragsbeteiligung (f); über Zinsen und Tilgung hinausgehendes Beteiligungsrecht eines Kreditgebers an den Einnahmen einer Immobilie; *Syn.: lender participation, kicker*; **equity linked mortgage** *Fin* → participation mortgage; **equity mortgage** *Fin* → participating mortgage; **equity of redemption** *n Law* Ablösungsrecht (n) des Hypothekenschuldners; *Syn.: equitable right of redemption, mortgagor's right*; **equity-participating mortgage** *Fin* → participating mortgage; **equity participation** *n Fin* Gewinnbeteiligung (f), Erfolgsbeteiligung (f); *Syn.: profit sharing*; **equity rate of return** *n Fin* Eigenkapitalrendite (f); **equity ratio** *n Fin* Eigenkapitalquote (f); **equity REIT (EREIT)** *n Fin* Eigenkapital-REIT; in Immobilien investierter REIT; *Ant.: mortgage REIT*; → real estate investment trust; **equity release** *n Fin (US)* → cash-out refinance; **equity rent** *n (GB)* **1.** → profit rent (des Hauptmieters): die Differenz zwischen seinen eigenen Mieteinnahmen und den Mietzahlungen an den Vermieter; **2.** ein Teil der Miete unter einem „Rent and Buy"-System (Sozialwohnungsbau). Die gesamte „Miet"zahlung des Mieters besteht anteilmäßig aus tatsächlicher Miete und der Anzahlung auf eine Art Hypothek auf einen Teil des Eigentums; *Syn.: shared equity rent*; **equity residual technique** *n* Residualmethode (f) zur Ermittlung des Produktionsfaktors Kapital; **equity return** *n* Eigenkapitalrentabilität (f); **equity securities** *n/pl* Dividendenpapiere (npl); **equity share** *n (GB)* Stammaktie (f); **equity sharing lease** *n (GB)* (üblicherweise langfristiges) Mietverhältnis, bei dem der Hauptmieter einen vereinbarten prozentualen Anteil seiner Mietererträge aus Untermietungen an den Vermieter zahlen muss; **equity stake** *n* Eigenkapitalbeteiligung (f); Aktienbeteiligung (f); **equity syndication** *n* Eigenkapitalsyndizierung (f); **equity yield rate** *n* Eigenkapitalverzinsung (f)

equivalence *n* Äquivalenz (f), Gleichwertigkeit (f)

equivalent *adj* gleichwertig; **equivalent annual value method** *Val* → annuity method; **equivalent yield** *n Val* Durchschnittsrendite (f)

equivocal *adj* unbestimmt, unklar

erect *v/t* errichten, aufstellen

erection *n* Montage (f); Errichtung (f); **erection of a building** *n* Errichtung (f) eines Gebäudes

EREIT *Fin* → equity REIT

erosion *n* Abnutzung (f), Verschleiß (m); Erosion (f); Aushöhlung (f)

ERP *Val* → estimated realisation price

erroneous entry *n* Falschbuchung (f); *Syn.: false entry, misentry*; **erroneous measurement** *n* fehlerhafte Messung (f)

error *n* Fehler (m); **error correction** *n* Fehlerbehandlung (f); **error detection** *n* Fehlererkennung (f); **error display** *n* Fehleranzeige (f); **error location** *n* Fehlerortung (f); **error message** *n* Fehlermeldung (f); **error review** *n* Fehlerbetrachtung (f); **error status** *n* Fehlerstatus (m), Fehlerzustand (m)

errors and omissions insurance *n* Versicherung (f) gegen Irrtümer und Auslassungen

ERRP *Val* → estimated restricted realization price

ERV *Val (GB)* → estimated rental value

ES → environmental statement

ESA *Val* → environmental site assessment

escalation *n* Eskalation (f); **escalation clause** *n Law* Indexklausel (f), Wertsicherungsklausel (f); Gleitklausel (f); *Syn.: escalator clause*; **escalation income** *n (US)* Einnahme (f), die durch Gewinn bei Erhöhung von Nebenkosten erzielt wird; Mietzinserhöhungsgewinn (m); **escalation price** *n* Preis (m) mit Gleitklausel

escalator *n (US)* Rolltreppe (f); **escalator clause** *Law* → escalation clause; **escalator lease** *n Law (US)* Mietvertrag (m) mit Gleitklausel; **escalator scale** *n* gleitende (Lohn-) Skala (f)

escape *n* Flucht (f); **escape balcony** *n* Fluchtbalkon (m); **escape clause** *n Law* Rücktrittsklausel (f); Ausnahmeklausel (f); Entlastungsklausel (f); **escape lighting** *n* → emergency (escape) lighting; **escape route** *n* Fluchtweg (m); **escape staircase** *n* Fluchttreppe (f)

escarpment *n ArCo* Geländeabbruch (m); Klippe (f); Steilabfall (m)

escheat *n Law* Heimfall (m) eines Grundstückes an den Staat, falls keine Erben vorhanden sind

e

escrow *n Law* treuhänderisch hinterlegte Vertragsurkunde (f); Treuhandverwahrung (f); **escrow account** *n Law* Treuhandkonto (n), Anderkonto (n); *Syn.: client trust account*; **escrow agent** *n Law (US)* Treuhandverwalter (m); i.d.R. eine → escrow company; → escrow closing; **escrow agreement** *n* Treuhandvertrag (m); **escrow closing** *n Law (US)* Abschluss (m) einer Transaktion durch Treuhänder; Unterlagen, Entgelt etc. werden durch die Parteien, deren Vertreter oder durch unabhängige Dritte (escrow company oder escrow agent) treuhänderisch verwaltet bis alle Bedingungen erfüllt sind; **escrow company** *n Law (US)* Gesellschaft (f), die als Treuhandverwalter (escrow agent) agiert; **escrow costs** *n/pl Law* Treuhandkosten (pl); **escrow holder** *n* Treuhänder (m); **escrow instructions** *n/pl* Anweisungen an den Treuhänder durch Käufer und Verkäufer über die Bedingungen des Kaufvertrages; **escrow requirements** *n/pl* Bedingungen (fpl) für Dokumente, die bei Dritten hinterlegt sind, Treuhandbedingungen (fpl)

escrowee *Law* → trustee

escrower *Law* → truster

escutcheon *n* Wappenschild (n)

ESFR sprinkler system *n* ESFR-Sprinkler (m)

essart *n Law* → assart

essence of a contract *n Law* wesentliches Vertragserfordernis (n), das zu seiner Rechtsgültigkeit notwendig ist

establish *v/t* begründen, ermitteln, gründen; **establish a residence** Wohnsitz begründen

established use *n Plan* bewährte Nutzung (f); Bestandsschutz (m); **established use certificate** *n Plan (GB)* → certificate of established use

establishment *n* Gründung (f), Niederlassung (f); **establishment of industries** *n* Industrieansiedlung (f)

estate *n Law* Vermögen (n), Grundbesitz (m); Nachlass (m); **estate at sufferance** *n Law* nach Pachtablauf stillschweigend weiter gewährtes Besitzrecht; der Eigentümer kann den Pächter jederzeit zur Räumung veranlassen; **estate at will** *n Law* jederzeit kündbares, unbefristetes Pachtverhältnis (n); **estate by purchase** *n Law* rechtsgeschäftlich erworbenes Eigentum (n); **estate by (the) entireties** *n Law (US)* Grundbesitz eines Ehepaars, das wie eine rechtliche Einheit, d.h. eine Person behandelt wird; → tenancy by (the) entireties; **estate for life** *n Law* Wohn- und Nutzungsrecht (n) auf Lebenszeit; **estate for years** *n Law* zeitlich befristetes Besitzrecht/Nutzungsrecht (n); **estate from period to period** *n Law* sich regelmäßig verlängerndes Pacht- bzw. Mietverhältnis (n); *Syn.: periodic tenancy*; **estate in bankruptcy** *n Law* Konkurs (m); *Syn.: bankrupt estate*; **estate in expectancy** *n Law* Erbanwartschaft (f); *Syn.: future estate*; **estate in remainder** *n Law* Anwartschaftseigentum (n); **estate in reversion** *n Law* Heimfallrecht (n), Heimfallanspruch (m); **estate in tail** *n Law* Fideikommiss (n); Grundbesitz mit gebundener Erbfolge; *Syn.: entailed estate*; **estate of inheritance** *n Law* vererbbares Vermögen (n)

estate agency *n (GB)* Immobilienbüro (n), Immobilienmaklerbüro (n); **estate agent** *n* Immobilienmakler (m); **estate agent's contract** *n Law* Maklervertrag (m); **estate book** *n Law* → deed book; **estate duty** *n Tax* Erbschaft(s)steuer (f); **estate management** *n* Grundstücksverwaltung (f); Gutsverwaltung (f); **estate manager** *n* Grundstücksverwalter (m); Gutsverwalter (m); **estate owner** *n* Gutsbesitzer (m), Gutsherr (m); Landbesitzer (m); **estate planning** *n Tax* Nachlassplanung (f), Nachlassregelung (f); Organisation einer planmäßigen Vermögensdisposition nach dem Tod, um rechtliche und finanzielle Schwierigkeiten, überhöhte Gebühren und ggf. Steuern zu vermeiden; **estate tail** *Law* → entailed estate; **estate tax** *n Tax (US)* Erbschaft(s)steuer (f); *Syn.: estate duty; inheritance tax (GB)*; **estate terrier** *n* → land terrier

estimable *adj* schätzbar, schätzenswert; beachtenswert

estimate *n* Schätzung (f), Voranschlag (m), Ansatz (m); **estimate of construction cost(s)** *n* Baukostenvoranschlag (m); *Syn.: estimated construction costs*; **estimate of costs** *n* Kostenvoranschlag (m); **estimate of current market value** *n* Verkehrswertermittlung (f), Verkehrswertschätzung (f); **estimate of damage** *n* Schadensschätzung (f); **estimate of investment profitability** *n* Investitionsrechnung (f), Investitionsverfahren (n), Rentabilitätsrechnung (f), Wirtschaftlichkeitsrechnung (f); **estimate of profitability** *n* Rentabilitätsrechnung (f), Wirtschaftlichkeitsrechnung (f)

estimate *v/t* ansetzen, ausrechnen, berechnen

estimated *adj* veranschlagt; **estimated amount** *n* geschätzter Wert (m), Schätzbetrag (m); **estimated realisation price (ERP)** *n Val (GB)* geschätzter Realisierungswert (m); der estimated realisation price unterscheidet sich vom → open market value im Wesentlichen dadurch, dass der Vermarktungszeitraum nach dem Bewertungsstichtag vom Gutachter berücksichtigt wird. Seit dem neuen Red Book der RICS (2003) nicht mehr gültig; **estimated receipts** *n/pl* Einnahmeschätzung (f); **estimated rental value (ERV)** *n Val* prognostizierter Mietwert (m), geschätzter Mietwert (m); **estimated restricted realization price (ERRP)** *n Val* geschätzter Veräußerungspreis (m) nach eingeschränktem Vermarktungszeitraum; **estimated useful life** *n* geschätzte Nutzungsdauer (f); **estimated value** *n* Schätzwert (m)

estimation *n* Abschätzung (f), Bewertung (f), Schätzung (f), Wertung (f)

estimator *n* Gutachter (m); Schätzer (m)

estoppel *n Law* Rechtsverwirkung (f), prozesshindernde Einrede (f), rechtshemmender Einwand (m), Klageausschluss (m), Hinderung (f); Hinderungsgrund (m); → feed the estoppel; tenancy by estoppel, agency by estoppel; **estoppel by deed** *n Law* Unzulässigkeit einer Einrede gegen urkundlich belegte Tatsachen; **estoppel certificate** *n Law* Verwirkungsklausel (f), Verfallsklausel (f); kassatorische Klausel (f), lex commissoria (lat.)

estovers *n Law (GB)* Recht (n) der Holzentnahme

et al. *(lat.)* und andere; Abkürzung von et alii – i.d.R. für Personen angewendet – z.B. mehrere Autoren eines Buches – im Vergleich zu etc. für Gegenstände

et con. *(lat.)* und Ehegatte; Abkürzung von et conjunx

ethics *n/pl* Ethik (f); Moral (f)

et ux. *Law, Tax (lat.)* und Frau; Abkürzung von et uxor

et vir *Law (lat.)* und Ehegatte; *Syn.: et con.*

EURIBOR *Fin* → Euro Interbank Offered Rate

Eurodollar *n* Eurodollar (m)

Euro Interbank Offered Rate (EURIBOR) *Fin* Geldmarktsatz der Euro-Interbank, EU-weit gültig für eine Woche oder 1 bis 12 Monate

EURO LIBOR *Fin* → Euro London Interbank Offered Rate

Euro London Interbank Offered Rate (EURO LIBOR) *Fin (GB)* in Euro notierter Referenzzinssatz des Britischen Bankenverbandes, steht in Konkurrenz zum Euribor

European Central Bank (ECB) *n* Europäische Zentralbank (f)

European Economic Community (EEC) *n* Europäische Wirtschaftsgemeinschaft (EWG) (f)

European mortgage lending value *n* Europäischer Beleihungswert (m)

European Public Real Estate Association (EPRA) *n Org* Vereinigung mit der Zielsetzung, öffentliche Immobilien in Europa zu entwickeln und zu vertreten

European Real Estate Society (ERES) *n Org* europäischer Immobilienverband; zugehörig zur → International Real Estate Society (IRES)

European Union (EU) *n Org* Europäische Union (EU)

Euro Zone *n* Euro-Zone (f); *Syn.: Euroland*

EU type approval *n* EU-Bauartzulassung (f)

EUV *Val* → existing use value

evaluate *v/t* abschätzen, auswerten, bemessen, bewerten, schätzen, taxieren

evaluation *n* Bewertung (f), Schätzung (f), Beurteilung (f), Wertbestimmung (f), Wertermittlung (f); **evaluation of economic efficiency** *n* Rentabilitätsrechnung (f), Wirtschaftlichkeitsrechnung (f); **evaluation of investment alternatives** *n* Rentabilitätsrechnung (f), Wirtschaftlichkeitsrechnung (f)

evaluator *n* Bewerter (m), Gutachter (m), Sachverständiger (m), Schätzer (m), Taxator (m)
evaporator *n* Verdampfer (m)
evasion *n* Umgehung (f); Steuerhinterziehung (f)
evenness *n* Planebenheit (f)
events after the balance sheet date *n/pl* Ereignisse (npl) nach dem Bilanzstichtag (IAS 10)
evict *v/t* räumen; ausweisen
eviction *n* Zwangsräumung (f); Vertreibung (f); **take action for eviction** *v/t Law* eine Räumungsklage (f) durchführen
evidence *n* Beweis (m), Nachweis (m), Beweismittel (n/pl); **evidence of a witness** *n* Zeugenbeweis (m); **evidence of success** *n* Erfolgsnachweis (m); **evidence of title** *n Law* Eigentumsnachweis (m); **evidence of value** *n* Wertnachweis (m)
evident *adj* offenbar, offensichtlich
evidentiary document *n* beweiserhebliche Urkunde (f)
evolving *adj* (sich) entwickelnd; entstehend
exact interest *n* Zinsen (mpl) auf Basis von 365 Tagen; *Ant.: ordinary interest*
exaggerate *v/t* überbewerten, übertreiben; **exaggerated** *adj* übertrieben hoch (Preis etc.)
exaggeration *n* Übertreibung (f)
examination *n* Einsichtnahme (f), Prüfung (f), Überprüfung (f); **examination of title** *n Law* Prüfung des Eigentumsrechts an einem Grundstück; insbesondere Überprüfung der → chain of title
examine *v/t* prüfen
example *n* Beispiel (n)
excambion *Law (sco.)* → barter
excavated material *n* Aushubmaterial (n); **excavated soil** *n* Bodenaushub (m); *Syn.: excavated material*
excavation *n* Aushub (m), Baugrube (f), Ausgrabung (f)
exceed *v/t* übersteigen; **exceed authority** Befugnisse überschreiten; *Syn.: exceed powers*
except *v/t* ausschließen; **excepted risk** *n Law* vertraglich ausgeschlossenes Risiko
exception *n* Besonderheit (f); Ausnahmefall (m); Ausnahmeregelung (f); Einwand (m); Reklamation (f); **exception clause** *n Law* Ausnahmeklausel (f), Ausnahmeregelung (f); *Syn.: exclusion clause*
exceptional *adj* außergewöhnlich, ungewöhnlich; **exceptional circumstances** *n/pl* außergewöhnliche Umstände (mpl); **exceptional price** *n* Sonderpreis (m)
excess *n* Überschuss (m); **excess charge** *n* Gebührenzuschlag (m); **excess condemnation** *n Law (US)* unberechtigte Enteignung (f); Enteignung von Grundstücken, die über den Bedarf für die öffentliche Nutzung hinausgeht; **excess cover** *n Law* Exzedentendeckung (f), höhere Deckungssumme (f); **excess heat** *n* Wärmeüberschuss (m); **excess land** *n* bei derzeitiger Bebauung überschüssige Grundstücksfläche auf einem bebauten Grundstück; in den USA auch von steuerlicher Relevanz; **excess pressure** *n* Überdruck (m); **excess rent** *n Val* Mietüberhang (m); Differenz zwischen Vertragsmiete und Marktmiete am Bewertungsstichtag; **excess space** *n* überflüssiger Raum (m); **excess tax credit** *n* Anrechnungsüberhang (m)
excessive price *n* überhöhter Preis (m); **excessive rent** *n* Mietpreisüberhöhung (f)
exchange *n* Vermittlung (f); Börse (f); Tausch (m), Tauschgeschäft (n), Austausch (m); **exchange of apartments** *n* Wohnungstausch (m); **exchange of contracts** *n Law* Vertragsabschluss (m); Abschluss des Kaufvertrags bei Grunderwerb; **exchange of data** *n* Datenaustausch (m); **exchange of notes** *n* Notenwechsel (m)
exchange economy *n* Verkehrswirtschaft (f); **exchange rate** *n* Wechselkurs (m); Devisenkurs (m); **exchange rate gain(s)** *n(pl)* Umrechnungsgewinn (m); **exchange ratio** *n* Umrechnungsverhältnis (n); **exchange value** *n* Tauschwert (m); Umrechnungswert (m)
exchangeable *adj* austauschbar, einlösbar
excheat *Law* → escheat
excise tax *n* Verbrauchsteuer (f)
excise warehouse *n* → bonded warehouse
exclude *v/t* ausschließen; **excluded property** *n Tax* von der Steuerpflicht ausgenommene Grundstücke
exclusion clause *Law* → exception clause; **exclusion of liability** *n Law* Haftungsausschluss (m), Freizeichnung (f)
exclusionary zoning *n Plan* Flächennutzungsplanung, die – beabsichtigt oder

unbeabsichtigt – zum Ausschluss ärmerer Bevölkerungsschichten führt; meist herbeigeführt durch das Erfordernis, große Immobilien zu bauen

exclusive *adj* ausschließlich; **exclusive agency** *n Mkt (US)* Makleralleinauftrag (m), (einfacher) Alleinauftrag (m); Maklerauftrag mit einem einzigen Makler; anders als bei → sole selling rights wird keine Maklerprovision fällig, wenn es am Ende ohne die Vermittlung zum Verkaufsabschluss kommt; *Syn.: sole agency*; **exclusive agency listing** *n* → exclusive listing; **exclusive agent** *Mkt* Makler mit (einfachem) Alleinauftrag; *Syn.: sole agent*; **exclusive listing** *n Mkt (US)* (erweiteter) Makleralleinauftrag (m), (erweiteter) Alleinauftrag (m); **exclusive location** *n* Luxuslage (f); **exclusive occupation** *n Law, Tax* Alleinbesetzung (f); u.a. eine der Eigenschaften der → rateable occupation für rates (Grundsteuer) in GB; **exclusive ownership** *n Law (US)* Alleineigentum (n); *Syn.: sole ownership*; **exclusive rent** *n* Kaltmiete (f); *Syn.: exclusive rental*; **exclusive right to sell** *n Mkt* Alleinverkaufsrecht (n); im Rahmen eines Alleinauftrags; *Syn.: sole selling rights*

exclusivity *n* Exklusivität (f)

exculpation *n Law* Freisprechung (f); Entlastung (f)

exculpatory clause *n Law* → escape clause

ex dividend (ex div or xd) *Fin* ohne Dividende

execute *v/t* vollstrecken, rechtsgültig machen; ausfertigen; ausführen; **execute against property** *v/t* eine Zwangsvollstreckung durchführen

executed *adj* ausgeführt; **executed consideration** *n Law* erbrachte Gegenleistung (f); **executed contract** *n Law* erfüllter Vertrag (m)

execution *n* Unterzeichnung (f), Ausführung (f); Zwangsvollstreckung (f); **execution of an order or instruction** *n* Auftragsdurchführung (f); **execution of contract** *n* Erfüllung (f), Realisierung (f), Ausführung (f)

execution sale *n* Zwangsverkauf (m), Zwangsversteigerung (f)

executor *n Law* Testamentsvollstrecker (m)

executory consideration *n Law* gegenseitiges Leistungsversprechen (n); **executory contract** *n Law* noch zu erfüllender Vertrag (m); **executory trust** *n Law* ungenau festgelegtes Treuhandverhältnis, bei dem nicht alle Bedingungen des Trusts in der Trusturkunde festgehalten sind

exemplary damages *n/pl Law* Schaden(s)ersatz (m) mit Strafcharakter, Bußgeld (n); *Syn.: punitive damages*

exempt *v/t* freistellen

exempt life insurance *n* → tax-exempt life insurance

exemption *n* Befreiung (f), Freistellung (f); **exemption from charges** *n* Gebührenbefreiung (f); **exemption from tax** *n Tax* Steuerbefreiung (f); Steuerfreibetrag (m); *Syn.: tax exemption*; **exemption with progression** *n* Freistellung (f) mit Progressionsvorbehalt

exemption clause *Law* → escape clause; **exemption method** *n* Freistellungsmethode (f)

exercise date *n* Ausübungszeitpunkt (m); **exercise facilities** *n/pl* Sportanlage (n), Fitness-Center (n); **exercise price** *n* Ausübungspreis (m)

ex factory ab Werk, ab Fabrik

ex gratia *(lat.)* ohne Anerkennung einer Rechtspflicht; **ex gratia payment** *n* freiwillige Leistung (f); Kulanzzahlung (f), Kulanzentschädigung (f)

exhaust air *n* Abluft (f); **exhaust hood** *n* Dunstabzugshaube (f); **exhaust outlet port** *n* Auslasskanal (m)

exhibit *n Law* Beweismittel (n); Beweisstück (n); **exhibits** *n/pl* Ausstellungsgegenstände (mpl)

exhibition *n* Ausstellung (f); **exhibition building** *n* Ausstellungsgebäude (n); **exhibition grounds** *n/pl* Ausstellungsgelände (n); **exhibition space** *n* Ausstellungsfläche (f)

exigency *n* Zwangslage (f); Notwendigkeit (f)

ex interest (xi) *Fin* ohne Zinsen

exist *v/t* bestehen

existing use *n Plan, Tax* derzeitige Nutzung (f), derzeitiger Verwendungszweck (m); **existing use development** *n Plan* Entwicklung (f) im Bestand; **existing use rights** *n/pl Plan* bestehende Nutzungsrechte (npl); **existing use value (EUV)** *n Tax (GB)* gegenwärtiger Nutzungswert (m); der existing use value wird insbesondere für die Bilanzierung drittverwendungsfähiger (d.h. entwicklungsfähiger) Betriebsimmobilien unter der Annahme ermittelt, dass diese ohne Nutzungsänderung für einen Dritten geräumt werden; *Ant.: alternative use value*

exit *n* Ausgang (m); Ausstieg (m) aus einer Beteiligung; **exit fee** *n Fin* Rücknahmegebühr (f); **exit price** *n Fin* Ablösebetrag (m), Rückzahlungspreis (m) (beim Verkauf von Investmentanteilen); **exit value** *n* Verkaufspreis (m) zu einem fest bestimmten Zeitpunkt; **exit yield** *n* Ausstiegszinssatz (m), Zinssatz (m) zum Ausstieg aus einem Investment

ex mill ab Werk, ab Fabrik

ex officio *(lat.)* von Amts wegen; von Rechts wegen

exogeneity *n Econ* Exogenität

exogenous *adj Econ* exogen

exoneration clause *n Law* → escape clause

expand *v/t* expandieren, ausdehnen; **expanded earnings** *n/pl* Ergebnisausweitung (f); **expanded gas** *n* Blähgas (n)

expandable *adj* ausbaufähig, erweiterbar

expanding agent *n* Blähmittel (n)

expansion *n* Erweiterung (f); Ausdehnung (f); Wachstum (n); **expansion of business activity** *n* Wirtschaftswachstum (n) **expansion bend** *n* Dehnungsschenkel (m); **expansion compensation** *n* Dehnungsaufnahme (f), Dehnungsausgleich (m), Dehnungskompensation (f); **expansion duct** *n* Dehnungskanal (m); **expansion joint** *n* Dehnungsfuge (f); **expansion joint sealing** *n* Dehnfugenabdichtung (f); **expansion land** *n* Reservefläche (f), Erweiterungsfläche (f),Vorratsgelände (n); **expansion movement** *n* Dehnungsweg (m); **expansion option** *n Law* Erweiterungsoption (f); **expansion tank** *n* Expansionsbehälter (m); **expansion unit** *n* Dehnungsbauwerk (n); **expansion vessel** *n* Ausdehnungsgefäß (n)

ex parte *Law (lat.)* auf Antrag einer Partei, einseitig

expect *v/t* rechnen mit, erwarten; **expected date of completion** *n* erwarteter Fertigstellungstermin (m); **expected loss** *n* Verlusterwartung (f); **expected return** *n* erwarteter Ertrag (m); **expected use** *n* erwarteter Nutzen (m); **expected useful life** *n* voraussichtliche Nutzungsdauer (f); **expected value** *n* Erwartungswert (m)

expectancy *n* (Renten-) Anwartschaft (f), Erwartung (f)

expenditure *n* Aufwendungen (fpl) (für Projektentwicklung), Ausgaben (fpl) (für Projektentwicklung)

expense *n* Ausgaben (fpl), Aufwendungen (mpl), Kosten (pl); **expenses arising** *n/pl* anfallende Kosten (pl) **expense account** *n* Aufwandskonto (n); **expense allowance** *n* Aufwandsentschädigung (f), Auslagenersatz (m); **expense cap** *n* Kostenobergrenze (f); **expense data** *n/pl* Angabendaten (pl); Kostendaten (pl); **expense pass-through** *n PfoMgt* durchlaufende Kosten (pl); **expense ratio** *n* Verhältnis (n) Aufwand zu Umsatzerlös; **expense recovery** *n* Kostenrückgewinnung (f); **expense stop** *n Law* → stop clause; **expense-to-income ratio** *n* Verhältnis (n) von Aufwand zum Ertrag

experience *n* Erfahrung (f)

expert *n* Experte (m); Gutachter (m); **expert body** *n* Fachgremium (n); **expert committee (of valuers)** *n* Gutachterausschuss (m), Sachverständigenausschuss (m); **expert evidence** *n* Sachverständigenbeweis (m); **expert group** *n* Fachkreis (m), Fachgremium (n); **expert market report** *n* Marktgutachten (n); **expert opinion** *n* Sachverständigenmeinung (f), gutachterliche Stellungnahme (f), Fachgutachten (n), Gutachten (n) eines Sachverständigen; **expert's duty** *n* Aufgabe (f) des Gutachters, Pflicht (f) des Gutachters; **expert's judgment** *n* Sachverständigenurteil (n); **expert's liability** *n* Sachverständigenhaftung (f); **expert's method** *n* Sachverständigenverfahren (n); **expert's report** *n* Gutachten (n); Sachverständigengutachten (n); **expert's testimony** *n* Aussage des Sachverständigen (f), Sachverständigenbeweis (m); **expert witness** *n Law* sachverständiger Zeuge (m)

expertise *n* besondere Fachkunde (f), Fachwissen (n)

expiration *n* Ablauf (m), Verfall (m); Ende (n); **expiration of lease** *n Law* Ablauf (m) des Mietverhältnisses

expire *v/i* ablaufen (Garantie), ungültig werden; **expired** *adj* abgelaufen, verfallen, Gültigkeit verloren, beendet; **expired patent** *n* abgelaufenes Patent (n); **expired term** *n* abgelaufene Frist (f)

expiry *n* Ablauf (m), Erlöschen (n); **expiry date** *n* Verfallstermin (m)
explanation *n* Erklärung (f), Erläuterung (f)
explanatory report *n* Erläuterungsbericht (m)
exploit *v/t* ausbeuten, ausnutzen; auch: abschätzen, auswerten, bemessen, bewerten, schätzen, taxieren
exploitation *n* Gewinnung (f), Nutzung (f)
exploration *n* Exploration (f)
exponent *n math* Exponent (m), Hochzahl (f)
exponential curve *n* Exponentialkurve (f); **exponential smoothing** *n* exponentielle Glättung (f)
export *n Econ* Export (m); **export credit agency (ECA)** *n* Exportkreditagentur (f); **export subsidies** *n/pl Econ* Exportsubventionen (fpl)
exposé *n* Denkschrift (f)
exposed *adj* ungeschützt, offen, exponiert, auf Putz; **exposed aggregate concrete** *n* Waschbeton (m); **exposed concrete (finish)** *n* Sichtbeton (m); *Syn.: fair-faced concrete (GB)*; **exposed position** *n* exponierte Lage (f); **exposed wiring** *n* Aufputzinstallation (f)
exposition *n* Ausstellung (f)
exposure *n* Gefährdung (f), Risiko (n); Aufdeckung (f), Enthüllung (f), Entblößung (f), Nominalbetrag (m) eines Kredits; **exposure at default (EAD)** *n* außenstehender Betrag (m) bei Ausfall des Schuldners, erwartete Höhe von Forderungen zum Zeitpunkt des Ausfalls eines Schuldners, Kreditforderung bei Ausfall; **exposure draft (ED)** *n* Arbeitspapier (n), Diskussionspapier (n); **exposure indicator (EI)** *n* Gefährdungsindikator (m); **exposure management** *n* Risikomanagement (n); **exposure time** *n (US)* Zeitraum (m), in dem die Immobilie zum geschätzten Marktwert mit den zum Bewertungsstichtag getroffenen Annahmen verkauft wird
express contract *n Law* ausdrücklicher Vertrag (m); *Syn.: express covenant; express term*
expressway *n (US)* Schnellstraße (f)
expropriate *v/t* enteignen
expropriation *n Law* Enteignung (f), Zwangsenteignung (f); **expropriation of land** *n* Grundstücksenteignung (f); **expropriation authority** *n* Enteignungsbehörde (f); **expropriation proceedings** *n/pl* Enteignungsverfahren (n)
ex store ab Lager
extend *v/t* verlängern, ausdehnen, erweitern; **extended coverage** *n* erweiterte Deckung (f), erweiterter Versicherungsschutz (m), zusätzlicher Versicherungsschutz (m); **extended coverage insurance** → extended perils insurance; **extended lease** *n Law* verlängerter Mietvertrag (m); **extended market area** *n* erweitertes Marktgebiet (n); **extended perils insurance** *n* Versicherung (f) gegen erhöhte Risiken; **extended term** *n* Nachfrist (f); **extended value** *n* voller Schätzwert (m)
extender clause *n Law, Mkt* wörtlich: Erweiterungsklausel; Klausel zur Ermöglichung der nachträglichen Einforderung der Maklercourtage
extension *n* Ausbau (m); Erweiterungsbau (m); Prolongation (f); Stundung (f); Ausdehnung (f); **extension of a plant** *n* Erweiterung (f) einer Anlage; **extension of term** *n* Verlängerung (f) der Laufzeit; **extension of time** *n* Fristverlängerung (f), Verschiebung (f) des Fertigstellungstermins (m); **extension of time limit** *n* Fristverlängerung (f), Nachfrist (f); **extension of works** *n* Betriebserweiterung (f); **extensions to a building** *n/pl* Anbauten (mpl)
extension agreement (or clause) *n Law* Stundungsvereinbarung (f), Verlängerungsvertrag (m); **extension ladder** *n* Schiebeleiter (f); **extension request** *n* Verlängerungsantrag (m); **extension work** *n* Ausbauarbeiten (fpl)
extensive *adj* umfangreich
extent of the damage *n* Schadensumfang (m)
exterior *n* Außenseite (f); Außenbereich (m); **exterior appearance** *n* äußeres Erscheinungsbild (n); **exterior corridor** *n ArCo* Laubengang (m); *Syn.: external corridor*; **exterior dimensions** *n/pl* Außenmaße (npl); **exterior door** *n ArCo* Außentür (f); *Syn.: external door*; **exterior façade** *n ArCo (US)* Außenverkleidung (f); **exterior facilities** *n/pl* Außenanlagen (bauliche Anlagen) (fpl); *Syn.: external works*; **exterior lighting** *n ArCo* Außenbeleuchtung (f); **exterior plaster** *n ArCo* Außenputz (m),

Außenverkleidung (f); *Syn.: exterior finish, external plaster*; **exterior view** *n* Außenansicht (f); **exterior wall** *n ArCo* Außenwand (f); *Syn.: external wall*
exterminate *v/t* vernichten
external *adj* äußere/r/s, extern; **external angle** *n ArCo* äußere Ecke (f); **External Credit Assessment Institution (ECAI)** *n* externe Bonitätsbeurteilungsinstitution (f); **external diameter** *n* Außendurchmesser (m); **external door** *n* Außentür (f); **external pressure** *n* Außendruck (m); **external skin** *n* äußere Schale (f); **external valuer** *n* unabhängiger Gutachter (m); **external wall** *ArCo* Außenwand (f); *Syn.: exterior wall*
externally insulated roof *n ArCo* Warmdach (n); *Syn.: inverted roof construction, upside-down roof*
extinct patent *n* abgelaufenes Patent (n)
extinguish a mortgage *v/t* eine Hypothek tilgen
extinguishment *n Law* Löschung (f), Aufhebung (f)
extortionate credit bargain *n Fin* → usury; **extortionate rent** *n Law* Wuchermiete (f), überhöhte Miete (f)
extra *adj* zusätzlich, extra; **extra-budgetary outlay** *n* außerplanmäßige Ausgaben (fpl); **extra charge** *n* Aufschlag (m); **extra coverage insurance** → extended perils insurance; **extra pay** *n* Bonus (m), Prämie (f), Premium (n), Zulage (f), Zuschlag (m), Zuschuss (m); **extra profit** *n* Zusatzgewinn (m); **extra-territorial** *adj* exterritorial; **extra time allowance** *n* Zeitzugabe (f)
extract *n* Auszug (m); **extract from register** *n* Registerauszug (m)
extraction *n* Gewinnung (f); **extraction approach** *Val* → abstraction (method); **extraction connection** *n* Abgangsstutzen (m); **extraction method** *Val (US)* → abstraction (method); **extraction pipe** *n* Abgangsleitung (f); **extraction point** *n* Entnahmestelle (f); **extraction shaft** *n* Abgangsschacht (m); **extraction steam** *n* Entnahmedampf (m)
extractive property *n* Abbaugrundstück (n)
extraneous *adj* unwesentlich, irrelevant; fremd
extraordinary *adj* außerordentlich, außergewöhnlich; **extraordinary depreciation** *n* außerordentliche Abschreibung (f), Sonderabschreibung (f); **extraordinary expenditure** *n* außergewöhnliche Aufwendungen (fpl); **extraordinary expenses** *n/pl* außerordentliche Aufwendungen (fpl); **extraordinary financial burdens** *n/pl Tax* außergewöhnliche Belastungen (fpl) (Steuerrecht); **extraordinary gains** *n/pl* außerordentliche Erträge (mpl); **extraordinary income** *n* außerordentliche Erträge (mpl); **extraordinary items** *n/pl* außerordentliche Posten (mpl); **extraordinary profit and loss** *n* außerordentliche Gewinne und Verluste (mpl); **extraordinary write-off** *n* außerordentliche Abschreibung (f), Sonderabschreibung (f)
extrapolation *n Val, Econ* Extrapolation (f), Hochrechnung (f)
extras *n/pl* Extras (npl), Zugaben (fpl); Sonderwünsche (mpl), Nebenkosten (pl)
exurb *n* (vornehmes) Einzugsgebiet einer Großstadt; Region oder Gebiet, das außerhalb einer Stadt liegt und von wohlhabenden Personen bewohnt wird
exurbanisation *n* Prozess der Abwanderung zumeist wohlhabender Personen aus der Stadt in ländliche Gebiete
ex warehouse ab Lager
ex works ab Werk, ab Fabrik
eye-catching *adj* auffällig

F

fabric *n ArCo* Rohbau (m); Struktur (f); auch: Stoff (m), Meterware (f) für Polstermaterialien (npl); **fabric of a building** *n ArCo* Bausubstanz (f)
fabric filter *n* Gewebefilter (m); **fabric roof** *n ArCo* Stoffdach (n)
fabricate *v/t* fertigen, herstellen
fabrication *n* Fertigung (f)
façade *n ArCo* Fassade (f); **façade easement** *n Law (US)* Grunddienstbarkeit, die im Rahmen eines Denkmalschutzprogrammes den Immobilieneigentümer zur Erhaltung der Fassade eines historischen Gebäudes verpflichtet
face *n* Vorderseite (f); sichtbare Oberfläche eines Bauelements; **face amount** *n Fin (US)* Nennbetrag (m), Nennwert (m), Nominalbetrag (m), Versicherungssumme (f); *Syn.: face value*; **face brickwork** *n ArCo* Sichtmauerwerk (n); *Syn.: fair-faced brickwork (GB)*; **face concrete** *n ArCo* Vorsatzbeton (m); **face interest rate** *n Fin* Nominalzinssatz (m); **facelift** *n* Verschönerung (f); **face value** *n Fin* Nennwert (m), Nennbetrag (m), Nominalwert (m), Nominalbetrag (m); Versicherungssumme (f); *Syn.: face amount (US)*; **at face value** zum Nennwert, unbesehen, für bare Münze; **facework** *n* Verkleidung (f)
face *v/t* verkleiden, verschalen
facilitator *n* Moderator (m); Vermittler (m); Unterstützer (m)
facilities *n/pl* Anlagen (fpl); Einrichtungen (fpl); Anlagen und Einrichtungen; Betriebsanlagen (fpl); Werkstätten (fpl); technische Hilfsmittel und Gerätschaften (pl); (GB) Toiletten (fpl); **facilities management** *n (GB)* → facility management
facility *n* Anlage (f); Einrichtung (f); Fazilität (f); **facility letter** *n Fin* Kreditbestätigung (f); Bankbürgschaft (f); **facility management** *n (US)* Facility Management (n), Gebäude- und Anlagenmanagement (n); Objektmanagement (n); Management, Wartung und Betrieb von Gebäuden, Anlagen und Einrichtungen; das Facility-Management-Konzept stammt aus den USA, wo es sich ursprünglich mit der ergonomischen, produktionsverbundenen Arbeitsplatzoptimierung befasste; seit der Begriff „Facilities Management" 1986 zum ersten Mal in der deutschen Fachpresse erwähnt wurde, hat sich die damit verbundene Begriffsbestimmung mehrfach gewandelt. Die Definition des Deutschen Verbands für Facility Management (GEFMA) setzt einen stärkeren Akzent auf das gesamte Gebäude einschließlich Anlagen, aber auch auf Dienstleistungen und ist in ihren Zielsetzungen umfassender als der ursprüngliche amerikanische Begriff; *Syn.: facilities management (GB)*; **facility management provider** *n* Gebäudeservicefirma (f)
facing *n ArCo (US)* Verkleidung (f); **facing brick** *n (US)* Sichtmauerstein (m), Verblendstein (m), Vormauerziegel (m), Vorsatzziegel (m); **facing brickwork** *n* → face brickwork; **facing concrete** *n* Vorsatzbeton (m); **facing masonry** *n* Blendmauerwerk (n)
fact *n* Sachverhalt (m), Tatsache (f)
factor *n* Faktor (m), Koeffizient (m); Gegebenheit (f); Kommissionär (m); **factor of demand** *n* Bedarfsfaktor (m); **factor of evaluation** *n* Bewertungsgröße (f); **factor of production** *n Econ* Produktionsfaktor (m)
factor rating *n* Bewertung (f) nach Einzelfaktoren; **factor table** *n* Faktorentabelle (f)
factoring *n* Aufteilung (f), Factoring (n)
factory *n* Fabrik (f); Betrieb (m); **factory building** *n* Fabrikgebäude (n); **factory outlet** *n Ret* Fabrikverkauf (m), Werksverkauf (m); Direktverkauf (m); **factory outlet centre** *n Ret* Einkaufszentrum (n) mit Fabrikverkaufsläden; *Syn.: factory outlet mall*; **factory overhead** *n* Fertigungsgemeinkosten (pl); **factory owner** *n* Fabrikant (m); **factory premises** *n/pl* Betriebsgrundstück (n), Fabrikgelände (n) (Haupt und Nebengebäude); **factory site** *n* Werksgelände (n); *Syn.: industrial site*; **factory town** *n* Fabrikstadt (f); *Syn.: manufacturing town, industrial town or city*; **factory worker** *n* Fabrikarbeiter (m)

factory-built *adj* fabrikfertig
factual criteria *n/pl* Wertungsgesichtspunkte (mpl); **factual statement** *n* Tatsachenbehauptung (f)
FAD *Fin* → funds available for distribution
failure *n* Misserfolg (m), Scheitern (n); **failure of a business** *n* Zusammenbruch (m) eines Unternehmens
failure analysis *n* Schadensanalyse (f); **failure rate** *n* Ausfallrate (f)

f

fair *n* Messe (f), Ausstellung (f); **fair grounds** *n/pl* Ausstellungsgelände (n), Messegelände (n); **fair site** *n* Messegelände (n)
fair *adj* angemessen; **fair actual value** *Val, Tax* → fair market value; **fair and reasonable value** *Val, Tax* → fair market value; **fair annual value** *Val, Tax* → full annual value; **fair appraisal** *n* gerechte Beurteilung (f); **fair cash value** *Val, Tax* → fair market value; **fair consideration** *n* angemessene Gegenleistung (f); **fair damages** *n/pl* angemessener Schaden(s)ersatz (m); **fair-faced brickwork** *n ArCo (GB)* Sichtmauerwerk (n); *Syn.: face brickwork*; **fair-faced concrete** *n (GB)* Sichtbeton (m); *Syn.: exposed concrete*; **fair housing law** *Law* → federal fair housing law; **fair market price** *n* angemessener Marktpreis (m); **fair market value (FMV)** angemessener Marktpreis (m); beizulegender Marktwert, gemeiner Wert; → market value; **fair presentation** *n* Vermittlung (f) eines den tatsächlichen Verhältnissen entsprechenden Bildes der Vermögens-, Finanz- und Ertragslage; **fair rate of return** *n* angemessene Verzinsung (f); **fair rent** *n* angemessene Miete (f), marktübliche Miete (f); **fair use** *n* zulässiger Gebrauch (m) (gemäß Urheberrecht); **fair value** *n* angemessener Wert (m), Zeitwert (m), Marktwert (m); Marktwert, zu dem ein Vermögensgegenstand unter sachverständigen Dritten und voneinander unabhängigen Geschäftspartnern getauscht werden könnte (IAS 16.6); **fair value accounting** *n* auf beizulegenden Zeitwerten beruhende Rechnungslegung (f); **fair value model** *n* Modell (n) der Zeitbewertung, Zeitbewertungsmodell (n); erfolgswirksame Neubewertung zu jedem Abschlussstichtag; keine Vornahme von Abschreibungen oder Zuschreibungen (IAS 40)
faithful representation *n* glaubwürdige Darstellung (f)
fake *n* Fälschung (f), Imitation (f)
fake *v/t* fälschen
fall *n* Fall (m), Rückgang (m); **fall pipe** *n* Fallrohr (n), Fallleitung (f)
fall *v/i* fallen, sinken, zurückgehen; **fall due** fällig werden; **fall into disuse** nicht mehr gebraucht werden; **fall in value** im Wert fallen
fall-back figure *n* Rückfallrate (f)
falling annuity *n* sinkende Rente (f); **falling gradient** *n* Neigung (f)
fallow land *n* Brachland (n), Brache (f)
false *adj* falsch; **false advertising** *n Law, Mkt* unlautere Werbung (f), irreführende Werbung (f); **false bottom** *n ArCo* Doppelboden (m); **false ceiling** *n ArCo* abgehängte Decke (f); **false declaration** *n* unrichtige Erklärung (f), Falschanmeldung (f); **false entry** *n* Falschbuchung (f); **false floor** *n* Doppelboden (m), doppelter Boden (m); *Syn.: raised floor*; **false setting** *n* vorzeitiges Abbinden (n) von Beton
falsify *v/t* fälschen
FAMC *n (US)* → Farmer Mac
familiarity *n* Bekanntheit (f)
family *n* Familie (f); **family income** *n* Familieneinkommen (n)
family-owned business *n* Familienbetrieb (m)
fan *n* Ventilator (m); **fan heater** *n* Ventilatorheizung (f); **fan vault(ing)** *n ArCo* Fächergewölbe (n)
fancy price *n* Liebhaberpreis (m)
fanlight *n ArCo* Oberlicht (n), Türoberlicht (n)
Fannie Mae *Org (US)* vom US-Kongress gegründete Organisation, die sowohl von konventionellen Wohnimmobilien als auch von der Federal Housing Association (FHA) versicherte und vom Department of Veterans Affairs (VA) garantierte Hypotheken erwirbt und auf dem freien Markt verkauft; ehemals offizieller Name: Federal National Mortgage Association (FNMA); → government-sponsored enterprise
FAR *Fin* → floor area ratio
farm *n* Farm (f), Bauernhof (m); **Farm and Land Institute (FLI)** *Org (US)* ehemalige Bezeichnung einer Sektion der National Association of Realtors, jetzt: → Realtors

Land Institute; **farm area** *n Mkt* geographisches Gebiet oder bestimmter Wohngebäudekomplex, auf den ein Makler sich spezialisiert, um Aufträge zu akquirieren; **farmhouse** *n* Bauernhaus (n); **farmland** *n* landwirtschaftliche Nutzfläche (f), Agrarland (n), Ackerland (n); **farm mortgage** *n* landwirtschaftliche Hypothek (f); **farmstead** *n* Bauernhof (m)

Farmer Mac (Federal Agricultural Mortgage Corporation) *Org (US)* Bundesamt für landwirtschaftliche Hypotheken; vom US-Kongress gegründete Organisation zur Verbesserung der Aufnahme von Hypotheken durch Landwirte, Viehzüchter, Bewohner ländlicher Gebiete, Firmen und Gemeinden durch Bereitstellung von Darlehen; stellt den amerikanischen Hypotheken-Sekundärmarkt für landwirtschaftliche Immobilien dar; → government-sponsored enterprise

farmers' association *n* Bauernverband (m)

Farmers' Home Administration (FmHA) *(US)* Bundesbehörde zur Unterstützung von Farmern

FASB *Org* → Financial Accounting Standards Board

fascia *n ArCo* Attika (f), Traufbrett (n); **fascia board** *n* Simsbrett (n), Traufbohle (f), Traufbrett (n)

fascine *n* Faschine (f)

fashion *n* Mode (f); **fashion shop** *n (GB)* Modegeschäft (n); **fashion store** *n (US)* Modegeschäft (n)

fastener *n* Halterung (f)

fast-food restaurant *n* Fast-Food-Restaurant (n), Schnellrestaurant (n); Imbiss (m); *Syn.: fast-food outlet, fast-food shop*

fastrack construction *n ArCo* beschleunigte Bauerstellung (f); Verkürzung der Bauperiode durch Komprimierung der Terminplanung und Überlappung von Tätigkeiten, die sonst sequenziell ausgeführt würden; *Syn.: fasttrack construction*

fast tracker *n* rascher Aufsteiger (m)

fatigue analysis *n* Ermüdungsanalyse (f); **fatigue load** *n* Ermüdungsbeanspruchung (f); **fatigue strength** *n* Ermüdungsfestigkeit (f), Materialermüdungsfestigkeit (f)

fat lime *n* Weißkalk (m)

faucet *n (US)* Wasserhahn (m)

fault *n* Fehler (m), Mangel (m); **fault of construction** *n ArCo* Baufehler (m)
fault plane *n* Verwerfungsfläche (f); **fault zone** *n* Verwerfungszone (f)

faulty *adj* mangelhaft

favour *v/t* begünstigen; *Syn.: favor (AE)*

FDIC *Org* → Federal Deposit Insurance Corporation

feasibility *n* Machbarkeit (f), Durchführbarkeit (f); **feasibility study** *n* Machbarkeitsstudie (f), Rentabilitätsrechnung (f), Wirtschaftlichkeitsrechnung (f), Durchführbarkeitsanalyse (f); *Syn.: feasibility analysis*

feasible *adj* durchführbar, möglich, machbar; **feasible use** *n* zulässiger Gebrauch (m)

feature *n* Kennzeichen (n); Eigenschaft (f)

Federal Agricultural Mortgage Corporation *Org (US)* → Farmer Mac

Federal Deposit Insurance Corporation (FDIC) *Org (US)* unabhängige Behörde, die Geldbeträge in Einlage- und Sparkonten garantiert

Federal Emergency Management Agency (FEMA) *Org (US)* Bundesbehörde für nationalen Katastrophenschutz, Abteilung des Department of Homeland Security

Federal Fair Housing Law *n Law (US)* Gesetz gegen Diskriminierung im Zusammenhang mit der Vermietung oder dem Verkauf von Wohnimmobilien oder Grundstücken

Federal Farm Credit Administration (FFCA) *Org (US)* Einrichtung der Bundesregierung zur finanziellen Unterstützung von Farmern und Ranchern

Federal Farm Credit System (FFCS) *n Org (US)* US-Bundessystem für Agrarkredite; → government-sponsored enterprise

Federal Financial Institutions Examinations Council (FFIEC) *Org (US)* Beirat aus Vertretern der Kreditaufsichtsbehörden zur Verbesserung der Organisation von Kreditinstituten

Federal Home Loan Bank (FHLB) *n Org (US)* US-Bundesamt für Bausparkassenhypotheken; → government-sponsored enterprise

Federal Home Loan Mortgage Corporation *n Org (US)* → Freddie Mac

Federal Housing Administration (FHA) *n Org (US)* Behörde des US-amerikanischen

HUD (→ Department of Housing and Urban Development), die private Hypothekendarlehen für Wohnimmobilien versichert und Standards für den Bau und die Risikoübernahme entwickelt; keine Darlehensvergabe und keine Bautätigkeit

Federal Land Bank (FLB) *n Org (US)* genossenschaftliche Landwirtschaftsbank, Bestandteil des Federal Farm Credit System

Federal National Mortgage Association (FNMA) *Org (US)* → Fannie Mae

f

Federal Open Market Committee (FOMC) *n Org (US)* Offenmarktausschuss des Federal Reserve System der USA

Federal Reserve Bank *n (US)* US-Zentralbank auf Ebene der Bundesstaaten, die neben dem Federal Reserve Board Bestandteil des Federal Reserve System ist

Federal Reserve System *n Org (US)* Zentralbanksystem der USA

federal rule *n Val (US)* Regel für die Berechnung von Schadenersatz im Enteignungsfall (condemnation) auf „before and after"-Basis (Gesamtwert vor der Enteignung abzüglich verbleibendem Wert); *Ant.: state rule*; → before-and-after valuation

Federal Savings and Loan Insurance Corporation (FSLIC) *Org (US)* Institution, die Einlagenversicherungen für Kreditinstitute anbietet

federal states *n/pl (US)* Bundesstaaten (mpl)

Federal Tax Lien *n Tax (US)* Grundpfandrecht für Bundessteuern; Grundpfandrecht nach einem Verstoß gegen Bundeseinkommensteuer- oder Grundsteuergesetze. Im Todesfall: Pfandrecht für Erbschaftsteuer auf das gesamte persönliche Eigentum und Immobilien für zehn Jahre oder bis zum Ausgleich der Steuern

Federal Trade Commission (FTC) *Org (US)* Bundesbehörde zum Schutz gegen unlautere Handelspraktiken

federation *n* Verband (m), Wirtschaftsverband (m)

fee *n* **1.** Gebühr (f); Honorar (n); **fee and commission expenses** *n/pl* Provisionsaufwendungen (fpl); **fee and commission income** *n* Provisionserträge (mpl); **fee for service** *n* Einzelhonorar (n), Zustellgebühr (f) (oder jede andere Gebühr); **fee for use** *n* Benutzungsgebühr (f); **2.** *Law* Grundeigentum (n); **fee farm rent** *Law* → rentcharge; **fee interest** *Law (US)* → fee simple, absolute estate

fee simple *n Law* unbeschränktes Eigentum (n); **fee simple absolute** *n Law* unbeschränktes Eigentum (n); absolute ist redundant: fee simple allein bedeutet schon unbeschränkter Grundbesitz; *Syn.: absolute fee simple, freehold absolute*; *Ant.: fee simple determinable*; **fee simple absolute in possession** *n Law* unbeschränktes Eigentum (n); üblicherweise → freehold, → freehold interest oder → freehold tenure genannt; „in possession" bedeutet jetziges Interesse, nicht z.B. eine Anwartschaft; **fee simple conditional** *Law* → conditional fee simple; **fee simple defeasible** *Law* → conditional fee simple; **fee simple determinable** *n Law (US)* bedingtes unbeschränktes Eigentum (n); unbeschränktes Eigentum, das jedoch nach einem bestimmten Ereignis automatisch terminiert wird; z.B. Stiftung eines Grundstücks an eine Schule, solange es nur für Schulzwecke genutzt wird; *Syn.: determinable fee*; *Ant.: fee simple absolute*; → determinable interest; **fee simple estate** *n Law (US)* uneingeschränktes Eigentumsrecht (n) an Grundvermögen, von unbestimmter Dauer, übertragbar und vererbbar

fee tail *n Law* (historisch) Erblehen (n); unveräußerliches Erbe (n); Grundbesitz mit Erbbeschränkungen

feed the estoppel *v/t Law* falls der Vermieter eines → tenancy by estoppel (Mietverhältnis ohne Rechtsgrundlage) sein Besitzverhältnis legalisiert, also in ein legal estate (Eigentum oder Erbbaurecht) umwandelt, wird ein „echtes" Mietverhältnis mit dem Mieter geschaffen. Dieser Vorgang wird feeding the estoppel genannt

feedback value *n* Erwartungsüberprüfung (f)

feeder road *n* Zubringerstraße (f)

felling maturity *n* Hiebreife (f)

fellow *n* Gefährte (m); Genosse (m); **fellow subsidiary** *n* Schwestergesellschaft (f)

Fellow of the Royal Institution of Chartered Surveyors (FRICS) *n* volles Mitglied der → Royal Institution of Chartered Surveyors mit langer professioneller Erfahrung

felony *n Law* Straftat (f), Verbrechen (n)
felt *n* Filz (m)
FEMA *Org* → Federal Emergency Management Agency
fen *n* Moor (n), Sumpf (m)
fence *n ArCo* Zaun (m), Einfriedung (f); **fence post** *n ArCo* Zaunpfahl (m); **fence wall** *n ArCo* Umfassungsmauer (f)
fencing *n* Umzäunung (f)
fender beam *n* Prellbalken (m); **fender pile** *n* Prellpfahl (m)
fenestration *n* Fensteranordnung (f)
feoffee to uses *n Law* Treuhänder (m); veraltet
feoffment *n Law* Belehnung (f); veraltet
fertility of the soil *n* Bodenfruchtbarkeit (f)
feudal system *n* Feudalsystem (n), Lehnswesen (n)
FF&E → furniture, fixtures and equipment; **FF&E reserve** *n* FF&E-Ausbauspielraum (m)
FFCA *Org* → Federal Farm Credit Administration
FFCS *Org (US)* → Federal Farm Credit System
FFIEC *Org* → Federal Financial Institutions Examinations Council
FFO *Fin* → funds from operations
FHA *Org* → Federal Housing Administration
FHLB *n (US)* → Federal Home Loan Bank
FHLMC *n Org* → Freddie Mac
FHLMC *Org* → Federal Home Loan Mortgage Corporation; → Freddie Mac
FIABCI *Org* Fédération Internationale des Administrateurs de Biens Conseils Immobiliers; internationale Vereinigung von Immobilienverwaltern
fibre board *n* Faserplatte (f)
fibreglass (AE: fiberglass) *n* Glasfaser (f); **fibreglass sheet** *n* Glasfaserplatte (f); **fibreglass tile** *n* Glasfaserdachziegel (m)
fibrous insulation material *n* Faserdämmstoff (m)
fictitious *adj* fiktiv; **fictitious contract** *n Law* fingierter Vertrag (m), Scheinvertrag (m); **fictitious purchase** *n* Scheinkauf (m)
fidelity bond *n* Kautionsversicherung (f)
fiduciary *n* Treuhänder (m)
fiduciary *adj Law* treuhänderisch, fiduziarisch; **fiduciary account** *n Fin* Treuhandkonto (n); **fiduciary loan** *n Fin* ungesichertes Darlehen (n)
fief *n Law* Lehen (n), Lehensgut (n); **fief-tenant** *n Law* Lehnsmann (m)
field *n* Fachrichtung (f), Feld (n); **field book** *n* Flurbuch (n); **field garden allotment** *n* (historisch) Kleingarten (m); **field inspection** *n* Ortsbesichtigung (f); **field investigator** *n* Interviewer (m); **field laboratory** *n* Baulabor (n), Feldlabor (n); **field number** *n* Ackerzahl (f); **field part** *n* Flurstück (n) (Grundbuch); **field review** *n Val* Überprüfung einer Immobilienbewertung mit Besichtigung der Immobilie vor Ort; **field warehouse** *n* Außenlager (n)
fifo method (first in – first out method) *n* Inventurbewertungsmethode (f)
figure *n* Kennzahl (f), Zahl (f)
figured rolled glass *n* Ornamentglas (n)
figure out *v/t (US)* ausrechnen, ausknobeln
file *n* Akte (f), Datei (f); **file of documents** *n* Urkundensammlung (f)
file index *n* Aktenverzeichnis (n); **file note** *n* Aktenvermerk (m)
file *v/t* ablegen, abheften; **file an objection** Widerspruch einlegen
filing *n* Aktenablage (f); **filing of a tax return** *n* Abgabe (f) der Steuererklärung
filing fee *n* Verwaltungsgebühr (f); **filing room** *n* Archiv (n)
fill *v/t* spachteln, verspachteln; **filled land** *n* aufgeschüttetes Land (n); *Syn.: landfill*; **fill material** *n* Schüttmaterial (n); **fill-up water** *n* Füllwasser (n)
filler *n* Abdichtungsmasse (f); → plastic filler; **filler wall** *n* Tafelwand (f)
fillet *n ArCo* Einlegleiste (f), Wandanschlussleiste (f); **fillet weld** *n* Kehlnaht (f)
filling material *n* Verfüllmaterial (n); **filling station** *n (GB)* Tankstelle (f); *Syn.: gas station, petrol station*
filter *n* Filter (m), Schmutzfänger (m); **filter residue** *n* Filterrückstand (m)
filtering down *n Econ* Abstufung (f) in ein qualitativ niedrigeres Marktsegment; mit zunehmendem Alter einer Wohnung verliert sie an Qualität und Ertragswert; gleichzeitig wird die gleiche Wohnung für Haushalte mit geringerem Einkommen erschwinglicher. Durch die (auch relativ) sinkende Qualität wird die Wohnung über ihre Nutzungsdauer hinweg mehrfach aus qualitativ höheren Marktsegmenten „herausgefiltert“ und abgestuft.

Dieser Prozess wird als filtering down bezeichnet; *Ant.: filtering up*

filtering up *n Econ* durch Modernisierungs- und Sanierungsmaßnahmen kann eine Wohnung wieder in ein höherwertiges Marktsegment aufsteigen; dieser Prozess wird als filtering up bezeichnet; *Ant.: filtering down*

final *adj* letzte/r/s, Schluss-; **final accounting** *n (GB)* → work measurement and billing; *Syn.: final accounting (GB)*; **final accounts** *n/pl Fin* Endabrechnung (f), Abschlusskonto (n), Abschlussrechnung (f), Honorarschlussrechnung (f), Schlussrechnung (f); **final approval** *n* Bauabnahme (f); **final asset value** *n* Endwert (m); **final billing** *n* Schlussabrechnung (f); **final building inspection** *n* Bauabnahme (f); **final certificate** *ArCo* → building certificate; **final coat** *n* Oberputz (m); **final completion** *n Law* endgültige Fertigstellung (f); **final date for acceptance** *n* Abgabetermin (m), Fälligkeitstag (m), Fälligkeitstermin (m), Termin (m), Zeitpunkt (m); **final design** *n* endgültiger Entwurf (m); **final energy consumption** *n* Endenergieverbrauch (m); **final estimate of value** *n* abschließende Schätzung (f) des Wertes, Abschlussschätzung (f) des Wertes; **final manufacturing cost** *n Fin* Herstellungskosten (pl) (maschinelle Fabrikation), Fertigungskosten (pl); **final offer** *n* letztes Angebot (n); endgültiges Angebot (n); *Syn.: final quotation*; **final payment** *n Fin* Restzahlung (f), Abschlusszahlung (f); **final statement** *n* Schlussrechnung (f); **final value estimate** *n Val* geschätzter Marktwert, ermittelt auf der Basis geeigneter Bewertungsmethoden

finality of decision *n* Unanfechtbarkeit (f) einer Entscheidung

finance *n* Finanzierung (f), Finanzwesen (n); **finances** *n/pl* Finanzen (pl); allgemeine finanzielle Lage eines Unternehmens, einer Privatperson etc.

finance charge *n* Finanzaufwendungen (fpl), Finanzierungskosten (pl); Gesamtkosten eines Darlehens inklusive aller Gebühren, Zinszahlungen, etc.; *Syn.: finance costs*; **finance company** *n* Kreditgesellschaft (f); **finance costs** *n/pl* Finanzaufwendungen (fpl), Finanzierungskosten (pl); **finance department** *n* Finanzabteilung (f); **finance fee** *n* wörtlich: Finanzierungsgebühr (f); Gebühr für den Kreditmakler; **finance house** *n (GB)* Kreditinstitut (n), allg.: Bank (f); **finance lease** *n Law* Finanzierungsleasing (n); beim finance lease werden alle mit dem Eigentum verbundenen Risiken und Chancen eines Vermögenswertes übertragen; infolgedessen wird der Leasinggegenstand beim Leasingnehmer bilanziert; *Syn.: financing lease, capital lease, non-tax lease*; *Ant.: operating lease*; **finance procuration fee** *n* Gebühr für den Kreditmakler; Gebühren für Dienstleistungen eines Hypothekenmaklers; fast immer durch den Kreditgeber bezahlt; *Syn.: arrangement fee*

finance *v/t* finanzieren

financial *adj* finanziell, Wirtschafts-; **financial accounting** *n* externes Rechnungswesen (n); **Financial Accounting Standards Board (FASB)** *n Org (US)* Gremium, das die Grundsätze der Bilanzierungsstandards und Rechnungsführung festlegt; **financial and earnings position** *n* Vermögens- und Ertragslage (f); **financial asset held for trading** *n* Handelsaktiva (pl), Handelswert (m); **financial assets** *n/pl* Kapitalanlagen (fpl); Vermögensanlagen (fpl); **financial assistance** *n* Finanzhilfe (f); einschl. öffentlicher Fördermittel und Subventionen; *Syn.: financial aid*; **financial balance sheet** *n* Handelsbilanz (f); **financial capacity** *n* Finanzkraft (f), finanzielle Leistungsfähigkeit (f); **financial circumstances** *n/pl* Vermögensverhältnisse (npl); **financial commitments** *n/pl* Zahlungsverpflichtungen (fpl); finanzielle Verpflichtungen (fpl); **financial compensation** *n* Ausgleichsleistung (f), Geldausgleich (m); **financial conditions** *n/pl* Finanzverhältnisse (npl); **financial crisis** *n* Finanzkrise (f); **financial document** *n* Zahlungspapier (n); **financial feasibility** *n* Finanzierbarkeit (f), finanzielle Machbarkeit (f), finanzielle Durchführbarkeit (f); **financial guarantee** *n* Bürgschaft (f), finanzielle Garantie (f); **financial industry** *n* Finanzwirtschaft (f); **financial institution** *n* Kreditinstitut (n), Finanzinstitut (n); **Financial Institutions Reform (Recovery and Enforcement Act) (FIRREA)** *n Law (US)* Gesetz zur Reorganisation der Kreditinstitute; **financial instrument** *n* Finanzinstrument (n); **financial integration** *n* finanzielle Eingliederung (f); **financial intermediary** *n* Finanzintermediär (m); **financial items** *n/pl* monetäre Bilanzposten (mpl); **financial leasing agreement** *n* Leasingvertrag (m); **financial leverage** *Fin* → leverage; **financial management rate of return (FMRR)** *n* Finanzmanagement-Rendite (f); **financial obligation** *n* finanzielle Verpflichtung (f); **financial performance** *n* Ertragskraft (f), Ertragslage (f), Leistungspotenzial (n); **financial planning** *n* Finanzierungsplanung (f), Finanzplanung (f), Vermögensplanung (f); **financial position** *n* Finanzlage (f), Vermögenslage (f), Wirtschaftslage (f); **financial reporting** *n* externe Rechnungslegung (f); **financial reporting exposure drafts (FREDS)** *n/pl* Entwürfe für Finanzberichterstattungsstandards; zur Erreichung einer Annäherung zw. britischen und internationalen Bilanzierungsrichtlinien (IFRS); **Financial Reporting Standards (FRS)** *n Fin* Rechnungslegungsvorschriften (fpl), Grundsätze (mpl) der Rechnungslegung; Standards für die Gestaltung von Gutachten über die Finanz- und Vermögenslage; → International Financial Reporting Standards; **financial results** *n/pl* Finanzergebnis (n); **financial review** *n* Lagebericht (m); **financial risk** *n* finanzielles Risiko (n); **financial security** *n* finanzielle Sicherheit (f); **financial services** *n/pl* Finanzdienstleistungen (fpl); Bankdienstleistungen (fpl); **Financial Services Authority (FSA)** *Org (GB)* unabhängige Körperschaft, die Finanzdienstleistungen der Wirtschaft organisiert; **financial statements** *n/pl* Jahresabschluss (m); **financial statement with comparative figures** *n* Jahresabschluss (m) mit Vergleichszahlen; **financial tables** *n/pl Fin, Val* finanzmathematische Tabellen; **financial year** *n* Geschäftsjahr (n); Rechnungsjahr (n)

financing *n* Finanzierung (f); **financing of building projects** *n* Baufinanzierung(smittel) (f/npl); **financing of capital projects** *n* Investitionsfinanzierung (f)
financing activities *n/pl* Finanzierungstätigkeit (f); **financing charges** *n/pl* Finanzierungskosten (pl); **financing from own resources** *n* Eigenfinanzierung (f); **financing gap** *n* Finanzierungslücke (f); **financing method** *n* Finanzierungsmethode (f); **financing terms** *n/pl* Finanzierungsbedingungen (fpl)

finder's fee *n Fin, Mkt* Vermittlungsgebühr (f); entrichtet für die Vermittlung eines Käufers oder für die Vermittlung eines Maklerauftrags; *Syn.: referral fee*

find out *v/i* ermitteln

fine *n Law* Bußgeld (n), Geldstrafe (f); auch: Zahlung unter dem Feudalsystem, z.B. für ein Erbpachtgrundstück

fine *adj* fein; **fine control valve** *n* Feinregulierventil (n)

fine-grained *adj* feinkörnig

finish *n* Ende (n), Schluss (m), Ziel (n), Endbearbeitung (f), Fertigstellung (f), Nachbearbeitung (f), Oberflächenbelag (m), Oberflächenbeschaffenheit (f); **finishes** *n/pl ArCo* Ausbau (m)
finish date *n* Fertigstellungstermin (m)

finish *v/t* ausbauen, fertig machen; **finished building** *n* fertiger Bau (m); **finished floor level** *n ArCo* Fußbodenoberkante (f); **finished goods** *n/pl* Fertigerzeugnisse (npl), Fertigware (f); **finished level** *n* Fertigkote (f)

finish out allowance *n (US)* vom Vermieter an den Mieter entrichteter Betrag für den Ausbau der Mietsache nach den eigenen Bedürfnissen; i.d.R. pro square foot oder fixer Betrag; *Syn.: tenant improvement (TI) allowance*

finishing *n ArCo* Fertigstellung (f); Anstrich (m); **finishing coat** *n* Deckanstrich (m), Schutzanstrich (m); **finishing contractor** *n* Ausbaufirmen (fpl); **finishing work** *n* Ausbauarbeiten (fpl), Oberflächengestaltung (f)

finned radiator *n* Lamellenheizkörper (m); **finned wall** *n ArCo* Flossenwand (f)

fir *n* Tanne (f)

fire *n* Feuer (n); **fire alarm control panel** *n* Brandmeldezentrale (f); **fire alarm indicator panel** *n* Brandmeldetableau (n); **fire alarm system** *n* Brandmeldeanlage (f), Feuermeldeanlage (f); **firebote** *n Law* Entnahmerecht (n) für Brandholz; Brennstoffzuschuss (m); *Syn.: fuelbote*; **firebrick** *n ArCo* Schamotteziegel (m); **fire certificate** *n* Brandschutzbescheinigung (f); **fire classification** *n* Brandklasse (f), Feuerwiderstandsklasse (f); **fire compartment** *n ArCo* Brandabschnitt (m); **fire damage** *n*

Brandschaden (m), Feuerschaden (m); **fire detection system** *n ArCo* Feuermeldeanlage (f); **fire detector** *n* Brandmelder (m), Feuermelder (m); **fire escape** *n ArCo* Notausgang (m); Feuerleiter (f); Nottreppe (f), Fluchtweg (m); **fire escape plan** *n* Feuerwehrlaufkarte (f); **fire extinguisher** *n* Feuerlöscher (m); **fire extinguishing appliances warranty** *n* Garantie, dass eine Feuerlöschvorrichtung vorhanden ist; **fire extinguishing equipment** *n* Löscheinrichtung (f); **fire fighter** *n* Feuerwehrmann (m); **fire fighting** *n* Brandlöschung (f), Feuerbekämpfung (f); **fire hazard** *n* Brandgefahr (f), Feuerrisiko (n), Feuergefahr (f); **fire inspection report** *n* Brandschutzgutachten (n); **fire insurance** *n* Feuerversicherung (f); **fire insurance company** *n* Brandversicherungsgesellschaft (f), Feuerversicherungsgesellschaft (f); **fire insurance value** *n* Brandkassenwert (m); **fire loss assessor** *n* Brandschadensprüfer (m); **fire officer** *n* Brandmeister (m); **Fire Offices Committee** *n Org (GB)* Gremium (n) der Brandversicherungen; Industrieverband der Brandversicherungen, zuständig für u.A. Richtlinien für Brandschutz, Sprinkleranlagen usw. Inzwischen mit der ABI (Association of British Insurers) verschmolzen.; **fireplace** *n* Kamin (m); Feuerstelle (f); **fire prevention and protection** *n* Brandschutz (m)

fireproof *adj* feuerfest; hitzebeständig; **fireproof wall** *n* Brandmauer (f); *Syn.: firewall*

fire protection *n* Brandschutz (m), Feuerschutz (m); **fire protection certificate** *n* Brandschutznachweis (m); **fire protection equipment** *n* Brandschutzausrüstung (f); **fire rating** *n* Brandklasse (f), Feuerwiderstandsklasse (f); **fire resistant floor** *n* feuerbeständiger Boden (m); **fire resisting construction** *n* feuerhemmende Bauweise (f); **fire resisting wall** *n* Brandwand (f); *Syn.: firewall*; **fire resistive** *adj* feuerbeständig *Syn.: fire resistant*; **fire risk** *n* Brandgefahr (f), Brandrisiko (n), Feuerrisiko (n); **fire sprinklers** → sprinklers; **fire sprinkler system** → sprinkler system; **fire stop** *n* feuerhemmendes Bauelement (n); Brandblende (f); **fire tube** *n* Flammenrohr (n); **fire underwriter** *n* Feuerversicherungsgesellschaft (f); **firewall** *n* Brandmauer (f), Brandschutzwand (f)

firm *n* Unternehmen (n), Betrieb (m), Firma (f)

firm *adj* fest; **firm commitment** *n Law* feste Zusage (f); z.B. die verbindliche Hypothekenzusage einer Bank; **firm deal** *n* Fixgeschäft (n); **firm offer** *n Law, Mkt* verbindliches/bindendes Angebot (n), Festangebot (n); **firm price** *n* Festpreis (m); nicht verhandelbarer Preis; **firm price contract** *Law* → fixed price contract

FIRPTA *Law, Tax (US)* → Foreign Investment in Real Property Tax Act

FIRREA *Law* → Financial Institutions Reform, Recovery and Enforcement Act

firring *n* Unterfütterung (f)

first *adj* erste/r; **first acquisition** *n* Ersterwerb (m); **first coat** *n* Unterputz (m); **first floor** *n* GB: erstes Obergeschoss (n); US: Erdgeschoss (n); **first letting** *n* Erstvermietung (f); *Syn.: first occupation*; **first-loss insurance** *n* Erstrisikoversicherung (f); **first mortgage** *n Fin (US)* erstrangige Hypothek (f), erste Hypothek (f), Ersthypothek (f); **first-time buyer** *n* Ersterwerber (m)

fiscal *adj* fiskalisch, steuerlich, steuerrechtlich; **fiscal domicile** *n* steuerlicher Wohnsitz (m); **fiscal jurisdiction** *n* Steuerhoheit (f); **fiscal officer** *n* Finanzbeamter (m); **fiscal policy** *n* Fiskalpolitik (f); Finanzpolitik (f); Steuerpolitik (f); **fiscal unity** *n* Organschaft (f); **fiscal year** *n* Geschäftsjahr (n), Rechnungsjahr (n), Wirtschaftsjahr (n), Steuerjahr (n); *Syn.: tax year*; **fiscal zoning** *Plan (US)* → exclusionary zoning

fit *v/t* anpassen (an); **fit for human habitation** *adj Plan, Law* bewohnbar, für menschliche Behausung geeignet; *Syn.: habitable, inhabitable*; *Ant.: unfit for human habitation*; **fit for the purpose** *adj* für den Zweck geeignet; zweckdienlich; typische Klausel in z.B. Gesetzen zum Verbraucherschutz, d.h. Waren sollen nutzbar sein und marktübliche Qualität aufweisen

fitments *n/pl* Einrichtungsgegenstände (mpl)

fitness for human habitation *n* Bewohnbarkeit (f); **fitness for purpose** *n Law* Gebrauchstauglichkeit (f); Zweckeignung (f)

fit out *v/t ArCo* ausbauen, ausrüsten, ausstatten, einrichten

fit-out costs *n/pl* Ausbaukosten (pl)

fitted kitchen *n* Einbauküche (f)
fitter *n* Installateur (m), Monteur (m)
fitting length *n* Baulänge (f), Einbaulänge (f)
fitting-out *n ArCo* Ausrüstung (f)
fittings *n/pl ArCo* Montagen (fpl), Einbauteile (npl); Ausstattung (f); Beschläge (mpl); Einrichtungsgegenstände (mpl)
fitting system *n* Anschlusssystem (n)
fit-up *n* wiederverwendungsfähige Schalung (f)
fix *v/t* befestigen; **fix a deadline** befristen
fixed abode *n* fester Wohnsitz (m)
fixed assets *n/pl* Anlage(n) (f) (Vermögenswerte), Anlagevermögen (n), Sachanlagen (fpl), Sachanlagevermögen (n); **fixed assets account** *n Fin* (Sach)anlage(n)konto (n); **fixed assets at net book value** *n/pl* Anlagevermögen (n) zum Nettobuchwert; **fixed assets records** *n/pl* Inventarbücher (npl); **fixed assets register** *n* Anlagenkartei (f)
fixed capital *n* gebundenes Kapital (n), Anlagekapital (n); **fixed casement** *n ArCo* Putzflügel (m); feststehender Fensterrahmen (nicht zu öffnen); **fixed charge** *n* feste Belastung (f); z.B. einer Immobilie; *Ant.: floating charge*; **fixed costs** *n/pl* Fixkosten (pl), Gemeinkosten (pl); **fixed expenses** *n/pl* Fixkosten (pl); **fixed expenses and costs** *n/pl* fixe Aufwendungen (fpl) und Kosten (pl); **fixed fee contract** *n Law* Festpreisvertrag (m); **fixed glazing** *n* Festverglasung (f); **fixed installation** *n* feste Einrichtung (f); **fixed-interest** *adj Fin* festverzinslich; **fixed lease** *n Law (US)* Mietvertrag bzw. Pachtvertrag mit über einen bestimmten Zeitraum fixierter Miete; **fixed loan** *n* Kredit (m) mit fester Laufzeit; **fixed maturity (date)** *n* fester Fälligkeitstermin (m); **fixed payment mortgage** *Fin (US)* → amortization mortgage; **fixed place of business** *n* feste Geschäftseinrichtung (f)
fixed price *n* Festpreis (m); **fixed price contract** *n Law* Festpreisvertrag (m), Vertrag (m) zu Festpreisen; *Syn.: firm price contract*
fixed-principal-payment mortgage *n Fin* Darlehen mit konstanter Tilgung des Darlehensbetrags und Zinszahlungen auf den jeweiligen Restbetrag; Tilgung wird durch einfache Verteilung des Kapitals auf die Laufzeit kalkuliert; **fixed production overheads** *n/pl* fixe Produktionsgemeinkosten (pl); **fixed-rate loan** *n Fin* Festzinskredit (m); **fixed-rate mortgage (FRM)** *n Fin* Festzinshypothek (f); *Syn.: flat-rate mortgage*; **fixed rent** *n Law* über die ganze Dauer des Mietvertrags oder einen bestimmten Zeitraum fixierte Miete; nicht Festmiete; dies ist ein pauschaler Mietzins, der neben der Grundmiete auch eine Betriebskostenpauschale enthält; *Syn.: flat rent*; **fixed support** *n ArCo* (völlige) Einspannung (f)
fixed-term employment contract *n* befristetes Arbeitsverhältnis (n); **fixed-term loan** *n Fin* befristetes Darlehen (n), Kredit (m) mit fester Laufzeit; **fixed-term mortgage** *n Fin* Hypothek (f) mit fester Laufzeit; **fixed term tenancy** *n Law* Mietverhältnis (n) auf bestimmte Zeit, befristeter Mietvertrag (m); *Syn.: tenancy for a term of years*; **fixed value** *n* Festwert (m)
fixer-upper *n Mkt (US)* Objekt, typischerweise Wohnhaus, in schlechtem (instandsetzungsbedürftigem) Zustand, das normalerweise zu einem niedrigeren Preis zum Verkauf angeboten wird
fixing instructions *n/pl* Einbauanweisung (f)
fixing of a time limit *n Law* Fristsetzung (f); *Syn.: setting of a time limit*
fixing rail *n* Befestigungsschiene (f)
fixing-up expenses *n Tax (US)* Kosten der (häufig kosmetischen) Verbesserung eines Wohnhauses im Vorfeld einer Veräußerung; in den USA teilweise steuerlich absetzbar
fix sth. up *v/t (US)* etw. renovieren; herrichten
fixtures *n/pl ArCo* festes Inventar (n); Einbauten (mpl); Grundstücksbestandteile (mpl); Vorrichtung (f)
fixturing period *n Mkt* → rent-free period
flag *n* → flagstone
flagging demand *n* abgeschwächte Nachfrage (f); **flagging market** *n* abgeschwächter Markt (m)
flag lot *n ArCo (US)* Hinterliegergrundstück (n); versetzt liegendes Grundstück; der bebaubare Teil des Grundstücks hat die Form der Flagge, die Auffahrt von der Straße die Form des Flaggenstocks
flagstone *n* Natursteinplatte (f)

f

flame monitoring *n* Flammenüberwachung (f); **flame propagation** *n* Flammenausbreitung (f)
flange *n* Flansch (m), vorstehender Rand (m), Wulst (m); **flange connection** *n* Flanschverbindung (f)
flanged joint *n* Flanschverbindung (f)
flank wall *n* Giebelwand (f)
flap *n* Klappe (f); **flap door** *n* Falltür (f); **flap gate** *n* Klapptor (n); **flap position** *n* Klappenstellung (f)

f

flashing *n ArCo* Kehlblech (n), Abdeckblech (n)
flat *n* Wohnung (f), Etagenwohnung (f); Mietwohnung (f); **flat inspection** *n* Wohnungsbesichtigung (f); **flat owner** *n* Wohnungseigentümer (m); **flat share** *n* Wohngemeinschaft (f); *Syn.: flat sharing*
flat *adj* eben, flach; **flat amount** *n* Pauschalbetrag (m); **flat asbestos sheet** *n* Flachasbestplatte (f); **flat (clay) roofing tile** *n* Flachziegel (m); **flat cost** *n* **1.** *ArCo (US)* direkte Arbeits- und Materialkosten eines Bauprojektes; **2.** *Mkt* Pauschalgebühr (f); z.B. unabhängig vom Kaufpreis festgelegte Maklergebühren; **flat fee broker** *n Mkt (US)* Makler, der mit einer Pauschalgebühr entlohnt wird; **flat grid** *n* Gitterrost (m); **flat ground** *n* flaches Gelände (n); **flat laying** *n* Flachverlegung (f); **flat lease** *Law (US)* → fixed lease; **flat loan** *Fin* → standing loan; **flat price** *n* Pauschalpreis (m)
flat rate *n* Einheitstarif (m), Grundgebühr (f), Pauschalpreis (m), Proportionalsatz (m); **flat-rate mortgage** *n Fin* Festzinshypothek (f) *Syn.: fixed-rate mortgage*; **flat rate price** *n* Pauschalpreis (m); **flat rate tariff** *n* Einfachtarif (m)
flat rent *n Law* über die ganze Dauer des Mietvertrags oder einen bestimmten Zeitraum fixierte Miete; nicht Festmiete; dies ist ein pauschaler Mietzins, der neben der Grundmiete auch eine Betriebskostenpauschale enthält; *Syn.: fixed rent*; **flat roof** *n ArCo* Flachdach (n); **flat roof construction** *n* Flachdachkonstruktion (f); *Syn.: flat roof structure*; **flat roof drainage** *n* Flachdachentwässerung (f); **flat silo** *n* Flachsilo (m); **flat truss** *n ArCo* Parallelfachwerk (n), parallelgurtiges Fachwerk (n); **flat yield** *n* laufende Rendite (f), Umlaufrendite (f)
flatted factory *n* (spekulativ errichtetes) Fabrikgebäude mit mehreren Etagen und mehreren Mietern
flawless *adj* einwandfrei
FLB → Federal Land Bank
fleet *n* Fuhrpark (m)
flexibility *n* Biegsamkeit (f), Flexibilität (f); **flexibility factor** *n* Flexibilitätsfaktor (m)
flexible *adj* weich, flexibel; **flexible foam plastic** *n* Weichschaum (m); **flexible loan insurance plan (FLIP)** *n* Darlehen, zum Teil durch Geld auf einem Sparkonto des Käufers oder eines Dritten gesichert; ein Teil der monatlichen Zahlungen wird in den ersten Jahren von diesem Konto geleistet; **flexible payment mortgage** *Fin* → adjustable mortgage; **flexible-rate mortgage** *Fin* → adjustable mortgage; **flexible standard costing** *n (F)* Grenzplankostenrechnung (f); *Syn.: marginal costing*
flexion *n* Biegung (f)
flexural buckling *n* Biegeknickung (f); **flexural strength** *n* Biegefestigkeit (f), Biegesteifigkeit (f), Biegezugfestigkeit (f)
FLI *Org (US)* → Farm and Land Institute
flight of stairs *n* Treppenflucht (f)
flight easement *n Law* → aviation easement; **flight width** *n* Laufbreite (f)
FLIP *(US)* → flexible loan insurance plan
flip-sale *n Mkt (US)* Kauf und nahezu zeitgleicher Verkauf eines Objektes zu einem deutlich höheren Preis; häufig arglistig
flit *n (sco.)* Umzug (m); → moonlight flit
flit *v/i (sco.)* umziehen
float *n ArCo* Glättscheibe (f), Traufel (f)
float *v/t Fin* fließen; auch: gründen (Gesellschaft); auflegen, begeben (Anleihe); **float and set** *n* Reibeputz (m); **floating assets** *n/pl Fin* Umlaufvermögen (n); **floating capital** *n Fin* Umlaufvermögen (n); **floating charge** *Law (GB)* → floating lien; **floating debt** *n* kurzfristige Verbindlichkeit (f); **floating foundation** *n ArCo* schwimmende Gründung (f); **floating interest rate** *n Fin* veränderlicher Zinssatz (m); **floating layer** *n* schwimmender Estrich (m); **floating lien** *n Law* generelles, nicht spezifiziertes Pfandrecht (n); ähnlich (Global-) Zession bzw. nicht spezifizierte Sicherungsübereignung; allgemeines Pfandrecht auf das Vermögen eines Unternehmens oder eine Vermögensklasse, z.B. Inventar oder Forderungsbestand; *Syn.:*

floating charge; **floating prices** *n/pl* schwankende Preise (mpl); **floating rate** *n* variabler Zins (m); **floating-rate mortgage** *n* → adjustable mortgage; **floating rate note (FRN)** *n* zinsvariable Anleihe (f); **floating screed** *n* schwimmender Estrich (m); **floating structure** *n* schwimmendes Bauwerk (n); **floating zone** *n Plan* Fläche, die zwar im Text der → zoning regulations beschrieben, jedoch nicht in der → zoning map (Flächennutzungsplan) eingezeichnet wird, bis ein Bauherr eine Nutzungsänderung beantragt

flood *n* Flut (f); **floods** *n/pl* Hochwasser (n) **flood control** *n* Hochwasserschutz (m); **flood insurance** *n* Hochwasserversicherung (f), Überschwemmungsversicherung (f); **floodplain** *n* Aue (f), Talaue (f); Überschwemmungsgebiet (n); **flood probability** *n* Hochwasserwahrscheinlichkeit (f); **flood protection** *n* Hochwasserschutz (m)

flood-prone area *n* überflutungsgefährdetes Gebiet (n)

floor *n* **1.** *ArCo* Geschoss (n), Etage (f), Stockwerk (n), Fußboden (m); Diele (f); **floor area** *n* Geschossfläche (f); Grundfläche (f), Bodenfläche (f); Nutzfläche (f); Wohnfläche (f); floor area kann auf verschiedene Arten berechnet werden, so bspw. als gross external area, gross internal area, net internal area oder rentable area; kontextabhängig auch als Mietfläche oder lediglich Fläche zu übersetzen; *Syn.: floor space*; → gross/net floor area, net retail area, net sales area, net usable area, sales area; **floor-area ratio (FAR)** *n (US)* Geschossflächenzahl (f); Verhältnis zwischen Gebäudefläche und Grundstücksfläche; der Geschossflächenzahl (GFZ) sehr ähnlich, jedoch mit Sonderberechnungsregeln je nach Staat/Stadt; *Syn.: floor to area ratio, plot ratio*; **floorboards** *n/pl* Bodendiele (f); **floor box** *n ArCo* Fußbodentank; **floor covering** *n* Bodenbelag (m), Fußbodenbelag (m); **floor decking** *n* Fußbodenbelag (m); **floor drain** *n* Ablauf (m); **floor finish** *n ArCo* Fußbodenbelag (m), Bodenbelag (m); **floor gully** *n* Ablauf (m), Bodenablauf (m); **floor heating** *n* Fußbodenheizung (f); **floor joist** *n ArCo* Dielenbalken (m); Deckenbalken (m); **floor lamp** *n* Stehlampe (f); **floor layer** *n* Bodenleger (m); **floor laying work** *n* Bodenlegerarbeit (f); **floor lot ratio** *Plan* → plot ratio; **floor opening** *n* Bodendurchbruch (m), Deckendurchbruch (m); **floor panel** *n* Bodenplatte (f); **floor pavement** *n* Fußbodenbelag (m); **floor plan** *n* Grundriss (m), Geschossgrundriss (m); Etagengrundriss (m); Bauplan (m); Raumaufteilung (f); **floor plate** *n* Bodenplatte (f); Fußbodenankerplatte (f); **floorplate** *n ArCo* leere, verfügbare Geschossfläche; die Fläche eines Stockwerkes in einem Bürogebäude ohne Trennwände etc.; die floorplate size ist ein grobes Schätzmaß für die → gross internal area eines modernen Bürogebäudes. Die Form der floorplate ist ebenfalls wichtig, besonders bei alten Gebäuden; **floor slab** *n ArCo* Bodenplatte (f), Fußbodenplatte (f); **floor space** → floor area; **floor space index (FSI)** *n Plan* Geschossflächenzahl (f) (GFZ); *Syn.: floor area ratio, floor space ratio*; **floor space ratio (FSR)** *n* Geschossflächenzahl (f); *Syn.: floor space index*; **floor stop** *n* Türanschlag (m), Türstopper (m); *Syn.: doorstop*; **floor tile** *n* Bodenfliese (f); *Syn.: flooring tile*

floor to area ratio *n Plan* Geschossflächenzahl (f); **floor to ceiling height** *n ArCo* (lichte) Raumhöhe (f); **floor-to-floor height** *n* Deckenhöhe (f), Geschosshöhe (f)

floor 2. *n Fin* → price floor; **floor loan** *n Fin* Mindestdarlehensbetrag (m), Mindestkreditbetrag (m); *Syn.: minimum loan amount*; **floor-to-ceiling loan** *n Fin* langfristiges, in zwei Stufen ausgezahltes Darlehen, wovon der erste Teil (→ floor loan) bei erfolgreicher Fertigstellung der Immobilie und der zweite Teil (→ ceiling) bei Erreichung einer bestimmten Vermietungsquote oder eines bestimmten Cashflows ausgezahlt wird

flooring *n ArCo* Fußboden (m); Bodenbelag (m); **flooring tile** *n ArCo* Bodenfliese (f); *Syn.: floor tile*

flotation *n Fin* Gründung (f) einer Gesellschaft; Kapitalaufnahme (f); Börsengang (m); Auflegung (f) einer Anleihe

flourescent tube *n* Leuchtröhre (f)

flow *n* Fluss (m), Strömung (f); **flowchart** *n* Arbeitsablaufdiagramm (n), Ablaufschema (n), Datenflussplan (m); **flow control** *n*

f

Ablaufkontrolle (f); **flow control technology** *n* Absperrtechnik (f); **flow diagram** *n* Arbeitsablaufdiagramm (n), Datenflussplan (m); **flow limiter** *n* Durchflussbegrenzer (m); **flow measurement** *n* Durchflussmessung (f); **flow measuring** *n* Durchflussmessung (f); **flow measuring method** *n* Durchflussmessverfahren (n); **flow meter** *n* Durchflussmesser (m), Durchflusszähler (m); **flow rate** *n* Anströmgeschwindigkeit (f), Durchfluss (m); **flow rate sensor** *n* Durchflusssensor (m); **flow sheet** *n* Arbeitsablaufdiagramm (n), Datenflussplan (m); **flow technology design** *n* Regelungstechnik (f)

flow against *v/i* anströmen

flowage easement *n Law* Recht der öffentlichen Hand, im Rahmen der Pflege von Wasserstraßen Wasser über ein Grundstück fließen zu lassen

flower bed *n* Blumenbeet (n), Beet (n)

fluctuation *n PptMgt* Fluktuation (f); Marktschwankung (f); **fluctuation in demand** *n* Nachfrageschwankung (f); **fluctuation in prices** *n* Preisschwankungen (fpl); **fluctuation in value** *n* Wertschwankung (f) **fluctuation clause** *Law* → escalation clause

flue *n ArCo* Rauchabzug (m); Schornstein (m); Rauchfang (m); Belüftungsschacht (m); **flue ash** *n* Flugasche (f); **flue conditions** *n/pl* Zugverhältnisse (npl)

flue gas *n* Abgas (n), Rauchgas (n); **flue gas boiler** *n* Abgaskessel (m); **flue gas cleaning** *n* Rauchgasreinigung (f); **flue gas cleaning system** *n* Rauchgasreinigungsverfahren (n); **flue gas desulfurization** *n* Rauchgasentschwefelung (f); **flue gas stream** *n* Abgasstrom (m); **flue gas volume** *n* Abgasvolumen (n)

fluid *adj* flüssig; **fluid bed cooler** *n* Fließbettkühler (m); **fluid fuel** *n* flüssiger Brennstoff (m)

flume *n* Ablaufkanal (m)

fluorescent lighting *n* Leuchtstoffröhrenbeleuchtung (f), Neonbeleuchtung (f); **fluorescent tube** *n* Leuchtstoffröhre (f)

fluoride *n* Fluorverbindung (f)

flush *n* Wasserspülung (f)

flush *v/i* spülen, durchfluten; **flush pipe** *n* Spülleitung (f)

flush *adj* bündig; unter Putz; **flush beam strip** *n* deckengleicher Balken (m); **flush lever bolt** *n* Türkantriegel (m); **flush mounting** *n* Unterputzinstallation (f)

fly ash *n* Flugasche (f)

flyers *n/pl* Außentreppe (f), freitragende Treppe (f)

flying freehold *n Law* Teileigentum (n); flying freehold ist in Großbritannien unüblich und wird als nachteilig angesehen; bei Wohnungen wird in der Regel ein → long leasehold erworben; **flying scaffold** *n ArCo* Hängegerüst (n), hängendes Gerüst (n); **flying shore** *n ArCo* Hilfsstütze (f)

fly screen *n* Fliegengitter (n)

flyspecking *n (US)* Erbsenzählerei (f); Pingeligkeit (f); *Syn.: nitpicking (GB)*

fly-tipping *n* illegales Schuttabladen (n); *Syn.: dumping*

FM → facility management or facilities management

FMV *Val, Tax* → fair market value

FNMA *n* → Fannie Mae

foam concrete *n ArCo* Gasbeton (m), Porenbeton (m)

focal point *n* Schwerpunkt (m)

focus for development *n* Entwicklungsschwerpunkt (m); *Syn.: focus for growth*

foil *n* Folie (f)

fold *n ArCo* Abkantung (f)

folder *n* Faltblatt (n); **folding door** *n* Falttür (f), Flügeltür (f), Harmonikatür (f); **folding ladder** *n* Einschubtreppe (f); **folding partition** *n* Faltwand (f); **folding staircase** *n* Einschubtreppe (f); **folding window** *n ArCo* Faltfenster (n)

follow *v/i* folgen, erfolgen

follow-up costs *n/pl* Folgekosten (pl)

folly *n ArCo (GB)* wörtlich: Verrücktheit; exzentrischer, meist völlig nutzloser Prachtbau; z.B. als Ruine gebaut, häufig in den Anlagen z.B. eines Herrenhauses

FOMC *n Org (US)* → Federal Open Market Committee

food and beverages *n/pl Ret* Speisen (fpl) und Getränke (npl); **food and luxury products** *n/pl Ret* Nahrungs- und Genussmittel (npl)

food retailer *n Ret* Lebensmitteleinzelhändler (m); **food retailing** *n Ret* Lebensmitteleinzelhandel (m)

fooler *n (US)* Objekt oder auch potenzieller Käufer, dessen Schein der Realität nicht entspricht; z.B. ein Haus, das von außen größer scheint (in GB bezeichnet man das als deceptively spacious) oder das äußerlich in einem guten, innen jedoch in einem desolaten Zustand ist; *Syn.: deceptive property*

fool-proof *adj* idiotensicher

foot *n* Fuß; Maßeinheit: 0,3048 m; **foot super** *n (GB)* Quadratfuß (m); 0,0929 m²
football stadium *n* Fußballstadion (n); **foot-candle** *n* Maß der Beleuchtungsstärke: 1 Standardkerze bei einer Entfernung von 1 Fuß; entspricht ca. 0,0929 Lux; *Syn.: candle foot*; **footfall** *n Val, Ret* Schritt (m), Tritt (m); Fachjargon für die Zahl der Besucher eines Shoppingcenters (Kundenfrequenz); der footfall wird i.d.R. in people per hour (Anzahl der Fußgänger pro Stunde) gemessen; **foot frontage** → frontage; **foot frontage method** *Val, Tax* → frontage method; **footing** *n ArCo* Fundament (n), Gründung (f); Sockel (m); Untergrund (m); **footpath** *n* Fußweg (m), Gehweg (m), Fußgängerweg (m); **footpath diversion** *n Law* Umleitung eines Fußgängerwegs; **footprint** *n* Grundfläche (f); Umriss(linie) eines Gebäudes; **footrail** *n* Fußschiene (f); **footway** *n* → footpath

foot *v/t* begleichen, bezahlen, Zahlung leisten; **foot up** *Mkt* begleichen

forbearance *n Law* Unterlassung (f); Abstandnahme (f)

force *n* Gewalt (f), Kraft (f), Zwang (m); **force majeure** *n Law (frz.)* höhere Gewalt (f); **force of law** *n* Bestandskraft (f), Rechtskraft (f)

force up *v/t* hochtreiben

force-field analysis *n* Ursachenanalyse (f)

forced choice method *n* Zwangswahlverfahren (n); **forced liquidation** *n* Zwangsauflösung (f); **forced loan** *n* Zwangsanleihe (f); **forced sale** *n Law* Zwangsversteigerung (f), Zwangsverkauf (m), Vollstreckungsverkauf (m); **forced sale value** *n Val* Zwangsverkaufswert (m); Zwangsversteigerungswert (m); der forced sale value entspricht dem → open market value mit einem Abschlag häufig zwischen 20 und 50%, je nach geschätzter Vermarktbarkeit der Immobilie innerhalb eines bestimmten (beschränkten) Zeitraums, z.B. von drei Monaten; **forced transaction** *n* erzwungene Transaktion (f)

forcing *n* Vorantreiben (n)

forecast *n* Voraussage (f), Prognose (f); **forecast of economic growth** *n* Wachstumsprognose (f)
forecast value *n* Wertprognose (f)

forecasting horizon *n Val* Prognosezeitraum (m)

foreclose *v/t Law (US)* kündigen; ausschließen; **foreclose (a mortgage)** *Law (US)* zwangsvollstrecken; aus einer Hypothek die Zwangsvollstreckung betreiben

foreclosure *n* Ausschluss (m), Zwangsversteigerungsverfahren (n) des belasteten Grundbesitzes, wenn der Schuldner seinen Zahlungsverpflichtungen nicht nachkommt, Wettbewerbsausschluss (m); **friendly foreclosure** *n Fin (US)* gütliche Kündigung (f) einer Hypothek; Alternative zur formellen gerichtlichen Vollstreckungserklärung einer Hypothek, wobei der säumige Kreditnehmer das Objekt freiwillig auf den Darlehensgeber überträgt – häufig mit Entgegenkommen des Darlehensgebers, z.B. Erlass der Restschulden; zu unterscheiden von der → deed in lieu of foreclosure, die eine Kündigung rechtlich ersetzt
foreclosure order absolute *n Fin, Law (GB)* endgültige Verfallserklärung (f); **foreclosure order nisi** *n Law* vorläufige Verfallserklärung (f); **foreclosure sale** *n Law* Zwangsversteigerung (f); *Syn.: forced sale*

forecourt *n ArCo* Vorhof (m), Vorplatz (m)

forehand rent *n Law (sco.)* Mietvorauszahlung (f); im Voraus bezahlte Miete (f); *Ant.: backhand rent*

foreign *adj* fremd, Auslands-; **foreign assets** *n/pl* Auslandswerte (mpl); **foreign currency** *n* Fremdwährung (f); **foreign direct investment** *n* ausländische Direktinvestition (f); **foreign exchange** *n* Fremdwährung (f); **foreign exchange gain** *n* Wechselkursgewinn (m); **foreign exchange loss** *n* Wechselkursverlust (m); **Foreign Investment in Real Property Tax Act (FIRPTA)** *n Law, Tax (US)* Gesetz (n) zur Regelung der Steuerabgaben ausländischer Immobilieninvestoren; **foreign investor** *n* ausländischer Investor (m); **foreign tax credit** *n* Anrechnung (f) ausländischer Steuern, ausländische Steueranrechnung (f); **foreign trade** *n* Außenhandel (m)

foreman *n* Vorarbeiter (m), Polier (m)

f

foreseeable compensation payable *n* absehbare Ausgleichsbetragserhebung (f); **foreseeable future** *n* absehbare Zeit (f)
foreshore *n* Uferland (n)
forest *n* Wald (m), Forst (m); **forest land** *n* forstwirtschaftliche Fläche (f); **forest plots** *n/pl* forstwirtschaftlich genutzte Grundstücke (npl); *Syn.: forest parcels*
forested land *n* forstwirtschaftlich genutzte Grundstücke (npl)
forestry *n* Wald- und Forstwirtschaft (f); **forestry area** *n* forstwirtschaftliche Fläche (f); **forestry assets** *n/pl* forstwirtschaftliches Vermögen (n); **Forestry Commission** *n (GB)* Forstverwaltung (f); **forestry development plan** *n* Forstwirtschaftsplan (m); **forestry operation** *n* forstwirtschaftlicher Betrieb (m)
forfeiture *n Law* Verwirkung (f), Verlust (m), Einbuße (f); Verfall (m); Einziehung (f), Reugeld (n); Verfall von Eigentumsrechten eines zahlungsrückständigen Schuldners; **forfeiture clause** *n Law* Verfallsklausel (f)
forge *v/t* schmieden, fälschen; **forged steelwork** *n* Schmiedearbeiten (fpl), Schmiedeeisen (n)
forgery *n* Fälschung (f); Nachahmung (f)
forgivable loan *n (US)* Förderdarlehen (n); Darlehen (n), das bei Eintritt bestimmter Bedingungen erlassen wird
fork-lift (truck) *n* Gabelstapler (m)
form *n* Form (f), Formular (n); **form of contract** *n Law* Vertragsgestaltung (f); **form of tariff** *n* Tarifform (f)
form contract *n Law* Standardvertrag (m), Mustervertrag (m); **form report** *n Val* Bewertungsgutachten (n) in Formularform
formal *adj* formal, formell, förmlich; **formal acceptance** *n Law* förmliche Abnahme (f); **formal appraisal** *n* formales Gutachten (n); **formal closing** *n* rechtswirksame Übertragung (f) eines Anspruches; **formal contract** *n Law* förmlicher Vertrag (m); formbedürftiger Vertrag (m); **formal eminent domain proceedings** *n/pl (US)* Enteignungsverfahren (n); **formal planning** *n* formelle Planung (f); **formal privatisation** *n* formelle Privatisierung (f); Übertragung an eine Gesellschaft der öffentlichen Hand; mit oder ohne Absicht eines späteren Verkaufs an den Privatsektor; *Ant.: material privatisation*; **formal tender** *n* förmliche Ausschreibung (f)
formaldehyde *n* Formaldehyd (n)
format *n* Anordnung (f), Aufmachung (f), Format (n)
formation *n* Gründung (f); **formation of contract** *n* Zustandekommen (n) eines Vertrages; **formation of wealth** *n* Vermögensbildung (f)
formation expenses *n/pl* Gründungskosten (pl)
Formica® *n* Laminat (n) aus harz-/phenolgetränkten Papieren; häufig z.B. als Küchenarbeitsplatte verwendet; *Syn.: High Pressure Decorative Laminate (HPDL), (US) Pionite®*
formula *n* Formel (f); **formula method** *n (US)* Methode für die Festsetzung der Miete für Sozialwohnungen; bspw. 30% des Monatseinkommens
formwork *n ArCo* Einschalung (f), Schalung (f), Verschalung (f); **formwork drawing** *n* Schalplan (m)
for sale *adv* zu verkaufen, verkäuflich; **not for sale** nicht zum Verkauf, unverkäuflich; **for sale by owner (FSBO)** *Mkt* Direktverkauf durch Eigentümer
for the year ending bis Ende des Jahres
fortuitous *adj* zufällig
forum *n Law* Gericht (n), Gerichtsstand (m); Forum (n)
forward *adv Fin* vorwärts, nach vorne; **forward commitment** *n Fin* zukünftige Verpflichtung (f); Vorschussverbindlichkeit (f); Zusage eines Kreditgebers oder Investors, zu einem bestimmten Zeitpunkt in der Zukunft einen Kredit zu gewähren bzw. eine Investition zu tätigen; **forward contract** *n* Termingeschäft (n); **forward finance** *n Fin* Finanzierungsvereinbarung für einen zukünftigen Zeitpunkt zu derzeitigen Marktbedingungen (Zinssatz etc.); **forward rate** *n* Zinssatz (m) für den Optionszeitraum, Zinssatz (m) für den Zeitraum der Verlängerungsoption; **forward rate agreement** *n Fin* Zinsterminkontrakt (m); *Syn.: future rate agreement*; **forward sale** *n* Terminverkauf (m)
forwarding costs *n/pl* Beförderungskosten (pl); Versandkosten (pl); *Syn.: forwarding charges;* **forwarding trade** *n* Spedition (f)
foster *v/t* begünstigen
foul water *n* Abwasser (n)
found *v/t* gründen; errichten

foundation *n* Fundament (n); Unterbau (m); auch: Gründung (f); Stiftung (f); **foundation audit** *n* Gründungsprüfung (f); **foundation concrete** *n ArCo* Fundamentbeton (m); **foundation damage** *n ArCo* Gründungsschaden (m); **foundation depth** *n ArCo* Fundamenttiefe (f); **foundation member** *n* Gründungsmitglied (n); **foundation plate** *n ArCo* Fundamentplatte (f); **foundation raft** *n ArCo* Fundamentplatte (f); **foundation slab** *n ArCo* Plattenfundament (n); **foundation stone** *n ArCo* Grundstein (m); **foundation wall** *n ArCo* Grundmauer (f), Fundamentmauer (f)

founder *n* Gründer (m), Stifter (m)

foundry work *n* Gießereiarbeiten (fpl)

four-leaved *adj* vierflügelig

four-point bearing *n* Vierpunktlagerung (f)

four-sided *adj* viereckig

four unities *n/pl Law (US)* die vier notwendigen Eigenschaften für ein → joint tenancy (Miteigentum); alle Miteigentümer müssen unity of possession (Besitzeinigkeit), unity of interest (Interesseneinigkeit), unity of time (Erwerb zum gleichen Zeitpunkt) und unity of title (gleiche Urkunde) haben.

FRA *Fin* → forward rate agreement

fraction *n* Bruchzahl (f)

fractional *adj* geringfügig, Bruch-; **fractional appraisal** *n Val* Bewertung nur eines Teils einer Immobilie; **fractional interest** *n Law* Beteiligung oder Eigentumsanteil unter 100%; **fractional ownership** *n* Anteil (m) am Eigentum; **fractional reserve banking** *n* Banksystem (n), in dem nur ein Teil der Kundeneinlagen als Zentralbankgeld gehalten wird; **fractional share valuation** *n* Bruchteilsbewertung (f)

fractionalised mortgage *n Fin* syndiziertes Hypothekendarlehen (n)

fragile *adj* zerbrechlich

fragmented market *n* fragmentierter Markt (m)

frame *n* Rahmen (m), Zarge (f); **frame of joists** *n ArCo* Gebälk (n)
frame analysis *n* Rahmenberechnung (f), Rahmenstatik (f); **frame handsaw** *n* Handsäge (f), Strecksäge (f); **frame house** *n ArCo* Fachwerkhaus (n); *Syn.: half-timbered house (GB), timber framed house*; **frame structure** *n ArCo* Hochbaurahmen (m), Rahmentragwerk (n), Tragrahmen (m)

frame *v/t* begrenzen, umrahmen; **framed door** *n ArCo* Rahmentür (f); **framed roof** *n ArCo* Fachwerkdach (n); **framed structure** *n ArCo* Skelettbau (m); **framed wall** *n ArCo* Riegelwand (f)

frameless *adj* rahmenlos; **frameless construction** *n ArCo* Scheibenbauweise (f)

framework *n* Fachwerk (n), Rahmenkonzept (n), Rahmenwerk (n), Skelett (n); **framework planning** *n* Rahmenplanung (f); **framework wall** *n ArCo* Riegelwand (f)

framing *n ArCo* Einrahmung (f); Rahmenwerk (n); Fachwerk (n)

franchise *n* Konzession (f)

frankalmoin *n Law* wörtlich: pure Almosen; eine Art von kirchlichem Besitz; Lehnsmann entrichtet als Gegenleistung für das Nutzungsrecht Gebete (und gelegentlich andere Dienstleistungen)

franked investment income *n Fin (GB)* körperschaftsteuerfreie Kapitalerträge (mpl)

frank-tenement *n Law* → free tenure, freehold

fraud *n Law* Betrug (m); Unterschlagung (f)

fraudulent *adj* arglistig, betrügerisch, böswillig; **fraudulent concealment** *n* arglistiges Verschweigen (n); **fraudulent conversion** *n Law* Unterschlagung (f); **fraudulent misrepresentation** *n* arglistige Täuschung (f); Vorspiegelung (f) falscher Tatsachen

Freddie Mac (Federal Home Loan Mortgage Corporation) *Org (US)* staatliche Agentur, die konventionelle Hypotheken von versicherten verwaltenden Institutionen sowie von Hypothekenbanken erwirbt, sofern diese vom HUD (US Department of Housing and Urban Development) anerkannt werden → government-sponsored enterprise

FREDS *Fin (GB)* → financial reporting exposure drafts

free *adj* frei; **free and clear** *adj Law* schuldenfrei; lastenfrei; **free and clear return** *n Fin, Val (US)* Rendite (f); Verhältnis zwischen → net operating income und immobilienbezogenen Kosten; ohne Berücksichtigung der Finanzierung; **free and clear title** *n Law* lastenfreies Grundeigentum (n)

free from encumbrances *adj* lastenfrei; **free of bias** *adj* unparteiisch, unvoreingenommen; **free of charge** *adj* kostenlos; **free of**

debts *adj* schuldenfrei; **free of interest** *adj* zinsfrei; **free of tax** *adj* abgabenfrei
freeboard *n* Sicherheitsabstand (m) (Hochwasser)
freedom of occupation *n* Berufsfreiheit (f)
freehold *n (GB)* Grundeigentum (n); Eigentum auf unbeschränkte Zeit; → Law of Property Act 1925, leasehold; **freehold absolute** *Law* → fee simple absolute
freehold flat *n* Eigentumswohnung (f); *Syn.: condominium*; **freehold interest** *n Law* Eigentum an einem Grundstück; *Syn.: freehold*; **freehold tenure** *n Law* → freehold
freeholder *n* freier Grundbesitzer (m), Grundeigentümer (m), uneingeschränkter Eigentümer (m)
free house *n* Pub im Eigentum des Inhabers; *Ant.: tied house*; → pub
freelance *adj* freischaffend
freely supported *adj* frei aufliegend
free market *n* freier Markt (m), offener Markt (m); **free market price** *n* Wettbewerbspreis (m)
free operating cash flow *n* freier betrieblicher Cashflow (m); **freeport** *n* Freihafen (m); **free-rent concession** *n Mkt* Vergünstigung (f) oder Zugeständnis (n) des Vermieters in Form einer mietfreien Periode; **free space** *n* freier Raum (m); **free-standing building** *n ArCo* frei stehendes Gebäude (n); → detached house; **free tenure** *n Law* → freehold
freeway *n (US)* Autobahn (f); Schnellstraße (f); **freeway entrance** *n (US)* Autobahnauffahrt (f)
freeze on development *n Plan* Entwicklungssperre (f)
freezer room *n* Tiefkühlraum (m)
French door *n ArCo* Fenstertür (f), Glastür (f), verglaste Verandatür (f)
French drain *n* Sickeranlage (f)
frequency response *n* Frequenzbereich (m)
fresh land *n Plan* Land außerhalb bebauter Gebiete, das weder bebaut noch für eine bestimmte Bebauung vorgesehen ist; **fresh water** *n* Süßwasser (n)
friable *adj ArCo* bröckelig, krümelig
friction *n* Friktion (f), Reibung (f); **friction pile** *n* Reibungspfahl (m); **friction vacancy** *n* (einmalig) Leerstand nach dem Auszug eines wichtigen Mieters; (stetig) Leerstandsniveau z.B. in einem → multi-tenant building durch häufigen Mieterwechsel
friendly society *n* gemeinnütziger Verein (m)
frieze *n ArCo* Fries (m)
FRI lease *n Law* → full repairing and insuring lease
fringe area *n* Ballungsrandzone (f); **fringe benefits** *n/pl* Zusatzleistung (f), Zugabe (f), Beigabe (f); *Syn.: fringe packet*
FRM *Fin* → fixed-rate mortgage
frog *n ArCo* Vertiefung (f)
front *n* Front (f), Vorderseite (f); **front area** *n* Vorder(land)fläche (f), Vorderland (n); **front dumper** *n* Vorkopfkipper (m); **front edge** *n* Vorderkante (f); **front-end fee** *n Fin* im vorhinein fällige Provision (f); Eintrittsgebühr (f) (Fonds); Bearbeitungsgebühr (Kredit); *Syn.: purchase fee, front-loading fee*; **front-end money** *n Fin* Anfangskapital (n), Vorschuss (m); Geld, das vor Beginn eines Projekts fällig wird; **front foot(age)** *n Val, Tax (US)* → frontage; **front garden** *n (GB)* Vorgarten (m); **front-loading fee** *Fin* einmalige Gebühr, die z.B. eine Bank für die Bearbeitung eines Darlehensantrags in Rechnung stellt, und die im vorhinein fällig ist; **front money** *n (US)* Anzahlung (f), Anfangskapital (n); **front panel** *n* Frontplatte (f); **front runner** *n* Spitzenreiter (m); **front view** *n* Vorderansicht (f); **front-wall installation** *n* Vorwand-Installation (f); **front yard** *n (US)* Vorplatz (m), Vorgarten (m)
frontage *n* Straßenfront (f); Fassade (f); auch: Frontlänge im Rahmen der Immobilienvermessung für Bewertungs- oder Verkaufszwecke, die nur die Länge des Grundstücks misst, die zur Straße ausgerichtet ist und parallel zur Straße verläuft; *Syn.: front foot(age)*; **frontage assessment** *n* Straßenanliegerbeitrag (m); **frontage development** *n* Randbebauung (f); **frontage line** *n Plan* Baulinie (f), Baufluchtlinie (f); auch: Grundstücksgrenze zu einem öffentlichen Weg (z.B. Bürgersteig); **frontage method** *n Val* Bewertungsmethode (Vergleichswertmethode), die auf der Länge der Straßenfront eines Grundstücks beruht; **frontage road** *n* Anliegerstraße (f), neben der Durchgangsstraße verlaufende innerörtliche Straße; **frontage street** *n* Anliegerstraße (f); Parallelstraße (f)

frontager *n (US)* Anlieger (m), Straßenanlieger (m), Eigentümer (m) eines Anliegergrundstücks
frontal length *n* Frontlänge (f); **frontal width** *n* Frontbreite (f)
frontier *n* Grenze (f); **frontier district** *n* Grenzbezirk (m), Zollgrenzbezirk (m); **frontier zone** *n* Grenzzone (f)
fronting and abutting *adj* unmittelbar angrenzend
frost *n* Frost (m); **frost line** *n* Frostgrenze (f)
frost-proof *adj* frostunempfindlich; **frost-resistant** *adj* frostbeständig; **frost-susceptible** *adj* frostempfindlich
froth (rent) *n (GB)* Differenz (f) zwischen Vertrags- und Marktmiete; **froth income** *n Val* bezeichnet den über Marktmiete liegenden Teil des Mieteinkommens, der separat bewertet wird
FRS *Fin* → Financial Reporting Standards
fructus industriales *n (lat.)* Abwürfe oder Früchte, die sich aus Arbeit ergeben; Beispiel: Ernte aus Kulturpflanzen *Ant.: fructus naturales*
fructus naturales *n (lat.)* natürliche Produkte des Bodens, z.B. Gras, Nutzholz oder Heu; im Gegensatz zur Produkten der menschlichen Arbeit; *Ant.: fructus industriales*
frustrated contract *n Law* Vertrag, dessen Erfüllung unmöglich geworden ist
frustration *n* Scheitern (n); Vereitelung (f), Verhinderung (f); **frustration of contract** *n Law* Unmöglichkeit (f) der Vertragserfüllung
FSI *Plan* → floor space index
FSR *Plan* → floor space ratio
fuel *n* Brennstoff (m); **fuel, feal and divot** *n Law (sco.)* das Recht, Torf zu stechen; fuel = Heizmaterial, feal and divot = Dachbedeckung o. Ä.; *Syn.: turbary*
fuelbote *n Law* Entnahmerecht (n) für Brandholz; Brennstoffzuschuss (m); *Syn.: firebote*; **fuel burning technology** *n* Feuerungstechnologie (f); **fuel cell** *n* Brennstoffzelle (f); **fuel cell technology** *n* Brennstoffzellentechnologie (f); **fuel consumption** *n* Brennstoffaufwand (m), Brennstoffverbrauch (m); **fuel conversion** *n* Brennstoffumstellung (f); **fuel diversification** *n* Brennstoffdiversifizierung (f); **fuel gas** *n* Brenngas (n); **fuel heating** *n* Ölheizung (f); **fuel hopper** *n* Kohlebunker (m); **fuel oil** *n* Heizöl (n); **fuel price** *n* Brennstoffpreis (m); **fuel properties** *n/pl* Brennstoffeigenschaften (fpl); **fuel-resistant** *adj* ölbeständig; **fuel treatment** *n* Brennstoffaufbereitung (f)
fulfillment of a contract *n Law* Vertragserfüllung (f); *Syn.: performance of a contract*
full *adj* voll, ganz; **full age** *adj* volljährig; **full annual value** *n* erzielbare Miete (f); **full board accommodation** *n* Vollpension (f); **full cash value** *n Val, Tax* → fair market value; **full census** *n* Vollerhebung (f); **full cost basis** *n* Vollkostenbasis (f); **full cost pricing** *n* Vollkostenkalkulation (f); **full coverage** *n* volle Schadendeckung (f); *Syn.: full damage cover*; **full disclosure** *n Law* vollständige Offenlegung (f); **full fair value accounting** *n* vollständig auf beizulegenden Zeitwerten beruhende Rechnungslegung (f); **full floor rentable area** *n Mkt (US)* vermietbare Fläche (f); auf einer (ganzen) Etage; in Exposees: maximal vermietbare Fläche auf einer Ebene; → rentable area; **full imputation system** *n* Vollanrechnungsverfahren (n); **full lease-up** *n* Vollvermietung (f); **full load** *n* Volllast (f); **full market value** *n Tax* im steuerlichen Kontext: Steuersatz wird mit dem vollen Marktwert multipliziert; **full payout lease** *n Fin* → finance lease; **full recourse financing** *n Fin* Finanzierung (f) mit vollem Rückgriffsrecht; **full rental value (FRV)** *n* Mietwert (m); **full repairing and insuring lease (FRI lease)** *n Law (GB)* in Großbritannien üblicher Mietvertrag, der für den Eigentümer besonders vorteilhaft ist; der klassische FRI lease wälzt alle Betriebs- und Bewirtschaftungskosten inkl. der Instandhaltungskosten für „Dach und Fach" und der Versicherung auf den Mieter ab und ist langfristiger Natur; die Verträge wurden üblicherweise mit einer Laufzeit von 15 bis 20 Jahren ohne Kündigungsrecht des Mieters festgeschrieben und sahen alle fünf Jahre eine Anpassung der Miete auf Marktniveau (upwards only) vor; **full report** *n* vollständiger Bericht (m); **full service lease** *n Law* Mietvertrag, der besagt, dass der Vermieter die Betriebskosten übernimmt; *Syn.: gross lease*; **full shear connection** *n* vollständige Verdübelung (f); *Ant.: partial shear connec-*

tion; **full storey** *n* Vollgeschoss (n); *Syn.: full story*; **full-time** *adj* hauptberuflich; **full up** *adj* voll besetzt; **full value insurance** *n* Vollwertversicherung (f); **full-year convention** *n* Ganzjahresregel (f)

fully automated plant *n* vollautomatische Fabrik (f); **fully glazed** *adj* vollverglast; **fully glazed door** *n* Ganzglastür (f); *Syn.: glass door*; **fully glazed façade** *n* Ganzglasfassade (f); **fully indexed rate** *n* variabler Darlehenszinssatz, der sich aus einem fixen Basisdarlehenszins und einem variablen Indexzinssatz zusammensetzt; **fully leased** *adj* vollvermietet; **fully let property** *n* voll vermietetes Objekt (n); **fully paid** *adj* voll bezahlt; **fully restrained** *adj* voll eingespannt

fumes *n/pl* Rauchgas (n)

function *n* Funktion (f), Tätigkeit (f); **function control** *n* Funktionskontrolle (f)

functional area *n* Funktionsfläche (f); **functional attribution** *n* funktionale Zuordnung (f); **functional characteristics** *n/pl* Funktionsbeschreibung (f); **functional depreciation** *n Fin* wirtschaftliche Abschreibung (f); Wertverlust auf Grund technischer Überalterung o.Ä.; **functional description** *n* Funktionsbeschreibung (f); **functional inutility** *n* funktionale Unnutzbarkeit (f); etwa wegen mangelhafter Bauausführung; *Ant.: functional utility*; → obsolescence; **functional unit** *n Econ* funktionale Einheit (f), Funktionseinheit (f); **functional utility** *n* Zweckmäßigkeit (f), praktischer Nutzen (m), funktionaler Nutzen (m) einer Immobilie für den Benutzer; *Ant.: functional inutility*; **functional value** *n* Funktionswert (m); **functional weakness** *n* Funktionsschwäche (f)

fund *n Fin* Fonds (m); **fund of funds** *n* Dachfonds (m)

fund's assets *n* Fondsvermögen (n)

fund investment *n* Fondsanlage (f); **fund management** *n* Fondsverwaltung (f)

fund *v/t* finanzieren, fördern

fundamental *adj* fundamental, grundlegend; **fundamental accounting assumptions** *n* grundlegende Rechnungslegungsprinzipien (npl); **fundamental breach of contract** *n* wesentliche Vertragsverletzung (f); **fundamental error** *n* grundlegender Fehler (m); **fundamental term** *n Law* Grundbedingung (f) (eines Vertrags); *Syn.: fundamental condition*

funding *n* Finanzierung (f); **funding of projects** *n* Projektfinanzierung (f)

fundraising *n* Mittelbeschaffung (f)

funds *n/pl* Gelder (npl), Mittel (pl), Geldmittel (pl), Kapital (n); **funds available for distribution (FAD)** *n/pl Fin* → cash available for distribution (CAD); **funds from operations (FFO)** *n/pl Fin (US)* Brutto-Cashflow (m); wörtlich: Ergebnis der gewöhnlichen Geschäftstätigkeit; REIT-spezifischer Begriff: tatsächlicher Reinertrag; **funds statement** *n* Fondsrechnung (f)

fungal attack *n* Pilzbefall (m)

fungibility *n* Fungibilität (f)

fungus *n* Schimmel (m)

funnel *n* Trichter (m), Lüftungsschacht (m)

furnace *n* Ofen (m); Hochofen (m); Feuerraum (m)

furnish *v/t* ausstatten, einrichten, bereitstellen; **furnish collateral** Sicherheiten bestellen; **furnish evidence** Beweis antreten; **furnish security** Sicherheiten leisten

furnished premises *n/pl* möblierte Räumlichkeiten (fpl); **furnished tenancy** *n Law* möblierte Vermietung (f); **furnished units** *n/pl* möblierte Einheiten (fpl)

furnishings *n/pl* Ausstattung (f) (Räume)

furniture *n* Möbel (pl), Mobiliar (n), Einrichtung (f); **furniture market** *n Ret* Möbelmarkt (m) (Kaufhaus); **furniture store** *n Ret* Möbelhaus (n), Möbelmarkt (m) (Kaufhaus)

furniture, fixtures and equipment (FF&E) *n* Betriebs- und Geschäftsausstattung (f)

furring *n* Unterfütterung (f), Verkalkung (f)

furrows *n/pl* Rillen (fpl)

further *adj* weiter, zusätzlich; **further advance** *n Fin* Krediterhöhung (f); zusätzlicher Betrag vom gleichen Kreditgeber; häufig z.B. für Verbesserungen oder Erweiterungen eines Objektes; **further development** *n* weitere Entwicklung (f); **further financing** *n* Nachfinanzierung (f); **further occupational training** *n* berufliche Fortbildung (f); *Syn.: further professional training*

furth (of) *adv (sco.)* außerhalb (von)

futile *adj* vergeblich; zwecklos; nichtig

future *adj* künftig, zukünftig; **future advances clause** *n Fin (US)* Klausel in einem Darlehensvertrag, die Krediterhöhungen ohne Verpfändung weiterer Sicherheiten erlaubt; unter bestimmten Bedingungen (z.B. Höchstgrenzen) → further advance; **future benefit** *n* zukünftiger Nutzen (m); **future economic benefit** *n* künftiger wirtschaftlicher Nutzen (m); **future estate** *n* *Law* → future interest; **future interest** *n* *Law* Anwartschaft (f); zukünftiger Anspruch (m); **future lease** *n* *Law* künftiger Miet- bzw. Pachtvertrag, künftiges Miet- bzw. Pachtverhältnis; künftiger Vertrag gemäß einem → agreement for a lease; **future margin income (FMI)** *n* zukünftiges Einkommen (n) aus Gewinnmargen; **future value** *n* *Val* zukünftiger Wert (m); *Syn.: future worth*; **future worth of one** *n* *Val* → amount of one

futures contract *n* standardisiertes Termingeschäft (n)

fuzzy *adj* unscharf

G

GAAP *Fin* → Generally Accepted Accounting Principles
gable *n ArCo* Giebel (m); **gable end** *n* Giebelwand (f); **gable roof** *n* Giebeldach (n); Satteldach (n); **gable wall** *n* Giebelseite (f)
gablet *n ArCo* kleiner Giebel (m), Ziergiebel (m); z.B. über einer Nische oder Tabernakel
gage *v/t (US)* ausmessen, beurteilen
gain *n* Ertrag (m), Gewinn (m); Zuwachs (m); **gain on disposal** *n* Veräußerungsgewinn (m); **gain on sale(s)** *n* Veräußerungsgewinn (m), Realisationsgewinn (m)
gainable land *n* alter Begriff für Land, das zur Bestellung bereit ist
gainage *n* Bodenertrag (m)
gainful employment *n* Berufstätigkeit (f)
gainfully employed *adj* berufstätig
gains *n/pl* Zunahmen (fpl); Wertsteigerungsgewinne (mpl); **gains and losses on the disposal of fixed assets** *n/pl* Gewinne und Verluste (pl) aus dem Abgang von Gegenständen des Anlagevermögens
gale *n (GB)* Miete (f), Mietzahlung (f)
gallery *n* Galerie (f)
galvanized steel *n* verzinkter Stahl (m); **galvanized steel pipe** *n* verzinktes Stahlrohr (n)
gambrel roof *n ArCo* gebrochenes Satteldach (n); Mansardendach (n)
game bird *n* Flugwild (n)
gangnail *n* Nagelplatte (f)
gangway *n* Bedienungsgang (m); Laufsteg (m); Durchgang (m)
gantry *n ArCo* Bockkran (m); schweres Baugerüst
gap *n* Lücke (f), auch: Baulücke (f); **gap in the market** *n Econ* Marktlücke (f); **gap in title** *n Law* Rechtsmangel (m); fehlende Urkunde oder Grundstücksübertragung, die einen Rechtsanspruch fraglich erscheinen lässt
gap financing *n Fin* Überbrückungsfinanzierung (f), Zwischenfinanzierung (f); *Syn.: brigde financing*; **gap loan** *n Fin* Überbrückungskredit (m), Zwischenkredit (m); *Syn.: bridge loan (US), bridging loan (GB)*
garage *n* Garage (f); Werkstatt (f); **garage door** *n* Garagentor (n)
garbage *n* Müll (m), wertlose Informationen (fpl); **garbage can** *n* Mülltonne (f); **garbage collection** *n* Müllabfuhr (f); **garbage container** *n* Mülltonne (f); **garbage disposal** *n* Müllbeseitigung (f); Küchenabfallbeseitigung (f)
garden *n* Garten (m); **garden apartments** *n/pl* Gartenapartments (npl), Gartenwohnungen (fpl); Wohnungskomplex, dessen Wohnungen alle über einen direkten Zugang zum Garten bzw. Rasen verfügen; **garden centre** *n (GB)* Gartenfachmarkt (m); Gärtnerei (m); *Syn.: garden center (US)*; **garden city** *n Plan (GB)* Gartenstadt (f); geplante Stadt mit begrenzter Größe, breiten Straßen und großzügiger Gestaltung mit vielen Grünflächen; nach einer Idee von Ebenezer Howard (ca. 1890); bestes Beispiel wahrscheinlich Welwyn Garden City in Südost-England, gegründet 1920; **garden house** *n* Laube (f); **garden land** *n* Gartenland (n); **garden lot** *n* Gartengrundstück (n); **garden maintenance (service)** *n* Gartenpflege (f); **garden office building** *n* Bürogebäude, das ein bis drei Stockwerke hat und sich oft in Vororten befindet; **garden suburb** *n* Vorortsiedlung einer Stadt, die durch großzügige Gebäude mit eigenem Garten gekennzeichnet ist
gargoyle *n* Speier (m), Wasserspeier (m)
garnishee *n Law* Drittschuldner (m); **garnishee order** *n Law* Pfändungs- und Überweisungsbeschluss (m)
garnishment *n Law* Pfändung (f)
garret *n ArCo* Dachboden (m), Mansarde (f)
gas *n* Gas (n); US: Benzin (n); **gas and steam cogeneration plant** *n* Gas- und Dampf-Heizkraftwerk (n); **gas concrete** *n* Gasbeton (m); **gas cushion** *n* Gaspolster (n); **gas firing** *n* Gasfeuerung (f); **gas heating** *n* Gasheizung (f); **gas main** *n* Hauptgasleitung (f); **gas meter** *n* Gaszähler (m); **gas pipe** *n* Gasleitung (f); Gasrohr (n); **gas station** *n (US)* Tankstelle (f); *Syn.: service station*; **gas supply system** *n* Gasversorgungsanlage (f); **gas turbine** *n* Gasturbi-

ne (f); **gas works** *n/pl* Gaswerk (n), Gasanstalt (f)
gaseous fuel *n* gasförmiger Brennstoff (m)
gas-fired *adj* gasgefeuert; **gas-fired central heating** *n* Gas-Zentralheizung (f)
gasket *n* Dichtung (f)
gasoline service station *n (US)* Tankstelle (f); *Syn.: gas station (US); service station (GB)*
gas-tight *adj* gasdicht
gate *n* Einfahrtstor (n), Gartentor (n), Schranke (f), Tor (n); **gatehouse** *n* Pförtnerhaus (n); **gate latch** *n* Torriegel (m); **gatepost** *n* Torpfosten (m); **gate valve** *n* Absperrschieber (m), Armatur (f), Klappe (f); **gateway** *n* Einfahrt (f), Tordurchfahrt (f)
gated community *n* umzäunte, private Wohngegend; in manchen Fällen mit Wachkräften; **gated pasture** *n (GB)* → stinted pasture, cattlegate
gather information *v/t* Informationen einholen
gauge *n* Messinstrument (n), Profillehre (f)
gauged brickwork *n ArCo* Maßmauerwerk (n); **gauged mortar** *n ArCo* Kalkzementmörtel (m)
gavel *n* Hammer (m), Auktionshammer (m); auch: GB (veraltet): Steuer, Pflicht oder Zoll; Miete, Dienst oder Pflicht zu Gunsten des Königs oder eines anderen Herrn unter dem Feudalsystem
gavelkind *n Law (GB)* Erbe, das gleichmäßig zwischen allen Kindern verteilt wird
GAVP → generally accepted valuation principles
gazebo *n* Sommerhaus (n), Aussichtsturm (m); Gartenlaube auf einem Aussichtspunkt, häufig mit offenen Seiten; *Syn.: belvedere*
gazump *v/t* abzocken; nachträglich einen mündlich bereits vereinbarten Preis erhöhen
gazumping *n Mkt (GB)* entgegen mündlicher Zusage einen höheren Preis für ein Objekt verlangen (oder an einen Höherbietenden verkaufen); *Ant.: gazundering*
gazundering *n Mkt (GB)* ein mit dem Verkäufer mündlich vereinbartes Angebot für ein Objekt kurz vor Vertragsabschluss heruntersetzen; *Ant.: gazumping*
GBA *Dev, ArCo* → gross building area
GBA *Dev, ArCo* → gross built area
GBA *Dev, ArCo* → gross buildable area
GDO *Plan (GB)* → General Development Order
geared rent *n* Bruchteil der Marktmiete
gearing *n Fin* Hebelwirkung (f), Verschuldungsgrad (m), Fremdkapitalfinanzierung (f)
gear up *v/t* ausbauen, erweitern, sich rüsten für
GEM *Fin* → growing-equity mortgage
general *adj* allgemein, generell; **general administrative expenses** *n/pl* allgemeine Verwaltungsaufwendungen (fpl), allgemeine Verwaltungskosten (pl); **general administrative overheads** *n/pl* allgemeine Verwaltungskosten (pl); **general agent** *n* Generalvertreter (m), Generalbevollmächtigter (m); **general allowance** *n* Pauschalwertberichtigung (f); **general bad-debt provision** *n* Pauschalwertberichtigung (f); **General Commissioners (of Income Tax)** *n/pl Tax (GB)* unabhängiges Berufungsgericht für Steuerangelegenheiten; → Inland Revenue; **general contractor** *n* Generalunternehmer (m); **general contractor's agreement** *n* Generalunternehmervertrag (m); **general covenant** *n* allgemeine Abmachung (f); **general damages** *n/pl* Schaden(s)ersatz (m) für immaterielle Schäden; *Syn.: pain and suffering*; → damages; special damages; **general data** *n/pl* allgemeine Daten (pl); **General Development Order (GDO)** *n Plan (GB ohne Sco. und NIrl.)* ministerielle Rechtsverordnung, die eine Liste von Arten von Einzelvorhaben enthält, für die keine planungsrechtliche Genehmigung erforderlich ist; z.B. der Ausbau eines privaten Wohnhauses, abhängig von Ausbauumfang und Standort; Volltitel: the Town and Country Planning (General Permitted Development) Order 1995; **general development plan** *n Plan* Bauleitplan (m); **general economic data** *n/pl* allgemeine Strukturdaten (pl); **general expenses** *n/pl* Gemeinkosten (pl); **general improvement area (GIA)** *n Plan (GB)* Sanierungsgebiet (n); ehemaliges System für die Förderung der meist innerstädtischen Sanierung; mit dem Local Government & Housing Act von 1989 durch → renewal areas ersetzt; **general layout** *n* Generalplan (m); **general ledger accounts** *n/pl* Sachkonten (npl); **general lending terms (of a bank)**

n/pl allgemeine Kreditvereinbarungen (fpl); **general lien** *n Fin* allgemeines Pfandrecht (n); **general listing** *n Mkt* Beauftragung mehrerer Makler zur Vermittlung eines Objektes; nur vermittelnder Makler erhält Provision; *Syn.: multiple agency, multiple listing, open listing*; **general loan loss provisions** *n/pl* Granularitätsskalierungsfaktor (m), Pauschalwertberichtigung (f); **general mortgage** *n Fin* Gesamthypothek (f); *Syn.: blanket mortgage*; **general offer** *n* öffentliche Auslobung (f), öffentliches Angebot (n); **general partner** *n* Komplementär (m), persönlich haftender Gesellschafter (m); **general partnership** *n* offene Handelsgesellschaft (f); **general plan** *n Plan* Bauleitplan (m); **general plant construction** *n* Anlagenbau (m); **general power (of attorney)** *n* Generalvollmacht (f); **general residential area** *n* allgemeines Wohngebiet (n); **General Services Administration (GSA)** *(US)* US-Behörde für (u.a.) Beschaffungswesen; **general terms and conditions** *n/pl Law* allgemeine Geschäftsbedingungen (AGB) (fpl); **general warranty deed** *n Law* Urkunde, die alle Rechte und Ansprüche am Besitz auf den Eigentumserwerber überträgt und die Haftung des Eigentumsveräußerers garantiert, falls andere Rechte am Grundstück (z.B. Hypotheken) bestehen

generalized inventory *n* allgemeine Bestandsaufnahme (f)

generally accepted *adj* allgemein anerkannt; **generally accepted accounting principles (GAAP)** *n/pl (US)* Grundsätze ordnungsgemäßer Buchführung (GoB); wörtlich: allgemein anerkannte Grundsätze der Rechnungslegung; **generally accepted principle of law** *n* allgemein akzeptierter Rechtsgrundsatz (m), allgemeingültiger Rechtsgrundsatz (m); **generally accepted rules of building and construction** *n/pl* anerkannte Regeln (fpl) der Baukunst; **generally accepted valuation principles (GAVP)** *n/pl* weltweit anerkannte Bewertungsstandards (mpl); **General Permitted Development Order** *n Plan (GB)* → General Development Order

generate cash *v/t* Mittel freisetzen

gentlemen's agreement *n* Gentlemen's Agreement (n), Vereinbarung (f) nach Treu und Glauben; Absprache, die nach Ehrenprinzipien an Gültigkeit gewinnt

gentrification *n* Gentrifizierung (f); Prozess der Aufwertung eines Wohngebiets durch den allmählichen Zuzug einer statushöheren Bevölkerung

genuine *adj* echt

geodesy *n* Geodäsie (f)

geodetic surveying *n* geodätische Landvermessung (f); **geodetic survey system** *n* geodätisches Vermessungssystem (n)

geographical region *n* Region (f); **geographical segment** *n* regionales Geschäftsfeld (n), geografisches Segment (n)

geographic information system (GIS) *n* geografisches Informationssystem (GIS); Datenbank geografischer Informationen für die Immobilienwirtschaft

geological map *n* geologischer Plan (m); **geological survey** *n* Bodengutachten (n), geologische Aufnahme (f)

geometry *n* Geometrie (f)

gestation period *n Fin* Ausreifungszeit (f)

geyser *n* Durchlauferhitzer (m)

ghetto *n* Ghetto (n), Getto (n)

ghost tenant *n* Mieter in einem Shoppingcenter, der kaum oder nie Handel betreibt und so den Vermieter um die Umsatzmiete bringt

GIA *Plan* → general improvement area

gift *n* Geschenk (n); Schenkung (f); **gift causa mortis** *n Law* Geschenk (n), das auf Grund des bevorstehenden Todes gemacht wird; **gift deed** *n Law* → deed of gift; **gift letter** *n Law (US)* Schenkungsurkunde (f); **gift tax** *n Tax* Schenkung(s)steuer (f)

GI loan *n Fin (US)* → Veterans Administration loan

gilt-edged *adj Fin* erstklassig (Anlagen); **gilt-edged securities** *n/pl Fin (GB)* Staatsanleihen (fpl); mündelsichere Wertpapiere (npl); *Syn.: gilts*

gilts *n/pl Fin (GB)* → gilt-edged securities

GIM *Val* → gross income multiplier

gimlet *n* Nagelbohrer (m)

Ginnie Mae *Org (US)* → Government National Mortgage Association

girder *n ArCo* Träger (m); Tragbalken (m); Stahlträger (m); Tragwerk (n); **girder bridge** *n* Trägerbrücke (f); **girder post** *n* Trägerpfosten (m)

GIS → geographic information system

give *v/t* geben; **give an expert opionion on something** sich gutachterlich äußern; **give notice** kündigen; **give notice of default** in Verzug setzen; **give the go-ahead** grünes Licht geben
give-away price *n* Schleuderpreis (m)
given fact *n* Gegebenheit (f)
GLA → gross lettable area; gross living area
glade *n* Waldwiese (f), Lichtung (f)
glass *n* Glas (n); **glass blocks** *n/pl* Glasbausteine (mpl); **glass fibre** *n* Glasfaser (f); **glass front** *n* Glasfassade (f); **glass insurance** *n* Glasversicherung (f); **glass shelf** *n* Glasregal (f); **glass tile** *n* Glasdachziegel (m); **glass wool** *n* Glaswolle (f); **glassworks** *n/pl* Glashütte (f)
Glass-Steagall Act *n (US)* → Banking Act of 1933
glaze *n* Lasur (f)
glaze *v/t* verglasen, glasieren; **glazed door** *n* Fenstertür (f), Glastür (f), verglaste Tür (f); **glazed earthenware pipe** *n* Steinzeugrohr (n), Tonrohr (n); **glazed (porcelain) tile** *n* glasierte Porzellanfliese (f)
glazier *n* Glaser (m)
glazing *n* Verglasung (f); Lasur (f); **glazing work** *n* Verglasungsarbeit (f), Glaserarbeit (f)
global *adj* global; **global cover** *n* Pauschalversicherung (f); **global value** *n* Pauschalwert (m)
glue *v/t* leimen; **glued timber** *n* geleimtes Holz (n)
GMC *Fin* → guaranteed mortgage certificate
GNMA *Org (US)* → Government National Mortgage Association (Ginnie Mae)
goal *n* Ziel (n); **goal analysis** *n* Zielanalyse (f)
godown *n* Lagerhalle (f), Warenlager (n); besonders in Südost-Asien
going concern *n* arbeitendes Unternehmen (n), Fortführung (f) der Unternehmenstätigkeit, Grundsatz (m) der Unternehmensfortführung, Unternehmensfortführung (f); **going concern principle** *n Val* Grundsatz (m) der Unternehmensfortführung; **going concern valuation** *n Val* Bewertung (f) unter der Prämisse der Unternehmensfortführung; **going concern value** *n Val* Fortführungswert (m); geschätzter Wert eines Objekts unter der Annahme, dass der laufende Betrieb fortgeführt wird; *Ant.: market value*
going into operation *n* Inbetriebnahme (f)
gold clause *n Law* Goldklausel (f), Goldwertklausel (f); Vereinbarung, dass die Höhe bestimmter Zahlungen an den Goldpreis gebunden ist
golf course *n* Golfplatz (m)
golf links *n/pl* (an einer Küste gelegener) Golfplatz (m)
good and marketable title *n Law* → good marketable title; **good and merchantable title** *n Law* → good marketable title; **good business reasons** *n/pl* wirtschaftliche Gründe (mpl); **good cause** *n* wichtiger Grund (m); **good consideration** *n Law* reifliche Überlegung (f); *Syn.: meritorious consideration*; **good covenant** *n Law* → covenant; **good demand** *n* lebhafte Nachfrage (f); **good faith** *n* Gutgläubigkeit (f), guter Glaube (m), Treu und Glauben; **good-faith estimate** *n Fin, Law (US)* nach dem → RESPA (real estate settlement procedures act) vorgeschriebene Offenlegung der voraussichtlichen Gesamtkosten eines Hypothekendarlehens gegenüber dem künftigen Darlehensnehmer; **good faith money** *n Fin (US)* → earnest money; **good funds** *n/pl* Gelder, die nicht an Konditionen gebunden sind und zur freien Verfügung stehen; **good leasehold title** *n Law (GB)* im land → registry (Katasteramt) eingetragener, dem → absolute leasehold untergeordneter Rechtsanspruch; wird in Fällen eingetragen, in denen dem Katasteramt die Grundeigentumsurkunde nicht vorliegt und demnach kein Nachweis erbracht wurde, dass der Vermieter tatsächlich berechtigt war, das Grundstück zu vermieten; **good location** *n* gute Lage (f); **good marketable title** *n Law* uneingeschränktes Besitzrecht (n); unangreifbares Eigentum (n); von Rechten anderer freier Rechtstitel; **good-neighbourly** *adj* gutnachbarlich; **good root of title** *n Law* → root of title; **good title** *n Law* einwandfreier Rechtstitel (m), gültiger Rechtstitel (m); gültiger Rechtsanspruch (m); unbestrittenes Eigentum (n)
goods *n/pl* Waren (fpl); Fracht (f), Frachtgut (n); **goods on hand** *n/pl* Lagerbestand (m); **goods outward(s)** *n/pl* Warenausgang (m), Versand (m); *Syn.: goods issue, dispatch, despatch*; **goods reception (area)** *n*

Wareneingang (m), Lieferanteneingang (m); *Syn.: goods reception department*

goodwill *n* Goodwill (m), ideeller Firmenwert (m), Geschäftswert (m); **goodwill amortization** *n* Goodwill-Abschreibung (f)

gore *n* Keil (m); auch: kleines, keilförmiges Grundstück

governing body *n* geschäftsführendes Organ (n)

government *n* Regierung (f); **government agency** *n* Regierungsbehörde (f), Regierungsstelle (f); **government bonds** *n/pl Fin* Staatsanleihen (fpl), öffentliche Anleihen (fpl); *Syn.: government securities*; **government grants** *n/pl* staatliche Zuschüsse (mpl), Zuwendungen (fpl) der öffentlichen Hand; **government liability** *n* Amtshaftung (f); **government lot** *n (US)* Parzelle, die kleiner als 160 Morgen ist; **Government National Mortgage Association (GNMA) (Ginnie Mae)** *n Org (US)* staatliche Gesellschaft, die Mittel für Wohnimmobilien-Hypotheken bereitstellt, wenn sie von der FHA (Federal Housing Administration) versichert oder der VA (Department of Veterans Affairs) garantiert werden; **government office** *n* Amt (n); **government official** *n* Regierungsbeamte/in (m/f), Staatsbedienstete/r (f/m); **government power** *n* Regierungsgewalt (f); **government regulation of business** *n* öffentliche Regulierung (f); **government securities** *n/pl Fin* Staatsanleihen (fpl), öffentliche Anleihen (fpl); *Syn.: government bonds*; **government subsidies** *n/pl* Staatszuschüsse (mpl), staatliche Zuschüsse (mpl)

government-sponsored enterprise (GSE) *n (US)* wörtlich: (privates) staatlich gefördertes Unternehmen; dient der Verbesserung der Kreditversorgung; bei folgenden Institutionen handelt es sich um GSEs: Federal Home Loan Bank System, Federal Home Loan Mortgage Corporation (Freddie Mac), Fannie Mae (ehemals: Federal National Mortgage Association), Farm Credit System, Federal Agricultural Mortgage Corporation (Farmer Mac) und Student Loan Marketing Association (Sallie Mae); **government-sponsored securities** *n/pl* Wertpapiere (npl); ausgegeben durch staatliche geförderte Organisationen

GPM *Fin* → graduated payment mortgage

grace period *n* rückzahlungsfreie Zeit (f); Zahlungsfrist (f); Nachfrist (f); Schonfrist (f)

grade *n* Qualitätsstufe (f), Güteklasse (f); Stufe (f), Grad (m); Gefälle (n); Steigung (f); Körnung (f); **above grade** *adj* oberirdisch, über einem bestimmten Niveau; **at grade** *adj* ebenerdig, höhengleich; **best grade** *adj* erstklassig;

graded rent *n Law* Staffelmiete (f); Mietzahlung, die – je nach vertraglicher Vereinbarung – zu bestimmten Zeitpunkten erhöht (oder auch herabgesetzt) wird

gradient *n* Gefälle (n), Neigung (f); Steigung (f); Gradient (m)

grading *n* Klassifikation (f), Korntrennung (f), Planierarbeiten (fpl)

graduated *adj* abgestuft, gestaffelt; **graduated interest** *n* Staffelzinsen (mpl); **graduated lease** *n* Mietvertrag (m) mit Staffelmiete; **graduated payment mortgage (GPM)** *n Fin* Hypothekendarlehen mit geringeren Zahlungen in den ersten Jahren, die in den mittleren Jahren stufenweise ansteigen und schließlich konstant bleiben; **graduated price** *n* Staffelpreis (m); **graduated rent** *n Law* Miete, die in festgelegten Intervallen an die Marktmiete angepasst wird; der Begriff graduated rent wird auch allgemein für alle Arten von variabler Miete verwendet, bspw. auch für Staffelmiete, Umsatzmiete etc.; **graduated tariff** *n* Staffeltarif (m)

grain size *n* Körnung (f); **grain size distribution** *n* Kornverteilung (f); **grain structure** *n* Kornstruktur (f)

grandfather clause *n Law* Großvaterklausel (f); Bestandschutzklausel (f), Besitzstandswahrungsklausel (f); Bestimmung, die bereits bestehende Verträge, Gesellschaften usw. von einer Gesetzesänderung ausnimmt und Bestandsschutz gewährt

grand master keyed system *n* Hauptschließanlage (f), Generalschlüsselanlage (f)

granite *n* Granit (m)

granny flat *n* Einliegerwohnung (f); separate Wohneinheit für eine Person, um einer älteren Person Unterstützung durch ein jüngeres Familienmitglied zu ermöglichen

granolithic concrete *n* Hartbeton (m); **granolithic screed (with granite chippings)** *n* Zementestrich (m) mit Granitzuschlag

grant *n* Zuschuss (m); Genehmigung (f), Bewilligung (f); Übertragung (f) von Grundbesitz; **grant of a loan** *n Fin* Gewährung (f) eines Darlehens; **grant of credit** *n* Kreditzusage (f); **grant of possession** *n* Besitzeinweisung (f)

grants related to assets *n/pl* Zuwendungen der öffentlichen Hand, die sich direkt auf die Anschaffung oder Herstellung bestimmter Vermögenswerte beziehen (IAS 20); **grants related to income** *n/pl* ertragsbezogene Zuwendungen (fpl); Einkommenszuschüsse der öffentlichen Hand (IAS 20)

grant deed *n (US)* Übertragungsurkunde (f)

grant *v/t* gewähren, einräumen; **grant a loan** Kredit geben

grantee *n* Begünstigter (m); **grantee of credit** *n Fin* Kreditnehmer (m); **grantee of real estate** *n* Grundstückskäufer (m)

grantor *n Law* Veräußerer (m), Übertragender (m); Geber einer Konzession; Optionsverkäufer; **grantor's lien** *n Law* → lien; **grantor trust** *n* → bare trust

granularity *n ArCo* Granularität (f), Körnung (f)

granulation *n* Körnung (f)

graphic analysis *n* grafische Analyse (f)

grapple *v/t* anpacken; verankern

grassland *n* Grünland (n), Weideland (n), Grasland (n)

grass paver *n* Rasengitterstein (m), Rasenstein (m)

grass roof *n* Grasdach (n)

grating *n* Abdeckgitter (n), Rost (m)

gratuitous *adj Law* unentgeltlich, gratis, kostenlos; **gratuitous agent** *n Law* unentgeltlich arbeitender Immobilienmakler

gravel *n* Geröll (n), Kies (m); **gravel concrete** *n* Kiesbeton (m); **gravel fill** *n* Kiesfüllung (f); **gravelly soil** *n* Kiesboden (m); **gravel pit** *n* Kiesgrube (f)

gravity retaining wall *n* Schwergewichtsstützmauer (f)

graywater *n (US)* → greywater

green *n* Grünfläche (f); Rasen (m); Grünanlage (f)

green *adj* grün; **green area** *n* Grünfläche (f); **green belt** *n Plan* Grüngürtel (m)

green building *n ArCo* (Vorgang) Gestaltung (f) und Ausführung (n) von ökologischen und umweltverträglichen Gebäuden, die weniger Energieverbrauch verursachen und recyclingfähig sind, nachhaltige Entwicklung (f); (Bauwerk) ökologisches und umweltverträgliches Gebäude; **GreenBuilding** *n* Programm (2005) der Europäischen Kommission zur Verbesserung der Energieeffizienz und Nutzung erneuerbarer Energien in Nicht-Wohngebäuden; **green building requirement** *n Plan (US)* kommunale/regionale Umweltvorschriften für Neubauprojekte

greenfield development *n Dev* Projektentwicklung (f) auf der grünen Wiese; **greenfield site** *n Dev* Rohbauland (n), Grundstück (n) auf der grünen Wiese; *Ant.: brownfield site*; **greenhouse effect** *n* Treibhauseffekt (m); **green land** *n Dev* unbebaute, nicht entwickelte Flächen; *Syn.: greenfield*; *Ant.: brown land*; **green lane** *n (GB)* unbefestigter öffentlicher ländlicher Weg, häufig eine ehem. drove road oder driftway; für den öffentlichen Verkehr frei; **greenlining** *n Fin, Dev* Rückzug der Finanzinstitute aus der Finanzierung von → brownfield developments; → redlining; **green paper** *n (GB)* öffentliches Diskussionspapier über die Regierungspolitik; **greenprinting** *n Plan* → open space planning; **green space planning** *n* Grünordnung (f), Grünordnungsplan (m); **green space ratio** *n* Grünflächenanteil (m); **greenway(s)** *n(pl) Plan* Grünstreifen (m), Grüngürtel (m); Streifen von unbebautem Land in oder in der Nähe einer Stadt; häufig für Freizeitnutzung geplant; (GB) unbefestigter Feldweg (m); *Syn.: green corridor, green wedges*; → bridle way; **green wedges** *n/pl Plan* → greenway(s)

grey area *n* Grauzone (f), unklarer Bereich (m)

greyfield redevelopment *n (US)* die Umwandlung von (verlassenen oder „toten") monostrukturierten Einzelhandelskomplexen infolge Um- oder Neubaus in kleinräumigen, funktional und sozio-ökonomisch gemischten Gebieten, besonders mit der Angliederung von (bezahlbarem) Wohnraum

grey market *n* grauer Markt (m)

grey property *n Plan, Law* in einem im Rahmen des Abbruchs eines ganzen Stadtteils erstellten Plan grau gekennzeichnete Immobilien, die eigentlich bewohnbar sind, jedoch im Rahmen der Gesamtmaßnahme ebenfalls abgerissen werden müssen; *Syn.: grey land*; → clearance area, pink property

greywater *n (GB)* Grauwasser (n); nur leicht verschmutzte Abwasser von der Bade- bzw. Duschwanne, dem Waschtisch und der Waschmaschine; *Syn.: (US) graywater*

g

grid *n* Gitter (n), Raster (n), Netz (n), Stromnetz (n); **grid iron** *n* Rostgitter (n); **grid line** *n* Rasterlinie (f); **grid (or gridiron) planning** *n Plan* Stadtstruktur, die auf rechtwinkligen Straßenblöcken beruht; **grid size** *n* Rastermaß (n); **grid system** *n Plan* Koordinatensystem (n)

grid-bound *adj* leitungsgebunden

grid-type network *n* Leitungsnetz (n)

grille *n* Gitter (n)

grind *v/t* mahlen; **grind down** *v/t* verschleifen

grinder *n* Schleifmaschine (f)

GRM *Val* → gross rent multiplier

groined arch *n ArCo* Kreuzbogen (m)

groove *n* Feder (f), Nut (f); **grooves** *n/pl* Rillen (fpl)

grooved *adj* genutet

gross *adj* Brutto-; Roh-; Gesamt-; **gross adjustment** *n* Bruttoanpassung (f); **gross amount** *n* Bruttobetrag (m); **gross amount of dividend** *n* Bruttodividende (f); **gross annual rental** *n* Jahresrohmiete (f); **gross area** *n* Bruttofläche (f), Bruttogrundfläche (f) (BGF); die gesamte Fläche eines Gebäudes (von äußerer Außenwand zu äußerer Außenwand); entspr. Bruttogrundfläche nach DIN 277; **gross assets** *n/pl* Rohvermögen (n); **gross book value** *n* Bruttobuchwert (m) ohne Abschreibungen

gross buildable area (GBA) *n Plan* zulässige Geschossfläche (f); **gross building area (GBA)** *n* Bruttogrundfläche (f), Bruttofläche (f) eines Gebäudes einschließlich Außenwände; **gross built area (GBA)** *n* → gross building area

gross capital value *n* Bruttokapitalwert (m); **gross carrying amount** *n* Ausgangswert (m), Bruttobuchwert (m), Bruttowert (m); **gross cash payments** *n/pl* Bruttoauszahlungen (fpl); **gross cash receipts** *n/pl* Bruttoeinzahlungen (fpl); **gross covered area** *n* → gross building area; **gross development value (GDV)** *n* Marktwert (m) bei Fertigstellung; **gross dividend** *n* Bruttodividende (f); **gross dollar adjustment** *n* Brutto-Dollaranpassung (f); **gross domestic product (GDP)** *n* Bruttoinlandsprodukt (n); **gross earnings** *n/pl* → gross income; **gross external area (GEA)** *n (GB)* Bruttogrundfläche (f); der Begriff gross external area wird von der Royal Institution of Chartered Surveyors definiert als Fläche eines Gebäudes, wobei alle Stockwerke zusammengezählt werden; dabei werden sowohl Außenmauern als auch Innenmauern, Säulen, Treppen- und Aufzugschächte etc. eingerechnet; *Ant.: gross internal area*; **gross floor area** *n* → gross floor space; **gross floor space** *n* Bruttogrundfläche (f); **gross fund** *n Fin (GB)* steuerbefreiter Fonds (m); **gross funds** *n/pl* Bruttokapital (n)

gross income *n* Bruttoeinkommen (n); Roheinkommen (n); Bruttoertrag (m), Rohertrag (m); **gross income index** *n* Bruttoeinkommensindex (m); **gross income multiplier (GIM)** *n* Multiplikator (m) des Bruttoeinkommens, Rohertragsfaktor (m); **gross initial yield** *n* Bruttoanfangsrendite (f); **gross internal area (GIA)** *n* Bruttogrundfläche minus der Konstruktionsfläche der Außenwände; RICS/BCIS-Definition ohne genaues Äquivalent unter DIN 277; **gross investment in the lease** *n* Bruttoinvestitionswert (m) des Leasingverhältnisses; **gross leasable area (GLA)** *n* → gross lettable area (GLA); **gross lease** *n* Mietverhältnis, bei dem der Vermieter für alle Neben- bzw. Betriebskosten aufkommt; *Syn.: full service lease*; **gross lettable area (GLA)** *n* Gesamtmietfläche (f); gesamte den Mietern zur exklusiven Nutzung verfügbare Fläche; Begrenzung ist die halb zugerechnete Außenwand sowie die Schaufensterlinie (bei Einzelhandel). Die GLA schließt somit Gemeinflächen wie Verkehrsflächen, Parkflächen, Serviceflächen etc. aus. Auch Flächen, die einer anderen Nutzung dienen (z.B. Büro- und Wohnflächen), werden i.d.R. nicht in die GLA einbezogen; *Syn.: gross leasable area*; **gross living area (GLA)** *n* Bruttowohnfläche (f); **gross loss** *n* Bruttoverlust (m), Rohverlust (m); **gross margin** *n* Bruttogewinn (m), Gewinnmarge (f), Gewinnspanne (f); **gross multiplier** *n* Bruttovervielfältiger (m); **gross national product (GNP)** *n* Bruttosozialprodukt (n); **gross negligence** *n* grobe Fahrlässigkeit (f); **gross-net adjustment** *n* Brutto-Netto-Anpassung (f); **gross operating profit (GOP)** *n* Betriebsergebnis (n) vor Fixkosten, Bruttobetriebsergebnis (n); **gross output** *n* Bruttoproduktion (f); **gross plot ratio** *n* *Plan* (zulässige) Geschossflächenzahl (GFZ) z.B. für ein großes Grundstück oder Grundbesitz, berechnet einschließlich interner Straßen und anderer (z.B. öffentlicher) Fläche innerhalb des Grundstücks; **gross potential income** *n* Bruttogesamtmiete (f) einschließlich der beim Eigentümer verbleibenden Nebenkosten, nachhaltige Gesamtmiete (f) vor Abzug der beim Eigentümer verbleibenden Nebenkosten; **gross price** *n* Bruttopreis (m); **gross proceeds** *n/pl* Bruttoertrag (m), Bruttospanne (f), Rohertrag (m); **gross profit** *n* Bruttogewinn (m), Rohergebnis (n), Rohgewinn (m); **gross profit ratio** *n* Bruttogewinnverhältnis (n); **gross property income** *n* Bruttoeinkommen (n) aus Immobilienbesitz; **gross property return** *n* Liegenschaftszins (m); **gross purchase price** *n* Bruttoeinkaufspreis (m); **gross receipts** *n/pl* Roheinnahme (f); **gross redemption yield** *n* Brutto-Effektivverzinsung (f)

gross rent *n* Bruttomiete (f); **gross rentable area** *n* Bruttomietfläche (f); **gross rentable space** *n* Bruttomietfläche (f); **gross rental income** *n* Bruttomietertrag (m); Bruttomieteinnahmen (fpl); **gross rental value** *n* Bruttomietwert (m); **gross rent multiplier (GRM)** *n* Bruttomietmultiplikator (m); Faustregel zur Einschätzung des Marktwerts von Wohnimmobilien

gross replacement cost *n (US)* Brutto-Wiederbeschaffungskosten (pl); **gross residential density** *n* Anzahl der Wohneinheiten je ha Bruttowohnbauland, einschl. Verkehrsflächen, öffentlichen Einrichtungen usw.; → residential density; **gross residential floor area** *n* Bruttowohnfläche (f); **gross residential rent** *n* Bruttomiete (f), Bruttowohnmiete (f); **gross retail area** *n* Brutto-Einzelhandelsfläche (f); Gesamtfläche eines Geschäfts inkl. Lager- und Büroflächen etc. innerhalb des Geschäfts; **gross return** *n* Bruttorendite (f); **gross revenues** *n/pl* Bruttoerlös (m), Bruttoertrag (m), Rohertrag (m); **gross rooms revenue** *n* (Hotels) Bruttoraumerlös (m); **gross rooms revenue multiplier** *n* Verhältnis (n) zwischen Verkaufspreis und Bruttoraumerlös; **gross sales** *n/pl* Bruttoerlös (m), Bruttoumsatz (m), Bruttoumsatzerlös (m), Roherlös (m); **gross sales price** *n* Bruttoverkaufspreis (m); **gross selling price** *n* Bruttoverkaufspreis (m); **gross trading profit** *n* *Fin* Warenrohgewinn (m), Bruttowarengewinn (m); **gross usable area** *n* Bruttonutzfläche (f); *Syn.: gross floor area*; **gross value** *n* Bruttowert (m); **gross value added** *n* Bruttowertschöpfung (f); **gross volume** *n* Bruttorauminhalt (m), umbauter Raum (m); **gross yield** *n* Bruttorendite (f), Bruttoertrag (m); Rohertrag (m); **gross yield to redemption** *n* Bruttoertrag (m) bis zur Rückzahlung

ground *n* Baugrund (m), Gelände (n), Grund (m); **grounds for refusal** *n/pl* Ablehnungsgründe (mpl)

above ground *adj* oberirdisch; **at ground level** ebenerdig; **below ground** unterirdisch

ground annual *n* *Law (sco.)* Erbpachtzins (m); **ground cover** *n* Bodenbedeckung (f); Bodenbedecker (mpl), Bodendecker (mpl); **ground excavation** *n* Erdaushub (m); **ground floor** *n (GB)* Erdgeschoss (n), Parterre (n); **ground-floor plan** *n* Grundriss (m); **ground landlord** *n* *Law* Grundeigentümer (m), Erbbaugeber (m); **ground lease** *n* *Law* Bodenpacht (f), Grundstückspacht (f); langfristige (typischerweise 99 oder sogar 999 Jahre laufende) Pacht auf Boden, die viele Ähnlichkeiten mit dem → Erbbaurecht hat mit dem wesentlichen Unterschied, dass nach Ende des Vertrages alle baulichen Anlagen ohne Ausgleich in das Eigentum des Verpächters übergehen; *Syn.: long lease(hold)*; **ground level** *n* Bodenhöhe (f), Niveau (n); **ground plan** *n* Lageplan (m); *Syn.: site plan*; **ground rent** *n* Erbpachtzins (m), Erbbauzins (m), Grundzins (m); **ground rent charge** *n* Bodenzinsabgabe (f); **ground slab** *n* Bodenplatte (f); **ground storey** *n*

Erdgeschoss (n), Parterre (n); *Syn.: ground floor*

groundwater *n* Grundwasser (n); *Syn.: ground water*; **groundwater contamination** *n* Grundwasserverschmutzung (f); **groundwater level** *n* Grundwasserspiegel (m); **groundwater lowering** *n* Wasserabsenkung (f); **groundwater pollution** *n* Grundwasserverschmutzung (f); **groundwater table** *n* Grundwasserpegel (f)

ground work *n* Erdarbeiten (fpl) und Betonierung (fpl) der Fundamente

g

group *n* Firmengruppe (f), Gruppe (f), Konzern (m); **group of building contractors** *n* Baukonsortium (n); **group of buyers** *n* Käufergruppe (f); **group of companies** *n* Konzern (m), Unternehmensgruppe (f); **group of experts** *n* Sachverständigengruppe (f); **group of houses** *n* Häusergruppe (f)

group accounts *n/pl (GB)* Gruppenabschluss (m), Konzernabschluss (m); **group appraisal** *n* Gruppenbeurteilung (f), Gruppenbewertung (f); **group boycott** *n (US)* betrügerisch verabredeter Versuch einer Gruppe von Unternehmen gegen einen unliebsamen Konkurrenten (oder auch Kunden oder Lieferanten); **group charges** *n/pl* Konzernkosten (pl); **group depreciation** *n* Pauschalabschreibung (f), Sammelabschreibung (f); **group financing** *n Fin* Gemeinschaftsfinanzierung (f); **group rooms** *n/pl* → breakout rooms; **group valuation** *n* Gruppenbeurteilung (f), Gruppenbewertung (f), Kollektivbewertung (f), Massenbewertung (f), Sammelbewertung (f); **group work** *n* Gruppenarbeit (f); **group yield** *n* Gruppenrendite (f)

grouping *n* Zusammenlegung (f)

grout *n ArCo* Mörtel (m); Injektionsmittel (n)

grouting compound *n* Zementbrei (m)

grow *v/i* wachsen; **growing crops** *n/pl* → emblements; **growing demand** *n* steigende Nachfrage (f); **growing-equity mortgage (GEM)** *n Fin* festverzinsliches Hypothekendarlehen, wobei die monatlichen Zahlungen jährlich steigen, um eine schnellere Tilgung zu erreichen

growth *n Fin* Wachstum (n), Zuwachs (m); Wertentwicklung (f); **growth area** *n Plan* Wachstumsgebiet (n); Expansionsgebiet (n); **growth axis** *n* Entwicklungsachse (f); **growth factors** *n/pl* Zuwachsfaktoren (mpl); **growth premium** *n Econ* höheres wirtschaftliches Wachstum in einer bestimmten Region, etwa im nationalen Vergleich; **growth rate** *n Val* Wachstumsrate (f), Zuwachsrate (f); **growth yield** *n Val* Wachstumsrendite (f)

GSA → General Services Administration

GSE → government sponsored enterprise

GSP *Mkt* → guaranteed sales program

guarantee *n* Bürgschaft (f), Garantieverpflichtung (f), Gewährleistung (f), Zusicherung (f); **guarantee limited in time** *n* Zeitbürgschaft (f); **guarantee of indebtedness** *n* Kreditgarantie (f)

guarantee obligations *n/pl* Bürgschaftsverpflichtungen (fpl); **guarantee risk** *n* Bürgschaftsrisiko (n)

guarantee *v/t* bürgen; garantieren; **guaranteed characteristic** *n* zugesicherte Eigenschaft (f); **guaranteed heat capacity** *n* garantierte gesicherte Wärmeleistung (f); **guaranteed interest** *n* Zinsgarantie (f); **guaranteed maximum price** *n* garantierter Höchstpreis (m); **guaranteed minimum rent** *n* garantierte Minimummiete (f); **guaranteed mortgage** *n Fin* Hypothek mit Zins- und Tilgungszahlungsgarantie eines Dritten; **guaranteed mortgage certificate (GMC)** *n Fin (US)* von der → Federal Home Loan Mortgage Corporation verbrieftes und garantiertes Hypothekendarlehen; Investoren erhalten halbjährlich Zinszahlungen und jährlich Tilgungszahlungen; **guaranteed sales program (GSP)** *n Mkt* Verkaufsprogramm, das die Abnahme der Immobilie durch den Makler garantiert, wenn es ihm nicht gelingt, sie innerhalb einer gewissen Zeitspanne zu verkaufen

guarantor *n Law* Bürge (m)

guaranty *n Law (US)* → guarantee

guard *v/t* überwachen

guardian *n Law* Vormund (m)

guard rail *n* Geländer (n)

guest house *n* Gästehaus (n)

guidance *n* Anleitung (f); **guidance note (GN)** *n* Anwendungshilfe (f), erläuternde Hinweise z.B. im → Red Book

guide *n* Reiseführer (m); **guide bearing** *n* Führungslager (n); **guidebook** *n* Reiseführer (m)

guideline lives *n/pl (US)* Abschreibungstabellen (fpl); **guideline period** *n (US)* Abschreibungsdauer (f); **guidelines** *n/pl* Anweisungen (fpl), Gesetzgebung (f), Richtlinien (fpl); **guideline service life** *n (US)* geschätzte Nutzungsdauer (f)

guide price *n* Orientierungspreis (m)

gully *n* Regenwasserablauf (m), Gully (m); **gully cover** *n* Gullydeckel (m)

gun (concrete) *v/t* torkretieren

gunite *n* Torkretbeton (m)

gunning *n* Torkretieren (n)

Gunter's chain *n* Kette (f) (zur Landmessung); hat eine Länge von 66 Fuß; *Syn.: surveyor's chain*

gutter *n ArCo* Dachrinne (f); Abflussrinne (f); Rinnstein (m); Mulde (f); **gutter board** *n* Traufbohle (f); **gutter bracket** *n* Rinnenhaken (m), Rinnenhalter (m), Rinnhaken (m); **gutter hanger** *n* Rinnenhalter (m); **gutter outlet** *n* Rinnenstutzen (m); **gutter pipe** *n* Fallrohr (n)

gutting (of a building) *n Plan* Entkernung (f)

guy rope *n* Verankerungsteil (m)

gymnasium *n* Sporthalle (f), Turnhalle (f)

gypsum *n* Gips (m)

habendum clause *n Law* Auflassungsklausel (f), dingliche Übertragungsklausel (f)

habitability *n* Bewohnbarkeit (f)

habitable *n* → fit for human habitation; **habitable repair** *n* → tenantable repair; **habitable room** *n Plan* Wohnraum (m), Zimmer (n); bezeichnet Wohnungsräume ohne Nebenflächen, Küche und Badezimmer; als Maßstab für → density (habitable rooms per ha.) in → development plans etc. für Wohngebiete

habitation *n* Wohnung (f), Behausung (f); Wohnort (m); **habitation tax** *n* Gebäudesteuer (f)

habitual abode *n* gewöhnlicher Aufenthalt (m), ständiger Aufenthalt (m); **habitual residence** *n* gewöhnlicher Aufenthaltsort (m)

hachures *n/pl* → hatching

hack saw *n* Eisensäge (f), Kerbsäge (f)

ha-ha *n* Ha-ha (m), Aha (m); versenkter Zaun: typ. an der Grenze zwischen dem Garten eines Herrenhauses und benachbartem Weideland, unsichtbar

hail and storm insurance *n* Hagel- und Sturmschadenversicherung (f)

haircut *n Fin* Sicherheitsmarge (f), Sicherheitsabschlag (m); Differenz zw. Darlehensbetrag und Wert des zur Sicherheit hinterlegten Gegenstands

hairdresser *n* Friseur (m)

half *adj* halb; **half bath** *n (US)* Toilette (f) mit Handwaschbecken; Gäste-WC (n); **half-beam** *n* Halbbalken (m), Halbholzbalken (m); **half board** *n* Halbpension (f); **half board accommodation** *n* Unterkunft (f) mit Halbpension; **half brick** *n* Halbziegel (m); *Syn.: snap header, clipped header*; **half-section** *n* 320 Morgen Land; → section; **half-tiled wall** *n* ca. 1 m hoch geflieste Wand (f); **half-timber** *n* Halbbalken (m), Halbholzbalken (m); **half-timbered house** *n* Fachwerkhaus (n); **half truss** *n* Haftbinder (m); **half-turn stairs** *n/pl* halbgedrehte Treppen (fpl)

half-yearly accounts *n/pl* Halbjahresrechnung (f); **half-yearly report** *n* Zwischenbericht (m)

hall *n ArCo* Halle (f), Saal (m); Flur (m), Diele (f); Vorlesungssaal (m); Universitätsgebäude (n); **hall of residence** *n (GB)* Wohnheim (n)
hall building *n* Saalbau (m); **hall-type building** *n* Gebäude (n) in Hallenbauweise; **hallway** *n ArCo* Hausflur (m), Korridor (m), Gang (m)

halt in construction *n Dev, ArCo* Baustopp (m)

halve back, halving back *n Val, Ret (GB)* → arithmetic zoning

hamlet *n (GB)* kleine Ortschaft; sehr kleines Dorf; Siedlung, bestehend nur aus wenigen Häusern

hammer *n* Hammer (m); **hammer mill** *n* Hammermühle (f)

hammer *v/t* hämmern

handback (of an apartment) *n* Wohnungsabnahme (f)

handbasin *n* Handwaschbecken (n)

hand drill *n* Handbohrer (m)

hand-held transmitter *n* Handsender (m)

handicap *n* Nachteil (m), Behinderung (f); **handicapped access** *n* Behindertenzugang (m), Rollstuhlzugang (m); *Syn.: wheelchair access*

handing over *n* → handover

handle *n* Bedienungsknopf (m), Griff (m), Handgriff (m)

handle *v/t* bearbeiten, behandeln; **handle a case** einen Fall bearbeiten

handling costs *n/pl* Bearbeitungskosten (pl); **handling fee** *n* Bearbeitungsgebühr (f); **handling load** *n* Transportbelastung (f)

handling of payments *n* Zahlungsabwicklung (f)

hand money *n Fin (US)* → earnest money

hand-operated fire extinguisher *n* Handfeuerlöscher (m)

handout (leaflet) *n* Handzettel (m)

handover *n* Übergabe (f) (fertiggestellter Bauten), Abnahme (f); **handover of an apartment** *n* Wohnungsübergabe (f); **handover point** *n* Übergabestelle (f)

hand over *v/t* übergeben

handrail (support) *n* Halterung (f), Handlauf (m)

handsale *n* Kaufabschluss (m) durch Handschlag

handsaw *n* Handsäge (f)
handsel *n* Begrüßungsgeschenk (n); Handgeld (n); *Syn.: earnest, pledge, token, deposit*
hands-on economic policy *n* interventionistische Wirtschaftspolitik (f)
handyman *n ArCo* Handwerker (m), Heimwerker (m), Bastler (m); Hilfskraft (f); Handlanger (m); **handyman's special** *n ArCo, Mkt (US)* → fixer-upper
hangar *n* Flugzeughalle (f), Halle (f), Hangar (m)
hanging bridge *n* Hängebaugerüst (n), Hängebrücke (f); **hanging gutter** *n* Hängerinne (f); **hanging rod** *n* Kleiderstange (f); **hanging scaffold** *n* Hängegerüst (n); **hanging section** *n* Hängefach (n); **hanging shelf** *n* Hängeregal (n); **hanging truss** *n* Hängewerk (n)
hangings *n/pl* Wandteppich (m)
hangout *n* Bude (f)
hansel *n* → handsel
happen *v/i* geschehen, erfolgen
harassment *n* Schikane (f), Belästigung (f)
harbour *n (GB)* Hafen (m); *Syn.: harbor (US)*
hard *adj* hart; **hardboard** *n* Hartfaserplatte (f); **hard-burnt brick** *n* Hartbrandziegel (m); **hard cash** *n* Bar(aus)zahlung (f); **hard construction costs** *n/pl* reine Baukosten (pl) (ohne Honorare, Baunebenkosten, Steuern, Gebühren usw.)
hardcore *n Val* Kapitalwert (m) aus ewig währender Basismiete (als Grundschicht oder als sog. Kernmiete), untere Schicht (f); → hardcore method; **hardcore and topslice** *n Val* → hardcore rent; **hardcore layer** *n ArCo* verdichtete Kiesschicht (f); **hardcore method** *n Val* Hardcore-Methode (f), Ertragsschichtenmethode (f); Bewertungsmethode, die die aktuellen und künftigen Erträge eines Investmentobjekts in waagerechten Schichten kapitalisiert: Hardcore und eine oder mehrere Topslices (Überschüsse), häufig mit Renditeanpassung nach der geschätzten Sicherheit der einzelnen Tranchen; *Syn.: layer method*; **hardcore rent** *n Val* ewig währende Basismiete (f); in der Anwendung der Hardcore-Methode: niedrigere (und als sicher betrachtete) Schicht des Mietertrages; *Ant.: top slice, froth*; → hardcore method
hard costs *n/pl Dev* harte Kosten (pl); direkte Projektentwicklungskosten; Grundstückspreis sowie Material- und Lohnkosten; *Ant.: soft costs*; **hard fibre board** *n* Holzfaserplatte (f); **hard money** *n* Bargeld (n); Münzgeld (n); harte Währung (f); **hard money mortgage** *n Fin* bar ausgezahltes Hypothekendarlehen; auch: Hypothekendarlehen mit extrem hohem Zinssatz; **hard rock** *n* Hartgestein (n), massiger Fels (m); **hardship allowance** *n* Härteausgleich (m); **hard soil** *n* harter Boden (m); **hard-wearing** *adj* verschleißfest; **hardwood** *n* Hartholz (n); **hardwood plug** *n* Hartholzdübel (m)
harmful to the environment *adj* umweltschädlich
Harvey costs *Law (GB)* → Crawley costs
hatched *adj* schraffiert
hatchet *n* Axt (f), Beil (n)
hatching *n* Schraffur (f); *Syn.: hachures*
haunch *n* Voute (f)
have someone up (for sth.) *v/t* (ugs.) verklagen
haybote *n Law (GB)* → estovers
hazard *n* Gefahr (f); Risiko (n); Wagnis (n); **hazard insurance** *n* Gebäudeversicherung (f)
hazardous landfill *n* gefährliche Bodenaufschüttung (f), gefährliche Bodenfüllung (f); **hazardous material** *n* Gefahrstoff (m), Gefahrgut (n); **hazardous substance** *n* Gefahrstoff (m); **hazardous waste** *n* Gefahrenmüll (m), gefährliche Abfälle (mpl); Sondermüll (m); **hazardous waste disposal site** *n* Sondermülldeponie (f)
HBU → highest and best use
head *n* Kopf (m), oberes Ende (n); **head beam** *n* Oberholm (m); **head casing** *n* obere Verkleidungsleiste (f); **head landlord** *n Law* Hauptvermieter (m); Eigentümer (oder Erbbauberechtigter) eines Objektes, das durch einen head lease (Hauptpachtvertrag) an einen head lessee (Hauptmieter) verpachtet wird; der head lessee vermietet das Objekt (ggf. in mehreren Teilen) an einen (oder mehrere) subtenants unter; *Syn.: head lessor*; **head lease** *n Law* Hauptmietvertrag (m); **head lessee** *n Law* Hauptmieter (m); Mieter mit einem direkten Mietvertrag vom Eigentümer, der Fläche an einen oder mehere → subtenant(s) untervermietet hat; *Syn.: head*

tenant; **head lessor** *n Law* → head landlord; **headline rent** *n Val* Nominalmiete (f), Vertragsmiete (f); Miete, die im Vertrag steht, ohne Anpassungen für → incentives, z.B. → rent-free periods, Ausbau usw.; *Ant.: effective rent*; **head mason** *n* Polier (m); **head office (HO)** *n* Hauptverwaltung (f), Hauptsitz (m), Direktion (f); **head piece** *n* Oberschwelle (f); **headquarters (HQ)** *n/pl* Zentrale (f); **head rent** *n Law* Hauptmiete (f); Miete von dem head lessee an den head landlord (Eigentümer oder Erbbauberechtigten); **headroom** *n ArCo* lichte Höhe (f); **head tenant** *Law* → head lessee

h

header *n* Wechselbalken (m); **header bond** *n* Binderverband (m)

heads of claim *n/pl Val, Law* Hauptpunkte des Anspruchs; bes. im Enteignungs- oder Versicherungsfall. Beispiele: Störung, entgangener Gewinn etc.; **heads of terms** *n/pl Law* Grundsatzvereinbarung (f)

health and safety regulations *n/pl Law* Arbeitsschutzbestimmungen (f)

health resort *n* Kurort (m)

healthy living and working conditions *n/pl* gesunde Wohn- und Arbeitsverhältnisse (npl)

hear a case *v/t* Fall verhandeln

hearing *n* Gerichtstermin (m); Gerichtsverhandlung (f); Anhörung (f); Termin (m); **hearing of evidence** *n* Beweisaufnahme (f)

hearth *n ArCo* Feuerstelle (f); Herd (m); feuerfester Boden (m)

heat *n* Hitze (f); **heat accumulator** *n* Wärmespeicher (m); **heat balance** *n* Wärmehaushalt (m); **heat barrier** *n* Wärmesperre (f); **heat build-up** *n* Wärmeentwicklung (f); **heat capacity** *n* Wärmekapazität (f); **heat carrier** *n* Wärmeträger (m), Wärmeträgermedium (n); **heat cement** *n* Zementleim (m), Zementpaste (f), Zementschlamm (m); **heat condenser** *n* Heizkondensator (m); **heat conductivity** *n* Wärmeleitfähigkeit (f); **heat consumer** *n* Wärmeabnehmer (m); **heat consumption** *n* Wärmeverbrauch (m); **heat cost allocator** *n* Heizkostenverteiler (m); **heat demand** *n* Wärmebedarf (m); **heat detector** *n* Wärmefühler (m); **heat distribution system** *n* Fernheiznetz (n); **heat energy** *n* Heizenergie (f), Wärmeenergie (f); **heat exchange** *n* Wärmeaustausch (m); **heat flow** *n* Wärmefluss (m); **heat generation** *n* Wärmeerzeugung (f); **heat generation costs** *n/pl* Wärmeerzeugungskosten (pl); **heat input** *n* Wärmeeinspeisung (f); **heat insulation** *n* Wärmedämmung (f), Wärmeisolierung (f), Wärmeschutz (m); **heat losses** *n/pl* Ableit(wärme)ströme (mpl), Wärmeverluste (mpl); **heat market** *n* Wärmemarkt (m); **heat meter** *n* Wärmezähler (m); **heat metering** *n* Wärmemessung (f); **heat output capacity** *n* Wärmeleistung (f); **heat plant** *n* Heizwerk (n); **heat production** *n* erzeugte Wärmemenge (f) bei der Wärmeerzeugung, Wärmeerzeugung (f)

heat proof *adj* wärmebeständig

heat protection glass *n* Wärmeschutzglas (n); **heat pump** *n* Wärmepumpe (f); **heat quantity** *n* Wärmemenge (f); **heat recovery** *n* Wärmerückgewinnung (f), Wärmewiedergewinnung (f)

heat-reflecting *adj* wärmereflektierend, wärmerückstrahlend

heat resistance *n* Wärmebeständigkeit (f), Wärmedurchgangswiderstand (m)

heat-sensitive *adj* wärmeempfindlich

heat service *n* Wärmedienstleistung (f); **heat source** *n* Wärmequelle (f); **heat station** *n* Wärmezentrale (f); **heat storage** *n* Wärmespeicherung (f); **heat substation** *n* Hausstation (f); **heat supplied** *n* abgegebene Wärmemenge (f), Wärmeabgabe (f); **heat supplier** *n* Wärmelieferer (m); **heat supply** *n* Wärmelieferung (f); **heat supply company** *n* Wärmeversorgungsunternehmen (n); **heat supply contract** *n* Wärmeliefervertrag (m); **heat supply station** *n* Heizwerk (n); **heat tariff** *n* Wärmetarif (m); **heat transfer** *n* Wärmeübertragung (f); **heat transfer medium** *n* Wärmeträger (m), Wärmeträgermedium (n); **heat transition coefficient** *n* Wärmedurchgangskoeffizient (m), Wärmedurchgangszahl (f)

heat *v/t* heizen; **heat up** aufheizen; **heat-proof** *adj* hitzebeständig, hitzefest

heat and power industry *n* Heizkraftwirtschaft (f)

heater *n* Heizgerät (n), Heizkörper (m)

heating *n* Heizung (f), Beheizung (f); Erwärmung (f); **heating, ventilation and air-conditioning systems (HVAC)** *ArCo* Raumklima-System (n); **heating and refrigeration engineering** *n* Wärme- und Kältetechnik (f); **heating condenser** *n* Heizkondensator (m); **heating costs** *n/pl* Beheizungskosten (pl), Heizkosten (pl), Heizungskosten (pl); **heating duct** *n* Heizkanal (m); **heating element** *n* Heizkörper (m); **heating energy** *n* Heizenergie (f); **heating expenses** *n/pl* Heizungskosten (pl); **heating fuels** *n/pl* Heizmittel (n); **heating installation** *n* Heizanlage (f), Heizungsanlage (f), Heizung (f); **heating load** *n* Heizlast (f); **heating oil** *n* Heizöl (n); **heating period** *n* Heizperiode (f); **heating pipe** *n* Heizungsrohr (n); **heating pipeline** *n* Heizleitung (f); **heating reactor** *n* Heizreaktor (m); **heating room** *n* Heizungsraum (m); **heating section** *n* Heizstrang (m); **heating steam** *n* Heizdampf (m); **heating structure** *n* Beheizungsstruktur (f); **heating surface** *n* Heizfläche (f); **heating system** *n* Heizungsanlage (f); Heizung (f); **heating technology** *n* Heizungstechnik (f); **heating tube** *n* Heizungsrohr (n); **heating water system** *n* Heizwassersystem (n)

heat-insulating layer *n* Wärmedämmschicht (f); **heat-insulating material** *n* Wärmedämmstoff (m)

heave *n ArCo* Hebung (f), Auftrieb (m), Bodenhub (m)

heavy *adj* schwer, schwierig, stark; **heavy engineering** *n ArCo* Tiefbau (m); *Syn.: civil engineering*; **heavy goods vehicle (HGV)** *n* Lastkraftwagen (m), Lkw (m); **heavy industry** *n* Schwerindustrie (f)

HECM *Fin* → Home Equity Conversion Mortgage

hectare *n* Hektar (m)

hedge *n* Hecke (f); Kurssicherungsgeschäft (n), Sicherungsgeschäft (n); **hedge accounting** *n* Bilanzierung (f) von Sicherungsgeschäften

hedge *v/t Fin* absichern; z.B. bei einem Termingeschäft, Sicherungsgeschäft, Gegengeschäft; **hedge against currency risks** sich gegen Währungsrisiken und Kursrisiken absichern; **hedge against rising costs** sich gegen steigende Kosten absichern

hedged item *n* gesichertes Grundgeschäft (n)

hedgebote *n Law (GB)* → estovers

hedging *n* Absicherung (f); **hedging instrument** *n* Sicherungsinstrument (n); **hedging relationship** *n* Sicherungsbeziehung (f)

height *n* Höhe (f); **height of a building** *n* Gebäudehöhe (f)

height density zoning *n Plan* Flächennutzungsplanung, die eine Höchstgrenze für bauliche Anlagen vorgibt

heir *n* Erbe (m); **heirs and assigns** *n Law* Erben und Rechtsnachfolger (pl)

heirloom *n* Erbstück (n)

held-to-maturity investment *n* bis zur Endfälligkeit zu haltende Finanzinvestition (f)

helical staircase *n* Spindeltreppe (f), Wendeltreppe (f)

helm roof *n* Helmdach (n), Dachhaube (f)

hemicycle *n* Halbkreis (m)

hereditament *n Law* Erbschaft (f); Erbgut (n)

hereditary *adj* erblich

heritage property *n* erhaltenswertes Gebäude (n); aus historischen, kulturellen, ästhetischen oder wissenschaftlichen Gründen

heritor *n Law* → inheritor

herring bone pattern *n* Fischgrätmuster (n)

hessian *n* Sackleinen (n)

heterogeneous *adj* heterogen, verschiedenartig

hewn stone *n* Naturwerkstein (m), Werksteinmauerwerk (n)

HHA *Org* → Historic Houses Association

hiatus *n ArCo* Wärmedehnungsfuge (f)

hidden *adj* verborgen, versteckt; **hidden defect** *Law* verborgener Mangel (m), versteckter Mangel (m); *Syn.: latent defect*; **hidden equity** *n* verdecktes Eigenkapital (n); **hidden profit distribution** *n Fin, Tax* verdeckte Gewinnausschüttung (f); **hidden reserves** *n/pl* stille Reserven (fpl), stille Rücklagen (fpl); *Syn.: latent reserves*

high-bay distribution centre *n* Logistikverteilungszentrum mit Hochregallager; **high-bay distribution unit** *n* Logistikimmobilie mit Hochregallager; **high-bay warehouse** *n* Hochregallager (n)

high bituminous coal *n* Fettkohle (f); **high class shop** *n Ret* Luxusgeschäft (n); **high definition display** *n* Feinanzeige (f); **high demand** *n* große Nachfrage (f); **high demand area** *n* Verbrauchsschwerpunkt (m); **high-density areas** *n/pl* Gebiete (npl) mit dichter Bebauung; **high-gloss enamel** *n* Emaillelack (m); **high-peaked roof** *n*

h

Steildach (n); **high-pitched roof** *n* Steildach (n); **High Pressure Decorative Laminate (HPDL)** *n ArCo* → Formica®; **high-quality** *adj* hochwertig; **high-quality space** *n Ret* hochwertige Flächen (fpl); **high-rated property** *n (GB)* Objekt mit einem hohen → rateable value (Einheitswert); **high-ratio financing** *n Fin* Finanzierung mit hoher Fremdkapitalquote; oft über 75% des Schätzwertes der Immobilie; **high-resolution display** *n* Feinanzeige (f)

high-rise *adj* vielgeschossig; **high-rise block** *n* Hochhaus (n); **high-rise building** *n* Hochhaus (n); **high-rise garage** *n (US)* Hochgarage (f), Parkhaus (n)

high street *n (GB)* Haupteinkaufsstraße (f); Hauptstraße (f); **high-tariff period** *n* Hochtarifzeit (f); **high-tax country** *n* Hochsteuerland (n); **high technology** *n* Hochtechnologie (f), Spitzentechnologie (f); **high technology park** *n* Hochtechnologiezentrum (n); **high-temperature reactor (HTR)** *n* Hochtemperaturreaktor (m); **high-temperature water** *n* Heißwasser (n); **high tension** *n* Hochspannung (f); **high tide** *n* Hochwasser (n); **high volatility commercial real estate (HVCRE)** *n* hochspekulative gewerbliche Immobilienprojektentwicklung (f); **high-voltage cable** *n* Hochspannungskabel (n); **high-voltage wire** *n* Hochspannungsleitung (f); **high-water mark** *n* Hochwassermarke (f); **high-yield** *adj Fin* ertragreich, ertragsstark; hochverzinslich; risikoreich

higher administrative court *n* Verwaltungsgerichtshof (m)

highest and best use (HBU) *n Val* wirtschaftlich optimale Nutzung (f) für ein Grundstück; rechtlich mögliche und physisch umsetzbare Nutzung, die den höchsten Marktwert für ein bestimmtes Grundstück generiert; **highest efficiency** *n* bester Nutzwert (m); *Syn.: best use value*

highlight *n* Besonderheit (f)

highly flexible grid *n* hochflexibles Raster (n)

highway *n* Autobahn (f), Schnellstraße (f); Landstraße (f); **highway network** *n* Straßennetz (n); **highways agreement** *n Plan (GB)* Vereinbarung zwischen mehreren Gemeinden über gemeinsame Durchführung von Straßenbau- und -instandhaltungsmaßnahmen; auch: Bedingung für eine Baugenehmigung, z.B. dass der Entwickler notwendige Straßenbaumaßnahmen durchführt; → planning agreement

hinge *n* Türangel (f)

hinges *n/pl* Bänder (npl)

hinterland *n* (city, port) Einzugsbereich (m), Einzugsgebiet (n), Hinterland (n), Umland (n); *Syn.: back country; outback (in Australia); upstate; interior; tributary territory*

hip *n* Walm (m); **hip rafter** *n* Walmsparren (m); **hip roof** *n* Walmdach (n); *Syn.: hipped roof*; **hip tile** *n* Firstziegel (m)

HIP → Home Information Pack

hire *v/t* mieten; *Syn.: rent*; **hire out** *(US)* vermieten, verpachten

hire charge *n (GB)* Mietpreis (m)

hire-purchase *n* Mietkauf (m); Ratenkauf (m)

hiring interview *n (US)* Bewerbungsgespräch (n)

histogramm *n* Histogramm (n)

historic *adj* historisch; **historic area** *n* historisches Gelände (n); **historic building** *n* Baudenkmal (n); **historic core** *n* Stadtkern (m), historische Stadtmitte (f), Altstadt (f); **historic cost** *n Val* → historical cost; **historic district** *n Plan (US)* von der Regierung ausgewiesenes Gebiet von historischer Bedeutung; mit Gewährung von Steuervorteilen für Sanierung und Konservierung; **historic monument** *n* Baudenkmal (n), denkmalgeschütztes Grundstück (n); **historic properties** *n/pl* historische Objekte (npl), Denkmäler (npl); **historic structure** *n Plan, Tax (US)* denkmalgeschütztes Objekt (n); *Syn.: certified historic structure*; **Historic Houses Association (HHA)** *Org (GB)* Verein zur Beratung und Unterstützung von Besitzern und Mietern historischer Wohnimmobilien

historical *adj* historisch, geschichtlich; **historical age** *n* → actual age; **historical cost** *n* (historische) Anschaffungs- oder Herstellungskosten (pl), Ist-Kosten der Vergangenheit (pl), ursprüngliche Anschaffungskosten (pl); **historical cost accounting** *n Fin* Bewertung (f) zu Anschaffungskosten; (Rechnungswesen); **historical cost method** *n* Anschaffungskostenprinzip (n)

hi-tech building *n* Hi-Tech-Gebäude (n); *Syn.: high-technology building*

HO → head office

HOA *Org* → Homeowners' Association
hoarding *n ArCo* Bauzaun (m); Reklamewand (f)
hobby *n* Liebhaberei (f), Freizeitbeschäftigung (f); **hobby farming** *n* landwirtschaftliche Nebenerwerbsstelle (f), Nebenerwerbsbetrieb (m), Nebenerwerbslandwirtschaft (f)
HOI *Econ* → Housing Opportunity Index
hoist *n ArCo* Bauaufzug (m); Winde (f)
hold *n Law* Handhabe (f)
hold *v/t* halten; **hold one's own** sich behaupten; **hold over** *Law* vertagen, verschieben; Mietsache nicht zurückverlangen, Nutzung der Mietsache trotz Auslaufen des Vertrags weiterhin dulden
holdback *n Fin (US)* einbehaltene Garantiesumme (f), Zurückbehaltung (f), Einbehaltung (f); Anteil eines Darlehens oder Bauvertragssumme, der bzw. die zurückbehalten werden kann, bis ein vereinbartes Ereignis eintritt, z.B. Vermietung eines Teils des Objektes oder Vollendung der Bauarbeiten; *Syn.: retention (GB)*
holder *n* Inhaber (m); **holder in due course** *n Fin, Law* rechtmäßiger Inhaber (m)
hold-harmless clause *n Law (US)* Freizeichnungsklausel (f), Schadloshaltungsklausel (f); vertraglicher Haftungsausschluss; *Syn.: exemption from liability clause; liability exemption clause; saving clause; memorandum clause*
holding *n Law* Besitz (m), Pachtgut (n); insbesondere bei landwirtschaftlichen Objekten (agricultural holding)
holding agreement *n Law (US)* Vereinbarung, einen Mietvertrag z.B. erst am Tag des Einzugs zu unterzeichnen; Treuhandvertrag, bei dem der Treuhänder das Eigentum lediglich hält und nicht aktiv verwaltet; **holding company** *n* Dachgesellschaft (f), Holdinggesellschaft (f); Muttergesellschaft (f); Beteiligungsgesellschaft (f); **holding costs** *n/pl Fin* → carrying costs; **holding escrow** *n Law (US)* verlängerte Hinterlegung (f); durch den Treuhänder; um Vertragserfüllung durch eine oder mehrere Parteien zu gewährleisten; **holding period** *n Fin, Tax* Haltedauer (f), Haltefrist (f); (Switzerland) Eigentumsdauer (f)
holding (of a case) *n Law* Gerichtsentscheid (m)
holding out *n Law* sich als z.B. Gesellschafter ausgeben; → ostensible authority
holding over *n Law* Inbesitzhalten (n) nach Vertragsablauf; Beschreibung der Umstände nach Auslauf eines Miet- oder Pachtvertrags, wenn der Mieter im Objekt bleibt und weiterhin Mietzahlungen leistet, die der Vermieter stillschweigend annimmt
holdout *n Law (US)* Verhandlungstaktik: Verweigerung eines Verhandlungspartners zuzustimmen, in der Hoffnung, einen besseren Abschluss machen zu können
hold over *n Law* → holding over; **holdover tenancy** *n* verbleibendes Besitzrecht (n) nach Beendigung des Miet- bzw. Pachtverhältnises (n)
hold-up *n (GB)* Verzögerung (f), Stockung (f); Verkehrsstau (m)
holiday *n* Feiertag (m), Urlaub (m) (GB); **holiday cottage** *n* Ferienhaus (n); *Syn.: holiday bungalow*; **holiday flat** *n* Ferienwohnung (f); **holiday let (or letting)** *n Mkt* kurzfristige Vermietung von Wohnungen oder Häusern für Urlaubszwecke; z.B. Ferienwohnungen
hollow *v/t* aushöhlen
hollow *adj* hohl; **hollow block** *n* Hohlblockstein (m); **hollow brick** *n* Hohlziegel (m); **hollow concrete block** *n* Hohlblock (m); **hollow-core plank** *n* Hohldiele (f); **hollow girder** *n* Hohlträger (m), Kastenträger (m)
holograph *n Law* eigenhändig geschriebenes Dokument (n); z.B. ein handschriftliches Testament; **holographic will** *n Law* eigenhändig geschriebenes Testament (n); bedeutet normalerweise: nicht von Zeugen bestätigt; daher unter Umständen in manchen Staaten ungültig
home *n* Haus (n), Wohnstätte (f); Eigenheim (n); **home for the aged** *n* Altenwohnheim (n), Altersheim (n)
home address *n* Privatanschrift (f); **home automation** *n* Hausautomation (f); **home automation system** *n* Hausautomationssystem (n); **home building** *n (US)* Wohnungsbau (m); **home building and loan association** *n* Bausparkasse (f); **home buyer** *n* Eigenheimkäufer (m); **Home Condition Report** *n* Bericht über den Zustand eines Wohnhauses; Bestandteil des → Home Information Pack geplant; **home**

country *n* Heimatland (n); **home equity** *n* Wert eines Wohnhauses nach Abzug von Verbindlichkeiten; **home equity conversion mortgage (HECM)** *n Fin* einzige von der Federal Housing Administration unterstützte → reverse annuity mortgage; **home equity loan** *n* Eigenheimdarlehen (n) auf 2. Hypothek, zweitrangiges Hypothekendarlehen (n); **home financing** *n* Wohnungsbaufinanzierung (f); **home improvement center** *n (US)* Baumarkt (m), Heimwerkermarkt (m); **home improvement grant** *n* Zuschuss (m) zu Eigenheiminvestitionen, Renovierungszuschuss (m); **home improvement loan** *n Fin* Renovierungsdarlehen (n); **Home Information Pack (HIP)** *n* (England and Wales) Informationsmappe mit Unterlagen über eine Wohnimmobilie, die bei ihrer Vermarktung vorhanden sein muss; sie enthält u.a. ein → Energy Performance Certificate, → local authority searches, Grundbuchdaten, Garantien, → Property Information Questionnaire; bei → leasehold- oder → commonhold-Immobilien eine Kopie des Pacht-/Erbbauvertrages; **home industry** *n* inländische Wirtschaft (f); **home inspector** *n* Gutachter, der den baulichen Zustand eines Hauses inkl. Wasserleitungen etc. beurteilt

homeless *adj* obdachlos; **homelessness** *n* Obdachlosigkeit (f)

home loan *n Fin* Wohnungsbaudarlehen (n); **home loss** *n* Verlust (m) des Eigenheims (z.B. durch Enteignung); **home loss payment** *n Law (GB)* Sonderschadenersatzzahlung (nach 1.4.1990 £1500) für Mieter, die ihre Wohnstätten durch Enteignungsmaßnahmen verloren haben; **homelot** *n (US)* Grundstück eines Landwirtschaftsbetriebs; hauptsächlich für Wohnzwecke genutzt

home mortgage *n* Eigenheimhypothek (f), Haushypothek (f); **Home Mortgage Disclosure Act (HMDA)** *n (US)* Der HMDA wurde 1975 vom US-amerikanischen Kongress verabschiedet und erfordert, dass Kredit gewährende Institutionen über ihre Darlehensvergabe Bericht an das → FFIEC (Financial Institutions Examination Council) erstatten, um u.a. Diskriminierung bei der Vergabe der Darlehen zu verhindern

Home Office *n (GB)* Innenministerium (n)

homeowner *n* Hauseigentümer (m); Hausbesitzer (m); **Homeowners' Association (HOA)** *Org (US)* Verein (m) der Hauseigentümer; Wohnungseigentümergemeinschaft (f); **homeownership** *n* Eigenheimbesitz (m), Wohneigentum (n); *Syn.: homeownership (US)*; **homeownership rate** *n Econ* Wohneigentumsquote (f); *Syn.: proportion of owner-occupied housing*; **homeowner's insurance** *n* umfassende Immobilienversicherung (f); **homeowner's policy** *n (US)* umfangreiches Versicherungspaket (n) für Hausbesitzer; **homeowners' warranty program (HOW)** *n Mkt (US)* von Maklern beim Kauf angebotene Mängelgewährleistung (f)

home port *n* Heimathafen (m); **Home Report** *n (Scot.)* Informationsmappe mit Unterlagen über eine Wohnimmobilie, die bei ihrer Vermarktung vorhanden sein muss; sie enthält u.a. einen → Survey Report inkl. Energieausweis und ein Property Information Questionnaire; *Syn.: seller's pack*; → Home Information Pack; **home state** *n* Heimatstaat (m)

homestead *n* Eigenheim (n) mit Garten; Eigenheimgrundstück (n); **homestead area** *n* Kleinsiedlungsgebiet (n); **homestead exemption** *n Tax (US)* Steuerbefreiung (f) für Eigenheim; **homestead right** *n* Eigennutzungsrecht (n)

home town *n* Heimatstadt (f)

homogeneous *adj* homogen, gleichwertig

homologation *n* Genehmigung (f), Zulassung (f); Freigabe (f); Abnahme (f)

honeycomb *n* Wabe (f); **honeycomb core** *n* Wabenkern (m); **honeycomb structure** *n* Wabenstruktur (f); **honeycomb wall** *n* Blendmauer (f)

honorarium *n* Honorar (n)

honorary *adj (US)* ehrenamtlich; **honorary public official** *n* Ehrenbeamter (m)

honour *n* Ehre (m)

hood *n ArCo* Wetterschutzdach (n)

hope value *n Val, Dev* Erwartungswert (m); Wert eines Grundstücks, der auf Grund der Aussicht auf die Ausweisung als Bauland über den → existing use value als Agrarland hinausgeht; auch unter anderen Umständen, z.B. bei Erwartung, dass Umbau oder Nutzungsänderung eines Objekts eventuell genehmigt wird

h

hopper hung *n ArCo* Kippflügel (m); **hopper window** *n ArCo* Kippflügelfenster (n), horizontales Kippfenster (n)

horizontal *adj* horizontal, waag(e)recht; **horizontal lease** *n Law* Mietvertrag (m), der eine Beteiligung des Vermieters am Cashflow des Mieters vorsieht; **horizontal property act** *n Law (US)* Gesetze, die Wohneigentum (→ condominium) mit ihrer waagerechten Eigentumsverteilung rechtlich anerkennen; **horizontal-slice participation** *Fin* → top-slice participation

Horn principle *n Law (GB)* Schadenersatzansprüche für → disturbance müssen im Einklang mit der Entschädigung für das Grundstück stehen; die Bezeichnung beruht auf dem Rechtsstreit Horn v Sunderland Corporation (1987)

horse riding area *n* Reitanlage (f)

horseshoe bend residential development *n ArCo* hufeisenförmige Wohnimmobilienentwicklung (f)

horticulture *n* Gartenbau (m); Gartenbaukunst (f); **horticulture gardening** *n* Gartenbaugestaltung (f)

hose connection *n* Schlauchanschluss (m)

Hoskold factor *n Fin, Val (US)* Vervielfältiger für Rentenbarwert; basiert auf einem (niedrigen) sicheren Zinssatz für die Reinvestition des Kapitalrückflusses. Ursprünglich für die Schätzung von Schürf- und Abbaukonzessionen, jetzt auch für zeitbefristete Immobilien wie → leasehold interests angewendet. Die → dual rate method basiert auf einer ähnlichen Theorie; *Syn.: Hoskold coefficient*; → Inwood factor

hospital *n* Klinik (f), Krankenhaus (n)

hostel *n* Jugendherberge (f); Wohnheim (n)

hostile possession *n Law* widerrechtlicher Besitz (m); Besitz einer Immobilie mit Erhebung des Anspruchs auf Eigentum gegen jeden, einschließlich den eingetragenen Besitzer; möglicher Schritt, Eigentum durch → adverse possession zu erwerben

hot air heating *n* Warmluftheizung (f); **hot air heating system** *n ArCo* Heißluftheizung (f), Heißluftheizungsanlage (f), Luftheizungsanlage (f); **hot air turbine** *n* Heißluftturbine (f)

hot area (of a market) *n* gewinnbringender Teil (m) eines Marktes; **hot asphalt** *n* Heißbitumen (n); **hot or cold application** *n* Heiß- oder Kaltauftrag (m); **hot part** *n* Heißteil (m)

hot-tarred *adj* heiß geteert

hot water *n* Warmwasser (n); **hot water accumulator** *n* Heißwasserspeicher (m), Warmwasserspeicher (m); *Syn.: hotwater tank*; **hot water boiler** *n* Warmwasserkessel (m); **hot water circulation system** *n* Warmwasserzirkulationsnetz (n); **hot water dispenser** *n* Warmwasserbereiter (m); **hot water heating system** *n* Warmwasserheizung (f); Warmwasserheizungsanlage (f); **hot water network** *n* Heißwassernetz (n); **hot water pipe** *n* Warmwasserleitung (f); **hot water reservoir** *n* Heißwasserspeicher (m); **hot water storage heater** *n* Warmwasserspeichergerät (n); *Syn.: hot water tank*; **hot water supply** *n* Warmwasserversorgung (f); **hot water system** *n* Warmwasserinstallation (f); **hot water tank** *n* Warmwasserspeicher (m); **hot water technology** *n* Heißwassertechnik (f)

hotchpot *n Law (US)* Sammeln und Mischen von Vermögen (bar, Immobilien, Wertpapier usw.), um z.B. eine angemessene(re) Erbteilung (Erbauseinandersetzung) zu erzielen, besonders im Fall eines fehlenden Testaments

hotel *n* Hotel (n); Gasthof (m); **hotel and catering trade** *n* Gaststättengewerbe (n); **hotel and restaurant industry** *n* Hotel- und Gaststättengewerbe (n)
hotel chain *n* Hotelkette (f); **hotel expenses** *n/pl* Übernachtungskosten (pl); **hotel financing** *n* Hotelfinanzierung (f); **hotel operator** *n* Hotelbetreiber (m); **hotel revenue** *n* Einnahmen (fpl) des Hotels, Hoteleinnahmen (fpl)

hotelier *n* Hotelier (m), Hotelbesitzer (m)

hours of availability *n/pl* Verfügbarkeitsstunden (fpl); **hours of operation** *n/pl* Betriebsstunden (fpl); **hour of repair** *n* Reparaturstunde (f); **hour of standby** *n* Bereitschaftsstunde (f)

hourly-rate basis *n* Stundenlohnbasis (f)

house *n* Haus (n), Eigenheim (n), Wohnhaus (n), Wohngebäude (n), Anwesen (n); **house agent** *n* Grundstücksmakler (m), Immobilienmakler (m); **houseboat** *n*

h

Hausboot (n); **housebote** *n Law* → estovers; **house-building loan** *n* Wohnungsbaudarlehen (n); **house connection** *n* Hausanschluss (m); **house drainage** *n* Hausentwässerung (f); **house duty** *n (obsol.)* Gebäudesteuer (f); *Syn.: habitation tax*

household *n* Haushalt (m); **householder's comprehensive insurance** *n* → homeowner's insurance; **household formation** *n Econ* Haushaltsgründung (f); **household growth** *n Econ* Haushaltswachstum (n); **household mobility** *n Econ* Haushaltsmobilität (f); **household waste** *n* Hausmüll (m)

h

house-hunting *n* Wohnungssuche (f); **house improvements** *n* Wohnhausmodernisierung (f); **House of Lords** *n Law (GB)* Oberhaus des britischen Parlaments; u.a. letztinstanzliches Berufungsgericht für GB und viele Staaten des Britischen Staatenverbands, oberstes britisches Gericht; **house price index** *n* Haus-Preisindex; Index der Veränderungen in Wohnimmobilien- (und ggf. Grundstücks)preisen; **house rules** *n/pl* Hausordnung (f); **house service connection** *n* Hausanschluss (m), Hausanschlussleitung (f); **house substation** *n* Hausstation (f)

housed string *n* Wange (f) mit eingestemmten Stufen

housekeeping *n ArCo* Ordnung auf einer Baustelle; (management) Haushaltsführung (f); (allowance) Haushalt(sgeld) (n)

housing *n* Unterbringung (f), Unterkunft (f), Nische (f); Wohnungsbau (m), Wohnungswesen (n); **Housing Act** *n (GB)* Wohnungs(bau)gesetz (n); **housing action area** *n Plan (GB)* zur Sanierung ausgewiesenes Wohngebiet (n); **housing administration** *n* Wohnungsamt (n); **housing affordability** *n Econ* Indikator für die Erschwinglichkeit von Wohneigentum; misst den Anteil der Bevölkerung, der sich Wohneigentum leisten kann, auf Basis des durchschnittlichen Einkommens und der durchschnittlichen Preise für Eigenheime; **housing allocation** *n* Wohnungszuweisung (f); **housing allowance** *n* Mietzuschuss (m), Wohngeld (n); **housing assistance** *n* Wohngeld (n); **housing association** *n (GB)* Wohnungsgenossenschaft (f); **housing authority** *n* Wohnungsbaubehörde (f); Wohnungsverwaltung (f); **housing benefit** *n (GB)* Wohngeld (n); **housing code** *n Plan (US)* Verordnung über Mindeststandards für bereits existierende Wohngebäude; **housing company** *n* Wohnungsunternehmen (n); **housing conditions** *n/pl* Wohnungsbedingungen (fpl), Wohnungsverhältnisse (npl), Wohnverhältnisse (npl); **housing construction** *n* Wohnungsbau (m); **housing control** *n* Wohnungsbewirtschaftung (f), Wohnungszwangswirtschaft (f); **housing co-operative** *n (GB)* Wohnungsbaugenossenschaft (f); **housing corporation** *n* Aufsichtsbehörde (f) für Bausparkassen und Wohnungsbaugesellschaften; **housing credit** *n* Wohnungskredit (m); **housing demand** *n Econ* Wohnungsnachfrage (f); **housing density** *n* → residential density; **housing development** *n* Wohnanlage (f), Wohnkomplex (m); i.d.R. unter einheitlichem Management; *Syn.: housing estate*; **housing disrepair** *n* Instandsetzungsbedürftigkeit (f) von Wohnhäusern; **housing duty** *n* Wohnungsbeschaffungspflicht (f); **housing estate** *n* Wohnkomplex (m), Wohnanlage (f); Wohnviertel (n), Wohnsiedlung (f); einheitliche Entwicklung und Realisierung, i.d.R. durch ein Bauunternehmen; **housing facilities** *n/pl* Wohnmöglichkeiten (fpl); **housing finance** *n* Wohnungsbaufinanzierung (f); **housing finance institution** *n* Wohnungsbaukreditanstalt (f); **housing industry** *n* Wohnungswirtschaft (f); *Syn.: residential trade and industry*; **housing laws** *n/pl* Wohnungsbaugesetze (npl); **housing list** *n* Mietervormerkliste (f); **housing loan** *n* Wohnungsbaukredit (m); Wohnungsbaudarlehen (n); **housing market** *n* Wohnungsmarkt (m); **housing office** *n* Wohnungsamt (n); **Housing Opportunity Index (HOI)** *Econ (US)* Index, der die regionale Erschwinglichkeit von Wohneigentum misst; **housing problem** *n* Wohnungsproblem (n); **housing project** *n* Wohnsiedlungsplan (m); **housing requirements** *n/pl* Wohnraumbedarf (m), Wohnungsbedarf (m); **housing right** *n* Wohnungsrecht (n); **housing scheme** *n* Wohnsiedlungsplan (m); **housing settlement** *n* Wohnsiedlung (f); **housing shortage** *n* Wohnungsmangel (m); Wohnungsnot (f); **housing society** *n* Wohnungsbaugesellschaft (f); **housing start** *n* Baubeginn (m), Wohnungsneubaubeginn (m); **housing starts** *n/pl* Schätzung der Anzahl der in einer bestimmten Periode begonnenen Wohnungsbauentwicklungen; **housing stock** *n PfoMgt* Wohnungsbestand (m); **housing subsidy** *n* Wohnungsbauförderung (f); **housing trust** *n* Wohnungsgenossenschaft (f); **housing unit** *n* Wohneinheit (f)

HOW *Mkt (US)* → homeowners' warranty program

HPDL *n ArCo* → High Pressure Decorative Laminate

HUD *Org (US)* → Department of Housing and Urban Development

HUD-1 form *Fin, Law* → uniform settlement statement

humidifier *n* Luftbefeuchter (m)

humidity *n* Luftfeuchtigkeit (f); **humidity indicator** *n* Feuchteindikator (m); **humidity penetration** *n* Durchfeuchtung (f)

hundred-percent commission *n Mkt* → one hundred percent commission

hundred per cent location (of a building) *n Val, Ret* beste Lage (f); 1a-Lage (f); zentrale Einzelhandelslage; optimaler Ort für ein Geschäft gemessen am Ertrag pro Flächeneinheit; *Syn.: one hundred percent location*

hunting right *n* Jagdrecht (n)

hurdle rate *n Val* erwartete Mindestrendite (f); Mindestverzinsung (als Vorgabe bei einem Investitionsprojekt)

husbandlike manner *n Law (GB)* pflegliches, rücksichtsvolles und fachkundiges Verhalten; typ. Anforderung in Pachtverträgen für landwirtschaftliche Objekte; *Syn.: tenantlike manner*

husbandry *n* Landwirtschaft (f); Ackerbau (f)

hut *n* Bude (f), Hütte (f)

HVAC *ArCo* → heating, ventilation and air-conditioning systems

hybrid instrument *n Fin* hybrides Finanzierungsinstrument (n)

hybrid lease *n* **1.** Mietvertragsverhältnis, bei dem der Mieter für einen Anteil der Bewirtschaftungskosten aufkommt (US: net lease); **2.** landwirtschaftlicher Pachtvertrag, nach dem ein Teil der Miete in bar und der andere in Naturalien (sharecropping) entrichtet wird; **3.** spezielle Mietvertragsstruktur, um off-balance-sheet funding zu ermöglichen

hybrid REIT *Fin* hybrider REIT (m), gemischter REIT (m); Mischform zwischen → equity REIT und → mortgage REIT; → real estate investment trust

hydration heat *n* Abbindewärme (f) (Beton)

hydraulic *adj* hydraulisch; **hydraulic damper** *n* hydraulische Dämpfung (f); **hydraulic engineering project** *n* Wasserbauprojekt (n); **hydraulic thrust** *n* Wasserdruck (m); **hydraulic transmitter** *n* hydraulischer Geber (m)

hydrazine *n* Hydrazinn (m)

hydrocarbon *n* Kohlenwasserstoff (m)

hydroelectricity *n* Wasserkraft (f)

hydroelectric power *n* Wasserkraft (f)

hydronic system *n ArCo (US)* Warmwasserheizung (f)

hyperinflation *n* Hyperinflation (f)

hyperinflationary economies *n/pl* Hochinflationsländer (npl)

hypermarket *n* Verbrauchermarkt (m) (in GB und Irland ab 2.323 m^2); SB-Warenhaus (n)

hypothec *n Law (sco.)* unausgesprochen enthaltene Sicherheit, Recht oder Anspruch auf das Vermögen von anderen, z.B. eines Gläubigers auf den Besitz seines Schuldners oder eines Verpächter auf die Saaten seines Pächters als Sicherheit für die Pachtzahlung

hypothecary *adj* pfandrechtlich, hypothekarisch

hypothecate *v/t Law* verpfänden, hypothekarisch belasten; *Syn.: mortgage, pledge*

hypothecation *n Law* Verpfändung (f)

hypothesize *v/t* annehmen, voraussetzen

hypothetical tenancy *n Law (GB)* hypothetisches Mietverhältnis (n); unterliegt der Definition des net annual value (Jahrespacht) für commercial rates (Grundsteuer); **hypothetical use** *n Law* hypothetische Nutzung (f)

I

IAAO *Org* → International Association of Assessing Officers
IAAS *Org (GB)* → Incorporated Association of Architects and Surveyors
IAS *Fin* → International Accounting Standards
IASB *Org* → International Accounting Standards Board
IBA *Tax* → industrial building allowance
ICSC *Org* → International Council of Shopping Centers
identifiability *n* Abgrenzbarkeit (f)
identification *n* Ausweisung (f), Identifikation (f), Bestimmung (f)
identifying *n* Ausweisung (f), Identifizierung (f)
identity *n* Identität (f); **identity card** *n* Ausweis (m)
idiosyncratical *adj* eigenständig, idiosynkratisch
idle *adj* faul, unnütz; **idle assets** *n/pl* ungenutztes Betriebsvermögen (n); **idle land** *n* unbebautes Grundstück (n); **idle money** *n* inaktives Geld (n); **idle plant** *n* stillliegende Anlagen (fpl)
idling capacity *n* Leerlaufleistung (f)
IEA *Org* → International Energy Agency
IFMA *Org* → International Facility Management Association
IFRS *Fin* → International Financial Reporting Standards
ignorance *n* Nichtkenntnis (f), Ignoranz (f)
IISA *Law* → International Investment Survey Act
illegal *adj* gesetzwidrig; **illegal contract** *n Law* rechtswidriger Vertrag (m); **illegal employment** *n* illegale Beschäftigung (f); **illegal strike** *n* illegaler Streik (m)
illiquid *adj* illiquide, insolvent, zahlungsunfähig; **illiquid assets** *n/pl Fin* illiquide Aktiva (pl)
illiquidity *n Fin* Zahlungsunfähigkeit (f), Illiquidität (f)
illuminated *adj* beleuchtet; **illuminated ceiling** *n* Leuchtdecke (f)
illumination *n* Beleuchtung (f); Lichtstärke (f)
illustration *n* Abbildung (f)
image *n* Abbild (n), Abbildung (f); **image building** *n* Imagepflege (f); **image consultant** *n* Image-Berater (m); **image research** *n* Imageforschung (f)
imaginary *adj* imaginär; **imaginary number** *n math* imaginäre Zahl (f); **imaginary part** *n math* Imaginärteil (m); **imaginary profit** *n* imaginärer Gewinn (m); **imaginary quantity** *n* imaginäre Anzahl (f)
imitation marble *n* Kunstmarmor (m)
immaterial *adj* geringfügig, unbedeutend, unwesentlich; **immaterial damage** *n* immaterieller Schaden (m)
immediate *adj* unmittelbar; **immediate annuity** *n* sofortige Rente (f); **immediate landlord** *n Law* unmittelbarer Vermieter (m); **immediate possession** *n Mkt* sofortiger Bezug (m)
immission *n* Immission (f), Luftverschmutzung (f), Luftverunreinigung (f)
immovable *adj* immobil, unbeweglich; unveränderlich; **immovable property** *n* Grundvermögen (n), Immobilie(n) (f)
immovables *n/pl* Immobilien (fpl); unbewegliche Güter (npl)
impact *n* Anprall (m), Auswirkung (f), Schlag (m), Wirkung (f); **impact analysis** *n* Auswirkungsanalyse (f); **impact fees** *n/pl Plan, Dev (US)* eine kommunale Abgabe für Schulen, Grünflächen und andere Anlagen, die Entwickler von Wohnimmobilien zu leisten haben; *Syn.: development impact fee(s)*; **impact noise** *n* Trittschall (m); **impact noise insulation** *n* Trittschalldämmung (f)
impair *v/t* beeinträchtigen, schaden; **impair competition** Wettbewerb beschränken
impairment *n* Wertminderung (f), Wertverlust (m); **impairment of value** *n* Wertminderung (f)
impairment loss recognised *n* außerplanmäßige Abschreibung (f), Wertminderungsaufwand (m); **impairment loss reversed** *n* (IAS) Zuschreibung (f)
imparity principle *n* Imparitätsprinzip (n)
impartiality *n* Unparteilichkeit (f), Unvoreingenommenheit (f)
impeachment for waste *n Law* Schaden(s)ersatzhaftung (f), Haftung (f) für Schä-

den; Haftung eines lebenslänglichen Nießbrauchers für Wertminderung der Liegenschaft; *Syn.: liability for damages (to a settled estate)*; → waste
impeccable *adj* einwandfrei
impedance *n* Scheinwiderstand (m), Wechselstromwiderstand (m)
impeller *n* Flügelrad (n)
impenetrable *adj* undurchdringbar
imperfect trust *n Law (GB)* → executory trust
Imperial System of Measurement *n* britisches Maßsystem; in Großbritannien, den Commonwealth-Staaten und den früheren Kolonien, auch in den USA gebräuchlich; die Längenmaße sind inch, foot, yard und mile; *Syn.: English system, British system; Ant.: metric system, International System of Units*
impermeability *n* Undurchlässigkeit (f)
impermeable *adj* (wasser)undurchlässig; **impermeable soil** *n* undurchlässiger Boden (m)
impervious *adj* undurchlässig
impetus *n* Antrieb (m), Auftrieb (m), Impuls (m)
implement *v/t* realisieren
implementation *n* Ausführung (f), Durchführung (f), Implementierung (f), Realisierung (f); **implementation regulations** *n* Ausführungsbestimmungen (fpl)
implication *n* Implikation (f)
implied *adj* impliziert, vorausgesetzt; **implied agency** *n Law* stillschweigend erteilte Vollmacht (f); **implied authority** *n Law* implizierte Vollmacht (f), stillschweigende Vollmacht (f); → actual authority; **implied contract** *n Law* stillschweigender Vertrag (m); durch konkludentes Verhalten geschlossener Vertrag, sich aus den Umständen ergebender Vertrag; ungeschriebener Vertrag, der unter → Common Law auf dem Verhalten der Parteien basiert; **implied covenant** *n Law* stillschweigende Vereinbarung (f); **implied easement** *Law* → easement by implied grant; **implied growth rate** *n* implizierte Wachstumsrate (f), unterstellte Wachstumsrate (f); **implied income** *n* implizierte Einnahme (f); mutmaßlicher Ertrag (m); **implied notice** *Law* → constructive notice; **implied warranty** *n* gesetzliche Gewährleistung (f); stillschweigende Zusicherung (f); Mängelfreiheit wird stillschweigend zugesichert
imply *v/t* einschließen, beinhalten; implizieren; voraussetzen; zur Folge haben
import *n* Import (m); **import bill** *n* Importvolumen (n); **import business** *n* Importwirtschaft (f); **import credit** *n* Importkredit (m); **import department** *n* Importabteilung (f); **import duty** *n* Abschöpfung (f), Importabgabe (f); **import financing** *n* Importfinanzierung (f); **import letter of credit** *n* Importakkreditiv (n); **import license** *n* Importlizenz (f); **import requirements** *n/pl* Importbedarf (m); **import trade** *n* Importhandel (m)
import *v/t* importieren; **imported deflation** *n* importierte Deflation (f); **imported goods** *n/pl* Importgüter (npl); **imported inflation** *n* importierte Inflation (f); **imported input** *n* importierte Vorleistungen (fpl); **imported materials** *n/pl* Importgüter (npl); **imported merchandise** *n* Importware (f)
importation *n* Import (m)
importer *n* Importeur (m)
importing country *n* Importland (n)
impose *v/t* auferlegen, aufbürden, verhängen; **impose conditions** Bedingungen auferlegen
imposed loads *n/pl* Belastungsfälle (mpl), wichtige Nutzlasten (fpl)
impound account *n Fin* beschlagnahmtes Konto (n)
impracticable *adj* nicht praktikabel, nicht mit vertretbarem Aufwand bestimmbar
imprescriptible *adj* unveräußerlich
imprest account *n Fin* Vorschusskonto (n)
improbable *adj* unwahrscheinlich
improper *adj* unangebracht, unpassend, unzulässig
improve *v/t* verbessern, ausbauen; **improved (development) area** *n* saniertes Baugebiet (n); **improved land area (for development)** *n Dev (US)* erschlossene Fläche (f), erschlossenes Bauland (n); **improved piece of land** *n Dev (US)* baureifes Grundstück (n), baureifes Land (n); *Syn.: improved lot*; **improved real property** *n (US)* bebautes Grundstück (n); **improved rent** *n* Miete, die für eine durch den Vermieter vorgenommene Verbesserung der Mietsache zu entrichten ist, insbesondere wenn die Gesamtmiete die Marktmiete

übersteigt; **improved site** *n* erschlossenes Gelände (n); **improved value** *n (US)* der Wert einer Immobilien unter Berücksichtigung aller baulichen Anlagen

improvement *n* Verbesserung (f), Aufwertung (f), Substanzaufwertung (f); US: Wertsteigerung einer Immobilie durch Nutzungsänderung oder Erweiterung (dauerhaft); auch: Erschließung (f) (eines Grundstücks); *Syn.: land improvement*; → overimprovement; underimprovement; **improvement in service** *n* Servicebesserung (f); **improvement of land** *n Dev (US)* Erschließung (f) von Bauland (n); *Syn.: development of land (GB)*

improvement area *n* Sanierungsgebiet (n); **improvement expenditure** *n* Baureifmachungskosten (pl), Erschließungsaufwand (m); **improvement grant** *n (GB)* Renovierungszuschuss (m); staatliche Förderung für die Instandsetzung von Wohnimmobilien; **improvement line** *n Plan* Ausbaulinie (f); Ausbaubegrenzungslinie (f); *Syn.: building line*; **improvement notice** *n ArCo, Law* Bescheid der Wohnungsbaubehörde zur Verbesserung eines Wohnhauses bzw. zur Errichtung eines Mindest-Wohnkomforts; auch: Bescheid zur Erreichung eines Mindeststandards für die Arbeitsplatzsicherheit; → improvement area; prohibition notice; **improvement ratio** *n Val, Econ (US)* Verhältnis zwischen dem Wert der → improvements einer Immobilie und dem Wert ohne solche Verbesserungen

improvements *n/pl (US)* Grundstückseinrichtungen (fpl), Um- und Einbauten (pl); auch: wertsteigernde Maßnahmen (fpl); jede Art von wertsteigernder Maßnahme in Bezug auf ein Grundstück; schließt sämtliche Bestandteile des Grundstücks ein, d.h. sowohl das Gebäude als auch Straßenbefestigung, Einzäunung, Grünflächengestaltung etc.; **improvements and betterments** *n/pl* vom Mieter bezahlte Verbesserungen (Modernisierung, bauliche Veränderung etc.) der Mietsache

impurity *n* Verunreinigung (f)

imputation *n* Anrechnung (f); Unterstellung (f), Beschuldigung (f); **imputation credit** *n* → tax credit; **imputation system** *n* Anrechnungsverfahren (n); **imputation tax (system)** *n Tax* Vorauszahlung der Körperschaftsteuer auf ausgeschüttete Dividenden; Investoren erhalten mit der Auszahlung eine Steuergutschrift

imputed *adj* kalkulatorisch; **imputed depreciation** *n* kalkulatorische Abschreibung (f); **imputed interest** *n Fin* kalkulatorische Zinsen (mpl); zugerechnete Zinsen (mpl); **imputed knowledge** *n Law* unterstellte Kenntnis (f); Kennenmüssen (n); **imputed notice** *n Law* zurechenbare Kenntnis (f); **imputed value** *n Fin, Val* fiktiver Wert (m), veranschlagter Wert (m), unterstellter Wert (m)

inability to pay *n* Insolvenz (f), Zahlungsunfähigkeit (f)

inadvertent *adj* versehentlich, unachtsam, unaufmerksam

inalienable *adj Law* unveräußerlich; **inalienable right** *n* unabdingbares Recht (n)

incentive *n* Anreiz (m); **incentives** *n/pl Mkt* Mietanreize (mpl); Zugeständnisse, die von Vermieter gemacht werden, um den Mieter zum Vertragsabschluss zu bewegen; häufig werden als Anreize mietfreie Perioden und fitouts (Ausbau) angeboten; *Syn.: rental incentives*

incentive fee *n* ergebnisabhängige Vergütung (f); *Syn.: contingency fee*; **incentive zoning** *n (US)* flexible Flächennutzungsplanung, die es erlaubt, dem Grundstückseigentümer Anreize zu geben, politisch gewollte Maßnahmen im Rahmen seiner Projektentwicklung durchzuführen; als Gegenleistung wird höhere Bebauungsdichte, beschleunigte Baugenehmigung o.Ä. angeboten; *Syn.: bonus zoning*

inch (in.) *n* Zoll (m) = 25,4 mm

inchoate *adj* angefangen, unfertig, unvollständig

incidence *n* Inzidenz (f), Eintritt (m); Auftreten (n); Häufigkeit (f); **incidence of insolvency** *n* Insolvenzhäufigkeit (f); **incidence of light** *n* Lichteinfall (m)

incident *n* Zwischenfall (m), Vorfall (m), Störfall

incidental *adj* beiläufig, zufällig; **incidental to the sale** *adj* mit dem Kauf zusammenhängend

incidental acquisition cost(s) *n* Anschaffungsnebenkosten (pl); **incidental (building/construction) costs** *n/pl* Baunebenkosten (pl); **incidental costs** *n/pl* Nebenkosten (pl); *Syn.: incidental expenses*; **incidental rental expenses** *n* Mietnebenkosten (pl); **incidental use** *n Law* beiläufige Nutzung (f) (eines Gebäudes oder Grundstücks), Nebennutzung (f); bedarf keiner weiteren Genehmigung, wenn die Hauptnutzung des Grundstücks bereits genehmigt ist; *Syn.: accessory use (US)*

inclination *n* Neigung (f)

incline *n* Gefälle (n), Neigung (f)

inclined *adj* schief, geneigt; **inclined plane** *n* schiefe Ebene (f)

inclosure *Law (GB)* → enclosure

inclusionary zoning *n Plan* Bebauungsplanung, die die Integration von kostengünstigen Wohnungen für Familien mit geringem Einkommen vorsieht; dies ist Bedingung für die Erteilung der Baugenehmigung

inclusive rent *n* Inklusivmiete (f), Warmmiete (f)

income *n* Einkommen (n); Einkünfte (pl); Ertrag (m), Erträge (mpl); *Syn.: revenue*; **income available for distribution** *n* ausschüttungsfähiger Gewinn (m); **income before fixed charges (IBFC)** *n* Bruttoergebnis (n), Ergebnis vor Fixkosten (n); **income from domestic sources** *n* inländische Einkünfte (pl); **income from trade or business** *n* Einkünfte (pl) aus Gewerbebetrieb; **income related expenses** *n/pl* Werbungskosten (pl) (Einkommen(s)steuer) **income/expense ratio** *n Fin* Einnahmen-Ausgaben-Verhältnis (n); **income and expense** *n (US)* Aufwendungen und Erträge (pl); **income and expense estimate** *n (US)* Einnahmen- und Ausgabenschätzung (f), Ertrags- und Aufwandsschätzung (f); **income and expense report** *n Fin* → income statement; **income and expense statement** *n Fin* → income statement **income approach** *n Val* Ertragswertmethode (f); Ertragswertverfahren (n); **income averaging** *n Tax* Durchschnittsbesteuerung (f); **income-based valuation** *Val* → income approach of valuation; **income capitalization approach** *Val* → income approach; **income component** *n* Ertragsanteil (m); **income determination** *n* Gewinnermittlung (f); **income elasticity** *n* Einkommenselastizität (f); **income flow** *n* Einnahmenstrom (m); **income forecast** *n* Gewinnprognose (f); **income growth** *n* Einkommenswachstum (n); **income level** *n* Einkommensniveau (n), Einkommensschicht (f); **income model** *n* Einkommensmodell (n), Einnahmenmodell (n), Ertragsmodell (n); **income participation** *n Fin* Gewinnbeteiligung (f), Erfolgsbeteiligung (f); **income-producing real estate (IPRE)** *n* → income property; **income property** *n* Renditeobjekt (n); Immobilie, die zur Generierung eines laufenden Einkommens gehalten wird; **income recognition** *n* Umsatzrealisierung (f), Umsatzabgrenzung (f); **income statement** *n Fin* Gewinn- und Verlustrechnung (f); Erfolgsrechnung (f); **income streams** *n* Einkommensströme (mpl); **income surplus** *n* Einnahmen-Überschuss (m)

income tax *n* Einkommensteuer (f); **income tax liability** *n* Einkommensteuerverbindlichkeit (f); **income tax return** *n* Einkommensteuerklärung (f); **income tax year** *n* → year of assessment

income threshold *n* Beitragsbemessungsgrenze (f); **income trend** *n* Einkommensentwicklung (f); **income value** *n* Ertragswert (m), einkommensbasierter Wert (m)

incoming shipments *n/pl* Wareneingang (m); *Syn.: incoming goods*; → goods reception

in-company *adj* innerbetrieblich, unternehmensintern

incompetent *adj* inkompetent, unfähig; nicht zuständig

inconsistency *n* Unvereinbarkeit (f), Unstimmigkeit (f), Widersprüchlichkeit (f)

inconsistent statement *n* widersprüchliche Aussage (f)

incontestability *n* Unanfechtbarkeit (f)

incorporate *v/t* aufnehmen, einschließen, eingliedern; berücksichtigen, einbeziehen, *(GB)* eingemeinden; *Law* als juristische Person eintragen (lassen)

incorporated (inc.) *adj* amtlich eingetragen, eingetragen von Amts wegen; inkorporiert; **Incorporated Association of Architects and Surveyors (IAAS)** *Org (GB)* Berufsverband der Architekten und Surveyor; **incorporated society** *adj (US)* rechtsfähige Gesellschaft (f); **Incorporated Society of Valuers and Auctioneers (ISVA)** *Org (GB)* Berufsverband der Bewerter und Auktionatoren; seit 2000 mit → RICS fusioniert

i

incorporation *n (GB)* Eingemeindung (f); *Law* Gründung (f), Gesellschaftsgründung (f), amtliche Eintragung (f); **incorporation by reference** *n Law* Einbeziehung (f) durch Bezugnahme; z.B. einer Urkunde als Vertragsbestandteil, indem auf sie im Vertrag verwiesen wird
incorporeal *adj* nicht greifbar, unkörperlich; **incorporeal hereditament** *n Law* geistiges Erbe (n); **incorporeal property** *n Law* immaterielles Vermögen (npl), unkörperliche Vermögensrechte (npl); Immobilienbesitz ohne Nutzungsrecht; **incorporeal right** *n Law* Immaterialgüterrecht (n)
incorrect *adj* fehlerhaft
increase *n* Anstieg (m), Erhöhung (f); **increase in land value** *n* Werterhöhung (f) eines Grundstücks, Wertzuwachs (m) eines Grundstücks; **increase in market value** *n* Marktwertsteigerung (f); **increase in value** *n* Werterhöhung (f), Wertsteigerung (f), Wertzuwachs (m), Zuschreibung (f)
increase clause *Law* → escalation clause
increase *v/i* steigen; **increasing annuity** *n* steigende Rente (f); **increasing rent** *n* steigende Miete (f); **increasing return** *n* steigende Rendite (f)
increment *n* Erhöhung (f); Zunahme (f), Zuwachs (m); Wertzuwachs (m); **increment value tax** *n* Wertzuwachssteuer (f)
incremental *adj* inkrementell, zunehmend; **incremental value** *n* Wertzuwachs (m)
incroachment *n Law* → encroachment
incubator building *n (US)* Immobilie, die (meist kleinteilige und kostengünstige) Flächen für neu gegründete Unternehmen bereitstellt; **incubator space** *n (US)* preisgünstige Flächen für neu gegründete Unternehmen (Start-ups); **incubator unit** *n* → nursery unit
incumbrance *n Law* → encumbrance
incur *v/i* sich zuziehen
incurable *adj* unheilbar, nicht wieder gut zu machen; **incurable depreciation** *n Val* Überalterung (functional obsolescence) oder Mangel in einem Objekt, dessen Beseitigung unter wirtschaftlichen Gesichtspunkten nicht sinnvoll ist; *Ant.: curable depreciation*
indebtedness *n Fin* Verschuldung (f)
indefeasible *adj* unveräußerlich, unantastbar; **indefeasible title** *n* unveräußerlicher Rechtstitel (m)
indefinite *adj* unbestimmt; **indefinite period** *n* unbestimmte Zeit (f)
indemnification *n* Schaden(s)ersatz (m), Entschädigung (f); Wiedergutmachung (f); **indemnification bond** *n* Garantieschein (m), Garantieerklärung (f), Ausfallbürgschaft (f)
indemnify *v/t* abfinden
indemnity *n* Absicherung (f), Entnahme (f), Entschädigung (f), Schaden(s)ersatz (m); **indemnity bond** *n* Indemnitätsbrief (m), Entschädigungszusage (f), Schadloshaltungsverpflichtung (f); *Syn.: letter of indemnity*; **indemnity insurance** *n* Schadenversicherung (f); **indemnity limit** *n* Haftungssumme (f), Deckungssumme (f); Höchstentschädigung (f); **indemnity period** *n* Haftungsdauer (f); Entschädigungsdauer (f)
indent *v/t* verzahnen
indenture *n Law* Vertrag (m); Ausbildungsvertrag (n); **indenture deed** *n Law* Vertrag, der für beide Vertragsparteien gegenseitige Verpflichtungen erhält
independence *n* Unabhängigkeit (f), Unparteilichkeit (f), Unvoreingenommenheit (f)
independent *adj* unabhängig; **independent appraisal** *n* unabhängige Bewertung (f); **independent contractor** *n* selb(st)ständiger Unternehmer (m); **independent expert** *n Val* unabhängiger Sachverständiger (m); unabhängiger Gutachter (m); **independent fee appraiser** *n Val* unabhängiger Sachverständiger (m), unabhängiger Gutachter (m); **independent investment company** *n Fin* unabhängige Investmentgesellschaft (f); **independent retail outlet** *n Ret* unabhängiges Einzelhandelsgeschäft (n); **independent surveyor** *n* → independent expert; **independent value** *n* Wertansatz (m), vom Marktgeschehen unabhängig gegeben; **independent valuer** *n* → independent expert; **independent work(ing)** *n* selb(st)ständige Arbeit (f)
indeterminable *adj* unbestimmbar
indeterminacy *n* Unbestimmtheit (f)
indeterminate *adj* unbestimmt, unbestimmbar
index *n* Index (m); Register (n), Verzeichnis (n); Anzeige (f); Kennzahl (f); **index of retail prices** *n* → retail price(s) index; **index**

of retail turnover *n Ret* Umsatzkennziffer (f); **index of wholesale prices** *n* Großhandelsindex (m)
index card *n* Karteikarte (f); **index clause** *n* Wertsicherungsklausel (f); **index escalation** *n Law* Indexierung (f), Wertsicherung (f) durch Indexierung; **index lease** *n Law* → indexed rent; **index map** *n* Katasterkarte (f); **index method** *n Val* Bewertungsverfahren, das die aktuellen Baukosten anhand eines Preissteigerungsindex und der ursprünglichen Baukosten ermittelt; **index record** *n* Indexsatz (m); **index series** *n/pl* Indexreihe (f); **index sheet** *n* Registerblatt (n); **index value** *n* Indexwert (m), Indexzahl (f)

index *v/t* indexieren, indizieren; **indexed lease** → indexed rent; **indexed loan** *n Fin* Indexanleihe (f); indexiertes Darlehen (n) zum Schutz gegen Geldentwertung; **indexed rent** *n* indexgebundene Miete (f), indexierte Miete (f); Miete ist an einen Index (z.B. Preisindex) gekoppelt

indexation *n* Indexierung (f), Indexbindung (f); **indexation allowance** *n Tax (GB)* Steuererleichterung bei Kapitalertragsteuer durch Inflationsbereinigung; 1998 abgeschafft und durch → taper relief ersetzt; **indexation clause** *n* Wertsicherungsklausel (f), Preisänderungsklausel (f)

indexing *n* Indexierung (f)

index-linked *adj* indexgebunden; **index-linked mortgage** *n Fin* Hypothekendarlehen mit indexiertem Zinssatz

index-linking *n* Indexierung (f); **index-linking clause** *n* Preisgleitklausel (f)

indicate *v/t* zeigen

indicated *adj* indiziert; **indicated power** *n* indizierte Leistung (f); **indicated value** *n* Wert einer Immobilie, der sich anhand von Transaktionen vergleichbarer Verkaufsobjekte der jüngeren Vergangenheit ergibt

indication *n* Anzeige (f), Anhaltspunkt (m), Hinweis (m)

indicator *n* Indikator (m); **indicator diagram** *n* Indikatordiagramm (n)

indirect *adj* indirekt, mittelbar; **indirect connection** *n* indirekter Anschluss (m); **indirect costs** *n/pl* Gemeinkosten (pl); **indirect demand** *n* abgeleitete Nachfrage (f), derivative Nachfrage (f); **indirect expenses** *n/pl* indirekte Kosten (pl), allgemeine Geschäftskosten (pl); **indirect labour** *n* Fertigungsgemeinkosten (pl); **indirect lighting** *n ArCo* indirekte Beleuchtung (f); **indirect materials** *n/pl* Materialgemeinkosten (pl); **indirect method** *n* indirekte Methode (f); **indirect tax** *n* indirekte Steuer (f); **indirect tax credit** *n* indirekte Steueranrechnung (f)

individual *n* natürliche Person (f); Einzelperson (f), Individuum (n); **individual addresses** *n/pl* Einzeladressen (fpl); **individual billing** *n* Einzelabrechnung (f); **individual heating** *n* Einzelheizung (f); **individual liability** *n* Individualhaftung (f); **individual ownership** *n Law* Alleineigentum (n); **individual parts** *n/pl* Einzelteile (npl); **individual (residential) unit** *n* Wohnungseinheit (f); **individual value** *n* Einzelwert (m)

indivisibility *n* Unteilbarkeit (f)

indivisible *adj* unteilbar; **indivisible contract** *n Dev, ArCo, Law* unteilbarer Vertrag (m); z.B. ein Bauauftrag für Baustoffe und Dienstleistungen, wobei die Beträge für die Einzelteile ein unteilbares Ganzes bilden

indoor air quality *n* Raumluftqualität (f); **indoor installations** *n/pl* Gebäudeinstallation (f); **indoor swimming pool** *n* Hallenbad (n)

indorsement *n Law* → endorsement

indorser *n* Indossant (m)

inducement *n* Veranlassung (f), Beweggrund (m), Anreiz (m)

inductive flow metering *n* induktive Durchflussmessung (f)

industrial *adj* industriell, Industrie-; **industrial area** *n* Industriegebiet (n); **industrial association** *n* Industrieverband (m), Wirtschaftsverband (m); **industrial bank** *n* Gewerbebank (f); **industrial bond** *n* Industrieschuldverschreibung (f), Industrieobligation (f); **industrial broker** *n Mkt* auf Industrieimmobilien spezialisierter Immobilienmakler; **industrial building** *n* Industriegebäude (n), Fabrikgebäude (n), Industriebau (m); **industrial building allowance** *n* Abschreibung von Baukosten von (industriell genutzten) Gewerbebauten; **industrial centre** *n* Industriezentrum (n); **industrial construction method** *n* industrielle Bauweise (f); **industrial development** *n* industrielle Entwicklung (f); **in-**

i

dustrial development area *n* Industrieansiedlungszone (f); **industrial district** *n* Gewerbepark (m), Industriegebiet (n); *Syn.: industrial area, industrial estate*; **industrial federation** *n* Industrieverband (m); **industrial finance company** *n* Industriekreditbank (f); **industrial financing** *n* Industriefinanzierung (f); **industrial fire (risks) insurance** *n* Industrie-Feuerversicherung (f); **industrial holding** *n* industrielle Beteiligung (f); **industrial land** *n* Industriegrundstück (n); **industrial loan** *n* Industrieanleihe (f), Industriekredit (m); **industrial location** *n* Industriestandort (m); **industrial location policy** *n* Industrieansiedlungspolitik (f); **industrial mortgage** *n* Industriehypothek (f); **industrial output** *n* industrielle Produktion (f); **industrial park** *n* Industriegebiet (n), Gewerbegebiet (n); *Syn.: industrial area*; **industrial participation** *n* industrielle Beteiligung (f); **industrial plant** *n* Betriebsanlage (f), Industrieanlage (f); **industrial policy** *n* Industriepolitik (f); **industrial premises** *n/pl* Gewerberaum (m), gewerbliches Grundstück (n); **industrial production** *n* industrielle Produktion (f); **industrial property** *n* Industriegrundstück (n); **industrial property right** *n* gewerbliches Schutzrecht (n); **industrial real estate** *n* Industrieimmobilie (f); **industrial sector** *n* Branche (f); **industrial society** *n* Industriegesellschaft (f); **industrial style of building** *n* industrielle Bauweise (f); **industrial (trades) union** *n* Industriegewerkschaft (f); **industrial undertaking** *n* Industriebetrieb (m), Industrieunternehmen (n); **industrial wastewater** *n* Industrieabwasser (n); **industrial water** *n* Brauchwasser (n)

industrialization *n* Industrialisierung (f)

industrialize *v/t* industrialisieren

industry *n* Branche (f), Gesamtwirtschaft (f), Industrie (f), Industriezweig (m), Wirtschaftszweig (m); **industry policy** *n* Industriepolitik (f)

inelastic *adj* unelastisch; **inelastic demand** *n* starre Nachfrage (f)

inequitable *adj* ungerecht, unbillig; *Ant.: equitable*

inequity *n* Unbilligkeit (f)

inertia *n* Beharrungsvermögen (n); Trägheit (f)

infer *v/t* ableiten, deduzieren, folgern

inference *n* Ableitung (f), Deduktion (f), Folgerung (f)

inferior *adj* minderwertig, minder, geringer; **inferior court** *n Law* Gericht (n) der ersten Instanz, unteres Gericht (n); **inferior estate** *Law* dienendes Grundstück (n); *Syn.: servient estate*

infidelity (insurance) *n* Vertrauensschaden (-versicherung) (f)

infill *n* Gebäude (n) in einer Baulücke, Ausfachung (f), Füllung (f); **infill (building) plot** *n* Baulücke (f)

infilling *n Plan* Ausfüllung (f), Füllung (f). Ausfachung (f), Ausfachen (n)

inflate *v/t* blähen, aufblasen

inflation *n* Inflation (f); **inflation guard** *n* Versicherung mit inflationierter Deckungssumme; **inflation premium** *n* Inflationszuschlag (m) (auf den Zinssatz); **inflation rate** *n* Inflationsrate (f); *Syn.: rate of inflation*; **inflation risk** *n* Inflationsrisiko (n)

inflation-adjusted mortgage *n Fin* → price level adjusted mortgage

inflow of capital *n* Zufluss (m) von Kapital

influence *v/t* beeinflussen, prägen

influence on value *n* Werteinfluss (m)

informal lease *n Law* formloser Mietvertrag (m); **informal planning** *n* informelle Planung (f); **informal tender** *n* offene Ausschreibung (f)

information *n* Auskunft (f), Mitteilung (f), Angaben (fpl), Informationen (fpl), Unterlagen (fpl), Unterrichtung (f); **information carrier** *n* Informationsträger (m); **information exchange** *n* Informationsaustausch (m); **information processing** *n* Informationsverarbeitung (f); **information search** *n* Informationsbeschaffung (f); **information technology (IT)** *n* Informationstechnologie (f)

informational *adj* informierend

informative value *n* Aussagekraft (f)

infrastructure *n* Infrastruktur (f); Erschließung (f); **infrastructure charge** *n* Erschließungsbeitrag (m); **infrastructure provision** *n* Erschließungsarbeit (f); → on-site infrastructure provision, off-site infrastructure provision

infringement *n* Beeinträchtigung (f); Gesetzesverletzung (f), Übertretung (f)

ingrain wallpaper *n* Raufasertapete (f); *Syn.: woodchip wallpaper*

ingredient *n* Bestandteil (m)
ingress and egress *n Law* Wegerecht (n)
ingress of air *n* Lufteintritt (m)
ingrossment *n Law* → engrossment
inhabitable *adj* bewohnbar; *Syn.: fit for human habitation*
inhabitant *n* Einwohner (m)
inherent *adj* anhaftend, innewohnend; **inherent defect** *n Law* innewohnender Mangel (m); **inherent evidence** *n* Beweiskraft (f)
inherit *v/t* beerben
inheritance *n* Erbe (n), Erbschaft (f); **inheritance tax** *n* Erbschaftsteuer (f), Erbanfallsteuer (f), Nachlasssteuer (f)
inheritor *n* Erbe (m); *Syn.: heritor*
inhibition *n* Inhibition (f), Verbot (n); Sperrung (f)
in-house bank *n* konzerninterne Bank (f); **in-house job posting** *n* interne Stellenausschreibung (f); **in-house leasing staff** *n PfoMgt, Mkt (US)* betriebsinternes Vermietungspersonal (n); *Ant.: outside or outsourced brokerage*; **in-house processing** *n* Im-Haus-Verarbeitung (f); **in-house sale** *n Mkt* Verkauf, an dem nur der mit dem Verkauf beauftragte Makler beteiligt ist
initial *adj* anfänglich, Anfangs-; **initial allowance** *n Tax (GB)* Sonderabschreibung (f) bei Neuanschaffungen; **initial appraisal** *n* Erstbewertung (f); **initial asset** *n* Anfangsvermögen (n); *Syn.: original assets*; **initial capital** *n Fin* Anfangskapital (n); **initial capital expenditures** *n/pl Fin* anfängliche Kapitalauslagen (fpl), anfänglicher Investitionsaufwand (m); **initial capital stock** *n Fin* Gründungskapital (n); **initial disclosure event** *n Fin* Offenlegung der Tatsache, dass ein Betriebsbereich stillgelegt oder veräußert wird; Offenlegungspflicht nach IAS 35 (bzw. SFAP 34); **initial expense** *n Fin* Anfangskosten (pl); Abschlusskosten (pl), Vertragsabschlusskosten (pl); **initial investment** *n Fin* Erstinvestition (f), Kapitaleinsatz (m); **initial public offering (IPO)** *n Fin* Börsengang (m), Börseneinführung (f), öffentliche Erstemission (f); **initial recognition** *n* erstmaliger Ansatz (m) in Bilanz; **initial return** *Val* → initial yield; **initial sale** *n* Erstverkauf (m); **initial vacancy** *n* Leerstand (m) nach Fertigstellung eines Neubauobjektes (vor Vollvermietung); **initial value** *n* Anfangswert (m), Kapital(bar)wert (m); **initial yield** *n Val* Anfangsrendite (f)
initialisation *n* Initialisierung (f)
initiate *v/t* einleiten
initiation *n* Inbetriebnahme (f)
inject *v/t* verpressen
injunction *n Law* einstweilige Verfügung (f); gerichtliche Verfügung (f); Unterlassungsverfügung (f); Unterlassungsurteil (n)
injunctive relief *n Law* Unterlassungsanspruch (m); gerichtliche Unterlassungsanordnung (f); **to file for injunctive relief** *Law* auf Unterlassung klagen
injurious affection *n Val, Law (GB)* schädliche Auswirkung (f); häufig einer der → heads of claim (Hauptpunkte des Anspruchs) in Enteignungsfällen; Verminderung des Wertes (durch z.B. Autobahnlärm oder andere Immissionen)
injury *n* Verletzung (f); Beschädigung (f)
inland *n* Inland (n); Binnenland (n)
Inland Revenue *n Tax (GB)* Finanzamt (n), Steuerbehörde (f)
in-law apartment *n* → granny flat
inlet pipe *n* Zuleitungsrohr (n); **inlet port** *n* Einlasskanal (m); **inlet temperature** *n* Eintrittstemperatur (f); **inlet zone** *n* Einlaufstrecke (f)
inn *n* Gasthaus (n); Gaststätte (f), Wirtshaus (n), Hotel (n)
inner area *n* Innenbereich (m)
inner-city *adj* innerstädtisch; **inner city location** *n* Innenstadtlage (f); **inner city sites** *n/pl* Innenstadtlage (f)
inner reveal *n* (innere) Laibung (f)
inner skin *n* innere Schale (f)
innocent misrepresentation *n Law* irrtümliche Falschdarstellung (f); unbeabsichtigte Vorspiegelung falscher Tatsachen
innovation *n* Innovation (f); Neuheit (f); Neuerung (f); **innovation research** *n* Innovationsforschung (f)
innovative *adj* innovative; **innovative potential** *n* Innovationspotenzial (n); **innovative real estate financing** *n Fin* innovative Immobilienfinanzierung (f)
Inns of Court *n (GB)* die vier Gesellschaften (und deren Gebäude) der britischen Gerichtsanwälte (barristers) in London; alle britischen Gerichtsanwälte sind Mitglied

in einem der vier Inns of Court: Lincoln's Inn, Inner Temple, Middle Temple, and Gray's Inn
inoperative *adj* unanwendbar
in-payment *n* Bareinzahlung (f)
in-plant *adj* innerbetrieblich, unternehmensintern
input *n* Eingabe (f), Einspeisung (f); **input box** *n* Eingabefeld (n); **input factor** *n* Einflussfaktor (m); **input tax** *n Tax* Vorsteuer (f)
inquire *v/i* sich erkundigen
inquiry *n Law (GB)* → enquiry
insect damage *n* Insektenschaden (m); **insect pest** *n* Schädlingsplage (f)
insert an advertisement *v/t* ein Inserat aufgeben, inserieren
inside diameter *n* Innendurchmesser (m); **inside dimensions** *n/pl* Innenabmessungen (fpl); **inside lot** *n* Grundstück ohne Anbindung an einen öffentlichen Weg
insider dealing *n Fin* Insiderhandel (m)
in situ *(lat.)* vor Ort; **in-situ concrete** *n* Ortbeton (m); **in-situ measurement technique** *n* Feldmesstechnik (f); **in-situ terrazzo** *n* Kunststein (m), Terrazzo (m)
insolvency *n* Illiquidität (f), Insolvenz (f), Überschuldung (f), Zahlungsunfähigkeit (f); **insolvency administration** *n* Zwangsverwaltung (f); **insolvency forecast** *n* Insolvenzprognose (f); **insolvency insurance** *n* Insolvenzsicherung (f); **insolvency practitioner** *n (GB)* Insolvenzverwalter (m); *Syn.: receiver*; **insolvency statistics** *n/pl* Insolvenzstatistik (f)
insolvent *adj* illiquide, insolvent, zahlungsunfähig; **insolvent debtor** *n* zahlungsunfähiger Schuldner (m)
inspect *v/t* inspizieren, in Augenschein nehmen, prüfen,
inspection *n* Inspektion (f); Begehung (f); Kontrolle (f), Qualitätsprüfung (f); Materialüberwachung (f); Auftragsüberwachung (f); Bauaufsichtskontrolle (f); Besichtigung (f); **inspection of documents** *n* Urkundeneinsicht (f); **inspection of land register** *n* Grundbucheinsicht (f)
inspection chamber *n* Kontrollschacht (m), Revisionsschacht (m); **inspection fee** *n Plan* Bauabnahmegebühr (f); **inspection principle** *n* Prüfungsgrundsatz (m); **inspection report** *n* Abnahmeprotokoll (n), Abnahmezeugnis (n); **inspection sheet** *n* Prüfprotokoll (n); **inspection test** *n* Abnahmeprüfung (f)
inspector *n* Bauaufseher (m); **inspector of taxes** *n (GB)* Finanzamtsleiter (m); nimmt die Steuerveranlagung vor
install *v/t* einbauen, installieren
installation *n* Installation (f), Montage (f); Einbau (m); Einrichtung (f), Ausrüstung (f); **installation costs** *n/pl* Anlagekosten (f); **installation kit** *n* Einbausatz (m); **installation work** *n* Installationsarbeiten (fpl), Montagearbeiten (fpl)
installed load *n* installierte Leistung (f)
installer *n* Installationsbetrieb (m)
installment *n (US)* → instalment; **installment method** *n (US)* Rohgewinnrechnung (f) auf der Basis der Bareingänge
instalment *n Fin* Rate (f), Teilzahlung (f), Ratenzahlung (f); → payable by instalment(s), delivery by instalment(s); **instalment contract** *n Law* Ratenkaufvertrag (m), Teillieferungsvertrag (m); auf Immobilien bezogen auch → land contract genannt; → delivery by instalment(s); **instalment credit** *n Fin* Ratenkredit (m), Teilzahlungskredit (m), Abzahlungskredit (m); **instalment loan** *n Fin* Ratenhypothek (f), Ratendarlehen (n); **instalment mortgage** *n Fin (GB)* Ratenhypothek (f); *Syn.: instalment loan*; **instalment note** *n* in Raten fälliger Solawechsel (m); **instalment purchase** *n Fin* Ratenkauf (m); **instalment sale** *n* Verkauf auf Ratenzahlung (verzinst)
instance *n Law* Instanz (f)
instant(aneous) water heater *n* Durchlauferhitzer (m)
institute *n* Institut (n)
Institute of Real Estate Management (IREM) *Org (US)* Institution, die die Interessen von Immobilienverwaltungsunternehmen vertritt und die Titel → Certified Property Manager (CPM) und → Accredited Resident Manager (ARM) verleiht sowie Verwaltungsunternehmen als → Accredited Management Organization (AMO) zertifiziert
Institute of Revenues, Rating and Valuation (IRRV) *Org (GB)* Fachverband für Ertragsbetrachtungen, Rating und Bewertung
institutional *adj* institutionell; **institutional investor** *n Fin* institutioneller Anleger (m);

institutional lease *n Law* Miet- bzw. Pachtvertrag, der die Anforderungen institutioneller Anleger (offene Fonds, Versicherungen, Pensionskassen etc.) erfüllt; z.B. clear lease (keine nicht umlagefähigen Kosten), ausreichende Laufzeit etc.; **institutional lender** *n* Institution als Darlehensgeber, z.B. eine Bank oder Versicherungsgesellschaft; **institutional property** *n* Sonderimmobilien (fpl); Immobilien, die von speziellen Institutionen genutzt werden, bspw. Universitäten, Krankenhäuser, Altenpflegeheime, Regierungsgebäude etc.; für einen bestimmten Zweck gebaut und daher sehr eingeschränkt drittverwendungsfähig; **institutional real estate** → institutional property; **institutional real estate investor** *n* institutioneller Immobilieninvestor (m)

instruct *v/t* beauftragen mit, ermächtigen, in Auftrag geben, zuständig sein für

instruction *n* Anweisung (f), Befehl (m); **instructions for use** *n* Bedienungsanleitung (f); **instruction to pay** *n* Zahlungsanweisung (f)
instruction modification *n* Befehlsänderung (f)

instrument *n* Urkunde (f); Instrument (n), Gerät (n)

insulating concrete *n* Isolierbeton (m); **insulating material** *n* Dämmstoff (m); **insulating work** *n* Isolierarbeit (f)

insulation *n ArCo* Isolierung (f), Dämmung (f); **insulation class** *n* Isolationsklasse (f); **insulation disclosure** *n Law (US)* Pflicht zur Offenlegung von Informationen bzgl. der Wärme-Isolierung eines Neubaus in Kaufverträgen; **insulation jacket** *n* Isolierschale (f); **insulation material** *n* Isoliermaterial (m), Dämmmittel (n); **insulation resistance** *n* Isolationswiderstand (m); **insulation thickness** *n* Dämmdicke (f), Isolierdicke (f)

insurable interest *n* versicherbares Interesse (n); **insurable title** *n* versicherbarer Rechtstitel (m), versicherbare Grundeigentumsurkunde (m); **insurable value** *n* Versicherungswert (m)

insurance *n* Versicherung (f); **insurance business** *n* Versicherungswesen (n); **insurance charges** *n/pl* Versicherungskosten (pl); **insurance claim** *n* Anspruch (m) auf Versicherungsleistung; **insurance company** *n* Versicherungsgesellschaft (f), Versicherung (f); **insurance contract** *n* Versicherungsvertrag (m); **insurance cover** *n (GB)* Versicherungsschutz (m), Versicherungsdeckung (f), Deckungsumfang (m); *Syn.: insurance coverage (US)*; **insurance expenses** *n/pl* Versicherungskosten (pl); **insurance policy** *n* Versicherungspolice (f); **insurance premium** *n* Versicherungsprämie (f), Prämie (f), Entgelt (n); **insurance protection** *n* Versicherungsschutz (m); **insurance tax** *n* Versicherungssteuer (f); **insurance valuation** *n* Versicherungsbewertung (f)

insure adequately *v/t* ausreichend versichern

insured *adj* versichert; **insured mortgage** *n Fin* gesicherte Hypothek (f); im US-amerikanischen Raum: von der Federal Housing Administration (FHA) oder der Private Mortgage Insurance (PMI) gesicherte Hypothek; **insured value** *n Fin* Versicherungswert (m)

insurer *n* Versicherer (m), Assekurant (m)

in tail *Law* → estate in tail

intake *n* Zufuhr (f); **intake area** *n* Wassereinzugsgebiet (n); **intake pipe** *n* Einlauf (m)

intangible *adj* nicht greifbar, unbestimmbar; **intangible assets** *n/pl Fin* immaterielle Aktiva (pl), immaterielles Vermögen (n); **intangible damage** *n* immaterieller Schaden (m); **intangible fixed assets** *n/pl* immaterielle Anlagewerte (mpl); **intangible goods** *n/pl* immaterielle Güter (npl); **intangible investments** *n/pl* immaterielle Investitionen (fpl); **intangible property** *n Law* immaterielles Vermögen (n); *Syn.: intangible assets*; **intangible property rights** *n/pl* Immaterialgüterrechte (npl); **intangible resources** *n/pl* immaterielle Ressourcen (fpl); **intangible right** *n* immaterielles Recht (n); **intangible value** *n* immaterieller Wert (m)

integrate *v/t* integrieren; **integrated aerial** *n* integrierte Antenne (f)

integration *n* Integration (f)

intellectual property rights *n/pl* Immaterialgüterrechte (npl)

intelligent building *n ArCo* intelligentes Gebäude (n)

intended *adj* vorgesehen

intensification of development *n* Verdichtung (f)

intensity of illumination *n* Beleuchtungsstärke (f); **intensity of light** *n* Lichtstärke (f)
intention *n* Absicht (f)
interaction land *n* Verflechtungsbereich (m)
intercepted water *n* Abfangwasser (n)
intercepting sewer *n* Sammelkanal (m); *Syn.: intercepting drain*
interchange of heat *n* Wärmeaustausch (m)
intercolumnation *n ArCo* Säulenabstand (m)
intercom *n* Gegenprechanlage (f)
inter-company *adj* unternehmensintern; **inter-company accounts** *n/pl* interne Konten (npl); **inter-company lease** *n* innerkonzernliches Mieter-Verhältnis (n); **inter-company price** *n* interner Verrechnungspreis (m); **inter-company profits** *n/pl* zwischenbetriebliche Gewinne (mpl), Zwischengewinne (mpl); **inter-company sales** *n/pl* interner Umsatz (m)
interconnected (inner) room *n* gefangener Raum (m)
inter-corporate dividend exemption *n Tax* Schachtelprivileg (n); *Syn.: affiliation privilege*
interdict *n Law (sco.)* gerichtliches Verbot (n), einstweilige Verfügung (f)
interest *n* **1.** Zins (m), Zinsen (mpl); **exact interest** *n* Zinsen (mpl) auf Basis 365 Tage; *Ant.: ordinary interest*; **ex interest (xi)** *Fin* ohne Zinsen; **interest upon interest** *n Fin* Zinseszins (m); *Syn.: compound interest*
interest and related expenses *n/pl* Zinsen (mpl) und zinsähnliche Aufwendungen (fpl); **interest and repayment (of principal)** *n* Zinsen (mpl) und Tilgung (f)
interest on bonds *n* Zinsen (mpl) aus Teilschuldverschreibungen; **interest on capital** *n* Kapitalzins (m); **interest on debts** *n* Schuldzinsen (mpl); **interest on principal** *n* Kapitalzins (m); **interest on securities** *n* Zinserträge (mpl) aus Wertpapieren
interest accrued *n* aufgelaufene Zinsen (mpl); **interest earned** *n* Zinseinkünfte (pl), Zinsertrag (m); **interest paid** *n* Zinsaufwendungen (fpl); **interest payable** *n* Zinsverbindlichkeiten (fpl); **interest receivable** *n* Zinsforderungen (fpl); **interest received** *n* Zinseinkünfte (pl), Zinsertrag (m)
interest balance *n* Zinssaldo (m)
interest bearing *adj* verzinslich
interest component *n* Zinsanteil (m); **interest costs** *n/pl* Zinskosten (pl), Zinsaufwendungen (fpl); **interest coupon** *n* Zinsschein (m); **interest coverage** *n* Zinsdeckung (f); **interest cover ratio** *n* Zinsdeckungsklausel (f), Zinsdeckungsrelation (f); **interest date** *n* Zinstermin (m); **interest days** *n/pl* Zinstage (mpl); **interest earnings** *n/pl* Habenzins (m), Zinseinkünfte (pl), Zinsertrag (m); **interest expenses** *n/pl* Sollzinsen (mpl), Zinsaufwendungen (fpl), Zinskosten (pl); **interest factor** *n Fin* Aufzinsungsfaktor (m)
interest-free *adj* zinslos; **interest-free loan** *n* zinsloses Darlehen (n)
interest group *n* Interessenverband (m); **interest income** *n* Zinseinkünfte (pl), Zinsertrag (m); **interest income statement** *n* Zinsertragsbilanz (f); **interest income tax** *n* Zinsabschlagsteuer (f); **interest inflation** *n* Zinsinflation (f); **interest load** *n* Zinsbelastung (f); **interest margin** *n* Zinsspanne (f)
interest only (IO) *Fin* nur Zinsen; **interest-only loan** *n Fin* endfälliges Darlehen (n)
interest payment *n* Verzinsung (f), Zinszahlung (f); **interest period** *n* Zinsperiode (f)
interest rate *n Fin* Zinssatz (m); **interest rate analysis** *n* Zinsanalyse (f); **interest rate cap** *n Fin* Höchstzinssatz (m); **interest rate cut** *n* Zinssenkung (f); **interest rate cycle** *n* Zinszyklus (m); **interest rate expectations** *n/pl* Zinserwartungen (fpl); **interest rate regime** *n* Fristigkeitsstruktur (f) der Zinssätze, Zinsstruktur (f); **interest rate risk (IRR)** *n Fin* Zinsrisiko (n), Zinsänderungsrisiko (n); **interest rate structure** *n* Fristigkeitsstruktur (f) der Zinssätze, Zinsstruktur (f); **interest rate subsidy** *n* Zinszuschuss (m); **interest rate swap** *n Fin* Zinsswap (m)
interest spread *n* Zinsspanne (f); **interest subsidy** *n* Zinssubvention (f); **interest warrant** *n* Zinsschein (m)
interest *n* **2.** Interesse (n); Recht (n), Anrecht (n); (finanzielle) Beteiligung (f); Anteil (m); **legitimate interest** *n* berechtigtes Interesse (n); **noted interest** *n* (wirksam) abgegebenes Angebot (n)
interest in property *n Law* Sachenrecht (n); vermögensrechtlicher Anspruch (m);

Eigentumsanspruch (m); **interests capable of overriding** *n/pl Law (GB)* nicht im Grundbuch eingetragene Rechte Dritter am Grundstück (Land Registration Act 2002)

interested party *n* Beteiligter (m)

interfere *v/i* beeinträchtigen, eingreifen, intervenieren, stören

interference *n* Beeinträchtigung (f); **interference with goods** *n Law* Besitzstörung (f) **interference proceedings** *n/pl* Anfechtungsklage (f)

inter-firm comparison *n* zwischenbetrieblicher Vergleich (m)

interim *adj* vorläufig, zwischenzeitlich; **interim account** *n* Durchlaufkonto (n), Interimskonto (n); **interim arrangement** *n* Zwischenlösung (f); **interim balance sheet** *n* Zwischenbilanz (f); **interim certificate** *n Law* Interimsschein (m); Zwischenschein (m); **interim dividend** *n* Zwischendividende (f); **interim financial report** *n* Zwischenbericht (m); **interim financial reporting** *n* Zwischenberichterstattung (f); **interim financial statement** *n* Zwischenbilanz (f); **interim financing** *n* Überbrückungsfinanzierung (f), Zwischenfinanzierung (f); **interim injunction** *n Law* einstweilige Verfügung (f); **interim interest** *n/pl* Zwischenzinsen (mpl); **interim lender** *n* Geldgeber (m), der finanzielle Mittel während der Konstruktionsphase zur Verfügung stellt; **interim letting** *n* Zwischenvermietung (f); **interim loan** *n* Überbrückungskredit (m), Zwischenkredit (m); **interim (meter) reading** *n* Zwischenablesung (f); **interim payment** *n ArCo* Akontozahlung (f), Zwischenzahlung (f); Vergütung einer Teilleistung bzw. Vergütung nach Abschluss eines Bauabschnitts; **interim period** *n* Zwischenperiode (f); **interim rent** *n* wörtlich: Zwischenmiete (f); Miete, die zwischenzeitlich und nur so lange bezahlt wird, bis die eigentliche Mietperiode beginnt (meist zum Monatsersten); wird erhoben bei Einzug vor dem Monatsersten; **interim reply** *n* Zwischenbescheid (m); **interim report** *n* Zwischenbericht (m); **interim tenancy** *n* Zwischenvermietung (f); **interim use** *n* vorläufiger Gebrauch (m), Zwischennutzung (f); **interim valuation** *n* Zwischenbewertung (f)

interior *adj* Innen-; auch: Hinterland (n); **interior coating** *n ArCo* Innenanstrich (m), Innenschicht (f); **interior corridor** *n* innenliegender Flur (m); **interior decoration** *n ArCo* Innendekoration (f); Innengestaltung (f), Renovierung (f), Maler- und Tapezierarbeiten (f); Raumgestaltung (f), Innenarchitektur (f); **interior design** *n ArCo* Innenarchitektur (f), Raumgestaltung (f); *Syn.: interior architecture*; **interior designer** *n ArCo* Innenarchitekt (m); Raumgestalter (m); **interior door** *n ArCo* Innentür (f); **interior finishing work** *n ArCo* Innenausbau (m); *Syn.: internal finishes*; **interior furnishings** *n ArCo* Innenausstattung (f); **interior partition** *n ArCo* Innentrennwand (f); **interior span** *n* Zwischenfeld (n); **interior support** *n* interne Unterstützung (f); **interior view** *n* Innenansicht (f); **interior walls** *n ArCo* Innenwände (f); in einem Condominium besitzen die Eigentumswohnungsbesitzer nicht die Außenwände, sondern nur den Bereich von den Innenwänden nach innen und einen Anteil an den Gemeinschaftsflächen; **interior work** *n ArCo* Ausbauarbeiten (fpl), Innenausbau (m)

interlineation *n* das zwischen den Zeilen Geschriebene

interlocking tile *n* Falzziegel (m)

interlocutory injunction *n Law* → interim injunction

intermediary *n* Intermediär (m), Vermittler (m); Zwischenhändler (m); Zwischenstelle (f)

intermediate *adj* Zwischen-, vermittelnd; **intermediate account** *n* Zwischenkonto (n); **intermediate area** *n Plan (GB)* Fördergebiet (n); → objective 2 region; **intermediate bank** *n* zweitbeauftragte Bank (f); **intermediate beam** *n* Zwischenträger (m); **intermediate bearing** *n* Zwischenlager (n); **intermediate broker** *n* Untermakler (m), Zwischenmakler (m); **intermediate buyer** *n* Zwischenkäufer (m); **intermediate city** *n* Mittelstadt (f); zwischen 20.000 bis 100.000 Einwohner; **intermediate costing** *n* Zwischenkalkulation (f); **intermediate finance** *n* Zwischenfinanzierung (f); **intermediate financing** *n* Zwischenfinanzierung (f); **intermediate floor** *n* Zwischenboden (m); **intermediate goal** *n* Zwischenziel (n); **intermediate**

landing *n* Zwischenpodest (n); **intermediate layer** *n* Zwischenlage (f), Zwischenschicht (f); **intermediate lease** *Law* → sandwich lease; **intermediate loan** *n* Überbrückungskredit (m), Zwischenkredit (m); **intermediate report** *n* Zwischenbericht (m); **intermediate sale** *n* Zwischenverkauf (m); **intermediate seller** *n* Zwischenverkäufer (m); **intermediate storage** *n* Zwischenlagerung (f); **intermediate store** *n* Zwischenlager (n); **intermediate support** *n* Zwischenstütze (f); **intermediate-term loan** *Fin* → medium-term loan; **intermediate value** *n* Zwischenwert (m)

intermediation *n Fin* Vermittlung (f)

inter-municipal comparative price *n* interkommunaler Preisvergleich (m)

i

internal *adj* intern, innerbetrieblich, unternehmensintern; **internal accounting** *n* internes Rechnungswesen (n); **internal area** *n* Innenraum (m), umbauter Raum (m); **internal audit** *n* Innenrevision (f); **internal balance sheet** *n* Vermögensrechnung (f); **internal billing** *n* interne Abrechnung (f); **internal control** *n* interne Steuerung (f); **internal decorative repairs** *n/pl* Schönheitsreparaturen (fpl); *Syn.: basic repairs*; **internal dispute** *n* interne Auseinandersetzungen (fpl); **internal door** *n* Innentür (f); **internal forces** *n/pl* Schnittkräfte (fpl); **internal growth** *n* internes Wachstum (n); **internal information source** *n* interne Informationsquelle (f); **internal interest** *n* interne Zinsen (mpl); **internal partnership** *n* Innengesellschaft (f); **internal rate of return (IRR)** *n Fin, Val* interner Zinsfuß (m); **internal rate of return method** *n* interne Zinsfuß-Methode (f); **internal ratings-based approach (IRB)** *n* auf internen Ratings basierender Ansatz (m); **internal repairing lease** *n Law* Mietvertrag, der die Verantwortlichkeit des Mieters für Instandhaltungen auf den Innenraum beschränkt; d.h. keine Reparaturen an Dach und Fach; **internal repairing terms (IRT)** *n/pl* Mietvertragsbedingungen (fpl); Mieter ist für interne Reparaturen zuständig; **internal reporting** *n* internes Berichtswesen (n); **internal revenue** *n Tax (US)* Steuereinnahmen (fpl), Steueraufkommen (n); **internal revenue code (IRC)** *n Tax (US)* Steuergesetz (n), Bundessteuergesetz (n); **internal revenue service (IRS)** *n Tax (US)* Steuerverwaltung (f), Bundessteuerverwaltung (f), Bundessteuerbehörde (f), Finanzamt (n); **internal sales** *n/pl* interner Umsatz (m); **internal (screw) thread** *n* Innengewinde (n); **internal tax law** *n* innerstaatliche Steuerrechtsvorschriften (fpl); **internal transfer price** → shadow price; **internal turnover** *n* interner Umsatz (m); **internal valuation** *n* unternehmensintern erstelltes Bewertungsgutachten (n); **internal valuer** *n Val* interner Gutachter (m); **internal vibrator** *n* Innenrüttler (m); **internal wall** *n ArCo* Innenwand (f)

internally *adv* im Innenverhältnis

international accounting *n* internationales Rechnungswesen (n); **International Accounting Standards Board (IASB)** *Org* internationales Gremium, das die Grundsätze der Bilanzierungsstandards und Rechnungsführung festlegt; **International Accounting Standards (IAS)** *n/pl Fin* internationale Rechnungslegungsstandards; heute: → International Financial Reporting Standards (IFRS); **international agreement** *n* internationales Abkommen (n) (zweiseitig); **International Association of Assessing Officers (IAAO)** *Org (US)* Berufsvereinigung zur Förderung von Optimierung und Innovation bei Bewertung, Steuerwesen und Verwaltung; **international balance of payments** *n* internationale Zahlungsbilanz (f); **international banking** *n* internationales Bankgeschäft (n); **international capital movements** *n/pl* internationale Kapitalbewegungen (fpl), internationaler Kapitalverkehr (m); **international chains** *n/pl* internationale Filialunternehmen (npl); **International Chamber of Commerce (ICC)** *n* Internationale Handelskammer (f); **international commerce** *n* internationaler Handel (m); **international competitiveness** *n* internationale Wettbewerbsfähigkeit (f); **International Council of Shopping Centers (ICSC)** *n Org* internationale Vereinigung der Betreiber von Einkaufszentren; **international credit markets** *n/pl* internationale Kreditmärkte (mpl); **International Development Research Council (IDRC)** *n Org* Immobilienverband (nicht mehr existent); seit 2002 mit NACORE (National Association of Corporate Real Estate Executives) zu → CoreNet Global (Corporate Real Estate Network) verschmolzen; **International Energy Agency (IEA)** *n Org* Internationale Energieagentur (f); **international enterprise** *n* internationales Unternehmen (n); **International Facility Management Association (IFMA)** *Org* Internationale Vereinigung der Facility Manager; aktiv in über 50 Ländern weltweit, Sitz in Houston, USA; **international factoring** *n* Auslandsfactoring (n); **International Financial Reporting Standards (IFRS)** *n Fin* internationale Standards der Finanzberichterstattung; früher: → International Accounting Standards (IAS); **international forwarders** *n/pl* internationale Spedition (f); **International Investment Survey Act (IISA)** *Law (US)* gesetzliche Bestimmungen bezüglich ausländischer Investitionen in den USA; **International Labor Office (ILO)** *n Org* Internationale Arbeitsorganisation (f); **international law** *n* internationales Recht (n); **international law of taxation** *n* internationales Steuerrecht (n); **international lending** *n* internationales Kreditwesen (n); **international liquidity** *n* internationale Liquidität (f); **international marketing costs** *n/pl* internationale Vertriebskosten (pl); **international monetary crisis** *n* internationale Währungskrise (f); **International Monetary Fund (IMF)** *n Org* Internationaler Währungsfonds (m), Weltwährungsfonds (m); **international monetary system** *n* internationale Währungsordnung (f), internationales Währungssystem (n); **International Organisation of Securities Commissions (IOSCO)** *n Org* Internationale Vereinigung der nationalen Wertpapieraufsichtsbehörden; **international payment order** *n* internationaler Zahlungsauftrag (m); **international payments** *n/pl* internationale Zahlungen (fpl), internationaler Zahlungsverkehr (m); **International Real Estate Institute (IREI)** *n Org* international agierender Immobilienbewerter und -beraterverband; Mitglieder in über 100 Ländern; Sitz in Minnesota, USA; **International Real Estate Society (IRES)** *n Org* weltweiter Dachverband von Immobilienverbänden; Tochterverbände: African Real Estate Society (AfRES), American Real Estate Society (ARES), Asian Real Estate Society (AsRES), European Real Estate Society (ERES), Latin American Real Estate Society (LaRES), Pacific-Rim Real Estate Society (PRRES); **International Right of Way Association (IRWA)** *Org* internationale Vereinigung für den Schutz von Wegerechten; **International Savings Banks Institute** *Org* Internationales Institut der Sparkassen bis 1994, jetzt: World Savings Banks Institute; **international settlements** *n/pl* internationale Zahlungen (fpl), internationaler Zahlungsverkehr (m); **International System of Units (SI)** Metrisches System (n); *Syn.: metric system; Ant.: Imperial System of Measurement; British System; English System*; **international tax treaty** *n* internationales Steuerabkommen (n); **international trade** *n* internationaler Handel (m); **international trade policy** *n* internationale Handelspolitik (f); **international transport company** *n* internationale Spedition (f); **International Valuation Applications (IVA)** *n/pl* Anwendungsrichtlinien (fpl) zu den → International Valuation Standards (IVS); **international valuation commentaries** *n/pl* Kommentierungen (fpl) zu den → International Valuation Standards (IVS); **International Valuation Standards** *n Val* internationale Bewertungsstandards; **International Valuation Standards Committee (IVSC)** *Org* internationaler Verband, der allgemeingültige Standards zur Immobilienbewertung erstellt

internationally recognized *adj* international gebräuchlich, international anerkannt

interoffice *adj* innerbetrieblich, unternehmensintern

interplay *n* Wechselwirkung (f)

interpleader *n Law* Gläubigerstreit (m); Verfahren zur Feststellung des wahren Gläubigers

interposed companies *n/pl* zwischengeschaltete Gesellschaften (fpl), Zwischengesellschaften (fpl)

interpret *v/t* abschätzen, auslegen, auswerten, bemessen, bewerten, schätzen, taxieren

interpretation clause *n Law* Auslegungsbestimmung (f), Auslegungsklausel (f)

i

inter-regional *adj* interregional; **inter-regional migration** *n Econ* interregionale Wanderung (f)
interruption *n* Abbruch (m); Unterbrechung (f); **interruption insurance** → business interruption insurance
intersection *n* Durchschnitt (m); Schnitt (m); Überschneidung (f); Kreuzung (f); Vierung (f); Straßenkreuzung (f)
inter-segment pricing *n* Verrechnungspreisgestaltung (f), Verrechnungspreise (mpl) zwischen den Segmenten
interspace *n* Zwischenraum (m)
interstate *n (US)* Bundesstraße (f)
interstate *adj* zwischenstaatlich (Bundesstaaten); überörtlich
interstice *n* Trennfuge (f)
interval ownership *n Law* → timeshare ownership
intervene *v/i* beeinträchtigen, eingreifen, intervenieren, stören, vermitteln
intervention *n* Intervention (f)
inter vivos *adv Law (lat.)* unter Lebenden; beschreibt eine Übertragung zu Lebzeiten; **inter vivos trust** *n Law* Treuhandverhältnis unter lebenden Personen; *Ant.: testamentary trust, pour-over trust*
intestacy *n* wörtlich: Testamentlosigkeit; Zustand, in dem kein Testament hinterlassen wurde
intestate *adj Law* nicht testamentarisch geregelt; wörtlich: ohne Testament; *Ant.: testate*
intra-company *adj* innerbetrieblich, unternehmensintern
intra-group balance *n* konzerninterne Salden (pl); **intra-group financing** *n* konzerninterne Finanzierung (f); **intra-group sales** *n/pl* interner Umsatz (m); **intra-group transaction** *n/pl* Geschäftsvorfälle (mpl) zwischen Konzernunternehmen, konzerninterne Geschäftsvorfälle (mpl)
intransparency *n* Intransparenz (f); *Syn.: opacity*
intra-plant *adj* innerbetrieblich, unternehmensintern
intra vires *Law (lat.)* im Rahmen der rechtlichen Befugnisse
intricacy *n* Schwierigkeit (f); Komplexität (f)
intrinsic value *n Val* intrinsischer Wert (m), Substanzwert (m); Eigenwert (m)
introduce an amendment *v/t* einen Abänderungsantrag einbringen
introduced *adj* eingeführt, eingezogen
introduction *n* Einleitung (f), Einführung (f); Einlass (m); Einsetzen (n), Einlegen (n); **introduction charges** *n/pl* Vermittlungsgebühr (f)
invalid *adj Law* ungültig, rechtsungültig, gegenstandslos; **invalid clause** *n Law* unwirksame Klausel (f)
invalidate *v/t* außer Kraft setzen, annullieren
invention *n* Erfindung (f)
inventories *n/pl* Vorratsvermögen (n), Vorräte (mpl)
inventory *n* Inventar (n), Warenbestand (m); Inventarverzeichnis (n); Inventur (f); **inventory audit** *n* Inventurprüfung (f); **inventory date** *n* Inventurstichtag (m); **inventory decrease** *n* Verringerung des Bestands (m), Bestandsveränderung (f); **inventory increase** *n* Vergrößerung des Bestands (m), Bestandsveränderung (f); **inventory insurance** *n* Inventarversicherung (f); **inventory number** *n* Inventarnummer (f); **inventory rent** *n* Bestandsmiete (f); **inventory valuation** *n* Bewertung (f) des Vorratsvermögens; **inventory value** *n* Inventarwert (m); **inventory write-downs** *n* Abschreibungen (fpl) auf Inventar
inverse compulsory purchase *n Law (GB)* umgekehrte Zwangsenteignung (f); Grundstückserwerb durch die Behörde und Entschädigung für Wertverlust auf Verlangen des Grundstückseigentümers; z.B. für Objekte, die, etwa nach dem Bau einer Autobahn, nicht mehr bewohnbar sind oder einen starken Wertverlust erlitten haben, jedoch nicht im Rahmen eines normalen Verfahrens enteignet wurden; *Syn.: inverse condemnation (US)*; → blight notice; **inverse condemnation** *n Law (US)* → inverse compulsory purchase; **inverse interest rate structure** *n* inverse Zinsstruktur (f)
invert level *n ArCo* Sohlenkote (f)
invest *v/t* anlegen, investieren; **invested capital (IC)** *n* investiertes Kapital (n), Kapitaleinsatz (m)
investigate *v/t* untersuchen, ermitteln; **investigate a market** den Markt beobachten
investigation *n* Untersuchung (f); Ermittlung (f), Überprüfung (f); **investigation of**

a contaminated site *n* Altlastenerkundung (f); *Syn.: environmental survey, soil survey*

investing activities *n/pl* Investitionstätigkeiten (f)

investment *n* Investition (f), Anlage (f); Beteiligung (f); Kapitalanlage (f); **investment in rationalization** *n* Rationalisierungsinvestition (f); **investments in associates** *n/pl* Anteile (mpl) an einem angegliederten Unternehmen; **investments in subsidiaries** *n/pl* Anteile (mpl) an Tochterunternehmen (npl)

investment activities *n/pl* Investitionstätigkeiten (f); **investment adviser** *n* Anlageberater (m); **investment allowance** *n Fin* Investitionszulage (f); **investment analysis** *n Fin* Investitionsanalyse (f); Investitionsrechnung (f); **investment appraisal** *n Fin* Wirtschaftlichkeitsrechnung (f); Bewertung (f) eines Investments; **investment assets** *n/pl* Kapitalanlage (f), Vermögensanlage (f); **investment assistance** *n* Investitionsförderung (f); **investment bank** *n* Anlage(n)bank (f), Emissionsbank (f); **investment budget** *n* Investitionsbudget (n); **investment categories** *n/pl* Kategorien (fpl) zur Kapitalanlage; **investment company** *n Fin* Investmentgesellschaft (f), Kapitalanlagegesellschaft (f); Beteiligungsgesellschaft (f); **investment consultant** *n* Anlageberater (m); **investment counsellor** *n (US)* Anlageberater (m); **investment credit** *n Fin* Investitionskredit (m); *Syn.: investment loan*; **investment financing** *n* Investitionsfinanzierung (f); **investment fund** *n* Anlagefonds (m), Anlagegesellschaft (f), Investmentgesellschaft (f)

investment grade *adj Fin* guter Bonität (f), investiv; *Ant.: speculative grade, non-investment grade*

investment grant *n Fin* → investment subsidy; **investment income** *n* Kapitalertrag (m), Vermögenserträge (mpl), Zinseinkünfte (pl), Zinsertrag (m); **investment lease** *n* Miet- oder Pachtvertrag (m); langfristiges Mietverhältnis mit der Absicht, durch Untermietungen Erträge zu erzielen; *Ant.: occupational lease*; **investment life cycle** *n Econ* Investitionslebenszyklus (m); **investment loan** *n* Investitionsdarlehen (n); **investment management** *n Fin* Vermögensverwaltung (f); **investment market** *n Fin* Anlagemarkt (m); Markt (m) für Kapitalanlagen; **investment method** *n Val (GB)* angelsächsisches Ertragswertverfahren (n) (ohne Trennung von Boden- und Gebäudewert); **investment method of valuation** *Val* → investment method; **investment performance** *n* Anlageergebnis (n); **investment policy** *n Fin* Anlagepolitik (f), Investionspolitik (f); **investment portfolio** *n* Kapitalanlagebestand (m), Wertpapierbestand (m); **investment proceeds** *n/pl* Investitionserlöse (mpl); **investment project** *n* Investitionsprojekt (n); **investment property** *n Fin* Kapitalanlage (f), Investmentobjekt (n); Grundstücke und Gebäude oder Teile davon, die als Kapitalanlage oder zur Erzielung von Miet- oder Pachterträgen gehalten werden (nicht für Produktion oder sonstige Leistungserstellung oder zum Verkauf im normalen Geschäftsbetrieb) (IAS 40); **Investment Property Databank (IPD)** britische Immobiliendatenbank (f); **investment property market** *n* Kapitalanlagemarkt (m) für Immobilien, Immobilienkapitalanlagemarkt (m); **investment purchase report** *n* Erwerbsbericht (m) für eine Investition; **investment rate** *n Fin* → investment yield; **investment rate of return** *Fin, Val* → internal rate of return; **investment rating** *n* Anlagebewertung (f); **investment receipts** *n/pl* Investitionseinnahme (f); **investment risk** *n* Investitionsrisiko (n); **investment shock** *n* Investitionsstoß (m); **investment spending** *n* Investitionsaufwendungen (fpl); **investment strategy** *n* Anlagestrategie (f); **investment subsidy** *n Fin* Investitionsbewilligung (f), Investitionskostenzuschuss (m) *Syn.: investment grant*; **investment trust** *n Fin* Kapitalanlagegesellschaft (f); Investmentgesellschaft (f); **investment valuation** *n Fin, Val (GB)* Bewertung von Immobilien für Investmentzwecke; **investment value** *n* Ertragswert (m), Investitionswert (m), Zukunftserfolgswert (m), Wert (m) einer Immobilie nach Anwendung der investment method; **investment venture** *n* Investorengemeinschaft (f); **investment volume** *n* Investitionsvolumen (n); **investment yield** *n Fin* Rendite (f) einer Anlage, Verzinsung (f) einer Anlage

i

investor *n Fin* Anleger (m), Investor (m); **investor developer** *n Dev* Investor-Developer (m); Projektentwickler, der ein Grundstück für den eigenen Bestand entwickelt

investor's method *n* Investorenmethode (f), Renditeberechnung (f), Investorenrechnung (f); **investor's rate of return** → internal rate of return; **investor's risk** *n* Anlegerrisiko (n), Investorenrisiko (n)

invitation *n* Einladung (f); **invitation to tender** *n Dev, ArCo* Ausschreibung (f); *Syn.: invitation to bid*; **invitation to treat** *n* Ausschreibung (f), Aufforderung (f) zur Abgabe eines Angebots, Angebotseinholung (f)

invitee *n* Eingeladener (m), Aufgeforderter (m)

I

invoice *n* Rechnung (f); **invoice sale** *n* Verkauf (m) auf Rechnung

invoice *v/t* ausrechnen, berechnen

invoiceable *adj* abrechenbar

invoicing *n* Abrechnung (f), Berechnung (f)

invoke *v/t* in Anspruch nehmen

involuntary *adj Law* unfreiwillig; **involuntary alienation** *Law* → forced sale; **involuntary conversion** *Law* → forced sale; **involuntary lien** *n Law* Vollstreckungspfandrecht (n); **involuntary trust** *Law (US)* gesetzliches Treuhandverhältnis (n); *Syn.: constructive trust*

in-wall *adj* unter Putz; *Syn.: concealed*; **in-wall mounting** *n* Unterputzmontage (f); *Syn.: concealed installation, built-in, plastered in, hidden installation*

Inwood factor *n Val (US)* Kapitalisierungsfaktor für zeitbefristete Immobilien wie → leasehold interests; basiert auf einer einzigen Rendite für Ertrag und Kapitalrückfluss; *Syn.: single rate method*; → Hoskold factor, dual rate method

IO *Fin* → interest only

IPD *Org* → Investment Property Databank

IRC *Tax (US)* → Internal Revenue Code

IREM *Org* → Institute of Real Estate Management

iron *n* Eisen (n); **iron portland cement** *n* Portlandhüttenzement (m), Eisenportlandzement (m); **iron work** *n ArCo* Schmiedearbeit (f); **iron works** *n/pl* Eisenhütte (f)

ironclad agreement *n Law* wörtlich: eiserne Abmachung; Vereinbarungen/Verträge, die nicht gebrochen werden können

IRR *Val* → internal rate of return

irrecoverable *adj* uneinbringbar

irredeemable ground lease *n Law (US)* befristeter Mietvertrag (m), Zeitmietvertrag (m); Mietvertrag ohne Kauf- und/oder Mietverlängerungsoption

irregular *adj* unregelmäßig; **irregular change** *n* nicht reguläre Änderung (f); **irregular income** *n* unregelmäßige Einnahmen (fpl)

irrevocable *adj* unwiderruflich; unabänderlich; **irrevocable consent** *n* unwiderrufliche Einverständniserklärung (f), unwiderrufliche Zusage (f); **irrevocable credit** *n* unwiderruflicher Kredit (m); **irrevocable trust** *n Law* unwiderrufliches Treuhandverhältnis (n)

irrigation *n* Bewässerung (f); **irrigation districts** *n/pl* Bewässerungsgebiete (n), Bewässerungszweckverband (m); Gebietskörperschaft, die Grundbesitzeigentümern besondere Rechte verleiht; sehr stark gesetzlich reglementiert; **irrigation ditch** *n* Bewässerungsgraben (m); **irrigation engineering** *n* Bewässerungstechnik (f); **irrigation system** *n* Bewässerungsanlage (f)

irritancy *n Law (sco.)* Kündigung (f) durch Vermieter

IRRV *Org (GB)* → Institute of Revenues, Rating and Valuation

IRS *Tax* → Internal Revenue Service

IRWA → International Right of Way Association

ISCS *Org* → International Council of Shopping Centers

ish *n Law (sco.)* Auslaufen (n) des Mietvertrags

island *n* Insel (f), Verkehrsinsel (f)

isle *n* Insel (f)

isolated *adj* abgelegen, vereinzelt, isoliert; **isolated approach** *n* isolierende Betrachtungsweise (f) des Wertansatzes; **isolated building** *n* frei stehendes Gebäude (n)

isolation *n* Absonderung (f), Isolierung (f), Isolation (f); *Syn.: insulation*; **isolation valve** *n* Absperrarmatur (f), Absperrventil (n)

isosceles *adj* gleichschenklig

issuance *n* Emission (f); Ausgabe (f)

issue *v/t* veröffentlichen, herausgeben; **issued capital** *n* gezeichnetes Kapital (n); **issued reserves** *n/pl* gezeichnete Reserven (fpl)

issue *n* **1.** Sachverhalt (m); Gegenstand (m) des Interesses; Streitfrage (f); Nachkommenschaft (f); **2.** *Fin* Ausgabe (f), Emission (f); Auflegung (f); **issue price** *n* Ausgabekurs (m), Emissionskurs (m); **issue price of a share** *n* Aktienemissionskurs (m)
issuing account *n* abgebendes Konto (n)
ISVA *Org* → Incorporated Society of Valuers and Auctioneers
itemization *n* Aufgliederung (f)
itemize *v/t* aufgliedern, einzeln aufführen, zerlegen
iter *n (sco.)* Fußweg (m)
iterative procedure *n Val* iteratives Verfahren (n)
ITZA *Val (GB)* in terms of → Zone A
IVA → International Valuation Commentaries
IVSC *Val, Org* → International Valuation Standards Commitee
IVS Code of Conduct Verhaltenskodex des → IVSC

J

jacket *n* Ummantelung (f); **jacket pipe** *n* Mantelrohr (n)
jacket *v/t* verkleiden
jalousie *n ArCo* Jalousie (f)
jamb *n ArCo* Einfassung (f); Pfosten (m); Türpfosten (m), Futterleiste (f); **jamb lining** *n* Türfutter (n); **jamb wall** *n* Kniestock (m)
janitor *n (US)* Hausmeister (m); Pförtner (m); *Syn.: caretaker (GB)*; **janitorial service** *n* Hausmeisterdienst (m), Pförtnerdienst (m)
JCT *Org* → Joint Contracts Tribunal
JCT Contract *ArCo, Law* → Joint Contracts Tribunal
jeopardy *n* Gefahr (f)
jerry-built *adj ArCo (GB)* schlecht gebaut, billig und schäbig gebaut
jib crane *n* Auslegerkran (m)
job *n* Job (m), Stelle (f), Auftrag (m); **job application** *n* Stellengesuch (n), Bewerbung (f); **job center** *n* Arbeitsamt (m); **job description** *n* Anforderungsprofil (n); *Syn.: job specification*; **job interview** *n* Bewerbungsgespräch (n); **job offer** *n* Angebot (n) einer offenen Stelle; **job (order cost) accounting** *n* Auftragsabrechnung (f); **job order costing** *n* Zuschlagskalkulation (f); **job relocation** *n* Verlagerung (f) von Arbeitsplätzen
joggle *n* Verzahnung (f); **joggle joint** *n ArCo* Sickenverbindung (f), überlappende Stoßfuge (f), verschränkte Stoßfuge (f)
joggle *v/t* rütteln, schütteln, verzahnen
join *v/t* beitreten, zusammenfügen; **join forces** zusammenarbeiten
joinder *n Law* Klageverbindung (f),Verbindung (f), Zusammenfügung (f); **joinder of actions** *n Law* Klagehäufung (f); *Syn.: joinder of claims*
joiner *n* Schreiner (m), Tischler (m), Bautischler (m); **joiner's bench** *n* Hobelbank (f); **joiner's glue** *n* Tischlerleim (m); **joiner's hammer** *n* Schreinerhammer (m); **joiner's pin** *n* Verbindungsstift (m); **joiner's work** *n* Tischlerarbeit (f); **joiner's workshop** *n* Schreinerei (f), Schreinerwerkstatt (f), Tischlerei (f), Tischlerwerkstatt (f); *Syn.: joiner's shop*
joinery *n* Tischlerei (f); Tischlerarbeit (f)
joint *n* Fuge (f), Gelenk (n), Gelenkstück (n)
joint *adj* gemeinsam; **joint adventure** → joint venture; **joint agent** *n Mkt* Mitmakler (m); gemeinsame Beauftragung mehrerer Makler; bei Abschluss des Geschäfts teilen sich die beauftragten Makler die Provision i.d.R. unabhängig davon, welcher von ihnen den Abschluss herbeigeführt hat; *Syn.: joint broker, co-agent* → joint sole agent
joint and several *adj Law* gesamtschuldnerisch; **joint and several liability** *n Law* gesamtschuldnerische Haftung (f)
joint annuity *n* verbundene Leibrente (f); Rente für zwei Personen (in der Regel Ehemann und Ehefrau), die ausgezahlt wird, solange mindestens eine von beiden Personen noch lebt; **joint assessment** *n Tax* Zusammenveranlagung (f); **joint audit** *n* Gemeinschaftsprüfung (f); **Joint Contracts Tribunal (JCT)** *n Org* Forum zur Gestaltung von Form und Inhalt von Verträgen in der Bauindustrie; gegründet u.a. durch RIBA, RICS und British Property Association of Consulting Engineers; **joint control** *n* gemeinschaftliche Führung (f), gemeinschaftliche Kontrolle (f), gemeinschaftliches Kontrollverhältnis (n); **joint credit** *n Fin* Konsortialkredit (m); **joint estate** *n* Teileigentum (n); **joint expert opinion** *n* Gemeinschaftsgutachten (n); **joint guarantee** *n* Mitbürgschaft (f); **joint heirs** *n/pl* Erbengemeinschaft (f); **joint interest** *n Law* Recht bzw. berechtigtes Interesse, über das verschiedene Personen verfügen; z.B. Ehepaar, welches ein gemeinsames Haus besitzt; **joint intervention** *n* abgestimmte Intervention (f); **joint liability** *n* Mithaftung (f); **joint mortgage** *n Fin* von mehreren Schuldnern unterzeichneter Vertrag über ein Hypothekendarlehen; **joint obligation** *n Law* gesamtschuldnerische Verpflichtung (f), Gesamtschuldverhältnis (n); **joint owner** *n Law* Miteigentümer (m), Mitbesitzer (m); Teilhaber (m), Mitinhaber (m); **joint ownership** *n Law* Miteigentum (n); Ge-

samthand(s)eigentum (n); **joint partnership** *n* Gemeinschaftsunternehmen (n), Zusammenarbeit (f), vergleichbar mit der deutschen BGB-Gesellschaft; **joint plaintiff** *n Law* Nebenkläger (m); **joint planning authority** *n* Planungsgemeinschaft (f); **joint planning board** *n Plan (GB)* Planungsgemeinschaft (f); gemeinsames Gremium zweier planning authorities; **joint planning group** *n* Planungsverband (m); **joint product** *n/pl* Kuppelprodukt (n); **joint property** *n* Miteigentum (n); **joint sealing** *n* Fugenabdichtung (f); **joint shipbuilding (company)** *n* Baureederei (f); **joint signature** *n* Mitunterschrift (f); **joint sole agent** *n Mkt* Mitmakler (m); gemeinsame Beauftragung mehrerer Makler im Alleinauftrag; d.h. es dürfen keine weiteren (dritten) Makler eingeschaltet werden; bei Abschluss des Geschäfts teilen sich die beauftragten Makler die Provision i.d.R. unabhängig davon, welcher von ihnen den Abschluss herbeigeführt hat; **joint stock company** *n (GB)* Kapitalgesellschaft (f); **joint tenancy** *n Law* Eigentum (n) zur gesamten Hand, Gesamthand(s)-eigentum (n); allen Eigentümern gehört das gesamte (ungeteilte) Eigentum gemeinsam; alle Eigentümer haben das gleiche Recht, das Eigentum zu nutzen; Besonderheit: das Eigentum geht im Todesfall eines der Eigentümer auf die verbliebenen Eigentümer über (→ right of survivorship); hierin unterscheidet sich das joint tenancy vom → tenancy in common; **joint (tenancy) account** *n* Gemeinschaftskonto (n); **joint tenant** *n* Miteigentümer (m); **joint undertaking** → joint venture; **joint venture** *n* Joint Venture (n), Gemeinschaftsunternehmen (n); → contractual joint venture

jointed *adj* gestoßen, verbunden

jointly controlled assets *n/pl* gemeinschaftlich geführtes Vermögen (n), Vermögenswerte (mpl) unter gemeinschaftlichem Kontrollverhältnis; **jointly controlled entity** *n* Gemeinschaftsunternehmen (n); **jointly controlled operations** *n/pl* gemeinschaftlich geführte Tätigkeit (f)

jointure *n Law* Wittum (n)

joist *n ArCo* Balken (m); Stützbalken (m); Deckenunterzug (m), Deckenträger (m); **joist ceiling** *n ArCo* Balkendecke (f)

jouissance (right) *n Law, Fin* Genussrecht (n); **jouissance share** *n Fin* Genussschein (m)

journal *n* Journal (n), Zeitschrift (f)

journeyman *n* gelernter Arbeiter (m), Geselle (m)

judas (hole) *n* Türgucker (m)

judge *n Law* Richter (m)

judge *v/t* einschätzen, beurteilen

judgement *n Law* Urteil (n), richterliche Entscheidung (f); Urteilsvermögen (n); Beurteilung (f); *Syn.: judgment*; **judgement by default** *n Law* → default judgement; **judgement for possession** *n Law* Räumungsurteil (n)

judgement creditor *n Fin, Law* gerichtlich festgestellter Gläubiger (m); Vollstreckungsgläubiger (m); **judgement debtor** *n Fin, Law* Pfändungsschuldner (m); Vollstreckungsschuldner (m); **judgement lien** *n Law (US)* im Prozessweg begründetes Pfandrecht (n); Zwangshypothek (f)

judgement proof *adj Law (US)* unpfändbar

judicial *adj* gerichtlich; **judicial foreclosure** *n Law (US)* Zwangsvollstreckung (f), gerichtliche Vollstreckung (f) aus einer Hypothek; *Syn.: compulsory execution*; **judicial review** *n Law* Revision (f); richterliche Überprüfung (f) von Verwaltungsentscheidungen; **judicial sale** *n Law, Mkt (US)* Zwangsverkauf (m), Zwangsversteigerung (f); *Syn.: compulsory purchase*

jumbo *n* Koloss (m); fahrbares Gerüst (n); **jumbo bond** *n* Jumbo-Pfandbrief (m); **jumbo project** *n* Großprojekt (n)

junction *n* Straßenkreuzung (f), Verzweigung (f)

junior financing *n Fin* nachrangige Finanzierung (f); **junior lien** *n Law* nachrangiges Pfandrecht (n); **junior loan** *n* nachrangiges Darlehen; **junior mortgage** *n Fin (US)* nachrangige Hypothek (f), zweite Hypothek (f), zweitstellige Hypothek (f)

junking *n (US)* Verschrotten (n)

jurat *n Law* eidesstattliche Erklärung (f)

juridical *adj* juristisch; **juridical double taxation** *n* juristische Doppelbesteuerung (f); **juridical person** *n* juristische Person (f)

jurisdiction *n Law* Zuständigkeit (f); Gerichtsbarkeit (f); Gerichtsstand (m)

jurisdictional reach *n Law* Zuständigkeit (f)

jurisprudence *n* Jurisprudenz (f); Rechtswissenschaft (f)

J

jus strictum *n Law (lat.)* zwingendes Recht (n)
just compensation *n Law* angemessene Entschädigung (f) bei Grundstücksenteignung
justification *n* Rechtfertigung (f)
justify *v/t* begründen, bekräftigen, glaubhaft machen, nachweisen, rechtfertigen
jut *n* Vorsprung (m)
JV → joint venture

J

K

keep *v/t* halten, behalten; **keep abreast of** Schritt halten mit; **keep (a) competitive edge** Wettbewerbsfähigkeit erhalten; **keep a watchful eye (on)** beachten, beobachten; **keep in repair** *Law* in (gutem) Zustand halten

keeper *n* Verriegelung (f); Wächter (m), Aufseher (m)

Kelly's Post Office Directories *n (GB)* wohlbekanntes Branchenadressbuch

kerbstone *n (GB)* Rinnstein (m)

key *v/t* einkeilen

key *n* **1.** Schlüssel (m); **key area** *n* Hauptbereich (m); **key customer** *n* wichtiger Kunde (m); **key data** *n/pl* Kennziffern (fpl), Kerndaten (npl); **key date** *n* Berichtszeitpunkt (m), Stichtag (m); **key indicator** *n* Kennzahl (f); **key lot** *n Val, Dev (US)* Schlüsselgrundstück (n); für den Erfolg einer Entwicklung kritisches Grundstück; **key map** *n* Übersichtskarte (f); **key money** *n* Mietvorauszahlung (f), Kaution (f); Abstandszahlung (f), Abstand (m), Ablösesumme (f); bei Schlüsselübergabe zu zahlendes Geld; auch: Zahlung an den Vermieter, den Vormieter oder eine andere Person, um ein Objekt selbst mieten zu können; **key plan** *n* Übersichtsplan (m); **key ratio** *n* Spitzenkennzahl (f); **key tenant** *n* Ankermieter (m); Hauptmieter (m); *Syn.: anchor tenant, major tenant*

key *n* **2.** *ArCo* Verdübelung (f); Keil (m); Feder (f); **key slot** *n* Keilnut (f); *Syn.: keyway*

keynote speaker *n* Hauptredner (m)

kickback *n* Provision (f) (häufig geheim); Bestechungsgeld (n); Provisionszahlung für die Empfehlung eines Kunden oder Geschäfts, anders als die normale → commission ohne Kenntnis des Kunden bezahlt und daher nicht notwendigerweise in dessen Interesse

kicker *n Fin* Zusatzgebühr (f), zusätzliche Darlehensvergütung (f); → equity kicker

kicking plate *n* Stoßplatte (f)

kick-out clause *n* Kündigungsklausel (f)

killer bee *n* Investmentbank (f), die Strategien zur Abwehr von Übernahmeangeboten entwickelt

kiln *n ArCo* Brennofen (m); Holztrocknungsanlage (f)

kilowatt-hour rate *n* Arbeitspreis (m) einer Kilowattstunde

kindergarten *n* Kindergarten (m); *Syn.: nursery school*

king post *n* Hängesäule (f), Hauptstiel (m)

kink *n* Knick (m)

kiosk *n* Kiosk (m); Pavillon (m); GB auch: Telefonzelle (f)

kissing gate *n (GB)* Schwinggatter (n); Tor, normalerweise auf einem Fußweg, das Durchgang für Fußgänger erlaubt, jedoch für Vieh, Pferde usw. nicht passierbar ist

kitchen *n* Küche (f); **kitchen cabinet** *n* Küchenschrank (m); **kitchen cupboard** *n* Küchenschrank (m); **kitchen furniture** *n* Kücheneinrichtung (f); **kitchen stove** *n* Herd (m)

kitchenette *n* Kochnische (f); Küchenzeile (f); Teeküche (f)

kiting *n Law* Scheckfälschung (f), Scheckbetrug (m); auch: Bankbetrug: z.B. Betreibung mehrerer Konten bei verschiedenen Banken, um die Zeitverschiebung im Bankabrechnungsverfahren auszunutzen; **kiting stocks** Hinauftreiben von Aktienkursen

knife-edge load *n* Linienlast (f), Streckenlast (f)

knob *n* Knauf (m), Türknopf (m); **knob cylinder** *n* Knaufzylinder (m)

knock down *v/t* niederreißen; etw. versteigern, jmd. etw. zuschlagen; **knockdown** *n ArCo (US)* Gebäudeteile, die leicht an- oder abbaufähig sind, z.B. Trennwände etc.; Strukturverputz, besonders auf interner Wand- oder Deckenfläche (GB auch: artex); **knock-down price** *n* äußerster Preis (m)

knock-out agreement *n Mkt* unredliche Vereinbarung (f) von Bietern; resultiert in einer Scheinauktion; **knockout price** *n* Schleuderpreis (m)

knock sth. off *v/t* Preisnachlass gewähren

knot *v/t* knoten, kitten

know-how *n (US)* Know-how (n), Fachkenntnisse (fpl), Erfahrungswissen (n);

knowingly false statements *n/pl* bewusst falsche Angaben (fpl)

knowledgeable *adj* sachkundig, gut unterrichtet

L

label(l)ing requirement *n* Kennzeichnungspflicht (f)
laboratory *n* Labor (n)
labour *n* Arbeit (f), Arbeitskräfte (fpl); Produktionsfaktor (m); *Syn.: labor (AE)*; **labour costs** *n* Arbeitskosten (pl), Lohnkosten (pl); **labour force of a factory** *n* Arbeitskräfte (fpl) einer Fabrik, Belegschaft (der Fabrik); **labour market** *n* Arbeitsmarkt (m); **labour theory of value** *n Econ* Arbeitswertlehre (f), Arbeitswerttheorie (f)
laches *n* Verwirkung (f); Untätigkeit (f)
lack *n* (absence) Fehlen (n); (shortage) Knappheit (f), Mangel (m)
ladder *n* Leiter (m)
Lady Day *n (GB)* Mariä Verkündigung (f); 25. März; einer der 4 → quarter days in GB (außer Schottland); *Syn.: Annunciation Day*
lag *n Econ* Verzögerung (f)
lag *v/t ArCo (GB)* isolieren; z.B. Heizungs- oder Heißwasserrohre
lagging indicator *n Econ* nachlaufender Wirtschaftsindikator (m), Spätindikator (m)
laid dry *adj* trockengemauert
laminar flow *n* laminare Strömung (f)
laminate *n ArCo* Laminatplatte (f), Schichtplatte (f), Laminat (n); → plywood, Formica®; **laminated beam** *n* Leimbinder (m); **laminated flooring** *n* Laminatboden (m), Laminatfußboden (m), laminierter Boden (m); **laminated timber** *n* leimgebundenes Holz (n); → plywood
lamp *n* Lampe (f), Leuchte (f)
land *n* Land (n); Boden (m); Grundbesitz (m); Grund und Boden; **land designated for development** *n* ausgewiesene Baufläche (f), ausgewiesenes Bauland (n), Entwicklungsfläche (f); **land earmarked for development** *n* Bauerwartungsland (n); **land ready for development** *n* baureifes Grundstück (n), baureifes Land (n), Erschließungsgelände (n); **land with buildings** *n/pl* bebautes Grundstück (n); **land with hope value (for development)** *n* Bauerwartungsland (n); **land zoned for development** *n* Baufläche (f)
land acquisition programme *n* Bodenbeschaffungsplan (m); **land acquisition tax** *n Tax* Grunderwerbsteuer (f); *Syn.: stamp duty (GB)*; **land agent** *n (GB)* Gutsverwalter (m); Immobilienmakler (m); **land analysis** *n Val* Grundstücksanalyse (f), Standortanalyse (f); **land assembly** *n Dev* Parzellenvereinigung (f); Gruppierung mehrerer Grundstücke, um ein (i.d.R. wertvolleres) Entwicklungsgrundstück zu schaffen
land bank *n (US)* Bodenkreditanstalt (f), Landwirtschaftsbank (f); *(GB)* Vorrat an Baugrundstücken; **land banker** *n Dev (GB)* Projektentwickler, der Grundstücke baureif macht und vorhält, bis er sie bebaut; **land banking** *n Dev (GB)* spekulativer Erwerb von Grundstücken für spätere Nutzung oder Entwicklung
land betterment *n* Bodenwerterhöhung (f), Bodenwertsteigerung (f); **land capacity** *n Plan* Maß für die Fähigkeit einer Gemeinde (oder eines anderen Einflussbereichs), Bauland für das angestrebte oder prognostizierte Wachstum (Anzahl der Haushalte oder Arbeitsplätze) zur Verfügung stellen zu können; basiert auf aktuellem Vorrat an Baugrundstücken und Entwicklungspotenzial gemäß Flächennutzungsplanung; **land capitalization** *n Val (US)* Bewertungsmethode für unbebaute Grundstücke oder für Bodenelemente von bebauten Grundstücken, für die ein → ground rent (Erbbauzins) bezahlt wird; Kapitalisierung erfolgt durch eine angemessene land capitalization rate (Rendite oder Liegenschaftszinssatz); **land certificate** *n Law (GB)* Eigentumsurkunde (f); Eigentumsbescheinigung (f); Grundbuchauszug (m); Eigentumsbescheinigung über → registered land (eingetragener Grundbesitz) mit Auskunft über a) Identität des Grundstücks und Rechte (→ freehold oder → leasehold), b) Besitzer (ggf. mit Handlungsbeschränkungen) und c) Lasten
land charge *n* Grundschuld (f); **land charge certificate** *Law* → charge certificate; **land charges register** *n Law* Baulastenver-

zeichnis (n), Register (n) für Grundstücksbelastungen

land classification *n Plan* Landklassifizierung (f); **land clearing** *n Plan, Dev* Rodung (f); **land compensation** *n Law* Entschädigung (f) für enteignetes Land; **land conservation** *n* Landespflege (f), Naturschutz (m); **land consolidation** *n Plan, Dev* Flurbereinigung (f), Kommassation (f); (CH) Gesamtmelioration (f), (CH) Gütermelioration (f); *Syn.: consolidation of land*

land consuming *adj* flächenintensiv

land consumption *n Plan* Landverbrauch (m); **land contamination** *n* Bodenkontaminierung (f); **land contract** *n Law (US)* Ratenzahlungsvertrag (m); Finanzierungsvariante: Der Käufer leistet eine Anzahlung und regelmäßige (üblicherweise monatliche) Raten. Das Eigentum verbleibt beim Verkäufer und wird erst nach der letzten Zahlung übertragen; der Käufer hat bis zu diesem Zeitpunkt lediglich ein → equitable interest; *Syn.: instalment contract, contract for deed*; **land contribution** *n* Flächenbeitrag (m); **land conversion** *n Plan (US)* Entwicklung von unbebauten, insbes. forstwirtschaftlichen Grundstücken; z.B. für Wohn-, Gewerbe-, Straßen- oder landwirtschaftliche Nutzung; **land costs** *n/pl Dev* Grundstückskosten (f); Kosten (pl), die mit dem Kauf eines Grundstücks zusammenhängen; **land deduction** *n* Flächenabzug (m); **land description** *n* Beschreibung (f) des Grund und Bodens; Beschreibung (f) eines Stückes Land, wie sie aus dem öffentlichen Grundregister hervorgeht; **land developer** *n* Entwicklungsträger (m), Erschließungsträger (m), Grundstücksentwickler (m)

land development *n Plan, Dev* Flächenerschließung (f), Baulandentwicklung (f); **land development fees** *n/pl* Erschließungskosten (pl); **land development plan** *n (US)* Erschließungsplan (m), Erschließungsplan (m) für Baugelände (in rechtlicher Sicht), Grundstückserschließungsplan (m)

land district *n* Grundbuchbezirk (m); **land drainage** *n* Bodenentwässerung (f), Landentwässerung (f); **land economics** *n Econ* Zweig der Volkswirtschaftslehre, der sich mit dem Faktor Boden und mit Landwirtschaft beschäftigt

landed *adj* begütert, landbesitzend; **landed cost** *n Mkt* Kosten (pl) einschließlich Entladung und Zoll; **landed estate** *n* Landgut (n); **landed price** *n Mkt* Preis (m) einschließlich Entladung und Zoll; **landed property** *n* Immobilie(n) (f/fpl), Grundbesitz (m), Liegenschaften (fpl), unbewegliche Sachen (fpl); **landed proprietor** *n* Grundbesitzer (m), Gutsbesitzer (m)

landfill *n ArCo* Geländeaufschüttung (f); Geländeauffüllung (f); (Müll)deponie (f); **landfill behaviour** *n* Deponieverhalten (n); **landfill conversion** *n* Deponierückbau (m); **landfill material** *n* Deponiestoffe (mpl); **landfill reclamation** *n* Deponiesanierung (f); **landfill volume** *n* Deponievolumen (n)

land grant *n Law (US)* Eigentumsübertragung öffentlichen Grundbesitzes auf eine Privatperson bzw. eine private Gesellschaft; bspw. an ein College; **land improvement** *n Dev (US)* Entwicklung (f) eines Grundstücks; *Syn.: land development (GB)*; **land improvements** *n/pl (US)* Grundstückseinrichtungen (fpl)

landing *n* Podest (n), Treppenabsatz (m), Treppenpodest (n); *Syn.: stairhead*; **landing slab** *n* Podestplatte (f); **landing-stage** *n* Landesteg (m), Landungssteg (m) (für Schiffe); **landing step** *n (US)* Podeststufe (f)

landlady *n* Wirtin (f); Vermieterin (f); Ausdruck noch gängig (obwohl manchmal mit zweideutigem Nebensinn); **land law** *n* Bodenrecht (n); **land lease** *n (US)* Grundstückspacht (f) (zeitlich befristet); **land leaseback** *n Law* Grundstücksverkauf (m) mit Rückanmietung; Finanzierungsmethode für Entwicklungsgrundstücke; **land leveling** *n* Geländeplanierung (f); **land loan** *n Fin (US)* Grundkredit (m), Bodenkredit (m); auch: Darlehen, das für die Akquisition eines Grundstücks aufgenommen wird; *Syn.: mortgage*

landlocked *adj Dev* ohne Zufahrt; von Land umschlossen, ohne Zugang zum Meer; **landlocked lot** *n* zuwegloses Grundstück (n); *Syn.: landlocked plot*

landlord *n* Hausbesitzer (m); (of property) Grundherr (m), Vermieter (m), Verpächter (m); *Syn.: lessor*; (of a pub, etc.) Wirt (m), Gastwirt (m)

landlord and tenant law *n Law* Mietrecht (n), Pachtrecht (n)

landlord's access *n Law* Zutritt(-srecht) (m/n) des Vermieters/Verpächters; **landlord's energy statement (LES)** *(GB)* Arbeitsmittel der → British Property Federation, das es Vermietern ermöglicht, die Energieeffizienz und CO_2-Emissionen der Gemeinschaftsflächen ihrer Objekte zu vergleichen und verbessern; **landlord's expenses** *n/pl* Ausgaben (fpl) des Vermieters; **landlord's fixtures** *n/pl Law* Einbauten (pl) im Eigentum des Vermieters; **landlord's improvements** *n/pl Law* vom Vermieter bezahlte Verbesserungen (Modernisierung, bauliche Veränderung etc.) der Mietsache; **landlord's inspection** *n* Besichtigung (f) einer Wohnung durch den Vermieter; z.B. bei → handback; **landlord's repairs** *n/pl Law* Reparaturen/Instandhaltung, die (laut Mietvertrag) Pflicht des Vermieters sind; **landlord's warrant** *n Law* Pfandrecht (n) des Vermieters/Verpächters auf bewegliche Sachen des Mieters/Pächters im Fall einer Nichtzahlung bzw. Zahlungsverzug der Miete

land management association *n Org* Verband (m) zur Bodenverwaltung

landmark *n* Wahrzeichen (n), Orientierungspunkt (m), Grenzstein (m), Feldmarkung (f), Geländepunkt (m); **landmark building** *n* herausragendes, außergewöhnliches Gebäude (n); **landmark development** *n* Leuchtturmprojekt (n), außerordentliche Projektentwicklung (f); **landmark decision** *n* Grundsatzentscheidung (f)

land market *n* Bodenmarkt (m), Baulandmarkt (m); **land measuring** *n* Feldmessung (f); **land occupancy** *n* Flächenbelegung (f); **land option** *n Law* mit dem Ausübungspreis verrechenbare Landkaufoption; **landowner** *n* Grundbesitzer (m), Grundeigentümer (m), Gutsbesitzer (m); **land parcel redistribution** *n Plan* Bodenordnungsmaßnahme (f), Bodenumverteilung (f); **land patent** *n Law (US)* Urkunde für die Übertragung öffentlichen Grundbesitzes auf eine Privatperson bzw. eine private Gesellschaft; → land grant; **land policy** *n* Bodenpolitik (f); **land preservation** *n* Landespflege (f), Naturschutz (m)

land price *n* Bodenpreis (m); **land price index** *n* Bodenpreisindex (m); **land price map** *n* Bodenpreiskarte (f), Kaufpreiskarte (f)

land proprietor *n* Grundeigentümer (m); **land rationalization** *n* Flurbereinigung (f); **land reallocation** *n* Flächenumlegung (f); **land reallocation area** *n* Umlegungsgebiet (n); **land reclamation** *n Plan, Dev* Landrückgewinnung (f), Wiederurbarmachung (f); Bodensanierung (f); Neulandgewinnung (f) (durch Trockenlegung); **land records office** *n (US)* Grundbuchamt (n); **land redistribution** *n* Flurbereinigung (f), Kommassation (f), Flächenumlegung (f); **land reform** *n* Bodenrechtsreform (f), Bodenreform (f)

land register *n Law (GB)* Grundbuch (n), Kataster (m); besteht aus drei Teilen: Property Register, Proprietorship Register und Charges Register; *Syn.: cadastre (auch cadaster); deed book (US)*; **land register extract** *n* Grundbuchauszug (m); **land register files** *n/pl* Grundakten (fpl) (Grundbuch); **land register index** *n* Bestandsverzeichnis (n); **land register page** *n* Grundbuchblatt (n); **land registration** *n* Grundbucheintragung (f); **land (registration) office** *n* Grundbuchamt (n); **land registry** *n Law (GB)* Grundbuchamt (n), Katasteramt (n)

land rent *n* Pacht (f); **land requirement** *n* Flächenbedarf (m); **land reserve policy** *n* Bodenvorratswirtschaft (f); **land residual analysis** *n (US)* Residualverfahren (n) zur Ermittlung des Produktionsfaktors Boden; **land residual technique** *n Val* Residualtechnik (f) zur Ermittlung des Produktionsfaktors Boden; Bodenwertermittlung anhand der Kapitalisierung der Differenz zwischen dem Gesamteinkommen der Immobilie und dem Ertrag der baulichen Anlagen; **land restoration** *n* Rekultivierung (f); **land rights** *n/pl* Bodenrecht (n); **land sale-leaseback** *n Fin* Veräußerung von Grundbesitz und gleichzeitiges Zurückmieten; dient der Kapitalfreisetzung bei weiterer Nutzung durch den ursprünglichen Eigentümer

landscape *n* Landschaft (f); **landscape architect** *n* Landschaftsarchitekt (m); **landscape architecture** *n* Landschaftsarchitektur (f), Landschaftsgestaltung (f); *Syn.: landscaping*; **landscape ecology** *n* Landschaftsökologie (f); **landscape engineer** *n*

l

Landschaftsgestalter (m); **landscape management** *n* Landschaftspflege (f), Landespflege (f); **landscape plan** *n* Landschaftsplan (m); **landscape preserve** *n* Landschaftsschutzgebiet (n); **landscape project** *n* Landschaftsplanung (f); **landscape protection area** *n* Landschaftsschutzgebiet (n)

landscape *v/t ArCo* landschaftsgärtnerisch gestalten; **landscaped environment** *n* landschaftlich gestaltete Umgebung; **landscaped office room** *n ArCo* → office landscape

landscaping *n ArCo* Landschaftsarchitektur (f), Landschaftsgestaltung (f); *Syn.: landscape architecture*

land speculation *n* Bodenspekulation (f); **land steward** *n (US)* Landverwalter (m); GB (veraltet): Gutsverwalter; jetzt (insbes. US) mit Gewicht auf Erhaltung – Landschaftspflege, Naturschutz etc.

Lands Tribunal *n Law, Tax* Sondergerichtshof (Berufungsgericht) für Immobilien; in GB: u.a. Schätzschiedsstelle für Enteignungsfälle, Berufungsgericht für → rating valuations (Einheitswertbestimmungen)

land survey *n* topographische Landaufnahme (f), Landvermessung (f); *Syn.: land surveying*; **land surveyor** *n* Landvermesser (m); Vermessungsingenieur (m); **land tax** *n Tax* Grundsteuer (f); **land tax act** *n* Grundsteuergesetz (n), Gesetz zur Regelung und Veranlagung von Grundsteuern; **land terrier** *n (GB)* Grundstückspapiere (npl); eine Art Kataster für Privat- oder Sonder-Landgute, z.B. eines Konzerns oder eines Ministeriums mit wesentlichem Immobilienbesitz; **land title** *Law* → title; **Land Titles Act (LTA)** *n (CA)* Grundbuch(auszugs)gesetz (n); **land-to-building ratio** *n Plan, Val* Grundflächenzahl (f); Verhältnis zwischen Grundstücksgröße und Gebäudegröße; Verhältnis zwischen Boden- und Gebäudewertanteil; **land transactions** *n/pl* Bodenverkehr (m), Grundstücksverkehr (m); **land transfer tax** *n* Grunderwerbsteuer (f); **land trust** *n Org (US)* Landtreuhand (f), Grundstückstreuhand (f); gemeinnützige Organisation, die Grundstücksbesitzer und Gemeinden unterstützt, ihr Land vor Überentwicklung zu schützen zur Vorhaltung bzw. Erhaltung von Grünflächen, Natur- oder Wasserschutz, Landschaftspflege usw.

land use *n Plan* Bodennutzung (f), Flächennutzung (f), Landnutzung (f); **land use intensity** *n Plan* Flächennutzungsintensität (f), Maß (n) der baulichen Nutzung; **land use map** *n Plan* Flächennutzungsplan (m); **land use patterns** *n/pl Plan* typische Entwicklungen der Flächennutzung; **land use plan** *n* Flächennutzungsplan (m); **land use planning** *n Plan* Flächennutzungsplanung (f), Bauleitplanung (f); **land use regulations** *n/pl Plan* Flächennutzungsordnung (f); Regulierung (f) der Flächennutzung; **land use succession** *n Econ* Veränderung der hauptsächlichen Nutzung eines Stadtteils im Zeitverlauf; **land use zoning** *n* Art (f) der baulichen Nutzung, bauliche Nutzung (f)

land utilization *n* Bodennutzung (f) (Flächenausnutzung); **land utilization (and ownership) map** *n* Bestandskarte (f)

land valuation *n* Grundstücksbewertung (f); Schätzung (f) des Bodenwerts

land value *n* Bodenwert (m), Grundstückswert (m), Grundwert (m); **land value increase** *n* Bodenwerterhöhung (f), Bodenwertsteigerung (f); **land value map** *n* Bodenrichtwertkarte (f), Richtwertkarte (f); **land value tax** *n* Bodenwertsteuer (f)

lane *n* Fahrbahn (f); Fahrbahnstreifen (m); Gasse (f), Pfad (m)

lantern *n* Laterne (f); **lantern light** *n* Laterne (f)

lap *n* Überlappung (f); **lap joint** *n* Überlappungsfuge (f)

lapse *n* Ablauf (m), Verfall (m); **lapsed patent** *n* abgelaufenes Patent (n)

larch *n* Lärche (f)

larder *n* Speisekammer (f)

large lettings *n/pl* Großvermietungen (fpl)

large-lot sale *n* Paketverkauf (m); **large-lot zoning** *n Plan* → acreage zoning

large-scale *adj* in großem Maßstab, umfangreich, Groß-; **large-scale power plant** *n* Großkraftwerk (n); **large-scale project** *n* Großprojekt (n)

last due date *n* letzter Stichtag (m)

last in – first out method (Lifo-Method (l. i. f. o.-Method)) *n Val, Fin* Inventurbewertungsmethode (f), l. i. f. o.-Methode

late *adj* spät, verspätet; kürzlich; verstorben

latent *adj* latent, verborgen, versteckt; **latent damage** *n ArCo, Law* versteckter Schaden (m), verborgener Schaden (m); **latent defect** *n ArCo, Law* versteckter Mangel (m), verborgener Mangel (m), innewohnender unsichtbarer Mangel (m); **latent defects insurance** *n Law* Versicherung (f) gegen innewohnende unsichtbare Mängel; **latent reserves** *n/pl* → hidden reserves; **latent value** *n Val* latenter Wert (m), potenzialer Wert (m); z.B. von Entwicklungsgrundstücken oder Objekten mit Umbaufähigkeit

late payment *n Law* Zahlungsverzug (m)

lateral *adj* seitlich; **lateral and subjacent support** *n Law* wörtlich: (Recht auf) Unterstützung von der Seite und von unten; Grundstücksnachbar darf keinen Schaden verursachen; **lateral bracing** *n* Windverband (m); **lateral expansion joint** *n* Gelenkkompensator (m); **lateral flexure** *n* Knickung (f); **lateral inclination** *n* Querneigung (f)

lathe *n* Drehbank (f)

lathing *n* Verlattung (f)

lath partition *n* Lattenverschlag (m)

Latin American Real Estate Society (LaRES) *Org* latein-amerikanischer Immobilienverband; zugehörig zur → International Real Estate Society (IRES)

latitude *n* Bewegungsfreiheit (f), Spielraum (m); geografische Breite (f)

latrine *n* Latrine (f), Feldtoilette (f)

lattice girder *n* Fachwerkträger (m): **lattice work** *n* Fachwerk (n)

launch *v/t* auf den Markt bringen, vermarkten

laundry *n* Waschküche (f), Hausarbeitsraum (m); *Syn.: laundry room*

lavatory *n* Toilette (f)

law *n* Recht (n); Rechtsvorschrift (f), Gesetz (n); **law of obligations** *n* Schuldrecht (n); **law of property** *n* Sachenrecht (n); **Law of Property Acts** *n (GB)* Gesetzesreihe (bes. die Law of Property Acts 1921-1925 und spätere Gesetze), die das britische Immobilienrecht wesentlich reformiert und die Basis für das aktuelle System geschaffen hat; **law of succession** *n* Erbrecht (n)
law agent *n (sco.)* Rechtsanwalt (m), Advokat (m); **law courts** *n/pl* Gerichtsgebäude (n); **law day** *n Fin (US)* Verfallstag (m), Fälligkeitstag (m) (einer Obligation); *Syn.: closing date*; **law firm** *n* Anwaltssozietät (f); **law proceedings** *n/pl* Klage (f), Prozess (m), Rechtsstreit (m); **law reports** *n/pl Law (GB)* Fallrechtssammlung (f), Urteils- und Entscheidungssammlung (f); **Law Society** *n Org (GB)* Verband (m) der Rechtsanwälte, (nationale) Anwaltskammer (f); **Law Society Conditions of Sale** *n Law, Mkt (GB)* allgemeine Verkaufsbedingungen für Immobilien; von der Law Society veröffentlicht

lawful *adj* rechtmäßig, gesetzlich; **lawful entry** *n Law* rechtliche Inbesitznahme (f); **lawful interest** *n Fin, Law* gesetzlich vorgeschriebener Höchstzinssatz (m); **lawful money** *n (US)* gesetzliches Zahlungsmittel (n); *Syn.: legal tender*

lawn *n* Rasen (m)

lawsuit *n* Prozess (m), Rechtsstreit (m), Gerichtsverfahren (n)

lawyer *n* Jurist (m); Rechtsanwalt (m)

lay-by *n (GB)* Rastplatz (m), Parkstreifen (m)

layer *n* Schicht (f); **layer construction** *n* Lagenschüttung (f), Schichtbauweise (f), Aufbau (m); **layer method** *Val* → hardcore method

laying system *n* Verlegeverfahren (n)

lay open *v/t* zeigen, darlegen, offenlegen

layout *n ArCo* Layout (n); Plan (m), Lageplan (m), Grundriss (m); Anordnung (f), Aufbau (m); Skizze (f), Entwurf (m), Bauplan (m); **layout of a city** *n Plan* räumliche Anordnung einer (Groß-)Stadt; **layout plan** *n* Einrichtungsplan (m)

lead *v/t ArCo* leiten; **lead lender** *n Fin* Hauptkreditgeber (m), Konsortialführer (m); **lead manager** *n Fin* Konsortialführer/in (m/f); **lead time** *n* Einführungszeit (f), Vorlaufphase (f), Durchlaufzeit (f)

lead *n* **1.** *ArCo* Leitung (f), Zuleitung (f); **2.** Blei (n); **lead mine** *n* Bleibergwerk (n); **lead works** *n/pl* Bleihütte (f)

leaden roof *n* Bleidach (n)

leading indicator *n Econ* Frühindikator (m)

leaf door *n ArCo* Flügeltür (f)

League of Nations *Org* Völkerbund (m)

leak *n* Leck (n), Leckage (f), undichte Stelle (f); **leak detection system** *n* Leckmeldesystem (n); **leak monitoring** *n* Lecküberwachung (f); **leak monitoring system** *n* Lecküberwachungseinrichtung (f); **leak test** *n* Dichtheitsprüfung (f), Dichtheitstest (m)

leakage *n* Leck (n), Leckage (f), undichte Stelle (f), Undichtigkeit (f); Leckmeldung (f); Leckmenge (f)

lean concrete *n* Magerbeton (m), unbewehrter Beton (m)

leaning *adj* schief, anlehnend

lean-to *n* Pultanbau (m); **lean-to roof** *n* Pultdach (n)

leap year *n* Schaltjahr (n)

learning costs *n/pl* Anlaufkosten (pl), Lernkosten (pl)

leasability *n* Vermietbarkeit (f); *Syn.: lettability*

lease *n* Miete (f), Pacht (f); Vermietung (f), Verpachtung (f); Mietvertrag (m); **lease for life** *n Law* lebenslänglicher Mietvertrag (m); Mietvertrag (manchmal leaseback), der mit dem Tod des Mieters endet; häufig angewendet bei Seniorenwohnobjekten

lease agreement *n* Mietvereinbarung (f), Mietvertrag (m), Pachtvertrag (m); **lease analysis** *n Val, PptMgt, Mkt* Mietvertragsanalyse (f); Zweck: Bewertung, CREM, wirtschaftliche Beratung von werdenden Mietern usw.

leaseback *n Law* Rückanmietung (f); Anmietung nach Verkauf des Eigentums, üblicherweise zwecks Finanzierung; → sale and leaseback; **leaseback sale** *n* Verkauf (m) bei gleichzeitiger Rückvermietung an den Verkäufer

lease contract *n Law* Mietvertrag (m); Pachtvertrag (m); **lease deed** *n* Mietvertrag (m), Pachtvertrag (m); **lease expiration profile** *n* Fristablaufstruktur (f) der Vermietungen und Mietverträge, Fristigkeitenspiegel (m) der Mietverträge; **lease extension option** *n Law* Mietvertragsverlängerungsoption (f)

leasehold *n (GB)* Mietbesitz (m), Pachtbesitz (m); zeitlich begrenztes Nutzungsrecht (n); Erbbaurecht bzw. Nutzungsrecht durch Miet-/Pachtvertrag; *Syn.: leasehold interest*; *Ant.: freehold*; → Law of Property Act 1925; **leasehold agreement** *n Law* Pachtvertrag (m), Mietvertrag (m); *Syn.: lease contract*; **leasehold cost** *n/pl* Aufwendungen (fpl) des Pächters; **leasehold enfranchisement** *n Law* das Recht eines Mieters bzw. Pächters eines ground lease (analog einem Erbbaurecht), das Eigentum an dem Objekt zu erwerben; **leaseholder** *n Law* Mieter (m); Pächter (m); **leasehold estate** *n* gepachtetes Grundstück (n); **leasehold financing** *n* Finanzierungsform, bei der Pachtrechte als Sicherheit dienen; → leasehold mortgage; **leasehold improvements** *n/pl Law (US)* Maßnahmen zur Wertsteigerung eines gemieteten bzw. gepachteten Grundstücks; meist durch den Mieter vorgenommen und/oder bezahlt; **leasehold insurance** *n Law* Versicherung (f) gegen den Ausfall des Pachtzinses infolge z.B. eines Feuers etc.; Miet-, Pachtausfallversicherung; **leasehold interest** *n* Nutzungsrecht (n) an einer gemieteten oder gepachteten Sache; **leasehold land register** *n (Australia)* Erbbaugrundbuch (n); **leasehold mortgage** *n Fin* Grundpfandrecht (n) auf Pachtgrundstück; **leasehold property** *n* Pachtgrundstück (n); **leasehold title** *n Law* Nachweis, dass das entsprechende Grundstück genutzt und bewohnt werden darf; → good leasehold title, absolute leasehold title; **leasehold valuation** *n* Bewertung (f) von Mietrechten und ähnlichen Rechten; **Leasehold Valuation Tribunal (LVT)** *Org (GB)* Schiedsstelle zur Vermittlung zwischen Eigentümern und Pächtern; **leasehold value** *n Val* Mietwert (m), Pachtwert (m)

lease laws *n/pl* Miet- und Pachtgesetze (npl); **lease-leaseback financing** *n Fin* Finanzierung durch langfristige Vermietung und Rückanmietung; häufig in Verbindung mit der Realisierung von Steuervorteilen; **lease option** *n Law* Mietoption (f); z.B. auf Verlängerung (oder Erneuerung) des Vertrages; Kaufoption; **lease purchase** *n Fin* Mietkauf (m); **lease purchase agreement** *n Fin* Mietkaufvertrag (m); Mietvertrag mit Kaufoption oder → instalment purchase (Abzahlungskreditvertrag); **lease renegotiation** *n Law* Neuverhandlung (f) des Mietvertrags; **lease renewal** *n Law* Mietvertragsverlängerung (f); Mietvertragserneuerung (f); **lease structure** *n* vertragliche Miet- bzw. Pachtvereinbarungen (fpl); **lease term** *n* Laufzeit (f) des Miet- oder Pachtverhältnisses; **lease terms** *n/pl Law* Mietbedingungen (fpl); Pachtbedingungen (fpl); **lease-up** *n* Vermietung (f) bes. von neuer Fläche, Erstvermietung (f)

lease *v/t* mieten, pachten; vermieten, verpachten; **leased fee** *n Law (US)* Eigentumsrecht (n) des Vermieters an einem vermieteten Objekt; **leased object** *n* Mietsache (f); **leased space** *n* vermietete Fläche (f)

leasing *n* Vermietung (f), Verpachtung (f); Anmietung (f), Mieten (f), Pachten (f); Miete (f); Leasing (n); **leasing of capital assets** *n* Vermietung (f) von Investitionsgütern

leasing broker *n Mkt* Vermietungsmakler (m); *Syn.: leasing agent, rental agent*; *Ant.: selling broker*; **leasing commission** *n Mkt* Maklercourtage (f), Maklergebühr (f); Provision bei erfolgreicher Vermittlung eines Mietobjektes; **leasing company** *n* Leasinggesellschaft (f); **leasing fee** *n* Vermietungsprovision (f); bezahlbar an einen Makler oder Verwalter

lecture style *n* Vortragsstil (m)

ledge *n* Ableg(e)leiste (f), Sims (n), Querholz (n)

LEED Rating System *(US)* Zertifizierungsprogramm und Maßstab für Gestaltung, Bau und Betrieb von leistungsstarken → green buildings; bewertet werden die Bereiche nachhaltige Landschaftsplanung, erhöhte Energieeffizienz, Material- und Ressourcenhaushalt, Raumluftqualität, Wasserhaushalt, verbesserter Planungs- und Bauprozess

legacy *n* Erbe (n), Vermächtnis (n); Altlast (f)

legal *adj* juristisch, rechtlich; **legal action** *n* Klage (f), Prozess (m), Rechtsstreit (m); **legal age** *n* Volljährigkeit (f); **legal and professional fees** *n/pl* Rechts- und Beratungskosten (pl); **legal assistance** *n* Rechtshilfe (f); **legal capacity** *n* Rechts- und Geschäftsfähigkeit (f); **legal challenge** *n* Anfechtungsklage (f); **legal claim** *n* Rechtsanspruch (m); **legal concept** *n* Rechtsbegriff (m); **legal costs** *n* Gerichtskosten (pl), Prozesskosten (pl); *Syn.: legal charges*; **legal description** *n Law* exakte juristische, auf amtlicher Landvermessung basierende Beschreibung der Immobilie; **legal effect** *n* rechtliche Wirkung (f), Rechtswirksamkeit (f); **legal entity** *n Law* juristische Person (f), rechtlich selb(st)ständige Einheit (f), Rechtsgebilde (n), Rechtspersönlichkeit (f), Rechtsträger (m); **legal estate** *n Law* Vermögen (n), Erbmasse (f); **legal fees** *n/pl* Anwaltsgebühren (fpl); **legal force** *n* Rechtskraft (f); **legal form** *n* Rechtsform (f); **legal infirmity** *n* Rechtsmangel (m); **legal liability** *n* gesetzliche Haftpflicht (f); **legal merger** *n* Verschmelzung (f); **legal mortgage** *n* gesetzliche Hypothek (f), rechtsgültige Hypothek (f); **legal notice** *n Law* gesetzliche Kündigungsfrist (f); **legal obligation** *n* rechtliche Verpflichtung (f); **legal opinion** *n* Rechtsgutachten (n); **legal optimum** *n* höchste und beste Nutzung (f); **legal owner** *n* gesetzlicher Eigentümer (m), rechtlicher Eigentümer (m), zivilrechtlicher Eigentümer (m); **legal person(ality)** *n* juristische Person (f), rechtlich selb(st)ständige Einheit (f), Rechtsgebilde (n), Rechtspersönlichkeit (f), Rechtsträger (m); **legal position** *n* Rechtslage (f), Rechtsstellung (f); **legal presumption** *n* gesetzliche Vermutung (f); **legal proceedings** *n/pl* Gerichtsverfahren (n); **legal protection** *n* Rechtsschutz (m); **legal redress** *n Law* Regress (m); **legal remedy** *n* Rechtsbehelf (m), Rechtsschutz (m), Rechtsmittel (n); **legal representative** *n Law* gesetzlicher Vertreter (m); **legal residence** *n Tax* Erstwohnsitz (m); gesetzlicher Wohnsitz (m); **legal risk** *n* Rechtsrisiko (n); **legal status** *n Law* Rechtsstellung (f); **legal status of a property** *n* rechtliche Verhältnisse (npl) eines Grundstücks; **legal structure** *n* Rechtsform (f); **legal tender** *n* gesetzliches Zahlungsmittel (n); *Syn.: lawful money (US)*; **legal title** *n* Eigentumsrecht (n), Rechtsanspruch (m); **legal transaction** *n* Rechtsgeschäft (n); **legal validity** *n* Rechtskraft (f); **legal wrangle** *n* Prozess (m), Rechtsstreit (m)

legalize *v/t* beglaubigen, bescheinigen, bestätigen, legalisieren

legally binding *adj* rechtsverbindlich; **legally effective** *adj* in Kraft, rechtskräftig; **legally enforceable right** *n* Rechtsanspruch (m); **legally permissible** *adj* rechtlich zulässig; **legally valid** *adj* rechtskräftig

legatee *n* Vermächtnisnehmer (m)

legend *n* Legende (f); **legend stock** *n Fin* beschränkt handelbare Wertpapiere (npl)

legislation *n Law* Gesetzgebung (f); **legislation and regulations** *n/pl* Anweisungen (fpl), Gesetzgebung (f) und Richtlinien (fpl)

L

legislative body *n* Gesetzgeber (m); **legislative competence** *n* Gesetzgebungskompetenz (f)
legislator *n* Gesetzgeber (m)
legitimate interest *n* berechtigtes Interesse (n)
leisure *n* Freizeit (f); **leisure area** *n* Erholungsgebiet (n); **leisure buildings** *n/pl* Freizeitimmobilien (fpl); monofunktionale Gebäude wie z.B. Kinos, Theater oder einfache Ferienhäuser; *Syn.: leasure property*
lend *v/t* (jemandem etwas) borgen, leihen; **lend against** beleihen
lender *n Fin* Darlehensgeber (m), Kreditgeber (m); Geldgeber (m); **lender participation** *Fin* → equity kicker
lender's yield *n* Rendite (f) des Kreditgebers
lending *n* Kreditgewährung (f); **lending against collateral** *n* Beleihung (f) gegen zusätzliche Sicherheiten
lending business *n* Darlehensgeschäft (n), Kreditgeschäft (n); **lending ceiling** *n* → lending limit ; **lending limit** *n Fin* Beleihungsgrenze (f),Beleihungswertgrenze (f); *Syn.: lending limitation, lending ceiling*; **lending market** *n Fin* Kreditmarkt (m); **lending period** *n* Darlehenslaufzeit (f); **lending rate** *n* Kreditzins (m), Zins (m) für Ausleihungen; **lending rules** *n/pl* Beleihungsrichtlinien (fpl); **lending value** *n Fin, Val* Beleihungswert (m)
length *n* Länge (f); Dauer (f)
LES *(GB)* → landlord's energy statement
lessee *n* Mieter (m); Pächter (m); **lessee on ground lease** *n* Erbbaurechtsnehmer (m)
lessee improvements *Law* → tenant's improvements; **lessee's rights** *n/pl Law* Rechte (npl) des Mieters
lessor *n* Vermieter (m); Verpächter (m); Grundstücksbesitzer (m)
let *v/t* vermieten; verpachten; **let out** vermieten, verpachten; **let out a contract** Zuschlag erhalten
lettability *n* Vermietbarkeit (f); *Syn.: leasability*
lettable *adj* vermietbar; **lettable area** *n* vermietbare Fläche (f)
letter *n* Brief (m); **letter of application** *n* Bewerbungsschreiben (n); **letter of attorney** *n Law* Vollmacht (f); Prozessvollmacht (f); **letter of attornment** *n Law* Mitteilung des Vermieters an den Mieter über die Veräußerung der gemieteten Immobilie und Anweisung, die Miete künftig an den neuen Eigentümer zu entrichten; **letter of comfort** *n Fin* Patronatserklärung (f), Bonitätsbestätigung (f); *Syn.: comfort letter*; **letter of credit** *n Fin* Akkreditivschreiben (m), Kreditbrief (m); **letter of indemnity** *n* Indemnitätsbrief (m), Entschädigungszusage (f), Schadloshaltungsverpflichtung (f); *Syn.: indemnity bond*; **letter of intent (LOI)** *n Law* Absichtserklärung (f); vertragliche Nebenabrede (f); Vorvertrag (m); **letter of reference** *n* Zeugnis (n); **letter of transmittal** *n Val, Law* Anschreiben (n), Begleitschreiben (n); z.B. die erste Seite eines Gutachtens, durch die der Bericht dem Auftraggeber förmlich präsentiert wird
letterbox company *n* Briefkastengesellschaft (f); **letter report** *n Val (US)* Kurzgutachten (n); i.d.R. mit beschränkter Haftung
letting *n* Vermietung (f); **letting brochure** *n Mkt* Vermietungsprospekt (m/n); **letting market** *n* Vermietungsmarkt (m); Mietmarkt (m); **letting particulars** *n/pl Mkt* Mietangaben (fpl); **letting performance** *n* Vermietungsleistung (f); **letting scheme** *n Law, Mkt* langfristiger Mietvertrag, der ein → scheme of development zum Bestandteil hat; **letting value** *n* Mietwert (m)
level *v/t* einebnen, planieren; **level out** ausgleichen
level *adj* eben; **level with the ground** *adj* ebenerdig
level annuity *Fin, Val* → annuity; **level debt service** *n (US)* konstanter Schuldendienst (m); **level-payment mortgage** *n Fin* Annuitätendarlehen (n); **level rental** *(US)* → flat rent
level *n* **1.** Höhe (f), Niveau (n); **level of groundwater** *n* Grundwasserspiegel (m); **level of income** *n* Einkommensniveau (n); **level of interest rates** *n* Zinshöhe (f), Zinsniveau (n); **level of loan** *n* Beleihungswert (m)
level *n* **2.** *ArCo* Geschoss (n), Stockwerk (n), Etage (f), Kote (f); *Syn.: storey*; **level of a building** *n* Stock (m), Stockwerk (n); **level without finishes** *n* Rohbauhöhe (f), Rohkote (f)

levelling *n* Nivellieren (n); **levelling course** *n* Ausgleichsschicht (f)
lever *n* Umleghebel (m); **lever-action door** *n* Hebetür (f); **lever bolt** *n* Treibriegel (m)
leverage *n* **1.** Hebel (m), Hebelwirkung (f); **2.** *Fin* Fremdkapitalaufnahme (f); Verschuldungsgrad (m); Verhältnis Fremdkapital zu Eigenkapital; **leverage effect** *n Fin* Hebelwirkung (f); durch Erhöhung der Fremdkapitalquote erhöht sich die Eigenkapitalrendite; **leverage ratio** *n Fin* Verschuldungsgrad (m)
leveraged buy-out *n Fin* Übernahme eines Unternehmens mit erheblicher Fremdfinanzierung; **leveraged lease** *n Fin* großes Leasingprojekt (auf Flugzeuge, Schiffe usw.), bei dem der Leasinggeber neben Eigenkapital auch Fremdfinanzierungsmittel anwendet
levy *n* Abgabe (f), Steuer (f), Erhebung (f) (von Steuern etc.); **levy of execution (on real property)** *n* (Immobiliar-) Zwangsvollstreckung (f); **levy (up)on property** *n* Zwangsvollstreckung (f)
lex loci *n Law (lat.)* Recht des Ortes; **lex loci actus** *n Law (lat.)* Recht des Handlungsortes; **lex loci rei sitae (lex loci situs)** *n Law (lat.)* Recht des Objektstandortes
LGD *Fin* → loss given default
LGE *Fin, Val* → loss given that event
liability *n* Verbindlichkeit (f), Verpflichtung (f); Haftpflicht (f), Haftung (f); Verantwortlichkeit (f); Schuld (f); → absolute liability, contingent liability (or debt), limited liability; **liability for damages** *n* Schadensersatzpflicht (f); **liability for defects** *n Law* Mängelhaftung (f); **liability to pay set-off** *n* Ausgleichsbetragspflicht (f); **liability to pay taxes** *n* Steuerpflicht (f); **liability to wealth tax** *n* Vermögen(s)-steuerpflicht (f)
liabilities and capital *n/pl* Passiva (pl) einer Bilanz; **liabilities and equity** *n/pl* Passiva (pl) einer Bilanz
liability due *n* fällige Verbindlichkeit (f); **liability insurance** *n* Haftpflichtversicherung (f)
liable *adj* haftbar; haftpflichtig; verantwortlich; **liable to charges** *adj* gebührenpflichtig; **liable to duty** *adj* zollpflichtig;-**liable to pay taxes** *adj* abgabenpflichtig
liberal profession *n* freier Beruf (m)
LIBID *Fin* → London Interbank Bid Rate
LIBOR *Fin* → London Interbank Offered Rate
library *n* Bibliothek (f)
licence *n* Erlaubnis (f), Genehmigung (f); Zulassung (f); Lizenz (f); Patent (n); **licence agreement** *n* Gestattungsvertrag (m); **licence fee** *n* Lizenzgebühr (f); **licence income** *n* Lizenzeinnahmen (fpl); **licence requirement** *n* Genehmigungspflicht (f); (profession) Berufsausübungsgenehmigung (f)
license *v/t* lizenzieren; **licensed appraiser** *n Val (US)* zugelassener Gutachter (m), zugelassener Sachverständiger (m); **licensed premises** *n/pl* Schanklokale (npl), Schankwirtschaft (f), Gaststätte (f) mit Schankkonzession; → off-licence
licensee *n Law* Lizenznehmer (m); → real estate licensee
licensing examination *n Mkt* Lizenzprüfung (f); schriftlicher Test für einen zukünftigen Immobilienmakler
licensing right *n* Lizenzrecht (n)
licensor *n Law* Lizenzgeber (m)
lid *n* Deckel (m)
lien *n Law* Pfandrecht (n); Zurückbehaltungsrecht (n)
lienee *n Law* Pfandschuldner (m), Verpfänder (m)
lienholder *n Law* → lienor
lienor *n Law* Pfandgläubiger (m)
in lieu (of) anstatt, an Stelle (von); **affirmation in lieu of oath** *n Law* eidesstattliche Versicherung (f)
life of a building *n* Lebensdauer (f) eines Gebäudes
life annuity *n Fin, Val* lebenslängliche Rente (f), Leibrente (f); **life beneficiary** *n Law* Nutznießer (m) auf Lebenszeit; lebenslänglich Begünstigter (m); **life-care facility** *n* Seniorenheim (n), Seniorenresidenz (f)
life cycle *n* Lebenszyklus (m); **life cycle analysis** *n* Analyse (f) sämtlicher Stoffströme während des Lebenszyklus eines Objekts; **life cycle assessment (LCA)** *n Val* Ökobilanz (f); Prozess der Evaluierung der Auswirkungen, die ein Produkt auf die Umwelt über die gesamte Dauer seines Lebens haben kann; **life-cycle costing** *n Val, PfoMgt (US)* Life-Cycle-Costing (n); Kostenvergleich für alle Phasen des Lebenszyklus inkl. Konzeptionierung und späterer Entsorgung; wird zumeist für Ent-

scheidungen zwischen Alternativen herangezogen; *Syn.: whole life costing (GB)*; **life cycle costs** *n/pl (US)* Lebenszykluskosten (pl); *Syn.: whole life costs (GB)*

life estate *n Law* lebenslanger Nießbrauch (m); unbeschränktes Eigentumsrecht auf Lebenszeit; **life expectancy** *n* Lebensdauer (f), Lebenserwartung (f); **lifehold** *n* Nießbrauch (m); **life insurance** *n* Lebensversicherung (f); **life insurance company** *n* Lebensversicherungsgesellschaft (fpl); **life interest** *n Law* Nießbrauch (m) auf Lebenszeit; **liferent** *n Law (sco.)* → life tenancy; **life span** *n* Lebensdauer (f); **life-table** *n* Sterbetafel (f); *Syn.: mortality table*; **life tenancy** *n Law* Pacht (f) auf Lebenszeit, lebenslängliches Pachtrecht (n); **life tenant** *n Law* Nießbraucher (m) auf Lebenszeit

lift *n* Aufzug (m), Lift (m)

lifting door *n* Hebetür (f)

light control *n* Lichtsteuerung (f); **light cupola** *n* Lichtkuppel (f); **light fitting** *n* Leuchte (f), Beleuchtungskörper (m); **light fixture** *n* Beleuchtungskörper (m); **light point** *n* Lichtanschlussstelle (f); **light shaft** *n ArCo* Lichtschacht (m); **light source** *n* Lichtquelle (f)

light *adj* leicht; **light fuel oil** *n* leichtes Heizöl (n); **light industrial (buildings)** *n* Gebäude, die für nicht (oder wenig) störende Gewerbe einschließlich Produktion genutzt werden und von denen im Allgemeinen keine schädlichen Einflüsse auf die Umwelt, bes. innerhalb oder in der Nähe eines Wohngebiets, ausgehen; **light industry** *n* Leichtindustrie (f); nicht (oder wenig) störendes produzierendes Gewerbe; **light manufacturing** *n* → light industry; **light steel construction** *n* Stahlleichtbau (m); **light-water reactor** *n* Leichtwasserreaktor (m)

lighting *n* Beleuchtung (f); **lighting installation** *n* Beleuchtungsanlage (f); **lighting system** *n ArCo* Beleuchtungsanlage (f), Beleuchtungssystem (n); Lichtanlage (f), Lichtsystem (n)

lightning *n* Blitz (m); **lightning rod** *n* Blitzableiter (m)

lightweight building slab *n* Leichtbauplatte (f); **lightweight concrete** *n* Leichtbeton (m); **lightweight construction** *n* Leichtbau (m); **lightweight construction (method)** *n* Leichtbauweise (f); **lightweight metal construction** *n* Metallleichtbau (m); **lightweight steel construction** *n* Stahlleichtbau (m)

lignite *n* Braunkohle (f); **lignite coke** *n* Braunkohlenkoks (m)

like-kind property *n Tax* → comparable property

lime *n* Kalk (m); **lime-cement plaster** *n* Zementkalkputz (m); **lime mortar** *n* Kalkmörtel (m); **lime plaster** *n* Kalkputz (m); **lime wash** *n* Kalkfarbe (f)

limestone *n* Kalkstein (m); **limestone scrubber** *n* Kalksteinreiniger (m)

lime (tree) *n* Linde (f)

lime wash *v/t* tünchen

limit *n* Grenze (f); **limit of credit** *Fin* → line of credit; **limit of indemnity** *Law* → indemnity limit; **limit of liability** *n* Haftungsgrenze (f); **limit of sacrifice** *n* Opfergrenze (f)
limit on liability *n* Haftungsbeschränkung (f)
limit design *n* Traglastverfahren (n); **limit load** *n* Traglast (f); **limit value** *n* Grenzwert (m)

limit *v/t* begrenzen; **limiting condition** *n Val* einschränkende Bedingung (f), Annahme (f); *Syn.: restrictive condition*

limitation *n* Beschränkung (f); Verjährung (f); **limitation of liability** *n* Haftungsbeschränkung (f); **limitation of use** *n* Nutzungsbeschränkung (f)

limited *adj* befristet, begrenzt, eingeschränkt; **limited in time** *adj* befristet
limited access highway *n* Straße mit beschränktem Zugang; der Begriff beschreibt ein sehr breites Spektrum von Zugangsbeschränkungen; *Syn.: controlled access highway, limited access road;* **limited appraisal** *n Val* Bewertung (f) in einem vertraglich begrenzten Rahmen; *Ant.: complete appraisal*; **limited condition** *n* beschränkte Bedingung (f); **limited liability** *n Law* beschränkte Haftung (f); **limited liability company (LLC)** *n* Gesellschaft mit beschränkter Haftung (f); **limited occupancy agreement** *n Law* befristeter Nutzungsvertrag (m); meist abgeschlossen mit dem Käufer einer Immobilie, damit er diese bis zum Abschluss der Transaktion nutzen kann; **limited owner** *n Law (GB)* Nießbraucher (m),

Nießbrauchberechtigter (m); jede Art von Immobilienbesitzer, der kein unbeschränktes Eigentumsrecht besitzt; **limited partner** *n Law* Teilhafter (m); beschränkt haftender Gesellschafter (m), Kommanditist (m); **limited partnership** *n Law* Gesellschaftsform mit unbeschränkt haftenden (→ general partner) und beschränkt mit ihrer Einlage haftenden (→ limited partner) Gesellschaftern, vergleichbar mit einer Kommanditgesellschaft; **limited period permission** *n Plan, Dev (GB)* befristete Baugenehmigung (f); **limited power of attorney** *n Law* beschränkte Vollmacht (f); **limited recourse financing** *n Fin* Finanzierung mit eingeschränktem Rückgriffsrecht der Fremdkapitalgeber auf die Projektträger; **limited right in rem** *n* beschränkt dingliches Recht (n); **limited tax liability** *n* beschränkte Steuerpflicht (f); **limited tender** *Mkt* → closed tender; **limited warranty deed** *n Law* Übertragungsurkunde, in der der Verkäufer nur für den Zeitraum, in dem er selbst Eigentümer des Grundstücks war, für die Rechtsmängelfreiheit der Grundeigentumsurkunde haftet

limiting *n* Begrenzung (f)

linden *n* Linde (f)

line *n* Gerade (f), Linie (f), Zeile (f), Trasse (f), Leitung (f); (Fin) Höchstbetrag (m); Zeichnungsgrenze (f); **in line with the market** marktkonform

line of argument *n* Beweisführung (f); **line of business** *n* Geschäftszweig (m), Sparte (f); **line-of-business reporting** *n (US)* Branchenberichterstattung (f), Spartenberichterstattung (f); notwendige Teilberichterstattung unter SFAS (Statement of Financial Accounting Standards) 14 und 131 (und Regeln der SEC), besonders für Mischkonzerne; → Securities and Exchange Commission (SEC); **line of command** *n* Instanzenweg (m); **line of credit** *n Fin* → credit line

line stake *n ArCo* Absteckpfahl (m)

line *v/t* unterfüttern, unterlegen, untermauern, verschalen

lineal foot *n ArCo* Maßeinheit, die sich nur auf die längste Seite eines Objekts bezieht

linear *adj* linear; **linear building** *n ArCo* Zellenbau (m); *Syn.: cellular structure*; **linear depreciation** *n* lineare Wertminderung (f); **linear interpolation** *n Val, Econ* lineare Interpolation (f); **linear regression** *n* lineare Regression (f)

lining *n* Futter (n), Verschalung (f)

link *n* Verbindung (f), Verbindungsstück (n); **link bar** *n* Verbindungseisen (n)

link *v/t* anschließen, verbinden

linkage *n* Verbund (m); Verbindung (f); Verflechtung (f)

links *n/pl* Dünen (fpl), Golfplatz (m), sandiges Gelände (n)

lintel *n ArCo* Sturz (m); Oberschwelle (f)

lip *n* Überlaufkante (f)

liquid *adj* flüssig, liquid(e); **liquid asset** *Fin* → working capital; **liquid fuel** *n* flüssiger Brennstoff (m); **liquid gas** *n* Flüssiggas (n)

liquidate *v/t Fin* liquidieren, auflösen; tilgen; verwerten; **liquidated damages** *n/pl Law* pauschalierter Schaden(s)ersatz (m); Konventionalstrafe (f); Vertragsstrafe (f); anders als bei einer Vertragsstrafe richtet sich die Höhe der liquidated damages jedoch in der Regel an dem bei Vertragsbruch zu erwartenden Verlust

liquidating balance sheet *n* Liquidationsbilanz (f); **liquidating damages (clause)** *n Law* Vertragsklausel (f), in der → liquidated damages festgelegt werden oder die z.B. bestimmt, dass bei Zahlungsverzug der Käufer seine gesamten bis dahin einbezahlten Beträge verliert

liquidation *n* Geschäftsauflösung (f), Konkurs (m), Liquidation (f); Tilgung (f); Abwicklung (f); **in liquidation** in Abwicklung, in Liquidation

liquidation basis *n* Liquidation (f) als Grundlage, sofortige Unternehmens- oder Mietvertragsbeendigung (f) als Grundlage; **liquidation proceedings** *n/pl* Liquidationsverfahren (n); **liquidation proceeds** *n/pl* Liquidationserlös (m); **liquidation sale** *n* Räumungsverkauf (m); **liquidation value** *n Val* Liquidationswert (m); **liquidation value method** *n* Liquidationswertverfahren (n)

liquidator *n* Insolvenzverwalter (m); Abwickler (m)

liquidity *n Fin* Zahlungsfähigkeit (f), Liquidität (f), flüssige Mittel (npl); **liquidity crunch** *n* Zahlungsstockung (f); **liquidity planning** *n* Liquiditätsplanung (f); **liquidity position** *n* Liquiditätslage (f); **liquidity**

problem(s) *n(pl)* Zahlungsschwierigkeiten (fpl); **liquidity ratio** *n Fin* Liquiditätsgrad (m); **liquidity risk** *n* Liquiditätsrisiko (n); **liquidity test** *n* Liquiditätsprüfung (f)

lis pendens *n Law (lat.)* anhängiges Verfahren (n), schwebender Fall (m)

list *n* Aufzählung (f); Verzeichnis (n); **list of contents** *n* Inhaltsverzeichnis (n); **list of defects** *n* Mängelliste (f); **list of deficiencies** *n* Mängelliste (f)

list price *n* Listenpreis (m)

list *v/t* aufführen; (as ancient monument) unter Denkmalschutz stellen

listed *adj* aufgeführt, notiert; **listed building** *n Plan, Dev* denkmalgeschütztes Gebäude (n); **listed building consent** *n Plan, Dev* Baugenehmigung (f) für ein denkmalgeschütztes Gebäude; **listed company** *n* börsennotierte Gesellschaft (f); **listed property company** *n (GB)* (börsennotierte) Immobilienaktiengesellschaft (f)

listing *n* **1.** Auflistung (f); Börsenzulassung (f); **listing committee** *n* Zulassungsausschuss (m); **2.** *Mkt* Beauftragung (f) eines Immobilienmaklers, Einschaltung (f) eines Immobilienmaklers; **listing contract** *n* Maklervertrag (m)

litigation *n Law* Prozess (m); Rechtsstreit (m)

littoral *n* Litoral (n); küstennaher Bereich; **littoral land** *n* Küstengebiet (n); *Syn.: littoral zone*; **littoral state** *n* Küstenstaat (m); *Syn.: coastal state*

livability space ratio *n Plan* Verhältnis zwischen Außenflächen (ausschließlich Parkplätze und Verkehrsflächen für Fahrzeuge) und gesamter Wohnfläche

livable, liveable *adj* bewohnbar

live *v/i* wohnen, leben; **living area** *n/pl* Wohnfläche (f), Wohnraum (m), Wohnzimmer (n); **living quarters** *n/pl* Wohnraum (m); **living room** *n* Wohnzimmer (n); **living space** *n* Wohnfläche (f), Wohnraum (m); **living trust** *n Law* aktive Treuhand (f)

live *adj* lebendig, lebend; **live load** *n ArCo* Verkehrslast (f); Nutzlast (f); **live steam** *n* Frischdampf (m)

livery of seisin *n Law* Eigentumsübergabe (f)

LMA *Org* → Loan Market Association

load *n* Belastung (f), Gewicht (n), Last (f); **load assumption** *n* Lastannahme (f)

load bearing *adj* tragend; **load bearing capacity** *n* Tragkraft (f), Tragfähigkeit (f), Tragrahmen (m), Tragvermögen (n); **load bearing structure** *n* Stützkonstruktion (f), tragende Konstruktion (f), Tragkonstruktion (f), Tragwerk (n); **load bearing studs** *n* tragende Metallverstrebungen (fpl); **load bearing wall** *n ArCo* tragende Wand (f); *Ant.: partition*

load change *n* Laständerung (f); **load control system** *n* Lastregelsystem (n); **load duration curve** *n* Dauerlinie (f); **load factor** *n ArCo* Auslastungsfaktor (m); Belastungsfaktor (m); **load limit** *n* Belastungsgrenze (f); **load tariff** *n* Leistungspreistarif (m), Leistungstarif (m)

load *v/t* verladen; **loaded concrete** *n* Schwerbeton (m), Strahlenschutzbeton (m)

loading *n* Verladung (f); **loading bay** *n* Verladerampe (f), Ladeplatz (m); **loading capacity** *n* Tragvermögen (n); **loading charges** *n* Verladekosten (pl); **loading facility** *n* Verladeanlage (f); **loading platform** *n* Ladebühne (f); **loading ramp** *n* Laderampe (f); **loading time** *n* Ladezeit (f)

loam *n* Lehm (m)

loan *n* Darlehen (n), Kredit (m); Anleihe (f); **loan on real estate** *n (US)* Realkredit (m), Sachkredit (m)

loan account *n* Darlehenskonto (n); **loan agreement** *n Fin* Darlehensvertrag (m); **loan amount** *n* Darlehensbetrag (m); **loan application** *n Fin* Kreditantrag (m), Darlehensantrag (m); **loan approval** *n* Kreditzusage (f); **loan broker** *n* Kreditmakler (m); **loan capital** *n Fin* Fremdkapital (n); festverzinsliche Wertpapiere (npl); **loan certificate** *n* Darlehensbescheinigung (f); **loan closing** *n Fin* Abschluss (m) eines Darlehens(-vertrags); **loan collateral** *n Fin* Kreditsicherheiten (fpl); **loan collateral value** *n* Beleihungswert (m); **loan commitment** *n Fin* Darlehenszusage (f); **loan constant** → mortgage constant; **loan cover** *n Fin* Kreditdeckung (f); **loan coverage ratio** *n Fin* Schuldendeckungsgrad (m); **loan discount** *n* Auszahlungsdisagio (n), Damnum (n), Darlehensabgeld (n); → discount points (US); **loan discount fees** *n/pl Fin* Darlehensgebühr (f); *Syn.: points*; **loan fee** *n Fin* Kreditbearbeitungsgebühr (f), Bearbeitungsgebühr (f); **loan interest**

n Darlehenszinsen (mpl); **loan loss** *n* Forderungsausfall (m); **loan loss allowance** *n Fin* Wertberichtigung (f) auf Forderungsausfälle; **loan loss provision** *n Fin* Kreditausfallrückstellung (f), Pauschalwertberichtigung (f) von Forderungen, Risikovorsorge (f) für das Kreditgeschäft; **Loan Market Association (LMA)** *Org* Vereinigung von Banken, die auf dem Kapitalmarkt tätig sind; **loan origination fee** *Fin* → origination fee; **loan package** *n Fin* Informationspaket, das ein Darlehensgeber bezüglich Darlehensnehmer und Grundbesitz erhält; **loan points** *Fin* → discount points; **loan pool** *n Fin* Darlehenspool (m); **loan portfolio** *n Fin* Darlehensbestand (m), Darlehensportfolio (n) eines Finanzinstituts; **loan ratio** *Fin* → loan-to-value ratio; **loan security valuation** *n* Beleihungswertermittlung (f); **loan security value** *n* Beleihungswert (m); **loan service** *Fin* → debt service; **loan terms** *n/pl* Kreditkonditionen (fpl); **loan valuation** *n* Darlehensbewertung (f); **loan value** *n Fin, Val* Beleihungswert (m)

loan *v/t* leihen, verleihen

loan-to-value (ratio) (LTV) *n Fin, Val* Beleihungsquote (f), Beleihungssatz (m); Verhältnis des Darlehensbetrags zum Grundstückswert

lobby *n* Interessengruppe (f)

lobby *n ArCo* Eingangshalle (f), Vorhalle (f); Foyer (n); **local announcement** *n* ortsübliche Bekanntmachung (f); **local authority** *n* Gebietskörperschaft (f); Kommunalbehörde (f); regionale Behörde, örtliche Behörde; **local authority searches** *n/pl Law* Prüfungen durch die Gemeinde, um z.B. Planungsbeschränkungen, geplante Entwicklungen oder Nutzungsänderungen, Geh- oder Fahrrechte usw., die ein Objekt beeinträchtigen (könnten), zu identifizieren; Bestandteil des → Home Information Pack und der Eigentumsübertragung; → conveyance; **local autonomy** *n* gemeindliche Selbstverwaltung (f), kommunale Selbstverwaltung (f); **local building control department** *n* Bauamt (n), Baubehörde (f); **local court** *n* Amtsgericht (n); **local court of law** *n* Ortsgericht (n); **local currency** *n* Inlandswährung (f); **local development plan** *n Plan (GB)* örtlicher Bebauungsplan; local development plans besitzen nicht den gleichen Stellenwert wie deutsche Bebauungspläne. Sie werden der Erteilung oder Verweigerung von Baugenehmigungen zu Grunde gelegt, haben aber einen deutlich geringeren rechtlichen Verbindlichkeitsgrad und räumen den Genehmigungsbehörden somit mehr Gestaltungsspielraum ein; *Syn.: development plan*; **local economic trend** *n* örtlicher Konjunkturverlauf (m); **local improvements** *n/pl* Ausbau (m) der Gemeindeanlagen (öffentliche Anlagen); **local market** *n* örtlicher Markt (m), Regionalmarkt (m); **local market knowledge** *n* lokale Marktkenntnis (f), Kenntnis (f) des örtlichen Marktes; **local plan** *n Plan* Bebauungsplan (m); **local planning** *n* Ortsplanung (f); **local planning authority** *n Plan* Bauplanungsamt (n); **local potential** *n* Nahpotenzial (n); **local publication** *n* ortsübliche Bekanntmachung (f); **local public transport** *n* öffentlicher Personennahverkehr (m) (ÖPNV); **local rates** *Tax* → rates; **local rent** *n* ortsübliche Miete (f); **local statute** *n* gemeindliche Satzung (f); **local tax** *n Tax (US)* Kommunalsteuer (f), Gemeindesteuer (f); **local traffic** *n* Nahverkehr (m)

locality *n* Lage (f), Standort (m)

locate *v/t* orten

located *adj* gelegen, maßlich fixiert

location *n* Lage (f); Ort (m); Standort (m); Wohnort (m); **location of leakage** *n* Leckortung (f); **location of property** *n* Lage (f) eines Grundstücks

location analysis *n Val* Standortanalyse (f); **location data** *n/pl* Standortdaten (pl); **location factor** *n* Lagefaktor (m), Standortfaktor (m); **location plan** *n* Lageplan (m); *Syn.: site plan*; **location quality** *n* Standortqualität (f); **location quotient** *n Econ* Standortquotient (m); **location theory** *n Econ* Standorttheorie (f)

locational advantage *n* Standortgunst (f), Standortvorteil (m); **locational change** *n* Standortverschiebung (f); **locational choice** *n* Standortwahl (f); **locational concept** *n* Standortkonzept (n); **locational conditions** *n/pl* Standortbedingungen (fpl); **locational factor** *n* Standortfaktor (f); z.B. in Bezug auf den Hebesatz; *Syn.: municipal factor*; **locational planning** *n* Standortplanung (f); **locational prefer-**

ence *n* Standortpräferenz (f); **locational research** *n* Standortforschung (f); **locational risk** *n* Lagerisiko (n), Standortrisiko (n)
location-specific *adj* standortgebunden
lock *n* Schloss (n), Verschluss (m); **lockbolt** *n* Riegel (m); **lockbox agreement** *n* Vereinbarung (f) mit dem Kreditnehmer, bestimmte Beträge (mpl) auf Bankkonten mit Regelungen der Verwendungsfolge einzuzahlen; **lock bush** *n* Überwurf (m); **lock rail** *n* Türriegel (m); **locksmith** *n* Schlosser (m)
lock *v/t* verschließen
locked-in interest rate *n Fin* festgeschriebener Zinssatz (m)
locker *n* Schließfach (n)
lock-in clause *n Fin, Law* Klausel (f), die eine Rückzahlung vor Fälligkeit untersagt; *Ant.: prepayment clause*
locking bolt *n* Verriegelungsbolzen (m)
locking system *n* Schließanlage (f)
lock-in period *n Fin, Law* Festschreibungszeitraum (m)
lock-up shop *n Ret* Ladenlokal (n)
locus poenitentiae *n Law (lat.)* wörtlich: Ort der Buße; das Recht, von einem Vertrag vor dessen endgültigem Abschluss zurückzutreten
locus sigilli *n Law (lat.)* Stelle für das Siegel bzw. die Unterschrift; Abkürzung L.S. unter Verträgen
lodge *n* Häuschen (n), Hütte (f), kleines Haus (n), Pförtnerhaus (n)
lodge *v/i* zur Miete wohnen
lodgement *n* Einreichung (f)
lodger *n* Mieter (m); Untermieter (m); Mitbewohner (m)
lodging *n* Unterkunft (f), Quartier (n); **lodging allowance** *n* Wohnungsgeld (n); **lodging house** → hostel
loft *n (US)* Speicher (m); Dachboden (m), Boden (m); **loft (apartment)** *n* Loft (n); großzügig geschnittene Wohnung in einem ehemaligen Industriegebäude
log *n* Protokoll (n); Holzklotz (m)
loggia *n* Hauslaube (f), Loggia (f)
log in *v/i* anmelden
log out *v/i* abmelden
London borough *n (GB)* einer der 32 äußeren Stadtbezirke von London
London interbank bid rate (LIBID) *Fin (GB)* Zinssatz für kurzfristige Einlagen im Londoner Interbank-Markt
London interbank offered rate (LIBOR) *Fin (GB)* Zinssatz beim Londoner Interbank-Markt; Zinssatz, zu dem Banken untereinander Geld leihen; dient als Maßstab für das Kreditgeschäfts
longitude *n* Länge (f), Längengrad (m); **longitudinal force** *n* axiale Kraft (f), Längskraftverlauf (m); **longitudinal joint** *n* Längsfalz (f); **longitudinal seam** *n* Längsnaht (f); **longitudinal section** *n* Längsschnitt (m); **longitudinal stress** *n* Längsspannung (f)
long lease *n* → long leasehold; **long leasehold** *n (GB)* Nutzungsrecht (n) auf Dauer; Mietdauer beträgt i.d.R. 99, jedoch auch bis zu 999 Jahre (sog. virtual freehold); der lease selbst wird i.d.R. mit der einmaligen Zahlung eines premium erworben, die jährliche Zahlung ist relativ niedrig; hat viele Ähnlichkeiten mit dem → Erbbaurecht, mit dem wesentlichen Unterschied, dass nach Ende des Vertrages alle baulichen Anlagen ohne Ausgleich in das Eigentum des Verpächters übergehen; *Syn.: ground lease*
long-range planning *n* langfristige Planung (f), Langzeitplanung (f); **long tenancy** *n* langfristiges Mietverhältnis (n); mit einer Vertragslaufzeit von mindestens 21 Jahren
long-term *adj* langfristig, Langzeit-; **long-term agreement** *n* langfristige Vereinbarung (f); langfristiger Vertrag (m); **long-term borrowing** *n* langfristige Kreditaufnahme (f); **long-term contract** *n Law* langfristiger Vertrag (m); **long-term cycles** *n/pl Econ* langlaufende Zyklen (mpl); **long-term debt** *n* langfristige Schulden (pl); **long-term effect** *n* Langzeitwirkung (f); **long-term financing** *n Fin* langfristige Finanzierung (f); **long-term investment** *n* langfristige Investition (f); **long-term loan** *n Fin* langfristiges Darlehen (n); **long-term planning** *n* langfristige Planung (f); **long-term receivables** *n/pl* langfristige Forderungen (fpl)
loop *n* Zyklus (m); Schleife (f); Öse (f); Luke (f)
lord of the manor *n* Grundherr (m), Lehnsherr (m); → manor
lorry *n (GB)* Lastkraftwagen (m), Lkw (m); **lorry loading** *n* Lkw-Beladung (f)
losing bargain *n* Verlustgeschäft (n)

loss *n* Verlust (m); Ausfall (m); **losses from receivables** *n/pl* Forderungsausfälle (mpl); **loss of a right** *n* Verlust eines Rechts; **loss of capacity** *n* Kapazitätsverlust (m); **loss of employment** *n* Verlust des Arbeitsplatzes; **loss of income** *n* Einkommensverlust (m); **loss of interest** *n* Zinsausfall (m), Zinsverlust (m); **loss of job** *n* Verlust des Arbeitsplatzes; **loss of ownership** *n* Eigentumsverlust (m); **loss of profits insurance** → consequential-loss insurance; **loss of rent** *n* Mietausfall (m); **loss of rent insurance** *n* Mietausfallversicherung (f), Mietverlustversicherung (f); *Syn.: rent insurance, rental value insurance*; **loss of right** *n* Rechtsverlust (m); **loss of serviceability** *n* Ausfall (m), Betriebsstörung (f); **loss of use** *n* Nutzungsausfall (m), Nutzungsentgang (m); **loss of value** *n* Abnutzung (f), Abschreibung (f), Herabsetzung (f), Wertminderung (f), Wertverlust (m); **loss on sale** *n* Veräußerungsverlust (m)

loss carried forward *n Tax* Verlustvortrag (m); *Syn.: carry-over loss*; **loss given default (LGD)** *n Fin, Val* prozentualer Verlust auf ausstehende Forderungen eines Kreditnehmers im Falle des Ausfalls, Verluste (pro Einheit) bei Schuldnerausfall, Verlustquote bei Ausfall; **loss given that event (LGE)** *n Fin, Val* Verlust (m) im Schadensfall

loss adjuster *n* Schadenregulierer (m), Schadensachverständiger (m); **loss assessor** *n* Schadenregulierer (m), Schadensachverständiger (m); **loss carry back** *n* Verlustrückgang (m); **loss carry over** *n* Verlustvortrag (m); **loss company** *n Tax* Verlustzuweisungsgesellschaft (f); *Syn.: tax shelter company*; **loss deduction** *n* Verlustabzug (m); **loss distribution approach (LDA)** *n math* Verlustverteilungsansatz (m); **loss factor** *n PfoMgt* Verlustfaktor (m); **loss-leader** *n Mkt* Lockvogel-Angebot (n), Lockartikel (m); **loss off-setting** *n* Verlustverrechnung (f); **loss payee** *n Fin* Versicherungsbegünstigter (m); **loss provision** *n* Verlustrückstellung (f)

lost benefit *n* entgangener Nutzen (m); **lost profit** *n* entgangener Gewinn (m); **lost revenue report** *n* Bericht (m) über Umsatzverlust; **lost units** *n/pl* Ausschuss (m); **lost usefulness** *n* Wertminderung (f)

lot *n* Parzelle (f); Grundstück (n); Bauplatz (m); Baulos (n); **lot, block and subdivision** *n Law (US)* Katasterreferenz (f); **lot and block** *n Plan (US)* Blockparzellierung (f); **lot and block (survey) system** *n Plan (US)* System der Identifizierung von Grundstücken durch Parzellen- und Blocknummern; analoges Vorgehen zur Identifizierung von Grundstücken anhand der Gemarkung und Flurstücksnummer; *Syn.: recorded plat survey system, recorded map survey system*

lot depth *n (US)* Grundstückstiefe (f); **lot line** *n* Grundstücksgrenze (f), Parzellengrenze (f); **lot split** *n* Grundstücksaufteilung (f)

lottery *n* Lotterie (f), Verlosung (f)

lotting *n* Grundstücksparzellierung (f)

lounge *n* Aufenthaltsraum (m), Gaststube (f); **lounge chair** *n* Sessel (m)

louvre *n ArCo* Dachöffnungsreiter (m); Lüftungslamelle (f); Lüftungsschlitz (m); *Syn.: louver (AE)*

louvre window *n (GB)* Lamellenfenster (n); *Syn.: louver window (AE)*

low *adj* gering, niedrig; **low-ball offer** *n Mkt* Lockvogel-Angebot (n); Kaufangebot für ein Grundstück das erheblich unter dem Marktwert liegt; je länger ein Grundstück auf dem Markt ist, desto wahrscheinlicher werden solche Angebote; **low consumption tariff** *n* Kleinverbrauchstarif (m); **low-cost house-building** *n* sozialer Wohnungsbau (m); **low-cost housing** *n* Sozialwohnung (f); **low demand** *n* niedrige Nachfrage (f); **low-density area** *n* Gebiet (n) mit lockerer Bebauung; **low-emission** *adj* emissionsarm; **low-end location** *n* einfache Lage (f); **low-energy house** *n ArCo* Passivhaus (n); *Syn.: zero energy house (or building)*; **low income household** *n Econ* einkommensschwacher Haushalt (m); Haushalt mit geringem Einkommen; **low-income housing** *n* sozialer Wohnungsbau (m); **low-interest loan** *n* zinsgünstiges Darlehen (n); **low-level cistern** *n* Tiefspülkasten (m); **low-noise** *adj* geräuscharm; **low-priced** *adj* preisgünstig, kostengünstig; **low rent** *n* niedrige Miete (f); **low-rise (building)** *n* Gebäude mit nur wenigen Stockwerken, üblicherweise ohne Aufzug; **low-rise housing** *n* Wohnungsbau (m) mit nur wenigen

Stockwerken; **low-slump concrete** *n* steifer Beton (m); **low-start mortgage** *Fin* → deferred-payment mortgage; **low-tax country** *n* Niedrigsteuerland (n); **low voltage fittings** *n/pl* Schwachstromarmaturen (fpl)

lower commercial value *n* merkantiler Minderwert (m); **lower floor** *n* unteres Geschoss (n); **lower ground floor** *n (GB)* (GB) Sockelgeschoss (n); Souterrain (n); i.d.R. mit (beschränktem) Tageslicht; **lower limit** *n* Untergrenze (f)

lowering of trade barriers *n* Abbau (m) von Handelsschranken

lower of cost or market (LOCOM) *n* der niedrigere Wert von ursprünglichen Kosten und aktuellem Marktpreis

lowest price *n* äußerster Preis (m), niedrigster Preis (m)

loyalty rebate *n* Treuerabatt (m), Treuevergütung (f)

LPA *Law (GB)* → Law of Property Acts

L-shaped bar *n* Winkelzulage (f)

LTV *Fin* → loan-to-value ratio

lumber *n ArCo* Bauholz (n)

luminous ceiling *n ArCo* Lichtdecke (f), Decke (f) mit lichtdurchlässiger Verblendung; Leuchtdecke (f)

lump *n ArCo* Klumpen (m), Brocken (m); **lump sum** *n* Pauschalbetrag (m); **lump sum allowance** *n* Pauschalwertberichtigung (f); **lump sum amount** *n* Pauschalbetrag (m); **lump sum compensation offer** *n* Abfindungsangebot (n); **lump sum contract** *n Law* Pauschalvertrag (m), Pauschalpreisvertrag (m); **lump sum damages** *n Law* Schadensersatzpauschale (f); **lump sum price** *n* Pauschalpreis (m); Gesamtpreis (m); **lump sum settlement** *n* Pauschalabfindung (f)

lunchroom *n* Kantine (f); Imbissstube (f)

lux *n ArCo* Lux (n)

luxury condominium *n* luxuriöse Eigentumswohnung (f)

LVT → Leasehold Valuation Tribunal

M

machine *n* Maschine (f); **machine foundation** *n* Maschinenfundament (n); **machine room** *n* Maschinenhalle (f); **machine shop** *n* Werkstatt (f)
machine-idle time *n* ablaufbedingte Brachzeit (f)
machinery and equipment *n* Betriebsanlagen (fpl), Betriebsausstattung (f)
macro environment *n Dev* Makrostandort (m); **macro location** *n* Makrolage (f), Makrostandort (m)
MACRS *Val* → Modified Accelerated Cost Recovery System
made land *n Plan, ArCo* künstlich geschaffenes (Bau-) Land (n); durch Aufschüttung oder Ausbaggern; *Syn.: made-up land*
made-up ground *n* Schüttung (f), aufgefüllter Boden (m)
magnesite *n* Magnesit (m); **magnesite flooring** *n* Steinholzfußboden (m)
magnet store *n Ret (US)* → anchor store
magnetic *adj* magnetisch; **magnetic catch** *n* Magnetschnäpper (m); **magnetic switch** *n* Magnetschalter (m); **magnetic transmission** *n* Magnetkupplung (f); **magnetic valve** *n* Magnetventil (n)
magnetite *n* Magnetit (m)
magnitude *n math* ordinale Größe (f)
mahogany *n* Mahagoniholz (n)
MAI *Org* → Member of the Appraisal Institute
mail (or maill) *n (sco.)* Miete (f), Mietzahlung (f); veraltet
main access *n* Hauptzugang (m); **main achievements** *n/pl* wichtige Leistungen (fpl); **main bar** *n* Längseisen (n); **main beam** *n* Hauptbalken (m); **main collector** *n ArCo* Hauptsammler (m); Größter Kanal einer Abwasseranlage, der Zuflüsse aus den Nebensammlern aufnimmt; **main column** *n* Hauptstütze (f); **main contractor** *Dev, ArCo* → general contractor; **main data** *n/pl* Hauptdaten (pl); **main distribution board** *n* Hauptverteilerkasten (m); **main drain** *ArCo* Hauptsammler (m), Vorflutdrainage (f); *Syn.: main collector*; **main entrance** *n* Haupteingang (m); **main girder** *n* Hauptträger (m); **main isolation** *n* Hauptabsperrung (f); **main item** *n* Kernstück (n); **main lead** *n* Hauptleitung (f); **main line** *n* Hauptlinie (f); Hauptverbindung (f); Hauptstrecke (f); **main office** *n* Zentrale (f), Hauptbüro (n); **main pipe** *n* Hauptleitung (f), Hauptleitungsrohr (n), Hauptrohrleitung (f); **main residence** *n* Hauptwohnsitz (m), Erstwohnsitz (m); **main road** *n* Hauptverkehrsstraße (f); **main service valve** *n* Hauptabsperrventil (n); **main sewer** *ArCo* Hauptsammler (m); *Syn.: main collector*; **main shopping area** *n* Haupteinkaufsbereich (m); **main shopping street** *n Ret (US)* Haupteinkaufsstraße (f); **main stop valve** *n* Hauptabsperrventil (n); **main supply line** *n* Hauptverteilleitung (f); **main usable area** *n* Hauptnutzfläche (f); **main wall** *n ArCo* tragende Wand (f); **main water meter (in a multi-tenanted building)** *n* Hauswasserzähler (m)
mains *n* Leitungsnetz (n), Stromversorgungsnetz (n)
maintain *v/t* instandhalten, warten, pflegen; unterhalten, verwalten
maintainability *n* Instandhaltbarkeit (f); Wartungsfreundlichkeit (f)
maintenance *n* Instandhaltung (f); **maintenance and repair** *n* Instandhaltung (f), Wartung (f) und Reparatur (f)
maintenance agreement *n* Wartungsvertrag (m); **maintenance charges** *n/pl* Instandhaltungskosten (pl), Unterhaltungskosten (pl), Wartungskosten (pl); *Syn.: maintenance costs, maintenance expenses*; **maintenance contract** *n* Wartungsvertrag (m); **maintenance duty** *n* Erhaltungspflicht (f); **maintenance expenditure** *n* Erhaltungsaufwand (m); **maintenance fee** *n* Instandhaltungskosten (pl); *Syn.: maintenance expense*; **maintenance obligation** *n Law* Instandhaltungspflicht (f); **maintenance period** *n ArCo* (by contractor) Gewährleistungszeitraum (m); Nachhaftungsdauer (f); **maintenance planning** *n* Instandhaltungsplanung (f); **maintenance service** *n* Wartungsdienst (m)
maisonette *n* Maisonette-Wohnung (f), Doppeletagenwohnung (f)

major *adj* wichtig, bedeutend, Haupt-; **major feature** *n* Haupteigenschaft (f); **major lettings** *n/pl* bedeutsame Vermietungen (fpl); **major tenant** *n* wichtiger Mieter (m), wichtiger Pächter (m)

majority *n* Mehrheit (f); **majority interest** *n* Mehrheitsbeteiligung (f)

make allowance for berücksichtigen; **make an arrangement** eine Abmachung treffen; **make available** bereitstellen; **make payment** begleichen, bezahlen, Zahlung leisten; **make public** bekannt geben, bekannt machen; **make ready for use** bereitstellen

maker *n* Hersteller (m), Fabrikant (m), Aussteller (m)

makeshift *adj* behelfsmäßig, provisorisch

make-up water *n* Ergänzungswasser (n), Füllwasser (n)

making *n* Fertigung (f)

making good *n* Ausbesserungsarbeiten (fpl)

mala fide *adj Law (lat.)* in böser Absicht, wissentlich unberechtigt; *Ant.: bona fide*

malfeasance *n Law* Gesetzesübertretung (f); Überschreitung (f) der Befugnisse

m

mall *n* Einkaufszentrum (n); Fußgängerbereich (m); Einkaufsstraße (f); schattige Promenade (f); **mall stores** *n/pl* Einzelhandelsgeschäfte in einem Einkaufszentrum; Begriff schließt → anchor tenant i.d.R. nicht ein

malpractice *n Law* Verletzung (f) der Berufspflicht

manage *v/t* verwalten; **managed (investment) fund** *n Fin* aktiv gemanagter Investmentfonds (m); Investmentfonds mit veränderlichem Portfolio

management *n* Management (n), Leitung (f), Führung (f), Unternehmensführung (f), Geschäftsführung (f), Bewirtschaftung (f); leitende Angestellte (mpl/fpl); **management accounting** *n* internes Rechnungswesen (n); **management agreement** *n Law* Managementvereinbarung (f); **management and maintenance costs** *n/pl* Bewirtschaftungskosten (pl); **management approach** *n* Segmentierungsansatz (m) auf Basis der internen Unternehmensberichterstattung und -steuerung (f); **management body** *n* geschäftsführendes Organ (n); **management buy-in (MBI)** *n Fin* Unternehmensübernahme (f) durch externe Dritte; **management buy-out (MBO)** *n Fin* Unternehmensübernahme (f) durch das eigene Management; **management commission(s)** *n(pl)* Managementprovision (f); **management company** *n* Management-Unternehmen (n); **management consultant** *n* Unternehmensberater (m); **management contract** *n Law* Managementvertrag (m); **management costs** *n/pl* Bewirtschaftungskosten (pl), Unterhaltungskosten (pl), Verwaltungskosten (pl); **management fee** *n Fin* Verwaltungsgebühr (f); **management scheme** *n* Führungsmodell (n), Managementmodell (n); **management survey** *n* Standort- und Marktanalyse (f), Wirtschaftlichkeitsanalyse (f); **management unit** *n* Verwaltungseinheit (f)

manager *n* Leiter/in (m/f), Manager/in (m/f); **manager of an estate** *n* Vermögensverwalter (m), Vermögensverwalterin (f); **manager's office** *n* Büro (n) des Geschäftsführers

managerial unit *n* Instanz (f)

managing agent *n PptMgt* Hausverwalter (m), Grundstücksverwalter (m); *Syn.: property manager*; **managing director** *n* Generaldirektor (m), geschäftsführender Direktor (m)

mandamus *Law (lat.)* → writ of mandate

mandate *n* Mandat (n); Auftrag (m); Vollmacht (f); Geschäftsbesorgungsvertrag (m)

mandator *n Law (lat.)* Mandant (m); Auftraggeber (m)

mandatory *adj* zwingend, vorschreibend, rechtsverbindlich; **mandatory loan** *n* Zwangsanleihe (f); **mandatory provision** *n* zwingende Bestimmung (f)

manhole *n* Bodenschacht (m), Einlaufschacht (m), Kontrollschacht (m), Schacht (m), Schachteinstieg (m); **manhole cover** *n* Schachtdeckel (m)

manifestation of intent *n* → declaration of intent

manifold *n* Verteiler (m) (Heiztechnik, Abwasser, Versorgungstechnik)

manifold *adj* mannigfaltig, facettenreich, verschiedenartig

man-land ratio *n* → population density

manometer *n* Druckmesser (m), Manometer (m)

manor *n* Gut (n), Landgut (n); Landsitz (m); Herrenhaus (n); *Syn.: manor-house*

man-power *n* Arbeitskraft (f), Arbeitspotenzial (n), Arbeitskräfte (fpl)

mansard *n ArCo* Mansarde (f); **mansard roof** *n* Mansarddach (n), Mansardendach (n)

manse *n* Pfarrhaus (n)

mansion *n* Herrenhaus (n), herrschaftliches Wohnhaus (n), herrschaftlicher Wohnsitz (m); *Syn.: mansion house*

mansions *n/pl (GB)* großes Mietshaus

manual *n* Anweisungen (fpl), Handbuch (n), Leitfaden (m), Richtlinien (fpl)

Manual of Valuation Guidance Notes *Val (GB)* → White Book

manufacture *n* (production) Herstellung (f), Manufaktur (f); (products) Manufakturerzeugnisse (npl)

manufactured home *n ArCo* Fertighaus (n); *Syn.: prefabricated house, prefab house*

manufacturer *n* Fabrikant (m), Hersteller (m)

manufacturing *n* Fabrikation (f), Fertigung (f) Herstellung (f), Produktion (f); **manufacturing cost(s)** *n(pl) Fin* Fertigungskosten (pl), Herstellungsaufwand (m), Herstellungskosten (pl), Werkskosten (pl); **manufacturing cost statement** *n* Aufstellung (f) der Herstellungskosten; **manufacturing enterprise** *n* Fertigungsbetrieb (m); **manufacturing facilities** *n/pl* Fabrikationseinrichtungen (fpl), Produktionsanlagen (fpl); **manufacturing industry** *n* verarbeitende Industrie (f); **manufacturing plant** *n* Anlage (f) (Fabrik), Betrieb (m), (Produktionsstätte), Fabrik (f), Fabrikgebäude (n), Fabrikationsanlagen (fpl); **manufacturing unit** *n* Fabrikationsbetrieb (m)

map *n* Karte (f), Landkarte (f), Stadtkarte (f); Plan (m); **map section** *n* Kartenteil (m)

map *v/t* aufnehmen, kartografisch erfassen, auf einer Karte eintragen

maple *n* Ahorn (m)

marble *n ArCo* Marmor (m)

mareva injunction *n Law* dinglicher Arrest (m)

margin *n* (Gewinn-) Marge (f); **margin of security** *n* Sicherheitsspielraum (m)

marginal *adj* marginal, geringfügig, unwesentlich; **marginal costing** *n* Grenzplankostenrechnung (f); *Syn.: flexible standard costing*; **marginal costs** *n/pl* Grenzkosten (pl); **marginal gain** *n* Grenzertrag (m); **marginal income** *n Fin, Val* Deckungsbeitrag (m); **marginal investor** *n Fin* Grenzanleger (m); **marginal land** *n* Grenzertragsboden (m), Grenzboden (m); geringwertiges Land (n); **marginal note** *n* Randbemerkung (f); **marginal property** *n* Grundbesitz, der gerade so viel Ertrag generiert, dass die Betriebskosten gedeckt werden; **marginal revenue** *n* Grenzerlös (m); **marginal revenue product** *n Econ* Wertgrenzprodukt (n); **marginal tax rate** *n Tax* Grenzsteuersatz (m); **marginal utility** *n Econ* Grenznutzen (m); **marginal yield** *n Val, Fin* Diskontierungszinssatz (m) für den Top-Slice, Grenzertrag (m)

marina *n* Yachthafen (m)

marital deduction *n Tax (US)* steuerlicher Abzug (m), der die steuerneutrale Übertragung von Grundbesitz an einen überlebenden Ehegatten ermöglicht; **marital status** *n* Familienstand (m)

mark *n* Markierung (f)

mark *v/t* herausstellen, hervorheben, kennzeichnen; **mark down** herabzeichnen, den Preis senken

markdown *n* Preissenkung (f)

marker tape *n* Markierband (n)

market *n* Absatzgebiet (n), Markt (m); **market absorption** *Val* → absorption rate; **market acceptance** *n* Marktgeltung (f); **market adjustment** *n* Marktanpassung (f); **market analysis** *n Val* Marktanalyse (f), Marktstudie (f); Bedarfsanalyse (f); **market analyst** *n* Marktbeobachter (m); **market approach** *Val* → market comparison method; **market area** *n* Marktbereich (m), Marktgebiet (n), Absatzgebiet (n), Einzugsbereich (m); **market balance** *n* Marktausgleich (m); **market capitalization** *n Fin* Marktkapitalisierung (f), Börsenwert (m) einer Gesellschaft; **market capture** *Mkt* → market penetration; **market comparison method** *Val* → Vergleichswertmethode (f); *Syn: sales comparison approach*; **market conditions** *n/pl* Konjunktur (f), Marktlage (f), Marktverhältnisse (n); **market coverage** *n* Abdeckung (f) des Marktes; **market cycle** *n* Marktzyklus (m)

market data *n/pl* Marktdaten (pl); **market data approach** *Val* → market comparison

m

method; → sales comparison method; **market data grid** *n (US)* tabellarische Abbildung (f) von Marktdaten

market delineation *n Econ* Marktabgrenzung (f); geografische Abgrenzung des relevanten Marktes; **market economy** *n* freie Marktwirtschaft (f); **market equilibrium** *n* Marktgleichgewicht (n); **market extraction method** *n (US)* Schätzung (f) der Wertminderung durch das Vergleichswertverfahren (sales comparison method); **market forces** *n/pl Econ* Marktkräfte (fpl); **market forecast** *n* Marktprognose (f); **market garden** *n* Gärtnerei (f), Gartenbauunternehmen (n); **market inquiry** *n* Markterhebung (f), Marktuntersuchung (f); **market maker** *n* Primärhändler (m); **market member** *n* Marktpartner (m); **market method** *Val* → market comparison method; **market outlook** *n* Marktausblick (m); **market overt (or ouvert)** *n Law* offener Markt (m); **market penetration** *n Mkt* Marktdurchdringung (f); *Syn.: market capture*; **market player** *n* Marktteilnehmer (m) von Bedeutung; **market position** *n* Marktlage (f); **market power** *n* Marktmacht (f); **market practice** *n* Marktgepflogenheit (f); **market price** *n* Marktpreis (m); **market quotation** *n* Marktnotierung (f); **market rally** *n* Markterholung (f); **market ratio** *n (US)* Marktverhältnis (n); **market recovery** *n* Markterholung (f); **market regulations** *n/pl* Marktordnung (f)

market rent *n* Marktmiete (f); **above market rent** (Vermietung) über Marktniveau

market report *n* Marktbericht (m); **market requirement** *n* Markterfordernis (n); **market research** *n* Marktforschung (f); **market risk** *n* Marktrisiko (n); **market segmentation** *n Econ, Mkt* Marktsegmentierung (f); **market segments** *n/pl* Teilmärkte (mpl); **market share** *n* Marktanteil (m); **market situation** *n* Marktlage (f); **market study** *n* Marktstudie (f); **market support** *n* Marktstützung (f); **market survey** *n* Marktstudie (f); **market transparency** *n* Marktdurchschaubarkeit (f), Markttransparenz (f); **market valuation** *n Val, Econ* Börsenbewertung (f)

market value *n Val* Marktwert (m); gem. IVSC bzw. RICS, aktuelle Version „Red Book"; früher: open market value; **market value approach** *Val* → market value method; **market value determination** *n* Verkehrswertermittlung (f); **market value for existing use** *n* Wert (m) bei bestehender Nutzung; **market value method** *n* Verkehrswertmethode; **market value report** *n* Verkehrswertgutachten (n)

market volume *n* Marktvolumen (n); **market yield** *n* Marktrendite (f)

market *v/t* vermarkten; vertreiben

marketability *n Mkt* Verkäuflichkeit (f), Marktfähigkeit (f); **marketability risk** *n Mkt* Vermarktungsrisiko (n), Absatzrisiko (n); *Syn.: market(ing) risk*; **marketability study** *n* Marktstudie (f), Marktfähigkeitsstudie (f)

marketable *adj* marktfähig; **marketable title** *n Law* Eigentumsrecht (n) ohne Rechtsmängel und Belastungen

marketing *n* Marketing (n); **marketing costs** *n/pl* Vermarktungskosten (pl); **marketing period** *n* Vermarktungszeitraum (m); **marketing plan evaluation** *n* Bewertung (f) des Vertriebsplanes; **marketing time** *n* Absatzzeit (f)

marking *n* Kennzeichnung (f), Markierung (f)

marking to market *n Fin* Marktbewertungsansatz (m)

mark-to-market (MTM) *n* Ausweis (m) des Marktwertes, Bewertung (f) zu Marktpreisen, Bewertung (f) zu Modellpreisen

markup *n* Gewinnaufschlag (m), Kursaufschlag (m), Preiserhöhung (f), Preissteigerung (f)

marriage value *n Val, Dev* → plottage value

marsh *n* Marsch (f), Marschland (n), Sumpf (m)

marshalling yard *n (GB)* Rangierbahnhof (m)

marshland *n* Sumpfgebiet (n)

mason *n* Maurer (m), Steinmetz (m); **mason's hammer** *n* Maurerhammer (m)

masonry *n ArCo* Mauerwerk (n); **masonry paint** *n* Maueranstrich (f); **masonry work** *n* Maurerarbeiten (fpl)

mass *n* Masse (f); **mass appraisal** *n Val* Massenbewertung (f); **mass concrete** *n* Magerbeton (m), Massenbeton (m), Massivbeton (m), unbewehrter Beton (m); **mass valuation** *n Val* Massenbewertung (f), Portfoliobewertung (f)

Massachusetts trust *n Fin (US)* gesellschaftsähnlicher Zusammenschluss

m

master *n* Meister (m); Vorlage (f); **master builder** *n* Baumeister (m), Maurermeister (m); **master data** *n/pl* Hauptdaten (pl); **master deed** *Law* → condominium declaration; **master joiner** *n* Schreinermeister (m); **master key** *n* Generalschlüssel (m); **master key system** *n* Hauptschlüsselanlage (f); **master lease** *n Law* Hauptmietvertrag (m); **master limited partnership** *n Law* Personengesellschaft (f); **master mason** *n* Maurermeister (m); **master mortgage loan** *n Fin* Darlehen einer Wohnungsgenossenschaft; jeder co-op tenant haftet für einen Teil dieses Darlehens; unabhängig von privaten Darlehen für den Erwerb der Genossenschaftsanteile; **master plan** *n* Bebauungsplan (m), Flächennutzungsplan (m), Generalbebauungsplan (m), Hauptbebauungsplan (m); **Master Senior Appraiser (MSA)** *Org (US)* höchste Qualifikation für Immobilienbewerter und -sachverständige; **master switch** *n ArCo* Hauptschalter (m), Netzschalter (m)

mastic asphalt *n* Weichasphalt (m); **mastic flooring** *n* Asphaltfußboden (m)

match *v/t* abgleichen, zusammenpassen; **matching maturities** *n/pl* Fristenkongruenz (f); **matching principle** *n* Grundsatz (m) der sachlich-zeitlichen Abgrenzung, Zuordnung (f) von Aufwendungen zu den korrespondierenden Erträgen

material *n* Material (n), Werkstoff (m); **materials and supplies** *n/pl* Roh-, Hilfs- und Betriebsstoffe (mpl); **materials management** *n* Materialwirtschaft (f)

material *adj* wesentlich, materiell; **material assets** *n/pl* Sachwerte (mpl) (körperlich); **material breach** *n Law* erhebliche Verletzung (f); **material change of use** *n Plan* wesentliche Nutzungsänderung (f); erfordert i.d.R. eine Baugenehmigung; **material consideration** *n Law* materielle Abwägung (f), wirtschaftliche Betrachtung (f); **material defects** *n/pl* Sachmängel (mpl); **material detriment** *n Law* materieller Schaden (m); **material interest** *n Fin* wesentliche Beteiligung (f)

materiality *n Law, Fin* Grundsatz der Wesentlichkeit (f), Erheblichkeit (f); **materiality of evidence** *n Law* Beweiserheblichkeit (f)

mathematics of finance *n* Finanzmathematik (f)

matrimonial *adj* ehelich; **matrimonial property** *n* eheliche Güter (npl)

matrix analysis *n Econ* Matrixanalyse (f); (GIS etc.) Matrizenanalyse (f) (nach Robertson)

matter *n* Angelegenheit (f), Sache (f), Fall (m)

mature *adj* ausgereift, reif, voll entwickelt; **matured claim** *n* fälliger Anspruch (m); **matured liability** *n* fällige Verbindlichkeit (f)

maturing *n* Abbindebehandlung (f), Aufwuchs (m)

maturity *n* Laufzeit (f), Fälligkeit (f); **at maturity** bei Fälligkeit
maturity date *n* Ablaufdatum (n), Fälligkeitsdatum (n); **maturity value** *n* Fälligkeitswert (m)

maximum demand *n* Höchstleistung (f); **maximum legal value** *n math* höchster zulässiger Wert (m); **maximum load** *n* Höchstlast (f), Belastungsgrenze (f); **maximum useful life** *n* maximale Nutzungsdauer (f); **maximum value** *n* Wertobergrenze (f)

MBA *Org (US)* → Mortgage Bankers Association of America

MBB *Fin* → mortgage-backed bond

MBI *Fin* → management buy-in

MBO *Fin* → management buy-out

MBS *Fin* → mortgage-backed security

meadow *n* Wiese (f), Weide (f); **meadow land** *n* Wiese (f); *Syn.: pasture*

mean *n* arithmetisches Mittel (n), Durchschnitt (m); **mean sea level** *n* Normalnull (f); **mean value** *n* mathematische Erwartung (f), Mittelwert (m)

meaningful *adj* aussagefähig, bedeutungsvoll

means *n/pl* Mittel (n), Mittelwerte (fpl); **means of payment** *n/pl* Zahlungsmittel (pl); **means of recourse** *n/pl* Rechtsbehelf (m), Rechtsmittel (npl); **means of transport** *n/pl* Verkehrsmittel (n)

measure *n* Maß (n), Maßnahme (f), Bemessungsgrundlage (f); **measure of central tendency** *n* Lagemaß (n), lagetypischer Wert (m); **measure of dispersion** *n* Streuungsmaß (n); **measure of location** *n* Lagemaß (n), lagetypischer Wert (m); **measure of performance** *n* Erfolgskriterium (n); **measure of value** *n* Wertmaßstab (m)

measure *v/t* messen, vermessen

m

measure-and-value contract *n Dev, ArCo* Vertrag (für z.B. Bau- oder Wartungsarbeit), bei dem die Vergütung von der Anzahl der Arbeitseinheiten (z.B. Elemente oder m^2) abhängig ist. Im Vertrag wird ein Preis je Arbeitseinheit festgeschrieben. Die Anzahl der Einheiten wird bei vollendeter Arbeit festgestellt; → unit price contract

measured drawings *n* maßstabsgerechte Bauaufzeichnungen (fpl); *Syn.: drawing to scale*

measurement *n* (dimension) Maß (n), Abmessung (f), Größe (f); (unit) Maßeinheit (f); (process) Vermessung (f), Messung (f), Aufmaß (n); **measurement error** *n* Messfehler (m); **measurement unit** *n* → unit of measurement

measuring *n* Messen (n), Erfassung (f); **measuring accuracy** *n* Messgenauigkeit (f); **measuring device** *n* Erfassungsgerät (n), Messgerät (n); **measuring method** *n* Messverfahren (n)

mechanic's lien *n Law* gesetzliches Pfandrecht (n) der Bauhandwerker

m

mechanical *adj* mechanisch; **mechanical engineering** *n* Maschinenbau (m); **mechanical floor** *n* Installationsgeschoss (n); **mechanical services** *n* Haustechnik (f), technische Gebäudeausrüstung (f); **mechanical systems** *n/pl* maschinelle Systeme (n); **mechanical ventilation** *n ArCo* künstliche Raumbelüftung (f)

median *n* Median (m), Mittellinie (f), Zentralwert (m)

mediate *v/t* vermitteln, schlichten

mediation *n* Mediation (f), Vermittlung (f), Schlichtung (f)

mediator *n* Broker (m), Schlichter (m), Vermittler (m), Versicherungsmittler (m)

medium gravel *n* Mittelkies (m); **medium price** *n* mittlerer Preis (m); **medium size** *n* mittlere Größe (f)

medium-sized *adj* mittelgroß

medium-term *adj* mittelfristig; **medium-term loan** *n Fin* mittelfristiges Darlehen (n)

meet a requirement *v/t* ein Bedürfnis befriedigen; **meet payment** *v/t* begleichen, bezahlen, Zahlung leisten

meeting *n* Meeting (n), Besprechung (f), Konferenz (f), Versammlung (f); *ArCo* Fuge (f); **meeting room** *n* Besprechungszimmer (n), Konferenzraum (m); **meeting stile** *n ArCo* Einschlagpfosten (m)

megalopolis *n Plan* Ballungsgebiet (n), Zusammenballung (f) von Städten, Megalopolis (f)

meliorating waste *n* → ameliorating waste

member *n* Mitglied (n); **Member of the Appraisal Institute (MAI)** *n (US)* Mitglied des → Appraisal Institute; **member of the executive/management board** *n* Vorstandsmitglied (n); **Member of the Royal Institution of Chartered Surveyors (MRICS)** *n* Mitglied der Royal Institution of Chartered Surveyors

membership *n* Mitgliedschaft (f); **membership rights** *n/pl* Mitgliedsrechte (n)

membrane *n* Häutchen (n), Membran (f)

memo *n* → memorandum

memorandum *n* Memorandum (n), Bericht (m); Notiz (f), Vermerk (m); **memorandum of association** *n (GB)* Gründungsurkunde (f), Satzung (f); **memorandum of understanding** *n* Verständigungsvereinbarung (f)

memorial *adj* Gedächtnis-, Gedenk-

menace *n Law* drohende Gefahr (f); Bedrohung (f)

mention *v/t* erwähnen

mercantile *adj* merkantil

merchandise *n* Ware (f), Handelsware (f), Handelswaren (fpl); Handelsgut (n)

merchandise *v/t* handeln, vertreiben, Handel treiben

merchantable title *n Law* → marketable title

merge *v/i* verschmelzen, fusionieren

merger *n* Fusion (f), Verschmelzung (f); **merger control** *n* Fusionskontrolle (f); **merger surplus** *n* Verschmelzungsmehrwert (m)

meridian *n* Meridian (m), Längenkreis (m)

meritorious consideration *n* → good consideration

mesh *n* Masche (f), Netz (n); **mesh reinforcement** *n* Netzbewehrung (f)

mesne *adj Law* (tw. veraltet) Zwischen-; mittelmäßig; Mittel-, in der Mitte; **mesne profits** *n/pl Law* Verlust z.B. durch unrechtmäßige Nutzung; Grund für eine Schadenersatzklage z.B. durch den Vermieter bei widerrechtlicher Besitznahme einer Wohnung; **mesne tenancy** *Law* → sandwich lease

messuage *n Law* Anwesen (n); Wohnhaus inklusive Nebengebäuden und Gartenland
metal *n* Metall (n); **metal cladding** *n* Metallauskleidung (f); **metal construction** *n* Metallbau (m); **metal(-framed) window** *n* Metallfenster (n); **metal lining** *n* Metallauskleidung (f); **metal structure** *n* Metallbau (m)
metallic structure *n* Metallbauwerk (n)
metalwork *n* Metallarbeiten (fpl)
mete *n (obs.)* Maß (n), Grenzlinie (f); **metes and bounds (survey)** *n Law* Grundstücksvermessung (f); **metes and bounds system** *n* System der Indentifizierung von Grundstücken und insbesondere dessen Grenzen durch Beschreibung und Aufmaß (z.B. Entfernung und Orientierung) von geografischen Eigenschaften in der Gegend
mete *v/t (obs.)* messen; **mete out** verteilen; jmd. etw. zuteilen
meteorology *n* Meteorologie (f)
meter *n* Messinstrument (n), Zähler (m); **meter board** *n* Zählerkasten (m); **meter-reader** *n* Ableser (m); **meter reading** *n* Zählerstand (m)
method *n* Verfahren (n); **method of analysis** *n* Analyseverfahren (n); **method of calculation** *n* Berechnungsmethode (f), Kalkulationsverfahren (n); **method of estimation** *n* Schätzungsmethode (f); **method of payment** *n* Zahlungsweise (f), Zahlweise (f); **method of valuation** *n* Bewertungsmethode (f), Bewertungsverfahren (n)
methodology *n* Methodenlehre (f), Methodologie (f); **methodology of valuation** *n* Bewertungslehre (f), Methodenlehre (f) der Wertermittlung, Wertermittlungslehre (f)
metric system *n* metrisches System (n); Längenmaße sind Zentimeter (m), Meter (m), Kilometer (m); *Syn.: International System of Units (SI); Ant.: Imperial System of Measurement; British System; English System*
metrology *n* Metrologie (f); die Lehre von Maßen und Gewichten
metropolis *n* Metropole (f), Großstadt (f)
metropolitan *adj* großstädtisch, weltstädtisch; **metropolitan area** *n* Großraum (m), Großstadtgebiet (n); **metropolitan borough** *n (GB)* Stadtgemeinde in einer → metropolitan county mit dem Status einer → unitary authority; **metropolitan county** *n (GB)* städtischer Regierungsbezirk (Landkreis), unterteilt in mehrere → metropolitan districts und/oder → metropolitan boroughs; **metropolitan district** *n (GB)* Gemeinde (Kreis) in einer → metropolitan county; **metropolitan statistical area** *(US)* großstädtischer Agglomerationsraum; statistisches Großraumgebiet (zw. 1959 und 1983 Standard Metropolitan Statistical Area)
mews *n/pl* Stallung (f)
mezzanine *n ArCo* Zwischengeschoss (n), Halbgeschoss (n); *Syn.: mezzanine floor*
mezzanine capital *n Fin* Mezzanine-Kapital (n); Mischform zwischen Eigen- und Fremdkapital; **mezzanine debt** *n Fin* Fremdkapital mit Eigenkapitaleigenschaften; **mezzanine finance** *n Fin* Mezzanine-Finanzierung (f); *Syn.: mezzanine financing*
micro-environment *n Val, Dev* Mikrostandort (m)
middleman *n* Vermittler (m), Mittelsmann (m); Zwischenhändler (m)
midfeather *n* Schornsteinzunge (f)
midrise building *n ArCo* mittelhohes Gebäude (n); *Syn.: midrise*; → low-rise building; high-rise building
midspan *n* Feldmitte (f), Trägermitte (f)
mid-year review *n Fin* Halbjahresbericht (m)
MIG *Fin* → mortgage indemnity guarantee
migration *n* Migration (f), Abwanderung (f)
mild steel *n* Flussstahl (m)
mile *n* Meile (f)
military area *n* Militärfläche (f); **military clause** *n Law (US)* Sonderkündigungsklausel (f) für militärische Mieter; **military installation** *n* militärische Anlage (f)
milk a project *v/t Dev, PptMgt* → bleeding a project
milk glass *n* Milchglas (n)
mill *n* Betrieb (m) (Produktionsstätte), Fabrik (f), Fabrikgebäude (n), Hüttenwerk (n), Mühle (f), Walzwerk (n); **mill-owner** *n* Fabrikbesitzer (m), Mühlenbesitzer (m); **mill plant** *n* Mahlwerk (n); **mill pond** *n* Mühlteich (m); **mill store** *n Ret (US)* Fabrikverkauf (m)

m

mill *v/t* behauen, fräsen, zermahlen; **milling machine** *n* Fräse (f); **milling shop** *n* Fräserei (f)
million *n* Million (f)
mine *n* Mine (f); (im Bergbau); **mine closure** *n* Grubenschließung (f), Zechenstilllegung (f); **mine development cost** *n* Aufschließungskosten (pl)
mineral claim *Law* → mineral right(s); **mineral dump** *n* Mineralstoffdeponie (f); **mineral fibre** *n* Mineralfaser (f); **mineral fibre mat** *n* Mineralfaserplatte (f); **mineral fibre slab** *n* Mineralfaserplatte (f); **mineral pitch** *n* Naturasphalt (m); **mineral resources** *n/pl* Bodenschätze (mpl); **mineral right(s)** *n(pl) Law* Abbaurechte (npl) für Bodenschätze; (können gesondert veräußert werden); *Syn.: mineral claim*; **mineral royalty** *n Tax* Förderzins (m); **mineral tar** *n* Erdteer (m); **mineral wool** *n* Mineralwolle (f)
minimization *n* Minimierung (f)
minimum *n* Minimum (n), Mindestmaß (n); **minimum acceptable interest rate** *n* erstrebte Mindestverzinsung (f); **minimum age** *n* Mindestalter (n); **minimum bid** *n* geringstes Gebot (n); **minimum capital** *n* Mindestkapital (n); **minimum contents** *n/pl* Mindestinhalt (m); **minimum cross section** *n* Mindestquerschnitt (m); **minimum disclosure** *n* Mindestangaben (fpl); **minimum holding** *n* Mindestbeteiligung (f); **minimum holding period** *n* Mindestbesitzdauer (f); **minimum holding requirement** *n* Mindestbeteiligungsquote (f); **minimum investment** *n* Mindesteinlage (f); **minimum lease payments** *n* Mindestleasingzahlungen (fpl); **minimum lending rate** *n Fin* Mindestzinssatz (m); Diskontsatz (m) (der Bank of England); **minimum lot area** *n Plan (US)* Mindest-Grundstücksgröße (f); für die Bebauung nach dem municipal → zoning code; **minimum property requirements** *n/pl (US)* Mindeststandards (mpl), die eine Immobilie für eine Versicherung durch die → Federal Housing Administration erfüllen muss; **minimum regulatory capital** *n* regulatorisch erforderliches Mindestkapital (n); **minimum rent** *n* Mindestmiete (f); **minimum rent clause** *n Law* Mietvertragsklausel (f), die eine Mindestmiete (f) festsetzt unabhängig von tatsächlichen Gewinn aus dem Objekt; **minimum stay** *n* Mindestaufenthaltsdauer (f); **minimum term of lease** *n* Grundmietzeit (f); **minimum value** *n* Mindestwert (m)
mining contract *n* Abbauvertrag (m); **mining law** *n* Bergrecht (n)
miniwarehouse *n* kleines Lagerhaus (n)
minor *adj* unbedeutend, unwichtig, gering, geringfügig; minderjährig; **minor repairs** *n/pl* Kleinreparaturen (fpl); Kleininstandhaltung (f); z.B. als Mieterpflicht in einem Mietvertrag festgehalten; **minor tenancy** *n Law* kurzfristiges oder kurzfristig kündbares Mietverhältnis (n)
minority discount *n Fin* Abschlag (m) vom Marktwert eines Anlagegegenstands auf Grund mangelnder Kontrollfähigkeit Minderheitsbeteiligter; **minority interest** *n* Minderheitsbeteiligung (f); Minderheitsanteile (mpl); Ausgleichsposten (mpl) anderer Gesellschafter, Fremdanteil (m), Minderheitenanteil (m)
MIP *Fin* → mortgage insurance premium
mirror *n* Spiegel (m)
misappropriation *n* widerrechtliche Aneignung (f), Unterschlagung (f), Veruntreuung (f)
miscellaneous *adj* sonstig, verschieden, verschiedenerlei; **miscellaneous equipment** *n* sonstige Ausrüstung (f); **miscellaneous expenses** *n/pl* sonstige Ausgaben (fpl); **miscellaneous income** *n* sonstiges Einkommen (n)
misconception *n* falsche Auffassung (f), falsche Deutung (f), Missverständnis (n)
misdemeanor *n Law (US)* Vergehen (n), Ordnungswidrigkeit (f), minderes Delikt (n)
misdescription *n* falsche Beschreibung (f); falsche Beschriftung (f)
misfeasance *n Law* Vergehen (n), Delikt (n); Missbrauch (m) (des Ermessens oder der Amtsgewalt)
MISFM → multiple investment sinking fund (method)
misgauge *v/t* falsch einschätzen
mishandle *v/t* falsch behandeln, falsch handhaben
misinform *v/t* falsch informieren
misinterpret *v/t* falsch auslegen
misinterpretation *n* falsche Auslegung (f), Fehlinterpretation (f)
mismatch *n Fin* Inkongruenz (f)
misrepresentation *n Law* falsche Angaben (fpl), Falschdarstellung (f)

mistake *n* Fehler (m), Irrtum (m)
misuse *n* Zweckentfremdung (f)
mitigate *v/t* lindern, besänftigen, mildern
mitigation *n Law* Milderung (f); Herabsetzung (f); **mitigation of damages** *n Law* Schadensminderung (f)
mitre *n ArCo* Gehrung (f); *Syn.: miter (US)*
mix *v/t* mischen, verschneiden
mixed *adj* gemischt, vermischt; **mixed area** *n* Mischgebiet (n); **mixed bag** *n* Sammelsurium (n); **mixed development** *n Plan, Dev* Mischentwicklung (f); **mixed development scheme** *n* gemischt genutztes Grundstück (n), Wohn- und Geschäftsgrundstück (n); **mixed financing** *n* Mischfinanzierung (f); **mixed forest** *n* Mischwald (m); **mixed fund** *n Fin* gemischter Fonds (m); **mixed office industrial** *n* Immobilie (f) mit gewerblicher Mischnutzung (Büroflächen und Fertigung); **mixed price** *n* Mischpreis (m); **mixed soil** *n* Mischboden (m); **mixed tenancy** *n* Mischmietverhältnis (n)
mixed use *n* Mischnutzung (f); **mixed use area** *n* Mischgebiet (n); **mixed use building** *n* Gebäude (n) für unterschiedliche Verwendungen; **mixed use property** *n* gemischt genutztes Grundstück (n)
mixer *n* Betonmischmaschine (f), Mischer (m), Mischmaschine (f); **mixer conveyor** *n* Transportmischer (m); *Syn: mixer truck*
mixing faucet *n* Mischbatterie (f); **mixing station** *n* Beimischstation (f); **mixing time** *n* Mischdauer (f)
mix proportions *n/pl* Mischungsverhältnis (n)
mixture ratio *n* Mischungsverhältnis (n)
MLS *Mkt* → multiple listing service
mobile home *n ArCo* Fertighaus (n); Spezialtyp des → manufactured home, der mit angebrachten Rädern transportiert wird; auch als permanenter Wohnraum verwendet; **mobile home park** *n (US)* Siedlung (f) für mobile Häuser
mobility *n* Beweglichkeit (f), Mobilität (f)
mock auction *n Law, Mkt* Scheinauktion (f), vorgetäuschte Versteigerung (f)
mode *n* Art und Weise (f), Betriebsart (f); stat.: häufigster Wert (m), Modus (m); **mode of payment** *n* Zahlungsweise (f); **mode of transport** *n* Beförderungsart (f)
model *n ArCo* Entwurf (m); Modell (n); **model calculation** *n* Modellrechnung (f); **model clause** *n Law* Musterklausel (f); **model house** *n (US)* Musterhaus (n); *Syn.: show house, showroom house*; **model stock** *n* Idealbestand (m); **model unit** *n Mkt* Mustereinheit (f); Musterwohnung (f); Musterhaus (n); Marketing-Suite (f)
modernization *n* Modernisierung (f), Sanierung (f); **modernization costs** *npl* Modernisierungskosten (pl), Sanierungskosten (pl); **modernization investment** *n* Modernisierungsinvestition (f)
modernize *v/t* modernisieren
modern substitute building *n Val* modernes Ersatzgebäude (n)
modification *n* Modifikation (f); Umrüstung (f); Änderung (f)
modify *v/t* abändern, ändern; **Modified Accelerated Cost Recovery System (MACRS)** *n Tax (US)* wörtlich: modifiziertes beschleunigtes Abschreibungssystem; Immobilienabschreibungssystem mit zwei Varianten: **1.** General Depreciation System (GDS) – allgemeines Abschreibungssystem, das eine degressive Abschreibung erlaubt; **2.** Alternative Depreciation System (ADS) – alternatives Abschreibungssystem, das lineare Abschreibung unterstellt; → accelerated depreciation; **modified gross lease** *n (US)* modifiziertes Bruttomietverhältnis (n); der Vermieter sorgt nur für einen Teil der Dienste (z.B. Wartung, Hausmeister, Versicherung) je nach Bedarf des Mieters
modular *adj* baukastenartig, aus Elementen zusammengesetzt; **modular assembly** *n* Baukastenprinzip (n); **modular building (system)** *n* Modulbauweise (f), Baukastenbauweise (f); **modular concept** *n* Baukastenprinzip (n); **modular construction (system)** *n* → modular building (system); **modular design** *n* → modular concept; **modular grid** *n* Raumraster (n); **modular home** *n ArCo* Fertighaus (n); in Modulen produziert; kann an die staatlichen und gemeindlichen Vorgaben des künftigen Standortes angepasst werden; **modular housing** *n ArCo* Raumzellenbauweise (f); **modular point** *n* Rasterpunkt (m); **modular unit** *n* Zellenmodul (n)
modularity *n* Modularität (f); Baukastenprinzip (n), Bausteinkonzept (n)
module *n* Baugruppe (f), Baustein (m), Komponente (f)

modulus *n math* Absolutwert (m), Absolutwert (m) einer komplexen Zahl, Modul (n)
moiety *n* Hälfte (f)
moistness *n* Feuchtigkeit (f)
moist subsoil *n* feuchter Untergrund (m)
moisture *n* Feuchtigkeit (f); **moisture barrier** *n ArCo* Feuchtigkeitssperre (f); **moisture penetration** *n* Durchfeuchtung (f)
moisture proof *adj* feuchtigkeitsdicht, luftfeuchtigkeitsdicht
mold *n* Schimmel (m)
molten bitumen *n* Heißbitumen (n)
Mom-and-Pop store *n (US)* Tante-Emma-Laden (m)
momentary *adj* kurzzeitig
monetary *adj* monetär; **monetary-fiscal policy** *n* Fiskalpolitik (f), Geldpolitik (f); **monetary items** *n/pl* monetäre Posten (mpl); **monetary policy** *n* Geldpolitik (f); **monetary transactions** *n/pl* Zahlungsverkehr (f), Geldverkehr (m); **monetary union** *n* Währungsunion (f); **monetary unit** *n* Währungseinheit (f)
monetize *v/t* liquidieren, zu Geld machen; Econ. auch: als Währung etablieren; *Syn.: to coin into money*; **monetize real estate assets in a tax-efficient manner** Immobilien steueroptimiert verwerten (bzw. zu Geld machen)
money *n* Geld (n); **money compensation** *n* Abfindung (f) beim Ausscheiden eines oder mehrerer Gesellschafter; **money equivalent** *n* monetärer Gegenwert (m); **money indemnity** *n* Geldentschädigung (f); **money market** *n* Geldmarkt (m); **money rate** *n* Geldkurs (m); **money supply** *n* Geldmenge (f); **money's worth** *adj Law* geldwert; **money transactions** *n/pl* Geldverkehr (f)
money-losing deal *n* Verlustgeschäft (n)
money-weighted rate of return *n Fin, Val* → internal rate of return
monitor *v/t* überwachen
monitoring *n* Beobachtung (f), Überwachung (f), Monitoring (n); **monitoring of environment** *n* Umweltbeobachtung (f) **monitoring costs** *n/pl* Kontrollkosten (pl), Überwachungskosten (pl); **monitoring equipment** *n* Überwachungsanlage (f)
monitor roof *n* Dach (n) mit Firstlaterne
monopitch roof *n* Pultdach (n)
monopoly *n Econ* Monopol (n); **monopoly profits** *n/pl Econ* Monopolgewinne (mpl)
Monte Carlo simulation *n Val* Monte-Carlo-Simulation (f)
monthly income *n* monatliches Einkommen (n); **monthly income statement** *n* monatliche Erfolgsrechnung (f); **monthly report** *n* Monatsbericht (m)
month-to-month lease *n* monatlich kündbare Pacht (f); **month-to-month tenancy** *n Law* Mietverhältnis (n), dessen Laufzeit einen Monat beträgt und das sich stets um einen Monat verlängert; ermöglicht kurzfristige Kündigungen und Mieterhöhungen
month under review *n* Berichtsmonat (m)
monument *n* Monument (n); Denkmal (n), Baudenkmal (n); Mahnmal (n); **monument of cultural interest** *n* Kulturdenkmal (n)
moonlight flit *n (GB (ugs.))* „Umzug", ohne Miete ausgeglichen zu haben
moor *n* Moor (n), Moorboden (m)
moot *adj* strittig, fraglich
moral obligation *n* moralische Verpflichtung (f)
moratorium *n* Moratorium (n), Stundung (f), Zahlungsaufschub (m)
mortality *n* Sterblichkeit (f); **mortality chart** *n* Sterbetafel (f); **mortality table** *n* Sterbetafel (f)
mortar *n* Mörtel (m); **mortar bed** *n* Mörtelbett (n); **mortar jointing** *n* Vermörtelung (f); **mortar mixing** *n* Mörtelmischen (n); **mortar ratio** *n/pl* Mörtelverhältnis (n)
mortgage *n Fin* Hypothek (f), Grundpfandrecht (n); *Syn.: land loan (US)*; **mortgage amortization** *n* Hypothekenabzahlung (f); **mortgage amortization payment** *n* Tilgungsrate (f); **mortgage appraisal** *n* Beleihungswertgutachten (n), Hypothekengutachten (n)
mortgage bank *n* Hypothekenbank (f), Realkreditinstitut (n); **mortgage banker** *n* Hypothekenbank (f); Vermittler zwischen Hypothekarkreditnehmer und -kreditgeber; **Mortgage Bankers Association of America (MBA)** *Org (US)* Vereinigung der Hypothekenbanken; **mortgage banking act** *n* Hypothekenbankgesetz (n); **mortgage banking business** *n* Hypothekenbankgeschäft (n)
mortgage bond *n* hypothekarisch gesicherte Schuldverschreibung (f); **mortgage borrowing** *n* Aufnahme (f) von Hypothe-

kendarlehen; **mortgage broker** *n* Hypothekenmakler (m); **mortgage broker's fee** *n* Hypothekenvermittlungsgebühr (f); **mortgage business** *n* Hypothekengeschäft (n); **mortgage certificate** *n* Hypothekenanteilschein (m), Hypothekenbrief (m); **mortgage claim** *n* Hypothekenforderung (f); **mortgage coefficient** *n* Hypothekenkoeffizient (m); **mortgage collateral** *n* hypothekarische Sicherheit (f); **mortgage commitment** *n* Hypothekenkreditzusage (f); **mortgage constant (MC)** *n* Hypothekenkonstante (f); Faktor für die Berechnung von Hypothekenrückzahlungen; **mortgage credit** *n* Hypothekenkredit (m); **mortgage creditor** *n* Hypothekengläubiger (m); **mortgage debenture** *n* hypothekarisch gesicherte Schuldverschreibung (f); durch Pfandrecht an einer bestimmten Immobilie des Schuldnerunternehmens gesicherte Schuldverschreibung; **mortgage debt** *n* Hypothekenschuld (f); **mortgage debtor** *n* Hypothekenschuldner (m); **mortgage debt service** *Fin* → debt service; **mortgage deed** *n Fin* Hypothekenbrief (m); **mortgage department** *n* Hypothekenabteilung (f); **mortgage discount** *n* Hypothekendamnum (n); **mortgage-equity analysis** *n* Analyse (f) einer Hypothek auf das Eigentum; **mortgage estate** *Fin* → mortgaged estate; **mortgage finance** *n* Hypothekenfinanzierung (f); **mortgage financing** *n* Hypothekenfinanzierung (f); **mortgage foreclosure** *n* Hypothekenzwangsvollstreckung (f); **mortgage indemnity guarantee (MIG)** *n* Versicherung der Bank gegen Verluste, die aus einer Zahlungsunfähigkeit des Schuldners resultieren; falls der Verkaufspreis der Immobilie den Kreditbetrag nicht überschreitet; **mortgage indenture** *n* Hypothekenvertrag (m); **mortgage insurance** *n* Hypothekenversicherung (f); **mortgage insurance premium (MIP)** *n (US)* Prämie (f) für Hypothekenversicherung; **mortgage interest** *n* Hypothekenzins (m); **mortgage interest rate** *n* Hypothekenzinssatz (m); **mortgage lender** *n* Hypothekengläubiger (m); *Syn.: mortgagee*; **mortgage lending** *n* Hypothekenkreditgeschäft (n), Pfandleihe (f); **mortgage lending business** *n* Hypothekenkreditgeschäft (n); **mortgage lending institution** *n* Hypothekenkreditinstitut (n); **mortgage lending value (MLV)** *n* Beleihungswert (m); **mortgage lien** *n* Grundpfandrecht (n)

mortgage loan *n* Hypothekendarlehen (n), Hypothekarkredit (m); **mortgage loan commitment** *n* Hypothekenzusage (f); **mortgage loan portfolio** *n* Hypothekenstock (m), Hypothekenbestand (m); **mortgage loan proceeds** *n/pl* Hypothekenvaluta (pl)

mortgage market *n* Hypothekenmarkt (m); **mortgage money** *n* Hypothekenbetrag (m); **mortgage note** *n* hypothekarisch gesicherter Schuldschein (m); **mortgage pass-through securities (MPTs)** *n* Wertpapiere (verbriefte Hypothekendarlehen) mit monatlichen Zins- und Tilgungszahlungen; vorherrschende Variante der mortgage-backed securities; **mortgage payment** *n* Hypothekenauszahlung (f); **mortgage placement fee** → finance procuration fee; **mortgage policy** *n Fin* Versicherung der Eigentumsrechte durch den Gläubiger für den Fall, dass Rechtsmängel bestehen sollten; **mortgage pool** *n* Hypothekenpool (m); Bestand von Hypotheken mit gleichen Charakteristika (Risikoklasse, Zinssatz, Laufzeit), gebündelt für den Verkauf auf dem Sekundärmarkt; **mortgage principal** *n* Hypothekenbetrag (m); **mortgage protection insurance** *n* Hypothekenversicherung (f), Restschuldversicherung (f); *Syn.: mortgage guaranty insurance, mortgage redemption insurance*; **mortgage rates** *n/pl* Hypothekenzinsen (mpl); **mortgage redemption** *n* Hypothekenablösung (f); **mortgage reduction** *n* häufigere und vorverlegte Rückzahlungen einer Hypothek; Zahlungen finden nicht mehr nur monatlich, sondern vierzehntäglich oder wöchentlich statt; zur Einsparung von Zinszahlungen; **mortgage register** *n* Hypothekenregister (n); **mortgage REIT** *n* Hypotheken-REIT; → real estate investment trust, der Hypothekendarlehen vergibt oder erwirbt oder in andere Obligationen investiert ist, die durch Immobilien besichert sind; **mortgage relief** *n* Auflösung einer Hypothek durch Übertragung an einen Dritten oder durch Tilgung; **mortgage sale** *n* Verkauf einer Immobilie infolge des Ausfalls des

Schuldners; **mortgage security** *n* Hypothekenpfandrecht (n); **mortgage term** *n* Hypothekenlaufzeit (f); **mortgage valuation** *n* Beleihungswertermittlung (f), Hypothekenbewertung (f)

mortgage *v/t Fin* beleihen, verpfänden, hypothekarisch belasten; eine Hypothek bestellen; **mortgage out** *v/t* voll finanzieren

mortgageable *adj* hypothekarisch belastbar; **mortgageable property** *n* beleihungsfähiges Objekt (n)

mortgage-backed bond *Fin* → mortgage-backed securities; **mortgage-backed securities (MBS)** *n/pl* hypothekarisch gesicherte Wertpapiere (npl); es gibt im Wesentlichen zwei Klassen von mortgage-backed securities: commercial mortgage-backed securities (CMBS) und residential mortgage-backed securities (RMBS); *Syn.: mortgage-backed bond*

mortgaged *adj* hypothekarisch belastet, verpfändet; **mortgaged estate** *n Fin* belasteter Grundbesitz (m); beliehenes Objekt (n); *Syn.: mortgage estate*; **mortgaged property** *n* belasteter Grundbesitz (m); verpfändetes Vermögen (n)

mortgagee *n* Hypothekar (m), Hypothekengläubiger (m), Pfandgläubiger (m); *Syn.: mortgage lender, mortgage creditor*; *Ant.: mortgagor*

mortgaging out *n* Vollfinanzierung (f); Finanzierung, die ausschließlich mit Hilfe von Fremdmitteln durchgeführt wird

mortgagor *n* Hypothekenschuldner (m), Pfandschuldner (m); *Syn.: mortgage debtor, mortgager*; *Ant.: mortgagee, mortgage lender*; **mortgagor's right** *n Law* Ablösungsrecht (n) des Hypothekenschuldners; *Syn.: equity of redemption, equitable right of redemption*

mortice *n* Nute (f), Zapfenloch (n); **mortice (and tenant) joint** *n* Zapfenlochverbindung (f); **mortice chisel** *n* Stemmeisen (n); **mortice gauge** *n* Zapfenstreichmaß (n); **mortice lock** *n* Einsteckschloss (n)

morticing *n* Verzapfung (f)

mortis causa *(lat.)* im Todesfall

mortmain *n Law* unveräußerlicher Grundbesitz (m) (oft kirchliche Grundstücke)

mosaic flooring *n* Mosaikbelag (m), Mosaikfußboden (m); **mosaic method** *n* Mosaikmethode (f)

most favoured nation clause *n* Meistbegünstigungsklausel (f); Vereinbarung zwischen zwei Staaten, die sich gegenseitig dazu verpflichten, dem jeweils anderen alle Handelsprivilegien einzuräumen, die einem bestimmten Drittland eingeräumt werden

most favoured tenant clause *n Law, Mkt* Mietvertragsklausel, die dem Mieter sämtliche Zugeständnisse garantiert, die anderen Mietern gemacht werden; besonders wichtig in der Phase der Erstvermietung einer Immobilie

most probable selling price *n Val* zu erwartender Verkaufspreis (m)

most probable use *n* wahrscheinlichste Nutzung (f)

motel *n* Motel (n)

Mother Hubbard clause *Fin, Law* → anaconda mortgage

motion detector *n* Bewegungsmelder (m); **motion sensor** *n* Bewegungsmelder (m)

motor *n* Motor (m), Elektromotor (m); **motor pool** *n* Fuhrpark (m); **motor-racing circuit** *n (GB)* Autorennbahn (f)

motorway *n (GB)* Autobahn (f); **motorway junction** *n* Autobahnanschlussstelle (f); **motorway network** *n* Autobahnnetz (n)

mould *n* Schimmel (m); Form (f); Muttererde (f)

moulded product *n* Formstück (n)

mouldiness *n* modriger Zustand (m), schimmliger Zustand (m)

moulding sand *n* Formsand (m); **moulding shop** *n* Formerei (f), Gießerei (f), Presserei (f)

mouldy *adj* schimmelig, moderig

mount *v/t* montieren, befestigen, anbringen, zusammenbauen

mountain area *n Plan* Berggebiet (n)

mounting *n* Einbau (m), Sockel (m); **mounting accessories** *n/pl* Einbaugarnitur (f); **mounting aid** *n* Einputzhilfe (f); **mounting bracket** *n* Haltelasche (f); **mounting work** *n* Montagearbeiten (fpl); *Syn.: assembly, fixing*

move *v/i* umziehen

mov(e)able assets *n/pl* bewegliche Güter (npl); bewegliches Anlagevermögen (n); **mov(e)able property** *n* bewegliches Vermögen (n)

mover *n (US)* Möbelspediteur (m)

movies *n/pl (US)* Kino (n), Lichtspielhaus (n)

m

moving expenses *n/pl* Umzugskosten (pl)
moving in *n* Einzug (m), Bezug (m)
MPTs *Fin* → mortgage pass-through securities
MSA → Master Senior Appraiser
MSA *(US)* → Metropolitan Statistical Area
muddy soil *n* schlammiger Boden (m)
mullion *n ArCo* Mittelpfosten (m); eines Fensters
multi-asset portfolio *n PptMgt* gemischtes Portfolio (n); mit mehreren Anlageklassen (fpl) (Immobilien, Aktien etc.); **multi-collinearity** *n Val, Econ* Multikollinearität (f)
multifamily district *n (US)* Stadtgebiet (n) mit Doppel- oder Reihenhaus- und/oder Zwei- und Mehrfamilienhausentwicklung; → single-family district; **multi-family housing** *n* Mehrfamilienhäuser (npl)
multi-let industrial *n* Gewerbegrundstücke (z.B. Gewerbeparks, Logistikimmobilien), die von mehreren Mietern belegt sind; **multinational company** *n* internationales Unternehmen (n), internationale Gesellschaft (f), Multi (m); *Syn.: multinational enterprise, multinational firm*; **multi-purpose arena** *n* Mehrzweckhalle (f), Mehrzweckarena (f)
multistorey *n* Hochhaus (n); *Syn.: multistory (AE)*
multistorey *adj (GB)* mehrstöckig, mehrgeschossig; *Syn.: multi-storey; multi-story (AE)*; **multi-storey (block)** *n* Hochhaus (n), mehrstöckiges Gebäude (n); **multi-storey building** *n (GB)* Hochhaus (n), mehrgeschossiges Gebäude (n), mehrstöckiges Gebäude (n); **multi-storey car park** *n (GB)* Parkhaus (n)
multistory *adj (US)* → multistorey
multi-tenant building *n* Gebäude, das für mehrere Mieter bestimmt und/oder durch mehrere Mieter besetzt ist; *Syn.: multi-tenanted property, multiple tenancy (building)*; **multi-tenanted property** → multi-tenant building; **multi-unit house** *n* Mehrfamilienhaus (n), Wohngebäude (n) mit mehreren Einheiten
multiple *adj* mehrfach; **multiple agency** *Mkt* → multiple listing; **multiple dwelling** → multi-family housing; **multiple investment sinking fund (method) (MISFM)** *n Fin (US)* Methode für die Schätzung der → rate of return (Kapitalverzinsung); z.B. auf große Leasing-Projekte und bes. bei einem → leveraged lease; bei positiven resp. negativen Cashflows werden unterschiedliche Tilgungszinssätze angewandt; *Syn.: multiple phases method*; **multiple listing** *n Mkt* Beauftragung mehrerer Makler zur Vermittlung eines Objektes; **multiple listing service** *n* Austauschdienst (m) unter Maklern zur gemeinsamen Vermarktung von allen im Einzugsbereich gelegenen verkäuflichen Objekten; **multiple nuclei model** *n Dev* Mehrkernemodell (n); (Stadtentwicklungsmodell); **multiple occupation** *n* Wohnnutzung eines Hauses (oder einer Wohnung) durch mehrere (Miet-)Parteien; **multiple phases method** *n Fin (US)* → multiple investment sinking fund (method); **multiple regression** *n Val, Econ* Mehrfachregression (f), multiple Regression (f); **multiple regression analysis** *n Val, Econ* multiple Regressionsanalyse (f); **multiple retailer** *n* Einzelhandelskette (f); **multiple shop** *n Ret* Filialgeschäft (n), Filiale (f); *Syn.: multiple store*; **multiple taxation** *n* Mehrfachbesteuerung (f); **multiple tenancy (building)** *n* → multi-tenant building; **multiple-tenancy floor** *n* Stockwerk (n) in einem Bürogebäude mit unterschiedlichen Mietern; **multiple tenants** *n/pl* Mietparteien (in einem → multi-tenant building); **multiple use** *n* mehrfache Nutzung (f), mehrfacher Gebrauch (m)
multiplier *n Val, Econ* Vervielfältiger (m)
multitude *n* Vielzahl (f)
municipal *adj* städtisch, kommunal, Kommunal-, Gemeinde-; **municipal and rural authorities** *n/pl* Stadt- und Gemeindeverwaltung (f)
municipal bond *n Fin* Kommunalobligation (f); **municipal building** *n* öffentliches Gebäude (n); **municipal bye-law** *n* gemeindliche Satzung (f); **municipal center** *n* Gemeindezentrum (n); **municipal code** *n* Gemeindeordnung (f); **municipal factor** → locational factor; **municipal government** *n* Stadtverwaltung (f), Gemeindeverwaltung (f); **municipal housing association** *n* kommunales Wohnungs(bau)-unternehmen (n), gemeinnützige Wohnungs(bau)gesellschaft (f); **municipal note** *n Fin* kommunale Schuldverschreibung (f); **municipal savings bank** *n* Stadt-

sparkasse (f); **municipal self-administration** *n* gemeindliche Selbstverwaltung (f), kommunale Selbstverwaltung (f); **municipal trade tax** *n* Gewerbesteuer (f); **municipal utility** *n* städtische Versorgungsunternehmen (n)

municipality *n* Stadt (f), Gemeinde (f), örtliche Gebietskörperschaft (f), Kommunalverwaltung (f), städtische Behörde (f); *Syn.: regional city*

muniments (of title) *n/pl Law* Grundeigentumsurkunden (fpl)

mushroom roof *n* Pilzdach (n); **mushroom slab** *n* Pilzdecke (f)

mutation *n Law* Eigentumsübergang (m); *Syn.: passing of title*

mutatis mutandis *Law (lat.)* wörtlich: nach Änderung des zu Ändernden; mit den nötigen Änderungen

mutual *adj* gegenseitig, wechselseitig; **mutual agreement** *n* beidseitige Zustimmung (f), Einverständnis (n), Verständigungsvereinbarung (f); **by mutual agreement** im gegenseitigen Einvernehmen; **mutual agreement procedure** *n* Verständigungsverfahren (n); **mutual company** *n* Gegenseitigkeitsgesellschaft (f); **mutual consent** *n* beiderseitige Zustimmung (f), Übereinkommen (n), Einigung (f), Willenserklärung (f); **mutual fund** *n Fin* Investmentfonds (m), offener Publikumsfonds (m); **mutual obligation** *n Law* gegenseitige Verpflichtung (f); **mutual savings bank** *n* Genossenschaftsbank (f); genossenschaftsähnliche Bank (f); **mutual trust** *n Law* gegenseitiges Vertrauen (n), Vertrauensverhältnis (n)

MV *Val* → market value

N

NAA *Org* → National Apartment Association

NACORE *Org* → National Association of Corporate Real Estate Executives

NAEA *Org* → National Association of Estate Agents

NAEBA *Org* → National Association of Exclusive Buyer Brokers

NAHB *Org* → National Association of Home Builders

NAIFA *Org* → National Association of Independent Fee Appraisers

nail *n* Nagel (m)

nail *v/t* nageln, vernageln; **nailed connection** *n* Nagelverbindung (f); **nailed truss** *n* Nagelbinder (m)

naked contract *n Law* nichtiger Vertrag (m); *Syn.: nude contract*; **naked debenture** *n Fin* ungedeckte Schuldverschreibung (f); **naked possession** *n Law* unrechtmäßiger Besitz (m), unrechtmäßige Besetzung (f) einer Immobilie; **naked title** *n Law (US)* Eigentumsurkunde ohne Garantie der Rechtsmängelfreiheit; → quitclaim deed; **naked trust** *Law* → bare trust

NAMA *Org* → National Association of Master Appraisers

named insured *n Law* (in der Police) genannter Versicherter (m)

naming *n* Benennung (f)

NAR *Org* → National Association of Realtors

NARA/MU *Org* → National Association of Review Appraisers and Mortgage Underwriters

NAREA *Org* → National Association of Real Estate Appraisers

NAREB *Org* → National Association of Real Estate Brokers

NAREIT *Org* → National Association of Real Estate Investment Trusts

NARELLO *Org* → National Association of Real Estate License Law Officials

narrative *adj* erzählend, erzählerisch; **narrative report** *n* Bericht (m) in Staffelform

narrowness of the market *n* Marktenge (f)

national accounts *n/pl* volkswirtschaftliche Gesamtrechnung (f)

National Apartment Association (NAA) *Org (US)* Fachverband für Eigentümer, Entwickler und Manager von besten Wohnimmobilien; **National Association of Corporate Real Estate Executives (NACORE)** *Org (GB)* Verband von Führungskräften aus Immobilienunternehmen; 2002 mit dem IDRC (International Development Research Council) zu → Corenet Global verschmolzen; **National Association of Estate Agents (NAEA)** *Org (GB)* nationaler Verband der Immobilienmakler; **National Association of Exclusive Buyer Brokers (NAEBA)** *Org (US)* nationaler Verband von Maklern, die ihre Kunden exklusiv vertreten; **National Association of Home Builders (NAHB)** *Org (US)* Interessengemeinschaft von Firmen, die auf Wohnungsbau spezialisiert sind; **National Association of Independent Fee Appraisers (NAIFA)** *Org (US)* Berufsverband von Immobilienbewertern; **National Association of Master Appraisers (NAMA)** *Org (US)* Verband von Experten für Immobilienbewertung mit Schwerpunkt Ausbildung; **National Association of Real Estate Appraisers (NAREA)** *Org (US)* Verband von Immobilienbewertern und -gutachtern; **National Association of Real Estate Brokers (NAREB)** *Org (US)* Vereinigung von Immobilienfachleuten, vor allem aus ethnischen Minderheiten; **National Association of Real Estate Investment Trusts (NAREIT)** *Org (US)* Fachverband von Verwaltern von Immobilienfonds; **National Association of Real Estate License Law Officials (NARELLO)** *Org (US)* Vereinigung von Verleihern von Immobilienlizenzen; **National Association of Realtors (NAR)** *Org (US)* Vereinigung der Immobilienmakler; weltweit größter Berufsverband der Branche; **National Association of Review Appraisers and Mortgage Underwriters (NARA/MU)** *Org (US)* Vereinigung von Bewertern sowie Bürgen für Darlehen; dient der Kontrolle von Qualitätsstandards

national average *n* nationaler Durchschnitt (m), Bundesdurchschnitt (m); **national bank** *n* Nationalbank (f)

n

National Council of Real Estate Investment Fiduciaries (NCREIF) *Org (GB)* Vereinigung von Immobilienfachleuten im Bereich Investitionen für Altersvorsorge

national debt *n* Staatsverschuldung (f); **national economic trend** *n* nationaler Konjunkturverlauf (m)

National Flood Insurance Program (NFIP) *(US)* Programm, das Eigentümern begrenzten Versicherungsschutz bei Hochwasser bietet; **National House Building Council (NHBC)** *Org (GB)* Regulierungsstelle zur finanziellen Absicherung von Erstellern und Eigentümern von Wohnneubauten

national income *n Econ* Volkseinkommen (n); **national insurance contributions** *n/pl (GB)* Sozialversicherungsbeiträge (mpl); **national monument** *n* Kulturdenkmal (n); **National Office of the Internal Revenue Service (NOIRS)** *Org (US)* Bundesfinanzverwaltung der USA; eine Abteilung des Schatzamtes

national park *n* Nationalpark (m); **national preserved area** *n* Naturschutzgebiet (n)

National Register of Historic Places (NRHP) *n (US)* nationales Verzeichnis (n) historischer Orte; **National Trust** *n Org (GB)* Gesellschaft zum Schutz des historischen Erbes

n

nationalize *v/t* verstaatlichen

natural *adj* natürlich, Natur-; **natural cement** *n* Naturzement (m); **natural fall** *n* natürliches Gefälle (n); **natural gas** *n* Erdgas (n), Reingas (n); **natural gas supply contract** *n* Erdgasbezugsvertrag (m); **natural landscape** *n* Naturlandschaft (f); **natural lining** *n* natürliche Abdichtung (f) (z. B. einer Deponie); **natural light** *n* → daylight; **natural monument** *n* Naturdenkmal (n); **natural pavement** *n* Naturpflaster (n); **natural peril** *n* Elementargefahr (f); **natural person** *n Law* natürliche Person (f); *Ant.: artificial person*; **natural resources** *n/pl* Bodenschätze (mpl); **natural slate** *n* Naturschiefer (m); **natural slope** *n* natürliche Böschung (f); **natural soil** *n* Naturboden (m); **natural stone (block)** *n* Naturstein (m); **natural stone masonry** *n* Natursteinmauerwerk (n), Werksteinmauerwerk (n); **natural timber** *n* Naturholz (n); **natural vacancy rate** *n Val* natürliche Leerstandsrate (f); durchschnittliche Leerstandsrate in einem Marktsegment, die vorhanden wäre, wenn Angebot und Nachfrage im Gleichgewicht wären; hervorgerufen durch bspw. Mieterfluktuationen

nature *n* Natur (f); **nature conservation** *n* Naturschutz (m); **nature reserve** *n* Naturpark (m), Naturschutzgebiet (n)

NAV *Fin, Val* → net asset value

NCREIF *Org* → National Council of Real Estate Investment Fiduciaries

nearness *n* Nähe (f)

neat lime *n* reiner Kalkmörtel (m)

necessary *adj* erforderlich; **necessary business assets** *n* betriebsnotwendiges Vermögen (n); **necessary data** *n/pl* erforderliche Daten (pl); **necessary easement** *n Law* → easement of necessity; **necessary operating capital** *n* betriebsnotwendiges Kapital (n)

nec vi, nec clam, nec precario *Law (lat.)* wörtlich: nicht durch Gewalt, Heimlichkeit oder Überlassung; römischer Rechtsgrundsatz, nach dem durch diese drei Umstände noch kein Besitzrecht erworben wird

need *n* Bedarf (m); Bedürfnis (n); Erfordernis (n); **need for redevelopment** *n* Sanierungsbedürftigkeit (f)

neediness *n* Bedürftigkeit (f)

needle beam *n ArCo* Abstützbalken (m); **needle felt** *n* Nadelfilz (m)

negative *adj* negativ; **negative amortization** *n Fin, Val* Negativamortisierung (f); durch aufgelaufene Zinsen; **negative asset** *n* Verbindlichkeit (f); **negative audit report** *n* negativer Prüfungsvermerk (m); **negative balance** *n* negativer Saldo (m); **negative cash flow** *n* Einnahmenunterdeckung (f); **negative clause** *n* Negativklausel (f); **negative covenant** *Law* → restrictive covenant; **negative development value** *n* negativer Entwicklungswert (m); d.h. der Wert der bestehenden Nutzung ist nierdriger als der Wert des Grundstücks (Residualwert) für Entwicklungszwecke; **negative easement** *n Law* negative Dienstbarkeit (f); verbietet dem Eigentümer des herrschenden Grundstücks sein Eigentumsrecht in bestimmter Weise auszuüben; **negative goodwill** *n* negativer Goodwill (m), negativer Unterschiedsbetrag (m), negativer immaterieller Firmenwert (m); **negative leasehold** *n Val, Law* Zustand, in dem die Vertragsmiete über der Marktmiete liegt; **negative leverage** *Fin* → reverse leverage; **negative pledge** *n Fin* Negativerklärung (f); Nichtbesicherungsklausel (f); **negative premium** *Fin, Law* → reverse premium; **negative report** *n* ablehnendes Gutachten (n); **negative utility** *n* Nutzenentgang (m); **negative value** *n* Negativwert (m)

neglect *n* Vernachlässigung (f)

neglect (to do s.th.) *v/t* versäumen, unterlassen (etwas zu tun), vernachlässigen

negligence *n Law* Nachlässigkeit (f); Fahrlässigkeit (f); Sorgfaltspflichtverletzung (f)

negligent *adj* fahrlässig, nachlässig; **negligent act** *n* fahrlässige Handlung (f)

negotiability *n Fin* Übertragbarkeit (f), Begebbarkeit (f)

negotiable *adj* verhandelbar; begebbar, übertragbar; **negotiable bond** *n* begebbare Schuldverschreibung (f); **negotiable instruments** *n/pl* begebbare Wertpapiere (npl)

negotiate *v/t* verhandeln, aushandeln; **negotiated pricing** *n* Preisfestsetzung (f) durch Verhandeln; **negotiated rate of interest** *n* ausgehandelter Zinssatz (m), vereinbarter Zinssatz (m)

negotiating broker *n* Vermittlungsmakler (m); **negotiating mandate** *n* Verhandlungsauftrag (m)

negotiation *n* Verhandlung (f), Aushandeln (n)

negotiator *n* Verhandlungsführer (m)

neighborhood strip center *n Ret (US)* → strip center

neighbo(u)r *n* Nachbar (m); **neighbour law** *n* Nachbarrecht (n); **neighbour nuisance** *n* (nachbarrechtliche) Beeinträchtigung (f)

neighbo(u)rhood *n* Nachbarschaft (f); Viertel (n); Umgebung (f); **neighbourhood analysis** *n* Nachbarschaftsanalyse (f); **neighbourhood life cycle** *n Plan* strukturelle Entwicklung und Wandel einer Umgebung im Laufe der Zeit; **neighbourhood shopping centre** *n Ret* Einkaufszentrum um einen Supermarkt mit einer durchschnittlichen Brutto-Mietfläche von ungefähr 5.000 Quadratmetern; **neighbourhood unit** *n* Wohnkomplex (m)

neighbo(u)ring *adj* angrenzend, benachbart, anliegend; **neighbouring building** *n* Nebengebäude (n) (Nachbargebäude) (n); **neighbouring owner** *n* Nachbar (m); **neighbouring parcel** *n* Nachbargrundstück (n); **neighbouring plot** *n* Nachbargrundstück (n)

net *adj* netto, per saldo; **net amount** *n* Nettobetrag (m); **net annual surplus** *n* jährlicher Nettoüberschuss (m); **net annual value** *n* Nettojahresmietwert (m); **net area** *n ArCo* Nettonutzfläche (f); Fläche jeder Etage, exklusive Dachgeschossflächen und Kellerräume, die nicht bewohnbar sind, Terrassen, Balkone sowie Parkhäuser; *Syn.: net floor area*; **net assets** *n/pl* Reinvermögen (n); **net asset value (NAV)** *n Fin* Netto-Substanzwert (m); Substanzwert abzüglich des Fremdkapitals; **net asset value method** *n* Substanzwertverfahren (n); **net book value** *n* Nettobuchwert (m), Restbuchwert (m); **net building costs** *n/pl* reine Baukosten (pl), reine Herstellungskosten (pl); **net capital** *n* Nettokapital (n); **net capital value** *n* Nettokapitalwert (m), vertraglich vereinbarter Kaufpreis (m); **net cash flow** *n* Netto-Cashflow (m); **net cash inflow** *n* Netto-Mittelzufluss (m); **net cash outflow** *n* Netto-Mittelabfluss (m); **net construction costs** *n* reine Baukosten (pl), reine Herstellungskosten (pl); **net current assets** *n* Nettoumlaufvermögen (n); Betriebskapital (n); *Syn.: working capital*; **net discounted revenue** *Val* → net present value (NPV); **net discounted value** *Val* → net present value (NPV); **net disposal proceeds** *n/pl* Nettoveräußerungserlös (m); **net earnings** *n/pl* Nettoerträge (mpl); **net earnings for the year** *n/pl* Bilanzgewinn (m), Reingewinn (m); **net equity** *n* Nettovermögen (n); **net exchange differences** *n/pl* Nettoumrechnungsdifferenzen (fpl); **net floor area** *ArCo* → net area; **net gain** *n* Nettogewinn (m); **net income** *n* Nettoeinkommen (n), Nettogewinn (m), Reinerlös (m); **net income for the year** *n* Jahreseinkommen (m); **net income multiplier (NIM)** *n* Reinertragsvervielfältiger (m), Nettoeinkommensmultiplikator (m); **net income percentage of sales** *n* Gewinn (m) in Prozent des Umsatzes, Umsatzgewinnrate (f), Umsatzrendite (f), Umsatzrentabilität (f); **net increase** *n* Nettozunahme (f); **net initial yield** *n* Nettoanfangsrendite (f); **net interest income** *n* Zinsergebnis (n); **net interest received** *n* Zinsüberschuss (m); **net interest revenue** *n* Zinsüberschuss (m); **net internal area (NIA)** *n* Netto-Grundrissfläche (f) (RICS/ISVA Code of Measuring Practice), Nettoinnenfläche (f); auch: Hauptnutzfläche (f) (die in GB übliche Definition stimmt allerdings nicht mit der nach DIN 277 überein, da in letzterer die lichten Fertiggrößen zu Grunde gelegt werden); **net investment** *n* Nettoinvestition (f); **net leasable area** → net lettable area; **net lease** *n Law* Mietvertrag(sverhältnis), bei dem der Mieter für einen Teil oder die gesamten Betriebs-, Bewirtschaftungs- und Instandhaltungskosten aufkommt; die Bedeutung des Begriffs net lease variiert von Markt zu Markt, so dass die Mietverträge sorgfältig darauf hin untersucht werden müssen, wer welche Kosten trägt; *Syn.: hybrid lease*; **net lettable area** *n Val, ArCo* Nettomietfläche (f), vermietbare Fläche (f); insbesondere bei Bürogebäuden; schließt Stützbereiche ein, schließt Toilettenräume, Werkräume und Fahrstühle aus; **net listing** *n Mkt* Preisangabe eines Maklers, bei der der Grundstücksbesitzer einen bestimmten Betrag erhält und der Makler keine Kommission, sondern die gesamte Summe, die den festgelegten Betrag übersteigt; in manchen US-amerikanischen Staaten illegal; **net loan proceeds** *n/pl* Auszahlungswert (m); **net loss** *n* Jahresfehlbetrag (m), Nettoverlust (m), Periodenverlust (m), Reinverlust (m); **net-net lease** *n* → double-net lease; **net-net-net lease** → triple net lease; **net operating earnings** *n/pl* Nettobetriebsergebnis (n); **net operating expenses** *n/pl* Nettobetriebskosten (pl); **net operating income (NOI)** *n* Nettobetriebsgewinn (m), Reinertrag (m), Reingewinn (m) vor Steuern; **net operating margin** *n* Gewinn (m) in Prozent des Umsatzes, Umsatzgewinnrate (f), Umsatzrendite (f), Umsatzrentabilität (f); **net operating profit** *n* Nettobetriebsgewinn (m); Betriebsergebnis (n), Betriebsüberschuss (m); **net payment** *n* Nettoausschüttung (f); **net plot ratio** *n Plan* (zulässige) Geschossflächenzahl (GFZ) für ein bestimmtes Grundstück ausschließlich aller umliegenden oder anliegenden Straßen und aller anderen Flächen außerhalb der Grenzen des Grundstücks

n

net present value (NPV) *n Val* Kapitalwert (m); **net present value factor** *n math* **1.** Kapital(bar)wertfaktor (m), Abzinsungsfaktor (m); **2.** Diskontsatz (m) (bei der Barwertmethode); **net present value method** *n Val* Kapitalwertmethode (f); Methode der Investitionsrechnung; die Summe der auf die Periode 0 abgezinsten Zahlungssalden der Perioden 1 bis n wird mit der Anfangsinvestition in der Periode 0 verglichen; *Syn.: net present value analysis*

net price *n* Nettopreis (m); **net proceeds** *n/pl* Reinertrag (m); **net profit** *n* Reinertrag (m); **net profit or loss for the period** *n* Periodenergebnis (n); **net realisable value** *n* Nettoerlöswert (m), Nettoveräußerungserlös (m), Nettoveräußerungswert (m); **net redemption yield** *n* Netto-Effektivverzinsung (f); **net reinvestment rate** *n* Nettowiederanlagesatz (m); **net rent** *n Val* Nettomieteinnahmen (fpl); Mietpreis pro Quadratmeter, exklusive Steuern und Betriebskosten; **net rentable area (NRA)** *n* Nettomietfläche (f); Mietfläche mit exklusivem Nutzungsrecht; **net rentable space** *n* Nettomietfläche (f); **net rental** *n* Nettomieteinnahme (f); **net rental income** → net rent; **net replacement cost** *n (US)* Netto-Wiederbeschaffungskosten (pl); **net residential density** *n* Anzahl der Wohneinheiten je ha Nettowohnbauland; **net result** *n* Nettoausweis (m); **net result from ordinary activities** *n* Periodenergebnis (n); **net retail floorspace** *n Val, Mkt* Netto-Einzelhandelsfläche (f), Verkaufsfläche (f), Ausstellungsfläche (f) und Präsentationsfläche (f); Fläche im Gebäudeinneren, die zum Verkauf und zur Auslage von Waren und Dienstleistungen dient; *Syn.: net trading floorspace, net sales area*; **net return** *Val* → net yield; **net sales** *n/pl* Nettoumsatz (m), Nettoverkaufserlös (m), Reinumsätze (mpl); **net sales area** → net retail floorspace; **net selling area** *n* → net retail floorspace; **net selling price** *n* Nettoveräußerungspreis (m), Nettoverkaufserlös (m), Nettoverkaufspreis (m); **net settlement** *n* Aufrechnung (f), Aufrechnungsvereinbarung (f); **net total assets** *n/pl* Eigenkapital (n); **net trading profit (NTP)** *n* Nettobetriebsgewinn (m), Reingewinn (m) vor Steuern; **net turnover** *n* Nettoumsatzerlöse (mpl); **net usable area** *n* Nettonutzfläche (f); *Syn.: net floor area*; **net volume** *n* Nettorauminhalt (m); **net weight** *n* Nettogewicht (n); **net working capital** *n Fin* Nettoumlaufvermögen (n); Nettobetriebskapital (n); **net worth** *n Fin* Eigenkapital (n); Reinvermögen (n); Nettovermögenswerte (mpl); **net yield** *n* Nettorendite (f); net yield hat mehrere Definitionen; die häufigsten sind: Nettomieteinnahme geteilt durch Gesamtkaufpreis (inkl. Erwerbsnebenkosten) in % sowie Nettomieteinnahme geteilt durch Nettokaufpreis (ohne Erwerbsnebenkosten)

net out *v/i* saldieren

network *n* Netzwerk (n); **network of branches** *n* Filialnetz (n); **network of branch offices** *n* Zweigstellennetz (n) **network analysis** *n* Netzplantechnik (f); Netzwerkanalyse (f); **network construction costs** *n/pl* Netzbaukosten (pl); **network models** *n/pl* Rechennetzmodelle (npl); **network planning** *n* Netzwerkplanung (f)

networked *adj* vernetzt

networking *n* Vernetzung (f)

neutrality *n* Neutralität (f)

neutralize *v/t* neutralisieren

never-nesters *n* kinderloses Paar (n)

new borrowing *n* Neuverschuldung (f)

newbuild *adj* Neubau-

newbuild(s) *n(pl)* Neubau(ten) (n(pl)); **new building** *n* Neubau (m); **new building value** *n* Neubauwert (m); **new burdens** *n/pl* Neulasten (fpl); **new-for-old insurance** *n* Neuwertversicherung (f); **new neoclassical synthesis** *n Econ* neoklassische Synthese (f); **new plant** *n* Neuanlage (f), neue Betriebsanlage (f); **new rent** *n* Neumiete (f); **new town** *n Plan* Satellitenstadt (f), neue Stadt (f); New Town: nach 1946 in England zur Entlastung großstädtischer Ballungsgebiete entstanden

newel *n ArCo* Treppenpfosten (m), Spindel (f); **newel cap** *n ArCo* (Treppe) Pfostenaufsatz (m)

newly constructed *adj* neu erstellt, neu gebaut; **newly constructed housing** *n* Wohnungsneubauten (mpl); *Syn.: new housing scheme*

newsagent *n* Zeitungshändler (m)

newspaper advertisement *n* Zeitungsanzeige (f); *Syn.: newspaper ad*; **newspaper kiosk** *n* Zeitungskiosk (m)

next due date *n* nächster Stichtag (m)

NFIP → National Flood Insurance Program

NHBC *Org* → National House Building Council

niche *n* Nische (f)

night economy *n* Nachtabsenkung (f); **night setback (heating)** *n* Nachtabsenkung (f); **night storage heating** *n* Nachtstromspeicherheizung (f), Speicherheizung (f)

nil value *n* Nullwert (m)

NIMBY *n Plan, Dev* Person, die versucht, etwas potenziell Gefährliches oder Störendes aus der Nachbarschaft fernzuhalten, z.B. Asylantenheime oder Sendemasten; NIMBY ist ein Akronym: not in my backyard; → BANANA

nit-picking *n (GB)* Erbsenzählerei (f); Pingeligkeit (f); *Syn.: flyspecking (US)*

NNN lease *n* → triple-net lease

no-buy pledge *n Law (US)* Vereinbarung zwischen Mietern eines Mietshauses, bei der Umwandlung in Wohneigentum (condominium ownership) nur nach Zustimmung der Mehrheit der Mieter einen Kaufvertrag für die eigene Wohnung abzuschließen

no-compete clause *n Law* → noncompetition clause

no-deal, no-commission clause *n Mkt* → no-job, no-fee clause

nogging *n ArCo* Ausfachung (f)

NOI *Fin* → net operating income

noise *n* Lärm (m); Geräusch (n); **noise abatement** *n* Lärmbekämpfung (f), Lärmschutz (m); **noise barrier** *n ArCo* Lärmschutzeinrichtung (f), Lärmschutzwand (f); **noise control** *n* Lärmbekämpfung (f); **noise emission** *n* Lärmemission (f); **noise insulation** *n* Lärmschutz (m); **noise level** *n* Lärmpegel (m); **noise map** *n* Lärmkarte (f); **noise nuisance** *n* Lärmbelästigung (f); **noise pollution** *n* Lärmbelästigung (f), Lärmbeeinträchtigung (f), Lärmemission (f); Beeinträchtigung der Umwelt durch erhöhten Lärmausstoß

noise protection *n* Lärmschutz (m); **noise protection barrier** *n* Lärmschutzdamm (m); **noise protection equipment** *n* Schall-

n

schutzeinrichtung (f); **noise protection system** *n* Lärmschutzanlage (f)

noise reduction *n* Geräuschminderung (f), Lärmminderung (f); **noise source** *n* Lärmquelle (f); **noise suppression** *n* Lärmbekämpfung (f)

no-job, no-fee clause *n Law, Mkt* Klausel in einem Maklervertrag, wonach ein Provisionsanspruch nur besteht, wenn die Transaktion abgeschlossen wird; die Herbeiführung der Abschlussbereitschaft reicht demnach nicht aus

no-load consumption *n* Leerlaufverbrauch (m)

nominal *adj* nominell; nominal; Nenn-; **nominal amount** *n* Erinnerungswert (m), Merkposten (m), symbolischer Wert (m); **nominal company** → nominee company; **nominal consideration** *n* symbolische Gegenleistung (f); **nominal damages** *n/pl Law* nomineller Schaden (m); **nominal dimension** *n* Nennmaß (n); **nominal interest** *n* Nominalzins (m); **nominal interest rate** *n Fin* Nominalzinssatz (m); **nominal loan rate** *n Fin* Nominalzinssatz (m); *Syn.: face interest rate*; **nominal owner** *n* gesetzlicher Eigentümer (m), rechtlicher Eigentümer (m), zivilrechtlicher Eigentümer (m); **nominal price** *n* nominaler Preis (m); Nominalwert (m); **nominal size** *n* Nennmaß (n); **nominal value** *n Fin* Nominalwert (m), Nennwert (m); **nominal yield** *n* Ertrag (m) aus der Nominalverzinsung

nomination agreement *n Law (GB)* Vertrag, der es den Behörden erlaubt, die Belegung von Sozialwohnungen (housing association homes) zu bestimmen; ähnlich dem deutschen Besetzungsrecht

nominee *n* Kandidat (m), Nominierter (m); Strohmann (m); **nominee company (or trust)** *n Fin* Briefkastengesellschaft (f)

non-adjusting events after the balance sheet date wertbeeinflussende Tatsachen (fpl); (IAS 10)

non-agricultural (market) value *n* außerlandwirtschaftlicher Verkehrswert (m)

non-allocatable *adj* nicht umlegbar

non-assessment note *n* Nichtveranlagungsbescheinigung (f), NV-Bescheinigung (f)

non-assignment clause *n Law* → alienation clause

nonassumption clause *n Law* → due-on-sale clause

non-basement building *n* Gebäude (n), das nicht unterkellert ist

non-bearing wall *n ArCo* nichttragende Wand (f); *Syn.: partition, partition wall, non-load-bearing wall*

non-binding offer *n* freibleibendes Angebot (n)

non-cash expenses *n/pl* nicht ausgabewirksame Aufwendungen (fpl); **non-cash payment** *n* bargeldlose Zahlung (f)

non-collectibility *n Tax* Uneinbringlichkeit (f)

noncompetition clause *n Law* Wettbewerbsklausel (f); Konkurrenzklausel (f)

noncompetitive office space *n* langfristig vermietete Büroflächen (fpl); Fläche ist somit nicht für kurzfristige Nachfrage verfügbar

noncompliance *n* Nichtbeachtung (f)

non-conforming *adj Plan, Law* nicht bauordnungsgerecht, nicht spezifikationsgerecht; **non-conforming loan** *n Fin (US)* Darlehen, das Qualitätsstandards für den Zweitmarkt nicht erfüllt, bspw. bzgl. Beleihungsgrenze; **non-conforming use** *n Plan, Law* → preexisting use

non-controllable costs *n/pl* nicht kontrollierbare Kosten

non-current assets *n/pl* Anlagevermögen (n), langfristiges Vermögen (n); **non-current income** *n* einmalige Erträge (mpl), einmalige Einnahmen (fpl); **non-current interest-bearing liabilities** *n/pl* langfristige verzinsliche Verbindlichkeiten (fpl); **non-current liabilities** *n/pl* langfristige Schulden (pl)

nondeductibility *n Tax* Nichtabzugsfähigkeit (f)

non-deductible (business) expenses *n/pl* nicht abzugsfähige Betriebsausgaben (fpl); **non-deductible payments** *n/pl* nicht abzugsfähige Zahlungen (fpl)

nondisclosure *n Law* Nichtoffenlegung (f), Geheimhaltung (f), Unterlassen (n) (einer Mitteilung oder Anzeige)

non-discrimination *n* Gleichbehandlung (f), Nichtdiskriminierung (f); **non-discrimination principle** *n* Gleichbehandlungsgebot (n); **non-discrimination rule** *n* Diskriminierungsverbot (n)

nondisturbance *n Law* wörtlich: Nichtstörung (f), Nichtbeeinträchtigung (f); solan-

n

ge die Miete nicht in Verzug ist, werden die Rechte des Mieters nicht gestört; **nondisturbance clause** *n Law* Nichtbeeinträchtigungsklausel (f); Klausel in einem Hypothekenvertrag, die garantiert, dass Mietzahlungen im Falle eines Kreditausfalls fortgeführt werden dürfen

noneconomic goods *n/pl* nicht wirtschaftliche Güter (npl)

non-equity joint venture *n Law* → contractual joint venture

nonexclusive listing *n Mkt* → multiple listing

non-feasance *n Law* schuldhaftes Unterlassen (n); pflichtwidrige Unterlassung (f)

non-financial items *n/pl* nicht-monetäre Bilanzposten (mpl)

non-fulfillment *n* Nichterfüllung (f)

non-interest-bearing loan *n* zinsfreies Darlehen (n)

non-interventionist (economic) policy *n* interventionsfreie Wirtschaftspolitik (f)

nonjudicial foreclosure *n Fin* Befugnis, eine Zwangsvollstreckung ohne gerichtliches Verfahren durchzuführen

non-load-bearing wall *n ArCo* → non-bearing wall

non-market value *n* nicht marktgerechter Wert (m)

non-material needs *n/pl* immaterielle Bedürfnisse (npl)

non-monetary assets *n/pl* Sachgüter (npl); **non-monetary government grants** *n/pl* nicht monetäre Zuwendungen (fpl) der öffentlichen Hand; **non-monetary items** *n/pl* nicht monetäre Posten (mpl), Realwerte (mpl)

non-operating expenses *n/pl* betriebsfremder Aufwand (m), neutraler Aufwand (m); **non-operating income** *n* betriebsfremder Ertrag (m), neutraler Erfolg (m), neutraler Ertrag (m); **non-operating results** *n/pl* neutrales Ergebnis (n)

non-operational assets *n/pl Fin (GB)* betriebsneutrales Anlagevermögen (n), nicht betriebsnotwendiges Anlagevermögen (n) der öffentlichen Hand

non-partisan expert *n* unparteiischer Gutachter (m)

non-performance *n* Nichterfüllung (f), Schlechterfüllung (f)

non-performing *adj* notleidend, zahlungsgestört; **non-performing assets** *n/pl* ertraglose Aktiva (pl), notleidende Aktiva (pl); **non-performing loans (NPL)** *n/pl* Problemkredite (f), überfällige Kredite (mpl), notleidende Kredite (f); Kredite, bei denen Zins und/oder Tilgung für mindestens drei Monate nicht bedient worden sind

non-profit corporation *n* gemeinnütziges Unternehmen (n); **non-profit organization** *n* gemeinnützige Organisation (f)

non-property company *n* Unternehmen, dessen primärer Geschäftszweck immobilienfremder Natur ist; *Ant.: property company*

non-purchased goodwill *n* originärer Geschäftswert (m), originärer Firmenwert (m)

non-reality interest *n* Nicht-Immobilien-Anteil (m)

non-recourse *adj Fin* ohne Regress (m), ohne Rückgriffshaftung (f), regresslos, rückgriffslos; **non-recourse financing** *n Fin* Finanzierung (f) ohne Rückgriffsrecht der Fremdkapitalgeber auf die Projektträger; **non-recourse loan** *n* projektgebundenes Darlehen (n) (ohne Rückgriff)

non-recoverable costs *n/pl* nicht betreibbare Kosten (pl), nicht umlagefähige Bewirtschaftungskosten (pl)

non-recurrent expenditure *n* außergewöhnliche Aufwendungen (fpl); **non-recurrent income** *n* außerordentliche Erträge (mpl)

non-recurring expense *n PfoMgt* einmaliger Aufwand (m), einmalige Ausgabe (f); Anfangskosten (pl); *Syn.: initial expense*

non-reinforced *adj* unarmiert, unbewehrt

non-resident *n* Devisenausländer (m), Gebietsfremder (m), Ausländer (m)

non-resident *adj* nicht wohnhaft, nicht ansässig, gebietsfremd

non-residential buildings *n/pl* gewerbliche Bauten (mpl); **non-residential premises** *n/pl* Gewerberäume (mpl); **non-residential tenancy** *n* Mietverhältnis auf Gewerbefläche (f)

non-response rate *n* Ausfallrate (f)

non-scheduled depreciation *n* außerplanmäßige Abschreibung (f)

non-skid *adj* rutschfest

non-structural *adj* nicht tragend

nonsway *adj* unverschiebbar; **nonsway frame** *n* unverschiebbarer Rahmen (m)

non-taxable government grants *n/pl* steuerfreie Zuwendungen (fpl) der öffentlichen Hand
non-taxation *n* Nichtbesteuerung (f)
nontoxic *adj* ungiftig
non-uniform *adj* ungleichförmig, uneinheitlich, ungleichmäßig
normal building costs *n/pl* gewöhnliche Herstellungskosten (pl), Normalherstellungskosten (pl); *Syn.: normal costs of production*; **normal capacity** *n* Normalauslastung (f); **normal concrete** *n* Normalbeton (m); **normal construction costs** *n/pl* gewöhnliche Herstellungskosten (pl), Normalherstellungskosten (pl); **normal costs** *n/pl* Normalkosten (pl); **normal depreciation** *n* planmäßige Abschreibung (f); **normal derivative** *n* Normalableitung (f); **normal deviate** *n* standardisierte Zufallsabweichung (f); **normal dispersion** *n* Normalstreuung (f); **normal distribution** *n* Normalverteilung (f); **normal local (residential) rent** *n* ortsübliche Miete (f); **normal operating cycle** *n* normaler Arbeitszyklus (m); **normal price** *n* Normalpreis (m); **normal return** *n* Normalrendite (f); **normal wear and tear** *n* übliche Abnutzung (f), gewöhnliche Abnutzung (f); *Syn.: reasonable wear and tear*
Norman arch *n ArCo* Rundbogen (m), normannischer Bogen (m)
norm building *n* Normgebäude (n)
northlight roof *n* Sägezahndach (n), Sheddach (n)
no-scheme world (value in a) *n Val, Law* Feststellung des Wertes einer Immobilie als Schadenersatz im Enteignungsfall unter der Annahme, dass vorhandene Entwicklungspläne nicht realisiert werden
nose *n ArCo* Nase (f), Vorsprung (m), Überstand (m)
nosing *n ArCo* Ausladung (f), Kante (f), Schutzleiste (f)
notable *adj* auffällig, bedeutend, bemerkenswert
notarisation *n Law* notarielle Beurkundung (f), Beglaubigung (f)
notarize *v/t Law* notariell beurkunden, beglaubigen
notary *n* Notar (m); *Syn.: notary public*
notation *n* Bezeichnung (f), Vermerk (m); **notation symbols (on plans)** *n/pl* Planzeichen (n)
note *n* Aktennotiz (f), Notiz (f), Anmerkung (f); Anleihe (f); Wechsel (m); **note of acceptance** *n* Annahmevermerk (m); **note of approval** *n* Genehmigungsvermerk (m); **note of fees** *n* Gebührenrechnung (f), Honorarrechnung (f)
noted *adj* notiert; bekannt; an der Börse notiert; **unless otherwise noted** sofern nicht anders angegeben
noted interest *n* (wirksam) abgegebenes Angebot (n)
notice *n* Notiz (f); Anweisung (f); Kündigung (f); **notice of assessment** *n Tax* Steuerbescheid (m); **notice of default** *n Fin, Law* Inverzugsetzung (f); **notice of delivery** *n* Zustellungsbescheid (m); **notice of disclaimer** *n* → disclaimer; **notice of dismissal** *n* Abänderungskündigung (f), Änderungskündigung (f), Kündigung (f); **notice of entry** *n Law (GB)* Teil des normalen Enteignungsverfahrens: der Bescheid, mit dem der Eigentumer informiert wird, dass die erwerbende Behörde beabsicht, das Grundstück zu betreten und in Besitz zu nehmen; **notice of termination** *n* Kündigungsschreiben (n), schriftliche Kündigung (f)
notice to quit *n* Kündigung (f); **notice to terminate** *n* Kündigung (f); **notice to treat** *n Law (GB)* Abhandlungsankündigung (f); Teil des normalen Enteignungsverfahrens: Bescheid an den Besitzer, der Verhandlungen mit der erwerbenden Behörde (→ acquiring authority) aufnimmt und das Erwerbsinteresse feststellt
notification *n* Anmeldung (f); Anzeige (f), Benachrichtigung (f), Unterrichtung (f); **notification of delivery** *n* Ablieferungsbescheid (m)
notify *v/t* anzeigen, avisieren, benachrichtigen, notifizieren
notional *adj* nominell, fiktiv, symbolisch; **notional amount** *n* Nennbetrag (m); **notional residence** *n* fiktiver Wohnsitz (m); **notional return** *n* fiktiver Ertrag (m); **notional value** *n* fiktiver Wert (m); **notional yield** *n* fiktive Rendite (f)
novation *n Fin, Law* Schuldumschaffung (f); Novation (f)
noxious *adj* schädlich; giftig
nozzle floor *n* Düsenboden (m)
NPL → non-performing loans
NPV *Val* → net present value

NRA → net rentable area
nuclear power plant *n* Kernkraftwerk (n)
nude contract *n Law* nichtiger Vertrag (m); *Syn.: naked contract*
nuisance *n Law* Beeinträchtigung (f); Störung (f), Ärgernis (n), besitzstörende Tätigkeit (f); **nuisance parameter** *n* lästiger Parameter (m), unerwünschter Parameter (m); **nuisance rates (customs)** *n/pl* Bagatellzölle (mpl); **nuisance tax** *n* Bagatellsteuer (f)
null *adj* nichtig, rechtsunwirksam; **null and void** *adj Law* null und nichtig
null value *n* Nullwert (m)
nullity *n* Ungültigkeit (f); Nichtigkeit (f), Unwirksamkeit (f)
number (no.) *n* Anzahl (f), Ausgabe (f), Nummer (f); **number of floors** *n* Geschoss(an)zahl (f); **number of terms** *n* Anzahl (f) der Laufzeiten der Verzinsungsblöcke; **number of visitors per year** *n* Zahl (f) der jährlichen Besucher
numerical value *n* absoluter Betrag (m), absoluter Wert (m), Absolutwert (m)
nuncupative will *n Law* mündliches Testament (n)
nursery finance *n Fin* zinsgünstige Finanzierung für Unternehmensgründungen; meist mit einer Eigenkapitalbeteiligung der Bank verbunden; **nursery school** *n* Kindergarten (m); **nursery unit** *n* kleine Fläche, insbesondere Werkstatt, die an die Bedürfnisse neu gegründeter Unternehmen angepasst ist; *Syn.: incubator unit*
nurses' home *n* Schwesternwohnheim (n)
nursing expense *n* Pflegeaufwand (m); **nursing home** *n* Pflegeheim (n); Seniorenheim (n), Altersheim (n)
nut *n ArCo* Mutter (f), Schraubenmutter (f), Gewindemutter (f)
nutty slack *n* Feinkohle (f)

O

oak *n* Eiche (f); **oak timber** *n* Eichenholz (n)
OAR *Fin, Val* → overall rate of return
oath *n Law* Eid (m)
obiter dictum *Law (lat.)* wörtlich: vorbeigehend gesagt; beiläufige Bemerkung; geäußerte Ansichten eines Richters, die für die Urteilsfindung irrelevant sind; *Ant.: ratio decidendum(di)*
object *n* Gegenstand (m), Objekt (n); **object finance** *n Fin* Objektfinanzierung (f); **object redevelopment** *n Dev* Objektsanierung (f); *Syn.: property redevelopment*
object *v/i* einwenden, protestieren, Widerspruch einlegen
objection *n* Widerspruch (m), Beanstandung (f), Reklamation (f)
objective *n* Ziel (n), Zielvorstellung (f); Anlageziel (n)
objective 1 region *n Plan* wörtl. Ziel-1-Region, EU-Fördergebiet; Ziel 1: Förderung und Entwicklung der strukturellen Anpassung der Regionen mit Entwicklungsrückstand
objective 2 region *n Plan* wörtl. Ziel-2-Region, EU-Fördergebiet; Ziel 2: Unterstützung der wirtschaftlichen und sozialen Umstellung der Gebiete mit Strukturproblemen
objective value *n* objektiver Wert (m)
obligated *adj* verpflichtet
obligating event *n* verpflichtendes Ereignis (m)
obligation *n* Verpflichtung (f); Schuldverhältnis (n), Verbindlichkeit (f); **obligation to accept delivery** *n* Abnahmepflicht (f); **obligation to obtain licence (license)** *n* Genehmigungspflicht (f); **obligation to operate** *n* Betriebspflicht (f) des Mieters
obligation bond *n Fin* überbesicherte Anleihe, zur Abdeckung eventueller Forderungen aus ungezahlten Steuern, Versicherungsprämien oder anderer Belastungen, die über die Laufzeit des Darlehens entstehen können
obligatory *adj* verbindlich
obligee *n Fin, Law* Gläubiger (m)
obligor *n Fin, Law* Schuldner (m)
oblique angled *adj* schiefwinklig
observation *n* Beobachtung (f), Überwachung (f)
observe *v/t* beachten, beobachten; **observed condition depreciation** *n Val* → breakdown method
obsolescence *n Econ* Veralterung (f), Überalterung (f), Alterswertminderung (f), Obsoleszenz (f); **economic obsolescence** *n* wirtschaftliche (Wertminderung durch) Veralterung (f), wirtschaftliche Obsoleszenz (f); durch Entwicklung der Lage oder Nachfragerückgang; **external obsolescence** *n (mainly US)* Wertminderung (f) durch äußere Einflüsse (z.B. Fluglärm); wirtschaftliche Veralterung; **functional obsolescence** *n* funktionale (oder funktionelle) Obsoleszenz, funktionale (oder funktionelle) Veralterung durch nicht optimale Bauweise in Bezug auf Technologie, aber auch Geschmack; **locational obsolescence** *n Fin* lagebedingte Obsoleszenz (f); aus der Umgebung eines Gebäudes resultierende Überalterung; eine Komponente der → economic obsolescence; *Syn.: external obsolescence*; **technical obsolescence** *n* technische Veralterung (f), technische Obsoleszenz (f)
obsolete *adj* veraltet, obsolet
obstructive building *n Plan* gefährdendes Gebäude (n); Gebäude, von dem eine Gefahr für Leben oder Gesundheit ausgeht
obtuse angled *adj* stumpfwinklig
obvious *adj* offenkundig, klar
occasion *n* Anlass (m), Ereignis (n)
occlusion *n* Verdeckung (f)
occupancy *n* Belegung (f), Besitz (m); Gebäudenutzung (f); Nutzungsart (f); **occupancy agreement** *n Law* Vereinbarung, die es dem Käufer einer Immobilie erlaubt, schon vor Vertragsabschluss die Immobilie zu beziehen; **occupancy clause** *n* Besetzungspflicht (f); **occupancy cost(s)** *n(pl)* Immobiliennutzungskosten (pl), Raumkosten (pl), immobilienbezogene Kosten (pl), Immobilienkosten (pl), Raumbelegungskosten (pl); *Syn.: occupation costs, occupancy expense*; **occupancy permit** *n* → certificate of occupancy; **occupancy plan** *n* Belegungsplan (m); **occu-**

pancy rate *n* Auslastung (f); Vermietungsstand (m), Belegung (f); *Syn.: occupancy level*; **occupancy right** *n* Besetzungsrecht (n); **occupancy tax** *n* Hotelsteuer (f), Kurtaxe (f)

occupant *n* Bewohner (m), Besetzer (m), Inhaber (m)

occupation *n* Besitz (m); Bewohnung (f); Besetzung (f); **occupation costs** *n/pl* → occupancy cost(s); **occupation property** *n* Immobilie, die zum Zwecke der Nutzung gemietet oder gekauft wird; *Ant.: investment property*; **occupation rent** *n Law* → mesne profits

occupational disability *n* Berufsunfähigkeit (f); **occupational group** *n* Berufsgruppe (f); **occupational lease** *n* Miet- oder Pachtverhältnis (f); i.d.R. mit einer Laufzeit von weniger als 25 Jahren; im Gegensatz zum → investment lease wird die Mietsache grundsätzlich vom Mieter für sein eigenes Gewerbe genutzt; *Ant.: investment lease*; **occupational rent** *n Law* → mesne profits; **occupational structure** *n* Erwerbsstruktur (f); **occupational training** *n* Berufsbildung (f)

occupied *adj* bewohnt; belegt; besetzt

occupier *n* Bewohner (m); Nutzer (m); Besitzer (m); Besetzer (m)

occupy *v/t* bewohnen, belegen; besetzen; verwenden; besitzen; in Anspruch nehmen

occur *v/i* auftreten, geschehen, vorkommen

occurrence *n* Vorkommnis (n)

ocean front *n* Meerseite (f)

OEO *Org* → Office of Equal Opportunity

off balance sheet (OBS) außerhalb der Bilanz; **off-balance-sheet financing** *n* bilanzneutrale Finanzierung (f); **off-balance-sheet items** *n/pl* bilanzunwirksame Sachverhalte (mpl)

offer *n* Angebot (n); Offerte (f), Briefkurs (m); **on offer** im Angebot

offer for sale *n Mkt* Verkaufsangebot (n); **offer of mediation** *n* Vermittlungsangebot (n); **offer of re-employment (on less favourable terms)** *n* Abänderungskündigung (f), Änderungskündigung (f)

offer to lease *n Mkt* Absichtserklärung des Vermieters, die ihn bindet, das Objekt nicht weiter anzubieten, bis die Verhandlungen mit dem potenziellen Mieter abgeschlossen sind; **offer to sell** *n Law* (meist schriftliches) Verkaufsangebot (n); **offer without engagement** *n* frei bleibendes Angebot (n), unverbindliches Angebot (n)

offer document *n Mkt* Angebotsunterlagen (fpl); **offer price** *n Law, Mkt* Angebotspreis (m)

offer *v/t* anbieten; **offer proof** Beweis antreten

offeree *n Mkt* Angebotsempfänger (m); *Ant.: offeror*

offering sheet *n Fin* einseitige Zusammenfassung der wichtigsten Charakteristika von Darlehensoptionen eines Darlehensgebers

offeror *n Mkt* Anbieter (m); *Ant.: offeree*

off-going crop *n* → way-going crop

office *n* Büro (n); Amt (n); Kanzlei (f)

Office for National Statistics (ONS) *Org (GB)* nationales Amt für Statistik

Office of Equal Opportunity (OEO) *Org (US)* Behörde zur Überwachung des Gesetzes gegen Diskriminierung im Bereich Immobilien; **Office of Interstate Land Sales Registration (OILSR)** *Org (US)* Behörde zur Kontrolle bei Immobilientransaktionen zwischen Bundesstaaten; **Office of Management and Budget (OMB)** *Org (US)* Führungs- und Haushaltsbüro (n) des Präsidenten; **Office of the Comptroller of the Currency (OCC)** *Org (US)* Währungsaufsichtsbehörde (f), Bankenaufsichtsamt (n); **office of the future** *n* Büro (n) der Zukunft; **Office of Thrift Supervision (OTS)** *Org (US)* Regulierungsbehörde für die Bausparbranche

office accommodation *n* Büroräume (mpl); **office area** *n* Bürolage (f), Bürofläche (f); **office block** *n* Bürogebäude (n), Bürohaus (n); **office building** *n* Bürogebäude (n), Geschäftsbau (m), Verwaltungsgebäude (n); **office center** *n (US)* Bürocenter (n), Bürozentrum (n); **office centre** *n* → office center; **office condominium** *n* Eigentumsbüro (n); **office cubicle** *n* Bürozelle (f); **office district** *n* Bürogebiet (n); **office employment rate** *n Econ* Anteil der Büroarbeitsplätze/-beschäftigten an der Gesamtbeschäftigung (total employment); **office equipment** *n* Büro- und Geschäftseinrichtung (f), Büroinventar (n); **office equipment and furnishings** *n/pl* Büroausstattung (f); **office exclusive** *n Mkt* Immobi-

O

lienanzeige, bei der der Verkäufer es ablehnt, die Immobilie über verschiedene Makler anzubieten, obwohl er über entsprechende Vorteile von MLS (→ Multiple Listing Service) aufgeklärt wurde, und eine Beurkundung dieses Verzichtes unterschreibt; **office landscape** *n ArCo* Großraumbüro (n); *Syn.: open-plan office, open office*; **office location** *n* Bürostandort (m); **office market data** *n/pl* Büromarktdaten (pl); **office park** *n* Büropark (m); **office rents** *n/pl* Büromieten (fpl); **office space** *n* Büroraum (m), Büroflächen (fpl); **office space demand** *n* Büroflächennachfrage (f); *Syn.: demand for office space*; **office space market** *n* Büroflächenmarkt (m); **office supervisor** *n* Büroleiter (m); **office use** *n* Büronutzung (f); **office worker** *n* Büroangestellte/r (f/m); **office yields** *n/pl* Bürorenditen (pl)

official *adj* amtlich, offiziell; **official appraisal** *n* amtliche Schätzung (f); **official channel** *n* offizieller Weg (m); **official document** *n* amtliche Urkunde (f); **official notification** *n* förmliche Zustellung (f); **official register** *n* amtliches Verzeichnis (n)

officially appointed expert *n* amtlich bestellter Sachverständiger (m)

officially approved *adj* amtlich anerkannt

off-licence *n (GB)* Lizenz (f) zur Abgabe alkoholischer Getränke; Wein- und Spirituosenhandlung (f)

off-peak electricity *n* Nachtstrom (m); **off-peak electric heater** *n* Nachtspeicherheizkörper (m); **off-peak electric heating** *n* Nachtstromspeicherheizung (f); **off-peak electricity supply** *n* Nachtstromversorgung (f)

off-price center *n Ret (US)* Einzelhandelsgeschäft, das Markenware günstiger verkauft

offset *n* Verschiebung (f)

offset *v/t* ausgleichen, verrechnen, saldieren; **offsetting error** *n* ausgleichender Fehler (m)

offsetting *n* Saldierung (f), Verrechnung (f)

offshore *adj* auf offener See, außerhalb von Küstengewässern; **offshore company** *n* Gesellschaft, die ihren Sitz in Ländern hat, die steuerlich begünstigen oder keine gesetzlichen Regelungen für das Investmentgeschäft o.Ä. haben; *Syn: offshore trust*

off-site costs *n Dev, ArCo* Kosten, die jenseits der Baustelle für die Errichtung eines Gebäudes anfallen; Kosten, die für entwicklungsrelevante Konstruktionen anfallen, die nicht in unmittelbarer Nähe der eigentlichen Baustelle entstehen (z.B. Straßen); **off-site improvements** *n Dev, ArCo (US)* Einrichtungen, die für die Nutzung und Entwicklung eines bestimmten Grundstückes notwendig sind, sich aber andernorts befinden; **off-site infrastructure provision** *n* Erschließungsarbeit außerhalb einer Baulandparzelle; **off-site management** *n PptMgt* Immobilienverwaltungstätigkeiten, die nicht vor Ort ausgeführt werden müssen

off-street parking *n* jegliches nicht auf/neben dem Bordstein Parken, sondern in einem öffentlichen, geschäftlichen oder privaten Parkbereich; *Ant.: on-street parking*

off-the-farm movement *n (US)* Landflucht (f)

oil *n* Öl (n); **oil and gas rights** *n/pl* Öl-Förderrechte (npl); **oil burner** *n* Ölbrenner (m); **oil circulation** *n* Ölumlauf (m); **oil consumption** *n* Ölverbrauch (m); **oil-containing wastewater** *n* ölhaltiges Abwasser (n); **oil-contaminated wastewater** *n* ölverschmutztes Abwasser (n); **oil deposit** *n* Ölvorkommen (n); **oil duct** *n* Ölleitung (f); **oil engine** *n* Dieselmaschine (f); *Syn.: diesel engine*; **oil field** *n* Ölfeld (n), Erdölfeld (n); **oil filter** *n* Ölfilter (m); **oil-fired central heating** *n ArCo* Öl-Zentralheizung (f); **oil-fired furnace** *n* ölbetriebener Heizkessel (m); **oil firing** *n* Ölfeuerung (f); **oil furnace** *n* Ölheizung (f); **oil heater** *n* Ölofen (m); **oil heating** *n* Ölheizung (f); **oil level** *n* Ölstand (m); **oil mill** *n* Ölmühle (f); **oil paint** *n* Ölfarbe (f); **oil pan** *n* Ölwanne (f); **oil pressure** *n* Öldruck (m); **oil pump** *n* Ölpumpe (f); **oil refinery** *n* Ölraffinerie (f); **oil separator** *n* Ölabscheider (m)

oil *v/t* ölen

OILSR *Org* → Office of Interstate Land Sales Registration

old-age pension *n* Altersrente (f), Pension (f), Rente (f); **old building** *n* Altbau (m); **old city centre** *n* Altstadt (f); **old deposit** *n* Altablagerung (f); **old-for-old insurance** *n* Zeitwertversicherung (f); **old (industrial) site** *n* Altlast (f), Altlasten (fpl); **old**

people's home *n* Altenwohnheim (n); *Syn.: retirement home*; **old plant** *n* Altanlage (f); **old sediment** *n* Altablagerung (f); **old town** *n* Altstadt (f)
oleiferous *adj* ölhaltig
omissible *adj* auslassbar
omission *n* Unterlassung (f), Weglassung (f)
omit (from) *v/t* auslassen, weglassen
OMV *Val* → open market value
on costs *n Law (GB)* Gemeinkosten (pl)
one-hour fire door *n ArCo* Feuertür (f); hält dem Feuer mindestens eine Stunde stand; ähnlich T60 Brandschutztür nach DIN 4107
one hundred percent commission *n Mkt* Vertragsverhältnis eines Maklers, bei dem er eine monatliche Gebühr für seinen Büroplatz zahlt, aber 100% seiner Kommissionen einbehalten kann; *Syn.: hundred-percent commission*; **one hundred percent location** *n Val, Mkt* → hundred per cent location (of a building)
one-stop financial shopping *n* Allfinanz (f); **one-stop shopping** *n* die Bereitstellung von unterschiedlichen Produkten und Dienstleistungen eines bestimmten Bereiches (z.B. Finanzprodukte oder Heimwerkerbedarf) aus einer Hand, resultierend in nur einer Anlaufstelle für den Kunden; **one-stop shopping center** *n Ret (US)* Warenhaus (n), Kaufhaus (n); Supermarkt (m)
one-stor(e)y house *n* einstöckiges Gebäude (n)
one-way street *n* Einbahnstraße (f); **one-way switch** *n* Ausschalter (m); **one-way traffic** *n* Einbahnverkehr (m)
ongoing finance *n* Anschlussfinanzierung (f)
on-licence *n* Lizenz zum Alkoholausschank für den Verzehr im Lokal
on-line access *n* Onlinezugang (m)
on-site *adj* vor Ort; **on-site advertising** *n Mkt* Baustellenwerbung (f); *Syn.: on-site promotions*; **on-site analysis** *n* Vor-Ort-Analyse (f); **on-site description** *n* Vor-Ort-Beschreibung (f); **on-site improvements** *n/pl (US)* dauerhafte Einrichtungen (fpl) auf einem Grundstück; Gebäude, Zäune etc.; *Ant.: off-site improvements*; **on-site infrastructure provision** *n* Erschließungsarbeit innerhalb einer Baulandparzelle etwa Straßenbau, Wasser- und Stromleitungen; **on-site inspection** *n* Ortsbesichtigung (f); **on-site management** *n PptMgt* Immobilienverwaltungstätigkeiten, die vor Ort ausgeführt werden müssen; **on-site office** *n ArCo, Mkt* direkt an der Baustelle eingerichtetes Maklerbüro; *Syn.: site office*; **on-site visit** *n* Ortsbesichtigung (f); *Syn.: site visit*
on-street parking *n* jede Art von Parken auf/neben dem Bordstein; *Ant.: off-street parking*
on-the-spot support *n* Betreuung (f) vor Ort
on-wall mounting *n* Aufputzmontage (f); *Syn.: surface mounting*
opacity *n* Intransparenz (f)
opaque glass *n* Milchglas (n), undurchsichtiges Glas (n), gefrostetes Glas (n)
op cit (opus citatum) *Law (lat.)* Titel wie bereits zitiert
open *adj* offen, geöffnet, ungeschützt; **open-air facility** *n* Freiluftanlage (f); **open-air structure** *n* Freiluftbauwerk (n); **open contract** *n Law* Grundsatzvereinbarung (f); Grundvertrag (m) ohne Einzelregelungen; **open corridors** *n/pl* Erschließungsflure (f); nicht allseitig umschlossene Flure; **open development** *n* offene Bauweise (f)
open-end *adj* offen, unbeschränkt; unbefristet; *Syn.: open-ended*; **open-end clause** *n Law* → future advances clause; **open-end credit** *n* revolvierender Kredit (m), sich erneuernder Kredit (m); **open-end(ed) fund** *n Fin* offener Anlagefonds (m), Investmentfonds (m) mit unbeschränkter Emission von Anteilen; **open-end(ed) investment company** *n Fin* → open-end(ed) fund; **open-end(ed) mortgage** *n Fin* offene Hypothek (f), aufstockbare Hypothek (f); Hypothek, die es dem Kreditnehmer erlaubt, bis zu einem bestimmten Limit zusätzliches Kapital aufzunehmen, ohne dass weitere Sicherheiten zu leisten sind; **open-end(ed) property fund** *n* offener Immobilienfonds (m); **open-end(ed) real estate fund** *n* offener Immobilienfonds (m); **open-end(ed) trust** *n Fin* Investmentgesellschaft; dem Vermögensverwalter ist es erlaubt, Anlagen umzuschichten und die Größe des Trust zu variieren

open foundations *n/pl* offene Gründung (f); **open house** *n Mkt* „Tag der offenen Tür"; **open housing** *n Law* politischer Ausdruck gegen Diskriminierung; Wohnen soll für jeden unabhängig von seiner Religion, Rasse, Hautfarbe oder Herkunft möglich sein; **open housing law** *Law* → ferderal fair housing law; **open items** *n/pl* offen stehende Beträge (mpl); **open joint** *n* offene Fuge (f); **open land** *n* Freiland (n), Freiraum (m); **open listing** *Mkt (US)* Maklerauftrag (m) auf offener (nicht-exklusiver) Basis; der Makler hat nur Anspruch auf eine Provision, wenn er das Objekt tatsächlich selbst vermittelt

open market *n* offener Markt (m); frei zugänglicher Markt (m); **open market price** *n* offener Marktpreis (m); **open market rental value** *n* Marktmietwert (m); **open market value (OMV (RICS))** *n* Marktwert (m) am freien Immobilienmarkt (RICS); → market value; **open market value method** *n* Marktwertverfahren (n)

open mortgage *n Fin* Hypothekendarlehen, das eine vorzeitige Tilgung ohne Vorfälligkeitsentschädigung erlaubt; **open office** → open-plan office; **open-plan office** *n ArCo* Großraumbüro (n); US-amerikanische open-plan offices beinhalten → cubicles und sind nicht völlig offen wie z.B. in Japan; *Syn.: open office, landscaped office room, office landscape*; **open real estate fund** *n* → open-end(ed) real estate fund

open space *n Plan* Freifläche (f), Grünfläche (f); **open space planning** *n Plan* Freiflächenplanung (f), Grünflächenplanung (f) *Syn.: greenprinting*; **open space ratio** *n* → development yield

open storage area *n* offener Lagerplatz (m); **open system** *n* offene Bauweise (f); **open tender** *n* öffentliches Ausschreiben (n); **open tendering** *n* öffentliche Ausschreibung (f); **open-web girder** *n* Fachwerkbinder (m); **open well** *n ArCo* Treppenauge (f)

opening *n* Durchgang (m), Öffnung (f), Eröffnung (f); **openings (in walls etc.)** *n/pl* Aussparungen (fpl)

opening angle *n* Öffnungsmaß (n) (Tür), Öffnungswinkel (m) (Tür); **opening balance** *n* Anfangssaldo (m); **opening hours** *n/pl* Öffnungszeiten (fpl); **opening width** *n* Öffnungsbreite (f)

O

operate *v/t* betreiben, bedienen, operieren; **operating activities** *n/pl* laufende Geschäftstätigkeit (f), betriebliche Tätigkeit (f); **operating agreement** *n* Betriebsvereinbarung (f) (Anlagenbetrieb); **operating assets** *n/pl* betriebliche Vermögenswerte (mpl); **operating behaviour** *n* Betriebsverhalten (n); **operating budget** *n* Budget (n) der betrieblichen Aufwendungen und Erträge; **operating concept** *n* Betriebskonzept (n); **operating cost ratio** *n* Verhältnis (n) betrieblicher Aufwendungen zu Nettoerlösen; **operating costs** *n/pl* Betriebskosten (pl), betriebliche Aufwendungen (fpl); **operating cycle** *n* Arbeitszyklus (m); **operating data** *n/pl* Betriebsdaten (pl); **operating department** *n* Fachabteilung (f); **operating equipment** *n* Betriebseinrichtung (f); **operating expense reconciliations** *n/pl* betriebliche Aufwendungsabstimmung (f); **operating expenses** *n/pl* Betriebskosten (pl), betriebliche Aufwendungen (fpl); Baunutzungskosten (pl); **operating frequency** *n* Betriebsfrequenz (f); **operating funds** *n/pl* Betriebsmittel (pl); **operating income** *n* Betriebsertrag (m), Betriebseinnahmen (fpl); *Syn.: operating revenues*; **operating instructions** *n/pl* Bedienungsanleitung (f); **operating lease** *n Law* Operating Lease (m); beim operating lease verbleiben die mit dem Eigentum verbundenen Risiken und Chancen eines Vermögenswertes beim Leasinggeber; infolgedessen wird der Leasinggegenstand beim Leasinggeber bilanziert; *Ant.:* → finance lease, financing lease, capital lease, non-tax lease; **operating life** *n* Nutzungsdauer (f); **operating manual** *n* Bedienungsanleitung (f); **operating performance** *n* Betriebsverhalten (n); **operating pressure** *n* Betriebsdruck (m); **operating result** *n* Betriebsergebnis (n), Wirtschaftsergebnis (n); **operating return** *n* Betriebsrentabilität (f); **operating statement** *n Fin* Gewinn- und Verlustrechnung (f); *Syn.: profit and loss statement*; **operating surveillance** *n* Betriebsüberwachung (f); **operating temperature** *n* Betriebstemperatur (f); **operating time** *n* Betriebszeit (f)

operation *n* Ablauf (m), Bedienung (f), Betrieb (m); **in operation** in Betrieb

operation management *n* Betriebsführung (f); **operation period** *n* Betriebsdauer (f)
operational audit *n* Innenrevision (f); **operational characteristics** *n/pl* Betriebsdaten (pl); **operational costs** *n/pl* Betriebskosten (pl); **operational efficiency** *n* Wirtschaftlichkeit (f); **operational entity** *n* Betrieborganisation (f); **operational experience** *n* Betriebserfahrung (f); **operational figures** *n/pl* Ertragszahlen (fpl)
operative *adj* wirksam, rechtswirksam; betrieblich, Betriebs-, betriebsfähig; **operative range** *n* Anwendungsbereich (m); **operative words** *n/pl Law* rechtsgestaltende Worte (npl), rechtsbegründende Worte (npl) in einem Vertrag; *Syn.: operative part*
operator *n* Betreiber (m); **operator error** *n* Bedienungsstörung (f); **operator's profit** *n* Betreibergewinn (m)
opinion *n* Meinung (f), Ansicht (f), Auffassung (f); **opinion of title** *n Law* Beglaubigung einer Eigentumsurkunde durch einen Rechtsanwalt
opinion poll *n* Meinungsumfrage (f)
opportioned *adj* umgelegt, zugeteilt (anteilsmäßig)
opportunistic investment *n Fin* Gelegenheitsinvestment (n), opportunistische Investition (f); auf chancenreiche Märkte orientierte, kurzfristige Anlagestrategie
opportunity *n* Gelegenheit (f); **opportunity costs** *n/pl* Opportunitätskosten (pl); **opportunity fund** *n Fin* Opportunity-Fonds (m); wörtlich: Gelegenheiten-Fonds (m); **opportunity pool** *n* gemeinsamer Fonds (m) zur Wahrnehmung von Chancen, Interessengemeinschaft (f) für (gute) Gelegenheiten
optimising operations *n* Betriebsoptimierung (f)
optimization *n* Optimierung (f)
optimum use *Val, Plan* → highest and best use
option *n Fin, Law* Option (f); **option to capitalize** *n* Aktivierungswahlrecht (n); *Syn.: optional capitalization*; **option to purchase** *n Law* Kaufoption (f); **option to renew** *n Law* (Vertrags-) Verlängerungsoption (f); *Syn.: renewal option*; **option to tax** *n Tax* Umsatzsteueroption (f)
option listing *n Law, Mkt* Maklerauftrag, der dem Makler das Recht einräumt, die Immobilie selbst zu erwerben; **option money** *n Fin* Optionsprämie (f), Optionspreis (m); *Syn.: option price*; **option period** *n Fin, Law* Optionsdauer (f)
optional valuation *n* Bewertungswahlrecht (n)
optionee *n Law* Eigentümer (m) einer Option; *Ant.: optionor*
optionor *n Law* Stillhalter (m), Optionsschreiber (m), Verkäufer (m) einer Option; *Syn.: option writer*
opt-out clause *n* Ausweichklausel (f)
oral *adj* mündlich; **oral contract** *n Law* mündlicher Vertrag (m); **oral lease** *n Law* mündlicher Mietvertrag (m); *Syn.: parol lease*; **oral report** *n* mündlicher Bericht (m)
order *n Law* Weisung (f), Anordnung (f), Verfügung (f); Beschluss (m), Erlass (m), Verordnung (f); Bestellung (f), Auftrag (m); **by order of** im Auftrag von
order of authority *n* Weisungsbefugnis (f); **orders on hand** *n/pl* Auftragsbestand (m); **order to build** *n* Baugebot (n); **order to demolish and restore (to nature)** *n* Rückbau- und Entsiegelungsgebot (n); **order to halt construction** *n Dev, ArCo* Baustoppverfügung (f); **order to plant** *n* Pflanzgebot (n); **order to sell** *n* Verkaufsorder (m)
order backlog *n (US)* Auftragsbestand (m); **order entry** *n* Auftragserfassung (f); **order filling** *n* Auftragsabwicklung (f); **order handling** *n* Auftragsabwicklung (f); **order picking** *n* Kommissionierung (f); **order processing** *n* Auftragsabwicklung (f); **order value** *n* Auftragswert (m)
order *v/t* bestellen, in Auftrag geben
orderly *adv* geordnet, ordnungsgemäß
ordinal utility *n* ordinaler Nutzen (m)
ordinance *n Law* Verordnung (f)
ordinary *adj* gewöhnlich; **ordinary activities** *n/pl* gewöhnliche Geschäftstätigkeiten (fpl), gewöhnliche Tätigkeiten (fpl); **ordinary annuity** *n* nachschüssige Rente (f); **ordinary cement** *n* Normalzement (m); **ordinary course of business** *n* gewöhnlicher Geschäftsverkehr (m), gewöhnliche Geschäftstätigkeit (f); **ordinary income** *n Fin, Tax* ordentliches Einkommen (n); **ordinary interest** *n Fin* einfache Zinsen (mpl), gewöhnliche Zinsen (mpl); auch: auf einem 360-Tage-Jahr kalkulierte Zin-

O

sen; *Syn.: simple interest*; *Ant.: exact interest*; **ordinary meaning rule** *n Law* Regel für die Formulierung bzw. Interpretation von Verträgen, wonach Begriffe im gebräuchlichen Sinne zu verstehen sind; **ordinary portland cement** *n* gewöhnlicher Portlandzement (m); **ordinary repair** → tenantable repair; **ordinary share** *n Fin* Stammaktie (f)

Ordnance Survey *n (GB)* amtliche Landvermessung (f), amtliche Landesvermessung (f); **ordnance survey map** *n* amtliche Vermessungskarte (f)

OREO → other real estate owned

organization *n* Organisation (f), Gesellschaft (f), Einrichtung (f); **organization certificate** *n (US)* Gründungsurkunde (f); **organization costs** *n/pl* Gründungskosten (pl); **organization expenses** *n/pl (US)* Gründungskosten (pl); *Syn.: organization costs*

oriel *n ArCo* Erker (m); **oriel window** *n* Erkerfenster (n); über Erdgeschossniveau – auf → Vorkragung, → Ausleger oder → Kragstein gestutzt

orientation *n* Ausrichtung (f); Himmelsrichtung (f); Orientierung (f)

orifice plate *n* Blende (f)

original *adj* original, ursprünglich; **original acquisition** *n* Ersterwerb (m); **original assets** *n/pl* Anfangsvermögen (n); *Syn.: initial asset*; **original capital** *n* Gründungskapital (n); **original cash investment** *n/pl* Anschaffungskosten (pl) von Investitionsobjekten; *Syn.: original cash outlay*; **original contractor** *n Law* Bauunternehmer, der in einem unmittelbaren Vertragsverhältnis mit dem Bauherrn steht; laut law of mechanics liens; *Syn.: originating contractor*; **original cost(s)** *n(pl) Tax* Anschaffungs- oder Herstellungskosten (pl); **original funds** *n/pl* Stammkapital (n); **original lease** *Law* → head lease; **original soil** *n* gewachsener Boden (m), gewachsener Grund (m); **original value** *n* Anfangswert (m); *Syn.: initial value*

originate *v/i* entstehen

origination *n* Entstehung (f), Schaffung (f), Ursprung (m), Beginn (m), Anfang (m); **origination fee** *n Fin* Kreditbearbeitungsgebühr (f)

originator *n* Auftraggeber (m)

origin principle *n* Ursprungsprinzip (n)

or more clause *n Fin, Law (US)* Klausel in einem Darlehensvertrag, die dem Kreditnehmer das Recht einräumt, vorzeitig zu tilgen, ohne dabei eine Vorfälligkeitsentschädigung entrichten zu müssen

ornament *n* Verzierung (f)

ornamental concrete *n* Schmuckbeton (m), Zierbeton (m); **ornamental fixtures** *n ArCo* dekorative Einbauten (mpl)

ornamentation *n ArCo* Verzierung (f), Dekoration (f)

ostensible agency *n Law* → ostensible authority; **ostensible authority** *n Law* Anscheinsvollmacht (f), scheinbare Vertretungsmacht (f)

OTC *Fin* → over the counter

other accounts receivable *n/pl* sonstige Forderungen (fpl); **other components** *n/pl* sonstige Bestandteile (mpl); **other data** *n/pl* sonstige Daten (pl); **other deductions** *n/pl* sonstige Abzüge (mpl); **other expenses** *n/pl* sonstige Aufwendungen (fpl); **other improved properties** *n/pl (US)* sonstige bebaute Grundstücke (fpl); **other income** *n* sonstiges Einkommen (n), sonstige Erträge (mpl); **other items** *n/pl* sonstige Posten (mpl); **other location** *n* sonstige Lage (f); **other operating expenses** *n/pl* sonstige betriebliche Aufwendungen (fpl); **other operating income** *n* sonstige betriebliche Erträge (mpl); **other parts** *n/pl* sonstige Bestandteile (mpl); **other real estate owned (OREO)** *Fin* → real estate owned (REO); **other rental revenue** *n* sonstige Mieterträge (mpl)

OTS *Org* → Office of Thrift Supervision

ouster *n Law* Zwangsräumung (f), zwangsweise Entfernung (f) eines Mieters

out of date *adj* veraltet; **out of town** außerhalb der Stadt, grüne Wiese

outbid *v/t* überbieten

outbuilding *n* Nebengebäude (n), Wirtschaftsgebäude (n); Gebäude, das in Verbindung mit einem Hauptgebäude genutzt wird, z.B. eine Garage, Werkstatt etc.; *Syn.: out-building, ancillary building*

outcome *n* Ergebnis (n)

out-dated *adj* veraltet

outdoor(s) *adj* im Freien; **outdoor advertising** *n Mkt* Außenwerbung (f) auf Reklametafeln etc.; **outdoor facilities** *n/pl* Freiluftanlage (f), Außenanlagen (fpl) (Architektur und Design); **outdoor illumination**

O

n Außenbeleuchtung (f); **outdoor lighting** *n* Außenbeleuchtung (f); **outdoor storage area** *n* Freilagerfläche (f); **outdoor temperature** *n* Außentemperatur (f)
outer *adj* Außer-, äußerlich; **outer city** *n* Vorstadt (f); **outer corner** *n* Außeneck (n); **outer edge** *n* Außenkante (f); **outer leaf** *n* Außenschale (f), äußere Schale (f); **outer reveal** *n* (äußere) Laibung (f); **outer skin** *n* Außenhülle (f); **outer string** *n* Freiwange (f); **outer town** *n (US)* Vorstadt (f); **outer veneer** *n* Außenfurnier (n); **outer window** *n* Außenfenster (n)
outflow rate *n* Abflussquote (f)
outflows *n/pl Fin* Ausgaben (fpl), Mittelabflüsse (mpl)
outflow zone *n* Auslaufstrecke (f)
outgoings *n/pl* Ausgänge (mpl); Ausgaben (fpl), Aufwendungen (fpl)
outgoing shipments *n/pl* Warenausgang (m); Versand (m); *Syn.: goods outward(s), goods issue, dispatch, despatch*
outhouse *n (GB)* kleines Nebengebäude (n), Schuppen (m); *(US)* Klohäuschen (n)
outlay *n* Ausgabe (f)
outlet *n* Abfluss (m)
outlier *n* Ausreißer (m), Sonderfall (m)
outline *n* Umriss (m); **outline drawing** *n* Umrisszeichnung (f); **outline map** *n* Übersichtskarte (f); **outline planning** *n* Umrissplanung (f); **outline planning application** *n Plan, Dev* Bauvoranfrage (f); **outline planning permission** *n Plan* bedingte Baugenehmigung (f), vorläufige Baugenehmigung (f), Bauvorbescheid (m); noch abhängig von der Klärung von Detailfragen
outlook *n* Perspektive (f), Aussicht (f)
outlying *adj* abgelegen, Außen-; **outlying district** *n* Außenbezirk (m)
out-of-pocket expenses *n/pl* Auslagen (fpl)
out-of-town shopping centre *n* Shopping-center (n) auf freiem Gelände außerhalb der Stadtgrenze, auf der grünen Wiese
outparcel *n Fin, Dev, Mkt* Grundstück, das Teil eines größeren Grundstücks war und mindestens eine Grundstücksgrenze hat, die nicht an dieses größere Grundstück angrenzt; kann separat vermarktet werden. Auch: von der Grundschuld ausgenommene Parzelle, damit der Projektentwickler diese problemlos verkaufen kann
outpost *n* Außenstelle (f)
output *n* Output (m), Leistung (f), Produktion (m), Ergebnis (n); **output-driven** *adj* ergebnisorientiert; **output market** *n* Absatzmarkt (m); **output-related costs** *n/pl* leistungsabhängige Kosten (pl); **output resistance** *n* Leistungswiderstand (m); **output specification** *n* Leistungsbeschreibung (f); **output tax** *n Tax* Bruttomehrwertsteuer (f)
outright purchase *n* Direkterwerb (m); **outright sale** *n* Grundstücksverkauf (m) ohne Belastung, Verkauf (m) mit sofortigem Eigentumsübergang
outside *n* Außenseite (f); **outside air** *n* Außenluft (f); **outside broker** *n* freier Makler (m); **outside cabin** *n* Außenkabine (f); **outside capital** *n Fin* Fremdkapital (n); **outside consultant** *n* unabhängiger Berater (m); **outside diameter** *n* Außendurchmesser (m); **outside expert** *n* unabhängiger Sachverständiger (m); **outside facilities** *n/pl* Außenanlagen (fpl); **outside living area** *n* Außenwohnbereich (m); **outside pressure** *n* Außendruck (m); **outside room** *n* Außenzimmer (n); **outside sensor** *n* Außenfühler (m); **outside service** *n* Fremdleistung (f); **outside staircase** *n* Außentreppe (f); **outside stairs** *n* Außentreppe (f); **outside surface** *n* Außenfläche (f); **outside temperature** *n* Außentemperatur (f); **outside thermostat** *n* Außenthermostat (m); **outside thread** *n* Außengewinde (n); **outside wall** *n* Hauswand (f); *Syn.: external wall*; **outside window** *n* Außenfenster (n); *Syn.: external window*; **outside world** *n* Außenwelt (f), Umfeld (n), Umwelt (f)
outsize *n* Übergröße (f)
outskirts *n/pl Plan* Stadtrand (m); Vorort (m), Vorstadt (f); Außenbezirke (fpl)
outsourcing *n* Outsourcing (n); Auslagerung (f)
outstanding *adj* außergewöhnlich; ausstehend; **outstanding accounts** *n/pl* Außenstände (pl); *Syn.: outstandings*; **outstanding balance** *n Fin* ausstehender Betrag (m), ausstehende Restzahlung (f); **outstanding debts** *n/pl* Schulden (pl); **outstanding natural beauty** → area of outstanding natural beauty
outstandings *n/pl* Außenstände (mpl)
overage *n* Überschuss (m); **overage rent** *n* der Teil der Miete, der die Basismiete oder

O

die Minimalmiete bei einer Umsatzmiete übersteigt; *Syn.: overage income*; → percentage lease

overall *adj* Gesamt-, durchgehend, umfassend; **overall attractiveness** *n* Gesamtattraktivität (f); **overall basis** *n* Gesamtbasis (f); **overall capitalization** *n* Gesamtkapitalisierung (f); **overall concept** *n* Leitbild (n); **overall construction activity** *n* Baukonjunktur (f); **overall density** *n* Gesamtrohrdichte (f); **overall economic development** *n* gesamtwirtschaftliche Entwicklung (f); **overall efficiency** *n* Gesamtwirkungsgrad (m); **overall estimate** *n* Gesamtschätzung (f); **overall length** *n* Gesamtlänge (f); **overall optimisation** *n* Gesamtoptimierung (f); **overall performance** *n* Gesamtergebnis (f), Gesamtleistung (f); **overall plan** *n* Rahmenplan (m); **overall rate** *n* Gesamtgebühr (f), Gesamtpreis (m), Gesamtwert (m); **overall rate of return (OAR)** *n Fin, Val* Gesamtkapitalrentabilität (f); **overall result** *n* Gesamterfolg (m); **overall risk** *n* Gesamtrisiko (n); **overall tax burden** *n* Gesamtsteuerbelastung (f); **overall trend** *n* Gesamtentwicklung (f); **overall value** *n* Gesamtwert (m), Pauschalwert (m), umfassender Wert (m); **overall view** *n* Übersicht (f); **overall yield** *n* Gesamtrendite (f)

O

overbuild *v/t* zu viel bauen

overbuilding *n Dev* übertriebene Bautätigkeit (f); Übersättigung des Immobilienmarktes durch zu hohe Bauaktivität; Schaffung von Überkapazitäten auf einem Immobilien(teil)markt

overburden *n* Abraum (m), Abraumhalde (f)

overburdening *adj* überlastend

overcharge *n* zu hohe Berechnung (f)

overcharge *v/t* zu viel berechnen

overcollateralization *n Fin* Übersicherung (f)

overcrowded market *n* überbesetzter Markt (m)

overcrowding *n* Überbelegung (f); z.B. einer Wohnung; es gibt bspw. in den USA gesetzlich vorgeschriebene Mindestflächen für Schlafplätze

overdepreciation *n* übermäßige Abschreibung (f); über den Werteverzehr hinausgehende Abschreibung

overdevelop *v/t* zu viel entwickeln; **overdeveloped area** *n* Gebiet mit zu starker, nicht marktgemäßer Projektentwicklungsaktivität

overdevelopment *n (GB)* Überentwicklung (f), übertriebene (Projekt-) Entwicklungsaktivität (f); *Syn.: overimprovement (US)*; → overbuilding

overdimensioning *n* Überdimensionierung (f)

overdraft *n* Kontokorrentkredit (m), Überziehungskredit (m)

overdue *adj* überfällig; **overdue receivables** *n/pl* überfällige Forderungen (fpl)

overestimate *v/t* überschätzen, zu hoch schätzen

overflow *n* Überlauf (m); **overflow edge** *n* Überlaufkante (f); **overflow gutter** *n* Überlaufrinne (f); **overflow pipe** *n* Überlaufrohr (n); **overflow right** *n Law* Recht zur Überflutung eines fremden Grundstücks

over-gearing *n (GB)* Überschuldung (f)

overhang *n ArCo* Vorsprung (m), Überhang (m); Auskragung (f)

overhanging *adj* überhängend, freitragend

overhaul *n* Instandsetzung (f)

overhead *n* Gemeinkosten (pl), fixe Kosten (pl), Overheadkosten (pl); **overhead costs** *n/pl (US)* Betriebskosten (pl); **overhead distribution** *n* Gemeinkostenumlage (f); **overhead expenditure** *n (GB)* Betriebskosten (pl); **overhead expenses** *n/pl* allgemeiner indirekter Aufwand (m)

overhead *adj* Hoch-, oberirdisch; **overhead cable** *n* Freileitung (f); **overhead clearance** *n* lichte Höhe (f); **overhead light** *n* Oberlicht (n); **overhead line** *n* Freileitung (f); **overhead pipeline** *n* Freileitung (f)

overheating *n* Überheizung (f), Überhitzung (f)

overimprovement *n (US)* übertriebene (Bau-) Maßnahme (f) zum Zweck der Wertsteigerung (eines Grundstücks); die Maßnahme ist hinsichtlich Kosten oder Umfang der (Markt-) Lage nicht angemessen; die Wertsteigerung eines Objektes ist geringer als die Kosten des improvement; *Syn.: overdevelopment (GB)*; *Ant.: underimprovement*; → highest and best use; improvement

over-indebtedness *n* Überschuldung (f)

over-insurance *n* Überversicherung (f)

overlap *n* Überdeckung (f), Überlappung (f)

overlapping loan *n Fin* → wraparound mortgage; **overlapping tile** *n* Krempziegel (m)
overload *n* Überlastung (f)
overnight money *n* Tagesgeld (n); *Syn.: daily allowance*
overpaid tax *n* zuviel gezahlte Steuer (f), Steuerüberzahlung (f)
overpass *n* Überführung (f)
overpayment *n* Überzahlung (f)
overpressure *n* Überdruck (m)
overproduction *n* Überproduktion (f)
over-rent *n* Übervermietung (f), Vermietung (f) über Marktniveau
over-rented *adj Val* übervermietet; oberhalb der Marktmiete vermietet; *Ant.: under-rented*; **over-rented income** *n* Einkommen (n) aus über Marktniveau vermieteten Flächen; **over-rented property** *n* über Marktmiete vermietetes Objekt (n)
override *v/t* aufheben, außer Kraft setzen; **overriding interest** *n Law (GB)* vorrangige Rechte (npl); nicht notwendigerweise im Grundbuch eingetragene Rechte Dritter am Grundstück; im Land Registration Act (2002) umbenannt in: interests capable of overriding; **overriding loan** *Fin* → wraparound mortgage
overseas investors *n/pl* ausländische Investoren (mpl), Fremdinvestoren (mpl)
overshadowing *n* Überschattung (f)
oversizing *n* Überdimensionierung (f)
overstress *n* Überbeanspruchung (f)
oversupply *n Econ* Überangebot (n)
over the counter (OTC) im Freiverkehr, nicht börsengehandelt
over the mortgage *Mkt (US)* Ausdruck, der gebraucht wird, um zu verdeutlichen, dass der Kaufpreis einer Immobilie höher als der mit der Immobilie zu transferierende Darlehensbetrag sein muss
over-valuation *n* Überbewertung (f)
overvalued *adj* überbewertet
overview *n* Überblick (m)
owe *v/t* schulden
own consumption *n* Eigenverbrauch (m)
owner *n* Eigentümer (m), Besitzer (m); Bauherr (m); **owner of record** *n Law* in einem öffentlichen Dokument eingetragener Eigentümer; Immobilien: Eigentümer laut Eintragung im Grundbuch; Aktien: Eigentümer von Namensaktien
owner financing *Fin* → purchase-money mortgage; **owner occupant** → owner occupier; **owner occupation** *n* Eigennutzung (f); in Bezug auf Wohnimmobilien: Nutzung eines Hauses bzw. einer Eigentumswohnung zu eigenen Wohnzwecken; analog dazu Unternehmen; **owner occupier** *n* Eigennutzer (m); *Syn.: owner-occupier, owner occupant*; **owner's duplicate certificate** *Law* → transfer certificate of title; **owner's policy** → purchaser's policy
owner-occupied *adj* eigengenutzt
ownership *n* Eigentum (m), Eigentumsrecht (n), Rechtstitel (m); Besitz (m); **ownership by way of security** *n* Sicherungseigentum (n)
ownership information *n* Eigentümerinformation (f); **ownership rights** *n/pl* Eigentümerrechte (npl); **ownership structure** *n Law* Beteiligungsverhältnisse (fpl); Eigentümerstruktur (f)

P

P&I *Fin* → principal and interest
PABX *ArCo* → private automatic branch exchange
Pacific Rim Real Estate Society (PRRES) *Org* Immobilienverband für den pazifischen Raum; zugehörig zur → International Real Estate Society (IRES)
package *n* Paket (n); **package deal** *n* Pakethandel (m); **package deal (building) contract** *n ArCo* → design and build contract; **package insurance** *n* Bündelversicherung (f); **package mortgage** *n Fin* Hypothek, die außer der Immobilie auch werthaltiges bewegliches Privateigentum einschließt; **package valuation** *n* Paketbewertung (f)
packaging unit *n* Liefereinheit (f), Verpackungseinheit (f)
packing *n* Verpackung (f), Verpackungsmaterial (n), Füllmaterial (n)
pad foundation *n* Flächengründung (f)
padlock *n* Vorhängeschloss (n)
pad sale *n Ret (US)* Verkauf eines (Teil-) Grundstücks oder Abschluss eines Erbbaurechts über ein an ein Einkaufszentrum angrenzendes Grundstück; i.d.R. mit einem Ankermieter; dieser ist für den Bau und die Instandhaltung des in das Einkaufszentrum integrierten Gebäudes selbst zuständig
pad site *n Ret* unabhängiger Standort eines Einzelhändlers; meist angrenzend an ein Einkaufszentrum
paid (usually wage-earning) employment *n* abhängige Beschäftigung (f), unselb(st)ständige Arbeit (f)
paid-in capital stock *n* Stammeinlage (f)
paid-off mortgage *n* abgelöste Hypothek (f)
pain and suffering → general damages
paint *n* Farbe (f), Lack (m); **paint on plaster** *n* Anstrich (m) auf Verputz; **paint roller** *n* Farbwalze (f)
paint *v/t* lackieren, streichen
painter *n* Maler (m); **painter's tools** *n/pl* Malerwerkzeuge (npl)
painting *n ArCo* Anstreichen (n); Anstrich (m); **painting work** *n* Anstrich (m), Malerarbeit (f)
paints *n/pl* Anstrichfarben (fpl)
pair *v/t* paarweise ordnen; **paired comparison** *n* Paarvergleich (m); **paired data analysis** *n* paarweise Datenanalyse (f)
pairing of elements *n* paarweise Zuordnung (f) von Elementen
palace *n* Schloss (n), Palast (m)
pallet *n* Laderost (m), Palette (f); **pallet capacity** *n* Paletten-Kapazität (f)
PAM *Fin* → pledged account mortgage
panel *n* Paneel (n), Platte (f), Füllung (f); **panel construction** *n* Tafelbauweise (f); **panel-frame construction** *n* Skelettplattenbauweise (f); **panel wall** *n* Tafelwand (f); *Syn.: wall panelling*
panelized home *n ArCo* Fertighaus (n); *Syn.: panelized house*
panelling *n* Holztäfelung (f), Täfelung (f)
pan-European *adj* gesamteuropäisch
panic peddling *n Fin* → blockbusting
panoramic view *n* Panoramablick (m)
pantry *n* Speisekammer (f)
paper *n* Papier (n), Schriftstück (n), Dokument (n); **paperboard** *n* Pappe (f); **paperhanger** *n* Tapezierer (m); **paper mill** *n* Papierfabrik (f), Papiermühle (f); **paper profit** *n Fin* Scheingewinn (m), unrealisierter Gewinn (m), rechnerischer Gewinn (m); **paper pulp** *n* Zellstoff (m); **paper towel dispenser** *n* Papierhandtuchspender (m)
par *n Fin* Nennwert (m); Gleichheit (f); **at par** zu pari, zum Nennwert; *Syn.: at par value*; **above par** über dem Nennwert (m)
paradox of value *n* Wertparadoxon (n)
parallel *adj* parallel; **parallel chord truss** *n* Parallelfachwerk (n)
parameter *n* Parameter (m); **parameter of location** *n* Lageparameter (m), lagetypischer Wert (m)
paramount lease *n Law* → head lease; **paramount title** *n Law* vorrangiger Besitzanspruch (m), vorrangiger Rechtsanspruch (m)
parapet *n ArCo* Brüstung (f), Geländer (n); Brüstungsmauer (f); **parapet wall** *n* Brüstungsmauer (f)
parcel *n* Grundstück (n); Parzelle (f); **parcel of land** *n* Bodenparzelle (f), Grundstück (n) (als Vermögensgegenstand), Indus-

triegebiet (n), Industriegelände (n), Land (n); *Syn.: parcel of real property*
parcel subdivision *n* Teilung (f), Parzellierung (f)
parcelling *n* Parzellierung (f)
parcenary *n Law* ererbtes, ungeteiltes (Immobilien-) Vermögen, an dem mehrere Erben teilhaben
parceners *n/pl Law* Erben eines ungeteilten Immobilienvermögens; *Syn.: coparceners*
pare (down) *v/t* beschneiden
parental value *n math* Wert (m) der Grundgesamtheit
parent (company) *n* Muttergesellschaft (f); *Syn.: parent enterprise*
parget *n* Stuck (m); *Syn.: stucco, stucco work, ornamental plasterwork*
pari passu clause *n Law* Pari-passu-Klausel (f), Gleichbesicherungsklausel (f); Klausel zur Sicherstellung des Gleichrangs aller Forderungen durch einen Kreditnehmer
parish *n* (Kirchen-) Gemeinde (f)
parity clause *n Law* Paritätsklausel (f)
park *n* Park (m), Grünanlage (f); Parkplatz (m); **park area** *n* Begrünung (f)
park-and-ride lots *n/pl* Park-and-Ride-Parkplätze (mpl)
parking *n* Parkplatz (m); **parking area** *n* Parkfläche (f); **parking bay** *n* Parkbucht (f); **parking facilities** *n/pl* Parkflächen (fpl), Parkmöglichkeiten (fpl); Parkplätze (mpl); **parking fees** *n/pl* Parkgebühren (fpl); **parking garage** *n (US)* Parkhaus (n); **parking lot** *n (US)* Parkplatz (m), Stellplatz (m); **parking meter** *n* Parkuhr (f); **parking ramp** *n (US)* Parkplatz (m); **parking ratio** *n Plan* Verhältnis von Mietfläche zu Parkplätzen; **parking restrictions** *n/pl* Parkbeschränkung (f); **parking revenue** *n* Parkeinnahmen (fpl); **parking space** *n* Parkplatz (m), Stellplatz (m)
parklift *n* Stapelparker (m); (2 cars) Doppelparker (m)
parlo(u)r kitchen *n* Wohnküche (f); *Syn.: eat-in kitchen, breakfast kitchen*
parol *n Law* Plädoyer (n); mündliche Erklärung (f); **parol contract** *n Law* mündlicher Vertrag (m); **parol lease** *n Law* mündlicher Mietvertrag (m)
parole *n* Bewährung (f); **on parole** auf Bewährung
parquet *n ArCo* Parkett (n); **parquet blocks** *n/pl* Massiv-Stabparkett (n); **parquet floor** *n ArCo* Parkettfußboden (m); **parquet flooring** *n* Parkettbodenbelag (m)
parquetry *n* Parkett (n), Parketerie (f)
parsonage *n* Pfarrhaus (n), Pfarrwohnung (f)
part *n* Teil (n), Bestandteil (m); **part of a contract** *n Law* Vertragsbestandteil (m); **part (of a) (floor)plan** *n* Teilgrundriss (m); *Syn.: partial floor plan*
part owner *n Law* Miteigentümer (m); **part ownership** *n Law* Miteigentum (n); **part payment** *n* Abschlagszahlung (f), Teilzahlung (f), Ratenzahlung (f); **part performance** *n Law* Teilleistung (f), teilweise Erfüllung (f); **part possession** *n Law* Erwerb einer vermieteten Immobilie
part-time *adj* nebenberuflich; **part-time farm** *n* landwirtschaftliche Nebenerwerbsstelle (f), Nebenerwerbsbetrieb (m), Nebenerwerbslandwirtschaft (f)
partial *adj* teilweise, partiell; **partial acceptance** *n* Teilannahme (f); **partial account** *n* Teilabrechnung (f); **partial building permit** *n* Teilbaugenehmigung (f); **partial eviction** *n Law* Teilräumung (f); **partial financing** *n Fin* Teilfinanzierung (f); **partial hip (roof)** *n* Krüppelwalm (m), Krüppelwalmdach (n); **partial interest** *n Law* Gesamthandeigentum (n); **partial ownership** *n* Teileigentum (n); **partial payment** *Fin* → part payment; **partial release** *n Law* Teilfreigabe (f); Freigabe eines Teils eines mit einer Hypothek belasteten Grundstücks; **partial release clause** *n Law* Klausel in einem Darlehensvertrag, wonach bei Tilgung einer bestimmten Summe die Hypothek von einem Teil des Grundstücks (Parzelle) gelöscht wird; vor allem bei der Finanzierung größerer Immobilienprojekte mit mehreren Bauabschnitten von Bedeutung; **partial taking** *n Law* Teilenteignung (f)
participant *n* Beteiligter (m), Teilnehmer (m)
participate *v/i* teilhaben, teilnehmen; **participating lease** *n Law* Umsatzmiete (f); *Syn.: participation lease*; → turnover rent; **participating loan** *n* Darlehen (n) mit Erfolgsbeteiligung, Kredit (m) mit Erfolgsbeteiligung; **participating mortgage** *n Fin* Beteiligungshypothek; Hypothekendarlehen für die Finanzierung eines Immobilienprojekts mit üblicherweise relativ niedrigem Zinssatz und Option des Kredit-

p

gebers auf eine Gewinnbeteiligung am Projekt; *Syn.: (appreciation- or equity-) participation mortgage, appreciating- or equity-participating mortgage, shared appreciation mortgage (SAM)*

participation *n* Beteiligung (f); **participation of neighbours** *n Dev* Nachbarbeteiligung (f)
participation agent (or broker) *Mkt* → joint agent; **participation agreement** *n Law* Beteiligungsvertrag (m); **participation certificate (PC)** *n Fin* Genussschein (m); **participation clause** *Law (US)* → escalation clause; **participation interests** *n/pl* Beteiligung (f); **participation lease** *Law* → participating lease; **participation loan** *n* Beteiligungsdarlehen (n); **participation mortgage** *n Fin* → participating mortgage; **participation procedure** *n* Beteiligungsverfahren (n)

participator *n Fin, Law* Teilhaber (m), Gesellschafter (m)

particle board *n* Holzfaserplatte (f)

particular lien *n Law* Pfandrecht (n) an einer bestimmten Sache; **particular partnership** *n Law* Gelegenheitsgesellschaft (f); zeitlich und inhaltlich begrenzt; bspw. zum Bau einer Immobilie; **particular purchaser** *n Val* → special purchaser

particulars *n/pl* Angaben (fpl), nähere Angaben (fpl), Einzelheiten (fpl)

p

partition *n* Aufteilung (f), Grundstücksteilung (f); Trennwand (f) zwischen zwei Mietflächen; **partition agreement** *n* Teilungsvertrag (m); **partition approval** *n Plan* Teilungsgenehmigung (f); **partition plan** *n* Aufteilungsplan (m); **partition (wall)** *n ArCo* Trennwand (f), Scheidewand (f); gemeint ist zumeist eine Wand, die Mietflächen unterschiedlicher Mieter voneinander trennt; *Syn.: demising wall*

partitioning *n* Raumteilung (f)

partner *n* Gesellschafter (m) (einer Personengesellschaft); **partner risk** *n* Partnerrisiko (n), Risiko (n) durch Partner

partnership *n* Partnerschaft (f), Personengesellschaft (f); **partnership area** *n* → special area; **partnership corporation** *n* Partnerschaftsgesellschaft (f); **partnership assets** *n/pl* Vermögen (n) der Gesellschaft

party *n* Partei (f); **party entitled to** *n* Berechtigter (m)
party wall *n ArCo, Law* gemeinsame Grenzmauer (f); Gebäudetrennwand (f); Brandmauer (f), Feuermauer (f); Mauer zwischen zwei angrenzenden Grundstücken oder Wohnungen

par value *n Fin* Nennwert (m); **at par value** zum Nennwert

pass *n* Passage (f); Gebirgspass (m)

pass *v/t* überreichen, übergeben; **pass a deadline** *v/t* Frist überschreiten; **pass a resolution** Beschluss fassen, beschließen

passing of title *n Law* Eigentumsübergang (m); *Syn.: mutation*;

passing rent *n Fin, Val* derzeitige Miete (f); *Syn.: contractual rent, headline rent*

pass on *v/t* abwälzen, überwälzen, weitergeben

pass title (to so.) Eigentum übereignen auf, Eigentum übertragen

pass-through *n* Weitergabe (f); Überwälzung (f); *ArCo* Durchreiche (f) zwischen Küche und Esszimmer; **pass-through certificates** *n/pl Fin* gesicherte Wertpapiere mit monatlich fälligen Zins- und Tilgungszahlungen, die an die Investoren durchgereicht werden; *Syn.: pass-through securities*; **pass-through clause** *Law* → escalation clause; **pass-through securities** *Fin* → pass-through certificates

passage *n* Durchgang (m), Flur (m), Gang (m); **passage of ownership** *n Law* Eigentumsübergang (m); *Syn.: passing of title, mutation*; **passage of risk** *n* Gefahr(en)-übergang (m)

passalong *n* kostenbedingte Preiserhöhung (f)

passenger traffic *n* Personenverkehr (m)

passive income *n Fin, Tax* Einkünfte (pl) aus Kapitalvermögen; **passive income generator (PIG)** *n Fin* Investment, das Einkünfte aus Kapitalvermögen generiert; bspw. Investition in eine Immobiliengesellschaft; **passive investor** *n Fin* passiver Investor (m), passiver Anleger (m); **passive loss** *n Tax* Verlust (m) aus Kapitalvermögen; **passive solar heating** *n ArCo* passive Solarheizung (f); im Gegensatz zum → active solar heating wird keine Photovoltaik eingesetzt, um Sonnenenergie zum Beheizen von Räumen und Wasser zu nutzen; *Syn.: solar gain*; **passive trade** *n* Importhandel (m); **passive trust** *Law* → bare trust

past due *adj* überfällig
past event *n* Ereignis (n) in der Vergangenheit
pasturage *n* Weideland (n)
pasture *n* Weide (f), Weideland (n); *Syn.: meadow land*; **pasture land** *n* Weideland (n)
patching *n* Ausbesserungsarbeiten (fpl)
patent *n* Patent (n)
patent defect *n* offensichtlicher Mangel (m); *Syn.: apparent defect*
path *n* → footpath
patio *n* Freisitz (m), Hinterhof (m), Innenhof (m); **patio home** *n ArCo* Einfamilienhaus, dessen Außenwand meist auf der Grundstücksgrenze verläuft und keine gemeinsamen Wände mit angrenzenden Gebäuden teilt, oft im hinteren Bereich mit Hof oder Garten
patrimony *n* Vermögen (n); Erbe (n), väterliches Erbe (n)
pattern *n* Modell (n), Muster (n), Vorlage (f)
paved floor *n* Pflaster (n), Steinboden (m), gefliester Boden (m); Boden im Innenbereich mit hartem Plattenbelag
pavement *n* Straßenpflaster (n), Wegbefestigung (f); Gehweg (m), Fußweg (m); Fahrbahn (f); **pavement bed** *n* Wegekoffer (m); **pavement café** *n (GB)* Straßencafé (n); **pavement lighting** *n* Fußwegbeleuchtung (f); Straßenbeleuchtung (f); **pavement stone** *n* Gehwegplatte (f)
pavilion *n* Pavillon (m)
paving *n ArCo* Straßenbelag (m), Pflaster (n); **paving slab** *n* Gehwegplatte (f); **paving stone** *n* Pflasterstein (m)
pavior *n* Pflasterstein (m)
pawn *n Fin* Pfand (n)
pawnee *n Fin* Pfandinhaber (m), Pfandnehmer (m)
pawnor *n Fin* Pfandgeber (m); *Syn.: pawner*
pawnshop *n* Pfandhaus (n), Leihhaus (n)
pay *v/t* begleichen, bezahlen, Zahlung leisten; **pay as you earn (PAYE)** *(GB) Tax* Einkommensteuer (f), Lohnsteuer (f); **pay as you go** *(US)* Einkommensteuer (f); **pay back** *v/t* zurückzahlen; **pay in** *v/t* einzahlen; **pay in advance** *v/t* im voraus zahlen; **pay off** *v/t Fin* tilgen, zurückzahlen; auszahlen, abbezahlen; **pay off a mortgage** Hypothek tilgen; **pay up-front** im Voraus zahlen
payable *adj* fällig, zahlbar; **payable at maturity** *adj* zahlbar bei Fälligkeit; **payable by instalment(s)** *adj Fin* zahlbar in Raten; **payable in advance** *adj* vorschüssig zahlbar; **payable in arrears** *adj* nachschüssig zahlbar; **payable when due** *adj* zahlbar bei Fälligkeit
payables *n/pl* Verbindlichkeiten (fpl)
payback *n Fin, Val* Amortisation (f), Auszahlung (f), Rückzahlung (f); **payback period** *n Fin* Amortisationsdauer (f), Rückzahlungszeitraum (m), Kapitalrückflussdauer (f)
pay day *n* Abrechnungstag (m), Fälligkeitstag (m), Fälligkeitstermin (m), Zahltag (m), Zahlungstag (m)
PAYE *Tax* → pay as you earn
payee *n* Zahlungsempfänger (m)
payer *n* Zahlender (m); Zahlungspflichtiger (m)
pay-in *n* Sicherheit (f)
paying agent *n* Zahlstelle (f); **paying bank** *n* beauftragte Bank (f)
payment *n* Zahlung (f); **payment of rent** *n* Mietzahlung (f)
payment before maturity *n* Zahlung (f) vor Fälligkeit; **payment by instal(l)ments** *n* Ratenzahlung (f); **payment in advance** → advance payment; **payment in arrears** *n* Zahlungsrückstand (m); **payment in kind** *n* Sachleistung (f), Naturalleistung (f); **payment on account** *n* Vorauszahlung (f); **payment on delivery** *n* Zahlung (f) bei Lieferung
payment bond *n Fin, ArCo* Zahlungsgarantie (f), Sicherheitsleistung (f); **payment cap** *n Fin* gesetzliche Obergrenze für die Erhöhung des Zinssatzes bei einer → adjustable rate mortgage (zinsvariables Hypothekendarlehen); **payment clauses** *n/pl* Zahlungsklauseln (fpl); **payment date** *n* Zahlungstag (m); **payment guarantee** *n* Zahlungsgarantie (f); **payment history** *n* Zahlungsverhalten (n); **payment method** *n* Zahlungsweise (f); **payment order** *n* Zahlungsauftrag (m); **payments agreement** *n* Zahlungsabkommen (n); **payments system** *n* Zahlungssystem (n); **payments transaction** *n* Zahlungsvorgang (m); **payment terms** *n/pl* Zahlungsklauseln (fpl); **payment transactions** *n/pl* Zahlungskehr (f); **payment transfer** *n* Zahlungsüberweisung (m)

payoff *n* Endtilgung (f) (eines Darlehens); Abfindung (f), Auszahlung (f); Schmiergeld (n); auch: Einkommen (aus Vermögen); **payoff penalty** *n Fin* Vorfälligkeitsentschädigung (f); *Syn.: early redemption charge, prepayment penalty*

pay-out *n* Auszahlung (f); **pay-out ratio** *n Fin* Gewinnausschüttungsquote (f)

payroll *n* Lohn- oder Gehaltsliste (f); **payroll accounting** *n* Lohnbuchführung (f), Lohn- und Gehaltsabrechnung (f); **payroll deductions** *n/pl* Lohnsteuer- und Sozialversicherungsabzüge (mpl); **payroll unit** *n* Abrechnungseinheit (f)

PB *Mkt* → principal broker

PBX *ArCo* → private branch exchange

PC *Fin* → participation certificate

PD *Fin* → probability of default

PD → probability density function

PE → preliminary enquiry

peak *n Econ* oberer Umkehrpunkt (m); Spitze (f); **peak load** *n* Höchstlast (f); **peak load energy** *n* Spitzenenergie (f); **peak value** *n* Spitzenwert (m)

peat *n* Torl (m); **peat bog** *n* Torfmoor (n); **peat dust** *n* Torfmull (m); *Syn.: loose (garden) peat*

peaty *adj* torfhaltig; **peaty soil** *n* torfhaltige Erde (f)

pebble-bed reactor *n* Kugelhaufenreaktor (m)

p

pebbles *n/pl* Kieselsteine (fpl)

pecuniary *adj* geldlich, pekuniär; **pecuniary compensation** *n* finanzielle Entschädigung (f); **pecuniary interest** *n* finanzielles Interesse (f); **pecuniary loss** *n* Vermögensschaden (m)

pedestal *n* Standsockel (m), Podest (n)

pedestrian *n* Fußgänger (m); **pedestrian count** *n* (statistic) Fußgängerfrequenz (n); **pedestrian flow** *n* Passantenfrequenz (f); Durchlaufquote von Fußgängern (z.B. pro Stunde oder pro Tag) an einem bestimmten Standpunkt; *Syn.: pedestrian count*; **pedestrian precinct** *n Ret* Fußgängerzone (f); *Syn.: pedestrian zone*; **pedestrian right of way** *n* Wegerecht (n); **pedestrian traffic** *n* Fußgängerverkehr (m), fußläufiger Verkehr (m); **pedestrian traffic count** *n* (survey) Fußgängerzählung (f), Passantenzählung (f), Fußgängerfrequenzanalyse (f); **pedestrian zone** *n* Fußgängerzone (f); *Syn.: pedestrian precinct*

pedestrianisation *n* Umbau einer Straße in eine Fußgängerzone oder Einkaufsstraße

peer group *n* Peergroup (f); (similar age) Alterskohorte (f); **peer rating** *n* Beurteilung (f) durch Gleichrangige; **peer review** *n* wörtlich: Überprüfung durch einen Gleichrangigen; externe Revision eines Wirtschaftsprüfers durch einen Wirtschaftsprüfer zum Zwecke der Qualitätssicherung

peg *n* Dübel (m), Pfahl (m), Stift (m), Stöpsel (m); auch: Kursstützung (f), Marktunterstützung (f)

peg *v/t* stützen, abstecken, anklammern; **peg out** vermessen

pejorative (pej) *adj* herabsetzend, abwertend

Penal Code *n* Strafgesetzbuch (n)

penal rent *n* Strafzahlung für Zahlungsverzug bei der Mietzahlung

penalty *n Law* Strafe (f), Sanktion (f); Konventionalstrafe (f), Vertragsstrafe (f)

pending *adj* schwebend, ausstehend, anhängig, unentschieden

penetration grade asphalt *n* Asphaltbeton (n)

pension *n* Pension (f), Rente (f), Ruhegeld (n); **pension appraisal** *n* Pensionsgutachten (n); **pension fund** *n Fin* Pensionsfonds (m); *Syn.: pension trust*; **pension law** *n* Rentenrecht (n); **pension plan** *n (US)* Rentenversorgung (f); **Pension Real Estate Association (PREA)** *Org (US)* Vereinigung für Weiterbildung im Bereich Immobilieninvestition; **pension scheme** *n (GB)* Rentenversorgung (f)

penthouse *n* Penthouse (n), Dachwohnung (f); Wetterdach (n); (level) Staffelgeschoss (n); **penthouse roof** *n* Schleppdach (n)

pent roof *n* Pultdach (n), Schutzdach (n)

peppercorn rent *n* symbolische Miete (f)

per annum (p.a.) pro Jahr

per autre vie *Law (frz.)* → pour autre vie

per cent *n* Prozent (n)

percentage *n* Prozent (n), Prozentsatz (n); **percentage adjustment** *n* prozentuale Anpassung (f); **percentage change in price** *n* prozentuale Preisänderung (f); **percentage lease** *n Law* Umsatzmietvertrag (m); bei Einzelhandelsimmobilien ist es üblich, dass der Vermieter einen Teil der Umsätze des Mieters oberhalb einer vertraglich festgelegten Schwelle erhält.

Dieser Umsatzanteil wird als → overage rent bezeichnet; **percentage of completion method** *n* Teilgewinnrealisierungsmethode (f) nach dem Leistungsfortschritt; **percentage overhead rate** *n* Zuschlagsprozentsatz (m); **percentage rent** *n Law* Umsatzmiete (f); **percentage return on sales** *n* Umsatzrendite (f), Umsatzrentabilität (f)

percolation *n* Sickerung (f), Versickern (n); **percolation water** *n* Sickerwasser (n)

perfect title *n Law* → good title

perforated brick *n* Lochziegel (m); **perforated brick masonry** *n* Lochsteinmauerwerk (n)

perform *v/t* erfüllen, leisten

performance *n* Leistung (f); Gesamtertrag (m) unter Berücksichtigung von Wertsteigerungen; **performance in kind** *n* Sachleistung (f); **performance of services** *n* Erbringen (n) von Dienstleistungen
performance appraisal *n* Leistungsbeurteilung (f); **performance assessment** *n* Leistungsbewertung (f); **performance bond** *n Law* Erfüllungsgarantie (f), Leistungsgarantie (f); **performance clause** *n* Leistungsbeschreibung (f) in einem Vertrag; **performance control** *n* Leistungsüberwachung (f); **performance guarantee** *n Law (GB)* Erfüllungsgarantie (f), Leistungsgarantie (f); **performance loan** *n (US)* Darlehen (n) mit variablen Zins- und Tilgungszahlungen; der Zinssatz wird bei zuverlässigen Monatszahlungen ermäßigt (Skonto); auch (insbes. Austr.): eine Hypothek, deren Rückzahlungen nur aus dem Ertrag des Objekts getätigt werden; **performance measurement** *n* Leistungsmessung (f); **performance mortgage** *n Fin* Hypothekendarlehen, das die Bedienung des Fremdkapitals aus den Einnahmen der beliehenen Immobilie erlaubt; **performance rating** *n* Leistungsbeurteilung (f)

perfumery *n* Parfümerie (f)

pergola *n* Laubengang (m), Pergola (f)

peril *n* Gefahr (f); Wagnis (n), Risiko (n)

perimeter *n* Umfassung (f), Umkreis (m), Umfangslänge (f); **perimeter beam** *n* Umfassungsbalken (m); **perimeter fence** *n* Umfassungszaun (m); **perimeter system** *n* Ringkanalsystem (n); **perimeter trunking** *n* Kabelkanal (mpl); in den Außenwänden gelegen; **perimeter wall** *n* Umfassungswand (f)

period *n* Laufzeit (f), Periode (f), Zeitraum (m); **period covered** *n* Berechnungszeitraum (m)
period of adjustment *n* Anpassungsperiode (f), Anpassungszeitraum (m); **period of lease** *n* Mietdauer (f); **period of limitation** *n Law* Verjährungsfrist (f); **period of notice** *n Law* Kündigungsfrist (f); **period of operation** *n* Betriebsdauer (f); **period of protection** *n* Schutzfrist (f); **period of repair** *n* Reparaturdauer (f); **period of standby** *n* Bereitschaftsdauer (f); **period of time** *n* Zeitraum (m)
period under review *n* Berichtszeit (f), Prüfungszeitraum (m)
period cost *n* Zeitkosten (pl);

period-end exchange rate *n* Stichtagskurs (m)

periodic *adj* periodisch, regelmäßig; **periodic costs** *n/pl* periodisch anfallende Kosten (pl); **periodic estate** *Law* → periodic tenancy; **periodic payment** *n* periodische Zahlung (f); **periodic tenancy** *n Law* Mietverhältnis, das sich jeweils automatisch um eine Periode verlängert, falls keine Partei kündigt; Mietverträge beginnen i.d.R. als → fixed-term tenancy; läuft der fixed term ohne Vereinbarung eines neuen aus, wird das Mietverhältnis automatisch ein periodic tenancy, das auf der vereinbarten Mietzahlungsperiode basiert (wöchentlich, monatlich etc.) und von beiden Seiten gekündigt werden kann

peripheral location *n* Randlage (f); **peripheral product lines** *n/pl* Randsortimente (fpl)

periphery *n* Umfang (m); Außenfläche (f); Umgebung (f), Umfeld (n); Stadtrand (n), Vorort (m)

periurbanisation *n geogr.* Ausuferung (f) des Ballungsraums; Sub- und Exurbanisierung (f)

permanent *adj* permanent, zeitlich unbegrenzt; **permanent abode** *n* → permanent residence; **permanent establishment** *n* Betriebsstätte (f); Niederlassung (f); **permanent financing** *n Fin* langfristige Finanzierung (f), Dauerschulden (pl); **permanent home** *n* ständige Wohnstätte (f); **permanent impairment of value** *n* dauernde Wertminderung (f); **permanent**

loan *n Fin* langfristiges Darlehen (n); mit mindestens 10 Jahren Laufzeit; üblicherweise für die Akquisition einer vorhandenen Immobilie und nicht für eine Projektentwicklung; **permanent mortgage** *n Fin* langfristige Hypothek (f); **permanent representative** *n* ständiger Vertreter (m); **permanent residence** *n* fester Wohnsitz (m); **permanent right of residence** *n* Dauerwohnrecht (n); **permanent-way equipment** *n* Oberbaumaterial (n) (bei Gleisen)

permeable to vapour *adj* wasserdampfdurchlässig

permissible load *n* zulässige Belastung (f); **permissible use** *n* zulässige Nutzung (f), zulässiger Gebrauch (m)

permission *n* Genehmigung (f), Zustimmung (f); → permit; **permission to divide** *n* Bodenverkehrsgenehmigung (f); *Syn.: permit to divide*

permissive waste *n Law* Wertminderung (f) aufgrund unterlassener Instandsetzung; Versäumnis der Instandhaltung; sofern die Instandhaltung in der Übertragungsurkunde (→ conveyance) nicht vorgesehen ist, trifft den life tenant keine Schuld für die Wertminderung

permit *n Plan* Erlaubnis (f), Berechtigung (f), Bewilligung (f), Genehmigung (f); **permit procedure** *n Plan* Genehmigungsverfahren (n)

p

permit *v/t* erlauben, zulassen; **permitted building area** *n* zulässige Grundfläche (f); **permitted development** *n Plan (GB)* genehmigungsfreies Vorhaben (n); wörtlich: genehmigte Bebauung (f); bei Entwicklungsvorhaben geringeren Umfangs wird eine Baugenehmigung nach der Town and Country Planning General Development Order 1988 automatisch erteilt; *Syn.: authorised development*; **permitted use** *n Plan* genehmigte Nutzung (f)

per month (p.m.) pro Monat

perpendicular *adj* senkrecht, lotrecht

perpend stone *n* Natureckstein (m), Vollbinder (m)

perpetual inventory *n* permanente Inventur (f); **perpetual lease** *n* Dauermietvertrag (m), Dauerpachtvertrag (m); sehr langfristiges Mietverhältnis (z.B. über 100 Jahre)

perpetually renewable lease *n Law (GB)* ständig verlängerbarer Mietvertrag; Mieter hat das Recht, den Mietvertrag zu verlängern, so lange er möchte

perpetuity *n* unbegrenzte Dauer (f); lebenslängliche Rente (f)

perquisitor *n Law* Person, die eine Immobilie auf jede andere Art erworben hat als durch eine Erbschaft; d.h. durch Kauf, Schenkung etc.

person *n* Person (f); **in personam** *adj Law* gegen eine Person (klagend) **person affected** *n* Betroffener (m); **person concerned** *n* Betroffener (m)

personal *adj* personenbezogen, persönlich; **personal action** *n Law* persönlich erhobene Klage (f), vom Geschädigten erhobene Klage (f); Leistungsklage (f); auch: obligatorische Klage (action in personam); **personal allowance** *n* persönlicher Freibetrag (m); **personal circumstances** *n/pl* persönliche Verhältnisse (fpl); **personal covenant** *n Law* Zusicherung, die an eine Person und nicht an ein Grundstück gebunden ist; **personal data** *n/pl* personenbezogene Daten (pl); **personal details** *n/pl* Personenangaben (fpl); **personal easement** *n Law* beschränkte persönliche Dienstbarkeit (f); **personal estate** *n Law* Mobiliarvermögen (n), bewegliches Vermögen (n); **personal income tax** *n* Einkommensteuer (f); **personal interview** *n* Vorstellungsgespräch (n); **personal liability** *n Law* persönliche Haftung (f); **personal liability insurance** *n Fin, Law* Haftpflichtversicherung (f), Privathaftpflichtversicherung (f); **personal loan** *n* Personalkredit (m); **personal property** *n Law* bewegliches Privateigentum (n); Privatbesitz (m); **personal representative** *n* Vertreter (m) einer Person, Testamentsvollstrecker (m); **personal residence** *n* Wohnsitz (m); zivilrechtlich von Belang, z.B. für Steuerzahlungen oder Wahlen; **personal scope** *n* persönlicher Geltungsbereich (m); **personal servitude** *n Law* beschränkte persönliche Dienstbarkeit (f); **personal value** *Val* → subjective value

personally liable *adj Law* persönlich haftbar

personalty *n Law, Tax* bewegliches Vermögen (n)

personnel *n* Personal (n), Belegschaft (f)

PERT *Val* → project evaluation and review technique
pertinent *adj* sachdienlich
pervious *adj* durchlässig; **pervious to air** *adj* luftdurchlässig; **pervious to light** *adj* lichtdurchlässig; **pervious to water** *adj* wasserdurchlässig
pest attack *n* Befall (m) durch Schädlinge, Schädlingsbefall (m); **pest control** *n* Schädlingsbekämpfung (f)
petition *n* Gesuch (n), Bittschrift (f); Klageschrift (f); Petition (f), Verfahrensantrag (m)
petitioner *n* Kläger (m); Bittsteller (m)
petrol interceptor *n* Benzinabscheider (m); **petrol station** *n* Tankstelle (f)
PFI → private finance initiative
PGI → potential gross income
PGIM → potential gross income multiplier
phantom component *n* Scheinbestandteil (m)
pharmacy *n* Apotheke (f)
phase *n* Phase (f), Stadium (n), Entwicklungsstand (m); **phase of construction** *n* Bauabschnitt (m) (zeitlich)
phase I property *n* → relinquished property; **phase II property** *n* → replacement property
phased construction *n Dev, ArCo* Errichtung (f) in Bauphasen
photocopy *n* Fotokopie (f), Ablichtung (f)
photogrammetry *n* Fotogrammetrie (f), Messbildverfahren (n)
photovoltaic *adj* photovoltaisch
physical *adj* körperlich; **physical asset(s)** *n(pl)* materielle Wirtschaftsgüter (fpl), Sachanlagegüter (fpl); **physical characteristics** *n/pl* Beschaffenheit (f), körperliche Merkmale (fpl), physische Merkmale (fpl); **physical collateral** *n* physische Sicherheit (f); **physical depreciation** → physical deterioration; **physical deterioration** *n* Materialüberalterung (f); Wertminderung (m) wegen Substanzverschlechterung (f); Wertminderung bedingt durch Benutzung und ausbleibende Instandhaltung (Instandhaltungsstau); falls es wirtschaftlich sinnvoll ist, die Instandhaltung nachzuholen, spricht man von einer curable physical deterioration, ansonsten von einer incurable physical deterioration; **physical inventory** *n* Bestandsaufnahme (f), Inventur (f); **physical inventory taking** *n* Inventur (f) (durch körperliche Bestandsaufnahme); **physical life (expectancy)** *n ArCo, PptMgt* technische Nutzungsdauer (f), technische Lebensdauer (f); **physical obsolescence** *n* Verschleiß (m), physische Veralterung (f); **physical value** *n Val* Substanzwert (m); materieller Wert der baulichen Anlagen; im Gegensatz zum immateriellen Wert beispielsweise aufgrund eines günstig abgeschlossenen Mietvertrags; *Syn.: tangible value*
pick *n* Pickel (m)
pictures *n/pl (US)* Kino (n), Lichtspielhaus (n); *Syn.: movies, cinema*
picture window *n* Panoramafenster (n)
piece *n* Stück (n)
piecemeal development *n* stückchenweise Entwicklung ohne Gesamtkonzept
pied-à-terre *n* Zweitwohnung (f); Absteigequartier (n)
pier *n ArCo* Pfeiler (m), Brückenpfeiler (m); Gründungspfahl (m)
piercing the corporate veil *n* Durchgriffshaftung (f), Haftungsdurchgriff (m)
PIG *Fin* → passive income generator
pig cycle *n* Schweinezyklus (m); *Syn.: bullwhip effect*
pigeonhole *n* Ablagefach (n), Postfach (n)
piggyback loan *n Fin* wörtlich: Huckepackdarlehen; Darlehen, das von zwei oder mehreren Darlehensgebern bezüglich desselben Grundbesitzes im Rahmen eines Hypotheken- oder Treuhandvertrages vergeben wird
pignus *n Fin (lat.)* Pfand (n); *Syn.: pawn*
pilaster *n ArCo* Wandpfeiler (m), Pilaster (m)
pile *n* Haufen (m), Pfahl (m), Stapel (m); **pile cap** *n* Pfahlkopf (m); **pile driving** *n* Rammarbeiten (fpl); **pile foot** *n* Pfahlfuß (m); **pile foundation** *n* Pfahlgründung (f), Pfeilergründung (f); **pile toe** *n* Pfahlfuß (m); **pile wall** *n* Pfahlwand (f); **pilework** *n* Pfahlbau (m)
piled foundation *n* Pfahlgründung (f)
piling *n* Pfahlgründung (f)
pillar *n ArCo* Träger (m), Pfeiler (m), Pfosten (m); **pillar tap** *n* Standhahn (m)
pilot plant *n* Demonstrationsanlage (f); **pilot test** *n* Vorversuch (m)
pin *v/t* anheften
pine *n* Föhre (f), Kiefer (f)
pink land *n Plan* → residential area

pink property *n Plan, Law* in einem im Rahmen des Abbruchs eines ganzen Stadtteils erstellten Plan rosa gekennzeichnete Immobilien, die unbewohnbar sind und daher abgerissen werden müssen; *Ant.: grey property*; → clearance area

pioneer discount *n* Pionierabschlag (m)

pipe *n ArCo* Rohr (n); Rohrleitung (f); Schlauch (m); **pipe bracket** *n* Rohrhalter (m); **pipe collar** *n* Rohreinfassung (f); **pipe connections** *n/pl* Rohrverbindungen (fpl); **pipe couplings** *n/pl* Rohrverbindungen (fpl); **pipe fall** *n* Leitungsgefälle (n); **pipe flashing** *n* Rohreinfassung (f); **pipe guide** *n* Führungslager (n); **pipe joints** *n/pl* Rohrverbindungen (fpl)

pipeline *n* Rohrleitung (m); Fernleitung (f); **pipeline construction** *n* Rohrleitungsbau (m); **pipeline design** *n* Leitungsbemessung (f); **pipeline element** *n* Rohrleitungselement (n); **pipeline inventory** *n* Rohrleitungsbestand (m); **pipeline length** *n* Leitungslänge (f); **pipeline network** *n* Rohrleitungsnetz (n), Rohrnetz (n); **pipeline system** *n* Rohrleitungsnetz (n); **pipeline wayleave** *n* Leitungsrecht (n)

pipe materials *n/pl* Rohrmaterialien (fpl); **pipework** *n* Rohrbau (m); **pipe wrench** *n* Rohrzange (f)

piping *n* Rohrleitungssystem (n), Verrohrung (f), Wasserleitungsinstallation (f)

PIQ *Law (GB)* → Property Information Questionnaire

pit *n* Grube (f); **pit gravel** *n* Grubenkies (m); **pit sand** *n* Grubensand (m)

pitch *n ArCo* **1.** Neigung (f), Gefälle (n); Neigungswinkel (m); **2.** Verkaufsgespräch (n); **pitched roof** *n* Satteldach (n), geneigtes Dach (n)

PITI *Fin* → principal, interest, taxes and insurance payment

pivot-hung sash *n* Kippfensterflügel (m); **pivot-hung window** *n* Schwing(flügel)fenster (n); **pivot window** *n* (vertical) Wendefenster (n), (horizontal) Schwingflügelfenster (n)

placard *n* Anschlag (m)

place *n* Ort (m), Ortschaft (f); Stelle (f); Gegend (f); Platz (m), öffentlicher Platz (m); **place of abode** *n* Aufenthaltsort (m); **place of arbitration** *n* Schiedsort (m); **place of business** *n* Sitz (m) eines Unternehmens; **place of effective management** *n* Ort (m) der tatsächlichen Geschäftsleitung; **place-of-employment principle** *n* Arbeitsortprinzip (n); **place of establishment** *n* Ort (m) der Niederlassung; **place of incorporation** *n* Ort (m) der Gründung; **place of jurisdiction** *n* Gerichtsstand (m); **place of management** *n* Geschäftssitz (m); **place of payment** *n* Zahlungsort (m); **place of registration** *n* Sitz (m) einer Firma; **place of residence** *n* ständiger Wohnsitz (m), Wohnort (m), Aufenthaltsort (m); **place of work** *n* Arbeitsplatz (m), Arbeitsstätte (f)

place an advertisement *v/t* ein Inserat aufgeben, inserieren

placement *n Fin* Platzierung (f); **placement fee** *n Fin* Platzierungsgebühr (f)

placing of orders *n* Auftragsvergabe (f)

plain concrete *n ArCo* unbewehrter Beton (m)

plaint *n* Klageschrift (f)

plaintiff *n* Kläger (m); **joint plaintiff** *n Law* Nebenkläger (m)

plain tile *n* Biberschwanzziegel (m)

PLAM *Fin* → price level adjusted mortgage

plan *n ArCo* Plan (m), Entwurf (m); Grundriss (m), Zeichnung (f); Bauplan (m); Plan (m); **plan notations** *n/pl* Planzeichen (n); *Syn.: plan annotations*; **plan preparation** *n* Planaufstellung (f)

plan *v/ti* planen

plane *v/t* hobeln, planieren

plane *adj* eben; **plane surveying** *n* Feldvermessung (f), niedere Geodäsie (f)

planimeter *n* Planimeter (n)

planing machine *n* Hobelmaschine (f)

plank *n* Bodendiele (f), Bohle (f)

planking *n* Bauzaun (m), Holzschalung (f), Verbohlung (f)

planned *adj* geplant, vorgesehen; **planned maintenance** *n* vorbeugende Instandhaltung (f), vorbeugende Wartung (f); **planned unit development (PUD)** *n Plan* Wohnungsbauprojekt, das gekennzeichnet ist von dicht gruppierten Wohnblöcken und umgebenden Gemeinschaftsflächen, die von einer gemeinnützigen Gesellschaft gehalten und unterhalten werden

planner *n* Planer (m), Projektant (m)

planning *n Dev* Planung (f); Projektierung (f); **Planning Acts** *Law* → Town and Country Planning Acts; **planning advantage**

Plan → planning gain; **planning agreement** *n Plan* Auflage (f) zur Baugenehmigung; Vereinbarung zwischen Planungsbehörde und Immobilieninvestor, um sicherzustellen, dass bestimmte Bedingungen im Rahmen der geplanten Entwicklung erfüllt werden; das planning agreement ist Bedingung für die Erteilung der Baugenehmigung (planning permission); **Planning and Zoning Commissioner** *n (GB)* → Zoning Commissioner; **planning appeal** *n Plan* Planungsrevision (f), Einspruch (m) gegen die Ablehnung eines Bauantrags; **planning application** *n Plan* Bauantrag (m); **planning approval** *Plan* → planning permission; **planning area** *n* Planungsraum (m); **planning atlas** *n* Planungsatlas (m); **planning authority** *n Plan* Planungsbehörde (f), Bauaufsichtsbehörde (f); Baubehörde (f), Bauamt (n); **planning benefit** *n* Planungsgewinn (m), Planungsvorteil (m); **planning blight** *n Plan, Law* negative Auswirkungen eines Bauvorhabens auf Immobilienwerte; z.B. beim Bau einer Autobahn; **planning brief** *n Plan (GB)* von der Behörde verfasste Richtlinien für (politisch erwünschte) Entwicklungsprojekte auf einem bestimmten Grundstück, die als Orientierungshilfe für potenzielle Projektentwickler dienen sollen; **planning byelaws** *n/pl Plan* Gestaltungssatzung (f); **planning commission** *n Plan* Stadtplanungsamt (n); **planning compensation** *n* Ausgleichszahlung für den Wertverlust eines Grundstückes infolge einer Planungsentscheidung; z.B. nach Widerruf einer bestehenden Baugenehmigung; **planning consent** *Plan* Baugenehmigung (f); *Syn.: planning permission*; **planning damage** *n* Planungsschaden (m); **planning enforcement** *n Plan* Vorgehen gegen unzulässige Bebauung; **planning enquiry** *Plan* → planning inquiry; **planning factor** *n* Planungsfaktor (m); **planning fee** *n Dev* Genehmigungsgebühr (f); **planning gain** *n Plan, Dev* Planungsgewinn (m); positive Folgen einer Baugenehmigung für die Öffentlichkeit; Antragsteller erhält die Baugenehmigung unter der Bedingung, dass er auch in die Verbesserung der örtlichen Infrastruktur o.Ä. investiert; **planning inquiry** *n Plan* (öffentliche) Planungsuntersuchung; Untersuchung nach einem → planning appeal; in GB entweder als Gerichtsverhandlung (durch einen → planning inspector) oder durch written representations (schriftliche Darstellungen) der Parteien. Der planning inspector erstattet einen Bericht (mit Empfehlungen) an das Ministerium zur endgültigen Entscheidung; **planning inspector** *n Plan, Law (GB)* Beauftragter, der bei einer → planning inquiry (öffentliche Planungsuntersuchung) den Vorsitz führt und seine Empfehlungen in einem Bericht (an das Ministerium) erstattet; *Syn.: zoning commissioner (US)*; **planning law** *n* Bauplanungsrecht (n), Planungsrecht (n); **planning permission** *n Plan, Dev* Baugenehmigung (f); *Syn.: planning consent*; **Planning Policy Guidance (PPG)** *Plan* Richtlinien für die Planungspolitik; **planning power** *n* Planungshoheit (f); **planning procedure** *n* Planaufstellung (f); **planning process** *n* Planungsprozess (m); **planning region** *n* Planungsraum (m); **planning report** *n* Raumordnungsbericht (m); **planning research** *n* Planungsstudie (f), Planungsuntersuchung (f); **planning risk** *n* Planungsrisiko (n); **planning stage** *n* Planungsstufe (f); **planning variance** *n* Planungsabweichung (f)

plant *n* Anlage (f), Betriebsanlage (f); Betriebsgebäude (n); Fabrikgrundstück (n); Maschinenpark (m); Pflanze (f), Gewächs (n); **plant under construction** *n* Anlagen (fpl) im Bau, Werksanlagen (fpl) im Bau

plant and equipment *n* besondere Betriebseinrichtungen (fpl), Betriebseinrichtung (f), Anlage (f) (Maschinen); **plant and machinery** *n* Anlagen (fpl) und Maschinen (fpl)

plant area *n* Betriebsfläche (f); **plant bargaining** *n* Betriebsvereinbarung (f) (tarifliche); **plant building** *n* Betriebsgebäude (n), Fabrikgebäude (n), Werkshalle (f); **plant capacity** *n* Anlagengröße (f); **plant close down** *n* Betriebsstilllegung (f); **plant component** *n* Anlagenkomponente (f), Anlagenteil (m); **plant design** *n* Anlagenkonzeption (f); **plant engineering** *n* Industrieanlagenbau (m); **plant engineering and construction** *n* Industrieanlagenbau (m); **plant extension** *n* Anlagenerweiterung (f), Betriebserweiterung (f); **plant**

facilities *n/pl* Betriebseinrichtungen (fpl); **plant gate** *n* Werkstor (n); **plant inspection** *n* Betriebsbegehung (f); **plant interruption** *n* Betriebsunterbrechung (f); **plant leasing** *n* Vermietung (f) ganzer Betriebsanlagen; **plant location** *n* betrieblicher Standort (m); **plant operator** *n* Anlagebetreiber (m); **plant refurbishment** *n* Anlagensanierung (f); **plant rehabilitation** *n* Anlagensanierung (f); **plant room** *n* Haustechnikraum (m), Installationsraum (m); **plant shut down** *n* Betriebsstilllegung (f); **plant site** *n* Werksgrundstück (n); **plant size** *n* Anlagengröße (f), Betriebsgröße (f); **plant tour** *n* Werksbesichtigung (f)

plant *v/t* anpflanzen

planter *n* Blumenkübel (m)

planting *n* Anpflanzung (f)

plaster *n ArCo* Gips (m); Mörtel (m); Verputz (m); Putzfassade (f); **plaster of Paris** *n* Gips (m), Stuckgips (m)

plaster box *n* Einputzkasten (m); **plaster ceiling** *n* Putzdecke (f); **plaster depth** *n* Einputztiefe (f); **plaster finish** *n* Gipsüberzug (m); Putzschicht (f); **plaster floor** *n* Gipsestrich (m); **plaster rendering** *n* Putz (m), Verputz (m); **plaster trowel** *n* Putzkelle (f); **plaster work** *n* Putzarbeiten (fpl), Verputzarbeit (f)

plastered wall *n* verputzte Wand (f)

plasterer *n* Verputzer (m)

plaster in *v/t* einputzen, verputzen, zuputzen

plastering *n* Putz (m), Putzarbeiten (fpl), Verputz (m); **plastering (and stucco work)** *n* Putzarbeiten (fpl); **plastering machine** *n* Verputzmaschine (f)

plastic *n* Plastik (n), Kunststoff (m); **plastic elongation** *n* plastische Dehnung (f); **plastic filler** *n* Spachtelmasse (f); **plastic finishes** *n/pl* Plastikbeläge (mpl); **plastic foam** *n* Schaumstoff (m); **plastic foam insulation** *n* Kunststoffisolierung (f); **plastic impeller blades** *n* Kunststoffflügel (m); **plastic membrane** *n* Plastikhaut (f); **plastic pipe** *n* Kunststoffrohr (n), Plastikrohr (n); **plastic theory** *n* Traglastverfahren (n); **plastic welding** *n* Plastikschweißen (n)

plasticizer *n* Weichmacher (m)

plat *n (US)* Kataster (m) und Grundbuch (n), Katasterplan (m); Karte (f); Lageplan (m), Stadtplan (m); **plat book** *n Law (US)* Grundbuch (n), Kataster (m); *Syn.: land register (GB)*; **plat map** *n (US)* Katasterplan (m)

plate *n ArCo* Platte (f); Blech (n); **plate girder** *n* Vollwandträger (m); **plate glass** *n* Kristallspiegelglas (n); **plate glass door** *n* Ganzglastür (f)

plateau *n* Plateau (n), Ebene (f), Niveau (n)

plates *n/pl* Bleche (npl)

platform *n* Bühne (f), Laderampe (f); **platform construction** *n* Laderampenbau (m)

plausibility check *n* Plausibilitätskontrolle (f)

playground *n* Spielplatz (m); Schulhof (m)

playing field *n* Sportplatz (m), Spielfeld (n), Bolzplatz (m)

plaza *n* öffentlicher Platz (m)

plc → public limited company

pledge *n Fin* Pfand (n), Verpfändung (f)

pledge *v/t* verpfänden; **pledged account mortgage (PAM)** *n Fin* Hypothekendarlehen, bei dem ein Teil des Schuldendienstes von einem Sparkonto beglichen wird, das als Sicherheit verpfändet wurde; dient der Entlastung des Schuldners

pledgee *n Fin* Pfandnehmer (m), Pfandgläubiger (m)

pledgor *n Fin* Pfandgeber (m), Pfandschuldner (m), Verpfänder (m); *Syn.: pledger*

pliers *n/pl* Zange (f)

plinth *n* Sockel (m), Sockelleiste (f); **plinth beam** *n* Sockelbalken (m); **plinth wall** *n* Sockelmauer (f)

plot *n* Parzelle (f); Grundstück (n); Plan (m); Darstellung (f); Schaubild (n); **plot of land** *n* Bodenparzelle (f), Grundstück (n) (als Vermögensgegenstand); **plot of values** *n math* Punktwolke (f)

plot area *n (US)* Grundstücksfläche (f); **plot boundary** *n* Baufluchtlinie (f), Baugrenze (f), Parzellengrenze (f); **plot depth** *n (GB)* Grundstückstiefe (f); **plot plan** *n Plan, Dev* Parzellenaufteilungsplan (m); Bauplan (m); Entwicklungsplan (m); **plot ratio** *n Plan* Geschossflächenzahl (f); **plot ratio and site coverage** *n* Art und Maß der baulichen Nutzung (f), gesetzliche Baudichte (f); **plot size** *n (GB)* Grundstücksfläche (f)

plottage *n Val, Dev* Arrondierung (f), Parzellenvereinigung (f), Zusammenlegung (f) mehrerer Grundstücke; **plottage increment** *n* Mehrwert (m) (eines Grund-

p

stücks) durch Zusammenlegung; **plottage value** *n Val, Dev* Wertsteigerung durch Zusammenlegung zweier oder mehrerer Grundstücke; der Wert des zusammengelegten Grundstücks ist höher als die Summe der Werte der einzelnen Grundstücke; *Syn.: assemblage or assembly value, marriage value*

plough-back *n* Reinvestition (f), Reinvestment (n); *Syn.: ploughing-back*

plough back *v/t* reinvestieren, wieder anlegen

ploughbote *n Law* → estovers

plug *n* Stecker (m), Dübel (m), Stöpsel (m); **plug socket** *n* Buchse (f), Steckdose (f)

plug *v/t* verstopfen

plumb (in) *v/t* installieren, anschließen

plumb bob *n* Lot (n), Senkblei (n)

plumber *n ArCo* Klempner (m), Bauklempner (m); Installateur (m); **plumber's work** *n* Sanitärinstallation (f), Klempnerarbeiten (f)

plumbing *n ArCo* Installationssystem (n) für Wasser und Gas; sanitäre Installation (f); Klempnerarbeit (f); **plumbing and finishes** *n* Installationen und Ausbau **plumbing fixture** *n* Installation (f); **plumbing system** *n* Installationssystem (n); **plumbing work** *n* Sanitärinstallation (f)

plurality opinion *n* Mehrheitsgutachten (n)

ply *n* Schicht (f), Lage (f); **two-ply** zweilagig

plywood *n* Sperrholz (n); **combed (striated) plywood** *n ArCo* gestreiftes (gekämmtes) Sperrholz (n)

PMI *Fin* → private mortgage insurance

PMM *Fin* → purchase-money mortgage

pneumatic drill *n* Presslufthammer (m); *Syn.: pneumatic hammer*

PO *Fin* → principal only

POB → point of beginning

pocket license card *n (US)* Ausweis für lizenzierte Immobilienmakler; *Syn.: wallet card;* **pocket listing** *n Mkt* Geheimhaltung von Aufträgen durch einen Makler

point estimate *n* Punktschätzung (f); **point forecast** *n* Einzel-Prognose (f); **point load** *n* Einzellast (f), Punktlast (f)

point of beginning (POB) *n* Anfangspunkt in der metes and bounds-Landvermessung; → metes and bounds system; **point of sale (POS)** *n* Point of Sale (m); wörtlich: Ort des Verkaufs

point at *v/t* zeigen

Pointe Gourde principle *n Law (GB)* Pointe-Gourde-Prinzip; die Entschädigung im Falle einer Enteignung darf keine Wertsteigerung des Grundstücks durch eine spezielle Nutzung nach der Enteignung berücksichtigen. Die Bezeichnung beruht auf dem Rechtsstreit Pointe Gourde Quarrying & Transport vs Sub-Intendent of Crown Lands (1947).

points *n Fin* Darlehensgebühr (f); ein point entspricht einem Prozent des Darlehens; *Syn.: loan discount fees*

policy *n* Strategie (f), Politik (f), Verfahrensweise (f); Police (f); **policy depreciation** *n* bilanz- und finanzpolitische Abschreibung (f)

polished brass *n* poliertes Messing (n); **polished stone finish** *n* polierte Steinoberfläche (f)

political subdivision *n* Gebietskörperschaft (f); *Syn.: local authority*

pollutant *n* Schadstoff (m); **pollutant deposition** *n* Schadstoffablagerung (f)

polluted *adj* verschmutzt

polluter pays principle *n* Verursacherprinzip (n)

pollution *n* Verschmutzung (f), Verunreinigung (f); Umweltverschmutzung (f), Umweltbelastung (f); **pollution area** *n* Immissionslage (f); **pollution control** *n* Immissionsschutz (m), Schadstoffbekämpfung (f); Maßnahmen zur Überwachung der Umweltverschmutzung; **pollution control equipment** *n* Abgasreinigungsanlage (f); *Syn.: air pollution control equipment*; **pollution limit** *n* Immissionsgrenzwert (m); **pollution rights** *n/pl* Emissionsrechte (npl)

polyester board *n* Polyesterplatte (f); **polyester paint** *n* Polyesterfarbe (f)

polystyrene sheet *n* Styroporplatte (f)

polythene sheet *n* Polyäthylenfolie (f)

polyurethane *n* Polyurethan (n); **polyurethane sheet** *n* Kunststofffolie (f); **rigid polyurethane foam** *n* PUR-Hartschaum (m)

polyvalence *n* Mehrwertigkeit (f)

pond *n* Teich (m), Weiher (m)

pool *n* Pool (m), Bassin (n); auch: Interessengemeinschaft (f)

pooling of interests *n* Interessengemeinschaft (f), Interessenvereinigung (f); **pool-**

ing-of-interests method *n* Interessenzusammenführungsmethode (f)
pooling of mortgages *n* Hypothekenvereinigung (f)
poor *adj* arm, gering; **poor lime** *n* Magerkalk (m)
poplar *n* Pappel (f)
populated *adj* bevölkert
population *n* Bevölkerung (f); **population density** *n* Bevölkerungsdichte (f), Wohndichte (f); Anzahl der Einwohner pro Hektar oder Morgen (acre); **population forecast** *n* Bevölkerungsprognose (f); **population structure** *n* Bevölkerungsstruktur (f); **population variance** *n math* Varianz (f) der Grundgesamtheit
porch *n ArCo* Vordach (n), Schutzdach (n), Windfang (m); Veranda (f), Terrasse (f); **porch roof** *n* Vordach (n)
porous *adj* porös; **porous concrete** *n* Porenbeton (m); *Syn.: aerated concrete*
port *n* Hafen (m); **port of registry** *n* Heimathafen (m)
port area *n* Hafenbereich (m)
portal *n* Tor (n), Portal (n), Zugang (m); **portal frame** *n ArCo* Portalrahmen (m), biegesteifer Rahmen (m); **portal frame bridge** *n* Rahmenbrücke (f)
portfolio *n PfoMgt* Portefeuille (n), Portfolio (n); **portfolio of tenants** *n* Mieterportfolio (n)
portfolio analysis *n PptMgt* Portfolioanalyse (f); **portfolio investment** *n* Portfolioinvestition (f); **portfolio loan** *n Fin* Darlehen, das nicht auf dem Sekundärmarkt veräußert, sondern von der Bank gehalten wird; **portfolio management** *n* Portfoliomanagement (n), Vermögensverwaltung (f); **portfolio matrix** *n* Portfoliomatrix (f); **portfolio method** *n* Portfoliomethode (f); **portfolio mix** *n PfoMgt* Portfoliozusammensetzung (f); **portfolio properties** *n* Bestandsimmobilien (fpl); **portfolio selection** *n* Anlagenauswahl (f), Anlagestrategie (f); **portfolio switching** *n* Portfolio-Umschichtung (f); *Syn.: portfolio turnover*; **portfolio valuation** *n* Portfoliobewertung (f); **portfolio value** *n* Portfoliowert (m)
portion *n* Anteil (m), Teil (f), Portion (f)
portland cement *n* Portlandzement (m)
position *n* Lage (f), Ort (m), Standort (m), Position (f), Arbeitsplatz (m)
position *v/t* positionieren
positive covenant *n Law* Vertragsobligation (f); schreibt bestimmte Handlungen vor; *Syn.: affirmative covenant*; *Ant.: negative covenant, restrictive covenant*; **positive easement** *n Law* positive Dienstbarkeit (f); erlaubt dem Eigentümer des herrschenden Grundstücks eine bestimmte Nutzung des anderen Grundstücks; **positive leasehold** *n Law* Vertragsmiete liegt unterhalb der Marktmiete; daraus resultiert für den Mieter ein positiver leasehold, der einen Marktwert hat
possession *n Law* Besitz (m); **for immediate possession** *Mkt* sofort bezugsfertig
possessory *adj* Besitz-; **possessory action** *n Law* Besitzklage (f); **possessory lien** *n Law* Zurückbehaltungsrecht (n) des Gläubigers bis zur Bezahlung der Schuld; **possessory title** *n Law* Besitztitel (m), Besitzanspruch (m); Erlangung durch permanente Besetzung, i.d.R. über mindestens 12 Jahre hinweg
possibility *n* Möglichkeit (f)
possibly *adv* möglicherweise, vielleicht, unter Umständen, eventuell
post *v/t* (mit der Post) senden, versenden, etw. bekannt geben; **post a profit** Gewinn ausweisen
post 1. *n* Pfosten (m), Stiel (m); **post and beam framing** *n* Pfosten- und Balkenumrahmung (f); **post foundation** *n* Pfostenfundament (n)
post 2. *n* Post (f); **post office** *n* Postamt (n); **post office bank account** *n* Postbankkonto (n)
postage *n* Porto (n), Zustellgebühr (f)
postal code areas *n/pl* Postleitzahlengebiete (npl)
post-audit review *n* Prüfungsbeurteilung (f)
postponement of maturity dates *n* Hinausschieben (n) der Fälligkeiten; **postponement of planning applications** *n* Zurückstellung (f) von Baugesuchen
post-qualification experience *n* Berufserfahrung (f)
post-tax income *n* Gewinn (m) nach Steuern; **post-tax profits** *n/pl* Gewinn (m) nach Steuern; **post-tax yield** *n* Rendite (f) nach Steuern
post-tensioning *n ArCo* Nachspannen (n); Vorspannen (n) mit nachträglichem Verbund; → pre-tensioning

potable water *n* Trinkwasser (f); **potable water heating system** *n* Trinkwassererwärmungsanlage (f)
potential *n* Potenzial (n); **potential analysis** *n* Potenzialanalyse (f)
potential *adj* potenziell, möglich; **potential building land** *n* Bauerwartungsland (m); **potential buyer** *n* Interessent (m); **potential customer** *n* Interessent (m); **potential development land** *n* Bauerwartungsland (n); **potential future exposure** *n* potenzielle zukünftige Forderungen (fpl); **potential gross income (PGI)** *n* potenzieller Bruttogesamtertrag (m), nachhaltig erzielbar Rohertrag (m); Gesamteinnahmen, die sich auf eine Immobilie bei 100% Vermietung vor Abzug der Betriebskosten beziehen; **potential gross income multiplier (PGIM)** *n* Multiplikator (m) des nachhaltigen Bruttoeinkommens/Rohertrags; **potential gross revenue** *n* potenzieller Bruttoertrag (m); **potential market** *n* Absatzmöglichkeiten (mpl), Marktpotenzial (n), potenzieller Markt (m)
poundage *n Mkt* Bezeichnung für Maklercourtage (f)
pour autre vie *Law (frz.)* auf die Lebenszeit eines Dritten; *Syn.: per autre vie*; *Ant.: pour sa vie*
pour-over trust *n Law* → testamentary trust
pour sa vie *(frz.)* → life estate
power *n* Kraft (f), Macht (f); **power of appointment** *n Law* Ernennungsrecht (n); Ernennungsbefugnis (f); **power of attorney** *n Law* Vollmacht (f), Bevollmächtigung (f); *Syn.: power of representation*; **power of disposition** *n* Verfügungsgewalt (f), Verfügungsmacht (f); **power of government** *n* Staatsbefugnis (f); **power of representation** *n* Vertretungsbefugnis (f), Vertretungsvollmacht (f), Mandat (n), Vollmacht (f); **power of sale** *n Law* Veräußerungsbefugnis (f); **power of termination** *n Law* → right of re-entry
power circuit *n* Stromkreis (m); **power generation facilities** *n/pl* Energieversorgungseinrichtungen (fpl); **power outlet** *n* Steckdose (f); **power output** *n* abgegebene Leistung (f); **power plant** *n* Kraftwerk (n); **power plant efficiency** *n* Kraftwerkwirkungsgrad (m); **power point** *n* Steckdose (f); **power rate** *n* Strompreis (m); *Syn.: electricity price*; **power skirting** *n* Elektrosockelleiste (f); **power socket** *n* Steckdose (f); **power station** *n* Kraftwerk (n); **power supply** *n* Stromversorgung (f); Netzteil (n); **uninterruptible power supply (UPS)** *n* unterbrechungsfreie Stromversorgung (USV) (f)
PPG *Plan* → Planning Policy Guidance
PPP → public private partnership
PR → public relations
practical completion *n ArCo* Baufertigstellung (f), Fertigstellung (f); abgesehen von geringfügigen Mängeln, die noch zu beheben sind; **practical value** *n* Gebrauchswert (m)
practice *n* Praxis (f), Übung (f)
Practice Statement *Val* RICS-Richtlinien (fpl); Empfehlungen zur Wertermittlung durch RICS; → Red Book
practitioner method *n* Praktikermethode (f)
prairie value *n Val* Wert des Grundstücks im aktuellen rohen Zustand
PREA *Org (US)* → Pension Real Estate Association
pre-acquisition carrying amounts *n/pl* Buchwerte (mpl) vor dem Unternehmenserwerb
preamble *n* Präambel (f); Vorrede (f); Vorwort (n), Einleitung (f)
precast *v/t* vorfertigen
precast *adj* vorgefertigt; **precast concrete** *n* Betonfertigteil, Fertigbeton, Fertigteilbeton, vorgefertigter Beton
precedent *n Law* Präzedenzfall (m)
precept *n Tax* Gebot (n); Vorschrift (f)
precinct *n* Gebiet (n), Distrikt (m); → pedestrian precinct
precipitation water *n* Niederschlagswasser (n)
precleaner *n* Vorfilter (m), Vorreiniger (m)
preclosing *n Mkt* Zusammenkunft der beteiligten Parteien vor der Auflassung zur Vertragsunterzeichnung
preclude *v/t* ausschließen, hindern, verhindern, vermeiden
precoat *n* Voranstrich (m)
precompress *v/t* vorspannen
precompression *n* Vorspannung (f)
preconsolidation *n* Vorkonsolidierung (f)
pre-contractual liability *n* Verschulden bei (oder vor) Vertragsschluss; *Syn.: culpa in contrahendo (lat.)*

predatory competition *n* Verdrängungswettbewerb (m); *Syn.: crowding out*
predecessor in title *n Law* Rechtsvorgänger (m), Voreigentümer (m)
predefine *v/t* festlegen, vorherbestimmen
predevelopment stage *n Dev* Vorentwicklungsphase (f)
predominant *adj* vorherrschend
pre-employment training *n* Berufsausbildung (f)
preemption *n Law* Bevorrechtigung (f), Vorkaufsrecht (n); *Syn.: preemption right, preemptive right*
preemptive right *n Law* → preemption
preexisting use *n Plan* bereits bestehende Flächennutzung, die nach Änderung des Flächennutzungsplans nicht mehr gültig ist; *Syn.: non-conforming use*
prefab *ArCo* → prefabricated house
prefabricate *v/t* vorfertigen
prefabricated *adj ArCo* vorgefertigt; **prefabricated building component** *n* Fertigteil (n); **prefabricated construction (method)** *n* Elementbauweise (f), Fertigbauweise (f), Montagebauweise (f), Plattenbauweise (f); **prefabricated element** *n* Fertigteil (n); **prefabricated house** *n ArCo* Fertighaus (n); *Syn.: prefab (house)*; **prefabricated part** *n* Fertigteil (n); **prefabricated unit** *n* Fertigbauteil (n)
pre-fabrication *n* Vorfertigung (f)
preface *n* Vorwort (n)
pre-feasibility study *n* vorläufige Machbarkeitsstudie (f)
prefer *v/t* bevorzugen; **preferred capital** *n* bevorrechtigtes Kapital (n); **preferred location** *n* beliebter Standort (m); **preferred share** *n* Vorzugsaktie (f)
preference share *n Fin* Vorzugsaktie (f)
preferential *adj* Vorzugs-; **preferential price** *n* Sonderpreis (m); **preferential rates of interest** *n* Vorzugszinsen (mpl), Zinsvergünstigung (f); **preferential tax treatment** *n* Steuervergünstigung (f); **preferential treatment** *n* Vergünstigung (f)
prefinish *v/t* vorbehandeln
pre-heater *n* Vorwärmer (m)
preinvestment analysis *n* Investitionsrechnung (f), Rentabilitätsrechnung (f), Wirtschaftlichkeitsrechnung (f)
without prejudice *n Law* ohne Verbindlichkeit (f), ohne Anerkennung (f) einer Rechtspflicht
prelease *v/t Law, Mkt* vorvermieten
pre-let *adj Law, Mkt* vorvermietet
pre-letting *n Mkt* Vorvermietung (f)
preliminaries *n* vorbereitende Maßnahmen (fpl), einleitende Maßnahmen (fpl)
preliminary *adj* vorläufig; **preliminary analysis** *n* Voranalyse (f), Voranschlag (m); **preliminary appraisal (report)** *n* Vorgutachten (n); **preliminary building activity** *n* Bauvorbereitungsarbeiten (fpl); **preliminary (cost) estimate** *n* Kostenvoranschlag (m); **preliminary data collection** *n* Vordatenerfassung (f); **preliminary decree** *n* Vorbescheid (m); **preliminary design** *n ArCo* Vorentwurf (m); **preliminary draft** *n* erster Entwurf (m), Vorentwurf (m); **preliminary enquiry (PE)** *n* Voranfrage (f); **preliminary financing** *n* Vorfinanzierung (f); **preliminary injunction** *n* einstweilige Verfügung (f) (auf Unterlassung); **preliminary inquiry** *n* Voranfrage (f); **preliminary notes** *n/pl* Vorbemerkungen (fpl); **preliminary planning** *n ArCo* Vorplanung (f); **preliminary ruling** *n* Vorbescheid (m); **preliminary sketch** *n* vorläufige Skizze (f); **preliminary study** *n* Vorprojektierung, Vorstudie; **preliminary survey** *n* vorbereitende Untersuchung (f); **preliminary works** *n/pl* Vorarbeiten (pl)
preload *n* Vorspannung (f), Vorbelastung (f)
preload *v/t* vorbelasten, vorladen
PREM → public real estate management
premise *n Law* Prämisse (f), Voraussetzung (f)
premises *n/pl* die Geschäftsräume, Gebäude und Grundstücke, die einem Unternehmen gehören und die eine sichtbar getrennte Einheit bilden; **premises liability** *n Law* Gebäudehaftpflicht (f)
premium *n* (on a lease) vereinbarter Kapitalbetrag, den der Mieter (in der Regel bei Mietvertragsbeginn) anstelle (eines Anteils) der ansonsten zahlbaren Miete oder des Pachtzinses an den Vermieter zahlt; (insurance) Prämie (f), Versicherungsprämie (f), Entgelt (n); (additional price) Aufschlag (m), Aufpreis (m), Aufgeld (n); (on an option) Optionspreis (m); (inducement) Anreiz (m), Verkaufsanreiz (m); (bonus) Bonus (m) Leistungsprämie (f); (fee) Provision (f), Honorar (n) Entgelt (n); (currency exchange) Agio; **premium due date** *n* Fälligkeit (f) der Prämie

premium *adj* (high quality) hochwertig, erstklassig; (high rent, price) Spitzen-; **premium lease** *n (GB)* (i.d.R. Wohnungs-) Mietvertrag, bei dem die Miete im Voraus gezahlt wird; die Vorauszahlung (premium) umfasst die gesamte Miete für den Zeitraum des Mietverhältnisses (in der Regel zwei Jahre oder mehr, zumindest jedoch ein Jahr). In den Folgemonaten wird lediglich ein Erinnerungsbetrag von z.B. 1£ gezahlt. Die premium lease wird im Allgemeinen als Steuersparmodell eingesetzt, wenn ein Arbeitgeber für einen Arbeitnehmer eine Wohnung mietet. Der zu versteuernde geldwerte Vorteil (benefit in kind) bemisst sich nach der Monatsmiete und nicht nach den Gesamtkosten; **premium offer** *n (US)* Sonderangebot (n); *Syn.: special offer*; **premium price** *n* Höchstpreis (m); überhöhter Preis (m); **premium rent** *n Val, Law* über Marktniveau vereinbarte Miete, überhöhte Miete; i.d.R. erhält Mieter eine Gegenleistung, bspw. günstigere Mietanpassungen

pre-numbered *adj* vornummeriert

prenuptial agreement *n Law* Ehevertrag (m), vorehelicher Vertrag (m); *Syn.: antenuptial agreement*

pre-opening *n* Voreröffnungsphase (f)

pre-operating expenses *n/pl* Anlaufkosten (pl)

prepaid expenses *n/pl* aktiver Rechnungsabgrenzungsposten (m), Aufwendungen (fpl), die (bei einem Vermögenswert) im Voraus bezahlt worden sind; **prepaid revenue** *n* Erträge (mpl), die bei einer Schuld im Voraus zugeflossen sind

preparation *n* Vorbereitung (f); **preparation of a balance sheet** *n* Bilanzaufstellung (f)
preparation costs *n/pl* Vorbereitungskosten (pl); **preparation process** *n* Aufbereitungsverfahren (n)

prepayment *n* Vorauszahlung (f); vorzeitige Rückzahlung (f); **prepayment clause** *n Fin* Vorfälligkeitsklausel (f); Klausel zur vorzeitigen Rückzahlung; *Ant.: lock-in clause*; **prepayment penalty** *n Fin* Vorfälligkeitsentschädigung (f); Strafe, die bei vorzeitiger Darlehenstilgung an den Darlehensgeber gezahlt werden muss; **prepayment privilege** *n Fin* Recht (n) auf vorzeitige Tilgung

prerequisite *n* Vorbedingung (f), Voraussetzung (f), (Bau-)Auflage (f)

prerogative *n Law* Vorrang (m), Vorrecht (n)

presale *n Law, Mkt* Verkauf (m) vor Fertigstellung

presale *adj* vor dem Verkauf; **presale report** *n* absatzvorbereitender Bericht (m)

prescribed measures *n/pl* Ordnungsmaßnahmen (fpl)

prescription *n Law* Ersitzung (f); Vorschrift (f)

present obligation *n* gegenwärtige Verpflichtung (f)

present value *n Val* Barwert (m), Gegenwartswert (m); **present value of a deferred annuity** *n* Barwert (m) einer aufgeschobenen Rente; **present value of annuity** *n* Rentenbarwert (m); **present value of annuity factor** *n* Rentenbarwertfaktor (m); **present value of cashflow** *n* Barwert (m) des Cashflow; **present value of one Euro (or other unit of currency)** *n* Barwert (m) eines Euro (oder einer anderen Währungseinheit); **present value of ordinary annuity** *n* Barwert (m) der nachschüssigen Rente; **present value of the minimum lease payments** *n* Barwert (m) der Mindestleasingzahlung
present value accounting *n* Rechnungslegung (f) mit Bewertung zum Zeitwert; **present value depreciation** *n* Barwertabschreibung (f); **present value determination** *n* Barwertermittlung (f); **present value factor (PVF)** *n* Abzinsungsfaktor (m), Barwertfaktor (m); **present value method** *n* Barwertverfahren (n)

present worth (PW) *Val* → present value

presentation *n* Darbietung (f), Präsentation (f), Aufmachung (f); **on presentation** bei Vorlage
presentation on a gross basis *n* Bruttodarstellung (f); **presentation on a net basis** *n* Nettodarstellung (f)

presented gross *n* Bruttoausweis (m)

preservation *n* Erhaltung (f); **preservation of historic buildings** *n* Erhalt (m) historischer Bauten
preservation area *n Plan* Schutzgebiet (n), geschützter Bereich (m); **preservation district** *n Plan (US)* Schutzgebiet (n); **preservation easement** *Law* → conservation easement

P

preserve *v/t* erhalten, konservieren, schützen; **preserve competition** Wettbewerb erhalten
presetting *n* Voreinstellung (f)
presidency *n* Vorsitz (m)
president *n* Generaldirektor (m), Präsident (m), Vorstandsvorsitzender (m)
pressure *n* Druck (m), Belastung (f); **pressure compensation pipe** *n* Druckausgleichsleitung (f); **pressure difference** *n* Differenzdruck (m), Druckdifferenz (n); **pressure drop** *n* Druckabfall (m), Druckverlust (m); **pressure gauge** *n* Druckmesser (m), Manometer (m); **pressure group** *n* Interessengruppe (f), Interessenverband (m); **pressure hose** *n* Druckschlauch (m); **pressure increase** *n* Druckerhöhung (f); **pressure loss** *n* Druckverlust (m); **pressure maintenance** *n* Druckhaltung (f); **pressure peak** *n* Druckspitze (f); **pressure profile** *n* Druckprofil (n); **pressure ratio** *n* Druckverhältnis (n); **pressure regulating valve** *n* Druckregler (m); **pressure relief equipment** *n* Druckentlastungseinrichtung (f); **pressure resistance** *n* Druckfestigkeit (f); **pressure surge relief** *n* Druckstoßsicherung (f); **pressure surge(s)** *n(pl)* Druckstöße (mpl); **pressure test** *n* Druckprobe (f)
pressure-resistant *adj* druckfest
prestandard *n* Vornorm (f)
prestigious *adj* prestigeträchtig
pre-stress *n* Vorspannen (n), Vorspannung (f)
pre-stressed *adj* vorgespannt; **pre-stressed concrete** *n ArCo* vorgespannter Beton (m), Spannbeton (m); *Syn.: pre-tensioned concrete*; **pre-stressed pile** *n* Vorspannpfahl (m)
presumption *n* Vermutung (f), Annahme (f)
pre tax vor Steuern; **pre-tax „as if" operating income** *n* kalkulatorisches Betriebsergebnis (n) vor Steuern; **pre-tax cash flow** *n* Cashflow (m) vor Steuern; **pre-tax income** *n* Vorsteuerertrag (m); **pre-tax net income** *n* Jahresüberschuss (m) vor Steuern; **pre-tax operating income** *n* Betriebsergebnis (n) vor Steuern; **pre-tax return** *n* Vorsteuerrendite (f); **pre-tax return on capital** *n* Vorsteuerkapitalrendite (f); **pre-tax yield** *n* Rendite (f) vor Steuern
pretensioning *n ArCo* Vorspannen (n)
pretreat *v/t* vorbehandeln
pretreatment *n* Vorbehandlung (f); **pretreatment (sedimentation) tank** *n* Vorklärbecken (n)
prevailing *adj* vorherrschend; **prevailing party** *n Law* obsiegende Partei (f)
preventative injunction *n Law* → preliminary injunction
preventive fire protection *n* vorbeugender Brandschutz (m); **preventive maintenance** *n PptMgt* vorsorgliche Instandhaltung (f), vorbeugende Instandhaltung (f)
previous *adj* vorhergehend; **previous data** *n/pl* historische Daten (pl); **previous owner** *n* Altbesitzer (m); **previous values** *n/pl* Altwerte (mpl); **previous year** *n* Vorjahr (n); **previous year's value** *n* Vorjahreswert (m)
price *n* Preis (m); **price payable** *n* zu zahlender Preis (m); **price per cubic metre** *n* Kubikmeterpreis (m), Raummeterpreis (m); **price per unit** *n* Preis (m) pro Einheit
price adjustment clause *n* Preisänderungsklausel (f); **price auditing** *n* Preisprüfung (f); **price ceiling** *n* Preisobergrenze (f), Höchstpreis (m); **price comparison** *n* Preisvergleich (m); **price control** *n* Preiskontrolle (f); **price-cost gap** *n* Preis-Kosten-Schere (f); *Syn.: cost-price squeeze*; **price cut** *n* Preissenkung (f); **price decrease** *n* Preisrückgang (m), Preisrücknahme (f); **price determinants** *n/pl* preisbildende Faktoren (mpl); **price development** *n* Preisentwicklung (f); **price-earnings ratio (P/E ratio)** *n Econ* Kurs-Gewinn-Verhältnis (KGV) (n); **price fixing** *n* Preisfeststellung (f); Preisfestsetzung (f); Preisabsprache (f); **price floor** *n* Mindestpreis (m), Preisuntergrenze (f); **price fluctuations** *n/pl* Preisschwankungen (fpl); **price freeze** *n* Preisstopp (m); **price increase** *n* Preiserhöhung (f), Preissteigerung (f); **price increase factor** *n* Preissteigerungsfaktor (m); **price index** *n* Preisindex (m); **price indexing** *n* Preisindexierung (f); **price inflation** *n* Preissteigerungsrate (f); **price level** *n* Preisniveau (n), Preislage (f); **price-level-adjusted accounting** *n* indizierte Jahresabschlussrechnung (f); **price-level-adjusted mortgage (PLAM)** *n Fin* Hypothekendarlehen mit inflationsbereinigtem Nominalbetrag; *Syn.: inflation-adjusted mortgage*; **price list** *n* Preisliste (f); **price making** *n/pl*

Preisfestsetzung (f); **price mechanism** *n Econ* Preismechanismus (m); Marktmechanismus (m); **price policy** *n* Preispolitik (f); **price range** *n* Preisspanne (f); **price reduction** *n* Abschlag (m), Preissenkung (f); **price risk** *n* Preisrisiko (n); **price schedule** *n* Preisliste (f); **price slashing** *n* Preisschleuderei (f); **price slumps** *n* Preissturz (m); **price stability** *n* Preisstabilität (f); **price structure** *n* Preisstruktur (f); **price support** *n* Marktstützung (f); **price trend** *n* Preisentwicklung (f); **price variance** *n Fin* Preisabweichung (f)

pricing *n Mkt* Preisgestaltung (f), Preisfestsetzung (f); **pricing policy** *n* Preispolitik (f); **pricing structure** *n* Preisstruktur (f); **pricing study** *n* Preisstudie (f)

pricking-up coat (plaster) *n* Unterputz (m)

primary and secondary rental *n* Mietzahlung (f) inkl. Nebenkosten; Miete und zweite Miete (Nebenkosten)

primary construction *n* Primärkonstruktion (f); **primary data** *n/pl* Primärdaten (pl); **primary financial instruments** *n/pl* originäre Finanzinstrumente (npl); **primary financing** *n Fin* erstrangige Finanzierung (f); **primary heat** *n* Frischwärme (f); **primary lease** *n Law* Hauptmietvertrag (m), Hauptmietverhältnis (n); Mietvertrag zwischen Eigentümer und Mieter; **primary market** *n* Primärmarkt (m); **primary mortgage market** *n Fin* Primärmarkt (m) für Hypothekendarlehen; Markt, in dem Darlehensgeber die Darlehen und Gelder direkt für Darlehensnehmer verfügbar machen; → secondary mortgage market; **primary segment** *n* primäre Segmentierungsebene (f); **primary settlement tank** *n* Vorklärbecken (n); **primary use** *n Plan* Hauptnutzung (f); Hauptverwendungszweck (m)

prime *adj* erstklassig, am wichtigsten; **prime contractor** *n ArCo* Generalunternehmer (m); *Syn.: primary contractor*; **prime cost contract** *n ArCo* Vertrag, der die Begleichung der Fertigungskosten sowie ein Honorar in Form einer fixen Vergütung in Relation zu den veranschlagten Fertigungskosten vorsieht; **prime costs** *n/pl* Selbstkosten (pl); **prime location** *n* beste Lage (f), A-Lage (f), Spitzenlage (f); **prime pitch** *n* 1A-Lage (f); **prime property** *n* erstklassige Immobilie (f); **prime rate** *n Fin* Prime Rate (f); Zinssatz für erstklassige Kreditnehmer; **prime rent** *n* Spitzenmiete (f); **prime tenant** *n* (head lessee) (US) Hauptmieter (m); (good covenant) Mieter höchster Bonität (m); (major commercial tenant) wichtiger Pächter (m); **prime yield** *n* Rendite (f) für erstklassige Immobilien

primer *n* Voranstrich (m), Grundieranstrich (m)

priming *n* Voranstrich (m)

primogeniture *n Law* Erstgeburtsrecht (n)

principal *adj* Haupt-, hauptsächlich; **principal beam** *n* Hauptbalken (m); **principal broker** *n Mkt* für ein Maklerunternehmen verantwortlich zeichnender, angestellter Makler; **principal debtor** *n* Hauptschuldner (m); **principal entrance** *n* Haupteingang (m); **principal establishment** *n* Hauptniederlassung (f); **principal lessee** *n* Hauptmieter (m); *Syn.: head lessee, head tenant, prime tenant (US)*; **principal market area** *n Mkt* Hauptabsatzgebiet (n); **principal obligation** *n* Hauptpflicht (f); **principal rafter** *n* Hauptsparren (m); **principal residence** *n Tax* Hauptwohnsitz (m)

principal *n* **1.** Bauherr (m); Auftraggeber (m), Prinzipal (m); **2.** *Fin* Kapital (n); **repayments of principal** Tilgungszahlungen (fpl) **principal, interest, taxes and insurance payment (PITI)** *Fin* Hypothekenraten (fpl); **principal and interest** *n* Kapital (n) und Zinsen (fpl); **principal moneys** *n/pl Fin, Law* vorgeschossene Gelder (pl); mit einem Darlehen einhergehende Vorauszahlungen, d.h. keine Zahlungen, die mit der eigentlichen Darlehensvereinbarung einhergehen (insbes. Zinsen); **principal only (PO)** *Fin* nur Tilgung; **principal repayment** *n* Tilgungsanteil (m)

principle *n* Grundsatz (m), Prinzip (n); **principle of agreement** *n* Einigungsgrundsatz (m); **principle of equivalence** *n Law* Äquivalenzprinzip (n), Ausgleichsprinzip (n); **principle of good faith** *n* (nach) Treu und Glauben; **principle of materiality** *n* Grundsatz (m) der Wesentlichkeit; **principle of priority** *n* Prioritätsprinzip (n); **principle of prudence** *n* Bilanzierungsgrundsatz (m) der kaufmännischen Vorsicht; **principle of substitution** *n Val* Substitutionsprinzip (n); **principles of public procurement** *n/pl* Grundsätze (mpl) der Vergabe öffentlicher Aufträge

printed circuit board *n* Leiterplatine (f)
printers *n/pl* Druckhaus (n)
printing room *n* Pausraum (m); **printing works** *n/pl* Druckerei (f)
prior approval *n* vorherige Billigung (f), Zustimmung (f); **prior charge (or mortgage)** *n Fin, Law* erstrangige Grundschuld (f), erstrangige Hypothek (f)
priority *n* Priorität (f), Vorrang (m), Vorzug (m); Vorrecht (n); Dringlichkeit (f); Rangfolge (f); **priority of mortgages** *n Fin, Law* Rangfolge (f) von Hypotheken
priority notice *n Law (GB)* Vormerkung (f); **priority yield** *n Fin* Rendite, die ein Investor erreichen muss, bevor nachrangige Investoren beteiligt werden; → top-slice participation
privacy *n* Privatsphäre (f)
private attorney *n* Privatanwalt (m); **private automatic branch exchange (PABX)** *n tech* automatisierte Nebenstellenanlage (f); Telefonanlage (f) mit automatischer Anrufweiterleitung; **private branch exchange (PBX)** *n tech* Nebenstellenanlage (f); **private capital** *n* Privatkapital (n); **private company** *n Law* Privatunternehmen (n); privatrechtliches Unternehmen (n); **private debt** *n* Privatschuld (f); **private equity** *n Fin* privates Beteiligungskapital (n); **private equity investment** *n* Beteiligung (f) an privatwirtschaftlichen Unternehmen; **private finance initiative (PFI)** *n (GB)* britische Regierungsinitiative zur privaten Finanzierung öffentlicher Aufgaben; **private international law** *n Law* internationales Privatrecht (n); **private law** *n Law* Privatrecht (n), Zivilrecht (n); **private liability** *n* Privathaftpflicht (f); **private limited partnership** *n* Privatkommanditgesellschaft (f); **private mortgage insurance (PMI)** *n Fin* privates, nicht-staatliches Hypothekenversicherungsunternehmen; **private nuisance** *n Law* Besitzstörung (f); **private ownership** *n* Privateigentum (n); **private placement** *n Fin* Privatplatzierung (f); **private property** *n* Privateigentum (n); **private purchase** *n* freihändiger Ankauf (m); d.h. durch normale Verhandlungen zwischen Verkäufer und Käufer; im Gegensatz von z.B. → Enteignung oder → Versteigerung; *Syn.: purchase on the open market*; **private right of way** *n Law* privates Wegerecht (n); **private sector** *n* Privatwirtschaft (f); **private sector tenancy** *n* Mietverhältnis (n) im freifinanzierten Wohnungsbau (m); *Ant.: public sector tenancy*; **private siding** *n* Bahnanschlussgleis (n); **private tender** *Mkt* → closed tender; **private transport** *n* Individualverkehr (m); **private treaty** *n Mkt* freihändiger Verkauf (m)
privately-held corporation *n (US)* Gesellschaft (f) mit beschränkter Haftung, GmbH; **privately-held family company** *n* Familiengesellschaft (f) in Privathand; **privately rented housing** *n* privat vermieteter Wohnraum (m)
privatisation *n Econ* Privatisierung (f)
privity *n Law* zivilrechtliches Verhältnis (n), unmittelbare Rechtsbeziehung (f); **privity of contract** *n Law* Vertragsbeziehung (f), unmittelbares Vertragsverhältnis (n); Rechtsbeziehung zwischen den unmittelbaren Vertragsparteien; prinzipiell darf ein Vertrag Dritten keine Rechte zusprechen noch Pflichten auferlegen; er bindet lediglich die ursprünglichen Vertragsparteien; im britischen Mietrecht existieren allerdings Ausnahmeregelungen u.a. durch den Landlord and Tenant (Covenants) Act 1995; **privity of estate** *n Law* Vertragsverhältnis (n) zwischen Mieter und Vermieter
probability *n* Wahrscheinlichkeit (f); **probability of default (PD)** *n Fin* Ausfallwahrscheinlichkeit (f), Kreditausfallwahrscheinlichkeit (f); **probability of loss event** *n* Wahrscheinlichkeit (f) des Schadensfalls, Eintrittswahrscheinlichkeit (f) eines Schadens; **probability of occurrence** *n* Ereigniswahrscheinlichkeit (f), Vorkommenswahrscheinlichkeit (f)
probability analysis *n* Wahrscheinlichkeitsanalyse (f); **probability density function (PDF)** *n* Wahrscheinlichkeitsdichtefunktion (f); **probability range** *n* Wahrscheinlichkeitsspannweite (f)
probable error *n* wahrscheinlicher Fehler (m); **probable life** *n* wahrscheinliche (Rest-) Nutzungsdauer (f); **probable value** *n* wahrscheinlicher Wert (m)
probate *n Law* gerichtliche Testamentsbestätigung (f), beglaubigte Testamentsabschrift (f); **probate court** *n Law* Nachlassgericht (n); **probate dispute** *n Law* Erbstreitigkeit (f); **probate duty** *n Law* Erbschaftsteuer (f)

probation *n* Bewährung (f)
probationer *n* Probekandidat (m), Proband (m)
probative force *n* Beweiskraft (f)
problem *n* Problem (n); **problem area** *n* Problemgebiet (n); **problem properties** *n/pl* Problemimmobilien (fpl); **problem site** *n* Altlast(en) (f(pl)), kontaminierter Standort (m)
procedural law *n Law* Verfahrensrecht (n)
procedure *n* Verfahren (n); Bauablauf (m); Durchführung (f); **procedure diagram** *n* Arbeitsablaufdiagramm (n), Datenflussplan (m)
proceed (against a person) *v/t* (jemanden) verklagen
proceeds *n/pl* Gewinn (m), Reinertrag (m)
process *n* Ablauf (m); **in process** in Bearbeitung; **in-process inspection** *n* Bauprüfung (f), Zwischenabnahme (f)
process plant *n* Produktionsanlage (f), Produktionswerk (n); **process time** *n* Bearbeitungszeit (f); **process water** *n* Brauchwasser (n), Nutzwasser (n)
process *v/t* bearbeiten, behandeln
processing *n* Bearbeitung (f), Verarbeitung (f); **processing cost** *n* Bearbeitungskosten (pl), Verarbeitungskosten (pl), Herstellungskosten (pl); **processing fee** *n* Bearbeitungsgebühr (f), Bearbeitungshonorar (n); **processing time** *n* Bearbeitungszeit (f)
procuration fee *n Law, Mkt* Maklergebühr (f)
procurator *n Law* Bevollmächtigter (m)
procure *v/t* beschaffen
procurement *n* Bereitstellung (f), Beschaffung (f), Besorgung (f), Anschaffung (f); **procurement of land (for development)** *n* Baulandbeschaffung (f)
procurement procedure *n* Vergabeverfahren (n)
procuring cause *n Law (US)* der Nachweis, dass ein Makler provisionsberechtigt ist (z.B. durch Erstnachweis des Verkaufs-/Mietobjekts), auch wenn ein weiterer Makler am Zustandekommen des Vertrags beteiligt war
product analysis *n* Produktanalyse (f)
production *n* Fertigung (f), Herstellung (f), Produktion (f); **production area** *n* Produktionsfläche (f); **production bays** *n/pl* Produktionshallen (fpl); **production building** *n* Produktionsgebäude (n); **production cost(s)** *n(pl)* Baukosten (pl), Gestehungskosten (f); Herstellungsaufwand (m), Herstellungskosten (pl), Produktionskosten (pl); **production facilities** *n/pl* Betriebsmittel (npl); Produktionsanlagen (fpl); **production overheads** *n/pl* Produktionsgemeinkosten (pl); **production price** *n* Herstellungspreis (m); **production surplus** *n* Überbestände (mpl), Überproduktion (f); **production unit** *n* Produktionsstätte (f); **production value** *n* Herstellungswert (m)
productive assets *n/pl* ertragbringende Aktiva (pl)
product launch *n* Marktauftritt (m)
products of the soil *n/pl* landwirtschaftliche Produkte (npl); *Syn.: produce of the soil*
profession *n* freier Beruf (m); akademischer Beruf (m)
professional *adj* professionell; **professional association** *n* Berufsverband (m); **professional background** *n* fachliche Vorbildung (f); **professional body** *n* (Berufs-) Verband (m); **professional committee** *n* Fachausschuss (m); **professional competence** *n* Fachkompetenz (f), Berufserfahrung (f), berufliche Eignung (f); **professional estimate** *n* vorläufige Schätzung (f); **professional experience** *n* Berufserfahrung (f); **professional expertise** *n (GB)* Expertensachverstand (m), Sachkunde (f); **professional fee** *n* Beratungskosten (pl), Honorar (n); **professional group** *n* Berufsgruppe (f); **professional indemnity insurance (PI)** *n* Berufshaftpflichtversicherung (f); **professional liability** *n* Berufshaftpflicht (f); **professional liability insurance** *n (US)* Berufshaftpflichtversicherung (f); **professional negligence** *n Law* Verletzung (f) der beruflichen Sorgfaltspflicht; → malpractice; **professional occupation** *n* professioneller Berufsstand (m); **professional qualification** *n* fachliche Eignung (f), fachliche Qualifikation (f); **professional standards** *n/pl* Berufsgrundsätze (mpl); **professional training** *n* Berufsausbildung (f); **professional work** *n* Berufstätigkeit (f)
profile *n* Profil (n)
profit *n* Gewinn (m); Ertrag (m); Profit (m); **profit and loss** *n* Gewinn (m) und Verlust

(m); **profit and loss account** *n Fin* Gewinn- und Verlustrechnung (f); *Syn.: profit and loss statement*

profit or loss from ordinary activities *n* Gewinn (m) oder Verlust (m) aus der gewöhnlichen Geschäftstätigkeit, Ergebnis (n) der gewöhnlichen Geschäftstätigkeit; **profit à prendre** *n Law* Nutzungs- und Entnahmerecht an einem fremden Grundstück; **profit before tax** *n* Gewinn (m) vor Steuern; **profit for the period** *n* Gewinn (m) der Periode; **profit on sales** *n* Gewinn (m) in Prozent des Umsatzes, Umsatzgewinnrate (f), Umsatzrendite (f), Umsatzrentabilität (f)

profit adjustment *n* Gewinnberichtigung (f); **profit allocation** *n* Gewinnzurechnung (f); **profit centre** *n* Profit Center (n), Ertragszentrum (n); **profit earning capacity value** *n Val, Fin* Ertragswert (m) auf Basis der Rentabilität z.B. eines Unternehmens oder von Aktien; **profit factor** *n* Ertragsfaktor (m); **profit improvement** *n* Gewinnverbesserung (f); **profit insurance** *n* Betriebsausfallversicherung (f), Folgeschadenversicherung (f); *Syn.: profits insurance*; **profit margin** *n* Ertragsmarge (f), Gewinnspanne (f)

profit-participating loan *n* partiarisches Darlehen (n)

profit percentage *n* Umsatzgewinnrate (f); **profit realization** *n* Gewinnrealisierung (f); **profit recognition** *n* Gewinnrealisierung (f); **profit rent** *n Val* Differenz zwischen Vertragsmiete und Marktmiete; **profit retention** *n* Gewinnthesaurierung (f); **profit share** *n* Gewinnanteil (m), ergebnisabhängige Vergütung (f); **profit sharing** *n Fin* Gewinnbeteiligung (f), Erfolgsbeteiligung (f); *Syn.: equity participation*; **profits method** *n Val (GB)* auf (fiktivem) Gewinn basierende Bewertungsmethode; häufig für gewerbliche → rates (Grundsteuer auf gewerbliche Objekte) angewendet, besonders bei Objekten mit Monopolstellung (durch Lage oder Einzigartigkeit) oder ohne Vergleichsmarkt; Beispiele sind Freizeitobjekte, Kneipen, Tankstellen etc.; *Syn.: accounts method, profits basis*; **profit smoothing** *n* Gewinnglättung (f)

profits basis of assessment *Tax* → profits method; **profits test** *n Tax* steuerliches Verfahren zur Bestimmung, ob eine Immobilie Gewinn erwirtschaftet

profit *v/i* profitieren

profitability *n* Rentabilität (f), Wirtschaftlichkeit (f); Ertragslage (f); **profitability calculation** *n Val* Rentabilitätsanalyse (f); **profitability index (PI)** *n* Rentabilitätsindex (m)

profitable *adj* ertragbringend, vorteilhaft; **profitable investment** *n* vorteilhafte Investition (f)

proforma (cash flow projection) *n Fin* Proforma-Cashflow-Prognose (f); **pro-forma financial report** *n* Pro-forma-Finanzbericht (m); **pro-forma statement** *n* Proformaerklärung (f); **programme evaluation (and) review technique** *n* → project evaluation and review technique (PERT)

progress *n* Fortschritt (m), Fortgang (m); Baufortschritt (m); **progress chart** *n* Bauablaufplan (m), Baufristenplan (m), Terminplan (m); **progress control** *n* Terminüberwachung (f); **progress payment** *n* Abschlagszahlung (f), Rate (f); **progress report** *n* Baufortschrittsbericht (m), Fortschrittsbericht (m), Lagebericht (m)

progression *n* Progression (f), Steigerung (f)

progressive rent *n Law* Miete, die automatisch erhöht wird; entweder zu festgelegten Zeitpunkten (Staffelmiete) oder bei Eintritt eines bestimmten Ereignisses; **progressive taxation** *n* Steuerprogression (f)

prohibition *n* Verbot (n), Sperre (f); **prohibition of capitalization (IAS 38.42)** *n* Aktivierungsverbot (n); **prohibition of competition** *n* Wettbewerbsverbot (n); **prohibition of (further) development** *n* Anbauverbot (n)

prohibition notice *n Law* wörtlich: Verbotsbescheid (m); verfügt die Einstellung der Arbeit an einem Arbeitsplatz, der nach Feststellung eines Arbeitsschutzinspektors nicht den Sicherheitsbestimmungen des Arbeitsschutzgesetzes entspricht; → improvement notice

prohibitory injunction *n Law* Untersagungsverfügung (f), einstweilige Verfügung (f) auf Unterlassung

project *n* Projekt (n), Vorhaben (n); **project analysis** *n Val* Wirtschaftlichkeitsanalyse (f); *Syn.: project appraisal*; **project construction** *n* Industrieanlagenbau (m); **pro-**

p

ject control system *n* Projektüberwachungssystem (n); **project costs** *n/pl* Projektkosten (pl); **project description** *n* Projektbeschreibung (f); **project developer** *n* Projektentwickler (m); **project development financing** *n Fin, Dev* Projektentwicklungsfinanzierung (f); **project evaluation and review technique (PERT)** *n* Projektplanungstechnik (f) mit variabler Dauer einzelner Arbeitsschritte; **project finance** *n Fin, Dev* Projektfinanzierung (f); **project financing** *n Fin, Dev* Projektfinanzierung (f); *Syn.: project finance*; **project financing agreement** *n* Vertrag (m) über die Projektfinanzierung; **project management** *n* Projektsteuerung (f), Projektmanagement (n); **project manager** *n Dev* Projektleiter (m), Projektmanager (m); **project monitoring** *n* Projektüberwachung (f); **project planning** *n* Projektplanung (f); **project proposal** *n* Entwurf (m); **project sponsor** *n* Projektträger (m); **project supervision** *n* Projektüberwachung (f); **project team** *n* Projektgruppe (f); **project valuation** *n Val, Dev* vereinfachte Form der → residual valuation

project *v/t* planen, vortragen

projected *adj* in Vorbereitung, vorausgeplant; **projected space** *n* projektierte Flächen (fpl)

projecting *adj* überstehend; **projecting end** *n* Überstand (m)

projection *n* Abbildung (f), Entwurf (m), Überhang (m), Überstand (m), Vortragung (f), Vorsprung (m); **projection period** *n* Planungshorizont (m), Planungsperiode (f)

prolongation *n* Verlängerung (f), Prolongation (f)

pro mem(oria) figure *n* Erinnerungswert (m)

prominence *n* Vorsprung (m); Bedeutung (f)

promise *n* Zusage (f), Zusicherung (f); **promise of (a) mortgage** *n* Hypothekenzusage (f)

promised quality *n* zugesicherte Qualität (f)

promisee *n* Berechtigter (m)

promissory note *n Fin* Schuldschein (m); Eigenwechsel (m); Solawechsel (m)

promote *v/t* fördern, begünstigen, werben; **promote competition** Wettbewerb fördern

promoter *n Fin, Dev* Projektentwickler (m), Bauherr (m), Auftraggeber (m); Förderer (m), Gründer (m)

promotion *n* Förderung (f), Beförderung (f), Promotion (f); **promotion of competition** *n* Wettbewerbsförderung (f); **promotion of industry** *n* Industrieförderung (f); **promotion of innovation** *n* Innovationsförderung (f); **promotion of investment** *n* Investitionsförderung (f)
promotion volume *n* Förderungsvolumen (n)

promotional letter *n* Werbebrief (m); **promotional mix** *n* Verkaufsförderungsmix (m)

prompt note *n* Zahlungserinnerung (f)

proof *n* Beweis (m), Urkundenbeweis (m), Parteivernehmung (f); **proof of ability** *n* Befähigungsnachweis (m); **proof of title** *n* Eigentumsnachweis (m)

propensity to invest *n* Investitionsbereitschaft (f)

proper *adj* echt, richtig, ordnungsgemäß; **proper fraction** *n math* echter Bruch (m)

propertied *adj* begütert, besitzend, vermögend

properties *n/pl* Grundstücke (npl), Objekte (npl), Sachanlagen (fpl), Sachanlagevermögen (n)

property *n* Vermögen (n), Besitz (m), Eigentum (n); Immobilie (f), Grundstück (n); Grundeigentum (n); **property account** *n Fin, PfoMgt* Anlagenkonto (n); Grundstückskonto (n); **property administration** *n* Vermögensverwaltung (f); **property agent** *n* Immobilienmakler (m); **property analysis** *n* Eigentumsanalyse (f), Vermögensanalyse (f), Vermögensaufstellung (f); **property and casualty (insurance)** *n* Sach- und Haftpflichtbereich (m); **property assessment** *n* Grundstücksbewertung (f), Grundstücksschätzung (f), Grundstückswertbemessung (f), Grundstückswertermittlung (f), Wertermittlung (f); **property asset** *n* Immobilienvermögen (n), Vermögenswert (m); **property asset management** *n PfoMgt* aktive Immobilienverwaltung (f); **property audit** *n Val* Untersuchung und Dokumentation von Bausubstanz und Baugrund, Altlasten u.a.; **property (bail) bond** *n Law (US)* Kaution (f) in Form von Grundbesitz; hat ein Angeklagter nicht genügend Geld, um eine festgesetzte Kaution zu bezahlen, kann er anstelle dessen seinen Grundbesitz als Sicherheit für sein Erscheinen vor Gericht hinterlegen

property bond *n Fin (GB)* Anlage z.B. bei einer → building society, die mit einem Immobilienindex (z.B. → house price index) verknüpft ist; (insur.) Form einer Lebensversicherung, die in Immobilien investiert; der Versicherte zahlt eine Einmalzahlung, die die Versicherung dann in Teile eines Immobilienfonds investiert; **post a property bond** ein Grundstück als Sicherheit geben

property boundary *n* Grundstücksgrenze (f), Eigentumsgrenze (f); **property brief** *n* Immobilienkurzbeschreibung (f); **property company** *n* Immobiliengesellschaft (f), Immobilienunternehmen (n); *Ant.: non-property company*; **property consultant** *n* Immobilienberater (m); **property costs** *n/pl* Immobilienkosten (pl), immobilienbezogene Kosten (pl); **property cycle** *n Econ* Immobilienmarktzyklus (m); **property damage** *n* Vermögensschaden (m); **property data** *n/pl* Immobiliendaten (pl), Vermögensunterlagen (fpl); **property dealer** *n (GB)* Grundstückshändler (m); **property dealing** *n* Bodenverkehr (m), Grundstücksverkehr (m); **property description** *n* Gebäudebeschreibung (f); **property developer** *n* Bauträger (m), Immobilienentwickler (m); **property development** *n Dev* Immobilien-Projektentwicklung (f); **property expenses** *n/pl* Grundstücksaufwendungen (fpl); **property fund** *n* Immobilienfonds (m), Vermögensfonds (m); **property fund unit** *n* Immobilienfondsanteil (m); **property history** *n* Geschichte (f) des Grundstücks, Lebenslauf (m) des Besitzes; **property identification number** *n* Immobilienidentifikationsnummer (f); **Property Information Questionnaire (PIQ)** *n Law (GB)* Fragebogen, mit dem Informationen über ein Wohnobjekt (u.a. Details über kommunale Versorger, → council tax, Schäden usw.) erfasst werden Bestandteil des → Home Information Pack; **property inspection** *n* Immobilienbesichtigung (f), Immobilienbegehung (f); Immobilienuntersuchung (f); Bauzustandsbesichtigung (f); **property insurance** *n* Sachversicherung (f); Immobiliarversicherung (f); **property investment** *n* Immobilienanlage (f); **property investment fund** *n Fin* Fonds für Kapitalanlagen in Grundbesitz; **property investment trust** *n Fin* Immobilieninvestmentfonds (m); **property life cycle** *n* Lebenszyklus (m) einer Immobilie; **property line** *n* Grundstücksgrenze (f), Grundstücksgrenzlinie (f); Bauflucht (f)

property management *n* Grundstücksverwaltung (f), Immobilienverwaltung (f); Objektverwaltung (f); (esp. apartments) Hausverwaltung (f); Vermögensverwaltung (f); **property management agreement** *n* Immobilienverwaltervertrag (m); (esp. apartments) Hausverwaltervertrag (m),Hausverwaltungsvertrag (m); **property management company** *n* Vermögensverwaltungsgesellschaft (f); **property management fees** *n/pl* Immobilienmanagementkosten (pl), Grundstücks- und Gebäudeverwaltungskosten (pl)

property manager *n PptMgt* Immobilienverwalter (m), Grundstücksverwalter (m); (esp. apartments) Hausverwalter (m)

property market *n* Grundstücksmarkt (m), Immobilienmarkt (m); **property market analysis** *n* Immobilienmarktanalyse (f); **property market data** *n/pl* Daten (pl) zum Immobilienmarkt; **property market development** *n* Immobilienmarktentwicklung (f)

property measurement *n* Objektvermessung (f), Immobilienvermessung (f); **property observation checklist** *n (US)* Checkliste (f) bei Besichtigung eines Objektes; **property owner** *n* Immobilienbesitzer (m); **property ownership** *n* Hauseigentum (n), Gebäudeeigentum (n), Grundstückseigentum (n); **property plant and equipment** *n* Gebäude (n) und sonstige Einrichtungen, Grundstück (n) (als Vermögensgegenstand), Sachanlagen (fpl), Sachanlagevermögen (n); **property portfolio** *n* Immobilienportfolio (n); **property portfolio management** *n PptMgt* → real estate portfolio management; **property purchase** *n* Immobilienkauf (m); Kauf (Erwerb) eines Objektes; **property quality** *n* Grundstücksqualität (f); **property redevelopment** *n* Objektsanierung (f); **property register** *n Law (GB)* Teil des → land register; enthält Adressen, Katasterpläne

p

und eine Beschreibung der Eigentums- und Nutzungsverhältnisse (title description); **property regulations** *n* Bodenordnung (f); **property resale** *n* Wiederverkauf (m) einer Immobilie; **property resale value** *n* Wiederverkaufswert (m) einer Immobilie; **property residual technique** *n Val* Bewertung der Immobilie als Einheit aus Grund und baulichen Anlagen; **property rights** *n/pl Law* Eigentumsrechte (npl); **property risk** *n* Immobilienrisiko (n); **property securitization** *n Fin* Immobilienverbriefung (f); Verbriefung von Immobilien bzw. Immobilien-Cashflows; **Property Services Agency (PSA)** *n Org (US)* Bundesbehörde für Bau und Unterhaltung von vom Staat genutzten Bauten; **property shop** *n* Maklerbüro (n), Immobilienagentur (f), Online-Immobilienverzeichnis (n); **property tax** *n (US)* Grundsteuer (f), Vermögen(s)steuer (f); **property taxation** *n* Immobilienbesteuerung (f); **property tenure** *n* Besitztitel (m); **property transactions** *n/pl* Immobilientransaktionen (fpl), Immobiliengeschäfte (npl); **property transfer** *n* Grundstücksveräußerung (f); **property transfer tax (PTT)** *n Tax (US)* Grunderwerbsteuer (f); **property types** *n/pl* Immobilienarten (fpl); **property unitisation** *n Fin* Aufteilung von Eigentum an Vermögen (insbesondere Immobilien) in kleinere Einheiten, um einer breiteren Anlegerschicht den Erwerb von Anteilen zu ermöglichen; → unitisation; unit trust; **property unit trust** *n Fin (GB)* Immobilien-Investmentgesellschaft (f); eine Art offener Immobilienfonds; → authorised property unit trust; **property valuation** *n Val* Immobilienbewertung (f); **property value** *n* Immobilienwert (m); **property valuer** *n* → surveyor

proportional cost *n* proportionale Kosten (pl); **proportional tax-rate** *n* proportionaler Steuertarif (m)

proportionate *adj* anteilig; **proportionate amount** *n* anteiliger Betrag (m); **proportionate consolidation** *n* Quotenkonsolidierung (f); **proportionate ownership** *n* anteiliges Eigentum (n)

proposal *n* Angebot (n); Antrag (m); Vorschlag (m)

propose *v/t* vorschlagen, aufstellen; **proposed construction** *n* geplantes Bauwerk (n); **proposed layout** *n* geplante Gestaltung (f)

proposition *n* Angebot (n), Vorschlag (m); Vorhaben (n), Plan (m); Antrag (m); Behauptung (f)

proprietary *adj* besitzend, besitzrechtlich; **proprietary capital** *n* Eigenkapital (n); **proprietary interest** *n Law* (Ganz- oder Teil-) Eigentum (n); eigentumsähnliches Recht z.B. an einem Grundstück oder Fahrnis oder eine einklagbare Forderung; **proprietary lease** *n Law* Dauernutzungsrecht (n) bei genossenschaftlichem Wohneigentum; **proprietary possession** *n* Eigenbesitz (m); **proprietary rights** *n/pl Law* Eigentumsrechte (npl)

proprietor *n* Eigentümer (m), Inhaber (m)

proprietorship *n* Eigentum (n); Eigentumsrecht (n); **proprietorship register** *n Law (GB)* Teil des → land register; es enthält die Namen von Eigentümern sowie gewisse Auflassungsvormerkungen

pro rata *adv (lat.)* anteilsmäßig, anteilig; **pro-rata temporis** zeitanteilig; **pro-rata payments** *n/pl* anteilmäßige Zahlungen (fpl); **pro-rata reinsurance** *n* proportionale Rückversicherung (f)

prorate *v/t* anteilsmäßig umlegen, anteilig verteilen

proration *n* anteilmäßige Verrechnung (f)

prospect *n* Ausblick (m), Aussicht (f); Erwartung (f); Interessent (m)

prospective *adj* voraussichtlich, potenziell; **prospective beneficiary** *n* Anwartschaftsberechtigter (m); **prospective buyer** *n* Kaufinteressent (m); **prospective earnings** *n/pl* Ertragsaussichten (fpl); **prospective income** *n* voraussichtliche Einnahmen (fpl); **prospective present value** *n* voraussichtlicher Barwert (m); **prospective purchaser** *n Mkt* Kaufinteressent (m)

prospectus *n Mkt* Emissionsprospekt (n); Vorlesungsverzeichnis (n)

protect *v/t* schützen, beschützen

protected building *n Plan* denkmalgeschütztes Gebäude (n); *Syn.: listed building*; **protected landscape area** *n* geschützter Landschaftsbereich (m); **protected monument** *n Plan* geschütztes Denkmal (n); **protected nature reserve** *n* Landschaftsschutzgebiet (n); **protected shorthold tenancy** *n Law (GB)* frühere Form des Wohnungsmietvertrags für kurze Zeiträume (ein bis fünf Jahre) unter dem Housing Act 1980 (abgeschafft durch den Housing Act 1988); **protected tenancy** *n Law* Mietverhältnis mit Mieterschutz

protective coating (of paint) *n* Schutzanstrich (m); **protective cover** *n* Schutzhülle (f); **protective ring** *n* Schutzhülse (f); **protective trust** *n Law, Fin (GB)* Treuhandschaft (f), die unter bestimmten Bedingungen aufgelöst werden soll, zum Schutz des Begünstigten z.B. im Konkursfall; ist beabsichtigt, einen laufenden Ertrag für den Begünstigten zu erzielen, handelt es sich um ein → alimentary trust

protection *n* Sicherung (f), Schutz (m); **protection from eviction** *n Law* Räumungsschutz (m); zeitliche Fristverlängerung eines zur Räumung verurteilten Mieters, falls die sofortige Räumung für den Mieter oder seine Familie eine nicht zumutbare Härte bedeuten würde; **protection of confidence** *n* Vertrauensschutz (m); **protection of fair competition** *n* Wettbewerbsschutz (m); **protection of historic monuments** *n* Denkmalschutz (m); **protection of the environment** *n* Umweltschutz (m)

protection class *n* Schutzklasse (f); **protection clause** *n* Schutzklausel (f); **protection device** *n* Umwehrung (f)

protocol *n* Protokoll (n)

prototype building *n* Musterbau (m)

protruding *adj* herausragend, vorspringend

prove *v/t* beweisen, nachweisen, den Nachweis führen; **proven experience** *n* bewährte Erfahrung (f)

provide *v/t* bereitstellen

provident fund *n* Vorsorgereserve (f); (insur.) Vorsorgefonds (m); Unterstützungskasse (f); Altersversicherungskasse (f)

provider *n* Anbieter (m)

provision 1. *n* Bereitstellung (f) (von Mitteln); **provision of finance** *n* Bereitstellung (f) von Finanzmitteln; **provision of funds** *n* Mittelbeschaffung (f); **provision of guarantees** *n* Bereitstellung (f) von Garantien; **provision of infrastructure** *n* Bereitstellung (f) von Infrastruktur; **provision of public services** *n* Erschließung (f); allg.: Zurverfügungstellung von Leistungen der öffentlichen Hand; *Syn.: provision of roads and services*; → public services

provision 2. *n Fin* Abschreibung (f), Rückstellung (f), Wertberichtigung (f); **provision for bad debts** *n* Wertberichtigung (f) auf uneinbringliche Forderungen; **provision for depreciation** *n* Abschreibungsaufwand (m); **provision for guarantees** *n* Garantierückstellungen (fpl); **provision for loan losses** *n* Verlustrückstellung (f); **provision for necessary repairs** *n* Rückstellung (f) für unterlassene Instandhaltung; **provision for renewals** *n* Erneuerungsrücklage (f), Instandhaltungsrücklage (f)

provision 3. *n Law* Vertragsbedingung (f), Klausel (f); **provision for re-entry** *Law* → forfeiture clause; **provisions of contracts** *n/pl* vertragliche Bestimmungen (fpl), Vertragsbestimmung (f), Vertragsbestimmungen (fpl)

provision 4. *n* Lebensmittel (f), Verpflegung (f), Proviant (m), Vorrat (m); **provision store** *n (US)* Lebensmittelgeschäft (n)

provisional *adj* provisorisch, vorläufig; **provisional agreement** *n Law* Übergangsvereinbarung (f); **provisional deadline** *n* Zwischentermin (m); **provisional injunction** *n Law* einstweilige Verfügung (f); **provisional notice** *n Law (GB)* Bescheid der Wohnungsbaubehörde, der der → improvement notice vorangeht; **provisional prospectus** *n* vorläufiger Prospekt (m)

proviso *n Law* Bedingung (f), Vorbehalt (m), Vorbehaltsklausel (f)

proximity *n* Nähe (f)

proxy *n Law* Vollmacht (f); Bevollmächtigter (m); Prokura (f); Prokurist (m); **proxy variable** *n Econ* Näherungsvariable (f)

PRRES → Pacific Rim Real Estate Society

prudence *n* Vorsicht (n), Besonnenheit (f); **prudence principle** *n* Vorsichtsprinzip (n)

prudent *adj* umsichtig, vorsichtig, klug; **prudent director** *n* sorgfältiger Geschäftsleiter (m); **prudent man rule** *n* Sorgfaltspflicht des Treuhänders in Vermögensfragen; **prudent valuation** *n* sorgfältige Bewertung (f), sorgfältig ermittelter Marktwert (m), vorsichtige Bewertung (f)

PSA *n Org* → Property Services Agency

PSC *n* → public sector comparator

PTT *Tax (US)* → property transfer tax

public accountant *n* Buchsachverständiger (m); **public aid** *n* öffentliche Beihilfen (fpl); **public announcement** *n* Bekanntmachung (f), öffentliche Bekanntmachung (f); **public area** *n* Gemeingebrauchsfläche (f), öffentliche Fläche (f); **public assistance** *n* öffentliche Daseinsvorsorge (f), Sozialhilfe (f); **public auction** *n Mkt* öffentliche Auktion (f); **public authority** *n* Behörde (f); **public benefit** *n* Gemeinwohl (n), öffentliches Interesse (n); **public body** *n* Körperschaft (f) des öffentlichen Rechts, öffentlich-rechtliche Körperschaft (f), öffentlicher Rechtsträger (m); **public building law** *n* öffentliches Baurecht (n); **public burden** *n* öffentliche Last (f); **public charges** *n/pl* öffentliche Abgaben (fpl); **public citation** *n* Aufgebotsverfahren (n); *Syn.: public notice procedure*; **public construction** *n* Bautätigkeit (f) der öffentlichen Hand; **public consultation** *n Plan (GB)* öffentliche Diskussion im Rahmen der Erstellung von → local development plans durch Gemeinden; **public corporation** *n* Körperschaft (f) des öffentlichen Rechts, öffentlich-rechtliche Körperschaft (f); **public development costs** *n/pl* öffentliche Erschließungskosten (pl); **public domain** *n* öffentlich zugänglicher Bereich (m); in öffentlichem Besitz (m); **public easement** *n Law (US)* öffentliches Wegerecht (n); **public faith** *n* öffentlicher Glaube (m); *Syn.: public reliance*; **public funds** *n/pl* öffentliche Mittel (pl); **public health engineering** *n* Sanitärtechnik (f); **public hearing** *n Law* Anhörung der Öffentlichkeit (f); *Syn.: public consultation*; **public house** *n* Gaststätte (f); *Syn.: pub*; **public housing** *n* sozialer Wohnungsbau (m); **public housing association** *n* Wohnungsunternehmen (n) der öffentlichen Hand; **public infrastructure** *n* öffentliche Infrastruktur (f); **public infrastructure costs** *n/pl* öffentliche Erschließungskosten (pl); **public interest** *n* öffentliches Interesse (n); **public interest value** *n (US)* Geldwert des nichtwirtschaftlichen Nutzens eines Grundstücks bzw. Gebäudes; Wertansatz für eine Immobilie, die einen allgemeinen (keinen ökonomischen) Nutzen für die Öffentlichkeit hat; Bsp.: Denkmale, Kulturstätten, Freiflächen, Naturschutzgebiete; **public invitation to tender** *n* öffentliche Ausschreibung (f); **public land** *n* Gemeingebrauchsfläche (f), öffentliche Fläche (f); **public lands** *n* landwirtschaftliche Flächen, die von der Regierung aus Naturschutzgründen gehalten werden; **Public Land Survey System (PLSS)** *n Plan (US)* System der Indentifizierung von Grundstücken mit einem rechtwinkeligem System in Verhältnis zu einer base line (Grundlinie) und einer dazu rechtwinkligen, sog. meridian line; *Syn.: Rectangular Survey System*

public law *n* öffentliches Recht (n); **public-law corporation** *n* Körperschaft (f) des öffentlichen Rechts, öffentlich-rechtliche Körperschaft (f); **public-law credit institution** *n* öffentlich-rechtliches Kreditinstitut (n); **public law protection** *n* öffentlich-rechtliche Sicherung (f)

public liability insurance *n* Haftpflichtversicherung (f); **public limited company (plc)** *n (GB)* Aktiengesellschaft (AG) (f); **public limited partnership** *n* Publikumskommanditgesellschaft (f); **public notice** *n* Auslegung (f), Bekanntmachung (f), öffentliche Auslegung (f), öffentliche Bekanntmachung (f); *Syn.: public display, public exhibition*; **public notice procedure** *n* Aufgebotsverfahren (n); *Syn.: public citation*; **public nuisance** *n Law* öffentliches Ärgernis (n); **public open space** *n* öffentliche Freifläche (f); **public opinion survey** *n* Befragung (f); **public park** *n* öffentlicher Park (m); **public participation** *n Plan, Dev* Bürgerbeteiligung (f); *Syn.: citizen participation*; **public private partnership** *n* Public Private Partnership (PPP), öffentlich-private Partnerschaft (f); **public procurement** *n* öffentliches Auftragswesen (n), öffentliche Auftragsvergabe (f); **public property** *n* Staatseigentum (n); **public prosecution service** *n* Staatsanwaltschaft (f); **public prosecutor** *n* Staatsanwalt (m); **public prosecutor's office** *n (US)* Staatsanwaltschaft (f); **public purpose** *n* öffentlicher Zweck (m); **public real estate management (PREM)** *n* Management öffentlicher Immobilien; **public record(s)** *n(pl)* öffentliche Aufzeichnung (f), öffentliche Bücher (npl); **public record(s) office** *n* Staatsarchiv (n); **public register** *n* amtliches Verzeichnis (n), öffentliches Register (n), öffentliches Verzeichnis (n); **public relations (PR)** *n Mkt* Öffentlichkeitsarbeit (f), Public Relations (pl); **public reliance** *n* öffentlicher Glaube (m); *Syn.: public faith*; **public road** *n* öffentliche Straße (f); *Syn.: public roadway*; **public sale** *n* Versteigerung (f), Auktion (f)

public sector *n* öffentliche Hand (f), öffentlicher Sektor (m), öffentlicher Bereich (m); **public sector asset valuation** *n* Bewertung (f) öffentlicher Vermögenswerte; **public sector comparator (PSC)** *n Val* Vergleichsmaßstab zur Evaluierung von öffentlichem Eigenbau; **public sector corporation** *n* Unternehmen (n) der öffentlichen Hand; **public sector economic activity** *n* wirtschaftliche Tätigkeit (f) des Staates; **public sector entity** *n* Gesellschaft (f) im öffentlichen Besitz, sonstige öffentliche Stelle; **public sector tenancy** *n* Mietverhältnis (n) im sozialen Wohnungsbau (m); *Ant.: private sector tenancy*

public services *n/pl* Leistungen (fpl) der öffentlichen Hand; alle Leistungen und Dienstleistungen, die durch Staat oder Kommune für Bürger erbracht werden: Schulwesen, Gesundheitswesen, Versorgung mit Strom, Gas und Wasser, Abfallentsorgung, Feuerwehr, Polizei etc.; **public services contractor** *n* Erschließungsträger (m); allg.: Unternehmen, welches im Auftrag der öffentlichen Hand Leistungen und Dienstleistungen übernimmt

public subsidies *n/pl* öffentliche Fördermittel (npl), Subventionen (fpl); **public tender** *n Mkt* öffentliche Ausschreibung (f); *Syn.: open tender*; **public transport** *n* öffentliche Verkehrsmittel (f); öffentlicher Personennahverkehr (ÖPNV) (m); **public use (land zoned for)** *n* Gemeinbedarfsflächen (fpl); **public utilities** *n/pl* öffentliche Versorgungseinrichtungen (fpl); Stadtversorgung (f); **public utility company** *n* Stadtwerke (pl); **public utility easement** *Law* → wayleave; **public utility installations** *n/pl* Versorgungsanlage (f); **public warehouse** *n* öffentliches Lagerhaus (n), öffentliches Zolllager (n); **public way** *n* öffentliche Straße (f); öffentlicher Weg (m); **public welfare** *n* öffentliches Wohl (n), Allgemeinwohl (n); **public works** *n/pl* öffentliche Bauvorhaben (npl)

publican *n* Gastwirt (m)

publication *n* Veröffentlichung (f)

publicity *n Mkt* Publizität (f), Öffentlichkeit (f); öffentliche Aufmerksamkeit (f); Werbung (f), Reklame (f); **publicity expenses** *n/pl* Werbekosten (pl) (Reklame)

publish *v/t* veröffentlichen, bekannt geben, bekannt machen

publisher *n* Herausgeber (m), Verlag (m), Verleger (m)

publishing firm *n* Verlag (m); **publishing house** *n* Verlag (m)

PUD *Plan* → planned unit development

puffing *n Mkt* Aufbauschen (n), übertriebene Werbung (f)

puisne judge *n Law* beisitzender Richter (m); *Syn.: associate judge*; **puisne mortgage** *n Fin* nachrangige Hypothek (f)

pull *n* Ziehgriff (m); **pull switch** *n* Zugschalter (m)

pull *v/t* ziehen; **pull out** stornieren, zurücktreten; **pull together** zusammenarbeiten

puller tenant *n Ret (US)* → anchor tenant

pulse adapter *n* Impulsadapter (m); **pulse generator** *n* Impulsgeber (m); **pulse output** *n* Impulsausgang (m); **pulse ratio** *n* Impulswertigkeit (f), Impulswichtung (f); **pulse transmitter** *n* Impulsgeber (m)

pulverize *v/t* zerkleinern; **pulverized coal combustion** *n* Kohlenstaubfeuerung (f); **pulverized lignite** *n* Braunkohlenstaub (m)

pulverizer *n* Zerkleinerer (m)

pumped concrete *n* Pumpbeton (m); *Syn.: pumpcrete*

pump station *n* Pumpwerk (f), Pumpstation (f), Hebeanlage (f)

pump up *v/t* aufpumpen; in die Höhe treiben

punch list *n* Mängelliste (f); Abweichungsauflistung beim Bau

punitive damages *n Law* Bußgeld (n); verschärfter Schaden(s)ersatz (m); *Syn.: exemplary damages*

purchase *n* Kauf (m), Erwerb (m); **purchase by private treaty** *n* freihändiger Ankauf (m); d.h. durch normale Verhandlungen zwischen Verkäufer und Käufer; im Gegensatz von z.B. → Enteignung oder → Versteigerung; *Syn.: purchase on the open market, private purchase*

purchase agreement *n Law, Mkt* Kaufvertrag (m); **purchase commitment** *n* Abnahmeverpflichtung (f); **purchase contract** *n Law* Kaufvertrag (m); **purchase cost** *n* → acquisition costs; **purchase criteria** *n/pl* Ankaufskriterien (npl); *Syn.: purchasing* *criteria*; **purchase fee** *n Fin* → front-end fee; **purchase money** *n* Kaufpreis (m); Kaufsumme (f); **purchase-money mortgage (PMM)** *n Fin, Law* Finanzierung des Hauskaufs durch den Verkäufer; zusätzlich zur oder anstelle einer Bankfinanzierung; häufig auf Grund mangelnder Kreditwürdigkeit des Käufers; **purchase notice** *n Law (GB)* wörtl. Kaufaufforderung (f); wenn ein Grundstücksbesitzer die Nutzung seines Grundstücks durch öffentliche Bauplanungen eingeschränkt oder verhindert sieht, kann er die local planning authority (Bauplanungsamt) zum Kauf seines Grundstücks auffordern; leitet nach section 150 (1) des Town and Country Planning Act 1990 das Verfahren der → inverse compulsory purchase (wörtl.: umgekehrter Zwangsverkauf oder Zwangskauf) ein; → blight notice; **purchase offer** *n Mkt* Kaufangebot (n); **purchase option** *n Law* Kaufoption (f); **purchase order** *n* Bestellung (f), Kaufauftrag (m), Lieferauftrag (m); **purchase price** *n* Kaufpreis (m); **purchase price statistics** *n/pl* Kaufpreisstatistik (f); **purchase value** *n* Ankaufswert (m)

purchase *v/t* kaufen, erwerben; **purchased part** *n* Kaufteil (m)

purchaser *n* Käufer (m), Erwerber (m); **purchaser of land** *n* Grundstückskäufer (m); **purchaser's policy** *n Law* Rechtstitelversicherung (f); Versicherung gegen Rechtsmängel beim Grundstückserwerb; i.d.R. vom Verkäufer bereitgestellt; *Syn.: owner's policy*

purchasing *n* Beschaffung (f), Kauf (m); **purchasing criteria** *n/pl* → purchase criteria; **purchasing cooperative** *n Ret* Einkaufsgenossenschaft (f); **purchasing department** *n* Einkaufsabteilung (f)

purchasing power *n Econ* Kaufkraft (f); **absorption of purchasing power** *n Econ* Kaufkraftabschöpfung (f), Kaufkraftbindung (f); **effective purchasing power** *n* effektive Kaufkraft (f); **general purchasing power** *n* Massenkaufkraft (f), allgemeine Kaufkraft (f); **index of purchasing power** *n* Kaufkraftkennziffer (f), Kaufkraftindex (m); **shift of purchasing power** *n* Kaufkraftverlagerung (f); **stability of purchasing power** *n* Kaufkraftstabilität (f)

purlin *n* Pfetten (fpl), waag(e)rechter Dachbalken (m)

purpose *n* Absicht (f), Ziel (n), Zweck (m); **purpose of recovery** *n* Rückgriffszweck (m)

purpose-built *adj* zweckgebaut

put *v/t* stellen, setzen, legen, befestigen; **put a cap on** begrenzen; **put aside** zurückstellen; *Syn.: put back*; **put a time limit on** befristen; **put into circulation** in Verkehr bringen; **put into force** in Kraft setzen, in Kraft treten; **put on the market** auf den Markt bringen, vermarkten; **put right** berichtigen

put option *n Fin* Verkaufsoption (f); *Syn.: seller's option*; *Ant.: call option*

putty *n* (Fenster-) Kitt (m), Dichtungsmasse (f)

pva paint *n* PVA-Farbe (f)

pvc *n* PVC (n); **pvc pipe** *n* PVC-Rohr (n); **pvc sheet** *n* PVC-Bahn (f)

PVF *n* → present value factor

PW *Val* → present worth

pyramid *n* Pyramide (f); **pyramid of authority** *n* Instanzenaufbau (m); **pyramid zoning** *n Plan* Zoneneinteilung, die weniger restriktive Nutzungen automatisch in restriktivere Zonen einschließt; Bsp.: Wohnbebauung in Industriegebiet möglich

pyramiding *n Fin* Anhäufung von Gewinnen durch ständige Reinvestition; Ankauf zusätzlicher Immobilien durch Beleihung bereits im Eigentum befindlicher Immobilien

Q

quadrangle *n* Viereck (n); viereckiger Innenhof (m); Häuserblock (m)

quadraplex (quad) *n (US)* Vierfamilienhaus (n); Gebäude mit vier Wohneinheiten; *Syn.: four-plex*

quadrominium *n* Gebäude mit vier Eigentumswohnungen

qualification *n* Qualifikation (f), Befähigung (f), Eignung (f); Qualifizierung (f), Ausbildung (f); Einschränkung (f), Vorbehalt (m)

qualify *v/ti* qualifizieren; berechtigen; **qualified acceptance** *n Law* bedingte Annahme (f); *Syn.: conditional acceptance*; **qualified (auditor's) opinion** *n* eingeschränkter Bestätigungsvermerk (m); **qualified buyer** *n Law* finanzstarker Käufer (m), kreditwürdiger Käufer (m); **qualified covenant** *n Law* bedingter Vertrag (m); Vertrag mit einer Einschränkung, die jedoch beseitigt werden kann; bspw. ein Mietvertrag mit der Bedingung, dass der Mieter nicht untervermieten darf, ohne das Einverständnis des Vermieters einzuholen; **qualified estate** *Law* → qualified fee; **qualified fee** *n Law* eingeschränktes Nutzungsrecht (n), eingeschränktes Besitzrecht (n); **qualified property** *n Tax* eingeschränktes Eigentumsrecht (n); **qualified title** *n Law* bedingter Rechtstitel (m); **qualified valuer** *n* geprüfter Bewerter (m); an Verhaltenskodex gebunden

qualifying assets *n/pl* qualifizierte Vermögenswerte (mpl)

qualitative analysis *n* Qualitätsanalyse (f); **qualitative characteristics** *n* Qualitätsanforderungen (fpl)

quality *n* Eigenschaft (f), Qualität (f); **quality of the interior work** *n* Ausbauqualität (f); *Syn.: fit-out standard*

quality assurance *n* Qualitätssicherung (f); **quality assurance system** *n* Qualitätssicherungssystem (n); **quality control** *n* Gütesicherung (f), Qualitätskontrolle (f), Qualitätslenkung (f); **quality control mark** *n* Gütezeichen (n); **quality control system** *n* Qualitätssicherungssystem (n); **quality description** *n* Gütebeschreibung (f); **quality factor** *n* Gütefaktor (m); **quality grade** *n* Güteklasse (f); **quality requirement** *n* Gütebestimmung (f); **quality specification** *n* Gütevorschrift (f); **quality survey** *n* Qualitätsprüfung (f), Qualitätsbewertung (f)

quantified reconciliation *n Fin* quantifizierte Überleitungsrechnung (f) (IAS/US GAAP)

quantile *n* Quantil (n)

quantitative adjustment *n Fin* quantitative Anpassung (f); **quantitative analysis** *n* mengenmäßige Analyse (f)

quantity *n* Anzahl (f), Menge (f); **quantity of heat produced** *n* erzeugte Wärmemenge (f) bei der Wärmeerzeugung; **quantity of heat supplied** *n* abgegebene Wärmemenge (f), Wärmeabgabe (f)

quantity allowance *n* Mengenrabatt (m); **quantity issued** *n* Abgang (m); **quantity survey (method)** *n Val* Sachwertmethode (f), Sachwertverfahren (n); Methode der Wertermittlung, die die Kosten des Baumaterials, die Arbeitskosten sowie die Grundstücks- und Erwerbsnebenkosten berücksichtigt; **quantity surveyor** *n (GB)* Bausachverständiger (m), Baukostensachverständiger (m); kaufmännischer Manager für Bauvorhaben; Berufsbild existiert in Deutschland nicht: QS-Aufgaben werden i.d.R. von Architekten und Ingenieuren übernommen

quantum *n* Menge (f), Maß (n), Quantum (n); **quantum allowance** *n* mengenmäßiger Preisnachlass (m)

quantum meruit *n Law (lat.)* angemessene Vergütung (f) für Teilleistungen

quarry *n* Steinbruch (m); **quarry tile** *n (GB)* Steinzeugfliese (f); eine aus Ziegelton bei sehr hohen Temperaturen gebrannte Fliese; meistens quadratisch und dunkelrot; wegen ihrer Robustheit häufig in der Industrie und Gastronomie verwendet

quarter *n* Viertel (n); **quarter days** *n (GB)* Quartalstage (mpl); bestimmte Tage, an denen Zahlungen fällig werden; in GB (außer Schottland): Lady Day (25. März), Midsummer Day (24. Juni), Michaelmas Day (29. September) und Weihnachten

(25. Dezember); in Schottland: Candlemas (2. Februar), Whitsun (Pfingsten, immer 15. Mai in Schottland), Lammas (1. August) und Martinmas (11. November); *Syn.: term days (sco.)*; **quarter dividend** *n* Zwischendividende (f); **quarter round** *n* Viertelstab (m); **quarter section** *n* 160 Morgen Land (ca. 64,75 ha); → section

quarterly *adj* quartalsweise, vierteljährlich; *Syn.: every quarter*

quartz *n* Quarz (m)

quasi-contract *n Law* → implied contract

quasi-easement *n Law* Grunddienstbarkeit (f), die aus einer offensichtlichen Notwendigkeit resultiert

queen closer *n ArCo* Viertelziegel (m)

query *n* Abfrage (f)

question *n* Frage (f), Fragestellung (f)

question *v/t* fragen, anzweifeln

„quick and dirty" valuation *n* Schnellschussgutachten (n), überschlägige Bewertung (f)

quick assets *n Fin* leicht realisierbare Aktiva (pl); liquide Mittel (npl) und Forderungen (fpl)

quicquid plantatur solo, solo cedit *Law (lat.)* wörtlich: was an den Boden angebracht wird, gehört zu ihm; Recht über festes Inventar/feste Bestandteile

quid pro quo *(lat.)* Gegenleistung (f)

quiet enjoyment *n Law* ungestörter Besitz (m); **quiet title suit** *n Law (US)* Eigentumsfeststellungsklage (f); *Syn.: quiet title action*

quit *v/t Law* kündigen, aufgeben; ausziehen

quitclaim *n Law* Anspruchsverzicht (m), Verzicht (m); **quitclaim deed** *n Law (US)* Übertragungsurkunde (f); ohne Zusicherungen des Verkäufers

quit rate *n* Fluktuation (f)

quittance *n* Schuldenerlass (m)

quoin *n ArCo* Ecke (f); Hausecke (f); Eckstein (m)

quorum *n* Quorum (n), Beschlussfähigkeit (f)

quota *n* Quote (f), Kontingent (n)

quotation *n* Angebot (n), Kostenvoranschlag (m); Zitat (n); **quotation for building work** *n* Bauangebot (n) (nur für Kleinaufträge); gewerblich: → building tender (GB), → building bid (US)

quote *n* Angebot (n); *Syn.: quotation*

quote *v/t* ein Preisangebot machen, Preis angeben, Preis bieten; **quoted company** → listed company; **quoted market price** *n* notierter Marktpreis (m); **quoted price (by seller)** *n* Angebotspreis (m) des Verkäufers; **quoted value** *n* Kurswert (m)

R

R&D → research and development
rabbet *n* Falz (f); **rabbet joint** *n* Falzverbindung (f); **rabbet plane** *n* Falzhobel (m)
racecourse *n (GB)* Rennbahn (f); *Syn.: racetrack*
Rachmanism *n (GB)* gesetzwidrige, systematische Ausbeutung (bes. Entmietung) der Mieter von Häusern und Wohnungen unter Mieterschutz; nach Peter Rachman, der solche Tätigkeiten in London in den 1950er Jahren durchgeführt hat
rack *n* Regal (n)
rack rate *n* normaler (nicht diskontierter) Hotelzimmerpreis (m)
rack rent *n Val, Tax* höchstmögliche erzielbare Miete (f), Marktmiete (f); **rack-rented property** *n (GB)* Objekt (n), bei dem die Vertragsmiete der Marktmiete entspricht
radiant heating *n ArCo* Strahlungsheizung (f); **radiant infra-red heater** *n* Hellstrahler (m); **radiant panel heating** *n* Flächenheizung (f); **radiant tube heater** *n* Dunkelstrahler (m)
radiator *n ArCo* Heizkörper (m); **radiator output** *n* Heizkörperleistung (f); *Syn.: radiator power*; **radiator sensor** *n* Heizkörperfühler (m); **radiator valve** *n* Heizkörperregler (m)
radio *n* Radio (n), Funk (m), Funkgerät (n); **radiogram** *n (US)* Funktelegramm (n); **radio interference** *n* Funkstörung (f); **radio module** *n* Funkmodul (m); **radio readout** *n* Funkauslesung (f); **radio receiver** *n* Funkempfänger (m); **radio system** *n* Funksystem (n); **radio transmitter** *n* Funksender (m)
radon *n* Radon (n)
RADR *Fin* → risk-adjusted discount rate
rafter *n* (Dach-) Sparren (m); **rafter roof** *n* Sparrendach (n)
raft foundation *n* Plattengründung (f)
rail *n ArCo* Schiene (f), Führungsschiene (f); Rahmenholz (n); Geländer (n); **rail connection** *n* Bahnanschluss (m); **rail link** *n* Eisenbahnverbindung (f)
railing *n* Geländer (n)
railroad *n (US)* Bahn (f); **railroad authorities** *n/pl* Bahnbehörde (f); **railroad bridge** *n* Eisenbahnbrücke (f); **railroad siding** *n* Bahnanschlussgleis (n); **railroad tunnel** *n* Eisenbahntunnel (m)
rails *n/pl* Lagerhölzer (npl)
railway *n (GB)* Eisenbahn (f); **railway bridge** *n* Eisenbahnbrücke (f); **railway loading** *n* Bahnbeladung (f); **railway siding** *n* Nebengleis (n), Bahnanschlussgleis (n); **railway tunnel** *n* Eisenbahntunnel (m)
rainfall *n* Niederschlag (m)
rain-proof *adj* regenundurchlässig
rain repellent *n* Regenabweiser (m)
rain-repellent *adj* regenabweisend
rain resistance *n* Regenbeständigkeit (f)
rainspout *n* Wasserspeier (m)
rainwater *n* Niederschlagswasser (n), Regenwasser (n); **rainwater collection tank** *n* Regenwasser-Sammelanlage (f); **rainwater downpipe** *n* Regenwasserfallrohr (n); **rainwater head** *n* Rinnenkasten (m); **rainwater outflow** *n* Regenwasserablauf (m); **rainwater pipe** *n* Fallrohr (n)
raise *n (US)* Gehaltserhöhung (f); *Syn.: rise (GB)*
raise *v/t* errichten, heben, hochheben, hochziehen, steigern; **raise a mortgage** eine Hypothek aufnehmen; **raise capital** Kapital aufnehmen; **raise funds** Gelder aufbringen, Mittel aufbringen; *Syn.: raise money*
raised floor *n ArCo* Doppelboden (m), Zwischenboden (m), Kabelboden (m); *Syn.: double floor*; **raised ground floor** *n* Hochparterre (n)
raising *n* Höherlegung (f)
rake-off *n (ugs.)* Schwindelprofit (m)
rake off *v/t (ugs.)* Geld abzweigen
RAM *Fin (US)* → reverse annuity mortgage
ramp *n ArCo* Rampe (f); **ramp incline** *n* Rampenaufgang (m)
random *adj* zufällig, zufallsbedingt; **random component** *n Val, Econ* Zufallskomponente (f); **random distribution** *n* Zufallsverteilung (f); **random noise** *n* Zufallsgeräusch (n) weißes Rauschen (n); **random numbers** *n/pl* Zufallszahlen (fpl); **random (number) sampling** *n math* Stichprobenbildung (f) auf der Grundlage von

Zufallszahlen; **random rubble** *n* unsortierter Bruchstein (m); **random rubble masonry** *n* Vieleckmauerwerk (n); **random sample** *n math* Stichprobe (f), Zufallsstichprobe (f); **random test** *n math* Stichprobe (f); **random variation** *n math* Zufallsabweichung (f)

range *n* Spanne (f), Bereich (m), Umfang (m), Reichweite (f); **range of application** *n* Anwendungsbereich (m), Einsatzbereich (m), Einsatzgebiet (n); **range of fluctuation** *n* Schwankungsbreite (f); **range of performance** *n* Leistungsbereich (m); **range of possible reduction** *n* Abschlagsspanne (f); **range of value** *n Val* Wertebereich (m), Wertspanne (f)

range lines *n/pl (US)* parallel zu einem Anfangsmeridian und jeweils sechs Meilen voneinander entfernt laufende Nord-Süd-Linien bei der Landvermessung; **range structures** *n/pl* Angebotsstrukturen (fpl)

rank *n* Rang (m)

ranking agreement *n* → deed of priorities; **ranking analysis** *n math* Rangreihenanalyse (f)

ransom strip *n Val, Law* (enger) Landstreifen, der z.B. notwendig wäre, um eine Zufahrt zu einem Baugrundstück zu schaffen; folglich kann der Eigentümer des ransom strip „Lösegeld" von potenziellen Investoren verlangen (hold to ransom)

rapid hardening portland cement (RHPC) *n* schnellhärtender Portlandzement (m); **rapid rise** *n* schneller Anstieg (m)

rasterline *n* Raster (n)

ratable *adj Tax* → rateable

rate *n* Tarif (m), Satz (m), Rate (f); **rate of business failures** *n* Insolvenzquote (f); **rate of change** *n Econ* Veränderungsrate (f); **rate of depreciation** *n* → depreciation (interest) rate; **rate of escalation** *n* Steigerungsrate (f); **rate of exchange** *n* Umrechnungskurs (m), Wechselkurs (m); **rate of expansion** *n* Wachstumsrate (f), Zuwachsrate (f); **rate of failure** *n* Insolvenzquote (f); **rate of growth** *n* → growth rate; **rate of increase** *n* Wachstumsrate (f), Zuwachsrate (f); **rate of inflation** *n* Inflationsrate (f); **rate of interest** *n Fin* Zinssatz (m), Zinsfuß (m); **rate of profit** *n* Rentabilität (f); **rate of profitability** *n* Rentabilität (f); **rate of return** *n Val* Rendite (f), Kapitalverzinsung (f); **rate of return on investment** *n* Gewinn (m) in Prozent des investierten Kapitals, Investitionsrentabilität (f), Kapitalrendite (f), Rendite (f) einer Investition

rate capping *n Tax (GB)* durch die Regierung vorgenommene Kappung (f) der Gemeindegrundsteuer; **rate period** *Tax (GB)* Steuerjahr für → local rates (Grundsteuer); normalerweise 12 Monate ab 1. April

rate *v/t* beurteilen, bewerten, einschätzen, einstufen, einteilen, klassifizieren

rateable *adj Tax* steuerpflichtig; **rateable assessed value** *n Tax* → rateable value; **rateable hereditament** *n Tax (GB)* steuerpflichtiges dingliches Vermögen (n); steuerpflichtig für rates (Grundsteuer) auf non-residential property (Nicht-Wohnimmobilien); **rateable occupation** *n Tax* steuerpflichtiger Besitz (m); Besitz eines rateable hereditament, das die notwendigen Eigenschaften (actual occupation, exclusive occupation, beneficial occupation für eine ausreichende Dauer) hat; **rateable occupier** *n Tax (GB)* steuerpflichtiger Besitzer (m); für rates (Grundsteuer); → rateable occupation; **rateable plant and machinery** *n Tax (GB)* aus steuerlicher Sicht relevante Anlagen und Maschinen (fpl); bedeutend für → rates; im Allgemeinen müssen sie eher Teil des Objekts (Heizung, Stromversorgung etc.) sein, als der Produktion dienen; **rateable property** *n Tax (GB)* grundsteuerpflichtige Immobilien (fpl); **rateable value** *n Tax (GB)* Einheitswert (m); für rates (Grundsteuer); im Allgemeinen Nettojahresmietwert des Objektes zu einem bestimmten Stichtag; *Syn.: net annual value*

rates *n/pl Tax* Gemeindegrundsteuern (fpl), Gemeindesteuer (f) auf Grundbesitz

ratification *n Law* Ratifizierung (f)

rating *n Tax* Rating (n), Beurteilung (f) der Bonität, Einschätzung (f) der Kreditfähigkeit; **rating agency** *n Fin* Ratingagentur (f); **Rating and Valuation Association (RVA)** *Org (GB)* Verband der Immobilienbewerter; **rating area** *n Tax* Gebiet für die Erhebung von local rates (Grundsteuer); **rating authorities** *npl Tax (GB)* Behörden (typ. auf district-council-Ebene), zuständig für die Gebührenerfassung und Erhebung von local rates; **rating based approach** *n Val, PptMgt* Beurteilungsmetho-

r

de für Kreditrisiko auf der Basis externer oder interner Ratings; **rating grid** *n Val* (Formularblatt für) Beurteilungssystem mit zwei oder mehr Dimensionen in Gitterform; **rating list** *n Tax* → valuation list; **rating point** *n* Bewertungspunkt (m); **rating surcharge** *n* zusätzliche Versicherungsprämie (f); nach Risikoschätzung; **Rating Surveyors' Association** *Org (GB)* britischer Gutachterverband; Interessenvertretung der auf Unternehmensrating spezialisierten Chartered Surveyors; **rating table** *n* Prämientabelle (f); **rating valuation** *n Tax* Einheitsbewertung (f); **rating year** *n Tax (GB)* Steuerjahr für rates (Grundsteuer); in GB normalerweise 1. April bis 31. März

ratio *n* Kennziffer (f), Verhältnis (n), Quotient (m); **ratio of conversion** *n* Umrechnungsverhältnis (n); **ratio of net to gross** *n* Ausbauverhältnis (n), Nutzungsverhältnis (n)

ratio analysis *n Val* Kennziffernanalyse (f), Verhältnisanalyse (f); **ratio model** *n Val, Econ* Prognosemethode, basiert auf den Verhältnissen (ratios) zwischen verschiedenen Parametern; u.a. verwendet, um efficiency (Leistungsfähigkeit) zu schätzen

ratio decidendum (or decidendi) *n Val, Law (lat.)* formelle Begründung der Entscheidung eines Richters; *Ant.: obiter dicta*

rationale *n* logische Grundlage (f), vernünftige Erklärung (f)

rationalization investment *n* Rationalisierungsinvestition (m)

r

ratione soli *n Law (lat.)* wörtlich: aufgrund des Bodens oder durch den Boden; Rechtsgrundsatz: ein Grundstücksbesitzer ist Eigentümer der Gegenstände, die sich auf dem Grundstück befinden (bspw. Wild), unabhängig, ob er davon Kenntnis hat oder nicht; *Syn.: constructive possession*

rat run *n* Schleichweg (m) zur Umgehung von Staus

raw *adj* roh, unbehandelt; **raw land** *n* unbebautes Land (n), unbebautes Grundstück (n); weder entwickeltes noch erschlossenes Grundstück; Grundstück im Naturzustand; **raw material** *n* Rohstoff (n); Rohmaterial (n); **raw material store** *n* Rohstofflager (n)

raze *v/t* dem Erdboden gleichmachen, völlig zerstören

re *adv* bezüglich, betreffs

reaction *n* Reaktion (f)

reactor *n* Reaktor (m)

read *v/t* lesen, ablesen

readability *n* Ablesbarkeit (f)

readiness *n* Bereitschaft (f)

reading *n* Ablesung (f), Zählerwert (m); **reading values** *n/pl* Ablesewerte (mpl)

readjust *v/t* nachstellen, nachjustieren, neu anpassen

readout *n* Ablesung (f), Auslesung (f); **readout process** *n* Ableseverfahren (n)

ready, willing and able *adj* handlungsbereit und verfügungsberechtigt; Beschreibung z.B. eines potenziellen Käufers; **ready for occupation** *adj* bezugsfertig; *Syn.: for immediate possession*; **ready-mix(ed) concrete** *n (GB)* Transportbeton (m); *Syn.: ready-mix, truck-mixed concrete (US)*; **ready to move into** *adj* bezugsfertig; *Syn.: for immediate possession*; **ready-to-paint** *adj* malerfertig

reafforestation *n* Aufforstung (f)

real asset *Fin, Law* Immobiliarvermögen (n), Sachwerte (m); *Ant.: nominal asset*; → fixed asset; **real asset residual equity (RARE)** *n* Barwert (m) der zukünftigen Mieten nach Ablauf des bestehenden Mietvertrages, eigenkapitalähnlicher Zahlungsstrom (m); **real assets** *n/pl Econ* Sachwerte (mpl); **real earnings** *n/pl* Realeinkommen (n)

real estate *n* Immobilien (fpl); Grundstück (n), Grundstückseigentum (n); Grundbesitz (m), Realvermögen (n); unbewegliches Vermögen (n); Liegenschaft (f); umfasst alle Interessen, Nutzen und Rechte an einem Land und seinen permanenten Bestandteilen wie Bauten, Bäume, Mineralien sowie alle mit ihm verbundenen Rechte und Ansprüche; **real estate acquisition tax** *n* Grunderwerbsteuer (f); **real estate advertisement** *n Mkt* Immobilienanzeige (f); **real estate agency** *n* Immobilienvermittlungsgesellschaft (f), Maklerbüro (n); **real estate agent** *n* Immobilienmakler (m); Grundstücksmakler (m); *Syn.: realtor*; **real estate analysis** *n* Immobilienanalyse (f); **real estate appraisal** *n* Immobilienbewertung (f); **real estate asset** *n* Immobilie (f) (als Vermögensgegenstand); **real estate asset-backed securities (RE ABS)** *n Fin* durch Immobilien gesicherte Wertpapiere; **real estate broker** *n Mkt* Grundstücksmakler (m), Grundstücksvermittler (m); **real estate brokerage** *n Mkt* Immobilienmaklergewerbe (n), Immobilienmaklergeschäft (n); Immobilienmaklergebühr (f); **real estate business** *n* Immobilienhandel (f), Immobiliengeschäft (n); **Real Estate Commission (REC)** *n Org (US)* vom State Governor einberufener Ausschuss, der u.a. Vorschriften zur Maklertätigkeit aufstellt und Maklerlizenzen (real estate licenses) vergibt; **real estate company** *n* Grundstücksgesellschaft (f), Immobiliengesellschaft (f); **real estate counselor** *n (US)* Immobilienberater (m); **real estate credit** *n Fin (US)* Immobiliarkredit (m), immobilienbesicherter Kredit (m); **real estate cycle** *n Econ* Immobilienzyklus (m); **real estate dealer** *n* Immobilienmakler (m); **real estate department** *n* Immobilienabteilung (f); **real estate developer** *n* Immobilien-Projektentwickler (m), Projektentwickler (m), Bauträger (m), Entwickler (m); **real estate development** *n* Immobilien-Projektentwicklung (f); **real estate development company** *n* Bauträgergesellschaft (f); **Real Estate Educators Association (REEA)** *Org (US)* Gesellschaft für Aus- und Weiterbildung von Anbietern der Immobilienwirtschaft; **real estate financing** *n Fin* Immobilienfinanzierung (f); **real estate firm** *n* Immobilienfirma (f), Immobiliengesellschaft (f); **real estate fund** *n* Grundstücksfonds (m), Immobilienfonds (m); **real estate holding** *n* Immobilienbestand (m), Immobilienbeteiligung (f); **real estate holding company** *n* Immobilienholding (f); **real estate industry** *n* Immobilienbranche (f), Immobilienwirtschaft (f); **real estate information system** *n PptMgt* Immobilieninformationssystem (n); **real estate insurance** *n* Immobiliarversicherung (f); **real estate investment** *n* Immobilieninvestition (f), Immobilien-Investment (n); **real estate investment conduit** *Fin (US)* → real estate investment trust; **real estate investment fund** *n Fin* Immobilienfonds (m); **real estate investment trust (REIT)** *n Fin (US)* steuerlich privilegierte, börsennotierte Immobilieninvestmentgesellschaft; REITs können nach Investmentstrategie (equity REIT, mortgage REIT oder hybrid REIT) und nach Anlageobjekten (office REIT, apartment REIT, residential REIT, retail REIT, health care REIT, specialty REIT) kategorisiert werden; **real estate leasing** *n* Immobilien-Leasing (n); **real estate licence** *n Law (US)* Immobilienmaklerlizenz (f); **real estate licensee** *n (US)* von der State Real Estate Commission lizenzierter Immobilienmakler; *Syn.: licensee*; **real estate loan** *n Fin* Hypothekarkredit (m), Realkredit (m); **real estate management** *n* Grundstücksverwaltung (f), Immobilienverwaltung (f), Liegenschaftsverwaltung (f); **real estate manager** *n* Grundstücksverwalter (m); **real estate market** *n* Immobilienmarkt (m); **real estate mortgage** *n* Hypothek (f), hypothekarische Belastung (f); **real estate mortgage note** *n* Hypothekenbrief (m), Hypothekenpfandbrief (m); **real estate mortgage trust (REMT)** *n Fin* Investmentgesellschaft für die Finanzierung (nicht den Besitz) von Immobilien; **real estate offer** *n* Immobilienangebot (n); **real estate operating company (REOC)** *n* Unternehmen, das zu langfristigen Investitionszwecken Grundbesitz erwirbt und/oder entwickelt; → real estate investment trust (REIT); **real estate owned (REO)** *n Fin* Immobilien, die von einer Kredit- oder sonstigen Finanzinstitution durch Zwangsvollstreckung erworben werden; werden bis zum Verkauf als nicht ertragbringendes Sachvermögen in den Büchern geführt; *Syn.: other real estate owned (OREO)*; **real estate owner** *n* Grundstückseigentümer (f); **real estate portfolio** *n* Immobilienbestand (m), Immobilienportfolio (n); **real estate portfolio management** *n* Immobilien-Portfoliomanagement (n); **real estate prices** *n* Grundstückspreise (mpl), Immobilienpreise (mpl); **real estate private equity** *n Fin, Law* privates Beteiligungskapital für Immobilieninvestments; **real estate purchase contract** *n* Grundstückskaufvertrag (m); **real estate rating** *n* Immobilieneinstufung (f), Immobilienklassifizierung (f), Klassifizierung (f) von Immobilien; **real estate recordings** *n/pl (US)* Grundbucheintragungen (mpl); **real estate register** *n (US)* Grundbuch (n); **real estate regulations** *n/pl* Bodenordnung (f); **Real Estate**

Research Corporation (RERC) *Org (US)* Forschungsinstitut, das Marktdaten für die Immobilienwirtschaft verarbeitet; **real estate sector** *n* Immobilienbranche (f); **real estate securitization** *Fin* → property securitization; **Real Estate Settlement Procedures Act (RESPA)** *n Law (US)* Gesetz, das Offenlegungen bei der Abwicklung von Hypothekendarlehen gegenüber den Kunden vorschreibt; verbietet zudem die Zahlung bzw. Einnahme gewisser Provisionen oder Überweisungsgebühren; **real estate share** *n* Immobilienaktie (f); **real estate speculation** *n* Bodenspekulation (f), Grundstücksspekulation (f); **real estate structure** *n* Beschaffenheit (f) des Grundstücks, Grundstücksgestalt (f); **real estate tax** *n Tax (US)* Grundsteuer (f); **real estate trading** *n* Immobilienhandel (m); **real estate transaction costs** *n/pl* Grunderwerbsnebenkosten (pl); **real estate transactions** *n/pl* Immobilientransaktionen (fpl), Grundstücksgeschäfte (npl), Grundstücksverkehr (m); **real estate transfer tax** *n Tax (US)* Grunderwerbsteuer (f); **real estate valuation (method)** *n* Grundstücksbewertung (f), Grundstücksschätzung (f), Grundstückswertbemessung (f), Grundstückswertermittlung (f); **real estate value** *n* Immobilienwert (m), Grundbesitzwert (m), Grundstückswert (m); **real estate venture** *n* Immobilienbeteiligung (f); **real estate yield** *n* Immobilienrendite (f)

real income *n* Realeinkommen (n); **real interest rate** *n Fin* Realzinssatz (m); **real market** *n* wirklicher Markt (m); **real option** *n Fin* Realoption (f)

real property *n Law* Grundbesitz (m), Grundstücke (npl), Immobilien (fpl), Liegenschaften (fpl); **real property agencies** *n/pl* Liegenschaftsdienst (m); **real property fund** *n* Immobilienfonds (m); **real property insurance** *n* Haus- und Grundstücksversicherung (f); **real property legislation** *n* Bodenrecht (n), Gesetzgebung (f) zu Grundstücken und Gebäuden; **real property management** *n* Grundstücksverwaltung (f), Liegenschaftsverwaltung (f); **real property purchase agreement** *n* Grundstückskaufvertrag (m); **real property rights** *n/pl Law* Grundstücksrechte (npl); neben dem Eigentum und dem Erbbaurecht kommen beschränkt dingliche Rechte wie z.B. der Nießbrauch, Grundpfandrechte und Grunddienstbarkeiten in Betracht; **real property tax** *n Tax (US)* Grundsteuer (f); **real property transfer tax** *n Tax (US)* Grunderwerbsteuer (f); **real property value** *n* Immobilienwert (m), Grundstückswert (m)

real rate of interest *n* effektiver Zins (m), Effektivverzinsung (f), Realzins (m), Realzinssatz (m); **real rate of return (RRR)** *n* Realzins (m), reale Rendite (f); **real right** *n* dingliches Recht (n); **real servitude** *n Law* Grunddienstbarkeit (f); **real yield** *n* Realverzinsung (f)

realise *v/t (GB)* → realize

realizable *adj* realisierbar; **realizable value** *n Val* Veräußerungswert (m), aktueller Marktwert (m)

realization *n* Durchführung (f), Veräußerung (f), Kapitalisierung (f), Verwertung (f), Liquidation (f); **realization value** *n* Veräußerungswert (m)

realize *v/t* realisieren, sich bewusst werden; (etwas) umsetzen, erzielen; **realized appreciation** *n* realisierte Wertsteigerung (f); **realized depreciation** *n* verdiente Abschreibung (f); **realized development value (RDV)** *n Tax* realisierter Entwicklungswert (m); **realized gain** *n Tax* realisierter Gewinn (m); **realized investment** *n* durchgeführte Investition (f); **realized profit** *n* realisierter Gewinn (m)

reallocate *v/t* erneut zuteilen, erneut zuweisen

reallocation *n Plan, Dev* Flurbereinigung (f), Umlegung (f); Umsiedlung (f); **reallocation of land** *n* Flächenumlegung (f) **reallocation method** *n Fin* Methode (f) zur Verteilung von Änderungen des geplanten Ergebnisses auf die folgenden Jahre

reallotment of land *n Plan, Dev* Flurbereinigung (f)

re-allowance *n* Wiederverkäufer-Bonifikation (f), Wiederverkäuferrabatt (m)

realtist *n (US)* Immobilienmakler (m); Mitglied der → National Association of Real Estate Brokers

realtor *n (US)* Grundstücksmakler (m); **Realtors Land Institute (RLI)** *Org (US)* Partnerverband der National Association of Realtors, spezialisiert auf das Makeln von Land; **Realtors National Marketing Institute (RNMI)** *Org (US)* Tochtergesellschaft der → NAR mit Schwerpunkt Ausbildung im Bereich Marketing, Investition, Einkommen etc.

realty *n (US)* Immobilie (f), Grundbesitz (m), Grundstück (n) mit aufstehenden Bauten, Liegenschaften (fpl), unbewegliche Sachen (fpl); *Syn.: real property*; **realty tax** *n Tax (US)* Grundsteuer (f); **realty transfer tax** *n (US)* Grunderwerbsteuer (f)

reappraisal *n Val* Neubewertung (f); **reappraisal lease** *n Law* Mietvertrag, der die Miete als Prozentsatz des geschätzten Wertes der betreffenden Immobilie festlegt; Neubewertung findet regelmäßig durch einen unabhängigen Sachverständigen statt

reappraise *v/t* neu bewerten

rear *adj* hinten, rückseitig; **rear access** *n* Hintereingang (m); **rear building** *n* Hinterhaus (n); **rear side** *n* Hinterseite (f), Rückseite (f); **rear wall** *n* Rückwand (f)

rearrangement *n* Neuordnung (f)

reason *n* Grund (m), Anlass (m), Begründung (f); **reasons for rejection** *n/pl* Ablehnungsgründe (mpl)

reasonable *adj* angemessen; **reasonable care** → duty of care; **reasonable compensation** *n* angemessene Entschädigung (f); **reasonable market value** *Val* → fair market value; **reasonable offer** *n* angemessenes Angebot (n); **reasonable price** *n* angemessener Preis (m), annehmbarer Preis (m); **reasonable rent** *n Law* angemessene Miete (f), ortsübliche Miete (f), marktgerechte Miete (f); **reasonable time** *n* angemessene Frist (f); **reasonable wear and tear** → normal wear and tear

reasoning *n* Argumentation (f)

reassess *v/t* neu bewerten, neu veranlagen

reassessment *n ArCo* erneute Begutachtung (f), Neubewertung (f)

rebate *n* Rabatt (m), Preisnachlass (m)

rebound *v/i* wieder ansteigen

rebuild *v/t* umbauen, umkonstruieren; wieder aufbauen, rekonstruieren, nachbilden

rebuilding *n* Umbau (m); Wiederaufbau (m); **rebuilding clause** *n Law* Klausel in einem Versicherungsvertrag bzgl. des Wiederaufbaus der Immobilie im Falle der Zerstörung; enthält Angaben zum Abstand des neuen Gebäudes vom Standort des alten etc.

rebut *v/t* widerlegen, entkräften

REC *n (US)* → Real Estate Commission

recall *n* Abberufung (f), Abruf (m)

recallable *adj* abrufbar

recapture *n* Rückforderung (f); Zurückgewinnung (f); auch: Vertragsklausel, die es dem Vorbesitzer unter bestimmten Bedingungen ermöglicht, die Immobilie wiederzuerlangen; **recapture of depreciation** *n (US)* eingeholte Abschreibung (f), Nachversteuerung (f)

recapture clause *n Law* Mietvertragsklausel, die dem Vermieter eine Beteiligung am Gewinn des Mieters einräumt, oder die dem Vermieter das Recht einräumt, den Mietvertrag zu kündigen, wenn die Gewinne des Mieters einen bestimmten Betrag unterschreiten; **recapture rate** *n Tax, Fin* **1.** Tilgungsrate (f) bei einer Investition; Höhe der jährlichen Kapitalrückführung im Verhältnis zum insgesamt aufgenommenen bzw. investierten Kapital; *Syn.: capital recovery rate, capitalization rate* **2.** jährliche Abschreibung (f), Abschreibungsrate (f), Abschreibungssatz (m) für ein abnutzbares Wirtschaftsgut, insbesondere für ein Gebäude

recast *v/t Fin* neu kalkulieren

receipt *n* Annahme (f), Erhalt (m); Quittung (f), Empfangsbescheinigung (f), Beleg (m); **receipt of payment** *n* Zahlungseingang (m)

receivables *n/pl* Forderungen (fpl); **receivables outstanding** *n/pl* Außenstände (pl)

receiver *n Law (GB)* Konkursverwalter (m), Insolvenzverwalter (m)

receivership *n* Konkursverwaltung (f), Zwangsverwaltung (f)

receiving water *n* Vorfluter (m)

reception *n* Rezeption (f), Empfang (m)

receptive market *n* aufnahmebereiter Markt (m), aufnahmefähiger Markt (m)

recess *n* Nische (f), Vertiefung (f); **recesses** *n/pl* Aussparungen (fpl)

recess *v/t* vertiefen, zurücksetzen

recessed *adj* rückspringend, versenkt, zurückgesetzt; **recessed joint** *n* zurückgesetzte Fugenausbildung (f); **recessed lighting** *n* zurückgesetzte Beleuchtung (f); *Syn.: recessed light fitting*

recession *n Econ* Rezession (f)

recipient *n* Empfänger (m)
reciprocal *n math* Reziproke (n), Kehrwert (m)
reciprocal *adj* (mutual) beid(er)seitig, gegenseitig; (converse) umgekehrt; (math) reziprok; **reciprocal contract** *Law* → bilateral contract
reciprocity *n* Gegenseitigkeit (f)
recirculated air *n* Umluft (f)
reckon with *v/t* rechnen mit
reclaim *v/t* zurückfordern; **reclaim land** Land gewinnen, Land urbar machen
reclamation *n* **1.** *Law* Beanstandung (f); Rückforderung (f); **2.** *ArCo* Sanierung (f), Aufarbeitung (f), Aufbereitung (f) (zur Wiederverwendung); Rückgewinnung (f); Rekultivierung (f); Trockenlegung (f); → land reclamation; **reclamation plant** *n* Wiedergewinnungsanlage (f)
reclassification *n* Umbewertung (f), Umbuchung (f), Umgruppierung (f)
recognition *n* **1.** *Law* Anerkennung (f); **2.** *Fin* Ansatz (m) (Bilanz), Bilanzierungsfähigkeit (f); Erfassung (f) (Gewinn- und Verlustrechnung); **recognition of assets** *n* Ansatz (m) von Vermögenswerten; **recognition of expected losses** *n* Erfassung (f) erwarteter Verluste; (z.B. IAS 11)
recognition criteria *n* Bilanzansatzkriterien (npl)
recognize *v/t* anerkennen, verbuchen, erkennen; **recognize (as) an asset** *v/t* aktivieren
recognized amount *n* Anerkennungsbetrag (m); **recognized gain** *n Tax* anerkannter Gewinn (m)
recommendation *n* Empfehlung (f), Arbeitszeugnis (n)
recommended price *n* empfohlener Preis (m)
recompense *n Law* Entgelt (n); Entschädigung (f)
recompense *v/t* entschädigen, belohnen
reconcile *v/t* abgleichen, in Einklang bringen, in Übereinstimmung bringen
reconciliation *n* Abstimmung (f), Ausgleich (m); Berichtigung (f); Schlichtung (f), Versöhnung (f), Aussöhnung (f)
recondition *v/t* aufarbeiten, erneuern, überholen
reconfiguration *n* Umgestaltung (f), Rekonfiguration (f)
reconfigure *v/t ArCo* umgestalten, anders ausstatten, neu konfigurieren
reconstruct *v/t ArCo* wieder aufbauen, rekonstruieren; umbauen
reconstruction *n ArCo* Rekonstruktion (f), Wiederaufbau (m); Restaurierung (f), Sanierung (f); Umbau (m); **reconstruction cost(s)** *n(pl)* Rekonstruktionskosten (pl); **reconstruction loan** *n* Aufbaudarlehen (n); **reconstruction value** *n* Rekonstruktionswert (m), Wiederbeschaffungswert (m); → replacement cost
reconversion *n* Umstellung (f), Umwandlung (f)
reconveyance *n Law* Rücklassung (f), Rückübertragung (f), Rückübereignung (f)
record *n* Abrechnungsbeleg (m), Beleg (m); **records** *n/pl* Akten (fpl), Unterlagen (fpl) **record drawings** *n/pl* Baubestandszeichnung (f); **record owner** *Law* → owner of record
record *v/t* aufzeichnen, eintragen
recordation *n* Erfassung (f) von Übertragungsurkunden etc.
recorder of deeds *n (US)* Amt (n), bei dem die Eigentumsübertragung und die den Grundbesitz betreffenden rechtlichen Beschränkungen registriert werden müssen
recording *n* Aufzeichnung (f), Eintragung (f), Registrierung (f)
recoupment *n* Entschädigung (f)
recourse *n Fin* Regress (m), Rückgriff (m); Zuflucht (f); **with recourse** mit Regress; **without recourse** ohne Regress
recourse to central bank *n* Inanspruchnahme (f) der Zentralbank
recourse claim *n* Regressforderung (f); **recourse debtor** *n* Rückgriffsschuldner (m); **recourse note** *n* Schuldurkunde (f), bei der der Schuldner persönlich neben dem Sicherungsgut haftet
recover *v/t* rückgewinnen, wiedererlangen, erstattet erhalten
recoverable *adj* eintreibbar, einziehbar, gerichtlich durchsetzbar; **recoverable amount** *n* erzielbarer Betrag (m), höherer Wert von Nettoveräußerungswert und Nutzungswert; **recoverable amount of an asset** *n* anrechenbarer Vermögenswert (m); *Syn.: chargeable asset*; **recoverable costs** *n/pl* erstattungsfähige Kosten (pl), umlegbare Kosten (pl); **recoverable debt** *n* eintreibbare Forderung (f)
recovery *n* Wiedererlangung (f), Wiederbeschaffung (f), Rückgewinnung (f); Eintrei-

bung (f), Wiederverwertung (f), Wiedergewinnung (f); **recovery costs** *n/pl* Wiederbeschaffungskosten (pl); **recovery fund** *n Mkt (US)* Fonds zur Entschädigung von durch betrügerisches Handeln von → real estate licensees (staatlich lizenzierten Immobilienmaklern) monetär geschädigten Parteien; **recovery property** *n* Abschreibungsgüter (npl); *Syn.: depreciable items*; **recovery value** *n* Restwert (m)

recreation *n* Erholung (f), Freizeitbeschäftigung (f); **recreation area** *n* Erholungsgebiet (n); **recreation building** *n* Freizeitimmobilie (f); **recreation centre** *n* Sport- und Freizeitzentrum (n)

recreational land *n* Erholungsgebiet (m); **recreational real estate** *n* Freizeitimmobilie (f)

rectangle *n* Rechteck (n)

rectangular *adj* rechteckig, rechtwinklig; **rectangular duct** *n* Rechteckkanal (m); **Rectangular Survey System** *n Plan (US)* → Public Land Survey System (PLSS)

rectification *n ArCo* Korrektur (f), Begradigung (f); Mängelbeseitigung (f), Mängelbehebung (f); **rectification of defects** *n ArCo* Mängelbeseitigung (f); Nachbesserung (f)

rectify *v/t* abändern, berichtigen

rector's rate *n Tax (GB)* → church rate

recultivation *n* Rekultivierung (f), Wiederurbarmachung (f)

recurring *adj* wiederkehrend; periodisch wiederkehrend

recyclable *adj* recyclingfähig, verwertbar, wieder verwertbar

recycling *n* Rückgewinnung (f) von Rohstoffen, Wiedergewinnung (f), Wiederverwertung (f); **recycling plant** *n* Wiedergewinnungsanlage (f); **recycling rate** *n* Verwertungsquote (f)

Red Book *n Val (GB)* Handbuch der Immobilienbewertung der RICS; inoffizielle Bezeichnung für das RICS Appraisal and Valuation Manual; die Bezeichnung Red Book ist abgeleitet von der Farbe des Bucheinbands; das Red Book enthält für Mitglieder der RICS verbindliche Standards für die Bewertung von Immobilien durch britische Gutachter; zusammengestellt durch RICS; von den Berufsverbänden ISVA und IRVV übernommen; **red flag** *n* Alarmsignal (n); Beobachtungen, die auf potenzielle Probleme aufmerksam machen und der weiteren Untersuchung bedürfen; bspw. Wasserflecken, fehlende Dachschindeln; **red lead primer** *n* Bleimennige (f); **red tape** *n* Amtsschimmel (m), Papierkrieg (m), Bürokratie (f)

reddendum *n Law (lat.)* Vorbehaltsklausel (f); in einem Grundstückskaufvertrag oder Mietvertrag; *Syn.: reddendum clause*

redecoration before re-letting *n* Renovierung (f) für Neuvermietung

rededication *n* Umwidmung (f)

redeem *v/t Fin* tilgen; **redeem a loan** ein Darlehen tilgen; **redeem a mortgage** eine Hypothek ablösen

redeemability *n* Ablösbarkeit (f)

redeemable *adj* ablösbar, amortisierbar, kündbar, rückzahlbar, tilgbar

re-demise *v/t* Miet- oder Pachtvertrag verlängern

redemption *n Fin* Rückzahlung (f), Tilgung (f), Ablösung (f); Einlösung (f); Rückkauf (m); → right of redemption; reserve for redemption; **redemption of mortgage** *n* Hypothekenablösung (f)

redemption agreement *n* Tilgungsvereinbarung (f); **redemption capital** *n* Ablösung (f); **redemption clause** *n Fin* Tilgungsklausel (f); **redemption date** *n Fin* Tilgungstermin (m), Rückzahlungsdatum (n); Einlösungstermin (m); **redemption fund** *n Fin* Tilgungsfonds (m); *Syn.: sinking fund*; **redemption mortgage** *n* Amortisationshypothek (f), Annuitätenhypothek (f), Tilgungshypothek (f), Zinshypothek (f); **redemption payment** *n* Tilgungsleistung (f); **redemption period** *n Fin* Tilgungszeitraum (m), Tilgungsdauer (f); *Syn.: repayment period*; **redemption price** *n* Rücknahmepreis (m), Rückzahlungskurs (m); **redemption schedule** *n Fin* Tilgungsplan (m); **redemption sum** *n* Ablösungssumme (f); **redemption value** *n* Rückkaufswert (f); **redemption yield** *n Fin, Val* Effektivverzinsung (f)

redesign *v/t* umarbeiten, umgestalten, umplanen, umstrukturieren

redevelop *v/t* neu gestalten, sanieren

redeveloper *n* Sanierungsträger (m)

redevelopment *n* Sanierung (f), Rekonstruktion (f), Wiederherstellung (f); bauliche Neugestaltung (f), Umgestaltung (f);

Neuentwicklung (f); **redevelopment area** *n* Sanierungsgebiet (n); **redevelopment contractor** *n* Sanierungsträger (m); **redevelopment plan** *n* Sanierungsplan (m); **redevelopment procedure** *n* Sanierungsverfahren (n); **redevelopment statute** *n* Sanierungssatzung (f); **redevelopment value** *n* Neuordnungswert (m)

redhibitory defect *n Law* Sachmangel (m) (Kaufvertragsrecht); *Syn.: redhibitory vice*

redistribute *v/t* neu verteilen, umverteilen

redistribution *n* Neuverteilung (f); **redistribution of land** *n* Bodenordnungsmaßnahme (f), Bodenumverteilung (f); **redistribution of wealth** *n* Vermögensumverteilung (f)

redlining *n Law* Diskriminierung bei der Darlehensvergabe in bestimmten Stadtgebieten; es scheint, als ob jemand ein bestimmtes Gebiet mit einer roten Linie markiert hätte, in dem keine Darlehen mehr vergeben werden; besonders gefährdet sind demografisch auffällige und sozial schwache Stadtgebiete

reduce *v/t* mindern, abbauen, herabsetzen, kürzen; **reduce in size** verkleinern

reduced costs *n/pl* Minderkosten (pl); **reduced-interest financing** *n* zinsgünstige Finanzierung (f); **reduced market value** *n* merkantiler Minderwert (m)

reducing balance depreciation *Val, Tax* → declining balance depreciation; **reducing steam** *n* Reduktionsdampf (m)

reduction *n* Ermäßigung (f), Nachlass (m), Reduzierung (f), Rabatt (m); Minderung (f); **reduction in price** *n* Preissenkung (f); **reduction in profit** *n* Mindergewinn (m); **reduction in value** *n* Wertminderung (f); **reduction of costs** *n* Kosteneinsparung (f)
reduction certificate *n Fin* Finanzstatus (m); Bescheinigung des Kreditgebers über den noch ausstehenden Kreditbetrag, Fälligkeit, Zinssatz etc.; oftmals angefertigt bei Veräußerung der Immobilie und Übernahme des Darlehens; **reduction scale** *n* Verkleinerungsmaßstab (m)

redundancy *n* Redundanz (f), Überflüssigkeit (f); Entlassung (f); **redundancy (compensation) scheme** *n* Sozialplan (m); **redundancy payment** *n* Abfindungszahlung (f)

REEA *Org* → Real Estate Educators Association

reed roof *n* Reetdach (n); *Syn.: thatched roof*

re-employment *n* Wiedereinstellung (f); *Syn.: re-engagement*

re-entry *n Law* Wiedereintritt (m); Wiedereintragung (f)

reevaluation lease *n Law* → reappraisal lease

reface *v/t* Fassade erneuern

referee *n Law* Schlichter (m), Schiedsrichter (m)

reference *n* Referenz (f); Bezugnahme (m); Aktenzeichen (n), Verweis (m); Zeugnis (n); Betreff (m); **reference to arbitration** *n* Verweisung (f) an ein Schiedsgericht
reference chart *n* Referenztabelle (f); **reference drawing** *n* Bezugszeichnung (f), Grundlagenzeichnung (f); **reference locations** *n/pl* Referenzstandorte (mpl); **reference number** *n* Aktenzeichen (n), Kennziffer (f); **reference price** *n* Vergleichspreis (m); **reference unit** *n* Bezugseinheit (f); **reference value** *n* Bezugsgröße (f), Bezugswert (m), Referenzwert (m), Sollwert (m)

referral *n* Verweisung (f), Überweisung (f);
referral fee *n Fin, Mkt* → finder's fee

refer to *v/i* sich auf etwas beziehen

refinance *v/t Fin* refinanzieren; umschulden

refinancing *n* Refinanzierung (f), Sanierung (f) (Finanzen), Umschuldung (f), Kreditumschichtung (f)

refitting *n* Umrüstung (f)

reformation deed *n Law* → correction deed

reformatted *adj* umgegliedert

refractory *n* feuerfest, hitzebeständig; **refractory brickwork** *n* feuerfestes Mauerwerk (n)

refrigerant *n* Kältemittel (n)

refrigerated warehouse *n* Kühlhaus (n)

refrigeration system *n* Kühlaggregat (f)

refund *n* Rückerstattung (f); **refund liability** *n* Erstattungspflicht (f)

refund *v/t* ersetzen, erstatten, zurückerstatten, zurückzahlen; **refund costs** Kosten ersetzen

refundable *adj* (rück)erstattungsfähig; **non-refundable** *adj* keine Rückerstattung möglich

refunding *n* Erstattung (f), Refinanzierung (f); **refunding mortgage** *n* Refinanzierungshypothek (f)

refurbish *v/t* modernisieren, renovieren

r

refurbishment *n ArCo* Modernisierung (f); Renovierung (f); Sanierung (f) oder Umbau (m) eines Gebäudes; das Gebäude wird manchmal bis in den Rohbauzustand versetzt (→ shell and core); alle → fixtures, fittings, finishes werden erneuert. Ein refurbishment kann den Vorteil haben, dass keine Baugenehmigung erforderlich ist; *Syn.: renewal*; **refurbishment of a property** *n* Objektsanierung (f); **refurbishment of old buildings** *n* Altbaumodernisierung (f), Altbausanierung (f)

refurbishment costs *n/pl* Erneuerungskosten (pl) (Renovierung), Renovierungskosten (pl); **refurbishment order** *n* Modernisierungsgebot (n)

refusal *n* Ablehnung (f); **refusal of a risk** *n* Ablehnung (f) eines Risikos; **refusal to accept delivery** *n* Abnahmeverweigerung (f)

refuse *n* Abfall (m); **refuse chute** *n* Abfallschacht (m); **refuse collection** *n* Müllabfuhr (f); **refuse disposal system** *n* Abfallbeseitigungsanlage (f); **refuse dump** *n* Abfalldeponie (f), Deponie (f); **refuse incineration plant** *n* Abfallverbrennungsanlage (f); *Syn.: refuse incinerator*; **refuse transfer station** *n* Zwischenlagerplatz (m)

refuse *v/t* ablehnen, verweigern; **refuse an application** *v/t* ein Gesuch ablehnen; **refuse payment** *v/t* Zahlung verweigern

refutation *n* Widerlegung (f)

regardless *adv* ungeachtet, ohne Rücksicht auf

regeneration *n* Regenerierung (f); Wiederherstellung (f); Erneuerung (f); **regeneration process** *n* Aufarbeitungsverfahren (n)

regenerative technologies *n/pl* regenerative Techniken (fpl)

region *n* Gebiet (n), Raum (m), Region (f); **regional adjustment factor** *n* Regionalisierungsfaktor (m); **regional city** *n* Großstadt (f); bedeutende Stadt (f) im regionalen Kontext (m); Oberzentrum (n); mehr als 100.000 Einwohner; **regional compatibility** *n* Regionalverträglichkeit (f); **regional court** *n* Landgericht (n); **regional development plan** *n* Landesentwicklungsplan (m), Raumordnungsplan (m); **regional economic planning** *n* Regionalplanung (f); **regional factors** *n/pl* Regionalfaktoren (mpl); **regional mall** *n (US)* → regional shopping centre; **regional office** *n* Bezirk (m), Zweigniederlassung (f)

regional planning *n* Regionalplanung (f); **regional planning procedure** *n* Raumordnungsverfahren (n); **regional planning program(me)** *n* Raumordnungsplan (m); **regional planning requirements** *n/pl* landesplanerische Vorgaben (fpl)

regional policy plan *n* Landesentwicklungsplan (m); **regional principle** *n* Regionalprinzip (n); **regional shopping centre** *n* regionales Einkaufszentrum (n); i.d.R. geschlossenes, nach innen orientiertes Einkaufszentrum mit Außenparkplätzen; Fläche zwischen 400.000 und 800.000 Quadratfuß (ca. 35.000 bis 75.000 m^2) und mit mindestens zwei Ankermietern; *Syn.: regional mall (US)*; **regional structure** *n* Regionalstruktur (f); **regional studies** *n* Raumforschung (f); **regional town and country planning** *n* Raumordnung (f)

register *n* Liste (f), Register (n), Verzeichnis (n); **Register of Architects** *n (GB)* Architektenliste (f); verwaltet durch den Architects Registration Board; **register of buildings** *n* Gebäudebuch (n); **register of contaminated sites** *n* Altlastenkataster (m); *Syn.: contaminated sites register*; **register of hazardous substances** *n* Gefahrstoffkataster (m); **register of writs and orders** *Law* → land charges register

register instruction *n* Registerbefehl (m)

register *v/t* einschreiben lassen, eintragen, eintragen lassen; **register a mortgage** Hypothek bestellen, Hypothek eintragen lassen

registered charge *n Law* eingetragene Grundstücksbelastung (f); **registered land** *n Law* eingetragener Grundbesitz (m); **registered land certificate** *n Law (GB)* Grundbuchauszug (m); *Syn.: land certificate*; **registered land charge** *n* Last oder Beschränkung eingetragen im → Land Register o.Ä.; Buchgrundschuld (f); **registered lease** *n* eingetragenes Mietverhältnis (n); **registered letter** *n* eingeschriebener Brief (m), Einschreiben (n); **registered mortgage** *n* Buchhypothek (f); **registered office** *n* eingetragener Firmensitz (m); **registered proprietor** *n Law* eingetragener Eigentümer (m); **registered rent** *n Law (GB)* durch den → rent officer festgestellte und registrierte angemessene Miete; **registered title** *n Law* eingetragener Rechtsanspruch (m)

registrar *n* Registrator (m), Registerführer (m), Archivar (m); Standesbeamter (m); **registrar of deeds** *n (US)* Grundbuchbeamter (m); Amt (n), bei dem die Eigentumsübertragung und die den Grundbesitz betreffenden rechtlichen Beschränkungen registriert werden müssen

registration *n Law* Eintragung (f), Registrierung (f); **registration of a mortgage** *n* Hypothekeneintragung (f)
registration duty *n Tax* Eintragungsgebühr (f); **registration range** *n* Registrierbereich (m)

registry *n* Eintragung (f), Registrierung (f); Register (n), Verzeichnis (n); **registry of deeds** *n Law* Grundbuchamt (n)

regress *n Fin* → recourse

regression *n Econ, math* (statistics) Regression (f), (downturn) Rückgang (m); **regression analysis** *n Val, Econ* Regressionsanalyse (f); **regression estimate** *n* Regressionsschätzung (f)

regular *adj* regelmäßig, normal; **regular annual payment** *n* Rente (f); **regular way contract** *n* handelsüblicher Vertrag (m)

regulate *v/t* regulieren; **regulate competition** Wettbewerb regeln

regulated area *n* geregelter Bereich (m); **regulated tenancy** *n Law (GB)* reguliertes Mietverhältnis (n); bei Mietverhältnissen, die vor 1989 zustande gekommen sind, haben sowohl der Vermieter als auch der Mieter das Recht, beim → rent officer die Eintragung der marktüblichen Miete zu beantragen

regulating gate valve *n* Drosselschieber (m); **regulating stop valve** *n* Drosselventil (n); **regulating valve** *n* Reglerventil (n)

regulation *n Law* Regulierung (f), Richtlinie (f), Vorschrift (f), Verordnung (f), Ausführungsverordnung (f), Durchführungsverordnung (f); **regulation of prices** *n* Preislenkung (f); **regulation of use** *n* Nutzungsregelung (f)

regulator *n* Regler (m)

regulatory *adj* Aufsichts-, Kontroll-, regulativ, regelnd; **regulatory capital** *n Fin* regulatorisches Kapital (n); **regulatory constraints** *n/pl Law* Auflagen (fpl); **regulatory statutes** *n/pl* Ausführungsbestimmungen (fpl); **regulatory taking** *n Plan, Law* enteignungsgleicher Eingriff (m); bedeutender Wertverlust eines Grundstücks durch starke behördliche Regulierung; → inverse condemnation

rehabilitate *v/t* restaurieren, sanieren; wieder einsetzen, wieder eingliedern; rehabilitieren

rehabilitation *n* Rekonstruktion (f), Sanierung (f), Wiederherstellung (f); Rehabilitation (f); Wiedereinsetzung (f); Wiedereingliederung (f); **rehabilitation order** *n Law (GB)* Anordnung zur Sanierung einer Immobilie; **rehabilitation tax credit** *n Tax (US)* Steuergutschrift (f) für die Instandsetzung historischer Gebäude

rehiring *n* Wiedereinstellung (f)

reimburse *v/t* entschädigen, rückerstatten, rückvergüten, Schaden(s)ersatz leisten, zurückerstatten, zurückzahlen

reimbursable costs *n/pl* → reimbursable expenses; **reimbursable expenses** *n/pl* erstattungsfähige Kosten (pl), umlagefähige Kosten (pl), zu vergütende Kosten (pl); *Syn.: reimbursable costs*

reimbursement *n* Rückerstattung (f); Ersatz (m); Entschädigung (f); Aufwandsentschädigung (f); **reimbursement of expenses** *n* Aufwandsentschädigung (f), Auslagenersatz (f), Kostenerstattung (f)

reinforce *v/t* verstärken; **reinforced concrete** *n ArCo* Stahlbeton (m); **reinforced concrete frame** *n* Stahlbetonrahmen (m); Stahlbetonskelett (n); **reinforced concrete slab** *n* Stahlbetondecke (f)

reinforcement *n* Bewehrung (f), Bekräftigung (f), Verstärkung (f); **reinforcement bars** *n/pl* Stahleinlagen (fpl), Bewehrung (f); **reinforcement cage** *n* Bewehrungskorb (m); **reinforcement plan** *n* Bewehrungsplan (m); **reinforcement plate** *n* Verstärkungsblech (n); **reinforcement rod** *n* Bewehrungsstahl (m); **reinforcement sheet** *n* Verstärkungsblech (n); **reinforcement steel** *n* Bewehrungsstahl (m); **reinforcement tape** *n* Verstärkungsband (n); **reinforcement work** *n* Bewehrungsarbeit (f)

reinspection *n* Inspektion (f), Überprüfung (f), wiederholte Prüfung (f)

reinstated depreciation *n* Zuschreibung (f)

reinstatement *n* Instandsetzung (f), Wiederherstellung (f); Wiederinkraftset-

r

zung (f) (Versicherung); **reinstatement cost** *n* Wiederherstellungskosten (pl); **reinstatement cost approach** *Val* → depreciated replacement cost method; **reinstatement method of valuation** *n Val* Verfahren zur Ermittlung des Wiederherstellungswerts; **reinstatement order** *n* Instandsetzungsgebot (n); **reinstatement valuation** *n* Bewertung (f) zu Wiederbeschaffungskosten; **reinstatement value** *n Val* Neuwert (m); Wiederherstellungswert (m)

reinsurance *n* Rückversicherung (f)

reinvest *v/t* reinvestieren, wieder anlegen; *Syn.: plough back*

reinvestment *n* Ersatzinvestition (f), Neuinvestment (n), Reinvestition (f), Reinvestment (n); *Syn.: replacement investment, plough-back*; **reinvestment analysis** *n* Wiederanlagenanalyse (f); **reinvestment discount** *n* Wiederanlagerabatt (m); **reinvestment privilege** *n* Wiederanlagerecht (n); **reinvestment rate** *n Fin* Reinvestitionsrate (f), Wiederanlagerate (f), Wiederanlagezinssatz (m); **reinvestment yield** *n* Rendite (f) bei Wiederanlage

REIT *Fin* → real estate investment trust; **REIT Modernization Act (RMA)** *Law (US)* Gesetz zur Erneuerung von Immobilienfonds

reiteration *n* Wiederholung (f)

reject *n* Abfallstück (n), Grobstoff (m)

reject *v/t* ablehnen, nicht akzeptieren, verwerfen; **rejected heat** *n* Abwärme (f)

rejection *n* Ablehnung (f), Zurückweisung (f)

rejects *n/pl* Ausschuss (m), Ausschussstücke (npl)

related *adj* verknüpft, verwandt, zusammenhängend; **related party** *n* nahe stehende Person (f); **related party transaction** *n* Geschäftsvorfälle (mpl) mit nahe stehenden Unternehmen und Personen

relatedness *n* Beziehung (f), Verwandtschaft (f)

relation *n* Verhältnis (n)

relative *adj* relativ, verhältnismäßig; **relative comparison analysis** *n* relativer Betriebsvergleich (m); **relative price** *n* relativer Preis (m)

release *n Law* Verzicht (m), Aufgabe (f); Erlass (m); Entlassung (f), Freistellung (f); **release from an obligation** *n* Ablösung (f) von einer Verbindlichkeit; **release of easement** *n* Löschung (f) einer Dienstbarkeit, Verzicht (m) auf Dienstbarkeit; **release of lien** *n Law* Löschung (f) einer Grundschuld; → certificate of discharge

release clause *n Law* Freigabeklausel (f); erlaubt dem Anbieter einer Immobilie, auch nach Abschluss des Kaufvertrags mit der Vermarktung der Immobilie fortzufahren; → partial release clause; **release declaration** *n* Freigabeerklärung (f); **release deed** *Law* → deed of reconveyance

release *v/t* auflösen; erlassen, freigeben; entlassen

relesse → release

re-let *v/t* wieder vermieten

re-letting *n* Neuvermietung (f), Wiedervermietung (f), Weitervermietung (f)

relevance *n* Relevanz (f), Bedeutung (f)

relevant *adj* relevant

reliability *n* Verlässlichkeit (f), Zuverlässigkeit (f); **reliability analysis** *n* Zuverlässigkeitsbewertung (f); **reliability theory** *n* Zuverlässigkeitstheorie (f)

reliable *adj* zuverlässig; **reliable forecast** *n* zuverlässige Prognose (f)

relic *n* Relikt (n); Überrest (m)

reliction *n Law* Land, das durch einen absinkenden Wasserspiegel freigelegt wird; dadurch wächst das (trockene) Grundeigentum; *Syn.: accretion*

relief 1. *n* Entlastung (f), Abzug (m), Befreiung (f); **relief from royalty method** *n Val* Bewertungsverfahren für Immaterialgüterrechte

relief fund *n Econ* Unterstützungsfonds (m); **relief valve** *n ArCo* Abblaseventil (n) (Dampf)

relief 2. *n Law* Klagebegehren (n), Klageantrag (m); **relief against forfeiture** *n Law* Mieterschutz (m), Schuldnerschutz (m) gegen Verfallsklauseln, Wiedereinsetzung (f)

relief 3. *n* Sozialhilfe (f), Fürsorge (f); **to be on relief** Fürsorge (bzw. Sozialhilfe) beziehen; **eligible for relief** sozialhilfeberechtigt

relief population *n* die Gesamtheit der Fürsorgeempfänger

relieve *v/t* entlasten, erleichtern

relinquished property *n Tax (US)* wörtlich: aufgegebene Immobilie; Immobilie, die durch eine neue Immobilie (replacement property) ersetzt wird; Begriff aus dem Steuerrecht; *Syn.: phase I property*; *Ant.: replacement property*; → tax-deferred exchange

reload *v/t* wieder beladen, wieder belasten

relocatability *n* Versetzbarkeit (f) (z.B. einer Trennwand)

relocate *v/t* Standort verlagern, Standort verlegen, umsetzen, umsiedeln, umstellen; **relocate a plant** Betrieb verlegen

relocation *n* Übersiedlung (f), Verlegung (f); **relocation of a company** *n* Standortverlagerung (f), Standortwechsel (m)
relocation benefit *n* Umzugskosten-Beihilfe (f); **relocation company** *n* Relocation-Firma (f) (für Personen und Firmen); **relocation expenses** *n/pl* Umzugskosten (pl); **relocation management (service)** *n* Umzugsmanagement (n); *Syn.: removal management*

reluctant *adj* ungern, widerwillig

in rem *Law (lat.)* dinglich, sachlich; z.B. action in rem = dingliche Klage

remain *v/i* übrig bleiben; **remaining balance** *n* Differenzbetrag (m), Restbetrag (m); **remaining book value** *n* Restbuchwert (m); **remaining credit balance** *n* Restguthaben (n); **remaining economic life** *n* restliche wirtschaftliche Nutzungsdauer (f); **remaining liability** *n* Restobligo (n); **remaining life expectancy** *n* Restlebensdauer (f); **remaining term (of a lease)** *n* Restlaufzeit (f); **remaining useful life** *n* Restlebensdauer (f); **remaining value** *n* Restwert (m)

remainder *n* **1.** Rest (m); **remainder of the term** *n* Restlaufzeit (f); **2.** (retail zoning) Bereich (m) des Restbestandes; → zoning method; **3.** *Law* Anwartschaftsrecht (n)

remainderman *n* Heimfallsberechtigter (m), künftig Berechtigter (m)

remand a case *v/t* zurückverweisen

remedial procedure *n* Rechtsbehelfsverfahren (n), Rechtsmittelverfahren (n)

remediation (of contamination) *n ArCo* Altlastensanierung (f)

remedy *n Law* Rechtsmittel (n), Rechtsbehelf (m), Abhilfe (f); Auflage (f)

remembrance *n* Erinnerung (f)

reminder *n* Mahnung (f), Erinnerung (f); **reminder billing** *n* Zahlungserinnerung (f)

remise *n Law* Aufgabe (f) eines Besitzrechts

remission of debt *n* Forderungsverzicht (m), Schuldenerlass (m)

remit *v/t* überweisen, weiterleiten

remittance *n* Überweisung (f), Geldanweisung (f)

remodel *v/t* umbauen, umgestalten, umändern

remodelling *n* Umgestaltung (f), Umbau (m)

remonstrance *n* Beschwerde (f), Einwand (m), Protest (m), Vorwurf (m)

remonstration *n* Protest (m)

remote *adj* fern, entlegen; **remote control** *n* Fernsteuerung (f); **remote control station** *n* Fernzentrale (f); **remote data transmission** *n* Datenfernauslesesystem (n); **remote location** *n* abgelegener Standort (m); **remote meter reading system** *n* Funkerfassungssystem (n); **remote monitoring** *n* Fernüberwachung (f); *Syn.: remote surveillance*; **remote readout** *n* Fernauslesung (f); **remote readout system** *n* Fernauslesesystem (n); **remote sensor** *n* Fernfühler (f)

remoteness from the market *n* Marktferne (f)

removable *adj* beweglich, demontierbar; **removable fixtures** *n/pl* lose Einbauten (mpl)

removal *n* Demontage (f), Umzug (m), Wohnsitzveränderung (f); **removal of overburden** *n* Abraumbeseitigung (f); **removal of trade barriers** *n* Abbau (m) von Handelsschranken
removal contractor *n (GB)* Möbelspediteur (m); **removal management** *n* → relocation management (service)

REMT → real estate mortgage trust

remuneration *n* Entgelt (n), Honorar (n), Vergütung (f); Provision (f), Lohn (m); *Syn.: commission*; **for remuneration** entgeltlich; **to receive remuneration** Vergütung erhalten
remuneration from a profession *n* Einkünfte (fpl) aus freiberuflicher Tätigkeit; **remuneration of employment** *n* Einkünfte (fpl) aus nichtselbständiger Arbeit (f)
remuneration statement *n* Gehaltsabrechnung (f)
annual remuneration slip *n* Jahresentgeltbescheinigung (f); **directors' remuneration** *n* Aufsichtsratsvergütung (f); **fixed remuneration** *n* Fixum (n)

remunerative rate *n* einträglicher Kurs (m), einträglicher Preis (m), einträglicher Satz (m)

render *n ArCo* Unterputz (m); Außenputz (m)

render *v/t* überreichen, übergeben, vorlegen; behandeln; erstatten; verputzen

rendering *n* **1.** Darstellung (f), Übertragung (f); **rendering of accounts** *n* Rechnungslegung (f), Rechnungswesen (n); **2.** *ArCo* Unterputz (m), Verputz (m); Bewurf (m), Bewerfen (n); **rendering work** *n* Verputzarbeit (f)

renegotiation *n* Neuverhandlung (f)

renew *v/t* verlängern, erneuern; **renew a loan** einen Kredit erneuern

renewable energy *n* erneuerbare Energien (fpl); **renewable land option** *n Law* Landkaufoption (f) mit verlängerbarem Ausübungszeitraum

renewal *n* Erneuerung (f); → refurbishment; **renewal of a lease** *n* Mietvertragsverlängerung (f); *Syn.: lease renewal*; **renewal of a loan** *n* Kreditprolongation (f); *Syn.: renewal of credit*; **renewal of tenancy** *n* Mietverlängerung (f), Verlängerung (f) des Mietverhältnisses

renewal areas *n/pl (GB)* wörtlich: Erneuerungsgebiete; Sanierungsgebiete, meist innerstädtisch; **renewal fund** *n* Erneuerungsrücklage (f); **renewal option** *n Law* Verlängerungsoption (f), Erneuerungsoption (f); *Syn.: option of renewal*; **renewal process** *n* Erneuerungsprozess (m)

renovate *v/t* renovieren, modernisieren, umbauen; **renovated property** *n* renovierte Immobilie (f), saniertes Objekt (n)

renovation *n ArCo* Renovierung (f), Erneuerung (f), Instandsetzung (f); bauliche Neugestaltung (f); **renovation expenses** *n/pl* Renovierungskosten (pl)

rent *n* Miete (f), Pacht (f) (Land), Mietzins (m); *Syn.: rental*; **rent (paid) in advance** *n* Mietvorauszahlung (f)

rent passing *n* derzeitige Miete (f); Vertragsmiete, die aktuell bezahlt wird; *Syn.: passing rent*;

rents and profits *n/pl Fin* sämtliche Einkünfte einer Immobilie auf jährlicher Basis

rent account *n* Mietkonto (n); **rent action** *n Law* Klage (f) auf Mietzahlung; **rent adjustment** *n* Mietanpassung (f); **rent adjustment clause** *n* Mietanpassungsklausel (f); **rent allowance** *n* Mietzuschuss (m), Mietbeihilfe (f); **rent analysis** *n* Mietanalyse (f); **rent arrears** *n/pl* Mietrückstände (mpl); **rent assignment** *Fin, Law* → assignment of rent; **rent cesser clause** *n Law (GB)* Mietbefreiungsklausel (f); **rentcharge** *n Law* Belastung eines Grundstücks (bzw. des Grundstückseigentümers) mit regelmäßigen Leistungen; **rent collection** *n* Mieteinzug (m); **rent concession** *n Mkt* Mietkonzession (f), z.B. durch mietfreie Zeit; **rent contract** *n* Mietvertrag (m); **rent control** *n Econ, Law* Mietpreisbindung (f); *Syn.: rental control*; **rent day** *n* für Mietzahlung/Mietfälligkeit vereinbarter Tag; bspw. dritter Werktag des Monats; **rent demand** *n* Mietzinsforderung (f), Pachtzinsforderung (f), Forderung (f) des Verpächters auf Zahlung des Pachtzinses; **rent deposit** *n* Mietkaution (f); **rent escalation** *n* Mietindexierung (f); **rent escalator clause** *n (US)* Mietsteigerungsklausel (f);

rent free *adj* mietfrei, mietzinsfrei; **rent-free period (RFP)** *n Mkt* mietfreie Zeit (f); je nach Marktlage werden RFPs bis zu sechs Monaten z.B. für Mieterumbauten angeboten

rent gradient *n Val, Econ* Mietgefälle (n); Kurve, die das Mietgefälle mit wachsender Distanz zu einem Zentrum oder Markt darstellt; **rent increase** *n* Mieterhöhung (f), Mietsteigerung (f); **rent-increase clause** *n* Mieterhöhungsvereinbarung (f); **rent index** *n* Mietindex (m); **rent indexation clause** *n* Mietgleitklausel (f); **rent level** *n Econ* Miethöhe (f), Mietniveau (n), Mietpreisniveau (n); **rent limit** → registered rent; **rent loss** *n* Mietverlust (m); **rent money** *n* Mietgeld (n), Pachtgeld (n); **rent multiplier** *n Val* Mietvervielfältiger (m); **rent officer** *n (GB)* unabhängige, von einer örtlichen Behörde bestellte Person, die die Angemessenheit von Wohnungsmieten und -größen beurteilt; u.a. im Zusammenhang mit der Gewährung von Wohngeld (housing benefits); **rent rebate** *n* Mietzuschuss (m); **rent receipts** *n/pl* Mieteinnahmen (fpl), Pachteinnahmen (fpl); **rent reduction** *n* Mietminderung (f); Vereinbarung über einen Abschlag von der vertraglichen Miete; **rent registration**

Law → registered rent; **rent regulation** *Law* → rent control; **rent restriction** *Law* → rent control; **rent restrictions** *n/pl* Mieterschutzbestimmungen (fpl); **rent review** *n* Mietanpassung (f); Überprüfung und Anpassung bzw. Neufestsetzung der Miethöhe; **rent review agreement** *n* Mietanpassungsvereinbarung (f); **rent review clause** *n Law* Klausel im Mietvertrag, die in festgelegten Intervallen eine Anpassung der Miete vorsieht; **rent roll** *n* Mieterliste (f), Mieterbestandsliste (f); **rent supplement** *n* Mietzuschuss (m); **rent tribunal** *n Law* für Mietstreitigkeiten zuständiges Gericht; **rent-up** *n Mkt (US)* Erstvermietung (f); auch: Vorvermietung (f); **rent-up period** *n (US)* Zeitraum, der benötigt wird, um eine neu errichtete Immobilie vollständig zu vermieten; **rent variation clause** *Law* → escalation clause; **rent volatility** *n Val, Econ* Mietpreisschwankungen (fpl); Volatilität der Mietpreise

rent *v/t* mieten, pachten; vermieten, verpachten; **rent out** *v/t (US)* vermieten, verpachten

rentable area *n* vermietbare Fläche (f); *Syn.: lettable area*; **rentable space** *n* vermietbare Fläche (f); *Syn.: rentable area; lettable area*

rentage *n (US)* Grundmiete (f)

rental *n* Miete (f), Mietzins (m), Pacht (f); Mieteinnahme (f), Pachteinnahme (f); Vermietung (f); **rental agent** *n Mkt* Vermietungsmakler (m); **rental agreement** *n Law* Mietvertrag (m); **rental annuity** *Fin* → life annuity; **rental apartment** *n* Mietwohnung (f); **rental commitment** *n* Mietbindung (f); **rental comparison approach** *n Val* Vergleichswertverfahren (n) (für Miete); **rental control** *n* → rent control; **rental costs** *n/pl* Mietkosten (pl); **rental demand** *n* Mietzinsforderung (f); **rental equipment** *n* Mietanlagen (fpl); **rental escalation** *n* Mietanhebung (f); **rental expense** *n* Mietaufwand (m); **rental fee** *n* Mietgebühr (f); **rental growth** *n* Mietzuwächse (mpl); **rental guarantee** *n Law* Mietgarantie (f); **rental holidays** *n/pl Mkt* mietfreie Zeit (f); **rental incentives** *n/pl* Mietanreize (mpl); **rental income** *n* Mietertrag (m); Einkünfte aus Vermietung und Verpachtung; **rental increase** *n* Mietzinserhöhung (f); **rental method** *n Val* Vergleichswertermittlung (f) auf Basis von Vergleichsmieten; **rental multiplier** *Val* → rent multiplier; **rental period** *n* Mietperiode (f), Mietzahlungsperiode (f); **rental purchase** *n Fin* Mietkauf (m); *Syn.: lease purchase*; **rental rate** *n* Mietpreis (m), Mietzins (m), Miete (f); **rental schedule** *n PfoMgt* Mieterliste (f), Mieterbestandsliste (f); *Syn.: rent roll, tenancy schedule*; **rental space** *n* vermietbare Fläche (f), Mietfläche (f); *Syn.: rentable area*; **rental unit** *n* Mietsache (f), Mietgegenstand (m); **rental vacancy** *n* Leerstand (m); **rental valuation** *n* Mietwertgutachten (n)

rental value *n* Mietwert (m), Pachtwert (m); mögliche Miete für ein bestimmtes Objekt zu einem bestimmten Zeitpunkt; von Relevanz bei der Bewertung von Immobilien, aber auch in Rechtsstreitigkeiten wie z.B. einer Scheidung; **rental value growth** *n* Mietwertsteigerung (f); **rental value insurance** *n* → loss of rent insurance; **rental value map** *n* Mietrichtwertkarte (f); **rental value method** *n Val* Mietwertmethode (f), Pachtwertverfahren (n)

rented housing *n* Mietwohnungen (fpl); **rented housing shortage** *n* Knappheit (f) an Mietwohnungen; **rented premises** *n/pl* Mieträume (mpl); **rented property** *n* Mietobjekt (n), Mietsache (f)

renter *n Law* Mieter (m), Pächter (m); Vermieter (m), Verpächter (m)

rentier *n* Rentier (m); jemand, der von den Erträgen seines Vermögens lebt, bspw. von Immobilieneinkünften

renunciation *n Law* Verzicht (m)

REO → real estate owned

REOC → real estate operating company

reopening *n* Wiedereröffnung (f)

reorganisation *n* Umwandlung (f), Neuordnung (f)

reorganize *v/t* umwandeln, umorganisieren, neu ordnen

repaint *v/t* neu streichen

repair *n* Instandsetzung (f), Reparatur (f), Wartung (f); **in bad repair** in schlechtem (baulichem) Zustand, baufällig; *Syn.: out of repair*; **in good repair** *n* in gutem (baulichem) Zustand (m); **out of repair** *adj* in schlechtem (baulichem) Zustand, baufällig, in baufälligem Zustand; *Syn.: in bad repair*

repair and maintenance cost *n* Instandsetzungskosten (pl); **repair back-up** *n (US)* Instandsetzungsstau (m); *Syn.: repair jam*; **repair reserve** *n* Reparaturrücklage (f); **repair time** *n* Reparaturzeit (f); **repair works** *n/pl* Instandsetzungsarbeiten (fpl)
repair *v/t* reparieren
repairing lease *n Law* → full repairing and insuring lease (FRI lease)
repairs *n/pl* Instandsetzungsarbeiten (fpl), Reparaturen (fpl); **repairs and maintenance** *n/pl* Instandhaltung (f) und Reparaturen (fpl); **repairs grant** *n (GB)* öffentliche Förderung für die Sanierung oder Renovierung eines Hauses in ausgewiesenen Sanierungsgebieten
reparation *n* Schaden(s)ersatzzahlung (f)
repatriation *n* Repatriierung (f), Rückführung (f)
repay *v/t* abzahlen, zurückzahlen
repayable *adj* rückzahlbar
repayment *n Fin* Tilgung (f), Rückzahlung (f); **repayment of debts** *n* Abfinanzierung (f), Forderungstilgung (f), Schuldenrückzahlung (f); Tilgung (f) von Verbindlichkeiten; **repayment of principal** *n* Rückzahlung (f) des Kapitals
repayment loan *n* Amortisationsdarlehen (n); **repayment plan** *n* Tilgungsplan (m); **repayment terms** *n/pl* Tilgungsmodalitäten (fpl)
replacement *n* Austausch (m), Ersatz (m), Substitution (f); Erneuerung (f); Wiederherstellung (f); **replacement clause** *n* Wiederherstellungsklausel (f); **replacement cost approach** *Val* → depreciated replacement cost method; **replacement costs** *n/pl Val* Wiederherstellungskosten (pl); **replacement land** *n* Ersatzland (n); **replacement meter** *n* Austauschzähler (m); **replacement price** *n* Wiederbeschaffungskosten (pl), Wiederbeschaffungspreis (m); **replacement principle** *n* Ersatzbeschaffungsprinzip (n); **replacement property** *n Tax (US)* wörtlich: Ersatzimmobilie; Immobilie, die eine alte Immobilie (→ relinquished property) ersetzt; Begriff aus dem Steuerrecht; *Syn.: upleg property, phase II property*; *Ant.: relinquished property*; → tax-deferred exchange; **replacement reserve** *n Fin* Rücklage für Ersatzbeschaffungen; **replacement value** *n Val* Wiederbeschaffungswert (m); Neuwert (m)
replotting *n Plan, Dev* → reallocation
reply *n* Antwort (f), Beantwortung (f)
report *n* Bericht (m), Gutachten (n); **report on leases** *n* Untersuchung (f) der bestehenden Mietverhältnisse (z.B. durch Rechtsanwälte)
report format *n* Berichtsanordnung (f)
report *v/t* berichten, melden; **reportable segment** *n* berichtspflichtiges Segment (n); **reported value** *n* berichteter Wert (m)
reporting *n* Berichterstattung (f); **reporting date** *n* Berichtszeitpunkt (m), Berichtsstichtag (m), Zwischenberichtsstichtag (m); **reporting period** *n* Berichtszeitraum (m), Prüfungszeitraum (m); **reporting requirements** *n/pl Fin* Berichtspflichten (fpl)
repossess *v/t* wieder in Besitz nehmen, wiedergewinnen
repossession *n Law* Wiederinbesitznahme (f)
represent *v/t* darstellen, vertreten
representation *n* Stellvertretung (f), Vertretung (f); Repräsentation (f); Darstellung (f), Abbildung (f)
representative *n* Beauftragter (m), Vertreter (m)
reprivatisation *n* Reprivatisierung (f)
reprocessing plant *n* Aufbereitungsanlage (f)
reproduction costs *n/pl* Wiederherstellungskosten (pl); **reproduction value** *n* Reproduktionskostenwert (m), Reproduktionswert (m), Wiederherstellungswert (m)
reprofiling *n* Neuprofilieren (n)
repudiation *n Law* Zurückweisung (f); Nichtanerkennung (f)
repurchase *n Law* Rückkauf (m); **repurchase agreement** *n Law* Rückkaufsvereinbarung (f); **repurchase value** *n* Rückkaufswert (m)
repurchaser *n* Wiederkäufer (m)
reputed owner *n Law* Scheineigentümer (m)
request *n* Anforderung (f), Antrag (m), Gesuch (n); **request for arbitration** *n* Schiedsantrag (m); **request for tenders** *n* Einholung (f) von Angeboten, Angebotseinholung (f); **request to pay** *n* Zahlungsaufforderung (f)
require *v/t* anfordern, fordern, voraussetzen, wünschen; **required data** *n/pl* erforderliche Daten (pl); **required documents** *n/pl* erforderliche Dokumente (npl);

required (minimum) rate of return *n Fin, Val* angestrebte Mindestrendite (f), angestrebte Mindestverzinsung (f); → target rate of return

requirement *n Law* Auflage (f), Anforderung (f); **requirement in yields** *n* Anforderungen (fpl) an Renditen; **requirement of proportionality** *n* Grundsatz der Verhältnismäßigkeit; z.B. zwischen Delikt und Bestrafung; **requirement to capitalize (IAS 38)** *n Law* Aktivierungspflicht (f); **requirement to reinstate original values (IAS 36)** *n* Wertaufholungsgebot (n)

requirements *n/pl* Bedarf (m)

requisition *n* Anforderung (f), (förmliches) Ersuchen (n), Requirierung (f)

RERC *Org* → Real Estate Research Corporation

resale *n* Weiterverkauf (m), Wiederverkauf (m); **resale price** *n* Wiederverkaufspreis (m); **resale price method** *n* Wiederverkaufspreismethode (f); **resale proceeds** *n/pl* Nettobetrag, der dem Eigentümer nach Veräußerung der Immobilie, Tilgung der Hypothek und Abzug aller Kosten zufließt; **resale value** *n* Wiederverkaufswert (m)

rescheduling (of debts) *n Fin* Umschuldung (f); *Syn.: debt rescheduling*; **rescheduling procedure** *n Fin* Umschuldungsverfahren (n)

rescind *v/t Law* aufheben, annullieren, wandeln, widerrufen

rescission *n Law* Aufhebung (f), Annullierung (f), Vertragsrücktritt (m), Widerruf (m)

r

rescue package *n Fin* Sanierung (f)

research *n* Forschung (f), Recherche (f); **research and development (R&D)** *n* Forschung & Entwicklung (F&E); **research costs** *n/pl* Forschungskosten (pl); **research project** *n* Forschungsvorhaben (n), Forschungsprojekt (n)

re-securitization *n* Refinanzierung (f)

reseller *n* Wiederverkäufer (m)

reservation *n Law* Einschränkung (f), Vorbehalt (m); Reservierung (f); **reservation of title** *n Law* Eigentumsvorbehalt (m) **reservation price** *n Law, Mkt* Reservierungspreis (m), Vorbehaltspreis (m) bei einer Auktion; *Syn.: reserve price*

reservations *n/pl* Bedenken (npl), Einschränkungen (fpl), Vorbehalte (mpl); Reservat(gebiet) (n) (US)

reserve *n* Rücklage (f), Reserve (f); Wertberichtigung (f); **without reserve** *n Mkt* ohne Reservierungspreis (m) **reserve for outstanding repairs** *n* Instandhaltungsrückstellung (f); **reserve for redemption** *n* Tilgungsrücklage (f) **reserve base** *n Fin* → eligible liabilities; **reserve (building) land** *n* Reservebauland (n); **reserve ground** *n* Vorratsgelände (n); **reserve price** *n Mkt* Reservierungspreis (m), Vorbehaltspreis (m); bei einer Auktion; **reserve price auction** *n (US)* Auktion mit verstecktem Mindestpreis (Vorbehaltspreis, Reservierungspreis); eine reserve price auction ist eine Auktion, bei der der Verkäufer vor Auktionsbeginn einen versteckten Mindestpreis angibt; falls das Höchstgebot unter diesem Mindestpreis liegt, muss der Verkäufer den Auktionsgegenstand nicht verkaufen; *Ant.: absolute auction*

reservoir *n* Sammelbecken (n), Wasserbehälter (m)

reset *v/t* zurücksetzen

resettlement *n* Umsiedlung (f)

reside *v/i* anwesend sein, wohnhaft sein, wohnen, residieren

residence *n* Wohnung (f); Wohnsitz (m); Aufenthalt (m); **residence certificate** *n* (D) Wohnungsnachweis (m), (CH) Wohnsitzbestätigung (f); **residence principle** *n* Wohnsitzprinzip (n); **residence restriction** *n* Residenzpflicht (f); *Syn.: compulsory residence*; **residence taxation** *n* Wohnsitzbesteuerung (f)

resident *n* Bewohner (m), Wohnungsinhaber (m), Nutzer (m); Anlieger (m); Einwohner (m), Bürger (m); Inländer (m); **resident population** *n* Wohnbevölkerung (f)

resident *adj* wohnhaft, gebietsansässig, ortsansässig; **resident manager** *n* ansässiger Verwalter (m); Immobilienverwalter eines Wohnungskomplexes, in dem er selbst eine Wohneinheit bewohnt

residential and farm buildings *n/pl* Wohn- und Wirtschaftsgebäude (npl); *Syn.: farmyard with house, farmhouse*; **residential area** *n* Wohngebiet (n), Wohngegend (f); Siedlung (f); **residential broker** *n* Wohnungsmakler (m), Wohnimmobilienmakler (m); **residential building** *n* Wohngebäude (n), Wohnhaus (n); **residential (building) cooperative** *n* Wohnungsbaugenossenschaft (f); **residential building land** *n* Bauland (n) für Wohngrundstücke; **residential building lease** *n* Wohnerbbaurecht (n); **residential construction** *n* Wohnungsbau (m); **residential density** *n Plan, Dev* Anzahl der Wohneinheiten (dwellings per hectare = dph), der bewohnbaren Räume/Zimmer (habitable rooms per hectare = hrh) oder der Schlafplätze pro Hektar oder Morgen (acre); *Syn.: accommodation density, housing density*; **residential district** *n* Wohngegend (f), Wohnviertel (n); **residential floor area** *n* Wohnfläche (f); **residential land** *n* Wohngrundstück (n); **residential leases** *n/pl* Wohnungsmieten (fpl); **residential location** *n* Wohnlage (f); **residential lots** *n/pl (US)* Wohngrundstücke (npl); **Residential Member (RM)** *Org (US)* Mitglied des Appraisal Institute im Sektor Wohneigentum; **residential mortgage-backed security (RMBS)** *n Fin* hypothekarisch gesichertes Wertpapier (n); durch Wohnimmobilien-Hypotheken gesichert; **residential neighbourhood** *n* Wohnviertel (n); **residential premises** *n/pl* Wohngebäude (n); **residential properties** → residential real estate; **residential property** *n* Wohnanlage (f), Wohneigentum (n); **residential quarter** *n* Wohnviertel (n); **residential real estate** *n* Wohnimmobilie (f), Wohnimmobilien (fpl); **residential rent** *n* Wohnungsmiete (f); **residential rental** *n (US)* Wohnungsmiete (f); **residential rental property** *n* Mietshaus (n); **Residential Sales Council (RSC)** *Org (US)* Einrichtung des Realtors' National Marketing Institute; **residential section** *n (US)* Wohnbaufläche (f); **residential sites** *n/pl* Wohngrundstücke (npl); **residential street** *n* Wohnstraße (f); **residential suburb** *n* Wohnvorort (m); **residential tenancy** *n* Wohnungsmietverhältnis (n); **residential trade** *n Econ* Wohnungswirtschaft (f); **residential use** *n* Wohnnutzung (f); **residential valuation surveyor** *n* Wohnimmobilienbewertungsgutachter (m); **residential zone** *n* Wohnbaufläche (f)

residual *adj Val* Rest-; restlich; **residual amount** *n Val* Restbetrag (m), Restsumme (f); **residual approach** *n Val* → residual method of valuation; **residual book value** *n* Restbuchwert (m); **residual estate** *n Law* Immobilie bzw. Vermögen nach Abzug aller Schulden, Ausgaben und Auflösung besonderer Rechtsverhältnisse; *Syn.: remainder, residuary estate*; **residual liability** *n* Restobligo (n); **residual method (of valuation)** *n Val* Residualwertverfahren (n), Restwertverfahren (n); *Syn.: residual valuation, residual approach, residual technique*; **residual pollution** *n* Altlasten (fpl); **residual process** *n Val* Bewertungsverfahren, das im Ertragswertverfahren genutzt wird und den Wert eines Grundstückes und/oder aufstehender Gebäude durch die Kapitalisierung des verbleibenden Nettoertrags bestimmt; **residual risk** *n* Restrisiko (n); **residual soil** *n* Verwitterungserde (f); **residual valuation** *n Val* → residual method of valuation; **residual value** *n Val* Residualwert (m); Restwert (m); **residual value approach** *n* → residual method of valuation; **residual value method** *n* → residual method of valuation

residuary clause *n Law* testamentarische oder treuhänderische Klausel, welche den Abzug aller Steuern, Schulden, Ausgaben und Gebühren sowie die Befriedigung bestehender Rechte am Besitzeigentum veranlasst

residue *n Law, Tax* Rest (m); restlicher Nachlass (m); **residue disposal** *n* Reststoffentsorgung (f)

resign *v/t* zurücktreten, kündigen

resilient *adj* unverwüstlich, elastisch, nachgiebig

resin *n* Harz (n); **resinous wood** *n* harziges Holz (n)

resistance *n* Widerstand (m), Widerstandsfähigkeit (f); **resistance to wear** *n* Verschleißfestigkeit (Material) (f)
resistance data *n/pl* Festigkeitskennwert (m)

res nullius *n Law (lat.)* herrenlose Sache (f)

resolution trust corporation (RTC) *n* Treuhandgesellschaft (f)

resort *n* Erholungsgebiet (n), Urlaubsgebiet (n)

resort to *v/i* von etwas Gebrauch machen, auf etw. zurückgreifen

resource *n* Ressource (f), Bezugsquelle (f), Lieferant (m); Rohstoff (m), Betriebsmittel (n); **resource acquisition** *n* Beschaffung (f); **resource planning** *n* Bedarfsplanung

(f); **resource recovery plant** *n* Wiedergewinnungsanlage (f); *Syn.: resalvaging plant*; **resource rights** *n/pl* Gewinnungsrechte (npl)
resources *n/pl* **1.** *Fin* Mittel (pl), Geldmittel (pl), Finanzmittel (pl), Vermögenswerte (mpl), Ressourcen (fpl); **2.** Bodenschätze (mpl), Vorkommen (npl)
resourcing *n* Beschaffung (f)
RESPA *Law* → Real Estate Settlement Procedures Act
respective *adj* jeweilig
respite *n Fin* Zahlungsaufschub (m)
respondeat superior *n Law (lat.)* Haftung (f) für Dritte, Haftung (f) für den Erfüllungsgehilfen; insbesondere: Doktrin des Maklerrechts, die besagt, dass der Prinzipal (Arbeitgeber) für die Handlungen seiner Agenten (Arbeitnehmer) verantwortlich ist
responsibility *n* Verantwortung (f), Zuständigkeit (f)
responsible *adj* befugt, zuständig
rest *n* Rest (m); Ruhe (f), Ruheplatz (m); **rest home** *n* Altersheim (n); **rest rooms** *n/pl (US)* Toilettenräume (mpl), Toiletten (fpl); Waschräume (mpl); Aufenthaltsräume (mpl)
restate *v/t* rückwirkend anpassen
restaurant *n* Restaurant (n), Gaststätte (f)
restitutable *adj* restituierbar, ersetzbar
restitution *n Law* Rückabwicklung (f), Rückerstattung (f); Entschädigung (f), Schaden(s)ersatz (m); **restitution of property** *n* Reprivatisierung (f) von Grundstücken; **restitution of state-owned (confiscated) property** *n* Rückübereignung (f)
restoration *n ArCo* Restaurierung (f), Instandsetzung (f), Wiederherstellung (f), Sanierung (f); **restoration costs** *n/pl* Entsorgungskosten (pl), Wiederherstellungskosten (pl)
restore *v/t ArCo* restaurieren, instandsetzen, wiederherstellen
restraint *n* Einschränkung (f), Beschränkung (f); Zurückhaltung (f); **restraint of competition** *n* Wettbewerbsbeschränkung (f); **restraint of competition clause** *n* → noncompetition clause; **restraint of trade** *n Law* Wettbewerbsbeschränkung (f), wettbewerbsbeschränkendes Verhalten (n); *Syn.: trade restriction*; **restraint on alienation** *n Law* Veräußerungsbeschränkung (f); **restraint on disposal** *n* Verfügungssperre (f); Verfügungsbeschränkung (f)
restrict *v/t* begrenzen; **restricted appraisal report** *n Val* auf einen bestimmten Adressaten und Zweck beschränktes Gutachten (n); **restricted byway** *n (GB)* Seitenweg (m); frei zur öffenlichen Nutzung für den Verkehr (ausgenommen Kfz) unter dem Countryside and Rights of Way Act 2000; **restricted fund** *n* Fonds mit einem bestimmten Zweck oder einem bestimmten Investorenkreis (z.B. Versicherungsgesellschaften); **restricted ownership** *n* beschränkte Eigentumsrechte (npl); **restricted procedure** *n Law* nicht offenes Verfahren (n), nicht offenes Vergabeverfahren (n); **restricted report** *n* eingeschränkter Bericht (m); **restricted value** *n Val* Wert unter Berücksichtigung beschränkter Nutzungs- und Entwicklungsrechte
restriction *n* Restriktion (f), Begrenzung (f), Einschränkung (f), Beschränkung (f); **restriction of advertising** *n* Werbebeschränkung (f); **restriction of use** *n* Beschränkung (f) der Nutzung, Nutzungsbeschränkung (f); **restrictions on assignment (of a contract)** *n/pl* Abtretungsbeschränkungen (fpl); **restrictions on sale** *n/pl* Verkaufsbeschränkung (f)
restrictive *adj* einschränkend, restriktiv; **restrictive condition** *n Val* einschränkende Bedingung (f); *Syn.: limiting condition*; **restrictive covenant** *n Law* Vereinbarung (f) von Unterlassungspflichten, vertragliches Unterlassungsversprechen (n), einschränkende Vereinbarung (f); *Syn.: negative covenant*; *Ant.: positive covenant, affirmative covenant*; **restrictive injunction** *Law* → prohibitory injunction; **restrictive (trade) practices** *n/pl (GB)* wettbewerbsbeschränkende Praktiken (fpl), Wettbewerbsbeschränkung (f)
result *n* Ergebnis (n); **results of operating activities** *n/pl Fin* Ergebnis (n) der betrieblichen Tätigkeit; **results of operations** *n/pl Fin* Geschäftsergebnis (n), Betriebsergebnis (n), betriebliches Ergebnis (n); *Syn.: operating result*
résumé *n (US)* Lebenslauf (m); *Syn.: curriculum vitae (GB)*
resumption *n* Fortsetzung (f), Wiederaufnahme (f)

resurvey *n* Nachvermessung (f)

retail *n Ret* Einzelhandel (m); **retail anchor** *n* → anchor tenant; **retail center** *n Ret (US)* Einkaufszentrum (n); *Syn.: (GB) retail centre, shopping centre*; **retail data** *n/pl* Handelsdaten (pl); **retail development** *n* Einzelhandelsentwicklung (f); **retail development site** *n* Einzelhandelsgrundstück (f); **retail estate** *n* (property) Einzelhandelsimmobilie (f), Handelsimmobilie (f); (retail zone) Einzelhandelsgebiet (n), (holding) Enzelhandelsportfolio; **retail gravitation** *n* Anziehungskraft (f) eines Einkaufszentrums; **retail location** *n* Einzelhandelslage (f); **retail method** *n Fin* Realisationsprinzip (n); retrograde Methode zur Ermittlung der Anschaffungskosten; **retail outlet** → retail store; **retail park** *n* Einkaufszentrum (n) auf der grünen Wiese; **retail premises** *n/pl* Einzelhandelsobjekt(e) (n(pl)); **retail price** *n* Wiederverkaufspreis (m), Endpreis (m); **retail price(s) index (RPI)** *n Econ* Einzelhandelspreisindex (m); **retail property** *n* (in general) Einzelhandelsimmobilien (fpl); (individual) Einzelhandelsobjekt (n); **retail sales volume** *n* Einzelhandelsumsätze (mpl); **retail space** *n* Einzelhandelsfläche (f); **retail space demand** *n* Nachfrage nach Handelsmietfläche(n); **retail spending (per person)** *n Ret* einzelhandelsrelevante Pro-Kopf-Ausgaben (fpl); **retail stocks** *n/pl* Handelsaktien (fpl); *Syn.: retail shares*; **retail store** *n* Einzelhandelsgeschäft (n), Laden (m); *Syn.: retail outlet*; **retail store mix** *PfoMgt* → retail tenant mix; (e.g. town centre) (Einzelhandels)angebot (n); **retail tenant mix** *n* Mietermix (m); z.B. im Einkaufszentrum; **retail (trade) index** *n Ret* Einzelhandelsindex (m); **retail trader** *n* Einzelhändler (m); *Syn.: retailer*; **retail turnover** *n* Einzelhandelsumsatz (m); *Syn.: retail sales*; **retail unanchored** *n* Einzelhandelszentrum (n) ohne → Ankermieter; **retail vacancy** *n* Ladenleerstand (m); **retail warehouse** *n* Fachmarkt (m); Einzelhandelsgeschäft für nicht verderbliche Ware mit mindestens 1.000 m^2 Grundfläche (z.B. Baumarkt, Elektronikmarkt); der Begriff ist widersprüchlich: Warehouse bedeutet Lagerhaus/Lager, Retail bedeutet Einzelhandel; **retail warehouse centre** *n (GB)* Fachmarktzentrum (n); Fachmarktagglomeration (f); *Syn.: retail park, big box center (US); power center (US)*

retailer *n* Einzelhändler (m); Händler (m)

retain *v/t* einbehalten, festhalten, in Anspruch nehmen, zurückhalten; **retain competitiveness** Wettbewerbsfähigkeit erhalten

retained earnings *n/pl Fin* thesaurierte Gewinne (mpl); **retained profits** *n/pl Fin* thesaurierte Gewinne (mpl); **retained sum** *n ArCo* anteilig zurückgehaltene Bausumme (f); *Syn.: retained amount*

retaining wall *n ArCo* Stützmauer (f); Baugrubenumschließung (f), Stauwand (f)

retainage *n ArCo, Law* Zurückbehaltung (f), anteilig zurückbehaltene Bausumme (f)

retainer *n Law* Honorarvorschuss (m), Vorschuss (m); *Syn.: retainer fee*

retaliatory eviction *n Law* Vergeltungszwangsräumung (f); infolge einer Mieterbeschwerde

retarding agent *n* Verzögerungsmittel (n)

retention *n ArCo* Zurückbehaltung (f), Einbehalt (m); **retention of title** *n Law* Eigentumsvorbehalt (m)
retention period *n* Aufbewahrungsfrist (f); Sperrfrist (f); **retention sum** *n ArCo* einbehaltene Garantiesumme (f); **retention time** *n* Verweildauer (f)

reticulated vault *n* Netzgewölbe (n)

retire *v/t* stornieren, zurücktreten; sich zur Ruhe setzen, aus dem Berufsleben ausscheiden; **retire a debt** *v/t Fin* tilgen (eine Schuld bzw. einen Kredit)

retirement *n* Tilgung (f); Ruhestand (m), Ausscheiden (n); Stilllegung (f) eines Anlagegutes; **retirement home** *n* Altenwohnheim (n); *Syn.: old people's home*; **retirement pay** *n (US)* Rente (f); Pension (f); **retirement pension** *n* Altersrente (f), Pension (f), Rente (f); **retirement relief** *n Tax* Pensionsfreibetrag (m)

retirements *n/pl* Abgänge (mpl)

retrieve *v/t* wieder auffinden, zurückholen

retroactive *adj* rückwirkend

retrofit *v/t* nachrüsten

retrofitting *n* bauliche Änderung (f), Umrüstung (f)

retrospective *adj* retrospektiv, rückwirkend; **retrospective value** *n* rückwirkender Wert (m)

return *v/t* zurückgeben, zurückzahlen

return 1. *n* Rücklauf (m), Rückfluss (m); **return flow temperature** *n* Rücklauftemperatur (f); **return water** *n* Rücklaufwasser (n); 2. *Fin, Val* Rendite (f); **return for risk and profit** *n Val* Ertrag (m) für Risiko und Gewinn; **return of capital** *n* Kapitalrückzahlung (f); **return on assets (ROA)** *n* Gesamtkapitalrendite (f); **return on capital employed (RoCE)** *n* Ertrag (m) des investierten Kapitals, Rendite (f) auf das eingesetzte Kapital; **return on capital (ROC)** *n* Kapitalrendite (f), Kapitalertrag (m), Kapitalverzinsung (f); **return on equity (ROE)** *n* Eigenkapitalrendite (f); **return on investment (ROI)** *n* Kapitalrendite (f), Rendite (f) auf das eingesetzte Kapital

reusable *adj* wiederverwendbar, wiederverwertbar

reuse *n* Wiederverwendung (f)

reuse *v/t* wieder verwenden

revaluation *n* Neubewertung (f); **revaluation clause** *n Law* Klausel in einem → reappraisal lease, die die periodische Anpassung der Miete infolge der Bewertung durch einen unabhängigen Sachverständigen vorsieht; **revaluation increase** *n* Wertsteigerung (f) durch Neubewertung; **revaluation lease** *n Law* Mietvertrag, der die periodische Anpassung der Miete gemäß der Neubewertung der Mietsache vorsieht; **revaluation reserve** *n Fin* Neubewertungsrücklage (f)

revalue *v/t* neu bewerten; **revalued amount (of an asset)** *n* Neubewertungsbetrag (m)

r

reveal *n* seitliche Wandflächen (fpl) einer Tür-/Fensteröffnung, Fensternische (f), Laibung (f), Leibung (f)

reveal *v/t* enthüllen, offenbaren

revenue *n* Einkommen (n); Einkünfte (pl); Ertrag (m), Erträge (mpl); *Syn.: income*; **revenue and expense** *n* Aufwendungen und Erträge (pl)

revenue per available room (revpar) *n* Hotel-Netto-Logisumsatz (m) pro verfügbarem bzw. angebotenem Zimmer; (Zimmerauslastung multipliziert mit Zimmerpreis);

revenue account *n* Gewinn- und Verlustrechnung (f); **revenue adjustments** *n/pl* Ertragsberichtigungen (fpl); **revenue office** *n* Finanzamt (n); **revenue picture** *n* Ertragssituation (f); **revenue sharing** *n Fin* Gewinnbeteiligung (f); **revenue stamp** *n Tax* Steuermarke (f)

reversal *n* Aufhebung (f), Stornierung (f); **reversal of an impairment (loss)** *n* Wertaufholung (f) (IAS 36, 39); **reversal of reserves** *n* Auflösung (f) von Reserven

reverse *n* Gegenteil (n), Rückseite (f)

reverse *v/t* rückgängig machen, umkehren; stornieren; aufheben

reverse *adj* umgekehrt, entgegengesetzt; **reverse annuity mortgage (RAM)** *n Fin (US)* invertierte Hypothek auf Rentenversicherungsbasis; Hypothek, die eine private Rentenversicherung unterstützt; statt einer Kapitalauszahlung zahlt der Kreditgeber regelmäßige (z.B. monatliche) Raten an den Kreditnehmer (häufig im Rentenalter). Als Sicherheit dienen nicht – wie üblich – die Einkünfte des Kreditnehmers, sondern das Haus, da bei dieser Variante des Hypothekendarlehens die Zahlungen in umgekehrter Richtung stattfinden. Die Rückzahlung des Darlehens wird z.B. nach dem Tod des Kreditnehmers oder bei Verkauf des Objektes fällig; *Syn.: home income (plan)*; **reverse entry** *n* Stornobuchung (f), Rückbuchung (f); **reverse leaseback** *Law* → lease-leaseback financing; **reverse leverage** *n Fin* negative Hebelwirkung (f), umgekehrte Hebelwirkung (f); *Syn.: negative leverage*; **reverse mortgage** *Fin* → reverse annuity mortgage; **reverse premium** *n Fin, Law* Zahlung eines Ausgleichsbetrags von einem Mieter an einen Nachmieter (im Rahmen einer Übertragung des Mietvertrages); z.B. falls die Vertragsmiete über der Marktmiete liegt; *Syn.: negative premium*; → premium (on a lease); **reverse takeover** *n (US)* gegenläufige Fusion (f); **reverse yield gap** *n Econ (GB)* inverses Renditegefälle (n); Differenz zwischen der Rendite sicherer Anlagen und der Rendite risikoreicherer Anlagen in einem Zustand, bei dem die Rendite sicherer Anlagen über der Rendite risikoreicherer Anlagen liegt; reverse yield gaps bezeichnen Situationen in Immobilienmärkten, bei denen die Renditen nahezu risikoloser Staatsanleihen über den Renditen von Immobilieninvestments liegen.

reversion *n Law* Heimfall (m), Rückfall (m); Anwartschaft (f); **reversion of a ground**

lease *n* Heimfall (m) bei Erbpachtgrundstücken
reversion clause *n* Heimfallsklausel (f); **reversion yield** *n Val* → reversionary yield
reversionary *adj* anwartschaftlich, aussichtsreich; umkehrbar; **reversionary annuity** *n* einseitige Überlebensrente (f), Heimfallsrente (f); **reversionary bonus** *n* Summenzuwachs (m); **reversionary claim** *n* Heimfallsanspruch (m); **reversionary income** *n Val* bezeichnet den zu erwartenden Mietertrag nach Ablauf des Mietvertrags; **reversionary interest** *n Law* Anwartschaftsrecht (n); **reversionary investment** *n Fin* Investment mit Wertsteigerungspotenzial; z.B. Kauf einer unter Marktmiete vermieteten Immobilie; **reversionary lease** *n Law* Mietvertrag mit in der Zukunft liegendem Mietbeginn; **reversionary property** *n* Anlageobjekt, dessen gegenwärtige Mieteinnahme unter dem erzielbaren Marktmietniveau liegt; **reversionary value** *n Val* geschätzter Wert einer Immobilie am Ende einer bestimmten Periode; **reversionary yield** *n Val* Anpassungsrendite (f)
reversioner *n Law* Anwärter (m), Anwartschaftsberechtigter (m)
revert *v/i* zurückkehren, heimfallen
reverter *n Law* Heimfall (m), Rückfall (m); *Syn.: reversion*
revest *n Law (GB)* Prozess der Rückgabe des Grundstückes oder der Grundstücksrechte an die Krone
review appraiser *n (US)* Gutachter (m), der ein Gutachten überprüft; erfüllt USPAP Standard 3; **review report** *n* Überprüfungsgutachten (n), Obergutachten (n)
review *v/t* prüfen, einschätzen, rezensieren
revise *v/t* abändern, revidieren; **revised drawing** *n* geänderte Zeichnung (f); **revised tender** *n* Nachtragsangebot (n)
revision *n* Abänderung (f), Abdingbarkeit (f), Änderung (f), Berichtigung (f), Korrektur (f), Nachtrag (m), Revision (f)
revitalization *n Plan* Revitalisierung (f), Wiederbelebung (f), Neubelebung (f); **revitalization costs** *n/pl* Revitalisierungskosten (pl)
revitalize *v/t Plan, Dev* revitalisieren, wieder beleben
revive *v/t* beleben
revocable offer *n* frei bleibendes Angebot (n); **revocable trust** *n Law* widerrufbares Treuhandverhältnis (n)
revocation *n* Abmeldung (f), Entnahme (f), Stornierung (f), Widerruf (m), Annullierung (f)
revoke *v/t Law* widerrufen, aufheben, annullieren; entziehen
revolving credit *n Fin* revolvierender Kredit (m), revolvierendes Darlehen (n); *Syn.: revolving loan*; **revolving door** *n* Drehtür (f), Karusseltür (f); **revolving loan** *n Fin* → revolving credit
revpar → revenue per available room
reward *n* Nutzen (m), Belohnung (f)
rewarding *adj* einträglich; lohnend
rezoning *n Plan* Umzonung (f); Änderung des Flächennutzungsplans
RFP → rent-free period
RFR *Fin, Val* → risk-free rate
RIBA *Org* → Royal Institute of British Architects
ribbed ceiling *n* Rippendecke (f); **ribbed floor** *n* Rippendecke (f); **ribbed slab** *n* Rippendecke (f)
ribbon development *n Plan* Zeilenbebauung (f), Bandbebauung (f); strahlenförmige Vorstadtentwicklung
RICS *Org* → Royal Institution of Chartered Surveyors; **RICS Appraisal and Valuation Manual** *Val (GB)* → Red Book
rider *n Law* Zusatzklausel (f); Nebenbestimmung (f); Nachtrag (m)
ridge *n ArCo* First (m), Dachfirst (m); Rücken (m); Grat (m); Rille (f); **ridge beam** *n* Firstbalken (m); **ridge capping** *n* Firstabdeckung (f); **ridge covering** *n* Firstabdeckung (f); **ridge height** *n* Firsthöhe (f); **ridge piece** *n* Firstbrett (n); **ridge purlin** *n* Firstpfette (f); **ridge roof** *n* Satteldach (n); **ridge tile** *n* Firstziegel (m)
riding hall *n* Reithalle (f)
right *n* Recht (n); Anrecht (n); Berechtigung (f); **right, title and interest** *n* alle Rechte (einschließlich Eigentumsrechte)
right in rem *n Law (lat.)* dingliches Recht (n), Sachenrecht (n); **right in rem to the usufruct** *n* dingliches Nießbrauchsrecht (n)
right of access *n* Recht (n) des freien Zugangs; Zugriffsrecht (n); Zugangsberechtigung (f); **right of action** *n* Klagerecht (n); **right of avoidance** *n* Anfechtungsrecht

(n); **right of buy-back** *n (US)* Rückkauf(s)-recht (n); *Syn.: right of repurchase*; **right of common** *n* Weiderecht (n); **right of first refusal** *n* (on sale) Vorkaufsrecht (n), (on letting) Vormietrecht (n); (first option) Anmietrecht; **right of joint use** *n* Mitbenutzungsrecht (n); **right of light** *n* Recht auf Licht; → light easement; **right of necessity** *n* → easement of necessity; **right of ownership** *n* Eigentumsrecht (n); **right of passage** *n* Wegerecht (n); Recht zum Gehen, Fahren, Reiten und Viehtreiben auf einem anderen Grundstück; bei einer Beleihung oder Bewertung sind die wertmindernden Auswirkungen des Rechts zu prüfen; *Syn.: wayleave*; **right of pasture** *n* Weiderecht (n); **right of pre-emption** *n* Vorkaufsrecht (n); **right of recourse** *n* Regressanspruch (m); **right of redemption** *n Fin* Rückerwerbsrecht (n); (loan) Rückzahlungsrecht (n) eines Schuldners, Tilgungsrecht (n), Ablösungsrecht (n); **right of re-entry** *n* Recht zur Wiederinbesitznahme durch den Vermieter, falls der Mieter seinen Pflichten nicht nachkommt; **right of refusal** *n* Verweigerungsrecht (n); **right of repurchase** *n* Wiederkaufsrecht (n); **right of resale** *n* Wiederverkaufsrecht (n); **right of residence** *n* Wohnrecht (n); **right of retention** *n* Retentionsrecht (n), Zurückbehaltungsrecht (n); **right of reversion** *n* Heimfallanspruch (m); **right of reverter** *n* → reversion; **right of revocation** *n* Widerrufsrecht (n); **right of set-off** *n* Anspruch (m) auf Anrechnung; **right of support** *n* Grenz- und Anbaurecht (n); **right of survivorship** *n* Erbberechtigung (f) an einem Gesamthand(s)eigentum; → joint tenancy; **right of use (and enjoyment)** *n* Nutzungsrecht (n); **right of way** *n* Wegerecht (n); Vorfahrtsrecht (n); → easement of way

right to acquire *n* Ankaufsrecht (n); **right to air and light** *n* Fenster- und Lichtrecht (n); *Syn.: air and light easement*; **right to annul** *n* Widerrufsrecht (n); **right to a view** *n* Recht auf Aussicht; → easement; **right to build** *n* Baufreiheit (f); **right to cancel** *n* Widerrufsrecht (n); **right to demand information** *n* Auskunftsrecht (n); **right to demolish** *n* Abbruchrecht (n); **right to enter** *n* Betretungsrecht (n); **right to extend** *n* Verlängerungsrecht (n); **right to purchase** *n* Ankaufsrecht (n); **right to revoke** *n* Widerrufsrecht (n)

right angle *n* rechter Winkel (m)

right angled *adj* rechtwinklig

rights issue *n Fin* Bezugsrechtsemission (f)

rigid construction *n* steife Konstruktion (f); **rigid foam** *n* Hartschaum (m); **rigid frame bridge** *n* Rahmenträgerbrücke (f)

rigidity *n* Steifigkeit (f)

rim lock *n* Aufschraubschloss (n)

ring *n Law, Mkt* → auction ring

ring beam *n* Ringbalken (m), Ringanker (m); **ring girder** *n* Ringanker (m), Ringbalken (m), Ringträger (m)

rinse *v/t* spülen

riparian rights *n/pl Law* Flussanliegerrechte (npl)

ripe for demolition *adj* abbruchreif

rippled glass *n* Rillenglas (n)

rise *n* Anstieg (m), Erhöhung (f), Gehaltserhöhung (f); (stairs) Tritthöhe (f)

rise in price *n* Preissteigerung (f); **rise in value** *n* Vermögenszuwachs (m), Wertzuwachs (m), Zuschreibung (f)

rise-run ratio *n* Steigungsverhältnis (n)

rise *v/i* steigen; **rising damp** *n* Bodenfeuchtigkeit (f), aufsteigende Feuchtigkeit (f); **rising main** *n* Steigleitung (f); **rising moisture** *n* aufsteigende Feuchtigkeit (f); **rising rent** *n* steigende Miete (f); **rising trend** *n* Aufwärtsentwicklung (f), Aufwärtstrend (m)

riser *n* Steigung (f); **riser pipe** *n* Steigrohr (n)

risk *n* Wagnis (n); Risiko (n); Gefahr (f); **at risk** auf Gefahr; **at the risk of** auf die Gefahr hin; **without risk** gefahrlos, risikolos

risk of accidental destruction *n* Gefahr des zufälligen Untergangs; **risk of default** *n* Ausfallrisiko (n); **risk of loss** *n (Insur.)* Gefahr (f) des Untergangs; Gefahr (f) des Verlusts; **risk of rent loss** *n Val* Mietausfallwagnis (n)

risk-adjusted discount rate (RADR) *n Val* risikobereinigter Diskontsatz (n); angepasster (sicherer) Diskontsatz, der die Sonderrisiken eines Objektes berücksichtigt

risk allocation *n Fin* Risikoallokation (f); **risk analysis** *n* Risikoanalyse (f); **risk appraisal** *n* Gefährdungsabschätzung (f), Risikoabschätzung (f), Risikobewertung (f); **risk assessment** *n Val* Risikoeinschätzung

r

(f), Risikobewertung (f); **risk capital** *n Fin* Risikokapital (n); *Syn.: venture capital*; **risk category** *n* Risikokategorie (f); **risk deduction** *n* Risikoabschlag (m)

risk-efficient portfolio *n PfoMgt* Portfolio mit optimalem Rendite-Risiko-Verhältnis

risk exposure *n Val* Gefährdung (f); Kreditrisiko (n); **risk factor** *n* Risikofaktor (m)

risk-free *adj* risikofrei; **risk-free investment** *n Fin, Val* risikolose Anlage (f); **risk-free rate (RFR)** *n Val* risikoloser Zinssatz (m)

risk management *n* Risikomanagement (n); wirksames Begrenzen von Risiken; **risk participation** *n Fin* Risikobeteiligung (f); **risk percentage** *n* Risikoprozentsatz (m); **risk premium** *n* Risikoprämie (f), Risikozuschlag (m); **risk reduction** *n* Risikominderung (f); **risk-return profile** *n Val* Rendite-Risiko-Profil (n); **risk-return relation** *n Val* Risiko-Rendite-Verhältnis (n); *Syn.: risk-return ratio*; **risk-return trade-off** *n Val* Zielkonflikt zwischen Risiko und Ertrag; **risk surcharge** *n* Risikozuschlag (m); **risk-weighted asset** *n* risikogewichtete Aktiva (pl); **risk weight(ing)** *n* Risikogewicht (n)

riskless *adj* risikofrei

risky *adj* gefährlich, gewagt, heikel

river *n* Fluss (m), Strom (m), fließendes Gewässer (n); → riparian rights; **river dam** *n* Staudamm (m); **river-water cooling** *n* Flusswasserkühlung (f)

RLI *Org* → Realtors and Land Institute

RM → Residential Member

RMBS *Fin* → residential mortgage-backed security

RNMI *Org* → Realtors National Marketing Institute

ROA → return on assets

road *n* Straße (f), Landstraße (f), Weg (m); **road used as a public path (RUPP)** *n (GB)* → restricted byway; **roadway** *n* Fahrbahn (f)

road bed *n* Straßenunterbau (m); **road construction** *n* Straßenbau (m); **road crossing** *n* Straßenkreuzung (f); **road drainage** *n* Straßenentwässerung (f); **road land** *n* Straßenland (n); **road line** *n* Straßenbegrenzungslinie (f), Straßenfluchtlinie (f); **road marking** *n* Straßenmarkierung (f); **road planning** *n* Straßenplanung (f)

roadside *n* Straßenrand (m); **roadside development** *n* landschaftspflegende und -schützende sowie Erosionsschutzmaßnahmen im Rahmen von Straßenbauarbeiten; **roadside embankments** *n/pl* Straßenböschungen (fpl)

road superstructure *n* Straßenoberbau (m); **road surface** *n* Straßenoberbau (m), Straßenoberfläche (f); **road works** *n/pl* Baustelle (f) (Straße), Straßenbaustelle (f)

ROC *Fin, Val* → return on capital

RoCE → return on capital employed

rock *n* Fels (m); **rock quarry** *n* Steinbruch (m); **rock wool** *n* Steinwolle (f)

rock-bottom price *n* äußerster Preis (m)

rod *n* Stange (f), Stab (m); Messlatte (f); auch: Längeneinheit mit 160 Fuß

ROE *Fin* → return on equity

ROI *Fin* → return on investment

rolled glass *n* Walzglas (n); **rolled steel joist (RSJ)** *n* Walzstahlträger (m), I-Träger (m)

rolled-under loan *n Fin* Darlehen, das zu einem niedrigeren als dem ursprünglichen Zinssatz verlängert wurde

roller *n* Walze (f), Welle (f); **roller application** *n* Aufwalzverfahren (n); **roller blind** *n* Rollladen (m); **roller shutter** *n* Rollladen (m); **roller shutter casing** *n* Rollladenkasten (m); *Syn.: roller shutter housing*; **roller shutter door** *n* Rollladentür (f), Rolltor (n)

roll forward *n* Fortschreibung (f)

rolling mill *n* Walzwerk (n); **rolling shutter** *n* Rollladentor (n); *Syn.: roller shutter door*

rollover *n Fin, Tax* Prolongation (f), Verlängerung (f), Neuverhandlung (f), periodische Neufestsetzung (f) von Zinsen; **rollover budget** *n (US)* ein aus dem Vorjahr übernommenes Budget; **rollover credit** *n* Rollover-Kredit (m), Kreditverlängerung (f); **rollover date** *n* Zinsanpassungsdatum (n) bei einem Rollover-Kredit; **rollover deal** *n* Anschlussgeschäft (n); **rollover debt** *n* Umschuldung (f); **rollover mortgage (ROM)** *n Fin* Hypothekendarlehen (n) mit regelmäßig neu ausgehandelten Zinssätzen; **rollover relief** *n Tax* Steuerentlastung durch Übertragung stiller Reserven auf Ersatzinvestitionen

roll over *v/t* bei Fälligkeit erneuern oder verlängern

roll up *v/t Fin* akkumulieren, anhäufen, ansammeln; **rolled-up interest** *n Fin* aufgelaufene Zinsen (mpl)

roll-up *n (US)* Zusammenführung mehrerer Unternehmen zu einer Aktiengesellschaft; bes. im Zusammenhang mit einem Börsengang (öffentliche Erstemission)

ROM *Fin* → rollover mortgage

roman tile *n* Dachpfanne (f)

roof *n ArCo* Dach (n); **roof antenna** *n* Dachantenne (f); **roof beam** *n* Deckenträger (m), Dachbalken (m); **roof boarding** *n* Holzschalung (f); **roof boards** *n/pl* Dachschale (f), Holzschalung (f); **roof cladding** *n* Bedachung (f), Dachdeckung (f), Dacheindeckung (f); **roof covering** *n* Bedachung (f), Dachhaut (f); Dachdeckung (f), Dacheindeckung (f); **roof drainage** *n* Dachentwässerung (f); **roof flashing** *n* Dachanschluss (m); von einem Dackdecker aus weichem Blech hergestellter Anschluss oder eine Abdichtung zwischen Wand und Dach bzw. zwischen den Dachflächen; **roof frame** *n* Fachwerkbinder (m); **roof garden** *n* Dachgarten (m); **roof gutter** *n* Regenrinne (f), Ablaufrinne (f); **roof insulation** *n* Dachdämmung (f); **rooflight** *n* Dachfenster (n), Kuppel (f); **roof loading** *n* Dachbelastung (f); **roof overhang** *n* Dachüberstand (m); **roof panel** *n* Dachplatte (f); **roof pitch** *n* Dachgefälle (n), Dachneigung (f); **roof profile** *n* Dachform (f); **roof projection** *n* Dachvorsprung (m); **roof ridge** *n* Dachfirst (m); **roof shape** *n* Dachform (f); **roof slate** *n* Dachschiefer (m); **roof slater** *n* Schieferdecker (m); **roof structure** *n* Dachkonstruktion (f), Dachstuhl (m); **roof tile** *n* Dachziegel (m); **roof tiling (work)** *n* Dachdeckarbeit (f); **roof truss** *n* Dachbinder (m); **roof types** *n/pl* Dacharten (fpl)

roofer *n* Dachdecker (m), Dachkleber (m); *Syn.: tiler*

roofing *n* Bedachung (f), Überdachung (f); **roofing felt** *n* Dachpappe (f), bituminöse Schweißbahn (f); **roofing shingle** *n* Dachschindel (f); **roofing tile** *n* Dachziegel (m); **roofing work** *n* Dacharbeiten (fpl)

room *n* Raum (m), Zimmer (n); Platz (m); Möglichkeit (f), Gelegenheit (f); **room divider** *n* Raumteiler (m); **room revenue** *n* Zimmererlös (m) (Hotel); **room temperature** *n* Raumtemperatur (f); **room yield** *n* Netto-Logisumsatz (m) pro verfügbarem/angebotenem Hotelzimmer

room *v/i (US)* wohnen

rooming house *n* Pension (f), Wohnheim (n), Fremdenheim (n), Logierhaus (n)

root of title *n Law* urkundlicher Eigentumsnachweis (m)

rot *n* Holzfäule (f)

rotation *n* Drehbewegung (f), Wechsel (m) (im Turnus)

rotational speed *n* Drehzahl (f)

rotproof *adj* unverrottbar

rotting *adj* faul(end), vermodert

rotunda *n* Rundbau (m); **rotunda roof** *n* Zeltdach (n), Pyramidendach (n); *Syn.: tent roof*

rough *adj* überschlägig, roh, grob; **rough edged** *adj* baumkantig; **rough estimate** *n* grobe Rechnung (f), grober Überschlag (m), grobe Schätzung (f), Überschlag (m), Überschlagsrechnung (f)

roughly estimated *adj* grobgerechnet, grobüberschlägig

rounded edges *n* abgerundete Kanten (fpl)

roundel (window) *n* rundes Fenster (n); Rosette (f); *Syn.: rosette window*

rounding *n* Abrundung (f); **rounding error** *n* Rundungsfehler (m); **rounding-off** *n* Abrundung (f)

round off *v/t* abrunden

route *n* Strecke (f), Route (f); (railway) Trasse (f); **route mapping** *n* Streckenführung (f); **route planning** *n* Trassierung (f)

row house *n ArCo (US)* Reihenhaus (n); *Syn.: town house, terraced house (GB)*

Royal Assent *n Law (GB)* königliche Genehmigung (f)

Royal Institute of British Architects (RIBA) *Org (GB)* Institut für Architekten und für Architektur

Royal Institution of Chartered Surveyors (RICS) *n Org* ursprünglich britischer, inzwischen weltweit tätiger Berufsverband von Immobilienfachleuten; 1868 in London gegründet, wurde der RICS 1881 die königliche Charta verliehen. Der Verband umfasst die gesamte Immobilienwirtschaft (profession of land), die in sechzehn Fachrichtungen (faculties) aufgeteilt ist, von Facility Management, Gewerbeimmobilien und Wohnimmobilien bis hin zu Planung & Entwicklung, Landvermessung und Wertermittlung

royalty *n Fin* Pachtgeld (n), Nutzungsgebühr (f); Lizenzgebühr (f), Patentgebühr (f); Tantieme (f); Autorenhonorar (n); **royalty income** *n* Lizenzeinnahmen (fpl)

RPI *Econ* → retail price(s) index

RSC *Org (US)* → Residential Sales Council
R-squared *n Fin, Val* wörtlich: R im Quadrat; Maßstab der Korrelation zwischen Bewegungen im Preis eines Fonds und z.B. einem Index (S&P 500)
RTC *Org* → Resolution Trust Corporation
rubber flooring *n* Gummifußbodenbelag (m)
rubbish *n* Müll (m); **rubbish container** *n* Mülltonne (f); **rubbish disposal** *n (GB)* Müllentsorgung (f); **rubbish dump** *n* Mülldeponie (f), Schuttabladeplatz (m)
rubble *n* (Bau-) Schutt (m), Geröll (n); **rubble drain** *n* Sickergraben (m)
ruin *n* Ruine (f); Ruin (m), Zerfall (m), Untergang (m); (pl. ruins) Ruine (f)
rule *n* Bestimmung (f), Regel (f); **rule of inference** *n* Deduktionsregel (f); **rule of thumb** *n* Daumenregel (f), Faustregel (f); **rule of thumb valuation** *n* Pi-mal-Daumen-Berechnung (f); **rules and regulations** *n/pl* Ordnungsmaßnahmen (fpl); **rules of conduct** *n/pl* Verhaltensregeln (fpl); → Royal Institution of Chartered Surveyors
ruling *n* richterliche Entscheidung (f)
ruling estate *n* herrschendes Grundstück (n); *Syn.: dominant tenement, dominant estate*; **ruling price** *n* Marktpreis (m)
run *v/i* laufen, fahren; **run down** abbauen
running costs → operating expenses; **running expenses** → operating expenses; **running-in expenses** *n/pl Fin* Anlaufkosten (pl); **running joint** *n* Raumfuge (f); **running repairs** *n/pl PptMgt* laufende Instandhaltung (f); **running yield** *n Val* laufende Rendite (f); laufende Verzinsung (f)
run out of money illiquide werden; **run with the land** *Law* → covenant running with the land
runoff *n* Abfluss (m), Oberflächenabschluss (m)
runway *n* Start- und Landebahn (f) (Flughafen)
rural *adj* ländlich; **rural area** *n* ländliche Gegend (f) mit geringer Bevölkerungsdichte; Haupteinkunftsquellen sind Landwirtschaft, Forstwirtschaft und Jagd; **rural credit cooperative** *n* landwirtschaftliche Kreditgenossenschaft (f); **rural development zone** *n* Dorfgebiet (n), ländliches Bauland (n); **rural exodus** *n* Landflucht (f); **rural-urban migration** *n* Landflucht (f)
rurban areas *n/pl Plan* Randgebiete der Stadtentwicklung, die sich im Prozess der Urbanisierung befinden; der Begriff rurban ist eine Mischung aus rural und urban
rust *n* Rost (m)
rust *v/i* rosten
rustic *adj* rustikal
rustication *n ArCo* → bossage
rustproof *adj* rostfest, rostfrei
rustproofing *n* Rostschutz (m)
RVA *Org* → Rating and Valuation Association
R-value *n ArCo* R-Wert (m); zeigt die Isolierungsfähigkeit eines Materials an; je höher der R-Wert, desto geringer die Wärmetransmission
Ryde's scale *n Val (GB)* spezielle Honorartabelle (f) der RICS für Arbeiten im Enteignungsfall (→ compulsory powers); die Ryde's scale wurde 1855 ursprünglich von Edward Ryde als Honorartabelle für alle Tätigkeiten eines Chartered Surveyor in GB erstellt. Im Zuge der Anti-Monopol-Gesetze wurde sie 1977 abgeschafft – mit Ausnahme der „Scale 5", die für Bewertungsarbeiten im Rahmen einer staatlichen Enteignung von Grundstücken gilt. Die letzte Fassung der Ryde's scale stammt aus dem Jahr 1996

S

S&L *Org* → savings and loan association
sacrifice *n* Opfer (n)
safe *adj* sicher; **safe-deposit box** *n* Tresor (m); *Syn.: strongbox*; **safe estimate** *n* vorsichtige Schätzung (f), vorsichtiger Kostenvoranschlag (m);
safeguard *n* Schutz (m), Sicherung (f), Vorsichtsmaßnahme (f)
safeguard *v/t* absichern
safeguarding *n* Sicherung (f); **safeguarding of interests** *n* Interessenvertretung (f), Interessenwahrnehmung (f)
safe rate *n Val* Zinssatz (m) einer sicheren Anlage
safety *n* Sicherheit (f); **safety arch** *n* Verstärkungsbogen (m); **safety cushion** *n* Sicherheitspuffer (m), Sicherheitspolster (n); **safety glass** *n* Sicherheitsglas (n); **safety light** *n* Sicherheitsleuchte (f); **safety lighting** *n* Notbeleuchtung (f), Sicherheitsbeleuchtung (f); **safety margin** *n* Sicherheitsabschlag (m); **safety zone** *n* Schutzfläche (f)
sag *v/i* abflauen
SAIF *Fin* → Savings Association Insurance Fund
sale *n* Verkauf (m), Veräußerung (f); **on sale** im Angebot; **for sale** zu verkaufen; **not for sale** nicht zum Verkauf, unverkäuflich
sale of goods *n* Verkauf (m) von Gütern; **sale of real estate** *n* Immobilienverkauf (m)
sale by auction *n* Versteigerung (f); **sale on account** *n* Verkauf (m) auf Rechnung; **sale with reservation (of ownership)** *n* Kaufvertrag (m) mit Eigentumsvorbehalt; *Syn.: conditional sale(s) contract*
sale and buyback *n Fin* Verkauf einer Immobilie an eine Finanzinstitution oder einen Investor bei gleichzeitigem Abschluss eines Ratenkaufvertrags; **sale and leaseback** *n Fin, Mkt* Verkauf (m) und Rückanmietung (f); *Syn.: sale-leaseback*; **sale-buyback** *n* → sale and buyback; **sale channel** *n* Vertriebskanal (m); **sale-leaseback** *n Fin* → sale and leaseback; **sale price** *n* Verkaufspreis (m); Ausverkaufspreis (m); **sale value** *n* Verkaufswert (m)
saleable *adj* marktfähig, verkäuflich
sales *n/pl* Umsatz (m), Umsatzerlöse (mpl), Verkäufe (mpl); **sales of merchandise** *n* Handelswaren-Umsatz (m)
sales agency *n* Verkaufsbüro (n); **sales area** *n Mkt* Absatzgebiet (n), Kundeneinzugsgebiet (n); *Syn.: sales territory*; *Ret* Verkaufsfläche (f); → net internal area (Netto-Grundrissfläche), die für den Verkauf zur Verfügung steht, exklusive Lagerräume; **sales-assessment ratio** *n Tax* Verhältnis zwischen tatsächlichem Verkaufspreis und Schätzwert; **sales bill** *n* Rechnung (f); **sales charge** *n* Abschlussgebühr (f); *Syn.: completion fee*; **sales clerk** *n (US)* Verkäufer (m); **sales commitment** *n* Lieferverpflichtung (f); **sales comparison approach** *n Val (US)* Vergleichswertmethode (f); Ansatz zur Wertermittlung mit Hilfe von Verkaufspreisen vergleichbarer Objekte; **sales concept** *n Mkt* Marketingkonzept (n); **sales contest** *n Mkt* Verkaufswettbewerb (m); **sales contract** *n Law* Kaufvertrag (m); *Syn.: contract of sale*; **sales deduction** *n* Erlösschmälerung (f); **sales forecast** *n* Umsatzerwartung (f); **sales increase** *n* Umsatzzuwachs (m); **sales kit** *n Mkt* Verkaufsunterlagen (fpl), Exposé (n); **salesman** *n* Verkäufer (m), Vertreter (m); **sales mix** *Ret, PfoMgt* → tenant mix; **sales office** *n* Verkaufsbüro (n); **sales order** *n* Verkaufsauftrag (m); **sales order processing** *n* Auftragsabwicklung (f); **sales orientation** *n* Vertriebsausrichtung (f); **sales particulars** *n/pl Mkt* Verkaufsangaben (fpl), (Verkaufs-) Exposé (n); **sales potential** *n* Umsatzpotenzial (n); **sales price** *n* Verkaufspreis (m); **sales productivity (per unit area)** *n Ret* Raumleistung (f) (pro Flächeneinheit); **sales profit planning** *n* Ertragsplanung (f); **sales prospect** *n Mkt* Kaufinteressent (m), potenzieller Käufer (m); **sales reduction** *n* Erlösschmälerung (f); **sales register** *n* Verkaufsjournal (n); **sales shift** *n* Umsatzumlenkung (f); **sales targets** *n/pl* Umsatzziele (npl); **sales type** *n* Absatzform (f); **sales value** *n* Absatzwert (m); **sales volume** *n* Absatz (m)

salient angle *n* äußere Ecke (f)
salt water *n* Salzwasser (n)
salvage *n* Bergung (f); **salvage company** *n* Abbruchbetrieb (m), Abbruchunternehmen (n); **salvage value** *n Val* Restwert (m), Veräußerungswert (m); Schrottwert (m)
SAM *Fin* → shared appreciation mortgage
sample *n* Probe (f), Muster (n); Stichprobe (f); **sample without value** *n* Muster (n) ohne Wert; *Syn.: sample with no commercial value*
sample approval *n* Baumustergenehmigung (f); **sample contract** *n* Mustervertrag (m); **sample distribution** *n* Häufigkeitsverteilung (f) der Stichproben; **sample procedure** *n* Stichprobenverfahren (n); **sample selection** *n* Stichprobenziehung (f); **sample size** *n* Stichprobengröße (f); **sample storage** *n* Musterlager (m); **sample survey** *n* Stichprobenerhebung (f); **sample unit** *n* Stichprobeneinheit (f)
sampling *n* Stichprobenerhebung (f), Sampling (n); **sampling process** *n* Abtastverfahren (n)
sanatorium *n* Sanatorium (n)
sanction *n* Billigung (f), Zustimmung (f); Sanktion (f)
sand *n ArCo* Sand (m); **sand dam** *n* Sanddamm (m); **sand deposit** *n* Sandablagerung (f); **sand drain** *n* Sickerdole (f); **sand filter** *n* Sandfang (m); **sand layer** *n* Sandschicht (f); **sand-lime brick (or block)** *n* Kalksandstein (m); **sand mix** *n* Sandmischung (f); **sand pit** *n* Sandgrube (f); **sandstone** *n* Sandstein (m); **sand trap** *n* Sandfang (m)
sanding sealer *n* Schleiflack (m), Vorlack (m)
sandpaper *v/t* schleifen
sandwich house *n ArCo (US)* Reihenhaus (n); **sandwich lease** *n Law* Untermiete (f); Untermietvertrag (m); **sandwich panel** *n* Sandwichplatte (f)
sandy clay *n* Sandton (m); **sandy ground** *n* Sandboden (m)
sanitary area *n* Sanitärbereich (m), Sanitärräume (mpl); **sanitary building** *n* Sanitärgebäude (n); **sanitary engineering** *n* Sanitärtechnik (f); **sanitary equipment** *n* sanitäre Einrichtungen (fpl); **sanitary facilities** *n/pl* Sanitäranlagen (fpl); **sanitary installations** *n/pl* Sanitärinstallationen (fpl); **sanitary room** *n* Sanitärzelle (f); **sanitary sewer** *n* Schmutzwasserkanal (m), Entwässerungsleitung (f); *Syn.: foulwater drain, soilwater drain, soilwater pipe*
sanitation *n* Hygiene (f), sanitäre Einrichtungen (fpl)
SARA *Law (US)* → Superfund Amendments and Reauthorization Act
sarking (felt) *n ArCo* (Dach) Unterspannbahn (f), Verlegeunterlage (f)
sash *n ArCo* Schiebeflügelrahmen (m), Schiebefensterrahmen (m); **horizontally pivoted sash** *n* Schwingflügel (m)
sash door *n* Rolltür (f); **sash lock** *n* Vorreiber (m); **sash window** *n* (vertikales) Schiebefenster (n)
satellite city *n* → satellite town; **satellite tenant** *n Ret* kleiner Mieter in einem Shoppingcenter, dessen Kundenfrequenz maßgeblich von der Anziehungskraft größerer Mieter abhängt; **satellite town** *n Plan* Satellitenstadt (f), Trabantenstadt (f)
satisfaction *n* Tilgung (f), Zahlung (f), Erfüllung (f), Befriedigung (f); Löschung (f); **satisfaction of demand** *n* Befriedigung (f) des Bedarfs; **satisfaction of mortgage** *n Fin (US)* Hypothekenlöschung (f), Löschung (f) einer Hypothek, Tilgung (f) einer Hypothek; **satisfaction of requirements** *n* Bedarfsdeckung (f); **satisfaction of wants** *n* Bedürfnisbefriedigung (f)
satisfaction certificate *n Fin* Löschungsbewilligung (f); **satisfaction piece** *n Fin* löschungsfähige Quittung (f)
satisfactory *adj* befriedigend, zufrieden stellend; **satisfactory prospects** *n/pl* befriedigende Aussichten (fpl); **satisfactory title** *Law* → marketable title
satisfy *v/t* abgelten, zufrieden stellen, befriedigen; **satisfy a condition** eine Bedingung erfüllen; **satisfy a want** ein Bedürfnis befriedigen; **satisfy requirements** Anforderungen erfüllen
saturate *v/t* sättigen, durchtränken
sauna *n* Sauna (f)
save *v/t* sichern, retten; abspeichern; **save up** ansparen, sparen
saving clause *n Law* salvatorische Klausel (f); sichert die Gültigkeit eines Vertrags für den Fall, dass einzelne Bestandteile entweder bei Abschluss bereits ungültig waren oder sie später, z.B. durch eine Gesetzesänderung, ungültig werden; *Syn.: severability clause*

savings *n/pl Fin* Spareinlagen (fpl); Ersparnisse (npl); **savings and loan association (S&L)** *n Fin* Sparkasse (f), Bausparkasse (f); **savings association insurance fund (SAIF)** *Fin* Fonds zur Versicherung von Geldeinlagen von Sparkassen; **savings bank** *n Fin* Sparkasse (f)
saw *v/t* sägen; **sawn timber** *n* Schnittholz (n), Kantholz (n)
saw dust *n* Sägemehl (n)
sawmill *n* Sägewerk (m)
sawtooth roof *n* Sheddach (n), Paralleldach (n)
SBIC *Org (US)* → Sustainable Buildings Industry Council
scaffold(ing) *n* Gerüst (n), Baugerüst (n)
scale *n* Skala (f), Maßstab (m); Tabelle (f); Umfang (m); (of a model) Modellmaßstab (m); **not to scale** ohne Maßstab
scale of charges and/or fees *n* Honorartabelle (f), Gebührentabelle (f); **scale of plant** *n* Betriebsgröße (f)
scale economies *n/pl* Größendegression (f), Größenvorteile (mpl), Skaleneffekte (mpl); **scale model** *n* Maßstabsmodell (n)
scale down *v/t* nach unten korrigieren, senken, verkleinern, zuteilen
scalene *adj* ungleichseitig, ungleichschenklig
scaling down *n* Verkleinern (n), Rationierung (f), Korrektur (f) nach unten
scalpings *n/pl* Split (m), Schotter (m)
scanning *n* Abtastung (f); **scanning process** *n* Abtastverfahren (n)
scarce *adj* knapp
scarcity *n* Knappheit (f), Mangel (m), Verknappung (f); **scarcity value** *n* Seltenheitswert (m)
scattered locations *n/pl* Streulagen (fpl)
scavenger sale *n (US)* Zwangsversteigerung (f)
scenario *n* Szenario (n); **scenario analysis** *n Val* Szenarioanalyse (f)
schedule *n* Auflistung (f), Aufstellung (f), Verzeichnis (n); Plan (m), Ablaufplan (m). Zeitplan (m); **schedule of condition** *n Law* Bauzustandsbeschreibung (f); **schedule of creditors** *n* Gläubigerverzeichnis (n); **schedule of dilapidations** *n Law* Mängelliste (f); **schedule of fees** *n* Gebührenordnung (f); **schedule of prices** *n ArCo* Preisverzeichnis (n), Bauleistungsverzeichnis (n); *Syn.: price schedule, pricing schedule*; **schedule of quantities** *n ArCo* Stück- und Mengenliste (f), Bauleistungsverzeichnis (n); *Syn.: bill of quantities*; **schedule of rates** *n ArCo* Preisverzeichnis (n); **schedule of services** *n* Leistungsverzeichnis (n)
scheduled area *n (GB)* Fördergebiet (n); **scheduled gross** *n PptMgt, PfoMgt (US)* erwartetes Bruttoeinkommen aus einer Immobilieninvestition; **scheduled monument** *n Plan, Law (GB)* Kulturdenkmal (n); *Syn.: ancient monument*; → listed building; **scheduled payments** *n/pl* planmäßige Zahlungen (fpl); **scheduled rent** *n* Bestandsmiete (f), planmäßige Miete (f) gemäß Mietvertrag, Vertragsmiete (f), Vertragspacht (f); **scheduled repayments** *n/pl* planmäßige Tilgungen (fpl)
schematic design *n ArCo* Vorentwurf (m)
scheme *n Dev* Entwurfskizze (f), Übersicht (f); Plan (m); Vorhaben (n); **scheme of arrangement** *n Fin* Vergleichsvorschlag (m); **scheme of development** *n Dev* Entwicklungsvorhaben, bei dem der Grundstückseigentümer das Grundstück aufteilt und als separate Baugrundstücke (oder die Erbbaurechte daraus) veräußert; dabei werden den Käufern Bedingungen auferlegt, wie die Grundstücke zu entwickeln sind; dies geschieht mit dem Ziel, einen Nutzen für alle Beteiligten zu schaffen
school *n* Schule (f)
science center *n* Gewerbepark (m) mit jungen Technologieunternehmen oder Forschungsbetrieben; **science park** *n* Wissenschaftspark (m)
scope *n* Umfang (m); Anwendungsbereich (m), Bereich (m); **scope of application** *n* Anwendungsbereich (m); **scope of audit** *n* Prüfungsumfang (m); **scope of authority** *n Law* Umfang (m) der Vertretungsbefugnis; **scope of consolidated financial statements** *n Fin* Konsolidierungskreis (m); **scope of use** *n* Anwendungsbereich (m); **scope of work** *n* Leistungsumfang (m)
scoring procedure *n* Scoringverfahren (n)
Scott schedule *n ArCo* spezielles Format für die Auflistung von Resultaten der Untersuchung einer Gebäudehülle
scrambled merchandising *n Ret* Erweiterung der Produktpalette eines Einzelhändlers um vom ursprünglichen Sortiment abweichende Produkte

scrap *n* Schrott (m), Altmaterial (n); **scrap merchant** *n* Schrotthändler (m); **scrap property** *n* Schrottimmobilie (f); *Syn.: junk property*; **scrap sales** *n/pl* Schrottverkäufe (mpl); **scrap value** *n Val* Restwert (m); Schrottwert (m); **scrap yard** *n* Schrottplatz (m)
scrap *v/t* verschrotten
screed *n* Estrich (m)
screening *n* Überprüfung (f); Selektion (f), Auswahl (f)
screen wall *n* Blendmauer (f), Sichtschutzwand (f)
screw *v/t* verschrauben; **screw(ed) connection** *n* Verschraubung (f); **screwed construction** *n* verschraubte Konstruktion (f)
screw thread *n* Gewindeanschluss (m)
screw up *v/t ugs.* vermasseln
scribe *v/t* anreißen, markieren
scrip *n Fin* Berechtigungsschein (m)
scrutinize *v/t* prüfen, untersuchen
scrutiny *n* Prüfung (f), Untersuchung (f)
SD *Val* → standard deviation
SDO *Plan* → Special Development Order
seal *n ArCo* Abdichtung (f), Dichtung (f); Plombe (f), Siegel (n)
seal *v/t* verkitten, versiegeln, verspachteln, abdichten; **sealed bid** *n Mkt* Ausschreibungsangebot (n) im versiegelten Umschlag *Syn.: sealed offer*; **sealed surface** *n* versiegelte Fläche (f)
sealant *n* Dichtungsmittel (n), Abdichtung (f)
sealing *n* Dichtung (f); **sealing compound** *n* Abdichtungsmasse (f); **sealing joint** *n* Dichtungsfuge (f); **sealing material** *n* Dichtungsmaterial (n); **sealing method** *n* Abdichtverfahren (n); **sealing ring** *n* Dichtungsring (m); **sealing rope** *n* Dichtungsstrick (m); **sealing screw** *n* Blindschraube (f); **sealing strip** *n* Fugenband (n)
search *n* Suche (f), Durchsuchung (f); **search criterion** *n* Suchkriterium (n)
searches *n/pl Law* Prüfungen und/oder Einsichtnahme von Unterlagen, bes. bei Behörden; → local authority searches
seashore *n* Küste (f), Ufer (n)
seasonal component *n Val, Econ* saisonale Komponente (f)
seasoned *adj* bewährt, erfahren, erprobt; **seasoned loan** *n Fin* bewährtes Darlehen (n); Darlehen eines Kreditnehmers guter Bonität
seat *n* Sitz (m)
seating arrangement(s) *n/pl* Sitzordnung (f)
SEC *Fin, Org* → Securities and Exchange Commission
second floor *n (GB)* zweites Obergeschoss (n); *(US)* erstes Obergeschoss (n); **second-generation leasing** *n* Anmietung von Flächen, die bereits vermietet waren; *Ant.: first letting*; **second-hand information** *n* Informationen aus zweiter Hand; **second hand leasing** *n* Zweithand-Leasing (n); **second home** *n* Zweitwohnsitz (m); Zweitwohnung (f); Ferienwohnung (f); **second mortgage** *n Fin* nachrangige Hypothek, Zweithypothek (f); **second opinion** *n Val* Zweitgutachten (n); Prüfung eines Gutachtens durch einen fremden Dritten; **second-order derivative** *n* zweite Ableitung (f); **second-rate** *adj* zweitklassig, zweitrangig; **second-tier company** *n* nachgeschaltete Gesellschaft (f); **second-tier subsidiary** *n* Enkelgesellschaft (f)
secondary *adj* sekundär, zweitrangig; **secondary adjustment** *n* sekundäre Berichtigung (f); **secondary building** *n* Nebengebäude (n); **secondary creditor** *n* nachrangiger Gläubiger (m); **secondary data analysis** *n* sekundäre Datenanalyse (f); **secondary debtor** *n* Zweitschuldner (m); **secondary financing** *n Fin* nachrangige Finanzierung (f), zweitstellige Finanzierung (f); **secondary liability** *n* Mithaftung (f); **secondary location** *n Val* Nebenlage (f); B-Lage (f); *Ant.: prime location*; **secondary market** *n* nicht amtlicher Markt (m), Parallelmarkt (m), Zweitmarkt (m); **secondary mortgage** *n* Nachranghypothek (f), nachrangige Hypothek (f), zweite Hypothek (f), zweitstellige Hypothek (f); **secondary mortgage market** *n Fin* sekundärer Hypothekenmarkt (m); Hypothekenmarkt, auf dem existierende Hypotheken und hypothekengesicherte Wertpapiere gehandelt werden; **secondary obligation** *n* Nebenpflicht (f); **secondary purchase** *n Fin* Finanzkauf (m); Übernahme von Investments aus dem Portfolio einer Venture-Capital-Gesellschaft durch eine andere; **secondary segment** *n* sekundäre Segmentierungsebene (f); **secondary structure** *n* Nebenanlage (f); **secondary survey** *n* Zweiterhebung (f)

secrecy *n* Geheimhaltung (f); **secrecy obligation** *n* Geheimhaltungspflicht (f)
secret profit *n Law* Gewinn durch Übervorteilung eines Auftraggebers durch einen Makler; ein Makler kauft ein Haus über einen Dritten, um es einem ihm schon vorher bekannten Interessenten zu einem höheren Preis zu verkaufen
secretary *n* Sekretär(in) (m/f)
Secretary of State for the Environment *(GB)* britischer Umweltminister
section *n* Abschnitt (m), Teil (m); Abteilung (f), Fachgruppe (f); Schnitt (m), Querschnitt (m); Profil (n), Umriss (m); auch: Flächenmaß: 1 Quadratmeile = 640 Morgen Land; **section through foundation** *n* Fundamentschnitt (m)
section of construction *n* Gewerk (n), Bauabschnitt (m) (räumlich)
section point *n* Trennstelle (f)
sectional drawing *n* Gebäudeschnittzeichnung (f), Querschnitt (m); *Syn.: section, cross section*; **sectional radiator** *n* Gliederheizkörper (m); **sectional view** *n* Schnitt (m)
sector *n* Sektor (m); Bereich (m); Branche (f); **sector of industry** *n* Branche (f); **sector of the economy** *n* Wirtschaftsbereich (m)
sector interest rate *n* Branchenzinsfuß (m); **sector planning** *n* Fachplanung (f)
secular cycle *n* Großzyklus (m); säkularer Zyklus (m); übergeordneter Zyklus z.B. in der Wirtschaft; an der Börse: ein „complete cycle" setzt sich aus einem „secular bull cycle" und einem „secular bear cycle" zusammen; **secular trend** *n* langfristige Entwicklung (f)
secure *v/t* sichern, Sicherheiten gewähren; **secure financing** Finanzierung sichern; **secure tenancy** *n Law (GB)* Mietverhältnis mit Mietschutz
secured *adj* gesichert; **secured bond** *n* hypothekarisch gesicherte Obligation (f), hypothekarisch gesicherte Schuldverschreibung (f); **secured credit** *n Fin* besicherter Kredit (m), (ab)gesicherter Kredit (m); *Syn.: collateral credit*; **secured creditor** *n Fin* gesicherter Gläubiger (m), bevorrechtigter Konkursgläubiger (m); **secured loan** *n Fin* gesichertes Darlehen (n); **secured party** *n Fin* Sicherungsnehmer (m); Factoring-Gesellschaft (f)
securities *n Fin* Wertpapiere (npl); auch: Sicherheiten; **securities account** *n Fin* Wertpapierdepot (n); *Syn.: custody account*; **Securities and Exchange Commission (SEC)** *n Fin, Org (US)* Börsenaufsichtsbehörde (f); **securities escrow account** *n* Anderkonto (n)
securitise *v/t Fin* verbriefen
securitization *n Fin* Verbriefung (f)
security *n* Sicherheit (f), Bürgschaft (f), Garantieverpflichtung (f), Gewährleistung (f), Hinterlegung (f), Kaution (f), Wertpapier (n); **security for a debt** *n* Sicherheit für eine Forderung (f); **security of tenure** *n Law* Mieterschutz (m), Kündigungsschutz (m); gesetzlich verankertes Recht des Mieters auf Verlängerung des Mietvertrags
security agreement *n Fin* Vertrag, der dem Gläubiger die Kontrolle über die verpfändete Immobilie zusichert; **security deposit** *n* Kaution (f), Sicherheit (f), Sicherheitseinbehalt (m); **security discount** *n* Sicherheitsabschlag (m); **security instrument** *n Fin* Besicherungsinstrument (n); z.B. Hypothek; **security interest** *n Fin* Eigentum an einem Gegenstand, der als Sicherheit dient; **security lighting** *n* Sicherheitsbeleuchtung (f); **security requirements** *n/pl* Sicherheitserfordernisse (npl); **security system** *n ArCo* Sicherheitssystem (n), Alarmanlage (f); **security technology** *n* Sicherheitstechnik (f)
sedimentation plant *n* Absetzanlage (f)
seed financing *n Fin* Finanzierung (f) zur Ausreifung und Umsetzung von z.B. Forschungsprojekten; **seed money** *n Fin* → front money
seepage *n* Versickern (n); **seepage trench** *n* Sickergraben (m); **seepage water** *n* Sickerwasser (n)
see-through building *n* leer stehendes Gebäude (n); der Begriff rührt her von einem leer stehenden Gebäude in Houston während einer Phase der Überbebauung in den späten 80er Jahren; ohne Mieter und Möblierung konnte man durch die Glasfassade des Gebäudes hindurchschauen
segment *n* Bereich (m); **segment of a business** *n* Geschäftsfeld (n), Unternehmensbereich (m)
segment accounting policies *n/pl Fin* Methoden und Vorgehensweisen (fpl) bei der Segmentberichterstellung (nach IAS);

segment reporting *n Fin* Segmentberichterstattung (f), Spartenberichterstattung (f); **segment result (IAS 14)** *n* Segmentergebnis (n)
segregate *v/t* trennen, ausgliedern, absondern, isolieren
segregated *adj* getrennt; **segregated cost method** *n* Kostenanalyse (f) nach Marktsegmenten
segregation *n Law* Absonderung (f), Aussonderung (f)
seigniory *n Law* Feudalbesitz (m), Feudalrechte (npl)
seisin *n Law* Besitz (m)
seize *v/t* beschlagnahmen, pfänden
seizure *n* Pfändung (f), Beschlagnahme (f), Beschlagnahmung (f)
selection *n* Auswahl (f), Auslese (f); **selection of risks** *n* Risikoselektion (f)
self-administration *n* Selbstverwaltung (f)
self-amortizing loan *n Fin* Annuitätendarlehen (n), Tilgungsdarlehen (n), Amortisierungsdarlehen (n); *Syn.: self-amortizing mortgage*
self-appraisal *n* Eigenbeurteilung (f), Selbstbeurteilung (f)
self-build *n Dev, ArCo* Eigenbau (m)
self-closing door *n* Automatiktür (f)
self-contained *adj* abgeschlossen (Wohnung), separat, unabhängig; **self-contained reports** *n/pl* selb(st)ständige Berichte (mpl)
self-determination *n* Selbstbestimmung (f)
self-employed person *n* Selb(st)ständiger (m), selb(st)ständig Tätiger (m)
self-employment *n* freiberufliche Tätigkeit (f), selb(st)ständige Tätigkeit (f)
self-executing law *n* unmittelbar anwendbares Recht (n)
self-financing *n* Eigenfinanzierung (f)
self-help *n* Selbsthilfe (f)
self-insurance *n* Selbstversicherung (f), Eigenversicherung (f)
self-liquidating *adj Fin* selbsttragend; **self-liquidating loan** *n Fin* Darlehen, das durch den Cashflow des finanzierten Objekts getragen/abgedeckt wird
(continuous) self-monitoring *n* (laufende) Selbstüberwachung (f)
self-sealing *adj* selbstabdichtend
self-service *n* Selbstbedienung (f); **self-service market** *n* Selbstbedienungsmarkt (m), SB-Markt (m); **self-service shop** *n* Selbstbedienungsladen (m), SB-Laden (m); **self-service store** *n* Selbstbedienungswarenhaus (n), SB-Warenhaus (n)
self-storage *n* Lagerraum, der angemietet werden kann
self-styled *adj* selbsternannt
self-supporting *adj* freitragend; **self-supporting partition** *n* frei stehende Zwischenwand (f)
self-tapping screw *n* Blechschraube (f), gewindefurchende Schraube (f)
sell *v/t* verkaufen, veräußern, absetzen; begeben; **sell at a loss** mit Verlust verkaufen; **sell by public auction** versteigern
selling agency *n* Verkaufsbüro (n); **selling agreement** *n* Verkaufsvertrag (m); **selling area** *n* Verkaufsfläche (f); **selling broker** *n Mkt* Makler, der den Käufer vertritt; *Syn.: selling agent*; **selling costs** *n/pl* Vertriebskosten (pl); *Syn.: selling expenses*; **selling price** *n* Verkaufspreis (m); **selling short** *n Fin* Leerverkauf (m); **selling value** *n* Verkaufswert (m)
seller *n* Verkäufer (m); *Syn.: vendor*; **seller financing** *n Fin* → purchase-money mortgage
seller's guide *n Mkt* Leitfaden (m) für Verkäufer; **seller's market** *n Econ, Mkt* Verkäufermarkt (m); **seller's option** *n Law* Verkaufsoption (f); *Syn.: put option*; *Ant.: call option, buyer's option, purchase option*; **seller's pack** *n (GB)* → Home Information Pack
sell-out *n* Ausverkauf (m)
semiannual *adj* halbjährlich
semi-basement *n* Souterrain (n), Sockelgeschoss (n); i.d.R. mit (beschränktem) Tageslicht
semicircle *n* Halbkreis (m)
semi-detached dwelling *n (GB)* → semi-detached house; **semi-detached house** *n ArCo (GB)* Doppelhaus (n), Doppelhaushälfte (f)
semi-dry process *n* halbtrockenes Verfahren (n)
semi-gloss enamel *n* Seidenglanzlack (m)
send out reminders *v/t* mahnen
senior debt *n Fin* vorrangige Verbindlichkeiten (npl); **senior housing** *n* → elderly housing; **senior loan** *n* erstrangiges Darlehen (n); **senior mortgage** *n Fin* erstrangige Hypothek (f), vorrangige Hypothek (f); *Syn.: first mortgage*; **Senior Real Estate**

Analyst (SREA) *(US)* Jobtitel eines Marktbeobachters in der Immobilienbranche; **Senior Residential Appraiser (SRA)** *(US)* Experte für die Bewertung von Wohnimmobilien; Lehrgänge und Diplome werden vom → Appraisal Institute angeboten und verliehen
sense of rotation *n* Drehrichtung (f)
sensitivity analysis *n Val* Sensitivitätsanalyse (f)
sensor *n* Fühler (m), Sensor (m); **sensor error** *n* Fühlerfehler (m); **sensor pocket** *n* Fühlertasche (f); **sensor seat** *n* Fühleraufnahme (f); **sensor temperatures** *n/pl* Fühlertemperaturen (npl)
sentence *n Law* Urteil (n)
sentimental value *n* Liebhaberwert (m)
sentiment index *n Econ* Geschäftsklimaindex (m); *Syn.: business climate index*
separable cost(s) *n(pl)* (ab)trennnbare Kosten (pl)
separate *adj* getrennt; **separate account** *n* Getrenntbuchung (f); **separate financial statement** *n* Einzelabschluss (m); **separate legal entity** *n* selb(st)ständiger Rechtsträger (m); **separate property (SP)** *n Law* Gütertrennung (f)
separating function *n* Abriegelungsfunktion (f)
separation *n* Kündigung (f), Trennung (f); **separation of solid particles** *n* Feststoffabscheidung (f)
separation efficiency *n* Abscheidegrad (m); **separation rate** *n* Abscheidegrad (m)
separator *n* Abscheider (m)
septic tank *n ArCo* Kleinkläranlage (f); Jauchegrube (f); Klärtank (m)
sequence *n* Ablauf (m), Sequenz (f); **sequence of assembly** *n* Montageablauf (m)
sequester (assets) *v/t* (Vermögen) beschlagnahmen, (Vermögen) konfiszieren
sequestered property *n* zwangsverwaltete Immobilie (f)
sequestration *n Law* Beschlagnahme (f), Konfiszierung (f)
serial number *n* laufende Nummer (f), Fabrikationsnummer (f), Seriennummer (f)
series analysis *n* Zeitreihenanalyse (f)
serrated trowel *n* Zahnspachtel (m)
serve *v/t* dienen, bedienen, betreuen; **serve (notice etc.)** *v/t* zustellen; **serve upon** *v/t* zustellen
service *n* Service (m), Wartung (f); **service agent** *n* Dienstleister (m), Verwalter (m); insbesondere von Hypothekendarlehen; *Syn.: servicer*; **service agreement** *n* Dienstvertrag (m), Wartungsvertrag (m); **service apartment** *n* Service-Wohnung (f); Wohnung mit Serviceleistungen; wie Reinigungsservice, Wäscheservice, Pförtner etc.; *Syn.: serviced apartment*; **service charge** *n* Bearbeitungsgebühr (f), Kontoführungsgebühr (f), Nebenkosten (f); **service charge management** *n* Nebenkostenverwaltung (f); **service contract** *n* Dienstvertrag (m), Wartungsvertrag (m); **service core** *n ArCo* Gebäudekern (m); für Versorgungsleitungen; **service department** *n* Abteilung (f) für Reparaturen und Wartungen, Kundendienst (m); **service developer** *n Dev* Service-Developer (m); Projektentwickler, der eine reine Dienstleistung im Sinne der Entwicklung eines Projektkonzeptes bis zur Planungsreife bzw. Baufreigabe erbringt; **service facility** *n* Wartungsanlage (f); **service industry** *n* Dienstleistungsgewerbe (n); **service instructions** *n/pl* Betriebsanweisung (f); **service licence** *n* → service tenancy; **service life** *n ArCo* Betriebsdauer (f), technische Lebensdauer (f); Haltbarkeit (f); **service pipe** *n* Versorgungsleitung (f); **service pipeline** *n* Anschlussleitung (f); **service property** *n* Dienstleistungsimmobilie (f); **service provider** *n* Dienstleistungsbetrieb (m); **service rating** *n* Leistungsbeurteilung (f); **service road** *n* Anliegerstraße (f), Zufahrtsstraße (f); **service station** *n* Kundendienst (m), Reparaturwerkstatt (f); Tankstelle (f) (GB); **service store** *n* Laden (m) mit Bedienung; **service tenancy** *n Law* Nutzungsrecht (n) für eine Dienstwohnung; **service water** *n* Brauchwasser (n); **service water heating** *n* Gebrauchswarmwasserbereitung (f)
serviced accommodation *n* **1.** (office) Mietbüro (n); ausgestatte Fläche mit Zusatzleistungen u.a. Telefon, Sekretariatsservice usw; **2.** (apartment); → service flat; **serviced apartments** *n/pl* Servicewohnanlage (f); *Syn.: service apartment*; **serviced flat** *n* Service-Wohnung (f); Wohnung mit hotelähnlichen Leistungen; wie Reinigungsservice, Wäscheservice, Pförtner etc.; *Syn.: service(d) apartment*; **serviced**

S

office *n* flexibel anmietbare Büroflächen mit Serviceleistungen; wie Empfang, Sekretariat, Büroausstattung
servicer *n* → service agent
servicing *n* Wartung (f), Kundendienst (m)
servient estate *n Law* dienendes Grundstück (n); Grundstück, welches zugunsten eines anderen Grundstücks (→ dominant estate) mit einem Nutzungsrecht (Grunddienstbarkeit) belastet ist; *Syn.: servient tenement, inferior estate; Ant.: dominant estate;* **servient tenement** *n Law* → servient estate
servitude *n Law* Grunddienstbarkeit (f); *Syn.: easement*
session *n* Gerichtsverhandlung (f), Sitzung (f)
set *n* Zusammenstellung (f); Satz (m); Reihe (f); math. auch: Menge (f), Zahlenmenge (f)
set a deadline befristen, Termin setzen; **set a due date** Frist setzen, Fälligkeitsdatum bestimmen, Wertstellung bestimmen; **set in motion** in Gang setzen; **set limits** Grenzen setzen, begrenzen; **set value on sth.** auf etw. Wert legen
set *adj* starr, vorgeschrieben, bestimmt, festgelegt; **set value** *n tech* Ausgangswert (m), Einstellwert (m)
set aside *v/t* etwas auf die Seite legen, etwas einplanen; **set-aside** *n* Flächenstilllegung (f); in der Landwirtschaft; **set-aside land** *n* Brachland (n)
setback *n Plan* Bauabstand (m); Bauwich (m); Abstand zwischen Gebäude und Grundstücksgrenze
set back *v/t* zurücksetzen; **set-back line** *n* der in den Bauvorschriften bestimmte Abstand zur Straße und zum Nachbargrundstück
set-off *n Law* Aufrechnung (f); Verrechnung (f); **set-off (against)** Ausgleich (für); **set-off of damages (against benefits)** *n* Vorteilsausgleich (m)
set off *v/t* anrechnen, verrechnen, saldieren; auch: auslösen, einleiten, etw. initiieren
set-off payment *n* Ausgleichsbetrag (m)
setting-out *n ArCo* Absteckung (f)
sett *n* Pflasterstein (m)
settee *n* Couch (f), Sofa (n)
setting of a time limit *n Law* Fristsetzung (f); *Syn.: fixing of a time limit*; **setting of goals** *n* Zielfestsetzung (f)
settle *v/i* sich setzten, niederlassen, beruhigen; **settling basin** *n* Absetzbecken (n); **settling tank** *n* Absetzbecken (n), Absetzbehälter (m)
settle *v/t* abrechnen, ausgleichen, abgelten; **settle a case** einen Fall regeln; **settle terms** Bedingungen vereinbaren
settled *adj* erledigt; beständig, ruhig, festgelegt; **settled account** *n* bezahlte Rechnung (f); **settled costs** *n/pl* abgerechnete Kosten (pl); **settled land** *n Law (GB)* Grundbesitz, der durch erbrechtliche Bestimmungen beschränkt wird
settlement 1. *n* Bezahlung (f), Begleichung (f); Abrechnung (f), Erfüllung (f); **settlement of accounts** *n* Abrechnung (f), Rechnungsbegleichung (f); **settlement of debts** *n* Schuldenbereinigung (f)
settlement costs *n/pl insur* Regulierungskosten (pl); *Syn.: adjustment costs, claim expenses;* **settlement date** *n* Erfüllungstag (m); **settlement day** *n* Abrechnungstag (m), Erfüllungstag (m), Fälligkeitstag (m), Fälligkeitstermin (m), Zahlungstag (m); **settlement period** *n* Abrechnungsperiode (f), Abrechnungszeitraum (m), Abwicklungsdauer (f); **settlement statement** *Mkt* → closing statement; **settlement with creditors** *n* Abkommen (n) mit den Gläubigern
settlement 2. *n Law* Schlichtung (f), Vergleich (m); Abfindung (f); Beilegung (f) von Streitigkeiten; auch: Übergabe von Grundbesitz an einen Treuhänder zur Verwaltung für nachfolgend Begünstigte (Erben); **settlement in arbitration proceedings** *n* Schiedsverfahren (n); **settlement of an estate** *n* Erbauseinandersetzung (f)
settlement act → Real Estate Settlement Procedures Act
settlement 3. *n Dev* Siedlung (f), Ansiedlung (f); **settlement structure** *n* Siedlungsstruktur (f)
settlement 4. *n ArCo* Setzung (f), Absacken (n) (eines Gebäudes); **settlement crack** *n* Setzriss (m)
settle net *v/t Fin* auf Nettobasis ausgleichen
settle with *v/t* abfinden
settlor *n Law* Treugeber (m); Errichter (m) eines Trust
set up *v/t* installieren; errichten, aufstellen; **set up as an asset** aktivieren; **set-up ex-**

penses *n/pl* Gründungskosten (pl); *Syn.: setting-up expenses, setting-up costs*

severability clause *n* → saving clause

several ownership *n Law* → tenancy in severalty; **several tenancy** *n Law* → tenancy in severalty

severalty *n Law* Alleineigentum (n); *Syn.: sole ownership*

severance 1. *n Law* Trennung (f), Abbruch (m); Entfernung eines festen Grundstücksbestandteils (z.B. Baum oder Zaun); dieser geht dann vom Grundeigentum in bewegliches Privateigentum über; **severance damages** *n Law* Entschädigung für Enteignung (f); **severance tax** *n Tax (US)* Steuer auf die Konzession zur Förderung und Nutzung natürlicher (mineralischer) Rohstoffe

severance 2. *n* Abfindung (f); **severance agreement** *n* Abfindungsvereinbarung (f), Abfindungsvertrag (m) (bei Auflösung eines Arbeitsvertrags); colloq. Abfindung (f); *Syn.: termination agreement, „golden handshake", severance pay*; **severance compensation** *n Law* → compensation for severance

severe *adj* ernst, hart, schwerwiegend

sewage *n* Abwasser (n), Schmutzwasser (n); **sewage canal** *n* Abwasserkanal (m); **sewage charge** *n* Abwasserabgabe (f); **sewage discharge** *n* Abwasserabfluss (m); **sewage disposal** *n* Abwasserbeseitigung (f); **sewage installation** *n* Abwasseranlage (f); **sewage plant** *n* Kläranlage (f); **sewage sludge** *n* Klärschlamm (m); **sewage treatment** *n* Abwasserbehandlung (f); **sewage water** *n* Abwasser (n); **sewage works** *n/pl* Klärwerk (n)

sewer *n* Abflusskanal (m), Abwasserkanal (m), Abwasserleitung (f); *Syn.: drain*; **sewer network** *n* Kanalisation (f); **sewer pipe** *n* Abwasserkanal (m); **sewer system** *n* Kanalisation (f)

sewerage *n* Abwasserleitung (f)

shack *n* Bude (f), Hütte (f)

shading device *n* Sonnenschutzvorrichtung (f)

shadow price *n Econ* Grenzkosten (pl) einer Randbedingung; wird verwendet bei Maximierungsproblemen; steht eine Ertragsfunktion unter einer einschränkenden Nebenbedingung, so ist der shadow price der Mehrertrag, der entsteht, wenn die Nebenbedingung um eine Einheit abgeschwächt wird

shaft *n* Schacht (m); **shaft construction** *n* Schachtbauweise (f), Schacht (m); **shaft inspection** *n* Schachtbegehung (f)

shake-out *n* plötzlicher Preisverfall (m); plötzlicher Verkauf (m) von bestimmten Wertpapieren usw.; Marktbereinigung (f), Ausleseprozess (m); Börsenkrise (f); schwächere Investoren werden dabei vom Markt verdrängt

shake shingle *n ArCo (US)* Holzschindel (f)

shallow laying *n* Flachverlegung (f)

sham *n* Betrug (m), Täuschung (f); **sham company** *n* Scheingesellschaft (f); **sham transaction** *n* Scheingeschäft (n); *Syn.: bogus transaction*

shanty *n* Bude (f), Hütte (f)

shape *n* Form (f), Formstück (n); **shape of a site** *n* Grundstückszuschnitt (m)

share *n Fin* Aktie (f), Beteiligung (f), Anteil (m); **share of the inheritance** *n* Anteil (m) an der Erbschaft

share block premium (on share purchase) *n* Paketzuschlag (m); **share capital** *n Fin (GB)* Aktienkapital (n), Grundkapital (n); **share deal** *n Fin* Übernahme durch Kauf der Geschäftsanteile; *Ant.: asset deal*; **share lease** *Law* → sharecropping; **share option** *n* Bezugsrecht (n), Optionsrecht (n); **share option plan** *n* Aktienoptionsplan (m); **share premium** *n* Aktienagio (n); Emissionsagio (n); **share rent** *n Law* Mietzahlung, die in Form einer Beteiligung des Vermieters am Nutzen des Mieters aus der Mietsache entrichtet wird; bspw. Umsatzmiete, Naturalmiete etc.; **share split** *n* Aktiensplit (m); **share warrant** *n* Aktienoptionsschein (m)

shared appreciation mortgage (SAM) *Fin* → participating mortgage; **shared equity mortgage** *n Fin* Wohnungsbaudarlehen mit Eigenkapitalbeteiligung der finanzierenden Bank; bei Veräußerung des Hauses erhält die Bank einen Teil des Veräußerungserlöses; nach Tilgung des Darlehens partizipiert die Bank an den Einkünften; **shared ownership** *n Law (GB)* Instrument der Wohneigentumsförderung; ein Anteil der Immobilie wird gekauft, der andere Anteil ist im Besitz einer Wohnungsbaugesellschaft und wird gemietet; es ist möglich, im Laufe der Zeit wei-

tere Anteile an der Immobilie zu erwerben
sharing of profits *n* Gewinnausschüttung (f)
sharecropping *n Law* Naturalpacht (f); Entrichten der Pacht durch einen Teil der Ernte
shareholder *n* Aktionär (m), Anteilseigentümer (m), Anteilseigner (m), Gesellschafter (m) (einer Kapitalgesellschaft), Fondsanteilseigner (m); **shareholders' agreement** *n* Gesellschaftsvertrag (m); **shareholders' equity** *n* Eigenkapital (n); **shareholders' meeting** *n Fin* Aktionärsversammlung (f)
shareholder debt *n* Gesellschafterdarlehen (n); **shareholder debt financing** *n* Gesellschafterfremdfinanzierung (f); **shareholder loan** *n* Gesellschafterdarlehen (n); **shareholder value** *n Fin* Shareholder Value (m), Marktwert (m) des Eigenkapitals
shareholding *n* Beteiligung (f)
sharp-edged *adj* scharfkantig
sharp fall *n* drastischer Rückgang (m)
shattered finances *n/pl* zerrüttete Finanzen (pl)
shave prices *v/t* Preise drücken
shaver socket *n* Rasiersteckdose (f)
shavings *n/pl* Hobelspäne (mpl), Sägespäne (mpl)
shear *n* Schub (m); **shear force** *n* Querkraft (f); **shear reinforcement** *n* Schubbewehrung (f); **shear wall** *n ArCo* schubkraftübertragende Wand (f); Mauer, die ein Haus vor Erschütterungen durch Erdbeben und Winde schützen soll
shearing strength *n* Schubfestigkeit (f)
sheathe *v/t* umhüllen
sheathing *n* Ummantelung (f), Verschalung (f)
shed *n* (garden) Gerätehaus; (factory/warehouse) Halle (f), Lagerhalle (f); (shack) Baracke (f), Bude (f), Hütte (f); **shed dormer** *n ArCo* durchgehende Gaupe (f); **shed roof** *n ArCo* Halbdach (n), Pultdach (n)
sheet *n* Blatt (n), Papierblatt (n); **sheet of water** *n* Wasserfläche (f)
sheet copper *n* Kupferblech (n); **sheet glass** *n* Flachglas (n), Tafelglas (n); *Syn.: plate glass;* **sheet iron** *n* Stahlblech (n)
sheet metal *n* Blech (n); **sheet metal flashing** *n* Verwahrungsblech (n); **sheet-metal jacket** *n* Blechmantel (m); **sheet metal work** *n* Spenglerarbeiten (fpl); **sheet-metal worker** *n* Spengler (m)
sheet piling *n* Spundwand (f); **sheet steel** *n* Stahlblech (n); **sheet tin** *n* Zinnblech (n); **sheet wall piling** *n* Spundwandgründung (f)
sheeting *n* Verkleidungsmaterial (n)
shelf *n* Ablage (f), Fachboden (m) (Regal, Schrank); **shelf company** *n Fin* Vorratsgesellschaft (f); **shelf space** *n* Regalfläche (f)
shell *n* Außenhülle (f), Schale (f); **shell and core** *n ArCo* Bauhülle (f) und -kern (m); **shell company** *n Fin* Mantelgesellschaft (f), Firmenmantel (m); **shell concrete** *n* Schalenbeton (m); **shell (construction)** *n ArCo* Rohbau (m); Schalenbauweise (f); **shell lease** *n Law* Anmietung der Gebäudehülle; mit dem Ziel, den Innenraum selbst auszubauen; z.B. in einem neu errichteten Einkaufszentrum; **shell roof** *n* Schalendach (n); **shell structure** *n* Schalenkonstruktion (f); **shell structure roof** *n* Schalendachkonstruktion (f)
shelter *n* Schutz (m); Überdeckung (f)
sheltered housing *n* → elderly housing
shelve *v/t* aufschieben, zurückstellen, ad acta legen; **shelving section** *n* Ablagefach (n)
sheriff's deed *n Law* Vollstreckungstitel (m)
SHG *(GB)* → social housing grant
shield *n* Schild (n), Vortriebsschild (n)
shift *n* Verlagerung (f), Verschiebung (f), Schicht (f)
shift *v/i* verschieben, überwälzen, verlasten
shingle *n ArCo* Schindel (f), Dachschindel (f); **shingle concrete** *n* Einkornbeton (m); **shingle roof** *n* Schindeldach (n)
ship *v/t* verladen, versenden (bes. US)
shipbuilding yard *n* Schiffswerft (f)
shipping documents *n/pl* Verladepapiere (npl)
shoemaker *n* Schuster (m); **shoe retailer** *n* Schuheinzelhändler (m); Schuhfachmarkthändler (m); oft i.S.v. Einzelhandelskette; **shoe shop** *n* Schuhgeschäft (n)
shop *n* Geschäft (n), Laden (m); Werkstatt (f); **shop floor** *n Ret* Verkaufsfläche (f); **shopfront** *n* Schaufenster (n); **shophouse** *n* für Malaysia typisches, meist doppelstöckiges Gebäude mit einem Laden im Erdgeschoss und Wohnraum im Obergeschoss, in dem gewöhnlich der Ladenbe-

S

sitzer wohnt; **shop premises** *n/pl Ret* Einzelhandelsflächen (pl); **shop space** *n* Ladenfläche (f); **shop window display** *n* → window display

shopping *n Ret* Einkauf (m), Einkaufen (n); **shopping arcade** *n* Einkaufspassage (f); **shopping cart** *n (US)* Einkaufswagen (m); **shopping centre** *n* Shoppingcenter (n), Einkaufszentrum (n); eine Anzahl von Handels- und Dienstleistungseinrichtungen, die als eine einheitliche Immobilie geplant, entwickelt, finanziert und verwaltet werden; *Syn.: shopping center (AE)*; **shopping gallery** *n* Einkaufsgalerie (f), Einkaufspassage (f); **shopping mall** *n (US)* Einkaufszentrum (n); Ladenstraße (f); **shopping trolley** *n (GB)* Einkaufswagen (m)

shore *n* Küste (f), Ufer (n), Strand (m); **shore line** *n* Uferlinie (f)

shoring *n ArCo* Absteifung (f), Abstützung (f), Einrüstung (f), Verschalung (f)

short circuit *n* Kurzschluss (m); **short cut** *n* Abkürzung (f); **short-dated** *adj Fin* kurzfristig; **short-distance traffic** *n* Nahverkehr (m); **short lease** *n Law* kurzfristiger Mietvertrag (m); → short tenancy; **short-lived item** *n* kurzlebiges Wirtschaftsgut (n); **short rate** *n Fin* → short-term interest rate; **short sale** *n Fin* Leerverkauf (m); **short tenancy** *n Tax (GB)* Mietvertrag mit einer Dauer von maximal sieben Jahren; vom Inland Revenue als short tenancy qualifiziert; eine Bedingung für die Steuerfreiheit von Mietverträgen

shortage *n* Mangel (m), Knappheit (f); Engpass (m); Fehlbestand (m); **shortage of liquid funds** *n* Überschuldung (f), Zahlungsunfähigkeit (f)

shortened *adj* abgekürzt

shortening *n* Verkürzung (f)

shortfall *n* Fehlbetrag (m), Deckungslücke (f), Defizit (n); Fehlmenge (f); **shortfall in revenues (eg. service charges)** Einnahmeausfälle (mpl)

shorthold tenancy *n Law* → assured shorthold tenancy; protected shorthold tenancy

short-term *adj* kurzfristig; für einen kurzen Zeitraum; **short-term contract** *n Law* kurzfristiger Vertrag (m); **short-term cycle** *n* kurzfristige Laufzeit (f); **short-term employee benefits** *n* kurzfristig fällige Leistungen (fpl) an Arbeitnehmer; **short-term finance** *n* kurzfristige Finanzierung (f); **short-term heat storage** *n* Kurzzeit-Wärmespeicher (m); **short-term interest rate** *n Fin* Zinssatz für kurzfristiges Fremdkapital; *Syn.: short rate*; **short-term lease** *n Law* kurzfristiger Mietvertrag (m); **short-term lending rate** *n* kurzfristiger Anlagezinssatz (m); **short-term loan** *n Fin* kurzfristiges Darlehen (n), kurzfristige Finanzierung (f); *Syn.: short-term financing*; **short-term planning** *n* kurzfristige Planung (f); **short-term potential** *n* kurzfristiges Potenzial (n); **short-term receivables** *n/pl (US)* kurzfristige Forderungen (fpl)

shotcrete *n* Spritzbeton (m)

shovel *n* Schaufel (f)

show *n* Ausstellung (f); **show apartment** *n Mkt* Musterwohnung (f); **show house** *n* Musterhaus (n); insbesondere Wohngebäude; *Syn.: model house (US)*

show *v/t* ansetzen, aufführen, aufweisen, ausrechnen, berechnen, zeigen; **show a loss** Verlust ausweisen; **show on the books** ausweisen

showcase *n Ret* Schaukasten (m)

shower *n* Dusche (f); **shower basin** *n* Duschwanne (f); **shower curtain** *n* Duschvorhang (m); **shower receptor** *n* Duschwanne (f); **shower rose** *n* Brausekopf (m); **shower spray** *n* Sprühkopf (m); **shower trap** *n* Duschsiphon (m), Siphon (m); **shower tray** *n* Duschwanne (f); **shower tub** *n* Duschwanne (f)

showroom *n* Ausstellungsraum (m); Verkaufsraum (m)

shrinkage *n* Schrumpfung (f), Schwund (m); **shrinkage (of cement)** *n* Zementschwinden (n), Zementschwund (m)

shutdown *n* Schließung (f) (Fabrik)

shut down *v/t* (eine Anlage) herunterfahren

shut-off valve *n* Absperrarmatur (f), Absperrorgan (n), Absperrventil (n)

shutter *n ArCo* Schalung (f); Fensterladen (m); Rollladen (m); Schließvorrichtung (f)

shuttering *n ArCo* Einschalung (f), Schalung (f), Verschalung (f); **shuttering work** *n* Schalarbeiten (fpl); *Syn.: formwork*

SIC → Standard Industrial Classification

sick building syndrome *n ArCo* Sick-Building-Syndrom (n); durch Klimaanlagen bzw. Luftverunreinigungen im Gebäudeinneren hervorgerufene Symptome wie Kopfschmerzen, Übelkeit, Allergien etc.

sick market *n (US)* lustloser Markt (m), uneinheitlicher Markt (m)

side *n* Rand (m), Seite (f), Seitenfläche (f), Seitenwand (f); **sideboard** *n* Anrichte (f), Büffet (n)

side-by-side participation *Fin* → vertical slice participation

side chapel *n* Seitenkapelle (f); **side door** *n* Seitentür (f); **side elevation** *n* Seitenansicht (f); **side entrance** *n* Seiteneingang (m), Nebeneingang (m); **side face** *n* Seite (f); **sidehill cut** *n* Hangeinschnitt (m)

side-hung casement *n* Drehflügel (m); **side-hung window** *n* Drehflügelfenster (n)

side letter *n Law* Nebenabrede (f); **sidelight** *n* Seitenfenster (n), Seitenlicht (n); **side plate** *n* Wange (f)

sidewalk *n (US)* Bürgersteig (m), Gehweg (m); **sidewalk bed** *n* Wegekoffer (m); **sidewalk café** *n (US)* Straßencafé (n); **sidewalk flagstone** *n* Gehwegplatte (m)

siding *n (GB)* Nebengleis (n), Abstellgleis (n), Anschlussgleis (n); *Syn.: sidetrack (US); ArCo (US)* Außenwandverkleidung (f)

sight *n* Sicht (f), Visiereinrichtung (f); **at sight** bei Vorlage

sight line *n Mkt* Sichtlinie (f), Blickfenster (n); einsehbarer Bereich (m); meint den von der Straße aus sichtbaren Bereich und ist für Handelsgeschäfte von großer Bedeutung; **sight rail** *n* Visiergerüst (n)

sign *n* Zeichen (n); Schild (n); Wegweiser (m)

sign *v/t* unterzeichnen, unterschreiben; kennzeichnen; **signed, sealed and delivered** *Law* wörtlich: unterschrieben, versiegelt und übergeben (Dokument); **sign jointly** mitunterzeichnen; **sign off** abmelden

signage *n* Beschilderung (f); Leitsystem (n)

signal box *n* Stellwerk (n); **signal system** *n* Signalsystem (n)

signalling *n Mkt* Signalisierung (f)

signature *n* Unterschrift (f), Signatur (f), Unterzeichnung (f)

significant influence *n* maßgeblicher Einfluss (m)

signing of a contract *n* Vertragsunterzeichnung (f)

signing date *n* Tag (m) der Unterzeichnung

silent partner *n Law* stiller Gesellschafter (m), stiller Teilhaber (m); **silent partnership** *n* stille Beteiligung (f), stille Gesellschaft (f); **silent salesman** *n Ret* Schaukasten (m); Vitrine (f); **silent second** *n Fin* weitere Aufnahme von Geldmitteln nach Aufnahme einer Hypothek zur Finanzierung der Anzahlung, der Abschlusskosten oder zum Ausgleich anfänglicher negativer Cashflows; meist mit aufgeschobener Zinszahlung und Tilgung nach Tilgung der Hypothek

silicate paint *n* Wasserglasfarbe (f)

sill *n ArCo* Schwelle (f), Türschwelle (f); Fensterbrett (n)

silo *n* Lagerbehälter (m), Silo (m/n)

silty soil *n* schlüpfriger Boden (m)

simple construction *n* Schlichtbauweise (f); **simple contract** *n Law* formloser Vertrag (m); **simple interest** *n Law* einfache Zinsen (mpl) (ohne Zinseszins), gewöhnliche Zinsen (mpl); auch: auf einem 360-Tage-Jahr kalkulierte Zinsen; *Syn.: ordinary interest*; *Ant.: exact interest*; **simple linear regression analysis** *n* einfache lineare Regressionsanalyse (f); **simple listing** *n* allgemeiner Maklerauftrag (m); **simple ratio** *n* einfache Verhältniszahl (f); **simple trust** *Law* → bare trust

simplified planning zone (SPZ) *n Plan (GB)* Bezeichnung für Gebiete, deren Entwicklung durch die Vereinfachung von Genehmigungsverfahren gefördert werden soll

simulate *v/t* simulieren; vortäuschen

single agency *Mkt* → sole agency; **single bedroom** *n* Einzelzimmer (n); **single closing** *n* Einzelabschluss (m); **single combustion** *n* Einzelfeuerung (f); **single door** *n* einflügelige Tür (f); **single-family detached unit** *n* frei stehendes Einfamilienhaus (n); **single-family district** *n (US)* Stadtgebiet mit (frei stehenden) Einfamilienhäusern; **single-family home** *n* Einfamilienhaus (f); **single-family house** *n* Einfamilienhaus (n); → detached house; **single-floor** *adj* eingeschossig; **single-hung window** *n* Vertikalschiebefenster (n); nur einer der beiden Flügen lässt sich verschieben; **single-jet meter** *n* Einstrahlzähler (m); **single-leaf door** *n* einflügelige Tür (f); **single-lever mix tap** *n* Einhebelmischer (m); *Syn.: single-lever mix faucet*; **single-life annuity** *n* Kaufpreisrente (f),

S

Leibrente (f); **single load** *n* Einzellast (f), Punktlast (f)

single-phase *adj* einphasig

single pipe connector *n* Einrohr-Anschlussstück (n); **single-pipe heating system** *n* Einrohrheizung (f); **single-pipe network** *n* Einrohrnetz (n); kombiniertes Regenwasser- und Abwassernetz; **single property** *n* Einzelobjekt (n); **single purpose vehicle** *n* → special purpose vehicle (SPV)

single-rate capitalization factor *Val* → single-rate years' purchase; **single rate method (of valuation)** *n Val (GB)* Bewertungsmethode für → leasehold-Objekte, die die gleiche Rendite für Kapitalisierung und Amortisierung (→ sinking fund) unterstellt; *Ant.: dual rate method*; **single rate tables** *n/pl* Bewertungstabellen (fpl) (Rechentabellen) des → single rate years' purchase; **single-rate years' purchase** *n Val (GB)* Kapitalisierungsvervielfältiger (m); kalkuliert mit der gleichen Rendite für Kapitalisierung und Amortisierung (→ sinking fund); Rentenbarwertfaktor; *Syn.: Inwood factor*; *Ant.: dual-rate years' purchase*

single room *n* Einzelzimmer (n)

single-row *adj* einreihig

single sensor device *n* Einfühlergerät (n); **single sensor method** *n* Einfühlverfahren (n); **single span beam** *n ArCo* Einfeldbalken (m); **single stack system** *n ArCo* kombinierte Abwasserabzugsystem für → wastewater (Schmutzwasser) und → greywater mit nur einem Fallrohr ohne getrennte vent pipe

single-stor(e)y *adj* eingeschossig; **single-storey building** *n* eingeschossiges Gebäude (n), Flachbau (m); *Syn.: single-storey house*

single tenant building *n* Gebäude (n), das für einen einzigen Mieter bestimmt ist; **single-unit depreciation** *n* Einzelabschreibung (f), individuelle Abschreibung (f); **single-use property** *n* einzelnutzungsgebundenes Objekt (f); **single-wing door** *n* einflügelige Tür (f)

sink *n* Spüle (f); **sink trap** *n* Spülensiphon (m)

sink *v/t Fin* anlegen; amortisieren, tilgen

sinking fund *n Fin* Tilgungsfonds (m), Amortisationsfonds (m); **sinking fund factor** *n* Tilgungsfondsfaktor (m); Kapitalendwert des Annuitätenfaktors; **sinking fund method** *n Val (GB)* Methode für die Bewertung von leasehold interests mit variablem Ertrag, die durch die Anwendung einer algebraischen Berechnung einen Fehler in der normalen Bewertungsmethode (mit Steuerabzug) kompensiert; → double sinking fund method

SIOR *Org* → Society of Industrial and Office Realtors

siphon off *v/t* abschöpfen

sit *v/i* sitzen; **sit-in** *n* Sitzstreik (m); Besetzung (f)

sitting rent *Val, Law* → virtual rent; **sitting room** *n* Wohnstube (f); **sitting tenant** *n Law (GB)* Mieter, der auch nach Veräußerung der gemieteten Immobilie das Recht auf Weiternutzung hat; Veräußerung bricht nicht Miete; **sitting tenant value** *n* subjektiver Wert für den Mieter eines vermieteten Objekts (m)

site *n* Lage (f), Standort (m); Grundstück (n); Baugrundstück (n), Bauplatz (m), Baustelle (f); **site of nature conservation interest (SNCI)** *n Plan (GB)* Naturschutzgebiet (n); **site of special scientific interest (SSSI)** *n Plan (GB)* Naturschutzgebiet (n)

site access *n* Baustellenstraße (f), Grundstückszufahrt (f); **site analysis** *n Val* Standortanalyse (f); **site area** *n* Grundstücksfläche (f); Baustellengelände (n); **site canteen** *n* Baukantine (f); **site characteristics** *n/pl* Grundstückseigenschaften (fpl); **site clearance** *n* Baustellenräumung (f); **site cost** *n* Kosten (pl) des Baugrundstücks; **site coverage (ratio)** *n Plan* Grundflächenzahl (f) (GRZ); Verhältnis bebaute Grundstücksfläche zu Grundfläche; **site data** *n/pl* Standortdaten (pl); **site density** *n* Bebauungsdichte (f) (Grundstück); **site description** *n* Lagebeschreibung (f); **site determination** *n* Standortbestimmung (f); **site development** *n Dev* Baustellenerschließung (f), Erschließung (f) von Bauland; **site development plan** *n* Erschließungsplan (m); **site exploration** *n* Geländeerkundung (f); **site inspection** *n* Betriebsbegehung (f), Baustellenbesichtigung (f); **site installations** *n/pl* Baustelleneinrichtungen (fpl); **site layout** *n* Grundstückszuschnitt (m); **site manager** *n* Bauleiter (m); **site notice board** *n* Bautafel (f); **site occupancy index** *n* Grundflächenzahl (f) (GRZ); stellt das Verhältnis zwischen zulässiger Grundfläche, d.h. dem Flächenanteil, der überbaut werden kann, und der Grundstücksgröße dar; *Syn.: site coverage (ratio)*; **site office** *n ArCo* Baubüro (n), Baustellenbüro (n); **site overview** *n* Grundstücksübersicht (f); **site owner** *n* Grundstückseigentümer (m); **site plan** *n* Lageplan (m); Grundstücksplan (m); **site preparation costs** *n/pl* Freilegungskosten (pl); **site ratio** *n* → site coverage (ratio); **site road** *n* Baustellenstraße (f); **site search** *n* Standortsuche (f); **site selection** *n* Standortwahl (f); **site superintendent** *n* Oberbauleiter (m); **site supervision** *n* Baustellenüberwachung (f), örtliche Bauleitung (f); *Syn.: site surveillance*; **site survey** *n* Grundstücksvermessung (f), Geländeaufnahme (f); **site valuation** *Val* → land valuation; **site value** *n* Bodenwert (m), Bodenrichtwert (m), Einheitswert (m); **site value rating** *n Tax* Erhebung der Grundsteuer vom Grundeigentümer anstatt vom Besitzer (Mieter); **site value tax** *n Tax* Steuer, die nur auf den Bodenwert (ausschließlich baulicher Anlagen) erhoben wird; **site visit** *n* Grundstücksbesichtigung (f), Begehung (f); insbesondere im Rahmen der Immobilienbewertung

siting *n* Standortwahl (f); **siting analysis** *n Val* Standortanalyse (f)

situation *n* Lage (f); Situation (f); Stellung (f); **situation audit** *n* Bestandsaufnahme (f)

situs *n* Lage (f), Standort (m); auch: Lage unter rein wirtschaftlichen Gesichtspunkten oder subjektive Präferenz für eine Lage gegenüber einer anderen Lage; **situs principle** *n Tax* Belegenheitsprinzip (n); **situs state** *n* Belegenheitsstaat (m)

six rules *n/pl Law (GB)* wortwörtlich die Sechs Regeln; die Grundregeln für Enteignungsentschädigungen

size *n* Größe (f), Maß (n), Umfang (m)

skeleton *n* Gebäudeskelett (n), Skelett (n); **skeleton map** *n* Rahmenkarte (f)

sketch *n* Skizze (f), Entwurf (m), Zeichnung (f); **sketch map** *n* Lageskizze (f), Umrisskarte (f); **sketch pad** *n/pl* Skizzenblock (m)

sketch *v/t* entwerfen, skizzieren, umreißen

sketchy *adj* skizzenhaft

skewed *adj* schräg

skilled personnel *n* Fachpersonal (n); **skilled worker** *n* Facharbeiter (m), Fachkraft (f), Fachleute (pl); *Syn.: trained worker, qualified worker*

skills *n/pl* Fähigkeiten (fpl)

skim *v/t* abtragen, planieren; abschöpfen

skirting (board) *n* Sockelleiste (f); **skirting board heating** *n* Heizungssockelleiste (f)

sky factor *n ArCo* Tageslichthelligkeitsverhältnis (n); Verhältnis zwischen Kunstlicht und Tageslicht

sky lease *n Law* Mietvertrag über den Luftraum über einem Grundstück; bspw. bei einem frei schwebenden Vorbau oder einer Brücke

skylight *n ArCo* (schräges) Dachfenster (n), Dachflächenfenster (n), (esp. larger) Oberlicht (n); *Syn.: skylight window*; **skylight flashing** *n* Dachfensteranschlussblech (n); **skylight turret** *n* Dachlaterne (f)

skyscraper *n* Wolkenkratzer (m)

sky sign *n Mkt* hohe Lichtreklame (f)

SLA *Plan* → special landscape area

slab *n ArCo* Platte (f), Tafel (f); Betonplatte (f), Stahlbetonplatte (f); **slab-and-beam ceiling** *n* Plattenbalkendecke (f); **slab-below-grade** *n ArCo* Plattenfundament (n); flächiges Betonfundament unter Geländeniveau; **slab footing** *n* Plattenfundament (n); **slab foundation** *n* Plattenfundament (n); **slab-on-grade** *n ArCo (US)* Plattenfundament (n), Plattengründung (f); flächiges Betonfundament (n) auf Geländeniveau; **slab partition** *n* Plattentrennwand (f), Plattenwand (f); **slab wall** *n* Plattentrennwand (f), Plattenwand (f)

slab to slab *adj* Technik, bei der Fertigbetonplatten dicht an dicht versetzt werden

slag cement *n* Schlackenzement (m); **slag concrete** *n* Schlackenbeton (m); **slagment** *n* Schlackenzement (m); **slag wool** *n* Schlackenwolle (f)

slander of title *n Law* absichtliche und unrechtmäßige Erzeugung eines Rechtsmangels in einer Grundstücksurkunde

slant *n* Neigung (f), schräge Fläche (f)

slanting *adj* schief

slate *n ArCo* Schiefer (m); Schieferplatte (f); **slate roofing** *n* Schieferbedachung (f)

slater *n* Dachdecker (m), Dachkleber (m)

slaughterhouse *n* Schlachthaus (n)

sledgehammer *n* Vorschlaghammer (m)

sleeping partner *n Law (GB)* stiller Gesellschafter (m); **sleeping policeman** *n* Fahrbahnschwelle (f); zur Verkehrsberuhigung; *Syn.: speed bump, speed ramp*; **sleeping rent** *n Law* fixe Miete (f) für ein Grundstück mit abbaubaren Bodenschätzen; Miete für das Abbaurecht; auch zu zahlen, wenn nicht abgebaut wird, d.h. vom Rohstoffabbau unabhängig; *Syn.: dead rent*
sleeve *n* Bandmuffe (f)
slice *n Val* Teil (m), Stück (n); Anteil (m); **slice method** *n Val* → hardcore method
slide *v/t* schieben, rutschen; **slide bearing** *n* Gleitlager (n); **slide rule** *n* Rechenschieber (m)
sliding door *n* Schiebetür (f); **sliding expansion joint** *n* Gleitkompensator (m); **sliding folding door** *n* Harmonikatür (f); **sliding gate** *n* Schiebetor (n), waag(e)rechtes Rolltor (n); **sliding hatch** *n* Schiebeluke (f); **sliding nut** *n* Gleitmutter (f); **sliding roof** *n* Rolldach (n); **sliding scale price** *n* Staffelpreis (m); **sliding-scale rent** *Law* → graded rent; **sliding window** *n* (horizontales) Schiebefenster (n)
slight *adj* gering(fügig), leicht
slip *n* Abrechnungsbeleg (m), Beleg (m); Fehler (m)
slippery flooring *n* rutschiger Boden (m)
slip-proof *adj* rutschfest, trittsicher
slip road *n (GB)* Zufahrtsstraße (f), (Autobahn-) Auffahrt (f), (Autobahn-) Ausfahrt (f)
slit *n* Schlitz (m), Trennfuge (f)
SLOC *Fin* → standby letter of credit
slope *n* Böschung (f), Gefälle (n), Hang (m), Neigung (f), Verlauf (m)
slot *n* Schlitz (m), Schacht (m), Steckplatz (m); **slots** *n/pl* Schlitze (mpl); auch: Start- und Landetermine(mpl)
slow loans *n/pl* zweifelhafte Darlehen (npl); **slow seller** *n* Ladenhüter (m)
slowdown *n* Abschwung (m), Verlangsamung (f); **slowdown of economy** *n Econ* wirtschaftlicher Abschwung (m); Konjunkturrückgang (m)
sludge *n* Schlamm (m); **sludge digestion tank** *n* Ausfallgrube (f)
slum *n* Elendsviertel (n), Slum (m); *Syn.: slums, slum district*; **slum clearance** *n* Räumung von Elendsvierteln bzw. Slums, um das Gebiet neu zu entwickeln
slump 1. *n ArCo* Senkung (f), Setzung (f); **slump test** *n* Testmethode zur Überprüfung der Qualität einer Betonmischung
slump 2. *n Econ* Baisse (f), Konjunkturrückgang (m); **slump in prices** *n* Preissturz (m)
slurry *n* Zementmilch (f); **slurry wall** *n ArCo (US)* Schlitzwand (f)
small consumer *n* Kleinverbraucher (m)
smallholder *n* Kleinbauer (m)
smallholding *n (GB)* Stückländerei (f), Kleinlandbesitz (m); Landstück mit einer Fläche von unter 50 Morgen, das zum Zwecke der landwirtschaftlichen Bebauung verkauft oder verpachtet wird
smart building *n* → intelligent building
smith *n* Schmied (m)
smog *n* Smog (m); **smog conditions** *n/pl* Smogwetterlage (f)
smoke *n* Rauch (m); **smoke alarm** *n* Rauchmelder (m); **smoke control area** *n Plan (GB)* Gebiet, in dem die Verbrennung raucherzeugender Brennstoffe verboten ist; zur Verbesserung der Luftqualität; **smoke detector** *n* Rauchdetektor (m), Rauchmelder (m); **smoke outlet** *n* Rauchabzug (m), Rauchöffnung (f); **smoke pipe** *n* Rauchrohr (n); **smoke test** *n* Rauchtest (m); **smoke tube** *n* Rauchrohr (n)
smooth *adj* eben, glatt, gleichmäßig; **smooth-running** *adj* leichtgängig
smoothing *n* Glättung (f)
smooth out *v/t* sich verständigen
SMSA *(US)* → Standard Metropolitan Statistical Area
smudge *n* qualmendes Feuer (n); Schmutzfleck (m)
smudgy *adj* schmierig, schmutzig, verwischt
snagging list *n* Mängelliste (f); *Syn.: list of defects, list of faults*
snap header *n* Halbziegel (m); *Syn.: half brick, clipped header*
snap strike *n* illegaler Streik (m)
SNCI *Plan* → site of nature conservation interest
snip *n* günstiger Kauf (m)
snob zoning *n Plan* → acreage zoning
snow load *n* Schneelast (f); **snow removal** *n* Schneeräumung (f)
snug *adj* lauschig, gemütlich
snuggery *n* gemütliche Stube (f)
soakage pit *n* Sickergrube (f)

soakaway *n* Sickergrube (f), Sickerschacht (m)

soap dish *n* Seifenschüssel (f)

socage *n Law (GB)* Belehnung (f); Grundbesitz durch landwirtschaftliche Dienstleistungen oder Miete, nicht durch Militärdienst; *Syn.: soccage*; *Ant.: knight service*

social attitude *n* soziale Einstellung (f); **social cohesion** *n* sozialer Zusammenhalt (m); **social consideration** *n* soziale Erwägung (f)

social housing *n* öffentlich geförderter Wohnungsbau (m), sozialer Wohnungsbau (m), Zuschusswohnungsbau (m); **social housing construction** *n* sozialer Wohnungsbau (m), Zuschusswohnungsbau (m); *Syn.: council house construction (GB)*; **social housing grant (SHG)** *n (GB)* Zuschuss für den sozialen Wohnungsbau; wird von der Housing Corporation oder der Local Authority an einen Registered Social Landlord entrichtet

social insurance contributions *n* Sozialabgaben (fpl); **social legislation** *n* Sozialgesetzgebung (f); **social security** *n* Sozialversicherung (f); **social security benefits** *n/pl* Sozialversicherungsleistungen (fpl); **social security contributions** *n/pl* Sozialversicherungsbeiträge (mpl); **social structure** *n* Sozialstruktur (f); **social use value** *n* sozialer Nutzwert (m); **social welfare expenditure** *n (US)* Sozialaufwand (m) (Personal)

society *n* Gesellschaft (f), Verein (m), Vereinigung (f)

Society of Industrial and Office Realtors (SIOR) *Org (US)* Gewerbe-Maklerverband; der National Association of Realtors beigeordnet

Society of Real Estate Appraisers (SREA) *Org (US)* Vereinigung von Immobilienbewertern

socio-demography *n* Sozio-Demografie (f)

socket *n* Buchse (f); **socket piece** *n* Einpassmuffe (f)

soffit *n* Untersicht (f), Windbrett (n), Leibung (f); **soffit level** *n ArCo* Untersichtkote (f); Höhe der Untersicht

softboard *n* Weichfaserplatte (f); **soft clay** *n* weicher Ton (m); **soft costs** *n/pl Dev* weiche Kosten (pl); mit der Immobilienentwicklung verbundene Kosten wie Architektenhonorar, Anwaltsgebühren, Auflassungskosten, Gebühren, etc.; sämtliche Kosten ausschließlich Material- und Arbeitskosten; **soft development costs** *n/pl* Baunebenkosten (pl); **soft loan** *n Fin* zinsgünstiger Kredit (m); auch: Kredite der Weltbank an Entwicklungsländer mit großzügiger Rückzahlungsvereinbarung und relativ niedrigem Zinssatz; **soft money** *n* Papiergeld (n); **soft rock** *n* loser Fels (m); **softwood** *n* Nadelholz (n), Weichholz (n)

softening *n* Enthärtung (f)

soil *n* Erde (f), Boden (m); Baugrund (m); Ackerland (n); **soil aeration** *n* Bodenbelüftung (f); **soil analysis** *n* Bodenanalyse (f); **soil analyst** *n* Bodengutachter (m); **soil bank** *n (US)* Programm zur Förderung der Fruchtbarkeit des Bodens durch Brachlegung; **soil character** *n* Bodeneigenschaften (fpl); **soil characteristics** *n/pl* Bodeneigenschaften (fpl); **soil class** *n* Bodenklasse (f); **soil conditions** *n/pl* Bodenverhältnisse (npl), Bodenbeschaffenheit (f); **soil conservation** *n* Bodenschutz (m); **soil contamination** *n* Kontamination (f), Bodenverunreinigung (f), Bodenverschmutzung (f), Bodenverseuchung (f); **soil decontamination** *n* Bodensanierung (f), Altlastensanierung (f); **soil development** *n* (agricultural) Pedogenese (f), Bodenbildung (f), Bodenerschließung; **soil erosion** *n* Bodenerosion (f); **soil examination** *n* Bodenuntersuchung (f); **soil friction** *n* Erdreibung (f); **soil humidity** *n* Bodenfeuchtigkeit (f); **soil map** *n* Bodenkarte (f); **soil pipe** *n* Schmutzwasserrohr (n); **soil pollution** *n* Bodenverschmutzung (f), Bodenverunreinigung (f); **soil pressure** *n* Bodenpressung (f); **soil pressure distribution** *n* Erddruckverteilung (f); **soil quality** *n* Bodenbeschaffenheit (f); **soil quality assessment** *n* Feststellung (f) zur Bodenbeschaffenheit; **soil resources** *n/pl* Bodenpotenzial (n); **soil sample** *n* Bodenprobe (f); **soil specimen** *n* Bodenprobe (f); **soil stack** *n* Schmutzwasserstrang (m); **soil structure** *n* Bodenstruktur (f); **soil temperature** *n* Erdtemperatur (f); **soil type** *n* Bodenart (f); **soil water** *n* Schmutzwasser (n)

solar collector system *n* Solaranlage (f); **solar energy** *n* Sonnenenergie (f); **solar engineering** *n* Solartechnik (f); **solar farm**

n Sonnenfarm (f); **solar heating** *n* Solarheizung (f), Sonnenheizungsanlage (f); **solar panel** *n* Sonnenkollektor (m); **solar plant** *n* Solaranlage (f); **solar technology** *n* Solartechnik (f)

sold & closed verkauft – Kaufabschluss mit Eigentumsübergang

soldered joint *n* Lötanschluss (m)

Soldiers and Sailors Civil Relief Act (SSCRA) *Law (US)* Gesetz zur Unterstützung von Armeeangehörigen mit finanziellen Verpflichtungen wegen Wohneigentums

sole *adj* Allein-, allein, alleinig; **sole agency** *n Mkt* Makleralleinauftrag (m), (einfacher) Alleinauftrag (m); Maklerauftrag mit einem einzigen Makler; anders als bei → sole selling rights wird keine Maklerprovision fällig, wenn es am Ende ohne die Vermittlung zum Verkaufsabschluss kommt; *Syn.: (US) exclusive agency*; **sole agent** *n Mkt* Makler (m) mit (einfachem) Alleinauftrag; *Syn.: exclusive agent*; **sole owner** *n Law* Alleineigentümer (m); **sole ownership** *n Law (US)* Alleineigentum (n); *Syn.: exclusive ownership*; **sole proprietor** *n* Alleininhaber (m), Einzelunternehmer (m); *Syn.: sole trader*; **sole proprietorship** *n Law* Alleineigentum (n); **sole right to sell (or rent)** *n Mkt* → sole selling rights; **sole selling rights** *n/pl Mkt* erweiterter Alleinauftrag (m); alleiniges Vertriebsrecht (n), Alleinverkaufsrecht (n) Maklerauftrag, bei dem der Makler Anspruch auf → Provision hat, selbst wenn der Verkäufer das Objekt am Ende ohne die Vermittlung des Maklers verkauft; *Syn.: (US) exclusive listing*; → sole agency; **sole tenancy** *Law* → tenancy in severalty

S

solely residential area *n* (reines) Wohngebiet (n), Wohnviertel (n)

solicitor *n (GB)* Anwalt (m), Rechtsanwalt (m)

solid *adj* massiv, stabil, solide; **solid brick** *n* Vollstein (m), Vollziegel (m); **solid ceiling** *n* Massivdecke (f); **solid construction** *n* Massivbau (m); **solid floor** *n* Massivboden (m); **solid fuel** *n* fester Brennstoff (m); **solid slab** *n* Vollplatte (f); **solid step** *n* Massivstufe (f); **solid wood** *n* Vollholz (n)

solidity *n* Festigkeit (f)

solution *n* Lösung (f)

solvency *n* Liquidität (f), Zahlungsfähigkeit (f)

solvent *adj* liquide, zahlungsfähig

soot *n* Ruß (m)

sophisticated *adj* hoch entwickelt, ausgeklügelt

sound *n* Geräusch (n), Ton (m), Schall (m); **sound damping** *n* Schalldämmung (f); **sound insulation** *n* Schallschutz (m), Schalldämmung (f); **sound intensity** *n* Schallstärke (f), Lautstärke (f); **sound level** *n* Schallpegel (m); **sound pollution** *n* Lärmbelästigung (f); *Syn.: noise pollution*; **sound proof** *adj* schalldicht; **sound proofing** *n* Schallschutz (m); **sound source** *n* Schallquelle (f)

sound *adj* einwandfrei, fehlerfrei, in gutem Zustand, unbeschädigt, gesund, kreditfähig, solide; **sound reason** *n* vernünftiger Grund (m)

source *n* Quelle (f); **source of cash** *n* Herkunft (f) der flüssigen Mittel; **source of data** *n* Datenquelle (f); **source of financing** *n Fin* Finanzierungsquelle (f); **source of funds** *n* Mittelherkunft (f)

source principle *n* Quellenprinzip (n)

southern exposure *n* Südlage (f)

sovereign tasks *n/pl* hoheitliche Aufgaben (fpl)

SP *Law* → separate property

spa *n* Kurbad (n), Kurort (m)

SPA *Plan* → special protection area

space *n* Raum (m), Platz (m), Fläche (f); Abstand (m), Zwischenraum (m); **space for future extension** *n* Erweiterungsraum (m); **space on offer** *n* Flächenangebot (n); **space under construction** *n* Flächen (fpl) im Bau

space allocation *n PptMgt* Flächenallokation (f), Flächenzuteilung (f); **space analysis** *n PfoMgt* Flächenanalyse (f); bzgl. Flächenstandards, -auslastung etc.

space consuming *adj* flächenintensiv

space coordinates *n/pl* Raumkoordinaten (fpl); **space frame(work)** *n* Raumtragwerk (n); **space planning** *n* Flächenplanung (f); **space productivity** *n* Flächenproduktivität (f); **space ratio** *n* Flächenverhältnis (n); **space requirements** *n/pl* Flächenanforderungen (fpl), Raumbedarf (m)

space saving *adj* raumsparend

space structure *n* Raumtragwerk (n); *Syn.: space frame*; **space truss** *n* räumliches Fachwerk (n), Raumfachwerk (n); *Syn.: space frame*; **space use patterns** *n/pl* typische Entwicklungen der Flächennutzung; z.B. von Banken; **space utilisation** *n* Flächenauslastung (f), Flächenproduktivität (f), Nutzungsintensität (f)

spacer bar *n* Verteilereisen (n)

spacious *adj* geräumig, weitläufig

span *n* Spanne (f), Spannweite (f); **span ceiling** *n* Balkendecke (f)

spandrel beam *n* Randbalken (m)

spanning *n* Überbrückung (f)

spar *n* Rundholz (n)

sparge *n* Sprüher (m)

spark *n* Funken (m); **spark ignition** *n* Funkenzündung (f); **spark ignition engine** *n* Maschine (f) mit Zündkerze

spatial *adj* räumlich; **spatial competition** *n Econ* räumlicher Wettbewerb (m); **spatial market** *n Econ* räumlicher Markt (m), räumlicher Teilmarkt (m); **spatial pattern** *n Plan* räumliche Struktur (f); **spatial structure** *n* Raumtragwerk (n); **spatial structuring** *n* räumliche Strukturierung (f); **spatial unit** *n* Raumeinheit (f)

spatio-temporal coordinates *n/pl* Raum-Zeit-Koordinaten (fpl)

spatula *n* Spachtel (m)

SPE → special purpose entity

speaker *n* Lautsprecher (m)

spec. → specification

spec house *n Dev* spekulativ gebautes Wohnhaus; *Syn.: spec home*

special adaptability *n Law (GB)* → special suitability; **special agent** *n Law* Sonderbevollmächtigter (m); **special agreement** *n* Sondervereinbarung (f); **special area** *n Plan, Econ (GB)* innerstädtisches Gebiet, das besondere Förderung genießt; **special assessment** *n* öffentliche Erschließungskosten (pl), Sonderumlage (f); **special assumption** *n* Sondervoraussetzung (f); **special charge** *n* Sonderbelastung (f); **special conditions** *n/pl Law* Sonderkonditionen (fpl); **special contract** *Law* → speciality contract; **special damages** *n/pl Law* Schaden(s)ersatz (m) für materielle Schäden; im Gegensatz zu → general damages quantifizierbar; **Special Development Order (SDO)** *Plan (GB ohne Sco.)* Verordnung, die eine generelle Baugenehmigung erteilt für Entwicklungen auf der Basis eines Bebauungsplans für ein bestimmtes Gebiet, etwa ein Neubaugebiet oder ein Sonderprojekt; **special economic zone** *n Plan* Sonderwirtschaftszone (f); **special exception** *n Plan (US)* vom → zoning plan (Flächennutzungsplan) abweichende, jedoch vom → board of adjustment genehmigte Nutzung; **special feature** *n* besonderes Merkmal (n), Objektbesonderheit (f); **special field** *n* Fach(bereich) (n/m), Fachgebiet (n); *Syn.: special subject*; **special fund** *n* Spezialfonds (m); **special group** *n* Fachgruppe (f); **special landscape area (SLA)** *n Plan (GB)* Landschaftsschutzgebiet (n); **special lien** *Law* → particular lien; **special partner** *Law* → limited partner; **special power** → power of appointment; **special price** *n* Sonderpreis (m); **special property** *n Law* eingeschränktes Besitzrecht (n); **special protection area (SPA)** *n Plan (GB)* Sonderschutzgebiet (n); **special purchaser** *n Val* Käufer, für den die Immobilie einen besonderen Wert hat; **special purchaser value** *n Val* subjektiver Wert für einen bestimmten Käufer; ein Grundstück kann für einen bestimmten Käufer einen höheren Wert haben als für andere potenzielle Käufer; **special purpose entity (SPE)** *n* Zweckgesellschaft (f); **special purpose property** *n* Spezialimmobilie (f), Sonderimmobilie (f); *Syn.: special purpose building*; **special purpose vehicle (SPV)** *n Fin* Zweckgesellschaft (f), Projektgesellschaft (f), Objektgesellschaft (f); *Syn.: single purpose vehicle*; **special rebate** *n* Sondernachlass (m); *Syn.: special discount*; **special refuse** *n* Sondermüll (m); **special residential area** *n* besonderes Wohngebiet (n); **special risk(s) insurance** *n* Spezialversicherung (f); **special situations fund** *n Fin* Fonds, der in speziellen Situationen investiert, wenn Investitionsobjekte unterbewertet sind und erhebliches Wertsteigerungspotenzial aufweisen; **special suitability** *n Law (GB)* besondere Eignung (f); ein Attribut für Land, das für öffentliche Nutzung vorgesehen ist; die besondere Eignung darf bei der Bewertung im Rahmen einer Enteignungskompensation nicht ins Gewicht fallen; *Syn.: special adaptability*; **special terms and conditions** *n/pl* Sonderkonditionen (fpl); **special trust** → active trust; **special use** *n* Sondernutzung (f); *Syn.: special utilization*; **special use permit** *Plan* → conditional use permit; **special**

use property *n* Spezialimmobilie (f), Sonderimmobilie (f); **special-use zoning** *Plan* → conditional use zoning; **special value** *n* Sonderwert (m)

specialist *n* Fachkraft (f), Fachleute (pl), Fachmann (m); **specialist area** *n* Sonderfachgebiet (n); **specialist dealer** *n* Fachhändler (m); **specialist department** *n* Fachabteilung (f); **specialist retailer** *n* *(GB)* Facheinzelhandel (m), Fachhändler (m); **specialist hospital** *n* Fachklinik (f)

speciality *n* Spezialität (f), Besonderheit (f); Sondergebiet (n), Spezialgebiet (n); **speciality center** *n* *(US)* → speciality centre; **speciality centre** *n* *Ret (GB)* Einkaufszentrum, das hauptsächlich aus hochwertigen Kleidungsgeschäften, Boutiquen und Geschäften, die Kunsthandwerk anbieten, besteht; *Syn.: fashion centre*; **speciality contract** *n* *Ret* gesiegelter Vertrag (m); **speciality property** → special use property; **speciality shop** *n* *Ret* Fachgeschäft (n), Spezialgeschäft (n); Branchenbetrieb mit tiefem, service- und beratungsintensivem, vergleichsweise anspruchsvollem Angebot; **speciality store** *Ret* → speciality shop

specialized banks *n/pl* Spezialbanken (fpl); **specialized lending** *n* Spezialfinanzierung (f); **specialized planning** *n* Fachplanung (f); **specialized property** → special use property; **specialized retailing** *n* Facheinzelhandel (m); **specialized vocabulary** *n* Spezialwortschatz (m), Fachbegriffe (mpl); **specialized wholesaler** *n* Fachgroßhändler (m)

specific capital *n* zweckgebundenes Kapital (n); **specific charge** *Law* → fixed charge; **specific cost** *n* direkt zurechenbare Kosten (pl); **specific data** *n/pl* spezifische Daten (pl); **specific lien** *Law* → particular lien; **specific performance** *n* *Law* vertragsgemäße Erfüllung (f); **specific provision** *n* Einzelwertberichtigung (f); **specific risk** *n* ausdrückliches Risiko (n); **specific weight** *n* spezifisches Gewicht (n)

specification *n* *ArCo* Baubeschreibung (f), Leistungsbeschreibung (f), Spezifikation (f); Ausschreibungsunterlagen (fpl); Bauvorschrift (f); Materialvorschrift (f); **specification cement** *n* Normenzement (m)

specifications *n/pl* Leistungsbeschreibung (f), Leistungsverzeichnisse (npl)

speculation *n* Spekulation (f); Vermutung (f); **speculation in property** *n* Bodenspekulation (f)

speculative *adj* spekulativ, hypothetisch; **speculative building** *n* spekulatives Bauen (n); **speculative development** *n* *Dev* spekulative Projektentwicklung (f); **speculative gain** *n* Spekulationsgewinn (m); **speculative transaction** *n* Spekulationsgeschäft (n); **speculative value** *n* spekulativer Wert (m)

speculator *n* Spekulant (m)

speech *n* Rede (f), Ansprache (f); **speech of welcome** *n* Begrüßungsrede (f)

speed *n* Geschwindigkeit (f); **speed bump** *n* Fahrbahnschwelle (f); zur Verkehrsberuhigung; *Syn.: speed ramp; sleeping policeman*; **speed ramp** → speed bump

spendable income *n* *Val* von → income property generierter Cashflow nach nicht umlagefähigen Betriebs-, Instandhaltungs- und Verwaltungs- sowie Fremdkapitalkosten; auch: verfügbares Einkommen

spending *n* Ausgaben (f)

sphere of influence *n* Verflechtungsbereich (m)

spherical vault *n* Kugelgewölbe (n), Kuppel (f)

spigot *n* Leitungshahn (m), Zapfhahn (m)

spill *n* Überlauf (m)

spillway *n* Überlauf (m); **spillway channel** *n* Überlaufkanal (m); **spillway pipe** *n* Überlaufrohr (n)

spine beam *n* deckengleicher Balken (m)

spinning room *n* Spinnsaal (m)

spin-off *n* Spin-off (m), Abspaltung (f), Unternehmensausgliederung (f); Anteile des abzutrennenden Tochterunternehmens werden pro rata an die bisherigen Aktionäre des Mutterunternehmens ausgegeben

spiral reinforcement *n* Spiralbewehrung (f); **spiral staircase** *n* Wendeltreppe (f); *Syn.: spiral stairs*; **spiral winder** *n* Wendelstufe (f)

spire *n* Turmhelm (m), Turmspitze (f)

spirit level *n* Wasserwaage (f)

spite fence *n* nur zur Verärgerung des Nachbarn oder zur Wertminderung des Nachbargrundstücks aufgestellter Zaun oder errichtete Mauer

splay *n* Abkantung (f)

splayed *adj* abgekantet, abgeschrägt; **splayed joint** *n* Fuge (f) mit Schrägkanten; **splayed window** *n* Winkelfenster (n); Fenster mit abgeschrägter Laibung

splice bar *n* Anschlusseisen (n), Steckeisen (n)

split *v/t* spalten, teilen; **split-fee financing** *n Fin* Finanzierung mit Eigenkapitalbeteiligung der Bank; bei dieser Variante kauft die finanzierende Bank das Grundstück und vermietet es an den Projektentwickler, wobei die Miete eine Gewinnbeteiligung enthält; **split financing** *Fin* → component financing; **split installation** *n* abgesetzte Montage (f); **split-level** *n ArCo* Wohnhaus mit versetzten Geschossen; *Syn.: split-level house, split-level home*; **split levels** *n/pl* versetzte Geschosse (npl); **split reversion method** *Val* → hardcore method

splitted *adj* gespalten

split-up *n (US)* Aktienaufteilung (f), Aktiensplit (m), Splitting (n)

split up *v/t* aufgliedern, aufschlüsseln, aufspalten, aufteilen, unterteilen, zerlegen

sponsor *n* Hauptauftraggeber (n); Förderer (m), Sponsor (m), Geldgeber (m); **sponsorship** *n* finanzielle Förderung (f)

sporting rights *n/pl Law* Jagdrecht (n)

sports facility *n* Sportanlage (f); **sports field** *n* Sportplatz (m)

spot elevation *n* → spot height; **spot height** *n* Höhenpunkt (m), Kote (f); **spot light** *n* Punktstrahler (m); **spot loan** *n Fin* Darlehen für eine bestimmte Immobilie (meist ein → condominium unit) durch einen Kreditgeber, der diese Immobilie bisher noch nicht finanziert hat; **spot zoning** *n Plan* spezielle, abweichende Flächennutzungsbestimmung für eine begrenzte Fläche innerhalb eines durch einen Flächennutzungsplan geregelten Gebiets; *Syn.: variance zoning*

spout *n* Speier (m)

spray application *n ArCo* (Lack, Farbe usw.) Sprühauftrag (m), Spritzverfahren (n)

sprayed plaster *n* Spritzputz (m)

spread *n* Marge (f), Spanne (f), Differenz (f)

spread footings *n/pl ArCo* Flachgründung (f); *Syn.: spread foundation*

spreading of investments *n* Streuung (f) von Anlagen

spreadsheet *n* Abschlussblatt (n); Tabellenkalkulation (f), Kalkulationstabelle (f); **spreadsheet analysis** *n* computergestützte Tabellenkalkulation (f)

spread through *v/t* anteilmäßig verrechnen

spring *n* Feder (f)

sprinklers *n ArCo* Berieselungsanlage (f); Rasensprenger (m)

sprinkler system *n ArCo* Sprinkleranlage (f), Berieselungsanlage (f)

sprinkling *n* Berieselung (f)

spruce *n* Fichte (f)

spun glass *n* Glaswolle (f)

spur *n* Mauervorsprung (m)

SPV *Fin* → special purpose vehicle

spy hole *n* Türspion (m), Türgucker (m); *Syn.: judas hole, door viewer*

SPZ *Plan* → simplified planning zone

square *n* Quadrat (n), Viereck (n); Block (m), Häuserblock (m); Platz (m)

square *v/t* ausgleichen; **squaring** *n* Ausgleich (m), Saldo (m)

square *adj* eckig, viereckig; **square bar** *n* Vierkantstab (m); **square deal** *n* ehrliches Geschäft (n); **square foot (sq. ft)** *n* Quadratfuß (m) (0,093 m^2); **square-foot method** *n Val* Bewertung auf Basis des Produkts aus Gesamtfläche des Bewertungsobjekts und Baukosten je Flächeneinheit; **square hole** *n* Vierkantlochung (f); **square inch (sq. in)** *n* Square Inch (m) (6,452 cm^2); **square joint** *n* rechtwinklige Verbindung (f); **square kilometre** *n* Quadratkilometer (m); **square meter** *n* Quadratmeter (m); **square mile (sq. mi)** *n* Quadratmeile (f) (2,59 km^2); **square number** *n* Quadratzahl (f); **square section** *n* Rechteckquerschnitt (m)

squared timber *n* Balken (m), Kantholz (n)

squatter *n* Hausbesetzer (m); Wohnungsbesetzer (m); **squatter's rights** *Law (US)* → adverse possession

squatting *n* Hausbesetzung (f)

squeeze out *v/t Fin* wörtlich: herausdrücken; Minderheitsaktionäre aus der Gesellschaft drängen

squeezing *n* Verdrängen (n) von Wettbewerbern

SRA → Senior Residential Appraiser

SREA *Org* → Society of Real Estate Appraisers

SREA → Senior Real Estate Analyst

SSAP *Fin* → Statement of Standard Accounting Practice
SSCRA *Law* → Soldiers and Sailors Civil Relief Act
SSSI *Plan* → site of special scientific interest
stability *n* Stabilität (f), Dauerhaftigkeit (f), Haltbarkeit (f); Standsicherheit (f); **stability against sliding** *n* Gleitsicherheit (f); **stability against tilting** *n* Kippsicherheit (f); **stability of prices** *n* Preisstabilität (f)
stabilized condition *n* stabiler Zustand (m); **stabilized occupancy** *n* schwankungssicherer Mieterbesatz (m); **stabilized vacancy** *n* stabilisierter Leerstand (m)
stable *n* Stall (m)
stable *adj* standsicher, stabil; **stable mortgage** *n Fin* Darlehen mit Mischzins aus festem Zinssatz und indexiertem Zinssatz; **stable prices** *n/pl* Preisstabilität (f); **stable rents** *n/pl* stabile Mieten (fpl); **stable-value clause** *n* Wertsicherungsklausel (f)
stack *n* Kamin (m), Schornstein (m); Stapel (m)
stacking bay *n* Stapelhalle (f); **stacking ground** *n* Stapelplatz (m)
stack pipe *n* Regenfallrohr (n)
staff *n* Personal (n); **staff committee** *n* Betriebsrat (m); **staff costs** *n/pl* Personalaufwand (m), Personalkosten (pl); **staff department** *n* Zentralabteilung (f), Personalabteilung (f); *Syn.: staff division, staff unit*; **staff member** *n* Mitarbeiter (m); **staff rooms** *n/pl* Sozialräume (mpl)
stage *n* Bühne (f), Gerüst (n), Plattform (f); Phase (f), Abschnitt (m); **stage of completion** *n* Fertigstellungsgrad (m) (anteilig), Leistungsfortschritt (m); **stage of construction** *n* Bauabschnitt (m) (zeitlich); **stage of development** *n* Entwicklungsstand (m)
stage payment *ArCo* → interim payment
stagflation *n Econ* Stagflation (f)
staggered *adj* gestaffelt; **staggered floors** *n/pl* versetzte Geschosse (npl); **staggered joint** *n* versetzte Fuge (f); **staggered lease lengths** *n/pl* gestaffelte Mietlaufzeiten (fpl)
staging *n* Baugerüst (n)
staging area *n* Bereitstellzone (f)
stagnant *adj* stagnierend, stillstehend; **stagnant water** *n* stehendes Wasser (n)
stagnating demand *n* stagnierende Nachfrage (f); *Syn.: stagnant demand*
stain *n* Fleck (m); Beize (f)
stain *v/t* beizen
stainless *adj* rostfest, rostfrei; **stainless steel** *n* nichtrostender Stahl (m), Edelstahl (m), Nirosta-Stahl (m)
stair(s) *n(pl) ArCo* Treppe (f), Treppenhaus (n); **stair carpet** *n* Treppenläufer (m); **staircase** *n* Treppenhaus (f); Treppe (f), Treppen (fpl), Treppenaufgang (m), Treppenflucht (f); **staircase slab** *n ArCo* → waist slab; **stairhead** *n* oberster Treppenabsatz (m), Treppenabsatz (m); *Syn.: landing*; **stairlift** *n* Treppenlift (m); **stair riser** *n* Treppenpodest (n); **stair rod** *n* Läuferstange (f); **stair stringer** *n ArCo* Treppenwange (f); **stairway** *n* Treppe (f), Treppenaufgang (m), Treppenflucht (f); **stairwell** *n* Treppenhaus (n), Treppenspindel (f)
stake *n* Pfosten (m)
stake *v/t* abstecken; **stake out a claim** *v/t* einen Anspruch auf etwas erheben, Ansprüche anmelden; wörtlich: eine Parzelle abstecken
stakeholder *n Fin, Law* Stakeholder (m), Betroffener (m), Beteiligter (m); Interessengruppe (f); alle Parteien, die durch die Aktivitäten eines Unternehmens beeinflusst werden (Aktionäre, Arbeitnehmer, Kunden, Lieferanten, Gewerkschaften, Behörden, Anwohner, Öffentlichkeit, etc.); **stakeholder value** *n* Wert (m) eines Unternehmens für die Öffentlichkeit; umfasst neben dem → shareholder value auch den Nutzen eines Unternehmens für weitere Interessengruppen (Arbeitnehmer, Staat, Gesellschaft etc.)
stall *v/t* ausweichen; **stall on a promise** die Einlösung eines Versprechens hinauszögern; **stall time** Zeit schinden
stallage *n* Stallgeld (n), Stallmiete (f); Standgeld (n) (Messe); auch: das Recht, einen Stand auf einer Messe aufzubauen
stamp duty *n Tax* Grunderwerbsteuer (f); Stempelsteuer (f); auch: Börsenumsatzsteuer; **stamp tax** *n Tax* → stamp duty
stanchion *n* Stahlstütze (f)
standard *n* Maßstab (m), Niveau (n), Norm (f), Standard (m), Wertmaßstab (m); **standard of living** *n* Lebenshaltung (f); **standard of valuation** *n* Bewertungsmaßstab (m)

S

standard air *n* Normalluft (f); **standard amenities** *n/pl Law (GB)* Mindeststandards des britischen → housing law für sanitäre Einrichtungen; namentlich Badewanne oder Dusche, Waschbecken und Toilette mit Spülung; **standard building** *n* Normgebäude (n); **standard component** *n* Normbauteil (n); **standard contract** → standard-form contract

standard cost *n* Standardkosten (pl); **standard cost accounting** *n* Plankostenrechnung (f); **standard cost estimate** *n* Basiskalkulation (f); **standard costing** *n* Plankostenrechnung (f), Sollkostenrechnung (f); **standard cost method** *n* Standardkostenmethode (f); **standard cost variance** *n* Standardkostenabweichung (f)

standard depth *n Val* Standardtiefe (f); → standard shop unit; **standard deviation (SD)** *n Val* Standardabweichung (f); → average deviation; **standard-form contract** *n Law* Formularvertrag (m), Standardvertrag (m); **Standard Industrial Classification (SIC)** *n (US)* Branchenklassifikation (f); **Standard Metropolitan Statistical Area** *(US)* → Metropolitan Statistical Area; **standard price** *n* Einheitspreis (m), Grundpreis (m), Normalpreis (m), Richtpreis (m); **standard rate** *n* Standardpreis (m); *Tax (GB)* Normalsteuersatz (m) (Einkommensteuer); *Syn.: basic rate*; **standard shop unit** *n Val, Ret* Standardladenlokal (n); meist mit einer Frontlänge von 20 oder 25 Fuß und einer Tiefe von 60 oder 100 Fuß; *Syn.: standard unit*; → frontage; **standard specification** *n* Normungsvorschrift (f); **standard tenancy agreement** *n* Einheitsmietvertrag (m); **standard terms and conditions** *n/pl* allgemeine Geschäftsbedingungen (n/pl) (AGB); **standard terms of contract** *n/pl* Vertragsgrundbedingungen (fpl); **standard unit** *n Val* wörtlich: Standardeinheit; Immobilieneinheit mit bestimmten Dimensionen, die als Standard für Einheiten bei Neuentwicklungen dient oder bei der → comparison method Anwendung findet; meist im Zusammenhang mit shop unit; → standard shop unit; **standard value** *n* Einheitswert (m), Richtwert (m)

standardization *n* Normung (f)

standard-setting *adj* standardsetzend, maßgeblich

stand aside *v/i* auf die Seite treten, beiseite treten; **stand-aside regulations** *n/pl* Stand-Aside-Regelungen (fpl); es kann im Rahmen von Managementverträgen vereinbart werden, dass die → incentive fee nur dann an den Betreiber zur Auszahlung kommt, wenn der Investor zuvor einen Mindestbetrag als Verzinsung seines Kapitals ausgeschüttet bekommen hat; der Betreiber tritt also mit seinem Anspruch „zur Seite"

standby *n* Bereitschaft (f), Reserve (f); **standby capacity** *n* Ausweichkapazität (f); **standby commitment** *n Fin* Kreditzusage (f); Zusage für die Bereitstellung eines bestimmten Betrags über einen bestimmten Zeitraum zu bestimmten Konditionen für die Finanzierung eines Projekts; Kreditnehmer kann die Option wahrnehmen oder verfallen lassen; **standby facility** *n Fin* Bereitschaftskredit (f), Beistandskredit (m); ein Kredit, der dem Kreditnehmer für eine begrenzte Zeit zugesagt wird, unter der Voraussetzung, dass bestimmte Bedingungen eintreten; insbesondere ein Kredit des IWF an ein Mitgliedsland unter dem Vorbehalt der Einhaltung bestimmter Kriterien; **standby fee** *n Fin* Bereitstellungsprovision (f); **standby heat capacity** *n* bereitgestellte Wärmeleistung (f); **standby letter of credit (SLOC)** *Fin (US)* Akkreditiv (n); bedingte Zahlungszusage (f) (anstelle einer Bankbürgschaft); Instrument, das entwickelt wurde wegen des Verbots für US-amerikanische Geldinstitute, Bürgschaften gegenüber Dritten abzugeben; es handelt sich um ein abstraktes Zahlungsversprechen eines Kreditinstituts, welches einer Garantiezusage gleichkommt; **standby loan** *n Fin* Bereitstellungsdarlehen (n), Bereitschaftsdarlehen (n); **standby unit** *n* Reserveanlage (f)

standing charge *n* Grundpreis (m); **standing loan** *n Fin* endfälliges, kurz- bis mittelfristiges, festverzinsliches Darlehen (Syn.: straight loan, term loan, flat loan); auch: Überbrückungskredit bei einer Projektentwicklung, der getilgt wird, sobald eine langfristige Finanzierung steht; **standing losses** *n/pl* Leerlaufwärmeverbrauch (m)

stand pipe *n* Standrohr (n), Steigrohr (n)

standstill *n* Stillstand (m)

starker transaction *n Law, Tax* → tax-free exchange
start of (building) work *n* Baubeginn (m); *Syn.: start of (construction) work*; **start of lease** *n* Mietbeginn (m)
starter bar *n* Anschlusseisen (n), Steckeisen (n); **starter home** *n* erstes Haus (n); meist relativ klein und im unteren Preissegment; **starter housing** *n* kostengünstiger Wohnungsbau (m); → starter home
starting *n* Inbetriebnahme (f); *Syn.: starting up*; **starting area** *n* Antrittsfläche (f); **starting characteristics** *n/pl* Anlaufwert (m); **starting value** *n* Anlaufwert (m)
start-up *n* Existenzgründung (f), Unternehmensgründung (f); **start-up capital** *n Fin* Startkapital (n), Gründungskapital (n), Anfangskapital (n); *Syn.: front money, start-up money*; **start-up costs** *n/pl* Anlaufkosten (pl); *Syn.: start-up expenses*; **start-up losses** *n/pl* Anlaufverluste (mpl)
state *v/t* feststellen, darlegen, nennen, angeben, aufführen; **state reasons (for)** begründen, bekräftigen, glaubhaft machen, nachweisen
state 1. *n* Zustand (m), Beschaffenheit (f); **state of development** *n* Erschließungszustand (m); **state of repair** *n* baulicher Zustand (m), Bauzustand (m); **state-of-the art** *adj* hochmodern; **state-of-the-art technology** *n* Spitzentechnologie (f); **state of transition** *n* Übergangszustand (m)
state 2. *n* Staat (m), Land (n); **state of residence** *n* Wohnsitzstaat (m); **state of source** *n* Quellenstaat (m)
state development *n* Landesentwicklung (f); **state development plan** *n* Landesentwicklungsplan (m); **state policy plan** *n* Landesentwicklungsplan (m); **state property** *n* Staatseigentum (n); **state rule** *n Law (US)* Regel für die Berechnung von Schadenersatz im Enteignungsfall; anders als bei der → federal rule, nach der der Schadenersatz im Rahmen einer → before and after valuation ermittelt wird, wird bei der state rule der Wert des enteigneten Grundstücks zzgl. einer Abfindung als Schadenersatz angesetzt
state-certified appraiser *n Val* staatlich zugelassener Gutachter (m)
stated *adj* angegeben, festgelegt, aufgeführt
stateless person *n* Staatenloser (m)
stately home *n* Herrenhaus (n)
statement *n* Abrechnung (f), Aufstellung (f), Ausweis (m), Erklärung (f), Feststellung (f), Stellungnahme (f), Zwischenbescheid (m); **statement based on experience** *n* Erfahrungssatz (m); Aussage (f) basierend auf empirischer Beobachtung; *Syn.: rule of experience*
statement of account *n* Abrechnung (f); **statement of assets and liabilities** *n* Vermögensübersicht (f); **statement of bankruptcy** *n* Konkursbilanz (f); **statement of cash flows** *n* → cash flow statement; **statement of clearance** *n* Unbedenklichkeitserklärung (f); **statement of costs** *n* Kostenaufstellung (f); **statement of defence** *n Law* Klagebeantwortung (f), Klageerwiderung (f); **statement of earnings** *n* Gewinn- und Verlustrechnung (f); **statement of facts** *n* Tatsachenbehauptung (f); **statement of loss and gain** *n* Gewinn- und Verlustrechnung (f); **statement of net assets** *n* Nettovermögensaufstellung (f); **statement of operating results** *n* Ergebnisrechnung (f); **statement of place** *n* Ortsangabe (f); **statement of prices** *n* Preisliste (f); **statement of reasons** *n* Begründung (f); **statement of results** *n* Ergebnisübersicht (f); **statement of source and application of funds** *n Fin* Kapitalflussrechnung (f); **statement of sources and uses of cash** *n* → statement of source and application of funds; **Statement of Standard Accounting Practice (SSAP)** *n Fin (GB)* britische Bilanzierungsrichtlinie (f); vom → Accounting Standards Board (nur) tw. ersetzt durch → Financial Reporting Standards
statement analysis *n* Bilanzanalyse (f);
static *adj* statisch; **static budget** *n* starres Budget (n); **static investigation** *n* statische Untersuchung (f); **static model** *n* statisches Modell (n); **static strength** *n* statische Festigkeit (f); **static stress** *n* statische Beanspruchung (f); **static test** *n* statische Prüfung (f)
statically admissible *adj* statisch zulässig; **statically undetermined** *adj* statisch unbestimmt
station *n* Bahnhof (f); Position (f), Station (f)
stationary *adj* ortsfest

stationery *n* Schreibwaren (fpl), Bürobedarf (m)

statistical *adj* statistisch; **statistical analysis** *n* statistische Analyse (f); **statistical inference** *n* statistische Ableitung (f); **statistical procedure** *n* statistische Methode (f), statistisches Verfahren (n)

statistics *n/pl* Statistik (f)

status of ownership *n* Eigentumsverhältnis (n)

statute *n Law* Gesetz (n); Satzung (f), Statut (n); **statute of frauds** *n (US)* Schriftformerfordernis (f), Formvorschriften (f); **statute of limitations** *n Law* prozessuales Verjährungsgesetz (n)

statute law *n* Gesetzesrecht (n), kodifiziertes Recht (n); *Syn.: statutory law; Ant.: common law*; **statute mile (stat. mi)** *n* Meile (f) (1,6093 km)

statute-barred *adj Law* verjährt

statutorily protected tenant *n Law (GB)* gesetzlich geschützter Mieter (m)

statutory *adj Law* gesetzlich, rechtskräftig; **statutory accounts** *n/pl Fin* Handelsbilanz (f), gesetzlicher Jahresabschluss (m); **statutory audit** *n* Prüfungspflicht (f); **statutory declaration** *n Law* eidesstattliche Erklärung (f); **statutory deductions (stats)** *n/pl Tax* gesetzliche Abzüge (mpl); **statutory development plan** *n* qualifizierter Bebauungsplan (m); **statutory instrument (SI)** *n Law* Rechtsverordnung (f), Ausführungsverordnung (f); **statutory lien** *n Law* gesetzliches Pfandrecht (n); **statutory limitation** *n* Verjährung (f); **statutory mortgage** *n* gesetzliche Hypothek (f), rechtsgültige Hypothek (f); **statutory notice** *n Law* → statutory period of notice; **statutory order** *n Law* Rechtsverordnung (f); **statutory period of notice** *n Law* gesetzliche Kündigungsfrist (f); **statutory redemption period** *n Fin* gesetzliche Rückerwerbsfrist (f); → foreclosure sale; **statutory right of redemption** *n Fin* gesetzliches Rückerwerbsrecht (n) eines Schuldners; **statutory seat** *n* satzungsmäßiger Sitz (m); **statutory undertakers** *n/pl* Versorgungsbetriebe (mpl); **statutory warranty period** *n* gesetzliche Gewährleistungsfrist (f)

stay *n* Aufenthalt (m)

stay *v/t* bleiben; **stay competitive** wettbewerbsfähig bleiben; **stay execution** Vollstreckung aussetzen; **stay in office** im Amt bleiben

staying *n* Verankerung (f)

stay rope *n* Verankerungsseil (n)

steam *n* Dampf (m); **steam boiler** *n* Dampfkessel (m); **steam boiler plant** *n* Dampferzeugungsanlage (f); **steam condenser** *n* Dampfkondensator (m); **steam drum** *n* Dampftrommel (f); **steam generator** *n* Dampferzeuger (m); **steam heating** *n* Dampfheizung (f); **steam heating system** *n* Dampfheizung (f); Dampfheizungsanlage (f); **steam measurement** *n* Dampfmessung (f); **steam meter** *n* Dampfmengenzähler (m); **steam network** *n* Dampfnetz (n); **steam pipeline** *n* Dampfleitung (f); **steam separator** *n* Dampfseparator (m); **steam system** *n* Dampfsystem (n); **steam turbine** *n* Dampfturbine (f)

steam atomised *adj* dampfzerstäubt; **steam proof** *adj* dampfdicht

steel *n ArCo* Stahl (m); **steel and metalwork** *n* Stahl- und Metallarbeiten (fpl); **steel beam** *n* Stahlbalken (m); **steel bender** *n* Betonstahlbieger (m); **steel construction** *n* Stahlbau (m); **steel fabric** *n* Baustahlgewebe (n), Bewehrungsmatten (f); **steel fixer** *n* Betonstahlverleger (m); **steel frame construction** *n ArCo* Stahlskelettbauweise (f); **steel frame(d) structure** *n* Stahlskelettbau (m); **steel girder** *n* Stahlträger (m); **steel mill** *n* Stahlwerk (n); **steel pipe** *n* Stahlrohr (n); **steel plane** *n* Stahlhobel (m); **steel reinforcement (for concrete)** *n ArCo* Baustahl (m), Bewehrung (f); **steel structures** *n/pl* Stahlkonstruktionen (fpl); **steel tube** *n* Stahlrohr (n); **steelwork** *n* Stahlarbeiten (fpl); **steel works** *n/pl* Stahlwerk (n)

steep *adj* abschüssig, steil; happig (fig.); **steep gradient** *n* steiler Abhang (m), steiles Gefälle (n); **steep roof** *n* Steildach (n)

steepness *n* Steilheit (f)

steering *n* Lenkung (f); **steering committee** *n* Lenkungsausschuss (m)

stem *v/t* eindämmen, einer Sache Einhalt gebieten

stem from *v/i* stammen von, herrühren von, stammen aus

step *n* Stufe (f), Treppenstufe (f); Maßnahme (f); **step lease** → step-up lease; **step loan** *n Fin* Darlehen, dessen Zinssatz während der gesamten Laufzeit ein Mal angepasst wird

step *v/i* (auf etwas) treten; **step-down lease** *n (US)* Mietvertrag mit vereinbarten Mietminderungen zu bestimmten Zeitpunkten; *Ant.: step-up lease*; **step-in rights** *n Fin* Eintrittsrechte (npl); Rechte z.B. eines Kreditgebers, ein Projekt zu übernehmen, falls der Kreditnehmer in Zahlungsschwierigkeiten gerät

stepped foundation *n ArCo* Stufenfundament (n), gestuftes Fundament (n), getrepptes Fundament (n); *Syn.: benched foundation*; **stepped rent** *Law (GB)* → graded rent; **stepped tariff** *n* Staffeltarif (m); **stepped-up basis** *n Tax* erhöhte Grundlage (f)

step-up clause *Law* → escalator clause; **step-up lease** *n Law* Staffelmietvertrag (m); **step-up in basis** *n* Buchwertaufstockung (f)

stepping *n* Staffelung (f), Fortschaltung (f)

stick *n* Stock (m)

stickiness *n* wörtl.: Klebrigkeit (f), Trägheit (f); etwa wenn in einem steigenden Markt die Preise verzögert anziehen

stiffen *v/t* versteifen

stiffening *n* Versteifung (f); **stiffening rib** *n* Verstärkungsrippe (f), Versteifungsrippe (f)

stiffness *n* Steifigkeit (f)

stigmatized property *n* Immobilie, die aufgrund bestimmter Umstände oder eines Geschehens in der Vergangenheit gebrandmarkt ist; z.B. Nähe eines Hauses zu einem Kernkraftwerk, Mord in einer Wohnung, Spuk etc.; in manchen Staaten ist der Makler gesetzlich verpflichtet, auf solche Umstände hinzuweisen

S

stile *n* Rahmenpfosten (m), Zaunübertritt (m)

stimulus *n* Impuls (m)

stint *n* das Recht, z.B. eine Kuh oder vier Schafe auf einer Gemeindeweide grasen zu lasen; → cattlegate; **stinted pasture** *n (GB)* Gemeindeweide mit Nutzungsrechten in sog. stints (= cattlegate oder beastgate); ein Besitzer könnte z.B. 30 stints (oder gates), ein anderer 50 stints haben; *Syn.: gated pasture*

stipulate *v/t* vertraglich festlegen, vereinbaren; einverständlich feststellen; **stipulate conditions/terms** Bedingungen festsetzen; **stipulated by contract** *adj* vertraglich festgelegt

stipulation *n* Vereinbarung (f), Abmachung (f), Übereinkunft (f); Bedingung (f), Klausel (f); **without stipulations** bedingungslos

stock *n* Bestand (m), Lager (n), Inventar (n); → stock(s); **stock of buildings** *n* Gebäudebestand (m); **stock of trees** *n* Baumbestand (m)

stock analysis *n* Bestandsanalyse (f); **stock book** *n* Bestandsbuch (n); **stock brick** *n* gewöhnlicher Mauerziegel (m), Ziegelstein (m); **stock brick work** *n* Mauerwerk (n) (Standardausführung); **stock cycle** *n Econ (GB)* Lagerzyklus (m); **stock holding cost** *n/pl* Lagergebühren (fpl); **stocking** *n* Bevorratung (f), Lagerung (f); **stock list** *n* Bestandsliste (f); **stock location** *n* Lagerort (m), Lagerplatz (m); **stock movement** *n* Bestandsveränderung (f); **stock size** *n* gängige Größe (f); **stocktaking** *n* Inventur (f) (durch körperliche Bestandsaufnahme)

stockade *n* Palisade (f)

stock(s) *n(pl) Fin* Aktie(n) (f(pl)); **stockbroker** *n* Wertpapiermakler (m); **stock corporation** *n* Aktiengesellschaft (f); **stock dividend** *n* Dividende (f) in Form von Aktien, Gratisaktien (fpl); **stock exchange** *n* Börse (f), Aktienbörse (f), Wertpapierbörse (f); **stock exchange transfer tax** *n* Börsenumsatzsteuer (f); **stockholder** *n* Aktionär (m), Anteilseigner (m); **stock market** *n* Aktienmarkt (m); Wertpapiermarkt (m); Börse (f); **stock market index** *n* Börsenindex (m); **stock security** *n* Wertpapier (n); **stock split** *n (US)* Aktienaufteilung (f), Aktiensplit (m), Splitting (n)

stone *n ArCo* Stein (m); Gestein (n); auch Gewichtseinheit: ca. 6,35 kg; **stone bond** *n* Steinverband (m); **stone construction** *n* Steinbau (m); **stone dam** *n* Steindamm (m); **stone dresser** *n* Steinmetz (m); **stone mason** *n* Steinmetz (m); **stone paving** *n* Steinpflaster (n); **stone-pine** *n* Pinie (f); **stone pit** *n* Steinbruch (m); *Syn.: quarry*; **stone plaster** *n* Steinputz (m); **stone quarry** *n* Steinbruch (m); **stone shingle** *n* Steinschindel (m); **stone structure** *n* Steinbau (m), Steinbauwerk (n); **stoneware** *n* Steingut (n), Steinzeug (n); **stoneware pipe** *n* Steinzeugrohr (n), Tonrohr (n); **stoneware tile** *n* Steinzeugfliese (f); **stonework** *n* Naturstein (n); **stoneworking** *n* Steinbearbeitung (f)

stone *v/t ArCo* pflastern
stool *n* Hocker (m), Schemel (m)
stop *n* Stopp (m), Halt (m), Haltestelle (f); **stop clause** *n Law* Mietvertragsklausel, die einen Maximalbetrag für Betriebskosten festlegt, die der Vermieter jährlich zu tragen hat; alle darüber hinausgehenden Betriebskosten hat der Mieter zu tragen; **stopcock** *n* Absperrhahn (n); **stop list** *n* → black list; **stop price** *n* Stopppreis (m); **stop valve** *n* Absperrventil (n), Absperrhahn (m)
stop payment *v/t* Zahlung einstellen
stoppage of payments *n* Zahlungseinstellung (f)
storage *n* Lager (n), Lagerraum (m), Lagerhalle (f); Lagerung (f); (of records) Archiv (n); **storage area** *n* Lagerfläche (f); **storage basin** *n* Sammelbecken (n); **storage bin** *n* Lagerbehälter (m), Silo (m); **storage building** *n* Lagergebäude (n), Lagerhalle (f); **storage charges** *n/pl* Lagergebühren (fpl), Lagerkosten (pl); *Syn.: storage costs*; **storage heating** *n* Speicherheizung (f); **storage space** *n* Lagerflächen (fpl); **storage water heater** *n* Heißwasserspeicher (m)
store *n* Laden (m), Geschäft (n), Warenhaus (n); Lager (n), Vorrat (m), Bestand (m); Lagerhaus (n), Lagerhalle (f); **store fittings** *n/pl* Ladeneinrichtung (f); **storefront** *n Ret* Fassade (f); Fensterfront (f); **storehouse** *n* Lagergebäude (n); **store room** *n* Abstellraum (m), Vorratsraum (m)
store *v/t* aufbewahren, lagern; **store records** *v/t* Unterlagen aufbewahren
storey *n* Geschoss (n), Stockwerk (n), Etage (f); *Syn.: story (US)*; **storey height** *n* Geschosshöhe (f)
storm and tempest insurance *n* Sturmschadenversicherung (f); **storm drain** *n* Regenwasserleitung (f); **storm sewer** *n* Regenwasserkanal (m)
stormwater *n* Niederschlag (m), Niederschlagswasser (n); **stormwater drainage** *n* Oberflächenentwässerung (f); **stormwater inlet** *n* Regenwasserablauf (m); **stormwater retention tank** *n* (Regen-) Rückhaltebecken (n); *Syn.: stormwater retention basin*
storm window *n* Sturmfenster (n)
story *n ArCo* → storey
stove *n* Herd (m), Ofen (m)
straight *adj* gerade; **straight capitalization** *n Fin (US)* ewige Rente (f); **straight lease** *n Law (US)* Mietvertrag (m) mit fixiertem Mietzins; *Syn.: flat lease*; **straight line** *n* Gerade (f); **straight-line depreciation** *n Fin* lineare Abschreibung (f); **straight lining** *n Fin (US)* REIT-Begriff: Anpassung der tatsächlichen Miete, die i.d.R. durch Indexierung steigt, auf einen konstanten Durchschnitt über die Vertragslaufzeit; folglich werden die Mieteinnahmen aus einem Mietverhältnis anfangs zu hoch, später zu niedrig eingeschätzt; **straight loan** *n Fin* endfälliges, kurz- bis mittelfristiges, festverzinsliches Darlehen; *Syn.: straight mortgage; standing loan (or mortgage)*; **straight pipe** *n* Geradrohr (n); **straight-term loan** *Fin* → standing loan; **straight-tube heat exchanger** *n* Geradrohr-Wärmetauscher (m); **straight-up participation** *Fin* → vertical slice participation
straighten out *v/t* berichtigen, glätten, klarstellen
strain *n* Beanspruchung (f); **strain curve** *n* Dehnungskurve (f); **strain variation range** *n* Dehnungsschwingbreite (f)
strainer *n* Filter (m), Schmutzfänger (m)
straining beam *n* Verstrebungsbalken (m)
strata title *n Law* australisches System des Wohnungseigentums; ähnlich der → condominium ownership
strategic aim *n* Zielsetzung (f); **strategic planning** *n* strategische Planung (f); **strategic planning of water resources** *n* wasserwirtschaftliche Rahmenplanung (f); **strategic value** *n* strategischer Wert (m)
stratification *n Mkt* soziale Schichtung (f)
stratum *n* Stratum (n)
straw thatch *n* Strohdach (n)
stream *n* Bach (m), Fluss (m), Strömung (f)
street *n* Straße (f); **street boundary line** *n* Straßenbegrenzungslinie (f), Straßenfluchtlinie (f); *Syn.: street line, building line*; **streetcar line** *n (US)* Straßenbahnlinie (f); **streetcar system** *n (US)* Staßenbahnnetz (n); **street design** *n* Straßengestaltung (f); **street lighting** *n* Straßenbeleuchtung (f); *Syn.: streetlights*; **street line** *n* Straßenbegrenzungslinie (f), Straßenfluchtlinie (f)
strength *n* Stärke (f), Festigkeit (f); **strength parameter** *n* Festigkeitskennwert (m)
strengthen *v/t* verstärken

stress *n* Beanspruchung (f), Spannung (f); **stress analysis** *n* → structural analysis
stretcher bond *n* Läuferverband (m)
strict foreclosure *n Fin, Law* sofortiges Enteignungsrecht durch den Hypothekengläubiger bei Zahlungsverzug des Schuldners; nicht gebräuchlich
strict liability *n Law* verschuldensunabhängige Haftung (f), Erfolgshaftung (f), Gefährdungshaftung (f); *Syn.: absolute liability*
striking *n* Ausschalen (n); **striking plate** *n* Schließblech (n); *Syn.: striker plate*; **striking time** *n* Ausschalzeit (f)
string *n* Schnur (f); **string board** *n* Wange (f); **string piece** *n* Steckbalken (m); **string wall** *n* Wangenmauer (f)
stringer *n ArCo* Längsbalken (m), Längsträger (m), Stützbalken (m); **stringer staircase** *n* Wangentreppe (f)
strip *n* Streifen (m); **strip center** *n Ret (US)* an einer großen Straße gelegenes Einkaufszentrum mit Parkmöglichkeiten, das aus reihenförmig, parallel zur Straße angeordneten Geschäften und meist einem großen Lebensmittelgeschäft besteht; kleiner als ein → neighborhood center; **strip development** *Plan, Dev* → ribbon development; **strip foundation** *n ArCo* Streifenfundament (n); **striplight** *n* Neonröhre (f); **strip shopping center** *Ret (US)* → strip center
stroke *n* Schlag (m), Hub (m); **strongbox** *n* Tresor (m); *Syn.: safe-deposit box;* **strong room** *n* Stahlkammer (f), Tresorraum (m)
structural *adj* strukturell, konstruktiv, tragend; **structural alteration** *n* bauliche Veränderung (f) (einschl. Tragwerk), Umbau (m); **structural analysis** *n ArCo* Baustatik (f), Prüfstatik (f); *Syn.: stress analysis, structural calculations*; **structural and civil engineering** *n* Hochbau (m); **structural architecture** *n* Hochbauarchitektur (f); **structural calculation** *n* statische Berechnung (f); **structural component** *n* tragendes Bauteil (n); **structural concrete** *n* tragender Beton (m); **structural condition** *n* Bauzustand (m); **structural damages** *n/pl* Bauschäden (mpl) am Tragwerk eines Gebäudes; **structural defects** *n/pl* bauliche Mängel (mpl) am Tragwerk eines Gebäudes; **structural density** *n Plan* Bebauungsdichte (f); Anzahl der Gebäude auf einer bestimmten Fläche; **structural design** *n* Tragwerksplanung (f), konstruktiver Entwurf (m); **structural element** *n* tragendes Bauteil (n); **structural engineer** *n* Statiker (m); *Syn.: structural designer*; **structural engineering** *n* Bautechnik (f), Hochbau (m); **structural facilities** *n/pl* bauliche Anlage (f); **structural frame** *n* Rahmentragwerk (n); **structural light(weight) concrete** *n* Konstruktionsleichtbeton (m), tragender Leichtbeton (m); **structural repairs** *n/pl* Reparaturen (fpl) an der Bausubstanz bzw. am Tragwerk; **structural reserves** *n/pl (US)* Instandhaltungsrücklage (f), Rücklagen (fpl) für Instandhaltungsmaßnahmen; **structural steel** *n* Stahlbau (m), tragende Stahlprofile (f); **structural steel engineering** *n* Stahlbautechnik (f); **structural steel work** *n* Stahlbau (m); **structural survey** *n* bautechnische Untersuchung (f), Baugutachten (n); **structural vacancy** *n* Leerstand als Ergebnis von Marktfaktoren (strukturelles Überangebot) oder Eigenschaften eines Objektes, die die Vermietung erschweren (Lage, Alter etc.); **structural wall** *n ArCo* tragende Wand (f); *Syn.: load bearing wall*
structurality *n* Baulichkeit (f)
structure *n* Aufbau (m), Struktur (f), Gliederung (f); Konstruktion (f), Bauwerk (n), Tragwerk (n); **structure plan** *n Plan (GB)* ähnlich: Flächennutzungsplan; structure plans werden von → county councils (Grafschaftsverwaltung) erstellt und müssen vom Bau- und Umweltministerium genehmigt werden; sie geben den strategischen Rahmen für die Planung auf Gemeinde-Ebene (district council bzw. borough council) vor
structured *adj* strukturiert; **structured finance** *n Fin* strukturierte Finanzierung (f)
strut *n* Steife (f), Strebe (f)
strut *v/t* versteifen; **strutted frame** *n* Sprengwerk (n)
strutting *n* Absteifung (f), Aussteifung (f), Versteifung (f), Verstreben (n)
stucco *n ArCo* Stuck (m); Stuckgips (m); **stucco ceiling** *n* Gipsdecke (f), Stuckdecke (f); **stucco wall** *n ArCo* stuckverzierte Wand (f); **stucco work** *n* Stukkatur (f)
stud *n ArCo* Jochstütze (f); Pfosten (m); Stift (m), Nagel (m); **stud partition** *n* Ständer-

wand (f); **stud wall** *n* Ständertrennwand (f), Ständerwand (f)
studio *n ArCo* Atelier (n), Studio (n); Kleinwohnung (f), Einzimmerwohnung (f)
study (room) *n* Studierzimmer (n), Arbeitszimmer (n)
sturdy *adj* massiv, robust; **sturdy design** *n* robuste Ausführung (f)
sub-agency *n Law, Mkt* Untervertretung (f)
sub-agent *n Law, Mkt* Untervertreter (m)
sub-agreement *n Law* Nebenabrede (f)
sub area *n* Teilgebiet (n)
sub-assembly *n* Unterbaugruppe (f), Vormontage (f)
sub-basement *n ArCo* zweites Untergeschoss (n), zweites Kellergeschoss (n); **sub-basement crawl space** *n ArCo* → crawl space
subconcrete *n ArCo* Unterbeton (m)
sub-contract *n Law* Untervertrag (m); Subunternehmervertrag (m)
sub-contractor *n* Subunternehmer (m), Nachunternehmer (m); **sub-contractor's agreement** *n Law* Nachunternehmervertrag (m)
sub-distribution board *n* Nebenverteilerkasten (m)
subdivide *v/t* aufschlüsseln, unterteilen
subdivider *n* Investor, der ein großes Grundstück in kleinere aufteilt und stückweise veräußert
subdivision *n* Baulandaufteilung (f); Erschließung und Aufteilung eines größeren Baugebiets in einzelne Parzellen, um diese einzeln zu verkaufen; *Syn.: subdividing*; **subdivision development** *n (US)* schrittweise Projektentwicklung (f) eines in Parzellen aufgeteilten Gebietes
subfloor *n ArCo* Unterboden (m); **subflooring** *n* Zwischendeckenbau (m)
subgrade *n* Untergrund (m)
subject *n* Fach (n); **subject of a contract** *n* Auftragsgegenstand (m)
subject identity *n* Subjektidentität (f); **subject matter** *n* Fach (n), Thema (n); **subject property** *n Val* zu bewertende Immobilie (f), Bewertungsobjekt (n)
subjective value *n Val* subjektiver Wert (m); *Syn.: value to the owner*
subject to *adj Law* vorbehaltlich, abhängig von; einer Sache unterworfen; **subject to a charge** gebührenpflichtig; **subject to contract** *Law* vorbehaltlich des Vertragsabschlusses; **subject to mortgage** *Law, Mkt (US)* hypothekengebunden; Akquisition einer Immobilie einschließlich bestehender Hypothek; **subject to prior sale** *Law* Zwischenverkauf vorbehalten
sub judice *Law (lat.)* noch nicht entschieden, rechtshängig
sublease *n Law* Untermiete (f); Untervermietung (f); Untermietvertrag (m); *Syn.: underlease*
subleasehold interest *n* Miete (f) aus bzw. Wert (m) einer Untervermietung
sublessee *n Law* Untermieter (m); Unterpächter (m); *Syn.: underlessee*
sublessor *n Law* Untervermieter (m); Unterverpächter (m); *Syn.: underlessor*
sublet *v/t* untervermieten; *Syn.: sublease*; **sub-letting** *n* Untervermietung (f)
sub-location *n* Nebenlage (f)
sub-market *n* Teilmarkt (m)
submerged *adj* untergetaucht; **submerged concrete** *n* Unterwasserbeton (m)
submission 1. *n Mkt* Unterbreitung (f) eines Angebots; **submission of bids** *n* Abgabe (f) von Angeboten
submission 2. *n Law* Einreichung (f), Vorlage (f); **submission of evidence** *n* Beweisantrag (m)
submit a report *v/t* Bericht erstatten, einen Bericht vorlegen; **submit a tender** *v/t* ein Angebot abgeben
sub-mortgage *n Fin* nachrangige Hypothek (f), Unterverpfändung (f)
sub-office *n* Außenstelle (f)
subordinate *n* nachrangiger Mitarbeiter (m), unterstellter Mitarbeiter (m); **subordinate law** *n* nachrangiges Recht (n); **subordinate organizational units** *n/pl* untergeordnete Organisationseinheiten (fpl)
subordinated ground lease *n Law* Erbbaurechtsvertrag, der eine Zustimmung des Eigentümers zur Beleihung durch den Pächter enthält; **subordinated loan** *n Fin* nachrangiges Darlehen (n); **subordinated mortgage** *n Fin* nachrangige Hypothek (f)
subordination *n Law* Unterordnung (f), Nachordnung (f), Nachstellung (f); Rangnachfolge (f); **subordination agreement** *n Law* Unterordnungsvereinbarung (f), Rangrücktrittsvereinbarung (f), Beherrschungsvertrag (m); **subordination clause** *n Law* Klausel, die einer später eingetra-

genen Hypothek Vorrang gegenüber einer früher eingetragenen einräumt

sub-participation *n Fin* Unterbeteiligung (f)

sub-performing loans *n/pl* leistungsgestörte Kredite (mpl), (derzeit) nicht bediente Kredite (mpl)

subprime loan *n Fin* Darlehen eines Darlehensnehmers geringerer Kreditwürdigkeit; erfüllt nicht die Investment-Quality-Kriterien der Federal Home Loan Mortgage Corporation (Freddie Mac)

sub-purchaser *n Law* Käufer (m) zweiter Hand, mittelbarer Käufer (m)

subregional plan *n* Gebietsentwicklungsplan (m)

subrogation *n Law* Rechtsübertragung (f), Eintritt (m) in Rechte, gesetzlicher Forderungsübergang (m)

sub-sale *n Law* Verkauf einer Immobilie unmittelbar nach dem Kauf

subscribed demand *n* bestellte Leistung (f)

subscription *n* Abonnement (f); Subskription (f); Zeichnung (f); Zeichnungsbetrag (m)

subsealing *n* Unterfüllung (f)

subsequent *adj* nachfolgend, anschließend; **subsequent approval** *n* Nachgenehmigung (f), nachträgliche Genehmigung (f); **subsequent bona fide purchaser** *n Law* nachfolgender gutgläubiger Erwerber; **subsequent condition** *Law* → condition subsequent; **subsequent expenditure** *n* nachträgliche Anschaffungskosten (pl), nachträgliche Herstellungskosten (pl); **subsequent income** *n* nachträgliche Einkünfte (pl); **subsequent installation** *n* Nachinstallation (f), nachträgliche Installation (f); **subsequent valuation** *n* Folgebewertung (f)

subside *v/i* nachlassen, absinken, absacken

subsidence *n ArCo* Senkung (f), Setzung (f), Absenkung (f) der Erdoberfläche

subsidiarity *n* Subsidiarität (f)

subsidiary *n* Subsidiär (m), Tochtergesellschaft (f), Tochterunternehmen (n); **subsidiary clause** *n* Subsidiaritätsklausel (f)

subsidies *n/pl* Fördermittel (npl); Subventionen (fpl); → export subsidies; government subsidies; investment subsidy; **subsidies from public funds** *n/pl* Zuschüsse (mpl) aus öffentlichen Mitteln

subsidized housing *n* öffentlich geförderter Wohnungsbau (m), sozialer Wohnungsbau (m); **subsidized rent** *n Law* → subsidy rent

subsidy *n* Subvention (f); **subsidy rent** *n* Mietzuschuss (m)

subsistence *n* Lebensunterhalt (m), Auskommen (n); **subsistence economy** *n* Bedarfsdeckungswirtschaft (f)

subsoil *n* Untergrund (m); Baugrund (m); **subsoil conditions** *n/pl* Baugrundverhältnisse (npl), Untergrundverhältnisse (npl); **subsoil testing** *n* Baugrunduntersuchung (f); **subsoil water** *n* Grundwasser (n); *Syn.: groundwater*

subsonic noise *n* Trittschall (m); **subsonic noise insulation** *n* Trittschalldämmung (f); *Syn.: impact noise insulation*

substance *n* Stoff (m), Substanz (f), Inhalt (m), Material (n)

substantial *adj* erheblich, beträchtlich; *Syn.: material*; **substantial competition** *n* wesentlicher Wettbewerb (m); **substantial completion** *n Plan, ArCo* gebrauchsfertige Fertigstellung (f); **substantial deviation** *n* erhebliches Abweichen (n); **substantial investment** *n* wesentliche Beteiligung (f); **substantial performance** *n Law* annähernde Vertragserfüllung (f); Vertragserfüllung in den wesentlichen Bestandteilen des Vertrags; **substantial reason** *n* wichtiger Grund (m)

substantiate *v/t* begründen, bekräftigen, glaubhaft machen, nachweisen; **substantiating document** *n* beweiskräftige Unterlage (f)

substantiation *n* Bekräftigung (f)

substantive *adj* beträchtlich, bedeutend, wesentlich; **substantive improvement** *n* substanzielle Aufwertung (f)

substitute property *n* Ersatzobjekt (n)

substitution *n* Ersatz (m), Ersetzung (f), Substitution (f), Substituierung (f); **substitution of liability** *Law* → novation **substitution value** *n Val* Wert einer Immobilie, ermittelt anhand der Kosten einer vergleichbaren alternativen Immobilie

substratum *n* Unterschicht (f)

substructure *n ArCo* Unterbau (m), Fundamentkonstruktion (f)

sub-subsidiary *n* Enkelgesellschaft (f)

subsume *v/t* subsumieren

subsumption *n* Subsumption (f)

subtenancy *n Law* Untermietverhältnis (n)

S

subtenant *n Law* Untermieter (m)
subtopia *n Plan* monotone Vorstadt, Stadtausuferung mit standardisierten Gebäuden
subtotal *n* Zwischensumme (f)
sub-underwriter *n* Unterversicherer (m)
suburb *n* Vorort (m), Vorstadt (f)
suburban *adj* vorstädtisch; **suburban location** *n* Stadtteillage (f)
suburbanisation *n Plan* Suburbanisierung (f)
suburbia *n Plan* Vorort (m), Vorstadt (f)
subway *n* Unterführung (f); U-Bahn (f) (US); **subway station** *n (US)* U-Bahnhof (m)
success *n* Erfolg (m)
succession *n* Nachfolge (f), Erbfolge (f); **succession in title** *n* Rechtsnachfolge (f) **succession tax** *n Tax* Erbschaft(s)steuer (f); *Syn.: succession duty*
successor *n Law* Nachfolger (m); **successors and assigns** *n/pl Law* Rechtsnachfolger (mpl) und Rechtsvorgänger (mpl)
suction duct *n* Ansaugschacht (m); **suction pump** *n* Ansaugpumpe (f), Saugpumpe (f); **suction tract** *n* Ansaugtrakt (m)
sue *v/t Law* verklagen
sufferance *n Law* Duldung (f)
sufficient *adj* hinreichend, ausreichend; **sufficient data** *n/pl* ausreichende Angaben (fpl); **sufficient number** *n* genügende Anzahl (f); **sufficient repair** *Law* → tenantable repair
suggested price *n* empfohlener Preis (m)
sui generis *n Plan, Law (GB)* eigener Art (f); Flächennutzungen, die keiner → use class zugeordnet sind; z.B. Theater, Gefängnisse
suit *n* Klage (f); *Syn.: lawsuit*
suitable *adj* angemessen; **suitable alternative housing** *n* geeigneter Ersatzraum (m)
suite *n* Suite (f), Zimmerflucht (f); Reihe nebeneinander liegender und miteinander verbundener Zimmer
sum insured *n* Versicherungssumme (f); Deckungssumme (f)
summable *adj* summierbar
summarize *v/t* zusammenfassen
summary *n* Zusammenfassung (f); **summary appraisal report** *n Val* zusammenfassendes Bewertungsgutachten (n); **summary report** *n* Kurzbericht (m), zusammenfassender Bericht (m)
summation *n* Summierung (f); **summation approach (or method)** *Val* → quantity survey method; **summation rate** *Val* → component capitalisation rate
summer house *n* Gartenhaus (n), Gartenlaube (f)
summons *n Law* Vorladung (f), Ladung (f)
sum-of-the-units method *n* leistungsabhängige Abschreibungsmethode (f), leistungsbezogene Abschreibungsmethode (f)
sum-of-the-years-digits method of depreciation *n* arithmetisch-degressive Abschreibung (f), digitale Abschreibung (f)
sump *n ArCo* Sammelbehälter (m), Regenwassersammelbehälter (m); Sumpf (m); **sump pan** *n* Wanne (f)
sum up *v/t* zusammenfassen
sun-dried brick *n* Lehmbaustein (m)
sunk costs *n/pl Fin* verbranntes Geld (n); Kosten, die im Rahmen eines Projektes entstanden sind und beim Scheitern des Projektes nicht wieder hereingeholt werden können
sunshine roof *n* Rolldach (n)
superadequacy *n Val* Qualitäten einer Immobilie (Gebäudestruktur, Material oder Design), die sich nicht vollständig im Preis widerspiegeln
superelevation *n* Überhöhung (f)
superette *n Ret* Lebensmittelmarkt (m); größer als ein → convenience store aber kleiner als ein Supermarkt
superfund *n Fin* Pensionsfonds (m), Rentenfonds (m); *Syn.: superannuation fund*; **Superfund Amendments and Reauthorization Act (SARA)** *n (US)* Gesetz (n) zur Regelung von (Umweltschutz- und) Altlastenproblemen
superheated steam *n* überhitzter Dampf (m)
superheating *n* Überhitzen (n), Überhitzung (f)
superhighway *n (US)* Autobahn (f)
superimposed load *n* Auflast (f)
superior estate *n Law* herrschendes Grundstück (n); *Syn.: dominant estate*; **superior title** *n Law* übergeordneter Rechtsanspruch oder Rechtstitel; *Syn.: paramount title*
supermarket *n Ret* Supermarkt (m)
superregional *adj (US)* überregional; **superregional shopping center** *n* großes Ein-

kaufszentrum (n); zieht aus einem größerem Gebiet Käufer an als ein regional center; üblicherweise eine Mall, gelegentlich mehrstöckig

superstore *n Ret* Großmarkt (m), großer Verbrauchermarkt (m)

superstructure *n ArCo* Überbau (m), Oberbau (m)

supervise *v/t* beaufsichtigen

supervision *n ArCo* Bauüberwachung (f), Überwachung (f), Kontrolle (f), Baukontrolle (f), Bauaufsicht (f)

supervisor *n* Aufsichtsperson (f), Überwachender (m)

supervisory board *n* Aufsichtsrat (m); **supervisory broker** *n Fin, Mkt* → principal broker; **supervisory formula approach (SFA)** *n* Ansatz zur Bewertung von Sicherheitsgeschäften auf der Basis interner Ratings; **supervisory right** *n* Kontrollrecht (n)

supplement *n* Ergänzung (f), Nachtrag (m); **supplementary contribution** *n* Nachschuss (m); *Syn.: additional contribution*; **supplementary deduction** *n* zusätzlicher Abschlag (m); **supplementary pension** *n* Zusatzrente (f); **supplementary space** *n* zusätzlicher Raum (m); **supplementary standard** *n* Ergänzungsstandard (m); **supplementary work** *n* Nebenleistung (f)

supplied by third parties *adj* fremdbezogen

supplier *n* Lieferant (m), Anbieter (m)

supply *n* Lieferung (f), Beschaffung (f), Versorgung (f), Bereitstellung (f); Angebot (n); **supply of space** *n* Flächenangebot (n);

supply and demand *n* Angebot (n) und Nachfrage (f)

supply agreement *n* Abnahmevertrag (m), Liefervertrag (m); **supply air** *n* Zuluft (f);**supply area** *n* Versorgungsgebiet (n); **supply company** *n* Versorgungsunternehmen (n); **supply contract** *n* Abnahmevertrag (m), Liefervertrag (m); **supply costs** *n/pl* Lieferkosten (pl); **supply installation** *n* Versorgungsanlage (f); **supply line** *n* Versorgungsleitung (f); **supply period** *n* Versorgungszeitraum (m); **supply pipe** *n* Zuleitungsrohr (n); **supply plant** *n* Versorgungsanlage (f); **supply price** *n* Bezugspreis (m); **supply shaft** *n* Versorgungsschacht (m); **supply structures** *n/pl* Versorgungsstrukturen (fpl); **supply system** *n* Versorgungsnetz (n); **supply temperature** *n* Vorlauftemperatur (f)

supply *v/t* bereitstellen, liefern; **supply a demand** Nachfrage decken; **supply collateral** Sicherheiten leisten

support *n* Beistand (m), Stütze (f), Betreuung (f); **support price** *n* Interventionskurs (m)

support *v/t* begünstigen, unterstützen; **supported beam** *n* Stützbalken (m)

supporting *adj* tragend; **supporting column** *n* Tragsäule (f); **supporting structure** *n* Stützkonstruktion (f), tragende Konstruktion (f), Tragkonstruktion (f); **supporting wall** *n* Stützmauer (f)

supports *n/pl* Auflager (n), Stützen (fpl), Stützfläche (f)

supposition *n* **1.** Hypothese (f), Annahme (f), Vermutung (f); **2.** *n Law* Supposition (f), Unterstellung (f)

supreme court *n Law* oberstes Gericht (n); **supreme court decisions** *n/pl* höchstrichterliche Entscheidungen (fpl)

surcharge *n* Zuschlag (m), Aufgeld (n), Preisaufschlag (m), Sonderabgabe (f); Post: Nachgebühr (f); **surcharge calculation** *n* Zuschlagskalkulation (f)

surety *n Fin* Bürgschaft (f), Bürgschaftsleistung (f), Sicherheit (f), Sicherheitsleistung (f), Garantie (f), Kaution (f); **surety bond** *n Fin* Bürgschaftserklärung (f); **surety certificate** *n* Bürgschaftserklärung (f); *Syn.: surety declaration*; **surety insurance** *n* Kautionsversicherung (f)

suretyship *n* Bürgschaft (f); **suretyship contract** *n* Bürgschaftsvertrag (m)

surface *n ArCo* Oberfläche (f), Außenfläche (f), Außenseite (f); **surface channel** *n* Bodenrinne (f); **surface characteristics** *n/pl* Oberflächeneigenschaft (f); **surface condition** *n* Außenbeschaffenheit (f), Oberflächenbeschaffenheit (f); **surface drainage** *n* Oberflächenentwässerung (f); **surface earthing** *n (GB)* Oberflächenerdung (f); **surface erosion** *n* Oberflächenerosion (f); **surface finishing** *n* Oberflächenbearbeitung (f); **surface grounding** *n (US)* Oberflächenerdung (f); **surface mounted** *adj* auf Putz, auf Putz montiert; **surface mounting** *n* Aufputzmontage (f); *Syn.: on-wall mounting*; **surface protection** *n* Oberflächenschutz (m); **surface quality** *n*

ArCo Oberflächenqualität (f); **surface rights** *n/pl Law* Recht, die Oberfläche einer Immobilie zu nutzen und zu verändern; **surface rust** *n* Oberflächenrost (m); **surface sealing** *n* Oberflächenversiegelung (f); **surface tension** *n* Oberflächenspannung (f); **surface treatment** *n* Oberflächenbehandlung (f); **surface vibrator** *n* Oberflächenrüttler (m); **surface water** *n* Oberflächenwasser (n); **surface water drain** *n* Regenwasserableitung (f)

surface *v/t* verkleiden

surplus *n* Überschuss (m); **surplus funds** *n/pl* Rücklage (f), Überschuss (m); **surplus land** *n* überschüssiges Land (n); **surplus material** *n* überschüssiges Material (n); **surplus productivity** *n* Produktivitätsüberschuss (m); **surplus property** *n PptMgt* wörtlich: überflüssige Immobilien; nicht mehr betriebsnotwendige Immobilien, betriebsneutrale Immobilien; **surplus reserve** *n* Rücklage (f); Gewinnrücklage (f)

surrender *n* Übergabe (f), Aushändigung (f); Verzicht (m), Aufgabe (f); Abtretung (f)

surrender a lease *v/t Law* räumen, auf ein Miet-/Pachtrecht verzichten

surrounding *adj* umgebend; **surrounding area** *n* Umfeld (n), Umgebung (f), Umgegend (f), Umland (n); **surrounding development** *n* Umgebungsbebauung (f)

surroundings *n/pl* Umfeld (n), Umgebung (f)

survey *n* Gutachten (n); Vermessung (f); **survey design** *n* Untersuchungsdesign (n); **survey plan** *n* Vermessungsplan (m); **survey report** *n* Besichtigungsbericht (m), Bewertungsbericht (m); weniger unfangreich und gunstiger als ein → structural survey; **survey research** *n* Umfrageforschung (f); **survey results** *n/pl* Ergebnisse (npl) des Baugutachtens bzw. der Vermessung; **survey unit** *n* Erhebungseinheit (f)

survey *v/t* prüfen, vermessen, begutachten, untersuchen

surveying *n* Vermessung (f), Landvermessung (f), Vermessungswesen (n)

surveyor *n* Gutachter (m), Immobilienberater (m); Vermesser (m), Vermessungsingenieur (m); **surveyor's level** *n* Nivelliergerät (n); **surveyor's report** *n* Baugutachten (n)

Surveyors and Valuers Accreditation (SAVA) *n (GB)* Sachverständigen- und Gutachterakkreditierung (f)

survivor's pension *n* abgeleitete Rente (f)

survivorship *n Law* Überlebensfall (m)

suspend *v/t* einstellen; **suspend payment** Zahlung einstellen

suspended *adj* frei aufliegend, hängend; **suspended ceiling** *n ArCo* abgehängte Decke (f); **suspended rail** *n* Hängeschiene (f); **suspended roof** *n* Hängedach (n); **suspended scaffold** *n* Hängegerüst (n), hängendes Gerüst (n); **suspended slab** *n* Deckenplatte (f)

suspense account *n* Zwischenkonto (n)

suspension *n* Aussetzung (f), Unterbrechung (f); insbesondere: Entziehung einer Maklerlizenz (real estate licence) infolge einer Rechtsverletzung; **suspension bridge** *n* Hängebrücke (f); **suspension clause** *n Law* Suspensionsklausel (f); **suspension crane** *n* Hängekran (m); **suspension railway** *n* Schwebebahn (f); **suspension structure** *n* Hängewerk (n); **suspension truss** *n* Hängewerk (n)

suspensive condition *n Law* auflösende Bedingung (f); aufschiebende Bedingung (f)

sustain *v/t* als rechtsgültig anerkennen, stattgeben; erleiden, ertragen; aufrechterhalten

sustainability *n* Nachhaltigkeit (f)

sustainable *adj* nachhaltig; **sustainable costs** *n/pl* nachhaltige Kosten (pl); **sustainable development** *n Plan, Dev* dauerhafte Entwicklung (f), nachhaltige Entwicklung (f); **sustainable value** *n* Verkaufswert (m)

Sustainable Buildings Industry Council (SBIC) *Org (US)* amerikanische Gesellschaft für nachhaltiges Bauen

swamp *n* Sumpf (m), Moor (n); **swampy soil** *n* Sumpfboden (m)

swap *n* Tausch (m); → interest rate swap; **swap (transaction)** *n* Swapgeschäft (n)

swap *v/t* tauschen; ein Swapgeschäft durchführen

swaption *n Fin* Option auf Ausübung eines Swap

swearing-in *n* Vereidigung (f)

sweat equity *n Fin* direkt auf die Arbeit des Eigentümers zurückzuführender Wertzuwachs einer Immobilie oder eines Unternehmens

sweeping clause *n* Generalklausel (f)
sweetener *n* Anreiz (m); Schmiergeld (n), Bestechungsgeld (n), Beschwichtigungsmittel (n); Geschenk (m)
sweets *n/pl* Süßwaren (pl)
swimming pool *n* Schwimmbecken (n)
swing door *n* Drehflügeltür (f), Pendeltür (f); *Syn.: swinging door;* **swing loan** *n Fin* kurzfristiges Darlehen (n); zur Überbrückung des Zeitraums zwischen Kauf einer neuen und Verkauf einer alten Immobilie; *Syn.: bridge loan, gap loan*
switch *n* Schalter (m); **switchboard** *n* Telefonzentrale (f); Schalttafel (f)
switching yard *n (US)* Rangierbahnhof (m)
swivel arm *n* Schwenkarm (m)
sworn appraiser *n* vereidigter Sachverständiger (m); **sworn expert** *n* vereidigter Sachverständiger (m)
syndicate *n* Konsortium (n); Arbeitsgemeinschaft (f); **syndicated loan** *n Fin* syndizierter Kredit (m), Konsortialkredit (m); **syndicated market research** *n* gemeinsame Marktforschung (f)
syndication *n Fin* Syndizierung (f)
synthetic *n* Kunststoff (m)
synthetic resin primer *n* Kunstharzgrundanstrich (m), Kunstharzmennige (f)
system building construction *n/pl* Fertigteilbau (m); **system of internal audits** *n* internes Kontrollsystem (n)
systems building *n* Systembau (m); **systems engineering** *n* Systemtechnik (f)
systematic risk *n Fin* systematisches Risiko (n), vermeidbares Risiko (n)
systematics *n/pl* Systematik (f)

S

T

table *n* Tisch (m); Tabelle (f); **table of contents** *n* Index (m), Inhaltsverzeichnis (n), Verzeichnis (n); **table of fees** *n* Gebührentabelle (f)

tabulate *v/t* auftabellieren

tabulation *n* Aufstellung (f), Tabelle (f), Übersicht (f)

tacit *adj Law* still, stillschweigend; **tacit approval** *n Law* stillschweigende Billigung (f), stillschweigende Zustimmung (f), stillschweigende Genehmigung (f); **tacit mortgage** *n Fin* Hypothek (f) kraft Gesetzes; **tacit relocation** *n Law* stillschweigende Verlängerung eines Mietvertrags; **tacit renewal of a contract** *n Law* stillschweigende Vertragsverlängerung (f)

tack *n Law (sco.)* Mietvertrag (m)

tacking *n Law* Vertragsverlängerung um eine Periode

tackle *v/t* bearbeiten, behandeln

tail *n Law* → fee tail

tail water *n* Unterwasser (n)

take (a person) to court *Law* verklagen; **take effect** in Kraft treten, wirksam werden; **take into account** berücksichtigen; **taking everything into account** unter Berücksichtigung aller Umstände; **take inventory** inventarisieren; **take-it-or-leave-it contract** *Law, Mkt* → adhesion contract; **take place** geschehen, erfolgen; **take precedence (over)** Vorrang haben (vor), vorrangig sein (vor)

takeaway *n Ret (GB)* Imbissbude (f)

take down *v/t* aufzeichnen, notieren; abreißen, demontieren, abtragen, abbauen; **take-down search** → bring-down search

take out *v/t* abschließen, aufnehmen; **take-out commitment** *Fin, ArCo* → forward commitment; **take-out financing** *n Fin, ArCo* Ablösung einer kurzfristigen (Bau-) Finanzierung durch ein langfristiges Darlehen; meist nach Fertigstellung; **take-out loan** *n* langfristige Finanzierung (f), langfristige Immobilienfinanzierung (f)

take over *v/t* übernehmen; **takeover** *n* Übernahme (f); **takeover bid** *n* Übernahmeangebot (n)

take up *v/t* aufnehmen; **take up a mortgage** eine Hypothek aufnehmen; **take-up of space** *n* Flächenumsatz (m)

takings *n/pl* Bareinnahmen (fpl), Geldeingang (m)

tamped concrete *n* Stampfbeton (m)

tandem plan *n Fin (US)* Subventionsprogramm für Hypothekendarlehen

tangent *n* Tangente (f)

tangible *adj* greifbar, materiell; **tangible (fixed) assets** *n/pl* Sachanlagen (fpl); **tangible property** *n* Sachvermögen (n), dingliches Vermögen (n); **tangible value** *n* Substanzwert (m) im Rahmen eines Gutachtens (n); Wert der baulichen Anlagen ohne Berücksichtigung von ggf. wertbeeinflussenden Mietverträgen; *Syn.: physical value*

tank *n/pl* Tank (m), Behälter (m), Wasserbecken (n)

tanking *n* Wannenausbildung (f)

tankless water heater *n* Durchlauferhitzer (m)

tap *n* Wasserhahn (m); **tap water** *n* Leitungswasser (n)

Taper Relief *n (GB)* Gesetz zur Steuerminderung für Veräußerungsgewinne von Immobilien; ersetzt seit 1998 → indexation allowance

tapered relief *n* allmählich geringer werdende Vergünstigungen; → Taper Relief; **tapered tread** *n* Wendelstufe (f)

tapestry wall *n* Wandteppich (m)

tap the capital market *v/t* Kapitalmarkt in Anspruch nehmen

tar *n* Teer (m); **tar paper** *n* Teerpappe (f); **tarred felt** *n* Teerpappe (f)

target *v/t* anzielen

target *n* Ziel (n); **target cost** *n* angestrebte Kosten (pl), Sollkosten (pl); **target group** *n* Zielgruppe (f); **target group potential** *n* Zielgruppenpotenzial (n); **target-performance comparison** *n* Soll-Ist-Vergleich (m); **target price** *n* Orientierungspreis (m), Richtpreis (m); **target rate** *n* angestrebter Kapitalzins (m); **target rate of return** *n Fin, Val* Rentabilitätsziel (n); **target return pricing** *n Econ* Preisbildung (f); in Relation zu den Kosten je Produkteinheit; **target value** *n* Sollwert (m); **target variable** *n*

Zwischenzielvariable (f); **target yield** *n* angestrebte Verzinsung (f), Zielverzinsung (f)

tariff *n* Tarif (m), Zoll (m); **tariff of fees** *n* Gebührentarif (m)
tariff agreement *n* Zollabkommen (n)

task *n* Aufgabe (f); **task-oriented analysis** *n* Objektanalyse (f); **task structuring** *n* Objektgliederung (f)

tax *n* Steuer (f), Abgabe (f); **taxes on capital** *n/pl* Substanzsteuern (fpl)
tax abatement *n* Steuernachlass (m), Steuerermäßigung (f); **tax-adjusted tables** *n/pl* steuerlich angepasste (Bewertungs-) Tabellen (fpl); **tax adjustment rate** *n* Steueranpassungssatz (m); **tax adviser** *n* Steuerberater (m)

tax assessment *n* Steuerveranlagung (f); **tax assessment notice** *n* Steuerbescheid (m); **tax assessment procedure** *n* Veranlagungsverfahren (n)

tax audit *n* Steuerprüfung (f), Betriebsprüfung (f); **tax authority** *n* Finanzamt (n), Finanzbehörde (f), Steuerbehörde (f); **tax avoidance** *n* Steuervermeidung (f), (legale) Steuerumgehung (f); **tax base** *n* Steuerbemessungsgrundlage (f); **tax bracket** *n* Steuerklasse (f); **tax burden** *n* Steuerlast (f); **tax card** *n* Steuerkarte (f); **tax certificate** *n Law* → tax deed; **tax claim** *n* Besteuerungsanspruch (m); **tax clearance certificate** *n* steuerliche Unbedenklichkeitsbescheinigung (f); **tax concession** *n* Steuervergünstigung (f); **tax consultant** *n* Steuerberater (m); **tax court** *n* Finanzgericht (n); *Syn.: fiscal court*; **tax credit** *n Fin* Steuergutschrift (f), Steueranrechnung (f); *Syn.: imputation credit*

tax deductible *adj* steuerlich abzugsfähig

tax deduction *n* Steuerabzug (m), steuerliche Absetzung (f); **tax deed** *n Law* Grundstücksübertragungsurkunde im Rahmen eines → tax sale; i.d.R. behält sich der Staat ein Rückbehaltungsrecht für einen bestimmten Zeitraum vor, falls der Steuerschuldner die Zahlung noch vornimmt; nach Ablauf dieser Frist wird dem Käufer automatisch eine Grundeigentumsurkunde ausgestellt; *Syn.: tax certificate; tax title*; **tax deferral** *n* Steuerverschiebung (f); *Syn.: deferral of tax*; **tax-deferred exchange** *n* steuerfreier Austausch von Immobilien; beim Austausch einer Immobilie, die zu Investitionszwecken oder zur Generierung eines laufenden Einkommens gehalten wird, durch eine andere kann die Steuer gestundet werden; erst wenn die ersetzende Immobilie endgültig veräußert wird, wird die Steuer auf Veräußerungsgewinne fällig; *Syn.: tax-free exchange*; **tax delinquency** *n* Steuerschuld (f), Säumnis (f); **tax dodger** *n* Steuerhinterzieher (m); **tax equalization** *n* Steuerausgleich (m); **tax-escalation clause** *Law* → tax stop; **tax estimation** *n* Steuerschätzung (f); **tax evasion** *n Law* Steuerhinterziehung (f), Steuerumgehung (f)

tax-exempt *adj* steuerbefreit; ganz oder teilweise; **tax-exempt life insurance** *n* steuerbefreite Lebensversicherung (f)

tax exemption *n* Steuerbefreiung (f); **tax expenses** *n/pl* Steueraufwendungen (fpl); **tax foreclosure** *n* Steuerpfändung (f); **tax fraud** *n* Steuerbetrug (m)

tax-free *adj* steuerfrei; **tax-free allowance** *n* Steuerfreibetrag (m); **tax-free exchange** → tax-deferred exchange

tax haven *n* Steueroase (f), Steuerzuflucht (f); **tax liability** *n* Steuerschuld (f); **tax lien** *n Law* Steuerpfandrecht (n); Pfandrecht der Steuerbehörde; **tax loss** *n* Steuerverlust (m); **tax loss company** *n* Abschreibungsgesellschaft (f); **tax offence** *n* Steuerdelikt (n); **tax office** *n* Finanzamt (n); **tax parcel** *n* Steuerpaket (n); **tax participation clause** *n Law* Klausel in Gewerbemietvertrag, die eine Beteiligung des Mieters an Steuererhöhungen ab einem bestimmten Basisjahr vorsieht; **taxpayer** *n Tax* Steuerzahler (m), Steuerpflichtiger (m); **taxpayer identity** *n* Steuerzahleridentität (f), Subjektidentität (f); **tax privilege** *n* Steuerprivileg (n), Steuervergünstigung (f)

tax-privileged *adj* steuerbegünstigt

tax rate *n* Steuersatz (m); **tax reduction** *n* Steuererleichterung (f), Steuerermäßigung (f); **tax reform** *n* Steuerreform (f); **tax relief** *n* Steuererleichterung (f), Steuervergünstigung (f); Steuerfreibetrag (m); **tax return** *n* Steuererklärung (f); **tax revenue** *n* Steueraufkommen (n); **tax roll** *n (US)* Liste aller steuerpflichtigen Immobilien im einem bestimmten Steuergebiet mit Einheitswerten; **tax sale** *n*

Zwangsversteigerung zur Deckung von Steuerschulden; **tax secrecy** *n* Steuergeheimnis (n); **tax shelter** *n* Steuerzuflucht (f), Steueroase (f), Steuerbegünstigung (f); **tax shelter company** *n Tax* Verlustzuweisungsgesellschaft (f); *Syn.: loss company*; **tax sparing credit** *n* fiktive Steueranrechnung (f); **tax stamp** *n* Steuermarke (f); **tax stop** *n Law (US)* Mietvertragsklausel, die einen Maximalbetrag für immobilienbezogene Steuern festlegt, die der Vermieter trägt; alle darüber hinausgehenden Steuern sind vom Mieter zu entrichten; *Syn.: tax-escalation clause*; **(tax-) subsidized housebuilding** *n* steuerbegünstigter Wohnungsbau (m); **tax threshold** *n* Steuerfreigrenze (f); **tax title** *Law* → tax deed; **tax transparency** *n* Steuertransparenz (f); **tax treaty** *n* Doppelbesteuerungsabkommen (n); **tax valuation** *n* Steuerbewertung (f), Wertermittlung (f) zum Zwecke der Besteuerung; **tax year** → fiscal year; **tax yield** *n* Steueraufkommen (n)

taxable *adj Law, Tax* steuerpflichtig, abgabenpflichtig; **taxable base** *n* Steuerbemessungsgrundlage (f); **taxable event** *n* Steuertatbestand (m); **taxable income** *n* steuerpflichtiges Einkommen (n), zu versteuerndes Einkommen (n); **taxable loss** *n* abzugsfähige Verluste (mpl); **taxable profit** *n* zu versteuerndes Ergebnis (n); **taxable temporary difference** *n* zu versteuernde temporäre Bilanzdifferenzen (IAS 12, SFAS 109); **taxable value** *n* Einheitswert (m); *Syn.: assessed value*; **taxable year** *n* Geschäftsjahr (n) für Besteuerung, Rechnungsjahr (n), Steuerjahr (n), Wirtschaftsjahr (n) für Besteuerung; *Syn.: fiscal year*

taxation *n Tax* Besteuerung (f); Steuerveranlagung (f), Steuerwesen (n); **assess for taxation** steuerlich veranlagen; **liable for taxation** steuerpflichtig; **exempt from taxation** steuerfrei; steuerbefreit; von der Steuer befreit

taxation of capital gains *n Tax* Besteuerung (f) von Veräußerungsgewinnen; **taxation of costs** *n Law* Kostenfestsetzung (f); **taxation of the property** *n* Besteuerung (f) des Grundstücks

T-beam *n ArCo* Plattenbalken (m), T-Träger (m)

TCT *Law* → transfer certificate of title

TDA *Org* → Time-share Developers Association

TDR *Dev* → transfer of development rights

team briefing *n* Gruppenbesprechung (f); **team work** *n* Teamwork (n), Teamarbeit (f)

tear down *v/t ArCo* abreißen

teaser rate *n Fin, Mkt* Lockzins (m); *Syn.: teaser interest rate*

technical adviser *n* technischer Berater (m); **technical analysis** *n* technische Aktienanalyse (f); **technical assistance** *n* technische Assistenz (f); **technical committee** *n* Fachausschuss (m); **technical competence** *n* Fachkompetenz (f); **technical consultant** *n* Fachberater (m); **technical discussion** *n* Fachgespräch (n); **technical information** *n* technische Informationen (fpl); **technical jargon** *n* Fachsprache (f) der Techniker, technischer Fachjargon (m); **Technical Member of the Royal Institution of Chartered Surveyors (TechRICS)** *n* Mitglied der RICS mit technischer Fachkompetenz; **technical rooms** *n/pl* Technikräume (fpl); **technical specification** *n* technische Daten (pl); **technical term** *n* Fachausdruck (m); **technical translation** *n* Fachübersetzung (f) technischer Begriffe, technische Fachübersetzung (f)

technological *adj* technologisch

technology park *n* Technologiepark (m)

TEGoVA *Org* → The European Group of Valuers' Associations

tele-control engineering *n* Fernwirktechnik (f)

tele-control system *n* Fernwirksystem (n)

telephone *n* Telefon (n); **telephone booth** *n (US)* Telefonzelle (f); **telephone box** *n* Telefonzelle (f); **telephone charges** *n/pl* Telefongebühren (fpl)

teller *n* Bankkassierer (m); **teller's booth** *n* Kassiererkabine (f)

tell-tale *n ArCo* Rissmonitor (m); *Syn.: crack (monitor) gauge*

temperature *n* Temperatur (f); **temperature difference** *n* Temperaturunterschied (m), Grädigkeit (f); **temperature reinforcement** *n* Schwindbewehrung (f); Bewehrung beim Stahlbeton zur Vermeidung von Rissen aufgrund von Temperaturschwankungen oder des Schrumpfens bei der Trocknung

tempered glass *n* vorgespanntes Glas (n)
template *n* Profillehre (f), Formatvorlage (f), Leitkurve (f)
temporal method *n* Zeitbezugsmethode (f)
temporary *adj* provisorisch, zeitweilig; **temporary annuity** *n* Zeitrente (f); **temporary bridge** *n* Notbrücke (f); **temporary cover** *n* Blinddeckel (m); **temporary housing** *n* vorübergehende Unterbringung (f); **temporary load** *n* zeitweilige Belastung (f); **temporary planning permission** *Plan, Dev* → limited period permission; **temporary purpose** *n* vorläufiges Ziel (n); **temporary tax reduction** *n* Niederschlagung (f); **temporary water connection** *n* provisorischer Wasseranschluss (m)
tenancy *n* **1.** zeitbefristetes Mietverhältnis (n), Pachtverhältnis (n), Mietbesitz (m) einer Immobilie im Eigentum eines anderen; **2.** Dauer eines Miet- oder Pachtverhältnisses (e.g. a five-year tenancy); **3.** Eigentums- oder Besitzrecht an einer Immobilie; → tenure; leasehold; joint tenancy; **tenancy at sufferance** *n Law* nach Vertragsablauf weiterhin geduldetes, jederzeit kündbares Miet- oder Pachtverhältnis; *Syn.: tenancy on sufferance*; **tenancy at will** *n Law* jederzeit kündbares Miet- oder Pachtverhältnis (n); **tenancy by estoppel** *n Law* ein ohne Rechtsgrundlage zustande gekommenes Mietverhältnis zwischen einem Mieter und einem Vermieter, der nicht der tatsächliche Besitzer der Mietsache ist; der Mieter hat in dieser Situation keinen Rechtsanspruch gegenüber dem tatsächlichen Besitzer; → feed the estoppel; **tenancy by (the) entirety (entireties)** *n Law* (veraltet) Eigentum im gemeinsamen Besitz zweier Eheleute; jeder Ehepartner kann jeweils das volle Eigentumsrecht ausüben; stirbt ein Ehepartner, geht das gesamte Eigentum auf den Überlebenen über; *Syn.: estate by the entirety*; **tenancy for a term of years** *n Law* Mietverhältnis (n) auf bestimmte Zeit, befristeter Mietvertrag (m); *Syn.: fixed-term tenancy*; **tenancy for life** *Law* → life tenancy; **tenancy for one year certain and there-after from year to year** *Law* → tenancy from year to year; **tenancy for years** *Law* → tenancy for a term of years; **tenancy from year to year** *n Law* Mietvertrag, der jeweils für ein Jahr läuft und sich bei Nichtkündigung um ein weiteres Jahr verlängert; *Syn.: yearly tenancy, year-to-year tenancy*; **tenancy in common** *n Law* Eigentum (n) zur gesamten Hand, Gesamthand(s)eigentum (n); allen Eigentümern gehört das gesamte (ungeteilte) Eigentum gemeinsam; alle Eigentümer haben das gleiche Recht, das Eigentum zu nutzen; im Gegensatz zum → joint tenancy geht das Eigentum beim Ableben eines der Eigentümer nicht auf die verbliebenen Eigentümer über; jeder Eigentümer kann seinen Anteil verkaufen, beleihen oder vererben; **tenancy in partnership** *n Law* Immobilieneigentum; eingetragener Eigentümer ist eine Gesellschaft und sind nicht die einzelnen Gesellschafter; **tenancy in severalty** *n Law* Eigentumsverhältnis einer Immobilie im Eigentum einer einzelnen Person; *Syn.: several tenancy*; **tenancy on sufferance** *Law* → tenancy at sufferance
tenancy agreement *n Law* Mietvertrag (m), Pachtvertrag (m); **tenancy schedule** *n PptMgt* Mieterliste (f), Mieterbestandsliste (f)
tenant *n* Mieter (m), Pächter (m); **tenant in common** *n Law* Bruchteilseigentümer (m); Miteigentümer nach Bruchteilen
tenant's deposit *n* Mieterkaution (f); **tenant's energy review (TER)** *(GB)* Arbeitsmittel der → British Property Federation, das Mietern hilft, ihren Energieverbrauch und CO_2-Emissionen zu vergleichen und verbessern; **tenant's exchange scheme** *n* Mietwohnungstausch (m); **tenant's fit out** *n* Mieterausbau (m); **tenant's fixtures** *n/pl Law* Mietereinbauten (mpl); Einbauten im Eigentum des Mieters; **tenant's improvements** *n/pl* Mietereinbauten (f); vom Mieter bezahlte Verbesserungen (Modernisierung, bauliche Veränderung etc.) der Mietsache; **tenant's insurance** *n* Hausversicherung (f) für Mieter; **tenant's loan to landlord** *n* Mieterdarlehen (n); **tenant's repairing lease** *Law* → full repairing and insuring lease (FRI lease); **tenant's share** *n* Mieteranteil (m)
tenant contributions *n/pl PfoMgt* alle anteilig vom Mieter zu tragenden Kosten, die über die Vertragsmiete hinausgehen; **tenant directory** *n PfoMgt* Mieterverzeichnis (n); **tenant farmer** *n* Pächter (m)

einer Farm; **tenant management** *n* Mietermanagement (n); **tenant mix** *n Ret, PfoMgt* Mietermix (m); **tenant number** *n* Mieternummer (f) (Kundennummer); **tenant-occupied house** *n* Mietshaus (n); *Syn.: tenanted house, tenement (house)*; **tenant protection** *n* Mieterschutz (m); **tenant relocation management (TRM)** *n* Mieterumsetzung (f); **tenant representation (TR)** *n* Beratung von Büromietern bei Kostenkalkulation und Vertragsverhandlungen etc.; **tenant-right** *n Law* Erstattungsanspruch des Mieters für Aufwendungen für → improvements während der Mietzeit; **tenant rights** *n/pl* Rechte (npl) des Pächters oder Mieters; **tenant risk** *n PptMgt, PfoMgt* Mieterrisiko (n); **tenant status report** *n PfoMgt* Bericht über den Status sämtlicher Mietverhältnisse bzgl. Mieterinformationen, Mietvertragslaufzeit und -konditionen etc. und Status der Mietzahlungen; **tenant turnover** *n* Mieterwechsel (m); **tenant union** *n (US)* Mieterschutzbund (m)

tenantable *adj* mietbar, pachtbar; **tenantable repair** *n Law* bewohnbarer Zustand (m), brauchbarer Zustand (m)

tenanted farm *n* Pachthof (m); **tenanted house** *n* Mietshaus (n)

tenantless *adj* leer stehend, unbewohnt, unvermietet, unverpachtet

tenantlike manner *n Law* → husbandlike manner

tenantry *n (US)* vermietete Immobilie (f), vermietetes Grundstück (n); auch: Mieter eines Grundstücks, die als Gruppe wahrgenommen werden

tendentious *adj* tendenziös

tender *n (GB)* Ausschreibung (f); allg.: Angebot (n), Offerte (f); **tender conditions** *n/pl* Ausschreibungsbedingungen (fpl); **tender documents** *n/pl ArCo* Ausschreibungsunterlagen (fpl); **tender notice** *n ArCo* Vergabebekanntmachung (f); **tender specification** *n* Ausschreibungsbedingungen (fpl)

tender *v/t* anbieten

tendering *n* Ausschreibung (f); **tendering procedure** *n ArCo* Ausschreibungsverfahren (n)

tenement (house) *n* Wohnhaus (n), Mietshaus (n), Mietskaserne (f)

tenon *n* Zapfen (m)

tensile *adj* dehnbar, streckbar; **tensile force** *n* Zugkraft (f); **tensile load** *n* Zuglast (f); **tensile reinforcement** *n* Zugarmierung (f), Zugbewehrung (f); **tensile strength** *n* Zugfestigkeit (f); **tensile stress** *n* Zugspannung (f)

tension *n ArCo* Spannung (f); Abzugsschacht (m), Vorspannen (n), Zug (m); **tension bar** *n* Zugstab (m), Zuganker (m), Zugglied (n); **tension member** *n* Zugstab (m); **tension pile** *n* Zugpfahl (m); **tension rod** *n* Zugstab (m)

tensioned *adj* vorgespannt

tentative *adj* provisorisch, vorläufig; **tentative agreement** *n* Vorvertrag (m); **tentative standard** *n* Vornorm (f); **tentative value** *n* vorläufiger Wert (m)

tent roof *n* Zeltdach (n)

tenure *n* Recht(stitel) auf Land- bzw. Immobilienbesitz oder -eigentum; Art und Bedingungen eines Rechtstitel oder Besitzrechts an einer Immobilie

TER *(GB)* → tenant's energy review

term *n Fin* Laufzeit (f), Dauer (f); Ausdruck (m); **a term of years absolute** *n Law (GB)* zeitlich begrenztes Nutzungsrecht (n); entspricht Erbaurecht bzw. Nutzungsrecht durch Miet-/Pachtvertrag; üblicherweise → leasehold oder leasehold interest

term of a loan *n* Darlehenslaufzeit (f); **term of lease** *n Law* Mietdauer (f), Pachtdauer (f), Mietzeit (f), Pachtzeit (f); Mietvertragslaufzeit (f); inkl. Verlängerungsoptionen; **term of tenancy** *n* Mietzeit (f); **term of (the) annuity** *n* Rentendauer (f); **term of (x) years** *Law* Laufzeit von (x) Jahren; feste Laufzeit (f); **term of years absolute in possession** *Law (GB)* → a term of years absolute

term and reversion method *n Val (GB)* Mietsäulenverfahren (n); Bewertungsverfahren zur Ermittlung des Immobilienwerts aus der Summe der kapitalisierten und zum Bewertungsstichtag abgezinsten Nettomieteinnahmen; Nettomieteinnahmen, die tatsächlich eingehen und bis zum nächsten Mietfestlegungstermin (→ rent review) kapitalisiert (term) werden, anschließend wird die Marktmiete (ewigwährend) kapitalisiert und für den Zeitraum bis zur Vereinbarung der neuen Miete abgezinst (reversion). Die Barwerte von Term und Reversion ergeben den Immobilienwert

term assurance *n* abgekürzte Versicherung (f); **term certain** *n Law* festgelegte Laufzeit (f), befristete Laufzeit (f); **term day** *n* festgesetzter Tag (m); **term liabilities** *n/pl* befristete Verbindlichkeiten (fpl); **term loan** *n Fin* mittelfristiger Kredit (m); **term risk** *n* beschränktes Laufzeitrisiko (n); **term structure of interest rates** *n* Fristigkeitsstruktur (f) der Zinssätze, Zinsstruktur (f)

terminable *adj* befristet, begrenzbar, kündbar; **terminable interest** *n Law* befristetes Nutzungsrecht (n)

terminal building *n* Abfertigungsgebäude (n) (Flughafen); **terminal equity** *n Val (US)* Endvermögen (n); **terminal line** *n* Endleitung (f); **terminal station** *n (GB)* Kopfbahnhof (m); *Syn.: terminus (station)*; **terminal value** *n Val* Endvermögen (n), Endwert (m), Restwert (m)

terminate *v/t* auflösen (Vertrag); kündigen

termination *n Law* Kündigung (f), Beendigung (f), Auflösung (f), Aufhebung (f); **termination of a business** *n* Betriebsaufgabe (f); **termination of contract** *n Law* Vertragsauflösung (f); **termination of listing** *n Mkt* Kündigung (f) eines Maklerauftrags; **termination of tenancies** *n* Auflösung (f) von Mietverhältnissen

termination agreement *n* Abfindungsvertrag (m); **termination benefits** *n/pl* Abfindungen (fpl) für Arbeitnehmer; **termination clause** *n Law* Kündigungsklausel (f)

terminus (station) *n* Kopfbahnhof (m); *Syn.: terminal station*

termite *n* Termite (f); **termite clause** *n Law (US)* Klausel in einem Kaufvertrag, die den Käufer ermächtigt, eine Termiten-Untersuchung durchführen zu lassen; bei Termitenbefall folgt entweder eine Aufforderung an den Verkäufer zur Bekämpfung der Termiten oder ein Rücktritt vom Kaufvertrag; **termite shield** *n ArCo* Termitenschutz (m)

terms *n/pl* Bedingungen (fpl), Konditionen (fpl), Modalitäten (fpl); **terms and conditions** *Law* → general terms and conditions; **terms of amortization** *n/pl* Tilgungsbedingungen (fpl); **terms of contract** *n/pl* Vertragsbedingungen (fpl); **terms of delivery** *n/pl* Lieferbedingungen (fpl); **terms of heat supply** *n/pl* Wärmelieferbedingungen (fpl); **terms of interest** *n/pl* Zinskonditionen (fpl); **terms of issue** *n/pl* Emissionsbedingungen (fpl); **terms of lease** *n/pl Law* Mietvertragsbedingungen (fpl); **terms of loan** *n/pl Fin* Darlehenskonditionen (f); **terms of reference** *n/pl* Aufgabenstellung (f); **terms of sale** *n/pl* Preisforderung (f), Verkaufsbedingungen (fpl); **terms of supply** *n/pl* Lieferbedingungen (fpl)

term sheet *n Fin* Term-Sheet; Konditionsübersicht; befristestes Angebot (z.B. Finanzierung)

terotechnology *n* Terotechnologie (f); Studium und Management eines Anlagegegenstands (bspw. einer Immobilie) über den gesamten Lebenszyklus hinweg; → life cycle costs; life-cycle costing

terrace *n* Häuserreihe (f), Häuserzeile (f), Reihenhausgruppe (f), Terrasse (f); **end-of-terrace house** *n (GB)* Reiheneckhaus (n); **terrace drainage** *n* Terrassenentwässerung (f)

terraced development *n* geschlossene Bauweise (f); **terraced house** *n (GB)* Reihenhaus (n)

terracotta *n* Terrakotta (f)

terrain *n* Boden (m), Gelände (n), Grund (m); **terrain features** *n* Geländebeschaffenheit (f)

terrazzo *n* Terrazzo (m); **terrazzo tile** *n* Terrazzofliese (f); **terrazzo work** *n* Kunststeinarbeit (f)

terre-tenant *n Law* Grundstücksbesitzer (m), Nutzer (m), Bewohner (m)

terrier *n* → land terrier

territorial development *n* Gebietsentwicklung (f); **territorial sovereignty** *n* Gebietshoheit (f)

territory *n* Gebiet (n), Hoheitsgebiet (n)

tertiary sector *n* tertiärer Sektor (m)

test *n* Versuch (m); Test (m), Prüfung (f); **test certificate** *n* Abnahmeprotokoll (n), Abnahmezeugnis (n), Prüfbescheinigung (f); **test cube** *n* Probewürfel (m); **test mark** *n* Prüfzeichen (n); **test pile** *n* Versuchspfahl (m); **test report** *n* Abnahmeprotokoll (n), Abnahme (f), Prüfbericht (m)

test *v/t* prüfen; **test for leaks** auf Dichtheit prüfen

testing clause *Law (sco.)* → testimonium; **testing costs** *n/pl* Prüfkosten (pl)

testament *n Law* Testament (n); **testamentary disposition** *n Law* testamentarische Verfügung (f); **testamentary trust** *n Law* testamentarisches Treuhandverhältnis (n); *Syn.: pour-over trust*; *Ant.: inter vivos trust*

testate *adj Law* mit Hinterlassung eines Testaments; *Ant.: intestate*; → intestacy

testator *n Law* Erblasser (m)

testatrix *n Law* Erblasserin (f)

testimonial clause *n Law* → testimonium (clause)

testimonium (clause) *n Law* Beglaubigungsvermerk (m)

testimony *n* Bestätigung (f), Zeugenaussage (f)

textile mill *n* Textilfabrik (f), Weberei (f)

T-girder *n* T-Träger (m)

thatch *n* Dachstroh (n), Reetdach (n); **thatched roof** *n* Reetdach (n), Strohdach (n)

The European Group of Valuers' Associations (TEGoVA) *Org* europäischer Zusammenschluss der Verbände der Immobilienbewertungsgutachter

theft insurance *n* Diebstahlversicherung (f)

The International Asset Valuation Standards Committee (TIAVSC) *Org* früherer Name der → International Valuation Standards Committee

The Law of Property Act 1925 (LPA) *Law (GB)* → Law of Property Acts

theme restaurant *n* Themengastronomie (f); **theme shopping** *n* erlebnisorientiertes Einkaufen (n)

theory *n* Theorie (f); **theory of value** *n Econ* Werttheorie (f); **theory of zoning** *n Val* Zonentheorie (f)

thermal balance *n* Wärmebilanz (f); *Syn.: thermal budget*; **thermal bridge** *n* Wärmebrücke (f); **thermal class** *n* Wärmeklasse (f); **thermal conduction** *n* Wärmeleitung (f); **thermal conductivity** *n* Wärmeleitfähigkeit (f); **thermal expansion** *n* Wärmedehnung (f), Wärmeausdehnung (f); **thermal expansion joint** *n* Wärmedehnungsfuge (f); **thermal fatigue** *n* Wärmeermüdung (f); **thermal fluid** *n* Umlaufwasser (n); **thermal heat** *n* Heizwärme (f); **thermal insulation** *n* Isolierung (f), Wärmedämmung (f); **thermal insulation test** *n* wärmeschutztechnische Prüfung (f); **thermal load** *n* Wärmebelastung (f); **thermal output** *n* Feuerungswärmeleistung (f), Heizleistung (f), Heizwärmeabgabe (f), Wärmeabgabe (f), Wärmeleistung (f); **thermal performance** *n* Wärmeleistung (f); **thermal pollution** *n* Wärmebelastung (f); **thermal radiation** *n* Wärmestrahlung (f); **thermal resistance** *n* Wärmedurchgangswiderstand (m), Wärmedurchlasswiderstand (m); **thermal stability** *n* Wärmebeständigkeit (f); **thermal transmittance coefficient** *n* Wärmeleitzahl (f)

thermally insulated *adj* wärmegedämmt

thermopane glazing *n* Isolierverglasung (f)

thermosensitive *adj* wärmeempfindlich

thermostat *n* Thermostat (m), Wärmeregler (m)

thin market *n* enger Markt (m)

third floor *n* drittes (GB) bzw. zweites (US) Obergeschoss (n)

third party *n* Dritter (m), fremde Dritte (pl)

third-party *adj* konzernfremd, Dritt-; **third-party account** *n* Anderkonto (n); **third-party claim** *n* Forderung (f) Dritter; **third-party effect** *n* Drittwirkung (f); **third-party liability** *n* Haftung (f) Dritter, Verpflichtung (f) Dritter; **third-party liability insurance** *n* Haftpflichtversicherung (f); *Syn.: public liability insurance*; **third-party owner** *n* Dritteigentümer (m), Fremdeigentümer (m); **third-party property** *n* fremdes Eigentum (n); **third-party protection** *n* Schutz (m) Dritter; **third-party real estate** *n* fremder Grund und Boden

third schedule developments *n/pl Plan (GB)* Entwicklungsvorhaben, die nach den Town and Country Planning Acts von 1947 und 1962 keiner Baugenehmigung bedurften; überholt

thorough *adj* eingehend, gründlich

thoroughfare *n* Hauptverkehrsstraße (f); Durchgangsstraße (f)

thread *n* Gewinde (n); **thread cutter** *n* Gewindeschneider (m); **thread diameter** *n* Anschlussdurchmesser (m)

three-pass boiler *n* Dreizugkessel (m)

three-phase AC motor *n* Drehstrommotor (m); **three-phase current** *n* Dreiphasen-Wechselstrom (m)

three-quarter bath *n ArCo* Badezimmer (n); mit Toilette, Waschbecken und Dusche; keine Badewanne

threshold *n* Grenzbereich (m), Schwelle (f), Schwellwert (m); **threshold price** *n*

Schwellenpreis (m); **threshold value** *n* Schwellenwert (m), Schwellwert (m)
thrift price *n* Niedrigpreis (m)
throttle setting *n* Drosseleinstellung (f); **throttle valve** *n* Drosselventil (n)
through road *n* Durchgangsstraße (f), Ortsdurchfahrt (f); **through tenon** *n* Vollzapfen (m)
thruway *n (US)* Schnellstraße (f)
thumb valuation *n* → rule of thumb valuation
TIAVSC *Org* → The International Assets Valuation Standards Committee
tick *v/t (GB)* abhaken; **tick mark** *n* Prüfungszeichen (n) (Haken)
tidal land *n* Flutgebiet (n)
tideland *n* Watt (n)
tie *n* Zugband (n), Schnur (f); Schwelle (f); **tie bar** *n* Zuganker (m), Zugglied (n); **tie beam** *n* Querriegel (m), Zerrbalken (m); **tie-breaker rule** *n Law* → conflict of laws rule; **tie rod** *n* Zuganker (m)
tie *v/t* binden, festbinden, verankern; **tied accommodation** *n* Werkswohnung (f); **tied cottage** *n* Werkswohnung (f), Werkshäuschen (n); **tied house** *n* brauereigebundene Gaststätte (f); → pub; free house; **tied rent** *n Law* Mietpreisbindung (f), Miete (f) mit Mietpreisbindung
tie-in contract *n ArCo, Law* Kopplungsvertrag (m)
tier *n ArCo* Etage (f), Geschoss (n), Stufe (f)
tier *n* Rang (m), Reihe (f); wird häufig in Verbindung mit top, first, second etc. adjektivisch gebraucht (first-tier = first-rate)
tile *n ArCo* Dachziegel (m); Fliese (f), Kachel (f); **tile key** *n* Fliesenanschlussblech (n)
tiled stove *n* Kachelofen (m)
tiler *n* Fliesenleger (m)
tiling *n* Fliesenbelag (m); **tiling (work)** *n* Fliesenarbeit(en) (f/pl)
tilt *n* Neigung (f)
tilt *v/t* kippen; **tilt and turn window** *n* Drehkippflügel (m); *Syn.: tilt and turn sash*; **tilt-up door** *n* Kipptor (n), Schwingtor (n)
tilting fillet *n* Trauflatte (f)
timber *n ArCo* Bauholz (n), Nutzholz (n); Balken (m); **timber base board** *n (US)* Holzsockelleiste (f); *Syn.: timber base*; **timber boarding** *n* Holzriemenboden (m); **timber boards** *n/pl* Holzplatten (fpl); **timber ceiling (construction)** *n* Holzbalkendecke (f); **timber cladding** *n* Holzverkleidung (f); **timber finishes** *n/pl* Holzbeläge (mpl); **timber floor (construction)** *n* Holzbalkenboden (m); **timber flooring** *n* Holzfußboden (m); **timber formwork** *n* Holzschalung (f); **timber frame** *n* Holzbinder (f); Holzrahmen (m), Holzfachwerk (n); *Syn.: timber framework*; **timber framed house** *n* Fachwerkhaus (n); **timber framing** *n* Holzfachwerk (n), Holzrahmen (m); **timber girder** *n* Holzträger (m); **timber moisture** *n* Holzfeuchte (f); **timber panel construction** *n* Holztafelbauweise (f); **timber panelling** *n* Holzvertäfelung (f); **timber partition(ing)** *n* Trennwand (f) aus Holz; **timber quality** *n* Holzgüte (f); **timber roof structure** *n* Dachstuhl (m), zimmermannsmäßige Dachkonstruktion (f); **timber skirting** *n (GB)* Holzsockelleiste (f); **timber structure** *n* Holzbauwerk (n); **timber supports** *n/pl* Holzstützen (fpl); **timber truss** *n* Holzfachwerkträger (m); **timberwork** *n* Gebälk (n), Holzarbeiten (fpl)
timbering *n* Holzverkleidung (f), Ausbau (m)
time-adjusted rate of return *n* interner Zinsfuß (m), interner Zinssatz (m)
time allowed for payment *n* Zahlungsziel (n)
time for payment *n* Zahlungstermin (m); **time of delivery** *n* Zeitpunkt (m) der Lieferung
time analysis *n* Zeitreihenanalyse (f); **time balances** *n/pl* befristete Guthaben (npl); **time bargain** *n Fin* Termingeschäft (n); **time deposit** *n* befristete Einlage (f), Kündigungsgeld (n); **time frame** *n* Zeitrahmen (m); **time lag** *n* zeitliche Verzögerung (f); **time limit** *n* Frist (f); **time limitation (of tax payments)** *n* Zahlungsverjährung (f); **time limit for appeal** *n* Rechtsbehelfsfrist (f), Rechtsmittelfrist (f); **time limit for payment** *n* Zahlungsfrist (f); **time loan** *n* befristeter Kredit (m); **time of construction** *n* Bauzeit (f); **time overrun** *n* Zeitüberschreitung (f); **time ownership** → timeshare; **time schedule** *n* Ablaufplan (m), Zeittabelle (f); **time scheduling** *n* Zeitplanung (f); **time sequence** *n* zeitlicher Ablauf (m); **time series** *n Econ* Zeitreihe (f); **timeshare** *n* Time-Sharing (n); **Timeshare Developers Association (TDA)** *Org (GB)* Fachverband für Entwickler und Investoren im Bereich Time-share-Immobi-

lien; **timeshare ownership (TSO)** *n* Teilzeiteigentum (n); *Syn.: time sharing ownership, time ownership*; **time span** *n* Zeitspanne (f), Zeitraum (m); **time value** *Val* → present value; **time variance** *n* Zeitabweichung (f); **time-variation curve** *n* Ganglinie (f); **time-weighted rate** *n* zeitgewichteter Satz (m)

timeliness *n* Rechtzeitigkeit (f), Pünktlichkeit (f), Aktualität (f)

timely *adj* fristgemäß

timing difference *n* zeitliche Differenz (f)

tin *n* Zinn (n); Konserve (f), Blechdose (f); **tinplate** *n* Weißblech (n); **tin roof** *n (US)* Bleidach (n); **tinsmith** *n* Spengler (m); **tinsmith work** *n* Klempnerarbeiten (fpl), Spenglerarbeiten (fpl)

tin *v/t* verzinnen

tinted glass *n* Farbglas (n)

tip *v/t* kippen; **tip up** umkippen; **tip-up door** *n* Kipptor (n), Schwingtor (n)

tipping point *n* Wendepunkt (m)

tithe *n Tax* Zehnt (m), Zehnter (m); Kirchenzehnt (m), Kirchenzehnter (m); der zehnte Teil des Rohertrags, ursprünglich in Naturalien zu leistende Abgabe; zuerst als Kirchenzehnt, dann als weltlicher Zehnt

title *n Law* Eigentum (n), Eigentumsrecht (n); Eigentumsurkunde (f); **title by adverse possession** *n* Ersitzung (f); **title by descent** *n* Eigentumserwerb (m) durch Vermächtnis; **title by devise** *n* Eigentumserwerb (m) durch Vermächtnis; **title by gift** *n* Eigentumserwerb (m) durch Schenkung; **title by occupation** *n* Rechtsanspruch bzw. Eigentumsrecht an einem Grundstück durch Erstbeanspruchung; insbesondere in Bezug auf Grundstücke, die noch keinen Besitzer hatten; **title by prescription** *n* Eigentumserwerb (m) durch Ersitzung; **title by purchase** *n Law* Eigentumserwerb (m) durch Kauf

title of land *n* Eigentumsurkunde (f); **title of record** *n* verbrieftes Eigentum (n) (durch öffentliche Urkunden); **title to land** *n* Grundstückseigentum (n), Herrschaftsrecht (n) am Grundstück

title abstract → abstract of title; **title certificate** → certificate of title; **title closing** → closing; **title cloud** → cloud on title; **title data** *n/pl* Grundbuchdaten (npl); **title deed** *n* Eigentumsurkunde (f) über Grundbesitz; Grundstücksurkunde (f); **title defect** *n* Rechtsmangel (m); **title guaranty** → title insurance; **title holder** *n* Rechtsinhaber (m); **title insurance** *n* Rechtstitelversicherung (f); Versicherung gegen Rechtsmängel beim Grundstückserwerb; zum Schutze des Erwerbers; z.B. durch ALTA (American Land Title Association); **title insurance company** *n (US)* Unternehmen, das → title insurances (Rechtstitelversicherungen) ausstellt; **title insurance policy** *n* Rechtstitelversicherungsvertrag (m); **title opinion** → certificate of title; **title paramount** → superior title; **title registration** *n (US)* Grundbucheintragung (f); **title report** *n* Dokument, das den aktuellen Status des Grundstücks in Bezug auf Grunddienstbarkeiten, Grundpfandrechte, etwaige Defekte etc. darstellt; ohne Darstellung der → chain of title; **title retention** *n* Eigentumsvorbehalt (m); **title search** *n* Untersuchung (f) der Eigentumsverhältnisse (z.B. durch Rechtsanwälte)

T-mark *n Law* Markierung auf einem Plan, die kennzeichnet, welcher Grundstückseigentümer die gemeinsame Wand, den gemeinsamen Zaun etc. instandzuhalten hat

toilet *n* Toilette (f), WC (n); **toilet cover** *n (US)* WC-Deckel (m); **toilet cubicle** *n* WC-Zelle (f), WC-Kabine (f); **toilet roll holder** *n* Toilettenpapierhalter (m); **toilet seat** *n* WC-Brille (f)

tolerances *n/pl* Maßtoleranzen (fpl), Ungenauigkeiten (fpl)

toll *n* Maut (f); **toll road** *n* gebührenpflichtige Straße (f); Mautstraße (f)

toll-free *adj* gebührenfrei

tongue and groove *n ArCo* Nut (f) und Feder (f); *Syn.: tongued and grooved*

tool *n* Werkzeug (n)

tooth *n* Zahn (m)

toothing *n* Zahnung (f)

top *n* oberes Ende (n), Spitze (f), Deckel (m), Gipfel (m); **top of beam** *n ArCo* Rohkote (f); **top of corrugation** *n* Wellenberg (m); **top of finish** *n ArCo* Fertigkote (f); **top of slab** *n ArCo* Rohkote (f)

top boom *n* Obergurt (m); **top chord** *n* Obergurt (m); **top coat** *n* Decklack (m), letzter Anstrich (m); **top-down approach** *n Fin* Top-down Approach (m); Investitionsentscheidungen werden beim top-down approach of investment primär auf Basis der Eigenschaften bzw. des Zustands bestimmter Immobilienmärkte getroffen; *Syn.: bottom-up approach*; **top edge** *n* Oberkante (f); **top-hung window** *n* Klappflügelfenster (n); **top level** *n* Oberkante (f); **top-line, bottom-line commitment** *n Fin* Kreditzusage unter der Bedingung, dass der Kredit nicht ausgezahlt wird, bevor eine Mindestvermietung oder ein positives Nettoeinkommen (bottom line) erzielt wird, sowie dass der Saldo einbehalten wird, bis die Immobilie voll vermietet ist oder eine vorbestimmte höhere Rendite (top line) erzielt wird; **top loan** *Fin* → ceilling loan; **top panel** *n* Deckel (m); **top price** *n* Höchstpreis (m), Spitzenpreis (m); **top rail** *n* Rahmenoberteil (n); **top rent** *n* Spitzenmiete (f), Topmiete (f); **top slice** *n Val* obere Schicht (f); in der Anwendung der → hardcore method obere (waagrechte) Schicht des Mieterertrags; als weniger sicher (oder als riskanter) als die hardcore rent erachtet und daher häufig mit höherer Rendite kapitalisiert; *Syn.: topslice*; *Ant.: hardcore*; **top slice income** *Val* → froth income; **top-slice participation** *n Fin* gemeinsame Finanzierung einer Immobilienprojektentwicklung, wobei die Kapitalgeber unterschiedliche Rangfolgen bzgl. der Cashflow-Beteiligung haben; *Syn.: horizontal-slice participation*; *Ant.: vertical-slice participation*; → priority yield; **top slicing approach** *Val (GB)* Ansatz zur Wertermittlung anhand der Top-Slice-Methode; **top transom** *n* Holm (m), obere Traverse (f); **top-up** *n* Zusatzleistung (f), Zusatzleistungen (fpl); **top yield** *n* Spitzenrendite (f)

topographical survey *n* topographische Aufnahme (f)

topography *n* Topographie (f); **topography of site** *n* Beschaffenheit (f) des Grundstücks, Grundstücksbeschaffenheit (f), Grundstücksgestalt (f)

topped-out *adj ArCo* rohbaufertig

topping out ceremony *n ArCo, Mkt* Richtfest (n); *Syn.: topping out party*

topping-up clause *n Fin, Law (GB)* Aufstockungsklausel (f)

top soil *n* Humus (m), Mutterboden (m), Oberboden (m); *Syn.: topsoil, vegetable soil*

Torrens title system *n Law (US)* nach dem Torrens-System wird das Eigentum an einem Grundstück in einem gerichtlichen Verfahren bindend festgestellt und dann registriert; dieses Zertifikat (mit Belastungen und Beschränkungen) ist der Eigentumstitel

torsion *n* Drehung (f), Torsion (f), Verdrehung (f); **torsion proof** *adj* verwindungsfrei

tort *n Law* Delikt (n); **tort of nuisance** *n* Beeinträchtigung (f) des Gebrauchs, Störung (f) des Gebrauchs

tort feasor *n Law* Gesetzesübertreter (m); jemand, der ein Unrecht (tort) begangen hat; keine Straftat und kein Vertragsbruch, sondern die Verletzung einer gesetzlichen Verpflichtung einer anderen Person gegenüber; **tort law** *n Law* Delikt(s)recht (n); Schaden(s)ersatzrecht (n)

tortious *adj Law* rechtswidrig, unerlaubt

total *adj* gesamt; **total amount** *n* Gesamtbetrag (m); **total area** *n* Gesamtfläche (f); **total (building) costs** *n/pl* Gesamtkosten (pl); **total capital** *n* Gesamtkapital (n); **total cash flow** *n* Gesamt-Cashflow (m); **total charges** *n/pl* Gesamtkosten (pl); **total construction cost** *n* Bausumme (f); **total contract value** *n* Gesamtauftragswert (m); **total cross section** *n* Gesamtquerschnitt (m); **total debt** *n* Gesamtschulden (pl), Schuldenlast (f); **total debt service** *n* Gesamtschuldendienst (m); **total departmental expenses** *n/pl* Gesamtabteilungskosten (pl); **total development costs** *n/pl* Gesamtentwicklungskosten (pl); **total economic life** *n* Gesamtlaufzeit (f), Gesamtnutzungsdauer (f); **total expenditure** *n* Gesamtaufwand (m); **total gross income** *n* Bruttoeinkünfte (pl); **total gross revenue** *n* Gesamtbruttoertrag (m); **total income** *n* Gesamteinnahmen (fpl), Gesamtertrag (m); **total length** *n* Baulänge (f), Einbaulänge (f); **total number of employees** *n* Gesamt-Beschäftigtenzahl (f); Beschäftigung (f); **total office stock** *n* Büroflächenbestand (m); **total on hand** *n* Gesamtbestand (m); **total operating costs** *n/pl* Gesamtbetriebskosten (pl); **total operating expenses** *n/pl* Betriebsaufwendungen (fpl) insgesamt, Gesamtlaufende Kosten (pl); **total payroll** *n* Lohn- und Gehaltssumme (f); **total price**

n Gesamtpreis (m); **total proceeds** *n/pl* Gesamterlös (m); **total rate of return** *n* Verzinsungssatz (m), gesamte Rendite (f); **total rent** *n* Gesamtmiete (f); **total rental income** *n* Gesamtmieteinnahmen (fpl); **total return** *n* Gesamtertrag (m); **total return on investment** *n* Gesamtkapitalrentabilität (f); **total risk** *n* Gesamtrisiko (n); **total rooms revenue** *n* Gesamtzimmerumsatz (m) in einem Hotel; **total turnover** *n* Gesamtumsatz (m); **total useful life** *n* Gesamtnutzungsdauer (f); **total value** *n* Gesamtwert (m); **total yield** *n Val* Gesamtrendite (f)

toughened glass *n* Hartglas (n); **toughened safety glass** *n* vorgespanntes Glas (n)

tourism *n* Fremdenverkehr (m)

towel *n* Handtuch (n); **towel hook** *n* Handtuchhalter (m); **towel radiator** *n* Badezimmer-Heizkörper (m), Handtuch-Heizkörper (m); **towel rail** *n* Handtuchstange (f)

tower *n ArCo* Turm (m); **tower base** *n* Turmfuß (m); **tower block** *n (GB)* Hochhaus (n), Wohnhochhaus (n); **tower crane** *n* Turmkran (m); **tower shaft** *n* Turmschaft (m); **tower stump** *n* Turmansatz (m)

town *n* Stadt (f); kleiner als eine → city, größer als ein → village (Dorf); **town and country planning** *n Plan* Bauleitplanung (f), Flächennutzungsplanung (f); **Town and Country Planning Acts** *n Plan, Law (GB)* gesetzliches Rahmenwerk für die Erstellung von Bauleitplänen

town area *n* Stadtregion (f); **town centre** *n* Stadtzentrum (n), Stadtmitte (f); **town centre location** *n* Innenstadtlage (f); **town construction** *n* Städtebau (m); **town council** *n* Stadtrat (m); **town development** *n Plan* Stadtentwicklung (f); insbesondere zur Schaffung von Wohnraum; **town development plan** *n* Stadterweiterungsplan (m), städtebauliche Entwicklungsmaßnahme (f), Stadtentwicklungsplan (m); **town gate** *n* Stadttor (n); **town hall** *n* Rathaus (f); **town house** *n ArCo (US)* Stadthaus (n), Reihenhaus (n); Einfamilienhaus mit zwei oder drei Stockwerken sowie mit einer gemeinsamen Wand zum Nachbarhaus; *Syn.: row house*; **town map** *n* Stadtplan (m); **town planner** *n Plan* Stadtplaner (m); **town planning** *n Plan* Stadtplanung (f), städtebauliche Planung (f), Städtebau (m); *Syn.: urban planning*; **townscape** *n* Stadtbild (n); **township** *n* Gemeinde (f), Stadtgemeinde (f); Township (f); **town structure** *n* Stadtstruktur (f)

townwards *adj* stadtwärts, stadteinwärts

toxic *adj* giftig, toxisch; **toxic effect** *n* toxische Wirkung (f); **Toxic Substance Control Act (TSCA)** *(US)* Gesetz zur Kontrolle giftiger Stoffe

T-pipe *n* T-Rohr (n)

TPO *Plan* → tree preservation order

tracer *n* technischer Zeichner (m)

tracing paper *n* Transparentpapier (n), Pauspapier (n)

track *n* Gleis (n); **track connection** *n* Gleisverbindung (f); **track line** *n* Gleistrasse (f); **track record** *n* Track Record (m), Erfolgsnachweis (m), Erfolgsgeschichte (f); eines Unternehmens oder einer Person

tracking of market developments *n* Beobachtung (f) der Marktentwicklung

tract *n* Grundstück (f), Gelände (n); **tract house** *n Dev, ArCo* Haus in einer geschlossen entwickelten Wohnsiedlung; **tract index** *n Law* Dokumentation sämtlicher erfasster, eine Grundstücksparzelle betreffender Dokumente

traction *n* Zugkraft (f); **traction relief** *n ArCo* Zugentlastung (f)

trade *n* Gewerk (n); Handel (m), Geschäft (n); Gewerbe (n), Wirtschaftszweig (m), Branche (f); **trade and other payables** *n/pl* Verbindlichkeiten (fpl) aus Lieferungen und Leistungen und sonstige Verbindlichkeiten; **trade and other receivables** *n/pl* Forderungen (fpl) aus Lieferungen und Leistungen und sonstige Forderungen

trade area *n (US)* Gewerbegebiet (n); *Ret* Einzugsgebiet eines Einzelhandelsunternehmens; *Syn.: catchment area*; **trade association** *n* Wirtschaftsverband (m); **trade barrier** *n* Handelsschranke (f); **trade creation effect** *n Econ* Handelsschaffung (f); **trade custom** *n* Handelsbrauch (m); *Syn.: trade usage, custom of trade*; **trade cycle** *n Econ* Konjunkturzyklus (m); **trade discount** *n* Wiederverkäufer-Bonifikation (f), Wiederverkäuferrabatt (m); **trade fair** *n* Fachausstellung (f), Handelsmesse (f); **trade fixtures** → tenant's fixtures

trade-in *n Mkt* Inzahlungnahme (f); in Zahlung gegebene Ware (f); **trade-in allowance** *n* Eintauschwert (m); **trade-in value** *n* Gebrauchtwert (m)

t

trade margin *n* Handelsspanne (f); **trademark** *n* Marke (f), Warenzeichen (n); **trade price** *n* Großhandelspreis (m), Wiederverkaufspreis (m); **trade register** *n* Handelsregister (n); **trade relations** *n/pl* Wirtschaftsbeziehungen (fpl); **trade report** *n* Handelsbericht (m), Marktbericht (zum Handel) (m); **trade research** *n* Marktuntersuchungen (fpl) (zum Handel); **trade route** *n* Handelsstraße (f), Handelsweg (m); **trade sale** *n* Veräußerung an einen industriellen Investor; **trade show** *n* Fachausstellung (f); **trade site** *n* Gewerbegelände (n); **tradesman** *n* gelernter Arbeiter (m), Geselle (m); **tradesman's bank** *n* Gewerbebank (f); **trade unit** *n* Gewerbeeinheit (f); **trade usage** → trade custom; **trade value** *n* gemeiner Wert (m), Verkehrswert (m)

trade-off *n* (exchange deal) Tauschgeschäft (n); (quid pro quo) Gegenleistung (f); (compensation) Ausgleich (m)

trader developer *n Dev* Trader-Developer (m); Projektentwickler, der ein Grundstück kauft, entwickelt und wieder verkauft; zeichnet von der Initiierung bis zur Fertigstellung verantwortlich

trading *n* Betrieb (m), Geschäft (n), Gewerbebetrieb (m), Handel (m), Laden (m); **trading on the equity** *n Fin* Fremdfinanzierung (f)

trading area *n Ret* Verkaufsfläche (f); Absatzgebiet (f); **trading capital** *n* Gewerbekapital (n), Betriebskapital (n); **trading company** *n* Handelsgesellschaft (f), Handelsunternehmen (n); **trading day** *n* Handelstag (m); **trading estate** *n* Gewerbegebiet (n), Industrieviertel (n); **trading firm** *n* Gewerbebetrieb (m); **trading potential** *n* Handelspotenzial (n)

trading profit *n Fin* Betriebsgewinn (m); **adjusted net trading profit** bereinigter Netto-Betriebsgewinn (m)

trading results *n/pl* Handelsergebnis (n); **trading stock** *n* Warenbestand (m); **trading value** *n* Handelswert (m); **trading year** *n (GB)* Geschäftsjahr (n)

traffic *n* Verkehr (m); **traffic abatement** *n* Verkehrsberuhigung (f); **traffic area** *n* Verkehrsfläche (f) (allgemein) → circulation space; **traffic artery** *n* Verkehrsachse (f), Verkehrsader (f); **traffic calming** *n* Verkehrsberuhigung (f); **traffic circulation map** *n* Straßenverkehrskarte (f); **traffic connection** *n* Verkehrsanbindung (f); **traffic density** *n* Verkehrsdichte (f); **traffic development** *n* Verkehrsentwicklung (f); **traffic facilities** *n/pl* Verkehrsanlagen (fpl); **traffic generation** *n Plan, Dev* Kennzahl für die Anzahl der Fahrzeuge, die an einem bestimmten Ort anhalten und abfahren; beschreibt die Intensität der Flächennutzung; **traffic guidance system** *n* Verkehrsleitsystem (n); **traffic jam** *n* Verkehrsstau (m); **traffic junction** *n* Verkehrsknotenpunkt (m); **traffic layout** *n* Verkehrsführung (f); **traffic network** *n* Verkehrsnetz (n); **traffic plan** *n* Verkehrsplan (n); **traffic reduction** *n* Verkehrsberuhigung (f); **traffic safety** *n* Verkehrssicherheit (f); **traffic safety facilities** *n/pl* Verkehrssicherheitseinrichtungen (fpl); **traffic sign** *n* Verkehrsschild (n); **traffic situation** *n* Verkehrslage (f)

trailer park *n* → mobile home park

training *n* Ausbildung (f); **training rooms** *n/pl* Seminarräume (mpl)

tram(way) line *n* Straßenbahnlinie (f); **tramway system** *n (GB)* Straßenbahnnetz (n)

tranche *n Fin* Tranche (f)

transaction *n* Geschäft (n), Transaktion (f), Abschluss (m), Durchführung (f); **transaction based index** *n Econ* transaktionsbasierter Index (m); **transaction costs** *n/pl* Transaktionskosten (pl); **transaction data** *n/pl* Bewegungsdaten (pl)

transfer *n* Übertragung (f), Übereignung (f), Veräußerung (f), Abtretung (f); **transfer at net (book) value** *n* Übernahme (f) zum Nettobuchwert

transfer of assets *n* Übertragung (f) von Vermögen; **transfer of development rights (TDR)** *n Plan (US)* wörtlich: Übertragung von Entwicklungsrechten; Konzept der Flächennutzungsplanung; Programm, das bestimmte Gebiete als Geber und andere als Nehmer von Entwicklungsrechten deklariert, um die Bebauungsdichte auszugleichen, die Entwicklung bestimmter Gebiete voranzutreiben, die Umwelt zu schützen etc.; **transfer of land** *n* Grundstücksübereignung (f), Übereignung (f); **transfer of losses** *n* Verlustübernahme; **transfer of ownership** *n* Eigentumsübertragung (f); **transfer of**

t

profits *n* Gewinnabführung (f); **transfer of property** *n* Eigentumsübertragung (f); **transfer of residence** *n* Wohnsitzwechsel (m); **transfer of rights** *n* Rechteübertragung (f), Rechtsübergang (m); **transfer of securities** *n* Übergabe (f) von Wertpapieren (f)
transfer certificate of title (TCT) *n Law* Duplikat des → certificate of title, das beim Eigentümer oder dem finanzierenden Kreditinstitut verbleibt; **transfer costs** *n/pl* Erwerbsnebenkosten (pl); **transfer deed** *n Law* Übertragungsurkunde (f); **transfer document** *n Law* Übertragungsurkunde (f); **transfer fee** *n Fin* Gebühr, die von einem Kreditinstitut bei der Übertragung eines Hypothekendarlehens auf eine andere Person erhoben wird; **transfer price** *n* Verrechnungspreis (m); **transfer stamp** *Law, Tax* → stamp duty; **transfer station** *n* Übergabestation (f); **transfer table** *n (US)* Schiebebühne (f); **transfer tax** *n Tax* Vermögensübertragungssteuer (f), Grunderwerbsteuer (f)

transferable *adj* übertragbar; **transferable instruments** *n/pl* begebbare Wertpapiere (npl)

transferee *n* Erwerber (m); durch Übertragung

transferor *n* Übertragender (m), Veräußerer (m)

transformation *n Plan* Umwandlung (f), Umgestaltung (f)

transgress *v/t* übertreten, überschreiten; **transgress a rule** gegen eine Regel verstoßen

transit time *n* Durchgangszeit (f); **transit traffic** *n* Durchgangsverkehr (m)

transition *n* Übergang (m); **transition time** *n* Übergangszeit (f); **transition zone** *n* Übergangszone (f)

transitional period *n* Übergangsfrist (f), Übergangszeit (f); **transitional provisions** *n/pl* Übergangsvorschriften (fpl); **transitional rule** *n* Übergangsregelung (f)

translate *v/t* umrechnen (von Währungen); übersetzen; übertragen, umsetzen, umwandeln

translation ratio *n* Umrechnungskoeffizient (m)

transmission *n* Übertragung (f); **transmission line** *n* Stromleitung (f); **transmission pipeline** *n* Transportleitung (f); **transmission station** *n* Übergabestation (f)

transmittal *n* Übersendung (f)

transom light *n* Oberlicht (n), Türoberlicht (n)

transparent copy *n* Transparentpause (f)

transport *n (GB)* Beförderung (f); → public transport; **transport and distribution** *n* Logistik (f); **transport expenses** *n/pl* Beförderungskosten (pl); **transport services** *n/pl* Verkehrsbetriebe (mpl)

transportation *n (US)* Beförderung (f); **transportation sector** *n* Verkehrswirtschaft (f); **transportation services** *n/pl* Verkehrsleistungen (fpl); **transportation system** *n* Beförderungssystem (n)

transpose *v/t* umsetzen; austauschen, umgruppieren, vertauschen

transposition *n* Umsetzung (f)

transverse section *n* Querschnitt (m)

trap *n* Falle (f); Geruchsverschluss (m); **trap door** *n* Bodentür (f), Falltür (f)

trapped humidity *n* Baufeuchte (f)

trash *n (US)* Müll (m), Abfall (m)

trass cement *n* Trasszement (m)

travel agency *n* Reisebüro (n); **travel expenses** *n/pl* Reisekosten (pl)

travelator *n* Rollsteig (m)

tread *n ArCo* Stufentrittfläche (f); Auftrittsfläche (f); Sprosse (f); **tread width** *n* Stufenbreite (f), Laufbreite (f)

treasure *n* Schatz (m); **treasures of the soil** *n/pl* Bodenschätze (mpl); *Syn.: mineral deposits*; **treasure trove** *n Law* Schatzfund (m)

treasurer *n* Schatzmeister (m)

treasuries *n/pl* Staatsanleihen (fpl)

treasury *n* Schatzkammer (f); GB: Finanzministerium (n); **treasury bill** *n (US)* Schatzwechsel (m); **treasury note** *n* Schatzanweisung (f); **treasury shares** *n/pl* Aktien (fpl) im Eigenbestand; *Syn.: treasury stock*

treat *v/t* bearbeiten, behandeln

treatment plant *n* Aufbereitungsanlage (f)

treaty *n Law* Abkommen (n), Vertrag (m); **treaty abuse** *n* Abkommensmissbrauch (m); **treaty protection** *n* Abkommensschutz (m); **treaty relief** *n* Abkommensvergünstigung (f)

tree *n* Baum (m); Stamm (m); **deciduous tree** *n* Laubbaum
tree population *n* Baumbestand (m); **tree preservation order (TPO)** *n Plan (GB)* Anordnung der Planungsbehörde zur Erhal-

t

tung eines Baums, einer Gruppe von Bäumen oder eines Waldes; **tree protection order** *n* → tree preservation order
trench *n* Baugraben (m), Baugrube (f), Graben (m), Rinne (f), Schlitz (m)
trend *n* Tendenz (f); **trend of land prices** *n* Bodenpreisentwicklung (f); **trend of prices** *n* Preisentwicklung (f)
trend analysis *n* Trendanalyse (f)
trend-setting *adj* zukunftsweisend
trespass *n Law* Hausfriedensbruch (m), unbefugtes Betreten (n); Eigentumsverletzung (f), Besitzstörung (f)
trespasser *n* Unbefugter (m) (Eindringling), Besitzstörer (m) (Recht)
trial *n* Gerichtsverhandlung (f), Sitzung (f)
triangle *n* Dreieck (n)
triangular load *n* Dreieckslast (f)
triangulation *n* Triangulation (f), Dreiecksvermessung (f); **triangulation network** *n* Landesvermessungsnetz (n)
tributary territory *n* Einzugsbereich (m), Einzugsgebiet (n), Hinterland (n)
trick up *v/t* vermauern
trifle *n* Bagatelle (f), Kleinigkeit (f), Lappalie (f); **trifling amount** *n* Bagatellbetrag (m)
trigger rent *n* die Miete, die mindestens erreicht werden muss, um z.B. eine Projektentwicklung wirtschaftlich darzustellen
trim *n ArCo* Einbauteile (npl); Armaturen (fpl); Türbeschläge (mpl); Abschlussprofil (n), Zierprofil (n)
trim *v/t* schneiden, beschneiden
trimmer (beam) *n* Wechselbalken (m)
triple A rating *Fin* → AAA; **triple A tenant** *n* Mieter mit hervorragender Bonität
triple glazing *n ArCo* Dreifachverglasung (f)
triple-net lease *n Law (US)* Mietvertrag(sverhältnis), bei dem der Mieter für alle Betriebs- und Bewirtschaftungskosten und Instandhaltungskosten einschließlich Dach und Fach aufkommt; *Syn.: net-net-net lease, NNN lease, (GB) full repairing and insuring lease*
triple-net rent *n* die unter einem triple-net lease fällige Miete; *Syn.: NNN rent*
triplex *n ArCo* Dreifamilienhaus (n)
triumphal arch *n* Triumphbogen (m)
TRM *n* → tenant relocation management
trophy building *n* repräsentative Immobilie (f), Vorzeigeimmobilie (f)
trover *n Law* Herausgabeklage (f); *Syn.: action of trover*
trowel *n* Kelle (f)
trowel *v/t* glätten, verstreichen
truck *n (US)* Lastkraftwagen (m), Lkw (m); **truck farm** *n (US)* Gartenbaubetrieb (m)
truck-mixed concrete *n* Lieferbeton (m)
true and fair view *n* Vermittlung eines den tatsächlichen Verhältnissen entsprechenden Bildes der Vermögens-, Finanz- und Ertragslage; **true net yield** *n* Nettoeffektivrendite (f), Nettoeffektivverzinsung (f); **true owner** *n Law* rechtmäßiger Eigentümer (m); **true rate of return** *n Fin* effektive Rendite (f), Effektivverzinsung (f); **true yield** *n Fin, Val* effektive Rendite (f); **true rent** *Val* → virtual rent
true to dimensions *adj* maßgerecht
trunking *n ArCo* Kabelkanal (m)
truss *n ArCo* Fachwerk (n); Dachstuhl (m); Binder (m)
trussed beam *n* unterspannter Balken (m); **trussed frame** *n* versteifter Rahmen (m); **trussed girder** *n* Fachwerkbinder (m)
trust *n Law* Treuhandverhältnis (n); treuhänderische Funktionen (fpl); Zusammenschluss (m) von Firmen; Fonds (m); **in trust** treuhänderisch
trust for sale *n Law, Mkt (GB)* Veräußerungstreuhand (f); „unechte Treuhandgesellschaft", deren Ziel es ist, eine Hinterlassenschaft zu veräußern, die rechtlich jedoch so ausgestaltet ist, dass sie nicht als Treuhand nach dem Settled Land Act 1925 eingestuft wird; durch den Trusts of Land and Appointment of Trustees Act 1996 nicht mehr notwendig
trust account *n Fin, Law* Treuhandkonto (n), Anderkonto (n); **trust agreement** *n Law* Treuhandvertrag (m); *Syn.: escrow agreement*; **trust company** *n* Treuhandgesellschaft (f); **trust deed** *n Law* Treuhandvertrag (m); **trust estate** *n* Treuhandvermögen (n); **trust fund** *n Fin, Law* Treuhandfonds (m), treuhänderisch verwaltetes Vermögen (n); **trust instrument** *n Law* Treuhandurkunde (f); **trust power** *Law* → power of appointment; **trust property** *n* Treuhandvermögen (n); **trust receipt** *n* Sicherungsübereignung (f)
trustee *n Law* Treuhänder (m); Vermögensverwalter (m); *Syn.: escrowee*; **trustee's deed** *Law* → trust deed
trustee in bankcruptcy *n Law* Konkursverwalter (m); **trustee investment act** *n Fin*

(GB) Gesetz zur Regulierung der Investitionstätigkeit von Treuhändern und Vermögensverwaltern; **trustee relationship** *n* Treuhand (f); **trusteeship** *n* Treuverwaltung (f)
truster *n Law* Treugeber (m); *Syn.: trustor, escrower*
truth in lending *n Fin, Law (US)* Gesetz über vollständige und wahrheitsgemäße Kreditkostenangaben; zum Schutze der Kreditnehmer
TSO → timeshare ownership
tub *n* Wanne (f)
tube *n* Röhre (f), Rohrstütze (f); **tube station** *n (GB)* U-Bahnhof (m) (in London)
tubing *n* Verrohrung (f)
tubular *adj* röhrenförmig
tudor arch *n ArCo* sehr flacher Spitzbogen (m), Tudorbogen (m)
tunnel *n* Tunnel (m), Untertunnelung (f); **tunnel lining** *n* Tunnelauskleidung (f); **tunnel portal** *n* Tunneleinfahrt (f), Tunneleingang (m); **tunnel right** *n* Tunnelrecht (n), Unterbaurecht (n); **tunnel section** *n* Tunnelabschnitt (m); **tunnel soffit (roof)** *n* Tunneldecke (f); **tunnel vault** *n ArCo* Tonnengewölbe (n); *Syn.: barrel vault, cradle vault*
tunnel(l)ing *n* Tunnelbau (m), Untertunnelung (f); **tunneling technique** *n* Tunnelbauverfahren (n)
turbary *n Law (GB)* das Recht, Torf zu stechen; als Heizmaterial, Dachbedeckung etc.
turbidity *n* Trübheit (f), Trübung (f)
turbulence *n* Turbulenz (f), Verwirbelung (f)
turbulent flow *n* Wirbelströmung (f)
turf *n* Torf (m), Grasnarbe (f), Sode (f)
turn *n* Windung (f), Wende (f); **turn in the market** *n* Umschwung (m) am Markt
turn *v/t* drehen; **turn down** ablehnen; **turn in profits** Gewinn einbringen; **turn out** *v/i* ausfallen, sich herausstellen
turnaround investment *n Fin* Investitionen, bei denen eine Kehrtwende zum Guten vollzogen wird
turning bay *n* Wendefläche (f), Wendeplatz (m); **turning point** *n* Wendepunkt (m)
turnkey *adj ArCo* schlüsselfertig, ausbaufertig; **turnkey contract** *n ArCo, Law* Vertrag (m) zur schlüsselfertigen Übergabe; **turnkey lease** *n Mkt* Mietvertrag für eine bezugsfertige Immobilie bzw. Mietvertrag, in dem der Vermieter dem Mieter zusichert, die Immobilie nach seinen Bedürfnissen zu gestalten bzw. umzugestalten; *Ant.: shell lease*; **turnkey project** *n* schlüsselfertiges Projekt (n)
turnover *n* Umsatz (m); **turnover growth** *n* Umsatzwachstum (n); **turnover lease** *n Law* Mietvertrag (m) mit Umsatzklausel (f); **turnover rate** *n PfoMgt* Umschlagshäufigkeit (f), Umsatzhäufigkeit (f), Umschlagsgeschwindigkeit (f); Fluktuationsrate (f); **turnover rent** *n Law* Umsatzmiete (f); **turnover tax** *n* Umsatzsteuer (f)
turnpike *n* Mautschranke (f); **turnpike (road)** *n (US)* Autobahn (f) (gebührenpflichtig)
turret *n* Dachaufbau (m), Türmchen (n)
twelve-month history *n* Zwölfmonatsstatistik (f)
twin home *n (US)* Doppelhaus (n) mit zwei Hälften
two-bay *adj* zweischiffig
two-coat (paint)work *n* zweilagiger Anstrich (m)
two-digit *adj* zweistellig
two-flight *adj* zweiläufig
two-legged *adj* zweistielig
two-man company *n* Zweimanngesellschaft (f)
two-pipe system *n* Trennkanalisation (f)
two-ply *adj* zweischichtig
two-span *adj* zweischiffig
two-stor(e)y *adj* zweistöckig
two-tier market *n* zweigeteilter Markt (m)
two-way switch *n* Wechselschalter (m)
type *n* Art (f), Ausführung (f), Modell (n)
typical use (for a location) *n* lagetypische Nutzung (f); **typical value (for a location)** *n* lagetypischer Wert (m)
typist *n* Schreibkraft (f)

U

UBC *Plan (US)* → Uniform Building Code
ubiquitous *adj* allgegenwärtig
UCC *Law (US)* → Uniform Commercial Code
UCIAR *Val* → Uniform Commercial-Industrial Appraisal Report
UDP *Plan (GB)* → unitary development plan
ULI *Org* → Urban Land Institute
ULSPA *Law* → Uniform Land Sales Practices Act
ULTA *Law* → Uniform Land Transactions Act
ultimate strength *n* Bruchspannung (f)
ultra vires *Law (lat.)* Überschreitung der rechtlichen Befugnisse
umbrella insurance policy *n* Dachpolice (f); **umbrella lease** *n Ret, Law (US)* Mietvertrag mit einem Ankermieter eines Einkaufszentrums, der neben einer Marktmiete auch eine Beteiligung des Mieters am Schuldendienst enthält, den der Vermieter zu leisten hat; als Gegenleistung erhält der Mieter eine Beteiligung am Netto-Cashflow des Einkaufszentrums; **umbrella partnership REIT (UPREIT)** *n Fin* REIT-Struktur ohne direkte Immobilieninvestitionen; der REIT hält Anteile an einer Dachgesellschaft (umbrella partnership oder auch operating partnership), die wiederum Immobilien und häufig auch Anteile an anderen Gesellschaften hält; → real estate investment trust (REIT); **umbrella roof** *n* weit überhängendes Dach (n)
umpire *n Law* Schlichter (m), Schiedsobmann (m)
unacceptable *adj* inakzeptabel, unannehmbar, unzumutbar
unauthorised property unit trust (UPUT) *n Fin* nicht von der Financial Services Authority genehmigte Immobilien-Investmentgesellschaft
unbudgeted expenditure *n* außerplanmäßige Ausgaben (fpl)
uncertainty *n* Ungewissheit (f), Unsicherheit (f)
uncollectable accounts *n/pl Fin* uneinbringliche Forderungen (fpl); *Syn.: uncollectable bills; uncollectable loans*
uncollected receivables *n/pl* Außenstände (mpl)
unconditional *adj* bedingungslos; **unconditional offer** *n Mkt* bedingungsloses Angebot (n)
uncovered area *n* Freifläche (f)
uncracked *adj* nicht gerissen, ungebrochen
uncultivated land *n* ungenutzter Boden (m)
under construction im Bau; **under offer** *adj Mkt* verbindlich angeboten; ein Vermögensgegenstand ist under offer, wenn er vom Verkäufer verbindlich einem Käufer angeboten wurde (unter Angabe aller vertragswesentlichen Bedingungen), dieses Angebot vom Käufer jedoch noch nicht angenommen wurde; Zustand zwischen der Kaufvereinbarung und der endgültigen Vertragsunterzeichnung; **under seal** *Law* versiegelt; **under the circumstances** unter Berücksichtigung der Umstände; **under way** in Bearbeitung, im Gange
underbed *n* Mörtelbett (n)
underbridge *n* Straßenunterführung (f), Unterführung (f)
undercoat *n* Unterputz (m), Voranstrich (m), Vorstreichfarbe (f)
undercut *v/t* unterhöhlen, unterbieten
underdesign *v/t* unterdimensionieren
underestimate *n* Unterschätzung (f); Unterbewertung (f)
underestimate *v/t* unterschätzen
underfilling *n* Unterfüllung (f)
underfloor *n ArCo* Unterboden (m); **underfloor duct** *n* Unterbodenschacht (m), Unterbodenkanal (m); **underfloor pipeline** *n* Sockelleitung (f); *Syn.: underground pipe*; **underfloor trunking** *n* Unterbodenkanal (m)
undergrade crossing *n (US)* Wegunterführung (f)
underground *adj* unterirdisch; **underground cable** *n* Erdkabel (n); **underground car park** *n* Tiefgarage (f); **underground (construction) engineering** *n* Tiefbau (m), Tiefbautechnik (f); **underground hydrant** *n* Unterflurhydrant (m); **underground parking (lot)** *n (US)* Tiefgarage (f); **underground pipe** *n* unterirdische Leitung (f), Sockelleitung (f); **underground railway**

station *n* U-Bahnhof (m); **underground room** → basement; **underground storage tank (UST)** *n* Erdtank (m); **underground structure** *n* unterirdische Konstruktion (f); **underground tank** *n* → underground storage tank

underimprovement *n (US)* nicht optimale (Bau-) Maßnahme (f) zum Zweck der Wertsteigerung (eines Grundstücks); nicht ausreichend in Umfang, Qualität oder Preis hinsichtlich der Lage des Objektes; ein höherer Aufwand würde einen höheren Nutzen (Wert) generieren; *Syn.: underdevelopment (GB); Ant.: overimprovement*

underlay *n* Unterlage (f); Trägerschalung (f)

underlease *n Law* Untermiete (f), Untervermietung (f), Untermietverhältnis (n); *Syn.: sublease*

underlessee *n Law* Untermieter (m); Unterpächter (m); *Syn.: sublessee*

underlet *adj Law* untervermietet; *Syn.: sublet*

underlying *adj* zugrunde liegend, zu Grunde liegend; **underlying assumptions** *n/pl* grundlegende Annahmen (fpl); **underlying conditions** *n/pl* Rahmenbedingungen (fpl); **underlying mortgage** *n Fin (US)* vorrangige Hypothek (f); **underlying transaction** *n* zugrunde liegendes Geschäft (n)

undermine *v/t* untergraben, unterhöhlen

undermining *n* Unterspülung (f)

underpass *n* Straßenunterführung (f), Unterführung (f); *Syn.: subway, underground crossing*

underpayment *n* Minderzahlung (f)

underpin *v/t* unterbauen, unterfangen

underrent *n* Miete (f) unter Marktniveau, Vermietung (f) unter Marktniveau; **under-rented** *adj Val* unter Marktniveau vermietet; die vertraglich festgelegte Miete liegt unterhalb der erzielbaren Miete (rental value); *Ant.: over-rented*

underreport *v/t* zu niedrig ausweisen

underside *n* Unterseite (f), Untersicht (f)

undersigned *n* Unterzeichner (m)

understandability *n* Grundsatz (m) der Klarheit (f), Verständlichkeit (f)

understandable *adj* verständlich, nachvollziehbar

understanding *n* Übereinkunft (f), Einigung (f)

understate *v/t* untertreiben, unterbewerten, zu niedrig ausweisen

undertaker *n* Bestattungsunternehmer (m)

undertaking *n* Unternehmen (n), Projekt (n); Übernahme (f); Garantie (f); Verpflichtung (f); **undertakings for collective investment in transferable securities (UCITS)** *n/pl* Unternehmungen (fpl) für die gemeinsame Investition in übertragbare Wertpapiere

undertenant *n Law* Untermieter (m); *Syn.: subtenant, underlessee*

underuse *n* Mindernutzung (f), Unternutzung (f)

under-used sites *n/pl* mindergenutzte Grundstücke (npl)

underutilized accommodation *n* unterbelegte Fläche (f)

undervaluation *n* Unterbewertung (f)

undervalue *v/t* unterbewerten, unterschätzen

underview *n* Untersicht (f)

underwash *v/t* unterspülen

underwater concrete *n* Unterwasserbeton (m); **underwater foundation** *n* Unterwassergründung (f); **underwater tunnel** *n* Unterwassertunnel (m)

underwood *n* Unterholz (n); *Syn.: undergrowth*

underwriter *n* Versicherer (m); Emissionsbank (f); Konsortialmitglied (n)

underwriting guarantee *n* Abnahmegarantie (f)

undeveloped land *n* unbebautes Land (n), unbebautes Grundstück (n); *Syn.: raw land*; **undeveloped site** *n* unbebautes Grundstück (n)

undisclosed agency *n Law, Mkt* verdeckte Stellvertretung (f); auch: mittelbare Stellvertretung; **undisclosed fee** *n* verdecktes Honorar (n), Honorar (n), das nicht angezeigt bzw. offengelegt wird; **undisclosed principal** *n Law* ungenannter Auftraggeber (m); geheim gehaltener Vollmachtgeber (m)

undistributed expenses *n/pl* indirekte Kosten (pl); **undistributed income** *n* nicht ausgeschütteter Gewinn (m); **undistributed operating expenses** *n/pl* nicht direkt zuzuordnende operative Aufwendungen (fpl)

undisturbed soil sample *n* ungestörter Boden (m), ungestörte Bodenprobe (f)

undivided interest *n Law* Gesamteigentum (n), Gesamthandeigentum (n); Nutznießung zur gesamten Hand; **undivided property** *n Law* → co-ownership
undue *adj* noch nicht fällig, unberechtigt; **undue influence** *n Law* Einschüchterung (f), unzulässige Beeinflussung (f)
unearned finance income *n* nicht realisierter Finanzertrag (m)
unemployment *n* Arbeitslosigkeit (f); **unemployment rate** *n* Arbeitslosenquote (f)
unencumbered *adj Law* unbelastet, lastenfrei
unenforceable contract *n Law* uneinklagbarer Vertrag (m)
unethical *adj* unethisch; unmoralisch; skrupellos
uneven *adj* uneben, ungleichmäßig
unexamined *adj* ungeprüft
unexpected *adj* unvorhergesehen; **unexpected loss** *n* unerwarteter Verlust (m)
unexpired *adj* noch nicht abgelaufen, noch gültig, noch nicht fällig; **unexpired term** *n* Restlebensdauer (f)
unexploited market *n* unentdeckter Markt (m)
unfavourable *adj* ungünstig, unvorteilhaft
unfeasible *adj* undurchführbar, nicht machbar
unfilled orders *n/pl* Auftragsbestand (m)
unfinished *adj* unfertig, nicht fertig, unvollendet
unfit for human habitation *adj* unbewohnbar, nicht zur menschlichen Behausung geeignet; *Syn.: uninhabitable*
unfitness for human habitation *n* Unbewohnbarkeit (f)
unfit property *n Plan, Law* unbewohnbares Gebäude (f); *Syn.: unfit dwelling*
unfixed *adj* unbefestigt
unfootnoted *adj* bedingungslos, unbegründet
unfurnished room *n* unmöbliertes Zimmer (n); **unfurnished unit** *n* unmöblierte Einheit (f)
unguaranteed residual value *n* nicht garantierter Restwert (m)
unidentified principal *Mkt* → undisclosed principal
unification *n* Vereinigung (f), Zusammenschluss (m)
unified bonds *n/pl* Ablösungsschuldverschreibungen (fpl)
uniform *adj* einheitlich; **Uniform Building Code (UBC)** *n Plan (US)* einheitliche Bauordnung (f), einheitliches Baugesetz (n); von der International Conference of Building Officials publiziert und von etwa 1.000 US-amerikanischen Gebietskörperschaften adaptiert; **Uniform Commercial Code (UCC)** *n Law (US)* einheitliches Handelsrecht (n), einheitliches Handelsgesetzbuch (n); **Uniform Commercial-Industrial Appraisal Report (UCIAR)** *Val (US)* standardisiertes Formular für Bewertungsgutachten u.Ä.; **Uniform Condominium Act** *n (US)* Wohnungseigentumsgesetz (n); **Uniform Land Sales Practices Act (ULSPA)** *Law (US)* Gesetz zur Vereinfachung von Immobilientransaktionen; **Uniform Land Transactions Act (ULTA)** *Law (US)* Gesetz zur Vereinfachung von Immobilientransaktionen; **Uniform Partnership Act (UPA)** *Law (US)* Gesetz (1914-1997) zur Regelung des Betriebsvermögens von Personengesellschaften; → Revised Uniform Partnership Act (RUPA); **uniform price** *n* Einheitspreis (m); **uniform residential appraisal report (URAR)** *n Val (US)* Standardformat für Bewertungsgutachten für Wohnimmobilien, mit zahlreichen Checklisten und Definitionen; **Uniform Residential Landlord and Tenant Act (URLTA)** *Law (US)* Gesetz zur Schaffung von Transparenz im Verhältnis zwischen Mietern und Vermietern; **uniform settlement statement** *n Fin (US)* vom US-amerikanischen HUD (Department of Housing and Urban Development) standardisierter Abrechnungsnachweis über die Abschlusskosten einer Immobilientransaktion oder -refinanzierung; *Syn.: HUD-1 form*; **uniform standards of professional appraisal practice (USPAP)** *n (US)* einheitliche Standards (mpl) der professionellen Bewertungspraxis; definiert durch die → Appraisal Foundation; **Uniform System of Accounts for Hotels (USAH)** *n Fin (US)* einheitliches Buchhaltungssystem (n) für Hotels
uniformly distributed load *n* Gleichlast (f)
unilateral contract *n Law* unilateraler Vertrag (m); einseitig verpflichtender Vertrag (m); **unilateral measure** *n* einseitige Maßnahme (f)

unimproved *adj (US)* unbebaut; **unimproved lot** *n (US)* unbebautes Grundstück (n); *Syn.: undeveloped site*
unincorporated *adj* nicht rechtsfähig
uninhabitable *adj* unbewohnbar; *Syn.: unfit for human habitation*
uninhabited *adj* unbewohnt
unique *adj* einzigartig
unit *n* Einheit (f); Bauteil (n), Bauelement (n), Fertigteil (n); Gebäudetrakt (m); auch: Fondsanteil; **unit of area** *n* Flächeneinheit (f); **unit of comparison** *n* Vergleichseinheit (f); **unit of measurement** *n* Maßeinheit (f); **unit-of-production method (of depreciation)** *n* Abschreibung (f) auf Basis von Produktions- bzw. Leistungseinheiten; **unit of valuation** *n* Bewertungseinheit (f)
unit capital *n* Fondsanteil (m), Kapitalanteil (m); **unit cost** *n* Stückkosten (pl); **unit depreciation** *n* Einzelabschreibung (f), individuelle Abschreibung (f); **unitholder** *n* Anteilinhaber (m), Anteilseigner (m); **unit-in-place method** *n Val* Ermittlung der Baukosten an Hand der Kalkulation der Stückkosten für die Gewerke; *Syn.: segregated-cost method*; **unit (investment) trust** *n Fin (GB)* (offener) Investmentfonds (m), Investmentgesellschaft (f); Fonds, der Anteile (units) und nicht Aktien herausgibt; **unit method** *Val* → unit-in-place method; **unit mix** *n Dev, ArCo, Mkt* Mix der Wohneinheiten in einer Wohnimmobilie bzw. Wohnungsbauentwicklung; bzgl. Anzahl der Zimmer; **unit mortgage** *n Fin* Belastung einer Wohnung (condominium) mit einer Hypothek; im Unterschied zur Belastung eines Grundstücks; **unit owner** *n* Wohnungseigentümer (m); **unit owners association** *n Mkt* Wohnungseigentümergemeinschaft (f); *Syn.: homeowners association*; **unit price** *n* Einheitspreis (m), Stückpreis (m); **unit price contract** *n ArCo* Einzelpreisvertrag (m); → measure and value contract; **unit value method** *n* Methode zur Anteilsbewertung
unitary authority (UA) *n (GB, NZ)* Gebietskörperschaft (f), die in einer ansonsten in zwei Hierarchieebenen gegliederten Administration die Aufgaben beider Ebenen übernimmt; in GB: vereint die Verwaltungsebenen district council und county council; bis 1974 übliche Bezeichnung „county boroughs“; verbreitet in Schottland und Wales und Teilen von England; verantwortlich für die Bereiche Raumplanung, Ausbildung, Müllabführ, sozialer Wohnungsbau etc.; **unitary development plan (UDP)** *n Plan (GB)* Flächennutzungs- und Bebauungsplan (m); wird nur in Großstädten – parallel zu structure plans und local development plans – von einer → unitary authority erstellt; unitary development plans bestehen aus zwei Teilen (strategic and local)
uniting of interests *n* Interessenzusammenführung (f)
unitisation *n Fin* Stückelung (f); Zusammenfassung (f) von Mitteln (npl); Fracht (f) in versandfertige Einheiten packen; Fonds: Umwandlung in einen → unit trust; auch: Aufteilung von Immobilien in vermarktungsfähige Einheiten; unitisation ist eine Art securitisation (Verbriefung) auf Basis von Fondsanteilen; → property unitisation
unity *n* Einheit (f), Übereinstimmung (f); **unity of title** *n Law* → joint tenancy
universal agent *n* Generalvertreter (m), Generalbevollmächtigter (m); **universal banks** *n/pl* Universalbanken (fpl)
university *n* Hochschule (f), Universität (f); **university education** *n* Hochschulausbildung (f)
unlawful *adj* gesetzwidrig; **unlawful possession** *n* widerrechtlicher Besitz (m); **unlawful threat** *n* widerrechtliche Drohung (f)
unlet *adj* unvermietet; **unlet properties** *n/pl* unvermietete Objekte (npl)
unlicensed tipping (of waste) *n* unbefugte Mülldeponie (f), wilde Müllablagerung (f)
unlikely *adj* unwahrscheinlich
unlimited *adj* unbeschränkt, unbefristet; **unlimited in time** *adj* unbefristet, zeitlich unbegrenzt
unlimited company *n Law* Kapitalgesellschaft (f) mit unbeschränkter Haftung; **unlimited mortgage** *Fin* → open-end mortgage; **unlimited policy** *n* Versicherung (f) mit unbegrenzter Deckung; **unlimited tax liability** *n* unbeschränkte Steuerpflicht (f)
unliquidated damages *n/pl Law* der Höhe nach (noch) unbestimmter, vertraglich

nicht festgesetzter Schaden(s)ersatzanspruch; die Höhe des Schaden(s)ersatzes ist von einem Gericht festzulegen

unloaded state *n* unbelasteter Zustand (m)

unoccupied *adj* unbewohnt, leer stehend; **unoccupied rate** *n Tax (GB)* Steuer auf leer stehende Immobilien; **unoccupied space** *n* Leerstandsfläche (f)

unpaid item *n* offener Posten (m), ausstehende Zahlung (f)

unplanned depreciation *n* außerplanmäßige Abschreibung (f)

unplastered *adj* unverputzt

unprofitable *adj* unrentabel

unqualified opinion *n Fin* uneingeschränkter Bestätigungsvermerk (m); *Ant.: qualified opinion*

unrealized appreciation *n* unrealisierter Gewinn (m), unrealisierter Vermögenszuwachs (m); **unrealized gain** *n* nicht realisierter Gewinn (m); **unrealized loss** *n* nicht realisierter Verlust (m)

unreinforced *adj* unbewehrt

unsaleable *adj* unverkäuflich

unseated land *n (US)* ungenutzter Boden (m)

unsecured *adj Fin* ungesichert; ungedeckt; **unsecured loan** *n Fin* ungesichertes Darlehen (n); *Ant.: secured loan*

unseizable *adj Law* unpfändbar; *Syn.: exempt from seizure, judgement proof (US)*

unsound *adj* mangelhaft

unsoundness *n* Mangelhaftigkeit (f)

unspecified *adj* nicht spezifiziert

unsubscribe *v/t* abbestellen

unsupported assumption *n* unbestätigte Annahme (f); **unsupported beam** *n* strebenloser Balken (m); **unsupported span** *n ArCo* (e.g. bridge) freie Stützlänge (f)

unsystematic risk *n Fin* unsystematisches Risiko (n)

untreated *adj* unbehandelt

unused land *n* ungenutzter Boden (m)

unusual *adj* ungewöhnlich

unvented *adj* unbelüftet

UPA *Law* → Uniform Partnership Act

up and over door *n* Kipptor (n), Schwingtor (n)

up-front money *n Fin (US)* Anzahlung (f), Vorauszahlung (f); *Syn.: down payment*

upgrade *n* Steigung (f), Steigerung (f); **upgrades** *n/pl Dev, Mkt* Ausstattungsoptionen (fpl); Sonderausstattung (f); angeboten beim Verkauf von Neubauten; gehen über die Standardausstattung hinaus

upgrade *v/t* aufwerten, verbessern; **upgraded area** *n* Wohngebiet (n) mit modernster Kommunikationsinfrastruktur (z.B. high-speed DSL)

uphill climb *n* Anstieg (m), Erhöhung (f)

upholsterer *n* Tapezierer (m); Polsterer (m); Dekorateur (m)

upholstery *n* Polster (n)

upkeep *n* Instandhaltung (f), Unterhaltung (f), Unterhaltungsaufwand (m)

upleg property *n* → replacement property

uplift *n ArCo* Bodenhebung (f), Anheben (n) von Bodenschichten; Auftrieb (m); **uplift factor** *n Val* Korrekturfaktor zur Berücksichtigung wertbeeinflussender Merkmale der Immobilie

uplifted rent *n Law* Miete, der eine nicht unbedingt handelsübliche, für den Mieter vorteilhafte Mietvertragsgestaltung zugrunde liegt; bspw. eine Mietanpassungsperiode, die statt der üblichen 5 Jahre z.B. 12 Jahre beträgt

upper edge *n* Oberkante (f); **upper floor** *n* obere Etage (f), oberes Geschoss (n), Obergeschoss (n); **upper price limit** *n* Stopppreis (m); **upper stor(e)y** *n* obere Etage (f)

UPREIT *Fin* → umbrella partnership REIT

upright *n* Vertikalstab (m)

UPS *n* → uninterruptible power supply

upset date *n Law* Bestimmung in einem Kaufvertrag, die dem Käufer das Recht einräumt, vom Vertrag zurückzutreten, wenn bis zu einem bestimmten Datum noch keine Bezugsfertigkeit hergestellt wurde; **upset price** *n Mkt* Mindestpreis (m) bei einer Auktion

upside down *adj* umgedreht

upstand beam *n* Überzug (m)

upstate *n* Hinterland (n); *Syn.: interior; hinterland; back-country*

up-town *adj (US)* im Außenbezirk, im Wohnviertel

uptrend *n* → upward trend

UPUT *Fin* → unauthorised property unit trust

upward-only rent review *n Law* periodische Anpassung der Miete an die Marktmiete, sofern diese höher als die derzeitig gezahlte Miete ist

upward trend *n* Aufwärtsentwicklung (f), Aufwärtstrend (m), steigende Tendenz (f); *Syn.: uptrend*

upzoning *n Plan* Änderung der Flächennutzungsplanung, die in einer höheren → residential density resultiert; selten wird der Begriff auch abweichend genutzt, als Prozess der Gebietserweiterung zur Verminderung der Nutzungsdichte; *Ant.: downzoning*

URAR *Val* → uniform residential appraisal report

urban *adj* städtisch, Stadt-; **urban agglomeration** *n* Ballungsraum (m); **urban amenities** *n/pl* Freizeiteinrichtungen (fpl), Freizeitinfrastruktur (f) einer Stadt; **urban and regional policy** *n* Raumordnungspolitik (f); **urban area** *n Plan* Stadtgebiet (n), städtisches Gebiet (n); nach der Definition der Europäischen Kommission ein dicht besiedeltes Gebiet mit einer Gesamtbevölkerung von mindestens 50.000, das aus benachbarten Städten und Gemeinden mit einer Bevölkerungsdichte von mindestens 500 Einwohnern pro km^2 besteht; **urban block** *n* Baublock (m); Teil eines überwiegend bebauten Stadtbietes, das allseits von Straßen oder Wegen umschlossen ist *Syn.: block, (bes. US) city block*; **urban development** *n* Stadtentwicklung (f); Städtebau (m); **urban development area** *n Plan* Stadtentwicklungsgebiet (n); **urban development assistance** *n* Städtebauförderung (f); **urban development measure** *n* städtebauliche Entwicklungsmaßnahme (f); **urban development plan** *n* städtebaulicher Plan (m); **urban economics** *n/pl* Stadtökonomie (f); **urban enterprise zone** *n Plan (US)* Fördergebiet (n); zur Aufwertung einer Wohngegend; **urban entertainment center** *n* Urban Entertainment Center (n); für sich stehender, zentrumsnaher Immobilienkomplex, der durch simulierte Urbanität und einen umfassenden, breitgefächerten und unterhaltungsorientierten Angebotsmix auf Erlebnis suchende Kunden abzielt; **urban growth** *n* Städtewachstum (n); **urban growth patterns** *n/pl Econ* typische Entwicklungen des städtischen Wachstums; **urban improvement** *n* Flächensanierung (f), städtebauliche Sanierung (f); **urban land economics** *n* Disziplin, die sich insbesondere unter wirtschaftlichen Gesichtspunkten mit der Stadtplanung befasst; **Urban Land Institute (ULI)** *n Org (US)* Institut mit Mitgliedern aus verschiedenen Bereichen des Immobilienwesens; **urban planning** *n* städtebauliche Planung (f), Stadtplanung (f); *Syn.: town planning*; **urban poverty** *n Econ* städtische Armut (f), Stadtarmut (f); **urban property** *n* Stadtgrundstück (n); **urban redevelopment** *n Plan, Dev* Stadtsanierung (f), städtebauliche Neugestaltung (f); **urban redevelopment programme** *n* städtebauliches Sanierungsprogramm (n); städtebauliches Entwicklungsprogramm (n); **urban region** *n* Stadtgebiet (n); **urban renewal** *n Plan, Dev* Stadtsanierung (f), Stadterneuerung (f); **urban road** *n* Gemeindestraße (f); **urban-rural migration** *n Econ* Stadt-Umland-Wanderung (f); **urban sprawl** *n Plan* Zersiedelung (f) der Landschaft, Ausuferung (f) der Städte; **urban structure** *n Plan* Stadtstruktur (f)

urbanisation *n Plan* Urbanisierung (f), Verstädterung (f)

urbanity *n* Urbanität (f)

urbanized area *n* Verdichtungsraum (m)

urinal *n* Urinal (n)

URLTA *Law* → Uniform Residential Landlord and Tenant Act

usability *n* Nutzbarkeit (f)

usable *adj* benutzbar, brauchbar, geeignet, verwendbar; **usable building space** *n* Gebäudenutzfläche (f); **usable floor area** *n* → usable area; **usable floor area** *n Plan, Dev* Mietfläche (f) mit exklusivem Nutzungsrecht, Nutzfläche (f); *Syn.: usable floor area*; **usable (floor) space** *n* Nutzfläche (f)

usage *n* Verwendung (f), Gebrauch (m), Nutzung (f); **usage concept** *n* Nutzungskonzept (n)

usage-dependent *adj* nutzungsabhängig

USAH *n Fin (US)* → Uniform System of Accounts for Hotels (USAH)

use *n* Nutzen (m), Nutzung (f), Benutzung (f); **use charge** *n* Benutzungsgebühr (f); *Syn.: usage charge*; **use class** *n Plan (GB)* Art der Flächennutzung; **use classes order** *n Plan (GB)* in der Town and Country Planning (Use Classes) Order 1987 festgelegte Arten der Flächennutzung; bei Nutzungsänderungen innerhalb einer use class ist keine Baugenehmigung einzuholen; **use classification** *n* Nutzungsklassifizierung (f); **use density** *n Plan* Bebauungsdichte (f); Maß für die Art der baulichen Nutzung von Flächen, z.B. Wohneinheiten (dwellings per acre), Einzelhandelsflächen (retail units per acre) etc.; **use restriction** *n* Nutzungsbeschränkung (f); **use value** *n Plan, Tax* Nutzwert (m), Gebrauchswert (m); qualitativer Wertaspekt (m)

use *v/t* nutzen

useful area *n* Nutzfläche (f); **useful life** *n* Nutzungsdauer (f); *Syn.: economic life*

user *n* Nutzer (m), Benutzer (m), Anwender (m); **user authorisation** *n* Benutzerberechtigung (f); **user charge** *n* Benutzungsgebühr (f); **user clause** *n Law* Mietvertragsklausel, die festlegt, welche Nutzungen dem Mieter erlaubt sind; *Syn.: user covenant*

user-friendly *adj* benutzerfreundlich

user manual *n* Gebrauchsanleitung (f); **user password** *n* Benutzerkennwort (n)

user responsive *adj* benutzerfreundlich

USPAP *(US)* → uniform standards of professional appraisal practice

UST → underground storage tank

usual covenants *n/pl Law* → common covenants

usufruct *n Law* Nießbrauch (m)

usufructuary *n Law* Nießbraucher (m); **usufructuary right** *n* Nießbrauch (m)

usurpation *n* widerrechtliche Inbesitznahme (f)

usury *n* Wucher (m); **usury law** *n* einzelstaatliche Gesetzgebung (f), die die Zinsobergrenze für Hypothekendarlehen festlegen

utensil *n* Werkzeug (n)

utilities *n/pl* Versorgungseinrichtungen (fpl); Versorgungsbetriebe (mpl), Stadtwerke (npl); **utilities engineering** *n* Versorgungstechnik (f)

utility *n* Nutzen (m), Nützlichkeit (f); Versorgungseinrichtung (f); **utility area** *n* Versorgungsfläche (f); **utility costs** *n/pl* Versorgungskosten (pl); **utility maximization** *n/pl* Nutzenmaximierungsmaßnahme (f); **utility room** *n* Wirtschaftsraum (m), Hauswirtschaftsraum (m); Raum, der Vorrichtungen zur Instandhaltung des Gebäudes oder Möglichkeiten zur Einrichtung einer Waschküche etc. aufweist; **utility value** *n* Gebrauchswert (m), Nutzwert (m)

utilization *n* Anwendung (f), Verwendung (f), Verwertung (f); **utilization of capacity** *n* Ausnutzung (f) der Kapazität; **utilization of the soil** *n* Bodenbewirtschaftung (f)

utilization period *n* Ausnutzungsdauer (f); **utilization time** *n* Ausnutzungsdauer (f)

utilize *v/t* nutzen

U

V

VA → Veterans Administration

vacancy *n* freie Stelle (f), freies Zimmer (n) (im Hotel), leer stehende Wohnung (f), Leerstand (m); **vacancy allowance** *n Tax* Mietausfallwagnis (n); **vacancy and collection loss** *n* Kosten (pl) für Leerstand, Mieterwechsel und nicht gezahlte Miete; Mietausfallkosten (pl), Mietausfallwagnis (n); **vacancy factor** *n Val* Wertberichtigung oder -abzug zur Berücksichtigung von künftigem Leerstand bei Mietobjekten; Verhältnis zwischen der Anzahl der leer stehenden Einheiten und der Gesamtzahl von Einheiten eines bestimmten Objektes; **vacancy level** *n* Anteil (m) des leerstehenden Raums; **vacancy rate** *n* Leerstandsrate (f); **vacancy rent** *n (US)* geschützte (oder regulierte) Miete einer leer stehenden Wohnung; eine Art Mietspiegel einer Stadt bei Neuvermietungen; **vacancy rent increase** *n Law (US)* Mieterhöhung für eine Wohneinheit nach Auszug eines Mieters; in einigen Kommunen (insbesondere in Kalifornien) unterliegen Wohnungen teilweise einer Mietpreisbindung (→ rent control). Oft können Mieten nur dann neu festgesetzt werden, wenn ein Mieterwechsel stattfindet, was in der Praxis dazu führt, dass Vermieter genau aus diesem Grund das Mietverhältnis kündigen. Die vacancy rent increase wird daher in manchen Kommunen behördlich reguliert

vacant *adj* leer stehend, unbewohnt; **vacant land** *n* unbebautes Land (n); **vacant possession (VP)** *n Law* leer stehender Besitz (m)

vacate *v/t* räumen

vacation *n* Ferien (pl), Urlaub (m); **vacation home** *n* Ferienwohnung (f), Ferienhaus (n); *Syn.: vacation rental*

vacuum *n* Vakuum (n); **vacuum concrete** *n* Vakuumbeton (m); **vacuum heating** *n* Vakuumheizung (f)

valid *adj* gültig; **valid agreement** *n Law* gültige Vereinbarung (f), rechtswirksamer Vertrag (m)

validity *n* Gültigkeit (f), Rechtswirksamkeit (f); Wahrheitsgehalt (m); **validity period** *n* Geltungsdauer (f), Laufzeit (f)

valley *n ArCo* Kehle (f); **valley beam** *n* Rinnenbalkenträger (m); **valley flashing** *n* Kehlblech (n); **valley girder** *n* Rinnenbalkenträger (m); **valley rafter** *n* Kehlsparren (m)

valuable *adj* geschätzt, kostbar, wertvoll; **valuable consideration** *n Law* geldwerte Gegenleistung (f)

valuate *v/t* bewerten

valuation *n* Bewertung (f), Wertbestimmung (f); Begutachtung (f); **valuation at (the) lower of cost or market** *n* Niederstwertprinzip (n); **valuation by abstraction** *(US)* → abstraction (method); **valuation for financial reporting** *n* Bewertung (f) für Zwecke der finanziellen Berichterstattung; **valuation for rating** *n (GB)* Bewertung (f) für Grundsteuerzwecke; **valuation of real property** *n* Immobilienbewertung (f); **valuation of tangible assets** *n* Sachwertermittlung (f)

valuation adjustment *n* Wertberichtigung (f); **valuation basis** *n* Bewertungsgrundlage (f); **valuation certificate** *n* Bewertungsurkunde (f); **valuation clause** *n* Wertklausel (f); **valuation committee** *n* Sachverständigenausschuss (m); **valuation company** *n* Bewertungsgesellschaft (f); **valuation concept** *n* Bewertungskonzept (n); **valuation conclusion(s)** *n(pl)* Wertermittlungszusammenfassung (f), Zusammenfassung (f) der Wertermittlung; **valuation conditions** *n/pl* Bewertungsvorschriften (fpl), Wertermittlungsvorschrift (f); **valuation date** *n Val* Bewertungsstichtag (m); **valuation election** *n Tax* Bewertungswahl (f), Bewertungsprivileg (n); die Entscheidung für eine Bewertung eines Objektes zu einem bestimmten Zeitpunkt als Basis der Steuerberechnung anstelle z.B. einer Linearabschreibung; **valuation factor** *n* Wertfaktor (m); **valuation fee** *n* Bewertungsgebühr (f); **valuation guidelines** *n/pl* Wertermittlungsgrundsätze (mpl); **valuation history** *n* Bewertungshintergrund (m), bewertungsrelevante Vorgeschichte (f); **valu-**

ation law *n* Bewertungsrecht (n); **valuation list** *n Tax (GB)* Verzeichnis aller grundsteuerpflichtigen Objekte (rateable properties) mit Einheitswerten; für die Gemeinden durch → Vacancy Office Agencies erstellt; **valuation method** *n* Bewertungsmethode (f), Bewertungsverfahren (n), Wertermittlungsverfahren (n); **Valuation Office (VO)** *n Tax (GB)* Abteilung des Inland Revenue (Steuerbehörde); zuständig für Einheitsbewertungen und andere Bewertungen für öffentliche Zwecke (z.B. Enteignung); **Valuation Office Agency (VOA)** *Org (GB)* eine dem → Inland Revenue unterstellte Behörde, die für die Durchführung von steuerbezogenen Bewertungen (Grundsteuer, Erbschaftsteuer, Kapitalgewinnsteuer uvm.) zuständig ist sowie für andere öffentlichrechtliche Bewertungsaufgaben (z.B. Schadenersatz im Enteignungsfall); **valuation officer** *n Tax (GB)* Beamter des Valuation Office; zuständig für die Bereitstellung und Aktualisierung der → valuation list in einer bestimmten → rating area; **valuation practice** *n* Bewertungspraxis (f); **valuation process** *n* Bewertungsverfahren (n); **valuation purpose** *n* Bewertungszweck (m); **valuation report** *n* Bewertungsgutachten (n); **valuation reserve** *n* Bewertungsreserve (f), Bewertungsrücklage (f); **valuation result** *n* Wertermittlungsergebnis (n); **valuation source** *n* Bewertungsquelle (f), Bewertungsursprung (m); **valuation standard** *n* Bewertungsstandard (m); **valuation surveyor** *n (GB)* Immobilienbewertungsgutachter (m); **valuation table** *n* Bewertungstabelle (f); **valuation theory** *n* Bewertungstheorie (f)

valuator *n* Bewerter (m), Gutachter (m); *Syn.: appraiser*

value *n* Wert (m); Substanz (f); Nutzen (m); **at value** zum Tageskurs

value at cost *n* Einstandswert (m); **value at risk** *n Fin* wörtlich: Wert auf dem Spiel; basierend auf einem mathematisch-statistischen Verfahren bewertetes Verlustpotenzial aus einem Geschäft oder einer Aktivität; Maßstab des Risikos eines Portfolios; **value in dispute** *n* Streitwert (m); **value in exchange** *n Econ* Marktwert (m); **value of resistance** *n* Widerstandswert (m); **value to the owner** *n Val* subjektiver Wert (m); **value when new** *n Val* Neuwert (m)

value added *n Econ* Mehrwert (m); **value added tax (VAT)** *n Tax* Mehrwertsteuer (MwSt) (f)

value adjustment *n* Wertberichtigung (f), Wertkorrektur (f); **value apportionment** *n* Wertumlegung (f); ; **value date** *n* Valutadatum (n), Wertstellungstag (m); **value definition** *n* Wertdefinition (f); **value dependency** *n* Wertabhängigkeit (f); **value enhancement** *n* Wertsteigerung (f); **value for money (VFM)** *n* Preis-Leistungs-Verhältnis (n), Geldwert (m); **value guarantee** *n* Werterhaltungarantie (f); **value influence** *n* Werteinfluss (m); **value insured** *n* Versicherungswert (m); **value in use** *n Val, Econ* Gebrauchswert (m), Nutzwert (m); Barwert aller aus der Nutzung und dem Abgang eines Vermögenswertes zu erwartenden Cashflows, Gebrauchswert, Nutzungswert, Nutzungswert eines Vermögenswertes, unternehmensspezifischer Auszahlungsbarwert einer Schuld, Wert bei bestehender Nutzung; **value judgement** *n* Werturteil (n); **value limit** *n* Wertgrenze (f); **value quota** *n* Wertkontingent (n); **value shifting** *n* Wertverschiebung (f); **value smoothing** *n* Wertglättung (f); **value theory** *n* Werttheorie (f)

value *v/t* abschätzen, auswerten, begutachten, bemessen, bewerten, schätzen, taxieren

valued *adj* geschätzt, bewertet; **valued policy** *n Law* taxierte Police (f)

valuer *n* Gutachter (m), Bewerter (m), Schätzer (m); **valuer's signature** *n* Unterschrift (f) des Gutachters; teilweise benötigt bei Steuererklärungen; insbesondere bei der → capital gains tax (bei der Bewertung des Anlagevermögens)

valve *n* Ventil (n)

VAM *Fin* → variable-amortization mortgage

vandalism *n* Vandalismus (m)

vapour *n* Dampf (m), Wrasen (m); *Syn.: vapor (AE)*; **vapour barrier** *n* Feuchtigkeitsabdichtung (f); **vapour pipe** *n* Wrasenrohr (n)

vapourize *v/ti* verdampfen

vapour proof *adj* dampfdicht

variable *adj* veränderlich, variabel; **variable-amortization mortgage (VAM)** *Fin* → variable-payment mortgage (VPM); **variable annuity** *n* variable Rente (f); **variable expenses** *n/pl Fin, PfoMgt* variable Kosten (pl); *Syn.: variable costs*; **variable income** *n* variables Einkommen (n); **variable interest rate** *n Fin* variabler Zinssatz (m); **variable-maturity mortgage** *n Fin* langfristiges Darlehen, bei dem der Fälligkeitstermin angepasst werden kann, um die Höhe der periodischen Zahlungen zu variieren; **variable operating expenses** *n/pl PfoMgt* variable Betriebskosten (pl); **variable-payment mortgage (VPM)** *n Fin* Hypothekendarlehen mit meist geringeren Tilgungszahlungen in den ersten Jahren und höheren Tilgungszahlungen in den späteren Jahren; zur Unterstützung sog. first-time buyers; **variable rate mortgage** *Fin* → adjustable mortgage; **variable rent** *n Law* variable Miete (f)

variance *n* Uneinigkeit (f); Unvereinbarkeit (f); Abweichung (f); Varianz (f)

variation *n* Schwankung (f), Abweichung (f), Veränderung (f); Abänderung (f) eines Vertrags; **variation order** *n Law* Änderungs- oder Ergänzungsantrag (m) (für ein Gesetz oder eine Richtlinie)

variety store *n Ret* Laden mit breitem Produktsortiment; meist im unteren Preissegment

varnish *n* Lack (m), Firnis (m)

vary *v/ti* ändern, sich ändern, sich unterscheiden, sich variieren, sich verändern, verändern

VAT *n* → Value Added Tax; **VAT certificate** *n* Mehrwertsteuerbeleg (m); **VAT payable** *n* Zahllast (f); **VAT threshold** *n* Mehrwertsteuer-Freigrenze (f)

vault *n* Gewölbe (n), Panzergewölbe (n), Stahlkammer (f), Tresor (m), Wölbung (f); **vault cash** *n* Barreserve (f)

vault *v/t* wölben

vegetable soil *n* Mutterboden (m); *Syn.: top soil*

vegetation *n* Vegetation (f), Bewuchs (m)

vehicle costs *n/pl* Fahrzeugkosten (pl); **vehicle fleet** *n* Fuhrpark (m); *Syn.: fleet of cars*

vehicular access *n* Zufahrt (f), Gebäudezufahrt (f), Hauszufahrt (f); *Syn.: vehicle access*; **vehicular right** *n Law* Fahrtrecht (n), Überfahrtrecht (n)

vendee *n* Käufer (m), Erwerber (m)

vendition *n* Verkauf (m)

vendor *n* Verkäufer (m), Veräußerer (m); Händler (m); *Syn.: vendorer*; **vendor's price** *n* Angebotspreis (m) des Verkäufers

veneer *n ArCo* Furnier (n); Verblendung (f), Beschichtung (f); **veneered surface** *n ArCo* Außenfurnier (n), funierte Oberfläche (f), beschichtete Oberfläche (f); **veneer(ing) press** *n* Furnierpresse (f)

venetian blind *n* Jalousie (f); **venetian mosaic** *n* Terrazzo (m)

vent *n ArCo* Luftöffnung (f), Abzug (m); Ventilator (m); **vent pipe** *n* Entlüftungsrohr (n); **vent stack** *n* Entlüftungsstrang (m)

ventilate *v/t* hinterlüften, ventilieren

ventilation *n* Belüftung (f), Entlüftung (f), Lüftung (f); **ventilation and air-conditioning system** *n* raumlufttechnische Anlage (f); **ventilation pipe** *n* Lüftungsrohr (n); **ventilation shaft** *n* Lüftungsschacht (m); **ventilation system** *n ArCo* Belüftungsanlage (f)

ventilator *n* Ventilator (m)

venting *n* Entlüftung (f)

venture *n* Unternehmung (f), Wagnis (n), Risiko (n); **venture capital** *n Fin* Venture Capital (n), Risikokapital (n), Chancenkapital (n), Wagniskapital (n); *Syn.: risk capital*; **venture capitalist** *n Fin* Risikokapitalgeber (m), risikobereiter Investor (m)

venturer *n* Partnerunternehmen (n)

venue *n* Gerichtsstand (m); Tagungsort (m); Treffpunkt (m)

veranda *n* Veranda (f)

verbal contract *n Law* mündlicher Vertrag (m)

verbatim *adj (lat.)* wortwörtlich, wortgetreu, Wort für Wort

verdict *n* Beurteilung (f), (Gerichts-) Urteil (n)

verge *n* Rand (m), Seitenstreifen (m); **verge of a roof** *n ArCo* Ortgang (m)

verifiable *adj* kontrollierbar, nachprüfbar, nachweisbar

verification *n* Prüfung (f); Bestätigung (f); Beurkundung (f), Beglaubigung (f)

verify *v/i* überprüfen, verifizieren, beglaubigen, beurkunden

vermin resistant *adj* ungezieferbeständig, ungezieferfest, ungeziefersicher

vernacular architecture *n ArCo* landschaftstypische Bauweise (f)

versatility *n* Einsatzflexibilität (f), Vielseitigkeit (f), Wendigkeit (f)
version *n* Ausführung (f), Fassung (f), Version (f)
vertical *adj* senkrecht, vertikal; **vertical bar** *n* Vertikalstab (m); **vertical bracing** *n* Vertikalverband (m); **vertical load** *n* Vertikallast (f); **vertical member** *n* Vertikalstab (m); **vertical-slice participation** *n Fin* gemeinsame Finanzierung einer Immobilienprojektentwicklung, wobei jeder Kapitalgeber einen Anteil an der gesamten Immobilie besitzt und einen entsprechenden Anteil am Cashflow erhält; *Ant.: top-slice participation*; **vertical tiling** *n/pl* Wandfliesen (fpl)
vertically pivoted sash *n* Wendeflügel (m)
vest *v/t Law* verleihen; übergeben; **vested interest** *n* persönliches Interesse (n); gesichertes Recht (n), sicher begründetes Recht (auf zukünftigen Besitz); **vested remainder** *n Law* unentziehbares Anwartschaftsrecht (n); unentziehbare Anwartschaft (f)
vestibule *n ArCo* Vorhalle (f); Vorzimmer (n)
vesting *n* Übertragung (f), Verleihung (f); **general vesting declaration** *Law (GB)* Beschluss für ein beschleunigtes Enteignungsverfahren; nach einem → compulsory purchase order (Enteignungsbeschluss); ersetzt → notice to treat unter dem Compulsory Purchase (Vesting Declarations) Act 1981
vesting assent *n Law* Grundstücksübertragungsurkunde (f); **vesting order** *n Law* gerichtliche Auflassungsverfügung (f)
vesture of land *n Law* Bodenbewuchs (m); sämtliche Pflanzen außer Bäume; derjenige, der das „right to a vesture of land" hat, kann anderen den Zutritt zu diesem Land verweigern
Veterans Administration (VA) *(US)* Behörde zur Unterstützung von Veteranen; **Veterans Administration loan (VA loan)** *Fin (US)* begünstigtes Darlehen zur Eigenheimfinanzierung für Kriegsveteranen
VFM → value for money
viability *n* Lebensfähigkeit (f), Überleben (n); **viability study** *n Val* → feasibility study
viaduct *n* Viadukt (m/n)
vibrated concrete *n* Rüttelbeton (m)
vibrating compactor *n* Vibrationsverdichter (m); **vibrating roller** *n* Vibrationswalze (f); **vibrating screen** *n* Vibrationssieb (n); **vibrating tamper** *n* Vibrationsramme (f)
vibration driver *n* Vibrationsramme (f)
vibrator beam *n* Rüttelbohle (f)
vicarious liability *n Law* Haftung (f) für Dritte; *Syn.: respondeat superior*; **vicarious performance** *n Law* stellvertretende Ausführung (f); Erfüllung (f) durch einen Dritten
vice president *n* Vizepräsident (m)
vicinity *n* Nachbarschaft (f); Umgebung (f)
video surveillance *n* Videoüberwachung (f); → CCTV
Vierendeel girder *n ArCo* Vierendeelträger (m); Träger ohne Diagonalen; nach Jules Arthur Vierendeel
view *n* Ansicht (f), Auffassung (f), Sicht (f)
view *v/t* betrachten
viewer *n* Türspion (m), Türgucker (m); Weitwinkelspion (m); *Syn.: door viewer*
villa *n* Villa (f)
village *n* Dorf (n), Weiler (m); allg. weniger als 2.000 Einwohner; **village area** *n* Dorfgebiet (n); **village council** *n* Gemeinderat (m); **village renewal** *n* Dorferneuerung (f)
vinyl-asbestos tile (va tile) *n* PVC-Asbestfliese (f); **vinyl lacquer** *n* Vinyllack (m); **vinyl tile** *n* PVC-Fliese (f); **vinyl wall covering** *n* Plastikwandtapete (f)
violate *v/t* übertreten, verletzen, verstoßen
violation *n* Verletzung (f), Verstoß (m), Bruch (m)
virtual rent *n Val* tatsächliche Immobilienkosten (pl); Miete zzgl. der vom Mieter getragenen Instandhaltungskosten; ausschließlich Steuern und Abgaben; *Syn.: true rent, sitting rent*
visible *adj* sichtbar
vision splay *n Plan* Sichtdreieck (n)
visitor frequency *n* Besucherfrequenz (f)
visual rights *n/pl Law* Recht auf Aussicht, Recht auf freie Sicht; insbesondere an Kreuzungen
vital interest *n* unverzichtbares Interesse (n); **vital statistics** *n/pl* Personenstandsstatistik (f)
vitalization *n* Vitalisierung (f)
v-joint *n ArCo* V-Fuge (f)
VO *(GB)* → Valuation Office
VOA *n Org (GB)* → Valuation Office Agency

V

vocation *n* Beruf (m); **vocational education** *n* Berufsausbildung (f); **vocational experience** *n* Berufserfahrung (f); **vocational school** *n* Berufsschule (f); **vocational training** *n* Berufsbildung (f)

void *n* Leere (f), Leerstand (m); *Syn.: vacancy*; **void allowance** *n* Abschlag (m) für Mietausfall; **void period** *n* Leerstandsdauer (f); **void rate** *n* Leerstandsrate (f)

void *adj* ungültig, nichtig, frei, rechtsunwirksam; **null and void** null und nichtig; **void contract** *n Law* nichtiger Vertrag (m)

voidable *adj* anfechtbar, annullierbar, aufhebbar

volatile *adj* unbeständig, instabil, flüchtig

volatility *n* Volatilität (f)

volcano *n* Vulkan (m)

volume *n* Rauminhalt (m); **displaced volume** *n* Hubvolumen (n); **swept volume** *n* Hubvolumen (n)

volume of demand *n* Nachfragevolumen (n); **volume of imports** *n* Importvolumen (n); **volume of traffic** *n* Verkehrsaufkommen (n)

voluntary *adj* freiwillig; **voluntary agreement** *n* freiwillige Vereinbarung (f); **voluntary deed** *Law* → deed in lieu of foreclosure; **voluntary disposition** *n Law* unentgeltliche Verfügung (f); **voluntary jurisdiction** *n* freiwillige Gerichtsbarkeit (f); **voluntary lien** *n Fin, Law* freiwillig erteiltes Pfandrecht; **voluntary liquidation** *n* freiwillige Liquidation (f); *Syn.: winding-up*; **voluntary settlement** *n Law* außergerichtlicher Vergleich (m); **voluntary waste** *n* aktive Veränderung (f) eines Grundstücks oder Gebäudes; auch: Wertminderung eines Grundstücks durch permanente Nutzung bspw. durch Bergbau, intensive landwirtschaftliche Nutzung oder Zerstörung von Gebäuden

volute *n* (coving) Volute (f), (ornamentation) Spirale (f); Schnecke (f)

voting stock *n* stimmberechtigte Anteile (mpl)

voucher *n* Abrechnungsbeleg (m), Beleg (m); Gutschein (m)

VP → vacant possession

VPM *Fin* → variable-payment mortgage

vulcanized *adj* vulkanisiert; **vulcanized fibre** *n* Vulkanfiber (f)

vulnerability *n* Verwundbarkeit (f)

W

WACC *Fin* → weighted average cost of capital
wadding *n* Wattierung (f), Zellstoffwatte (f)
waffle-slab ceiling *n ArCo* Kassettendecke (f); *Syn.: coffered ceiling, coffered slab*
wainscot *n ArCo* Täfelung (f), Holztäfelung (f); Innenverkleidung (f); meist nur hüfthoch
waist slab *n ArCo* Laufplatte (f), Treppenlaufplatte (f); geneigte, massive Platte als tragendes Bauteil zur Lastaufnahme der i. d. R. keilförmig aufgelagerten Stufen eines Treppenlaufs; *Syn.: staircase slab*
waiting list *n* Warteliste (f); **waiting period** *n* Wartezeit (f)
waiver *n Law* (of e.g. a right) Verzicht (m), Aufgabe (f); (from a liability) Befreiung (f); (document) Verzichterklärung (f); **waiver of priority** *n* Rangrücktritt (m) **waiver clause** *n Law* Verzichtklausel (f)
walk-in cupboard *n ArCo* begehbarer Wandschrank (m)
walking possession (agreement) *n Law* Vereinbarung, dass der Schuldner Gegenstände trotz Pfändung weiterhin nutzen darf
walk-through *n (US)* Fußgängertunnel (m); **walk-through inspection** *n* Begehung (f)
walk-up *n (US)* mehrstöckiges Mietshaus ohne Aufzug
walkway *n* Fußweg (m), Gehweg (m); Laufgang (m)
wall *n* Wand (f); Mauer (f); Wall (m); **wall of duct** *n* Kanalwange (f)
wall arch *n* Wandbogen (m); **wall area** *n* Wandfläche (f); **wallboard** *n ArCo* Wandplatte (f), Wandleichtbauplatte (f); **wall box** *n* Installationsdose (f); **wall bracket** *n* Wandhalterung (f), Wandkonsole (f); **wall bushing** *n* → wall opening; **wall cladding** *n* Wandverkleidung (f); *Syn.: wainscot*; **wall coat** *n* Wandanstrich (m); **wall connection** *n* Wandanschluss (m); **wall connection profile** *n* Wandanschlussprofil (n); **wall coping** *n* Mauerabdeckung (f); **wall covering** *n* Wandverkleidung (f), Wandbelag (m); **wall cupboard** *n* Wandschrank (m); Einbauschrank (m), Hängeschrank (m); **wall duct** *n* Wanddurchführung (f); ein an der Wand angebrachter Kabel- oder Lüftungskanal; **wall finishes** *n/pl* Wandbeläge (mpl); **wall fitting** *n* Wandkasten (m); **wall flashing** *n* Wandanschlussblech (n); **wall footing** *n* Mauerfundament (n), Mauergründung (f), Wandfundament (n); **wall foundation** *n* Mauergründung (f); **wall glazing** *n* Wandverglasung (f); Innenfenster (n); **wall hanging** *n* Wandteppich (m), Wandbehang (m); **wall holdfast** *n* Wandhalterung (f); **wall-hung cupboard** *n* Hängeschrank (m); **wall insulation** *n* Wandisolierung (f); **wall joint** *n* Wandfuge (f)
wall-mounted door stop *n* Wandtürpuffer (m); **wall-mounted light fixture** *n* Wandleuchte (f); *Syn.: wall light*; **wall-mounted mixer** *n* Wandbatterie (f); *Syn.: wall-mounted tap wall-mounted faucet*; **wall-mounted sink** *n* Wandausgussbecken (n); **wall-mounted toilet** *n* wandhängendes WC (n)
wall offset *n* Mauerabsatz (m); **wall opening** *n* Wanddurchbruch (m); **wall paint** *n* Wandanstrich (m), Wandfarbe (f); **wall panel** *n* Vertäfelung (f), Wandplatte (f), Wandscheibe (f), Wandtafel (f); **wallpaper** *n* Tapete (f); **wall pillar** *n* Wandpfeiler (m); *Syn.: buttress*; **wall plaster** *n* Wandputz (m); **wall plate** *n ArCo* Kopfplatte (f), Fußplatte (f); *Syn.: head plate*; **wall post** *n* Pfeiler (m), Stütze (f), Wandsäule (f), Maueranschlusspfosten (m); **wall pressure** *n* Wanddruck (m); **wall recess** *n* Wandnische (f); **wall safe** *n* Wandsafe (m); **wall sheathing** *n* Außenwandverkleidung (f); **wall shoring** *n* Wandabsteifung (f); **wall socket** *n* Wandsteckdose (f); **wall stud** *n* Maueranschlusspfosten (m); **wall tap** *n* Wandhahn (m); **wall thickness** *n* Wanddicke (f), Wandstärke (f); **wall tie** *n* Wandanker (m); **wall tile** *n* Wandfliese (f)
walled enclosure *n* ummauerter Raum (m)
wall in *v/t* zumauern
walling *n* Ausbau (m) (innerer), Gemäuer (n), Maurerarbeiten (fpl), Wandbaustoffe (mpl), Wandsystem (n)
wall up *v/t* vermauern, zumauern

walnut *n* Nussbaum (m)
wants *n/pl* Bedürfnisse (npl)
ward *n (GB)* Stadtbezirk (m)
wardrobe *n* Kleiderschrank (m); Garderobe (f)
warehouse *n* Lagerhalle (f), Lagergebäude (n); Warenlager (n); **warehouse fees** *n/pl* Lagergebühren (fpl); **warehouse rent** *n* Lagermiete (f); **warehouse space** *n* Lagerfläche (f)
warehoused *adj* gelagert, eingelagert
warehousing *n* Lagerhaltung (f)
warm air heating *n* Warmluftheizung (f); **warm roof** *n* Warmdach (n)
warm up *v/t* aufheizen; **warming-up** *n* Aufwärmung (f); **warm-up time** *n* Aufheizzeit (f)
warning *n* Warnung (f); **warning system** *n* Alarmanlage (f), Alarmsystem (n)
warp *v/t* verwerfen; **warped timber** *n* verworfenes Holz (n), verzogenes Holz (n)
warrant *n* **1.** *Fin* Option (f), Optionsschein (m), Optionsrecht (n); **2.** *Law* Vollmacht (f), Befugnis (f), Haftbefehl (m)
warrant *v/t* zusichern; **warranted quality** *n* zugesicherte Eigenschaft (f)
warrantor *n Law* Garant (m), Bürge (m)
warranty *n Law (US)* Haftung (f); vertragliche Zusicherung (f), Berechtigung (f); Gewährleistung (f); **warranty of habitability** *n ArCo, Law* konkludente Versicherung des Vermieters, dass eine Wohnung sicher und frei von Gefahren ist; **warranty of quality** *n* Qualitätsgarantie (f), Sachmängelgewährleistung (f); **warranty of title** *n* Rechtsmängelgewährleistung (f) **warranty bond** *n Fin* Gewährleistungsbürgschaft (f), Mängelgewährleistungsbürgschaft (f); **warranty claims** *n/pl* Gewährleistungsansprüche (mpl); **warranty deed** *Fin* → general warranty deed; **warranty obligation** *n* Bürgschaft (f), Garantieverpflichtung (f), Gewährleistung (f); **warranty period** *n ArCo* Gewährleistungsfrist (f)
washable *adj* waschbeständig, waschfest
wash basin *n* Waschbecken (n)
washed concrete *n* Waschbeton (m)
washer *n* Beilagscheibe (f), Dichtungsring (m); Spülmaschine (f)
washing screen *n* Waschsieb (n)
washout *n* Fiasko (n), Reinfall (m)
washproof *adj* waschbeständig, waschfest
wash stand *n* Waschtisch (m)
waste 1. *n* Abfall (m); **waste chute** *n* Müllschacht (m); **waste disposal** *n* Abfallentsorgung (f), Entsorgung (f); **waste disposal plant** *n* Abfallbeseitigungsanlage (f), Abfallentsorgungsanlage (f); **waste gas** *n* Abgas (n); **waste heat** *n* Abwärme (f); **waste heat (recovery) boiler** *n* Abgaskessel (m), Abhitzekessel (m); **waste heat utilization** *n* Abwärmenutzung (f); **wasteland** *n* Brachland (n); Ödland (n); je nach Kontext kann es sich um ein noch unbebautes oder unkultiviertes Stück Land oder um einen Grundbesitz handeln, das nicht gewinnbringend genutzt werden kann; **waste line** *n ArCo* Abwasserleitung (f); **waste outlet** *n* Ablauföffnung (f); **waste pipe** *n* Ablauf (m); **waste recovery** *n* Abfallaufbereitung (f); **waste treatment** *n* Müllaufbereitung (f); **waste treatment plant** *n* Abfallaufbereitungssanlage (f), Kläranlage (f)
wastewater *n* Abwasser (n), Schmutzwasser (n); **wastewater disposal** *n* Abwasserbeseitigung (f); **wastewater treatment** *n* Abwasseraufbereitung (f)
waste 2. *n* Verschwendung (f), Vergeudung (f); dauerhafte Veränderung eines Grundstücks durch einen Nießbraucher; → impeachment for waste; **ameliorating waste** *n Law* werterhöhende Veränderung(en) eines Grundstücks; als freiwillige Leistung eines Nießbrauchers; *Syn.: meliorating waste*; **commissive waste** *n* Beschädigung (f) (am Pachtgrundstück), Substanzschädigung (f); **double waste** *n Law* wörtlich: doppelte Verschwendung; z.B. wenn ein zur Instandhaltung eines Hauses verpflichteter Nießbraucher es bis zur Reparaturbedürftigkeit verfallen lässt und dann unrechtmäßigerweise Holz schlägt, um das Haus zu reparieren; **equitable waste** *n Law* mutwillige Zerstörung (f); **impeachment for waste** *n Law* Schaden(s)ersatzhaftung (f), Haftung (f) für Schäden; Haftung eines lebenslänglichen Nießbrauchers für Wertminderung der Liegenschaft; *Syn.: liability for damages (to a settled estate)*; **negligent waste** *n Law* fahrlässig verursachte Schäden (mpl); *Syn.: permissive waste*; **passive waste** *Law* → negligent waste; **permissive waste** *n Law* Wertminderung (f) auf-

grund unterlassener Instandsetzung (f); sofern die Instandhaltung in der Übertragungsurkunde (→ conveyance) nicht vorgesehen ist, trifft den life tenant keine Schuld für die Wertminderung; **voluntary waste** *n Law* aktive Veränderung (f) eines Grundstücks oder Gebäudes; auch: Wertminderung eines Grundstücks durch permanente Nutzung bspw. durch Bergbau, intensive landwirtschaftliche Nutzung oder Zerstörung von Gebäuden; **wilful waste** *n Law* absichtliche Verschwendung (f), vorsätzliche Zerstörung (f)

waster recycling *n* Abfallverwertung (f)

wasting assets *n Val, Law (US)* abnutzbares Wirtschaftsgut (n), Wirtschaftsgut (n) mit begrenzter Nutzungsdauer; *Ant.: non-wasting asset*

water *n* Wasser (n); **water/cement ratio (w/c ratio)** *n* Wasserzementfaktor (m), Wasserzementwert (m); **water-absorbing** *adj* wasserabsorbierend; **water absorption** *n* Wasseraufnahme (f), Wasserabsorption (f); **water amount** *n* Wassermenge (f); **water and gas connections** *n/pl* Wasser- und Gasanschluss (m); **water area** *n* Wasserfläche (f); **water barrier** *n* Wassersperre (f); **water catchment installation** *n* Wassergewinnungsanlage (f); **water charge** *n* Wasserabgabe (f); **water circulation** *n* Wasserumwälzung (f), Wasserzirkulation (f); **water cistern** *n* Wasserspülung (f); Wassertank (m); **water cock** *n* Wasserhahn (m) (Gallicrex cristatus); auch: Teichhuhn (n), Ralle (f); sesshaft im indopazifischen und australischen Raum; in der Brutzeit ist das Männchen schwarz und trägt einen roten Kamm; *Syn.: Kora*; → faucet; water tap; **water column** *n* Wassersäule (f); **water condition** *n* Wasserbeschaffenheit (f); **water conditioning** *n* Wasseraufbereitung (f); **water content** *n* Wassergehalt (m); **watercourse** *n* Wasserlauf (m), fließendes Gewässer (n); Vorfluter (m); **water damage** *n* Gewässerschaden (m); **water demand** *n* Wasserbedarf (m); **water depth** *n* Wassertiefe (f); **water dispenser** *n* Wasserspender (m); **water distribution** *n* Wasserverteilung (f); **water drip** *n* Wassernase (f), Wasserschenkel (m), Wetterschenkel (m); **water economy** *n* Wasserwirtschaft (f); **water extraction** *n* Wassergewinnung (f); **water fittings** *n/pl* Wasserarmatur (f); **waterfront** *n* Flussufer (n), Hafengebiet (n); **waterfront development** *n* (project) Bauprojekt (n) am Wasser (Meer, Fluss, Hafengebiet usw.); (existing buildings) Bebauung am Wasser (Meer, Fluss, Hafengebiet usw.); **water gavel** *n Law (GB)* Gebühr oder Miete, die für ein Sonderrecht wie z.B. das Fischen in einem Fluss oder Gewässer bezahlt wird; **water glass cement** *n* Wasserglaskitt (m); **water hammer** *n* Druckstöße (mpl); **water-heating plant** *n* Warmwasserbereitungsanlage (f); **water heating system** *n* Wassererhitzungsanlage (f), Wassererwärmungsanlage (f); **water-holding capacity** *n* Wasserbindungsvermögen (n); **water intake** *n* Wassereintritt (m), Wasserentnahme (f), Wasserzuführung (f), Wasserzulauf (m); **water jet** *n* Wasserstrahl (m); **water layer** *n* Wasserschicht (f); **water level** *n* Pegel (m), Wasserstand (m), Wasserspiegel (m); **water level indicator** *n* Wasserstandanzeiger (m); **water lifting** *n* Wasserhebung (f); **water line** *n (US)* Wasserleitung (f); **water main** *n* Hauptwasserleitung (f); **water meter** *n* Wasseruhr (f), Wasserzähler (m); **water mill** *n* Wassermühle (f); **water penetration** *n* Wassereindringung (f); **water pipe** *n* Wasserleitung (f), Wasserrohr (n); **water pollution** *n* Gewässerverschmutzung (f), Wasserverschmutzung (f); **water power** *n* Wasserkraft (f); **water-power station** *n* Wasserkraftwerk (m); **water pressure** *n* Wasserdruck (m); **water processing plant** *n* Wasseraufbereitungsanlage (f); **waterproofing** *n* Wasserabdichtung (f), Isolierung (f); **waterproofing work** *n* Dichtungsarbeit (f); **water protection area** *n* Trinkwasserschutzgebiet (n), Wasserschutzgebiet (n); **water purification** *n* Wasseraufbereitung (f); **water quality** *n* Wassergüte (f); **water removal** *n* Wasserhaltung (f); **water reservoir** *n* Wasserbehälter (m); **water right** *n Law* Wasserrecht (n), Wassernutzungsrecht (n), Wasserentnahmerecht (n); **watershed** *n* Wasserscheide (f); Wassereinzugsgebiet (n); **water softener** *n* Wasserenthärter (m); **water spout** *n* Wasserspeier (f); **water storage tank** *n* Wasserreservoir (n); **water supply** *n* Wasserversorgung (f); **water supply facility** *n* Wassergewinnungsanla-

W

ge (f); **water surface** *n* Wasseroberfläche (f); **water table** *n* Wasserspiegel (m), Grundwasserspiegel (m); **water tap** *n* Wasserhahn (m); **water tension** *n* Wasserspannung (f); *Syn.: soil-moisture tension*; **watertightness** *n* Wasserdichtigkeit (f); **water tower** *n* Wasserturm (m); **water treatment** *n* Wasseraufbereitung (f); **water treatment plant** *n* Wasseraufbereitungsanlage (f); **water use right** *n Law* Wassernutzungsrecht (n); **water vapour** *n* Wasserdampf (m); *Syn.: steam*; **waterway** *n* Wasserstraße (f); **water works** *n/pl* Wasserwerk (n), Pumpstation (f) (Wasser)

water-based paint *n* lösungsmittelfreie Farbe (f), Acrylfarbe (f)

water-bearing stratum *n* wasserführende Schicht (f)

water-bound *adj* wassergebunden

watering *n* Bewässerung (f)

water-logged *adj* wassergesättigt, saturiert

waterproof *adj* wasserdicht, wasserabweisend; **waterproof concrete** *n* Sperrbeton (m), wasserundurchlässiger Beton (m) (weiße Wanne)

water-repellent concrete *n* Sperrbeton (m), wasserundurchlässiger Beton (m) (weiße Wanne)

water-resistant *adj* wasserbeständig

water-soluble *adj* wasserlöslich; **water-soluble flux** *n* wasserlösliches Flussmittel (n)

water-tight *adj* wasserundurchlässig; *Syn.: watertight*

wax *v/t* wachsen

way *n* Weg (m); Strecke (f), Entfernung (f); **way of necessity** *Law* → easement of necessity
way out *n* Ausgang (m)

way-going crop *n* Ernte nach Beendigung des Pachtverhältnisses; wird üblicherweise dem (ehemaligen) Pächter überlassen, der ausgesät bzw. bepflanzt hat; *Syn.: away-going crop, off-going crop*

wayleave *n Law* Wegerecht (n); *Syn.: (pedestrian) right of way, right of passage*; **wayleave rent** *n Law* Wegerechtsgebühren (fpl); *Syn.: wayleave fee*; → right of passage

wc *n* Toilette (f), WC (n); **wc pan** *n* Toilettenschüssel (f); **wc suite** *n* komplette WC-Anlage (f)

WCR *Org* → Women's Council of Realtors

weak market *n* Marktschwäche (f), schwacher Markt (m); **weak soil** *n* weicher Boden (m)

weaker demand *n* abgeschwächte Nachfrage (f)

wealth *n* Reichtum (m), Vermögen (n), Wohlstand (m); **Wealth Tax Act** *n (Irl.)* Vermögen(s)steuergesetz (n)

wear and tear *n* Abnutzung (f); Abschreibung (f) durch Wertminderung

weatherboard *n ArCo* Wetterschenkel (m); **weather boarding** *n* Wetterschürze (f); **weather drip** *n* Tropfnase (f), Wassernase (f), Wasserschenkel (m), Wetterschenkel (m); **weather moulding** *n* Rinnleiste (f)

weather-proof *adj* wetterbeständig

weather-resistant *adj* wetterbeständig, witterungsbeständig

weather *v/i* verwittern

weathering *n* Feuchtigkeitsabdichtung (f), Verwitterung (f), Wetterschutzabdeckung (f); **weathering collar** *n* Wettermanschette (f)

weaving mill *n* Weberei (f)

web reinforcement *n* Stegbewehrung (f)

wedge *n* Keil (m)

wedge *v/t* verkeilen

week *n* Woche (f); nach englischem common law hat eine Woche sieben volle Tage; eine Frist von einer Woche (one week's notice) beginnt demnach immer mit dem Anbruch eines neuen Tages und läuft volle sieben Tage

weekend house *n* Wochenendhaus (n)

weigh *v/t* wiegen; abwägen

weighbridge *n* Plattformwaage (f), Brückenwaage (f)

weight *n* Gewicht (n), Last (f)

weighted average *n* gewichteter Durchschnitt (m); **weighted average cost of capital (WACC)** *n Fin* (gewichteter) Kapitalkostensatz (m)

weighting *n* Gewichtung (f)

weir *n* Wehr (n), Stauwehr (n)

welded *adj* geschweißt; **welded joint** *n* Schweißverbindung (f); **welded sleeve** *n* Einschweißmuffe (f); **welded socket** *n* Einschweißfassung (f)

welding torch *n* Schweißbrenner (m)

well *n ArCo* Schacht (m), Brunnen (m); **well cover** *n* Schachteinstieg (m); **well hole** *n* Brunnenschacht (m)

well-burnt brick *n* Hartbrandziegel (m), Vormauerziegel (m); *Syn.: well-burned brick*
well-wooded *adj* waldreich
wetland *n* Sumpfland (n), Feuchtgebiet (n); **wet perils** *n/pl* Wasserrisiken (f) (Versicherung); **wet roof** *n* Nassdach (n); **wet soil** *n* nasser Boden (m)
wharf *n* Kai (m), Landestelle (f)
wheelbarrow *n* Schubkarren (m)
wheelchair ramp *n* Rollstuhlrampe (f); **wheelchair space** *n* Rollstuhlplatz (m); z.B. in einem Kino
wheel pressure *n* Radlast (f)
whereabouts *n/pl* Aufenthaltsort (m)
whirlpool *n* Whirlpool (m)
White Book *n (GB)* inoffizielle Bezeichnung für das Manual of Valuation Guidance Notes; das White Book enthielt allgemeine, nicht verpflichtende Empfehlungen zu privaten, d.h. nicht veröffentlichten Bewertungen und Empfehlungen zur Bewertung von Projektentwicklungen; es wurde durch das RICS Appraisal and Valuation Manual, das sog. → Red Book, ersetzt
white elephant *n* lästiger Besitz (m)
white land *n Plan, Law* Außenbereich (m); baulich nicht entwickeltes Gebiet
whiten *v/t* tünchen, weißen
whitewash *n ArCo* Tünche (f)
whitewash *v/t* tünchen, weißen
whole life costs *n/pl* Lebenszykluskosten (pl); *Syn.: life cycle costs (US)*
wholesale *n Ret* Großhandel (m); **wholesale margin** *n* Handelsspanne (f); **wholesale operation** *n* Großhandelsbetrieb (m); **wholesale trade** *n* Großhandel (m)
width *n ArCo* Breite (f), Weite (f), Spannweite (f)
wild animal *n* Wildtier (n); **wild bird** *n* Wildvogel (m); **wildcat strike** *n* illegaler Streik (m); **wild deed** *n Law* fehlerhafter Eigentumsnachweis (m); **wild plant** *n* Wildpflanze (f)
will *n Law* (letzter) Wille (m), Testament (n)
willing *adj* willens, bereit; **willing and able** → ready, willing and able; **willing to purchase** → ready, willing and able
willing landlord *n* bereitwilliger Vermieter (m), bereitwilliger Verpächter (m); **willing lessee** *n (US)* bereitwilliger Mieter (m), bereitwilliger Pächter (m); **willing lessor** *n (US)* bereitwilliger Vermieter (m), bereitwilliger Verpächter (m); **willing seller (buyer)** *n* (ver)kaufbereiter Verkäufer (Käufer); Verkäufer (Käufer), der in keiner Weise unter Verkaufsdruck (Kaufzwang) steht; **willing tenant** *n* bereitwilliger Mieter (m), bereitwilliger Pächter (m)
willow *n* Weide (f)
wind and water tight *adj ArCo* wind- und wasserdicht
wind brace *n* Windstrebe (f); **wind bracing** *n* Windaussteifung (f), Windverband (m); **wind energy** *n* Windenergie (f); **windfall** *n* Fallobst (n); **windfall gain** *n* Mitnahmegewinn (m); **windfall profit** *n* unerwarteter Gewinn (m); **wind load** *n* Windlast (f); **wind loading** *n* Windbelastung (f); **wind mill** *n* Windmühle (f); **wind pressure** *n* Winddruck (m); **wind protection** *n* Windschutz (m); **wind suction** *n* Windsog (m); **wind uplift** *n* Windsog (m)
winder *n* Wendelstufe (f)
winding *n* Wendelung (f), Windung (f)
winding-up *n Fin* Liquidation (f); **winding-up proceeding** *n* Liquidationsverfahren (n); **winding-up sale** *n* Verkauf (m) wegen Geschäftsaufgabe, Zwangsverkauf (m)
winding up (in process of) in Abwicklung, in Liquidation
window *n ArCo* Fenster (n); **arrangement of windows** → fenestration
window bar *n* Fenstergitter (n); **window board** *n* Fensterbrett (n), Simsbrett (n); **window casing** *n* Zargenrahmen (m), Fensterblendrahmen (m), sichtbarer Fensterrahmen (m); **window display** *n Ret* Schaufensterauslage (f), Schaufenstergestaltung (f), Schaufensterdekoration (f); **window dressing** *n* **1.** *Ret* Schaufensterdekoration (f); **2.** *Fin* Augenwischerei (f); Bilanzverschönerung durch zum Bilanzstichtag vorgenommene Transaktionen; **window drip** *n* Tropfnase (f); **window frame** *n* Fensterrahmen (m); **window glass** *n* Fensterglas (n); **window glazing** *n* Fensterverglasung (f); **window opening** *n* Fensteröffnung (f); **window pane** *n* Fensterscheibe (f); **window sash** *n* Flügelrahmen (m), Schiebefensterrahmen (m); **window sill** *n* Fensterbrett (n), Fensterbank (f)
wine merchant *n* Weinhändler (m)
wing *n* Türflügel (m); Gebäudetrakt (m)

winkling *n* Versuch, eine Person zum Räumen einer Wohnung zu nötigen; insbesondere mit der Zielsetzung, ein Grundstück zu entwickeln oder gewinnbringend weiterzuverkaufen

wipe-resistant *adj* wischbeständig

wire *n* Draht (m); **wire mesh fence** *n* Maschendrahtzaun (m); **wire seal** *n* Drahtplombe (f)

wired glass *n* Drahtglas (n), Welldrahtglas (n); **wired lease** *n Law, Ret (GB)* Mietvertrag, bei dem ein Teil der Miete für eine Einzelhandelsfläche an den erzielten E-Commerce-Umsatz gekoppelt ist

wireless *adj* drahtlos, kabellos; Funk-; **wireless home automation** *n* Funk-Hausautomation (f)

wiring *n ArCo* Verdrahtung (f), Leitungsverlegung (f); **wiring diagram** *n* Schaltplan (m)

wise plaster wall *n ArCo* Rabitzwand (f)

withdraw *v/t* entnehmen; stornieren, zurücktreten; abheben (Konto); entziehen; sich absetzen; streichen; widerrufen; **withdraw an offer** ein Angebot zurücknehmen

withdrawal *n* Auflösung (f); Rücktritt (m), Ausscheiden (n), Rückzug (m); Widerruf (m); Bank: Abhebung (f); Fin.: Entnahme (f); **withdrawal from a contract** *n* Rücktritt (m) von einem Vertrag

withholding *n* Einbehaltung (f), Abzug (m); **withholding tax** *n Tax* Quellensteuer (f), einbehaltene Steuer (f), Abzugssteuer (f)

witness *n* Zeuge (m), Urkundsperson (f); **witness box** *n* Zeugenstand (m)

witness *v/t* Augenzeuge sein, beglaubigen, bekunden, bestätigen, bezeugen

Women's Council of Realtors (WCR) *Org (US)* Interessenvertretung von Frauen innerhalb der National Association of Realtors

wood *n* Holz (n); Gehölz (n); Wald (m); **wood block paving** *n* Holzpflaster (n); **woodchip wallpaper** *n* Raufasertapete (f); *Syn.: ingrain wallpaper*; **wood construction** *n* Holzbau (m); *Syn.: timber construction*; **wood deterioration** *n* Waldsterben (n), Holzschäden (mpl); *Syn.: forest dieback*; **wood fiber concrete** *n* Holzfaserbeton (m); **wood float** *n* Holzscheibe (f); **wood girder** *n* Holzträger (m); *Syn.: timber girder*; **woodland** *n* Waldgebiet (n), Waldland (n), Waldung (f), Wald (m); **wood lot** *n* forstwirtschaftlich genutztes Grundstück (n); **wood moisture** *n* Holzfeuchte (f); **wood panel(l)ing** *n* Holztäfelung (f); **wood plane** *n* Holzhobel (m); **wood primer** *n* Holzgrundanstrich (m); **wood processing industry** *n* holzverarbeitende Industrie (f); **wood screw** *n* Holzschraube (f); **wood shavings** *n/pl* Hobelspäne (mpl), Sägespäne (mpl); **wood shingle** *n* Holzschindel (f); **wood strip flooring** *n ArCo* Parkett(fußboden) (m) mit Holzleisten; Stab-parkett (n); **wood wool** *n* Holzwolle (f); **woodwork** *n* Holzbau (m), Holzbauteile (npl); **wood working industry** *n* holzverarbeitende Industrie (f)

wooden *adj* hölzern, aus Holz; **wooden floor** *n* Holzfußboden (m); **wooden girder** *n* Holzträger (m); **wooden structure** *n* Holzkonstruktion (f)

work *n* Werk (n), Baustelle (f); **work in process** *n* unfertige Erzeugnisse (npl) **work bench** *n* Werkbank (f); **workforce** *n* Beschäftigungsstand (m); **workhouse** *n (US)* Armenhaus (n), Arbeitshaus (n); **work-in-process inventory** *n Fin* Bestand an unfertigen Erzeugnissen; **work letter** *n Law* Dokument (bzw. Nachtrag zum Mietvertrag), das Gebäudestandards und Verantwortlichkeiten für Instandsetzungen festlegt; insbesondere Arbeiten, die der Vermieter zu leisten hat; *Syn.: workletter, construction rider*; **workmanship** *n* Verarbeitung (f), Ausführungsqualität (f) von Bauarbeiten; handwerkliches Können (n); **work measurement and billing** *n* Bauabrechnung (f); *Syn.: final accounting (GB)*; **workplace** *n* Arbeitsstätte (f)

work-related costs *n/pl* arbeitsabhängige Kosten (pl)

workroom *n* Arbeitsraum (m), Arbeitszimmer (n); **work schedule** *n* Bauablaufplan (m); **work space** *n* Arbeitsraum (m); **work station** *n* Arbeitsplatz (m), Computerarbeitsplatz (m); Arbeitsplatzrechner (m)

working *adj* berufstätig; arbeitend, funktionsfähig; **working capital** *n Fin* Betriebskapital (n), Betriebsmittel (pl); **working current** *n* Betriebsstrom (m); **working day** *n* Werktag (m); **working drawing** *n ArCo* Bauzeichnung (f), Bauausführungszeichnung (f), Arbeitszeichnung (f); **working hours** *n/pl* Arbeitszeit (f), Arbeitsstunden (fpl); **working life** *n* technische Lebensdauer (f); **working paper** *n* Entwurf (m), Arbeitspapier (n); **working platform** *n* Arbeitsbühne (f); **working pressure** *n* Betriebsdruck (m); **working schedule** *n* Bauablaufplan (m); **working space** *n* Arbeitsraum (m); **working week** *n (GB)* Arbeitswoche (f)

workmanlike *adj* fachgerecht

work off *v/t* abbauen

workout *n Law* außergerichtlicher Vergleich (m); auch insbesondere: Maßnahmen zur Vermeidung einer Zwangsvollstreckung; **workout property** *n Fin* Immobilie, die ein hohes Wertsteigerungspotenzial aufweist, aber auch Investitionen und Managementkapazitäten erfordert

work out *v/t* ausrechnen, berechnen

works *n/pl* Fabrikgebäude (n), Betrieb (m) (Fabrikanlage); **works council** *n* Betriebsrat (m)

workshop *n* Werkstatt (f); **workshop storage area** *n* Werkstofflager (n)

World Savings Banks Institute (WSBI) *n Org* Internationales Institut (n) von Banken mit Sitz in Brüssel

worldwide income *n* Welteinkommen (n)

worth *n* Wert (m), Wertniveau (n); **worth appraisal** *n* Wertabschätzung (f)

wrap *v/t* verpacken, einpacken, einhüllen, einwickeln

wraparound mortgage *n Fin (US)* erweiterte Hypothek (f); eine Zusatzhypothek, die eine bereits bestehende erste Hypothek mit einschließt; *Syn.: overriding loan*

wrecker *n* Abbruchbetrieb (m), Abbruchunternehmen (n)

wrecking permit *n (US)* Abbruchgenehmigung (f), Abrissgenehmigung (f)

writ *n Law* Erlass (m), Befehl (m); **writ of attachment** *n* Pfändungsbefehl (m); **writ of ejectment** *n Law (US)* Räumungsurteil (n); **writ of entry** *n* Räumungserlass (m); gerichtliche Anweisung zur Durchführung einer Räumung; **writ of execution** *n* Vollstreckungsbefehl (m); **writ of garnishment** *n* Pfändungsverfügung (f); **writ of mandate** *n* gerichtliche Anordnung zur Vornahme einer Handlung an eine Behörde oder ein untergeordnetes Gericht; *Syn.: mandamus*; **writ of possession** *n* gerichtliche Besitzanweisung (f); Zwangsräumungsanordnung (f); **writ of restitution** *n* Anordnung (f) für die Rückgabe der gepfändeten Sache

write *v/t* schreiben; **written document** *n* Schriftstück (n); **written notice** *n* Kündigungsschreiben (n), schriftliche Kündigung (f); **written report** *n* geschriebener Bericht (m)

write down *v/t* abschreiben, abwerten; **write-down** *n* Wertberichtigung (f), Abschreibung (f) (immaterieller Anlagegüter); **writing-down allowance** *n Tax* Abschreibungsbetrag (m); **written-down current replacement cost** *n (US)* Wiederbeschaffungsrestwert (m); **written-down value** *n Fin, Tax* abgeschriebener Buchwert (m)

write off *v/t* abbuchen, abschreiben, abwerten, ausbuchen; **write-off** *n Fin* Abschreibung (f), Wertberichtigung (f)

write-up *n Fin* Zuschreibung (f); **write-up of fixed assets** *n* Zuschreibung (f) von Gegenständen des Anlagevermögens

wrought iron *n* Schmiedeeisen (n)

WSBI *n Org* → World Savings Banks Institute

XYZ

x-bracing *n ArCo* Kreuzverstrebung (f)
xd *Fin* → ex dividend
xi *Fin* → ex interest
yard *n* Hof (m); (eingefriedeter) Platz (m), Lagerplatz (m)
yardage *n* Länge (f) in Yards; **square yardage** *n* Flächeninhalt (m); **cubic yardage** *n* Rauminhalt (m)
yardstick of profitability *n* Vorteilskriterium (n)
yard (yd.) *n* Yard (m) (91,44 cm)
year *n* Jahr (n); **year built** *n* Baujahr (n); *Syn.: year of construction*; **year certain and thereafter from year to year** *n Law* → tenancy from year to year
year-end closing *n* geprüfter Jahresabschluss (m)
year of assessment *n Tax* Veranlagungsjahr (n), Steuerjahr (n); *Syn.: income tax year*; **year of construction** *n* Baujahr (n); **year of foundation** *n* Gründungsjahr (n); **year of maturity** *n* Fälligkeitsjahr (n)
year-on-year target *n* Verlaufsziel (n)
year opened *n* Eröffnungsjahr (n)
years' purchase (YP) *n* Rentenbarwertfaktor (m), Vervielfältiger (m), Kaufpreismultiplikator (m); **years' purchase in perpetuity** *n* ewiger Rentenbarwertfaktor (m); **years' purchase of a reversion to a perpetuity** *n* aufgeschobener Rentenbarwertfaktor (m)
year-to-year tenancy *n Law* Mietvertrag, der jeweils ein Jahr läuft und sich bei Nichtkündigung um ein weiteres Jahr verlängert; *Syn.: tenancy from year to year, yearly tenancy*
year under review *n* Berichtsjahr (n)
yearly gross income *n* jährliches Bruttoeinkommen (n); **yearly tenancy** *n Law* → year-to-year tenancy
yellow pages *n/pl* Gelbe Seiten (pl); **yellow page listing** *n* Auflistung (f) aus den Gelben Seiten
yew *n* Eibe (f)
yield *n Fin, Val* Rendite (f), Ertrag (m); **yield to maturity** *n* Rückzahlungsrendite (f) **yield analysis** *n* Analyse (f) der Rendite; **yield band** *n* Renditespanne (f); **yield compression** *n* fallende Renditen; bzw. die Bereitschaft von Immobilieninvestoren, höhere Kaufpreise bzw. Vervielfältiger und damit geringere Renditen zu akzeptieren; **yield construction** *n* Konstruktion (f) der Rendite; **yield curve** *n* Zinsertragskurve (f); **yield gap** *n Fin (GB)* Renditegefälle (n); Differenz zwischen der Rendite einer sicheren und einer risikoreicheren Anlage; **yield method** *n (GB)* interner Zinssatz (m), interne Zinsfuß-Methode (f); **yield rate** *n* Renditesatz (m); **yield requirements** *n/pl* Anforderungen (fpl) an Renditen; **yield structure** *n* Renditestruktur (f); **yield trend** *n* Entwicklungsrichtung (f) der Rendite; **yield variance** *n* Ertragsabweichung (f)
yield *v/t* Zinsen tragen, Gewinn abwerfen
young fashion *n* junge Mode (f)
zebra crossing *n* Zebrastreifen (m)
zenith *n* Blütezeit (f); Zenit (m); Scheitelpunkt (m)
zero *n* Null (f); **zero balance** *n* Nullsaldo (m); **zero-based budgeting** *n* Null-Basis-Budgetierung (f); **zero bracket amount** *n (US)* Nullzone (f), Pauschalbetrag (m); **zero-coupon mortgage** *n Fin* langfristiges gewerbliches Hypothekendarlehen mit endfälliger Tilgung und Zinszahlung; **zero energy building** *n ArCo* Passivhaus (n); **zero grazing** *n* Stallhaltung (f); Viehhaltung ohne Beweidung; **zero level** *n* Normalnull (n); **zero lot line** *n Plan* Grundstücksgrenze (f) bei geschlossener Bauweise; Gebäude ohne seitlichen Grenzabstand errichtet, d.h. Wand an Wand
zero-rated *adj Tax* mehrwertsteuerbefreit
zero rating *n* Mehrwertsteuerbefreiung (f); Steuersatz = 0%; **zero taxation** *n* Nichtbesteuerung (f)
zeros *n/pl* Nullstellen (fpl)
zillmering *n* Zillmerung (f) (Versicherung), Betrag in Höhe der kalkulierten Abschlusskosten einer Lebensversicherung, um den die Deckungsrückstellung bei Abschluss gekürzt wird
zinc *n* Zink (n); **zinc chromate primer** *n* Zinkchrom-Mennige (f); **zinc coating** *n* Verzinkung (f); **zinc paint** *n* Zinkfarbe (f)

zonal boundary *n* Zonengrenze (f)

zone *n Plan* Zone (f), Bereich (m), Gebiet (n); **zone of protection** *n* Schutzgebiet (n) **zone condemnation** *n Plan* Abbruchanordnung (f) für ein ganzes Gebiet; Abriss und Räumung ganzer Gebiete für Neubauprojekte, insbesondere in Slum-Gegenden; **zone heating** *n* Blockheizung (f)

zone A *n Val, Ret* Spitzenzone (f); wertvollster Bereich eines Ladens in der Nähe der Straßenfront; **in terms of Zone A (ITZA)** *Val* Ergebnis des → arithmetical zoning: Fläche einer Ladeneinheit ausgedrückt als → Zone A-äquivalente Fläche; erlaubt die Analyse und/oder Bewertung eines ganzen Ladens mit lediglich der Kenntnis der Quadratmeterzahl; → Zone A rent **zone A rent** *n Val* höchste Miete für Ladenflächen; ergibt sich aus dem → arithmetical zoning; die an der Straße liegenden Flächen (zone A) haben den höchsten Mietwert, während die weiter entfernten Ladenflächen weniger Miete erzielen; **zone A value** *n Val, PfoMgt* Mietwert der zone A; Mietwert des wertvollsten Bereich eines Ladens in der Nähe der Straßenfront; *Ant.: overall rental value*

zoning *n Plan* Flächennutzungsplanung (f); Methode der Flächennutzungsplanung, bei der die Flächennutzung auf einer Karte mittels ausgewiesener Zonen reguliert wird; es gibt verschiedene Arten des Zoning; **aesthetic zoning** *n* erfordert eine bestimmte architektonische Gestaltung neuer Gebäude; **bonus zoning** *n (US)* → incentive zoning; **bulk zoning** *n* Bebauungsplanung, die das Maß der Bebauung festlegt; **cumulative zoning** *n* erlaubt Nutzungen, die weniger restriktiv sind als die in einer Zone ausgewiesene Nutzung; z.B. wäre Wohnbebauung im Industriegebiet erlaubt, der Bau einer Fabrik in einem Wohnviertel hingegen nicht; **incentive zoning** *n (US)* flexible Flächennutzungsplanung, die es erlaubt, dem Grundstückseigentümer Anreize zu geben, politisch gewollte Maßnahmen im Rahmen seiner Projektentwicklung durchzuführen; als Gegenleistung wird höhere Bebauungsdichte, beschleunigte Baugenehmigung o.Ä. angeboten; *Syn.: bonus zoning*

zoning amendments *n/pl* Flächennutzungsänderungen (fpl); **zoning approach** *n* Methode (f) zur Bewertung der Mietansätze von Einzelhandelsflächen; **zoning board of adjustment** *n* → board of adjustment; **zoning changes** *n/pl (US)* Änderungen (fpl) im Flächennutzungsplan; **zoning classification (zoning class)** *n (US)* Baustaffel (f); System von Bezeichnungen für die Flächennutzungsplanung; A – agriculture, C – commerce, M – manufacturing or heavy industry, P – parking, R – residential. Durch Kombination mit Zahlen wird das System verfeinert; M3 steht bspw. für Schwerindustrie; **zoning code** *n (US)* Stadtplanungsverordnung(en) (f(pl)); Vorschriften, die die Einteilung in Zonen und andere Planungsbedingungen regulieren; *Syn.: zoning ordinance*; **Zoning Commissioner** *n (GB)* Beauftragter für die Gerichtsverhandlung von Einsprüchen gegen Planungs- bzw. Zoningangelegenheiten; *Syn.: Planning and Zoning Commissioner*; **zoning estoppel** *n Law, Plan* die Einspruchsmöglichkeit gegen eine Einschränkung einer Flächennutzung durch einen veränderten Flächennutzungsplan; verhindert, dass eine Behörde die ursprünglich vorgesehene Flächennutzung zu ungunsten eines Landbesitzers einschränkt, wenn dieser bereits – im Vertrauen auf den bestehenden Plan – substanzielle Investitionen getätigt hat; **zoning map** *n* → zoning plan; **zoning method** *n* Flächenbewertungsmethode zur Ermittlung des rental value eines Einzelhandelsgeschäfts; das Einteilen in Zonen basiert auf dem Prinzip, dass ein Einzelhändler eine höhere Zahlungsbereitschaft für Flächen im Eingangsbereich eines Geschäfts hat als für Flächen, die weiter davon entfernt sind; *Syn.: zoning approach*; **zoning ordinance** *n (US)* Stadtplanungsverordnung(en) (f(pl)); Vorschriften, die die Einteilung in Zonen und andere Planungsbedingungen regulieren; *Syn.: zoning code*; **zoning plan** *n* Flächennutzungsplan (m); **zoning regulations** *n/pl* Bebauungsvorschriften (fpl); Bebauungssatzung (f); Regelung (f) zur Nutzung; **zoning restrictions** *n/pl* baurechtliche Beschränkungen (fpl), Baubeschränkungen (fpl); **zoning theory** *n* Zonentheorie (f); **zoning variance** *n (US)* genehmigte Änderung eines Flächennutzungsplans bzgl. der Art (use variance) oder des Maßes (area variance) der baulichen Nutzung; *Syn.: zoning exception*

zoom in *v/t* (heran)zoomen, (etwas) fokussieren

deutsch - englisch
German - English

A

1A-Flächenwertansatz *n (m)* zone A value
1A-Lage *n (f)* hundred per cent location (of a building); prime location; prime pitch
abändern *v/t* alter (to); change (to); correct (to); modify (to); amend (to)
Abänderung *n (f)* variation; alteration; amendment; change; correction; modification; rectification; revision; **Abänderungsklage** *n (f)* appeal against a judgement; civil action seeking to modify enforceable judgement for recurrent payments; **Abänderungsklausel** *n (f)* amendment clause; **Abänderungskündigung** *n (f)* notice of dismissal with offer of reemployment (usually) on less favourable terms; **Abänderungsvertrag** *n (m)* agreement to modify existing contract
Abandon *n (n)* abandonment; giving up of a right (and the associated liabilities); **Abandonklausel** *n (f)* abandonment clause
Abbau *n (m)* cut; cut-back; revocation; **Abbau von Devisenreserven** *n (m)* rundown of foreign exchange reserves; **Abbau von Handelsschranken** *n (m)* abolition of restrictions; abolition of trade barriers; breaking down of trade barriers; dismantling of trade barriers; lowering of trade barriers; removal of trade barriers; **Abbau von Vorschriften** *n (m)* deregulation
abbauen *v/t* demolish (to); tear down (to) (US); dismantle (to); reduce (to); repay (to); run down (to); take down (to); work off (to)
Abbaugrundstück *n (n)* extractive property (minerals)
Abbauland *n (n)* mining land
Abbaumasse *n (f)* volume of material (rubble) after demolition
Abbaurecht (für Bodenschätze) *n (n)* mineral right(s)
Abbauvertrag *n (m)* mining contract; contract for minerals extraction
Abberufung *n (f)* dismissal; recall
abbestellen *v/t* cancel (to); unsubscribe from sth. (to); cancel an order (for) (to)
abbezahlen *v/t* pay sth. off (to)
Abbild *n (n)* image; copy; reproduction
Abbildung *n (f)* illustration; image; projection; map
Abbinden *n (m)* setting; curing; maturing; **vorzeitiges Abbinden** *n (n)* false setting
Abbindewärme *n (f)* hydration heat (concrete)
abbrechen *v/t* break off (to); discontinue (to); abandon sth. (to); cut-off (to); dismantle (to)
Abbruch *n (m)* demolition; severance; interruption; discontinuance; **Abbruch baulicher Anlagen** *n (m)* demolition of buildings
Abbruchabfall *n (m)* demolition waste; rubble; **Abbruchanordnung** *n (f)* demolition order; **Abbruchantrag** *n (m)* application for permission to demolish; **Abbrucharbeiten** *n/pl (f)* demolition work; **Abbruchbetrieb** *n (m)* demolition contractor; salvage company; wrecker; **Abbrucherlöse** *n/pl (m)* revenue from disposal of salvaged materials after demolition; **Abbruchgebot** *n (n)* right (of a public authority) to force demolition; **Abbruchgenehmigung** *n (f)* wrecking permit; consent to demolish; **Abbruchkosten** *n/pl* demolition costs; cost of dismantling; dismantling costs; removal expenses; **Abbruchpreis** *n (m)* demolition value; **Abbruchrecht** *n (n)* right to demolish; **Abbruchswert** *n (m)* break-up value; demolition value; salvage value; **Abbruchunternehmen** *n (n)* demolition contractor; salvage company; wrecker
abbruchreif *adj* condemned; due for demolition; ripe for demolition
abbuchen *v/t* debit (to); enter a debit against (to); debit directly (to); take out of the books (to); write off (to)
Abbuchung *n (f)* debit transfer; write-off; **Abbuchungsauftrag** *n (m)* debit order (bank); debit advice mandate
Abdeckblech *n (n)* flashing; cover plate; **Abdeckgitter** *n (n)* grating; **Abdeckplatte** *n (f)* cover plate
Abdeckung *n (f)* cover; covers; covering; **Abdeckung des Marktes** *n (f)* market coverage

a

abdichten *v/t* caulk (to); seal (to)
Abdichtung *n (f)* seal; packing; sealant; **natürliche Abdichtung** *n (f)* natural lining; e.g. of a landfill site
Abdichtungsmasse *n (f)* sealing compound; filler
Abdichtverfahren *n (n)* sealing method
abdingbar *adj* not mandatory; subject to agreement
Aberdepot *n (n)* bonds account
Aberkennung *n (f)* denial; deprivation (of rights); forfeiture
Abfall *n (m)* trash; rubbish; waste; *Syn.: Müll;* **gefährliche Abfälle** *n/pl (m)* hazardous waste
Abfallaufbereitung *n (f)* recycling; waste recovery; **Abfallaufbereitungsanlage** *n (f)* waste treatment plant; **Abfallbeseitigungsanlage** *n (f)* refuse disposal system; waste disposal plant; **Abfalldeponie** *n (f)* refuse dump; trash dump; **Abfallentsorgung** *n (f)* waste disposal; **Abfallentsorgungsanlage** *n (f)* waste management plant; waste removal facility; **Abfallgesetz** *n (n) Law* waste avoidance and management act; **Abfallhaufen** *n (m)* rubbish dump; trash dump; **Abfallschacht** *n (m)* refuse chute; **Abfallverbrennungsanlage** *n (f)* refuse; waste incineration plant; *Syn.: Müllverbrennungsanlage;* **Abfallverwertung** *n (f)* waster recycling
Abfangwasser *n (n)* intercepted water
Abfertigung *n (f)* clearance (customs); dispatch; **Abfertigungsgebäude (Flughafen)** *n (n)* airport terminal; terminal building
Abfinanzierung *n (f) Fin* repayment of debts; repayment of equity
abfinden *v/t Law* accept (to); settle with (to); indemnify (to); buy off (to); compensate (to); pay off (to)
Abfindung *n (f) Law* compensation (for early termination of a contract or loss of office); golden handshake; settlement; payoff; indemnity; compensation for severance; **Klage auf Abfindung** compensation claim
Abfindungsangebot *n (n)* offer of severance pay; lump sum compensation; **Abfindungserklärung** *n (f)* release form; giving up of a right (and the associated liabilities); **Abfindungsfaktor** *n (m)* factor for calculating severance compensation; **Abfindungssumme** *n (f)* amount of severance compensation; **Abfindungsvertrag** *n (m)* termination agreement; deed of settlement; **Abfindungswert** *n (m)* compensation value; **Abfindungszahlung** *n (f)* compensation payment; redundancy payment
abflauen *v/i* abate (to); drop (to); sag (to); slow down (to)
Abfluss *n (m)* drainage; outlet; runoff; **Abfluss liquider Mittel** *n (m)* cash drain
Abflussgebiet *n (n)* catchment area; **Abflussgraben** *n (m)* drainage ditch; **Abflusskanal** *n (m)* sewer; **Abflussquote** *n (f)* outflow quota; outflow rate; **Abflussrinne** *n (f)* gutter; drainage putter; **Abflussrohr** *n (n)* drain pipe
Abfrage *n (f)* enquiry; inquiry; query
Abgabe *n (f)* hand-over, issuing, submission; **Abgabe der Steuererklärung** *n (f)* filing of a tax return
Abgabe von Angeboten *n (f)* submission of bids; *Syn.: Angebotsabgabe*; **Aufforderung zur Abgabe eines Angebots** *n (f)* invitation to submit a tender
Abgabefrist *n (f)* period allowed for return or filing (of documents or tax returns); **Abgabesatz** *n (m)* amount of fiscal charges; **Abgabestation** *n (f)* delivery station; **Abgabetermin** *n (m)* deadline; due date; filing date for acceptance; final date for acceptance; maturity date; time for filing
Abgaben *n (fpl)* tax, levy, charge(s), contribution(s), duty; **öffentliche Abgaben** *n/pl (f)* public charges
Abgabenerhebung *n (f)* levy of duties and taxes; collection of taxes and other fiscal charges; **Abgabenordnung (AO)** *n (f)* German fiscal code; tax law; **Abgabenpflichtiger** *n (m)* taxable person
abgabenfrei *adj* free of tax; duty-free
abgabenpflichtig *adj* taxable; liable to pay fiscal charges; liable to pay taxes
Abgang *n (m)* cash-out; debit entry; leaving; gradual repayment (loan); **Abgang von Anlagevermögen** *n (m)* disposal of investments or assets
Abgänge *n/pl (m)* disposals; persons leaving
Abgangsdatum *n (n)* asset retirement date; date of dispatch; date of forwarding
Abgangsleitung *n (f)* extraction pipe
Abgangsschacht *n (m)* branch duct; extraction shaft

Abgangsstutzen *n (m)* extraction connection

Abgas *n (n)* flue gas; waste gas; exhaust; **Abgaskessel** *n (m)* waste heat boiler; flue gas boiler; **Abgasreinigungsanlage** *n (f)* exhaust gas pollutant control equipment; flue gas purification equipment; **Abgasstrom** *n (m)* flow of exhaust gas; **Abgasvolumen** *n (n)* exhaust gas volume

abgekantet *adj* bevelled; chamfered; splayed

abgekürzt *adj* abbreviated; shortened

abgelaufen *adj* expired

Abgeld *n (n) Fin* → Disagio

abgelegen *adj* isolated; remote; outlying

abgelten *v/t* compensate (to); settle (to); satisfy (to)

Abgeltung *n (f)* compensation; settlement

abgerechnet *adj* brought to account; balanced (fin.); deducted

Abgeschlossenheit *n (f)* seclusion, isolation; (Wohnung) self-containedness; i.e. separated from other apartments by walls and ceilings and with separate water supply and plumbing; **Abgeschlossenheitsbescheinigung** *n (f)* certificate of self-containedness; required in order that an apartment can be sold as a condo (Eigentumswohnung)

abgeschrägt *adj* slanted; sloped; bevelled; chamfered

abgewickelt *adj* handled (by); closed down

Abgleich *n (m)* adjustment; balancing; reconciliation (of accounts)

abgleichen *v/t* balance (accounts) (to); adjust (to); collate (to); match (to); merge (to)

Abgleichung *n (f)* balance (accounts); adjustment

Abgrabung *n (f)* excavation; exploitation

Abgrenzbarkeit *n (f)* ability to be defined; ability to be delimited

abgrenzen *v/t* divide (to); delimit (to); differentiate (to); carry out results analysis (to)

Abgrenzung *n (f)* boundary; accrual; delimitation; calculation of imputed costs; **Abgrenzung von Zinsaufwand** *n (f)* accrual of interest payable; **Abgrenzung von Zinsertrag** *n (f)* accrual of interest receivable

passivische Abgrenzung *n (f)* passive limitation; **periodengerechte Abgrenzung** *n (f)* accrual basis of accounting; **zeitliche Abgrenzung** *n (f)* apportionment on a time basis; temporal delimitation

Abgrenzungsbuchungen *n/pl (f)* accrual entry; accrual posting

Abgrenzungsergebnis *n (n)* result of demarcated profit and losses (usually non-business related)

Abgrenzungskonten *n/pl (n)* accounts receiving demarcated accruals and deferrals

passiver Abgrenzungsposten *n (m)* deferred credit; accruals

Abgrenzungssatzung *n (f)* German delimitation statute; defining a built-up area of a city under the provisions of the German federal building code

Abgruppierung *n (f)* downgrading (of staff)

abhaken *v/t* tick (to) (GB); check (to) (US)

Abhang *n (m)* slope, incline; **steiler Abhang** *n (m)* steep gradient

abhängig *adj* dependent (on); pending; contingent (on); regulated by

Abhängigkeit *n (f)* dependence; **Abhängigkeitsanalyse** *n (f)* dependence analysis; **Abhängigkeitsbericht** *n (m)* dependency report; **Abhängigkeitsprüfung** *n (f)* → Abhängigkeitsanalyse; **Abhängigkeitsverhältnis** *n (n)* (co-) dependent relationship

abhängig sein von be subject (to); depend on sth. (to)

Abhebung *n (f)* withdrawal (of cash)

abheften *v/t* file (away) (to)

Abhilfe *n (f)* remedy; relief

Abhitzekessel *n (m)* waste heat (recovery) boiler

Abholmarkt *n (m)* cash-and-carry warehouse

Abkantung *n (f)* fold; cornice; corbel

Abkommen *n (n)* agreement; arrangement; contract; deal; treaty; **internationales Abkommen (mehrseitig)** *n (n)* international convention; **internationales Abkommen (zweiseitig)** *n (n)* international agreement

Abkommen mit den Gläubigern *n (n)* arrangement with creditors; settlement with creditors

Abkommensbegünstigungen *n/pl (f)* benefits (of a double-taxation agreement); **Abkommensberechtigung** *n (f)* *Tax* benefit(s), entitlement(s); resulting from a double-taxation agreement; **Ab-**

a

kommensmissbrauch *n (m)* abuse of rights under a treaty or agreement; **Abkommenspraxis** *n (f)* practical application of a treaty; **Abkommensschutz** *n (m)* treaty protection; **Abkommensvergünstigung** *n (f)* benefits from a treaty (e.g. double taxation agreement)

Abkühlung *n (f)* cooling

abkürzen *v/t* abbreviate (to); abridge (to)

Abkürzung *n (f)* abbreviation; short-cut

Abladehafen *n (m)* port of unloading

Ablage *n (f)* filing (cabinet); **Ablagefach** *n (n)* shelving section; pigeonhole; **Ablagebretter** *n/pl (n)* shelves

Ablagerung *n (f)* disposal; sediment(ation); (geol.) accumulation; deposit; (env.) landfill

ablassen (von Wasser) *v/t* drain off (to)

Ablasshahn *n (m)* drain cock; drain valve

Ablasskanal *n (m)* drain; drainage channel

Ablauf *n (m)* expiration; (due) course; order of events; drain; devolution; expiry; floor drain; floor gully; process; sequence; termination; downpipe; **Ablauf des Mietverhältnisses** *n (m)* expiration of tenancy; **zeitlicher Ablauf** *n (m)* cycle; time flow; time sequence

Ablaufdatum *n (n)* maturity date

ablaufen *v/i* (Garantie) expire (to); (Abwasser) drain (to)

Ablaufkanal *n (m)* drain(age channel); culvert; flume

Ablaufkontrolle *n (f)* outflow control

Ablaufleistung *n (f) Fin, insur.* policy value on maturity

Ablauföffnung *n (f)* waste outlet

Ablaufplan *n (m)* procedure diagram; time schedule

Ablaufplatte *n (f)* draining board

Ablaufrinne *n (f)* (roof) gutter; eaves trough; channel

Ablaufrohr *n (n)* downspout; downpipe

Ablaufrost *n (m)* drain; grating

Ablaufschema *n (n)* flowchart

Ableben *n (n)* death; decease; demise

ablegen *v/t* file (to)

ablehnen *v/t* disclaim (to); disaffirm (to); refuse (to); reject (to); decline (to); turn down (to)

Ablehnung *n (f)* refusal; rejection; denial; **Ablehnung eines Risikos** *n (f)* refusal of risk

Ablehnungsgründe *n/pl (m)* grounds for refusal; reasons for rejection

ableiten *v/t* draw off (to); derive (to); deduce (to); infer (to)

Ableitstrom *n (m)* leakage current

Ableitung *n (f)* drainage; inference; **statistische Ableitung** *n (f)* statistical inference (or derivation); **zweite Ableitung** *n (f)* second-order derivative; second derivation (maths)

Ableitungskanal *n (m)* drainage channel

Ablesbarkeit *n (f)* readability

Ablesekomfort *n (m)* ease of reading

ablesen *v/t* read from notes (to); read (an instrument or meter) (to)

Ableser *n (m)* meter-reader

Ableseverfahren *n (n)* readout process

Ablesewerte *n/pl (m)* readings (from an instrument or meter)

Ablesewinkel *n (m)* angle of viewing (monitor etc.)

Ablesung *n (f)* readout; reading

Ablieferung *n (f)* delivery; **Ablieferungsanzeige** *n (f)* advice of delivery; **Ablieferungsbescheid** *n (m)* official notification of delivery

ablösbar *adj* detachable; removable; redeemable; refundable; repayable

Ablösbarkeit *n (f)* redeemability

ablösen *v/t* remove (to); take off (to); redeem (to)

Ablösesumme *n (f)* transfer fee, (Miete) premium → Abschlagszahlung

Ablösung *n (f)* redemption; amortization (US); discharge (of a dept); liquidation; repayment; **Ablösung von einer Verbindlichkeit** *n (f)* release from an obligation

Ablösungsbetrag *n (m)* amount required for redemption

Ablösungsrecht *n (n)* right of redemption; **Ablösungsrecht des Hypothekenschuldners** *n (n)* mortgagor's right of redemption

Ablösungssumme *n (f)* redemption sum

Ablösungsvereinbarung *n (f)* lit. redemption agreement; **1.** agreement between a landlord and a new tenant whereby the latter agrees to take over e.g. landlord's fixtures or inventory etc. **2.** agreement between a municipality and landowner(s) whereby the municipality can transfer and/or divide infrastructure costs, for works detailed in the agreement, to the owners of the sites concerned

Abluft *n (f)* exhaust air

abmachen *v/t* agree (to); take off (to)
Abmachung *n (f)* agreement; arrangement; contract; **allgemeine Abmachung** *n (f)* general agreement; general arrangement; **eine Abmachung treffen** *v/t* come to an agreement (to)
Abmahnschreiben *n (n)* written warning
Abmahnung *n (f) Law* (formal letter of) warning; (Unterlassung) "cease and desist" letter; (Inkasso) collection letter, (formal) reminder, dunning notice
Abmarkung *n (f)* system of boundary, marks for parcels of land
abmelden *v/t* cancel (membership etc.) (to); deregister (to); log off (to); log out (to); sign off (to)
Abmeldung *n (f)* checkout; cancellation; revocation; withdrawal; notice of departure
Abmessen der Baustelle *n (n)* survey (measurement) of a building site
Abmessung *n (f)* measurement; dimension; **Abmessungen** *n/pl (f)* dimensions
Abnahme *n (f)* acceptance; → Bauabnahme, Teilabnahme, Wohnungsabnahme; **förmliche Abnahme** *n (f)* form of contract; formal acceptance
Abnahmebescheinigung *n (f)* certificate of completion (CC); acceptance documents
Abnahmefrist *n (f)* (delivery-)acceptance period
Abnahmegarantie *n (f)* undertaking to accept (e.g. contaminated materials)
Abnahmepflicht *n (f)* obligation to accept delivery; obligation to take over (e.g. a completed building)
Abnahmeprotokoll *n (n)* certificate of acceptance; certificate of completion (CC); acceptance certificate; inspection report; test certificate; test report
Abnahmeprüfung *n (f)* acceptance; inspection
Abnahmeschein *n (m)* certificate of acceptance; acceptance certificate
Abnahmeunterlagen *n/pl (f)* acceptance documents
Abnahmeverpflichtung *n (f)* commitment to purchase; obligation to accept
Abnahmevertrag *n (m)* supply contract; supply agreement
Abnahmeverweigerung *n (f)* rejection
Abnahmezeugnis *n (n)* acceptance certificate; inspection report; test certificate; test report
abnehmen *v/i* take off (to); take down (to); accept (to); diminish (to); decrease (to)
abnehmend *adj* decreasing; declining; wasting
Abnehmer *n (m)* buyer; consumer; purchaser; client; **Abnehmeranlage** *n (f)* consumer facility; consumer installation; **Abnehmerbefragung** *n (f)* customer survey; **Abnehmergruppe** *n (f)* consumer group; buying combine
Abneigung *n (f)* bias; dislike; aversion
Abnutzung *n (f)* wear (and tear); erosion; → Absetzung für Abnutzung (AfA); **gewöhnliche Abnutzung** *n (f)* normal wear and tear; **übliche Abnutzung** *n (f)* normal wear and tear; fair wear and tear
Abnutzungswert *n (m)* rate of wear; rate of depreciation (of an asset)
Abonnement *n (n)* subscription
Abplatzung *n (f) ArCo* (concrete) exfoliation; pop-out; also as the effects of mechanical damage to concrete or plaster etc.
Abraumbeseitigung *n (f)* industrial reclamation; removal of waste heap or overburden
abrechenbar *adj* invoiceable
abrechnen *v/t* bring to account (to); clear (to); liquidate (to); settle (to); balance (to)
abrechnen als *v/t* account for (to)
Abrechnung *n (f)* settlement; deduction; billing (US); invoicing (GB); accounting; settlement of accounts; statement of accounts; statement of contract note; **ausseramtliche Abrechnung** *n (f) PfoMgt (CH)* interim calculation of service charges (→ Nebenkostenabrechnung); e.g. on transfer of occupation or ownership; *Syn.: Zwischenabrechnung, marchzählige Abrechnung*; **interne Abrechnung** *n (f)* internal billing; **marchzählige Abrechnung** *n (f) (CH)* interim calculation of service charges (→ Nebenkostenabrechnung); e.g. on transfer of occupation or ownership; *Syn.: Zwischenabrechnung, ausseramtliche Abrechnung*
Abrechnungsbeleg *n (m)* accounting document; record; slip; voucher; receipt; **Abrechnungsdaten** *n/pl (n)* account information; **Abrechnungseinheit** *n (f)* accounting unit; billing unit; payroll unit; **Abrechnungsperiode** *n (f)* account(ing) period; settlement period; *Syn.: Abrech-*

a

nungszeitraum → Geschäftsjahr, Rechnungsjahr, Steuerjahr, Wirtschaftsjahr; **Abrechnungsposten** *n (m)* amount; clearing item (accounting); **Abrechnungstag** *n (m)* account day; pay day; settlement day; **Abrechnungsverkehr** *n (m)* clearing system; system of clearing transactions; **Abrechnungszeitraum** *n (m) Fin* accounting period; (stock market) account; (invoice etc.) settlement period; billing period; (bank) clearing period → Geschäftsjahr, Rechnungsjahr, Steuerjahr, Wirtschaftsjahr

abreißen *v/t* tear down (to); pull down (to); take down (to)

Abrieb *n (m)* abrasion; **Abriebfestigkeit** *n (f)* abrasion resistance

Abriegelungsfunktion *n (f)* separating function

Abriss *n (m)* demolition; deconstruction; wrecking; **Abrisserlass** *n (m)* → Abbruchanordnung; **Abrissgenehmigung** *n (f)* wrecking permit; demolition consent; **Abrisskosten** *n/pl* demolition costs; wrecking costs

Abruf *n (m)* call; demand; recall

abrufbar *adj* available; callable; recallable

abrunden *v/t* round down (to); round off (to)

Abrundung *n (f)* rounding; rounding off

Abrundungssatzung *n (f)* a special form of → Abgrenzungssatzung which facilitates a decision to include outlying land into the built-up area of a town or city

Absacken *n (n)* subsidence; settlement (of a building)

Absatz *n (m)* distribution; marketing; sale(s); sales volume; **Absatzform** *n (f)* sales type; sales organisation; **Absatzgebiet** *n (n)* trading area; sales area; sales territory; area of distribution; **Absatzkennziffern** *n/pl (f)* sales statistics; **Absatzmarkt** *n (m)* delivery area; outlet market; **Absatzmöglichkeiten** *n/pl (f)* potential market; marketing opportunities; **Absatzrisiko** *n (n)* marketing risk; **Absatzwert** *n (m)* sales value

abschaffen *v/t* repeal (to); abolish (to); suppress (to)

Abschaffung *n (f)* abolition; repeal

abschaltbar *adj* detachable; disconnectable; disengageable

abschätzbar *adj* foreseeable; assessable

abschätzen *v/t* estimate (to); appraise (to); assess (to); evaluate (to); interpret (to); value (to)

Abschätzung *n (f)* estimate; determination of taxable income by estimate; estimation; evaluation; valuation

Abscheidegrad *n (m)* separation efficiency (mining); separation rate

Abschlag *n (m)* discount; price reduction; **Abschlagsspanne** *n (f)* range of possible reduction; **Abschlagsverfahren** *n (n)* knock-off method (options); **Abschlagszahlung** *n (f) Fin*; down-payment, advance payment; part payment; instalment; (Projekt) progress payment; (Miete) premium, key money; single payment paid by an incoming normally residential tenant to his/her predecessor or to the landlord for e.g. fixtures and fittings or to reduce the rent payable, sometimes for tax reasons; *Syn.: Ablösesumme*

abschließen *v/t* lock up (to); end (to); settle (to); take out (e.g. an insurance policy) (to)

abschließend *adj* concluding; final; definitive

Abschluss *n (m)* close (of a transaction); completion (of studies); closing of accounts to prepare financial statements; **Abschluss des (Grundstücks-) Kaufvertrags** *n (m)* completion of a contract for sale (of land); **Abschluss einer Kauf- bzw. Verkaufstransaktion** *n (m)* closing (date) of a sales contract (US); conclusion of a purchase order contract; **Abschluss eines Darlehens(vertrags)** *n (m)* loan closing

Abschlussbilanz *n (f)* annual balance sheet

Abschlussblatt *n (n)* spreadsheet; spread sheet

Abschlussbuchung *n (f)* closing entry

Abschlussgebühr *n (f)* completion fee; sales charge

Abschlusskonto *n (n)* closing balance; closing account

Abschlusskosten *n/pl* acquisition cost(s); initial expense(s)

Abschlussmuffe *n (f)* end sleeve; end socket

Abschlussprüfer *n (m)* auditor

Abschlussprüfung *n (f)* audit of annual account

Abschlussrechnung *n (f)* final account; final invoice

Abschlusstermin *n (m)* closing date (US)

Abschlussvergütung *n (f)* end-of-year bonus

Abschlussvertreter *n (m)* agent empowered to contract; commercial agent authorized to sign sales contracts

Abschlussvollmacht *n (f)* authority to conclude a contract

Abschlusszahlung *n (f)* final payment

Abschlusszeitraum *n (m)* accounting period; settlement period

Abschneider *n (m)* cutter; guillotine

Abschnitt *n (m)* chapter; compartment; section; stage; sector; counterfoil

abschöpfen *v/t* skim (to); siphon off (to)

Abschöpfung *n (f)* absorption; skimming; levy

abschreiben *v/t* copy (to); transcribe (to); amortize (to); charge depreciation (to); charge off (to); declare off (to); deplete (to); depreciate (to); devalue (to); write down (to); write off (to)

Abschreibung *n (f)* write-off, writedown, depreciation (allowance), depletion, deduction; (tax) capital allowance; (Fin) amortization (BE), amortization (AE); **Abschreibung auf Betriebsanlagen** *n (f)* depreciation of plant and equipment; **Abschreibung auf Inventar** *n (f)* inventory write-down; **Abschreibung auf Sachanlagevermögen** *n (f)* depreciation of tangible fixed assets; **Abschreibung immaterieller Anlagegüter** *n (f)* depreciation of intangible assets; **Abschreibung pro Jahr** *n (f)* annual depreciation (charge); **Abschreibung von Grundstücken** *n (f)* depreciation of real estate; **Abschreibung von Unternehmen** *n (f)* depreciation of companies

arithmetisch-degressive Abschreibung *n (f)* sum-of-the-years-digits method of depreciation; *Syn.: digitale Abschreibung*; **aufgelaufene Abschreibung** *n (f)* accumulated depreciation, accrued depreciation; **außerordentliche Abschreibung** *n (f)* extraordinary depreciation; extraordinary write-off; **außerplanmäßige Abschreibung** *n (f)* extraordinary depreciation, exceptional depreciation, unplanned depreciation; **beschleunigte Abschreibung** *n (f)* accelerated depreciation; accelerated cost recovery system; **bilanzielle Abschreibung** *n (f)* book depreciation; **bisherige Abschreibungen** *n/pl (f)* accumulated depreciation, accrued depreciation; **buchmäßige Abschreibung** *n (f)* linear depreciation, book depreciation; **degressive Abschreibung** *n (f) Fin, Tax* declining balance (method of) depreciation; **digitale Abschreibung** *n (f)* sum-of-the-years-digits (method of) depreciation; *Syn.: arithmetisch-degressive Abschreibung*; **direkte Abschreibung** *n (f)* direct depreciation; **indirekte Abschreibung** *n (f)* indirect (method of) depreciation; **individuelle Abschreibung** *n (f)* single-unit depreciation; unit depreciation; **kalkulatorische Abschreibung** *n (f)* imputed depreciation; calculated depreciation; cost-accounting depreciation; **lineare Abschreibung** *n (f)* straight-line depreciation; equal instal(l)ment depreciation; straight-line method of depreciation; **nutzungsbedingte Abschreibung** *n (f)* use-related depreciation; unit of production method of calculating depreciation; *Syn.: verbrauchsbedingte Abschreibung*; **planmäßige Abschreibung** *n (f)* scheduled depreciation; amortization; **steuerliche Abschreibung** *n (f)* capital allowance, depreciation for (income) tax purposes; **übermäßige Abschreibung** *n (f)* overdepreciation; excessive writedown; **verbrauchsbedingte Abschreibung** *n (f)* use-related depreciation; (unit of) production method of depreciation; *Syn.: nutzungsbedingte Abschreibung*; **verdiente Abschreibungen** *n/pl (f)* earned depreciation; depreciation earned; **wirtschaftliche Abschreibung** *n (f)* functional depreciation

Abschreibungsarten *n/pl (f)* methods of depreciation

Abschreibungsaufwand *n (m)* provision for depreciation; cost of depreciation

Abschreibungsbemessungsgrundlage *n (f)* basis of calculating (or allowing for) depreciation

Abschreibungsbetrag *n (m)* amortization amount; amount of depreciation; writing-down allowance; capital allowance; depreciation amount

Abschreibungsdauer *n (f)* depreciable life; amortization period (AE), amortisation period (BE); guideline period (for writedown) (US)

Abschreibungsdivisor *n (m)* amount of £1 ($1) per annum

abschreibungsfähig *adj* depreciable; entitled to capital allowance

a

Abschreibungsgesellschaft *n (f)* tax loss company; non-profit company for purposes of tax write-off
Abschreibungsgüter *n/pl (n)* depreciable items
Abschreibungslast *n (f)* amortization charge(s)
Abschreibungsmethode *n (f)* method of depreciation; **Abschreibungsmethode für Sachanlagen** *n (f)* method of depreciation for tangible (fixed) assets; **geometrisch-degressive Abschreibungsmethode** *n (f)* diminishing balance method; geometric depreciation method; **leistungsabhängige Abschreibungsmethode** *n (f)* use-related depreciation, sum-of-the-units (depreciation) method, unit-of-production method; *Syn.: nutzungsbedingte Abschreibung, leistungsbezogene Abschreibungsmethode*
Abschreibungssatz *n (m)* depreciation rate; rate of depreciation
Abschreibungstabellen *n/pl (f)* depreciation rate tables; depreciation schedules; guideline lives (US)
Abschreibungsursachen *n/pl (f)* factors of depreciation; causes of obsolescence
Abschreibungsvolumen *n (n)* depreciable amount; (usually referring to intangible assets)
Abschreibungszeitraum *n (m)* depreciable life; depreciation period; recovery period
Abschreibungszinssatz *n (m)* depreciation (interest) rate; rate of depreciation
Abschrift *n (f)* copy; duplicate; **beglaubigte Abschrift** *n (f)* certified (as a true) copy
Abschwächungstendenz *n (f)* downward trend; tendency to decline
Abschwemmung *n (f)* avulsion; encroachment by a river or the sea
Abschwung *n (m)* decline; downswing; downturn; slow-down; **wirtschaftlicher Abschwung** *n (m)* economic downturn; slowdown of the economy
Absender *n (m)* sender; consignor
absenken *v/t* lower (to); drop (to); layer (to)
Absenkung (der Erdoberfläche) *n (f)* subsidence; e.g. associated with mining activity
Absetzanlage *n (f)* sedimentation installation; settling installation
absetzbar *adj* (tax-) deductible
Absetzbecken *n (n)* settling basin; settling tanks
Absetzbehälter *n (m)* settling tanks
absetzen *v/t* sell (to); deduct (to); write down (to)
steuerliche Absetzung *n (f)* tax deduction
Absetzung für Abnutzung (AfA) *Fin, Tax* depreciation (for wear and tear)
absichern *v/t* ensure (to); hedge (to); collateralize (to); cover (to); safeguard against (to)
Absicherung *n (f)* coverage; protection; hedging
Absicht *n (f)* intention; purpose; **Absichtserklärung** *n (f)* letter of intent (LOI); deed poll; notice of intent
Absolutwert *n (m)* absolute value (maths); magnitude; numerical value
Absonderung *n (f)* separation; isolation
Absorption *n (f)* absorption
Absorptionskälteanlage *n (f)* absorption refrigeration system
Absorptionsrate *n (f)* absorption rate
Abspaltung *n (f)* separation; spin-off
abspeichern *v/t* memorise (to); save (to) (computer)
Absperrarmatur *n (f)* isolation valve; shut-off valve; **Absperrhahn** *n (m)* stop valve; stopcock; **Absperrklappe** *n (f)* butterfly valve (gas); valve flap; **Absperrorgan** *n (n)* shut-off valve; stopcock; **Absperrschieber** *n (m)* gate valve; **Absperrtechnik** *n (f)* barrier system; **Absperrventil** *n (n)* isolation valve; shut-off valve; stop valve
Absprache *n (f)* agreement; **unerlaubte, heimliche Absprache** *n (f)* collusion
Abstand *n (m)* **1.** distance; space; **2.** key money; *Syn.: Abstandszahlung*
Abstandnahme *n (f)* forbearance
Abstandsbaulast *n (f)* public land charge specifying building line or setback
Abstandsfläche *n (f)* separation area (typically between a building and site boundary or adjoining building); **Abstandsflächenbaulast** *n (f)* public land charge; specifying → Abstandsfläche
Abstandszahlung *n (f)* key money; compensation (e.g. to outgoing tenant); option money
abstecken *v/t* stake out (to); mark out (to)
Absteckpfahl *n (m)* (layout) peg
Absteckung *n (f)* setting-out; staking out
Absteifung *n (f)* bracing; shoring; strutting
abstellen *v/t* switch off (to); abate (to)

Abstellfenster *n (n)* removable casement window; **Abstellflügel** *n (m)* removable casement; **Abstellplätze** *n/pl (m)* parking spaces; parking area (aviation); **Abstellraum** *n (m)* store room; boxroom

Abstimmung *n (f)* co-ordination; **Abstimmung von Zahlen** *n (f)* reconciliation (fin.)

abstoßen *v/t* divest (to); reject (to)

Abstützbalken *n (m)* supporting beam

Abstützung *n (f)* shoring: props

Abtastung *n (f)* sampling; scanning

Abtastverfahren *n (n)* scanning process; sampling process; **elektronisches Abtastverfahren** *n (n)* electronic sampling process

Abteilung *n (f)* department; section; unit; division; partitioning

abtragen *v/t* remove (to); take down (to); clear away (to); wear out (to); **abtragen und einbauen** *v/t* cut and fill (to)

Abtretbarkeit *n (f)* assignability; transferability

abtreten *v/t* cede (to); assign (to); make over (to); convey (to)

Abtretender *n (m)* assignor; assigner

Abtretung *n (f)* transfer; surrender; cession; assignment; assignment of claim; **Abtretung des Mietvertrags** *n (f)* assignment of a lease; **Abtretung einer Forderung** *n (f)* assignment of a debt; **Abtretung von Rechten** *n (f)* → Abandon

Abtretungsbeschränkungen *n/pl (f)* restrictions on assignment of a contract

Abtretungserklärung *n (f)* deed of assignment; declaration of transfer

Abtretungsurkunde *n (f)* cession deed; deed of assignment

abvermieten *v/t* (sub)let (to) (residential)

AbwAG *Law* → Abwasserabgabengesetz

Abwägung *n (f)* consideration (thought); assessment; trade-off

abwälzen *v/t* pass on (to); transfer (to) (costs etc.)

Abwanderung *n (f)* (e)migration

Abwärme *n (f)* rejected heat; waste heat; **Abwärmenutzung** *n (f)* waste heat utilization

Abwart *n (m) (CH)* → Hausmeister

Abwasser *n (n)* wastewater; sewage; foul water; (industrial) effluents; **häusliches Abwasser** *n (n)* domestic wastewater; **ölhaltiges Abwasser** *n (n)* oleiferous wastewater; oily effluent (or wastewater); **ölverschmutztes Abwasser** *n (n)* oil-polluted wastewater

Abwasserabgabe *n (f)* drainage (sewerage) charge; drainage (sewerage) rate (tax); **Abwasserabgabengesetz (AbwAG)** *n (n)* *Law* German wastewater charges act

Abwasseranlage *n (f)* sewage works; sewage treatment plant

Abwasseraufbereitung *n (f)* sewage treatment; wastewater treatment

Abwasserbeseitigung *n (f)* effluent disposal; sewage discharge; sewage disposal; wastewater disposal

Abwasserkanal *n (m)* sewer; gully; sewer pipe

Abwasserleitung *n (f)* sewer; sewerpipe

Abweichung *n (f)* variation; variance; deviation; departure (from sth.); **erhebliche Abweichung** *n (f)* substantial deviation; substantial departure (from)

Abweichungsregelung *n (f)* variance rule(s); departure provision (US)

Abwendung *n (f)* avoidance; prevention

abwerten *v/t* amortize (to); charge depreciation (to); charge off (to); declare off (to); deplete (to); depreciate (to); devalue (to); write down (to); write off (to)

Abwertung *n (f)* devaluation; depreciation

Abwesenheit *n (f)* absence(s)

abwickeln *v/t* liquidate (to); wind-up (to)

Abwickler *n (m)* liquidator

Abwicklung *n (f)* liquidation; carrying-out; settlement; winding up; **Abwicklungsgebühren** *n/pl (f)* transaction costs

Abwinklung *n (f)* bending

Abzahlungskredit *n (m)* instalment credit

abzeichnen *v/t* copy (to); draw (to); initial (to)

abziehen (von) *v/t* deduct (from) (to)

abzinsen *v/t* discount (to)

Abzinsung *n (f)* discounting; discounting process; **Abzinsungsfaktor** *n (m)* present value (of £1 or $1); **Abzinsungssatz** *n (m)* discount factor; discount rate

abzocken *v/t (coll.)* gazump (to); cash in on sth. (to)

Abzug *n (m)* deduction; discount; vent; outlet; **Abzug von der Bemessungsgrundlage** *n (m)* deduction from the basis of assessment (tax)

gesetzliche Abzüge *n/pl (m)* statutory deductions (esp. from gross pay); **sonstige Abzüge** *n/pl (m)* other deductions

a

Abzugschacht *n (m)* flue; vent (gas)
abzugsfähig *adj* allowable; deductible; **abzugsfähige Ausgaben** *n/pl (f)* deductible expenses; **abzugsfähige Verluste** *n/pl (m)* allowable losses (tax)
Abzugsfähigkeit *n (f)* deductibility
Abzugskanal *n (m)* sewer; culvert
Abzugsöffnung *n (f)* vent
Abzugssteuer *n (f)* withholding tax
Abzweigleitung *n (f)* branch line
Abzweigstutzen *n (m)* branch pipe
Abzweigung *n (f)* branch connection; junction; turnoff
Achslinie *n (f)* centre line (GB); center line (US)
Achsmaß *n (n)* axis dimension; center-to-center distance; from centre-to-centre distance
achtbar *adj* reputable
Ackerland *n (n)* farmland; soil
Ackerschätzungsrahmen *n (m) Val* framework for the assessment of the quality of agricultural land
Ackerzahl *n (f)* field number
Acrylfarbe *n (f)* acrylic paint
ad acta legen *v/t* shelve (to)
Adapter *n (m)* adapter
Additiv *n (n)* additive; **Additivverfahren** *n (n)* additive process
Ad-hoc-Publizität *n (f)* ad hoc publicity
Adobe *n (m)* adobe
Adressbuch *n (n)* address book; directory
Adresse *n (f)* address
Advokat *n (m)* advocate; lawyer; solicitor; barrister
AfA *n (f)* → Absetzung für Abnutzung
AfA-Nutzungsdauer *n (f)* write-off period
AfA-Tabellen *n/pl (f)* tax depreciation tables
Affektionswert *n (m)* value of a property which includes tie personal circumstances and special conditions
Affidavit *n (n)* affidavit
AG → Aktiengesellschaft
AGB → allgemeine Geschäftsbedingungen
AGBG *Law* → Gesetz zur Regelung des Rechts der allgemeinen Geschäftsbedingungen
Agent *n (m)* agent
Agentur *n (f)* agency; **Agenturbezirk** *n (m)* area covered by e.g. an employment office; **Agenturvertrag** *n (m)* agency agreement
Agglomeration *n (f)* (urban) agglomeration, aggregation; **Agglomerationseffekte** *n/pl (m)* economies of aggregation
Agio *n (n) Fin* agio, premium; e.g. over par value on the issue of securities or share offerings
Agrargebiete *n/pl (n)* agricultural districts; rural areas
Agrarland *n (n)* agricultural land; farmland; **begünstigtes Agrarland** *n (n)* favoured agricultural land; **reines Agrarland** *n (n)* purely agricultural land
Agrarstruktur *n (f)* agrarian structure; agricultural structure
Ahorn *n (m)* maple (tree)
akkreditiert durch *adj* accredited by
Akkreditierung *n (f)* accreditation; **Akkreditierungsstelle** *n (f)* accreditation body
Akkreditiv *n (n)* letter of credit
akkumulieren *v/t* accumulate (to); roll up (to)
Akquisitionsprospekt *n (n) Mkt* brochure for prospective clients setting out the services available from an agent, together with terms and conditions of a prospective agency instruction
Akte *n (f)* file; document; **Aktenablage** *n (f)* filing; **Aktennotiz** *n (f)* memo(randum); **Aktenvermerk** *n (m)* file note; memo; **Aktenverzeichnis** *n (n)* file index; **Aktenzeichen** *n (n)* reference; file; number
AktG *Law* → Aktiengesetz
Aktie *n (f)* share; stock; **Aktienaufteilung** *n (f)* stock (share) split; **Aktienbeteiligung** *n (f)* equity stake; **Aktienbörse** *n (f)* stock exchange; stock market; **Aktienemissionskurs** *n (m)* issue price of a share; **Aktiengesellschaft (AG)** *n (f)* public limited company (plc); **Aktiengesetz (AktG)** *n (n) Law* German stock corporation act; **Aktienkapital** *n (n)* share capital; capital stock; joint-stock capital; **Aktienmarkt** *n (m)* stock market; **Aktienoptionsplan** *n (m)* share (stock) option plan; **Aktienoptionsschein** *n (m)* share option certificate; **Aktienprämie** *n (f)* share premium; yield gap (difference between the yield on shares and bonds); **Aktiensplit** *n (m)* share split; split-up; splitup (US); stock split (US)
Aktionär *n (m)* shareholder; stockholder; **Aktionärsvermögen** *n (n)* shareholders' assets; **Aktionärsversammlung** *n (f)* shareholders' meeting

Aktiva *n/pl (n)* assets; **Aktiva und Passiva** *n/pl (n)* assets and liabilities
antizipative Aktiva *n/pl (n)* accrued assets; accrued income; **ertragbringende Aktiva** *n/pl (n)* productive assets; income-producing assets; **ertragslose Aktiva** *n/pl (n)* non-performing assets; **illiquide Aktiva** *n/pl (n)* illiquid assets; **immaterielle Aktiva** *n/pl (n)* intangible assets; **materielle Aktiva** *n/pl (n)* tangible assets; **notleidende Aktiva** *n/pl (n)* non-performing assets; distressed assets; **risikogewichtete Aktiva** *n/pl (n)* risk weighted asset
Aktivgeschäft(e) *n(pl) (n) Fin* (Bank) lending (business); asset-backed lending
aktivieren *v/t* activate (to); capitalize (to); recognize as an asset (to); set sth. up as an asset (to)
aktiviert *adj* capitalized; **aktivierte Eigenleistungen** *n/pl (f)* capitalized internal expenditure (IAS 38)
Aktivierung *n (f)* capitalization; **Aktivierungspflicht** *n (f)* legal obligation to capitalize; requirement to capitalize; **Aktivierungsverbot** *n (n)* prohibition of capitalization; **Aktivierungswahlrecht** *n (n)* option to capitalize; optional capitalization
aktivisch abgegrenzt *adj* separately identified on the assets side
Aktivkonto *n (n)* asset account
Aktivposten *n (m)* asset
Aktivseite *n (f)* asset side (balance sheet)
Aktivum *n (n)* asset
Aktualisierung *n (f)* update; **Aktualisierung des Grundbuchauszugs** *n (f)* updating of the abstract from the land register; **Aktualisierung des Kontos** *n (f)* account updating
Aktuar *n (m)* → Versicherungsmathematiker
aktuell *adj* current; up-to-date; **aktueller Satz** *n (m)* current rate; **aktueller Verbrauch** *n (m)* current consumption; **aktueller Wert** *n (m)* current value
akzeptieren *v/t* accept (to); **nicht akzeptieren** *v/t* reject (to); not accept (to)
A-Lage *n (f)* prime location
Alarmanlage *n (f)* alarm system; warning system; **Alarmsignal** *n (n)* alarm (signal); **Alarmsystem** *n (n)* alarm system
ALB → automatisiertes Liegenschaftsbuch
ALK → automatisierte Liegenschaftskarte
Alkoven *n (m)* alcove; recess
Allee *n (f)* avenue; boulevard
Alleinauftrag *n (m) Mkt* sole agency (instruction); (US) exclusive listing; **einfacher Alleinauftrag** *n (m)* sole agency agreement, sole brokerage rights, (US) exclusive agency listing; *Syn.: schlichter Alleinauftrag*; **erweiterter Alleinauftrag** *n (m)* sole rights to sell (or rent), (US) exclusive listing
Alleinbesetzung *n (f)* exclusive occupation
Alleineigentum *n (n)* sole ownership; exclusive ownership; sole proprietorship; individual ownership; severalty
Alleineigentümer *n (m)* sole owner
Alleininhaber *n (m)* sole proprietor
Alleinmakler *n (m)* exclusive agent; sole agent
Alleinverkaufsrecht *n (n)* exclusive selling right(s)
Alleinvertreter *n (m)* sole agent
Allfinanz *n (f)* one-stop financial services; comprehensive financial services
allgegenwärtig *adj* all-pervasive; ubiquitous
allgemein *adj* general; overall; common
allgemein anerkannt *adj* accepted; generally accepted
allgemeine Geschäftsbedingungen (AGB) *n/pl (f)* general business terms; general conditions; general terms and conditions of trade; standard terms and conditions
allgemeine Geschäftskosten *n/pl* overhead (costs); overhead expenses
Allgemeines Gleichbehandlungsgesetz *n (n) Law* Equal Treatment In Employment and Occupation Act; provides broad protection against discrimination in employment; *Syn.: Antidiskriminierungsgesetz*
Allgemeinwohl *n (n)* public welfare; common welfare; communal well-being
Allmende *n (f)* common (land)
Allonge *n (f) Fin* allonge; extension
Alltagsbedarf *n (m)* day-to-day needs
Altablagerung *n (f)* old (waste) deposit; old deposition; old sediment
Altanlage *n (f)* old plant
Altbau *n (m)* old building(s); **historischer Altbau** *n (m)* historic building
Altbaumieten *n/pl (f)* rents for older housing stock; esp. non-refurbished accommodation
Altbaumodernisierung *n (f)* modernization, refurbishment of old buildings

a

Altbausanierung *n (f)* refurbishment of old buildings
Altbesitzer *n (m)* previous owner; long-term owner
Altengerechtes Wohnen *n (n)* housing accommodation designed (or adapted) for elderly persons
Altenpflegeheim *n (n)* nursing home for the elderly
Altenteil *n (m)* retirement; settlement on retirement; provision for retired farmers
Altenwohnheim *n (n)* home for the aged; old people's home; retirement home
Alter *n (n)* age; **chronologisches Alter** *n (n)* chronological age; **tatsächliches Alter** *n (n)* actual age
Alternativanlagen *n/pl (f)* alternative investments
Alternativkosten *n/pl* alternative costs; opportunity costs
Altersbegrenzung *n (f)* age limit
Altersheim *n (n)* nursing home; home for the aged; retirement home; rest home; *Syn.: Altenheim, Seniorenheim*
Altersrente *n (f)* old-age pension; retirement pension
Altersstruktur *n (f)* age structure
Altersvorsorge *n (f)* provision for retirement; pension scheme
Alterswertfaktor *n (m)* age value factor; in → Sachwert calculations
Alterswertminderung *n (f)* deduction from (building) value on account of age; percentage reduction in value due to age
Alterung *n (f)* ageing; **Alterung des Materials** *n (f)* deterioration of material(s) (with age)
Alterungsprozess (Gebäude) *n (m)* ageing (process)
alterungsbeständig *adj* resistant to ageing
Althypothek *n (f)* longstanding mortgage; (refinancing) previous mortgage
Altlast *n (f)* legacy (usually negative e.g. a debt)
Altlasten *n/pl (f)* (lit.) (soil) contamination; polluted areas (of a site); **mit Altlasten belastete Grundstücke** *n/pl (n)* contaminated site(s); brownfield site(s) subject to contamination from former industrial uses
Altlastenerkundung *n (f)* investigation of a contaminated site; environmental survey, soil survey; **Altlastenkataster** *n (m)* register of contaminated sites; **Altlastenkosten** *n/pl* costs of decontaminating contaminated land; **Altlastensanierung** *n (f)* soil contamination; remediation; inherited burdens reconstruction; **Altlastensituation** *n (f)* overall situation report of contaminated sites; **Altlastenverdachtsflächen-Kataster** *n (m)* register of potentially contaminated sites
Altstadt *n (f)* historic core; old city centre; old part of (a) town; old town; **Altstadtsanierung** *n (f)* improvement of historic town center(s); reconstruction of historic town centres; urban renewal; **Altstadtsanierungsgebiet** *n (n)* redevelopment area; improvement area
Altstandort *n (m)* abandoned (industrial) site
Altwerte *n/pl (m)* residual values; antiques (colloq.)
Aluminium *n (n)* aluminium; **Aluminiumabdeckung** *n (f)* aluminium cover; aluminium roofing; **Aluminiumdach** *n (n)* aluminium glazing bar; aluminium roof cladding; **Aluminiumfolie** *n (f)* aluminium foil; **Aluminiumheizkörper** *n (m)* aluminium radiator
Amortisation *n (f)* amortisation (AE: amortization); payback; payoff (Zahlung der Restschuld); payout; redemption; repayment; **Amortisationsdarlehen** *n (n)* repayment loan; amortization loan; **Amortisationsdauer** *n (f)* repayment period; **Amortisationsfonds** *n (m)* sinking fund; amortization fund; **Amortisationshypothek** *n (f)* amortisation mortgage; redemption mortgage; **Amortisationsmethode** *n (f)* amortization method; payoff analysis
amortisierbar *adj* redeemable
amortisieren (sich) *v/r* sink (to); amortise (to), amortize (to)
Amortisierung *n (f)* amortisation (AE: amortization); **Amortisierungsdarlehen** *n (n)* self-amortizing loan/mortgage; repayment loan/mortgage
Amt *n (n)* office; board; department; government office; **von Amts wegen** ex officio; officially
amtlich *adj* official; **amtlich anerkannt** *adj* officially approved; **amtlich eingetragen** *adj* registered; incorporated (inc.)
Amtsdauer *n (f)* period/term of office
Amtsgericht *n (n)* German local court

Amtshaftung *n (f)* government liability; official responsibility
Amtshilfe *n (f)* administrative assistance; cooperation between public authorities
Amtspflicht *n (f)* official duty (of civil or public servant); ministerial duty; **Amtspflichtverletzung** *n (f)* breach of official duty by civil servant
Amtsschimmel *n (m)* red tape; bureaucracy
Amtswiderspruch *n (m)* official contradiction; official opposition
Analyse *n (f)* analysis; **Analyse der Rendite** *n (f)* yield analysis; **Analyse des Käuferverhaltens** *n (f)* buyer behaviour analysis; **grafische Analyse** *n (f)* graphic analysis; **mengenmäßige Analyse** *n (f)* quantitative analysis; **statistische Analyse** *n (f)* statistical analysis
Analyseverfahren *n (n)* method of analysis
Anbau *n (m)* (Gebäude) annex(e); addition; extension (building); (Vergrößerung) enlargement; extension; (Landwirtschaft) cultivation
Anbaubeschränkung *n (f)* legal restriction on development close to main roads
anbauen *v/t* build on (to)
Anbaugarage *n (f)* attached garage
Anbauten *n/pl (m)* additions to buildings; attachments to buildings
Anbauverbot *n (n)* prohibition of (further) development
anbieten *v/t* offer (to); tender (to)
Anbieter *n (m)* bidder; provider; supplier
Anbindung *n (f)* connection
Anderkonto *n (n)* client(s') account; trust account; escrow account; earnest money account; securities escrow account; third-party account
ändern *v/t* alter (to); change (to); modify (to); rectify (to); revise (to); vary (to)
andersartig *adj* different; alien
Änderung *n (f)* modification; alteration; amendment; change; correction; rectification; revision; **bauliche Änderung** *n (f)* modifications; alterations
Änderungskündigung *n (f)* notice of dismissal; offer for reemployment at less favourable terms
Änderungsrate *n (f)* rate of change
Andienungsrecht *n (n)* (Leasing) right to offer the leased property to the lessee at the end of the term; (Fin) put option
aneignen (sich) *v/r* appropriate (to)
Aneignung *n (f)* appropriation; annexation; acquisition of ownership by occupancy; **widerrechtliche Aneignung** *n (f)* misappropriation; unlawful appropriation
Aneignungsrecht *n (n)* right to acquire of ownership by occupancy
aneinandergebaut *adj* attached (buildings)
aneinanderstoßen *v/i* abut (to)
anerkannt *adj* approved; accepted; → amtlich anerkannt, gerichtlich anerkannt, steuerlich anerkannt; **anerkannte Regeln der Baukunst** *n/pl (f)* generally accepted rules of building and construction; **anerkannte Regeln der Technik** *n/pl (f)* recognized technical standards; usually DIN standards or higher; under → VOB/B § 4 Nr. 2 Abs. 1 Satz 2, a contractor's failure to observe the standards in construction work results in a building defect (→ Baumangel) and potential guarantee claim (→ Gewährleistung)
anerkennen *v/t* recognize (to); accept (to); approve (to)
Anerkennung *n (f)* recognition; endorsement; approval; acknowledgement; **Anerkennungsbetrag** *n (m)* reward (payment); recognised payment
anfällig *adj* fragile; susceptible
Anfang des Jahres *n (m)* beginning of the year
Anfangskapital *n (n)* start-up capital; front money; initial capital
Anfangskosten *n/pl* initial expense; non-recurring expense
Anfangsrendite *n (f)* initial yield; initial rate of return; net initial yield
Anfangssaldo *n (m)* opening balance
Anfangsvermögen *n (n)* original assets; initial asset
Anfangswert *n (m)* initial value; original value
anfechtbar *adj* contestable; debatable; voidable; defeasible
anfechten *v/t* appeal (to); challenge (to)
Anfechtung *n (f)* challenge; rescission; avoidance (e.g. of an agreement); appeal; contestation; **Anfechtungsfrist** *n (f) Law* (statutory) time limit for lodging an appeal or objection, time limit for an avoidance (rescission); **Anfechtungsgesetz** *n (n) Law* avoidance of transactions act; law governing legal challenges; **Anfechtungsklage** *n (f)* legal challenge; action for an-

a

nulment or avoidance; action to set aside or modify a judgement; interference proceedings; **Anfechtungsrecht** *n (n)* right of avoidance

anfordern *v/t* request (to); demand (to)

Anforderung *n (f)* requirement; request; requisition; demand; standard(s); **Anforderungen erfüllen** *v/t* satisfy requirements (to)

Anforderungserfüllung *n (f)* satisfaction of demands; fulfilment of requirements or standards

Anforderungsprofil *n (n)* (property purchase) profile of requirements; (employment) job description, job specification

Anfrage *n (f)* enquiry

Angaben *n/pl (f)* particulars; details; statement; disclosures; notice; information (about/on); **ausreichende Angaben** *n/pl (f)* sufficient data; **bewusst falsche Angaben** *n/pl (f)* knowingly false statements; **falsche Angaben** *n/pl (f)* false statement; misstatement(s); misrepresentation; **nähere Angaben** *n/pl (f)* particulars; details

Angabepflicht *n (f)* disclosure requirement

angeben *v/t* declare (to); quote (price etc.) (to); disclose (to)

Angebot *n (n)* bid; offer; proposal; proposition; tender; **ein Angebot abgeben** *v/t* (make a) bid (to); submit a tender (to); **ein Angebot ausarbeiten** *v/t* prepare a proposal or quotation (to); **ein Angebot zurücknehmen** *v/t* withdraw an offer (to)
Angebot einer offenen Stelle *n (n)* job offer; offer of employment (vacancy)
angemessenes Angebot *n (n)* reasonable offer; **bedingtes Angebot** *n (n)* conditional offer; conditional bid; **befristetes Angebot** *n (n)* offer valid for a specified time; **bindendes Angebot** *n (n)* binding offer; firm offer; **endgültiges Angebot** *n (n)* final offer; final quotation; **frei bleibendes Angebot** *n (n)* non-binding offer; open offer; offer without engagement; revocable offer; **letztes Angebot** *n (n)* final offer; **öffentliches Angebot** *n (n)* general offer; **preisgünstigstes Angebot** *n (n)* knocked-down bid; **überschaubares Angebot** *n (n)* reasonable supply; **verbindliches Angebot** *n (n)* firm offer
Angebot und Nachfrage supply and demand

Angebotsabgabe *n (f)* submission of bids

Angebotsausschreibung *n (f)* invitation to tender; call (advertisement) for tenders

Angebotsbindefrist *n (f)* acceptance deadline; validity period (of an offer or quotation)

Angebotseinholung *n (f)* invitation to treat; calling for tenders; request to submit quotation(s)

Angebotsempfänger *n (m)* offeree; person to whom an offer is made

Angebotskalkulation *n (f)* cost estimation; pricing of an offer

Angebotspreis *n (m)* offer price; **Angebotspreis des Verkäufers** *n (m)* price quoted by seller; vendor's offered price

Angebotsstrukturen *n/pl (f)* structure of supply (or suppliers) (in a particular market)

Angebotsunterlagen *n/pl (f)* offer documents

Angebotsverbesserung *n (f)* improvement in goods or services supplied

Angehörige *n/pl* (family member) relative(s); next of kin; (of a country) national; member, affiliate; **Angehörigendarlehen** *n (n) Law, Tax* loan between family members; in order to avoid the suspicion of a hidden gift (to avoid gift tax); may not be interest free

Angeklagter *n (m)* defendant; accused (person)

angemessen *adj* suitable to; appropriate to; adequate to; fair; reasonable

angeschlossen *adj* linked attached

Angestellte *n/pl (m)* → leitende Angestellte; **leitende Angestellte** *n/pl* management executives; executive staff

Angleichung *n (f)* equalisation (AE: equalization); adaptation; adjustment

angrenzen *v/i* abut (to); border (on) (to)

angrenzend *adj* adjacent; contiguous; adjoining

Angriff *n (m)* attack

Anhaltspunkt *n (m)* clue; indication; something to go on

Anhang *n (m)* appendix; notes; addition; dependents

anhängen *v/t* connect (to); attach (to); adhere (to)

anhängig *adj* pending

Anhangsangaben *n/pl (f)* (additional) disclosures; notes

anhäufen *v/t* accumulate (to); pile up (to)

Anhäufung *n (f)* accumulation
anheben *v/t* raise (to); lift (to); elevate (to); **Anheben von Bodenschichten** *n (n)* soil (or ground) uplift; heave
anheften *v/t* pin (to); tack on (to); fasten (to)
Anhörung *n (f)* hearing; **Anhörung der Öffentlichkeit** *n (f)* public consultation; public hearing
Anhörungen *n/pl (f)* consultation; consulting; counselling
Anhörungsverfahren *n (n)* hearing (procedure)
Ankauf *n (m)* acquisition; buying; purchase; **freihändiger Ankauf** *n (m)* purchase by private contract; private purchase
Ankäufer *n (m)* buyer; purchaser
Ankaufsermächtigung *n (f)* authority to purchase; authorization to buy; **Ankaufskalkulation** *n (f) Dev* pre-purchase calculation; particularly for appraisal of the viability of a project; **Ankaufskriterien** *n/pl (n)* purchase criteria, purchasing criteria; **Ankaufspreis** *n (m)* buying-in price; purchase price; *Syn.: Kaufpreis*; **Ankaufsrechnung** *n (f)* invoice (covering a purchase); **Ankaufsrecht** *n (n)* option to purchase; right to acquire; right to purchase; **Ankaufsverpflichtung** *n (f)* obligation to purchase; acquisition commitment; **Ankaufswert** *n (m)* purchase value
Ankerbolzen *n (m)* anchor bolts; **Ankermieter** *n (m)* anchor tenant; main tenant; magnet store (US); key tenant; puller tenant (US)
Anklage *n (f)* charge; accusation; **Anklagebank** *n (f)* dock (in a courtroom); **Anklagepunkt** *n (m)* charge (criminal)
Ankleidezimmer *n (n)* dressing room; robing room
Anknüpfungstatsache *n (f)* grounds (reason) for e.g. indictment or official decision; fact(s) referred to in an official decision
Ankündigung *n (f)* announcement; (written) notice of sth.; prospectus
Anlage *n (f)* installation; construction; facility; plant; **bauliche Anlage** *n (f)* buildings, built objects and other permanent installations; structural works; **genehmigungsfreie Anlagen** *n/pl (f)* (type of) installation not requiring consent; **haustechnische Anlagen** *n/pl (f)* domestic service facilities; **industrielle Anlagen** *n/pl (f)* industrial property; industrial plant; **militärische Anlage** *n (f)* military installation; **raumlufttechnische Anlage** *n (f)* ventilation and air-conditioning system; **stillliegende Anlagen** *n/pl (f)* idle plant; **technische Anlage** *n (f)* technical equipment; technical asset
Anlagen im Bau *n/pl (f)* buildings under construction; construction in progress; plants under construction; works in progress; **Anlagen und Einrichtungen** *n/pl* facilities; plant and equipment; **Anlagen und Maschinen** *n/pl* plant and machinery
Anlage (Anhang) *n (f)* appendix; attachment; enclosure (e.g. with a letter)
Anlage (Kapital) *n (f) Fin* investment; **mündelsichere Anlage** *n (f)* gilt-edged investment; blue chip investment; **risikolose Anlage** *n (f)* risk-free investment; **vergleichbare Anlagen** *n/pl (f)* comparable investments; similar investment
Anlageberater *n (m)* investment adviser; investment consultant; investment counsellor
Anlagebewertung *n (f)* investment appraisal; asset valuation
Anlageerfolg *n (m)* investment performance; *Syn.: Anlageergebnis*
Anlagefonds *n (m)* investment fund
Anlagegegenstand *n (m)* capital asset; investment
Anlagegesellschaft *n (f)* investment fund; investment trust
Anlageimmobilien *n/pl (f)* income producing real estate; (IAS 40) investment property
Anlagekapital *n (n)* fixed capital; capital assets
Anlageklasse *n (f)* asset class
Anlagekosten *n/pl* capital expenditure; initial cost; installation costs
Anlagemarkt *n (m)* investment market
Anlageliegenschaft *n (f)* investment property
Anlagemix *n (m) Fin* investment mix, portfolio mix
Anlagenabgänge *n/pl (m)* asset disposals
Anlagenbau *n (m)* general plant construction; plant engineering and construction
Anlagenbetreiber *n (m)* plant operator
Anlagenbewertung *n (f)* asset valuation
Anlagenbuch *n (n)* fixed asset ledger; fixed asset register

a

Anlagenerweiterung *n (f)* plant extension
Anlagengröße *n (f)* plant capacity; plant size
Anlageninvestition *n (f)* capital investment
Anlagenkartei *n (f)* fixed assets register
Anlagenkarten *n/pl (f)* fixed assets cards
Anlage(n)käufe *n/pl (m)* portfolio buying; acquisition of investments
Anlagenkomponente *n (f)* plant component
Anlagenkonto *n (n) Fin* → Sachanlage(n)-konto
Anlagenkonzeption *n (f)* plant design
Anlagensanierung *n (f)* plant refurbishment
Anlagenteil *n (m)* plant component
Anlagepolitik *n (f)* investment policy
Anlagespiegel *n (m) Fin* analysis of fixed assets; development of fixed assets
Anlagestrategie *n (f)* investment strategy; portfolio selection
Anlagevermittler *n (m)* investment broker
Anlagevermögen *n (n)* fixed assets; financial assets; non-current assets; permanent investment; property; **abnutzbares Anlagevermögen** *n (n)* depreciable fixed assets; **bewegliches Anlagevermögen** *n (n)* mov(e)able assets; non-real estate fixed assets
Gegenstand des Anlagevermögens *n (m)* capital asset
Anlagevermögen zum Nettobuchwert *n (n)* fixed assets at net book value
Anlagevorschriften *n/pl* investment regulations → Investmentgesetz
immaterielle Anlagewerte *n/pl (m)* intangible fixed assets
Anlass *n (m)* occasion; cause; reason
Anlaufkosten *n/pl* launch costs; business set-up costs; initial development costs; start-up costs; start-up expenses
Anlaufverluste *n/pl (m)* initial losses; losses on start-up
Anlaufwert *n (m)* starting value; starting characteristics
anlegen *v/t* apply (to); invest (into) (to)
Anlegeplatz (für Boote) *n (m)* wharf; mooring; pier
Anleger *n (m)* investor; **institutioneller Anleger** *n (m)* institutional investor; **passiver Anleger** *n (m)* passive investor
Anlegerrisiko *n (n)* investor's risk
Anleihe *n (f)* bond; loan; **öffentliche Anleihen** *n/pl (f)* public-sector bonds (or securities); **zinsvariable Anleihe** *n (f)* floating rate note
Anleihekapital *n (n)* loan capital; debenture (bond) capital
Anleitung *n (f)* guidance; instructions
Anlieferung *n (f)* delivery
anliegend *adj* adjoining; adjacent; neighbouring
Anlieger *n (m)* resident; abutting owner; abutter; frontager (US); **Anliegergebrauch** *n (m)* use (e.g. of a road) by adjacent owners; **Anliegergebühren** *n/pl* development charges levied by a municipality on properties fronting public roads; **Anliegergewässer** *n (n)* river or lake adjoining and owned by landowner; **Anliegerkosten** *n/pl* costs for roads and services (with development sites); **Anliegerstraße** *n (f)* frontage road; service road; frontage street; side-street; private road
Anmeldung *n (f)* registration; notification; declaration
Anmerkung *n (f)* comment; remark; note
anmieten *v/t* anchor (to)
Anmietrecht *n (n)* first option on letting, right of first refusal on letting
Annäherung *n (f)* approximation; convergence; approach
Annahme *n (f)* receipt (e.g. of goods); acceptance; assumption; limiting condition; **bedingte Annahme** *n (f)* qualified acceptance; conditional acceptance; **nicht bestätigte Annahme** *n (f)* unsupported assumption; unconfirmed assumption; **grundlegende Annahmen** *n/pl (f)* fundamental assumptions; underlying assumptions; **konservative Annahme** *n (f)* conservative assumption; cautious assumption
Annahmevermerk *n (m)* (note of) acceptance
Annahmewert *n (m)* assumed value
annehmen *v/t* accept (to); assume (to); hypothesize (to); **nicht annehmen** *v/t* reject (to)
Annonce *n (f)* advertisement, ad; *Syn.: Anzeige*
Annuität *n (f)* annuity; annual payment; **fallende Annuität** *n (f)* decreasing annuity; **nachschüssige Annuität** *n (f)* ordinary annuity

Annuitätendarlehen *n (n)* annuity loan; self-amortizing loan/mortgage; level-payment mortgage; constant payment loan; **Annuitätenfaktor** *n (m)* annuity factor; **Annuitätenhypothek** *n (f)* constant payment mortgage (CPM); amortisation mortgage; redemption mortgage; **Annuitätenmethode** *n (f)* annuity method, compound interest method

annullierbar *adj* voidable; defeasible

annullieren *v/t* invalidate (to); revoke (to); rescind (to)

Annullierung *n (f)* revocation; defeasance; cancellation; **Annullierungskosten** *n/pl* cancellation charge

Anonymisierung *n (f)* anonymization

Anordnung *n (f)* order; layout; disposal; format; ordinance

anpassen (an) *v/t* adapt to (to); fit (to); gear (to)

Anpassung *n (f)* adaptation; adaption; adjustment; accommodation (compromise); **Anpassung an die Marktlage** *n (f)* adjustment for current market conditions; **Anpassung des Prozentsatzes** *n (f)* percentage adjustment

quantitative Anpassung *n (f) Fin* quantitative adjustment

Anpassungsgesetz *n (n)* amendment law; **Anpassungsintervall** *n (n)* period between changes; (e.g. rent reviews); **Anpassungsklausel** *n (f)* index clause; adjustment clause; escalator clause (US); **Anpassungsmaßnahme** *n (f)* change in the rules; **Anpassungsperiode** *n (f)* period of adjustment; **Anpassungsrendite** *n (f)* reversionary yield; yield on reversion; **Anpassungszeitraum** *n (m)* period of adjustment; time allowed for change(s)

anpflanzen *v/t* plant (to)

Anpflanzung *n (f)* cultivation; planting

Anrainer *n (m)* neighbour(ing owner); adjoining owner; abutting owner; abutter; **Anrainerstaat** *n (m)* bordering country (state); riparian state

anrechnen *v/t* credit (to); count against (to); credit against (to); set off (to)

Anrechnung *n (f)* charge; debit; imputation; mode of assessment; mode of imputation; **Anrechnung ausländischer Steuern** *n (f)* foreign tax credit

Anrechnungsmethode *n (f)* method of calculating credit in tax treaties

Anrechnungsüberhang *n (m)* excess (unused) tax credit

Anrechnungsverfahren *n (n)* imputation system; tax credit system

Anrechnungswert *n (m)* accepted value

Anrecht *n (n)* right; interest; claim; entitlement

Anregung *n (f)* encouragement; proposition

Anreicherung *n (f)* enrichment; accumulation

anreißen *v/t* trace (to); scribe (to); break into (to)

Anreiz *n (m)* inducement; incentive; sweetener

Anrichte *n (f)* side board

anrufen *v/t* appeal to (to)

Ansage *n (f)* announcement; declaration

ansammeln *v/t* collect (to); pile up (to)

Ansammlung *n (f)* collection; accumulation; conglomeration

Ansatz *n (m)* estimate, approach; (Bilanz) recognition; **Ansatz von Vermögenswerten** *n (m)* recognition of assets

Ansatzfehler in einer Gleichung *n (m)* error in an equation

Ansaugpumpe *n (f)* suction pump;

Ansaugschacht *n (m)* suction duct

Ansaugtrakt *n (m)* suction parts; intake system

anschaffen *v/t* buy (to); acquire (to); invest (in sth.) (to)

Anschaffung *n (f)* procurement; acquisition; purchase

Anschaffungsgebühren *n/pl (f)* initial charge; initial payment; purchase fee; down payment

Anschaffungskosten *n/pl* historic(al) cost; book cost; acquisition costs; costs of acquisition; closing costs; costs of production; cost of purchase; initial costs; purchase cost; **Anschaffungskosten von Investitionsobjekten** *n/pl* initial investment; original cash investment; original cash outlay

fortgeführte Anschaffungskosten *n/pl* amortized cost; depreciated historic costs; **historische Anschaffungs- oder Herstellungskosten** *n/pl* historical costs; **nachträgliche Anschaffungskosten** *n/pl* subsequent expenditure; **ursprüngliche Anschaffungskosten** *n/pl* historical costs; original acquisition costs

a

Anschaffungskostenprinzip *n (n)* historical cost concept; historical cost method; original cost principle method

anschaffungsnaher Aufwand *n (m) Tax* expense(s) closely related to the acquisition of an asset, regarded as capital expenditure and therefore not directly deductible from current income for tax purposes

Anschaffungsnebenkosten *n/pl* incidental acquisition cost; incidental acquisition expenses; sundry acquisition expenses; transaction costs; purchaser's costs

Anschaffungspreis *n (m)* cost price; purchase price

Anschaffungstermin *n (m)* date of acquisition

Anschaffungswert *n (m)* net cash outflow; acquisition value; cost value; prime cost; **Anschaffungswertmethode** *n (f) Fin* cost model (IAS 16); cost value method; legal basis method

Anschaffungszeitpunkt *n (m)* date of acquisition

Anscheinsvollmacht *n (f)* ostensible authority; apparent authority; constructive authority; apparent power of representation

Anschlag *n (m)* placard; **Anschlagbrett** *n (n)* billboard; **Anschlagfläche** *n (f)* hoarding

anschließen *v/t* connect (to); link (to); plug into (to)

anschließend *adj* subsequent; consecutive(ly); *Syn.: nachfolgend*

Anschluss *n (m)* connection; (AE) connexion; (technische Anlagen) installation; supply; **direkter Anschluss** *n (m)* direct connection; **indirekter Anschluss** *n (m)* indirect connection

Anschlussdurchmesser *n (m)* connection diameter; thread diameter

Anschlusseisen *n (n)* starter bar; splice bar

Anschlussfinanzierung *n (f)* follow-up financing; **Anschlussgebühren** *n* connection charges; e.g. utilities

Anschlussgeschäft *n (n)* roll over deal; follow-up contract

Anschlussgewinde *n (n)* connection thread

Anschlusskabel *n (n)* connecting cable

Anschlusskanal *n (m)* connection duct

Anschlusskosten *n/pl* connection costs; e.g. utilities; **Anschlusskostenbeitrag** *n (m)* connection rate; connection charge

Anschlusskunde *n (m)* client (for services e.g. gas)

Anschlussleitung *n (f)* connection line; service pipeline; branch line

Anschlussplatte *n (f)* connector plate

Anschlussstecker *n (m)* connector plug

Anschlusssystem *n (n)* fitting system; connecting system

Anschlusstechnik *n (f)* connection technology

Anschluss- und Kundenanlagen *n/pl (f)* connection and customer installation

Anschlussvermietung *n (f)* renewal or extension of an existing lease; reletting (to a new tenant) after expiry of an existing lease

Anschlussverrohrung *n (f)* connection pipe work

Anschlusswert *n (m)* connected (heat) load

Anschneidung *n (f)* separation (of an agricultural or grassland area by an authority)

Anschreiben *n (n)* cover note; letter (of transmittal); **persönliches Anschreiben** *n (n)* covering letter

Anschrift *n (f)* address

Anschwemmung *n (f)* alluvium; alluvion

ansehnlich *adj* considerable; sizeable

ansetzen *v/t* estimate (to); put at (to); report (to); show (to); state (to)

Ansicht *n (f)* view; opinion; **zur Ansicht** on approval

Ansiedlung *n (f)* housing estate; (housing) settlement; settling (of new occupiers)

ansparen *v/t* save up (to)

Anspargrad *n (m)* ratio of amount saved (→ Bausparguthaben) to principal (→ Bausparsumme) in a → Bausparvertrag with a building society or bank

Ansprache *n (f)* address; speech

Ansprechpartner *n (m)* contact person; person to get in touch with

Anspruch *n (m)* entitlement; claim; demand; **einen Anspruch aufgeben** *v/t* abandon a claim (to); **Ansprüche geltend machen** *v/t* make (or lodge) a claim (to); **in Anspruch nehmen** *Law* make a claim (for sth.) (to), take legal action (for sth) (to)

abgeleiteter Anspruch *n (m)* derivative claim; derived claim; **bedingte Ansprüche** *n/pl (m)* contingent claims; **fälliger An-**

a

spruch *n (m)* matured claim; **obligatorischer Anspruch** *n (m)* chose in action; equitable interest; **schuldrechtlicher Anspruch** *n (m)* right in personam; **vermögensrechtlicher Anspruch** *n (m)* financial (or pecuniary) claim; interest in property; **zukünftiger Anspruch** *n (m)* → Anwartschaft

Anspruch auf Anrechnung *n (m)* right of set-off;

Anspruchsabtretung *n (f)* assignment of claim

Anspruchsberechtigter *n (m)* (rightful) claimant; beneficiary

Anspruchsverwirkung *n (f)* forfeiture of claim

Anspruchsverzicht *n (m)* abandonment of claim; waiver of claim

ansteigen *v/i* rise (to); increase (to)

Anstieg *n (m)* increase; rise; **schneller Anstieg** *n (m)* rapid rise

anstoßen *v/t* abut (to); adjoin (to)

anstreichen *v/t* paint (to)

Anstrich *n (m)* painting; coating (e.g. on concrete); coat of paint; painting work

anströmen *v/i* flow against (to); blow against (to)

Anströmgeschwindigkeit *n (f)* flow rate

Anteil *n (m)* share; interest; portion; amount; stake; **Anteil am Eigentum** *n (m)* fractional ownership; share of ownership; **Anteil an der Erbschaft** *n (m)* share of the inheritance; **Anteile an assoziiertem Unternehmen** *n/pl (m)* investments in associated companies; **Anteile an Tochterunternehmen** *n/pl (m)* investments in subsidiaries

eigene Anteile *n/pl (m)* own shares; treasury stock; **stimmberechtigte Anteile** *n/pl (m)* voting stock

anteilig *adj* pro rata; proportionate(ly); **anteilig verteilen** *v/t* prorate (to); distribute on a pro-rata basis (to)

Anteilinhaber *n (m)* unit-holder; investor in a capital investment company

Anteilseigentümer *n (m)* part owner; shareholder

Anteilseigner *n (m)* equity holder; shareholder; stockholder

Anteilsfinanzierung *n (f)* financing of shares, equity finance

Anteilsmiete *n (f)* proportion of rent

Anteilwert *n (m)* share value

Antenne *n (f)* aerial; antenna (US); **integrierte Antenne** *n (f)* integrated aerial; internal aerial (antenna US)

Antidiskriminierungsgesetz → Allgemeines Gleichbehandlungsgesetz

antizyklisch *adj* counter-cyclical

Antrag *n (m)* proposition; proposal; application; request

Antragsberechtigter *n (m)* party entitled to make an application

Antragsprinzip *n (n)* application principle; changes e.g. in the land register can only be made after formal notification

Antrieb *n (m)* impetus; motivation; boost

Antrittsfläche *n (f)* entrance area (of a building)

Antwort *n (f)* answer; reply

Anwachsungsklausel (in Testamenten) *n (f)* clause of accrual

Anwalt *n (m)* solicitor; counsel; attorney; advocate; **Anwaltsgebühren** *n/pl (f)* legal fees; attorney fees; attorney's fees; **Anwaltssozietät** *n (f)* firm of lawyers; law firm; chambers

Anwärter *n (m)* claimant; reversioner

Anwartschaft *n (f)* future interest; reversion; entitlement; expectancy; **bedingte Anwartschaft** *n (f)* contingent remainder

anwartschaftlich *adj* reversionary

Anwartschaftsberechtigter *n (m)* prospective beneficiary, reversioner; person entitled in expectancy

Anwartschaftsrecht *n (n)* reversionary interest; remainder; contingent right

Anweisung *n (f)* order; (official) notice; ordinance

anwendbar *adj* applicable; practicable

Anwendbarkeit *n (f)* applicability; practicability

anwenden auf *v/t* apply to (to)

Anwender *n (m)* user

Anwendung *n (f)* application; utilization; **Anwendungsbereich** *n (m)* scope of use; operative range; field of application; range; scope (of application); **Anwendungshandbuch** *n (n)* application manual; handbook; **Anwendungshilfe** *n (f)* guidance note; instructions for use; **erstmaliger Anwendungszeitpunkt** *n (m)* effective date

Anwesen *n (n)* messuage; premises

Anwesenheitsliste *n (f)* attendance list; register

a

Anzahl *n (f)* number; quantity; **Anzahl der Arbeitnehmer** *n (f)* employee numbers; number of employees
genügende Anzahl *n (f)* sufficient number; **hinreichende Anzahl** *n (f)* sufficient number; adequate number

Anzahlung *n (f)* advance; advance payment; deposit; earnest money (US); front money (US); prepayment; up-front money (US); down payment

Anzeige *n (f)* display (computer); notification; index; advertisement

Anzeige der Vergangenheitswerte *n (f)* indication of previous figures

anzeigen *v/t* notify (to); report (to the police) (to)

Anzeigepflicht *n (f)* duty of disclosure; obligation to give notice

Anziehungskraft *n (f)* attraction; force of attraction, weight; **Anziehungskraft eines Einkaufszentrums** *n (f)* attractiveness (drawing power) of a shopping centre; retail gravitation

anzielen *v/t* target (to)

anzweifeln *v/t* doubt (to); question (to); dispute (to)

AO *n (f)* → Abgabenordnung

Apartment *n (n)* → Appartement; **Apartmenthotel** *n (n)* apartment hotel; **Apartmentsiedlung** *n (f)* apartment district; residential area consisting (mainly) of apartment buildings

aperiodisch *adj* aperiodic; acyclic

Apotheke *n (f)* pharmacy; chemists

Appartement *n (n)* flat; flatlet; apartment; one-room apartment

Applikation *n (f)* application

Äquivalenz *n (f)* equivalence; **Äquivalenzprinzip** *n (n)* principle of equivalence

Ar *n (n)* are (100 sq m)

A-Rahmen *n (m)* a-frame

Arbeit *n (f)* labour; work; **selb(st)ständige Arbeit** *n (f)* independent work(ing); self-employment; **unselb(st)ständige Arbeit** *n (n)* employment; (econ.) dependent personal services

Arbeitgeber *n (m)* employer

Arbeitgeberanteil Lohnsteuer und Sozialabgaben *n (m)* employer's payroll taxes and social security contributions

Arbeitgeberdarlehen *n (n) Fin* loan by employer to employee

Arbeitnehmer *n (m)* employee

Arbeitsablaufdiagramm *n (n)* control diagram; flow chart; flow diagram; flow sheet; labor explosion chart; procedure diagram

Arbeitsamt *n (n)* employment office; employment exchange; job center

Arbeitsantritt *n (m)* (date of) commencement of work; (date of) taking up a job

Arbeitsblatt *n (n)* worksheet; spreadsheet

Arbeitsbühne *n (f)* working platform

Arbeitsgang *n (m)* work cycle; (one) process cycle

Arbeitsgemeinschaft *n (f)* syndicate; contractual joint venture; consortium

Arbeitsgemeinschaft (ARGE) *n (f)* consortium of builders acting as general contractor; joint venture; special partnership

Arbeitskosten *n/pl* labour costs

Arbeitskraft *n (f)* worker; employee; manpower; **Arbeitskräfte** *n/pl (f)* employees; workforce; labour force; **Arbeitskräfte einer Fabrik** *n/pl (f)* labour (or work) force of a factory

Arbeitslosenquote *n (f)* unemployment rate

Arbeitslosigkeit *n (f)* unemployment

Arbeitsmarkt *n (m)* labor markets; job market

Arbeitsorganisation *n (f)* → Internationale Arbeitsorganisation

Arbeitsortprinzip *n (n)* place-of-work principle (for tax or statistical/economic classification)

Arbeitspapier *n (n)* exposure draft; working papers

Arbeitsplatz *n (m)* workplace; job; work station; **Arbeitsplatzrechner** *n (m)* desktop computer; PC work station

Arbeitsraum *n (m)* working space; work room; work space

Arbeitsschutzbestimmungen *n/pl (f)* (industrial) health and safety regulations

Arbeitsstätte *n (f)* workplace; place of work; **Arbeitsstättenzählung** *n (f)* census of employment

Arbeitsunfähigkeit *n (f)* unfitness for work; disability

Arbeitsverhältnis *n (n)* employment; **befristetes Arbeitsverhältnis** *n (n)* temporary employment contract

Arbeitswoche *n (f)* working week (GB); workweek (US)

Arbeitszeichnung *n (f)* working drawing

Arbeitszeit *n (f)* working hours
Arbeitszeugnis *n (n)* (employer's) reference (GB); recommendation (US); leaving certificate
Arbeitszimmer *n (n)* workroom; home office; den; study
Arbitrage *n (f)* arbitrage; **Arbitragerechnung** *n (f)* arbitrage calculation
Architekt *n (m)* architect; **bauleitender Architekt** *n (m)* architect directing construction work
Architektenbindung *n (f)* engagement of a specific architect tied to a building agreement
Architektengebühr *n (f)* architect's fee
Architektenhaftpflichtversicherung *n (f)* architect's liability insurance
Architektenkammer *n (f)* professional body of architects in Germany; official chamber of architects
Architektenleistungen *n/pl* architectural services
Architektenliste *n (f)* official register of architects
Architektenvertrag *n (m)* architect's contract
Architektenwettbewerb *n (m)* architectural competition
Architektur *n (f)* architecture
Architekturmodell *n (n)* architectural model
Architekturstil *n (m)* architectural style
Archiv *n (n)* filing-room; storage (of records)
Archivar *n (m)* archivist; registrar
Archivraum *n (m)* filing-room
Areal *n (n)* separate piece of land; area (of e.g. a site or the floor area of a building in sq m etc.); district (particularly residential)
ARGE-Klausel *n (f)* ARGE-clause; common clause in commercial liability insurance: limits maximum compensation in proportion with the insured's share in a consortium or joint venture and excludes cross-claims between consortium members → Arbeitsgemeinschaft
Ärgernis *n (n)* nuisance; **öffentliches Ärgernis** *n (n)* public nuisance; scandal
arglistig *adj* deceitful; fraudulent
Argument *n (n)* argument (for or against sth.); case
Argumentation *n (f)* reasoning; rationale; argument; **Argumentationswert** *n (m)* weighting of an argument (in decision making)
argumentieren *v/i* argue (to); reason (to)
Arkade *n (f)* arcade; colonnade; **Arkadenhof** *n (m)* arcaded courtyard
Armatur *n (f)* armatuer; mounting; gate valve
Armenhaus *n (n)* workhouse (obsolete); poorhouse (obsolete)
Armierung *n (f)* *ArCo* (concrete) reinforcement; *Syn.: Bewehrung*
Armutsgrenze *n (f)* poverty line
dinglicher Arrest *n (m)* attachment (of goods etc.); arrest in rem
Arrondierung *n (f)* consolidation; plottage; (site) assembly; rounding-off (property by purchase); **Arrondierungsfläche** *n (f)* parcel of land required (or acquired) to round-off a property; e.g. to form a contiguous unit or to facilitate or enhance development potential; **Arrondierungskauf** *n (m)* purchase of land for the purpose of consolidation; rounding-off buying
Art *n (f)* type (of); **Art und Maß der baulichen Nutzung** *n* allowable extent of development; land use zoning; type of zoning; type of development (allowed under e.g. a development plan); **Art und Weise** *n (f)* mode; manner; method; way (of doing sth.)
Ärztehaus *n (n)* health clinic, medical centre
Asbest *n (m)* asbestos; **asbesthaltiges Material** *n (n)* asbestos-containing material (ASM)
Asbestplatte *n (f)* asbestos sheet
Asbestzement *n (m)* asbestos cement; cement asbestos; **Asbestzementplatte** *n (f)* asbestos-cement sheet; **Asbestzementrohr** *n (n)* asbestos-cement pipe; **Asbestzementschiefer** *n (m)* asbestos-cement shingle(s) or roof tiles; **Asbestzementverkleidung** *n (f)* asbestos-cement lining; asbestos-cement cladding
Ascheabzug *n (m)* ash drain; cinder outlet; **Aschebunker** *n (m)* ash bunker
asiatische Option *n (f)* Asian option
Asphalt *n (m)* asphalt; **Asphaltbeton** *n (m)* asphalt; bituminous concrete; **Asphaltdecke** *n (f)* asphalt surface; blacktop; **Asphaltfußboden** *n (m)* asphalt floor; asphalt flooring; asphaltic floor; mastic flooring

a

Assistent *n (m)* assistant; **technische Assistenz** *n (f)* technical assistance
Atelier *n (n)* studio
Atrium *n (n)* atrium; **Atriumhaus** *n (n)* atrium house
attestieren *v/t* certify (to)
Attika *n (f)* attic; parapet; **Attikawohnung** *n (f) (CH)* penthouse (apartment), top-floor apartment; *Syn.: Dachwohnung*
Attraktivkraft der Betriebsstätte *n (f)* power of attraction of the business premises
Attribute *n/pl (n)* attributes; characteristics
auditieren *v/i* audit (to)
Aue *n (f)* meadow; (rich) pasture; water meadow
aufaddieren *v/t* add up (to)
aufarbeiten *v/t* finish off (to); clear (to); process (to)
Aufarbeitung *n (f)* refurbishment; overhaul; **Aufarbeitungsverfahren** *n (n)* regeneration process
Aufbau *n (m)* erection (process); structure; layout; mounting; building-up; superstructure; **Aufbaudarlehen** *n (n)* reconstruction loan; development loan; **Aufbaufinanzierung** *n (f)* financing for new companies and organisations; financing of (post-war) reconstruction; **Aufbauhypothek** *n (f)* development mortgage
aufbauen *v/t* build (to); set up (to); establish (to); build up (to)
aufbauend *adj* constructive; synthesizing
Aufbereitung *n (f)* preparation; conditioning; reclamation; **Aufbereitungsanlage** *n (f)* reprocessing plant; treatment plant; **Aufbereitungsverfahren** *n (n)* preparation process
Aufbesserung *n (f)* improvement; increase; raise (salary)
Aufbewahrung *n (f)* safekeeping; storage; custody; **Aufbewahrungsfrist** *n (f)* retention period; **Aufbewahrungsort** *n (m)* depository; place of storage
aufbürden *v/t* impose (to); saddle (with) (to)
Aufdeckung *n (f)* disclosure; bringing out into the open; exposure
Aufenthalt *n (m)* place of residence; stay; wait (delay); **gewöhnlicher Aufenthalt** *n (m)* habitual abode; normal place of residence
Aufenthaltserlaubnis *n (f)* permission to reside
Aufenthaltsort *n (m)* place of residence; place of abode; whereabouts; **ständiger Aufenthaltsort** *n (m)* residence
Aufenthaltsraum *n (m)* common room; day-room; lounge
auferlegen *v/t* impose (to)
Auffahrrampe *n (f)* ramp
auffällig *adj* eye-catching; notable; conspicuous; flashy (colloq.)
Auffangvorschrift *n (f)* catch-all clause; residuary clause; *Syn.: Auffangbestimmung*
Auffassung *n (f)* view; opinion; interpretation; **falsche Auffassung** *n (f)* misconception; misapprehension
Aufforstung *n (f)* afforestation; reafforestation; restocking
aufführen *v/t* list (to); present (to); represent (to)
Auffüllung *n (f)* backfill; replenishment
Aufgabe *n (f)* task; waiver; surrender; abandonment; assignment; **hoheitliche Aufgaben** *n/pl (f)* sovereign tasks; (central) government responsibilities
Aufgabeerklärung *n (f)* declaration of termination (e.g. of business activities)
Aufgabenstellung *n (f)* terms of reference
aufgeben *v/t* deliver (to); quit (to); abandon (to)
Aufgebotsverfahren *n (n)* cancellation proceedings; procedure for public announcement
aufgeführt *adj* listed; stated; performed
Aufgeld *n (n)* surcharge; (share or bond) premium; (currency etc.) agio
aufgelegt (zur Zeichnung) *adj* open for subscription
aufgeschoben *adj* deferred; postponed
aufgliedern *v/t* break down (to); carve up (to); classify (to); itemize (to); split up (to)
Aufgliederung *n (f)* classification; breakdown; analysis; specification
aufhebbar *adj* voidable; terminable, capable of cancellation
aufheben *v/t* revoke (to); countermand (to); repeal (to); rescind (to); override (to)
Aufhebung *n (f)* termination; rescission; extinguishment; cancellation; avoidance; break-up; reversal; abolition; repeal
aufheizen *v/t* warm up (to); heat up (to)
Aufheizzeit *n (f)* warm-up time; **beschleunigte Aufheizzeit** *n (f)* forced warm-up time

aufkaufen *v/t* buy in (to); buy up (to); forestall (to)
Aufklärungspflichten *n/pl* disclosure requirements
Auflage *n (f)* support; requirement; overlay; (legal) condition; burden; stipulation; (finance) issue; flotation; (printing) edition; print run
Auflagen *n/pl (f)* regulatory constraints; conditions attached to a building permit; qualifications attached to a building permit
Auflager *n (n)* bearing; supports; **freies Auflager** *n (n)* free support
Auflagerdruck *n (m)* bearing pressure
Auflagerpressung *n (f)* bearing pressure
auflassen *v/t* convey (real property) (to)
Auflassung *n (f)* conveyance; conveyance by agreement; common assurance on conveyance of land; formal in rem transfer agreement; notarised conveyance of ownership; **Auflassungsdatum** *n (n)* date of conveyance; **Auflassungsverfügung** *n (f)* vesting order; **Auflassungsvertrag** *n (m)* deed of conveyance; **Auflassungsvormerkung** *n (f)* priority notice protecting conveyance of ownership
Auflast *n (f)* superimposed load; additional load
auflaufen *v/i* accrue (to), accumulate (to)
auflegen *v/t* apply (to); float (an issue) (to); publish (to)
Auflegung *n (f)* issue; imposition; **Auflegung einer Anleihe** *n (f)* flotation
aufleuchten *v/i* light up (to); flash (to); brighten up (to)
aufliegend *adj* overlying
Auflistung *n (f)* schedule; listing
Auflockerung *n (f)* loosening; lowering of density (development)
auflösen *v/t* release (to); liquidate (to); suspend (to); write off (to); terminate (to)
Auflösung *n (f)* withdrawal; cancellation; termination; dissolution; closure; **Auflösung einer Grundschuld** *n (f)* termination of a mortgage; **Auflösung von Mietverhältnissen** *n (f)* termination of tenancies; **Auflösung von Reserven** *n (f)* release of reserves
Aufmachung *n (f)* layout; format
Aufmaß *n (n)* (Verfahren) measurement(s); bill of quantities
aufmauern *v/t* brick up (to)
aufmerksam *adj* attentive; aware (of)
Aufmerksamkeit *n (f)* attention; **öffentliche Aufmerksamkeit** *n (f)* publicity; public attention
Aufnahme *n (f)* absorption; admission; incorporation; take-up; exposure (photograph); **Aufnahme der Geschäftstätigkeit** *n (f)* commencement of business; **Aufnahme von Hypothekendarlehen** *n (f)* mortgage borrowing
geologische Aufnahme *n (f)* geological survey; **topografische Aufnahme** *n (f)* topographical survey
aufnehmen *v/t* take out (to); incorporate (to); take up (to)
Aufopferungsanspruch *n (m)* claim for the concession of land by private landowners for the benefit of the general public; special type of → Ausgleichsanspruch
Aufputzausführung *n (f)* surface mounting (electrical fittings, cabling etc.)
Aufputzinstallation *n (f)* exposed wiring
Aufputzmontage *n (f)* surface mounting; (electrical fittings, cabling etc.); **auf Putz (montiert)** surface mounted (electrical fittings, cables etc.)
Aufrechnung *n (f)* charge; set-off; matching; net settlement; **Aufrechnungsvereinbarung** *n (f)* net settlement; letter of settlement
aufrechterhalten *v/t* perpetuate (to); maintain (to); sustain (to)
Aufriss *n (m)* elevation (plans); **Aufriss eines Häuserblocks** *n (m)* elevation of a residential block
Aufrufsystem *n (n)* paging system
aufschieben *v/t* delay (to); shelve (to); postpone (to)
Aufschlag *n (m)* extra charge; mark-up; spread (fin.)
Aufschließung *n (f)* **1.** *Dev* development of a greenfield site; development of unimproved land; *Syn.: Erschließung*; **Aufschließungsdauer** *n (f)* period for development of a greenfield site; period for development of unimproved land; **Aufschließungskosten** *n/pl* exploration costs (minerals); pre-development cost; (off-site) infrastructure costs; (Austria) infrastructure costs payable to the municipality
Aufschließung *n (f)* **2.** *Val* difference in land value between land zoned for development and improved land

a

aufschlüsseln *v/t* break down (to); apportion (to); classify (to); itemize (to)
Aufschlüsselung *n (f)* breakdown; apportionment; itemisation
Aufschraubschloss *n (n)* rim lock; yale (type) lock
Aufschüttung *n (f)* embankment; landfill; made-up ground
Aufschwung *n (m)* upturn; upswing
Aufseher *n (m)* foreman; overlooker; custodian; supervisor; inspector
Aufsicht *n (f)* supervision; **Aufsichtsorgan** *n (n)* supervisory body; controlling body; **Aufsichtsperson** *n (f)* supervisor
Aufsichtsrat *n (m)* supervisory board; supervisory body; board of directors; **Aufsichtsratsvergütungen** *n/pl (f)* directors' remuneration
aufspalten *v/t* split (up) (to)
Aufstellung *n (f)* schedule; drawing up; list; tabulation; statement
Aufstellung (Maschine) *n (f)* installation; **Aufstellungsraum** *n (m)* installation space; location
Aufstellungsverfahren *n (f) Plan* procedure for formulating and bringing into force planning measures, e.g. → Bebauungsplan, Flächennutzungsplan
Aufstieg *n (m)* advancement; **wirtschaftlicher Aufstieg** *n (m)* economic upswing
Aufstockung eines Gebäudes *n (f)* adding an additional storey (floor) to a building
Aufstockungsklausel *n (f)* topping-up clause; reopening clause
aufteilen *v/t* allot (land) (to); apportion (to); carve up (to); distribute (estate) (to); divide (to); split up (to)
Aufteilung *n (f)* apportionment; allotment; apportion; break-up; partition; **Aufteilung in Bauparzellen** *n (f)* subdivision into building plots
ausgewogene Aufteilung *n (f)* equitable distribution; balanced distribution; **prozentuale Aufteilung** *n (f)* apportionment on a percentage basis
Aufteilungsplan *n (m)* partition plan; constructional drawing approved by the local building department, certifying the apportionment of individual apartments and common elements of a condominium
Auftrag *n (m)* instruction; assignment; mandate; order; commission; **Auftrag zu Festpreisen** *n (m)* fixed-price contract
einen Auftrag durchführen *v/t* carry out an instruction or assignment (to); **in Auftrag geben** authorize (to); charge with (to); commission (to); empower (to); instruct (to); order (to)
Auftraggeber *n (m)* client; principal; employer; mandator; customer; initiator
Auftragnehmer *n (m)* contractor; agent; **Auftragnehmerhaftung** *n (f)* contractor's liability
Auftragsabrechnung *n (f)* job accounting
Auftragsabwicklung *n (f)* order filling; order handling; order processing; sales order processing
Auftragsakquisition *n (f)* canvassing for contracts, generating (new) contracts
Auftragsbestand *n (m)* order book; order backlog; back orders; orders on hand; unfilled orders
Auftragsdurchführung *n (f)* carrying out an order; execution of an order
Auftragserfassung *n (f)* receipt of order
Auftragsgegenstand *n (f)* subject of a contract
Auftragskosten *n/pl* contract supervision
Auftragsüberwachung *n (f)* inspection
Auftragsvergabe *n (f)* (öffentlich/legal) public procurement; award of a public contract mostly refers to contracts from public bodies; (allgemein/general) contract award; contract award process; placing of orders; **öffentliche Auftragsvergabe** *n (f)* public procurement; award of a public contract
Auftragswert *n (m)* contract value; order value
Auftragswesen *n (n)* public procurement; public ordering system
auftreten *v/i* appear (to); arise (to); occur (to)
Auftrieb *n (m)* uplift; heave; impetus
Auftrittsfläche *n (f)* tread (staircase)
Aufwand *n (m)* cost; expense; **allgemeiner indirekter Aufwand** *n (m)* overhead expenses; indirect expenses; **betriebsfremder Aufwand** *n (m)* non-operating expenses; **einmaliger Aufwand** *n (m)* non-recurring expense; **neutraler Aufwand** *n (m)* non-operating expenses
Aufwandersatzanspruch *n (m) Law* tenant's claim to compensation at the end of a lease for improvements he has carried out

a

aufwändig *adj* → aufwendig
Aufwandsentschädigung *n (f)* reimbursement; allowance; expense allowance
Aufwandskonto *n (n)* expense account
Aufwärmung *n (f)* warming-up
Aufwärtsentwicklung *n (f)* upward trend
Aufwärtstrend *n (m)* rising trend; upward trend
aufweisen *v/i* show (to)
aufwendig *adj* costly; laborious; expensive
Aufwendung *n (f)* disbursement; expenses
Aufwendungen *n/pl (f)* outgoings; expense; charges; expenditures; outflows; **abteilungsbezogene Aufwendungen** *n/pl (f)* departmental costs; departmental expenses; **nicht ausgabewirksame Aufwendungen** *n/pl (f)* non-cash expenses; **außergewöhnliche Aufwendungen** *n/pl (f)* extraordinary expenditure; non-recurrent expenditure; **außerordentliche Aufwendungen** *n/pl (f)* extraordinary expenses; **betriebliche Aufwendungen** *n/pl (f)* operating expenses; operating costs; **nachträgliche Aufwendungen** *n/pl (f)* expenditures incurred after purchase; **sonstige Aufwendungen** *n/pl (f)* other expenses; **sonstige betriebliche Aufwendungen** *n/pl (f)* other operating expenses
Aufwendungen aus Beteiligungen *n/pl (f)* loss from investments; **Aufwendungen aus Verlustübernahme** *n/pl (f)* expense from loss transfers; **Aufwendungen des Pächters** *n/pl (f)* leaseholder's costs; leaseholder's (tenant's) improvements; **Aufwendungen für Projektentwicklung** *n/pl (f)* cost of development; **Aufwendungen nach Kaufanpassung** *n/pl (f)* expenditures after purchase adjustment; **Aufwendungen und Erträge** *n/pl* revenue and expense; income and expense (US)
Aufwertung *n (f)* revaluation; enhancement
Aufwuchs *n (m)* growth
Aufzählung *n (f)* enumeration; list
aufzeichnen *v/t* draw (to); write down (to)
Aufzeichnung *n (f)* recording; papers; notes; **öffentliche Aufzeichnung** *n (f)* public record; public recording (of a radio or TV program(me))
aufzinsen *v/t* accumulate (to); add uncrued interest (to); compound interest (to)
Aufzinsung *n (f)* compounding; accumulation; accumulate interest; compound value; **Aufzinsungsfaktor** *n (m)* interest factor; accumulation factor; amount of £1 ($1)
Aufzug *n (m)* elevator (US); lift (GB); hoist; **Aufzugsanlage** *n (f)* (US) elevator system; elevator equipment; (GB) lift system; lift equipment; lift installation; **Aufzugsschacht** *n (m)* elevator shaft; **Aufzugsvorräume** *n/pl (m)* elevator lobbies; part of entrance hall or corridor adjoining lift doors
Augenblicksverzinsung *n (f)* continuous convertible interest
Auktion *n (f)* auction; **öffentliche Auktion** *n (f)* public auction
Auktionator *n (m)* auctioneer
Auktionshammer *n (m)* gavel; auctioneer's hammer
Ausbau *n (m)* finishes; finishing; fit-out; extension; enlargement; improvement; **Ausbauten in gemieteten Räumen** *n/pl (m)* → Mieterausbau
innerer Ausbau *n (m)* fit-out; internal finishes
Ausbauarbeiten *n/pl (f)* finishes; category A works; completion work; extension work; finishing work; improvement; interior work; **Ausbauarbeiten von Straßen** *n/pl (f)* road improvements
ausbauen *v/t* fit out (to); gear up (to); improve (to); complete (to), finish (to)
ausbaufähig *adj* capable of development; capable of extension; expandable
ausbaufertig *adj* fitted-out (e.g. attic space)
Ausbaufirma *n (f)* finishing contractor; **Ausbaugebiet** *n (n)* development area; **Ausbauhaus** *n (n)* (usually prefabricated) house without finishings, which are left for the purchaser to complete; **Ausbaukosten** *n/pl* fit-out costs; costs of the interior work; **Ausbaulinie** *n (f) Plan* improvement line; **Ausbaumaß** *n (n)* size when completed; **Ausbaumiete** *n (f)* fit-out rent; supplementary rent payable for additional work carried out by the landlord; **Ausbauort** *n (m)* (planning) satellite town; (equipment) location for installation; **Ausbaupotenzial** *n (n)* development potential; **Ausbauqualität** *n (f)* quality of the interior work or fit-out; **Ausbauverhältnis** *n (n)* interior work ratio; ratio of net to gross; ratio of cubic content to usable area

a

Ausbesserungsarbeiten *n/pl (f)* repairs; repair work; making good; patching
Ausbildung *n (f)* qualification; education; training; development; **Ausbildungsvertrag** *n (m)* indenture; articles of apprenticeship/traineeship
Ausblick *n (m)* view; outlook; prospects
Ausblühung *n (f)* efflorescence
ausbuchen *v/t* abandon (to); write-off (to); adjust (fin.) (to); book out (to)
Ausbuchung *n (f)* write-off; discharge; adjustment posting
ausdehnen *v/t* stretch (to); expand (to)
Ausdehnung *n (f)* extension; expansion; extent; scope; range
Ausdehnungsgefäß *n (n)* expansion vessel
auseinandernehmen *v/t* disassemble (to)
Auseinandersetzung *n (f)* argument; quarrel; debate; **interne Auseinandersetzungen** *n/pl (f)* internal arguments; internal feuding (colloq.)
Ausfachung *n (f)* nogging; infilling (e.g. in half-timbering); infill; **Ausfachungsmauerwerk** *n (m)* infill brickwork
Ausfall *n (m)* breakdown; deficiency; default; power-cut; outage; **Ausfälle** *n/pl (m)* failures; power cuts; written-off losses **Ausfallgrube** *n (f)* sludge digestion tank; **Ausfallquote** *n (f)* failure rate; delinquency rate; default rate; **Ausfallrate** *n (f)* default ratio; default rate; failure rate; nonachievement rate; non-response rate; **Ausfallrisiko** *n (n)* default risk; credit risk; risk of default; **Ausfallstraße** *n (f)* arterial road; major road; **Ausfallversicherung** *n (f)* contingency insurance; **Ausfallwahrscheinlichkeit** *n (f)* probability of default
ausfallen *v/i* fail (to); turn out (to); omit (to)
ausfertigen *v/t* issue (to); execute (to); make out (bill) (to)
Ausfertigung *n (f)* execution; dispatch; executed copy; engrossment; drawing-up; **zweite Ausfertigung** *n (f)* counterpart; duplicate
Ausfertigungstag *n (m)* date of issue
Ausfluss *n (m)* discharge; effluent; effluence; **wässriger Ausfluss** *n (m)* aqueous effluent
ausführen *v/t* carry out (to); execute (to); put into effect (to)
Ausführung *n (f)* execution (of contract); design; implementation; type; version; **robuste Ausführung** *n (f)* rugged construction; sturdy design; **stellvertretende Ausführung** *n (f)* vicarious performance
Ausführungsbestimmungen *n/pl (f)* implementation regulations; regulatory statutes
Ausführungsfehler *n (m)* bad workmanship, error in execution; execution defect
Ausführungsgarantie *n (f)* performance guarantee; guarantee of performance
Ausführungsplanung *n (f)* *ArCo* detailed planning; implementation planning of a development project; fifth (of nine) → Leistungsphasen specified by the → Honorarordnung für Architekten und Ingenieure (HOAI), includes detailed drawings, 1:50 or larger scale plans, sections and elevations
Ausführungsqualität von Bauarbeiten *n (f)* quality of workmanship (of building work)
Ausführungsverordnung *n (f)* statutory instrument (SI); regulation
Ausführungszeichnung *n (f)* construction drawing; working drawing
Ausfüllung *n (f)* infilling; filling in (form etc.)
Ausgabe *n (f)* issuance; issue; disbursement; copy; number; **Ausgabe von Gratisaktien** *n (f)* bonus issue; scrip issue **einmalige Ausgabe** *n (f)* non-recurring expense
Ausgabekurs *n (m)* issue price
Ausgaben *n/pl (f)* outgoings; expense; cost of development; cost of work; expenditures; outflows; **Rücklage für unvorhergesehene Ausgaben** *n (f)* contingency sum; **abzugsfähige Ausgaben** *n/pl (f)* deductible expenses; **Ausgaben für Hausverwaltung** *n/pl (f)* property management expenses; **außerplanmäßige Ausgaben** *n/pl (f)* unplanned outlay; unbudgeted expenditure; **einzelhandelsrelevante Pro-Kopf-Ausgaben** *n/pl (f)* *Ret* retail-related expenses per person; **sonstige Ausgaben** *n/pl (f)* miscellaneous expenses; **tatsächliche Ausgaben** *n/pl (f)* actual expenses; actual expenditure; **vermögenswirksame Ausgaben** *n/pl (f)* asset-creating expenditure
Ausgabenbeleg *n (m)* disbursement voucher; receipt
Ausgang *n (m)* exit; egress; way out; **Ausgänge** *n/pl (m)* outgoings; exits

a

Ausgangsprüfung *n (f)* inspection (check) of goods outwards; **Ausgangspunkt** *n (m)* starting point; origin; **Ausgangswert** *n (m)* initial value; basic dimension; base value;

ausgeführt *adj* executed; put into effect; carried out

Ausgleich *n (m)* reconciliation; equilibrium; equalisation (AE: equalization); adjustment; balance; squaring; **Ausgleich auf Nettobasis** *n (m)* settle net

ausgleichen *v/t* balance (to); compensate (to); pay off (to); equalize (to); level out (to); make up the square (to); offset (to); settle (to)

Ausgleichsabgabe *n (f)* (nature protection) compensation charge, e.g. under the nature protecion law (inter alia §§ 18 and 19 Bundesnaturschutzgesetz (BNatSchG) and the civil code); equalisation tax (BE), equalization tax (AE); equalisation charge (BE), equalization charge (AE)

Ausgleichsanspruch *n (m)* equalization claim

Ausgleichsbehörde *n (f)* board of equalization

Ausgleichsbetrag *n (m)* set-off payment (after general improvements to a district); balancing amount; compensation amount; compensatory amount; **Ausgleichsbetragserhebung** *n (f)* charging (or billing) of set-off payments; **Ausgleichsbetragspflicht** *n (f)* liability to pay set-off

Ausgleichsfläche *n (f)* compensatory area

Ausgleichsfonds *n (m)* equalization fund

Ausgleichsforderung *n (f)* equalization claim

Ausgleichsleistung *n (f)* compensation in cash; compensation payment; equalization benefit; financial compensation

Ausgleichsmaßnahme *n (f)* compensation measure

Ausgleichsposten anderer Gesellschafter *n/pl (m)* balancing item for minority interests

Ausgleichsprinzip *n (n)* principle of balance

Ausgleichsschicht *n (n)* levelling course; (in brick- or blockwork etc.)

Ausgleichsstelle *n (f)* board of equalization

ausgliedern *v/t* outsource (to); hive off (to); segregate (to)

Ausgliederung *n (f)* spin-off; outsourcing; separation; exclusion

aushandeln *v/t* negotiate (to)

Aushändigung *n (f)* hand-over; surrender; delivery

ausheben *v/t* dig up (to); excavate (to)

Aushöhlung *n (f)* erosion; cavity

Aushub *n (m)* excavation; **Aushubarbeit** *n (f)* excavation work; **Aushubmaterial** *n (n)* excavated material

Auskehlung *n (f)* channel; groove; niche

Auskleidung(sschicht) *n (f)* coating

Auskommen *n (n)* subsistence; livelihood

Auskragung *n (f)* corbel; projection; overhang

Auskunft *n (f)* information; directory assistance; disclosure; **Auskunftsrecht** *n (n)* right to access (e.g. personal) information; **Auskunftsverkehr** *n (m)* exchange of information

Auslagen *n/pl (f)* expenses; window display (of goods); **Auslagenersatz** *n (m)* allowance; expense allowance; reimbursement of expenses; representation

Auslagerung *n (f)* stock removal; outsourcing

Auslandsfactoring *n (n)* international factoring; multinational factoring; **Auslandsinvestment** *n (n)* investment abroad; i.e. outside Germany; **Auslandswerte** *n/pl (m)* foreign assets

auslassbar *adj* omissible; omitable

auslassen *v/i* omit (from) (to)

Auslasskanal *n (m)* exhaust outlet port

Auslastung *n (f)* occupancy rate (or level); **Auslastungsfaktor** *n (m)* load factor

Auslaufstrecke *n (f)* outflow zone

auslegen *v/t* design (to); design for (to); dimension for (to); lay out (to); interpret (to); **falsch auslegen** *v/t* misinterpret (to); misconstrue (to)

Ausleger *n (m)* cantilever; bracket; **Auslegerkran** *n (m)* boom crane; jib crane

Auslegung *n (f)* construction; interpretation; design; laying; **falsche Auslegung** *n (f)* misinterpretation; **öffentliche Auslegung** *n (f)* public display; public exhibition (e.g. of planning proposals); offer for public subscription

Auslegungsbestimmung *n (f) Law* interpretation clause; *Syn.: Auslegungsklausel;* **Auslegungstemperatur** *n (f)* design temperature; **Auslegungsvorlauftemperatur** *n (f)* specified flow temperature

Auslegungswert *n (m)* design specification; set value

a

ausleihen *v/t* lend (to); borrow (to); loan (to)
Ausleihungen *n/pl (f)* asset exposure; borrowings; lendings (total); total amount loaned; loans receivable
auslesen *v/t* select (to); pick out (to); read (out) (to)
Auslesung *n (f)* readout
Auslobung *n (f)* → öffentliche Auslobung
Auslöschung *n (f)* extinguishment
Ausmauerung *n (f)* cladding; brick-lining
ausmessen *v/t* measure (up) (to); gage (to); gauge (to)
Ausnahme *n (f)* exception; **Ausnahmefall** *n (m)* special case; exception; exceptional circumstances; **Ausnahmegenehmigung** *n (f)* waiver; building permit based upon exemption; **Ausnahmeklausel** *n (f)* exception clause; escape clause; **Ausnahmeregelung** *n (f)* exception; exception clause; **Ausnahmevorschrift** *n (f)* derogation rule; exception rule
Ausnutzbarkeit *n (f)* lit. usability; the type an extent of allowable development on a site
Ausnutzung *n (f)* exploitation; saturation; utilisation; extent of development; improvement; **Ausnutzung der Kapazität** *n (f)* utilization of capacity
Ausnutzungsdauer *n (f)* utilization time; utilization period; **Ausnutzungsdauer der Wärmeengpassleistung** *n (f)* plant utilization period based on maximum heat
Auspendler *n (m)* commuter (from somewhere)
ausrechnen *v/t* bill (to); calculate (to); charge (to); compute (to); figure out (to) (US); invoice (to)
ausreichend *adj* adequate; sufficient
Ausreißer *n (m)* outlier
Ausrichtung *n (f)* alignment; orientation
ausrüsten *v/t* fit out (to); equip (to)
Ausrüstung *n (f)* finishing; fitting-out; plant; equipment
Aussage *n (f)* declaration; deposition; **widersprüchliche Aussage** *n (f)* inconsistent statement
aussagefähig *adj* meaningful; informative
Aussagekraft *n (f)* significance; informative value
Ausschalen *n (n)* removal or dismantling of (concrete) shuttering; striking of formwork
Ausschalter *n (m)* circuit breaker; one way switch
Ausschaltung eines Vermittlers *n (f)* cutting out the middleman; desintermediation
Ausschalzeiten *n/pl (f)* setting (curing) times (concrete)
Ausscheiden *n (n)* retirement; withdrawal
ausschlachten *v/t* cannibalise (to); exploit (to)
ausschließen *v/t* exclude (to); except (to); lock out (to)
ausschließlich *adv* exclusively; solely
Ausschluss *n (m)* exclusion; debarment; disqualification; **Ausschluss der Haftung** *n (m)* exclusion of liability; *Syn.: Haftungsausschluss*
Ausschreibung *n (f)* tender; invitation to treat; invitation to tender; **beschränkte Ausschreibung** *n (f)* closed tender; limited invitation to tender; **förmliche Ausschreibung** *n (f)* formal call for tenders; **öffentliche Ausschreibung** *n (f)* → Vergabeverfahren: offenes Verfahren
Ausschreibungsbedingungen *n/pl (f)* bidding (or offer) conditions; tender conditions; **Ausschreibungstext** *n (m)* tender documents; information for tenderers; **Ausschreibungsunterlagen** *n/pl (f)* tender documents; specification; **Ausschreibungsverfahren** *n (n)* tendering procedure
Ausschuss *n (m)* **1.** board, committee; **2.** waste, defective goods; **Ausschussstücke** *n/pl (n)* rejects
Ausschüttung *n (f)* distribution; disbursement; dividend; payout; **Ausschüttungsbeschluss** *n (m)* dividend resolution
ausschüttungsbedingte Teilwertabschreibung *n (f)* current-value depreciation conditional on distribution; distribution-induced write-off of a shareholding
Außenanlagen *n/pl (f)* grounds; exterior features (landscaping, parking etc.); outdoor facilities
Außenansicht *n (f)* exterior view; elevation
Außenbeleuchtung *n (f)* exterior lighting; outdoor illumination; outdoor lighting
Außenbereich *n (m)* white land (planning); outskirts; exterior; unallocated (unzoned) land
Außenbeschaffenheit *n (f)* surface condition; exterior condition

Außenbezirk *n (m)* outlying district; outskirts
Außendämmung *n (f) ArCo* exterior insulation
Außendruck *n (m)* external pressure; outside pressure
Außendurchmesser *n (m)* outside diameter; external diameter
Außenfenster *n (n)* outer window; outside window; storm window
Außenfläche *n (f)* (land) open area, outside area (e.g. garden or open storage); (object/building) external surface (area)
Außenfühler *n (m)* outside sensor
Außenfunier *n (n)* outer veneer
Außengewinde *n (n)* outside thread
Außenhandel *n (m)* foreign commerce
Außenhülle *n (f)* outer skin; shell
Außenkante *n (f)* outside edge; outer edge
Außenlager *n (n)* outside storage area; field warehouse
Außenluft *n (f)* outside air
Außenmaße *n/pl (n)* exterior dimensions
Außenprüfung *n (f)* tax auditing; filed auditing
Außenputz *n (m)* render; exterior plaster
Außenschale *n (f)* outer skin; surface
Außenseite *n (f)* outside; exterior
Außenstände *n/pl (m)* accounts receivable (A/cs Rec.); debt outstanding; debts receivable; outstanding accounts; receivables outstanding; uncollected receivables
Außenstelle *n (f)* branch office; sub-office; outpost
Außensteuergesetz (AStG) *n (n) Law* German international transactions tax act
Außentemperatur *n (f)* outside temperature; outdoor temperature
Außenthermostat *n (n)* outside thermostat
Außentreppe *n (f)* flyers; outdoor staircase; outdoor stairs
Außentür *n (f)* exterior door; external door
Außenverkleidung *n (f)* exterior cladding; siding
Außenwand *n (f)* exterior wall; envelope (building); external wall; **Außenwandverkleidung** *n (f)* wall cladding; siding
Außenwerbung *n (f)* outdoor advertising
Außenwerk *n (n)* outwork (of a castle); barbican
Außenwohnbereich *n (m)* outside accommodation (e.g. for staff); outlying residential area
Außenzimmer *n (n)* outside room (e.g. terrace or balcony)
Außerbetriebnahme *n (f)* decommissioning; abandonment
außergewöhnlich *adj* extraordinary; exceptional
außerhalb (von) *adj* outside; beyond (of)
Außerkrafttreten *n (n)* waiver; becoming void; going out of force (regulations etc.)
außerordentlich *adj* exceptional; extraordinary
Aussetzung *n (f)* stay (legal); suspension; waiver
Aussicht *n (f)* view; prospect; **befriedigende Aussichten** *n/pl (f)* satisfactory prospects
Aussichtsrecht *n (n)* right to maintenance of a view; (prohibition of development or tree planting etc.)
Aussichtsturm *n (m)* observation tower; gazebo; belvedere
Aussiedlerhof *n (m)* isolated farm, farm located outside a village
Aussöhnung *n (f)* reconciliation
aussondern *v/t* sort out (to); segregate (to)
Aussonderung *n (f)* selection; segregation
Aussparungen *n/pl (f)* recesses and openings
Aussparungsplan *n (m)* recessed drawing showing service shafts, openings etc.
ausstatten *v/t* fit out (to); equip (to)
Ausstattung *n (f)* fit-out; structure; equipment; decor; furnishings; **Ausstattung mit Vermögenswerten** *n (f)* endowment
Ausstattungsoptionen *n/pl (f)* upgrades (in fit-out etc.)
Aussteifung *n (f)* bracing; strutting; reinforcement; **Aussteifungsstäbe** *n/pl (m)* bracing struts; **Aussteifungsstrebe** *n (f)* brace
Aussteller *n (m)* maker; issuer; exhibitor
Ausstellfenster *n (n)* → Klappflügelfenster
Ausstellung *n (f)* exhibit; exhibition; exposition; display; fair; show; issue (documents etc.); **Ausstellungsdatum** *n (n)* date of issue; **Ausstellungsfläche** *n (f)* exhibition space; **Ausstellungsgebäude** *n (n)* exhibition building; **Ausstellungsgegenstände** *n/pl (m)* equipment for trade shows; exhibits; **Ausstellungsgelände** *n (n)* exhibition grounds; (trade) fair grounds; **Ausstellungsraum** *n (m)* showroom

a

Ausstieg aus einer Beteiligung *n (m)* exit (from an investment etc.)
Austausch *n (m)* replacement; exchange; **Austauschzähler** *n (m)* meter for replacement; replacement meter
ausüben *v/i* carry out (to); exercise (to)
Ausübungspreis *n (m)* exercise price
Ausübungszeitpunkt *n (m)* exercise date
Ausverkauf *n (m)* clearance sale; sellout; closing sale; **Ausverkaufspreis** *n (m)* sale price
Auswahl *n (f)* choice; screening; selection
Ausweichfläche *n (f)* alternative accommodation
Ausweichkapazität *n (f)* standby capacity
Ausweichklausel *n (f)* escape clause; opt-out clause
Ausweis *n (m)* identity card; pass; identification; display; statement (fin.)
ausweisen *v/t* evict (to); disclose (to); report (to); show on the books (to); prove (one's identity, status) (to)
Ausweisung *n (f)* expulsion; eviction; entry (fin.)
auswerten *v/t* appraise (to); assess (to); evaluate (to); interpret (to); value (to)
Auswertung *n (f)* evaluation; analysis; interpretation; **Auswertung von Kaufverträgen** *n (f)* analysis of sale contracts
Auswirkung *n (f)* effect; consequences; impact; **schädliche Auswirkung** *n (f)* detrimental effect; **Auswirkungen** *n/pl (f)* effects; influence; repercussions; **Auswirkungen von Preisänderungen** *n/pl (f)* effects of price changes
Auswirkungsanalyse *n (f)* impact analysis
auszahlen *v/t* pay (in cash) (to); pay out (to); pay off (to)
Auszahlung *n (f)* expenditure; payoff; payback; amount paid out; discharge; payment; **Auszahlungsdisagio** *n (n)* *Fin* → Disagio; **Auszahlungswert** *n (m)* amount originally advanced on a loan; **Auszahlungsströme** *n/pl (m)* cash outflows
Auszeichnung *n (f)* distinction; decoration; award
ausziehen *v/t* quit (to); move out (to); extract (to)
Auszug *n (m)* move (out); extract (from a register etc.); excerpt; statement (bank); **Auszug aus dem Grundbuch** *n (m)* → Grundbuchauszug; **Auszug eines Urteils** *n (m)* abstract of judgement
Autobahn *n (f)* highway; express way (US); freeway (US); motorway (GB); superhighway (US); **gebührenpflichtige Autobahn** *n (f)* turnpike (road) (US); toll motorway
Autobahnanschluss *n (m)* access to motorway; **Autobahnanschlussstelle** *n (f)* motorway junction; **Autobahnauffahrt** *n (f)* freeway entrance (US); motorway access; **Autobahnnetz** *n (n)* motorway network
Automatiktür *n (f)* self-closing door
Automatisierung *n (f)* automation
Automobilfabrik *n (f)* car factory
Autor *n (m)* author; **Autorenhonorar** *n (n)* royalties
Autorennbahn *n (f)* motor-racing circuit (GB); racing-track (US)
autorisiert *adj* authorised
Autorität *n (f)* authority
avisieren *v/t* notify (to)
Axialkompensator *n (m)* axial expansion joint; axial compensator
Axt *n (f)* axe; hatchet

B

Backstein *n (m)* brick

Backsteinbau *n (m)* brick building; clay brick building

Bad *n (n)* bath; bathroom

Badewanne *n (f)* bath tub

Badezimmer *n (n)* bath; bathroom; **Badezimmer-Heizkörper** *n (m)* towel radiator

BaFin *Org* → Bundesanstalt für Finanzdienstleistungsaufsicht

Bagatelle *n (f)* bagatelle; **Bagatellbetrag** *n (m)* trifle; trifling amount; **Bagatellfall** *n (m)* de minimis case; **Bagatellklausel** *n (f)* clause setting an amount below which e.g. compensation will not be payable; **Bagatellsteuer** *n (f)* nuisance tax; tax with minimal return; **Bagatellzölle** *n/pl (m)* duty and purchase taxes bringing in little return

Bahn *n (f)* railway; railroad (US); **Bahnanschluss** *n (m)* rail connection; **Bahnanschlussgleis** *n (n)* private siding; railroad siding; **Bahnbehörde** *n (f)* railroad authorities

Bahnhof *n (m)* railway station; **Bahnhofswerbung** *n (f)* commercial advertising in railroad stations

Baisse *n (f)* slump; bear market; **Baissemarkt** *n (m)* bear market; **Baisse-Spekulant** *n (m)* bear

Baissier *n (m)* bear

BAK *Org* → Bundesarchitektenkammer

Bakkalaureus der Rechte *n (m)* Bachelor Law (LLB)

BAKred *Org* → Bundesaufsichtamt für das Kreditwesen

Balken *n (m)* timber; joist; beam; girder; rail; squared timber; **deckengleicher Balken** *n (m)* flush beam strip; spine beam; **unterspannter Balken** *n (m)* trussed beam

Balkendach *n (n)* beamed roof

Balkendecke *n (f)* beamed ceiling; joist floor; ceiling with exposed beams

Balkendiagramm *n (n)* bar chart

Balkenkonstruktion *n (f)* beam construction

Balkon *n (m)* balcony; **Balkonentwässerung** *n (f)* balcony drainage

Ballungsgebiet *n (n)* conurbation; agglomeration; megalopolis; agglomeration area; agglomeration territory; area of industrial concentration; congested metro area; congested urban area; *Syn.: Ballungsraum*

Ballungsrandzone *n (f)* fringe area; peripheral area of conurbation

Baluster *n (m)* baluster

Balustrade *n (f)* balustrade

Bandbebauung *n (f)* ribbon development

Bandbreite *n (f)* range; margin; bandwidth

Banddiagramm *n (n)* → kumulatives Banddiagramm

Bänder *n/pl (n)* hinges

Bandinfrastruktur *n (f)* main service lines; power, water and drainage mains

Bandmuffe *n (f)* sleeve

Bandsäge *n (f)* band saw

Bank *n (f)* bank; **beauftragte Bank** *n (f)* paying bank

Bankakzept *n (n)* bank acceptance (BA); bank bill; bank paper

Bankauskunft *n (f)* bank reference; banker's inquiry; information supplied by bank

Bankauszug *n (m)* bank statement

Bankbescheinigung *n (f)* bank certificate

Bankbürgschaft *n (f)* facility letter; bank guarantee

Bankdarlehen *n (n)* bank loan; bank advance; bank credit

Bankdienstleistungen *n/pl (f)* financial services

Bankett *n (n)* (hard) shoulder; side-strip; verge; bank

Bankfachmann *n (m)* banking professional

Bankgebäude *n (n)* bank building

Bankgeschäft *n (n)* banking (transaction); **internationales Bankgeschäft** *n (n)* international banking (transaction)

Bankgeschäftsstelle *n (f)* banking office; bank office

Bankgesetz *n (n)* banking law

Bankgruppe *n (f)* bank group

Bankguthaben *n (n)* bank balance; cash in the bank

Bankkassierer *n (m)* cashier; teller

Bankkonzern *n (m)* bank group; banking group

Bankkredit *n (m)* bank loan

Bankrott *n (m)* bankruptcy

b

Bankspesen *n/pl* banking charges; bank service handling cost
Banküberziehungskredit *n (m)* bank overdraft; overdraft
Bankwechsel *n (m)* bank bill; banker's draft
bar *adv* in cash; **in bar** cash (down); cash (payment); **für bare Münze** at face value (lit. in hard cash)
Barabzug *n (m)* cash reduction; reduction for cash payment
Baraufwendungen *n/pl (f)* out-of-pocket expenses
Barausgaben *n/pl (f)* cash expenditure; cash outlay
Barausgänge *n/pl (m)* cash outgoings
Barauslage *n (f)* out-of-pocket expense; cash expenditure
Barausschüttung *n (f)* cash distribution; cash dividend
Barauszahlung *n (f)* cash payment; hard cash
Barbestand *n (m)* cash reserve; cash in hand (GB); cash on hand (US)
Bareinlage *n (f)* cash deposit; contribution in cash; cash contribution
Bareinnahmen *n/pl (f)* cash receipts; takings
Bareinzahlung *n (f)* cash deposit; in-payment; subscription payment in cash
Barentnahme *n (f)* cash withdrawal; cash drawings
Barerlös *n (m)* cash; net proceeds; net income
Barerstattung *n (f)* cash refund
Bargebot *n (n)* (all-)cash bid, cash offer
Bargeld *n (n)* hard money; cash; **Bargeldausgaben** *n/pl (f)* outgoing cash payments; **Bargeldeinnahmen** *n/pl (f)* incoming cash receipts
Barhinterlegung *n (f)* cash deposit; e.g. for a guarantee or security
Barmittelstrom *n (m)* cash flow
Barreserven *n/pl (f)* cash reserve; bank notes and deposits with central bank; bank's cash reserve; legal reserve; vault cash
Barrierefreiheit *n (f)* freedom from obstacles (thresholds etc.); as part of accessibility features for disabled people
Barsaldo *n (m)* cash balance
Barskonto *n (n)* cash discount
Barüberschuss *n (m)* cash surplus
Barverkauf *n (m)* cash sale
Barvermögen *n (n)* cash; liquid assets
Barvorschuss *n (m)* cash advance
Barwert *n (m)* present value; cash value; cash equivalency; value in cash; **Barwert der Mindestleasingzahlung** *n (m)* present value of the minimum lease payments; **Barwert der nachschüssigen Rente** *n (m)* present value of ordinary annuity; **Barwert der Rückflüsse** *n (m)* present value of net cash inflows
Barwertanalyse *n (f)* cash equivalency analysis
Barwertermittlung *n (f)* annuity capitalization; (net) present value determination
Barwertfaktor *n (m)* present value factor; Present Value of £1 (or $1)
Barwertkalkulation *n (f)* discounted cash flow analysis
Barwertpreis *n (m)* cash equivalency price
Barwertverfahren *n (n)* net present value procedure; discounted cash flow method; DCF-method; discounted cash flow procedure; DCF-procedure
Barzahlung *n (f)* cash payment; down-payment; spot cash; **gegen Barzahlung** cash down; for cash (payment)
Barzahlungsnachlass *n (m)* cash discount; **Barzahlungspreis** *n (m)* cash price; **Barzahlungsrabatt** *n (m)* cash discount
Barzuschuss *n (m)* cash allowance
Basis *n (f)* basis
Basisdatum *n (n)* base date
Basiseinkommen *n (n)* core income
Basisgebühr *n (f)* basic fee
Basisgesellschaft *n (f)* base company (e.g. in a tax haven)
Basisjahr *n (n)* base year
Basiskalkulation *n (f)* basic calculation; breakdown of a figure; cost estimate
Basislinie (Vermessung) *n (f)* base line
Basismiete *n (f)* base rent
Basisperiode *n (f)* base year
Basispunkt *n (m)* basis point
Basiswert *n (m)* base value
Basiszeitpunkt *n (m)* base date
Basiszeitraum *n (m)* base period
Basiszinssatz *n (m)* base interest rate
Basler Ausschuss *n (m)* Basle Committee
Basler Eigenkapitalvereinbarung *n (f)* Basle Capital Accord
Bastler *n (m)* handyman; hobbyist
batteriebetrieben *adj* battery-operated
Bau *n (m)* fabric; construction; building; **einen Bau ausführen** *v/t* carry out a build-

ing project (to); complete a construction project (to)
fertiger Bau *n (m)* finished building; **gewerbliche Bauten** *n/pl (m)* commercial and industrial buildings; buildings used for business purposes

Bauablauf *n (m)* construction procedure

Bauablaufplan *n (m)* progress chart; work schedule; working schedule

Bauabnahme *n (f)* final building inspection; acceptance of building work (by owner); final approval; final inspection of completed building by appropriate authority; **Bauabnahmegebühr** *n (f) Plan* inspection fee (on completion of e.g. a building); **Bauabnahmeschein der Behörde** *n (m)* acceptance certificate for a new building by an authority; final inspection declaration of the building control authority

Bauabrechnung *n (f)* construction work measurement and billing

Bauabschnitt (räumlich) *n (m)* section of construction; section of a building project; **(zeitlich)** building phase; phase of construction; stage of construction

Bauabsprache *n (f)* construction (or development) consultation; building agreement

Bauabstand *n (m)* set back; space between buildings or between a building and a road or other feature

Bauabzugsteuer *n (f) Tax, ArCo* withholding tax on construction work; requirement for part (e.g. 15%) of the amount invoiced by a building contractor to be paid direct to the tax office where no → Freistellungsbescheinigung exists

Bauakademie *n (f)* architectural academy; school of architecture

Bauaktien *n/pl (f)* building (and construction) stocks (or shares)

Bauakustiker *n (m)* acoustical engineer

Bauamt *n (n)* building authority; local building control department; board of works

Bauanfrage *n (f)* request for preliminary (outline) planning permissions; request for advice from local authority about planning or construction regulations

Bauangebot *n (n)* quotation for building work, provision of building services, finance etc.

Bauanteil *n (m)* section of construction; part of construction (works); part of property income apportioned to buildings (in → Ertragswert valuations); **Bauanteil am Ertragswert** *n (m)* capitalized value apportioned income from (a) building(s); in → Ertragswert valuations; **Bauanteil am Reinertrag** *n (m)* part of property net income apportioned to buildings; in → Ertragswert valuations

Bauantrag *n (m)* planning application; application for building license; application for building permit; application for construction permit; **Bauantragsteller** *n (m)* applicant for planning (or building) consent

Bauantragszeichnungen *n (fpl)* plans/construction drawings attached to and forming part of a planning application

Bauanzeige *n (f)* notice of intended building works; notification of (certain) construction measures (simplified planning consent procedure for e.g. low-rise houses in certain areas)

Bauarbeiten *n/pl (f)* construction work; building operations; building works

Bauarbeiter *n (m)* construction worker

Bauarbeitsgemeinschaft *n (f)* construction consortium

Bauart *n (f)* style of building; type of construction; design; model; **Bauartzulassung** *n (f)* conformity certificate; approval of architectural design

Bauauflage *n (f)* prerequisite; specific condition imposed on the performance of construction work; qualification attached to a building permit

Bauaufnahme *n (f)* survey of an existing building to create e.g. architectural drawings or a scale model

Bauaufseher *n (m)* building inspector; site foreman; clerk of works

Bauaufsicht *n (f)* supervision; building control; construction supervision; supervision of construction work; **Bauaufsichtsbehörde** *n (f)* building control department; building supervisory authority; **untere Bauaufsichtsbehörde** *n (f)* lower building control authority; construction authority; **Bauaufsichtskontrolle** *n (f)* official inspection

Bauauftrag *n (m)* contract for building (or construction) work

b

Bauaufwand *n (m)* building cost; cost of building; cost of construction
Bauaufzug *n (m)* builder's hoist
Bauausführung *n (f)* building construction; execution of a construction project; **Bauausführungsvertrag** *n (m)* building (or construction) contract; **Bauausführungszeichnung** *n (f)* working drawing
Bauausschreibung *n (f)* invitation to tender for construction work
Baubegehung *n (f)* inspection(s) during the construction period
Baubeginn *n (m)* start of building work; start of construction work; housing start
Baubehörde *n (f)* building department; building authority; local building (control) department
Baubeschränkungen *n/pl (f)* restrictions on building or development; zoning restrictions
Baubeschreibung *n (f)* specification; building description; general construction description; specification (of a building)
Baubestandszeichnung *n (f)* architectural drawing(s) of existing building(s) – e.g. before alterations or extensions
Baubestandteil *n (m)* component of a building
Baubeteiligte *n/pl* parties involved in the planning and construction of a development project
Baubetreuung *n (f) ArCo* construction supervision; project management; **Baubetreuungsvertrag** *n (m)* construction management contract; type of contract, esp. for residential development, where the contractor is responsible for building work (not necessarily on his own account) and the organization and financial management of a project → Bauherrenmodell
Baubewilligung *n (f)* building permit; planning consent; building license
Baublock *n (m)* block of buildings; town block; urban block
Bauboom *n (m)* construction boom
Baubranche *n (f)* (the) building industry; construction sector (econ.)
Baubuch *n (n)* construction or building book
Baubude *n (f)* cabin; site workers' hut
Baubüro *n (n)* site office
Baudarlehen *n (n)* building loan
Baudenkmal *n (n)* architectural monument; historic monument; historic structure; listed building
Baudichte *n (f)* density of development; **gesetzliche Baudichte** *n (f)* legal density of development; e.g. in terms of plot ratio and site coverage
Bauelement *n (n)* building; component; unit; element
bauen *v/t* build (to); construct (to)
Bauentwurf *n (m)* building design; construction plan; structural design
Bauerfahrung *n (f)* building experience
Bauerlaubnis *n (f)* development consent; building licence; building license; building permit
Bauernhaus *n (n)* farmhouse
Bauernhof *n (m)* farm; croft; farmstead
Bauerschwernisse *n/pl (f)* building restrictions; construction difficulties
Bauerwartung *n (f)* expectation that land will be zoned as building land; **Bauerwartungsland** *n (n)* land earmarked for development; potential development land; prospective building land; land with hope value (for development)
Baufachmann *n (m)* builder; construction expert; architect
Bau-Fachmarkt *n (m)* do-it-yourself market
baufällig *adj* in bad repair; derelict; dilapidated; ramshackle; tumbledown
Baufälligkeit *n (f)* disrepair; dilapidation; ruinous state
Baufehler *n (m)* fault of construction; building defect
Baufenster *n (n) Plan* developable area of a parcel shown in a → Bebauungsplan; delineated by building lines and specified depth of construction; *Syn.: überbaubare Grundstücksfläche* → Baugrenze; Baulinie; Bebauungstiefe
Baufertigstellung *n (f)* project completion; construction completion; **Baufertigstellungsanzeige** *n (f)* notice of completion (sent to the building control department)
Baufeuchte *n (f)* building (material) moisture; trapped humidity (due to rain etc. during construction and/or the water content in materials e.g. concrete)
Baufeuchtigkeit *n (f)* building (material) moisture; trapped humidity (due to rain etc. during construction and/or the water content in materials e.g. concrete)

Baufinanzierung(smittel) *n/pl (n)* construction finance; financing of building project
Baufirma *n (f)* development company; construction company; builder; construction firm; firm of builders
Baufläche *n (f)* development area; land designated for development; land zoned for development; **gemischte Baufläche** *n (f) Plan* land (zoned) for mixed development; categorization of land for development planning in accordance with the German → Baunutzungsverordnung (BauNVO); **gewerbliche Baufläche** *n (f)* building land for commercial (or industrial) development; land zoned for commercial (or industrial) development
Bauflucht *n (f)* property line; building line; **Baufluchtlinie** *n (f)* building line (particularly when related to existing buildings)
Bauform *n (f)* (type of) construction or design; model
Bauformat *n (n)* building style; building design
Baufortschritt *n (m)* progress of development; **Baufortschrittsbericht** *n (m)* progress report
Baufreiheit *n (f)* (constitutional) right to build
Baufristenplan *n (m)* progress chart; construction (time) schedule
Bauführer *n (m)* construction site supervisor
Baufunktion *n (f)* building function
BauGB *n (n) Plan, Law* → Baugesetzbuch
Baugebiet *n (n)* development area; land designated for development; land zoned for development
Baugebot *n (n)* order to build; building order
Baugelände *n (n)* building area; building ground; building site; construction ground
Baugeld *n (n)* building finance; **Baugeldhypothek** *n (f)* building mortgage; **Baugeldkonto** *n (n)* bank account for building funds; managed by the architect and/or project manager
Baugenehmigung *n (f)* planning permission; consent; building permit; building permission; building licence; **befristete Baugenehmigung** *n (f)* temporary planning permission; **vorläufige Baugenehmigung** *n (f)* outline planning permission
Baugenehmigungsbehörde *n (f)* development control office; building supervisory authority; construction authority
Baugerüst *n (n)* staging; scaffolding
Baugesetzbuch (BauGB) *n (n) Plan, Law* German federal building code
Baugestaltung *n (f)* building design
Baugesuch *n (n)* application for planning consent
Baugewerbe *n (n)* building trade
Baugraben *n (n)* trench
Baugrenze *n (f)* building restriction line; required set-back line; edge of developable area (on plan)
Baugrube *n (f)* excavation (esp. for a building with basement or cellar); trench; **Baugrubenbreite** *n (f)* excavation width; **Baugrubenumschließung** *n (f)* enclosure of a Baugrube with e.g. a retaining wall to exclude ground water
Baugrund *n (m)* building land; subsoil; foundation; **Baugrundkarte** *n (f)* subsoil map; **Baugrundrisiko** *n (n)* risk relating to the ground and subsoil conditions of a building site (e.g. high water table); **Baugrundstück** *n (n)* site; building plot; development site; plot (GB); plottage (US); **Baugrunduntersuchung** *n (f)* subsoil testing; **Baugrundverhältnisse** *n/pl (n)* subsoil conditions
Baugruppe *n (f)* assembly; component; module
Baugutachten *n (n)* surveyor's report (on construction), structural survey of building works; building expertise
Baugutachter *n (m)* building surveyor
Bauhandwerkerpfandrecht *n (n) Law, ArCo (CH)* builder's lien; (US) mechanic's lien
Bauhandwerkersicherungshypothek *n (f)* builder's lien
Bauherr *n (m)* promoter; principal; owner; building owner; construction manager; owner of a building; **Bauherrenhaftpflichtversicherung** *n (f) Ins.* owner's and contractor's liability insurance; **Bauherrenhaftung** *n (f)* liability of developer-owner; **Bauherrenmodell** *n (n)* developer's model; builder-owner model; scheme for tax-advantageous development of residential properties; **Bauherrenversicherung** *n (f)* construction insurance; builder's risk insurance
Bauhochkonjunktur *n (f)* building boom

b

Bauhof *n (m)* builder's yard
Bauhoffnung *n (f)* hope or expectation that land will be classified as building land (in the future); *Syn.: Bauerwartung*
Bauhöhe *n (f)* headroom; (building) height
Bauholz *n (n)* timber (GB); lumber (US)
Bauindex *n (m)* building cost index; construction price index; **Bauindexreihe** *n (f)* building price index series; land price index row
Bauindustrie *n (f)* building (and construction) industry
Bauingenieur *n (m)* civil engineer; building (or construction) engineer
Bauinvestitionen *n/pl (f)* building investments; capital spending on new construction
Baujahr *n (n)* year built; year of construction
Baukastenbauweise *n (f)* modular building system; modular construction
Baukastenprinzip *n (n)* building-block concept; building-block design; modular assembly; modular concept; modularity; module construction system
Baukies *n (m)* gravel; coarse aggregate
Bauklammer *n (f)* clamp
Bauklempner *n (m)* plumber
Baukonjunktur *n (f)* construction boom; development boom
Baukonsortium *n (n)* group of building contractors; contractors' syndicate
Baukonstruktion *n (f)* building construction
Baukontrolle *n (f)* building control; supervision
Baukörper *n (m)* (part of a) structure
Baukosten *n/pl* construction costs; building cost; production costs; **reine Baukosten** *n/pl* net building costs; net construction costs; raw construction costs
Baukostenhandbücher *n/pl (n)* construction cost manuals; **Baukostenindex** *n (m)* construction cost index; building price index; building cost index; construction price index; **Baukosteninformationszentrum Deutscher Architektenkammern (BKI)** *Org* building cost information centre operated by the German chambers of architects; **Baukostenkalkulator** *n (m)* quantity surveyor; **Baukostenschätzung** *n (f)* estimated construction costs; **Baukostenvoranschlag** *n (m)* builder's estimate; contractor's estimate; estimate of construction cost; bill of quantities; **Baukostenzuschuss** *n (m)* building cost subsidy; building subsidy; contribution towards network costs; key money; tenant's contribution to building cost
Baukunst *n (f)* architecture
Baulabor *n (n)* building research laboratory; materials testing laboratory
Baulager *n (n)* site compound (materials storage); huts
Bauland *n (n)* building land; developable land; **Bauland für Wohngrundstücke** *n (n)* residential building land; land zoned for residential construction
aufgeschlossenes Bauland *n (n)* land ripe for development; **erschlossenes Bauland** *n (n)* land ripe for development; **ländliches Bauland** *n (n)* rural building land; rural development land; **werdendes Bauland** *n (n)* land with hope value (for development); land for future development; „white" land
Baulandaufteilung *n (f)* subdivision of development land; **Baulandbeschaffung** *n (f)* provision (or procurement) of land for building sites; **Baulandentwicklung** *n (f)* the process of achieving development zoning for e.g. agricultural land; **Baulanderschließung** *n (f) Plan* provision of infrastructure; e.g. roads and services to open up development land; **Baulandkataster** *n (m)* official listing of areas in a municipality that are available or suitable for development; *Syn.: Baugrundkarte;* **Baulandmarkt** *n (m)* building land market; development land market; **Baulandparzelle** *n (f)* building plot, (AE) lot; **Baulandproduktion** *n (f)* procurement of development land (particularly residential) by planning changes, changes of use etc.; **Baulandqualität** *n (f)* quality of developed land
Baulandsteuer *n (f)* tax on undeveloped (but developable) land; **Baulandumlegung** *n (f)* restructuring parcels of land to generate building land in an urban zone
Baulänge *n (f)* total length; fitting length
Baulärm *n (m)* noise (nuisance) from building work
Baulast *n (f)* building encumbrance; public land charge; public obligation; development restriction; **Baulastbestellung** *n (f)*

registration of public land charges in the → Baulastenverzeichnis; **Baulastenverzeichnis** *n (n)* land charges register; registry of public land charges; register of public obligations

Bauleistung *n (f)* building work; construction activity; **zusätzliche Bauleistungen** *n/pl (f)* extras; additional (construction) works

Bauleistungsabrechnung *n (f)* bill of quantities; **bestätigte Bauleistungsabrechnung** *n (f)* confirmed (verified) bill of quantities

Bauleistungsbeschreibung *n (f)* specification of building services; (Aufmaß) bill of quantities; **Bauleistungsversicherung** *n (f)* engineering insurance; contractor's all risk insurance; **Bauleistungsverzeichnis** *n (n)* schedule of responsibilities for work included in a development, bill of quantities

Bauleiter *n (m)* site manager; construction manager; clerk of (the) works

Bauleitplan *n (m)* general development plan; general plan; development plan; **verbindlicher Bauleitplan** *n (m)* authoritative development plan (Bebauungsplan); binding development plan; **vorbereitender Bauleitplan** *n (n)* preparatory development plan; land use plan; zoning plan

Bauleitplanung *n (f)* town and country planning; land use planning; area development planning; development planning

Bauleitung *n (f)* site management; construction management; **örtliche Bauleitung** *n (f)* site supervision; site management

Bauleitverfahren *n (n)* planning procedures

Baulinie *n (f)* building line (US); construction line; boundary of developable and undevelopable land

Baulos *n (n)* section of a contract; unit of a project

Baulücke *n (f)* empty site; empty building lot; infill building plot

Baum *n (m)* tree; **Baumbestand** *n (m)* stock of trees; existing trees (on a development site); **Baumschutzsatzung** *n (f)* German (municipal) tree protection charter; **Baumschutzverordnung** *n (f)* German ordinance for the preservation of trees; **Baumstamm** *n (m)* log; tree-trunk; **Baumwertrichtlinien** *n/pl (f)* German administrative regulations for the valuation of trees and small wood; **baumkantig** *adj* rough-edged (timber); waney (edge)

Baumanagement *n (n)* construction management

Baumangel *n (m)* building defect

Baumarkt *n (m)* DIY center (US); DIY centre

Baumaschinen *n/pl (f)* building machinery

Baumasse *n (f)* construction mass; cubic content of building; construction dimensions; cubic capacity; **Baumassenermittlung** *n (f)* determination of cubic content (cubage, cubic extent) of a building; **Baumassenzahl (BMZ)** *n (f)* cubic density; cubical content of a building per square metre of site area; cubic extent ratio; cubic index

Baumaßnahme *n (f)* construction work; building measure; building operation; building work; construction measure; constructional measure

Baumaterial *n (n)* building material(s); construction materials

Baumerkmal *n (n)* architectural feature

Baumethode *n (f)* construction technique

Baumietvertrag *n (m)* building lease

Baumuster *n (n)* show-house; exhibition property; marque

Baunebenkosten *n/pl* additional costs of construction; ancillary construction costs; building incidentals; incidental construction expenses; incidentals; incidental (building) costs; soft development costs

Baunorm *n (f)* construction standard; constructional standard

Baunutzungskosten *n/pl* operating expenses; running costs (regularly or occasionally recurring) of a building during its useful life as defined by the II. → Berechnungsverordnung or DIN 18960 Teil 1

Baunutzungsverordnung (BauNVO) *n (f) Plan* German federal town planning regulations; the Baunutzungsverordnung includes rules for the determination of the type and extent of development as well as the style of development (detached, terraced etc.) and the land area that may be built on. Municipalities must have regard to the provisions of the Baunutzungsverordnung when drawing up Bauleitpläne (zoning (→ Flächennutzungsplan) or development (→ Bebauungsplan) plans). The Baunutzungsverordnung is a complement to the → Baugesetzbuch

Baunutzungszahl *n (f) Plan (AT)* percentage of allowable Gesamtgeschossfläche (gross external area) to Nettogrundfläche (net developable area)

BauNVO → Baunutzungsverordnung

Bauökologie *n (f)* building ecology

Bauordnung *n (f)* (statutory) building code; **Bauordnungsbehörde** *n (f)* building control (or supervisory) authority; construction authority; **Bauordnungsrecht** *n (n)* building law; construction code; construction law; **Bauordnungsrichtlinien** *n/pl (f)* building regulations

Baupacht *n (f)* building lease; ground lease; **Baupachtvertrag** *n (m)* building lease (contract)

Bauparzelle *n (f)* building lot; building plot; parcel of building land

Baupflicht *n (f) Plan* obligation to develop (US improve) land

Bauphase *n (f)* construction phase; construction period; building phase

Bauphysiker *n (m)* physical engineer; concerned with fire protection, insulation against heat, noise, humidity etc.

Bauplan *n (m)* plot plan; plan; layout; floor plan; architectural drawing; construction plan

Bauplanung *n (f)* planning of construction work; **Bauplanungsamt** *n (n)* local planning authority; **Bauplanungsrecht** *n (n)* planning law

Bauplatz *n (m)* site; construction site; building lot; building plot; building site

Baupreis *n (m)* building price; construction price; **Baupreisindex** *n (m)* construction cost index; building price index; building cost index; construction price index; **Baupreisindexreihe** *n (f)* building price index series; land price index row

Bauprogramm *n (n)* construction program(me); construction schedule

Bauprojekt *n (n)* construction project; development (project)

Bauprüfung *n (f)* testing of materials and construction techniques

Bauqualität *n (f)* building quality; quality of construction

Baurecht *n (n)* **1.** building law; building legislation; building regulations; **2.** development rights; usually but not exclusively conferred by the granting of planning permission; **öffentliches Baurecht** *n (n) Law, Plan* planning law, (town and country) planning regulations

Baurechtschaffung *n (f) Plan* granting of or obtaining development rights on a site or a new development area

Baureederei *n (f)* joint ship building

Baureifmachungskosten *n/pl* cost of providing roads and services and in obtaining planning (zoning) consent to make land ready for development

Baurisikoversicherung *n (f)* builder's risk insurance; insurance for construction risks

Bausachverständiger *n (m)* building surveyor; building expert; quantity surveyor

Bausatzung *n (f)* zoning ordinance(s); development plan

Bauschäden *n/pl (m)* building defects and deficiencies; structural damage

Bauschadensachverständiger *n (m)* expert on structural damage in buildings

Bauschein *n (m)* building permit; planning consent

Bausektor *n (m)* building sector; construction sector

Bauspardarlehen *n (n)* building loan; granted under a → Bausparvertrag

Bausparen *n (n)* building society savings

bausparen *v/i* to save with a building society

Bausparguthaben *n (n)* balance of savings in a → Bausparvertrag with a building society or bank

Bausparkasse *n (f)* building society; home building and loan association; housing credit institution

Bausparsumme *n (f)* principal amount of a → Bausparvertrag (loan and savings contract)

Bausparvertrag *n (m)* building loan contract; savings contract with a building society or bank

Bausperre *n (f)* block on (further) development; construction freeze

Baustaffel *n (f)* zoning classification

Baustahl *n (m)* structural steel; **Baustahlgewebe** *n (n)* wire fabric reinforcement

Baustatik *n (f) ArCo* structural analysis; structural engineering

Baustein *n (m)* building block; module

Baustelle *n (f)* site; construction site; building site; **Baustellenbüro** *n (n)* site office; **Baustelleneinrichtungen** *n/pl (f)* site installations; **Baustellenerschließung** *n (f)* site infrastructure provision; **Baustellenräumung** *n (f)* clearing of site; site clearance; **Baustellenstraße** *n (f)* builder's road; site road; **Baustellenüberwachung** *n (f)* site supervision; site surveillance; **Baustellenverordnung** *n (f) ArCo, Law* building site ordinance; implementation of EU directive 92/57 EEC to reduce accidents and improve health and safety on building sites; **Baustellenwerbung** *n (f)* on-site advertising

Baustil *n (m)* architectural style

Baustoffe *n/pl (m)* building materials; construction materials; **Baustoffhandlung** *n (f)* builder's merchant (GB); building supply firm; **Baustoffindustrie** *n (f)* building materials industry; construction materials industry

Baustopp *n (m)* halt in construction; construction stoppage; **Baustoppverfügung** *n (f)* order (or decision) to halt construction

Bausubstanz *n (f)* fabric of a building

Bausumme *n (f)* total construction cost

Bausystem *n (n)* construction system

Bautafel *n (f)* site notice board (details of development, names of parties etc.)

Bautagebuch *n (n)* daily construction records

Bautätigkeit *n (f)* building activity; **Bautätigkeit der öffentlichen Hand** *n (f)* public-sector construction (or building) activity; **überschaubare Bautätigkeit** *n (f)* manageable (or limited) degree of construction activity

Bautätigkeitsstatistik *n (f)* official construction statistic

Bautechnik *n (f)* building engineering; construction engineering; structural engineering

Bautechnologie *n (f)* construction technology

Bauteil *n (m)* component; unit; structural component; structural element

Bauteile *n/pl (n)* building components; **einzelne Bauteile** *n/pl (n)* single components; individual components; **gemauerte Bauteile** *n/pl (m)* brick(-built) structures

Bautenstandsbericht *n (m)* buildings development report

Bauträger *n (m)* development company; developer; builder; building promoter; commercial developer; property developer; **Bauträgergesellschaft** *n (f)* development company; real estate developing company; **Bauträgerrisiko** *n (n)* developer's risk; **Bauträgervertrag** *n (m)* construction contract; development contract; contract for complete development rather than only partial building work

Bautrupp *n (m)* construction gang; construction unit; construction team

Bauübergabe *n (f)* handing over; hand-over (of a completed building)

Bauüberhang *n (m)* volume of unfinished building projects

Bauüberwachung *n (f)* building inspection; building supervision; construction supervision; supervision by the building supervisory authority

Bau- und Prüfvorschriften *n/pl (f)* specifications for construction and testing

Bauunterkünfte *n/pl (f)* site workers' accommodation

Bauunterlagen *n/pl (f)* construction documents; documents to be submitted with an application for building consent

Bauunternehmen *n (n)* building contractor; construction firm; **ausführendes Bauunternehmen** *n (n)* contractor

Bauunternehmer *n (m)* (building) contractor; builder

Bauunternehmersicherung *n (f)* building contractor's security; § 648 BGB gives a contractor a financial surety, equal to the full contract sum including addenda, on the site in the event of default of the promoter or owner of a development; does not apply to owner-occupied houses or the public sector

Bauverbot *n (m)* prohibition on building

Bauvereinigung *n (f)* (mainly Österr.) housing association; **gemeinnützige Bauvereinigungen** *n/pl (f)* (mainly Österr.) limited-profit housing associations

Bauvergabe *n (f)* award of (construction) contract

Bauverordnung(en) *n(pl) (f)* building regulations; building ordinances

Bauvertrag *n (m)* construction contract; building contract; turnkey contract

b

b

Bauverwaltung *n (f)* building control and planning authorities
Bauverzögerung *n (f)* construction delay
Bauvolumen *n (n)* volume of a building; construction volume
Bauvoranfrage *n (f)* outline planning application; request for preliminary planning permission
Bauvorantrag *n (m) Plan* outline planning application; application for preliminary planning consent
Bauvorbereitung *n (f)* preliminary building activity
Bauvorbescheid *n (m)* provisional planning permission; outline planning consent; outline planning permission
Bauvorhaben *n (n)* construction project; building project; **anzeigefreies Bauvorhaben** *n (n)* building project exempt from notification to authorities; **staatliche Bauvorhaben** *n/pl (n)* public works
Bauvorlagen *n/pl (f)* building documents; building particulars and drawings; to be submitted with application for building consent
Bauvorschrift(en) *n(pl) (f)* building regulations; building byelaws; building code (US)
Bauwarnung *n (f)* official warning that a site of proposed development is in an area with risk of mining subsidence; if development continues there is no right to compensation for any subsequent damage
Bauweise *n (f)* design; construction; architectural style; building method; construction method; type of construction; **geschlossene Bauweise** *n (f)* terraced development; continuous development; closed construction; **herkömmliche Bauweise** *n (f)* conventional construction method; **industrielle Bauweise** *n (f)* industrial (style of) architecture; industrial building method; industrial construction method; **landschaftstypische Bauweise** *n (n)* vernacular architecture; **monolithische Bauweise** *n (f)* monolithic construction method; **offene Bauweise** *n (f)* detached buildings; open cutting (tunnels); open construction; open development layout as distinct from terraced construction – usually referred to in Development Plans → Bebauungsplan
Bauwerk *n (n)* structure; construction; building; **schwimmendes Bauwerk** *n (m)* floating structure
Bauwerksbeton *n (m)* structural concrete
Bauwert *n (m)* building value
Bauwesenversicherung *n (f)* builder's risk insurance; contractor's all risks insurance (CAR)
Bauwich *n (f)* setback; set back; distance between a building and site boundary; distance between neighbo(u)ring buildings
Bauwirtschaft *n (f)* building industry; building trade (GB); construction industry
Bauzaun *n (m)* hoarding; (building) site fence
Bauzeichnung *n (f)* working drawing; construction(al) drawing; blueprint; architectural drawing
Bauzeit *n (f)* construction period; building period; construction time
Bauzeitenplan *n (m)* construction schedule; development schedule
Bauzinsen *n/pl (m)* interest rates for building finance
Bauzulassungsverordnung (BauzulassungsVO) *n (f)* German ordinance on building permissions
Bauzuschuss *n (m)* building subsidy
Bauzustand *n (m)* structural condition; state of repair
Bauzustandsbeschreibung *n (f)* schedule of condition
Bauzustandsbesichtigung *n (f)* property inspection (to determine state of repair)
Bauzwischenkredit *n (m)* development finance
BaWe *Org* → Bundesaufsichtamt für Wertpapierwesen
BBodSchG *Law* → Bundesbodenschutzgesetz
beachten *v/t* observe (to); heed (to); take account of sth. (to)
Beachtung *n (f)* attention; consideration
Beanspruchung *n (f)* demand(s) (of work etc.); strain; stress; **statische Beanspruchung** *n (f)* static stress
Beanstandung *n (f)* complaint; objection; reclamation
beantragen *v/t* propose (to); apply for (to); make an application for (to)
Beantwortungsfrist *n (f)* time limit set for filing a reply; deadline for replies

bearbeiten *v/t* work on (sth.) (to); deal with (to); edit (to); handle (to); process (to); tackle (to); treat (to)
Bearbeitung *n (f)* processing; handling; treatment; workmanship
Bearbeitungsgebühr *n (f)* service charge; loan fee; handling fee; processing fee; **Bearbeitungsgebühr (der Bank)** *n (n)* bank (service) charge(s)
Bearbeitungshonorar *n (n)* processing fee
Bearbeitungskosten *n/pl* handling charges; claim expenses; cost of writing; handling costs; processing costs
Bearbeitungsmethode *n (f)* manufacturing method; processing method
Bearbeitungszeit *n (f)* process(ing) time
beaufsichtigen *v/t* supervise (to)
beauftragen mit *v/t* authorize (to); charge with (to); commission (to); empower (to); instruct (to)
Beauftragter *n (m)* agent; appointee; mandatory; private attorney; representative
Bebaubarkeit *n (f)* development potential
bebauen *v/t* build on (to); build upon (to); cultivate (to); develop (to)
bebaut *adj* developed; improved (site) (US)
Bebauung *n (f)* development; **geplante Bebauung** *n (f)* proposed development; planned building scheme
Bebauungsabschlag *n (m)* deduction from value of buildings; in → Sachwert valuations
Bebauungsart *n (f)* type or nature of development; style of development (e.g. terraced; detached) allowed by a → Bebauungsplan
Bebauungsdichte *n (f)* site density; development density; the quotient of developed area and total site area
Bebauungsfläche *n (f)* gross building area; gross developed area
Bebauungsgebiet *n (n)* area of new development
Bebauungsgrenze *n (f)* building line (US)
Bebauungskosten *n/pl* building cost
Bebauungsplan (B-Plan) *n (m)* local plan; development plan; local development plan; land-use plan (legally binding); **einfacher Bebauungsplan** *n (m)* rudimentary local development plan; simple building plan; simple development plan; simplified local development plan; **qualifizierter Bebauungsplan** *n (m)* qualified development plan; i.e. including certain minimum requirements; **qualifizierter örtlicher Bebauungsplan** *n (m)* detailed local development plan; qualified local development plan
Bebauungsplanung *n (f)* town planning (authority)
Bebauungsrecht *n (n)* development regulations, planning law
Bebauungssatzung *n (f)* zoning regulations; written form of a → Bebauungsplan
Bebauungstiefe *n (f)* depth of development; allowed in a local plan, fixes the rear boundary of developable area
Bebauungsvorschriften *n/pl (f)* zoning regulations; building restrictions
Bedachung *n (f)* roof; roof cladding; roof covering; roofing
Bedarf *n (m)* need; demand; requirements;
Bedarf an Bürofläche *n (f)* demand for office space
periodischer Bedarf *n (m)* convenience demand (retail); regular demand
Bedarfsanalyse *n (f)* market analysis; demand analysis
steuerliche Bedarfsbewertung *n (f)* valuation carried out when required (fiscal – e.g. for death duties)
Bedarfsdeckung *n (f)* satisfaction of requirements; **Bedarfsdeckungswirtschaft** *n (f)* subsistence economy
Bedarfserkennung *n (f)* demand assessment; demand recognition; assessment of needs
Bedarfsfaktoren *n/pl (m)* factors of demand
Bedarfsforschung *n (f)* demand research; demand analysis
Bedarfsgruppen *n/pl (f)* commodity groups
bedarfsorientiert *adj* dependent on demand, demand-oriented
Bedarfsplanung *n (f)* planning of requirements
Bedarfsprognose *n (f)* demand forecast
Bedarfsprüfung *n (f)* test of (public) need (e.g. in issuing a work permit)
Bedarfsrate *n (f)* rate of demand
Bedarfswert *n (m)* value of a property determined as required (under the German tax valuation Act); → Grundbesitzwert
Bedarfswirtschaft *n (f)* demand economy
Bedenken *n/pl (n)* objection; doubt; misgivings; concern

b

Bedenkfrist *n (f)* time allowed for representation; time allowed for decision-making; cooling-off period
bedeutend *adj* important; major; notable; substantive
Bedienerhandbuch *n (n)* user manual; instruction handbook; *Syn.: Bedienungsanleitung*
Bedienung *n (f)* service; operation; **Bedienungsanleitung** *n (f)* instructions for use; operating instructions; operating manual; **Bedienungsknopf** *n (m)* control knob; control button
bedingt *adj* contingent; conditional
Bedingung *n (f)* condition; proviso; term; specification; stipulation; **auflösende Bedingung** *n (f)* suspensive condition; condition subsequent; **aufschiebende Bedingung** *n (f)* suspensive condition; condition precedent; **beschränkte Bedingung** *n (f)* limited condition; **einschränkende Bedingung** *n (f)* limiting condition; restrictive condition; **günstige Bedingungen** *n/pl (f)* favo(u)rable terms; concessionary terms
Bedingungen auferlegen *v/t* impose conditions (to); **Bedingungen festsetzen** *v/t* stipulate conditions (to); stipulate terms (to); **Bedingungen vereinbaren** *v/t* settle terms (to); agree on conditions (to); **eine Bedingung erfüllen** *v/t* comply with (to); satisfy a condition (to)
bedingungslos *adj* unconditional; absolute; without qualification; without reservation
Bedrängnis *n (f)* difficulty; distress
Bedrohung *n (f)* threat; menace
Bedürfnis *n (n)* need; **ein Bedürfnis befriedigen** *v/t* meet a want (to); satisfy a want (to)
Bedürfnisbefriedigung *n (f)* satisfaction of wants (or needs)
Bedürfnisprüfung *n (f)* test of (public) need; e.g. in issuing a work permit
Bedürfnisse *n/pl (n)* needs; tastes and preferences; wants; **immaterielle Bedürfnisse** *n/pl (n)* non-material needs
Bedürftigkeit *n (f)* neediness
Beeinflussung *n (f)* impact; manipulation; **unzulässige Beeinflussung** *n (f)* undue influence
beeinträchtigen *v/t* affect (to); encroach on (to); detract from (to); prejudice (to); derogate (to); interfere (with) (to); intervene (to)
Beeinträchtigung *n (f)* damage; nuisance; impairment; derogation; encroachment; infringement (of); interference (with); **Beeinträchtigung des Gebrauchs** *n (f)* impairment of (or effect on) serviceability
beenden *v/t* (bring to an) end (to); finish (to); conclude (to); finalize (to); close (to)
beendet *adj* completed; terminated; expired
Beendigung *n (f)* ending; completion; termination; cessation; winding-up; **Beendigung der Nutzung** *n (f)* termination of usage; **Beendigung eines Unternehmens** *n (f)* liquidation; winding up of a business; **Beendigung von Schuldverhältnissen** *n (f)* discharge of obligations
Beendigungsgrund *n (m)* cause for terminating
beerben *v/t* inherit from (to)
Beet *n (m)* (flower) bed
Befähigung *n (f)* qualifications; ability; aptitude; capacity; **Befähigungsnachweis** *n (m)* proof of qualifications; proof of ability
Befall durch Schädlinge *n (m)* → Schädlingsbefall
befangen *adj* biased
Befangenheit *n (f)* bias; prejudice
Befehl *n (m)* writ; command; order(s); **Befehlsänderung** *n (f)* modification of instructions; **Befehlsausführung** *n (f)* carrying out (or execution) of an instruction (or order)
befestigen *v/t* fix to (to)
Befestigung *n (f)* fortification; attachment
Befestigungsschiene *n (f)* fixing rail
befolgen *v/t* follow (to); comply with (to)
Beförderung *n (f)* advancement; promotion; transport (GB); transportation (US); carriage (of sth.); conveyance (of sth.); **Beförderungsart** *n (f)* mode of transport(ation); **Beförderungsbedingungen** *n/pl (f)* conditions (or terms) of transportation (or carriage) (or conveyance); **Beförderungskosten** *n/pl* carriage costs; forwarding costs (or charges); **Beförderungssystem** *n (n)* system of promotion; e.g. to encourage companies to establish in an area
Befragung *n (f)* public-opinion survey
befreien von *v/t* exempt from (to)

Befreiung *n (f)* release; exemption; **Befreiung von einer Schuld** *n (f)* acquittance of a debt; **Befreiung von einer Verbindlichkeit** *n (f)* discharge from an obligation; **Befreiung von einer Verpflichtung** *n (f)* waiver of a commitment; dispensation; **Befreiung von Gemeindesteuern** *n (f)* derating; exemption from local taxation

Befriedigung *n (f)* satisfaction; **Befriedigung des Bedarfs** *n (f)* satisfaction of demand; **Befriedigung von Gläubigern** *n (f)* paying off creditors

Befriedigungsrecht *n (n)* right to obtain satisfaction

Befriedigungsvorrecht *n (n)* right to preferential payment

befristen *v/t* fix a deadline (on) (to); place (to); put a time limit on (to); set a deadline on (to)

befristet *adj* short-term; limited in time; temporary; terminable

Befristung *n (f)* setting a time limit

Befugnis *n (f)* warrant; authority; competence; power(s); **Befugnisse überschreiten** *v/t* overstep authority (to); exceed powers (to); **Befugnisse übertragen** *v/t* delegate authority (to); delegate powers (to)

Befugnisüberschreitung *n (m)* ultra vires action

befugt *adj* entitled; authorised; authorized (AE); competent; empowered; responsible

befürworten *v/t* recommend (to); advocate (to)

begebbar *adj* transferable; negotiable

Begebbarkeit *n (f)* negotiability

begeben *v/t* negotiate (to); issue (to); float (bond issue) (to)

begehbar *adj* passable; accessible; **begehbarer Kleiderschrank** *n (m)* walk-in wardrobe; walk-in closet (US)

Begehbarkeit *n (f)* accessibility

Begehung *n (f)* walk-through inspection; site visit; inspection

Beginn *n (m)* start; commencement; **Beginn des Aktivierungszeitraumes** *n (m)* commencement of capitalization

beglaubigen *v/t* verify (to); notarise (to); certify (to); authenticate (to); witness (to)

Beglaubigung *n (f)* verification; notarisation; authentication; certification; **Beglaubigungsvermerk** *n (m)* certificate of authenticity (on a copy); attestation clause

begleichen *v/t* pay (to); settle (to); clear (to); discharge (to); effect payment (to)

Begleichung *n (f)* settlement; payment

Begleitgrün *n (n)* greenery, wooded or landscaped area alongside e.g. a building, railway or a road → Straßenbegleitgrün; **Begleitschreiben** *n (n)* covering letter; accompanying letter; **Begleitvertrag** *n (m)* collateral agreement

Begradigung *n (f)* straightening

begrenzbar *adj* capable of limitation; callable; terminable

begrenzen *v/t* delimit (to); frame (to); limit (to); set limits (to); put a cap on (to); restrict (to); confine (to)

Begrenzung *n (f)* restriction; boundary; limiting; **Begrenzungslinie** *n (f)* boundary line; limit

Begriff *n (m)* term (word); idea; concept; **Begriffsbestimmung** *n (f)* definition

begründen *v/t* create (to); establish (to); justify (to); state reasons (for) (to); substantiate (to); explain (to)

Begründung *n (f)* establishment; justification; explanation

Begrünung *n (f)* greenery; landscaping; park area

Begrüßungsgeschenk *n (n)* free gift; e.g. for new customers

begünstigen *v/t* benefit (to); favour (to); foster (to); promote (to); support (to)

begünstigt *adj* favoured; assisted

Begünstigter *n (m)* beneficiary; assignee; grantee

Begünstigung *n (f)* preferential treatment; furtherance; tax relief

begutachten *v/t* examine (to); give an expert's view on (to); value (to); assess (to)

Begutachtung *n (f)* assessment; valuation; survey; **erneute Begutachtung** *n (f)* reassessment; reappraisal

begütert *adj* well-off; well-to-do; landed; propertied

behandeln *v/t* treat (to); be concerned with (to); deal with (to); process (to); **falsch behandeln** *v/t* mishandle (to); mistreat (to)

Beharrungsvermögen *n (n)* inertia

behauen *v/t* carve (to); trim (to); mill (to)

behaupten *v/t* claim (to); assert (to); allege (to); maintain (to); say (to)

Behauptung *n (f)* proposition; allegation; assertion; claim; contention

b

b

Behausung *n (f)* accommodation; habitation
Behebung *n (f)* adjustment; removal; elimination
beheimatet *adj* resident; domiciled
Beheizung *n (f)* heating; **Beheizungsstruktur** *n (f)* heating structure; the breakdown of fuels used on a national or regional basis
Beherrschung *n (f)* control; **gemeinsame Beherrschung** *n (f)* common control; mutual control
Beherrschungsvertrag *n (m)* control agreement; subordination agreement
Behindertenzugang *n (m)* access for disabled persons
Behinderung *n (f)* handicap; disability
Behörde *n (f)* board; authority; agency; administrative agency; government agency; **städtische Behörde** *n (f)* municipality authority; **zuständige Behörde** *n (f)* responsible (or relevant) authority; competent authority
Behördengänge *n/pl (m)* visits to or dealing with public authorities; dealing with bureaucracy
Behördenviertel *n (n)* civic center
beifügen *adj* add (to); enclose (to); include (to)
beigefügt *adj* attached; enclosed
beigelegt *adj* attached; enclosed
Beihilfe *n (f)* (government) aid; grant; **öffentliche Beihilfen** *n/pl (f)* state aid; government assistance
Beil *n (n)* axe; hatchet
Beilagscheibe *n (f)* washer; shim
beiläufig *adj* casual; incidental; in passing
Beilegung von Streitigkeiten *n (f)* settlement of disputes
Beimengung *n (f)* admixture (concrete etc.); impurity; addition
Beimischpumpe *n (f)* admixing pump
Beimischstation *n (f)* admixing station; mixing station
Beimischung *n (f)* admixing; admixture
beinhalten *v/t* contain (to); imply (to)
Beirat *n (m)* advisory board; advisory council
beiseite treten *v/i* stand (or step) aside (to)
Beisitzer *n (m)* assessor; committee member; assistant
Beispiel *n (n)* example
Beistand *n (m)* assistance; support
Beistandskredit *n (m)* standby credit (facility)
Beitrag *n (m)* contribution; charge; fee; financial contribution; remuneration; subscription; special public charge (e.g. magazine) article; **niedrigerer Beitrag** *n (m)* abated contribution; lower contribution
Beitragsbemessungsgrenze *n (f)* income threshold
beitreten *v/i* accede (to); enter (to); join (to)
Beitritt *n (m)* entry; membership; accession; **Beitrittsantrag** *n (m)* application (for entry, membership etc.); **Beitrittserklärung** *n (f)* declaration of accession; declaration of adhesion; enrolment
Beize *n (f)* corrosive fluid; stain
beizen *v/t* stain (to)
bekannt geben *v/t* announce (to); disclose (to); make public (to); publish (to); reak out (to)
Bekanntheit *n (f)* high profile; familiarity
bekannt machen *v/t* announce (to); proclaim (to); publicise (to); publish (to)
Bekanntmachung *n (f)* announcement; disclosure; declaration; advertisement; **öffentliche Bekanntmachung** *n (f)* public announcement; public notice; **ortsübliche Bekanntmachung** *n (f)* local announcement; local publication (e.g. of planning proposals
bekiest *adj* with a gravel layer; e.g. a flat roof
Beklagter *n (m)* defendant
Bekleidungshaus *n (n)* clothes shop; apparel shop; *Syn.: Modehaus*
Bekohlungssystem *n (n)* coal feeding system
bekräftigen *v/t* support (to); affirm (to); confirm (to); corroborate (to)
Bekräftigung *n (f)* affirmation; corroboration; reinforcement; substantiation
bekunden *v/t* testify (to)
belagern *v/t* beleaguer (to); beset (to)
belagsfertig *adj* lit. ready for finishing; a shell property (particularly residential) sold at a cheaper price for finishing by the purchaser
Belange *n/pl (m)* → private Belange
belasten *v/t* charge (to); burden (to); encumber (to)
belastet *adj* → hypothekarisch belastet
Belästigung *n (f)* harassment

Belastung *n (f)* encumbrance; debit; charge; fee; load; pressure; remuneration; **Belastung am Grundstück** *n (f)* encumbrance (on land); **Belastung eines Grundstücks** *n (f)* mortgage or land charge **außergewöhnliche Belastungen (Steuerrecht)** *n (f)* extraordinary expenses (deductible from income tax); extraordinary financial burdens; non-recurrent income; **dingliche Belastung** *n (f)* encumbrance; lien; **feste Belastung** *n (f)* fixed charge; fixed burden; **hypothekarische Belastung** *n (f)* mortgage; mortgage charge; real estate mortgage; **steuerliche Doppelbelastung** *n (f)* double tax burden; double taxation; **tatsächliche Belastung** *n (f)* actual load; **wertmindernde Belastung** *n (f)* encumbrance restricting value; **zeitweilige Belastung** *n (f)* temporary load; **zulässige Belastung** *n (f)* permissible load; admissible load

Belastungsfaktor *n (m)* load factor

Belastungsfälle *n/pl (m)* test instances

Belastungsgrenze *n (f)* load limit; maximum load

beleben *v/t* stimulate (to); revive (to)

Beleg *n (m)* record; slip; voucher; receipt; **Belege** *n/pl (m)* vouchers; supporting documents

belegen *v/t* allocate (to); occupy (to); document (to); substantiate (to)

Belegenheitsprinzip *n (n)* situs principle

Belegenheitsstaat *n (m)* situs state

Belegschaft *n (f)* labour force (or personnel)

belegt *adj* occupied

Belegung *n (f)* occupancy; **Belegungsbindung** *n (f)* occupancy restriction; e.g. right of a housing authority to nominate tenants of subsidised residential accommodation; **Belegungsplan** *n (m)* schedule of building occupancy; layout; **Belegungsrate** *n (f)* occupancy rate (e.g. hotels); **Belegungsrecht** *n (n)* right to nominate tenant(s) esp. in respect of publicly subsidised housing; **Belegungszeit** *n (f)* load period; busy time

Belehnung *n (f)* socage; feudal investiture

beleihbar *adj* eligible as collateral; acceptable as collateral security; suitable as collateral

beleihen *v/t* lend on mortgage (to); lend (to)

Beleihung *n (f)* lending, hypothecation, mortgaging; **Beleihung gegen zusätzliche Sicherheiten** *n (f)* lending against collateral security

Beleihungsaufwand *n (m)* loan to value (US); → Beleihungswert

Beleihungsauslauf *n (m)* (total) loan to value; → Beleihungswert

Beleihungsgrenze *n (f)* lending ceiling; lending limit; lending limitation

Beleihungsobjekt *n (n)* real property used as collateral; property subject to mortgage

Beleihungsraum *n (m)* maximum loan amount

Beleihungsrichtlinien *n/pl (f)* lending rules (of a credit institution in Germany)

Beleihungssatz *n (m)* loan-to-value ratio (US)

Beleihungswert *n (m)* mortgage lending value; lending value; collateral value; hypothecation value; loan (security) value; **Beleihungswertermittlung** *n (f)* valuation for loan security; mortgage valuation; **Beleihungswertgrenze** *n (f)* lending ceiling, lending limit; the maximum loan allowable in relation to the assessed mortgage lending value of a property; **Beleihungswertgutachten** *n (n)* mortgage appraisal or valuation (report)

beleuchtet *adj* illuminated

Beleuchtung *n (f)* lighting; illumination; **indirekte Beleuchtung** *n (f)* indirect lighting; concealed lighting **Beleuchtungsanlage** *n (f)* lighting system; lighting installation; **Beleuchtungskörper** *n (m)* light; lamp; light fixture; **Beleuchtungsplan** *n (m)* lighting plan; **Beleuchtungsstärke** *n (f)* intensity of illumination; **Beleuchtungssystem** *n (n)* lighting system

Belüftung *n (f)* aeration; airing; ventilation; **Belüftungsanlage** *n (f)* ventilation system; **Belüftungsschacht** *n (m)* flue; air shaft; **Belüftungsventil** *n (n)* air valve; air escape valve

Belvedere *n (n)* belvedere

bemerkenswert *adj* remarkable, notable; noteworthy

bemessen *v/t* appraise (to); assess (to); award (to); cost (to); determine (to); evaluate (to); exploit (to); interpret (to); prove one's identity (to); value (to)

Bemessung *n (f)* appraisal; appraisement; assessment; determination of taxable in-

b

b

come by estimate; estimate; estimation; evaluation; income by estimate; **Bemessungsgrundlage** *n (f)* basis of assessment; taxable basis; **Bemessungstechniken** *n/pl (f)* measurement techniques; **Bemessungsverfahren** *n (n)* design procedure

Bemusterung *n (f) ArCo* preparation and presentation of samples of finishes (paint, carpet, fittings etc.) to give an impression of the overall design of a building; the final selection of finishes for e.g. a → Fertighaus; the meeting at which the final selection of finishes for e.g. a → Fertighaus is made and/or confirmed by the purchaser; finishes board with samples of e.g. brick or tile to allow comparison and selection

benachbart *adj* neighbo(u)ring; contiguous; adjoining; adjacent

benachrichtigen *v/t* inform (to); advise (to); notify (to)

Benachrichtigung *n (f)* (written) notification

benachteiligen *v/t* (place at a) disadvantage (to)

benachteiligt *adj* aggrieved; disadvantaged; underprivileged

Benchmark *n (m)* benchmark

Benefizium *n (n)* → kirchliches Benefizium

Benennung *n (f)* appellation; naming; term

benutzbar *adj* useable

Benutzer *n (m)* user; **Benutzerberechtigung** *n (f)* user authorization; **Benutzerkennwort** *n (n)* user password

benutzerfreundlich *adj* easy to use; user friendly; user responsive

Benutzungsdauer *n (f)* load utilization period (electricity supply)

Benutzungsgebühr *n (f)* fee; charge; utilization fee; user charge; toll; fee for use; use charge

Benutzungsrecht *n (n)* right to use; right of use

Benzinabscheider *n (m)* petrol interceptor; petrol trap

beobachten *v/t* observe (to); notice (to); watch (to)

Beobachtung *n (f)* monitoring; observation; **Beobachtung der Marktentwicklung** *n (f)* tracking of market developments

beraten *v/t* advise (to); confer (with) (to); consult (to); deliberate (to)

Berater *n (m)* counsellor; consultant; adviser, advisor; **technischer Berater** *n (m)* technical adviser; **unabhängiger Berater** *n (m)* outside consultant; independent consultant

Beratung *n (f)* counselling; counsel; consulting; advice; consultation; **Beratungsdienst** *n (m)* advisory service; **Beratungsfirma** *n (f)* consultancy; consultants; consulting firm; **Beratungsgebühr** *n (f)* consultancy fee; **Beratungsgesellschaft** *n (f)* consulting company; **Beratungskompetenz** *n (f)* advisory skills; **Beratungskosten** *n/pl* consultation fees; **Beratungspflicht** *n (f)* duty (of public authorities etc.) to provide advice; **Beratungsservice** *n (m)* consultancy service; **Beratungsstelle** *n (f)* advice centre

Beraubung *n (f)* divestment; robbery; deprivation

berechnen *v/t* charge (to); bill (to); calculate (to); compute (to); estimate (to); figure out (to) (US); invoice (to)

Berechnung *n (f)* calculation; invoicing (GB); billing (US); computation; deliberation; **nachschüssige Berechnung** *n (f)* calculation in arrear; **statische Berechnung** *n (f)* structural analysis; structural calculation; **ohne Berechnung** free of charge

Berechnungsdruck *n (m)* calculated pressure

Berechnungsgrundlage *n (f)* basis of calculation; basis of computation

Berechnungsmethode *n (f)* method of calculation

Berechnungsverfahren *n (n)* method of calculation; analysis

Berechnungsverordnung (BV) *n (f)* regulations for calculation of factors related to residential lettings (floor area, service charges etc.)

Berechnungszeitraum *n (m)* base period; period covered

berechtigt *adj* entitled

Berechtigter *n (m)* beneficiary; obligee; party entitled to; promisee

Berechtigung *n (f)* right; permit; entitlement; eligibility; **Berechtigungsschein** *n (m)* warrant; scrip; qualification certificate

Berechtsame *n (f) Law* mineral (extraction) rights; (lit.) land easement → Gerechtsame

Bereich *n (m)* zone; sector; range; area; department; division; domain; operations; scope; segment; **angrenzender Bereich** *n (m)* adjacent area; **elastischer Bereich** *n (m)* elastic region (stress/strain); **geregelter Bereich** *n (m)* regulated area; **geschützter Bereich** *n (m)* protected area; conservation area; preservation area; **medizinischer Bereich** *n (m)* medical (employment) sector; **öffentlicher Bereich** *n (m)* public area; public sector; **öffentlich zugänglicher Bereich** *n (m)* public domain; **umsatzstarker Bereich** *n (m)* high-turnover area; hot-selling area (US)

Bereicherung *n (f)* enrichment; increase (in)

Bereichsvorstand *n (m)* group executive management; divisional board of management

Bereinigung von Kaufpreisen *n (f)* adjustment of purchase prices; in analysis, to reflect differing conditions

Bereitschaft *n (f)* readiness; standby (mode); **Bereitschaftsdarlehen** *n (n)* standby loan; **Bereitschaftsdauer** *n (f)* period of standby; **Bereitschaftskredit** *n (m)* standby credit (facility); **Bereitschaftsstunde** *n (f)* hour of standby

bereitstellen *v/t* provide (to); supply (to); make available (to); allocate (to); appropriate (to); earmark (to); furnish (to); make ready for use (to)

Bereitstellung *n (f)* procurement; supply; allocation; appropriation; provision; **Bereitstellung von Garantien** *n (f)* provision of guarantees; **Bereitstellung von Infrastruktur** *n (f)* provision of infrastructure

Bereitstellungsgebühr *n (f)* commitment fee; arrangement fee charged e.g. by a bank for a loan

Bereitstellungsprovision *n (f)* standby commission; commitment fee; commitment interest

Bergbauschutzgebiet *n (n)* area designated for mining

Berggebiet *n (n)* mountain area

Berghütte *n (f)* chalet; mountain hut

Bergrecht *n (n)* mining law

Bergschaden *n (m)* coal mining subsidence; **Bergschadensgefahr** *n (f)* risk of mining subsidence; **Bergschadensverzicht** *n (m)* *Law* agreement (or requirement) to tolerate damage from mining subsidence, with no rights to compensation

Bergungswert *n (m)* salvage value

Bericht *n (m)* report; memorandum; account; **Bericht in Formularform** *n (m)* form report; standard report; **Bericht in Staffelform** *n (m)* narrative report **Bericht über den Besitzerwerb** *n (m)* property purchase report; **Bericht über Umsatzverlust** *n (m)* report on lost sales (revenue) **geschriebener Bericht** *n (m)* written report; **mündlicher Bericht** *n (m)* oral report; **negativer Bericht** *n (m)* adverse report; **selb(st)ständige Berichte** *n/pl (m)* self-contained reports; **vertraulicher Bericht** *n (m)* confidential report; **vollständiger Bericht** *n (m)* full report; **zusammenfassender Bericht** *n (m)* summary report

einen Bericht ausarbeiten *v/t* prepare a report (to); **Bericht erstatten** *v/t* submit a report (to); **einen Bericht vorlegen** *v/t* submit a report (to)

berichten *v/t* report (to)

Berichterstattung *n (f)* disclosure; reporting; covering

berichtigen *v/t* adjust (to); correct (to); put right (to); rectify (to); straighten out (to)

Berichtigung *n (f)* correction; reconciliation; adjustment; amendment; correction; fixup; rectification; revision; reconciliation; adjustment; alteration; amendment; change; correction; fixup; modification; rectification; revision; **Berichtigung der öffentlichen Bücher** *n (f)* correction in the public registries; correction of public land ownership records; correction of public records

Berichtigungsurkunde *n (f)* deed of correction

Berichtsanordnung *n (f)* report format

Berichtsjahr *n (n)* year under review

Berichtsmonat *n (m)* month under review

Berichtsperiode *n (f)* current period; period covered by a report; **laufende Berichtsperiode** *n (f)* current reporting period; (current) period under review

Berichtspflichten *n/pl (f)* reporting requirements

Berichtsstichtag *n (m)* reporting date; date to which report refers

internes Berichtswesen *n (n)* internal reporting

Berichtszeit *n (f)* period under review; reporting period

b

Berichtszeitpunkt *n (m)* key date; reporting date
Berieselung *n (f)* sprinkling; irrigation; **Berieselungsanlage** *n (f)* sprinkler system; sprinklers
Berliner Gewölbe *n (n) ArCo* Lit. „Berlin vault" → Schienengewölbe
Berliner Verfahren *n (n)* method of (current) market value determination by calculating the value of real estate as the arithmetic mean of investment value and depreciated replacement cost
Berme *n (f)* berm
berücksichtigen *v/t* take into account/consideration (to); incorporate (to); allow for (to); make allowance for (to)
Berücksichtigung *n (f)* consideration
Beruf *n (m)* profession; occupation; trade; vocation; **freier Beruf** *n (m)* profession; independent profession; liberal profession
Berufsausbildung *n (f)* pre-employment training; professional training; vocational education
Berufsausübungsgenehmigung *n (f)* license; practice certificate
Berufsbildung *n (f)* occupational training; vocational training
Berufserfahrung *n (f)* employment history; post-qualifying experience; professional competence; professional experience; proven experience; vocational experience
Berufsfreiheit *n (f)* right to freely choose one's occupation
Berufsgrundsätze *n/pl (m)* professional standards
Berufsgruppe *n (f)* professional group
Berufshaftpflichtversicherung *n (f)* professional liability insurance; professional indemnity insurance
Berufsschule *n (f)* vocational school
Berufsstand *n (m)* profession
berufstätig *adj* gainfully employed; working
Berufstätige *n/pl* employed persons; economically active persons
Berufstätigkeit *n (f)* gainful employment; professional work
Berufsunfähigkeit *n (f)* inability to work; occupational disability
Berufsverband *n (m)* professional association
Berufung *n (f)* appointment; appeal; reference; **Berufungsausschuss** *n (m)* appeal tribunal; appellate committee; **Berufungsbeklagter** *n (m)* defendant (in court of appeal); **Berufungsgericht** *n (n)* court of appeal; **Berufungskläger** *n (m)* appellant; plaintiff in appeal
berühren *v/t* touch (on) (to); affect (to)
besänftigen *v/t* appease (to); mitigate (to)
Beschädigung *n (f)* damage; injury
beschaffen *v/t* procure (to); get hold of (to)
Beschaffenheit *n (f)* physical characteristics; state; condition; **Beschaffenheit des Grundstücks** *n (f)* condition of the property; real estate structure; topography of site
Beschaffenheitsvereinbarung *n (f) ArCo* lit. agreement on condition and character; frequently used in an architect's and/or engineer's contract to specify the exact nature of the services to be provided and to set an absolute upper limit on construction costs, which then forms part of the agreed terms
Beschaffung *n (f)* procurement; supply; purchasing; resource acquisition; resourcing; **Beschaffungspreis eines Vermögenswertes** *n (m)* entry price; procurement price; **Beschaffungswert** *n (m)* net cash outflow; acquisition value; cost value; **Beschaffungswertprinzip** *n (n)* acquisition value principle (valuation)
beschäftigen *v/t* employ (to); occupy (to)
Beschäftigter *n (m)* employee; employed person
Beschäftigung *n (f)* activity; employment; occupation; **abhängige Beschäftigung** *n (f)* paid (usually wage-earning) employment; **illegale Beschäftigung** *n (f)* illegal employment; illegal activity
Beschäftigungsanalyse *n (f)* employment analysis; **Beschäftigungsstand** *n (m)* level of employment
Beschaltung *n (f)* circuit (elec)
Bescheid *n (m)* administrative decision; notice; **einen Bescheid erteilen** *v/t* render an administrative decision (to)
bescheinigen *v/t* certify (to); authenticate (to); legalize (to)
Bescheinigung *n (f)* certificate; written confirmation
Beschilderung *n (f)* signage; signposting
Beschlagnahme *n (f)* sequestration; seizure; confiscation; arrest; **Beschlagnahmeverfügung** *n (f)* sequestration order

beschlagnahmen *v/t* seize (to); confiscate (to)
Beschlagnahmung *n (f)* sequestration; attachment (of goods); seizure
Beschlagsarbeiten *n/pl (f)* glazing work; ironmongery work; joinery work
beschleunigen *v/t* accelerate (to)
Beschleunigung *n (f)* acceleration
beschließen *v/t* decide (to); adopt a resolution (to); declare (to); pass a resolution (to)
Beschluss *n (m)* decision; order; determination
Beschlussanfechtung *n (f) Law* challenge to a resolution of a condominium owners' association
Beschlussfähigkeit *n (f)* quorum; presence of a quorum
beschlussfähig sein be quorate (to); constitute a quorum (to)
Beschlussfassung *n (f)* adoption (of a resolution)
Beschlusssammlung *n (f) Law* list of decisions or resolutions;
Beschmutzung *n (f)* contamination; fouling; soiling
beschneiden *v/t* pare (down) (to); trim (to); cut back on (to)
beschränken *v/t* restrict (to); constrain (to); delimit (to); frame (to); limit (to); set limits (to); put a cap on (to)
Beschränkung *n (f)* restriction; restraint; limitation; **Beschränkung der Nutzung** *n (f)* → Nutzungsbeschränkung
baurechtliche Beschränkungen *n (f)* legal restrictions on development; **zeitliche Beschränkung** *n (f)* time limit
beschreiben *v/t* describe (to); delineate (to)
Beschreibung *n (f)* description; **Beschreibung des Grund und Bodens** *n (f)* property description; description of site; **falsche Beschreibung** *n (f)* misdescription
Beschuldigung *n (f)* accusation; charge (as in criminal charge)
Beschwerde *n (f)* complaint; grievance; appeal; remonstrance; **Beschwerdemanagement** *n (n)* complaints management
beseitigbar *adj* removable; capable of rectification; curable
beseitigen *v/t* remove (to); abate (to)
Beseitigung *n (f)* removal; disposal; deletion; abolition; abolishment
Beseitigungsanspruch *n (m) Law* (landlord's) right to require removal and/or restoration of structural changes made by a tenant on termination of a lease
Beseitigungsrevers *n (m) Law, Plan (CH)* lit. removal declaration; planning condition, esp. when permission is granted in exceptional circumstances; giving the planning authority the right to require the owner of the subject property to restore the original condition of the property
besenrein *adj* swept clean; in clean and tidy condition but not redecorated
besetzen *v/t* occupy (to)
Besetzer *n (m)* occupier; adverse user
besetzt *adj* occupied; **voll besetzt** *adj* full (up); (fully) occupied
Besetzung *n (f)* occupation; sit-in; allocation; **Besetzungsrecht** *n (n)* occupancy right; right of occupancy; **unrechtmäßige Besetzung** *n (f)* unlawful (or illegal) occupation
besichern *v/t* collateralise (to); provide security for a loan (to)
Besicherungsinstrument *n (n)* security instrument
Besichtigung *n (f)* visiting, viewing, inspection; **Besichtigung vor Ort** *n (f)* on-site inspection
Besichtigungsrecht des Vermieters *n (n) Law* landlord's right to enter/inspect the demised premises
Besichtigungstermin *n (m)* appointment to inspect; date of inspection
Besiedlungsdichte *n (f)* population density
Besitz *n (m)* property; possession; ownership; occupation; occupancy; holding; plant and equipment; tenure; seisin; **abgeleiteter Besitz** *n (n)* derivative possession; **freier Besitz** *n (m)* freedom of ownership; **herrenloser Besitz** *n (m)* abandoned property; bona vacantia (ownerless property); **landwirtschaftlicher Besitz** *n (m)* agricultural holding; agricultural property; **persönlicher Besitz** *n (m)* personal property; **ungestörter Besitz** *n (m)* quiet enjoyment; **unrechtmäßiger Besitz** *n (m)* unlawful possession; **verlassener Besitz** *n (m)* abandoned property; **wirtschaftlicher Besitz** *n (m)* beneficial ownership; economic ownership; economic control
Besitz entziehen *v/t* dispossess (to); **wieder in Besitz nehmen** *v/t* repossess (to)

b

b

Besitzanspruch *n (m)* tenure; possessory claim; claim to ownership
Besitzdauer *n (f)* holding period; length of time sth. has been owned
Besitzeinweisung *n (f)* allocation of property; as part of a → Flurbereinigung; **vorzeitige Besitzeinweisung** *n (f)* advance allocation of property before legal completion of a → Flurbereinigung; advance vesting order
besitzen *v/t* own (to); occupy (to)
besitzend *adj* propertied (as in „propertied classes")
Besitzer *n (m)* owner; occupier; proprietor
Besitzklage *n (f)* action for possession (or against dispossession)
Besitzraubung *n (f)* disseizin
Besitzrecht *n (n)* proprietary right; title; **uneingeschränktes Besitzrecht** *n (n)* good marketable title; clear title
Besitzstörung *n (f)* trespass; intrusion; private nuisance; interference with possession; prevention of enjoyment
Besitzüberlassung *n (f)* transfer of ownership
Besitzübertragung *n (f)* demise
Besitzurkunde *n (f)* deed of ownership; certificate of title
Besitzwechsel *n (m)* change of ownership
Besonderheit *n (f)* speciality; exception; highlight; special feature
besonnt *adj* sunlit; sunny; in the sun
Besonnung *n (f)* illumination by sunlight
Besorgung *n (f)* procurement
Besprechung *n (f)* meeting; discussion; **Besprechungszimmer** *n (n)* conference room; meeting room
Besserung *n (f)* improvement
Bestallungsurkunde *n (f)* vesting deed; letters patent; deed of appointment
Bestand *n (m)* store; asset; inventory; stock; **Bestandhalter** *n (m) PfoMgt* property investor; sometimes used in a pejorative sense to refer to very conservative portfolio owners/managers who tend to hold existing investments instead of operating proactively; *Syn.: Bestandshalter*
Bestandsanalyse *n (f)* stock analysis; analysis of existing situation
Bestandsaufnahme *n (f)* stocktaking; physical inventory; situation audit; financial review; survey; **allgemeine Bestandsaufnahme** *n (f)* generalized inventory; stocktaking
Bestandsaufnahme der Mängel *n (f)* list of defects; investigation of deficiencies
Bestandsbuch *n (n)* stock book; inventory register
Bestandschutz *n (m)* → Bestandsschutz
Bestandsführung von Immobilien *n (f)* asset management
Bestandshalter *PfoMgt* → Bestandhalter
Bestandsimmobilien *n/pl (f)* portfolio properties
Bestandskarte *n (f)* cadastral plan; land utilization and ownership map; plan (map) of existing situation
Bestandskonto *n (n)* asset account; stock account
Bestandskraft *n (f)* force of law; administrative finality
bestandskräftig *adj* final and conclusive; legally valid
Bestandsliste *n (f)* inventory; stocklist
Bestandsmiete *n (f)* current rent (passing)
Bestandsplan *n (m)* plan showing the current state of a property (e.g. existing floor plan)
Bestandsschutz *n (m)* protection of existing developments from changes in (e.g. planning) law
Bestandsveränderung *n (m)* change in portfolio; (Wert) change in book value of an asset; change(s) in inventory; stock movement
Bestandsvergleich *n (m)* comparison on two (or more) occasions; method of regular net worth comparison
Bestandsverzeichnis *n (n)* inventory listing; inventory of land register; inventory of property register; land register index; property list; property record; register of landed property
Bestandswert *n (m)* stock (or inventory) value
Bestandszeichnung *n (m)* as built drawing
Bestandteil *n (m)* component; constituent (part); element; ingredient; part; **sonstige Bestandteile** *n/pl (m)* other components; other parts; **wesentliche Bestandteile** *n/pl (m)* (essential) constituents
bestätigen *v/t* authenticate (to); certify (to); legalize (to); sustain (to); verify (to); witness (to)

Bestätigung *n (f)* verification; affirmation; testimony; **schriftliche Bestätigung** *n (f)* (written) acknowledgement
Bestätigungsvermerk *n (m)* accountant's (or auditor's) report; audit certificate; **eingeschränkter Bestätigungsvermerk** *n (m)* qualified (auditor's) opinion; limited accountant's report; qualified audit certificate; **negativer Bestätigungsvermerk** *n (m)* adverse auditor's report (or opinion); **uneingeschränkter Bestätigungsvermerk** *n (m)* unqualified audit certificate (or auditors' opinion)
Bestechung *n (f)* bribery; corruption
bestehen *v/i* exist (to)
bestehen (auf etwas) *v/t* insist on (to)
Bestellung (Amt) *n (f)* appointment; **Bestellung und Vereidigung** *n (f)* appointment and swearing-in (of official valuers)
Bestellung (Waren) *n (f)* order; purchase order; booking
Besteuerung *n (f)* taxation; **Besteuerung des Grundstücks** *n (f)* taxation of the property; **Besteuerung von Veräußerungsgewinnen** *n (m)* taxation of capital gains
Besteuerungsanspruch *n (m)* tax claim; **Besteuerungsbewertung** *n (f)* taxation valuation
Bestimmung *n (f)* clause; appropriateness; agreement; contract; determination; rule; **isolierte Bestimmung** *n (f)* determination in isolation; isolated measurement; **Lockerung von gesetzlichen Bestimmungen** *n (f)* deregulation; slackening of regulations; **vertragliche Bestimmung** *n (f)* covenant; provision of contract; **zwingende Bestimmung** *n (f)* mandatory provision
Bestimmungsort *n (m)* destination
Bestkauf *n (m)* purchase at lowest price
bestreiten *v/t* disclaim (to); contest (to); challenge (to); defray (to)
Besucherfrequenz *n (f)* visitor frequency
Betawert *n (m) Fin* beta value
Beteiligter *n (m)* participant; interested party; stakeholder
Beteiligung *n (f)* investment; contribution; interest; participation interests; participation; share; shareholding; attendance; **atypische stille Beteiligung** *n (f)* atypical silent partnership (silent or sleeping partnership with participation in profit and loss, assets and hidden reserves); **finanzielle Beteiligung** *n (f)* interest; **industrielle Beteiligung** *n (f)* industrial investment; industrial participation; **interne Beteiligung** *n (f)* inter-company participation; **stille Beteiligung** *n (f)* silent partnership; sleeping investment; **typische stille Beteiligung** *n (f)* silent partnership; sleeping partner; **wesentliche Beteiligung** *n (f)* material interest; significant investment
Beteiligungen an privatwirtschaftlichen Unternehmen *n/pl (f)* private equity investments
Beteiligungsbedingungen *n/pl (f)* conditions of investment
Beteiligungsdarlehen *n (n)* participation loan
Beteiligungserträge *n/pl (m)* dividends received; equity earnings
Beteiligungsfinanzierung *n (f)* equity financing
Beteiligungsgesellschaft *n (f)* associated company; investment company (bank); holding company; venture-capital company
Beteiligungskapital *n (n)* equity capital; venture capital; **privates Beteiligungskapital** *n (n)* private equity
Beteiligungsklausel *n (f)* participation (rent) clause; percentage (rent) clause; turnover (rent) clause
Beteiligungsverfahren *n (n)* participation procedure
Beteiligungsverhältnisse *n/pl (f)* distribution of ownership; ownership structure; share-ownership ratio
Beteiligungsvertrag *n (m)* participation agreement
Beteiligungswert *n (m)* book value of investment; value of holdings
Beteuerung *n (f)* affirmation; assertion
Beton *n (m)* concrete; **steifer Beton** *n (m)* low-slump concrete; concrete of stiff (or dry) consistency; **unbewehrter Beton** *n (m)* plain concrete; lean concrete; mass concrete; bulk concrete; **vorgespannter Beton** *n (m)* pre-stressed concrete; **wasserdichter Beton** *n (m)* waterproof concrete; **wasserundurchlässiger Beton** *n (m)* impervious concrete; impermeable concrete
Betonarbeit *n (f)* concrete work; **Betonblock** *n (m)* concrete block; **Betondecke** *n*

b

(f) concrete slab; concrete pavement; **Betondeckel** *n (m)* concrete roof; concrete cover; **Betonfertigteil** *n (n)* precast concrete element; prefabricated concrete unit; **Betonfußboden** *n (m)* concrete floor; **Betonkanal** *n (m)* concrete duct; **Betonmischmaschine** *n (f)* cement (or concrete) mixer; **Betonplatte** *n (f)* (precast) concrete slab; **Betonrohr** *n (n)* concrete pipe; **Betontechnik** *n (f)* concrete engineering; concrete technology

beträchtlich *adj* substantial; considerable

Betrachtung *n (f)* → wirtschaftliche Betrachtung; **Betrachtungsweise** *n (f)* → wirtschaftliche Betrachtungsweise

Betrag *n (m)* amount (of); **abschreibbarer Betrag** *n (m)* depreciable amount; **absoluter Betrag** *n (m)* absolute value (maths); numerical value; **anrechenbarer Betrag** *n (m)* chargeable amount; allowable amount; **anteiliger Betrag** *n (m)* proportionate amount; **ausschüttungsgleicher Betrag** *n (m)* amount equivalent to a dividend; **ausstehender Betrag** *n (m)* outstanding balance; amount outstanding; **erzielbarer Betrag** *n (m)* recoverable amount; achievable amount; **fälliger Betrag** *n (m)* amount due for payment; **offener Betrag** *n (m)* outstanding amount; open item

Betreff *n (m)* reference; subject (of letter, meeting etc.)

Betreiber *n (m)* operator

Betreiberimmobilien *n/pl (f)* properties run by (specialist) operating companies (e.g. hotels, leisure)

Betreten *n (n)* → unbefugtes Betreten

Betretungsrecht *n (n)* right to enter

betreuen *v/t* look after (to); attend to (to); serve (to); be in charge of (to)

Betreuung *n (f)* care; **Betreuung vor Ort** *n (f)* on-the-spot support

Betrieb *n (m)* firm; factory; company; business; management; **forstwirtschaftlicher Betrieb** *n (m)* forestry operation; **landwirtschaftlicher Betrieb** *n (m)* agricultural operation; agricultural business

den Betrieb verlegen *v/t* relocate a plant (to)

betrieblich *adj* operational; operative; working

Betriebsanlage *n (n)* machinery and equipment; industrial plant; **neue Betriebsanlage** *n (f)* new plant

Betriebsanlagen *n/pl (f)* operational facilities; factory equipment

Betriebsanweisung *n (f)* operating instructions; user's guide

Betriebsart *n (f)* mode

Betriebsaufgabe *n (f)* termination of a business; closing down of an enterprise; relinquishment of a business

Betriebsaufspaltung *n (f)* split-up of an enterprise

Betriebsausfallversicherung *n (f)* insurance for loss of profit

Betriebsausgaben *n/pl (f)* business expenses; business related cost; **nicht abzugsfähige Betriebsausgaben** *n/pl (f)* non-deductible (business) expenses

Betriebsausstattung *n (f)* machinery and equipment

Betriebsbegehung *n (f)* plant inspection; site inspection

Betriebsdaten *n/pl (n)* operational characteristics; operating data

Betriebsdauer *n (f)* service life; period of operation; operation period

Betriebsdruck *n (m)* working pressure; operating pressure

Betriebseinnahmen *n/pl (f)* operating income; operating revenues

Betriebseinrichtung *n (f)* operating equipment; plant and machinery; plant facilities; **besondere Betriebseinrichtungen** *n/pl (f)* (special) business equipment

Betriebseinstellung *n (f)* cessation of business

Betriebserfahrung *n (f)* operational experience; know-how

Betriebsergebnis *n (n) Fin* net operating profit; operating result; *Syn.: Geschäftsergebnis*; **Betriebsergebnis eines Unternehmens** *n (n)* earnings before interests and taxes (EBIT); **Betriebsergebnis vor Fixkosten** *n (n)* gross operating profit; **Betriebsergebnis vor Steuern** *n (n)* pre-tax operating income

kalkulatorisches Betriebsergebnis *n (n) Fin* imputed operating result

Betriebsertrag *n (m)* operating income

Betriebserweiterung *n (f)* plant expansion; extension of works

betriebsfähig *adj* operative; in (good) working order

Betriebsfläche *n (f)* plant area

Betriebsfrequenz *n (f)* operating frequency

Betriebsführung *n (f)* operation management; management
Betriebsgebäude *n (n)* plant; premises; factory building; plant building; can also include e.g. administration buildings occupied together with operational property
Betriebsgelände *n (n)* company premises
Betriebsgewinn *n (m)* trading profit; operating income
Betriebsgröße *n (f)* size of business; plant size; scale of plant
Betriebsgrundstück *n (n)* company premises; operational premises; factory premises
Betriebshaftpflichtversicherung *n (f)* public liability insurance; business liability insurance
Betriebskapital *n (n)* working capital; net current assets; circulating capital; current capital (US); floating capital (GB)
Betriebskonzept *n (n)* operating concept
Betriebskosten *n/pl* operating expenses; operating costs; operational costs; overhead costs (US); overhead expenditure (GB); running costs; **variable Betriebskosten** *n/pl* variable operating expenses
Betriebskostenumlageverordnung (BetrKostUV) *n (f)* German ordinance on the distribution of running costs between landlord and tenant
Betriebsmittel *n/pl (n)* working capital; production facilities; operating fund; **abnutzbare Betriebsmittel** *n/pl (n)* consumable equipment
Betriebsmittelkredit *n (m)* capital loan; business loan
Betriebsoptimierung *n (f)* optimising operations
Betriebsorganisation *n (f)* business organisation; company organisation; operational entity
Betriebspflicht (des Mieters) *n (f)* contractual obligation to use, open or operate (e.g. of tenants in shopping centres)
Betriebsprüfung *n (f)* company audit; tax examination
Betriebsrat *n (m)* works council; staff committee
Betriebsrentabilität *n (f)* (rate of) operating return
Betriebsrestaurant *n (n)* canteen; lunchroom (US); staff restaurant; *Syn.: Kantine, Casino*
Betriebsstätte *n (f)* branch; plant location; permanent establishment; **Betriebsstättenprinzip** *n (n)* *Tax* (grenzüberschreitende Besteuerung) branch rule
Betriebsstilllegung *n (f)* plant closure; plant shut-down
Betriebsstrom *n (m)* working current; operational current
Betriebsstunden *n/pl (f)* hours of operation; opening hours; attended time
Betriebstemperatur *n (f)* operating temperature
Betriebstyp *n (m)* nature of business
Betriebsüberschuss *n (m)* net operating profit
Betriebsüberwachung *n (f)* control of operations; operating surveillance
Betriebs- und Geschäftsausstattung *n (f)* furniture, fixtures and equipment (FF&E)
Betriebsunterbrechung *n (f)* business interruption; breakdown; service interruption; **Betriebsunterbrechungsversicherung** *n (f)* business interruption insurance
Betriebsvereinbarung *n (f)* (Anlagenbetrieb) operating agreement; (tarifliche) employer works council agreement; factory agreement; single plant bargaining agreement
Betriebsvergleich *n (m)* inter-company comparison; *Syn.: zwischenbetrieblicher Vergleich*
Betriebsverhalten *n (n)* operating behaviour; operating performance
Betriebsvermögen *n (n)* business property; assets used in the business; idle assets; **bewegliches Betriebsvermögen** *n (n)* furniture, fixtures and equipment (FF&E); **notwendiges Betriebsvermögen** *n (n)* assets necessary for the business; essential business property
Betriebsverpachtung *n (f)* lease of a business
Betriebsvertreter *n (m)* representative of the business (or company)
Betriebsvorräte *n/pl (m)* business inventories
Betriebsvorrichtung(en) *n(pl) (f)* plant, plant facilities; business fixture(s); term used esp. to distinguish between buildings and plant e.g. for tax or grant purposes
Betriebszeit *n (f)* operating time; running time

b

Betrug *n (m)* fraud; deceit
betrügerisch *adj* fraudulent
Bettung *n (f)* bedding; **elastische Bettung** *n (f)* elastic foundation; elastic bedding
Bettungsschicht *n (f)* bedding layer (for tiles etc.)
beurkunden *v/t* record (to); verify (to); certify (to)
Beurkundung *n (f)* verification, certification; **notarielle Beurkundung** *n (f)* notarisation; notarization
Beurkundungsgesetz (BeurkG) *n (n) Law* German recording act
beurteilen *v/t* appraise (to); judge (to); assess (to); rate (to)
Beurteilung *n (f)* assessment; judgement; evaluation; appraisal; **Beurteilung der Bonität** *n (f)* creditworthiness rating; **Beurteilung durch Gleichrangige** *n (f)* peer rating
gerechte Beurteilung *n (f)* fair appraisal
bevölkert *adj* populated
Bevölkerung *n (f)* population; inhabitants; **Bevölkerungsdichte** *n (f)* population density; **Bevölkerungsprognose** *n (f)* population forecast; **Bevölkerungsstruktur** *n (f)* population composition; population structure; **Bevölkerungsverschiebung** *n (f)* demographic shift; movement of population
bevollmächtigen *v/t* authorise (to); empower (to); grant power of attorney (to)
bevollmächtigt *adj* authorized
Bevollmächtigter *n (m)* agent; attorney; proxy; procurator; attorney-in-fact (US)
Bevollmächtigung *n (f)* power of attorney; agency
Bevorratung *n (f)* stocking (up); procurement; supply
bewährt *adj* approved; established; seasoned
Bewahrung *n (f)* conservation; preservation easement
Bewässerung *n (f)* irrigation; watering; **Bewässerungsanlage** *n (f)* irrigation system; **Bewässerungsgebiete** *n/pl (n)* irrigation districts; **Bewässerungsgraben** *n (m)* irrigation ditch; **Bewässerungstechnik** *n (f)* irrigation engineering; irrigation method
Beweggrund *n (m)* motive; reason
beweglich *adj* remov(e)able; mobile; mov(e)able; demountable
Beweglichkeit *n (f)* mobility; flexibility
Bewegungsdaten *n/pl (n)* transaction data; **Bewegungsfreiheit** *n (f)* freedom of movement; latitude; **Bewegungsmelder** *n (m)* motion detector; motion sensor
Bewehrung *n (f) ArCo* (concrete) reinforcement; *Syn.: Armierung*; **untere Bewehrung** *n (f)* bottom reinforcement
Bewehrungsarbeit *n (f)* reinforcement work; **Bewehrungskorb** *n (m)* reinforcement cage; **Bewehrungsplan** *n (m)* reinforcement plan; **Bewehrungsstahl** *n (m)* rebar; reinforcing steel; reinforcement rod; reinforcement steel
Beweis *n (m)* evidence; proof; **zwingender Beweis** *n (m)* stringency; compelling evidence; conclusive proof; **Beweis antreten** *v/t* furnish evidence (to); offer proof (to)
Beweisantrag *n (m)* submission of evidence
Beweisaufnahme *n (f)* hearing of evidence
Beweisbeschluss *n (m)* evidence order; court order to take evidence
beweisen *v/t* prove (to)
Beweisführung *n (f)* line of argument; **Beweisführungspflicht** *n (f)* → Beweislast
Beweiskraft *n (f)* authenticity; conclusiveness; **Beweiskraft einer Urkunde** *n (f)* authenticity of a legal instrument/document
Beweislast *n (f)* burden of proof
Beweismittel *n (n)* exhibit; evidence; proof
Beweispflicht *n (f)* → Beweislast
Beweisstück *n (n)* exhibit; (piece of) evidence
bewerben (sich) *v/i* apply for (to); make an application for (to)
Bewerber *n (m)* applicant; candidate; bidder; job candidate
Bewerbung *n (f)* application (for a job); **Bewerbungsgespräch** *n (n)* employment interview; hiring interview; job interview; **Bewerbungsschreiben** *n (n)* letter of application
bewerfen *v/t* render (to); rough-cast plaster (to)
bewertbar *adj* assessable; appraisable; rateable
bewerten *v/t* appraise (to); assess (to); evaluate (to); interpret (to); rate (to); value (to); **neu bewerten** *v/t* reappraise (to); reassess (to); revalue (to)
Bewerter *n (m)* valuer; valuator; appraiser (US); evaluator; expert; **externer Bewerter** *n (m)* external valuer

Bewertung *n (f)* valuation; evaluation; appraisal; appraisement; assessment; estimate; estimation; determination of taxable income by estimate; **Bewertung des Materialverbrauchs** *n (f)* costing of material usage; **Bewertung des Vertriebsplanes** *n (f)* marketing plan evaluation; **Bewertung des Vorratsvermögens** *n (f)* inventory valuation; **Bewertung einer Unternehmung als Ganzes** *n (f)* valuation of an enterprise as a whole; **Bewertung eines Investitionsobjektes** *n (f)* valuation of a property investment; **Bewertung eines Investments** *n (f)* investment appraisal; **Bewertung für Zollzwecke** *n (f)* customs valuation; **Bewertung für Zwecke der finanziellen Berichterstattung** *n (f)* valuation for financial reporting; **Bewertung für Zwecke der Kapitalüberlassung** *n (f)* valuation for purposes of capital allocation; **Bewertung in aufstrebenden Märkten** *n (f)* valuation in emerging markets; **Bewertung landwirtschaftlicher Immobilien** *n (f)* valuation of agricultural property; **Bewertung maschineller Anlagen** *n (f)* valuation of plant and equipment; **Bewertung nicht notierter Aktien** *n (m)* valuation of unlisted shares; **Bewertung öffentlicher Vermögenswerte** *n (f)* public sector asset valuation; **Bewertung unter der Prämisse der Unternehmensfortführung** *n (f)* going-concern concept of valuation; **Bewertung von Betriebsvermögen** *n (f)* valuation of business assets; **Bewertung von Leasingverhältnissen** *n (f)* valuation for leasing purposes; **Bewertung zu Anschaffungskosten** *n (f)* historical cost accounting; valuation by reference to purchase price; **Bewertung zu Marktpreisen** *n (f)* valuation (of securities) at market prices; marking-to-market; **Bewertung zu Modellpreisen** *n (f)* marking-to-model; basing asset values on a hypothetical market model – largely discredited since Enron; **Bewertung zu Wiederbeschaffungskosten** *n (f)* valuation based on reinstatement costs

eingeschränkte Bewertung *n (f)* limited appraisal; limited evaluation; **jährliche Bewertung** *n (f)* annual valuation; annual appraisal; annual review; **sorgfältige Bewertung** *n (f)* careful valuation; prudent valuation; **steuerliche Bewertung** *n (f)* valuation for tax purposes; **unabhängige Bewertung** *n (f)* independent appraisal; independent valuation; **vollständige Bewertung** *n (f)* complete appraisal; full valuation; **vorsichtige Bewertung** *n (f)* conservative valuation; prudent valuation

eine Bewertung vornehmen *v/t* carry out a valuation (to)

Bewertungsabschlag *n (m)* downward valuation adjustment; deduction from a valuation

Bewertungsabschreibung *n (f)* valuation of an asset below the last-preceding balance-sheet valuation

Bewertungsansatz (nach IAS 16) *n (m)* benchmark treatment (IAS 16)

Bewertungsart *n (f)* type of appraisal

Bewertungsbericht *n (m)* valuation report

Bewertungseinfluss *n (m)* weighting

Bewertungseinheit *n (f)* (separate) valuation unit

Bewertungsentwicklung *n (f)* progression of values; time series of values

Bewertungsfreiheit *n (f)* elective valuation; valuation privilege (for tax purposes)

Bewertungsgebühr *n (f)* appraisal fee

Bewertungsgesellschaft *n (f)* valuation company

Bewertungsgesetz (BewG) *n (n) Law* German tax valuation act

Bewertungsgrößen *n/pl (f)* factors of evaluation; parameters

Bewertungsgrundlage *n (f)* basis of valuation; measurement basis; valuation base; valuation basis

Bewertungsgrundsatz *n (m)* valuation standard(s); definition of value

Bewertungsgrundsätze *n/pl (m)* valuation principles; valuation standards

Bewertungsgutachten *n (n)* valuation (document); valuation report; appraisal report; **Bewertungsgutachten durch unabhängige Sachverständige** *n (n)* external valuations; independent valuations; **betriebsintern erstellte Bewertungsgutachten** *n/pl (n)* internal valuations

Bewertungshintergrund *n (m)* background to a valuation; historical factors affecting a valuation

Bewertungsklausel *n (f)* appraisal clause

Bewertungskonzept *n (n)* valuation concept

b

b

Bewertungslehre *n (f)* valuation theory; methodology of appraisal; methodology of valuation
Bewertungsmaßstäbe *n/pl (m)* valuation standards; valuation regulations
Bewertungsmethode *n (f)* valuation method; appraisal approach; appraisal method; method of valuation
Bewertungsobjekt *n (n)* subject property; object of valuation; property (being) valued
Bewertungspraxis *n (f)* valuation practice
Bewertungsprinzip *n (n)* valuation (or appraisal) principle
Bewertungsprivileg *n (n) Tax* valuation election
Bewertungsprozess *n (m)* valuation process
Bewertungspunkt *n (m)* rating point; mark (score)
Bewertungsquelle *n (f)* grounds of evaluation
Bewertungsrechnung *n (f)* valuation (or appraisal) calculations
bewertungsrelevant *adj* relevant for valuation; **bewertungsrelevante Vorgeschichte** historical facts of relevance to the valuation
Bewertungsreserve *n (f)* valuation reserve
Bewertungsskala *n (f)* rating table
Bewertungssonderfall *n (m)* valuation of a unique property or amenity
Bewertungsspielraum *n (m)* valuation reserve
Bewertungsstandard *n (m)* valuation standard; **Bewertungsstandards harmonisieren** *v/t* harmonise valuation standards (to)
Bewertungsstetigkeit *n (f)* consistency of valuation; consistency (or continuity) of application of valuation methods and principles
Bewertungsstichtag *n (m)* valuation date; date of valuation; date of appraisal; appraisal date; fixed date of valuation
Bewertungstabelle *n (f)* valuation table(s)
Bewertungstheorie *n (f)* appraisal theory; valuation theory
Bewertungsüberprüfung *n (f)* appraisal (or valuation) review; examination (or scrutiny) of appraisal (or valuation)
Bewertungsungenauigkeit *n (f)* inaccuracy in a valuation
Bewertungsunterlagen *n/pl (f)* documents required for an appraisal; documents on which a valuation has been based
Bewertungsurkunde *n (f)* valuation certificate
Bewertungsurteil *n (n)* judicial finding on (or relevant to) valuation
Bewertungs(vereinfachungs)verfahren bei der Ermittlung von Kosten *n (n)* simplified valuation method for determination of costs; cost formulas
Bewertungsverfahren *n (n)* valuation process; assessment procedure; appraisal method; method of valuation; valuation method
Bewertungsverhältnis *n (n)* assessment ratio; weighting factor
Bewertungsvorschriften *n/pl (f)* valuation rules; valuation regulations
Bewertungswahlrecht *n (n)* valuation option
Bewertungszertifikat *n (n)* valuation certificate
Bewertungszweck *n (m)* purpose of valuation
bewilligen *v/t* allow (to); sanction (to)
bewilligt *adj* allotted; authorised; decreed
Bewilligung *n (f)* approval; permit; grant; concession
Bewilligungsmiete *n (f)* authorised rent; allowable rent
Bewilligungsurkunde *n (f)* deed of grant
Bewirkung der geschuldeten Leistung *n (f)* specific performance
Bewirtschaftung *n (f)* control; running (e.g. of a business); management; cultivation (agric.); **ordnungsgemäße Bewirtschaftung** *n (f)* proper (or orderly) management (of a property); management according to the rules; **sparsame Bewirtschaftung** *n (f)* economy; economical management (or husbandry)
Bewirtschaftungskosten *n/pl* management costs; management and maintenance costs; cost of management and upkeep; **nicht umlagefähige Bewirtschaftungskosten** *n/pl* non-recoverable (landlord's) costs; non-transferable costs
bewohnbar *adj* inhabitable; fit for human habitation; **in einem bewohnbaren Zustand** in habitable condition
Bewohnbarkeit *n (f)* habitability; fitness for human habitation

bewohnen *v/t* occupy (to); live in (to)
Bewohner *n (m)* resident; occupier; occupant; tenant; inhabitant
bewohnt *adj* occupied; inhabited
Bewuchs *n (m)* vegetation; fouling
Bewurf *n (m)* (rough-cast) rendering
bezahlen *v/t* pay (to); discharge (to); effect payment (to); foot (a bill) (to); make payment (to); meet payment (to)
bezahlt *adj* paid; **voll bezahlt** *adj* fully paid
Bezahlung *n (f)* payment; settlement
Bezeichnung *n (f)* name; identifier; marking; designation; sign
bezeugen *v/t* testify (to); witness (to)
Bezirk *n (m)* district; county; region (GB)
Bezirksplan *n (m)* district map (esp. cadastral)
Bezug *n (m)* acquisition; occupation; cover(ing); reference
Bezugnahme *n (f)* reference
Bezugseinheit *n (f)* reference unit
Bezugsfähigkeitsbescheinigung *n (f)* certificate of occupancy
bezugsfertig *adj* ready for occupation; ready to move into; **sofort bezugsfertig** *adj* (for) immediate possession; ready-to-move-in
Bezugsgröße *n (f)* datum; benchmark; reference value
Bezugsmarke *n (f)* benchmark
Bezugspreis *n (m)* purchase price; supply price
Bezugspunkt *n (m)* point of reference; benchmark
Bezugsquelle *n (f)* source of supply; source
Bezugsrecht *n (n)* share option; rights issue
Bezugstermin *n (m)* date of delivery; reference date
Bezugswert *n (m)* benchmark; base value; reference value
Bezugszeichnung *n (f)* reference drawing (plan etc.)
BfA *Org* → Bundesanstalt für Arbeit
BFH *Org* → Bundesfinanzhof
BGB *n (n) Law* → Bürgerliches Gesetzbuch
BGB-Gesellschaft *n (f)* unincorporated civil-law association; joint partnership; joint venture
BGF → Bruttogrundfläche
BGH → Bundesgerichtshof
Biberschwanz(ziegel) *n (m) ArCo* flat tile, plain tile, beavertail tile, crown tile; **Biberschwanzkronendeckung** *n (f) ArCo* decorative pitched roof covering using → Biberschwanz tiles, with a double row of tiles hung on each batten; *Syn.: Kronendeckung, Ritterdach, Schwedisches Dach*
Bibliothek *n (f)* library
Bidet *n (n)* bidet
Biegebeanspruchung *n (f)* bending load
Biegefestigkeit *n (f)* bending strength; flexural strength
Biegeknickung *n (f)* flexural buckling
Biegespannung *n (f)* bending stress
biegesteif *adj* bending resistant
Biegesteifigkeit *n (f)* flexural strength
Biegezugfestigkeit *n (f)* flexural strength
Biegsamkeit *n (f)* flexibility; pliability
Biegung *n (f)* bend; bending; curve; flexion
Bieter *n (m)* bidder
(öffentliches) Bieterverfahren *n (n)* sale by (public) tender; unlike an auction, at the end of the tender period the vendor is not obliged to accept the highest offer; negotiations and, after agreement, a normal contract of sale follow
Bietungsgarantie *n (f)* tender guarantee; bid bond
Bilanz *n (f)* balance sheet; **abgeleitete Bilanz** *n (f)* balance sheet derived (from sth.); **erstmaliger Ansatz in einer Bilanz** *n (m)* initial recognition (accounting); **außerhalb der Bilanz** off balance sheet
Bilanzanalyse *n (f)* balance sheet analysis; statement analysis
Bilanzansatzkriterien *n/pl (n)* recognition criteria (for balance sheet items)
Bilanzaufstellung *n (f)* preparation of a balance sheet
Bilanzgewinn *n (m)* balance sheet profit; accumulated profits; net earnings for the year
Bilanzierung *n (f)* accounting; **Bilanzierung von Sicherungsgeschäften** *n (f)* hedge accounting
Bilanzierungsfähigkeit *n (f)* ability of e.g. an asset to satisfy the recognition criteria for inclusion in a balance sheet
Bilanzposten *n/pl (m)* items (balance sheet); **monetäre Bilanzposten** *n/pl (m)* monetary items; **nicht-monetäre Bilanzposten** *n/pl (m)* non-monetary items
Bilanzstichtag *n (m)* date of balance; accounting date
Bilanzvergleich *n (m)* balance-sheet comparison

b

Bilanzwert *n (m)* value of a balance sheet item
bilanzwirksam *adj* on-balance-sheet
Billigkeitsrecht *n (n)* equity law; in equity
billigkeitsrechtlich *adj* equitable
Billigung *n (f)* approval; assent; endorsement; sanction; **stillschweigende Billigung** *n (f)* tacit approval (or permission)
Bindemittel *n (n)* binder(s); bonding agent; cement; adhesive; vehicle (paint constituent)
bindend *adj* binding; compulsory
Binder *n (m)* header (brick); (roof) truss; girder; frame; **Binderverband** *n (m)* header bond (brickwork)
Bindung *n (f)* commitment; **mietrechtliche Bindung** *n (f)* restriction (or obligation) resulting from landlord and tenant law
Bindungsbedingungen *n/pl (f)* conditions of engagement
Bindungswirkung *n (f)* legally binding effect
Binnenland *n (n)* inland area; interior
Biotop *n (n)* biotope
BIP → Bruttoinlandsprodukt
Birke *n (f)* birch (tree)
Bittschrift *n (f)* petition
Bittsteller *n (m)* petitioner
Bitumen *n (n)* asphalt; bitumen; **Bitumenanstrich** *n (m)* (coat of) bituminous paint; **Bitumengießverfahren** *n (n)* bitumen casting process; **Bitumenpappe** *n (f)* bituminous felt; roofing felt
Bitumenschweißbahn *n (f) ArCo* asphalt sheeting
BKI *Org* → Baukosteninformationszentrum Deutscher Architektenkammern
B-Lage *n (f)* secondary location
blähen *v/t* inflate (to)
Blähgas *n (n)* expanded gas; **Blähmittel** *n (n)* expanding agent; blowing agent; **Blähton** *n (m)* expanded clay
Blatt *n (n)* sheet; page
Blaupause *n (f)* blueprint
Blech *n (n)* sheet metal; tin (colloq. – e.g. tin roof)
Bleche *n/pl (n)* metal plates; metal sheets; laminations
Blechmantel *n (m)* sheet-metal jacket; steel jacket
Blechnerarbeiten *n/pl (f)* plumber's work (flashing, sheet metal etc.); sheet metal work
Blechschraube *n (f)* self-tapping screw
Blei *n (n)* lead; **Bleibergwerk** *n (n)* lead-mine; **Bleidach** *n (n)* leaden roof; leaded roof; **Bleihütte** *n (f)* lead-works; **Bleimennige** *n (f)* red lead (primer); mineral red
Bleibe *n (f)* abode; place to sleep; (ugs.) doss (BE)
Blende *n (f)* blind; bezel; orifice plate; aperture; pelmet
Blendmauer *n (f)* screen wall; honeycomb wall; **Blendmauerwerk** *n (n)* facing masonry
Blinddeckel *n (m)* temporary cover
Blindschraube *n (f)* sealing screw
Blitz *n (m)* lightning
Blitzableiter *n (m)* lightning conductor; lightning rod
BImSchG *Law* → Bundesimmissionsschutzgesetz
BInvG *Law* → Bundesinvestitionsgesetz
Block *n (m)* block; **Blockbauweise** *n (f)* block construction; block structure; **Blockhaus** *n (n)* log cabin; **Blockheizkraftwerk** *n (n)* total energy unit; block heat and power plant; **Blockheizung** *n (f)* zone heating; **Blockhütte** *n (f)* cabin; **Blocklast** *n (f)* block load; **Blockpolice** *n (f) insur.* standard insurance cover for simple risks (e.g. travel insurance) whereby the application form and cover note are included in a single document; **Blockrandbebauung** *n (f)* perimeter block development; buildings constructed on the edges of a site around a central courtyard
Blumenkübel *n (m)* planter
Blütezeit *n (f)* heyday; (fig.) zenith
BMF *Org* → Bundesministerium für Finanzen
BMZ → Baumassenzahl
Boardinghaus *n (n)* boarding house
Boden *n (m)* floor; bottom; soil; loft; land; terrain; **doppelter Boden** *n (m)* false floor; **feuerbeständiger Boden** *n (m)* fire-resisting floor(ing); **feuerfester Boden** *n (m)* fireproof floor(ing); fireproof base; **gewachsener Boden** *n (m)* undisturbed soil; natural soil; **laminierter Boden** *n (m)* → Laminatboden; **nasser Boden** *n (m)* wet ground; wet soil; **rutschiger Boden** *n (m)* slippery flooring; **schlammiger Boden** *n (m)* muddy soil; **tragfähiger Boden** *n (m)* ground with good bearing capacity; natural foundation; **undurchlässiger Boden** *n*

(m) impermeable soil; **ungenutzter Boden** *n (m)* unused land; uncultivated land; **ungestörter Boden** *n (m)* undisturbed soil; in-situ soil; **verseuchter Boden** *n (m)* contaminated soil; **weicher Boden** *n (m)* weak soil; bad ground

Bodenablauf *n (m)* floor gully; floor drain

Bodenaltertümer *n/pl (n)* archeological finds

Bodenanalyse *n (f)* soil analysis; soil investigation

Bodenanteil *n (m)* shared grounds; part of outside areas included with an apartment

Bodenart *n (f)* nature of soil; soil type

Bodenaushub *n (m)* excavated soil

Bodenbearbeitung *n (f)* cultivation of the soil

Bodenbedecker *n (m)* → Bodendecker

Bodenbedeckung *n (f)* ground cover

Bodenbelag *n (m)* flooring; floor finish; floor covering; screed

Bodenbelastung *n (f)* floor loading(s)

Bodenbelüftung *n (f)* soil aeration

Bodenbeschaffenheit *n (f)* land quality; nature of the ground; soil condition

Bodenbewertung *n (f)* land valuation; soil investigation

Bodenbewirtschaftung *n (f)* cultivation of land; utilization of the soil

Bodendecker *n (m)* shrub; low-growing plant; ground cover

Bodendenkmal *n (n)* ancient monument found in the ground; ground monuments

Bodendeponie *n (f)* soil disposal; waste site

Bodendiele *n (f)* floorboards

Bodendurchbruch *n (m)* floor opening

Bodeneigenschaften *n/pl (f)* soil character; soil characteristics

Bodenentwässerung *n (f)* land drainage; soil drainage

Bodenerosion *n (f)* soil erosion

Bodenerschließung *n (f)* (agric.) soil development; *Syn.: Pedogenese, Bodenbildung*

Bodenertrag *n (m)* crop yield; produce of the soil

Bodenertragswert *n (m)* land value proportion; → Ertragswert

Bodenfestigung *n (f)* soil stabilisation; consolidation

Bodenfeuchtigkeit *n (f)* soil humidity

Bodenfläche *n (f)* floor area; floor space (inside a building); ground area (outside)

Bodenfliese *n (f)* flooring tile; floor tile; paving tile

Bodenfruchtbarkeit *n (f)* fertility of the soil

Bodenfrüchte *n/pl (f)* fruits of the land; national fruits; produce of the soil

Bodengestaltung *n (f)* floor finishes; floor design

Bodengutachten *n (n)* geological survey; subsoil expertise

Bodengutachter *n (m)* soil analyst; soil expert

Bodenhebung *n (f)* uplift; heave

Bodenhöhe *n (f)* ground level

Bodenkarte *n (f)* soil map

Bodenklasse *n (f)* soil class

Bodenkontaminierung *n (f)* land contamination; soil contamination

Bodenkredit *n (m)* land loan; credit secured by land; **Bodenkreditanstalt** *n (f)* land mortgage bank

Bodenleger *n (m)* floor layer

Bodenmarkt *n (m)* building land market; land market

Bodennutzung *n (f)* land use, utilisation (AE utilization) of land; (planning) zoning

Bodenoberfläche *n (f)* land surface

Bodenordnung *n (f)* land order; real estate regulations; rearrangement of parcels of land; redistribution of parcels of land; **Bodenordnungsmaßnahme** *n (f)* processing for the reallocation of parcels of land; redistribution of parcels of land

Bodenparzelle *n (f)* → Parzelle

Bodenplatte *n (f)* floor slab; floor plate; base plate; floor panel

Bodenpolitik *n (f)* land politics; land policy; real estate policy

Bodenpotenzial *n (n)* soil resources; real estate potential

Bodenpreis *n (m)* land price; **Bodenpreisentwicklung** *n (f)* trend of land prices; land price development; **Bodenpreisindex** *n (m)* index of land prices; **Bodenpreiskarte** *n (f)* land price map

Bodenpressung *n (f)* soil pressure; soil loading

Bodenprobe *n (f)* soil sample; soil specimen; **ungestörte Bodenprobe** *n (f)* undisturbed soil sample

Bodenrecht *n (n)* land law; land rights; law of landed property; real property legislation; **Bodenrechtsreform** *n (f)* agrarian reform; land reform

b

Bodenreform *n (f)* agrarian reform; land reform
Bodenrente *n (f)* ground rent
Bodenrichtwert *n (m)* (lit.) standard land value, guideline land value; published by the → Gutachterausschuss; **geeignete Bodenrichtwerte** *n/pl (m)* appropriate guideline (or standard) land values
Bodenrichtwertatlas *n (m)* guideline (or standard) land value atlas
Bodenrichtwertgrundstück *n (n)* standard plot of land on which Bodenrichtwert analysis is based
Bodenrichtwertkarte *n (f)* guideline (or standard) land value map; land value map
Bodenrichtwertübersicht *n (f)* schedule of guideline land values (published by an official board of experts)
Bodenrichtwertverfahren *n (n)* method used to assess guideline land values
Bodenrichtwertzone *n (f)* zone in which land prices are averaged to calculate Bodenrichtwert; area with a particular Bodenrichtwert
Bodenrinne *n (f)* surface channel
Bodensanierung *n (f)* soil decontamination; reclamation of contaminated land; cleaning up of contaminated land
Bodenschacht *n (m)* manhole
Bodenschätze *n/pl (m)* mineral resources; **bergfreie Bodenschätze** *n/pl (m)* mineral resources; natural resources (coal, gas, etc.) which belong to the state regardless of landownership; **grundeigene Bodenschätze** *n/pl (m)* natural (mineral) resources belonging to the land owner
Bodenschätzung *n (f)* soil appraisal; appraisal of farm land; **Bodenschätzungsgesetz** *n (n)* German law on the appraisal of farm land
Bodenschutz *n (m)* soil conservation; soil protection; → Bundesbodenschutzgesetz (BBodSchG)
Bodenspekulant *n (m)* land speculator
Bodenspekulation *n (f)* land speculation; real estate speculation; speculation in landed property
Bodenstruktur *n (f)* soil structure
Bodentanks *n/pl (m) ArCo* floor cable channels
Bodentür *n (f)* trap door; back door
Bodenumverteilung *n (f)* redistribution of parcels of land
Bodenuntersuchung *n (f)* soil investigation
Bodenverankerung *n (f)* ground anchorage; dead man
Bodenverband *n (m)* association to promote land reform
Bodenverbesserung *n (f)* amelioration; improvement of land; soil improvement (by drainage or irrigation)
Bodenverhältnisse *n/pl (n)* soil conditions
Bodenverkehr *n (m)* land transactions; property dealing; property transactions; **Bodenverkehrsgenehmigung** *n (f)* permission to divide a parcel of land; required under certain circumstances for the division or conveyance of part transfer (agricultural land)
Bodenverschmutzung *n (f)* → Bodenverunreinigung
Bodenverseuchung *n (f)* → Bodenverunreinigung
Bodenverteilung *n (f)* redistribution of the land; equitable distribution of the land
Bodenverunreinigung *n (f)* soil contamination; soil pollution
Bodenverzinsung *n (f)* annual return on land value
Bodenvorratswirtschaft *n (f)* land assembly policy; land reserve policy
Bodenwertanteil *n (m)* proportion of value attributable to the land; **Bodenwertanteil am Ertragswert** *n (m)* proportion of value attributable to the land applied in Ertragswert (income capitalization) valuations; **Bodenwertanteil am Sachwert** *n (m)* proportion of value attributable to the land applied in Sachwert (DRC) valuations
Bodenwert (BW) *n (m)* land value; **Bodenwert bebauter Grundstücke** *n (m)* land value of developed (or improved) real estate sites
durchschnittlicher Bodenwert *n (m)* average land value; **gedämpfter Bodenwert** *n (m)* reduced land value (of developed compared with undeveloped sites); **landwirtschaftlicher Bodenwert** *n (m)* agricultural land value; **rentierlicher Bodenwert** *n (m)* notional (or calculated) land value; used e.g. in → Ertragswert calculations; **restnutzungsdauerabhängiger Bodenwert** *n (m)* land value dependent on remaining useful life (of buildings); **tragbarer Bodenwert** *n (m)* acceptable land

value; **unrentierlicher Bodenwert** *n (m)* notional land value component of a developed (US improved) site used in some German valuation techniques (e.g. → Ertragswert)

Bodenwertdämpfung *n (f)* reduction in land value

Bodenwerterhöhung *n (f)* rise in land value; increase in land value; **sanierungsbedingte Bodenwerterhöhung** *n (f)* rise in land (site) value attributable to (or resulting from) urban renewal

Bodenwertermittlung *n (f)* land valuation; **deduktive Bodenwertermittlung** *n (f)* deductive method of land valuation; **kalkulatorische Bodenwertermittlung** *n (f)* imputed land value determination; imputed land value method

Bodenwertsteigerung *n (f)* rise in land value; increase in land value

Bodenwertverzinsung *n (f)* annual return on land value

Bodenwertzuwachssteuer *n (f)* tax on the increase in land value

Bodenzahl *n (f)* measure of the productivity of agricultural land

Bogen *n (m)* arch; curve; **Bogengang** *n (f)* arcade; archway; **Bogensäge** *n (f)* hacksaw; jig saw; cross-cut saw

Bohle *n (f)* plank

Bohrmaschine *n (f)* drill; drilling machine

Bohrung *n (f)* bore; drill hole

Boiler *n (m)* boiler

Bolzen *n (m)* bolt; pin

Bolzplatz *n (m)* playing field

Bonität *n (f)* creditworthiness; credit standing **gute Bonität** *n (f)* good standard of creditworthiness

Bonitätsbestätigung *n (f)* confirmation of creditworthiness; letter of comfort (US); comfort letter (US); **Bonitätsprüfung** *n (f)* credit assessment; **Bonitätsverbesserung** *n (f)* credit enhancement;

Bonus *n (m)* bonus, incentive, extra pay, premium

Boom *n (m)* boom

boomend *adj* bouyant

Bordstein *n (m)* kerb; curb

borgen *v/t* lend (to); borrow (to)

Börse *n (f)* stock market; stock exchange; bourse

Börsenaufsichtsbehörde *n (f)* stock exchange supervisory authority; in Germany organised at state level → Bundesanstalt für Finanzdienstleistungsaufsicht (BaFin)

Börsenbewertung *n (f)* market capitalization; market valuation (fin.)

Börseneinführung *n (f)* → Börsengang

Börsengang *n (m)* initial public offering (IPO); flotation

nicht börsengehandelt *adj* over the counter; not traded on the stock-exchange

Börsengesetz *n (n)* German stock exchange law

Börsenumsatzsteuer (BUST) *n (f)* stock exchange transfer tax; stamp duty (fin.)

Börsenwert einer Gesellschaft *n (m)* market capitalization of a company

Böschung *n (f)* berm; embankment; slope; **natürliche Böschung** *n (f)* natural slope; natural bank (river)

Bossenwerk *n (n) ArCo* bossage; rustication, rustic work (stone), rusticated masonry; *Syn.: Rustika*

böswillig *adj* malicious; willful

Boulevard *n (m)* boulevard

B-Plan *n (m)* → Bebauungsplan

Brache *n (f)* derelict land

Brachfläche *n (f)* fallow land; **Brachflächenzuschuss** *n (m)* derelict land grant

Brachland *n (n)* fallow land; set-aside land; waste land

Branche *n (f)* trade; sector; line; branch of business; industrial segment; industry; sector of industry; **Branchenbeobachtung** *n (f)* industry survey and appraisal; (business) sector monitoring; **Branchenberichterstattung** *n (f)* reporting on business sector(s); **Branchenklassifikation** *n (f)* standard industrial classification; **Branchenmix** *n (m)* business (sectors) represented in a town or e.g. a shopping centre; **Branchenzinsfuß** *n (m)* sector interest rate

Branchen-Analyse-Kennzahlen *n/pl (f)* industrial (or sector) analysis ratios

Brandabschnitt *n (m) ArCo* fire compartment

Brandblende *n (f)* fire stop (wall)

Brandgefahr *n (f)* fire hazard; fire risk

Brandkasse *n (f)* fire insurance company; fire office; fire society

Brandkassenwert *n (m)* fire insurance value

Brandklasse *n (f)* fire classification; fire rating

b

Brandlöschung *n (f)* fire fighting
Brandmauer *n (f) ArCo* fire wall; firewall; fireproof wall; fire partition; (internal) compartment wall
Brandmeister *n (m)* fire officer
Brandmeldeanlage *n (f)* fire alarm system; **automatische Brandmeldeanlage** *n (f)* automatic fire alarm
Brandmelder *n (m)* fire detector; flame detector; automatic fire alarm
Brandmeldetableau *n (f)* fire alarm indicator panel; often including a → Feuerwehrlaufkarte
Brandmeldezentrale *n (f)* fire alarm control panel
Brandrisiko *n (n)* fire risk
Brandschaden *n (m)* fire damage; **Brandschadensprüfer** *n (m)* fire loss assessor
Brandschott *n (n)* fire wall; fireproof bulkhead
Brandschutz *n (m)* fire protection; fire prevention and protection; fire protection requirements; **vorbeugender Brandschutz** *n (m)* preventive fire protection
Brandschutzbescheinigung *n (f)* fire certificate; **Brandschutzgutachten** *n (n)* fire inspection report; **Brandschutznachweis** *n (m)* fire protection certificate; **Brandschutztür** *n (f)* fire door; **Brandschutzversicherung** *n (f)* fire protection insurance
Brandursache *n (f)* cause of a fire
Brandwand *n (f)* → Brandmauer
brauchbar *adj* useful; useable
Brauchwasser *n (n)* industrial water; process water; non-drinkable water; service water
Braunkohle *n (f)* brown coal; lignite; **Braunkohlenkoks** *n (m)* lignite coke; brown coal coke; **Braunkohlenstaub** *n (m)* pulverized lignite
Braunstein *n (m)* brownstone; manganese (dioxide) ore
Brausekopf *n (m)* shower head; shower rose; *Syn.: Duschkopf*
Brecheisen *n (n)* crow bar; jemmy; prybar
Breite *n (f)* width; breadth; scope; range; **lichte Breite** *n (f)* clear width
Bremsleistung *n (f)* braking power
brennbar *adj* combustible; (in)flammable
Brenner *n (m)* burner; **Brennermuffe** *n (f)* burner muffle
Brenngas *n (n)* fuel gas; burnable gas
Brennholz *n (n)* firewood
Brennkammer *n (f)* combustion chamber; furnace chamber
Brennofen *n (m)* kiln; furnace
Brennstoff *n (m)* fuel; **fester Brennstoff** *n (m)* solid fuel; **flüssiger Brennstoff** *n (m)* fluid fuel; **gasförmiger Brennstoff** *n (m)* gaseous fuel
Brennstoffart *n (f)* type of fuel; **Brennstoffaufbereitung** *n (f)* fuel treatment; **Brennstoffaufwand** *n (m)* fuel consumption; **Brennstoffdiversifizierung** *n (f)* fuel diversification; **Brennstoffeigenschaften** *n/pl (f)* fuel properties; **Brennstoffeinsatz** *n (m)* fuel consumption; fuel consumed; **Brennstoffmehraufwand** *n (m)* additional fuel expenditures; **Brennstoffpreis** *n (m)* fuel price; **Brennstoffumstellung** *n (f)* changeover of fuel(s); fuel conversion; **Brennstoffverbrauch** *n (m)* fuel consumption; **Brennstoffwärmepreis (je Wärmeeinheit)** *n (m)* fuel price per thermal unit; fuel price per heat unit; **Brennstoffzelle** *n (f)* fuel cell; **Brennstoffzellentechnologie** *n (f)* fuel cell technology; **Brennstoffzuschuss** *n (m)* fuel grant; additional payment (e.g. to pensioners) for fuel costs
Brennwertkessel *n (m)* condensing boiler
Brett *n (n)* board; plank
BRI → Bruttorauminhalt
Brief *n (m)* letter; **eingeschriebener Brief** *n (m)* registered letter; *Syn.: Einschreiben*
Briefgrundschuld *n (f)* certificated land charge; i.e. with a document as well as a land register entry
Briefhypothek *n (f)* certificated mortgage
Briefkastengesellschaft *n (f)* nominee company (or trust); brass plate company; letter box company; paper company
Briefkurs *n (m)* offer (price); ask(ing) price; selling rate
Brikettbruch *n (m)* briquette breakage
bröckelig *adj* friable; crumbling; brittle
Brocken *n (m)* lump; piece
Broker *n (m)* broker-dealer
Broker-Fonds *n (m)* broker fund
Bronze *n (f)* bronze
bronziert *adj* bronze plated; bronzed
Broschüre *n (f)* brochure; booklet; descriptive memorandum
Bruch *n (m)* breach; violation; break; breakage; wreckage; (maths) fraction
Bruchspannung *n (f)* ultimate strength; breakage stress

Bruchteilsbewertung *n (f)* fractional share valuation
Bruchteilseigentum *n (n)* tenancy in common
Bruchteilseigentümer *n (m)* tenant(s) in common; owner of a fractional share of a property
Bruchteilsgemeinschaft *n (f)* joint ownership (association)
Bruchzahl *n (f)* fraction; fractional number; *Syn.: Bruch*
Brücke *n (f)* bridge; jumper (elec.)
Brückenleitung *n (f)* jump lead; jumper (elec.)
Brückenpfeiler *n (m)* bridge pier
Brückenwaage *n (f)* weighbridge; platform scale (US)
Brüstung *n (f)* parapet; balustrade; **Brüstungsmauer** *n (f)* parapet; parapet wall
brutto *adj* gross
Brutto-Allphasen-Umsatzsteuer *n (f)* cumulative all-stage turnover tax
Bruttoanfangsrendite *n (f)* gross initial yield
Bruttoanpassung *n (f)* gross adjustment
Bruttoausweis *n (m)* presented gross (e.g. balance sheet liabilities; esp. pensions)
Bruttoauszahlungen *n/pl (f)* gross disbursements; gross payments
Bruttobetrag *n (m)* gross amount
Bruttobetriebsergebnis *n (n)* gross operating profit
Bruttobodenfläche *n (f)* gross floor area
Bruttobuchwert *n (m)* gross book value; gross carrying amount
Brutto-Cashflow *n (m)* funds from operations (FFO)
Bruttodarstellung *n (f)* reporting on a gross basis; representation in gross terms
Bruttodividende *n (f)* gross amount of dividend; gross dividend
Brutto-Dollaranpassung *n (f)* gross dollar adjustment
Brutto-Effektivverzinsung *n (f)* gross redemption yield
Bruttoeinkaufspreis *n (m)* gross purchase price
Bruttoeinkommen *n (n)* gross income; gross earnings **effektives Bruttoeinkommen** *n (n)* effective gross income **Bruttoeinkommen aus Vermögen** *n (n)* gross property income; gross income from assets
Bruttoeinkommensindex *n (m)* gross income index
Bruttoeinkünfte *n/pl* gross earnings; gross income
Bruttoeinzahlungen *n/pl (f)* gross cash receipts
Brutto-Einzelhandelsfläche *n (f)* gross retail area
Bruttoergebnis *n (n)* gross balance; gross profit (or loss)
Bruttoerlös *n (m)* gross proceeds; gross sales
Bruttoertrag *n (m)* gross return; gross yield; gross income; gross proceeds; **effektiver Bruttoertrag** *n (m)* effective gross revenue (or yield)
Bruttofläche *n (f)* gross area
Bruttogeschossfläche *n (f)* → Bruttogrundfläche
Bruttogewinn *n (m)* gross profit; **Bruttogewinnverhältnis** *n (n)* gross profit ratio
Bruttogrundfläche (BGF) *n (f)* gross floor space; gross external area (GEA); gross building area (GBA); gross storey area; *Syn.: Bruttogeschossfläche (in common use but not defined in statute)*
Bruttoinlandsprodukt (BIP) *n (n)* gross domestic product (GDP)
Bruttokaltmiete *n (f)* gross rent (exclusive of heating expenses etc.)
Bruttokapital *n (m)* gross funds; gross capital
Bruttokapitalwert *n (m)* gross capital value
Bruttomiete *n (f)* gross rent; gross residential rent
Bruttomieteinnahmen *n/pl (f)* gross rental income
Bruttomietertrag *n (m)* gross rental income
Bruttomietfläche *n (f)* gross rentable space; gross rental area; gross leasable area
Brutto-Netto-Anpassung *n (f)* gross-net adjustment
Bruttonutzfläche *n (f)* gross leasable area; gross lettable area
Bruttopreis *n (m)* gross price
Bruttoproduktion *n (f)* gross output
Bruttorauminhalt (BRI) *n (m)* gross volume
Bruttorendite *n (f)* gross yield; gross return on capital
Bruttorohbauland *n (n)* gross area of (potential) building land (i.e. not subdivided and including areas for roads and service installations etc.)

b

Bruttorohertrag *n (m)* gross income
Bruttosozialprodukt (BSP) *n (n)* gross national product (GNP)
Bruttospanne *n (f)* gross margin
Bruttoumsatz *n (m)* gross sales; gross turnover; **Bruttoumsatzerlös** *n (m)* gross sales; gross sales revenue
Bruttoverdienst *n (m)* gross earnings
Bruttoverkaufspreis *n (m)* gross sale price; gross selling price
Bruttoverlust *n (m)* gross loss
Bruttovervielfältiger *n (m)* gross multiplier
Bruttowarengewinn *n (m)* gross trading profit
Bruttowarmmiete *n (f)* gross rent (including heating and other service charges)
Bruttowert *n (m)* gross value; gross carrying amount
Bruttowertschöpfung *n (m)* gross value added
Bruttowohndichte *n (f)* gross population density; i.e. number of inhabitants per hectare of gross developable land, including roads, schools, public amenities etc.
Bruttowohnfläche *n (f)* gross living area (GLA); gross residential floor area
Bruttowohnmiete *n (f)* gross residential rent
Bruttowohnraum *n (m)* gross living area
Bruttozins *n (m)* gross interest
BSE → Bad simple English
BSP → Bruttosozialprodukt
Buch *n (n) (pl.* → Bücher) book
Buche *n (f)* beech
buchen *v/t* book (to); reserve (to); enter in the books (to)
Bücher *n/pl (n)* books; accounting records; accounts; **öffentliche Bücher** *n/pl (n)* public records; public registers
Bücherbrett *n (n)* book shelf
Bücherregal *n (n)* book shelf; bookshelves
Buchersitzung *n (f)* establishment of title (by the equivalent of → prescription or → adverse possession) by a person incorrectly identified as the owner in the → Grundbuch (land register) for at least 30 years and who has been in undisputed possession for at least 30 years
Buchführung *n (f)* bookkeeping; accounting; accountancy; *Syn.: Buchhaltung*
Buchgewinn *n (m)* book profit(s); accounting profit; **aufgelaufener Buchgewinn** *n (m)* accumulated book profit
Buchgrundschuld *n (f)* registered charge on land
Buchhalter *n (m)* accountant
Buchhaltung *n (f)* bookkeeping; accounts department
Buchhypothek *n (f)* registered mortgage
Buchprüfer *n (m)* auditor; accountant
Buchrendite *n (f)* book rate of return (BRR)
Buchsachverständiger *n (m)* accounting expert; public accountant (US)
Buchse *n (f)* connector; plug socket; socket; bushing; nut; jack socket
Buchung *n (f)* entry; accounting entry; booking
Buchungsunterlagen *n/pl (f)* accounting records; accounting documents
Buchwert *n (m)* book value; asset value; carrying amount; carrying value; **abgeschriebener Buchwert** *n (m)* written-down value; **Buchwerte vor dem Unternehmenserwerb** *n/pl (m)* pre-acquisition carrying amounts
Buchwertabschreibung *n (f)* declining balance depreciation; book depreciation
Buchwertaufstockung *n (f)* step-up in basis; increase in book value
Bude *n (f)* kiosk; stall (market); booth; hut; shack; shanty; shed
Budget *n (n)* budget; **starres Budget** *n (n)* static budget; **ein (nicht aufgebrauchtes) Budget ins Folgejahr übertragen** to roll over a budget
Büfett *n (n)* sideboard; buffet; *Syn.: Buffet*; **kaltes Büfett** cold buffet
Bügel *n (m)* bow; frame; clip; bale; clamp; stirrup
Bühne *n (f)* platform; stage
Bundbalken *n (m)* binder; tie piece
Bündelversicherung *n (f)* package insurance (policy); combined (insurance) policy
Bundesamt für Eich- und Vermessungswesen (BEV) *n (n) (Österr.)* Austrian federal office for calibration and measurement
Bundesamt für Finanzen *n (n)* federal department of finance; federal finance agency; treasury department
Bundesanstalt für Arbeit (BfA) *n (f)* German federal employment (or labor) office
Bundesanstalt für Finanzdienstleistungsaufsicht (BaFin) *Org* federal office for financial services supervision
Bundesanzeiger *n (m)* German federal bulletin

Bundesarbeitsgericht *n (n)* German federal labour court
Bundesarchitektenkammer (BAK) *Org* German Federal Chamber of Architects
Bundesaufsichtsamt für das Kreditwesen (BAKred) *n (n)* German banking supervisory authority
Bundesaufsichtsamt für das Versicherungswesen *n (n)* German federal insurance supervisory office
Bundesaufsichtsamt für Wertpapierwesen (BaWe) *n (n)* federal supervisory office for security bonds
Bundesausbaugebiet *n (n)* German federal development area
Bundesbank *n (f)* German federal reserve bank; **Bundesbankgesetz (BBankG)** *n (n) Law* German federal reserve bank act
Bundesbeauftragter für Datenschutz *n (m)* German federal data protection commissioner
Bundesberggesetz (BBergG) *n (n)* German federal law of mining
Bundesbodenschutzgesetz (BBodSchG) *n (n) Law* German federal soil protection act
Bundesdatenschutzgesetz (BDSG) *n (n)* German federal data protection law
Bundesdurchschnitt *n (m)* national average
Bundesfinanzhof (BFH) *n (m)* German federal finance court; supreme tax court
Bundesgerichtshof (BGH) *n (m)* German federal high court of justice; federal supreme court
Bundesimmissionsschutzgesetz (BImSchG) *n (n) Law* German federal immissions control act
Bundesinvestitionsgesetz (BInvG) *n (n) Law* German federal investment act
Bundesland *n (n)* federal state; Land; **neue Bundesländer** *n/pl (n)* New Laender; the German new federal states (i.e. former GDR)
Bundesministerium für Finanzen (BMF) *n (n)* German federal ministry of finance
Bundesministerium für Verkehr, Bau- und Wohnungswesen (BMF) *n (n)* German federal ministry for transport, construction and housing
Bundesnaturschutzgesetz (BNatSchG) *n (n)* German federal nature protection law
Bundesnotarordnung (BNotO) *n (f)* German federal notarial order
Bundesregierung *n (f)* German federal government
Bundessozialhilfegesetz (BSHG) *n (n) Law* German federal public welfare act
Bundesstraße *n (f)* major road (GB: A-road); interstate; federal highway; federal road
Bundesverband vereidigter Sachverständiger (BVS) *n (m)* German federal association of sworn-in appraisers
Bundesverfassungsgericht (BVerfG) *n (n)* German federal constitutional court
Bundesverwaltungsgericht *n (n)* German federal administrative court
Bundeswaldgesetz (BWalgG) *n (n) Law* German federal forest act
bündig *adj* flush; level; conclusive
Bungalow *n (m)* bungalow
Buntglas *n (n)* stained glass
Buntsandstein *n (m)* brownstone
Burg *n (f)* castle; fortress
Bürge *n (m)* guarantor; warrantor; surety (company); bail; bondsman (US)
bürgen *v/t* guarantee (to); vouch for (to)
Bürger *n (m)* citizen; resident; inhabitant
Bürgerbeteiligung *n (f)* public participation; citizen participation; citizen involvement
Bürgerbüro *n (n)* municipal office
Bürgerhaus *n (n)* community centre
bürgerlich *adj* civil; civic; middle-class
Bürgerliches Gesetzbuch (BGB) *n (n)* German Civil Code
Bürgersteig *n (m)* pavement (GB); sidewalk (US)
Bürgschaft *n (f)* surety; guarantee; guaranty; security; sponsorship; suretyship; warranty obligation; **selbstschuldnerische Bürgschaft** *n (f)* absolute guaranty (of payment); absolute suretyship; directly enforceable guarantee
Bürgschaftserklärung *n (f)* surety bond; surety warrant; declaration of suretyship; declaration of guarantee
bürgschaftsfähig *adj* bailable
Bürgschaftsleistung *n (f)* suretyship; bailment
Bürgschaftsrisiko *n (n)* guaranty risk
Bürgschaftsverpflichtungen *n/pl (f)* guarantee obligations
Bürgschaftsvertrag *n (m)* suretyship contract; guarantee (or guaranty) agreement
Büro *n (n)* office; **Büro der Zukunft** *n (n)* office of the future

Büroangestellter *n (m)* office employee
Büroausstattung *n (f)* office equipment and furnishings
Bürobau *n (m)* office building; **luxuriöse Bürobauten** *n/pl (m)* high quality office building; class A (office) building (US)
Büroeinrichtung *n (f)* office furniture and equipment
Bürofläche *n (f)* office space; office area; **Bürofläche je Beschäftigtem** *n (f)* floorspace per worker in office premises
langfristig vermietete Büroflächen *n/pl (f)* office space on long-term lease(s)
Büroflächenbestand *n (m)* total office stock; e.g. in a city or area
Büroflächenmarkt *n (m)* market for office space
Bürogebäude *n (n)* office block; office building
Bürogebiet *n (n)* office district
Bürohaus *n (n)* office block; office building
Büroinventar *n (n)* office equipment
Bürokomplex *n (m)* office block; office park
Bürolage *n (f)* office area; office location
Bürolandschaft *n (f)* "office landscaping" (original open-plan office design)
Büroleiter *n (m)* office manager; office supervisor
Büromarktdaten *n/pl (n)* office market data
Büronutzung *n (f)* office use
Büropark *n (m)* (suburban) office park
Büroraum *n (m)* office space; office accommodation
Bürorenditen und Büromieten *n/pl (f)* office yields and rents
Bürostandort *n (m)* office location
Büro- und Geschäftsgebäude *n (n)* mixed retail and and office building
Bürozelle *n (n)* office cubicle
Bushaltestelle *n (f)* bus stop
Bußgeld *n (n)* fine; monetary fine
BV → Berechnungsverordnung
BVerfG *Org* → Bundesverfassungsgericht
BVS *Org* → Bundesverband vereidigter Sachverständiger

C

Caisson *n (m)* caisson
Campingplatz *n (m)* campsite; camping site
Cashflow *n (m)* cash flow; **Cashflow nach Schuldendienst** *n (m)* cash flow after debt serving; **Cashflow nach Schuldendienst inklusive Wiederverkauf** *n (m)* cash flow after debt servicing plus property resale; **Cashflow nach Steuern** *n (m)* after-tax cash flow; **Cashflow vor Schuldendienst** *n (m)* cash flow before debt servicing; **Cashflow vor Schuldendienst inklusive Wiederverkauf** *n (m)* cash flow before debt servicing plus property resale; **Cashflow vor Steuern** *n (m)* before-tax cash flow; pre-tax cash flow
Cashflow-Analyse *n (f)* cash flow analysis
Cashflowrate *n (f)* cash flow rate
Cashflowrisiko *n (n)* cash flow risk
Chalet *n (n)* chalet
Chancenkapital *n (n)* venture capital
Checkliste *n (f)* checklist
Checksumme *n (f)* checksum; **Checksummenfehler** *n (m)* checksum error
Chemikalien *n/pl (f)* chemicals
Chemikaliengesetz (ChemG) *n (n) Law* chemicals act in Germany
chemische Lösung *n (f)* chemical solution
Citylage *n (f)* city location
Clearing *n (n)* clearing; **Clearinghaus** *n (n)* clearing house; clearinghouse (bank)
Clusterentwicklung *n (f)* cluster development
Clustering *n (n)* clustering
Codeausdruck *n (m)* code value
Computer Aided Design (CAD) *n (m)* computer aided design (CAD)
Computerarbeitsplatz *n (m)* work station
computergestützt *adj* computer aided; **Concierge** *n (m)* doorperson
Contracting *n (n)* energy (efficiency) contracting; (energy) efficiency contracting; in Germany there are two main forms: Anlagen-Contracting (dealing with installations) and Einspar- or Performance-Contracting (usually with remuneration based on energy savings made)
Coupon *n (m)* coupon
Courtage *n (f)* brokerage; broker's fee (or commission); **Courtagerechnung** *n (f)* brokerage statement; invoice for brokerage
culpa in contrahendo (Verschulden bei Vertragsschluss) *n (n)* precontractual liability

D

d

Dach *n (n)* roof; housetop; **Dach mit Firstlaterne** *n (n)* monitor roof
geneigtes Dach *n (n)* pitched roof; **vorkragendes Dach** *n (n)* cantilever(ed) roof; overhanging roof
Dachanschluss *n (m)* roof flashing
Dachantenne *n (f)* roof antenna
Dacharbeiten *n/pl (f)* roofing work
Dacharten *n/pl (f)* roof types
Dachaufbau *n (m)* roof system, roof construction; dormer
Dachbegrünung *n (f)* „green" roof; i.e. a roof that is partially or completely covered with vegetation in a growing medium, planted over a waterproof membrane
Dachbelastung *n (f)* roof loading
Dachbinder *n (m)* roof truss
Dachboden *n (m)* attic; loft
Dachdämmung *n (f)* roof insulation
Dachdeckarbeit *n (f)* roofing work
Dachdecker *n (m)* roofer; slater; (roof) tiler
Dacheindeckung *n (f)* roof cladding; roof covering
Dachentwässerung *n (f)* roof drainage
Dachfenster *n (n)* skylight, roof window, rooflight, (senkrecht) dormer window
Dachfirst *n (m)* roof ridge
Dachflächenfenster *n (n)* skylight window; velux window
Dachfonds *n (m)* fund of funds
Dachform *n (f)* roof profile; roof shape
Dachgarten *n (m)* roof garden
Dachgaube *n (f)* dormer (window); *Syn.: Gaube, Gaupe*
Dachgefälle *n (n)* roof pitch
Dachgeschoss *n (n)* roof storey (with sloping ceilings and/or smaller than lower storeys); **Dachgeschossausbau** *n (m) ArCo* loft conversion
Dachgesellschaft *n (f)* holding company
Dachhaube *n (f)* helm roof
Dachhaut *n (f)* roof covering
Dachinnenverkleidung *n (f)* ceiling; roof lining
Dachkleber *n (m)* roofing adhesive
Dachkonstruktion *n (f)* roof structure; **zimmermannsmäßige Dachkonstruktion** *n (f)* timber roof structure; framed roof
Dachlawine *n (f)* snow sliding from roof, roof avalanche
Dachneigung *n (f)* roof pitch
Dachpappe *n (f)* roofing felt
Dachpfanne *n (f)* pan tile; pantile; roof(ing) tile
Dachplatte *n (f)* roof(ing) tile
Dachpolice *n (f)* blanket insurance policy
Dachrinne *n (f)* roof gutter; **vorgehängte Dachrinne** *n (f)* bracket-mounted roof gutter; eaves gutter
Dachschale *n (f)* roof covering
Dachschiefer *n (m)* roof(ing) slate
Dachschindel *n (f)* (roof) shingle
Dachsparren *n/pl (m)* rafters
Dachstuhl *n (m)* roof truss; roof timbering
Dachterrasse *n (f)* (roof-) deck; roof terrace
Dachtraufe *n (f)* roof gutter
Dachüberstand *n (m)* eaves; roof overhang
Dach und Fach *ArCo* → Reparaturen an Dach und Fach; **unter Dach und Fach** certain, secure
Dachverband Deutscher Immobilienverwalter e.V. (DDIV) *Org* Association of German Real Estate Managers
Dachvorsprung *n (m)* eaves; roof projection
Dachwohnung *n (f)* attic flat; loft conversion; penthouse
Dachziegel *n (m)* tile; roofing tile; roof tile
Damm *n (m)* dam; embankment; **Dammbruch** *n (m)* dam failure; breach in a dam
Dämmdicke *n (f)* insulation thickness
Dämmerungsschalter *n (m)* twilight switch; photo-electric switch
Dämmmittel *n (n)* insulation (agent)
Dämmstoff *n (m)* insulating material
Dämmung *n (f)* insulation
Damnum *n (n) Fin* loss; loan discount, debt discount; *Syn.: Darlehensabgeld*
Dampf *n (m)* steam; **Dampfanzapfleitung** *n (f)* bled steam extraction line; **Dampfdruckgefälle** *n (n)* steam pressure gradient; **Dampferzeuger** *n (m)* steam generator; **Dampferzeugungsanlage** *n (f)* steam boiler plant; **Dampfheizsystem** *n (n)* steam heating system; **Dampfheizung** *n (f)* steam heating system; steam heating; **Dampfheizungsanlage** *n (f)* steam heating system; **Dampfkessel** *n (m)*

steam boiler; **Dampfkondensator** *n (n)* steam condenser; **Dampfleitung** *n (f)* steam pipeline; **Dampfmengenzähler** *n (m)* steam meter; steam consumption meter; **Dampfmessung** *n (f)* steam measurement; **Dampfnetz** *n (n)* steam network; **Dampfsammelschiene** *n (f)* steam collecting track; **Dampfseparator** *n (m)* steam separator; **Dampfsperre** *n (f)* vapo(u)r barrier; **Dampfstrahlluftpumpe** *n (f)* steam air jet pump; **Dampfsystem** *n (n)* steam system; **Dampftrommel** *n (f)* steam drum; **Dampfturbine** *n (f)* steam turbine; **Dampfturbinenheizkraftwerk** *n (n)* steam turbine heat and power plant

dampfdicht *adj* steam proof

Dämpfer *n (m)* attenuator; damper

Dämpfung *n (f)* attenuating; cushioning; damping; **hydraulische Dämpfung** *n (f)* hydraulic damping

dampfzerstäubt *adj* steam atomised

Darlehen *n (n)* loan; credit; advance (bank); **Gewährung eines Darlehens** *n (f)* grant of a loan

Darlehen (oder Hypothek) kündigen *v/t* call in a loan (or mortgage) (to)

aufgenommene langfristige Darlehen *n/pl (n)* long-term borrowing; **bedingte Darlehen** *n/pl (n)* forgivable loans (US); conditional loans; **befristetes Darlehen** *n (n)* loan with fixed date for repayment; time loan; **endfälliges Darlehen** *n (n)* interest-only loan; bullet loan; **erstrangiges Darlehen** *n (n)* senior debt; senior loan; **gesichertes Darlehen** *n (n)* secured loan; *Syn.: besicherter Kredit, (ab)gesicherter Kredit*; **kurzfristiges Darlehen** *n (n)* swing loan; short-term loan (or financing); demand loan; call loan; **langfristiges Darlehen** *n (n)* permanent loan; long-term loan; **nachrangiges Darlehen** *n (n)* subordinated loan; junior loan; second fixed charge; **partiarisches Darlehen** *n (n)* profit-participating loan; **projektgebundenes Darlehen** *n (n)* non-recourse loan; loan linked to a particular project; **revolvierendes Darlehen** *n (n)* revolving credit (or loan); **übertragbares Darlehen** *n (n)* assumable loan; transferable loan; **ungesichertes Darlehen** *n (n)* unsecured loan; fiduciary loan; **zinsfreies Darlehen** *n (n)* interest-free loan; **zinsgünstiges Darlehen** *n (n)* low-interest loan; reduced-interest loan; soft loan; **zinsloses Darlehen** *n (n)* interest-free loan; **zinsvariables Darlehen** *n (n)* adjustable-rate loan; variable interest-rate loan; **zweifelhafte Darlehen** *n/pl (n)* doubtful loans; slow loans (US)

Darlehen mit Erfolgsbeteiligung *n (n)* participating loans; **Darlehen mit Tilgungsaufschub** *n (n)* bullet loan; **Darlehen ohne Rückgriffmöglichkeit** *n (n)* non-recourse loan; dry mortgage

Darlehensabgeld *n (n)* loan discount; debt discount; *Syn.: Damnum*

Darlehensantrag *n (m)* loan application

Darlehensart *n (f)* type of loan

Darlehensbescheinigung *n (f)* loan certificate

Darlehensbestand *n (m)* loan balance; amount outstanding on a loan

Darlehensbetrag *n (m)* loan amount; principal

Darlehensbewertung *n (f)* loan valuation (e.g. on the division of a company)

Darlehensbewilligung *n (f)* granting of a loan, loan approval

Darlehensgeber *n (m)* lender

Darlehensgebühr *n (f)* (loan) arrangement fee

Darlehensgeschäft *n (n)* loan business

Darlehenskonditionen *n (f)* terms of loan

Darlehenskonto *n (n)* loan account

Darlehenskosten *n/pl* loan charges; loan costs; *Syn.: Darlehensgebühren*

Darlehenskündigung *n (f)* (early) termination of a loan, calling-in of a loan

Darlehenslaufzeit *n (f)* lending period; term of a loan

Darlehensnehmer *n (m)* borrower

Darlehenspool *n (m)* loan pool

Darlehensportfolio *n (n)* loan portfolio

Darlehensrückzahlungsverzug *n (m)* default on loan repayments

Darlehenssicherung *n (f)* securing a loan; e.g. by registering as a → Grundschuld (land charge) in the → Grundbuch

Darlehensvereinbarung *n (f)* loan agreement; loan commitment

Darlehensvertrag *n (m)* loan contract; loan agreement

Darlehenszinsen *n/pl (m)* loan interest

Darlehenszusage *n (f)* loan commitment

Darstellung *n (f)* construction; design; manufacture; report; representation; statement; depiction; view; **glaubwürdi-**

ge Darstellung *n (f)* faithful representation; **irrtümliche Darstellung** *n (f)* misrepresentation

Datei *n (f)* (data) file; **Dateiverzeichnis** *n (n)* (computer) directory

Daten *n/pl (n)* data; facts; details; specifications; **Daten zum Immobilienmarkt** *n/pl (n)* market property data

allgemeine Daten *n/pl (n)* general data; shared data; **erforderliche Daten** *n/pl (n)* necessary data; data required; **historische Daten** *n/pl (n)* previous data; archive material; **personenbezogene Daten** *n/pl (n)* personal data; **sonstige Daten** *n/pl (n)* other data; **spezifische Daten** *n/pl (n)* specific data; **technische Daten** *n/pl (n)* technical specification

Datenanalyse *n (f)* data analysis; **sekundäre Datenanalyse** *n (f)* secondary data analysis

Datenaustausch *n (m)* exchange of data; **elektronischer Datenaustausch** *n (m)* electronic data interchange

Datenbank *n (f)* database

Datenerfassung *n (f)* data collection; data capture; data recording

Datenfeld *n (n)* data field

Datenfernauslesung *n (f)* remote data reading; remote meter reading; **Datenfernübertragung** *n (f)* data telecommunication; remote data transmission (RDT)

Datenflussplan *n (m)* control diagram; (data) flow chart; (data) flow diagram; flow sheet; procedure diagram

Datenmaterial *n (n)* data

Datenquelle *n (f)* source of data

Datenrate *n (f)* data rate

Datensammlung *n (f)* data collection; data pool

Datenschema *n (n)* data array grid; method of data handling

Datenschutz *n (m)* data protection

Datensicherheit *n (f)* data security

Datenträger *n (m)* data carrier; data medium

Datenübermittlung *n (f)* data transfer; data communication

Datenübertragung *n (f)* data transmission; data transfer; data communication

Datenverlässlichkeit *n (f)* data reliability

Datenverzeichnis *n (n)* directory

Datscha/Datsche *n (f)* cabin or hut for holiday/weekend occupation, esp. in East Germany; → Wochenendhaus

Datum *n (n)* date

Dauer *n (f)* duration; term; length (time); **feste Dauer** *n (f)* fixed term; term certain; **unbegrenzte Dauer** *n (f)* perpetuity; unlimited duration

Dauerbetrieb *n (m)* continuous operation

dauerelastisch *adj* permanently elastic (or flexible)

dauerhaft *adj* enduring; lasting

Dauerhaftigkeit *n (f)* stability

Dauerkleingarten *n (m)* permanent allotment (garden); permanent garden plot

Dauerlinie *n (f)* load duration curve; duration curve

Dauermietvertrag *n (m) Law* long-term (residential) lease; the landlord having no right to terminate

dauernd *adj* constant; continuous; permanent

Dauernutzungsrecht *n (n)* permanent right of use (commercial premises), (permanent right of) usufruct; registered perpetual lease

Dauerschulden *n/pl* permanent debts; fixed debts; long-term debts

Dauerschuldverhältnis *n (n)* continuing obligation

Dauerwohnrecht *n (n)* permanent right of residence

Daumenregel *n (f)* rule of thumb

Davon-Vermerk *n (m)* note indicating that an item is shown under a different entry (accounting)

dazugehörig *adj* belonging to; appropriate to; appendant

DBA → Doppelbesteuerungsabkommen

DCF-Verfahren *n (n)* discounted cash flow method; DCF-method

Debitoren *n/pl (m) Fin* accounts receivable (A/cs Rec.); **kreditorische Debitoren** *n/pl (m)* negative debit entries; debtors with credit balances

Deckanstrich *n (m)* top coat; finishing coat

Decke *n (f)* ceiling; surface (road); covering; layer; **abgehängte Decke** *n (f)* suspended ceiling; false ceiling; **gerippte Decke** *n (f)* ribbed ceiling; **untergehängte Decke** *n (f)* suspended ceiling

Deckel *n (m)* cover; lid

Deckenbalken *n (m)* ceiling joist

Deckenbeleuchtung *n (f)* ceiling light(ing); skylight

Deckenbrett *n (n)* ceiling board(ing)

Deckendurchbruch *n (m)* ceiling opening (to allow for services, chimney etc.)
Deckengewölbe *n (n)* arched roof; vaulted roof
Deckenhöhe *n (f)* (floor to) ceiling height
Deckenlattung *n (f)* ceiling battens
Deckenoberlicht *n (n)* skylight
Deckenputz *n (m)* ceiling plaster
Deckenträger *n (m)* ceiling beam; roof beam
Deckfarbe *n (f)* opaque paint; body colour
Deckplatte *n (f)* cover plate; coping; top plate
Deckung *n (f)* cover; **erweiterte Deckung** *n (f) Insur.* extended coverage
Deckungsbeitrag *n (m)* marginal return; profit margin; contribution margin
Deckungsbestätigung *n (f)* cover note; binder (US) (insur.)
Deckungslücke *n (f)* (budget) shortfall (colloq.)
Deckungsmasse *n (f) Fin, Insur.* cover (assets) pool
Deckungspunktanalyse *n (f) Fin* break-even analysis; *Syn.: Gewinnschwellenanalyse, Gewinnschwellenrechnung*
Deckungsregister *n (n) Fin* cover register
Deckungsstock *n (m) Fin, Insur.* premium reserve fund, cover fund; special funds of an insurance undertaking which are to be managed separately from the undertaking's other assets → Sicherungsvermögen
Deckungssumme *n (f)* sum insured; amount of cover; limit of indemnity
Deckungsumfang *n (m)* extent of (insurance) cover; scope of cover
Deckungsverhältnis *n (n)* cover ratio
Deckungswerte *n/pl (m) Fin* cover assets
Deduktion *n (f)* deduction; inference; **Deduktionsregel** *n (f)* rule of inference
deduzieren *v/t* deduce (to); infer (to)
Definition *n (f)* definition
Defizit *n (n)* deficit; shortfall; **Defizitfinanzierung** *n (f) Fin* deficit financing; *Econ* deficit spending
Deflation *n (f)* deflation; **importierte Deflation** *n (f)* imported deflation
Dehnfuge *n (f)* expansion joint; **Dehnfugenabdichtung** *n (f)* expansion joint sealing
Dehnung *n (f)* strain; expansion; lengthening; **plastische Dehnung** *n (f)* plastic elongation
Dehnungsaufnahme *n (f)* expansion compensation
Dehnungsausgleich *n (m)* natural expansion compensation
Dehnungsbauwerk *n (n)* expansion unit; expansion vessel
Dehnungserhöhungsfaktor *n (m)* incremental strain index
Dehnungsfuge *n (f)* expansion joint
Dehnungskanal *n (m)* expansion duct
Dehnungskompensation *n (f)* compensation for expansion
Dehnungskurve *n (f)* strain curve
Dehnungsmaterial *n (n)* expansion material
Dehnungspolster *n (n)* (expansion) safety cushion
Dehnungsschenkel *n (m)* expansion bend
Dehnungsschwingbreite *n (f)* strain variation range
Dehnungsweg *n (m)* expansion movement
Dehnungszonenbereich *n (m)* region of an expansion zone
Deklarationswert *n (m)* declared value
Dekoration *n (f)* decoration; ornamentation; stage set
Dekret *n (m)* decree
Delikt *n (n)* offence; crime; **minderes Delikt** *n (n)* misdemeano(u)r; minor offence
Deliktrecht *n (n)* tort law; law of tort
deliktisch *adj* tortious; in tort
Delinquent *n (m)* offender; delinquent
Delphi-Verfahren *n (n)* Delphi technique
Demografie, Demographie *n (f)* demography
Demographie *n (f)* → Demografie
Demokoffer *n (m) Mkt* demo(nstration) case; sample case
Demonstrationsanlage *n (f)* demonstration plant; pilot plant
Demontage *n (f)* disassembly; dismantling; removal
demontierbar *adj* demountable; removable
demontieren *v/t* dismantle (to); disassemble (to); remove (to); strip down (to)
Denglisch *n (n)* (ugs.) the use of English words, particularly including verbs and adjectives, in German expressions (sometimes with meanings differing from their English origins)
Denkerzelle *n (f)* lit. thinker's cell; private booth in a combi-office → Kombibüro

d

Denkmal *n (n)* monument; memorial; ancient monument; historic monument; **geschütztes Denkmal** *n (n)* protected monument, preserved monument

Denkmalamt *n (n)* office for historic monuments

Denkmalbuch *n (n)* register of historic monuments

Denkmalliste *n (f)* official list (register) of historic monuments

Denkmalschutz *n (m)* protection of ancient (or historic) monuments; **unter Denkmalschutz stellen** put a preservation order on sth. (to); list as an (ancient) monument (or historic site) (to)

denkmalgeschütztes Bauwerk *n (n)* listed building

Denkmalschutzgesetz (DschG) *n (n)* law on the protection of ancient monuments in Germany

Denkmalzone *n (f)* conservation area

Deponent *n (m)* bailor; depositor (legal)

Deponie *n (f)* refuse tip; waste disposal site; landfill site; **ungenehmigte Deponie** phantom dump

Deponiegelände *n (n)* (site of a) refuse tip; waste disposal site; **Deponieklasse** *n (f)* classification of waste disposal site; **Deponierückbau** *n (m)* landfill conversion; restoration of (former) landfill; **Deponiesanierung** *n (f)* landfill reclamation; restoration of (former) landfill; **Deponiestoffe** *n/pl (m)* dumped material; landfill substances; **Deponieverhalten** *n (n)* landfill behaviour (i.e. of dumped material); **Deponievolumen** *n (n)* dump volume; landfill volume

Deponierbarkeit *n (f)* dumping capability (i.e. amount or type of materials)

Deponierung *n (f)* dumping; landfill

Depositenbank *n (f)* commercial bank; bank of deposit

Depotschein *n (m)* deposit receipt

Deregulierung *n (f)* deregulation; liberalisation

Derivat *n (n)* derivative; **eingebettetes Derivat** *n (n) Fin* embedded derivative

Designhotel *n (n)* designer hotel, design hotel

Designstudie *n (f)* → Konzeptstudie

desinvestieren *v/t* disinvest (to)

Desinvestition *n (f)* disinvestment; drop in investments; negative investment

Detailentwurf *n (m)* detailed design

Detail-Pauschalvertrag *n (m) ArCo* lump-sum contract; the relevant work is described in the same detail as in an → Einheitspreisvertrag (unit price contract) although payment is an agreed lump sum

Detailplan *n (m)* detailed plan (e.g. of a small area)

Details *n/pl (n)* details

Deutsche Gesellschaft für Nachhaltiges Bauen (DGNB) *Org* German Sustainable Building Council

Deutsche Immobilien Akademie (DIA) *Org* the German Real Estate Academy (at the University of Freiburg)

Deutsche Immobiliendatenbank (DID) *n (f)* German property database

Deutsche Industrienorm (DIN) *n (f)* German industrial standard

Deutscher Immobilienaktien Index (DIMAX) *Fin* share price index; compiled by Bankhaus Ellwanger & Geiger, based on all listed German property companies

Deutscher Immobilienindex (DIX) *n (m)* German investment property index

Deutscher Industrie- und Handelstag (DIHT) *n (m)* Association of German Chambers of industry and commerce

Deutscher Städtetag *n (m)* German association of towns

Deutscher Städte- und Gemeindebund *Org* German Association of Towns and Municipalities; represents the interests of local authorities that belong to a → Landkreis

Deutscher Verband Chartered Surveyors (DVCS) *n (m)* German association of chartered surveyors

Deutsches Institut für Normung (DIN) *n (n)* German institute for standardization

falsche Deutung *n (f)* misinterpretation; misconstruction

Devisen *n/pl* foreign exchange; (foreign) currency; **Devisenkurs** *n (m)* exchange rate; rate of exchange

Dezentralisierung *n (f)* decentralisation

Dezibel *n (n)* decibel

DGNB *Org* → Deutsche Gesellschaft für Nachhaltiges Bauen

Diagnose *n (f)* diagnosis; diagnostic(s)

Diagonalstäbe *n/pl (m)* diagonal struts; diagonal braces (steelwork)

dicht *adj* dense; thick, heavy; tight; close (to)

Dichte *n (f)* density; thickness; tightness; frequency; **Dichtekorrektur** *n (f)* density adjustment; density correction

Dichtheit *n (f)* tightness; **auf Dichtheit prüfen** test for leaks (to)

Dichtheitsprüfung *n (f)* leak test; tightness test; *Syn.: Dichtheitstest*

Dichtung *n (f)* seal; gasket; washer; **Dichtungsarbeit** *n (f)* waterproofing work; weatherproofing work; **Dichtungsfuge** *n (f)* sealing joint; **Dichtungsmasse** *n (f)* sealing compound; putty; **Dichtungsmaterial** *n (m)* sealing material; **Dichtungsring** *n (m)* gasket; watertight ring; washer; sealing ring; **Dichtungsstrick** *n (m)* sealing rope

DID *Org* → Deutsche Immobiliendatenbank

Diebstahlversicherung *n (f)* theft insurance; insurance against theft

Diele *n (f)* hallway; lobby; floorboard; plank; deal (wood); **Dielenbalken** *n (m)* (floor) joist

Dienstbarkeit *n (f)* easement; subserviency; **beschränkte persönliche Dienstbarkeit** *n (f)* limited personal easement, personal servitude; easement in gross (US), personal right (GB); easement in gross (US), personal right (GB) (over a property); there is no concept of a personal easement in English law; **negative Dienstbarkeit** *n (f) (CH)* negative easement; **persönliche Dienstbarkeit** *n (f)* lit. personal easement i.e. the right of a particular person to enjoyment of a property for a stated purpose; e.g. right of occupation; personal servitude; easement in gross (US); personal right (GB); (over a property: there is no concept of a personal easement in English law); **positive Dienstbarkeit** *n (f) (CH)* positive easement

Dienstleister *n (m)* service provider

Dienstleistungen *n/pl (f)* services; ancillary services; **Dienstleistungsbetrieb** *n (m)* service(s) enterprise; service company; **Dienstleistungsgebühr** *n (f)* service charge; **Dienstleistungsgewerbe** *n (n)* service industry; service industries; services sector; **Dienstleistungsimmobilie** *n (f)* service property; usually refers to part of an office building with lower quality fit-out for use as workshops, display space etc.; **Dienstleistungssektor** *n (m)* service sector

Dienststelle *n (f)* department (gov.); administrative office; authority

Dienstvertrag *n (m)* contract of employment; service agreement; service contract

Dienstwohnung *n (f)* company housing, staff flat, tied accommodation

Dienstzeit *n (f)* working hours; period of service

Differenz *n (f)* difference; deviation; discrepancy; balance; gap; **zeitliche Differenz** *n (f)* timing difference; temporal difference; (timing) offset

Differenzbetrag *n (m)* difference (insur.); amount remaining

Differenzdruck *n (m)* pressure difference; pressure differential; **Differenzdruckregler** *n (m)* differential pressure regulating valve

Differenzierung *n (f)* differentiation

Differenzmethode *n (f)* differential method

Differenzwertverfahren *n (n)* difference value method

Diffusion *n (f)* diffusion

DIHT → Deutscher Industrie- und Handelstag

Diktum *n (n)* dictum

Dimmer *n (m)* dimmer switch

dinglich belastet *adj* mortgaged; (financially) encumbered

dinglicher Arrest *n (m)* attachment (of goods etc.); arrest in rem

DIN-Norm *n (f)* DIN standard

DIN-Prüf- und Überwachungszeichen *n (n)* DIN testing and supervision mark (label)

Direktbuchung *n (f)* direct booking

Direkteinblasung *n (f)* direct (fuel) injection (system)

Direkterwerb *n (m)* outright purchase

Direktheizung *n (f)* direct heating

Direktinvestition *n (f)* direct investment; **ausländische Direktinvestition** *n (f)* direct investment (from) abroad

Direktion *n (f)* management; (board of) management (or directors); head office (HO)

Direktlieferungsvertrag *n (m)* supply contract for utilities, agreed directly between a tenant and a supplier; i.e. without the landlord being involved

Direktor *n (m)* manager; director; principal; **geschäftsführender Direktor** *n (m)* managing director; executive director; **Direktoren** *n/pl (m)* directors

d

Direktplatzierung *n (f)* direct placement
Direktverkauf *n (m)* direct sale; direct selling; factory outlet
Direktversand *n (m)* direct mail; direct delivery
Direktvertrieb *n (m)* direct marketing; direct distribution; direct selling
Direktwert *n (m)* actual value; constant value
Disagio *n (n) Fin* disagio; loan discount (deducted from the loan principal); (stock market) discount from the issue price or parity; *Syn.: Abgeld, Auszahlungsdisagio*
Discounter *n (m) Ret* discount store
Disintermediation *n (f)* disintermediation
Diskont *n (m)* cash discount
diskontieren *v/t* discount (to)
Diskontierung *n (f)* discounting; **Diskontierungsfaktor** *n (m)* discount factor; present value of £1 (or $1); **Diskontierungsmodell** *n (n)* discounting model; discounting scenario; **Diskontierungszinssatz** *n (m)* discount rate
Diskontladen *n (m)* → Discounter (D)
Diskontmakler *n (m)* discount broker
Diskontsatz *n (m)* discount rate; **risikoangepasster Diskontsatz** *n (m)* risk-adjusted discount rate
diskriminierend *adj* discriminating; discriminatory
Diskriminierungsverbot *n (n)* ban on (or law against) discrimination; non-discrimination principle
Diskussionspapier *n (n)* consultative document; exposure draft; Green Paper (British Parliament)
Dispersionsfarbe *n (f)* emulsion paint
Disposition *n (f)* arrangement; disposition
Distanz *n (f)* distance
Distrikt *n (m)* district, precinct (US)
Diversifikation *n (f)* diversification
Diversifizierung *n (f)* diversification
Dividende *n (f)* dividend; **ohne Dividende** ex dividend (ex div or xd)
Dividende in Form von Aktien *n (f)* stock dividend; scrip dividend
ausgeschüttete Dividende *n (m)* distributed dividend; **erhaltene Dividende** *n (f)* dividends received; **kumulative Dividende** *n (f)* cumulative dividend; **vereinnahmte Dividende** *n (f)* dividends received
Dividendenausschüttung *n (f)* dividend distribution
Dividendenbeschluss *n (m)* dividends declared; dividends proposed
Dividendenertrag *n (m)* dividend income; dividend yield
Dividendenschein *n (m)* dividend certificate; (dividend) coupon
DIX → Deutscher Immobilienindex
DM-Bilanzgesetz *n (n) Law, Fin* Accounting law (1991); providing a framework for balance sheets and accounts in the former GDR
Dokument *n (n)* document; paper; report; (Urkunde) deed; **erforderliche Dokumente** *n/pl (n)* required documents
Domäne *n (f)* domain; estate
Domizil *n (n)* domicile
Doppelansässigkeit *n (f)* dual residency; double residency
Doppelbesteuerung *n (f)* double taxation; **juristische Doppelbesteuerung** *n (f)* juridical double taxation; **wirtschaftliche Doppelbesteuerung** *n (f)* effective double taxation
Doppelbesteuerungsabkommen (DBA) *n (n)* double taxation treaty; double taxation convention
Doppelbiegung *n (f)* deflection in two directions; double-bend (in steelwork etc.)
Doppelboden *n (m)* raised floor; false floor
Doppelbrennstoffbetrieb *n (m)* combined fuel operation (e.g. for a multi-fuel boiler)
Doppelentschädigung *n (f)* double compensation
Doppeletagenwohnung *n (f)* maisonette; apartment (usually on two floors) with separate entrance
Doppelfenster *n (n)* double (glazed) window; double glazing (colloq.)
Doppelfreistellung *n (f)* double exemption
Doppelgarage *n (f)* double garage
Doppelhaus *n (n)* (pair of) semi-detached house(s); duplex house (US); twin house (US); **Doppelhaushälfte** *n (f)* semi-detached house; duplex house; twin house
Doppelmakler *n (m)* agent acting for both parties in a transaction
Doppel-Nichtbesteuerung *n (f)* double non-taxation (of cross-border transactions etc.)
Doppelparker *n (m)* parklift for 2 cars → Stapelparker
doppelt *adj* double; dual
Doppelverglasung *n (f)* double glazing

Doppelversicherung *n (f)* double insurance
Doppelwand (mit Hohlraum) *n (f)* cavity wall
Doppelwohnsitz *n (m)* dual residence
Doppelzimmer *n (n)* double (bed)room
Dorf *n (n)* village; **Dorferneuerung** *n (f)* improvement and renewal of villages; village renewal; **Dorfgebiet** *n (n) Plan* village area; categorization of land for development planning in accordance with the German → Baunutzungsverordnung (BauNVO). Allowable uses: for the economic centres of agricultural and forestry businesses and associated residential buildings; small residential estates; other residential uses; firms for processing agricultural and forestry products; shops, pubs and restaurants; other commercial companies etc. etc.
Dotationskapital *n (n)* allotted capital; capital stock
Dozent *n (m)* lecturer
Draht *n (m)* wire;
Drahtglas *n (n)* wired glass
drahtlos *adj* wireless; cordless
Drahtplombe *n (f)* wire seal; cable lock seal
Drainage *n (f)* drainage; **Drainagegraben** *n (m)* drainage trench
Draufgeld *n (n)* earnest money; bargaining money
Drehbank *n (f)* lathe
Drehbewegung *n (f)* rotation; turn
drehen *v/t* turn (to)
Drehflügel *n (m)* side hung (e.g. door, gate or window); **Drehflügelfenster** *n (n)* casement window; pivoted sash; side-hung window; **Drehflügeltür** *n (f)* single action door
Drehkippfenster *n (n)* tilt-turn window; pivot window; centre-hung window; **Drehkippflügel** *n (m)* tilt and turn window; tip and turn sash
Drehrichtung *n (f)* direction of rotation; sense of rotation
Drehstrommotor *n (m)* alternating current (ac) motor
Drehtür *n (f)* revolving door
Drehturm *n (m)* rotating (display) stand; rotating turret
Drehung *n (f)* turn; revolution; torsion; twisting
Drehzahl *n (f)* rotational speed; rev(olution)s per minute (rpm); **Drehzahlregelbereich** *n (m)* speed control range
Dreieck *n (n)* triangle
Dreieckslast *n (f)* triangular load
Dreiecksvermessung *n (f)* triangulation
Dreifachverglasung *n (f)* triple glazing
Dreifamilienhaus *n (n)* building with 3 apartments (flats) usually on separate floors
dreihüftig *adj* (Büro) layout of offices with two corridors, with e.g. photocopying, filing and conference rooms, kitchens etc. in the central section and offices on the outside walls; (Halle) three-bay
Dreileitersystem *n (n)* three-pipe system; three-wire system
Drei-Objekte-Grenze *n (f) Tax* lit. „3-property limit"; rule applied by the → Bundesfinanzhof to differentiate between (tax-free) gains on private property sales and income from commercial property dealing, which is assumed if more than 3 properties are sold within a 5-year period
Dreiphasen-Wechselstrom *n (m)* three-phase (ac) current
Dreirohrnetz *n (n)* three-pipe network
Dreispänner *n (m)* apartment building with three flats on each storey which are accessed by the same stairway; terrace of three houses
Drei-Wege-Katalysator *n (m)* three-way-catalytic converter
Dreizugkessel *n (m)* three-pass boiler
Drempel *n (m)* sill; knee wall; mitre sill (AE miter sill)
Dringlichkeit *n (f)* urgency; priority
Dritteigentümer *n (m)* third owner
Dritter *n (m)* third-party; **fremde Dritte** *n/pl* third-party; unconnected party
Drittschuldner *n (m) Law* garnishee
Drittverwendungsfähigkeit *n (f)* suitability for alternative uses; adaptability of a property for occupation by parties other than the present tenant/owner occupier
Drittwirkung *n (f)* third-party effect
Drogerie(markt) *n (m)* drug store
Drohung *n (f)* threat; **widerrechtliche Drohung** *n (f)* unlawful threat; menace
Drohverlustrückstellung *n (f) Fin* (HGB S. 294(1)) provision for anticipated losses; (IAS 37.69 – IFRS) provision for onerous

d

contracts; (US GAAP) accrued contract losses

Drosseleinstellung *n (f)* throttle setting; **Drosselschieber** *n (m)* regulating gate valve; **Drosselventil** *n (n)* regulating stop valve; throttle valve

Druck *n (m)* pressure; compression; strain; force

Druckabfall *n (m)* pressure drop; drop in pressure

Druckausgleichsleitung *n (f)* pressure compensation pipe

Druckbewehrung *n (f)* compressive reinforcement

Druckdifferenz *n (f)* pressure difference

Druckentlastungseinrichtung *n (f)* pressure relief equipment

Druckerei *n (f)* printing works

Drückergarnitur *n (f)* door furniture; esp. door handles and keyhole escutcheons

Druckerhöhung *n (f)* pressure increase; **Druckerhöhungsstation** *n (f)* pressure boosting station

druckfest *adj* pressure-resistant; compression resistant

Druckfestigkeit *n (f)* pressure resistance; compression strength

Druckfundament *n (n)* abutment

Druckhaltung *n (f)* pressure maintenance

Druckhaus *n (n)* printers; printing works

Druckluft *n (f)* compressed air; **Druckluftprüfung** *n (f)* air-pressure test

Druckmesser *n (m)* pressure gauge; manometer; **Druckmessstutzen** *n (m)* pressure gauge feed pipe

Druckprobe *n (f)* pressure test

Druckprofil *n (n)* pressure profile

Druckregler *n (m)* pressure regulating valve

Druckschlauch *n (m)* flexible pressure tubing

Druckspannung *n (f)* compressive stress

Druckspitze *n (f)* pressure peak

Druckstoß *n (m)* pressure surge; water hammer; **Druckstoßsicherung** *n (f)* pressure surge balancing

Druckverhältnis *n (n)* pressure ratio

Druckverlust *n (m)* pressure drop; pressure loss; **Druckverlustdiagramm** *n (n)* pressure drop graph (or diagram)

Druckverteilerplatte *n (f)* pressure distribution plate

Druckzerstäuberbrenner *n (m)* pressurised atomiser burner

Duales System *n (n)* dual systems (recycling)

Dualzins *n (m)* dual (interest) rate

Dübel *n (m)* dowel; gangnail; peg; wall plug

Due Diligence *n (f)* due diligence

Duldung *n (f)* tolerance; sufferance; **Duldungspflicht** *n (f)* duty of tolerance; **Duldungsvollmacht** *n (f)* agency by estoppel

Dunkelstrahler *n (m)* infra-red (dark) radiant heater, radiant tube heater

Dunstabzugshaube *n (f)* exhaust hood

Duplikat *n (n)* duplicate; copy; counterpart

Durchbiegung *n (f)* deflection; deflexion (US)

Durchbruch *n (m)* opening; gap; breakthrough

Durchfeuchtung *n (f)* humidity penetration; moisture penetration

Durchfluss *n (m)* discharge; flow rate; **Durchflussbegrenzer** *n (m)* flow limiter; **Durchflussbegrenzungsregler** *n (m)* limiting flow controller; **Durchflussmengenregler** *n (m)* continuous flow controller; **Durchflussmesser** *n (m)* flow meter; **Durchflussmessung** *n (f)* flow measurement; flow measuring; **induktive Durchflussmessung** inductive flow metering; **Durchflussmessverfahren** *n (n)* flow measuring method; **Durchflusssensor** *n (m)* flow rate sensor; **Durchflusswassererwärmer** *n (m)* instantaneous water heater; continuous flow water heater; **Durchflusszähler** *n (m)* flow meter

durchführbar *adj* practicable; feasible

Durchführbarkeit *n (f)* practicability; feasibility; **finanzielle Durchführbarkeit** *n (f)* financial feasibility

Durchführbarkeitsanalyse *n (f)* feasibility analysis

durchführen *v/t* carry out (to); lead through (to); conduct (to)

Durchführung *n (f)* execution; accomplishment; implementation; realisation; performance; **Durchführungsverordnung** *n (f)* implementing provision; executive order (US)

Durchgang *n (m)* passage(way); transit; **Durchgangserwerb** *n (m)* conveyance including a sub-sale to a third party (subpurchaser); **Durchgangsstraße** *n (f)* through road; thoroughfare; **Durchgangsverkehr** *n (m)* through traffic; **Durchgangszeit** *n (f)* transit time; **Durchgangs-**

zimmer *n (n)* through room; i.e. room giving access to other rooms
durchgehend *adj* generally; through(out); overall
Durchgriffshaftung *n (f)* individual liability of company directors and shareholders for corporate debts etc.; "piercing the corporate veil"
Durchlaufbalken *n (m) ArCo* continuous beam
durchlaufend *adj* continuous; transit
Durchlauferhitzer *n (m)* instantaneous water heater, flow heater, tankless water heater
Durchlaufgesellschaft *n (f)* tax-avoidance company; conduit company
Durchlaufkonto *n (n)* interim account; transitory account
Durchlüftungsschneise *n (f)* ventilation corridor
Durchmesser *n (m)* diameter
Durchreiche *n (f)* hatch; pass-through
Durchschneidung (Land) *n (f)* separation of an agricultural or grassland area by an official authority
Durchschnitt *n (m)* average; **arithmetischer Durchschnitt** *n (m)* average; arithmetic mean; **gewichteter Durchschnitt** *n (m)* weighted average
durchschnittlich *adj* average; ordinary; middling
Durchschnittsabweichung *n (f)* average deviation
Durchschnittsbesteuerung *n (f)* income averaging for VAT calculation on agricultural and forestry land
Durchschnittsgröße *n (f)* average size
Durchschnittsmiete *n (f)* average rent
Durchschnittspreis *n (m)* average price
Durchschnittsrendite *n (f)* average yield; equivalent yield
Durchschnittsverzinsung *n (f)* average interest rates
Durchschnittswert *n (m)* average value; **Durchschnittswertzeile** *n (f)* average value line
durchsetzbar *adj* → gerichtlich durchsetzbar
durchsetzen *v/t* prevail (to); get through (to); enforce (to)
Durchsetzungsinfrastruktur *n (f) Fin* enforcement (accounting)
Durchsuchung *n (f)* search
Dusche *n (f)* shower (bath); **Duschsiphon** *n (m)* shower trap; **Duschvorhang** *n (m)* shower curtain; **Duschwanne** *n (f)* shower basin; shower receptor; shower tray; shower tub
Düsenboden *n (m)* nozzle holder
Dynamische Finanz-Analyse (DFA) *n (f)* dynamic financial analysis
Dynamisierung *n (f)* indexation; index-linking

d

E

e

eben *adj* even; flat; level; plane; smooth
Ebene *n (f)* plane; plain (geog.); **schiefe Ebene** *n (f)* inclined plane
ebenerdig *adj* (at) ground level; on one level; at grade (US)
ebf → erschließungsbeitragsfrei
ebp → erschließungsbeitragspflichtig
echt *adj* real; genuine; authentic; bona fide
Eckbereich *n (m)* (area) near a corner
Ecke *n (f)* corner; angle; quoin; **äußere Ecke** *n (f)* external angle; salient angle
Eckgrundstück *n (n)* corner site; corner plot
Eckkamin *n (m)* corner fireplace
Eckladen *n (m)* corner shop
Ecklage *n (f)* corner position (or location); corner site
Eckleiste *n (f)* cornice
Eckschutzleiste *n (f)* angle bead (plastering); edge protection bead
Eckstein *n (f)* quoin
Eckwert *n (m)* benchmark figure
Eckziegel *n (m)* (Dach) corner tile; (Wand) corner brick
EEG → Erneuerbare-Energien-Gesetz
EEWärmeG → Erneuerbare-Energien-Wärmegesetz
Effekte *n/pl (m)* effects; results; **externe Effekte** *n/pl (m)* external effects
Effektivlohn *n (m)* actual earnings
Effektivverzinsung *n (f)* actual (or true) rate of return; actual yield; effective interest rate; **jährliche Effektivverzinsung** *n (f)* effective annual yield; effective annual interest rate; annual percentage rate (APR)
Effektivzinsmethode *n (f)* effective interest method
Effizienz *n (f)* efficiency; effectiveness
ehelich *adj* marital; matrimonial; **eheliche Gütergemeinschaft** *n (f)* → Gütergemeinschaft
Ehevertrag *n (m)* marriage contract; prenuptial agreement (pre-nup); antenuptial agreement
ehrenamtlich *adj* honorary; voluntary; **ehrenamtlich tätig** *adj* acting on an honorary (voluntary) basis
Ehrenbeamter *n (m)* honorary public official; alderman
Ehrenkodex *n (m)* Code of Hono(u)r; code of professional ethics
Ehrentitel *n (m)* (honorary) title
Eibe *n (f)* yew (tree)
Eichbehörde *n (f)* Weights and Measures authority (UK); calibration authority
Eiche *n (f)* oak (tree); **Eichenholz** *n (n)* oak timber
Eichfrist *n (f)* calibration period; calibration term; i.e. after which an instrument must be recalibrated/certified
Eichgültigkeitsdauer *n (f)* calibration validity period
Eichpflicht *n (f)* obligatory calibration
Eichung *n (f)* calibration
Eid *n (m)* oath
Eigenbau *n (m)* self-build; self-built; homemade
Eigenbedarf *n (m)* *Law* lit. „personal use"; ground for terminating a tenancy if the landlord needs to occupy the property him- or herself
Eigenbesitz *n (m)* proprietary possession; owner-occupation
Eigenbeurteilung *n (f)* self-appraisal
Eigenentwicklung *n (f)* *Dev* in-house development; development carried out by a company or individual rather than e.g. by contractors or other outside specialists
Eigenerzeugung *n (f)* → parallele Eigenerzeugung
Eigenfinanzierung *n (f)* self-financing; internal finance; equity financing; financing from own resources
eigengenutzt *adj* owner-occupied
Eigengewicht *n (n)* dead weight; net weight
Eigenhandel *n (m)* dealing as principal; business for one's own account
Eigenheim *n (n)* home; domicile; dwelling; habitual residence; house; residence; **Eigenheim mit Einliegerwohnung** *n (n)* owner-occupied house with a separate apartment
Eigenheimbesitz *n (m)* home ownership
Eigenheimgrundstück *n (n)* building plot for a (detached, esp. owner-occupied) house
Eigenheimhypothek *n (f)* home mortgage

Eigenheimzulage *n (f)* lit. housing allowance; subsidy for owner-occupied home purchase, one of the largest subsidies paid in Germany; withdrawn with effect from 1 January 2006, although existing subsidy payments will continue

Eigenkapital *n (n) Fin* equity (capital), net equity, capital contribution, own funds, proprietary capital; (der Aktionäre) shareholders' equity; (Nettovermögen) net assets, net worth; **verdecktes Eigenkapital** *n (n)* hidden equity

Eigenkapitalaufteilung *n (f)* equity carve-out; partial spinoff; **Eigenkapitalausstattung** *n (f)* equity capitalization; **Eigenkapitalbasis** *n (f)* equity base; **Eigenkapitalbeteiligung** *n (f)* equity stake; **Eigenkapitalbewertung** *n (f)* capital rating; assessment of equity capital; **Eigenkapitalersatz** *n (m)* mezzanine capital; **Eigenkapitalfonds** *n (m)* equity fund; **Eigenkapitalinstrument** *n (n)* equity instrument; **Eigenkapitallücke** *n (f)* equity gap; **Eigenkapitalquote** *n (f)* equity ratio; **Eigenkapitalrendite** *n (f)* return on equity (ROE); equity rate of return; **Eigenkapitalsyndizierung** *n (f)* equity syndication; **Eigenkapitaltitel** *n/pl (m)* equity investments; equity securities; **Eigenkapitalverzinsung** *n (f)* equity yield rate; return on equity (ROE); **Eigenkapitalzins** *n (m)* equity yield

Eigenleistung *n (f)* internal labo(u)r; personal contribution; borrower's own funding; **aktivierte Eigenleistungen** *n/pl (f)* capitalized internal expenditure (IAS 38); **andere aktivierte Eigenleistungen** *n/pl (f)* other capitalized internal expenditure (IAS 38-39)

Eigenmietwert *n (m) Tax (CH)* imputed rental value of owner-occupied properties (residential and commercial), taxed as income; the assessments are mainly based on official valuations and vary from canton to canton; *Syn.: Mietwert für selbstgenutzte Liegenschaften*

Eigenmittel *n/pl (n)* equity capital; own (or personal) resources; capital funds

Eigennutzer *n (m)* owner occupier

Eigennutzprinzip *n (n)* principle of self-interest

Eigennutzung *n (f)* owner occupation; **Eigennutzungsrecht** *n (n)* owner's right of occupation (e.g. timeshare)

Eigenschaft *n (f)* feature; characteristic; quality; attribute; **tatsächliche Eigenschaften** *n/pl (f)* actual features; **zugesicherte Eigenschaft** *n (f)* guaranteed characteristic; warranted quality

eigenständig *adj* independent; discrete; self-contained

Eigentum *n (n)* property; title; ownership; **Eigentum (als Recht) an etwas** *n (n)* freehold; ownership; plant and equipment; property; proprietorship; title; **Eigentum der Erbengemeinschaft** *n (n)* joint ownership by (the) heirs; **Eigentum zur gesamten Hand** *n (m)* → Gesamthand(s)eigentum

anteiliges Eigentum *n (n)* part-ownership (e.g. of a time share property); **bewegliches Eigentum** *n (n)* chattels; personalty; **eheliches Eigentum** *n (n)* matrimonial property; **fremdes Eigentum** *n (n)* third-party property; property owned by another person (e.g. for insurance); **gemeinschaftliches Eigentum** *n (n)* shared ownership; joint property; condominium property; **öffentliches Eigentum** *n (n)* public property; **staatliches Eigentum** *n (n)* state(-owned) property; **unbeschränktes Eigentum** *n (n)* absolute estate; fee simple absolute in possession; absolute ownership; **unbestrittenes Eigentum** *n (n)* good title; undisputed ownership; **verbrieftes Eigentum (durch öffentliche Urkunden)** *n (n)* officially confirmed (freehold) title; **wirtschaftliches Eigentum** *n (n)* beneficial ownership; economic ownership

Eigentum übertragen *v/t* make over (or transfer) the freehold (to); pass title (to)

Eigentümer *n (m)* owner; proprietor; **angrenzender Eigentümer** *n (m)* adjacent owner; **benachbarter Eigentümer** *n (m)* adjoining owner; **gesetzlicher Eigentümer** *n (m)* legal owner; nominal owner; **rechtlicher Eigentümer** *n (m)* legal owner; nominal owner; **rechtmäßiger Eigentümer** *n (m)* lawful owner; legal owner; **wirtschaftlicher Eigentümer** *n (m)* beneficial owner; equitable owner; **zivilrechtlicher Eigentümer** *n (m)* legal owner; nominal owner

Eigentümererbbaurecht *n (n)* owner's inheritable building rights; continuation of the rights and responsibilities of a ground lease (Erbbaurecht) – after reversion to the freeholder

Eigentümergemeinschaft *n (f)* community of (house) owners; owners' cooperative

Eigentümergrundschuld *n (f)* land charge in favour of the landowner

Eigentümerinformation *n (f)* ownership information

e

Eigentümerrechte *n/pl (n)* ownership rights; freehold rights

Eigentümerstruktur *n (f)* ownership structure

Eigentümerversammlung *n (f)* (condominium) owners' meeting; usually annual; *Syn.: Wohnungseigentümerversammlung*

Eigentumsanspruch *n (m)* claim to title; interest in property

Eigentumsbescheinigung *n (f)* certificate of ownership

Eigentumsbesitz *n (m)* property ownership; e.g. as qualification for a loan

Eigentumsbüro *n (n)* office condo(minium), condo office

Eigentumsdauer *n (f) Tax (CH)* length of (period of) ownership; holding period; *Syn.: Haltedauer, Haltefrist*

Eigentumserwerb *n (m)* acquisition of (a) property; **Eigentumserwerb durch Ersitzung** *n (m)* acquisition of title by prescription (adverse possession); → Buchersitzung; **Eigentumserwerb durch Kauf** *n (m)* acquisition of title by purchase; **Eigentumserwerb durch Schenkung** *n (m)* acquisition of title by gift; **Eigentumserwerb durch Vermächtnis** *n (m)* inheritance of title

Eigentumsfeststellungsklage *n (f)* quiet title suit (or action)

Eigentumsgrenze *n (f)* property boundary; property line

Eigentumsklage *n (f)* action of trespass; replevin; claim to ownership, right and title

Eigentumsnachweis *n (m)* evidence of title; certificate of title; proof of title

Eigentumsquote *n (f)* owner occupied housing

Eigentumsrecht *n (n)* title; right of ownership; proprietorship; ownership; legal title; property right; **uneingeschränktes Eigentumsrecht** *n (n)* absolute title

Eigentumsrechte *n/pl (n)* proprietary rights; property rights; **beschränkte Eigentumsrechte** *n/pl (n)* restricted (property) ownership rights

Eigentumsregister *n (n)* register of ownership; term applied to land registries outside the German-speaking area

Eigentumsübergabe *n (f)* transfer (or handover) of title

Eigentumsübergang *n (m) Law* passing of title; mutation; passage of ownership

Eigentumsübertragung *n (f)* property transfer; conveyance; alienation; conveyance; quitclaim deed; transfer of ownership; transfer of property

Eigentumsurkunde *n (f)* title; document of title

Eigentumsverhältnis *n (n)* status of ownership

Eigentumsverhältnisse *n/pl (n)* distribution of property; proprietorship

Eigentumsverletzung *n (f)* trespass

Eigentumsverlust *n (m)* loss of ownership

Eigentumsverwertung *n (f)* utilisation of property; disposal of property

Eigentumsvorbehalt *n (m)* retention of title; reservation of title; title retention

Eigentumswohnung *n (f)* condominium; flat ownership; freehold flat; commonhold flat; **luxuriöse Eigentumswohnung** *n (f)* owner-occupied luxury apartment; luxury condominium

Eigenverbrauch *n (m)* own consumption; consumption of auxiliaries

Eigenversicherung *n (f)* self-insurance; insurance for one's own account

Eigenwechsel *n (m)* promissory note; note payable

Eigenwert *n (m)* intrinsic value

Eignung *n (f)* suitability; eligibility; qualification; **berufliche Eignung** *n (f)* professional competence; professional aptitude; **besondere Eignung** *n (f)* special suitability or adaptability; **fachliche Eignung** *n (f)* professional qualities; professional qualifications

Eimer *n (f)* bucket; pail (US)

Einbahnstraße *n (f)* one-way street

Einbahnverkehr *n (m)* one-way-traffic

Einbau *n (m)* installation; assembly; mounting; fitting

Einbauanweisung *n (f)* installation (or fixing) instructions

einbauen *v/t* build in (to); install (to); mount (to)

Einbaugarnitur *n (f)* fitting kit; mounting accessories
Einbauküche *n (f)* built-in kitchen; fitted kitchen
Einbaulänge *n (f)* total length; fitting length
Einbaumöglichkeit *n (f)* possibility of installing
Einbaurahmen *n (m)* installation bracket (or frame)
Einbausatz *n (m)* installation kit
Einbauschrank *n (m)* wall cupboard; built-in cupboard (GB); closet (US)
Einbauteile *n/pl (n)* trim; accessories
Einbauten *n/pl (m)* fixtures; **feste Einbauten** *n/pl (m)* fixtures; built-in units; **lose Einbauten** *n/pl (m)* removable fixtures; chattel fixtures
Einbehalt *n (m)* deduction; **Einbehalte** *n/pl (m)* retentions; retained reserves
einbehalten *v/t* retain (to); withhold (to); deduct (to)
Einbehaltung *n (f)* deduction; withholding; holdback
Einberufung der Wohnungseigentümerversammlung convening the condominium owners' meeting, usually by the property manager
einbeziehen *v/t* include (in) (to); incorporate (to)
Einbuße *n (f)* loss; forfeit
eindämmen *v/t* stem (to); check (to); get under control (to)
Eindringen *n (n)* → unbefugtes Eindringen
Einerdung *n (f)* burying (pipeline etc.); earthing (elec.)
Einfachtarif *n (m)* flat rate tariff
Einfahrt *n (f)* entrance; drive(way); gateway; access road; **Einfahrtstor** *n (n)* gate
Einfamilienhaus *n (n)* (detached) single-family house; single-family residence; single family home; one-family house; single occupancy house; self-contained house; **frei stehendes Einfamilienhaus** *n (n)* detached house
Einfamilienhausgebiet *n (n)* (GB) area with detached houses; (nur US) single-family district
Einfassung *n (f)* border; edging; surround
Einfeldbalken *n (m)* *ArCo* single span beam
Einfluss *n (m)* influence; impact; **Einfluss der Öffentlichkeit** *n (m)* public influence; influence of public opinion; **beherrschender Einfluss** *n (m)* dominant influence; **maßgeblicher Einfluss** *n (m)* significant influence
Einflussfaktor *n (m)* (influencing) factor
Einfriedung *n (f)* fence; enclosure; **Einfriedungsmauer** *n (f)* enclosure wall
Einfügungsgebot *n (n)* *Plan* lit. infill order; statutory requirement that new buildings in existing developed areas where there is no → Bebauungsplan should comply with the → Gebietscharakter in terms of user, size and site area in accordance with § 34 BauGB
Einfühlerbetrieb *n (m)* single sensor function
Einfühlergerät *n (n)* single sensor device
Einfuhr *n (f)* import(s); importing
Einführung *n (f)* introduction
Eingabe *n (f)* petition, application; submission
Eingabefeld *n (n)* input box; input field
Eingang *n (m)* entry; entrance; access; **Eingangsbereich** *n (m)* foyer; entrance area; **Eingangshalle** *n (f)* entrance hall; hallway (US); porch; lobby
Eingangsbescheinigung *n (f)* certificate of receipt
eingeben *v/t* supply (to); give (to); prompt (to); enter (to) (comp.)
eingeführt *adj* (well-)established; imported; introduced; released
eingelagert *adj* warehoused; in storage
eingemeinden *v/t* incorporate (to)
Eingemeindung *n (f)* incorporation
eingeschossig *adj* single stor(e)y; one-stor(e)y
eingespannt *adj* built-in; clamped; restrained; fixed; occupied; **voll eingespannt** *adj* fully restrained; fully engaged
eingliedern *v/t* integrate (into) (to); incorporate (to); rehabilitate (to)
Eingliederung *n (f)* integration; **finanzielle Eingliederung** *n (f)* financial integration; **wirtschaftliche Eingliederung** *n (f)* business integration; economic integration
eingreifen *v/i* interfere (to); intervene (to)
Eingriff *n (m)* encroachment; intrusion; intervention; **Eingriff in Natur und Landschaft** *n (m)* intrusion into nature and landscape (esp. rural development) **enteignender Eingriff** *n (m)* expropriatory measure; action effectively constituting compulsory purchase or loss of rights;

e

enteignungsgleicher Eingriff *n (m)* action effectively constituting compulsory purchase or loss of rights

Eingriffs-Ausgleichs-Regelung *n (f)* → Eingriffsregelung; **Eingriffsregelung** *n (f)* impact regulation under nature protection law; inter alia §§ 18 and 19 Bundesnaturschutzgesetz (BNatSchG) and the civil code; by which negative effects on nature and the countryside should be avoided or minimised and compensation should be paid for unavoidable effects by means of an → Ausgleichsabgabe (compensation charge); *Syn.: Eingriffs-Ausgleichs-Regelung*

e

einhalten *v/i* comply with (to)

Einhaltung *n (f)* compliance; **Einhaltungskontrolle** *n (f) ArCo* compliance inspection; *Fin* compliance control

Einhebelmischer *n (m)* single-lever (mixer) tap; single-lever faucet (US)

einheimisch *adj* local; indigenous; domestic

Einheimischenmodell *n (n)* local (residents) model

Einheit *n (f)* unity; unit; entity; **funktionale Einheit** *n (f)* functional unit; **rechtlich selb(st)ständige Einheit** *n (f)* legal entity; legal person(ality); **wirtschaftliche Einheit** *n (f)* basic economic unit; business unity; economic entity; economic unity

Einheitsbewertung *n (f)* assessment of value for taxation purposes; rating valuation; assessed valuation

Einheitsmietvertrag *n (m)* standard tenancy agreement

Einheitspreis *n (m)* standard price; uniform price; unit price; flat price

Einheitspreisvertrag *n (m)* unit price contract; flat-rate contract

Einheitssteuersatz *n (m)* flat-rate tax rate; standard tax rate

Einheitstarif *n (m)* flat rate; flat tariff, uniform tariff

Einheitswert *n (m)* taxable value; rateable value (net annual value); assessed value (US); assessment unit value of real estate; charged value; site value; standard value; taxation value; **Einheitswertbescheid** *n (m)* notice of assessment; tax value assessment notice

Einholung von Angeboten *n (f)* request for tenders; obtaining quotations

einhüftig *adj* (Büro) layout with offices on only one side of a corridor, usually found in narrow buildings; (Halle) single-bay

einhüllen *v/t* cover (to); wrap (to)

einigen (sich) *v/r* come to terms (to)

Einigung *n (f)* settlement; agreement; mutual consent

Einkäufer *n (m)* buyer

Einkaufsabteilung *n (f)* purchasing department

Einkaufsfaktor *n (m) Fin* multiplier; capital value of a property or fund divided by (net) initial income, the reciprocal of the → net initial yield; *Syn.: Vervielfältiger*

Einkaufsgalerie *n (f)* mall; shopping arcade; shopping gallery

Einkaufsgenossenschaft *n (f) Ret* purchasing cooperative, buying combine

Einkaufslage *n (f)* retail location

Einkaufspassage *n (f)* mall; shopping arcade; shopping gallery

Einkaufsstraße *n (f)* shopping street

Einkaufsverhalten *n (n) Ret* buying behavio(u)r; buying pattern

Einkaufswagen *n (m)* shopping cart (US); shopping trolley (GB)

Einkaufszentrum *n (n)* shopping center/centre; (shopping) mall; retail center; **klassisches Einkaufszentrum** *n (n)* traditional shopping center/centre; standard (or regular) shopping center (US); **regionales Einkaufszentrum** *n (n)* regional shopping centre; **überregionales Einkaufszentrum** *n (n)* super-regional shopping center (US)

einkeilen *v/t* wedge (to)

in Einklang bringen *v/t* reconcile (to); harmonize (to)

Einkommen *n (n)* income; earnings; revenue; **abgeleitetes Einkommen** *n (n)* derived income; **ausgeschüttetes Einkommen** *n (n)* distributed income; distributed profits; **frei verfügbares Einkommen** *n (n)* disposable income; **monatliches Einkommen** *n (f)* monthly income; **ordentliches Einkommen** *n (n)* regular income; **sonstiges Einkommen** *n (n)* miscellaneous income; other income; **variables Einkommen** *n (n)* variable income; **verfügbares Einkommen** *n (n)* disposable income; **versteuerbares Einkommen** *n (n)* taxable income; **zusätzliches Einkommen** *n (n)* additional income; **zuzurechnendes Einkommen** *n (n)* attributable income

Einkommenselastizität *n (f)* income elasticity

Einkommensentwicklung *n (f)* income trend; trend of incomes

Einkommensmodell *n (n)* income model

Einkommensniveau *n (n)* level of income

Einkommensschicht *n (f)* income level

Einkommen(s)steuer *n (f)* income tax; pay-as-you-earn (GB); pay-as-you-go (US); personal income tax; **Einkommen(s)steuererklärung** *n (f)* individual income tax return; **Einkommen(s)steuergesetz (EStG)** *n (n) Law* German income tax act; **Einkommen(s)steuerverbindlichkeit** *n (f)* income tax liability

Einkommensströme *n/pl (m)* income streams

Einkommensverlust *n (m)* loss of income

Einkommensverteilung *n (f)* distribution of income

Einkommenswachstum *n (n)* income growth

Einkornbeton *n (m)* no-fines (or low-fines) concrete; shingle concrete

Einkünfte *n/pl* income; earnings; revenue; **Einkünfte aus Gewerbebetrieb** *n/pl* business income; business profit; commercial profits; income from trade or business; **Einkünfte aus Kapitalvermögen** *n/pl* income from capital; capital income; **Einkünfte aus Vermietung und Verpachtung** *n/pl* rental income

gewerbliche Einkünfte *n/pl* business income; income from trade or business; **inländische Einkünfte** *n/pl* income from domestic sources; **nachträgliche Einkünfte** *n/pl* subsequent receipts; income from previous activities; subsequent income; **passive Einkünfte** *n/pl* passive income

Einkünfteerzielungsabsicht *n (f) Tax* (lit.) intention of making a profit; test applied by the German tax office to determine whether the owner of a property intends to make a surplus of income over costs on letting it; if the test (separate for each individual property) is satisfied historic losses may be set off; it may also be necessary to prove this intention on sale of let property held only for a short term

Einlage *n (f)* deposit; **befristete Einlage** *n (f)* time deposit; fixed-term deposits; **verdeckte Einlage** *n (f)* concealed (or hidden) equity contribution; constructive equity contribution

Einlagenabzug *n (m)* disintermediation; withdrawal of deposits

Einlagenkonto *n (n)* deposit account

Einlagenzertifikat *n (n)* certificate of deposit

Einlass *n (m)* admittance; entrance; **Einlasskanal** *n (m)* inlet port

Einlauf *n (m)* inlet; running in; **Einlaufschacht** *n (m)* intake shaft; inlet well; gully; **Einlaufstrecke** *n (f)* inlet path; inlet zone

Einlegleiste *n (f)* fillet; moulding insert

einleiten *v/t* initiate (to); start (to); induce (to)

Einleitung *n (f)* preamble; introduction; **Einleitung eines Verfahrens** *n (f)* commencement of an action (or procedure)

Einliegerwohnung *n (f)* granny flat; self-contained apartment in or attached to a house

einlösbar *adj* redeemable; exchangeable

einlösen *v/t* redeem (to); cash (to) (cheque/check)

Einlösung *n (f)* redemption; amortization (US); liquidation; payback; payout; repayment

Einlösungstermin *n (m)* redemption date

Einmann-GmbH *n (f)* one-man limited (liability) company

Einmessung *n (f)* measurement

Einmütigkeit *n (f)* unanimity; consensus ad idem

Einnahmen *n/pl (f)* earnings; proceeds; receipts; revenue; **unregelmäßige Einnahmen** *n/pl (f)* irregular income; **voraussichtliche Einnahmen** *n/pl (f)* prospective income

Einnahmen-Ausgaben-Verhältnis *n (n)* income/expense ratio

Einnahme(n)modell *n (n)* income model

Einnahmenstrom *n (m)* income flow; cash inflow

Einnahmenüberschüsse *n/pl (m)* income surplusses

Einnahmenüberschussrechnung *n (f)* cash basis accounting; cash method accounting; simple bookkeeping, cash-based accounting

Einnahmen- und Ausgabenplan *n (m)* cash budget; budget for receipts and expenditures

Einnahmen- und Ausgabenrechnung *n (f)* cash basis accounting; cash accounting;

e

cash-based accounting; simple bookkeeping, cash method accounting
Einnahmen- und Ausgabenschätzung *n (f)* income and expense estimate (US)
Einnahmeschätzung *n (f)* receipts projection; estimated receipts
Einordnung *n (f)* classification; grading; coordination
einpacken *v/t* pack up (to); wrap (to)
Einpassmuffe *n (f)* adjusting sleeve
Einpendler *n (m)* commuter (travelling inwards to work)
einphasig *adj* single-phase
einputzen *v/t* plaster in (to); mount (in plaster) (to)
Einputzhilfe *n (f)* mounting aid; aid to plastering-in; **Einputzkasten** *n (m)* plaster box; **Einputztiefe** *n (f)* plaster(ed in) depth; penetration into plaster
Einrahmung *n (f)* framing
einräumen *v/t* grant (to); concede (to); clear away (to)
Einräumung *n (f)* granting (of e.g. a bank account); confession; admission
Einräumungsvertrag *n (m)* agreement setting out the rooms or parts of a multi-owned building relating to a particular owner; → Teilungserklärung
Einreichung *n (f)* submission; lodgement; presentation (cheque)
einreihig *adj* single-row
einrichten *v/t* fit out (to); furnish (to); install (to); set up (to)
Einrichtung *n (f)* facility; installation; furniture; appliance; adjustment; arrangement; **Einrichtung der Baustelle** *n (f)* commencement of work at a building site; **feste Einrichtung** *n (f)* fixed base; permanent feature; **mildtätige Einrichtung** *n (f)* charitable trust; charitable foundation
Einrichtungen *n/pl (f)* facilities; amenities; equipment; **fest eingebaute Einrichtungen** *n/pl (f)* fixtures; built-ins (US); **gemeinschaftliche Einrichtungen** *n/pl (f)* communal (or community) facilities; **örtliche Einrichtungen** *n/pl (f)* local facilities; community facilities; **sanitäre Einrichtungen** *n/pl (f)* sanitary equipment; sanitary installations
Einrichtungsgegenstände *n/pl (m)* fixtures; furnishing(s)
Einrichtungsplan *n (m)* furniture (US furnishing) plan; site facilities program(me)
Einrohr-Anschlussstück *n (n)* single-pipe connector
Einrohrheizung *n (f)* single-pipe heating system
Einrohrnetz *n (n)* single-pipe network; esp. district heating systems
Einrüstung *n (f)* scaffolding; shoring
Einsatzbereich *n (m)* range of application; functional range
Einsatzgebiet *n (n)* field; operational area
Einschaltung eines Immobilienmaklers *n (f)* instruction (or employment) of an estate agent (US realtor)
Einschalung *n (f)* formwork; shuttering; insulation
einschätzen *v/t* assess (to); judge (to); rate (to); **falsch einschätzen** *v/t* misjudge (to); miscalculate (to)
Einschätzung *n (f)* assessment; judgement; **Einschätzung der Kreditfähigkeit** *n (f)* credit rating; assessment of creditworthiness; **Einschätzung der Wettbewerber** *n (f)* assessment of competitors; competitive assessment
einschäumen *v/t* lay in foam (to)
Einschlagpfosten *n (m)* "hammer in" posts (for signage etc.)
einschließen *v/t* lock up (to); enclose (to); incorporate (to); imply (to); encompass (to)
Einschränkung *n (f)* restriction; restraint; reservation; qualification
Einschreiben *n (n)* registered letter
einschreiben (lassen) *v/t* register (a letter) (to)
Einschubtreppe *n (f)* loft ladder; folding ladder; folding staircase
Einschüchterung *n (f)* intimidation; browbeating
Einschweißmuffe *n (f)* welded socket; welded sleeve
Einsichtnahme *n (f)* inspection; examination
Einsichtsrecht *n (n)* right to inspect books and records
Einspänner *n (m)* apartment building with one flat on each storey
Einspannlänge *n (f)* length of restraint; clamping length
Einsparung *n (f)* saving(s); reduction of costs
Einspeisung *n (f)* feeding (in); input
Einstandspreis *n (m)* cost price; acquisition price; minimum import price

Einstandswert *n (m)* cost value; acquisition cost; cost price; value at cost
Einsteckschloss *n (n)* mortice (US mortise) lock; mortice dead lock
einstellen *v/t* appoint (to); discontinue (to); suspend (to); adjust (to)
Einstellplatz *n (m)* parking space
Einstellskala *n (f)* calibration scale
Einstellung *n (f)* adjustment; discontinuance; cessation; abandonment; **Einstellung der Mietzahlungen** *n (f)* cesser of rent; **Einstellung der Tätigkeit** *n (f)* cessation of (any) activities
soziale Einstellung *n (f)* social attitude
Einstellungsforschung *n (f)* attitude survey; attitude research (marketing)
Einstellungssatz *n (m)* hiring rate; recruitment rate
Einstellwert *n (m)* default value; (default) setting
Einstiegsöffnung *n (f)* access door; manhole
Einstrahl *n (m)* single-jet; inflow; **Einstrahlzähler** *n (m)* single-jet (water) meter
Einstrangsystem *n (n)* single-pipe (oil supply) system
einstufen *v/t* classify (to); rate (to)
Einstufung *n (f)* rating; categorisation; grading
Einsturz *n (m)* breakdown; collapse; complete failure
Eintauschwert *n (m)* trade-in value
einteilen *v/t* arrange (to); classify (to); divide (up) (to)
Eintrag *n (m)* entry; item (accounting)
eintragen *v/t* record (to); register (to); earn (to); **eingetragen von Amts wegen** *adj* officially registered
einträglich *adj* profitable; lucrative; rewarding
Eintragung *n (f)* registration; recording; entry; registry; **amtliche Eintragung** *n (f)* registration; incorporation
Eintragungsbewilligung *n (f)* consent by the → Eigentümer (or → Erbbauberechtigter) to the making of an entry in (→ Abteilung II of) the → Grundbuch (land register); to secure third-party rights e.g. an easement or right of way
Eintragungsgebühr *n (f)* registration fee
eintreibbar *adj* recoverable; exactable
Eintreibung *n (f)* recovery; collection (e.g. of debts); encashment
Eintritt *n (m)* admittance (to e.g. a place); entrance; occurence; **Eintritt in Rechte** *n (m)* subrogation
Eintrittsrechte *n/pl (n)* right(s) of entry
Eintrittstemperatur *n (f)* inlet temperature
Eintrittswahrscheinlichkeit eines Schadens *n (f)* probability of a loss occurring (e.g. insurance)
Eintrittszustand *n (m)* entry state; starting conditions
einverstanden sein *v/i* agree (to); approve of (to); agree to (or with) (to)
Einverständnis *n (n)* (mutual) agreement
Einwand *n (m)* objection; exception; argument
einwandfrei *adj* perfect; flawless; incontestable; impeccable; sound
einwickeln *v/t* wrap up (to)
einwilligen (in) *v/t* agree to (to); comply with (to); consent to (to)
Einwilligung *n (f)* assent; approval; consent
Einwohner *n (m)* resident; inhabitant
Einwurfsgrundstück *n (n)* (lit.) original site: privately owned land taken as part of an → Umlegungsverfahren (official restructuring of parcels of land to facilitate development or redevelopment); normally exchanged for a → Zuteilungsgrundstück
Einwurfsmasse *n (f)* all private sites included in an → Umlegungsverfahren
Einwurfswert *n (m)* original value of all private sites in an → Umlegungsverfahren
einzahlen *v/t* pay in (to); deposit (to)
Einzahlungen *n/pl (f)* payments-in; inpayments; **Einzahlungsbeleg** *n (m)* paying-in slip; deposit slip
Einzäunung *n (f)* enclosure (or inclosure); fence
Einzelabrechnung *n (f)* individual billing
Einzelabschluss *n (m)* individual (or separate) financial statement (for company part of a group); single closing
Einzelabschreibung *n (f)* single-asset depreciation; single-unit depreciation; unit depreciation
Einzeladressen *n/pl (f)* individual addresses
Einzelbesitzverhältnis *n (n)* tenancy in severalty, severalty ownership (US)
Einzelbewertung *n (f)* (principle of) separate valuation of each item; specific identification of individual costs; unit account method of valuation (US)

e

Einzeldenkmal *n (n)* listed building protection of an individual monument → Denkmalschutz
Einzelfenster *n (n)* single window
Einzelfeuerstätte *n (f)* single source of central heating; (e.g. central heating boiler or stove with hot-air ducts)
Einzelfeuerung *n (f)* single heater or heat source
Einzelfundament *n (n)* isolated foundation (or footing); separate foundation for an individual building support (pillar etc.)
Einzelhandel *n (m)* retail trade; **Einzelhandelsfläche** *n (f)* retail space; retail accommodation; **Einzelhandelsgebäude** *n (n)* retail building; **Einzelhandelsgeschäft** *n (n)* retail store; **unabhängiges Einzelhandelsgeschäft** *n (n)* independent retailer; **Einzelhandelsgrundstück** *n (n)* retail development site (or plot); **Einzelhandelsimmobilie** *n (f)* retail property; retail real estate; **Einzelhandelsindex** *n (m)* retail (trade) index; **Einzelhandelskette** *n (f)* multiple retailer; retail chain; **Einzelhandelslagen** *n/pl (f)* retail locations; **Einzelhandelsobjekt** *n (n)* retail unit; **Einzelhandelspreisindex** *n (m)* retail prices index (RPI); **Einzelhandelsstandort** *n (m)* retail location; **Einzelhandelsumsatz** *n (m)* retail turnover; **Einzelhandelsumsätze** *n/pl (m)* (total) retail sales volume
Einzelhändler *n (m)* retailer; retail trader; **kleiner Einzelhändler** *n (m)* small-scale retailer
Einzelhaus *n (n)* detached house
Einzelheiten *n/pl (f)* details; particulars; **Einzelheiten zum Verkauf** *n/pl (f)* sales particulars
Einzelheizung *n (f)* individual heating (by fires or stoves: i.e. the opposite of central heating)
Einzelhonorar *n (n)* individual fee (as opposed to → Vertragsbasis contract arrangement)
Einzelkosten *n/pl* direct cost(s); individual costs; product-related costs
Einzellast *n (f)* concentrated load; point load; single load
einzeln aufführen *v/t* itemize (to); specify (to)
Einzelobjekt *n (n)* single property
Einzelperson *n (f)* individual
Einzelpreisvertrag *n (m)* unit-price contract
Einzelraumtemperaturregelung *n (f)* individual temperature control of each room
Einzelstufe *n (f)* single step
Einzelteile *n/pl (n)* individual parts
Einzelunternehmer *n (m)* sole trader; sole proprietor
Einzelveräußerungspreis *n (m)* net selling price; exit price
Einzelvergabe *n (f)* individual placing of orders
Einzelvertrieb *n (m) Mkt* individual sale(s); esp. e.g. of apartments
Einzelwert *n (m)* individual value; **Einzelwertberichtigung** *n (f)* provision (or reserve) for bad debts; individual value adjustment; specific provisions or charge-off
Einzelzimmer *n (n)* single (bed)room
einziehbar *adj* recoverable
Einziehung *n (f)* collection; forfeiture; confiscation
einzigartig *adj* unique; unparalleled
Einzimmerwohnung *n (f)* studio; efficiency apartment; bedsitter; bachelor flat
Einzugsgebiet *n (n) Ret* catchment area; drawing area; (Wasser usw.) collection area; (Speckgurtel) commuter belt; hinterland; tributary territory; *Syn.: Einzugsbereich* → Naheinzugsgebiet, Ferneinzugsgebiet
Eisen *n (n)* iron
Eisenbahnbrücke *n (f)* railroad bridge (US); railway bridge (GB); **Eisenbahnlinie** *n (f)* railway line (GB); railroad tracks (US); **Eisenbahntunnel** *n (m)* railroad tunnel (US); railway tunnel (GB); **Eisenbahnverbindung** *n (f)* rail link
Eisenhütte *n (f)* iron works
Eisenportlandzement *n (m)* iron portland cement; a mixture of portland cement and granulated blast furnace slag
Eisensäge *n (f)* hack saw
Elastizität *n (f)* elasticity
Elektriker *n (m)* electrician
elektrisch leitend *adj* electro conductive
Elektro-Fachmarkt *n (m)* electrical superstore; retail warehouse for electrical goods
Elektrofilter *n (m)* electric filter; electrostatic filter
Elektrohammer *n (m)* electric hammer
Elektroinstallation *n (f)* electrical installation

Elektrokessel *n (m)* electric boiler
Elektrolytleitfähigkeit *n (f)* electrolyte conductivity
Elektromagnetfilter *n (m)* electromagnetic filter
Elektromotor *n (m)* electric motor
Elektrosmog *n (m)* electronic smog
Elektrosockelleiste *n (f)* power skirting
Elektroverdrahtung *n (f)* electric wiring
Elementargefahr *n (f)* natural peril (insur.)
Elementarschäden *n/pl (m)* weather-related perils (insur.); **Elementarschadensdeckung** *n (f)* insurance coverage against damage by natural forces
Elementbauweise *n (f)* prefabricated construction method
Elendsviertel *n (n)* slums; slum district
Emaillelack *n (m)* vitreous enamel; enamel varnish
Emission *n (f)* emission (air pollution); issuance; issue; **Emissionsbank** *n (f)* investment bank; issuing bank (or house); **Emissionsbedingungen** *n/pl (f)* terms of issue; **Emissionsgrad** *n (m)* emission rate (infrared); **Emissionsgrenzwert** *n (m)* emission limit (value); **Emissionskurs** *n (m)* issue price; offering rate; **Emissionsmassenkonzentration** *n (f)* emission mass concentration; **Emissionsrechte** *n/pl (n)* pollution rights; **Emissionsüberwachung** *n (f)* emission control (or supervision)
emissionsarm *adj* low-emission
Empfang *n (m)* reception; receipt (taking delivery); acceptance; **Empfangsbereich** *n (m)* reception area; foyer; **Empfangsbescheinigung** *n (f)* certificate of receipt
Empfänger *n (m)* recipient; addressee
empfehlen *v/t* recommend (to); advise (to)
Empfehlung *n (f)* counsel; recommendation (US)
Emulsionsfarbe *n (f)* emulsion paint
En-bloc-Verkauf *n (m) Mkt* en-bloc sale; collective sale esp. e.g. of apartments in a building or portfolio
Endabrechnung *n (f)* final accounts; closing statement
Endauslauf *n (m)* final outlet; end nozzle
Endbearbeitung *n (f)* finishing (operation); completion
Endenergieverbrauch *n (m)* (total) final energy consumption
Endfälligkeitstilgung *n (f)* balloon payment; final repayment of principal
Endleitung *n (f)* final connection (telephone cable etc.); terminal line
Endpreis *n (m)* retail price; final price
Endreinigung *n (f)* final cleaning; at the end of a tenancy or e.g. occupation of a holiday apartment
Endverbraucher *n (m)* end user; consumer
Endvermögen *n (n) Fin, Val* terminal value; terminal equity; final net worth
Endwert *n (m)* accumulated value; end value; ultimate value
Endzahlung *n (f)* final payment
Energie *n (f)* energy; power; **erneuerbare Energien** *n/pl (f)* renewable energy
Energieagentur *n (f)* → internationale Energieagentur
Energieaufwand *n (m)* energy usage; energy input
Energieausweis *n (m)* energy performance certificate (EU directive 2002/91/EC)
energiebewusst *adj* energy-conscious
Energiebilanz *n (f)* energy balance; **Energiebilanz aufstellen** *v/t* set (or draw) up an energy balance (to)
Energiecontracting *n (n)* energy contracting, energy service (contracting) → Contracting
Energieeffizienz *n (f)* energy efficiency
Energieeinsparung *n (f)* conservation of energy; energy saving
Energieeinsparverordnung *n (f) Law* energy conservation act
Energieimpuls *n (m)* energy pulse
Energiekosten *n/pl* energy costs
Energiemehrbedarfszahl *n (f)* additional increment of energy demand
Energiepolitik *n (f)* energy policy
Energiesparen *n (n)* energy conservation; energy saving
Energiesteuer *n (f)* energy tax
Energiesystem *n (n)* energy system
Energieverbrauch *n (m)* energy consumption
Energieversorgung *n (f)* energy supply; **Energieversorgungsunternehmen (EVU)** *n (n)* energy supply company; **Energieversorgungseinrichtungen** *n/pl (f)* energy (or power) supply facilities
Energieverwaltung *n (f)* energy management
Energieverwendung *n (f)* use of energy; **rationelle Energieverwendung** *n (f)* energy efficiency; rational use of energy

e

Energiewirkungsgrad *n (m)* energy efficiency
Energiezufuhr *n (f)* power (or energy) supply; addition of energy
engagiert *adj* committed
Engpass *n (m)* shortage; bottleneck; **Engpassleistung** *n (f)* bottleneck capacity; maximum capacity
Enkelgesellschaft *n (f)* second-tier subsidiary; sub-subsidiary; company controlled through subsidiaries
Enklave *n (f)* enclave
Ensembleschutz *n (m)* listed building protection of a group of buildings → Denkmalschutz
Entdeckung *n (f)* discovery; detection; recovery
enteignen *v/t* expropriate (to); purchase compulsorily (to); disseize (to); dispossess (to); take property by condemnation (to) (US)
enteignend *adj* expropriating; dispossessing
Enteigner *n (m)* dispossessor; acquiring authority
Enteigneter *n (m)* (person) dispossessed; (compulsory purchase) claimant; condemnee (US)
Enteignung *n (f)* compulsory purchase; condemnation (US); dispossession; expropriation; **widerrechtliche Enteignung** *n (f)* disseizin; (unlawful) expropriation
Enteignungsbehörde *n (f)* acquiring authority; expropriation authority; condemning agency (US); **Enteignungsbeschluss** *n (m)* compulsory purchase order; condemnation order; **Enteignungsentschädigung** *n (f)* compensation for expropriation; compensation for compulsory purchase; condemnation award; compensation for expropriated property; **Enteignungsrecht** *n (n)* compulsory purchase law; expropriation law; condemnation law (US); eminent domain law (US); **Enteignungsverfahren** *n (n)* compulsory purchase procedure; condemnation proceedings (US); expropriation procedure; formal eminent domain procedure(s) (US)
Ententeich *n (m)* duck pond
Entfernung *n (f)* distance; range; removal
Entfusionierung *n (f)* demerger
Entgasung *n (f)* degassing (or degasification); **Entgasung bei der Wasseraufbereitung** *n (f)* degassing (or degasification) as part of water treatment
chemische Entgasung *n (f)* chemical degasification
Entgegenkommen *n (n)* compromise; accommodation (i.e. agreement)
Entgelt *n (n)* (money) consideration; fee; recompense; remuneration; **übliches Entgelt** *n (n)* usual payment; normal remuneration
enthalten *v/t* contain (to); comprise (to); encompass (to)
Enthaltung *n (f)* abstention
Enthärtung *n (f)* softening (water)
enthüllen *v/t* unveil (to); uncover (to); disclose (to)
Enthüllung *n (f)* disclosure; exposure
Entkernung *n (f)* core removal; gutting (of a building)
Entkopplung *n (f)* decoupling; isolation
entkräften *v/t* weaken (to); exhaust (to); rebut (to); refute (to)
entlassen *v/t* dismiss (to); discharge (to); fire (to) (US); release (to)
Entlassung *n (f)* dismissal; discharge; redundancy; release
entlasten *v/t* relieve (to); unload (to); credit (to); exonerate (to)
Entlastung *n (f)* relief; exculpation; unloading; **Entlastungsklausel** *n (f)* escape clause; discharge clause
Entleerung *n (f)* draining; emptying
Entleiher *n (m)* borrower
Entlüftung *n (f)* ventilation; venting; **Entlüftungsrohr** *n (n)* vent pipe; **Entlüftungsstrang** *n (m)* vent stack; **Entlüftungsventil** *n (n)* air valve; air escape valve
Entnahme *n (f)* withdrawal; removal; extraction
Entnahmedampf *n (m)* extraction steam
Entnahmestelle *n (f)* extraction point; sampling point; borrow pit
entnehmen *v/t* take from (to); learn from (to); gather from (to); infer from (to)
Entrechtung *n (f)* deprivation of rights
Entrepreneur *n (m)* entrepreneur
entschädigen *v/t* compensate for (to); recompense (to); reimburse (to)
Entschädigung *n (f)* compensation; restitution; reimbursement; recoupment; recompense; indemnification; indemnity; **Entschädigung für Baubeschränkungen** *n (f)* compensation for planning (or devel-

opment) restrictions; **Entschädigung für enteignetes Land** *n (f)* compensation for land taken by compulsory purchase; condemnation award (US); severance compensation (where part of land taken); **Entschädigung für gesundheitliche Belastungen** *n (f)* compensation for injurious affection

angemessene Entschädigung *n (f)* just compensation; adequate compensation; reasonable compensation; **finanzielle Entschädigung** *n (f)* pecuniary compensation

Entschädigungsanspruch *n (m)* claim for compensation; **Entschädigungsbescheid** *n (m)* compensation notice; **Entschädigungsdauer** *n (f)* indemnity period; **Entschädigungsgesetz** *n (n)* compensation law; **salvatorische Entschädigungsklausel** *n (f)* safeguarding (or protective) compensation clause; **Entschädigungsleistung** *n (f)* compensation payment; indemnification; **Entschädigungsrichtlinien Landwirtschaft (LandR)** *n/pl (f)* German administrative regulations on the compensation for expropriation of agricultural property

Entscheid *n (m)* ruling; decision; decree; **richterlicher Entscheid** *n (m)* judgement; adjudication

Entscheidung *n (f)* decision; verdict; **Fällen von Entscheidungen** *n (n)* decision making

richterliche Entscheidung *n (f)* judgement; ruling; **höchstrichterliche Entscheidungen** *n/pl (f)* supreme court decisions; supreme court rulings

Entscheidungskriterium *n (n)* deciding factor

Entscheidungsnützlichkeit *n (f) Fin* (IAS) decision usefulness

Entscheidungsrelevanz *n (f)* decision relevance

Entscheidungsträger *n (m)* decisionmaker; decision-maker; policy maker

Entscheidungswert *n (m)* decision value;

Entschwefelung *n (f)* desulphurisation; desulfurization (US); **Entschwefelungsanlage** *n (f)* desulphurisation installation

entsorgen *v/t* dispose of (to); decontaminate (to)

Entsorgung *n (f)* disposal; waste disposal; decontamination; **Entsorgungskosten** *n/pl* (waste) disposal costs; **Entsorgungsleitung** *n (f)* sewer; wastewater pipe; **Entsorgungsmaßnahme** *n (f)* waste disposal measures

entsprechend *adj* appropriate (to); corresponding; commensurate (with); in accordance with; in agreement with; in conformity with; in keeping with

Entstaubung *n (f)* dust extraction; dust removal; dust separation

entstehen *v/i* come into being (to); be built (to); arise (from) (to)

Entstehung *n (f)* development; origin; beginning

Entstickungsanlage *n (f)* denitrification plant; denitrogenisation installation

Entstrickungsbesteuerung *n (f)* (capital gains) taxation on emigration

Entwässerung *n (f)* drainage; **Entwässerungsanlage** *n (f)* drainage system; **Entwässerungsgebiet** *n (n)* catchment area; **Entwässerungsleitung** *n (f)* drain; drain pipe

entwerfen *v/t* draft (to); sketch (to); draw (up) (to)

Entwertung *n (f)* devaluation; cancellation

entwickeln *v/t* develop (to)

Entwicklung *n (f)* development; evolution; **Entwicklung im Bestand** *n (f)* existing use redevelopment; brown field development; **Entwicklung und Herstellung** *n (f)* development and construction

dauerhafte Entwicklung *n (f)* sustainable development; **demografische Entwicklungen** *n/pl (f)* demographic trend; **gesamtwirtschaftliche Entwicklung** *n (f)* overall economic development; **industrielle Entwicklung** *n (f)* industrial development; **nachhaltige Entwicklung** *n (f)* sustainable development; **technische Entwicklungen** *n/pl (f)* technological developments; **wirtschaftliche Entwicklung** *n (f)* commercial development; economic development

Entwicklungsachse *n (f)* axis of development (planning)

entwicklungsbeeinflusst *adj* development controlled

Entwicklungsbereich *n (m)* development area

Entwicklungsfläche *n (f)* development area, development land; land designated for development

e

e

Entwicklungskonzept *n (n)* (strategic) development concept
Entwicklungskosten *n/pl* cost of development; development costs
Entwicklungsmaßnahme *n (f)* development measure
Entwicklungsplan *n (m)* plot plan; development plan
Entwicklungsplanung *n (f)* development planning
Entwicklungsrendite *n (f)* development return; developer's return; development yield
Entwicklungsrichtung der Rendite *n (f)* yield trend
Entwicklungsrisiko *n (n)* developer's risk
Entwicklungssatzung *n (f)* development rules; terms of reference for (a) development
Entwicklungsschwerpunkt *n (m)* focus for development; focus for growth
Entwicklungssperre *n (f)* block (or freeze) on development
Entwicklungsstand *n (m)* status of (a) development; stage of development
Entwicklungsstufe eines Grundstücks *n (f)* development phase; stage of development of a site
Entwicklungsstufen von Grund und Boden (WertV) *n/pl (f)* development status of land; e.g. agriculture; hope value; ripe for development etc.
Entwicklungsträger *n (m)* development contractor; land developer
Entwicklungsvermerk *n (m)* entry in the land register concerning development
Entwicklungsvorhaben *n (n)* planned development
Entwicklungswert *n (m)* development value
Entwicklungszustand *n (m)* development status (of land: i.e. ripe for development, with hope value etc.)
Entwidmung *n (f)* withdrawal from public use, reclassification for private use (roads etc.); undedication (US)
Entwurf *n (m)* draft; sketch; (outline) plan; model; layout; design; blueprint; projection; project proposal; working paper; **endgültiger Entwurf** *n (m)* final draft; **erster Entwurf** *n (m)* preliminary draft; **konstruktiver Entwurf** *n (m)* structural design; engineering design
Entwurfskizze *n (f)* design concept (sketch)
Entwurfsplanung *n (f) ArCo* detailed planning of a development project; third (of nine) → Leistungsphasen specified by the → Honorarordnung für Architekten und Ingenieure (HOAI), includes e.g. scale drawings of floor plans and elevations; room dimensions; situation on site; clarification of matters for → Genehmigungsplanung
entziehen *v/t* deprive (to); revoke (to); remove (to)
Entzug *n (f)* deprivation; cancellation
EOP-Methode *n (f)* profits method (of assessing rental value of e.g. hotels based on trading profits); *Syn.: ertragskraftorientierte Pachtwertfindung*
Epoxyanstrich auf Estrich *n (m)* epoxy paint on screed; **Epoxyhaut** *n (f)* epoxy membrane; epoxy skin
Equitymethode *n (f)* equity method (accounting)
Erbanfallsteuer *n (f)* succession tax; inheritance tax
Erbanwartschaft *n (f)* contingent remainder; estate in expectancy
erbauen *v/t* build (to); construct (to)
Erbauer *n (m)* builder
Erbauseinandersetzung *n (f)* apportionment and division of a decedent's estate; inheritance partition
Erbbauberechtigter *n (m)* (ground or building) leaseholder; (ground) lessee; **Erbbaugrundbuch** *n (n)* land register for long leasehold interests; **Erbbaugrundstück** *n (n)* site subject to ground (or building) lease; **Erbbaurecht** *n (n)* ground lease; building lease; hereditary building (lease) right; (in)heritable building right; long leasehold; a significant difference from a typical (Anglo-Saxon) ground (or building) lease is the inclusion of a → Heimfallregelung specifying the basis of compensation payable by the freeholder to the ground lessee on termination of the agreement, e.g. the value of the buildings (or an agreed proportion thereof) at the date of termination; **Erbbaurechtsbestellungsurkunde** *n (f)* deed relating to a ground (or building) lease; **Erbbaurechtsnehmer** *n (m)* ground (or building) leaseholder; (ground) lessee; **Erbbaurechtsverordnung (ErbbauVO)** *n (f)* German law on ground (building) leases, affecting mat-

ters not covered in the civil code (Bürgerliches Gesetzbuch (BGB)); **Erbbaurechtsvertrag** *n (m)* ground (or building) lease agreement; **Erbbauzins** *n (m)* ground rent; rent payable on an → Erbbaurecht (ground or building lease); **Erbbauzinserhöhung** *n (f)* increase in ground rent

Erbberechtigte *n/pl* co-heirs

Erbberechtigter *n (m)* heir

Erbe *n (m)* **1.** heir; inheritor; beneficiary; devisee; **2.** patrimony; legacy; inheritance; hereditament; heritage; **väterliches Erbe** *n (n)* patrimony

Erbengemeinschaft *n (f)* coparceners; community of heirs

Erbfolge *n (f)* succession

Erbgut *n (n)* inheritance; inherited estate

Erblasser *n (m)* testator: deceased; devisor; decedent; **Erblasserin** *n (f)* testatrix

Erblehen *n (n)* entailed interest; entail

Erbmasse *n (f)* legal estate

Erbpacht *n (f)* long (building) lease; hereditary leasehold; *Syn.: Erbbaurecht*; **Erbpachtgelände** *n (n)* land subject to an → Erbpacht; *Syn.: Erbbaugrundstück*; **Erbpachtrecht** *n (n)* long leasehold; right of inheritable tenancy; customary freehold; *Syn.: Erbbaurecht*; **Erbpachtvertrag** *n (m)* agreement (document) for an → Erbpacht; **Erbpachtzins** *n (m)* ground rent; rent payable on an → Erbbaurecht

Erbpächter *n (m)* hereditary leaseholder; hereditary tenant; holder of a hereditary tenancy; (obsolete) fee-farmer; copyholder

Erbrecht *n (n)* law of succession; right of succession

Erbschaft *n (f)* inheritance; hereditament; **Erbschaftsanspruch** *n (m)* claim to an inheritance; **Erbschaft(s)steuer** *n (f)* succession tax (or duty); death duty; capital transfer tax (GB); inheritance tax; estate tax; estate duty (GB)

Erbsenzählerei *n (f)* flyspecking (US); nitpicking (GB)

Erdarbeiten *n/pl (f)* excavation work; earthworks

Erdaushub *n (m)* ground excavation

Erdbeben *n (n)* earthquake

Erddamm *n (m)* earth dam

Erddruck *n (m)* earth pressure; soil pressure; **Erddruckverteilung** *n (f)* soil pressure distribution

Erde *n (f)* soil; earth; **torfhaltige Erde** *n (f)* peaty soil

erdfeucht *adj* earth-moist

Erdgas *n (n)* natural gas; **Erdgasbezugsvertrag** *n (m)* natural gas supply contract

Erdgeschoss *n (n)* ground floor (GB); first floor (US)

Erdkabel *n (n)* underground cable

Erdöl *n (n)* crude oil; petroleum; **Erdölfeld** *n (n)* oilfield

Erdreibung *n (f)* soil friction

Erdtank *n (m)* underground storage tank; buried tank; underground tank

Erdteer *n (m)* mineral tar

Erdtemperatur *n (f)* soil temperature

Erdüberdeckung *n (f)* earth covering

Erdung *n (f)* earthing

erdverlegt *adj* buried (in the ground)

Erdverlegung *n (f)* laying in the ground (e.g. cables)

Ereignis *n (n)* event; **Ereignis in der Vergangenheit** *n (n)* past event; **Ereignisse nach dem Bilanzstichtag** *n/pl (n)* events after the balance sheet date
steuerbares Ereignis *n (n)* taxable event; **ungewisses künftiges Ereignis** *n (n)* contingency; uncertain (future) event; → Eventualfall

Ereigniswahrscheinlichkeit *n (f)* probability of occurrence

erfahren *adj* experienced

Erfahrung *n (f)* experience; know-how; **Erfahrungssatz** *n (m)* common knowledge; empirical observation; statement based on experience; **Erfahrungswissen** *n (n)* know-how

Erfassung *n (f)* recordation; ascertainment; measuring; (Gewinn- und Verlustrechnung) recognition; **Erfassung erwarteter Verluste** *n (f) Fin* recognition of expected losses (e.g. IAS 11)

Erfassungsgerät *n (f)* measuring device

Erfindung *n (f)* invention

Erfolg *n (m)* success; result (of economic activity); profit; consequence; **neutraler Erfolg** *n (m)* non-operating income; exceptional items

Erfolgsbeteiligung *n (f)* profit sharing; income participation

Erfolgsgeschichte *n (f)* track record

Erfolgshaftung *n (f)* strict liability

Erfolgshonorar *n (n)* contingency fee; contingent fee

Erfolgskriterium *n (n)* measure of performance

Erfolgsnachweis *n (m)* track record; evidence of success

Erfolgsrechnung *n (f)* income statement; profit and loss account; **monatliche Erfolgsrechnung** *n (f)* monthly income statement

e

Erfolgsunsicherheit *n (f)* uncertainty of success; risk of failure

erforderlich *adj* necessary; required

Erfordernis *n (f)* requirement; demand; need

erfüllen *v/t* comply with (to); perform (to); carry out (to)

Erfüllung *n (f)* fulfil(l)ment; settlement; satisfaction; execution (of contract); compliance; **Erfüllung von Verbindlichkeiten** *n (f)* discharge of obligations

teilweise Erfüllung *n (f)* part(ial) performance (of a contract); **vertragsgemäße Erfüllung** *n (f)* specific performance

Erfüllungsbürgschaft *n (f)* performance bond; completion bond

Erfüllungsgarantie *n (f)* performance guarantee; performance bond; construction bond; completion bond

Erfüllungskontrolle *n (f)* compliance regime, compliance inspection(s); (Fin) compliance control

Erfüllungstag *n (m)* settlement date; settlement day

ergänzend *adj* additional; supplementary; complementary

Ergänzung *n (f)* completion; addition; supplement; supplementary; **Ergänzungssortimente** *n/pl (n)* additional lines (retailing); supplementary ranges (of goods); **Ergänzungsstandard** *n (m)* supplementary standard; supplementary requirement; **Ergänzungswasser** *n (n)* make-up water

Ergebnis *n (n)* achievement; result; outcome; earnings (operating profit); **Ergebnis aus dem Abgang von Beteiligungen** *n (n)* gains and losses from disposals of investments; **Ergebnis aus laufender Geschäftstätigkeit vor Zinsen und Steuern** *n (n) Fin* results of continuing operations before interest and taxes; **Ergebnis der betrieblichen Tätigkeit** *n (n) Fin* results of operating activities; **Ergebnis der gewöhnlichen Geschäftstätigkeit** *n (n)* profit or loss from ordinary activities; **Ergebnis je Aktie** *n (n)* earnings per share; **Ergebnis vor Fixkosten** *n (n)* income before fixed charges (or costs)

betriebliches Ergebnis *n (n)* → Geschäftsergebnis; **neutrales Ergebnis** *n (n)* nonoperating result(s); **operatives Ergebnis** *n (n) Fin* results of operations; earnings before interest and taxes (EBIT); earnings before interest, taxes, depreciation and amortization (EBITDA); **unverwässertes Ergebnis je Aktie** *n (n)* basic earnings per share; undiluted earnings per share; **wirtschaftliches Ergebnis** *n (n) Fin* results of operations

Ergebnisanteile von Minderheitsgesellschaftern *n/pl (m)* results from minority interests

Ergebnisausweitung *n (f)* expanded earnings

ergebnisorientiert *adj* output-driven

Ergebnisrechnung *n (f)* financial statement; profitability analysis; statement of operating results

Ergebnisübersicht *n (f)* summary of results; overview of results

erhalten *v/t* receive (to); keep (to); preserve (to); conserve (to)

Erhaltung *n (f)* conservation; preservation; upkeep; **Erhaltung der Dienstbarkeit** *n (f)* upkeep (or maintenance) of an easement; e.g. right of way

Erhaltungsaufwand *n (m)* maintenance expenditure

Erhaltungspflicht *n (f)* duty to maintain

Erhaltungssatzung *n (f)* preservation statute

erheblich *adj* considerable; substantial; important

Erhebung *n (f)* census; inquiry; survey; rising ground; upheaval; (von Steuern etc.) levy; **Erhebungseinheit** *n (f)* statistical unit; survey unit

Erhöhung *n (f)* elevation; advance; increase; rise (US: raise); increment

Erholung *n (f)* recovery; recreation; **Erholungsgebiet** *n (m)* resort; recreation area; leisure area

Erinnerung *n (f)* memory; reminder; remembrance; **Erinnerungswerbung** *n (f)* reminder advertising; **Erinnerungswert** *n (m)* reminder value; memory value; sentimental value

erkennen *v/t* recognize (to); identify (to)

Erker *n (m)* bay; oriel; **Erkerfenster** *n (n)* oriel window; bay window; **Erkerstube** *n (f)* (esp. old-fashioned) room in a restaurant or pub
erklären *v/t* explain (to); illustrate (to); assert (to); declare (to)
Erklärung *n (f)* declaration; explanation; notice; statement; **eidesstattliche Erklärung** *n (f)* sworn declaration; affidavit; statutory declaration; jurat; **vernünftige Erklärung** *n (f)* rationale
Erklärungsmodell *n (n)* explanatory model
erkundigen (sich) *v/r* inquire (to)
Erlangung *n (f)* attaining; procurement; recovery (damages etc.)
Erlass *n (m)* writ; release; order; enactment; decree
erlassen *v/t* release (to); enact (to); abate (to); waive (to)
erlauben *v/i* allow (to); permit (to)
Erlaubnis *n (f)* permit; licence; authorization; **Erlaubnis erteilen** *v/t* grant permission (to)
erlaubt *adj* permitted; authorized
Erläuterung *n (f)* explanation; annotation; **Erläuterungsbericht** *n (m)* explanatory report
Erle *n (f)* alder (tree)
Erlebnisbad *n (n)* (indoor) water park; leisure pool; *Syn.: Spaßbad*
Erlebnisimmobilie *n (f)* leisure property (with adventure theme, e.g. snow domes)
erleichtern *v/t* make easier (to); ease (to); relieve (to)
Erleichterte Kündigung *n (f) Law* lit. simplified termination of a residential tenancy; under § 573a BGB e.g. where the landlord occupies one apartment in a building with not more than two apartments
erleiden *v/t* suffer (to); sustain (to)
Erlös *n (m)* proceeds; net profits; **zusätzliche Erlöse** *n/pl (m) Fin* additional revenues (e.g. IAS 32, 34, 39)
Erlöschen *n (n)* expiry; extinguishment (e.g. of a debt); **Erlöschen eines vertraglichen Schuldverhältnisses** *n (n)* discharge of a contractual liability
Erlösrechnung *n (f)* calculation of proceeds
Erlösschmälerungen *n/pl (f)* items reducing proceeds (e.g. discounts; price reductions; returned goods)
ermächtigen *v/t* authorize (to); charge with (to); commission (to); empower (to); instruct (to)
ermächtigt *adj* authorized
Ermächtigung *n (f)* authorization; (power of) authority
ermäßigen *v/t* reduce (to); lower (to); cut (to); abate (to)
Ermäßigung *n (f)* reduction; cut; abatement
Ermessen *n (n)* discretionary power; judgement
ermitteln *v/t* ascertain (to); determine (to); establish (to); find out (to)
Ermittlung *n (f)* investigation; enquiry; ascertainment; determination
Ermüdungsanalyse *n (f)* fatigue analysis; **Ermüdungsbeanspruchung** *n (f)* fatigue load; **Ermüdungsfestigkeit** *n (f)* endurance limit; fatigue strength
Ernennung *n (f)* appointment; nomination; **Ernennungsbefugnis** *n (f)* power of appointment; **Ernennungsrecht** *n (n)* power of appointment; right of nomination
Erneuerbare-Energien-Gesetz (EEG) *Law* renewable energy act 2009: promotes the development of sources of renewable energy for electricity generation
Erneuerbare-Energien-Wärmegesetz (EEWärmeG) *Law* renewable energy for heating act (2008)
erneuern *v/t* renew (to); renovate (to); repair (to); modernise (to); recondition (to)
Erneuerung *n (f)* replacement; renovation; renewal; regeneration; modernization; modernisation; revitalization; revitalisation; **Erneuerungskosten (Renovierung)** *n/pl* refurbishment costs; **Erneuerungsoption** *n (f)* renewal option; **Erneuerungsprozess** *n (m)* renewal process; **Erneuerungsrücklage** *n (f)* provision for renewals; reserve for renewals and replacements; renewal fund
Ernte *n (f)* harvest; crop; **Ernteertrag** *n (m)* crop yield
Eröffnungsjahr *n (n)* year opened
erörtern *v/t* discuss (in detail) (to)
Erosion *n (f)* erosion; diluvion
erprobt *adj* tried-and-tested; reliable; seasoned
Erreichbarkeit *n (f)* accessibility; reachability; **Erreichbarkeit mit dem ÖPNV** *n (f)* accessibility by public transport; **Erreichbarkeit mit Pkw** *n (f)* accessibility by car

errichten *v/t* build (to); raise (to); put up (to); erect (to)

Errichtung *n (f)* erection; construction; **Errichtung eines Gebäudes** *n (f)* erection of a building; **Errichtung in Bauphasen** *n (f)* phased construction

Ersatz *n (m)* substitution; replacement; refund; reimbursement; **geeigneter Ersatzraum** *n (m)* suitable alternative housing; suitable alternative space

e

Ersatzbeschaffungskosten *n/pl* replacement cost(s)

Ersatzbeschaffungsprinzip *n (n)* replacement principle

Ersatzfläche *n (f)* alternative (or replacement) accommodation

Ersatzinvestition *n (f)* reinvestment; replacement investment

Ersatzland *n (n)* substitute land

Ersatzmaßnahme *n (n)* substitute remediation

Ersatzmieter *n (m) Law* substitute tenant

Ersatzobjekt *n (n)* substitute property

Ersatzwert *n (m)* alternative costs; replacement value

Ersatzwohnraum *n (m) Law* ; replacement residential accommodation to be provided by the landlord e.g. on termination of a tenancy for → Eigenbedarf

erscheinen *v/i* appear (to)

Erscheinungsbild *n (n)* appearance; **äußeres Erscheinungsbild** *n (n)* exterior appearance

Erscheinungsjahr *n (n)* year (or date) of publication

Erschließung *n (f)* infrastructure provision; provision of public services (to enable land to be developed); **Erschließung von Bauland** *n (f)* provision of e.g. roads and services to allow land to be developed; **Erschließung von Grundstücken** *n (f)* provision of e.g. roads and services to allow plots to be developed

Erschließungsanlage *n (f)* public improvements; services

Erschließungsaufwand *n (m)* opening-up expenditure; improvement expenditure; development expenditure; initial outlay for building; opening-up costs; valorization costs; **beitragsfähiger Erschließungsaufwand** *n (m)* public services provision (for development sites) subject to contribution

Erschließungsaufwendungen *n/pl (f)* infrastructure and improvement costs

Erschließungsbeitrag *n (m)* recoupment charge for local public infrastructure; charge for the provision of e.g. roads and services; land improvement contribution

erschließungsbeitragsfrei (ebf) *adj* free of local infrastructure charges

erschließungsbeitragspflichtig (ebp) *adj* liable to local development charges

Erschließungsbescheid *n (m)* notice detailing outstanding → Erschließungsgebühren on a property or stating that there are no such charges outstanding

Erschließungsflure *n/pl (m)* open corridors; connecting corridors

Erschließungsgebiet *n (n)* improvement area

Erschließungsgebühren *n/pl (f)* recoupment charges for local public infrastructure; impact fees; development charge

Erschließungsgelände *n (n)* land ready for building

Erschließungskern *n (m)* (service) core (of a building)

Erschließungskosten *n/pl* costs for the installation of public utility facilities; infrastructure costs; land improvement costs

Erschließungsmaßnahmen *n (f)* measures to provide local infrastructure

Erschließungsplan *n (m)* development plan; land development plan (US); site development plan (GB)

Erschließungsträger *n (m)* land developer; public services contractor

Erschließungsunternehmen *n (n)* developer; infrastructure provider

Erschließungsvertrag *n (m)* contract for the provision of public services; land improvement contract

Erschließungswege *n (n)* access route

Erschließungszustand *n (m)* state of development; state of infrastructure provision

erschlossene Fläche *n (f)* improved land (i.e. with roads and services); land ripe for development

erschweren *v/t* complicate (to); render more difficult (to), impede (to)

ersetzen *v/t* replace (to); refund (to)

Ersetzung *n (f)* substitution; displacement; reinstatement; replacement

Ersitzung *n (f)* prescription; adverse possession; title by adverse possession; → Buchersitzung

Ersparnisse *n/pl (n)* savings
erstatten *v/t* refund (to); compensate (to)
erstattet erhalten *v/t* recover (to); get back (to)
Erstattung (von Kosten) *n (f)* repayment; reimbursement; **Erstattungspflicht** *n (f)* liability to refund; liability to make restitution
Erstbewertung *n (f)* initial appraisal; preliminary assessment
Erstellungskosten *n/pl* building costs
Ersterwerb *n (m)* first acquisition; original acquisition
Ersterwerber *n (m)* first-time buyer
Erstgeburtsrecht *n (n)* birthright; primogeniture
Ersthypothek *n (f)* first mortgage
Erstinvestition *n (f)* initial investment
erstklassig *adj* first class; prime; A1; best grade; gilt-edged; highest class; top-line
erstrangig *adj* first-rate, top-tier, first-tier
Erstrisikoversicherung *n (f)* first-loss insurance
Erstverkauf *n (m)* initial sale
Erstvermietung *n (f)* first letting; first occupation
Erstwohnsitz *n (m)* legal residence; main residence
Erteilung *n (f)* granting; conferral; award
Ertrag *n (m)* yield; revenue; profit; income; earnings; avails; gain; proceeds; return; **Ertrag aus der Nominalverzinsung** *n (m)* nominal yield; **Ertrag des investierten Kapitals** *n (m)* return on capital employed (RoCE); return on investment (ROI); **Ertrag nach Steuern** *n (m)* after-tax yield **betriebsfremder Ertrag** *n (m)* non-operating income; **erwarteter Ertrag** *n (m)* expected return; **fiktiver Ertrag** *n (m)* notional return; **laufender Ertrag** *n (m)* current yield; current return; **neutraler Ertrag** *n (m)* non-operating income; exceptional items
ertragbringend *adj* income-producing; providing a return; profitable
Erträge *n/pl (m)* revenue; income; **außerordentliche Erträge** *n/pl (m)* extraordinary gains; extraordinary income; **einmalige Erträge** *n/pl (m)* non-current income; **sonstige betriebliche Erträge** *n/pl (m)* other operating income; **sonstige Erträge** *n/pl (m)* other income
ertragen *v/t* endure (to); tolerate (to); sustain (to)
ertragreich *adj* productive; profitable
Ertragsabweichung *n (f)* yield variance
Ertragsanteil *n (m)* income component (e.g. of an annuity)
Ertragsaufteilung *n (f)* apportionment of earnings
Ertragsausschüttung *n (f)* distribution of earnings
Ertragsaussichten *n/pl (f)* prospective earnings; earnings opportunities
Ertragsberichtigungen *n/pl (f)* revenue adjustments; revenue revisions
Ertragsbesteuerung *n (f)* dividend taxation; taxation of profits
Ertragsbewertung *n (f)* income valuation; valuation by capitalization of rental income
Ertragsfaktor *n (m)* yield determinant
Ertragskraft *n (f)* earning(s) capacity; earning power; financial performance; performance; profitability; **ertragskraftorientierte Pachtwertfindung** *n (f)* → EOP-Methode
Ertragslage *n (f)* profitability; results; profit situation
Ertragsmarge *n (f)* profit margin
Ertragsmesszahl *n (f)* profit index (for agricultural land); figure showing the yield of agricultural land
Ertragsmiete *n (f)* profit rent
Ertragsminderung *n (f)* reduction (or decrease) in profits
Ertragsmodell *n (n)* revenue model
Ertragsobjekt *n (n)* income property; investment property
Ertragsplanung *n (f)* yield planning
Ertragssituation *n (f)* profits situation
ertragsstark *adj* high-yield
Ertragsteuer *n (f)* income-based tax; e.g. → Einkommensteuer (ESt) (income tax); → Körperschaftsteuer (KSt) (corporation tax) and → Gewerbesteuer (GewSt) (trade tax); **tatsächlicher Ertragsteueraufwand** *n (m)* current tax expense; actual tax expenditure
Ertragswert (EW) *n (m)* capitalized income value; capitalized earning power; capitalized (return) value; earning capacity value; earning value; income value; investment value; return value; productive value of property; **Ertragswertmethode** *n*

(*f*) → Ertragswertverfahren; **Ertragswertobjekt** *n (n)* income-producing property; (type of) property suitable for valuation by income capitalization; **Ertragswertverfahren** *n (n)* income (capitalization) approach to valuation; **gespaltenes Ertragswertverfahren** *n (n)* investment capitalization valuation method separating land and building values

e

ertragswirtschaftlich *adj* in terms of profit and loss

Ertragszahlen *n/pl (f)* earnings figures; trading figures

Ertragszentrum *n (n)* profit center

erwähnen *v/t* mention (to)

Erwärmung *n (f)* heating up; warming up

Erwartung *n (f)* expectation; prospect (of); anticipation; **mathematische Erwartung** *n (f)* mathematical expectation; expected value

Erwartungsbereich *n (m)* expected area; expected zone

Erwartungsüberprüfung *n (f)* feedback value; comparison of results with expectations

Erwartungswert *n (m)* expectation; expected value; anticipated value; hope value

erweitern *v/t* widen (to); enlarge (to); improve (to)

Erweiterung *n (f)* widening; expansion; enlargement; extension; **Erweiterung einer Anlage** *n (f)* extension of a plant

Erweiterungsbau *n (m)* annex (building); extension (building)

Erweiterungsmaßnahmen *n/pl (f)* building works for extension

Erweiterungsoption *n (f)* expansion option

Erweiterungsraum *n (m)* space for future extension

Erwerb *n (m)* purchase; acquisition; earnings; **abgeleiteter Erwerb** *n (m)* derivative acquisition; **gutgläubiger Erwerb** *n (m)* acquisition in good faith

erwerben *v/t* purchase (to); acquire (to)

Erwerber *n (m)* buyer; purchaser; transferee

Erwerbsnebenkosten *n/pl* purchaser's costs; transfer costs; acquisition costs; additional expenses of acquisition

Erwerbspersonen *n/pl* economically active persons; (local) labour force; e.g. for unemployment statistics

Erwerbsrecht *n (n)* right of acquisition

Erwerbsstruktur *n (f)* (economic) structure of employment (of a population)

Erwerbstätige *n/pl* gainfully employed persons

Erwerbszeitpunkt *n (m)* date of acquisition

erzwingen *v/t* force (to); compel (to); enforce (to)

Erzwingung *n (f)* enforcement

erzwungen *adj* enforced

Esche *n (f)* ash (tree); **Eschefurnier** *n (n)* ash veneer

Eskalation *n (f)* escalation

Espe *n (f)* aspen (tree)

Esszimmer *n (n)* dining room

EStG *Law* → Einkommen(s)steuergesetz

Estrich *n (m)* screed; floor pavement; **schwimmender Estrich** *n (f)* floating screed; floating flooring; i.e. on an insulation layer

Etage *n (f)* tier; stor(e)y; level; floor; **obere Etage** *n (f)* upper floor; upper stor(e)y

Etagengrundriss *n (m)* floor plan

Etagenheizung *n (f) ArCo* ; individual (central) heating system(s) serving one apartment in a building

Etagenwohnung *n (f)* flat; apartment

Etat *n (m)* budget

EU-Bauartzulassung *n (f)* EU qualification approval

Eurodollar *n (m)* Eurodollar

Europäische Gemeinschaft (EG) *n (f)* European Community (EC)

Europäische Normen *n/pl (f)* European Standards

Europäischer Beleihungswert *n (m)* European mortgage lending value

Europäische Union (EU) *n (f)* European Union (EU)

Europäische Wirtschaftsgemeinschaft (EWG) *n (f)* European Economic Community (EEC)

Europäische Zentralbank *n (f)* European Central Bank (ECB)

Eurozone *n (f)* eurozone

Eventualfall *n (m)* contingency; eventuality

Eventualverbindlichkeit *n (f)* contingent liability (or debt); contingency

EW → Ertragswert

Ewigkeit *n (f)* perpetuity

Exemplar *n (n)* specimen; copy; issue (book etc.)

Existenzgründer *n (m)* founder of a (new) business; entrepreneur

Exklusivität *n (f)* exclusivity
expandieren *v/i* expand (to)
Expansionsbehälter *n (m)* expansion tank
Expansionsdrang *n (m)* pressure to expand; expansionist tendencies
Expansionsgebiet *n (n)* growth area
Expansionsrate *n (f)* growth rate
Expansionswunsch *n (m)* desire to expand
Experte *n (m)* expert
Expertensachverstand *n (n)* expert knowledge; professional expertise (GB)
Expertise *n (f)* expert opinion
Exploration *n (f)* exploration
Exponent *n (m)* exponent
Exponentialkurve *n (f)* exponential curve
Exportbasis *n (f)* base for exporting
Exportkreditagentur *n (f)* export credit agency
Exposé, Exposee *n (n)* sales particulars; sales kit (US)
Externalitäten *n/pl (f)* externalities
exterritorial *adj* extra-territorial
Extrapolation *n (f)* extrapolation
Extras *n/pl (n)* extras
Exzedentendeckung *n (f)* excess cover
exzentrisch *adj* eccentric

F

Fabrik *n (f)* factory; manufacturing plant; mill; plant; works; **vollautomatische Fabrik** *n (f)* fully-automated plant
Fabrikanlage *n (f)* factory; (manufacturing) plant
Fabrikant *n (m)* manufacturer; factory owner
Fabrikarbeiter *n (m)* factory worker
Fabrikation *n (f)* manufacturing; production; **Fabrikationsanlagen** *n/pl (f)* (manufacturing) plant facilities; **Fabrikationsbetrieb** *n (m)* manufacturing company; production unit; **Fabrikationseinrichtungen** *n/pl (f)* manufacturing facilities; **Fabrikationsnummer** *n (f)* serial number
Fabrikbesitzer *n (m)* factory owner; millowner
fabrikfertig *adj* prefabricated; factory-built
Fabrikgebäude *n (n)* industrial building; factory building
Fabrikgelände *n (n)* factory premises; factory site; works (site)
Fabrikstadt *n (f)* large, lit. "town-sized", factory site; often comprising a whole district of a town or city
Fabrikverkauf *n (m)* factory outlet; mill store (US)
Fach *n (n)* subject; special field; subject matter; multiplier (particularly rental)
Fachabteilung *n (f)* operating department; specialist department
Facharbeiter *n (m)* skilled worker; skilled labour
Fachausdruck *n (m)* term; technical term
Fachausschuss *n (m)* committee of experts; professional committee; technical committee
Fachausstellung *n (f)* trade fair; trade show
Fachbeirat *n (m)* consulting committee
Fachberater *n (m)* technical adviser; consultant
Fachbereich *n (m)* faculty; department (university); school (university); specialist field
Fachboden (Regal) *n (m)* lower shelf
Facheinzelhandel *n (m)* *Ret* specialized retailing
Fächergewölbe *n (n)* *ArCo* fan vault(ing)
Fachgebiet *n (n)* special field; special line or domain
fachgerecht *adj* skilled, professional; workmanlike
Fachgeschäft *n (n)* *Ret* specialist shop; speciality shop, (US) speciality store, single line store
Fachgespräch *n (n)* expert discussion; technical discussion; shop talk
Fachgremium *n (n)* expert body; expert group or committee
Fachgroßhändler *n (m)* *Ret* specialized wholesaler
Fachgruppe *n (f)* section; professional group
Fachgutachten *n (n)* expert('s) opinion; expert('s) report; expert('s) survey
Fachhandel *n (m)* *Ret* specialized retailing; specialist retailers
Fachhändler *n (m)* *Ret* speciality retailer, specialist dealer, (US) limited-line retailer
Fachjargon *n (m)* technical jargon
Fachkenntnisse *n/pl (f)* specialist knowledge; know-how; expertise (GB)
Fachklinik *n (f)* specialist clinic; specialized hospital
Fachkompetenz *n (f)* professional (or technical) competence; expertise
Fachkraft *n (f)* skilled employee; skilled labour; skilled worker; trained worker; specialist
fachkundig *adj* competent; expert; skilled
fachlich geeignet *adj* professionally qualified; professionally suitable
Fachliteratur *n (f)* specialized literature
Fachmann *n (m)* expert; specialist; authority (on)
Fachmarkt *n (m)* *Ret* retail warehouse (GB); power store (US); big box store (US); **Fachmarktzentrum** *n (n)* *Ret* retail warehouse centre (GB), retail park (GB); big box center (US); power center (US)
Fachpersonal *n (m)* skilled personnel; qualified personnel
Fachplanung *n (f)* sector(al) planning; specialized planning
Fachrichtung *n (f)* field (of study)
Fachsprache *n (f)* technical jargon; specialized vocabulary

Fachwerk *n (n)* half-timbering; truss; framework; lattice work; **räumliches Fachwerk** *n (n)* → Raumfachwerk
Fachwerkbinder *n (m)* open-web girder; roof frame; trussed girder; trussed rafter; **Fachwerkdach** *n (n)* framed roof; **Fachwerkhaus** *n (n)* half-timbered house; (US) frame house; **Fachwerkträger** *n (m)* lattice girder
Fachzeitschrift *n (f)* professional journal
Fachzentrum *n (n)* specialized center
Factoring *n (n)* accounts receivable financing; factoring; **Factoring-Gesellschaft** *n (f)* factoring company
Fähigkeit *n (f)* ability; capability; skill
Fahrbahn *n (f)* road; carriageway; roadway; pavement (US); lane (e.g. motorway); **Fahrbahnschwelle** *n (f)* speed bump; sleeping policeman; **Fahrbahnstreifen** *n (m)* road lines; lane markings
fahren *v/t* drive (to); ride (to); run (to)
fahrlässig *adj* careless; inadvertent; negligent
Fahrlässigkeit *n (f)* negligence; carelessness; **grobe Fahrlässigkeit** *n (f)* gross negligence
Fahrnis *n (f) Law* (veraltet) chattel; **Fahrniseigentum** *n (n) Law (CH)* (veraltet) lit. chattel ownership; **Fahrnispfand** *n (n) Law (CH)* chattel mortgage, lien
Fahrradweg *n (m)* bikeway; cycleway
Fahrstuhl *n (m)* elevator (US); lift; *Syn.: Aufzug*
Fahrtrecht *n (n)* (vehicular) right of way
Fahrweg *n (m)* roadway; drive; driveway
Fahrzeugkosten *n/pl* vehicle costs
Faktor *n (m)* factor; multiplier; coefficient; **preisbildende Faktoren** *n/pl (m)* price determinants; factors affecting value
Faktorentabelle *n (f)* table of factors
Fakultät *n (f)* faculty
Fall *n (m)* case; matter; fall; drop; **einen Fall bearbeiten** *v/t* handle (or deal with) a case (to); **einen Fall erledigen** *v/t* settle a case (to); **einen Fall verhandeln** *v/t* bring on a case (to); hear a case (to)
fallen *v/i* fall (to); drop (to)
Fallenriegel *n (m)* spring latches; spring catches (lock)
fällig *adj* due; payable; **fällig werden** *v/i* become due (to); fall due (to); mature (to)
Fälligkeit *n (f)* maturity; **Fälligkeit der Prämie** *n (f)* premium due date; **vorzeitige Fälligkeit** *n (f)* acceleration; accelerated maturity; **bei Fälligkeit erneuern oder verlängern** *v/t* roll over (to); **bei Fälligkeit** at maturity; **zahlbar bei Fälligkeit** payable at maturity; payable when due
Fälligkeitsjahr *n (n)* year of maturity
Fälligkeitstag *n (m)* due date; ageing date; accrual date; date of expiration; date of expiry; date of maturity; date of payment; deadline; final date for acceptance; maturity date; pay day; settlement day; time for filing
Fälligkeitstermin *n (n)* maturity date
Fälligkeitswert *n (m)* maturity value
Fallleitung *n (f)* downpipe; fall pipe; downspout
Fallobst *n (n)* windfall(s)
Fallrohr *n (n)* downspout; down pipe; fall pipe; gutter pipe; rainwater pipe
Fallstudie *n (f)* case study
Falltür *n (f)* trap door; hatch
Falschanmeldung *n (f)* false declaration
Falschbuchung *n (f)* erroneous entry; false entry; misentry
Falschdarstellung *n (f)* misrepresentation
fälschen *v/t* counterfeit (to); fake (to); falsify (to); forge (to); doctor (to); manipulate (e.g. accounts) (to)
falsch informieren *v/t* misinform (to)
Fälschung *n (f)* forgery; falsification; counterfeit; imitation; phon(e)y; adulteration
Faltblatt *n (n)* flyer; leaflet; folder
Faltfenster *n (n)* folding window
Falttür *n (f)* folding door
Faltung *n (f)* convolution (statistics)
Faltwand *n (f)* folding partition; accordion partition
Falz *n (f)* rabbet; rebate; beading; **Falzhobel** *n (m)* rabbet plane; rebate plane; **Falzverbindung** *n (f)* rebated joint; rabetted joint; **Falzziegel** *n (n)* interlocking tile; grooved tile
Familie *n (f)* family; **Familienaktiengesellschaft** *n (f)* family-owned company; family-owned corporation; **Familienaktionär** *n (m)* shareholder in a family-owned corporation; **Familienbetrieb** *n (m)* family-owned business; family farm; **Familieneinkommen** *n (n)* family income; **Familiengesellschaft** *n (f)* family-owned company; close company; family partnership; family-owned corporation; **Familiengesellschaft in Privathand** *n (f)* privately-

f

held family company; **Familiengut** *n (n)* family estate; entailed estate; **Familienstand** *n (m)* marital status
Farbe *n (f)* colour; paint
Färberei *n (f)* dyeworks; dyeing factory; the dyer's trade
Farbglas *n (n)* tinted glass
Farbrolle *n (f)* paint roller
Farbwalze *n (f)* paint roller; inking roller
Farm *n (f)* farm
Faschine *n (f)* fascine
Faserdämmstoff *n (m)* fibrous insulation material; mineral fibre insulation
Faserplatte *n (f)* fibreboard; fiberboard (US)
Faserzement-Mantelrohr *n (n)* fibre-cement jacket pipe
Fassade *n (f)* façade; front (US); storefront (US); **Fassade erneuern** *v/t* reface (to)
Fassadenbalken *n (m)* fascia beam
Fassung *n (f)* version; socket; **verkürzte Fassung** *n (f)* abbreviated version
Fassungsvermögen *n (n)* capacity
Fast-Food-Restaurant *n (n)* fast-food restaurant; fast-food shop (GB); *Syn.: Schnellrestaurant*
Faulgrube *n (f)* septic tank
Faustpfand *n (n)* dead pledge; security
Faustregel *n (f)* rule of thumb; general rule
Fazit *n (n)* summary; summing-up; conclusion
Feder *n (f)* spring
Fehlbelegung *n (f) Law* (Wohnung) inappropriate occupation of e.g. social (subsidised) housing
Fehlbestand *n (m)* shortage; deficiency
Fehlbetrag *n (m)* deficit; shortfall
Fehler *n (m)* fault; flaw; defect; error; mistake; drawback; snag; **ausgleichender Fehler** *n (m)* offsetting error; compensating error; **grundlegender Fehler** *n (m)* fundamental error
Fehleranzeige *n (f)* error display (computer)
Fehlerbehandlung *n (f)* error correction; error handling
Fehlerbetrachtung *n (f)* possible sources of error
Fehlererkennung *n (f)* error detection
fehlerfrei *adj* perfect; flawless; sound; zero defects
fehlerhaft *adj* faulty; defective; incorrect; **fehlerhaft geplant** *adj* defectively designed; badly planned
Fehlerkennlinie *n (f)* error characteristic
Fehlermeldung *n (f)* error message
Fehlermessung *n (f)* error measurement; assessment of errors
Fehlerortung *n (f)* fault (or error) location
Fehlerstatus *n (m)* error status
Fehlerursache *n (f)* cause of error
Fehlerwert *n (m)* error value
Fehlerzustand *n (m)* error status
Fehlinvestition *n (f)* bad investment
fehlkantig *adj* dressed (timber)
Fehlmenge *n (f)* shortfall; shortage
Fehlschaltung *n (f)* stepping error; switching error
Feiertag *n (m)* holiday; bank holiday
Feinanzeige *n (f)* high resolution display; high definition display
Feinkohle *n (f)* nutty slack
feinkörnig *adj* fine-grained
Feinmessmanometer *n (n)* micrometer pressure gauge
Feinregulierventil *n (n)* fine control valve; fine regulating valve
Feinsteinzeug *n (n) ArCo* porcelain stoneware; **Feinsteinzeugfliese** *n (f)* porcelain stoneware tile
Feld *n (n)* field
Feldfrüchte *n (f)* crops
Feldmesstechnik *n (f)* in-situ measurement technique
Feldmessung *n (f)* land measuring
Feldmitte *n (f)* midspan
Feldprüfung *n (f)* field review; field checking
Feldstudie *n (f)* field study
Feldvermesser *n (m)* land surveyor
Feldvermessung *n (f)* land surveying
Feldweg *n (m)* country lane; **unbefestigter Feldweg** *n (m)* cart track; (unsurfaced) farm track; greenway
Feldwirkungsgradmessung *n (f)* on-site efficiency measurement
Fenster *n (n)* window; **zweiflügeliges Fenster** *n (n)* double-sash window, double-casement window, mullioned window **Fensteranordnung** *n (f)* fenestration; arrangement of windows; **Fensterband** *n (n)* horizontal arrangement of two or more windows in a façade; **Fensterbank** *n (f)* window sill; **Fensterbau** *n (m)* window manufacture; **Fensterblendrahmen** *n (m)* window frame; **Fensterbrett** *n (n)* window sill; window board; **Fensterflügel** *n (m)*

(opening) casement; sash; **Fenstergitter** *n (m)* burglar bar (AE); window bar(s); **Fensterglas** *n (n)* window glass; **Fensterladen** *n (m)* shutter; **Fensteröffnung** *n (f)* window opening; **Fensterolive** *n (f) ArCo* window handle; **Fensterrahmen** *n (m)* window frame; **Fensterscheibe** *n (f)* window pane; **Fenstersturz** *n (m) ArCo* window lintel; *Syn.: Oberschwelle;* **Fensterteilung** *n (f)* window subdivisions; by glazing bars etc.; **Fenstertür** *n (f)* French door, casement door, glazed door; **Fensterverglasung** *n (f)* window glazing

Ferien *n/pl* vacation; holidays; **Ferienhaus** *n (n)* vacation home; chalet; holiday bungalow; holiday cottage; **Ferienhausgebiet** *n (n)* holiday cottage area; **Ferienstraße** *n (f)* tourist route; esp. visiting or passing through an area of attractive scenery, historic or special interest; e.g. the Romantische Straße or the Deutsche Weinstraße; **Ferienwohnung** *n (f)* holiday flat; vacation rental; vacation home

Fernabfrageausgang *n (m)* remote reading output

Fernauslesesystem *n (n)* remote readout system

Fernauslesung *n (f)* remote readout

Ferneinzugsbereich *n (m) Ret* wider catchment area; (water) distant catchment area

Fernfühler *n (m)* remote sensor; **Fernfühlerversion** *n (f)* remote sensor version

Fernheizdampfleitung *n (f)* district heating steam pipe

Fernheizkanal *n (m)* district heating duct

Fernheizleitung *n (f)* district heating pipe; long distance heating line

Fernheiznetz *n (n)* district heating network; heat distribution system

Fernheizung *n (f)* district heating

Fernheizwasser *n (n)* district heating water

Fernheizwerk *n (n)* district heating plant; district heating station

Fernkühlung *n (f)* district cooling

Fernleitung *n (f)* pipeline; transmission line

Fernsehspot *n (m)* television advertisement

Fernsteuerung *n (f)* remote control

Fernstraßengesetz *n (n)* major (or trunk) road law

Fernüberwachung *n (f)* remote monitoring; remote surveillance

Fernwärme *n (f)* district heat; heat from a district heating network; **kalte Fernwärme** district cooling

Fernwärmeabrechnung *n (f)* district heating accounting; district heating billing; **Fernwärmeausbau** *n (m)* expansion of district heating; **Fernwärmeerzeuger** *n (m)* district heating generator; **Fernwärme-Kälte-Koppelung** *n (f)* joint district heating and cooling; **Fernwärme-Kompaktstation** *n (f)* compact district heating station; **Fernwärmeleitung** *n (f)* district heating pipeline; **Fernwärmeleitungstrasse** *n (f)* district heating pipeline route; **Fernwärmelieferungsvertrag** *n (m)* district heating supply agreement; **Fernwärmenetz** *n (n)* district heating network; district heating grid; **Fernwärmeschacht** *n (m)* district heating shaft (or manhole); **Fernwärmetransportleitung** *n (f)* district heating transport line; **Fernwärmeversorgung** *n (f)* district heat supply; **Fernwärmeversorgungssystem** *n (n)* district heat supply system; **Fernwärmeversorgungsunternehmen** *n (n)* district heating distributor; district heating supplier; district heating utility; **Fernwärmevertrag** *n (m)* district heating contract; **Fernwärmewirtschaft** *n (f)* district heating industry

Fernwirksystem *n (n)* tele-control system; **Fernwirktechnik** *n (f)* tele-control engineering

Fernzentrale *n (f)* remote control station

Fertigbauteil *n (n)* prefabricated unit

Fertigbauweise *n (f)* prefabricated construction method

Fertigbeton *n (m)* precast concrete

fertigen *v/t* fabricate (to)

Fertigerzeugnisse *n/pl (n)* finished goods; finished product

Fertighaus *n (n)* prefabricated house; panelized house; modular home; manufactured home; component building

Fertigkote *n (f)* finished level; top of finish

fertigstellen *v/t* finish (to)

Fertigstellung *n (f)* completion; practical completion; finish(ing); **Fertigstellungsbescheid** *n (m)* notice of completion (of works); **Fertigstellungsgrad** *n (m)* stage of completion; **Fertigstellungsrate** *n (f)* completion rate

Fertigstellungstermin *n (m)* completion date; completion deadline; completion time; finish date; **erwarteter Fertigstellungstermin** expected date of completion

Fertigteil *n (n)* unit; precast unit; prefabricated building unit; prefabricated element; prefabricated component; **Fertigteilbau** *n (m)* system building construction; **Fertigteilbeton** *n (m)* precast concrete

Fertigung *n (f)* fabrication; making; manufacturing; production; **Fertigungsauftrag** *n (m)* construction contract; **Fertigungsbetrieb** *n (m)* manufacturing plant; factory (business); **Fertigungsgemeinkosten** *n/pl* factory overhead; indirect labo(u)r costs; **Fertigungskosten** *n/pl* production cost; cost of goods manufactured; cost of production; final manufacturing cost; manufacturing cost; mill cost of sales; **Fertigungslöhne** *n/pl (m)* direct mail; direct labo(u)r; labo(u)r costs; **Fertigungslos** *n (n)* production lot; batch

Fertigware *n (f)* finished goods; finished products

fest eingefügt *adj* embedded; firmly attached

Festangebot *n (n)* firm offer

festhalten *v/t* retain (to); withhold (to)

festhalten an *v/i* adhere (to)

Festhonorar *n (n)* set fee; fixed fee; flat fee

Festigkeit *n (f)* solidity; strength; firmness; **statische Festigkeit** *n (f)* static strength

Festigkeitskennwert *n (m)* resistance data; strength parameter; strength value

festklammern *v/t* clamp (to); clip on (to)

festlegen *v/t* determine (to); predefine (to); lay down (law etc.) (to)

Festlegung *n (f)* determination; agreement; provision; fixing; **baurechtliche Festlegung** *n (f)* legal decision on development; **förmliche Festlegung** *n (f)* formal approval (e.g. of a renewal area or a project of land consolidation)

Festmiete *n (f)* fixed rent

Festpreis *n (m)* firm price; fixed price; **Festpreisauftrag** *n (m)* fixed-price contract; **Festpreisvereinbarung** *n (f)* fixed price agreement (or contract); **Festpreisvertrag** *n (m)* fixed price contract; fixed fee contract

Festpunkt *n (m)* fixed point; base; datum; anchor; anchor point

Festschreibungszeitraum *n (m)* lock-in period; fixed-rate period

festsetzbar *adj* determinable; assessable

Festsetzung *n (f)* assessment; fixing; determination

feststellen *v/t* discover (to); establish (to); ascertain (to)

Feststellung *n (f)* determination; discovery; ascertainment; allegation; assertion; certified statement; declaration; statement; **Feststellung zur Bodenbeschaffenheit** *n (f)* assessment of soil conditions; land quality statement

Feststellungsdatum *n (n)* date of determination

Feststellungsurteil *n (n)* declaratory judgement

Feststoffabscheidung *n (f)* separation of solid particles

Festverglasung *n (f)* fixed glazing

festverzinslich *adj* fixed-interest

Festwert *n (m)* constant; base value; fixed value; asset value not subject to depreciation; **Festwertversicherung** *n (f)* agreed value insurance

Festzinshypothek *n (f)* fixed-rate mortgage (FRM); **Festzinskredit** *n (m)* fixed-rate loan

Fettabscheider *n (m)* grease trap

Fettkohle *n (f)* high bituminous coal

feucht *adj* damp; humid

Feuchteindikator *n (m)* humidity indicator

Feuchtgebiet *n (n)* wetland

Feuchtigkeit *n (f)* dampness; moisture; humidity; **aufsteigende Feuchtigkeit** *n (f)* rising damp; rising moisture; rising humidity

feuchtigkeitsdicht *adj* damp proof; moisture proof

Feuchtigkeitsisolierung *n (f)* dampproofing; damp proof course; **Feuchtigkeitsschaden** *n (m)* damage due to dampness or humidity; **Feuchtigkeitssperre** *n (f)* moisture barrier; damp proof course

Feuer *n (n)* fire; **qualmendes Feuer** *n (n)* smudge

Feueralarm *n (m)* fire alarm

Feuerbekämpfung *n (f)* fire fighting

feuerbeständig *adj* fire resistant

feuerfest *adj* fireproof

Feuergefahr *n (f)* fire hazard

Feuerleiter *n (f)* fire escape (ladder)

Feuerlöscher *n (m)* fire extinguisher

Feuermauer *n (f)* fire-proof wall

Feuermeldeanlage *n (f)* fire detection system; fire alarm system

Feuermelder *n (m)* fire alarm
Feuerrisiko *n (n)* fire hazard; fire risk
Feuerschaden *n (m)* fire damage
Feuerschutz *n (m)* fire protection; **Feuerschutzeinrichtung** *n (f)* fire protection equipment
Feuerstelle *n (f)* open hearth; fireplace
Feuertür *n (f)* fire door; one-hour door
Feuerung *n (f)* combustion; firing; furnace; fuel; **Feuerungsanlage** *n (f)* furnace; combustion plant; firing system; **Feuerungsführung** *n (f)* combustion technique; combustion control; **Feuerungsleistung** *n (f)* heat output; combustion performance; combustion capacity; **Feuerungstechnologie** *n (f)* fuel burning technology; combustion engineering; **Feuerungswärmeleistung** *n (f)* heat output; combustion heat performance; firing thermal capacity; thermal output; **Feuerungswirkungsgrad** *n (m)* combustion efficiency
Feuerversicherung *n (f)* fire insurance; **Feuerversicherungsgesellschaft** *n (f)* fire insurance company; fire underwriter; **allgemeine Feuerversicherungsbedingungen** *n/pl (f)* general fire insurance conditions
Feuerwand *n (f)* fire wall
Feuerwehrlaufkarte *n (f)* fire escape plan; showing the layout of a building with alarm points and fire escapes
Feuerwehrmann *n (m)* fire fighter
Feuerwiderstandsklasse *n (f)* fire classification; fire rating
Fiasko *n (n)* fiasco; flop; washout
Fichte *n (f)* spruce; fir (tree)
Fideikommiss *n (m)* estate in tail; entailed estate; **Fideikommiss-Aufhebungsvertrag** *n (m)* disentailing deed
fiktiv *adj* fictitious; notional
Filialbetrieb *n (m)* branch (of a firm); chain store; branch (of a multiple store)
Filiale *n (f)* branch; subsidiary; multiple shop (or store); chain store; branch office
Filialgeschäft *n (n)* multiple shop (or store)
Filialisierungsgrad *n (m)* extent to which a retail sector is controlled by multiple stores
Filialisten *n/pl (m)* multiple shops; chain stores; multiples
Filialnetz *n (n)* network of branches; **Filialnetzoptimierung** *n (f)* retail; network optimization
Filialunternehmen *n/pl (n)* chain stores
Filter *n (m)* filter; strainer; **Filterrückstand** *n (m)* filter residue
Finanzabteilung *n (f)* finance department
Finanzamt *n (n)* tax authority; tax office; inspector (or collector) of taxes; Inland Revenue (GB); Internal Revenue (US); **Finanzamtsleiter** *n (m)* head of local tax office; (chief) inspector of taxes
Finanzanlagen *n/pl (f)* fixed assets; financial assets; **langfristige Finanzanlagen** *n/pl (f)* long-term investments
Finanzaufwendungen *n/pl (f)* finance costs
Finanzbeamter *n (m)* revenue officer; fiscal officer; tax collector
Finanzbedarf *n (m)* cash requirements
Finanzbehörde *n (f)* tax authority; fiscal authority
Finanzdienstleistungen *n (f)* financial services
Finanzen *n/pl* finances; **zerrüttete Finanzen** *n/pl* shattered finances; financial disorder
Finanzergebnis *n (n)* financial result(s)
Finanzerträge *n/pl (m)* financial income
Finanzgericht *n (n)* German finance court
Finanzhilfe *n (f)* financial aid (or assistance)
finanziell *adj* financial; pecuniary; **finanziell möglich** *adj* affordable; financially possible
Finanzierbarkeit *n (f)* financial feasibility
finanzieren *v/t* finance (to); **voll finanzieren** *v/t* fully finance (to); completely pay for (to)
Finanzierung *n (f)* financing; funding; **Finanzierung erreichen** *v/t* secure financing (to)
bequeme Finanzierung *n (f)* easy finance; **bilanzneutrale Finanzierung** *n (f)* off-balance-sheet financing; **erstrangige Finanzierung** *n (f)* primary financing; **konzerninterne Finanzierung** *n (f)* intergroup financing; **kurzfristige Finanzierung** *n (f)* short-term loan (or financing); short-term finance; **langfristige Finanzierung** *n (f)* long-term finance (or financing); take-out loan (US); permanent financing (US); **nachrangige Finanzierung** *n (f)* secondary financing; junior financing; **strukturierte Finanzierung** *n (f)* structured finance; **zinsgünstige Finanzierung** *n (f)* reduced-interest financing
Finanzierungsbedingungen *n/pl (f)* terms of financing

f

Finanzierungsinstrument *n (n)* financing instrument; **hybrides Finanzierungsinstrument** *n (n)* hybrid financing instrument
Finanzierungskosten *n/pl* financing charges; cost of financing; finance costs
Finanzierungsleasing *n (n)* finance lease; capital lease
Finanzierungsleistung *n (f) Fin* (total) lending, total financing advanced e.g. by a bank in a stated period

f

Finanzierungslücke *n (f)* finance (or financing) gap
Finanzierungsmethoden *n/pl (f)* finance methods
Finanzierungsmittel *n/pl (n)* funds; means of financing; **eigenkapitalersetzende Finanzierungsmittel** *n/pl (n)* mezzanine finance
Finanzierungsplanung *n (f)* financial planning
Finanzierungsquelle *n (f)* source of finance
Finanzierungstätigkeit *n (f)* financing activities
Finanzindustrie *n (f)* financial industry
Finanzinstitution *n (f)* financial institution
Finanzinstrument *n (n)* financial instrument; **derivatives Finanzinstrument** *n (n)* derivative financial instrument; **originäre Finanzinstrumente** *n/pl (n)* primary financial instruments
Finanzintermediär *n (m)* financial intermediary
kurzfristige Finanzinvestitionen *n/pl (f)* current investments
Finanzkauf *n (m)* hire purchase; purchase on credit
Finanzkraft *n (f)* financial power; financial capacity
Finanzkrise *n (f)* financial crisis
Finanzlage *n (f)* financial situation (or position)
Finanzmathematik *n (f)* financial mathematics
Finanzmittel *n/pl (n)* financial resources
Finanzplanung *n (f)* financial planning
Finanzpolitik *n (f)* financial (or fiscal) policy
strukturiertes Finanzprodukt *n (n)* compound instrument; structured investment;
Finanzstatus *n (m)* financial status
Finanzverhältnisse *n/pl (n)* finances; financial conditions
Finanzwesen *n (n)* (the world of) finance
Findlingsgestein *n (n)* boulders
Firma *n (f)* company; business; firm
Firmeneigentum *n (n)* company property
Firmeneintrag *n (m)* company registration; entry in a business directory
Firmengelände *n (n)* company premises
Firmengruppe *n (f)* group of companies; conglomerate
Firmenkonten *n/pl (n)* company accounts
Firmenmantel *n (m)* shell company; corporate veil
Firmenwert *n (m)* company value; **ideeller Firmenwert** *n (m)* goodwill
Firnis *n (m)* varnish; veneer
First *n (m)* ridge (roof); **Firstabdeckung** *n (f)* ridge capping; ridge covering; **Firstbalken** *n (m)* ridge beam; **Firstbrett** *n (n)* ridge piece; **Firsthöhe** *n (f)* ridge height; **Firstpfette** *n (f)* ridge purlin; **Firstziegel** *n (m)* ridge tile; crest tile; hip tile
Fischereirecht *n (n)* fishery right; fishing right(s)
Fischgrätmuster *n (n)* herring bone pattern
fiskalisch *adj* fiscal
Fiskalpolitik *n (f)* fiscal policy; monetary (or financial) policy
Fitnesscenter *n (n)* gym(nasium); health club; exercise facilities
Fixgeschäft *n (n)* contract in which time of completion is of the essence
Fixkosten *n/pl* fixed expenses; fixed costs
Flachbau *n (m)* low-rise building; single-storey building (esp. with low-pitch roof)
Flachdach *n (n)* flat roof; **Flachdachentwässerung** *n (f)* drainage of flat roof; **Flachdachkonstruktion** *n (f)* flat roof structure (or construction)
Fläche *n (f)* space; area; floorspace; acreage; surface; zone; **Flächen im Bau** *n/pl (f)* accommodation (or space) under construction
bebaubare Fläche eines Grundstücks *n (f)* developable area of a piece of land; **bebaute Fläche** *n (f)* building area; developed area; **effektive Fläche** *n (f)* effective floor area; **forstwirtschaftliche Fläche** *n (f)* forest (land); forestry area; **hochwertige Flächen** *n/pl (f)* high-quality space;

landwirtschaftliche Fläche *n (f)* agricultural land; **landwirtschaftlich genutzte Fläche** *n (f)* agricultural land; **öffentliche Fläche** *n (f)* public area; public land; **öffentliche Flächen** *n/pl (f)* public land; common property; **projektierte Flächen** *n/pl (f)* planned accommodation; proposed space; **reine Fläche** *n (f)* clear space; net area; **überbaubare Fläche** *n (f)* developable area; area (of a site) on which building is allowed; **überbaute Fläche** *n (f)* (total) developed area; covered (i.e. built-over) area; **überdachte Fläche** *n (f)* covered area; **verfügbare Fläche** *n (f)* available space; **vermietbare Fläche** *n (f)* lettable area; rentable area; leasable area (US); rentable space; net lettable area; **versiegelte Fläche** *n (f)* sealed surface (areas); (hard) surfaced area

Flächenabsorption *n (f)* absorption of space, absorption of accommodation

Flächenabzug *n (m)* land deduction; usually as a percentage of the → Einwurfsmasse in → Flächenumlegung (land reallocation) – used for additional public space etc.

Flächenallokation *n (f)* space allocation; *Syn.: Flächenzuteilung*

Flächenanalyse *n (f)* space analysis

Flächenanforderungen *n/pl (f)* space requirements; demand for space

Flächenangebot *n (n)* space on offer; supply of space

Flächenauslastung *n (f)* space utilisation

Flächenaussnutzung *n (f)* land use; space utilisation (AE utilization)

Flächenbedarf *n (m)* demand for land (or space); land requirement; land need

Flächenbeitrag *n (m)* (lit.) area contribution; land contribution; based on the benefit resulting from → Flächenumlegung (land reallocation)

Flächenbelegung *n (f)* land occupancy

Flächenberechnung *n (f)* schedule of accommodation; calculation of areas; planimetry

Flächenbereitstellungskosten *n/pl* charges for the provision of building land; → Flächenmanagement

Flächeneinheit *n (f)* unit of area measurement; unit (of) area

Flächenentwicklung *n (f)* land development

Flächenerschließung *n (f)* provision of infrastructure to open up land for development

Flächengründung *n (f)* pad foundation; spread footing

Flächenheizung *n (f)* radiant panel heating

Flächeninhalt *n (m)* acreage; area; surface area

flächenintensiv *adj* space-intensive; space consuming

Flächenlast *n (f)* area load; uniform load

Flächennutzung *n (f)* land use; **Flächennutzungsänderungen** *n/pl (f)* zoning amendments; **Flächennutzungsintensität** *n (f)* intensity of land use; **Flächennutzungsordnung** *n (f)* land use regulations; **Flächennutzungsplan (FNP)** *n (m)* land utilisation plan; land-use plan; master plan; zoning plan; preparatory land-use plan; structure plan; **Flächennutzungsplanung** *n (f)* zoning; town and country planning; land use planning

Flächenplanung *n (f)* space planning

Flächenpreise *n/pl (m)* price per unit area (of land or accommodation)

Flächenproduktivität *n (f)* yield (or productivity) per unit area (esp. ag.); sales productivity (per unit area)

Flächensanierung *n (f)* urban improvement; urban redevelopment; urban renewal

Flächenstilllegung *n (f)* set-aside (EU); taking land out of production

Flächenumlegung *n (f)* land reallocation; reorganisation of land (e.g. to facilitate development)

Flächenumsatz *n (m)* take-up of (e.g. office) space → Flächenabsorption

Flächenverbrauch *n (m)* (wasteful) use of land; land consumption

Flächenverhältnis *n (n)* area ratio; space ratio; efficiency ratio (gross:net area)

Flächenzuteilung *n (f)* space allocation; allocation of accommodation

Flachglas *n (n)* sheet glass; flat glass

Flachgründung *n (f)* shallow foundation(s); raft foundation; spread footings; spread foundation

Flachsilo *n (m)* flat silo

Flachverlegung *n (f)* flat laying; shallow laying

Flachziegel *n (m)* flat (clay) roofing tile; i.e. as opposed to pantile

Flammenausbreitung *n (f)* flame propagation
Flammenrohr *n (n)* fire tube; flue
Flammenüberwachung *n (f)* flame monitoring
Flaniermeile *n (f)* upmarket shopping street; a place to stroll and be seen
Flansch *n (m)* flange; **Flanschverbindung** *n (f)* flange connection; flanged joint
Flaschensiphon *n (m)* bottle trap
Flaschenzug *n (m)* block and tackle; pulley
Flaute *n (f)* slack period; dullness
Fleck *n (m)* stain; blemish; spot
Flecken *(m)* market town
Fleischerei *n (f)* butcher's shop
fleißig *adj* diligent; industrious
Flexibilität *n (f)* flexibility; **Flexibilitätsfaktor** *n (m)* flexibility factor
Fliegengitter *n (n)* fly (or insect) screen; wire mesh
Fliese *n (f)* (wall or floor) tile; **keramische Fliese** *n (f)* ceramic tile
Fliesenarbeiten *n/pl (f)* tiling work
Fliesenbelag *n (m)* tiling; tiled surface
Fliesenleger *n (m)* tiler; **Fliesenlegerarbeit** *n (f)* tiling work
Fließbettkühler *n (m)* fluid bed cooler; fluid bed heat exchanger
fließen *v/i* flow (to)
Flocken *n/pl (f)* flakes
Flossenwand *n (f)* finned wall
Flucht *n (f)* escape → Bauflucht
Fluchtbalkone *n/pl (m)* (fire) escape balconies
Fluchtlinie *n (f)* alignment
Fluchttreppe *n (f)* emergency stairs; escape staircase
Fluchtweg *n (m)* escape route
Flugasche *n (f)* flue ash; fly ash
Flügelfenster *n (n)* casement window
Flügelrad *n (n)* impeller
Flügelrahmen *n (m)* casement (frame); wing frame
Flügeltür *n (f)* folding door; leaf door
Flughafen *n (m)* airport
Fluglärm *n (m)* flight noise
Flugplatz *n (m)* airfield; small airport
Flugwild *n (n)* winged game; game birds
Flugzeughalle *n (f)* (aircraft) hangar
Fluktuation *n (f)* fluctuation; labo(u)r (or staff) turnover
Fluktuationsrate *n (f)* (labour or staff) turnover rate; quit rate
Fluorchlorkohlenwasserstoff (FCKW) *n (m)* chlorofluorocarbon (CFC); **FCKW-freier Schaum** *n (m)* CFC-free foam system
FCKW-frei *adj* CFC-free; without CFCs; **FCKW-haltig** *adj* containing CFCs
Fluorverbindung *m (f)* fluoride
Flur *n (m)* **1.** hall; corridor; hallway (US); passage; **2.** meadow; cadastral section
Flurbereinigung *n (f)* reallocation (or reallotment) and consolidation of (agricultural) land; land consolidation; consolidation of farmland; land clearance; land rationalization; land redistribution
Flurbereinigungsbehörde *n (f)* authority charged with the reallocation and consolidation of agricultural land holdings; farmland consolidation authority; land rationalization authority
Flurbereinigungsgesetz (FlBerG) *n (n) Law* German land consolidation act
Flurbuch *n (n)* cadastral register; (agricultural) land register; field book; plain book; register of lands; estate terrier
Flurkarte *n (f)* cadastre; cadastral map; general parcelling map; land register map
Flurstück *n (n)* land parcel; lot; (GB) plot; (Grundbuch) cadastral unit; **Flurstücksnummer** *n (f)* land parcel number
Fluss *n (m)* river; stream; creek (US); flow (diagram)
Flussbett *n (n)* riverbed; channel; bed (of a stream)
flüssig *adj* fluid; liquid; flowing; molten
Flüssiggas *n (n)* liquid gas
Flussmittel *n (n)* water-soluble flux
Flusssand *n (m)* natural river sand; sharp sand
Flussstahl *n (m)* mild steel; soft steel
Flusswasserkühlung *n (f)* river-water cooling (e.g. power station)
Flut *n (f)* flood; high tide; **Flutgebiet** *n (n)* area liable to flooding; flood plain; tidal land
FNP → Flächennutzungsplan
Föhre *n (f)* pine (tree)
Folge *n (f)* consequence; **zur Folge haben** *v/t* entail (to); imply (to)
Folgebewertung *n (n)* subsequent valuation; revaluation
Folgekosten *n/pl* follow-up costs; consequential costs
folgern *v/t* conclude (to); deduce (to); infer (to)

Folgerung *n (f)* conclusion; inference
Folgeschäden *n/pl (m)* consequential loss(es) (or damages)
Folgeschadenversicherung *n (f)* consequential loss insurance
Folie *n (f)* foil; transparency (slide)
Fonds *n (m)* fund; (investment or unit) trust; **gemischter Fonds** *n (m)* mixed fund; **geschlossener Fonds** *n (m)* closed-end investment company; closed-end fund; **offener Fonds** *n (m)* open-end(ed) property fund; open fund; **offener Publikumsfonds** *n (m)* open-end(ed) mutual fund
Fondsanlage *n (f)* fund investment
Fondsanteil *n (m)* unit (or share) in a fund; **Fondsanteilseigner** *n (m)* shareholder (in a fund); unitholder
Fondsbeitrag *n (m)* contribution to fund
Fondsbörse *n (f)* stock exchange for investment funds
Fondsgesellschaft *n (f)* investment company
Fondskonstruktion *n (f)* basic features of an investment fund
Fonds-Leasing *n (f)* leasing fund; fund leasing
Fondsobjekt *n (n)* property owned by an investment fund; type of property suitable for fund investment
Fondsrechnung *n (f)* fund (or plan) (annual) statement
Fondsvermögen *n (n) Fin* (total) fund assets
Fondsverwaltung *n (f)* fund management
Förderanlage *n (f)* conveyor system
Förderband *n (n)* conveyor belt
Förderer *n (m)* sponsor; promoter; supporter; patron
Fördergebiet *n (n)* development area; scheduled area; enterprise zone; distressed area; assisted area; promotional area; oil production area
Fördermittel *n/pl (n)* subsidies; grants; **öffentliche Fördermittel** *n/pl (n)* public subsidies; public grants; public funds (or funding)
fordern *v/t* claim (to); demand (to); require (to)
Förderrechte *n/pl (n)* oil and gas rights
Forderung *n (f)* claim; accounts receivable; payment request; outstanding money (bank); **Forderung Dritter** *n (f)* professional liability claim; third-party claim **abgetretene Forderung** *n (f)* assigned debt; assigned claim; **ausstehende Forderung** *n (f)* account receivable; debt outstanding; **bedingte Forderung** *n (f)* contingent liability (or debt); **eintreibbare Forderung** *n (f)* recoverable debt; **fällige Forderung** *n (f)* current receivable; debt due; **hypothekarisch gesicherte Forderung** *n (f)* mortgage-backed debt
Forderungen *n/pl (f)* accounts receivable (A/cs Rec.); bills outstanding; receivables; **dubiose Forderungen** *n/pl (f)* dubious debts; doubtful outstanding accounts; **kurzfristige Forderungen** *n/pl (f)* short-term receivables (US); **langfristige Forderungen** *n/pl (f)* long-term receivables; **sonstige Forderungen** *n/pl (f)* other accounts receivable; **überfällige Forderungen** *n/pl (f)* overdue receivables; **uneinbringliche Forderungen** *n/pl (f)* bad debts; uncollectibles; uncollectible accounts; uncollectible bills; uncollectible loans; **zweifelhafte Forderungen** *n/pl (f)* doubtful debts; doubtful receivables; doubtful accounts receivable
Forderungsabtretung *n (f)* assignment of debt; assignment of claim
Forderungsausfälle *n/pl (m)* bad debts; doubtful accounts receivable; losses of accounts receivable
Förderungserlass *n (m)* subsidy or grant regulations
Forderungsrecht *n (n)* right to enforce payment; chose in action
Forderungssicherungsgesetz (FoSiG) *n (n)* Securitisation Act (2008); law inter alia to secure the claims of contractors and to remedy losses due to insolvency, late payment etc.
Forderungstilgung *n (f)* repayment of debts
Forderungsverzicht *n (m)* remission of debt; waiver of receivable
Förderungsvolumen *n (n)* global amount available (or awarded) for a grant or subsidy
Förderzins *n (m)* (mineral) royalty
Form *n (f)* form; shape; style; outline
Formaldehyd *n (n)* formaldehyde
Format *n (n)* format; size
Formbeständigkeit *n (f)* resistance to deformation
Formblatt *n (m)* (blank) form
Formel *n (f)* formula
formell *adj* formal

Formenlager *n (n)* mo(u)lds stockyard; stock of patterns
Formerei *n (f)* mo(u)lding department; mo(u)lding shop
Formgebung *n (f)* styling; design
förmlich *adj* formal; official
Formsand *n (m)* mo(u)lding material; mo(u)lding sand
Formstück *n (m)* adapter; mo(u)lded product; shape; fitting
Formular *n (n)* form; questionnaire
Formularvertrag *n (m)* standard-form contract
Formvorschriften *n/pl (f)* formal legal requirements
Forschung *n (f)* research; **Forschung und Entwicklung** *n (f)* research and development
Forschungskosten *n/pl* research costs
Forschungsvorhaben *n (n)* research project
Forst *n (m)* forest
Forstwirtschaft *n (f)* forestry; **Forstwirtschaftsplan** *n (m)* forestry development plan
Fortbildung *n (f)* continuing education; further (vocational) training; **berufliche Fortbildung** *n (f)* advanced vocational training; further occupational training; further professional training; continuing professional development
Fortführung *n (f)* continuation; resumption; **Fortführung der Unternehmenstätigkeit** *n (m)* going concern (basis)
Fortführungswert *n (m)* going concern value
Fortgang *n (m)* progress; further development; continuation
Fortschaltung *n (f)* stepping; advancing
Fortschreibung *n (f)* revaluation; value adjustment; forward projection; roll forward; **Fortschreibung des Einheitswertes** *n (f)* updating (or revaluation) of value for taxation purposes; adjustment of assessed value
Fortschritt *n (m)* progress; headway; advance
Fortschrittsbericht *n (m)* progress report
fortsetzen *v/t* continue (to)
Fortsetzung *n (f)* continuation; resumption; **Fortsetzung des Pachtverhältnisses** *n (f)* extension (or renewal) of a lease; esp. on land or business premises
FoSiG → Forderungssicherungsgesetz

Fotogrammetrie *n (f)* photogrammetry
Foyer *n (n)* foyer; entrance hall; lobby
Fracht *n (f)* cargo; freight; goods; **Frachtgut** *n (n)* cargo; freight; goods
Frage *n (f)* question; query; issue
Fragestellung *n (f)* question; problem
Fräse *n (f)* milling machine
fräsen *v/t* mill (to)
Fräserei *n (f)* milling shop
frei aufliegend *adj* freely supported; simply supported; suspended
Freiberufler *n (n)* freelancer
Freibetrag *n (m)* (tax) allowance; amount of exemption; **persönlicher Freibetrag** *n (m)* personal allowance
Freifläche *n (f)* open space; open land; undeveloped area; **öffentliche Freifläche** *n (f)* public open space
Freiflächenplanung *n (f)* landscape planning; open space planning; **Freiflächenzahl** *n (f)* open land coefficient; open land ratio
Freigabe *n (f)* release; clearance; deregulation; **Freigabe zur Veröffentlichung** *n (f)* authorised for issue (or publication) **Freigabeerklärung** *n (f)* release certificate (or declaration); **Freigabeklausel** *n (f) Law* release clause
freigeben *v/t* release (to); clear (to); float (to) (currency etc.)
Freihafen *n (m)* freeport; free port
Freiheitsgrad *n (m)* degree of freedom
Freilagerfläche *n (f)* outdoor storage area; open storage
Freiland *n (n)* open land, outdoors
freilegen *v/t* clear (to); uncover (to)
Freilegung *n (f)* site clearance; exposure (of e.g. ruins); **Freilegungskosten** *n/pl* site clearance costs; site preparation costs
Freileitung *n (f)* overhead (power) line; overhead cable; above-ground pipeline; aerial pipeline; overhead pipeline
Freiluftanlage *n (f)* open-air plant; outdoor facilities; outdoor installation
Freiraum *n (m)* freedom; room for manoeuvre; scope for development
freischaffend *adj* freelance
Freisitz *n (m)* **1.** open-air seating; outdoor sitting area; terrace; patio; **2.** (historic) equivalent to freehold interest, with exemption from taxes etc.
freisprechen *v/t* acquit (to); discharge (to); absolve (to)

Freisprechung *n (f)* acquittal; exoneration; exculpation
frei stehend, freistehend *adj* free standing; self-supporting; detached (house)
freistellen *v/t* exempt (to); make available (to); release (to)
Freistellung *n (f)* waiver; release; exemption; dismissal (euphemism); **Freistellung mit Progressionsvorbehalt** *n (f)* exemption with retention of progressive effect (double taxation)
Freistellungsbescheinigung *n (f)* certificate of exemption; **Freistellungsmethode** *n (f)* method of giving exemption (e.g. from double taxation)
freitragend *adj* cantilever(ed); overhanging; self-contained; self-supporting
Freiträger *n (m)* cantilever beam
frei verfügbar *adj* discretionary; disposable
Freiverkehr *n (m)* over-the-counter market; unofficial market; **ungeregelter Freiverkehr** *n (m)* unregulated curb market; (unregulated) outside market
Freiwange *n (f)* outer (stair) string
Freizeichnung *n (f)* exclusion of liability; restriction of liability; **Freizeichnungsklausel** *n (f)* exemption clause; non-responsibility clause; hold-harmless clause (US); disclaimer; (Insur.) excepted perils clause, exemption from liability clause; (Law) protective clause
Freizeit *n (f)* leisure; **Freizeitimmobilie** *n (f)* leisure property; recreational real estate; **Freizeitgebiete** *n/pl (n)* leisure areas
fremd *adj* strange; foreign; extraneous; alien; outside (e.g. capital)
Fremdanteil *n (m)* minority interest
Fremdbezug *n (m)* (products) supplied by third parties; non home-produced products
Fremdenheim *n (n)* → Pension
Fremdenverkehr *n (m)* tourism
Fremdfinanzierung *n (f)* borrowing; financing with outside capital; financing with borrowed funds
Fremdinvestoren *n/pl (m)* foreign investors; i.e. investors from outside e.g. Germany
Fremdkapital *n (n)* borrowed capital; outside capital; loan capital; debt capital; capital from outside sources; **bedingtes Fremdkapital** *n (n) Fin* contingent liabilities; (IAS 37); **kurzfristiges Fremdkapital** *n (n)* current debt
Fremdkapitalfinanzierung *n (f)* financing with borrowed capital; gearing; debt finance; debt financing
Fremdkapitalkosten *n/pl* cost of debt; borrowing costs
Fremdkapitalzinsen *n/pl (m)* borrowing costs; interest rates on borrowed capital
Fremdleistung(en) *n(pl) (f)* external labour; outside service(s)
Fremdvergleichsgrundsatz *n (m)* foreign comparison principle; arm's length principle
Fremdwährung *n (f)* foreign currency; foreign exchange; **Fremdwährungsanleihe** *n (f)* (foreign) currency bond
Frequenzbereich *n (m)* frequency range
Friedhof *n (m)* cemetery; graveyard; **Friedhofsgelände** *n (n)* burial ground; cemetery site
Fries *n (m) ArCo* frieze
Friktion *n (f)* friction
Frischdampf *n (m)* live steam
Frischwärme *n (f)* primary heat
Friseur *n (m)* hairdresser
Frisiertisch *n (m)* dressing table
Frist *n (f)* time limit; deadline; (fixed) period of time; **innerhalb der festgesetzten Frist** within the time required (or agreed)
eine Frist überschreiten *v/t* pass a deadline (to); overshoot a deadline (to)
abgelaufene Frist *n (f)* expired term; **angemessene Frist** *n (f)* reasonable time
Fristablauf *n (m)* deadline; expiration
Fristenkongruenz *n (f)* matching maturities
Fristenrisiko *n (n)* risk of maturity gaps; risk of missing a (legal) deadline
fristgemäß *adj* timely; within the time stipulated
fristgerecht *adj* within the time stipulated
Fristigkeitenspiegel *n (m)* (lease) expiration profile
Fristigkeitsstruktur der Zinssätze *n (f)* term structure of interest rates
Fristsetzung *n (f)* fixing of a time limit; setting of a time limit
Fristverlängerung *n (f)* extension of time limit; extension of time
Fristverlängerungsabrede *n (f)* deadline extension agreement
frontal *adj* head-on; frontal
Frontbreite *n (f)* frontal width
Frontlänge *n (f)* frontal length

Frontplatte *n (f)* control panel; (front) panel
Frost *n (m)* frost
frostbeständig *adj* frost-resistant
frostempfindlich *adj* susceptible (or sensitive) to frost
frostfrei *adj* frost-free; free of frost
Frostgrenze *n (f)* frost line
frostsicher *adj* frost-resistant; free of frost
frostunempfindlich *adj* insensitive to frost
Frühindikator *n (m)* leading (economic) indicator
Fuge *n (f)* joint; mortice; seam; **versetzte Fuge** *n (f)* staggered joint; broken joint
Fuge mit Schrägkanten *n (f)* splayed joint; V-joint
Fugenabdichtung *n (f)* joint sealing; **Fugenband** *n (n)* joint tape; sealing strip
fugen *v/t* caulk (to)
Fühler *n (m)* sensor; probe; **Fühleraufnahme** *n (f)* sensor connection; **Fühlerfehler** *n (m)* sensor error; **Fühlerkonstante** *n (f)* sensor time constant; **Fühlertasche** *n (f)* sensor pocket; **Fühlerversion** *n (f)* sensor version; **Fühlertemperaturen** *n/pl (f)* sensor temperatures
führen *v/t* lead (to); manage (to); run (to); conduct (to)
Führer *n (m)* leader; guide
Fuhrpark *n (m)* (company-owned) fleet of automobiles and trucks; fleet (of vehicles); motor pool; (company) vehicles
Führung *n (f)* guidance; management; direction; guided tour; duct; **gemeinschaftliche Führung** *n (f)* joint control; joint management
Führungslager *n (n)* pilot bearing; pipe guide; guide bearing; **Führungsmodell** *n (n)* management scheme; management system; **Führungsschiene** *n (f)* guide rail
Füllung *n (f)* infilling; panel
Füllwasser *n (n)* fill-up water; make-up water
Fundament *n (n) ArCo* base; basis; grounding; basement (ArCo) footing(s), foundation(s); groundwork; *Syn.: Gründing*; **gestuftes Fundament** *n (n) ArCo* stepped foundation; *Syn.: Stufenfundament, getrepptes Fundament*
Fundamentabstufung *n (f) ArCo* stepping of foundation; **Fundamentabtreppung** *n (f) ArCo* stepping of foundation; **Fundamentbeton** *n (m)* foundation concrete; **Fundamentkonstruktion** *n (f)* substructure; foundation structure; **Fundamentmauer** *n (f)* foundation wall; foundation; **Fundamentplatte** *n (f)* base slab; bottom plate; foundation plate; foundation slab; **Fundamentschnitt** *n (m)* section through foundation; **Fundamentsockel** *n (m)* base; foundation; **Fundamentsohle** *n (f)* bottom of foundation; **Fundamenttiefe** *n (f)* depth of foundation; foundation depth
fundamental *adj* fundamental; basic
Fundierung *n (f)* foundation; funding
Fungibilität *n (f)* fungibility; quality of being capable of exchange
Funkauslesung *n (f)* radio readout
Funkdaten-Aktualisierung *n (f)* radio transmission data updating
Funkempfänger *n (m)* radio receiver
Funken *n (m)* spark; **Funkenzündung** *n (f)* spark ignition
Funkerfassung *n (f)* measurement by radio; e.g. of heating consumption; **Funkerfassungssystem** *n (n)* radio measurement system; e.g. of heating consumption
funkfähig *adj* suitable for radio transmission
Funk-Hausautomation *n (f)* (radio-controlled) house automation
Funkmodul *n (n)* radio module
Funkoption *n (f)* radio option
Funksender *n (m)* radio transmitter
Funkstörung *n (f)* radio interference
Funktelegramm *n (n)* radiotelegram
Funktion *n (f)* function; **mittelzentrale Funktion** *n (f)* function as a → Mittelzentrum; i.e. subordinate to a → Oberzentrum; **oberzentrale Funktion** *n (f)* function as a → Oberzentrum
Funktionsbedingung *n (f)* condition of function
Funktionsbeschreibung *n (f)* functional characteristics; functional description
Funktionseinheit *n (f)* functional unit
Funktionsfläche (FF) *n (f)* floorspace occupied by technical and building services installations
Funktionskontrolle *n (f)* function control
funktionslos *adj* without function
Funktionsschwäche *n (f)* functional weakness
Funktionswert *n (m)* functional value; value of a functional unit
Furnier *n (n)* veneer
Furnierpresse *n (f)* veneering press

Fusion *n (f)* merger; takeover; amalgamation; **gegenläufige Fusion** *n (f)* reverse takeover
Fusionskontrolle *n (f)* merger control
Fuß *n (m)* foot; ft. (0,3048 m)
Fuß *n (m)* foot, base, pedestal
Fußballstadion *n (n)* football stadium
Fußboden *n (m)* flooring; floor; **Fußbodenbelag** *n (m)* floor finish; floor covering; floor decking; floor pavement; flooring; **Fußbodenheizung** *n (f)* underfloor heating; **Fußbodenleiste** *n (f)* skirting board; baseboard (US); **Fußbodenplatte** *n (f)* floor slab; deck
Fußgänger *n (m)* pedestrian; **Fußgängerbereich** *n (m)* pedestrianised zone; pedestrian area (e.g. city centre); **Fußgängerfrequenz** *n (f)* (Anzahl) pedestrian count (or frequency) (assessment of a location); **Fußgängerstrom** *n (m)* pedestrian flow; **Fußgängertunnel** *n (m)* subway (GB); pedestrian underpass; walk-through (US); **Fußgängerverkehr** *n (m)* pedestrian traffic; **Fußgängerweg** *n (m)* walkway; footpath; **Fußgängerzählung** *n (f)* (Erhebung) pedestrian traffic count; **Fußgängerzone** *n (f)* pedestrian(ised) zone; pedestrian precinct
fußläufig *adj* within a few minutes walk
Fußleiste *n (f)* skirting board; baseboard (US)
Fußpfette *n (f)* eaves purlin; inferior purlin
Fußplatte *n (f)* wall plate; base plate
Fußschiene *n (f)* footrail
Fußweg *n (m)* footpath; walkway; pavement; iter; **Fußwegbeleuchtung** *n (f)* pavement lighting; sidewalk lighting
Futter *n (n)* lining

f

G

GA → Gutachterausschuss
Gabe *n (f)* → natürliche Gabe
Gabelstapler *n (m)* fork lift truck
Galerie *n (f)* (art) gallery; arcade
Gang *n (m)* corridor; aisle; hallway (US); passage; **Gangbreite** *n (f)* corridor width; **Ganglänge** *n (f)* corridor length; running length; **Ganglinie** *n (f)* time-variation graph (or curve)
gängig *adj* current; common; conventional; marketable
Ganzglasfassade *n (f)* fully glazed façade
Ganzglastür *n (f)* fully glazed door; plate glass door
Ganzglaswand *n (f)* all-glass wall
Ganzheit *n (f)* whole; entirety
Ganzjahresregel *n (f)* full-year rule (depreciation)
Garage *n (f)* parking garage; garage; **Garagentor** *n (n)* garage door
Garant *n (m)* guarantor; warrantor; surety (company)
Garantie *n (f)* warranty; undertaking; surety; guaranty; guarantee; **einbehaltene Garantie(summe)** *n (f)* retention sum, retention money, holdback; **finanzielle Garantie** *n (f)* financial guarantee
garantieren *v/t* guarantee (to)
Garantierter Maximalpreisvertrag (GMP-Vertrag) *n (m) Dev* guaranteed maximum price contract, GMP contract
Garantierückstellungen *n/pl (f)* provisions for guarantees
Garantieverletzung *n (f)* breach of warranty
Garantieverpflichtung *n (f)* guarantee obligation (or liability); security; surety; warranty obligation
Garantievertrag *n (m)* contract of indemnity
Garantiezeit *n (f)* warranty period
Garderobe *n (f)* cloak-room; dressing room (theatre etc.); coat rack; hall stand; wardrobe
Gardine *n (f)* (net) curtain
Garten *n (m)* garden; yard (with house) (US)
Gartenapartment *n (n)* garden apartment; garden flat
Gartenarchitektur *n (f)* landscape architecture
Gartenbau *n (m)* horticulture; market gardening; **Gartenbaubetrieb** *n (m)* market garden; truck farm (US); **Gartenbaugestaltung** *n (f)* landscape (garden) design; **Gartenbaukunst** *n (f)* horticulture
Gartenerde *n (f)* garden soil; garden mo(u)ld
Gartenfachmarkt *n (m)* garden centre; garden center
Gartenland *n (n)* garden land
Gartenlaube *n (f)* → Laube
Gartenpflege *n (f)* garden maintenance (service)
Gartenstadt *n (f)* garden city
Gartentor *n (n)* garden gate
Gärtnerei *n (f)* market garden
Gärtnereibetrieb *n (m)* garden center (US); garden centre (GB); market garden
Gas *n (n)* gas; **Gasanstalt** *n (f)* gas works; **Gasbeton** *n (m)* aerated concrete; foam concrete; gas concrete; porous concrete; **Gasbetonblock** *n (m)* aerated concrete block; **Gasfeuerung** *n (f)* gas firing; **Gasheizung** *n (f)* gas heating; **Gasleitung** *n (f)* gas pipe; gas main; **Gaspolster** *n (n)* gas cushion; **Gasrohr** *n (n)* gas pipe; **Gasturbine** *n (f)* gas turbine; **Gas- und Dampf-Heizkraftwerk** *n (n)* gas and steam cogeneration plant; **Gasversorgungsanlage** *n (f)* gas supply system; **Gaswerk** *n (n)* gas works; **Gaszähler** *n (m)* gas meter; **Gas-Zentralheizung** *n (f)* gas-fired central heating
gasdicht *adj* gas-tight; gas proof; vapour proof
gasgefeuert *adj* gas-fired
Gasse *n (f)* alley; narrow street; narrow lane; path
Gast *n (m)* guest; visitor; customer (inn etc.)
Gästehaus *n (n)* boarding house; guest house
Gäste-WC *n (n)* cloakroom (with WC); half bath (US)
Gästezimmer *n (n)* guest room; spare room
Gasthaus *n (n)* restaurant; inn; guesthouse

Gasthof *n (m)* guesthouse; inn; hotel
Gastraum *n (m)* public room (hotel etc.); coffee room (hotel); guest room
Gastronomieangebote *n/pl (n)* catering facilities; café and restaurant facilities
Gaststätte *n (f)* restaurant; inn; pub(lic house); **brauereigebundene Gaststätte** *n (f)* tied house; restaurant exclusively dealing in a single brewery's products
Gaststättengesetz (GastG) *n (n) Law* German licensing act
Gaststättengewerbe *n (n)* hotel and catering trade
Gastwirt *n (m)* landlord (of a pub etc); publican
Gaube *n (f)* dormer; *Syn.: Gaupe*
Gaupe *n (f)* → Gaube
GAVO → Gutachterausschussverordnung
GbR → Gesellschaft bürgerlichen Rechts
geändert *adj* altered; changed
Gebälk *n (n)* beams; entablature; binders and joists; frame of joists; timberwork
Gebäude *n (n)* building; structure; edifice; (Vermögensgegenstand) real estate asset; property; **Gebäude und sonstige Einrichtungen** *n/pl* property plant and equipment
denkmalgeschütztes Gebäude *n (n)* protected building; listed building; **einstöckiges Gebäude** *n (n)* single-storey (or one-storey) building; **frei stehendes Gebäude** *n (n)* detached building; individual building; **gewerblich genutztes Gebäude** *n (n)* building used for commercial purposes; industrial building; **intelligentes Gebäude** *n (n)* intelligent building; smart building; **leer stehendes Gebäude** *n (n)* unoccupied building; empty building; **maßgeschneidertes Gebäude** *n (n)* made-to-measure building (or custom- built property); **mehrgeschossiges Gebäude** *n (n)* multi-stor(e)y building; **mehrstöckiges Gebäude** *n (n)* multi-stor(e)y building; **öffentliches Gebäude** *n (n)* public building; municipal building; **unterkellertes Gebäude** *n (n)* building having a basement; **zweiflügeliges Gebäude** *n (n)* double-winged building
Gebäudeabstand *n (m)* distance between buildings; minimum allowable distance between buildings
Gebäudeanalyse *n (f)* building analysis
Gebäudeart *n (f)* type of building
Gebäudeaufnahme *n (f)* building survey
Gebäudeausstattung *n (f)* building fit-out (and equipment)
Gebäudeautomatisierung *n (f)* building automation
Gebäudebeschilderung *n (f)* building signage
Gebäudebeschreibung *n (f)* building description; descriptive schedule of a building; property description
Gebäudebestand *n (m)* building stock, stock of buildings; e.g. in a portfolio or a town/region
Gebäudebetrieb *n (m)* building management
Gebäudebewertung *n (f)* valuation of buildings
Gebäudebuch *n (n)* register of buildings
Gebäudedichtheit *n (f) ArCo* building airtightness; esp. for energy conservation
Gebäudeeigentum *n (n)* ownership of buildings
Gebäudeeigentümer *n (m)* building owner
Gebäudeeinteilung *n (f)* subdivision of a building (into lettable units)
Gebäudeerschließung *n (f)* infrastructure connections to a building
Gebäudeertragswert *n (f)* capitalized value of a building; income value of a building; value of the building assets; → Ertragswert
Gebäudeerweiterung *n (f)* enlargement or extension of a building
Gebäudefaktor *n (m)* building factor (e.g. value per sq m)
Gebäudefeuerversicherung *n (f)* building fire insurance
Gebäudefläche *n (f)* floor area of a building; building area
Gebäudefront *n (f)* building frontage
Gebäudefundament *n (n)* building foundation
Gebäudegrundfläche *n (f)* building area, footprint area (of a building); *Syn.: Gebäudegrundrissfläche*
Gebäudegrundrissfläche *n (f)* → Gebäudegrundfläche
Gebäudehaftpflicht *n (f)* building owner's liability; premises liability
Gebäudeherstellungswert *n (m)* building cost; cost of building; cost of construction of a building

g

Gebäudehöhe *n (f)* building height; height of a building
Gebäudehülle *n (f)* building envelope
Gebäudeinstallation *n (f)* indoor installations
Gebäudeinstandhaltung *n (f)* building maintenance
Gebäudeintelligenz *n (f)* building intelligence
Gebäudekern *n (m)* service core; core
Gebäudekomplex *n (m)* block of buildings; building complex
Gebäudekosten *n/pl* costs of a property; building costs
Gebäudeleittechnik *n (f)* building control system
Gebäudemanagement *n (n)* property management
Gebäudenutzfläche *n (f)* lettable area of a building
Gebäudenutzung *n (f)* (type of) use of a building
Gebäudepass *n (m)* building passport; building logbook (energy analysis, maintenance etc.)
Gebäuderestwert *n (m)* residual value of a building
Gebäudesachwert *n (m)* building value; depreciated replacement cost basis → Sachwert
Gebäudeschaden *n (m)* (structural) damage to a building
Gebäudeservicefirma *n (f)* facility management provider
Gebäudeskelett *n (n)* frame of a building; building skeleton
Gebäudesteuer *n (f)* habitation tax; tax on buildings
Gebäudestütze *n (f)* prop; stay
Gebäudesubstanzschaden *n (m)* structural damage to a building
Gebäudeteil *n (m)* building section; part of a building
Gebäudetrakt *n (m)* wing (of a building)
Gebäudetrennwand *n (f)* partition wall; party wall
Gebäudetypen *n/pl (m)* building types
Gebäudeumbau *n (m)* conversion (or alteration) of a building
Gebäude- und Anlagenmanagement *n (n)* facility management
Gebäudeverfall *n (m)* disrepair; dilapidation
Gebäudevermögenswert *n (m)* building asset value
Gebäudeversicherung *n (f)* hazard insurance; building insurance
Gebäudewartung *n (f)* building maintenance
Gebäudewert *n (m)* building value; i.e. without land, as applied in → Ertragswert or → Sachwert valuations; **rentierlicher Gebäudewert** *n (m)* notional (or calculated) building value; used e.g. in → Ertragswert calculations
Gebäudezentrale *n (f)* central control unit
Gebäudezufahrt *n (f)* vehicular access to a building; driveway to a building
Gebiet *n (n)* area; district; region; territory; zone; precinct (US); **bebautes Gebiet** *n (n)* built-up area; **dicht besiedeltes Gebiet** *n (n)* heavily (or densely) populated area; agglomeration; **erschlossenes Gebiet** *n (n)* improved area; **städtisches Gebiet** *n (n)* urban area; **strukturschwaches Gebiet** *n (n)* economically undeveloped area; **überflutungsgefährdetes Gebiet** *n (n)* flood-prone area; **verkehrsarmes Gebiet** *n (n)* area with little traffic
Gebietsaufteilung *n (f)* division of an area; zoning
Gebietscharakter *n (m) Dev.* lit. character of the area; criterion on which planning consent for new buildings in existing developed areas where there is no → Bebauungsplan is decided, based on user, size and site area in accordance with § 34 BauGB
Gebietsentwicklung *n (f)* development of a district or area; **Gebietsentwicklungsplan** *n (m)* plan of regional policy for a subregion; subregional plan; territorial development plan
gebietsfremd *adj* non-resident
Gebietsfremder *n (m)* non-resident
Gebietshoheit *n (f)* territorial sovereignty; jurisdiction
Gebietskörperschaft *n (f)* local authority; political subdivision; territorial corporation; **örtliche Gebietskörperschaft** *n (f)* local administration unit; local corporation; municipality; local administrative body
Gebietsplan *n (m)* area plan, area map
Gebietsreform *n (f)* local government restructuring

Gebirgspass *n (m)* mountain pass
gebogen *adj* bent; curved; curvilinear
Gebot *n (n)* order (command); precept; (bei Versteigerung) *n (n)* bid; **geringstes Gebot** *n (n)* minimum bid; lowest bid
Gebrauch *n (m)* use; **spekulativer Gebrauch** *n (m)* speculative use; speculative application; **zulässiger Gebrauch** *n (m)* → zulässige Nutzung
Gebrauchsabnahmebescheinigung *n (f)* certificate of practical completion; certificate of occupancy (CO) (US)
Gebrauchsabnahmeschein *n (m)* official confirmation of completion
Gebrauchsgüter *n/pl (n)* consumer goods; (consumer) durables
Gebrauchsklasse *n (f)* use class
Gebrauchstauglichkeit *n (f)* fitness for purpose; suitability
Gebrauchsüberlassung *n (f)* alienation
Gebrauchswarmwasserbereitung *n (f)* service water heating
Gebrauchswert *n (m)* practical value; value in use; use value; trade-in value
Gebühr *n (f)* fee; charge; duty; remuneration
Gebührenabschlag *n (m)* reduction in fee
Gebührenbefreiung *n (f)* exemption of charges
gebührenfrei *adj* toll-free
Gebührenliste *n (f)* scale of charges
Gebührenordnung *n (f)* scale of charges and/or fees; schedule of fees; tariff
gebührenpflichtig *adj* chargeable; liable to charges; subject to a charge
Gebührenrechnung *n (f)* note (or account) of fees; bill of costs
Gebührentabelle *n (f)* scale of charges and/or fees; table of fees; tariff schedule
Gebührentarif *n (m)* schedule of fees; (fee) tariff
Gebührenvorschuss *n (m)* advance fee (payment)
Gebührenzuschlag *n (m)* surcharge, supplementary fee; additional fee; excess charge
Gebüsch *n (n)* bushes; thicket; coppice
gedämpft *adj* muffled; damped; steamed
gedrängt *adj* crowded; compact
geeignet *adj* suitable; eligible; convenient; useable
Gefahr *n (f)* danger; risk; threat; peril; menace; jeopardy; hazard; **Gefahr des Verlusts** *n (f)* risk (or threat) of loosing (sth.); *Syn.: Gefahr des Untergangs*; **Gefahr des zufälligen Untergangs** *n (f)* risk of accidental destruction; risk of accidental loss
Gefährdung *n (f)* risk exposure; exposure; endangering (sth.); **Gefährdungsabschätzung** *n (f)* risk appraisal; risk assessment; **Gefährdungshaftung** *n (f)* strict liability; absolute liability; **Gefährdungsindikator** *n (m)* exposure indicator
Gefahrenbeseitigung *n (f)* removal (or reduction) of risks
Gefahrenklasse *n (f)* danger class; risk class
Gefahrenmüll *n (m)* hazardous waste
Gefahrenquelle *n (f)* safety hazard; source of danger
Gefahrenübergang *n (m)* passage of risk
Gefahrgut *n (n)* hazardous material
gefahrlos *adj* harmless; safe; without risk
Gefahrstoff *n (m)* hazardous substance (or material); **Gefahrstoffkataster** *n (m)* register of hazardous substances
Gefahrübergang *n (m)* passage of risk
Gefälle *n (n)* slope; pitch; gradient; grade; incline; **Gefälle im Gelände** *n (n)* sloping ground; **natürliches Gefälle** *n (n)* natural fall; natural slope
Gefällebeton *n (m)* (coke) breeze concrete
Gefälligkeit *n (f)* (a) favour; obligingness; accommodation; **Gefälligkeitsgutachten** *n (n)* biased report; fraudulent report; (US) sweetheart report; particularly when compiled to support the aims of the commissioning party; **Gefälligkeitspreis** *n (m)* special price (lit. as a favo(u)r)
GEFMA *Org* → German Facility Management Association
Gegebenheit *n (f)* circumstances; factor; given fact; reality; → rechtliche Gegebenheit
Gegenangebot *n (n)* counteroffer
Gegend *n (f)* area, part of town; neighbourhood; place; **ländliche Gegend** *n (f)* rural area
Gegendruckleistung *n (f)* back-pressure performance
Gegendruckstrom *n (m)* back-pressure electricity
Gegendruckturbine *n (f)* back-pressure turbine
Gegengewicht *n (n)* counterweight
Gegenleistung *n (f)* consideration; exchange value; quid pro quo; **angemesse-**

g

ne Gegenleistung *n (f)* fair consideration; **erbrachte Gegenleistung** *n (f)* executed consideration; **symbolische Gegenleistung** *n (f)* nominal consideration
Gegenpol *n (m)* opposite pole; counterbalance; antipole
gegenseitig *adj* mutual; reciprocal
Gegenseitigkeit *n (f)* reciprocity; mutuality; **Gegenseitigkeitsgesellschaft** *n (f)* mutual company
Gegenstand *n (m)* object; thing; item; subject; topic; matter; affair; **Gegenstand des Anlagevermögens** *n (m)* capital asset; **Gegenstand des Interesses** *n (m)* object of interest; issue; **Gegenstand eines Unternehmens** *n (m)* object(ive)s of a company
gegenstandslos *adj* (contract) invalid; abstract; irrelevant
Gegenstromprinzip *n (n)* principle of countervailing influence
Gegenteil *n (n)* reverse; opposite
gegenwärtig *adj* current; present; prevailing
Gegenwartswert *n (m)* present value
Gegenwert *n (m)* countervalue; equivalent (value); exchange value; **monetärer Gegenwert** *n (m)* monetary equivalent (value); **objektiver Gegenwert** *n (m)* monetary value; equivalent value
Gehalt *n (n)* salary
Gehaltsabrechnung *n (f)* payroll accounting
Gehaltserhöhung *n (f)* raise (US); (pay) rise (GB)
Gehaltsliste *n (f)* payroll
Gehaltssumme *n (f)* total salary
Gehäuse *n (n)* case, casing, cabinet; **Gehäuseschutz** *n (m)* casing protection
Geheimhaltung *n (f)* nondisclosure; concealment; observance (or maintenance) of secrecy; **Geheimhaltungspflicht** *n (f)* (imposed) secrecy; obligation to maintain secrecy
Gehfläche *n (f)* area that can be walked on; walkway
Gehölz *n (n)* wood; copse; thicket
Gehrecht *n (n)* wayleave; (pedestrian) right of way; *Syn.: Wegerecht*
Gehrung *n (f)* mitre; bevel; **auf Gehrung schneiden** *v/t* mitre (to)
Gehweg *n (m)* pavement; footpath; sidewalk (US); walkway (US); **Gehwegplatte** *n (f)* flagstone; pavement flag; paving slab; sidewalk flag (US)
Geierfonds *n (m) Fin (ugs.)* vulture fund; distressed debt fund, special situations fund
gekrümmt *adj* bent; curved; hooked; curvilinear
gelagert *adj* stored; warehoused
Gelände *n (n)* area; grounds; site; terrain; tract (of land); **bebautes Gelände** *n (n)* developed (improved) site; **erschlossenes Gelände** *n (n)* improved site; developed site; **flaches Gelände** *n (n)* flat (or level) ground
Geländeabbruch *n (m)* (steep) drop; (steep) slope; escarpment
Geländeaufnahme *n (f)* → archäologische Geländeaufnahme
Geländeerkundung *n (f)* terrain reconnaissance; area exploration
Geländehöhe *n (f)* ground level; grade (US)
Geländeneigung *n (f)* fall of ground; slope; incline
Geländeoberfläche *n (f)* ground level; area surface determined by the building plan and the local ground conditions to limit the height of any construction
Geländeplanierung *n (f)* site level(l)ing
Geländepunkt *n (m)* survey point; triangulation (trig) point
Geländer *n (m)* (hand)rail; railing; ban(n)ister(s); parapet; balustrade; guard rail; **Geländerpfosten** *n (m)* ban(n)ister
Gelbe Seiten *n/pl (f)* Yellow Pages
Geld *n (n)* money; cash; **Geld aufbringen** *v/t* raise money (to); procure money (to); **Geld einstreichen** *v/t* rake in (money) (to) (colloq.)
Geldabfindung *n (f)* cash settlement
Geldabfluss *n (m)* cash outflow; cash outlay
Geldabwertung *n (f)* (currency) devaluation
Geldausgang *n (m)* disbursements; expenses; outlay
Geldausgleich *n (m)* money compensation; compensation payment; equalization of burdens payment; financial (or money) compensation; financial settlement
Geldeingang *n (m)* receipts of money; cash receipts; takings
Geldentschädigung *n (f)* money (or pecuniary) compensation; indemnification in money; cash indemnity; money indemnity

Gelder *n/pl (n)* money; funds; **aufgenommene Gelder** *n/pl (n)* borrowed funds; **Gelder aufbringen** *v/t* raise money (or funds) (to)
Geldgeber *n (m)* financial backer; sponsor; lender
Geldkurs *n (m)* bid price; buying rate
geldlich *adj* financial, monetary; pecuniary
Geldmarkt *n (m)* money market certificate
kurzfristige Geldmarktpapiere *n/pl (n)* short-term money market papers; short-term commercial paper
Geldmarktzertifikat *n (n)* money market certificate; certificate of deposit
Geldmenge *n (f)* money supply
Geldmiete *n (f)* cash rent; money rent
Geldmittel *n/pl (n)* means; financial resources; funds
Geldpolitik *n (f)* monetary-fiscal policy; monetary policy
Geldrente *n (f)* regular payment; esp. compensation paid e.g. as an annual amount instead of a lump sum
Geldspende *n (f)* donation
Geldstrafe *n (f)* fine
Geldströme *n/pl (m)* cash flows; flow of funds
Geldwert *n (m)* monetary value, value for money (VFM), money's worth, cash value
geldwert *adj* (for) money's worth; having a monetary value; **geldwerte Gegenleistung** *n (f)* full consideration; valuable consideration; **geldwerter Vorteil** *n (m)* benefit in kind; non-cash benefit; benefit in money's worth
Gelegenheit *n (f)* opportunity; chance; occasion; **Gelegenheitsgeschäft** *n (n)* chance bargain; opportunity trade; **Gelegenheitsgesellschaft** *n (f)* temporary joint venture; ad hoc consortium; particular partnership; **Gelegenheitskauf** *n (m)* chance purchase
gelegen (in) *adj* situated (in); located (in)
Gelenk(stück) *n (m)* joint
geltend machen *v/t* assert (to); contend (to); argue (that) (to)
Geltungsbereich *n (m)* area of applicability; scope; jurisdiction; **persönlicher Geltungsbereich** *n (m)* personal scope
Geltungsdauer *n (f)* validity period; term
Gemarkung *n (f)* district (e.g. cadastral)
Gemäuer *n (n)* walls; masonry; walling
Gemeinbedarf *n (m)* public requirements; **Gemeinbedarfsflächen** *n/pl (f)* areas for public purposes (schools, hospitals etc.)
Gemeinde *n (f)* municipality; local authority; community; (e.g.) borough council; (e.g.) district council; parish
Gemeindeaufsicht *n (f)* supervision of municipal authorities by the Länder (states); involves both general and legal supervision; a counterpart to the autonomy granted to the municipalities
Gemeindebedarfsfläche *n (f)* → Gemeinbedarfsflächen
Gemeindeland *n (n)* common fields; common land; open common
Gemeindeordnung *n (f)* municipal code; byelaws
Gemeinderat *n (m)* local council
Gemeindesatzung *n (f)* byelaw
Gemeindesteuer *n (f)* council tax; local tax; community charge; council rate; **Gemeindesteueramt** *n (n)* rates office; council tax office; city tax assessor (US)
Gemeindestraße *n (f)* municipal road; parish road
Gemeindeverband *n (m)* association (or union) of local authorities; joint municipal board; municipalities association
Gemeindevermögen *n (n)* community assets; communal assets; corporation (or municipal) property
Gemeindeverordnung *n (f)* byelaw
Gemeindeverwaltung *n (f)* local council; municipality; municipal government
Gemeindezentrum *n (n)* community centre; civic center; municipal center
Gemeingebrauchsfläche *n (f)* → Gemeinbedarfsflächen
Gemeinkosten *n/pl* overhead(s); on-costs; indirect costs; general expenses; fixed costs; common expenses; soft cost; **Gemeinkostenumlage** *n (f)* allocation of overhead; apportionment of indirect costs; overhead distribution
Gemeinlastprinzip *n (n)* public responsibility principle; the financial responsibility for decontamination of contaminated land or buildings will be met out of general taxation; the only practicable principle if efforts by public authorities to apportion responsibility under the → Verursacherprinzip (polluter pays) are unsuccessful

g

gemeinnützig *adj* charitable; for the public welfare; non-profit
gemeinsam *adj* common; corporate; collective; joint
Gemeinschaftsanlage *n (f)* communal amenity; communal facility (or installation)
Gemeinschaftsaufgabe *n (f)* federal (or joint) project; collective responsibility; joint task; common task
Gemeinschaftseigentum *n (n)* common property; common ownership
Gemeinschaftseinrichtungen *n (f)* common areas; common facilities
Gemeinschaftsfinanzierung *n (f)* joint financing; community financing; group financing
Gemeinschaftsfläche *n (f)* common area(s); common parts
Gemeinschaftsgut *n (n)* community property
Gemeinschaftsgutachten *n (n)* joint report; joint expert opinion
Gemeinschaftshaus *n (n)* community centre; assembly hall
Gemeinschaftskonto *n (n)* (bank) joint account; alternate account; (investment fund etc.) omnibus account; joint tenancy account (US)
Gemeinschaftskraftwerk *n (n)* joint venture power station (or generating plant)
Gemeinschaftsordnung *n (f) Law* condominium regulations, co-ownership rules
Gemeinschaftsprüfung *n (f)* joint audit; joint examination
Gemeinschaftsunternehmen *n (n)* joint venture (company); cooperative venture; joint undertaking; equity joint venture; jointly controlled entity; joint partnership
Gemeinwesen *n (n)* community
Gemeinwohl *n (n)* common welfare; public interest; public welfare
Genauigkeit *n (f)* accuracy; precision; strictness; care
genehmigen *v/t* approve (to); grant (to); allow (to); permit (to)
genehmigt *adj* authorised; approved
Genehmigung *n (f)* approval; permit; permission; licence; homologation; grant; assent; authorization (of); **stillschweigende Genehmigung** *n (f)* tacit approval (or permission)
Genehmigungsgebühr *n (f)* planning fee; licence fee
Genehmigungspflicht *n (f)* license requirement; requirement to obtain official approval
Genehmigungsphase *n (f)* approval phase; approval stage
Genehmigungsplanung *n (f) ArCo* application for planning consent for a development project; fourth (of nine) → Leistungsphasen specified by the → Honorarordnung für Architekten und Ingenieure (HOAI), includes submission of a formal planning application to the appropriate authority, with all necessary documents e.g. 1:50 scale plans, sections and elevations; 1:500 location plan
Genehmigungspraxis *n (f)* approval process; authorization process; permission procedure(s)
Genehmigungsverfahren *n (n)* authorization process; permit procedure(s)
Genehmigungsvermerk *n (m)* approval notification; note of approval; note(s) on approval requirements; approval stamp
Genehmigungsvorbehalt *n (m)* authorization requirement; building approval proviso
Generalauftragnehmer *n (m)* main contractor
Generalbebauungsplan *n (m)* master (development) plan
Generalbevollmächtigter *n (m)* general agent; main agent; chief representative; universal agent
Generaldirektor *n (m)* (chief) general manager; chief executive; managing director; company president
Generalklausel *n (f)* blanket clause; general clause
Generalplan *n (m)* general (layout) plan; overall plan
Generalplaner *n (m)* full-service architecture and planning consultants; a firm offering integrated services including architecture, structural engineering and planning services; *Syn.: integrierte Gesamtplanung*
Generalplanung *n (f)* integrated services including architecture, structural engineering and planning services; *Syn.: integrierte Gesamtplanung*
Generalpolice *n (f) insur.* block policy

Generalübernehmer *n (m)* general contractor; a firm that undertakes to supply all the services required for the completion of a building contract but unlike a → Generalunternehmer does not carry out any of the work itself but rather employs subcontractors; **Generalübernehmervertrag** *n (m)* general contractor's agreement; agreement under which, unlike a → Generalunternehmer, the firm does not carry out any of the work itself but rather employs subcontractors

Generalunternehmer *n (m)* general contractor; prime contractor; main contractor; master builder; unlike a → Generalübernehmer the contracting firm carries out at least some of the work itself; **Generalunternehmervertrag** *n (m)* general contractor's agreement; general contractor contract; main contractor's agreement; prime contractor's agreement

Generalvertreter *n (m)* general agent; general representative; universal agent

Generalvollmacht *n (f)* full power of attorney

Genossenschaft *n (f)* association; cooperative; professional body; **Genossenschaftsbank** *n (f)* mutual (savings) bank; cooperative bank; **Genossenschaftseigentum** *n (n)* cooperative ownership; public ownership; common ownership

Gentrifizierung *n (f)* gentrification

Genuss *n (m)* enjoyment; consumption; **Genussrecht** *n (n)* participating right; jouissance right; **Genussschein** *n (m)* participation certificate; jouissance share

genutet *adj* grooved; scored

genutzt *adj* → gewerblich genutzt

Geodäsie *n (f)* geodesy; **niedere Geodäsie** *n (f)* (plane) surveying

geodätisches Vermessungssystem *n (n)* geodetic survey system

Geografisches Informationssystem (GIS) *n (n)* geographic information system

Geometrie *n (f)* geometry

geordnet *adj* tidy; orderly; systematic

gepflegt *adj* well-maintained, cared-for (e.g. garden, grounds)

gepfuscht *adj* botched; fudged; jerry-built

gerade *adj* straight; even; upright

Geradrohr *n (n)* straight pipe; **Geradrohr-Wärmetauscher** *n (m)* straight-tube heat exchanger

Gerät *n (n)* device; instrument; gadget; **Geräte** *n/pl (n)* instruments; equipment; gadgets; **beigefügte Geräte** *n/pl (n)* attached (or accompanying) equipment

Geräteart *n (f)* device type; meter type

Gerätefehler *n (m)* device error

Gerätenummer *n (f)* device number

Geräteraum *n (m)* equipment room; storage area for (e.g. garden) tools and equipment

Gerätestörung *n (f)* device error

Gerätevariante *n (f)* different (or alternative) types of device

geräumig *adj* spacious

Geräusch *n (n)* noise; sound

geräuscharm *adj* low-noise

Geräuschbelästigung *n (f)* noise pollution

Geräuschminderung *n (f)* noise reduction; noise abatement

gerecht *adj* equitable; just; fair; impartial

Gerechtsame *n (f)* *Law* assignable right of use → Nutzungsrecht

geregelt *adj* regulated

Gericht *n (n)* court; tribunal; (court) hearing; judges; **Gericht der letzten Instanz** *n (n)* court of last resort; **Gericht erster Instanz** *n (n)* court of first instance; inferior court; **Gericht zweiter Instanz** *n (n)* court of second instance; **oberstes Gericht** *n (n)* supreme court; **zuständiges Gericht** *n (n)* court having jurisdiction; competent court; court of competent jurisdiction

gerichtlich *adj* judicial; legal; of the court; **gerichtlich anerkannt** *adj* court-approved; **gerichtlich durchsetzbar** *adj* legally enforceable; enforceable by law

gerichtliche Testamentseröffnung *n (f)* *Law* commencement of the procedure of execution of a will; official notification of a will and its content to the beneficiaries by the Nachlassgericht (probate court), a division of the Amtsgericht (district court); analogous to the probate system in common law countries

gerichtlich verfolgen *v/t* sue (to); take sb. to court (to) (colloq.)

Gerichtsbarkeit *n (f)* jurisdiction; **freiwillige Gerichtsbarkeit** *n (f)* voluntary jurisdiction; special judicial procedure for mainly private law instances

Gerichtsentscheid *n (m)* court decision; judicial ruling

g

Gerichtsentscheidung *n (f)* adjudication; court decision; judicial ruling; court judgement
Gerichtsgebäude *n (n)* law courts; court house (US); court building
Gerichtskosten *n/pl* legal costs
Gerichtsort *n (m)* town with a court; venue; place of trial
Gerichtsstand *n (m)* venue; jurisdiction; court of jurisdiction; place of jurisdiction
Gerichtstermin *n (m)* (date of) hearing
Gerichtsurteil *n (n)* verdict; judgement; court decision
Gerichtsverfahren *n (n)* lawsuit; court procedure; court proceedings; legal proceedings
Gerichtsverhandlung *n (f)* hearing; trial; session
Gerichtsvollzieher *n (m)* bailiff; marshal (US)
gering *adj* minor; low; poor; slight; small; insignificant
geringfügig *adj* slight; negligible; fractional; minor; immaterial
Geringstland (BewG) *n (n)* low(est) value agricultural land; mainly pasture and scattered grassland having the lowest yield
geringwertig *adj* inferior; of inferior quality; low value; *Syn.: minderwertig*
German Facility Management Association (GEFMA) *n (f) Org* Society for facility management professionals in Germany
Geröll *n (n)* gravel; pebbles; boulders; stone; **grobes Geröll** *n (n)* boulders
Geruchsimmission *n (f)* air pollution; smell nuisance
Geruchsverschluss *n (m)* (stench) trap; air trap
Gerüst *n (n)* scaffold(ing); truss; stage; **fahrbares Gerüst** *n (n)* mov(e)able scaffolding (tower); jumbo (US); **hängendes Gerüst** *n (n)* cradle; flying scaffold; suspended scaffold
Gerüstbau *n (m)* scaffolding; staging
gesamt *adj* whole; entire; total
Gesamtattraktivität *n (f)* overall attractiveness
Gesamtauftragswert *n (m)* total contract value
Gesamtaufwand *n (m)* total expenditure
Gesamtbasis *n (f)* overall basis
Gesamtbaukosten *n/pl* total (hard) construction costs
Gesamtbestand *n (m)* total stock; total on hand
Gesamtbetrag *n (m)* total amount; grand total; sum total
Gesamtbetriebskosten *n/pl* total operating costs; total running costs
Gesamtbewertung *n (f)* overall rating; total evaluation
Gesamtbruttoertrag *n (m)* total gross revenue; total gross return
Gesamt-Cashflow *n (m)* total cash flow
Gesamteigentum *n (n)* joint ownership
Gesamteinkommen *n (n)* gross earnings
Gesamteinnahmen *n/pl (f)* total income
Gesamteinschätzung *n (f)* overall rating; total evaluation; total estimation
Gesamtenergieeffizienz von Gebäuden (EG-Richtlinie 2002/91/EG) *n (f) Law* Energy Performance of Buildings (EU Directive 2002/91/EC)
Gesamtentwicklung *n (f)* overall development; comprehensive development; overall trend
Gesamtentwicklungskosten *n/pl* total development costs
Gesamterbbaurecht *n (n)* ground (or building) lease on a number of adjoining plots that have different freehold owners
Gesamterfolg *n (m)* overall result; total success
Gesamtergebnis *n (n)* overall performance; final result(s)
Gesamterlös *n (m)* total revenue; total proceeds
Gesamtertrag *n (m)* total proceeds; total return; total income; total yield (ag.); performance
gesamteuropäisch *adj* Europe-wide; pan-European
Gesamtfläche *n (f)* total area; **vermietbare Gesamtfläche** *n (f)* gross leasable area
Gesamtgebühr *n (f)* total charge; overall rate
Gesamtgewinn *n (m)* total profit; overall gain; profits total
Gesamtgrundriss *n (m)* whole floor plan; whole layout plan
Gesamthand(s)eigentum *n (n)* common ownership; joint tenancy; tenancy in common
Gesamthypothek *n (f)* general mortgage; blanket mortgage; collective mortgage
Gesamtkapital *n (n)* total capital

Gesamtkapitalisierung *n (f)* overall capitalization
Gesamtkapitalrendite *n (f)* return on assets (ROA)
Gesamtkapitalrentabilität *n (f)* return on capital employed (ROCE); overall rate of return; total return on investment
Gesamtkosten *n/pl* total cost(s); total charges; **Gesamtkostenverfahren** *n (n)* total cost method; nature of expense method
Gesamtlänge *n (f)* overall length
Gesamtlaufzeit *n (f)* total life; total term; total repayment period
Gesamtleistung *n (f)* total output; overall performance
Gesamtmelioration *n (f) (CH)* (agricultural) land consolidation
Gesamtmiete *n (f)* total rent; **Gesamtmietfläche** *n (f)* gross lettable area (GLA); **Gesamtmieteinnahmen** *n/pl (f)* total rental income
Gesamtnutzungsdauer (GND) *n (f)* total useful life of the building; total exploitation duration; total economic life
Gesamtpreis *n (m)* total price; overall price; overall rate; lump sum price
Gesamtquerschnitt *n (m)* entire cross section
Gesamtrechnung *n (f)* → volkswirtschaftliche Gesamtrechnung
Gesamtrendite *n (f)* total yield; overall yield
Gesamtrisiko *n (n)* overall risk; total risk
Gesamtschätzung *n (f)* overall estimate
Gesamtschulden *n/pl (f)* total debt
Gesamtschuldendienst *n (m)* total debt service
gesamtschuldnerisch *adj* joint and several
Gesamtschuldverhältnis *n (n)* joint obligation; joint liability
Gesamtsteuerbelastung *n (f)* overall tax burden
Gesamtsteuersatz *n (m)* aggregate tax rate
Gesamtsumme *n (f)* aggregate amount; grand total
Gesamtumsatz *n (m)* total turnover
Gesamtverband der Deutschen Versicherungswirtschaft *n (m)* association of German insurance companies
Gesamtversicherung *n (f)* all-inclusive or all-in insurance; all-risk insurance; all-loss insurance
Gesamtwert *n (m)* total value; aggregate value; overall value
Gesamtwirkungsgrad *n (m)* overall efficiency
Gesamtwirtschaft *n (f)* the economy as a whole; industry; trade
Geschäft *n (n)* business; transaction; deal; trade; store; shop; **ehrliches Geschäft** *n (n)* honest (or fair) transaction; square deal; **zugrundeliegendes Geschäft** *n (n)* underlying transaction
Geschäfte *n/pl (n)* business operations
Geschäftsabschluss *n (m)* deal; business transaction; conclusion of a bargain; deal
Geschäftsauflösung *n (f)* business liquidation
Geschäftsausgaben *n/pl (f)* business expenses
Geschäftsbank *n (f)* commercial bank
Geschäftsbedingungen *n/pl (f)* → allgemeine Geschäftsbedingungen (AGB)
Geschäftsbereich *n (m)* scope of the business; business segment; division; jurisdiction; **fortzuführende Geschäftsbereiche** *n/pl (m)* continuing operations
Geschäftsbericht *n (m)* business report; annual report; **Inhalt des Geschäftsberichts** *n (m)* contents of the (annual) report of a business; **jährlicher Geschäftsbericht** *n (n)* annual report (of a company etc.)
Geschäftsbesorgungsvertrag *n (m)* mandate; contract of agency; contract for services
Geschäftsbücher *n/pl (n)* account books; accounting records; accounts; books of account
Geschäftsfähigkeit *n (f)* (legal or contractual) capacity; capacity to contract
Geschäftsfeld *n (n)* operating area; segment of a business; **regionales Geschäftsfeld** *n (n)* geographical segment
Geschäftsfläche *n (f)* business area; sales area
Geschäftsführer *n (m)* manager; managing director (of a company)
Geschäftsführung *n (f)* management; **Geschäftsführungsvertrag** *n (m)* management contract
Geschäftsgebäude *n (n)* a building used for retail purposes; normally found as a combination with e.g. → Wohn- und Geschäftsgebäude (mixed retail and resi-

dential building) or → Büro- und Geschäftsgebäude (mixed retail and and office building)
Geschäftsgrundlage *n (f)* basis of transaction
Geschäftsgrundstück *n (n)* business property; commercial property
Geschäftshaus *n (n)* lit. business premises; usually a smaller, multi-storey building in an urban location combining retail and office and sometimes also residential uses → Wohn- und Geschäftshaus
Geschäftsjahr *n (n) Fin, Tax* (Abrechnungszeitraum) financial year, accounting year; (tax) fiscal year, tax year, taxable year
Geschäftsklimaindex *n (m)* business climate index; consumer sentiment index (US)
Geschäftskosten *n/pl* → allgemeine Geschäftskosten
Geschäftsleiter *n (m)* business manager; managing director
Geschäftsleitung *n (f)* administration; management
Geschäftsordnung *n (f)* agenda; rules of operation
Geschäftsprüfung *n (f)* business audit; investigation of a business
Geschäftsräume *n/pl (m)* business accommodation; business premises
Geschäftssegment *n (n)* business segment
Geschäftssitz *n (m)* place of business; registered office
Geschäftsstelle *n (f)* office; branch office
Geschäftstätigkeit *n (f)* operating activities; **gewöhnliche Geschäftstätigkeiten** *n/pl (f)* ordinary activities; ordinary course of business
Geschäftsverkehr *n (m)* course of business
Geschäftsvorfall *n (m) Fin* accounting transaction; business transaction; **Geschäftsvorfall zwischen Konzernunternehmen** *n (m)* → konzerninterner Geschäftsvorfall
Geschäftswert *n (m)* goodwill
Geschäftszentrum *n (n)* commercial centre
Geschäftszusammenschluss *n (m)* → Fusion
Geschäftszweig *n (m)* branch; business segment; division; line of business
Geschäftszyklus *n (m)* business cycle; operating cycle
geschätzt *adj* estimated; valued; respected
Geschenk(-artikel) *n (m)* gift; sweetener (colloq.)
geschlossen *adj* closed; dense
Geschoss *n (n)* stor(e)y; level; floor; **oberes Geschoss** *n (n)* upper floor; upper storey; **unteres Geschoss** *n (n)* lower floor; bottom storey
versetzte Geschosse *n/pl (n)* split-level (stor(e)ys); staggered floors
Geschossanzahl *n (f)* number of floors
Geschossdecke *n (f)* (floor) slab
Geschossebene *n (f)* floor level
Geschossfläche (GF) *n (f)* floor space; floor area; **zulässige Geschossfläche** *n (f)* gross buildable area (GBA) (US); allowable floor area
Geschossflächendichte *n (f)* floor-space density; plot ratio; **Geschossflächenzahl (GFZ)** *n (f)* plot ratio (GB); floor to area ratio (US); floor space ratio (FSR); floor-area ratio (FAR); floor space index (FSI)
Geschosshöhe *n (f)* stor(e)y height; floor-to-floor height
Geschosszahl *n (f)* number of floors
geschweißt *adj* welded
Geschwindigkeitsrampe *n (f)* speed ramp
Geselle *n (m)* journeyman; skilled man; tradesman
Gesellschaft *n (f)* society; company; association; cooperative; professional body; **Gesellschaft bürgerlichen Rechts (GbR)** *n (f)* civil-law partnership; unincorporated civil-law association; **Gesellschaft mit beschränkter Haftung (GmbH)** *n (f)* limited liability company (US); (private) limited company (Ltd) (GB); privately-held corporation (US); closed corporation (US)
abhängige Gesellschaft *n (f)* subsidiary (company); controlled company; **atypische stille Gesellschaft** *n (f)* atypical silent partnership; → atypische stille Beteiligung; **börsennotierte Gesellschaft** *n (f)* listed company; **doppelt ansässige Gesellschaft** *n (f)* dual residence company; **eingetragene Gesellschaft** *n (f)* registered company (or corporation); **internationale Gesellschaft** *n (f)* multinational company; **konzessionierte Gesellschaft** *n (f)* licensed company; **nachgeschaltete Gesellschaft** *n (f)* second-tier company; lower-tier subsidiary; **stille Gesellschaft** *n (f)* dormant partnership; **typische stille Gesellschaft** *n (f)* silent partnership;

zwischengeschaltete Gesellschaften *n/pl (f)* interposed companies; interconnected companies

Gesellschafter *n (m)* partner; associate; **Gesellschafter einer Kapitalgesellschaft** *n (m)* shareholder; investor; **Gesellschafter einer Personengesellschaft** *n (m)* partner; associate

aktiver Gesellschafter *n (m)* active partner; **atypischer stiller Gesellschafter** *n (m)* atypical silent partner (silent or sleeping partner with participation in profit and loss, assets and hidden reserves); **beschränkt haftender Gesellschafter** *n (m)* limited partner; **persönlich haftender Gesellschafter** *n (m)* partner liable to unlimited extent; general partner; **stiller Gesellschafter** *n (m)* sleeping partner; silent partner; dormant partner

Gesellschafterdarlehen *n (n)* shareholder debt; shareholder loans

Gesellschafterfremdfinanzierung *n (f)* shareholder debt financing

Gesellschaft für immobilienwirtschaftliche Forschung (gif) *n (f) Org* Society of property researchers in Germany

Gesellschaft für Konsumforschung (GfK) *n (f) Org* Society for consumer research in Germany

Gesellschaftseigentum *n (n)* corporate property (or ownership); partnership property; common ownership; opposite of → Privateigentum

Gesellschaftsgründung *n (f)* incorporation

Gesellschaftskapital *n (n)* funds of a company

Gesellschaftskonzept *n (n)* social concept

Gesellschaftsorgan *n (n)* management of a company; directors of a company

Gesellschaftsrecht *n (n)* company law; corporate law

Gesellschaftsregister *n (n)* register of companies

Gesellschaftsteuer *n (f) Tax* (Kapitalbildung) capital duty; tax on capital formation; company tax; (Einnahme) corporate (income) tax; corporation tax

Gesellschaftsvermögen *n (n)* company or partnership (net) assets; corporate assets

Gesellschaftsvertrag *n (m)* articles of incorporation; articles (or memorandum) of association; partnership agreement

Gesetz *n (n)* law; act (of parliament); (statutory) code; statute; **kraft Gesetzes** by operation of law; by act of law; in accordance with (the) law

Gesetz gegen Wettbewerbsbeschränkungen (GWB) *n (n) Law* German act against restraints on competition; **Gesetz über Kapitalanlagegesellschaften (KAGG)** *n (n) Law* German (capital) investment companies act; **Gesetz über Unternehmensbeteiligungsgesellschaften (UBGG)** *n (n) Law* German associated companies act; **Gesetz zur Regelung des Rechts der allgemeinen Geschäftsbedingungen (AGBG)** *n (n) Law* German standard contract terms act

g

Gesetzbuch *n (n)* code (of law); statute (book)

Gesetzentwurf *n (m)* bill

Gesetzesnovelle *n (f)* amendment

Gesetzesübertretung *n (f)* breach of (the) law; malfeasance

Gesetzesvorlage *n (f)* bill

Gesetzgeber *n (m)* legislative body; legislator; lawmaker

Gesetzgebung *n (f)* legislation; **Gesetzgebung und Richtlinien** *n (f)* legislation and regulations (or directives)

Gesetzgebungskompetenz *n (f)* legislative competence

gesetzlich *adj* legal; statutory; lawful

gesetzwidrig *adj* illegal; unlawful

gesichert *adj* assured; safe; protected; secure(d)

Gesims *n (f)* cornice; **Gesimsleiste** *n (f)* cornice (mo(u)lding)

gespalten *adj* split; divided

Gesprächsrunde *n (f)* (round of) discussions; talks (esp. polit.); round-table discussion

gestaffelt *adj* graduated; staggered; progressive

gestalten *v/t* design (to); **neu gestalten** *v/t* redesign (to); restyle (to)

Gestaltung *n (f)* design; shape; form; structure; creation; designing; arrangement; shaping; development; **Gestaltungselement** *n (n)* design element; design feature; **Gestaltungsmissbrauch** *n (m)* abuse of law; abuse of tax; **Gestaltungsplan** *n (m) Plan (CH)* local plan; *Syn.: Bebauungsplan;* **Gestaltungssatzung** *n (f)* development byelaw(s); planning (or design) byelaws; **Gestaltungsvorschrift** *n (f)* design regulations; rules of design

Gestänge *n (f)* rod; bar; line of poles; linkage; arrangement of rods or levers

Gestattungsvertrag *n (m)* licensing agreement; license agreement

Gestehungskosten (Gebäude) *n/pl* actual costs (of a building); initial cost

Gestein *n (n)* stone; rock

gestoßen *adj* slotted; butted

gestrichelt *adj* broken (line); dotted (line)

gestrichen *adj* painted; coated; axed; deleted; cancel(l)ed

g

Gesuch *n (n)* petition; application; request; **ein Gesuch ablehnen** *v/t* refuse (or reject) a request (to)

gesund *adj* sound; in good shape; healthy

getrennt *adj* separate(d); segregated

Gewächs *n (n)* plant; growth

gewagt *adj* risky; daring

gewähren *v/t* grant (to); allow (to); give (to); offer (to)

Gewährleistung *n (f)* warranty; guarantee; warranty obligation; **Gewährleistung des Bauunternehmers** *n (f)* (building) contractor's warranty

gesetzliche Gewährleistung *n (f)* statutory warranty; implied warranty

Gewährleistungsansprüche *n/pl (m)* guarantee claims; warranty claims

Gewährleistungsbürgschaft *n (f)* performance bond; warranty bond

Gewährleistungsfrist *n (f)* warranty period, guarantee period; defects liability period; period of warranty; *Syn.: Gewährleistungszeit*

Gewährleistungshaftung des Verkäufers *n (f)* caveat venditor; caveat subscriptor; seller's guarantee liability

Verletzung der Gewährleistungspflicht *n (f)* breach of warranty

Gewährleistungsverpflichtungen *n/pl (f)* warranty obligation

Gewährleistungszeit *n (f)* warranty period; → Gewährleistungsfrist

Gewährleistungszeitraum *n (f)* warranty period

Gewährung eines Darlehens *n (f)* grant of a loan

Gewalt *n (f)* force; duress; power; violence; **höhere Gewalt** *n (f)* force majeure; act of God; act of nature beyond control

Gewann *n (n)* historical term for a part of a small agricultural area; property location without fixed frontiers

Gewässerhaftpflichtversicherung *n (f)* water liability insurance

Gewässerschaden *n (m)* water damage

Gewässerverschmutzung *n (f)* → Wasserverschmutzung

Gewässerverunreinigung *n (f)* → Wasserverschmutzung

Gewerbe *n (n)* trade; business; branch of industry; **Gewerbebank** *n (f)* industrial bank; tradesmen's bank; business bank; **Gewerbebauten** *n/pl (m)* commercial buildings; **Gewerbebetrieb** *n (m)* business enterprise; business establishment; industrial undertaking; **Gewerbeeinheit** *n (f)* retail unit; business space; esp. included in a house; **Gewerbeertrag** *n (m)* trade earnings; taxable profit (esp. for → Gewerbesteuer); esp. for → Gewerbesteuer; **Gewerbeertragsteuer** *n (f)* tax on trade income; **Gewerbefläche** *n (f)* business space; industrial (or commercial) property (US real estate); **Gewerbegebiet** *n (n)* industrial park; business park; commercial area; trade area; trading estate; **Gewerbegelände** *n (n)* land for business or commercial development; commercial or industrial site; **Gewerbegrundstück** *n (n)* commercial property; real estate used for commercial purposes

Gewerbeimmobilie *n (f)* (a) commercial property; commercial real estate; *Syn.: gewerbliche Immobilie*; **Gewerbeimmobilienmakler** *n (m)* commercial property (US: real estate) agent; commercial broker; commercial realtor (US)

Gewerbekapitalsteuer *n (f)* trade tax on capital; trade capital tax; **Gewerbelage** *n (f)* commercial real estate location

Gewerbemietraum *n (m)* rented (or leased) commercial accommodation; **Gewerbemietpreisspiegel** *n (m)* table of levels of rent for commercial properties → Mietpreisspiegel; **Gewerbemietvertrag** *n (m)* commercial lease (contract); business lease (contract); *Syn.: gewerblicher Mietvertrag*

Gewerbeobjekt *n (n)* → Gewerbeimmobilie; **Gewerbeordnung (GewO)** *n (f)* German trade regulation act; **Gewerbepark** *n (m)* business park; industrial estate; **Gewerberaum** *n (m)* industrial premises;

business premises; **Gewerberäume** *n/pl (m)* rented commercial (or industrial or trade) premises

Gewerbesteuer *n (f)* municipal trade tax; trade tax; **Gewerbesteuergesetz (GewStG)** *n (n) Law* German trade tax act; **Gewerbesteuerhebesatz** *n (m) Tax* (local) trade tax multiplier; actor by which the → Steuermessbetrag (taxable amount, based on trading profit) is multiplied to arrive at the tax payable; varies, sometimes considerably, according to municipality

Gewerbetreibender *n (m)* businessman; manufacturer; artisan

gewerblich genutzt *adj* (used) for commercial purposes

Gewerk *n (n)* craft; trade (skill); maintenance group; section of construction

Gewicht *n (n)* burden; load; pressure; weight; **spezifisches Gewicht** *n (n)* specific weight

Gewichtung *n (f)* weighting; prioritisation

Gewinde *n (n)* thread; **Gewindeanschluss** *n (m)* screw thread; **Gewindemutter** *n (f)* nut; **Gewindeschneider** *n (m)* die; tap; screw plate

Gewinn *n (m)* profit; proceeds; gain; yield; avails; **Gewinn aus Neubewertung** *n (m)* surplus arising from revaluation; **Gewinn bringender Teil (eines Marktes)** *n (m)* profitable sector (of a market); hot area (of a market); **Gewinn der Periode** *n (m)* profit for the period; **Gewinn in Prozent des investierten Kapitals** *n (m)* rate of return on investment; return on investment; **Gewinn in Prozent des Umsatzes** *n (m)* net income percentage of sales; net operating margin; percentage profit on sales; **Gewinn nach Steuern** *n (m)* post-tax profit(s); **Gewinn oder Verlust aus der gewöhnlichen Tätigkeit** *n (m)* profit or loss from ordinary activities; **Gewinne und Verluste aus dem Abgang von Gegenständen des Anlagevermögens** *n/pl* capital gains and losses; gains and losses on the disposal of fixed assets; **Gewinn vor Steuern** *n (m)* profit before tax

ausgeschütteter Gewinn *n (m)* distributed income; distributed profits; **nicht ausgeschütteter Gewinn** *n (m)* retained earnings; accumulated earnings; **ausschüttungsfähiger Gewinn** *n (m)* earnings available for distribution; income available for distribution; **außerordentliche Gewinne und Verluste** *n/pl (m)* extraordinary (or exceptional) profits and losses; **entgangener Gewinn** *n (m)* loss of expected return; lost profit; loss of profit; **imaginärer Gewinn** *n (m)* anticipated profit; imaginary profit; paper profit; **nicht realisierter Gewinn** *n (m)* unrealized gain; **realisierter Gewinn** *n (m)* realized gain; realized profit; **rechnerischer Gewinn** *n (m)* accounting profit; paper profit; **thesaurierte Gewinne** *n/pl (m)* retained profits; retained earnings; **unerwarteter Gewinn** *n (m)* unexpected profit; windfall profit

Gewinn ausweisen *v/t* show a profit (to); post a profit (to) (US); **Gewinn einbringen** *v/t* be profitable (to); carry a yield (to); turn in profits (to) (US)

Gewinnabführung *n (f)* transfer of profits; shifting of profits (tax)

Gewinnanteil *n (m)* dividend; profit share

Gewinnaufschlag *n (m)* markup

Gewinnausschüttung *n (f)* distribution of earnings; dividend distribution; distribution of profits; **verdeckte Gewinnausschüttung** *n (f)* hidden profit distribution; constructive dividend; disguised distribution

Gewinnausschüttungsquote *n (f)* pay-out ratio

Gewinnberichtigung *n (f)* profit adjustment; surplus adjustment

Gewinnbeteiligung *n (f)* profit sharing; profit participation; contingent commission (insur.)

Gewinnermittlung *n (f)* ascertainment of profits; determination of taxable income; **Gewinnermittlungsart** *n (f)* method of determining profits; *Syn.: Gewinnermittlungsmethode, Gewinnermittlungsverfahren*

Gewinnglättung *n (f)* profit smoothing

Gewinnmarge *n (f)* (gross) profit margin

Gewinnprognose *n (f)* income forecast; **einjährige Gewinnprognose** *n (f)* one-year income forecast; **mehrjährige Gewinnprognose** *n/pl (m)* multiyear income forecast

Gewinnrealisierung *n (f)* profit-taking; realization (realisation) of profits; profit realization (realisation); profit recognition

Gewinnrücklage *n (f)* retained earnings; revenue reserve; surplus reserve
Gewinnschwelle *n (f) Fin* break-even point; **Gewinnschwellenanalyse** *n (f) Fin* break-even analysis; *Syn.: Gewinnschwellenrechnung, Deckungspunktanalyse*
Gewinnspanne *n (f)* gross margin; profit margin; trade margin
Gewinnthesaurierung *n (f)* profit retention
Gewinn- und Verlustrechnung (GuV-Rechnung) *n (f)* profit and loss statement; profit and loss account; income statement; **wiederhergestellte Gewinn- und Verlustrechnung** *n (f)* reconstructed operating statement
Gewinnung *n (f)* extraction; exploitation; output; reclamation (of land); **Gewinnungsrechte** *n/pl (n)* resource rights; mining rights
Gewinnverbesserung *n (f)* profit improvement
Gewinnverwendungsbeschluss *n (m)* dividends declared; dividends proposed
die Gewinnzone erreichen break even (to), go into the black (to); *Syn.: in die Gewinnzone kommen*
Gewinnzurechnung *n (f)* profit allocation
gewissenhaft *adj* conscientious; diligent; thorough
GewO → Gewerbeordnung
Gewohnheitsrecht *n (n)* common law; customary law; **internationales Gewohnheitsrecht** *n (n)* customary international law
Gewölbe *n (n)* arch; vault
gezeichnet *adj* drawn (by)
GF → Geschossfläche
GfK *Org* → Gesellschaft für Konsumforschung
GFZ → Geschossflächenzahl
Giebel *n (m)* gable; pediment(s); **kleiner Giebel** gablet
Giebeldach *n (n)* pitched roof; gable roof; **Giebelseite** *n (f)* gable end; end wall; **Giebeltürmchen** *n (n)* bell-cote; **Giebelwand** *n (f)* flank wall; gable wall; gable end
Gießerei *n (f)* foundry
Gießereiarbeiten *n/pl (f)* foundry work; casting (work)
gif *Org* → Gesellschaft für immobilienwirtschaftliche Forschung
giftig *adj* toxic; poisonous; noxious
Gips *n (m)* gypsum; calcium sulphate; plaster (of Paris); **Gipsdecke** *n (f)* plaster ceiling; **Gipsestrich** *n (m)* plaster (floor) screed; **Gipskartondecke** *n (f)* plasterboard ceiling; **Gipskartonplatte** *n (f)* plasterboard; **Gipskartonwand** *n (f)* plasterboard wall; **Gipsüberzug** *n (m)* plaster finish
Giroeinlagen *n/pl (f)* demand deposits
Girokonto *n (n)* current account
Girozentrale *n (f)* (bank) clearing house; central Giro institution
GIS → Geografisches Informationssystem
Gitter *n (n)* grating; grid; grille; **Gitterrost** *n (m)* grate; grating
Glas *n (n)* glass; **schusssicheres Glas** *n (n)* bullet-proof glass; **undurchsichtiges Glas** *n (n)* opaque glass; **vorgespanntes Glas** *n (n)* heat-tempered glass; toughened (safety) glass
Glasablage *n (f)* plate glass shelf
Glasbausteine *n/pl (m)* glass blocks
Glasdachziegel *n (m)* glass (roof) tile
Glaser *n (m)* glazier; **Glaserarbeit** *n (f)* glazing work
Glasfabrik *n (f)* glassworks; glass factory
Glasfaser *n (f)* fiberglass; glass fibre; glass fiber (AE); **Glasfaserdachziegel** *n (m)* fibreglass (roof) tile; **Glasfaserplatte** *n (f)* fibreglass sheet
Glasfassade *n (f)* glazed façade; glass front
glasieren *v/t* glaze (to)
Glastür *n (f)* glass door; french door; glazed door
Glasversicherung *n (f)* glass insurance
Glaswolle *n (f)* glass wool; spun glass
Glättscheibe *n (f)* (plasterer's) float
Glättung *n (f)* smoothing; **exponentielle Glättung** *n (f)* exponential smoothing
Glättungsmodell *n (n)* smoothing model
Glaube *n (m)* → guter Glaube; Treu und Glauben; öffentlicher Glaube; **guter Glaube** *n (m)* (in) good faith; **öffentlicher Glaube** *n (m)* public faith, public reliance; legal protection for s.one believing e.g. a public register entry to be correct
glaubhaft *adj* plausible; credible; **glaubhaft machen** *v/t* accredit (to); justify (to); state reasons (for) (to); substantiate (to)
Gläubiger *n (m)* creditor; **abgefundener Gläubiger** *n (m)* paid-off creditor; **bevorrechtigter Gläubiger** *n (m)* preferential creditor; creditor by priority; **gesicherter**

Gläubiger *n (m)* secured creditor; **nachrangiger Gläubiger** *n (m)* secondary creditor; subordinate creditor
Gläubigerstreit *n (m)* interpleader
Gläubigerverzeichnis *n (n)* schedule of creditors
Gleichbehandlung *n (f)* equal treatment; **Gleichbehandlungsgebot** *n (n)* equal treatment law; law prohibiting discrimination; → Allgemeines Gleichbehandlungsgesetz
Gleichbesicherungsklausel *n (f) Law* pari passu clause; *Syn.: Pari-passu-Klausel*
Gleichgewicht *n (n)* balance; equilibrium; **Gleichgewichtsdruck** *n (m)* equilibrium pressure; **Gleichgewichtswert** *n (m)* equilibrium value
Gleichheit *n (f)* consistency; equality; parity; par
Gleichlast *n (f)* uniformly distributed load
gleichschenklig *adj* isosceles (triangle)
gleichseitig *adj* equilateral
gleichstellen *v/t* equate (to); put on a par with (to); compare (with) (to)
Gleichstellung *n (f)* equalization (BE: equalisation); equivalence; equal opportunities
Gleichstrom *n (m)* direct current (DC); **Gleichstrommotor** *n (m)* direct current motor; DC motor; **drehzahlgeregelter Gleichstrommotor** *n (m)* speed-regulated direct current (dc) motor
Gleichung *n (f)* equation
Gleichwahrscheinlichkeit *n (f)* equal probability; equal opportunity
gleichwertig *adj* equal; equivalent; on a par (with); homogeneous
Gleichwertigkeit *n (f)* equality; equivalence; equal footing
gleichwinklig *adj* symmetrically angled; equiangular
Gleis *n (n)* rails; track; (railway) platform; **Gleisanschluss** *n (m)* railway siding; **Gleistrasse** *n (f)* (railway) trackbed; **Gleisverbindung** *n (f)* railway crossover; track connection
Gleitbereich der Vorlauftemperatur *n (m)* variation zone of the flow temperature
Gleitklausel *n (f)* indexation clause; (automatic) adjustment clause; escalation clause (US); fluctuation clause
Gleitlager *n (n)* slide bearing; sliding support; friction bearing
Gleitmutter *n (f)* slide nut; sliding nut
Gleitschutz *n (m)* anti-skid protection; wheel slide protection; non-slip tread inserts
Gleitsicherheit *n (f)* stability against sliding
Gleitzinshypothek *n (f)* adjustable mortgage
Glied *n (n)* limb; joint; link; term (maths)
Gliederheizkörper *n (m)* cast-iron radiator; sectional radiator
gliedern *v/t* arrange (to); divide (into) (to); classify (to)
Gliederung *n (f)* arrangement; structure; classification; **naturräumliche Gliederung** *n (f)* classification of natural areas on the basis of physical criteria
Gliederungsvorschriften *n/pl (f)* legal requirements for the classification of accounts
global *adj* global; overall
Global-Pauschalvertrag *n (m)* lump-sum contract; fixed-price contract; unlike a → Detail-Pauschalvertrag the work to be carried out is not described in detail
Glocke *n (f)* globe (lamp); bell; cover; cap
Glühbirne *n (f)* light bulb
GmbH → Gesellschaft mit beschränkter Haftung
GmbH & Co. KG *n (f)* limited partnership with a limited liability company as sole general partner
GmbH-Gesetz (GmbHG) *n (n) Law* German act concerning limited liability companies
GMP-Vertrag *n (m) Dev* → Garantierter Maximalpreisvertrag (GMP-Vertrag)
GND → Gesamtnutzungsdauer
Goldklausel *n (f)* gold clause; contractual agreement specifying payment in gold
Golfplatz *n (m)* golf course; golf links (seaside)
erworbener Goodwill *n (m)* purchased goodwill; **negativer Goodwill** *n (m)* negative goodwill; **originärer Goodwill** *n (m)* original goodwill; created goodwill; nonpurchased goodwill
Graben *n (m)* ditch; trench; culvert; drain
graben *v/t* excavate (to); bury (to); dig (to)
Grad *n (m)* grade; degree; extent
Gradiente *n (f)* gradient
Grädigkeit *n (f)* temperature difference
Gradtag *n (m)* degree day

Grandhotel *n (n)* large, particularly luxurious hotel
Granit *n (m)* granite
Granularität *n (f)* granularity; **Granularitätsskalierungsfaktor (GST)** *n (m)* granularity scaling factor (Basel II)
Grasdach *n (n)* (lit.) grass roof; flat roof with intentional cover of growing vegetation for insulation etc.
Grasland *n (n)* grassland; lea; ley; veld(t)
Grat *n (m)* ridge; burr
Gratisaktie *n (f)* bonus issue; bonus share
Grauzone *n (f)* grey (gray) area; twilight zone (US)

g

greifbar *adj* available; handy; within easy reach; tangible; **nicht greifbar** *adj* intangible; incorporeal
Gremium *n (n)* committee; body; board
Grenzabstand *n (m)* distance from a boundary (e.g. of a building or tree planting); border margin
Grenzbereich *n (m)* threshold; border area; intermediate zone
Grenzbezirk *n (m)* frontier district; border district
Grenzboden *n (m)* marginal land; the worst grade of agricultural land still economically viable
Grenze *n (f)* border; boundary; limit; **wirtschaftliche Grenze** *n (f)* efficient limit
Grenzerlös *n (m)* marginal revenue
Grenzertrag *n (m)* marginal gain; marginal profit; marginal revenue; **Grenzertragsboden** *n (m)* marginal (agricultural) land
Grenzkosten *n/pl* marginal cost(s); incremental cost(s)
Grenzkurs *n (m)* marginal rate
Grenzlinie *n (f) ArCo* border; boundary line; demarcation line
Grenzmarkierung *n (f)* boundary mark; land mark
Grenzmauer *n (f)* boundary wall; **gemeinsame Grenzmauer** *n (f)* common boundary wall; party wall
Grenznutzen *n (m) Econ* marginal utility; **abnehmender Grenznutzen** *n (m)* diminishing marginal utility
Grenzplankostenrechnung *n (f)* marginal costing; flexible analytic cost planning and accounting; flexible standard costing
Grenzregelungen *n/pl (f)* adjustment of parcel boundaries; boundary correction; regularization of boundaries
Grenzregelungsverfahren *n (m)* boundary adjustment procedure
Grenzstein *n (m)* land mark; boundary stone
Grenzsteuersatz *n (m)* marginal tax rate
grenzüberschreitend *adj* cross-border
Grenzvermessung *n (f)* boundary survey(ing); surveying and marking parcel boundaries
Grenzwert *n (m)* critical value; limit; threshold value
Grenzzone *n (f)* frontier zone; border zone
GrEStG *Law* → Grunderwerbsteuergesetz
GRF → Gründungsfläche
Griff *n (m)* handle; (door) handle
grob gerechnet *adj* roughly estimated; roughly calculated
Grobkies *n (m)* coarse gravel
grob überschlägig *adj* roughly estimated
Großanzeige *n (f)* display ad(vertisement); large display (computer)
Großauftrag *n (m)* bulk order; large-scale order
Großbrand *n (m)* big fire; conflagration
Größe *n (f)* measurement; size; **gängige Größe** *n (f)* stock size; normal size; common size; → ordinale Größe
Größendegression *n (f)* economies of scale
Größengliederung *n (f)* classification by size
Größenklasse *n (f)* bracket, category
Größenkriterien *n/pl (n)* size criteria
Größenordnung *n (f)* order of magnitude; scale
Größenvorteile *n/pl (m)* economies of scale; scale economies
großflächig *adj* extensive; large-scale; **großflächiger Einzelhandelsbetrieb** *Ret* large-scale retail operation, large store; e.g. hypermarket, retail warehouse
Großgrundbesitzer *n (m)* large landowner; big landed proprietor
Großhandel *n (m)* wholesale trade; wholesaler's; **Großhandelsbetrieb** *n (m)* wholesale operation; **Großhandelsindex** *n (m)* index of wholesale prices; **Großhandelspreis** *n (m)* wholesale price; trade price
Großkraftwerk *n (n)* large-scale power (or power plant)
Großmarkt *n (m)* superstore; hypermarket; central wholesale market
Großplattenbauweise *n (f)* construction method based on prefabricated slabs

Großprojekt *n (n)* major project; large-scale project; jumbo project (US)
Großraum *n (m)* metropolitan area; conurbation
Großraumbüro *n (n)* open plan office; landscaped office; cube farm (colloq.) (US)
Großschreibung *n (f)* capitalization; upper case (letters)
Großstadt *n (f)* large town; city; metropolis; **Großstadtgebiet** *n (n)* metropolitan area; city area
großstädtisch *adj* urban; big-city-; metropolitan
Großvaterklausel *n (f)* "grandfather clause"; allowing e.g. exemption from certain professional examinations for experienced practitioners
Großverbraucher *n (m)* bulk consumer
Großvermietung *n (f)* major letting; letting of large units
Großzählung *n (f)* census (esp. in Austria)
Großzyklus *n (m)* secular cycle; longer-term cycle
Grube *n (f)* (coal-)mine; pit; trench landfill; dump; cesspool; **Grubenkies** *n (m)* pit gravel; **Grubensand** *n (m)* pit sand
Grünanlage *n (f)* park; green space(s); landscaped area; **Grünanlagenplanung** *n (f)* open space (and landscape) planning
Grund *n (m)* ground; terrain; land; property; bottom (of e.g. lake or a vessel); foundations; **Grund und Boden** *n (m)* property; real estate; land; **fremder Grund und Boden** *n (m)* third-party real estate **gewachsener Grund** *n (m)* undisturbed soil; natural soil; **vernünftiger Grund** *n (m)* sound reason; **wichtiger Grund** *n (m) Law* lit. serious reason; basis for the extraordinary termination of a tenancy, an employment contract or a loan etc., often with immediate effect; e.g. non-payment of rent; failure to comply with significant contract terms
Grundakte *n (f)* basic record (e.g. at the land registry); master file (comp.)
Grundbaustein *n (m)* basic component; element; module
Grundbedingung (eines Vertrags) *n (f)* basic condition; fundamental term (of a contract)
Grundbesitz *n (m)* real property; real estate; estate; land; land(ed) property; realty; **angrenzender Grundbesitz** *n (m)* adjacent property; **belasteter Grundbesitz** *n (m)* mortgaged estate; mortgaged property; **freier Grundbesitz (als Recht)** *n (m)* freehold; ownership; plant and equipment; property; titles; **lastenfreier Grundbesitz** *n (m)* unencumbered property; clear estate
Grundbesitzabgaben *n/pl (f)* real estate levies; real estate taxes (or duties)
Grundbesitzanlage *n (f)* real estate investment
Grundbesitzer *n (m)* landowner; landed proprietor
Grundbesitzrecht *n (n)* real property law
Grundbesitzwert *n (m)* value of real estate; property value
Grundbuch *n (n)* official real estate register; land register; cadastre; real estate register (US); plat book (US); **automatisiertes Grundbuch** *n (n)* computerised land register
Grundbuchabschrift *n (f)* extract (copy) from the land register; land certificate
Grundbuchamt *n (n)* land registry (GB); land records office (US); registry of deeds
Grundbuchauszug *n (m)* abstract of title; (registered) land certificate; certificate of title; cadastral extract; land register extract
Grundbuchbeamter *n (m)* land registry officer (GB); registrar of deeds (US)
Grundbuchbezirk *n (m)* land registry district (GB); cadastral district
Grundbuchblatt *n (n)* land register folio; page of the land register
Grundbuchdaten *n/pl (n)* title data; land registry data
Grundbucheinsicht *n (f)* inspection of land register
Grundbucheintragung *n (f)* land registration; real estate recordings (US); title registration (US); **Grundbucheintragungssteuer** *n (f)* (lit.) land registration tax; deed tax; stamp duty
Grundbuchordnung (GBO) *n (f) Law* Land Register Act; together with the Grundbuchverfügung regulates the content and organisation of the → Grundbuch
Grundbuchverfügung *n (f) Law* Land Register Regulations → Grundbuchordnung
Grunddienstbarkeit *n (f)* easement; servitude; real (or land) servitude

Grundeigentum *n (n)* freehold; landed property; ownership of property; ownership of real estate (US); real property

Grundeigentümer *n (m)* freeholder; land owner; ground landlord

Grundeigentumsurkunden *n/pl (f)* muniments (of title); title deeds:

gründen *v/t* found (to); set up (to); establish (to); float (to)

Gründer *n (m)* promoter; founder

Grunderwerb *n (m)* acquisition of land; **Grunderwerbsdarlehen** *n (n) (Österr.)* land loan; loan to finance the purchase price of non- (or not yet) developable land; *Syn.: Bodenkredit*; **Grunderwerbsteuer** *n (f)* transfer tax; stamp duty; real property transfer tax; real estate transfer tax; **Grunderwerbsteuergesetz (GrEStG)** *n (n) Law* German real property transfer tax act; **Grunderwerbskosten** *n/pl* property purchase cost(s); acquisition cost(s); real estate transfer costs; realty transfer costs (US); **Grunderwerbsnebenkosten** *n/pl* purchaser's costs (e.g. agent's and notary's fees, transfer duty etc.); additional expenses of real estate purchase; attendant expenses (of purchase); incidental costs; incidental expenses of real estate acquisition; **Grunderwerbs- und Nebenkosten** *n/pl* real estate purchase and incidental costs

Gründerzeithaus *n (n)* style of (mainly residential) buildings in German and Austrian cities from the latter part of the 19th century (the period of industrialisation and a flourishing economy)

Grundfläche *n (f)* surface area; footprint; floor area; basic area; building area; **zulässige Grundfläche** *n (f)* gross developable area (GB); permitted building area

Grundflächenzahl (GRZ) *n (f)* site coverage index (decimal); site coverage ratio; site occupancy index (decimal); land-to-building ratio (decimal)

Grundfreibetrag *n (m)* basic tax allowance

Grundgebühr *n (f)* base fee; basic charge; flat rate

Grundgesamtheit *n (f)* population; basic population; main unit; universe (US stats.)

Grundgesetz (GG) *n (n)* basic law (the German constitution)

Grundherr *n (m)* lord of the manor; landlord (of property)

Grundieranstrich *n (m)* primer coat; priming coat; undercoat

Grundinstandhaltung *n (f)* basic maintenance

Grundisolierung *n (f)* basic insulation (esp. elec.); ground (or underfloor) insulation

Grundkapital *n (n)* capital stock; share capital; **Grundkapitalsenkung** *n (f)* reduction in capital stock

Grundkarte *n (f)* base map

Grundkredit *n (m)* real estate finance; loans on real estate

Grundlage *n (f)* basis; **gesetzliche Grundlage** *n (f)* legal basis; legal foundation; **logische Grundlage** *n (f)* rationale; logical basis (or foundation)

Grundlagenermittlung *n (f)* basic evaluation; e.g. of a proposal for a development project; the first (of nine) Leistungsphasen specified by the → Honorarordnung für Architekten und Ingenieure (HOAI); pre-design phase

Grundlagenzeichnung *n (f)* reference drawing

Grundlast *n (f)* base load; **Grundlastanlage** *n (f)* base load plant; **Grundlastbereich** *n (m)* base load range; **Grundlastleistung** *n (f)* base load performance; **Grundlaststromerzeugung** *n (f)* basic load power generation

grundlegend *adj* basic; fundamental; essential

Grundleistung *n (f)* firm capacity; **Grundleistungen** *n/pl (f)* basic services; firm capacities

gründlich *adj* thorough; diligent; careful

Grundlinie *n (f)* base line; outline

Grundmauer *n (f)* foundation (wall)

Grundmiete *n (f)* basic rent

Grundmietzeit *n (f)* minimum term of lease; basic leasing period

Grundpfandrecht *n (n)* mortgage lien; charge by way of legal mortgage; encumbrance (US)

Grundpfandverschreibung *n (f) Law (CH)* mortgage; the securing of a current, future or even possible debt by means of the registration of a mortgage in the appropriate → Grundbuch; one of two main types of mortgage in Switzerland → Schuldbrief

Grundprämiensatz *n (m) Insur.* base premium (rate)
Grundpreis *n (m)* basic price; basic tariff; standard price; standing charge
Grundprinzip *n (n)* basic principle; canon
Grundregister *n (n)* land register (esp. Swiss); (county) property records; **Grundregistereintragung** *n (f)* entry in the land register; recording (US)
Grundrendite *n (f)* basic yield
Grundrente *n (f)* ground rent; rent charge; basic pension
Grundriss *n (m)* plan; layout; floor plan; ground plan; horizontal section; **Grundrissgestaltung** *n (f)* layout design; layout planning; **Grundrissplan** *n (m)* floor plan; layout plan
Grundsatz *n (m)* principle; **Grundsatz der Einzelbewertung** *n (m)* principle of individual evaluation (accounting); **Grundsatz der Gesamtbewertung** *n (m)* principle of appraising land and buildings as a single unit; **Grundsatz der Klarheit** *n (m)* principle of clarity; **Grundsatz der Periodenabgrenzung** *n (m)* accrual basis of accounting principle; accrual concept; accrual principle; **Grundsatz der sachlich-zeitlichen Abgrenzung** *n (m)* matching principle; matching concept; **Grundsatz der Stetigkeit** *n (m)* consistency concept; consistency principle; **Grundsatz der Unternehmensfortführung** *n (m)* going concern (principle); **Grundsatz der Wesentlichkeit** *n (m)* principle of materiality
Grundsätze der Rechnungslegung *n/pl (m)* accounting rules; accounting standards; **Grundsätze der Vergabe** *n/pl (m)* principles governing placing (or award) of contracts; principles (standards) of public procurement; **Grundsätze ordnungsmäßiger Immobilienbewertung** *n/pl (m)* generally accepted property appraisal standards
Grundsatzentscheidung *n (f)* fundamental decision; (law) landmark decision
Grundsatzvereinbarung *n (f)* general agreement; basic agreement; heads of agreement
Grundschuld *n (f)* land charge; **erstrangige Grundschuld** *n (f)* prior charge (or mortgage)
Grundschuldbrief *n (m)* land charge certificate; **Grundschuldgläubiger** *n (m)* mortgagee, holder of a land charge; **Grundschuldlöschung** *n (f)* discharge (cancellation) of land charge
Grundstein *n (m)* foundation stone; cornerstone; **Grundsteinlegung** *n (f) ArCo* laying (of) the foundation stone
Grundsteuer (GrSt) *n (f)* land tax; real property tax; realty tax; real estate tax; property tax; **Grundsteueramt** *n (n)* tax office (for assessing and collecting); **Grundsteuergesetz (GrStG)** *n (n) Law* German land tax act
Grundstück *n (f)* site; property; plot; parcel; lot; real estate; land; tract (of land); **Grundstück des Berechtigten** *n (n)* real estate belonging to the entitled party
Geschichte des Grundstücks *n (f)* history of the property; **Grundstücke ohne Bauten** *n/pl (n)* undeveloped sites; unimproved real property; **wesentliche Bestandteile eines Grundstücks** *n/pl (m)* (essential) constituents of a property; essential components of a property
angrenzendes Grundstück *n (n)* adjoining property; adjoining site; **baureifes Grundstück** *n (n)* land ready for building; improved piece of land; improved plot of land; **bebautes Grundstück** *n (n)* developed (improved) site; land and buildings; **dienendes Grundstück** *n (n) Law* subservient tenement; **erschlossenes Grundstück** *n (n)* improved real property; developed land; **forstwirtschaftlich genutztes Grundstück** *n (n)* forest plot; forest parcel; forested land; wood lot (US); **gemischt genutztes Grundstück** *n (n)* mixed use of property (usually a mixture of residential and commercial); **gewerbliches Grundstück** *n (n)* commercial (or industrial) premises; **herrenloses Grundstück** *n (n)* derelict land; ownerless property; bona vacantia (property); unclaimed property; **herrschendes Grundstück** *n (n) Law* dominant estate; **landwirtschaftliches Grundstück** *n (n)* agricultural land; **mindergenutztes Grundstück** *n (n)* under-used sites; **sonstige bebaute Grundstücke** *n/pl (n)* other improved properties; **unbebautes Grundstück** *n (n)* undeveloped site; raw land (US); unimproved lot (US); undeveloped land; vacant land; **vermietetes Grundstück** *n (n)* let property; rented property (or site); **zuwegloses Grundstück** *n (n)* landlocked plot

g

Grundstück belasten *v/t* encumber real property (to)
Grundstücksanlieger *n (m)* abutter; frontager
Grundstücksart *n (f)* type of property; type of real estate
Grundstücksauflassung *n (f)* transfer of title of land; conveyance of land (by agreement (for land)
Grundstücksaufteilung *n (f)* plot allocation; site subdivision; plotting (US)
Grundstücksaufwendungen *n/pl (f)* real property outgoings, property/real estate expenses
Grundstücksbegrenzungen *n/pl (f)* site boundaries
Grundstücksbelastung *n (f)* charge on real property; encumbrance of land; **eingetragene Grundstücksbelastung** *n (f)* registered charge; registered mortgage; **Register für Grundstücksbelastungen** *n (n)* land charges register
Grundstücksbeschaffenheit *n (f)* nature of site; quality of site; topography of site
Grundstücksbeschreibung *n (f)* description of the property; land description
Grundstücksbesichtigung *n (f)* site visit; inspection
Grundstücksbesitzer *n (m)* property owner; lessor; landlord
Grundstücksbestandteile *n/pl (m)* appurtenances; components; fixtures; objects affixed to a structure; **bewegliche Grundstücksbestandteile** *n/pl (m)* chattel fixtures
Grundstücksbesteuerung *n (f)* property taxation; real estate taxation
Grundstücksbevorratung *n (f)* land bank (stock of plots); building up a reserve of developable land
Grundstücksbewertung *n (f)* land valuation; appraisal of fixed assets; property assessment; property valuation; real estate valuation (method); valuation of property; valuation of real property
Grundstückseigenschaften *n/pl (f)* site characteristics; property characteristics
Grundstückseigentum *n (n)* freehold estate; ownership of land and buildings; title to land
Grundstückseigentümer *n (m)* freeholder; landlord; real estate owner; site owner
Grundstückseinrichtungen *n/pl (f)* exterior facilities of a property (e.g. driveways, landscaping, parking area); (land) improvements (i.e. excl. buildings)
Grundstücksenteignung *n (f)* expropriation of land; compulsory purchase of land; dispossession
Grundstücksentschädigung *n (f)* compulsory purchase compensation; compensation for land expropriation; *Syn.: Enteignungsentschädigung*
Grundstücksentwickler *n (m)* land developer
Grundstückserschließung *n (f)* provision of site infrastructure
Grundstückserträge *n/pl (m)* returns from real estate; returns from landed
Grundstücksfläche *n (f)* site area; land size; plot area (US); plot size (GB); **bebaute Grundstücksfläche** *n (f)* developed (improved) area of a piece of land; **überbaubare Grundstücksfläche** *n (f)* überbaubare → Fläche
Grundstücksfonds *n (m)* real estate (investment) fund
Grundstücksgemeinschaft *n (f)* joint ownership of real estate
Grundstücksgeschäfte *n/pl (n)* real estate transactions; property transaction
Grundstücksgesellschaft *n (f)* property company; real estate company
Grundstücksgestalt *n (f)* site depth and shape of a site; topography of site
grundstücksgleich *adj* equivalent to real property
Grundstücksgrenze *n (f)* property boundary; property line; lot line; land boundary; real estate boundary
Grundstücksgröße *n (f)* site area; size of property
gewerblicher Grundstückshandel *n (m)* dealing in real estate as a business (tax purposes)
Grundstückshändler *n (m)* dealer in land (esp. for tax purposes)
Grundstückskauf *n (m)* acquisition of property; purchase of real estate
Grundstückskäufer *n (m)* purchaser of land; grantee of real estate
Grundstückskaufvertrag *n (m)* property purchase contract; real property purchase agreement; contract for deed; estate contract; installment sales contract; land contract; real estate purchase agreement; warranty deed (US); **Grundstückskaufvertrag (mit Abzahlung)** *n (m)* contract for deed

Grundstückskosten *n/pl Dev* (Baugrundstück) site cost(s); land cost(s)
Grundstückslasten *n/pl (f) Law* real estate charges and/or encumbrances
Grundstücksmakler *n (m)* (real) estate agent; broker; house agent; land agent; realtor (US)
Grundstücksmarkt *n (m)* property market; real estate market; **Grundstücksmarktbericht** *n (m)* real estate market report; published annually by the local official committee of valuation experts
Grundstücksnebenkosten *n/pl* attendant expenses (of purchase); incidental costs incurred by the purchaser of real estate
Grundstücksnummer *n (f)* (cadastral) parcel number; plot number; lot number (US)
Grundstücksnutzung *n (f)* land use
Grundstückspacht *n (f)* ground lease; ground rent; land lease (US)
Grundstückspapiere *n/pl (n)* brief of title (US); title deeds
Grundstücksparzellierung *n (f)* → Parzellierung
Grundstücksplan *n (m)* site plan
Grundstückspreise *n/pl (m)* real estate prices; land prices
Grundstücksqualität *n (f)* quality of land; real estate quality
Grundstücksrecht *n (n)* interest in land; title to real estate; **Grundstücksrechte** *n/pl (n)* real property rights; chattels real
Grundstücksreserven *n/pl (f)* land bank (of developable sites)
Grundstücksschätzung *n (f)* property assessment; property valuation; real estate valuation (method); valuation for property; valuation of real property; appraisal of fixed assets
Grundstückssicherung *n (f)* (Zaun usw.) property security, e.g. fences, gates, alarm system; (Versicherung) property protection (insurance)
Grundstücksspekulation *n (f)* real estate speculation
Grundstücksteil *n (m)* portion (or part) of a plot (US: lot)
Grundstücksteilung *n (f)* plot (sub)division
Grundstückstiefe *n (f)* plot depth; lot depth (US)
Grundstückstreuhand *n (f)* land trust; real property trust
Grundstücksübereignung *n (f)* conveyance of property; conveyance of real estate; transfer of land
grundstücksübergreifend *adj* (trees, aerials etc.) overlapping a site boundary; (Law) affecting more than one parcel of land e.g. an easement or restriction; e.g. an easement or restriction
Grundstücksübersicht *n (f)* site overview; site summary; schedule of plots
Grundstücksübertragungsurkunde *n (f)* deed of transfer; deed of conveyance
Grundstücksurkunde *n (f)* title deed(s)
Grundstücksveräußerung *n (f)* disposal (sale) of real estate; alienation of real estate; **Grundstücksveräußerungsrecht** *n (n)* right of alienation; right to convey real estate
Grundstücksvereinigung *n (f)* → Arrondierung
Grundstücksverkehr *n (m)* land transactions; property dealing; property transactions; real estate transactions
Grundstücksverkehrsgesetz (Grundstücks-VG) *n (n)* German law of real estate transactions
Grundstücksvermessung *n (f)* site surveying; metes and bounds (survey)
Grundstücksvermittler *n (m)* real estate broker
Grundstücksversicherung *n (f)* real property insurance
Grundstücksvertrag *n (m)* deed of real estate
Grundstücksverwalter *n (m)* land agent; land manager
Grundstücksverwaltung *n (f)* property management; estate management
Grundstücksverzeichnis *n (n)* cadastre; schedule of real estate holdings
Grundstückswert *n (m)* land value; value of the property; real estate value; site value; **entwicklungsbeeinflusster Grundstückswert** *n (m)* land value influenced by development (potential); **sanierungsbeeinflusster Grundstückswert** *n (m)* site (or property) value affected by urban renewal measures
Grundstückswertermittlung *n (f)* appraisal of fixed assets; property assessment; property valuation; real estate valuation (method); valuation of property; valuation of real property; **Grund-**

stückswertsteigerung *n (f)* → Wertsteigerung
Grundstückswirtschaft *n (f)* estate management
Grundstückszubehör *n (n)* fixtures and fittings (e.g. insurance)
Grundstückszufahrt *n (f)* vehicular access(es) to a property
Grundstückszuschnitt *n (m)* shape of a site (plan view)
Grundtarif *n (m)* base rate; basic rate
Gründung *n (f)* foundation; groundwork; (e.g. company) creation; setting-up; incorporation; establishment; (ArCo) foundation(s), footing(s); **schwimmende Gründung** *n (f)* raft foundation (or footing); spread foundation; surface foundation; *Syn.: Fundament*
Gründungsfläche (GRF) *n (f)* (lit.) foundation area; the gross external area of a building at ground level
Gründungsjahr *n (n)* year of formation; year of foundation
Gründungskapital *n (n)* start-up capital; initial capital stock; original capital
Gründungskosten *n/pl* cost of foundation; floating expenses; formation expenses; organization costs; organization expenses; preliminary costs; preliminary expenses (GB); promotion expenses; setting-up costs; setting-up expenses; setup expenses
Gründungsmitglied *n (n)* charter member; founder member (GB)
Gründungspfahl *n (m)* pile (foundation)
Gründungsprüfung *n (f)* scrutiny of company formation; initial audit
Gründungsschaden *n (m)* foundation damage
Gründungsstatut *n (n)* law of incorporation
Gründungsurkunde *n (f)* articles of incorporation (US); corporate charter; memorandum of association (GB); organization certificate
Gründungsvertrag *n (m)* articles of incorporation; articles of association; article of agreement
Grundvermögen *n (n)* basic assets; estate assets; immovable property; property in land; real property; real estate (property)
Grundwasser *n (n)* groundwater; subsoil water; **ungespanntes Grundwasser** *n (n)* free ground water; unconfined ground water
Grundwasserfläche *n (f)* ground water table; **Grundwasserniveau** *n (n)* ground water level; **Grundwasserspiegel** *n (m)* water table; groundwater level; level of ground water; **Grundwasserverschmutzung** *n (f)* ground water contamination; ground water pollution
Grundwert *n (m)* base value; basic amount; land value; site value
Grundzins *n (m)* basic rate of interest; **Grundzinssatz für Ausleihungen** *n (m)* base lending rate
Grundzug *n (m)* characteristic (feature); outlines
grünes Licht geben *v/t* give the go-ahead (to); give the green light (to)
grüne Wiese *n (f)* open countryside; green field (development)
Grünfläche *n (f)* open space; green area; landscaped area(s); green space; **Grünflächenanteil** *n (m)* green space ratio; **Grünflächenbedarf** *n (m)* demand for green space; **Grünflächenplanung** *n (f)* open space (and landscape) planning
Grüngürtel *n (m)* green belt
Grünland *n (n)* agric.: grassland; pasture (land), meadowland; *Syn.: Grasland, Weideland*
Grünlandzahl *n (f)* lit. grassland index (for soil appraisal)
Grünordnung *n (f)* green space planning; **Grünordnungsplan** *n (m)* green space plan; green space adjunct to a → Bebauungsplan
Grünstreifen *n (m)* green corridor; grass verge (or strip); green space
Grünzug *n (m)* *Plan* green corridor, greenway(s), green wedges
Gruppe *n (f)* group; team
Gruppenabschluss *n (m)* group accounts; group annual statement
Gruppenabschreibung *n (f)* group depreciation; composite depreciation; composite-life method of depreciation; composite rate method of depreciation
Gruppenarbeit *n (f)* group work; team work
Gruppenbesprechung *n (f)* team briefing; group meeting
Gruppenbewertung *n (f)* composite method of valuation; group appraisal;

group-of-asset valuation; group valuation; *Syn.: Gruppenbeurteilung*
Gruppengutachten *n (n)* opinion of a group of experts
Gruppenlastprinzip *n (n)* group responsibility principle; a group of persons, any of whom could conceivably have caused pollution, is made responsible for the financial consequences of decontamination (or voluntarily accepts such responsibility)
Gruppenversicherung *n (f)* collective insurance; group insurance
Gruppierung *n (f)* clustering; grouping
GRZ → Grundflächenzahl
GuD-Anlage *n (f)* gas and steam cogeneration plant
Gullydeckel *n (m)* drain cover
Gült *n (f) Law, Fin* (CH, veraltet) a historic form of mortgage; (Steuer) historic system of tax assessment in a number of countries in the former Habsburg empire
gültig *adj* valid; effective; in force
Gummifußbodenbelag *n (m)* rubber flooring
Gusseisen *n (n)* cast iron
Gussglas *n (n)* cast glass; ornamental glass
Gussrohr *n (n)* cast iron pipe
Gutachten *n (n)* valuation; survey; expert's report; appraisal report; valuation report; appraisal; expert opinion of valuation; **Gutachten eines Sachverständigen** *n (n)* expert's opinion; **Gutachten eines Schätzers** *n (n)* appraisal report
ablehnendes Gutachten *n (n)* negative report; deprecatory opinion;
Gutachten abgeben *v/t* hand over (or in) an appraisal report (to); submit an appraisal report; **Gutachten erstatten** *v/t* make a report (to); prepare a valuation (report) (to)
Gutachtenerstattung *n (f)* preparation of a valuation (report); **Gutachtenerstattungspflicht** *n (f)* duty (of sworn-in valuers) to prepare valuations
Gutachtenmängel *n/pl (m)* errors, weaknesses or deficiencies in an appraisal
Gutachter *n (m)* valuer; valuator; surveyor; expert witness; expert; estimator; assessor; appraisal; appraiser (US); certified public accountant (US); evaluator; **Gutachter in der Probezeit** *n (m)* valuer in the probationary period
externer Gutachter *n (m)* external valuer; **gerichtlich bestellter Gutachter** *n (m)* court-appointed valuer; **hauseigener Gutachter** *n (m)* internal valuer; **innerbetrieblicher Gutachter** *n (m)* internal valuer; **interner Gutachter** *n (m)* internal valuer; **unabhängiger Gutachter** *n (m)* external valuer; independent appraiser; **unparteiischer Gutachter** *n (m)* impartial expert; impartial valuer (or appraiser); **vereidigter Gutachter** *n (m)* official (court-sworn-in) valuer; **zertifizierter Gutachter** *n (m)* certified expert; **zugelassener Gutachter** *n (m)* approved expert; recognised valuer; licensed appraiser
Gutachterausschuss (GA) *n (m)* board of expert valuers; committee of experts; land valuation board; expert committee; official committee of valuation experts; official committee of valuers of fixed assets; **oberer Gutachterausschuss** *n (m)* State Board of Expert Valuers; State Valuation Committee (or Panel); **Gutachterausschuss für Grundstückswerte** *n (m)* committee of experts on real estate values
Gutachterausschussverordnung (GAVO) *n (f)* German state ordinance for the board of valuation experts
Gutachtergebühr *n (f)* appraisal fee
Gutachterhaftung *n (f)* liability of the appraiser
Gutachterhonorar *n (n)* appraisal fee; valuation fee
Gutachtertätigkeit *n (f)* activity as an expert (valuer)
Gütebeschreibung *n (f)* quality description
Gütebestimmung *n (f)* quality assessment; classification
Gütefaktor *n (m)* quality factor
Güteklasse *n (f)* grade; quality category
Güter *n/pl (n)* goods; assets; **abnutzbare Güter** *n/pl (n)* wasting assets; **bewegliche Güter** *n/pl (n)* mov(e)able assets; **dauerhafte Güter** *n/pl (n)* durable goods; comparison goods; **immaterielle Güter** *n/pl (n)* intangible goods; non-economic goods; **unbewegliche Güter** *n/pl (n)* immovables
Gütergemeinschaft *n (f)* community of property (CP) (spouses); joint property; property and profits received by a husband and wife during the marriage; **Gütermelioration** *n (f)* land consolidation;

Gütertrennung *n (f)* separation of property; separate estate (spouses)
Gütesicherung *n (f)* quality assurance
Gütevorschrift *n (f)* quality specification
Gütezeichen *n (n)* quality label; seal of approval; quality control mark
gutgläubig *adj* bona fide
Gutgläubigkeit *n (f)* good faith
Guthaben *n (n)* credit; assets; credit balance (bank); **befristete Guthaben** *n/pl (n)* time deposits
gutnachbarlich *adj* good-neighbo(u)rly
Gutsbesitzer *n (m)* estate owner; land owner; landed proprietor
Gutschein *n (m)* voucher; token; coupon
Gutschrift *n (f)* credit entry; credit slip
Gutseigentümer *n (m)* landlord
Gutshaus *n (n)* manor house
Gutsherr *n (m)* lord of the manor; estate owner
Gutshof *n (m)* estate; farm (yard); estate (farmland)
Gutsverwalter *n (m)* land agent; estate manager; bailiff
Gutsverwaltung *n (f)* estate management

H

Habe *n (f)* → persönliche Habe
Habenzins *n (m)* credit interest; interest on deposits; **Habenzinssatz** *n (m)* credit interest rate
Hafen *n (m)* harbour; harbor (AE); **Hafenfläche** *n (f)* port area; **Hafengebiet** *n (n)* port area; waterfront
haftbar *adj* liable; responsible; → persönlich haftbar
Haftbereich *n (m)* adhesion zone
Haftbinder *n (m)* adhesive; binding agent
haftend *adj* adhering; adherent
Haftfähigkeit *n (f)* power(s) of adhesion; adhesive powers
Haftgrenze *n (f)* adherence limit; limit of adhesion; sticking point
Haftgrund *n (m) ArCo* primer (paint); *Syn.: Voranstrich*
Haftpflicht *n (f)* liability; **gesetzliche Haftpflicht** *n (f)* legal liability
Haftpflichtversicherung *n (f)* liability insurance; third-party liability insurance; personal liability insurance; (public) liability insurance
haftpflichtig *adj* liable
Haftputz *n (m)* bonding plaster
Haftung *n (f)* adhesion; warranty; liability; **Haftung (für das Verhalten) Dritter** *n (f)* vicarious responsibility; **Haftung für den Erfüllungsgehilfen** *n (f)* vicarious liability; respondeat superior; **Haftung für Dritte** *n (f)* vicarious liability; respondeat superior; **Haftung für Schäden** *n (f)* liability for damage; impeachment for waste; **Haftung für Umweltschäden** *n (f)* environmental liability
beschränkte Haftung *n (f)* limited liability; **gesamtschuldnerische Haftung** *n (f)* joint and several liability; **persönliche Haftung** *n (f)* personal liability; **verschuldensunabhängige Haftung** *n (f)* strict liability; no-fault liability; liability regardless of negligence or fault; **volle Haftung** *n (f)* absolute liability; general liability
Haftungsausschluss *n (m)* disclaimer; exclusion of liability
Haftungsbegrenzung *n (f)* limitation of liability; **Haftungsbegrenzungsklausel** *n (f)* contribution clause (insur.)
Haftungsbeschränkung *n (f)* restriction of liability; limitation of liability
Haftungsdauer *n (f)* indemnity period; period of liability
Haftungsdurchgriff *n (m)* shareholder liability (for corporate actions); piercing the corporate veil
Haftungsfreistellung *n (f)* contract of indemnity; indemnification clause; hold-harmless agreement
Haftungsgrenze *n (f)* limit of liability (insurance)
Haftungssumme *n (f)* indemnity limit; amount guaranteed; maximum amount of insured's liability
Haftungsverhältnisse *n/pl (n)* contingent liabilities
Haftvermögen *n (n)* power(s) of adhesion
Halbbalken *n (m)* half-beam
Halbdach *n (n)* shed roof; pent roof
Halbgeschoss *n (n)* mezzanine (floor)
Halbholzbalken *n (m)* half-beam
Halbjahresbericht *n (m)* mid-year review; half-yearly report
Halbjahresrechnung *n (f)* half-yearly accounts
halbjährlich *adj* semiannual; biannual
Halbkreis *n (m)* hemicycle; semicircle
Halbpension *n (f)* half board (hotel etc.)
Halbsäule *n (f)* demi-column
Halbziegel *n (m)* half brick, snap header
Hälfte *n (f)* half; (a) moiety
Halle *n (f)* hall; shed (warehouse or factory-type building); hangar
Hallenbad *n (n)* indoor swimming pool
Haltbarkeit *n (f)* shelf life; service life; durability; **Haltbarkeitsprüfung** *n (f)* durability test
Haltedauer *n (f)* holding period
Haltefrist *n (f)* holding period
Halterung *n (f)* fitting; fastener; mounting
Hammer *n (m)* hammer; mallet; gavel
hämmern *v/i* hammer (to); pound (to)
aus einer Hand from one source; single-source; one-stop
Handbohrer *n (m)* gimlet
Handbuch *n (n)* manual; handbook; textbook

Handel *n (m)* trade; commerce; business; retailing; **internationaler Handel** *n (m)* international commerce; international trade
Handel treiben *v/t* do business (to); merchandise (to); trade (to)
handelbar *adj* › unbefleckt und handelbar
Handelsaktie *n (f)* trading stock; shares
Handelsaktiva *n/pl (n)* financial asset held for trading; trading assets
Handelsbank *n (f)* commercial bank; merchant bank
Handelsbericht *n (m)* trade report; market report
Handelsbilanz *n (f)* balance of trade (of a country); commercial balance sheet; trade balance sheet; statutory accounts
Handelsbrauch *n (m)* commercial custom; commercial practice; trade custom
Handelsergebnis *n (n)* trading result; dealing results
Handelsgericht *n (n)* commercial court
Handelsgeschäfte *n/pl (n)* → zweiseitige Handelsgeschäfte
Handelsgesellschaft *n (f)* trading company; business corporation; commercial law partnership; cooperative; → offene Handelsgesellschaft
Handelsgesetz *n (n)* commercial law; **Handelsgesetzbuch (HGB)** *n (n)* German code of commercial law
Handelsgut *n (n)* commodity; (article of) merchandise
Handelsimmobilie *n (f)* commercial (retail) property; retail real estate; retail property
Handelskammer *n (f)* chamber of commerce; → Industrie- und Handelskammer (IHK)
Handelsklasse *n (f)* merchantable grade
Handelsmesse *n (f)* trade fair
Handelsmieten *n/pl (f)* commercial leases
Handelspapiere *n/pl (n)* commercial documents
internationale Handelspolitik *n (f)* international trade policy
Handelspotenzial *n (n)* trading potential
Handelspreis *n (m)* market price; (typical) retail price
handelsrechtlich *adj* under commercial law; in accordance with commercial law
Handelsregister *n (n)* commercial register; trade register; **Handelsregistereintrag** *n (m)* company registration; incorporation
Handelsschaffung *n (f)* trade creation (effect)
Handelsschranke *n (f)* trade barrier
Handelsspanne *n (f)* (gross) profit margin, markup; trade (or trading) margin
Handelsstraße *n (f)* trade route
Handelstag *n (m)* trading day
handelsüblich *adj* commercial; standard trade
Handelsunternehmen *n (n)* trading company; trading enterprise
Handelsware *n (f)* merchandise; commodity; **Handelswarenumsatz** *n (m)* sales of merchandise; commodity turnover
Handelsweg *n (m)* trade route
Handelswert *n (m)* market value; commercial value; trade-in value
Handelszentrum *n (n)* commercial centre
Handfeuerlöscher *n (m)* (hand-held) fire extinguisher
Handgeld *n (n)* handsel; earnest money; bargain money
Handgriff *n (m)* handle; grip
handhabbar *adj* → leicht handhabbar
Handhabe *n (f)* hold; handle
Handlanger *n (m)* handyman; odd-job man
Handlauf *n (m)* handrail (support)
Händler *n (m)* trader; merchant; retailer; dealer; broker-dealer; salesman
Handlung *n (f)* shop; activity; action; operation; **fahrlässige Handlung** *n (f)* negligent act(ion)
Handlungsbevollmächtigter *n (m)* authorized agent; proxy; attorney-in-fact
Handlungsfeld *n (n)* sphere of activity; field of action
Handlungsstörer *n (m)* polluter; person actively responsible for a criminal act
Handlungsverantwortlicher *n (m)* party legally accountable through their acts
Handlungsvollmacht *n (f)* power of attorney; authority to act (or sign or negotiate); **eingeschränkte Handlungsvollmacht** *n (f)* limited power of attorney; limited authority to act (or sign or negotiate)
Handsäge *n (f)* (frame) handsaw
Handsender *n (m)* hand-held transmitter
Handtuchhalter *n (m)* towel hook; towel rail (US rack)
Handtuchheizkörper *n (m)* heated towel rail; towel radiator
Handtuchstange *n (f)* towel rail

Handwaschbecken *n (n)* handbasin

Handwerk *n (n)* craft; trade; **Handwerker** *n (m)* tradesman; workman; craftsperson; **Handwerksbetrieb** *n (m)* craft business; craft enterprise

Handzettel *n (m)* leaflet; handout (papers etc.)

Hang *n (m)* slope; incline; inclination; tendency; **Hangeinschnitt** *n (m)* cut(ting) into a slope

Hangar *n (m)* hangar

Hängebrücke *n (n)* suspension bridge

Hängedach *n (n)* suspended roof; suspension roof

Hängedecke *n (f)* suspended ceiling; drop ceiling (US)

Hängefach *n (n)* hanging section

Hängegerüst *n (n)* flying scaffold; hanging scaffold; hanging stage; suspended scaffold

Hängekran *n (m)* suspension crane

hängen bleiben *v/i* come to rest upon (to); get stuck (to)

hängend *adj* suspended; pendant; hanging

Hängeregal *n (n)* hanging shelf

Hängerinne *n (f)* hanging gutter; hanging stormwater gutter

Hängerüstung *n (f)* cradle; suspended scaffold

Hängeschiene *n (f)* suspension rail; hanging tie

Hängestange *n (f)* hanging rail

Hängestütze *n (f)* king bolt; king post

Hängewerk *n (n)* hanging truss; post truss; suspension structure; suspension truss; **Hängewerkbrücke** *n (f)* pendant-framed bridge

Harmonikatür *n (f)* folding door; sliding folding door; accordion door; concertina door

Hartbeton *n (m)* granolithic concrete

Hartbrandstein *n (m)* engineering brick; well-burnt brick; **Hartbrandziegel** *n (m)* hard-burnt brick

Härteausgleich *n (m)* hardship allowance; equitable compensation

Hartfaserplatte *n (f)* hardboard; molded fibre board

Hartgestein *n (n)* hard rock; hard stone

Hartglas *n (n)* toughened glass; hardened glass

Hartholz *n (n)* hardwood; laminated wood; **Hartholzdübel** *n (m)* hardwood plug; hardwood dowel

Hartschaum *n (m)* rigid foam

Harz *n (n)* resin; gum

Haubenkanal *n (m)* dome-shaped duct; hooded channel; **Haubenschanier** *n (n)* bonnet hinge

Haueisen *n (n)* hoe; mattock

Haufen *n (m)* pile

Häufigkeit *n (f)* frequency; incidence; **Häufigkeitsverteilung der Stichproben** *n (f)* frequency distribution of sample

Hauptabsatzgebiet *n (n)* principal market(ing) area

Hauptabsperrarmatur *n (f)* main isolation valve; main service valve

Hauptabsperrung *n (f)* main isolation; **Hauptabsperrung (Wasser)** *n (f)* main shut-off valve

Hauptanmeldung *n (f)* main application

Hauptanstrich *n (m)* finishing coat

Hauptanziehungspunkt *n (m)* main centre of attraction

Hauptauftragnehmer *n (m)* main contractor; prime contractor

Hauptbalken *n (m)* main beam; principal beam

Hauptbereich *n (m)* key area; main sector

hauptberuflich *adj* full-time; as a main job

Hauptbüro *n (n)* head office; main office

Hauptdaten *n/pl (n)* main data; master data

Haupteigenschaft *n (f)* major feature; main characteristic

Haupteingang *n (m)* main entrance; principal entrance

Haupteinkaufsbereich *n (m)* main shopping area

Haupteinkaufsstraße *n (f)* main shopping street; high street

Hauptgasleitung *n (f)* gas mains

Hauptlager *n (n)* main warehouse; main stock location; main bearing

Hauptleitung *n (f)* (service) mains; **Hauptleitungsrohr** *n (n)* main pipe

Hauptlinie *n (f)* main line; axis

Hauptmiete *n (f) (Österr.)* primary leasehold; **Hauptmieter** *n (m)* (hat Mietvertrag mit dem Vermieter) head tenant; head lessee, principal lessee, (US) (Einkaufzentrum usw.) prime tenant; major tenant; key tenant; **Hauptmietverhältnis** *n (n)* primary lease; **Hauptmietvertrag** *n (m)* primary lease; master lease; head lease

h

Hauptniederlassung *n (f)* head office; principal establishment (US)
Hauptnutzfläche (HNF) *n (f)* main effective area; net internal area; measured according to the DIN 277 standard
Hauptnutzung *n (f)* primary use
Hauptpächter *n (m)* (hat Pachtvertrag mit dem Verpächter) head tenant, head lessee, principal lessee, (US) prime tenant; (Einkaufzentrum usw.); prime tenant; major tenant; key tenant
Hauptpflicht *n (f)* principal obligation
Hauptprüfer *n (m)* chief examiner; principal
Hauptredner *n (m)* main (or keynote) speaker
Hauptrohrleitung *n (f)* main pipe
Hauptsammler *n (m)* interceptor sewer; main collector; main drain; main sewer
Hauptschalter *n (m)* master switch
Hauptschließanlage *n (f)* grand master keyed system
Hauptschlüssel *n (m)* master key; **Hauptschlüsselanlage** *n (f)* grand master keyed system; master key system
Hauptschuldner *n (m)* principal debtor
Hauptsitz *n (m)* head office; headquarters; principal place of business
Hauptsparren *n (m)* main rafter; principal rafter
Hauptstadt *n (f)* capital (city)
Hauptstraße *n (f)* high street; avenue; main street
Hauptstrecke *n (f)* main line
Hauptstütze *n (f)* main column
Haupttragbalken *n (m)* main bearer
Hauptträger *n (m)* main girder; principal girder
Hauptunternehmer *n (m)* main contractor; prime contractor
Hauptursache *n (f)* main cause; chief cause
Hauptverbindung *n (f)* main line; main connection
Hauptverkehrsader *n (f)* arterial road; thoroughfare (GB); thruway (US); **Hauptverkehrsstraße** *n (f)* arterial road; thoroughfare; main road
Hauptvermieter *n (m)* head landlord (i.e. usually the freeholder)
Hauptverteilerkasten *n (m)* main distribution board; **Hauptverteilleitung** *n (m)* main supply line; main connection pipe
Hauptverwaltung *n (f)* head office; headquarters; parent company
Hauptverwendungszweck *n (m)* primary use, main use (or purpose)
Hauptwasserleitung *n (f)* water main
Hauptwohnsitz *n (m)* principal residence; main residence; domicile
Hauptzugang *n (m)* main access; main entrance
Haus *n (n)* house; home; domicile; **einstöckiges Haus** *n (n)* single-storey house; bungalow; **kleines Haus** *n (n)* house; cottage; lodge
Haus & Grund *Org* (regional) home-owners and landowners association in Germany
Hausanschluss *n (m)* house (service) connection; **Hausanschlussleitung** *n (f)* house service connection; **Hausanschlussraum** *n (m)* switch room
Hausautomation *n (f)* house automation; **Hausautomationssystem** *n (n)* house automation system
Hausbank *n (f)* house bank; in-house bank; company bank
Hausbesetzer *n (m)* squatter; adverse user
Hausbesetzung *n (f)* squatting
Hausbesitzer *n (m)* houseowner; landlord
Hausbesorger *n (m) (Österr.)* (BE) caretaker, (AE) janitor; concierge; *Syn.: Hausmeister*
Hausboot *n (n)* houseboat
Hausbrand *n (m)* domestic fuel (for separate appliances, not central heating)
Häuschen *n (n)* cottage; small house; (porter's) lodge; outside WC (colloq.)
Hausecke *n (f)* quoin
Hauseigentum *n (n)* → Eigentum; **Hauseigentümer** *n (m)* houseowner; homeowner
Hausentwässerung *n (f)* building drainage; house drainage; → Entwässerung
Häuserblock *n (m)* block of flats; square; quadrangle; block
Häusergruppe *n (f)* group of houses; house group; set of houses
Häuserreihe *n (f)* row of buildings; terrace (of houses)
Häuserzeile *n (f)* terrace (of houses)
Hausflur *n (m)* hallway → Flur
Hausfriedensbruch *n (m)* trespass; illegal entry (of a house); breach of (domestic) peace
Haushalt *n (m)* household; budget; housekeeping; **einkommensschwacher Haushalt** *n (m)* low income household
Haushaltsgründung *n (f)* household formation

Haushaltsnahe Dienstleistungen *n/pl (f) Tax* household-related services; e.g. cleaning, gardening, eligible for tax relief under § 35a para. 2 clause 1 → EStG
Haushaltsprognose *n (f)* household forecast
Haushaltsrecht *n (n)* fiscal law
Haushaltswachstum *n (n)* growth in the number of households
Hauskesselanlage *n (f)* domestic boiler installation
Hausmakler-Formel *n (f)* estate agents' formula (rule of thumb valuation method)
Hausmeister *n (m)* caretaker (GB); janitor (US); (building) superintendent (US); *Syn.: Hauswart, Hausbesorger (Österr.), Abwart (Schweiz)*; **Hausmeisterdienst** *n (m)* janitorial services (US); caretaking services (GB)
Hausmüll *n (m)* domestic waste; household waste
Hausnummer *n (f)* house number (address)
Hausordnung *n (f)* house rules
Hausratsverordnung *n (f) Law* Household Effects Order; regulations governing the allocation of the family home and effects on divorce
Hausratversicherung *n (f) insur* home contents insurance, household effects insurance
Hausrecht *n (n) Law* domiciliary right; right of the householder (or commercial occupier) to forbid entrance to a property → Hausverbot
Hausschwamm *n (m)* house fungus; dry rot
Hausse *n (f)* bull market; boom; **Haussespekulant** *n (m)* → Haussier; **Haussier** *n (m)* bull (stock market)
Hausstation *n (f)* heat substation; (video) entry control system
Haustechnik *n (f)* home automation; mechanical services; **Haustechnikraum** *n (m)* boiler room; plant room; utility room (US)
Hausverbot *n (n)* ; specific prohibition to enter or remain in or on a property made by the person having → Hausrecht
Hausverbrauch *n (m)* domestic consumption
Hausverwalter *n (m)* property manager; esp. of a housing condominium (→ Eigentumswohnung) responsible for the management of the common parts (→ Gemeinschaftseigentum); if required appointed by vote of the owners under § 21 of the → Wohnungseigentumsgesetz (WEG)
Hausverwaltervertrag *n (m)* property management agreement
Hausverwaltung *n (f)* property management, building management (esp. apartments); → Hausverwalter
Hausverwaltungsvertrag *n (m)* → Hausverwaltervertrag
Hauswand *n (f)* building wall
Hauswart *n (m)* → Hausmeister
Hauswasserzähler *n (m)* domestic water meter; general water meter
Hauswirtschaftsraum *n (m)* utility room; laundry room
Hauszentrale *n (f)* (telecomms.) private switchboard; (elec.) consumer's installation
Hauszufahrt *n (f)* vehicular access
Hebeanlage *n (f)* pumping station
Hebebühne *n (f)* hydraulic ramp; lifting ramp
Hebel *n (m)* lever; **Hebelwirkung** *n (f)* gearing; leverage (US)
heben *v/t* raise (to); lift (to)
Hebesatz *n (m)* rate of assessment (taxes, esp. local); municipal factor; municipal percentage
Hebetür *n (f)* lever gear door; lifting door; lift gate
Hebung *n (f)* heave; enhancement; lift
Hecke *n (f)* hedge; hedgerow
heikel *adj* awkward; tricky (problem); risky
heilbar *adj* curable
Heim *n (n)* home; hostel
Heimat *n (f)* home; **Heimathafen** *n (m)* home port; port of registry; **Heimatland** *n (n)* home country; **Heimatstaat** *n (m)* native country; country of origin; home state; **Heimatstadt** *n (f)* home town
Heimfall *n (m)* escheat; reversion; devolution; e.g. to the freeholder at the end of an → Erbbaurecht; **Heimfallanspruch** *n (m)* right of reversion; reversionary claim; esp. of freeholder of a property subject to an → Erbbaurecht; estate in reversion; Right of reversion; reversionary claim; right of reversion; **Heimfallberechtigter** *n (m)* reversioner; remainderman; **Heimfallklausel** *n (f)* defeasance clause; reversion

clause; **Heimfallrecht** *n (n)* right of reversion; right of escheat; estate in reversion; **Heimfallregelung** *n (f)* reversion clause(s); in an → Erbbaurechtsvertrag giving details of compensation payments etc.
heimfallen *v/i* revert (to)
Heimgesetz (HeimG) *n (n) Law* lit. „Home Law"; regulations for homes caring for elderly people
Heimschule *n (f)* boarding school; private school
Heimstätte *n (f)* home; homestead
Heimwerker *n (m)* do-it-yourselfer; DIYer; handyman (US); **Heimwerkergeschäft** *n (n)* do-it-yourself store; **Heimwerkermarkt** *n (m)* do-it-yourself retail warehouse
Heißbitumen *n (n)* hot asphalt; molten bitumen; penetration grade asphalt
Heißluftheizung *n (f)* hot air heating system
Heißluftturbine *n (f)* hot air turbine
Heißwasser *n (n)* hot water; high temperature water; **Heißwassererzeuger** *n (m)* hot water boiler; **Heißwasserkessel** *n (m)* high temperature boiler; hot water boiler; **Heißwassernetz** *n (n)* high temperature (or hot) water network; **Heißwasserspeicher** *n (m)* high temperature water tank; hot water accumulator; hot water reservoir; storage water heater; **Heißwassersystem** *n (n)* high temperature (or hot) water system; **Heißwassertechnik** *n (f)* high temperature water technology; hot water engineering
Heizanlage *n (f)* heating installation; heating system
Heizdampf *n (m)* heating steam
heizen *v/t* heat (to)
Heizenergie *n (f)* heat energy; heating energy
Heizfläche *n (f)* heating surface; **Heizflächenreserve** *n (f)* heating unit reserve; **Heizflächentemperatur** *n (f)* heating area temperature
Heizgerät *n (n)* heater; heating appliance
Heizkanal *n (m)* heating duct
Heizkondensator *n (m)* heat condenser; heating condenser
Heizkörper *n (m)* radiator; heating element; **Heizkörperfühler** *n (m)* radiator temperature sensor; **Heizkörperleistung** *n (f)* radiator power; radiator output; **Heizkörperregler** *n (m)* radiator regulator; radiator thermostat; **Heizkörperventil** *n (n)* radiator valve
Heizkosten *n/pl* heating costs
Heizkostenabrechnung *n (f)* heat (cost) billing; heating costs billing procedure
Heizkostenvergleich *n (m)* comparison of heating costs
Heizkostenverordnung (HeizKV) *n (f)* German ordinance regulating the heating costs
Heizkostenverteiler *n (m)* heat cost allocator; **elektronischer Heizkostenverteiler** *n (m)* electronic heat cost allocator; electronic heat consumption (or usage) gauge
Heizkraftwerk (HKW) *n (n)* cogeneration plant; combined heat and power plant
Heizkraftwirtschaft *n (f)* heat and power industry
Heizkreislauf *n (m)* heating circuit
Heizlast *n (f)* heating load
Heizleistung *n (f)* thermal output
Heizleitung *n (f)* heating pipeline
Heizmaterial *n (n)* fuel
Heizmittel *n (n)* (heating) fuel; **Heizmittelstrom** *n (m)* fuel flow
Heizöl *n (n)* fuel oil; heating oil; oil-fuel; **leichtes Heizöl** *n (n)* light fuel oil
Heizperiode *n (f)* heating period; period of (central heating) supply
Heizreaktor *n (m)* heating reactor
Heizstrang *n (m)* heating section; heating element
Heizsystem *n (n)* heating system
Heizturbine *n (f)* heating turbine
Heizung *n (f)* heating; heating installation; **elektrische Heizung** *n (f)* electric heating **Heizungsanlage** *n (f)* heating system; heating installation; **Heizungskeller** *n (m)* boiler room; basement boiler room; **Heizungsraum** *n (m)* heating room; boiler room; **Heizungsrohr** *n (n)* heating pipe; heating tube; **Heizungstechnik** *n (f)* heating technology; heating engineering; **Heizungskosten** *n/pl* heating costs; heating expenses
Heizwärme *n (f)* thermal heat energy (for heating systems); **Heizwärmeabgabe** *n (f)* thermal output
Heizwasserleitung *n (f)* district heating water pipe

Heizwasserrücklauftemperatur *n (f)* heating water return flow temperature
Heizwassersystem *n (n)* heating water system
Heizwerk *n (n)* boiler house; district heating station; heat plant; heat supply station
Heizwert *n (m)* calorific value; thermal value
Heizzentrale *n (f)* district heat station; heating system (central control)
Hektar (ha) *n (m)* hectare; 10.000 sq m (2.471 acres)
Hellstrahler *n (m)* gas-fired radiant heater
Helmdach *n (n)* helm roof
herabsetzen *v/t* lower (to); reduce (to); abate (to)
herabsetzend *adj* disparaging; pejorative
Herabsetzung *n (f)* lowering; reduction; abatement; decrease; mitigation; disparagement
herausfordern *v/t* challenge (to); provoke into (to)
Herausforderung *n (f)* challenge; provocation
Herausgabeklage *n (f)* action of detinue
Herausgeber *n (m)* editor; publisher
herausstellen *v/t* emphasise (to); mark (to)
Herberge *n (f)* hostel, (hist.) hostelry, (coaching) inn
Herd *n (m)* hearth; stove
herkömmlich *adj* conventional; traditional; customary
Herrenhaus *n (n)* mansion; manor; stately home
herrichten *v/t* tidy up (to); fix sth. up (to)
Herrschaft *n (f)* rule; dominion; government; power
herrühren *v/i* stem from (to); come from (to)
herstellen *v/t* produce (to); make (to); build (to); fabricate (to); establish (to)
Hersteller *n (m)* maker; manufacturer
Herstellung *n (f)* manufacture; manufacturing; production; establishment
Herstellungsaufwand *n (m)* production cost(s), original costs; (Tax) construction costs
Herstellungskosten *n/pl Dev, Fin* construction cost(s); building cost(s); cost of building; (Bilanz) production costs, (final) manufacturing costs, factory costs, mill cost of sales, original costs, prime costs; (allgemein) cost of goods manufactured, cost of production; **gewöhnliche Herstellungskosten** *n/pl Val* → Normalherstellungskosten; **nachträgliche Herstellungskosten** *n/pl Fin, Tax* subsequent construction-related expenditure; e.g. costs of extending or improving a building but not repair or maintenance; **reine Herstellungskosten** *n/pl* manufacturing costs; net construction costs; (Tax) construction costs as distinct from repair and maintenance costs
Herstellungspreis *n (m)* production price; cost price; cost of manufacture
Herstellungswert *n (m) Fin, Tax* production cost/value; prime cost(s); **Herstellungswert der baulichen Anlagen** *n (m) Val* depreciated replacement cost of the buildings; in → Sachwert valuations; **Herstellungswert des Gebäudes** *n (m)* depreciated replacement cost of the buildings; esp. in → Sachwert valuations
hervorheben *v/t* emphasize (to); stress (to); mark (to)
heterogen *adj* heterogeneous
Heuschrecke *n (f) Fin (ugs.)* wörtl. „locust"; (colloq.) corporate raider; somewhat derogatory term applies esp. to e.g. private equity partnerships
HGB → Handelsgesetzbuch
Hiebreife *n (f)* felling maturity (timber)
Hilfsbewehrung *n (f)* auxiliary reinforcement
Hilfsgerüst *n (n)* shoring
Hilfskessel *n (m)* supplementary boiler
Hilfskonstruktion *n (f)* auxiliary construction; workaround
Hilfskraft *n (m)* temp(orary secretary); temporary worker; assistant
Hilfskühler *n (m)* auxiliary radiator; auxiliary cooler
Hilfsstütze *n (f)* flying shore; auxiliary supports
Hilfstätigkeit *n (f)* auxiliary work
Himmelsrichtung *n (f)* compass point; direction; orientation
Hinausschieben der Fälligkeiten *n (m)* postponement of maturity dates
hindern *v/t* hinder (to); block (to); obstruct (to); preclude (to)
Hinderung *n (f)* obstruction; estoppel; **Hinderungsgrund** *n (m)* reason (for not doing sth.)

Hingang *n (m)* death; demise
hinnehmen *v/t* accept (to); put up with (to)
hinreichend *adj* sufficient; adequate
hinten *adj* rear; at the back
Hintereingang *n (m)* rear entrance; rear access
Hinterfüllbeton *n (m)* backfill concrete
Hinterfüllung *n (f)* backfill; backfilling
Hintergebäude *n (n)* rear (or back) building; outbuilding; back premises; building at (US in) the back
Hintergrund *n (m)* economic background; **wirtschaftlicher Hintergrund** *n (m)* economic background
Hintergrundanalyse *n (f)* background study; background analysis
Hinterhaus *n (n)* rear building; back (of the) house; back premises
Hinterhof *n (m)* backyard
Hinterland *n (n)* hinterland; back country (US); interior of a country; (the) outback (Australia); upstate (US); **vorgeschobenes Hinterland** *n (n)* former back land which has been increased in importance and value (esp. due to the compulsory purchase of the front part of a site, e.g. for road widening)
Hinterlassenschaft *n (f)* estate; bequest
Hinterleger *n (m)* bailor
Hinterlegung *n (f)* lodgement; deposit(ation); escrow; bailment; earnest money (US); **Hinterlegungsschein** *n (m)* certificate of deposit; deposit receipt; letter of deposit; warrant of deposit
Hinterlieger *n (m)* property (usually house) without direct road frontage; flag lot (US); i.e. accessed by a driveway at the side of other properties; **Hinterliegergrundstück** *n (n)* site behind another property with access via a driveway
hinterlüften *v/t* ventilate (to); provide for airflow (to) (e.g. to timber elements)
Hintermauerung *n (f)* (loadbearing) inner leaf of a double (cavity) masonry wall; backing masonry; masonry back-up
Hinterseite *n (f)* back; rear side; rear elevation
Hintertreppe *n (f)* back stairs; back staircase
Hinweis *n (m)* advice; indication; information; instruction; notice; note; pointer; sign
Hinzufügung *n (f)* annexation; addition; add-on; apposition
hinzugefügt *adj* added; appended
hinzugenommen *adj* added; included; incorporated
Hinzurechnung *n (f)* addition; **Hinzurechnungen** *n/pl (f)* additions; add-backs (esp. for tax purposes)
Histogramm *n (n)* bar chart; histogram
Hi-Tech-Gebäude *n (n)* hi(gh)-tech building
Hitze *n (f)* heat
hitzebeständig *adj* heat resistant; fireproof; heat-proof; refractory
HKW → Heizkraftwerk
HOAI → Honorarordnung für Architekten
Hobbyraum *n (m)* hobby room; workroom; (home) workshop
Hobelbank *n (f)* workbench; carpenter's (or joiner's) bench
Hobelmaschine *n (f)* planer; planing machine
hobeln *v/i* plane (to); smooth (to)
Hobelspäne *n/pl (m)* (wood) shavings; (steel) facings
Hochbahn *n (f)* elevated railway (GB); elevated railroad (US)
Hochbau *n (m)* building construction; structural engineering; **Hoch- und Tiefbau** *n (m)* building and civil engineering; structural and civil engineering **Hochbauarchitektur** *n (f)* structural architecture; **Hochbaufirma** *n (f)* building contractor
hoch entwickelt *adj* highly-developed; sophisticated
Hochgarage *n (f)* multi-storey car park
Hochhaus *n (n)* (lit.) high building; skyscraper; tower block; multistorey; high-rise building; multi-story building (GB); block (of flats); apartment block (US)
hochheben *v/t* raise (to); lift (to)
Hochinflationsländer *n/pl (n)* countries with high levels of inflation
Hochkonjunktur *n (f)* (economic) boom
hochmodern *adj* ultramodern; (fig.) state-of-the-art
Hochofen *n (m)* blast furnace
Hochparterre *n (n)* raised ground floor
Hochrechnung *n (f)* projection; extrapolation
Hochregallager *n (n)* high-bay warehouse
Hochschulausbildung *n (f)* college education; university education
Hochschule *n (f)* university; college

Hochspannung *n (f)* high tension; high voltage; **Hochspannungskabel** *n (n)* high-voltage cable; **Hochspannungsleitung** *n (f)* power line; high-voltage wire; **Hochspannungsmast** *n (m)* (electricity) pylon

Höchstbetrag *n (m)* maximum amount; maximum sum; ceiling (amount); (insur.) line; **Höchstbetrag der Anrechnung** *n (m)* tax credit limitation; maximum tax credit allowed (double taxation)

Höchstentschädigung *n (f)* indemnity limit

Hochsteuerland *n (n)* high-tax country

Höchstgebot *n (n)* highest bid

Höchstlast *n (f)* peak load; maximum load

Höchstleistung *n (f)* maximum output; maximum demand; maximum benefit (insur.)

Höchstpersönlichkeitsgrundsatz *n (m)* principle of rights which cannot be delegated; e.g. the making of a will

Höchstpreis *n (m)* premium price; (price) ceiling; top price; **garantierter Höchstpreis** *n (m)* guaranteed maximum price

Höchstwert *n (m)* ceiling value; maximum value

Höchstzinssatz *n (m)* maximum rate of interest; interest rate cap; prime cap rate

höchstzulässig *adj* maximum permissible; maximum permitted

Hochtarifzeit *n (f)* high-tariff period

Hochtechnologie *n (f)* high technology; **Hochtechnologiezentrum** *n (n)* high technology park

Hochtemperaturreaktor (HTR) *n (m)* high temperature reactor

hochverzinslich *adj* yielding high interest; high interest-bearing; high-yield

Hochwasser *n (n)* high water; high tide; flood(s); **Hochwassermarke** *n (f)* high-water mark; **Hochwasserschutz** *n (m)* flood control; flood protection; **Hochwasserversicherung** *n (f)* flood insurance; **Hochwasserwahrscheinlichkeit** *n (f)* probability of flood(ing)

hochwertig *adj* high-grade; high-quality; premium

Hochzahl *n (f)* (maths) exponent

Hocker *n (m)* stool

Hof *n (m)* courtyard; yard; (Innenhof) courtyard; (Platz) yard

Hofreite *n (f)* farmhouse, farmstead; (farm)yard with (often half-timbered) buildings; (originally) courtyard and ancillary buildings associated with e.g. a manor house

Höhe *n (f)* height; altitude; elevation; (Niveau) level; **lichte Höhe** *n (f)* clear height; ceiling height; (free) headroom; overhead clearance

Hoheitsgebiet *n (n)* (sovereign) territory

Höhenfestpunkt *n (m)* bench mark; map datum

Höhenlage *n (f) Plan* height or elevation of a site

Höhenlinie *n (f)* contour line

Höhenpunkt *n (m)* spot height, spot elevation, geodetic point; *Syn.: Kote*

Höherlegung *n (f)* raising; elevation (e.g. motorway)

hohl *adj* hollow; sunken; concave

Hohlblock *n (m)* hollow (concrete) block; **Hohlblockstein** *n (m)* cavity block; hollow block

Hohldiele *n (f)* hollowcore (concrete) plank

Hohlkastenträger *n (m)* box girder

Hohlkehle *n (f)* cove; coving; channel; ogee; fillet

Hohlraum *n (m)* cavity; hollow; **Hohlraumbildung** *n (f)* cavitation; cavity formation

Hohlträger *n (m)* hollow girder; hollow section

Hohlwanddose *n (f)* hollow wall box (elec.)

Hohlziegel *n (m)* hollow brick; hollow tile

Holdinggesellschaft *n (f)* holding company

holländische Auktion *n (f)* Dutch auction

Holm *n (m)* cross beam; capping beam; waling; top transom

Holz *n (n)* wood; timber; **geleimtes Holz** *n (n)* glued timber; machine-finished (pressed) timber; **harziges Holz** *n (n)* resinous wood; **verrottetes Holz** *n (n)* decayed timber; **verzogenes Holz** *n (n)* warped timber

Holzarbeiten *n/pl (f)* timberwork

Holzarten *n/pl (f)* type of wood; wood species

Holzbalkenboden *n (m)* wooden joist floor; **Holzbalkendecke** *n (f)* wooden joist ceiling

Holzbau *n (m)* timber construction; timber structure; **Holzbauteile** *n/pl (m)* timberwork; timber building elements; **Holzbauwerk** *n (n)* timber structure

Holzbeläge *n/pl (m)* timber finishes

Holzbinder *n (f)* timber truss

Holzbock *n (f)* wood tick; an insect destroying any kind of dried wood

Holzfachwerk *n (n)* timber framing; **Holzfachwerkträger** *n (m)* timber lattice truss

Holzfaserbeton *n (m)* wood fibre (or fiber) concrete; **Holzfaserplatte** *n (f)* wood fibreboard (or fiberboard); particle board; Masonite (US)

Holzfäule *n (f)* dry rot

Holzfeuchte *n (f)* moisture content of timber moisture content of wood

Holzfußboden *n (m)* timber flooring; wooden floor

h

Holzgrundanstrich *n (m)* wood primer (paint)

Holzgüte *n (f)* timber quality; timber products

Holzhaus *n (n)* wooden house; frame house (US)

Holzhobel *n (m)* wood plane

Holzhütte *n (f)* wooden hut; cabin

Holzkonstruktion *n (f)* timber (or wooden) structure

Holzleimbau *n (m)* bonded wood construction

Holzleiste *n (f)* wood strip; wood border

Holzmontagebau *n (m)* prefabricated timber construction

Holzpflaster *n (n)* wood block paving

Holzplatten *n/pl (f)* timber boards

Holzrahmen *n (m)* timber frame

Holzriemenboden *n (m)* timber board flooring

Holzschalung *n (f)* roof boards; planking; roof boarding; timber formwork

Holzscheibe *n (f)* wood panel

Holzschindel *n (f)* shake shingle; wood shingle

Holzschraube *n (f)* wood screw

Holzschutzmittel *n (n)* timber preservative; **wässriges Holzschutzmittel** *n (n)* water-based (or aqueous) wood preservative

Holzsockelleiste *n (f)* timber base board (US); timber skirting board (GB)

Holzstützen *n/pl (f)* columns of timber; timber supports

Holztafelbauweise *n (f)* wooden panel construction

Holztäfelung *n (f)* panel(l)ing; wooden panel(l)ing; wainscoting

Holzträger *n (m)* timber girder; wood girder; wooden girder

Holztrocknungsanlage *n (f)* timber drying kiln

Holzverkleidung *n (f)* timber cladding; wood panelling

Holzvertäfelung *n (f)* timber (or wood) panelling

Holzwolle *n (f)* wood wool; wood shavings; excelsior (US)

homogen *adj* homogeneous

Honorar *n (n)* fee(s); charge; honorarium; professional fee(s); remuneration; **bestimmbares Honorar** *n (n)* definable fee (for professional services)

Honorarordnung für Architekten (HOAI) *n (f)* regulations for architects' and engineers' fees; → Leistungsphasen

Honorarschlussrechnung *n (f)* final fee account

Honorartabelle *n (f)* scale of fees

Honorarvorschuss *n (m)* retainer; advance fee

horizontal *adj* horizontal

Hotel *n (n)* hotel; inn; **Hotelbesitzer** *n (m)* hotel owner; hotelier; **Hotelbetreiber** *n (m)* hotel operator; **Hoteleinnahmen** *n (f)* hotel revenue; **Hotelkette** *n (f)* hotel chain; **Hotel- und Gaststättengewerbe** *n (n)* (the) hotel and catering trade (or industry)

Hub *n (m)* lift; stroke (e.g. of a piston); **Hubvolumen** *n (n)* swept volume; displaced volume; engine capacity

Hufeisenform *n (f)* horseshoe shape

Hügel *n (m)* hill; hillock

Hülle *n (f)* casing

Hülse *n (f)* sleeve; bushing

Humus *n (m)* humus; topsoil

Hütte *n (f)* hut; shack; shanty; shed; (hunting) lodge

Hüttenwerk *n (n)* smelting works; mill

hydraulisch *adj* hydraulic

Hyperinflation *n (f)* hyperinflation

Hypothek *n (f)* mortgage; dead pledge; **Hypothek auf ein Grundstück** *n (f)* mortgage on property; **Hypothek auf Firmeneigentum** *n (f)* mortgage on company property; **Hypothek kraft Gesetzes** *n (f)* *Fin* tacit mortgage; **Hypothek mit fester Laufzeit** *n (f)* (fixed-)term mortgage **gütliche Kündigung einer Hypothek** *n (f)* amicable termination of a mortgage; **Rangfolge von Hypotheken** *n (f)* priority of mortgages abgelöste Hypothek *n (f)* paid-off mortgage; **eingelöste Hypothek** *n (f)* redeemed mortgage; closed mortgage (account); **erste Hypothek** *n (f)* first mortgage; **erstrangige Hypothek** *n (f)* senior mortgage; prior charge (or mortgage); first mortgage; **erststellige Hypothek** *n (f)* first mortgage; prior mortgage; **gesetzliche Hypothek** *n (f)* statutory (land) charge (e.g. in favour of a married woman); legal mortgage; statutory mortgage; **gesicherte Hypothek** *n (f)* secured mortgage; **langfristige Hypothek** *n (f)* (long-term) mortgage; permanent mortgage (US); **nachrangige Hypothek** *n (f)* subordinated mortgage; sub(sequent) mortgage; junior mortgage (US); secondary mortgage; second mortgage; **offene Hypothek** *n (f)* open-end mortgage; **rechtsgültige Hypothek** *n (f)* legal mortgage; statutory mortgage; **voll belastete Hypothek** *n (f)* closed mortgage; **vorrangige Hypothek** *n (f)* prior mortgage; senior mortgage; **zinsvariable Hypothek** *n (f)* adjustable rate mortage; variable interest mortgage; **zweite Hypothek** *n (f)* junior mortgage (US); second mortgage; secondary mortgage; **zweitstellige Hypothek** *n (f)* junior mortgage; secondary mortgage; second mortgage

eine Hypothek ablösen *v/t* redeem a mortgage (to); **eine Hypothek aufnehmen** *v/t* raise a mortgage (to); take up a mortgage (to); **eine Hypothek bestellen** *v/t* create a mortgage (to); register a mortgage (to); mortgage (to); **eine Hypothek eintragen lassen** *v/t* register a mortgage (to); **eine Hypothek löschen** *v/t* discharge (or cancel) a mortgage (to); **eine Hypothek tilgen** *v/t* dismortgage; extinguish a mortgage (to); pay off a mortgage (to); wipe off a mortgage (to); **eine Hypothek übernehmen** *v/t* take over (or assume) a mortgage (to)

Hypothekar *n (m)* mortgagee

hypothekarisch *adj* by mortgage; hypothecary; **hypothekarisch belasten** *v/t* mortgage (to); encumber (to); **hypothekarisch besichern** *v/t* cover by a mortgage (to)

hypothekarisch belastbar *adj* mortgageable; **hypothekarisch belastet** *adj* mortgaged; encumbered

Hypothekarkredit *n (m)* real estate loan; mortgage loan

Hypothekarschuld *n (f)* debt on a mortgage

Hypothekenablösung *n (f)* redemption of mortgage; **Hypothekenablösungsrecht** *n (n)* equity of redemption

Hypothekenabteilung *n (f)* mortgage department

Hypothekenantrag *n (m)* application for a mortgage

Hypothekenauszahlung *n (f)* amount paid out to borrower of a mortgage

Hypothekenbank *n (f)* mortgage bank; **Hypothekenbankgeschäft** *n (n)* mortgage banking business; **Hypothekenbankgesetz (HBG)** *n (n)* German mortgage bank law

Hypothekenbelastung *n (f)* encumbrance with a mortgage; mortgage charge

Hypothekenbestellung *n (f)* creation of a mortgage

Hypothekenbetrag *n (m)* mortgage money; mortgage principal

Hypothekenbewertung *n (f)* mortgage valuation

Hypothekenbrief *n (m)* mortgage deed; mortgage bond; mortgage certificate; real estate mortgage note

Hypothekendamnum *n (n)* mortgage discount

Hypothekendarlehen *n (n)* mortgage loan; **mittelfristiges Hypothekendarlehen** *n (n)* medium-term mortgage; **zweitrangiges Hypothekendarlehen** *n (n)* home equity loan

Hypothekeneintragung *n (f)* registration of a mortgage

hypothekenfähig *adj* mortgageable

Hypothekenfinanzierung *n (f)* mortgage financing; mortgage finance

Hypothekenforderung *n (f)* mortgage debt

hypothekenfrei *adj* clear of mortgages

hypothekengebunden *adj* subject to mortgage

Hypothekengeld *n (n)* mortgage loan; amount secured by a mortgage

Hypothekengeschäft *n (n)* mortgage (banking) business

Hypothekengewinnabgabe *n (f)* levy on profits from the redemption of mortgage loans

Hypothekengläubiger *n (m)* mortgagee; mortgage lender; encumbrancer; mortgage creditor; *Syn.: Hypothekeninhaber, Hypothekar*

Hypothekenkredit *n (m)* mortgage credit; mortgage loan; real estate loan; **Hypothekenkreditgeschäft** *n (n)* mortgage lending business; **Hypothekenkreditinstitut** *n (n)* mortgage lending institution

Hypothekenlaufzeit *n (f)* mortgage term; term of a real estate mortgage

Hypothekenlebensversicherung *n (f)* mortgage protection (life) insurance

Hypothekenlöschung *n (f)* release of a mortgage; satisfaction of a mortgage

Hypothekenmakler *n (m)* mortgage broker

Hypothekenmarkt *n (m)* mortgage market; **sekundärer Hypothekenmarkt** *n (m)* secondary mortgage market

Hypothekenpfandbrief *n (m)* mortgage bond; mortgage debenture; mortgage deed; real estate mortgage note

Hypothekenpfandrecht *n (n)* mortgage security; **erstes Hypothekenpfandrecht** *n (n)* first mortgage

Hypothekenraten *n/pl (f)* mortgage rates

Hypothekenregister *n (n)* register of mortgages; register of real estate mortgages

Hypothekenschuld *n (f)* mortgage debt

Hypothekenschuldner *n (m)* mortgagor; chargor; mortgage debtor; mortgager

Hypothekenschuldverschreibung *n (f)* (collateral) mortgage bond; mortgage certificate; mortgage debenture

Hypothekentilgung *n (m)* mortgage redemption; mortgage repayment; **Hypothekentilgungsversicherung** *n (f)* mortgage redemption life insurance

Hypothekenübernahme *n (f)* assumption of mortgage

Hypothekenurkunde *n (f)* mortgage deed

Hypothekenvaluta *n/pl (n)* mortgage money

Hypothekenvereinigung *n (f)* pooling of mortgages

Hypothekenvermittlungsgebühr *n (f)* mortgage broker's fee

Hypothekenversicherung *n (f)* mortgage protection insurance; mortgage insurance; mortgage redemption life insurance

Hypothekenvertrag *n (m)* mortgage agreement

Hypothekenzinsen *n/pl (m)* mortgage interest; **Hypothekenzinssatz** *n (m)* mortgage interest rate

Hypothekenzusage *n (f)* mortgage loan commitment; promise of a mortgage loan

Hypothekenzwangsvollstreckung *n (f)* mortgage foreclosure

I

Idealbestand *n (m)* ideal (level of) stock; ideal quantity

Ideenwettbewerb *n (m)* competition for (design) concepts

Identifikation *n (f)* identification

identisch *adj* equal; identical

Identität *n (f)* identity

idiosynkratisch *adj* idiosyncratic

idiotensicher *adj* foolproof

IdW *Org* → Institut der Wirtschaftsprüfer

IFO *Org* → Institut für Wirtschaftsforschung

IHK → Industrie- und Handelskammer

illiquide *adj* illiquid; **illiquide werden** *v/t* run out of money (to)

Illiquidität *n (f)* illiquidity; insolvency

Image-Berater *n (m)* image consultant; **Imageforschung** *n (f)* image research; **Imagepflege** *n (f)* image cultivation; image building

Imaginärteil *n (m)* imaginary part (maths)

Imbissbude *n (f)* hot-dog stand, snack stall; **Imbissstube** *n (f)* snack bar; take-away, takeaway (esp. GB); fast-food restaurant; diner (US)

Immaterialgüter *n/pl (n)* intangible assets; **Immaterialgüterrecht** *n (n)* intellectual property rights

Immission *n (f)* air pollution; emission(s); **Immissionsentlastung** *n (f)* pollution reduction; reduction in emissions; **Immissionsgrenzwert** *n (m)* pollution limit; **Immissionslage** *n (f)* level of pollution (or emissions); **Immissionsschutz** *n (m)* pollution control; environmental protection; **Immissionsschutzrecht** *n (n)* emission control law

immobil *adj* immovable

Immobiliarkredit *n (m)* real estate credit

Immobiliarvermögen *n (n)* real asset; real estate (US)

Immobiliarversicherung *n (f)* property insurance; building insurance; real estate insurance

Immobiliarvollstreckung *n (f)* levy of execution on real property

Immobilie *n (f)* property; real estate (US); immovable property; immovables; landed property; plant and equipment; realty (US); **beste Immobilie** *n (f)* prime property; top property; **erstklassige Immobilie** *n (f)* prime property; first-class real estate; **geplante Immobilie** *n (f)* proposed property; **notleidende Immobilie** *n (f)* distressed property; *Syn.: Problemimmobilie*; **renovierte Immobilie** *n (f)* renovated property; refurbished property; **vermietete Immobilie** *n (f)* rented property; leased real estate (US); investment property; **zwangsverwaltete Immobilie** *n (f)* sequestered real estate; **zweckgebundene Immobilie** *n (f)* special use property; property built for a special purpose; **nicht zweckgebundene Immobilien** *n/pl (f)* non-specialised properties

Immobilienabteilung *n (f)* real estate department

Immobilienaktien *n/pl (f)* real estate shares

Immobilienaktiengesellschaft *n (f)* listed property company; **börsennotierte Immobilienaktiengesellschaft** *n (f)* listed property (or real estate) company; property PLC

Immobilienanalyse *n (f)* real estate analysis

Immobilienangebot *n (n)* **1.** real estate supply (econ.); **2.** property (offered) for sale (esp. referring to advertisements)

Immobilienanlage *n (f)* real estate investment

Immobilienanzeige *n (f)* real estate advertisement

Immobilienarten *n/pl (f)* types of property

Immobilienberater *n (m)* surveyor; real estate adviser; property consultant

Immobilienbesichtigung *n (f)* property inspection

Immobilienbesitzer *n (m)* property owner

Immobilienbestand *n (m)* real estate holdings; real estate portfolio

Immobilienbeteiligung *n (f)* real estate participation

Immobilienbewertung *n (f)* real estate appraisal; property valuation; **Immobilienbewertungsgutachter** *n (m)* appraiser (US); valuation surveyor (GB); valuer; surveyor

Immobilienbörse *n (f)* real estate bourse; typically website for property search
Immobilienbranche *n (f)* real estate sector; real estate industry
Immobilienbüro *n (n)* estate agency
Immobiliendaten *n/pl (n)* property data
Immobilienentwickler *n (m)* property developer
Immobilienfinanzierung *n (f)* real estate financing; **innovative Immobilienfinanzierung** *n (f)* innovative real estate financing; **langfristige Immobilienfinanzierung** *n (f)* long-term property finance; take-out loan (US)
Immobilienfirma *n (f)* real estate company; real estate firm
Immobilienfonds *n (m)* real estate investment trust; property fund; real estate fund; real property fund; **geschlossener Immobilienfonds** *n (m)* closed property fund; closed-end real estate fund; **offener Immobilienfonds** *n (m)* open-end(ed) property fund; open real estate fund
Immobilienfondsanteil *n (m)* property fund unit; REIT share
Immobiliengeschäft *n (n)* real estate business
Immobiliengesellschaft *n (f)* property company; real estate company; real estate firm
Immobilienhandel *n (m)* dealings in real estate; real estate business; real estate trading
Immobilienholding *n (n)* real estate holding; real estate holding company
Immobilieninvestition *n (f)* real estate investment; **Immobilieninvestitionswert** *n (m)* real estate investment value
Immobilien-Investment *n (n)* real estate investment; **Immobilien-Investmentfonds** *n (m)* property investment trust; **Immobilien-Investmentgesellschaft** *n (f)* property investment company; property unit trust
institutioneller Immobilieninvestor *n (m)* institutional real estate investor
Immobilienkauf *n (m)* property purchase
Immobilienkauffrau *n (f)* → Immobilienkaufmann; **Immobilienkaufleute** *n/pl* → Immobilienkaufmann; **Immobilienkaufmann** *n (m)* qualified real estate professional having completed a 3-year course usually involving on-the-job training and part-time attendance at a → Berufsschule; *Syn.: (female) Immobilienkauffrau, (pl.) Immobilienkaufleute*
Immobilienklassifizierung *n (f)* real estate classification
Immobilienkosten *n/pl* occupancy costs; property costs
Immobilienkredit *n (m)* real estate credit; *Syn.: Immobiliarkredit*
Immobilien-Leasing *n (n)* real estate leasing; **Immobilien-Leasing-Vertrag** *n (m)* real estate leasing contract
Immobilienmakler *n (m)* real estate agent; property agent; land agent; estate agent; broker (US); courtier; house agent; real estate dealer; realtor (US); **Immobilienmaklerbüro** *n (n)* estate agency; **Immobilienmaklerprovision** *n (f)* → Maklerprovision
Immobilienmanagement *n (n)* property management
Immobilienmarkt *n (m)* real estate market; property market
Immobilienmarktanalyse *n (f)* property market analysis
Immobilien-Mischfonds *n (m)* real estate balanced mutual fund
Immobilienmodell *n (n)* property model; property scheme
Immobilienökonom *n (m)* lit. real estate economist, real estate professional; holder of a (usually postgraduate) qualification in real estate management
Immobilienportfolio *n (n)* real estate portfolio; **Immobilien-Portfoliomanagement** *n (n)* real estate portfolio management
Immobilienpreise *n/pl (m)* real estate prices; property prices
Immobilienpreisspiegel *n (m)* real estate price comparison table; representative list of real estate prices in Germany published by major estate agents or real estate associations
Immobilien-Projektentwickler *n (m)* real estate developer
Immobilien-Projektentwicklung *n (f)* real estate development; property development
standort- und umfeldbezogene Immobilienprüfung *n (f)* environmental property assessment
Immobilienrendite *n (f)* real estate yield
Immobilienrisiko *n (n)* property risk

Immobilienunternehmen *n (n)* property company; real estate developer
Immobilienverband Deutschland (IVD) *n (m)* association of real estate agents (brokers) in Germany; established in 2004 as a merger of Ring Deutscher Makler and Verband Deutscher Makler
Immobilienverbriefung *n (f)* property securitization
Immobilienverkauf *n (m)* sale of real estate
Immobilienverkäufer *n (m)* real estate salespeople
Immobilienvermittlungsgesellschaft *n (f)* real estate agency
Immobilienvermögen *n (n)* property asset
Immobilienverwalter *n (m)* property manager
Immobilienverwaltung *n (f)* property management; real estate management; *Syn.: Hausverwaltung*
Immobilienwert *n (m)* property value
Immobilienwirtschaft *n (f)* real estate management; real estate economics
Immobilienzertifikat *n (n)* property income certificate; real estate investment trust certificate; property fund certificate; real estate fund certificate
Immobilienzwangsverwaltung *n (f)* forced administration of property
Immobilienzyklus *n (m)* real estate cycle, property cycle
Imparitätsprinzip *n (n)* imparity principle (insur.); recognition-of-loss principle
Implementierung *n (f)* implementation
Implikation *n (f)* implication; implicative proposition; logical conditional
implizieren *v/t* imply (to); implicate (to)
Import *n (m)* import; imports; **Importabgabe** *n (f)* import duty; **Importabteilung** *n (f)* import department; **Importakkreditiv** *n (n)* import letter of credit; **Importausgleich** *n (m)* import price adjustment levy; **Importbedarf** *n (m)* demand for imports; **Importfinanzierung** *n (f)* import financing; **Importgüter** *n/pl (n)* imported goods; imported materials; **Importhandel** *n (m)* import trade; **Importkredit** *n (m)* import credit; **Importland** *n (n)* importing country; **Importlizenz** *n (f)* import license; **Importverbot** *n (n)* ban on imports; **Importvolumen** *n (n)* level of imports; volume of imports; **Importware** *n (f)* imported merchandise; **Importwirtschaft** *n (f)* import business
Importeur *n (m)* importer
importieren *v/t* import (to)
Impuls *n (m)* impetus; inspiration; stimulus; **Impulsadapter** *n (m)* pulse adapter; **Impulsausgang** *n (m)* pulse output; **Impulsgeber** *n (m)* pulse generator; pulse transmitter; **Impulswertigkeit** *n (f)* pulse ratio; pulse value; **Impulswichtung** *n (f)* pulse ratio; pulse value
inakzeptabel *adj* unacceptable
Inanspruchnahme *n (f)* use, utilization; **Inanspruchnahme des Geldmarktes** *n (f)* borrowing in the money market; **Inanspruchnahme des Kapitalmarktes** *n (f)* tapping the capital market; **Inanspruchnahme von Leistungen** *n (f)* claiming of benefits
Inbegriff *n (m)* epitome; byword
Inbesitzhalten *n (n)* possession (of sth.); retention (of sth.); holding over
Inbesitznahme *n (f)* lawful entry; lawful seizure; **widerrechtliche Inbesitznahme** *n (f)* usurpation; unlawful possession; unlawful occupation
Inbetriebnahme *n (f)* coming on stream; commissioning; going into operation; initiation; starting
Indeckungnahme *n (f) Fin, insur.* (inclusion in) cover
Indemnitätsbrief *n (m)* letter of indemnity
Index *n (m)* index; directory; table of contents
Indexanleihe *n (f)* indexed loan; indexed bond
Indexbindung *n (f)* indexation; index-linking
indexgebunden *adj* index-linked
indexieren *v/t* index (to)
Indexierung *n (f)* indexation; index escalation; indexing; index-linking
Indexklausel *n (f)* indexation clause; escalation clause; cost-of-living clause; escalator clause (US)
Indexmiete *n (f)* indexed rent; rent with RPI (C.P.I.) adjustment; **Indexmietvereinbarung** *n (f)* rent indexation agreement; escalator lease
Indexreihe *n (f)* index series
Indexsatz *n (m)* index point
Indexverfahren *n (n)* indexation method
Indexwert *n (m)* index value

Indexzahl *n (f)* index value
Indikator *n (m)* indicator; **gleichlaufender Indikator** *n (m)* coincident indicator
Indikatordiagramm *n (n)* indicator diagram
Individualhaftung *n (f)* individual liability
Individualvereinbarung *n (f) Law* lit. individual agreement; agreement made between parties by actual or implied negotiation unlike → allgemeine Geschäftsbedingungen (AGB – standard terms and conditions) laid down by one party only
Individualverkehr *n (m)* private transportation
indizieren *v/t* indicate (to); index (e.g. a book) (to)
indiziert *adj* indicated
i
Indossament *n (n)* backing; endorsement
Indossant *n (m)* backer; endorser; indorser; transferor
indossieren *v/t* endorse (to)
industrialisieren *v/t* industrialize (to)
Industrialisierung *n (f)* industrialization
Industrie *n (f)* industry; **einheimische Industrie** *n (f)* local industry; domestic industry; **holzverarbeitende Industrie** *n (f)* wood processing industry; **verarbeitende Industrie** *n (f)* manufacturing industry
Industrieabwasser *n (n)* industrial effluent
Industrieanlage *n (f)* industrial plant; **Industrieanlagenbau** *n (m)* plant engineering; plant (engineering and) construction; project construction
Industrieanleihe *n (f)* industrial loan
Industrieansiedlung *n (f)* establishment of industries; industrial settlement; **Industrieansiedlungspolitik** *n (f)* industrial location policy
Industriebauten *n/pl (m)* industrial buildings
Industriebetrieb *n (m)* industrial undertaking
Industriebrache *n (f)* derelict land; brownfield site
Industrieeigentum *n (n)* industrial (property) ownership
Industrie-Feuerversicherung *n (f)* industrial fire (risks) insurance
Industriefinanzierung *n (f)* industrial financing; finance for industry
Industrieflächen *n/pl (f)* industrial space
Industrieförderung *n (f)* promotion of industry
Industriegebäude *n (n)* industrial building
Industriegebiet *n (n)* industrial zone; industrial district; industrial area; industrial region
Industriegelände *n (n)* industrial estate; industrial area; industrial region; industrial site
Industriegesellschaft *n (f)* industrial company; (sociol.) industrial society
Industriegewerkschaft *n (f)* industrial (trades) union
Industriegrundstück *n (n)* industrial property; (plot of) industrial land; industrial real estate (site)
Industriehypothek *n (f)* industrial mortgage
Industrieimmobilien *n/pl (f)* industrial property; industrial real estate
Industriekredit *n (m)* corporate loan; industrial loan; **Industriekreditbank** *n (f)* industrial finance company
Industrielage *n (f)* industrial area; industrial location
Industriepolice *n (f)* industrial (insurance) policy
Industrieschuldverschreibung *n (f)* corporate bond; industrial bond
Industriestadt *n (f)* manufacturing town; industrial town (or city)
Industriestandort *n (m)* industrial location
Industrie- und Handelskammer (IHK) *n (f)* chamber of industry and commerce
Industrieunternehmen *n (n)* industrial firm (or business); industrial undertaking (or enterprise)
Industrieverband *n (m)* industrial association; industrial federation; confederation of industries
Industrieviertel *n (n)* industrial area (part of town); industrial (or trading) estate
Industriezentrum *n (n)* industrial centre
Industriezweig *n (m)* (branch of) industry
Inflation *n (f)* inflation; **Inflationsrate** *n (f)* inflation rate; rate of inflation; **Inflationswirkungen** *n/pl (f)* effects of inflation; **Inflationszuschlag (auf den Zinssatz)** *n (m)* inflation premium (on interest rate)
inflationsgefährdet *adj* subject to inflation risk
Informationen *n/pl (f)* information; intelligence; notice **Informationen aus zweiter Hand** *n/pl (f)* second-hand information **technische Informationen** *n (f)* technical information;

Informationen einholen *v/t* gather information (to)
Informationsaustausch *n (m)* exchange of information
Informationsbarriere *n (f)* Chinese walls
Informationsbeschaffung *n (f)* collecting information; information search; intelligence activity
Informationspflicht *n (f)* duty to supply information
Informationsquelle *n (f)* source of information
Informations-Technologie *n (f)* information technology (IT)
Informationsträger *n (m)* information carrier
Informationsverarbeitung *n (f)* data processing; information processing
informieren *v/t* inform (to); **falsch informieren** *v/t* misinform (to)
informierend *adj* informing; informatory
Infrastruktur *n (f)* infrastructure; in German often used to refer to local amenities – shops, restaurants etc. – as well as roads and services; **öffentliche Infrastruktur** *n (f)* public infrastructure
Infrastrukturabgabe *n (f)* infrastructure levy; **Infrastrukturabschlag** *n (m)* deduction from value in respect of (inadequate) infrastructure; **Infrastrukturbereitstellung** *n (f)* provision of infrastructure
Ingangsetzung *n (f)* start-up; starting-up
Ingenieur *n (m)* engineer; **beratender Ingenieur** *n (m)* consulting engineer
Ingenieurbüro *n (n)* (firm of) consulting engineers
Ingenieurkammer *n (f)* engineers association; chamber of (consulting) engineers
Ingenieurwesen *n (n)* engineering
Inhaber *n (m)* owner; proprietor; bearer; holder; occupant; keeper; person in possession; **rechtmäßiger Inhaber** *n (m)* lawful holder; holder in due course
Inhaberaktie *n (f)* bearer share; **Inhaberpapier** *n (n)* bearer instrument; bearer paper; made-to-bearer instrument; **Inhaberschuldbrief** *n (m) Law, Fin (CH)* bearer mortgage note; **Inhaberschuldverschreibung** *n (f)* bearer bond; bearer debenture; **Inhaberwechsel** *n (m)* bearer bill; promissory note made out to bearer; *Syn.: Inhaberpapier*
Inhaltsverzeichnis *n (m)* directory; list of contents; table of contents
Initialisierung *n (f)* initialisation
Inkasso *n (n)* collection; **Inkassoauftrag** *n (m)* collection order; collecting order; **Inkassobüro** *n (n)* collection agency; debt collecting agency; debt collection agency; **Inkasso-Konto** *n (n)* collection account
Inklusivmiete *n (f)* inclusive rent (i.e. including service charges)
inkompetent *adj* incompetent
Inkongruenz *n (f)* incongruity; mismatch
Inkraftsetzung *n (f)* introduction; enactment; coming-into-force
Inland *n (n)* home (i.e. opposite of abroad); **Inlandsinvestition** *n (f)* domestic investment; **Inlandsmarkt** *n (m)* home (or domestic) market; **Inlandswährung** *n (f)* domestic currency; local currency; native currency
inländisch *adj* domestic; home; internal
Innehabung *n (f)* tenure (e.g. of an office or position)
Innenabmessungen *n/pl (f)* inside dimensions; internal dimensions
Innenansicht *n (f)* interior view
Innenanstrich *n (m)* interior paint
Innenarchitekt *n (m)* interior designer
Innenarchitektur *n (f)* interior decoration; interior design
Innenausbau *n (m)* interior fit-out work; interior finishing work
Innenausstattung *n (f)* interior fittings; interior furnishings; trim
Innenbereich *n (m)* interior; **unbeplanter Innenbereich (§ 34 I und II BauGB)** *n (m) Plan* part of the built-up area of a town for which no development plan (→ Bebauungsplan) is in force
Innendekoration *n (f)* interior decoration
Innendurchmesser *n (m)* inside diameter
Innengesellschaft *n (f)* silent partnership; informal partnership; passive partnership; sleeping partnership
Innengestaltung *n (f)* interior decoration
Innengewinde *n (n)* internal screw thread
Innenhof *n (m)* courtyard; patio (in the original Spanish sense)
Innenraum *n (m)* interior
Innenrevision *n (f)* administrative audit; internal audit; operational audit
Innenrüttler *n (m)* internal (concrete) vibrator

Innenstadt *n (f)* town centre; city centre; central business district (CBD); central city; central activities zone; downtown (US); **Innenstadtlage** *n (f)* town center location; inner city location; inner city sites

Innentrennwand *n (f)* interior partition

Innentür *n (f)* interior door; internal door; inside door

Innenwand *n (f)* interior wall; internal wall; **nichttragende Innenwand** *n (f)* non-(load-)bearing wall

innerbetrieblich *adj* internal; in-company; in-plant; interoffice; intra-company; intra-plant

innerhalb *adv* inside; within; during (a period of)

i

innerstädtisch *adj* urban; inner-city

innewohnend *adj* inherent; innate

Innovation *n (f)* innovation; **Innovationsförderung** *n (f)* innovation promotion; promotion of (research and) innovation; **Innovationspotenzial** *n (n)* innovative capabilities; innovative potential

Insektenschaden *n (m)* insect damage

Insel *n (f)* island; isle

Inserat *n (n)* advertisement; advert; ad; *Syn.: Anzeige*

inserieren *v/i* advertise (to), place an advertisement (to), insert an advertisement (to); *Syn.: ein Inserat aufgeben*

Insiderhandel *n (m)* insider dealing; insider trading

insolvent *adj* insolvent

Insolvenz *n (f)* insolvency; bankruptcy; inability to pay; business failure; commercial failure; **Insolvenzanfälligkeit** *n (f)* susceptibility (of businesses) to insolvency; **Insolvenzaufhebung** *n (f)* discharge in bankruptcy; **Insolvenzhäufigkeit** *n (f)* incidence of insolvency; **Insolvenzliste** *n (f)* insolvency list; black list of companies that are insolvent or close to insolvency; **Insolvenzniveau** *n (n)* level of insolvencies; **Insolvenzordnung (InsO)** *n (f)* German insolvency code; **Insolvenzprognose** *n (f)* forecast of insolvency; **Insolvenzquote** *n (f)* rate of (business) failures; **Insolvenzsicherung** *n (f)* insolvency insurance; **Insolvenzstatistik** *n (f)* insolvency statistics; **Insolvenzursachen** *n/pl (f)* causes of insolvency; **Insolvenzverfahren** *n (n)* bankruptcy procedure; **Insolvenzverwalter** *n (m)* insolvency administrator; receiver; liquidator; insolvency practitioner

Inspektion *n (f)* inspection; reinspection; (vehicles) service; **Inspektionszertifikat** *n (n)* certificate of inspection

Installateur *n (m)* (lit.) installer; plumber; (gas-)fitter; electrician

Installation *n (f)* installation; plumbing; plumbing fixture; **Installationen und Ausbau** *n/pl* installation work (plumbing, electrics etc.) and finishes

Installationsarbeiten *n/pl (f)* installation work; **Installationsbetrieb** *n (m)* firm of installers (plumbing etc.); installation company; **Installationsdose** *n (f)* wall box (e.g. telephone, ISDN, network); **Installationsgeschoss** *n (n)* technical floor; floor for plant and equipment; **Installationskosten** *n/pl* cost of installation; **Installationsmodus** *n (m)* method of installation; **Installationsobjekte (in Gebäuden)** *n/pl (n)* fixtures, furniture & equipment; **Installationssystem** *n (n)* plumbing system

installieren *v/t* install (to); plumb (to); set up (to)

Instandhaltbarkeit *n (f)* maintainability; maintenance efficiency; ease of maintenance

instandhalten, in Stand halten *v/t* maintain (to); keep in repair (to)

Instandhaltung *n (f)* servicing; upkeep; maintenance; maintenance and repair; **Instandhaltung der Gemeinschaftsflächen** *n (f)* common area maintenance **aufgeschobene Instandhaltung** *n (f)* deferred maintenance; **laufende Instandhaltung** *n (f)* running repairs; current maintenance; **unterlassene Instandhaltung** *n (f)* deferred maintenance (US); **vorbeugende Instandhaltung** *n (f)* preventive maintenance; planned maintenance; **vorsorgliche Instandhaltung** *n (f)* preventive maintenance

Instandhaltungskosten *n/pl* maintenance cost(s); maintenance fee

Instandhaltungsmanagement *n (n)* maintenance management; management of maintenance

Instandhaltungspflicht *n (f)* maintenance obligation; maintenance liability; **Verletzung der Instandhaltungspflicht** *n (f)* breach of duty to maintain (or repair)

Instandhaltungsrücklage *n (f)* provision for renewals; reserve for renewals and replacements; structural reserves

Instandhaltungsrückstand *n (n)* → Instandhaltungsstau

Instandhaltungsstau *n (m)* deferred maintenance (US); repair backlog

instandsetzen, in Stand setzen *v/t* repair (to); reinstate (to)

Instandsetzung *n (f)* repair; overhaul; corrective maintenance; reinstatement; restoration; **Instandsetzung an Dach und Fach** *n (f) ArCo* → Reparaturen an Dach und Fach

Instandsetzungsbedürftigkeit von Wohnhäusern *n (f)* housing disrepair

Instandsetzungsarbeiten *n/pl (f)* repairs; repair works; reinstatement (work); **Instandsetzungsdauer** *n (f)* active repair time; time taken to carry out repairs; **Instandsetzungsgebot** *n (n)* repair notice; served by the local authority on a building owner; **Instandsetzungskosten** *n/pl* cost of repair; maintenance charges; maintenance costs; maintenance expenses; repair and maintenance cost; **Instandsetzungsstau** *n (m)* repair backlog

Instanz *n (f)* (judicial) authority; instance (court); level of authority

Instanzenaufbau *n (m)* pyramid of (judicial) authority

Instanzenweg *n (m)* stages of appeal; (through) prescribed channels; line of command

Institut *n (n)* institute

Institut der Wirtschaftsprüfer (IdW) *n (n) Org* German institute of certified public accountants

Institut für Wirtschaftsforschung (IFO) *n (n) Org* institute for economic research (based in Munich)

institutioneller Immobilieninvestor *n (m)* → Immobilieninvestor

Instrument *n (n)* instrument

Integration *n (f)* integration; relatedness

integrieren *v/t* integrate (to)

integrierte Gesamtplanung *n (f)* → Generalplaner, Generalplanung

Intensität *n (f)* intensity; luminosity; **Intensitätsgrad** *n (m)* degree of intensity

Interesse *n (n)* concern; interest; **ausschlaggebende Interessen** *n/pl (n)* overriding interests; deciding interests; **berechtigtes Interesse** *n (n)* vital interest; legitimate interest; **öffentliches Interesse** *n (n)* public interest; **übereinstimmende Interessen** *n/pl (n)* concurrent interests

Interessenausgleich *n (m)* balance of (conflicting) interests; reconciliation of interests

Interessengemeinschaft *n (f)* syndicate; community of interest(s); pooling of interests

Interessengruppe *n (f)* fraction; lobby; pressure group; stakeholders

Interessenkollision *n (f)* conflict (or clash) of interests

Interessenkonflikt *n (m)* clash of interests; conflict of interests; conflicting interests

Interessent *n (m)* potential buyer; potential customer; prospect; prospective buyer

Interessenverband *n (m)* lobby; pressure group; interest group

Interessenvereinigung *n (f)* interest grouping

Interessenvertretung *n (f)* lobby; representation of interests

Interessenwahrnehmung *n (f)* safeguarding of interests; promotion of interests

Interessenwahrung *n (f)* safeguarding of interests; promotion of interests

Interessenzusammenführung *n (f)* consolidation of interests

Interimskonto *n (n)* interim account; **Interimsschein** *n (m)* interim certificate; scrip; provisional certificate

Intermediär *adj* intermediary

intern *adj* interior; internal; in-house; intra-

Internationale Arbeitsorganisation *n (f) Org* international labor office

Internationale Energieagentur (IEA) *n (f) Org* international energy agency

Internationale Handelskammer *n (f) Org* International Chamber of Commerce

Internationaler Verband der Immobilienberufe (FIABCI) *n (m) Org* Fédération Internationale des Professions Immobilières (FIABCI)

Internationaler Währungsfonds (IWF) *n (m) Org* International Monetary Fund

Internationales Institut der Sparkassen *n (n) Org* International Savings Banks Institute (based in Geneva)

international gebräuchlich *adj* internationally recognized; in international use

Interpolation *n (f)* → lineare Interpolation

interregional *adj* inter-regional
interregionale Wanderung *n (f)* interregional (population) migration
intertemporal *adj* intertemporal
Intervall *n (m)* clearance; spacing; range; bracket; interval
intervenieren *v/i* intercede (to); intervene (to)
Intervention *n (f)* intervention; **Intervention am freien Markt** *n (f)* intervention in the free (or open) market; **Intervention an den Devisenmärkten** *n (f)* intervention in foreign exchange markets; **Intervention der Zentralbank** *n (f)* central-bank intervention
Interventionskurs *n (m)* support price
Interventionspolitik *n (f)* intervention policy
Interventionswährung *n (f)* intervention currency
Interviewer *n (m)* interviewer; field investigator (market research)
Intransparenz *n (f)* opacity; intransparency
Invalidität *n (f)* disablement; disability
Inventar *n (n)* inventory; stock; list of assets and liabilities; **festes Inventar** *n (n)* fixtures
Inventar aufstellen *v/t* prepare an inventory (to); stocktake (to)
Inventarbücher *n/pl (n)* fixed assets records; stock books
inventarisieren *v/t* take stock (to); take inventory (to)
Inventarnummer *n (f)* inventory number
Inventarversicherung *n (f)* stock insurance; contents insurance; inventory insurance
Inventarverzeichnis *n (n)* inventory
Inventarwert *n (m)* inventory value; **Inventarwert von Investmentanteilen** *n (m)* net asset value of investment shares
Inventur *n (f)* inventory; physical inventory; physical inventory count; physical inventory taking; stocktaking; **Inventur durch körperliche Bestandsaufnahme** *n (f)* physical inventory; physical inventory count; physical inventory taking; stocktaking
permanente Inventur *n (f)* perpetual inventory taking
Inventurbewertungsmethode *n (f)* inventory valuation method; e.g. fifo method (first in – first out), lifo method (last in – first out)
Inventurprüfung *n (f)* inventory audit
Inventurstichtag *n (f)* inventory date
Inverzugsetzung *n (f)* demanding overdue payment (with threat of legal action); notice of default; 4th reminder of nonpayment
investieren *v/t* invest (in) (to); put (time or money) into sth. (to)
Investionspolitik *n (f)* investment policy
Investition *n (f)* investment; capital investment; capital expenditure; capital outlay; capital spending; **durchgeführte Investition** *n (f)* realized investment; **immaterielle Investitionen** *n/pl (f)* intangible investments; **indirekte Investition** *n (f)* indirect investment; **opportunistische Investition** *n (f)* opportunistic investment
Investitionsabbau *n (m)* disinvestment
Investitionsanalyse *n (f)* investment analysis
Investitionsaufwand *n (m)* capital expenditure
Investitionsaufwendungen *n/pl (f)* capital expenditure
Investitionsausgaben *n/pl (f)* capital outlay; capital spending
Investitionsbedarf *n (m)* capital expenditure requirements; capital investment needs
Investitionsbereitschaft *n (f)* readiness to invest; propensity to invest
Investitionsbewertung *n (f)* investment appraisal; capital project evaluation
Investitionsbilanz *n (f)* capital-flow balance sheet
Investitionsboom *n (m)* boom in capital investment
Investitionsbudget *n (n)* capital budget; capital expenditure budget; investment budget
Investitionsdarlehen *n (n)* investment loan; loan to fund investment project
Investitionseinnahme *n (f)* investment receipts; esp. positive cash flows in DCF calculations
Investitionserlöse *n/pl (m)* investment proceeds
Investitionsfinanzierung *n (f)* capital investment financing; financing of capital projects; investment financing
Investitionsförderung *n (f)* investment incentive(s); investment assistance; promotion of capital spending activity

Investitionskosten *n/pl* capital cost
Investitionskredit *n (m)* investment credit
Investitionslebenszyklus *n (m)* investment life cycle
Investitionsmaßnahme *n (f)* investment; esp. re. publicly financed projects
Investitionsplanung *n (f)* investment planning; capital budgeting
Investitionsprojekt *n (n)* investment project
Investitionsrechnung *n (f)* investment analysis; capital recovery factor; investment appraisal; capital budgeting; estimate of investment profitability; preinvestment analysis; reinvestment analysis
Investitionsrenditen *n/pl (f)* investment yields
Investitionsrentabilität *n (f)* rate of return on investment; return on investment; profitability (or viability) of an investment
Investitionsrisiko *n (n)* investment risk
Investitionsstoß *n (m)* burst of investment
Investitionssystem *n (n)* investment system
Investitionstätigkeiten *n/pl (f)* investing activity
Investitionsverfahren *n (n)* investment processes; investment analysis; investment appraisal; capital budgeting; estimate of investment profitability; reinvestment analysis
Investitionsverteilung *n (f)* allocation of investment; distribution of investment(s); spread of investments
Investitionsvolumen *n (n)* investment volume
Investitionsvorleistung *n (f)* advance investment
Investitionswert *n (m)* (total) investment value; amount invested; value of investment; **Investitionswertermittlung** *n (f)* determination of investment value
Investitionszulage *n (f)* (capital) investment subsidy (or bonus); investment allowance
Investitionszuwendungen *n/pl (f)* investment allowances; investment bonuses; investment benefits
investiv *adj* categorized as an investment; having the characteristics of investment (as opposed to consumption)
Investmentanlage *n (f)* unit trust investment; investment portfolio; placement (of funds) as an investment
Investmentfonds *n (m)* mutual fund (US); unit trust (GB); investment fund; **aktiv gemanagter Investmentfonds** *n (m)* managed (investment) fund; **geschlossener Investmentfonds** *n (m)* closed-end fund; closed-end investment fund; **offener Investmentfonds** *n (m)* open-end(ed) investment fund
Investmentgesellschaft *n (f)* investment company; investment trust; investment enterprise; unit trust (GB); **geschlossene Investmentgesellschaft** *n (f)* closed-end fund; closed-end investment company; **offene Investmentgesellschaft** *n (f)* open-end investment company; **unabhängige Investmentgesellschaft** *n (f)* independent investment company
Investmentgesetz (InvG) *n (n) Law* Investment Act (2003); implementing inter alia EU investment directive 85/611/EU (as amended)
Investmentmarkt *n (m)* investment market
Investmentobjekt *n (n)* investment property
Investor *n (m)* investor; **ausländische Investoren** *n/pl (m)* foreign investors; investors abroad; overseas investors; **institutioneller Investor** *n (m)* institutional investor; **passiver Investor** *n (m)* passive investor; **risikobereiter Investor** *n (m)* venture capitalist; investor who is prepared to take risks
Investor-Developer *n (m)* investor/developer
Investorengemeinschaft *n (f)* investment venture; investment syndicate
Investorenmethode *n (f)* investor's method
Investorenrechnung *n (f)* investor's method
Investorenrisiko *n (n)* investor's risk
Investorenwettbewerb *n (m) Dev, Fin* investor's competition; usually by tender, for the acquisition of an existing property or undertaking a development project
InvG *Law* → Investmentgesetz
Inzahlungnahme *n (f)* part-exchange; trade-in
Inzidenz *n (f)* incidence
Ionenaustauscher *n (m)* ion exchanger
Irreführung *n (f)* deception; deceit
irrelevant *adj* irrelevant; extraneous to
Irritation *n (f)* confusion (tech.)
Irrtum *n (m)* mistake; misunderstanding; **sachlicher Irrtum** *n (m)* mistake of fact

Irrtum vorbehalten errors and omissions excepted; omissions excepted

Isolation *n (f)* insulation; isolation; **Isolationsstoff** *n (m)* insulation (material); **Isolationswiderstand** *n (m)* insulation resistance; leakage resistance (elec.)

Isolierarbeit *n (f)* insulation work

Isolierband *n (n)* insulating tape; gaffer tape

Isolierbeton *n (m)* aerated concrete; cellular concrete; insulating concrete

Isolierdicke *n (f)* insulation thickness

isolieren lag (to); insulate (to)

Isolierhaut *n (f)* insulating layer

Isoliermaterial *n (n)* insulation material

Isoliermauerwerk *n (n)* insulating masonry; walls with high insulation characteristics

Isolierschale *n (f)* insulation jacket

Isolierung *n (f)* insulation; tanking (basement etc. to prevent water ingress); isolation

Isolierverglasung *n (f)* double glazing; thermopane glazing (US)

Ist-Kosten *n/pl* actual cost (as distinct from planned or projected cost); **Ist-Kosten der Vergangenheit** *n/pl* historical costs

Istmiete *n (f)* actual rental income, current rent receivable

Ist-Wert *n (m)* actual value

IVD → Immobilienverband Deutschland

J

Jagdrecht *n (n)* shooting right; sporting rights; hunting right; hunting law; game law

Jahresabschluss *n (m)* annual statement of accounts; annual report; annual accounts; financial statements; **geprüfter Jahresabschluss** *n (m)* (audited) annual accounts (GB); year end financial statements; audited financial statements; year-end closing; **gesetzlicher Jahresabschluss** *n (m)* statutory (annual) (statement of) accounts

indizierte Jahresabschlussrechnung *n (f)* price-level-adjusted accounting

Jahresabschreibung *n (f)* annual depreciation charge

Jahresbestellwert *n (m)* annual (purchase) order value

Jahresbudget *n (n)* annual budget

Jahresdauerlinie *n (f)* annual load duration curve

Jahreseinkommen *n (n)* annual income

Jahresertrag *n (m)* annual return; annual revenue; annual yield (econ.)

Jahresfehlbetrag *n (m)* annual deficit; net loss for the year

Jahresfestkostenfaktor *n (m)* annual fixed costs factor

Jahresgewinn *n (m)* profit for the year; annual profit, annual rate of return

Jahresleistung *n (f) Fin* total annual payment; due on a loan

Jahresmiete *n (f)* annual rent; yearly rent

Jahresmietwert *n (m)* annual rental value

Jahresmittel *n (n)* yearly average; annual mean

Jahresnettomiete *n (f)* net annual rent

Jahresnutzungsgrad *n (m)* annual fuel use efficiency

Jahresreinertrag *n (m)* net annual rent

Jahresrendite *n (f)* annualised return; annual return; **durchschnittliche Jahresrendite** *n (f)* average annual return (AAR)

Jahresrente *n (f)* annual rent; annuity

Jahresrohertrag (eines Grundstücks) *n (m)* gross annual return from a property; gross yearly yield of a property

Jahresrohmiete *n (f)* gross annual rental; **Jahresrohmietenverfahren** *n (n)* gross annual rental method; appraisal on the basis of gross annual rental (income); *Syn.: Maklermethode, Maklerverfahren*

Jahresüberschuss *n (m)* net income; net earnings; **Jahresüberschuss vor Steuern** *n (m)* pre-tax annual net income; **Jahresüberschuss vor Steuern, Zinsen und Abschreibungen** *n (m)* earnings before interests, taxes, depreciation and amortization (Ebitda)

Jahresumsatz *n (m)* annual turnover; annual sales

Jahresvollversammlung *n (f)* annual general meeting

Jahreswärmeabgabe *n (f)* annual heat output

Jahreswert *n (m)* annual value

Jahreszinssatz *n (m)* annual interest rate

jährlich *adj* annual; yearly; once a year

Jalousie *n (f)* blind; venetian blind; jalousie; **Jalousiefenster** *n (n)* louvre window

Jauchegrube *n (f)* septic tank

Joint Venture *n (n)* joint venture

Jugendheim *n (n)* youth centre

Jugendherberge *n (f)* youth hostel

Jugendstil *n (m)* art nouveau

junge Mode *n (f)* young fashion

Junggesellenwohnung *n (f)* bachelor flat

Jurisprudenz *n (f)* jurisprudence

Jurist *n (m)* lawyer; law student

juristisch *adj* legal; judicial; juridical

K

Kabel *n (n)* cable; **Kabelboden** *n (m)* raised floor; **Kabelbruch** *n (m)* cable break; **Kabelgraben** *n (m)* cable trench; **Kabelkanal** *n (m)* (perimeter) trunking; cable duct; conduit; bus duct; **Kabelkeller** *n (m)* false floor; **Kabelrinne** *n (f)* cable channel; **Kabelrohr** *n (n)* conduit; **Kabelschacht** *n (m)* cable duct; cable funnel

Kabine *n (f)* cabin; cubicle; booth

Kachel *n (f)* tile

Kachelofen *n (m)* tiled stove (room heating)

KAGG *Law* → Gesetz über Kapitalanlagegesellschaften

Kai *n (m)* dock; quay

Kalenderjahr *n (n)* calendar year; civil year; **Kalendertag** *n (m)* calendar day

Kalk *n (m)* lime; limestone; chalk (geol.)

Kalkfarbe *n (f)* lime wash; lime paint

Kalkmörtel *n (m)* lime mortar; **reiner Kalkmörtel** *n (m)* neat lime

Kalkputz *n (m)* lime plaster; two-coat lime plaster

Kalksandstein *n (m)* sand-lime brick; limesand brick; calcareous sandstone (geol.)

Kalkstein *n (m)* limestone; **Kalksteinreiniger** *n (m)* limestone scrubber

Kalkulation *n (f)* calculation; (cost) estimate; **Kalkulationsabteilung** *n (f)* cost estimating department; cost accounting department; **Kalkulationstabelle** *n (f)* spreadsheet; spread sheet; **Kalkulationsverfahren** *n (n)* method of calculation; calculation procedure

Kalkulationszinssatz *n (m)* discount rate; adequate target rate; risk adjusted discount rate; *Syn.: Kalkulationszinsfuß*; **nominaler Kalkulationszinssatz** *n (m)* nominal (calculable) rate of interest; **realer Kalkulationszinssatz** *n (m)* actual internal rate of return; actual equated yield

kalkulatorisch *adj* calculative; calculatory; imputed

kalkulieren *v/t* calculate (to)

Kalkzementmörtel *n (m)* cement lime mortar; compo mortar; gauged mortar

Kälteanlage *n (f)* refrigeration plant; chiller; **Kälteenergie** *n (f)* cooling energy; **Kältemittel** *n (n)* refrigerant; **Kältezähler** *n (m)* cold meter; **Kältezählung** *n (f)* cold metering

Kaltmiete *n (f)* basic rent (without heating etc.); exclusive rent (without service charges)

Kaltverdunstungsvorgabe *n (f)* amount specified for idle evaporation (of heat metering systems)

Kaltverlegung *n (f)* cold laying

Kaltwasser *n (n)* cold water

Kaltwasserleitung *n (f)* cold water pipe

Kaltwasserversorgung *n (f)* cold water supply

Kamin *n (m)* fireplace; chimney; (chimney) stack; **offener Kamin** *n (m)* fireplace

Kaminaufsatz *n (m)* chimney piece; chimney cap

Kamineinfassung *n (f)* chimney flashing

Kammer *n (f)* chamber; small room; cell; commercial court, court of trade; **Kammer für Baulandsachen** *n (f)* court for building land matters

Kanal *n (m)* channel; canal; drain; duct; pipe; sewer; **Kanalabdichtung** *n (f)* sealing of (joints in a) duct; **Kanaldeckel** *n (m)* duct cover; **Kanalform** *n (f)* duct crosssection

Kanalisation *n (f)* drainage; sewer network; sewer system; **Kanalisationsrohr** *n (n)* drain

kanalisieren *v/t* canalize (to)

Kanalisierung *n (f)* canalization

Kanalquerschnitt *n (m)* duct cross-section; **Kanalsohle** *n (f)* base of duct; **Kanalverlegung** *n (f)* duct laying; **Kanalwange** *n (f)* wall of duct

Kandidat *n (m)* candidate; contender; nominee

Kante *n (f)* edge; angle; ridge; brink; rim; kerb; nosing; **abgerundete Kanten** *n/pl (f)* rounded edges

Kantholz *n (n)* rail; squared timber; scantling

Kantine *n (f)* canteen; lunchroom (US); staff restaurant; *Syn.: Casino, Betriebsrestaurant*

Kanzlei *n (f)* chancellery; chambers (esp. lawyers) (GB); office

Kapazität *n (f)* capacity
Kapazitätsberechnung *n (f)* capacity calculation
Kapazitätsverlust *n (m)* loss of capacity
Kapital *n (n)* capital; principal; (available) funds; **Kapital und Zinsen** *n* principal and interest
bedingtes Kapital *n (n)* authorized capital; contingent capital; **betriebsnotwendiges Kapital** *n (n)* fixed operating (or working) capital; **bevorrechtigtes Kapital** *n (n)* preferred capital; **eingesetztes Kapital** *n (n)* capital employed; **gebundenes Kapital** *n (n)* fixed capital; **genehmigtes Kapital** *n (n)* authorised (share) capital; **gezeichnetes Kapital** *n (n)* issued capital; share capital; subscribed capital; **investiertes Kapital** *n (n)* Capital Employed; invested capital; **regulatorisches Kapital** *n (n)* regulatory capital; **zweckgebundenes Kapital** *n (n)* specific capital; capital allocated for a specific purpose
Kapital aufnehmen *v/t* raise capital (to)
Kapitalakkumulation *n (f)* capital accumulation; *Syn.: Kapitalbildung*
Kapitalanlage *n (f)* capital investment; financial investment; investment; stock investment; **Kapitalanlagegesellschaft (KAG)** *n (f)* unit trust; investment trust; investment company; capital investment company; **Kapitalanlagepreis-Modell** *n (n)* capital asset pricing model; **Kapitalanlageverfahren** *n (n)* investment method; income approach method
Kapitalanleger *n (m)* investor
Kapitalansammlung *n (f)* accumulation of capital
Kapitalanteil *n (m)* capital share; unit capital
Kapitalaufbau *n (m)* capital structure; accumulation of capital
Kapitalaufnahme *n (f)* raising of capital; taking up of capital
Kapitalaufwand *n (f)* capital expenditure
Kapitalaufwendungen *n/pl (f)* capital costs; capital expenditure
Kapitalausgabe *n (f)* capital spending; capital outlay
Kapitalausstattung *n (f)* capitalization; capital stock; capital resources; financial gearing; financial resources; **angemessene Kapitalausstattung** *n (f)* capital adequacy
Kapitalbarwert *n (m)* net present value; initial value; **Kapitalbarwertfaktor** *n (m)* net present value factor
Kapitalbedarf *n (m)* capital requirements
Kapitalbeschaffung *n (f)* raising of funds (or capital); capital procurement
Kapitalbeteiligung *n (f)* participation; equity investment; equity stake
internationale Kapitalbewegungen *n/pl (f)* international capital movements
Kapitalbildung *n (f)* capital accumulation
Kapitaldarlehen *n (n)* capital loan
Kapitaldienst *n (m)* net debt service; capacity cost (electricity tariff); **jährlicher Kapitaldienst** *n (m)* (net) annual debt service
Kapitaldienstdeckungsgrad *n (m)* debt service coverage ratio (DSCR); **Kapitaldienstfaktor** *n (m)* capital recovery factor
Kapitaleinlage *n (f)* contribution to capital; **Kapitaleinlagen** *n/pl (f)* capital contributions
Kapitaleinsatz *n (m)* initial investment; capital employed; invested capital; capital expenditure; **umsatzbezogener Kapitaleinsatz** *n (m)* turnover-related capital expenditures
Kapitalerhöhung *n (f)* capital increase; increase of (or in) capital; **bedingte Kapitalerhöhung** *n (f)* conditional increase of capital stock; conditional capital increase
Kapitalertrag *n (m)* return on capital (ROC); capital yield; investment income; **Kapitalertragsteuer** *n (f)* capital gains tax; capital yields tax (US); withholding tax on dividends
Kapitalfluss *n (m)* cash flow; flow of funds; **Kapitalflussrechnung** *n (f) Fin* cash flow statement; cash flow analysis; statement of funds provided and utilized; statement of source and application of funds; statement of changes in financial position
Kapitalgesellschaft *n (f)* corporation; joint stock company (GB)
Kapitalgewinn *n (m)* capital gain(s)
Kapitalherabsetzung *n (f)* capital reduction; capital decrease
kapitalintensiv *adj* capital-intensive
kapitalisierbar *adj* capitalizable
kapitalisieren *v/t* capitalize (to)
Kapitalisierung *n (f)* realization, realisation; (market) capitalization, (market) capital-

isation; **Kapitalisierung der Rendite** *n (f)* yield capitalization
direkte Kapitalisierung *n (f)* direct capitalization
Kapitalisierungsfaktor *n (m)* capitalization factor; years' purchase
Kapitalisierungsformel *n (f)* capitalization formula (or method)
Kapitalisierungsmethode *n (f)* (income) capitalization method
Kapitalisierungsrate *n (f)* capitalization rate, capitalisation rate, cap rate
Kapitalisierungswert *n (m)* capitalization value
Kapitalisierungszinsfuß *n (m)* capitalization yield; **Kapitalisierungszinssatz** *n (m)* cap(italization) rate
Kapitalkonsolidierung *n (f)* consolidation of investment in subsidiaries; actual value method; capital consolidation
Kapitalkonto *n (n)* capital account
Kapitalkosten *n/pl* cost of capital; capital costs; capital charges; **gewichtete durchschnittliche Kapitalkosten** *n/pl* weighted average (capital) costs
Kapitalkostensatz *n (m)* → gewichtete durchschnittliche Kapitalkosten; **Kapitalkostentheorie** *n (f)* cost of capital asset pricing model (CAPM)
Kapitallebensversicherung *n (f)* endowment insurance; endowment assurance; endowment policy
Kapitallücke *n (f)* capital gap
Kapitalmarkt *n (m)* capital market; money market; **den Kapitalmarkt in Anspruch nehmen** *v/t* use (or tap) the capital market (to)
Kapitalmarktforschung *n (f)* capital market research
Kapitalmarktzins *n (m)* money market rate; capital market interest rate
Kapitalnutzungskosten *n/pl Fin* capital user costs
Kapitalrendite *n (f)* return on capital employed (ROCE); return on investment (ROI); return on equity (ROE)
Kapitalrentabilität *n (f)* return on investment; return on capital employed (ROCE); **umsatzbezogene Kapitalrentabilität** *n (f)* turnover-related return on investment
Kapitalrückfluss *n (m)* capital recapture rate, reflux of capital; **Kapitalrückflussdauer** *n (f)* payback period
Kapitalrückführung *n (f)* return of capital; repatriation of capital
Kapitalrückgabe *n (f)* return of capital
Kapitalrücklage *n (f)* capital reserve(s)
Kapitalrückzahlung *n (f)* return of capital; repayment of capital
Kapitalschnitt *n (m)* capital write-down; capital reduction; decapitalisation
Kapitalsteuer *n (f)* capital tax
Kapitalstruktur *n (f)* capital structure
Kapitalumschlag *n (m)* capital turnover; investment turnover
Kapitalverbesserung *n (f)* capital improvement
Kapitalvergleichsverfahren *n (m)* → direktes Kapitalvergleichsverfahren
Kapitalverkehr *n (m)* turnover of capital; **internationaler Kapitalverkehr** *n (m)* international capital movements
Kapitalverkehr(s)steuer *n (f) Tax* lit. capital transactions tax; class of federal taxes including Gesellschaftsteuer (corporation tax; corporate income tax) and Börsenumsatzsteuer (stock transfer tax)
Kapitalverlust *n (m)* capital loss
Kapitalvermögen *n (n)* capital assets
Kapitalverwässerung *n (f)* equity dilution; capital dilution
Kapitalverzinsung *n (f)* return on capital (ROC); rate of return; **angestrebte Kapitalverzinsung** *n (f)* target rate of return on capital
Kapitalwachstum *n (n)* capital growth
Kapitalwert *n (m)* capital value; cash value; net present value (NPV); capitalized value; initial value; fair value; **Kapitalwertfaktor** *n (m)* capitalization factor; **Kapitalwertmethode** *n (f)* net present value method
Kapitalzins *n (m)* interest on capital; interest on principal
Kapitalzuwachs *n (m)* capital growth; capital gain; capital accretion
Kapitel *n (n)* chapter; section
Kapitell *n (n) ArCo* capital
Kappungsgrenze *n (f)* (statutory) cap on increases in residential rents – e.g. 20% within a 3-year period
karitativ *adj* charitable; for a good cause
Karriere *n (f)* career
Karte *n (f)* map; card; chart; plat
Karteikarte *n (f)* index card
Kartellgesetze *n/pl (n)* antitrust laws

Kartenteil *n (m)* map section
Kartonpapier *n (n)* cartridge paper or Bristol board
Karusselltür *n (f)* revolving door; *Syn.: Drehtür*
Kaserne *n (f)* barracks
Kaskoversicherung *n (f)* comprehensive insurance
Kassageschäft *n (n)* cash transaction (stock market); cash bargain; spot deal; dealing for cash
Kasse *n (f)* cash desk; till; cash register; cashier's office; counter (bank); cash in hand (GB); cash on hand (US); checkout; point-of-sale; **Kassenbestand** *n (m)* cash balance
Kassettendecke *n (f)* coffered ceiling; waffle-slab ceiling
Kastenträger *n (m)* hollow girder; box girder
Kataster *n (m)* land register; cadastre; plat book (US); **Katasteramt** *n (n)* land registry; cadastral office; **Katasteraufnahme** *n (f)* cadastral survey; **Katasterkarte** *n (f)* index map; cadastral map (or plan); **Katasterplan** *n (m)* cadastral plan; plat map (US); **Katastervermessung** *n (f)* cadastral survey
Katastrophe *n (f)* disaster; catastrophe
Kathedralglas *n (n)* stained glass; cathedral glass (US)
Kauf *n (m)* purchase; **günstiger Kauf** *n (m)* snip; bargain; good buy; **Kauf von Gesellschaftsanteilen** *n (m)* share deal
Kaufabschluss *n (m)* transaction; bargain; conclusion of contract of sale; **Kaufabschluss durch Handschlag** *n (m)* handsale; shaking hands on a deal
Kaufangebot *n (n)* bid; purchase offer
Kaufauftrag *n (m)* purchase order
kaufen *v/t* purchase (to); buy (to); bribe (to)
Käufer *n (m)* buyer; purchaser; vendee; **bereitwilliger Käufer** *n (m)* willing purchaser; **finanzstarker Käufer** *n (m)* well-off (or rich) buyer; **gutgläubiger Käufer** *n (m)* bona fide purchaser; **potenzieller Käufer** *n (m)* prospective (or potential) purchaser; sales prospect; **spezieller Käufer** *n (m)* special purchaser
Käufergruppe *n (f)* group of buyers
Käufermarkt *n (m)* buyer's market
Kaufhaus *n (n)* department store; (large) store
Kaufinteressent *n (m)* prospective purchaser; sales prospect
Kaufkraft *n (f) Econ* buying power, purchasing power; spending power; **Kaufkraft pro Einwohner** *n (f)* effective purchasing power; real purchasing power
allgemeine Kaufkraft *n (f)* general purchasing power; **effektive Kaufkraft** *n (f)* effective purchasing power; real purchasing power
Kaufkraftabschöpfung *n (f) Ret* absorption of purchasing power; loss of purchasing power by spending outside a particular city or region; (Econ) mopping-up of excessive purchasing power
Kaufkraftbindung *n (f) Ret* absorption of purchasing power; e.g. in a particular retail sector, town or region; **Kaufkraftbindungsquote** *n (f)* → Zentralitätskennziffer
Kaufkraftforschung *n (f)* purchasing power research
Kaufkraftindex *n (m)* purchasing power index
Kaufkraftkennziffer *n (f)* (US) buying power index; purchasing power index, index of purchasing power
Kaufkraftpotenzial *n (n)* purchasing power potential
Kaufkraftschwund *n (m)* purchasing power contraction; dwindling purchasing power
Kaufkraftstabilität *n (f)* stability of purchasing power
Kaufkraftströme *n/pl (m)* purchasing power flows
Kaufkraftüberschuss *n (m) Ret* surplus of purchasing power; retail turnover in an area divided by retail-relevant purchasing power
Kaufkraftverlagerung *n (f)* shift of purchasing power; transfer of purchasing power
Kaufkraftzuflüsse *n/pl (m)* inflows of purchasing power
Kaufkurs *n (m)* buying rate
Kaufmann *n (m)* businessman; trader
kaufmännisch *adj* commercial; business
Kaufoption *n (f)* purchase option; option to purchase; call; buyer's option; call option
Kaufpreis *n (m)* purchase price; purchase money; contract price; purchase consideration; **geeigneter Kaufpreis** *n (m)* acceptable (or appropriate) purchase price; **spe-**

zieller Kaufpreis *n (m)* special purchaser value
Kaufpreisallokation *n (f)* allocation of cost of acquisition; allocation of purchase price; **Kaufpreisanalyse** *n (f)* analysis of purchase price(s); **Kaufpreisanpassungsklausel** *n (f)* clause allowing for variation (adjustment) of purchase price in certain circumstances; **Kaufpreisaufteilung** *n (f)* subdivision (or allocation) of purchase price; e.g. where several assets purchased in one transaction; **Kaufpreisausweisung** *n (f) Law* breakdown of purchase price; e.g. in a sales contract; **Kaufpreisauswertung** *n (f)* analysis of purchase prices; **Kaufpreisbereinigung** *n (f)* adjustment of sale prices; e.g. in analysis of valuation comparables; **Kaufpreisfaktor** *n (m) Val* lit. purchase price multiplier; the price paid for a property divided by its (net or gross) rental income; **Kaufpreiskarte** *n (f)* map of purchase prices; **Kaufpreiskartei** *n (f)* purchase price card index; **Kaufpreisliste** *n (f)* list of purchase prices; **Kaufpreismultiplikator** *n (m)* years' purchase (YP); rental multiplier; **Kaufpreisrente** *n (f)* annuity benefit; life annuity; **Kaufpreissammlung** *n (f)* purchase price collection; the German digital property transactions inventory; **Kaufpreisstatistik** *n (f)* statistics of purchase prices
Kaufprüfung *n (f)* due diligence
Kaufsumme *n (f)* purchase money
Kaufteil *n (m)* purchased part
Kaufurkunde *n (f)* bill of sale
Kaufvertrag *n (m)* sales contract; purchase contract; purchase agreement; deed; contract of sale; agreement of sale (US); deed of sale; **Kaufvertrag mit Eigentumsvorbehalt** *n (m)* conditional sale(s) contract; contract with reservation of ownership; **Kaufvertrag ohne Eigentumsvorbehalt** *n (m)* absolute sale(s) contract
bedingter Kaufvertrag *n (m)* conditional sale(s) contract; contingent sale(s) contract
Kaufwertestatistik *n (f)* purchase price statistics
Kausalkette *n (f)* chain of cause and effect; **abgebrochene Kausalkette** *n (f)* discontinuity in the chain of cause and effect
Kaution *n (f)* surety; deposit; caution money; bailment; security; security deposit; guarantee (deposit); **Kautionsversicherung** *n (f)* surety insurance; fidelity insurance; fidelity bond; **Kautionswechsel** *n (m)* bill of exchange deposited as security
Kegel *n (m)* cone; skittle; **Kegelband** *n (n)* spiked (conveyor) belting; rustic door hinge; **Kegeldach** *n (n)* conical roof
Kehlbalken *n (m)* collar beam; **unverschiebliches Kehlbalkendach** *n (n)* (nonsway) collar roof
Kehlblech *n (n)* flashing; valley flashing
Kehle *n (f)* (roof) valley
Kehlnaht *n (f)* fillet weld
Kehlsparren *n (m)* valley rafter
Kehlziegel *n (m)* valley tile
Kehrseite *n (f)* back; downside; reverse
Kehrwert *n (m) math* reciprocal; *Syn.: Reziproke*
Kehrwoche *n (f)* lit. „cleaning week"; rota system for cleaning common parts etc. of (particularly residential) buildings, typical in Swabia (Wurttemberg)
Keil *n (m)* wedge; **Keilnut** *n (f)* key slot; keyway; **Keilziegel** *n (m)* compass brick
Kelle *n (f)* trowel
Keller *n (m)* cellar; basement
Kellerbar *n (f)* basement bar
Kellergeschoss *n (n)* cellar; basement (level); **zweites Kellergeschoss** *n (n)* subbasement; second basement
Kellergewölbe *n (n)* basement vault; cellar
Kennlinie *n (f)* characteristic curve
Kenntnis *n (f)* knowledge; **tatsächliche Kenntnis** *n (f)* actual knowledge; actual notice
Kennwert *n (m)* characteristic value
Kennzahl *n (f)* index; code; figure; key indicator; **betriebswirtschaftliche Kennzahl** *n (f)* business (assessment) ratio
Kennzahlensystem *n (n)* information system; performance measurement system; ratio system; system of financial control
Kennzeichen *n (n)* characteristic; (distinguishing) feature
kennzeichnen *v/t* signpost (to); indicate (to); characterize (to); mark (to)
Kennzeichnung *n (f)* designation; label; marker; marking; **Kennzeichnungspflicht** *n (f)* labeling requirement
Kennziffer *n (f)* characteristic; ratio; code number; key data; reference number; **betriebswirtschaftliche Kennziffer** *n (f)*

business (assessment) ratio (or index number)
Kennziffernanalyse *n (f)* ratio analysis

Keramikbodenfliese *n (f)* ceramic floor tile

Kerbsäge *n (f)* cross-cut saw

Kern *n (m)* core

Kernbranchen *n/pl (f)* core sectors (of trade or industry)

Kerndaten *n/pl (n)* key data; core indicators

Kernforderungen *n/pl (f)* basic requirements (or demands); core standards

Kerngebiet *n (n)* core of a city/of a district; central business district (CBD); central activities zone (CAZ); core area; core district; core zone

Kernkraftwerk *n (n)* nuclear power plant

Kernrohrdichte *n (f)* core density

Kernsortimente *n/pl (n)* basic lines (retail); core ranges

Kernstandards *n/pl (m)* core standards

Kernstück *n (n)* main item; pièce de résistance

Kessel *n (m)* boiler; **Kesselanlage** *n (f)* boiler plant; boiler installation; **Kesselansteuerung** *n (f)* boiler control; **Kesseldruckgefäß** *n (n)* boiler pressure vessel; **Kesseleinheit** *n (f)* boiler unit; **Kesselhaus** *n (n)* boiler house; **Kesselleistung** *n (f)* boiler output; **Kesselraum** *n (m)* boiler room; **Kesselspeisewasser** *n (n)* boiler feed water

Kette *n (f)* chain

KG → Kommanditgesellschaft

KGaA → Kommanditgesellschaft auf Aktien

KGF → Konstruktionsgrundfläche

Kiefer *n (f)* pine (tree); **Kiefernholz** *n (n)* pine (wood)

Kies *n (m)* gravel; stone chippings; shingle; **gebrochener Kies** *n (m)* sharp-edged gravel; gravel chips; **grober Kies** *n (m)* coarse gravel

Kiesbeton *n (m)* gravel concrete

Kiesboden *n (m)* gravelly soil

Kieselsteine *n/pl (m)* pebbles

Kiesfüllung *n (f)* gravel fill(ing)

Kiesgrube *n (f)* gravel pit

Kiesvorkommen *n (n)* gravel deposit

Kiez (Kietz) *n (m)* (esp. N. Germany) neighbourhood; small, socially cohesive part of a town or city, often in the → Altstadt

Kindergarten *n (m)* nursery school; kindergarten

kinderloses Paar *n (n)* childless couple; dink (double income, no kids) (US); never-nesters (US)

Kinderspielplatz *n (m)* children's playground

Kino *n (n)* cinema (GB); movie theater (US)

Kiosk *n (m)* kiosk; newsstand

kippen *v/t* tilt (to); tip (to); tip over (to)

Kippfenster *n (n)* tilting window; bottom-hinged window; pivot-hung window; **horizontales Kippfenster** *n (n)* horizontal pivot-hung window; hopper window (US)

Kippfensterflügel *n (m)* pivot-hung sash

Kippflügel *n (m)* bottom-hinged sash; bottom hung window; hopper hung window (US); **Kippflügelfenster** *n (n)* bottom-hinged window; hopper window (US)

Kippsicherheit *n (f)* stability (against tilting); steadiness

Kipptor *n (n)* tilt-up door; tip-up door; up and over door

Kirche *n (f)* church; **Kirchensteuer** *n (f)* church (income) tax

Kissen *n (n)* cushion

Kitt *n (m)* cement; putty; filling compound

kitten *v/t* cement (to); putty (to); knot (timber) (to)

Klage *n (f)* claim; action; law proceedings; case; legal action; lawsuit; **Klage auf Abfindung** *n (f)* compensation claim; **Klage auf Entschädigung** *n (f)* compensation claim; **Klage auf Mietzahlung** *n (f)* rent action; action for payment of rent
dingliche Klage *n (f)* action in rem; real action; **obligatorische Klage** *n (f)* action in personam

Klageanspruch *n (m)* claim (legal); cause of action

Klageausschluss *n (m)* estoppel; exclusion from jurisdiction

Klagebeantwortung *n (f)* statement of defence

Klagebegehren *n (n)* prayer of process

Klageerwiderung *n (f)* statement of defence; defense (US); counterstatement; answer (to a complaint)

Klagegrund *n (m)* cause of action

Kläger *n (m)* plaintiff; petitioner; complainant

Klagerecht *n (n)* right of action; right to sue

Klageschrift *n (f)* writ; statement of claim; statement of case; complaint (legal); request; petition; plaint
Klageverbindung *n (f)* joinder of actions; consolidation of claims
Klappe *n (f)* flap; (drop) shutter; gate valve; cover; lid; louvre; louver (US); **Klappenstellung** *n (f)* flap position
Klappfenster *n (n)* (opening) skylight window, top-hung window, awning window
Klappflügelfenster *n (n)* top-hinged sash window; top-hung window; awning window
Klapptor *n (n)* flap (or folding) (lock) gate (canals etc.)
Kläranlage *n (f)* sewage (treatment) plant; wastewater treatment plant; purification plant
Klarglas *n (n)* clear glass
Klärgrube *n (f)* cesspit
Klarheitsgebot *n (n)* clarity requirement
Klarlack *n (m)* clear varnish; lacquer
Klärschlamm *n (m)* sewage sludge
Klärtank *n (m)* septic tank
Klärwerk *n (n)* sewage works; wastewater treatment plant
Klassenbildung *n (f)* grouping (maths); classification
Klassifikation *n (f)* classification; grading
klassifizieren *v/t* classify (to); rank (to); categorize (to)
Klassifizierung *n (f)* classification; categorization; **Klassifizierungsschema** *n (n)* system of classification; rating grid (US)
Klausel *n (f) Law* clause; stipulation; provision; term (of a contract); **bedingte Klausel** *n (f)* conditional clause; **salvatorische Klausel** *n (f)* saving clause, severabilty clause; a provision in a contract that preserves the validity of the remainder of the contract if a portion of it is invalidated by a court; **unwirksame Klausel** *n (f)* invalid clause
Klebeband *n (n)* adhesive (or sticky) tape
Klebeplombe *n (f)* adhesive seal
Kleber *n (m)* adhesive; adhesion; glue
Kleiderhaken *n (m)* coat hook
Kleiderstange *n (f)* (clothes) hanging rod
Kleinanzeige *n (f) Mkt* classified ad
Kleinbauer *n (m)* small farmer; smallholder; cropper (US)
Kleinbürgerhäus *n (n)* bourgeouis house
Kleinfeuerungsanlagenverordnung *n (f)* German ordinance on small combustion plants
Kleingarten *n (m)* allotment (garden); **Kleingartengesetz** *n (n)* allotment garden law; **Kleingartenland** *n (n)* allotment land; allotment (garden) land
Kleingedrucktes *n (n) Law* (colloq.) the small print, the fine print → allgemeine Geschäftsbedingungen
Kleininstandhaltung *n (f)* minor repairs
Kleinkind *n (n)* small child; infant
Kleinkläranlage *n (f)* septic tank
Kleinkredit *n (m)* personal loan; consumer loan (US); small loan
Kleinreparatur *n (f)* minor repair(s); small repair(s); **Kleinreparaturen** *n/pl (f)* → Kleininstandhaltung
Kleinsiedlung *n (f)* small residential estate; small housing estate; **Kleinsiedlungsgebiet** *n (n)* area of small housing (or residential) estates
Kleinstadt *n (f)* small town; town
Kleinstbetrieb *n (m)* small business; hole in the wall (colloq.)
Kleinverbraucher *n (m)* small consumer
Kleinverbrauchstarif *n (m)* low consumption tariff
Kleinwohnung *n (f)* flatlet (GB); studio (flat); efficiency apartment (US)
Klemme *n (f)* clamp; clip; fastener; terminal (elec.); cleat; awkward position
Klempner *n (m)* plumber; tinsmith; **Klempnerarbeiten** *n/pl (f)* plumbing; installation of flashings; tinsmith work; plumber's work
Klient *n (m)* client; **Klientenbericht** *n (m)* client report
Klima *n (n)* climate; atmosphere; **Klimaanlage** *n (f)* air-condition; air conditioner; air-conditioning (systems); **Klimagerät** *n (n)* air-conditioner; air-conditioning unit; climate control unit; **Klimaveränderung** *n (f)* climate change
Klimatisierung *n (f)* air-conditioning; climate control
Klingel *n (f)* bell; **Klingelknopf** *n (m)* bell push
Klinik *n (f)* hospital; clinic
Klinker *n (m)* brick; clinker brick; engineering brick; **Klinkerstein** *n (m)* clinker; engineering brick; **Klinkerverkleidung** *n (f)* brick facing

Klippe *n (f)* cliff; bluff; crag; precipice; escarpment; obstacle (fig.)
Klosett *n (n)* lavatory; toilet
Klumpen *n (m)* lump; heap
knapp *adj* tight; scarce; concise; meagre; meager (US)
Knappheit *n (f)* shortage; scarcity; brevity; **Knappheit an Mietwohnungen** *n (f)* rental-housing shortage
Knappheitswert *n (m)* scarcity value
Knauf *n (m)* (door) knob; capital (architect.); **Knaufzylinder** *n (m)* door knob cylinder (esp. with lock)
Knick *n (m)* break; kink; angle; sharp bend; **Knicklänge** *n (f)* effective length; **Knickung** *n (f)* buckling; lateral flexure; **Knickwinkel** *n (m)* angle
Kniestock *n (m)* jamb wall; knee wall (roof construction)
Know-how *n (n)* expertise; expert knowledge; know-how
Koaxialkabel *n (n)* coaxial cable
Kochnische *n (f)* kitchenette
Kodex *n (m)* code
Kodizill *n (n)* codicil
Koeffizient *n (m)* factor; coefficient
Kohle *n (f)* coal; carbon; cash (colloq.); **Kohlebunker** *n (m)* coal bunker; fuel hopper; **Kohlefeuerung** *n (f)* coal firing; **Kohleheizung** *n (f)* coal (or solid fuel) heating; **Kohlenstaubfeuerung** *n (f)* pulverized coal combustion; **Kohlevergasung** *n (f)* coal gasification
Kohlenstoffausbrand *n (m)* carbon combustion; **Kohlenstoffdioxid** *n (n)* carbon dioxide; **Kohlenstoffgehalt** *n (m)* carbon content
Kohlenwasserstoff *n (m)* hydrocarbon
Kokerei *n (f)* coking plant
Koksfeuerung *n (f)* coke firing
Kollegialorgan *n (n)* collegial body
Kollektivbesitz *n (m)* collective ownership; **Kollektivbewertung** *n (f)* composite method of valuation; group-of-asset valuation; group valuation; collective rating: **Kollektivversicherung** *n (f)* group insurance
Kollisionsnorm *n (f)* → Kollisionsregel; **Kollisionsregel** *n (f)* *Law* conflict of laws rule; tie-breaker rule (esp. US)
Kombibüro *n (n)* combi-office; a combination of private offices with common working areas
Kombi-Hypothek *n (f)* combination mortgage (part fixed rate, part variable)
Kombination *n (f)* combination; overalls
kombiniert *adj* combined; deduced
Kombitherme *n (f)* combined boiler
Komfort *n (m)* luxury; convenience(s)
Kommanditgesellschaft (KG) *n (f)* limited partnership; **Kommanditgesellschaft auf Aktien (KGaA)** *n (f)* (commercial) partnership limited by shares
Kommanditist *n (m)* limited partner
Kommandowirtschaft *n (f)* command economy
Kommassation *n (f)* land consolidation; land redistribution; → Flurbereinigung
Kommentierungen *n/pl (f)* annotation; commentary
kommerziell *adj* commercial
Kommission *n (f)* agency; commission; committee; consignment
Kommissionär *n (m)* commission agent; factor; **Kommissionshändler** *n (m)* retail commissioner; commission merchant
Kommode *n (f)* bureau; chest of drawers
kommunal *adj* municipal; communal; local
Kommunalabgabe(n) *n (f)* council tax; local rates (GB); local tax (US)
Kommunalbehörde *n (f)* local authority
Kommunalbericht *n (m)* local authority (annual) report
Kommunalobligation *n (f)* *Fin* municipal bond; local authority bond; normally for a fixed term at a fixed interest rate
Kommunalschuldverschreibung *n (f)* public-sector bond; local authority bond
Kommunalsteuer *n (f)* *(Österr.)* local tax, council tax (GB)
Kommunalverwaltung *n (f)* local government
Kommunikationstechnologie *n (f)* communication technology
kompakt *adj* compact; consolidated; solid
Kompatibilität *n (f)* compatibility
Kompensation *n (f)* compensation; **Kompensationsanspruch** *n (m)* claim to compensation
Kompensator *n (m)* expansion joint; compensator; compressor
kompetent *adj* competent; qualified; responsible
Kompetenz *n (f)* competence; responsibility; **Kompetenzeinhaltungsgebot** *n (n)* rule requiring a valuer to have sufficient

competence; **Kompetenzzertifikat** *n (n)* certificate of competence
Komplementär *n (m)* general partner
komplex *adj* complex
Komplexität *n (f)* complexity; intricacy
Komponente *n (f)* component; element; module; **langlebige Komponenten** *n/pl (f)* long-lasting components; durable components; **saisonale Komponente** *n (f)* seasonal component
Kompressor *n (m)* compressor; supercharger
Kondensat *n (n)* condensate; **Kondensatbehälter** *n (m)* condensate tank; **Kondensationsanlage** *n (f)* condenser boilers; **Kondensationskraftwerk** *n (n)* condensation power station; **Kondensationsstromerzeugung** *n (f)* condensing power generation; **Kondensationsturbine** *n (f)* condensing turbine; **Kondensatleitung** *n (f)* condensate pipe(line); **Kondensatpumpe** *n (f)* condensate pump; **Kondensatrückführung** *n (f)* condensate return
Kondensator *n (m)* condenser; capacitor (elec.)
Konditionen *n/pl (f)* terms; conditions
Konditionierung *n (f)* conditioning
Konferenz *n (f)* meeting; conference; **Konferenzprogramm** *n (n)* conference timetable; **Konferenzraum** *n (m)* meeting room; conference room; **Konferenzzentrum** *n (n)* conference centre (center); convention centre (center)
Konfidenzintervall *n (n) stat.* confidence interval
Konfidenzniveau *n (n) stat.* confidence level; *Syn.: Vertrauensniveau*
konfigurieren *v/t* configure (to)
Konfiszierung *n (f)* sequestration; confiscation
Konformität *n (f)* conformity
Konjunktur *n (f)* economic situation; level of business activity; economic trends, market conditions; business cycle
Konjunkturabschwächung *n (f)* economic situation; level of business activity; economic trends, market conditions; business cycle
konjunkturelle Weiterentwicklung *n (f)* further economic development; advancement of business activity
Konjunkturindikator *n (m)* business cycle indicators
Konjunkturkomponente *n (f)* business cycle component; economic component
Konjunkturprognose *n (f)* economic forecast
Konjunkturrückgang *n (m)* → Konjunkturabschwächung
Konjunkturumfrage *n (f)* business survey; economic survey
Konjunkturverlauf *n (m)* business cycle; economic trend; **internationaler Konjunkturverlauf** *n (m)* international economic trend; **örtlicher Konjunkturverlauf** *n (m)* local economic trend; **regionaler Konjunkturverlauf** *n (m)* regional economic trend
Konjunkturzyklus *n (m)* trade cycle; business cycle
konkret *adj* concrete; tangible; specific
Konkretisierung *n (f)* substantiation; **Konkretisierungspflicht** *n (f)* requirement for expression in concrete terms
Konkurrenz *n (f)* competition; rivalry; concurrence (legal); **Konkurrenzanalyse** *n (f)* competition analysis; **Konkurrenzausschluss(klausel)** *n (m(f)) Law* exclusion of competition clause; e.g. in a lease, preventing the landlord from operating or letting premises to a business that may be in competition with the tenant; sometimes linked with a → Sortimentsschutz; **Konkurrenzdruck** *n (m)* competitive pressure; **Konkurrenzklausel** *n (f)* (non-) competition clause; ancillary covenant; covenant (or agreement) in restraint of trade; **Konkurrenzschutz** *n (m) Law* protection against competition; lease clause whereby a landlord may not let premises to a competing business in the same or a nearby building without the tenant's express agreement
konkurrieren *v/i* compete (to)
Konkurs *n (m)* liquidation; bankruptcy; **Konkurs anmelden** *v/t* (to) file for bankruptcy; **Konkurs eröffnen** *v/t* (to) institute bankruptcy proceedings; *Syn.: Konkursverfahren einleiten*; **in Konkurs gehen** *v/t* (to) go bankrupt/insolvent, (to) go into receivership, (coll.) (to) go bust, (to) fail/fold/crash
Konkursbilanz *n (f)* bankruptcy statement; **Konkurssicherheit** *n (f)* bankruptcy protection; **Konkursverfahren** *n (n)* bankruptcy proceedings; **Konkursverfahren**

einleiten *n (n)* → Konkurs eröffnen; **Konkursverwalter** *n (m)* trustee in bankruptcy; receiver; **Konkursverwaltung** *n (f)* receivership

konservativ *adj* conservative

konservieren *v/t* conserve (to); preserve (to)

Konservierung *n (f)* conservation; preservation

Konsignant *n (m)* consigner; consignor

Konsignation *n (f) Econ* consignment; **Konsignationslager** *n (n)* consignment warehouse (or stores); consignment stock

Konsistenz *n (f)* consistency

Konsole *n (f)* console; bracket; support

Konsolidierungskreis *n (m) Fin* basis of consolidation; scope of consolidated financial statements; (all) companies to be consolidated

Konsorten *n/pl (m)* underwriters; underwriting banks

Konsortialführer *n (m)* sponsor; lead manager; lead lender; arranger; managing underwriter; **Konsortialkredit** *n (m) Fin* syndicated loan, syndicated facility; joint credit; consortium loan, participating loan, participation loan, collective loan; **Konsortialmitglied** *n (n)* underwriter

Konsortium *n (n)* syndicate; consortium

konstant *adj* steady; fixed; constant

Konstruktion *n (f)* structure; construction; design; **freitragende Konstruktion** *n (f)* cantilever(ed) construction; **steife Konstruktion** *n (f)* rigid construction; **tragende Konstruktion** *n (f)* load bearing structure; supporting structure; **unterirdische Konstruktion** *n (f)* underground structure; **verschraubte Konstruktion** *n (f)* screwed construction

Konstruktionselement *n (n)* constructional element

Konstruktionsgrundfläche (KGF) *n (f)* the measured area of walls, pillars, chimneys and other non-accessible shafts in a building

Konstruktionskosten *n/pl* construction costs

Konstruktionsleichtbeton *n (m)* structural light concrete; structural lightweight concrete

Konstruktionswände *n/pl (f)* structural walls

Konstruktionswert *n (m)* value of buildings (as distinct from land value); specified value (of components etc.)

konstruktiv *adj* constructive; structural

Konsultationsverfahren *n (n)* consultation procedure

Konsumentenrente *n (f) Econ* consumer('s) surplus; the difference between the actual price of a product and the amount that consumers are willing to pay

Konsumgüter *n/pl (n)* consumer goods; **Konsumlage** *n (f)* retail location; consumption situation; **Konsumverhalten** *n (n)* consumption pattern

Kontaktzähler *n (m)* contact meter

Kontamination *n (f)* contamination

kontaminiert *adj* contaminated

Kontaminierung *n (f)* contamination; contamination; contamination

Konto *n (n)* account; bank account; **abgebendes Konto** *n (n)* issuing account; **abgetretenes Konto** *n (n)* assigned account; **beschlagnahmtes Konto** *n (n)* impounded (or seized or frozen) account; **bewegte Konten** *n/pl (n)* active accounts; **interne Konten** *n/pl (n)* internal (company) accounts; **laufendes Konto** *n (n)* current account

Kontobuch *n (n)* bank-book

Kontoführungsgebühr *n (f)* service charge (bank); bank charge

Kontrolle *n (f)* supervision; inspection; check; checkpoint; control; verification; **gemeinsame Kontrolle** *n (f)* common control; joint control; **gemeinschaftliche Kontrolle** *n (f)* joint control

Kontrollgebäude *n (n)* gatehouse; control building; esp. at the entrance to a factory or other site

kontrollierbar *adj* controllable; verifiable

kontrollieren *v/t* supervise (to); check (to); check up on (to)

Kontrollkosten *n/pl* control cost; monitoring costs

Kontrollrecht *n (n)* supervisory right; right to monitor

Kontrollschacht *n (m)* inspection chamber; inspection shaft; manhole

Kontrollsumme *n (f)* checksum; check digit; control total

internes Kontrollsystem (IKS) *n (n)* system of internal audits

Konvektion *n (f)* convection; **Konvektionsheizung** *n (f)* convection heating; **Konvektionswärme** *n (f)* convected heat; convective heat

Konvektor *n (m)* convector; convector heater
Konventionalstrafe *n (f)* contract(ual) penalty; penalty clause; penalty for non-performance; liquidated damages → Vertragsstrafe
Konversion *n (f)* conversion; **Konversionsfläche** *n (f)* spaceland and buildings, esp. former military establishments, for conversion to other uses; **Konversionsprojekt** *n (n)* conversion project
Konzentration *n (f)* concentration; **Konzentrationsgebot** *n (n)* concentration rule; e.g. that large-scale retailing be restricted to town or city centres
Konzept *n (n)* (rough) draft; idea; conception; **Konzeptstudie** *n (f)* design study, concept study; *Syn.: Designstudie*
Konzern *n (m)* group (of companies); combine; company group; **Konzernabschluss** *n (m)* consolidated financial statement; group accounts (GB); **Konzernbilanz** *n (f)* consolidated accounts; **Konzerngesellschaft** *n (f)* group company; group member; affiliated company; associated company (or enterprise); **Konzerngruppe** *n (f)* affiliated group; consolidated group; **Konzernkosten** *n/pl* group charges
konzernfremd *adj* third-party; minority (interests etc.)
konzerninterner Geschäftsvorfall *n (m)* intra-group transaction; transaction between companies in the same group
Konzession *n (f)* concession; franchise; licence; license; **Konzessionär** *n (m)* concessionaire; licence holder; **Konzessionsinhaber** *n (m)* concessionaire; licence holder; **Konzessionsmodell** *n (n)* concession model
Koordinatensystem *n (n)* system of coordinates; grid system
Kopfbahnhof *n (m)* railway (US railroad) terminus; terminal station; railhead
Kopfbau *n (m)* ; transverse building often at one end of, and sometimes higher than, a long e.g. industrial or commercial building
Kopfbug *n (m)* *ArCo* brace (timber construction)
Kopfplatte *n (f)* cap plate; end plate
Kopfsteinpflaster *n (n)* cobblestones; cobblestone pavement
Kopie *n (f)* copy; duplicate; counterpart
Koppelproduktion *n (f)* combined production
Kopplung *n (f)* coupling; hyphenation; **Kopplungsvertrag** *n (m)* tie-in contract; tying contract
Korkbodenbelag *n (m)* cork flooring; **Korkfliese** *n (f)* cork tile; **expandierte Korkplatte** *n (f)* expanded cork sheet
Kornstruktur *n (f)* grain structure
Korntrennung *n (f)* grading
Körnung *n (f)* granularity; grade; graining; grain size; granulation; centre (center) punch
Kornverteilung *n (f)* particle size distribution
Körperschaft *n (f)* corporation; body; **Körperschaft des öffentlichen Rechts** *n (f)* public body; statutory body; public corporation; public-law corporation
Körperschaft(s)steuer (KSt) *n (f)* German corporate income tax; **Körperschaftsteuergesetz (KStG)** *n (n) Law* German corporate (income) tax act; **Körperschaftsteuersatz** *n (m)* corporate income tax rate; **klassisches Körperschaftsteuersystem** *n (n)* normal (or conventional) system of corporate taxation; **Körperschaftsteuervorauszahlung** *n (f)* advance corporation tax (ACT)
korporativ *adj* corporate
Korrektur *n (f)* correction; alteration; amendment; modification; rectification; revision; **Korrekturfaktor** *n (m)* correction factor; corrective factor
Korrelation *n (f)* correlation; **Korrelations-Messverfahren** *n (n)* correlation measuring method
Korrespondenzbank *n (f)* correspondent bank
korrespondierend *adj* corresponding
Korridor *n (m)* hallway; corridor
korrigieren *v/t* correct (to); adjust (to); scale downrectify (to)
Korrosion *n (f)* corrosion; **Korrosionsprodukt** *n (n)* corrosion product; **Korrosionsschutz** *n (m)* corrosion protection; corrosion prevention; **Korrosionsverhalten** *n (n)* corrosion behavio(u)r
korrosionsbeständig *adj* corrosion resistant; **korrosionsfest** *adj* corrosion-proof; non-corroding
Korruption *n (f)* corruption; bribery
Kosmetik *n (f)* cosmetics

kostbar *adj* valuable; expensive

Kosten *n/pl* expense; charges; costs; **Kosten nach Baufertigstellung** *n/pl* after completion costs

anfallende Kosten *n/pl* expenses arising; **angefallene Kosten** *n/pl* accumulated costs; expenses incurred; **angestrebte Kosten** *n/pl* target cost; **anrechenbare Kosten** *n/pl* chargeable costs; **arbeitsabhängige Kosten** *n/pl* work- or consumption-related costs; energy costs; **auftragsabhängige Kosten** *n/pl* variable costs (of fulfilling a contract); **beeinflussbare Kosten** *n/pl* controllable costs; controllable expenses; **direkte Kosten** *n/pl* direct costs; **direkt zurechenbare Kosten** *n/pl* traceable costs; costs directly attributable; **erstattungsfähige Kosten** *n/pl* recoverable costs; reimbursable costs; reimbursable expenses; **fixe Kosten** *n/pl* overhead(s); fixed expenses; **geschätzte Kosten** *n/pl* estimated cost(s); **harte Kosten** *n/pl* hard costs; **immobilienbezogene Kosten** *n/pl* occupancy cost; property-related costs; **indirekte Kosten** *n/pl* indirect costs; indirect expenses; undistributed expenses; **laufende Kosten** *n/pl* running costs; running expenses; operating expenses; **laufende Kosten für eine Immobilie** *n/pl* property running costs; carrying charges (US); **leistungsabhängige Kosten** *n/pl* capacity costs; demand-related costs; output-related costs; **periodisch anfallende Kosten** *n/pl* periodic costs; **proportionale Kosten** *n/pl* proportional cost; **umlagefähige Kosten** *n/pl* transferable costs (to the tenant); reimbursable expenses; **umlegbare Kosten** *n/pl* recoverable costs; transferable costs; **unkontrollierbare Kosten** *n/pl* non-controllable costs; **unrentierliche Kosten** *n/pl* unprofitable expenditure; expenditure not covered by income; **variable Kosten** *n/pl* variable costs; variable expenses; **weiche Kosten** *n/pl* soft costs; **zurechenbare Kosten** *n/pl* separable cost; **zusätzliche Kosten** *n/pl* additional costs

Kosten ersetzen *v/t* reimburse costs (to); refund costs (to)

Kostenanalyse *n (f)* cost analysis

Kostenansatz *n (m)* cost approach; cost item

Kostenanschlag *n (m) Law* → Kostenvoranschlag

Kostenart *n (f)* cost type; cost element; type of costs

Kostenaufschlagsmethode *n (f)* cost plus method

Kostenaufstellung *n (f)* statement of costs

Kostenaufteilung *n (f)* cost allocation

interner Kostenausgleich *n (m)* reconciliation of internal costs

Kostenberater *n (m)* cost consultant

Kostendaten *n/pl (n)* cost data; cost information

Kostendeckung *n (f)* breaking even; cost recovery; **Kostendeckungsprinzip** *n (n)* cost-covering principle; **Kostendeckungspunkt** *n (m)* → Gewinnschwelle

Kostendruckinflation *n (f)* cost-push inflation

Kosteneinsparungen *n/pl (f)* cost savings

Kostenelement *n (n)* cost element

Kostenermittlung *n (f)* costing

Kostenerstattung *n (f)* refund; reimbursement of expenses

Kostenfestsetzung *n (f)* assessment of costs; determination of costs

Kostenfunktion *n (f)* cost function

Kostengruppe *n (f)* cost bracket; cost type

kostengünstig *adj* reasonably priced; low-priced; cheap

Kostenindex *n (m)* cost index

Kostenintensität *n (f)* cost intensity

Kostenkennzahl *n (f)* cost index; an analysis of costs for estimation purposes

Kostenkontrolle *n (f)* cost control

Kostenmiete *n (f)* cost rent; economic rent; rent that covers costs esp. in connection with subsidized (social) housing

Kosten-Nutzen-Analyse *n (f)* cost benefit analysis

Kostenobergrenze *n (f)* expense cap; cost limit

Kostenreduzierung *n (f)* cost reduction; **nachhaltige Kostenreduzierung** *n (f)* sustainable cost reduction

Kostenrückgewinnung *n (f)* recovery of costs

Kostenschätzung *n (f)* cost estimate; estimate of costs

Kostentragung *n (f)* absorption of costs; bearing of costs

Kostenübernahme *n (f)* absorption of costs; cost transfer; meeting the costs

Kostenüberprüfung *n (f)* review of costs; cost check
Kostenüberschreitung *n (f)* cost overrun
Kostenuntergrenze *n (f)* basic cost margin; (expected) lower limit of cost
Kostenverteilung *n (f)* cost distribution; apportionment of costs; **Kostenverteilungsschlüssel** *n (m) PptMgt* cost allocation formula; (allgemein) cost allocation key
Kostenvoranschlag *n (m)* quotation; cost estimate; *Syn.: Kostenanschlag*
Kostenvorteil *n (m)* cost advantage; **nachhaltige Kostenvorteile** *n/pl (m)* sustainable cost advantages
Kote *n (f)* (map) spot height, spot elevation, geodetic point; (ArCo) measured elevation; *Syn.: Höhenpunkt*
Kovarianz *n (f)* covariance
Kraft *n (f)* force; strength; energy; **außer Kraft setzen** *v/t* override (to); abrogate (to); invalidate (to); repeal (to)
axiale Kraft *n (f)* longitudinal force; axial force
Kräfte *n/pl (f)* forces; powers; strengths; **Kräftebilanz** *n (m)* balance of forces
Kraft-Wärme-Kopplung (KWK) *n (f)* cogeneration (heat and power); **Kraft-Wärme-Kopplungsanlage** *n (f)* combined heat and power (CHP) generation; **Kraft-Wärme-Kopplungsstrom** *n (m)* cogenerated electric power
Kraftwerk *n (n)* power plant; power station; **Kraftwerkwirkungsgrad** *n (m)* power plant efficiency
Kragarm *n (m)* cantilever; cutwater; jib boom; **Kragarmlänge** *n (f)* length of cantilever
Krageisen *n (n)* bracket
Kragplatte *n (f)* cantilever slab
Kragstein *n (m)* corbel
Kragstütze *n (f)* bracket support
Krananlage *n (f)* crane (system)
Kranbahn *n (f)* crane gantry; crane runway
Kranhalle *n (f)* crane bay
Krankenhaus *n (n)* hospital
Kredit *n (m)* loan; credit; advance; **Kredit mit fester Laufzeit** *n (m)* fixed-term loan; fixed loan
abgesicherter Kredit *n (m)* secured credit; secured loan; *Syn.: besicherter Kredit*; **befristeter Kredit** *n (m)* time loan; **besicherter Kredit** *n (m)* collateral credit; secured loan; *Syn.: (ab)gesicherter Kredit, gesichertes Darlehen*; **durchlaufende Kredite** *n/pl (m)* open-ended credits; **immobilienbesicherter Kredit** *n (m)* credit secured on real estate; **mittelfristiger Kredit** *n (m)* medium-term credit (or loan); **notleidende Kredite** *n/pl (m)* non-performing loans; **revolvierender Kredit** *n (m)* revolving credit (or loan); **unwiderruflicher Kredit** *n (m)* irrevocable credit; **zinsgünstiger Kredit** *n (m)* low-interest loan; soft loan
einen Kredit erneuern *v/t* renew a loan (to); **Kredit geben** *v/t* lend money (to); give credit (to)
Kreditantrag *n (m)* loan application
Kreditausfallrückstellung *n (f)* loan loss provision; **Kreditausfallwahrscheinlichkeit** *n (f)* probability of default on a loan; credit risk
Kreditauskunft *n (f)* credit report, agency report (finan.)
Kreditbank *n (f)* commercial bank; credit bank
Kreditbearbeitungsgebühr *n (f)* origination fee; loan fee
Kreditbeschaffungsprovision *n (f)* advance fee (for credit facilities); arrangement fee
Kreditbestätigung *n (f)* confirmed credit
Kreditbestimmungen *n/pl (f)* lending regulations
Kreditbewertung *n (f)* credit rating
Kreditbrief *n (m)* letter of credit
Kreditdeckung *n (f)* loan cover
Kreditdisagio *n (n) Fin* debt discount
Krediterhöhung *n (f)* further advance; additional credit
kreditfähig *adj* (financially) sound; solvent
Kreditfähigkeit *n (f)* borrowing power; credit rating (or standing)
Kreditforderung bei Ausfall *n (f)* (loan) exposure at default
Kreditgarantie *n (f)* credit guarantee; loan guarantee
Kreditgeber *n (m)* lender; creditor
Kreditgebühr *n (f)* loan charge; credit service charge
Kreditgenossenschaft *n (f)* credit cooperative; (cooperative) credit association
Kreditgeschäft *n (n)* credit transaction; lending business
Kreditgesellschaft *n (f)* loan association; industrial finance company
Kreditgewährung *n (f)* lending; granting of credit

Kreditinstitut *n (n)* bank; credit institute; **Kreditinstitut mit Sonderaufgaben** *n (n)* bank with a specific function **genossenschaftliches Kreditinstitut** *n (n)* cooperative bank; **öffentlich-rechtliches Kreditinstitut** *n (n)* public-law bank; **zwischengeschaltetes Kreditinstitut** *n (n)* intermediary banking institution
Kreditklemme *n (f)* credit squeeze; credit crunch
Kreditkonditionen *n/pl (f)* credit terms; loan terms
Kreditkosten *n/pl* borrowing costs
Kreditlinie *n (f)* credit line; credit limit; line of credit
Kreditmakler *n (m)* loan broker; mortgage broker
Kreditmarkt *n (m)* lending market; **internationale Kreditmärkte** *n/pl (m)* international credit market
Kreditnehmer *n (m)* borrower; debtor
Kreditor *n (m)* creditor
Kreditprolongation *n (f)* renewal of a loan; renewal of credit; extension of credit
Kreditprüfung *n (f)* credit assessment
Kreditrahmen *n (m)* credit line; bank line
Kreditrating *n (n)* credit rating
Kreditrisiko *n (n)* credit risk
Kreditrisikominderung *n (f)* credit risk mitigation
Kreditsatz *n (f)* borrowing rate; interest rate on borrowing
Kreditsicherheit *n (f)* loan collateral; collateral security
Kreditsicherung *n (f)* providing loan collateral; loan collateralization (US)
Kreditumrechnungsfaktor *n (m)* credit conversion factor (CCF)
Kreditumschichtung *n (f)* refinancing; regrouping loans
Kreditvereinbarungen *n/pl (f)* credit arrangement
Kreditverkauf *n (m)* credit sale
Kreditverordnung *n (f)* credit regulations
Kreditvertrag *n (m)* loan agreement
Kreditwesengesetz (KWG) *n (n) Law* German banking act
Kreditwirtschaft *n (f)* banking industry
Kreditwürdigkeit *n (f)* creditworthiness; credit rating; credit standing; credibility; **Kreditwürdigkeitsprüfung** *n (f)* credit scoring; creditworthiness assessment; credit check; credit investigation
Kreditzins *n (m)* lending rate
Kreditzusage *n (f)* (loan) commitment; grant of credit; loan approval
Kreis *n (m)* circle; ring; circuit; district (esp. local government); → Landkreis
Kreisausschuss *n (m)* committee with special functions selected by the → Kreistag
Kreisbauamt *n (n)* district (→ Landkreis) building authority
Kreiselpumpe *n (f)* centrifugal pump
kreisfrei *adj* administratively independent; describes a municipality roughly equivalent to a county borough or unitary authority → kreisfreie Stadt
Kreislaufsystem *n (n)* circulation system
Kreislaufwirtschafts- und Abfallgesetz (KrWAbfG) *n (n) Law* German waste and recycling act
Kreissäge *n (f)* circular saw
Kreisstraße *n (f)* district road
Kreistag *n (m)* elected council of a → Landkreis
Krempziegel *n (m)* overlapping tile; S-shaped tile
Kreuzbogen *n (m)* groined arch
Kreuzkorrelation *n (f)* cross-correlation
Kreuzschalter *n (m)* cross switch
Kreuzschraffierung *n (f)* cross-hatching
Kreuzschraffur *n (f)* cross-hatching
Kreuzung *n (f)* crossroads; intersection
Kreuzverstrebung *n (f)* x-bracing
kreuzweise *adv* across; crosswise
Kriechkeller *n (m)* crawlway; crawl space
Kristallspiegelglas *n (n)* plate glass; float glass
Kriterienkatalog *n (m)* checklist; list of criteria
Krümmer *n (m)* elbow; bend manifold
Krümmung *n (f)* bend; curvature
Krüppelwalm *n (m)* partial hip
Kubatur *n (f)* cubage; cubature; cubic(al) content(s); (in Yards) cubic yardage
Kubikinhalt *n (m)* cubage; cubature; cubic(al) content(s)
Kubikmeter *n (m)* cubic meter; **Kubikmeterpreis** *n (m)* price per cubic metre
Küche *n (f)* kitchen; **Küchenabfallbeseitigung** *n (f)* refuse disposal; garbage disposal; **Küchenschrank** *n (m)* kitchen cupboard; **Küchenzeile** *n (f)* kitchen units; kitchenette
Kugel *n (f)* sphere; ball; shot; bullet; **Kugelgewölbe** *n (n)* spherical vault; **Kugelhahn**

n (m) ball cock; ball tap; **Kugelhaufenreaktor** *n (m)* pebble-bed reactor; **Kugelventil** *n (n)* ball valve
Kühler *n (m)* cooler; radiator (mot.)
Kühlhaus *n (n)* cold store; refrigerated warehouse
Kulanz *n (f)* goodwill; fairness (e.g. cost absorption with no legal obligation); **Kulanzentschädigung** *n (f)* ex gratia payment; **Kulanzzahlung** *n (f)* ex gratia payment
Kulturdenkmal *n (n)* ancient monument; monument of cultural interest; national monument
Kulturfläche *n (f)* cropland; cultivated area
kumulativ *adj* cumulative
kündbar *adj* callable; redeemable; terminable
Kunde *n (m)* customer; client; **wichtiger Kunde** *n (m)* key customer; important client
Kundenakquisition *n (f)* recruitment of clients; canvassing for clients
Kundenanlage *n (f)* installation on the customer's premises (e.g. district heat)
Kundenausfall *n (m)* loss of custom(ers); (by implication) compensation for loss of custom (or business profit)
Kundenberatung *n (f)* customer advisory service
Kundenbindung *n (f)* customer relationship management
Kundendienst *n (m)* (customer) service; after-sales service
Kundeneinzugsgebiet *n (n)* sales area; catchment area; trading area
Kundenfrequenz *n (f)* footfall
Kundenkonto *n (n)* client(s') account; earnest money account; (US)
kundenspezifisch *adj* custom-made; custom(ized); client-specific
Kundenverhaltensanalyse *n (f)* buyer (or customer) behaviour analysis; data mining
Kundenwahl *n (f)* client('s) choice
Kundenwerbung *n (f)* canvass; canvassing (of customers)
kündigen *v/t* give notice (to quit) (to); terminate (to); **fristlos kündigen** *v/t* dismiss without notice (to); cancel summarily (to)
Kündigung *n (f)* termination; notice; notice of dismissal; notice to terminate; notice to quit; separation; **Kündigung durch Vermieter** *n (f)* notice to quit served by the lessor (or landlord); **Kündigung eines Darlehens** *n (f)* call(ing)-in (of a loan); **Kündigung eines Maklerauftrags** *n (f)* termination (cancellation) of agency instructions; termination of listing (US) **schriftliche Kündigung** *n (f)* notice (of termination) in writing; written notice of termination
Kündigungsfrist *n (f)* period of notice; **gesetzliche Kündigungsfrist** *n (f)* statutory (period of) notice; legal notice; legal period of notice
Kündigungsgeld *n (n)* time deposit; notice deposit
Kündigungsklausel *n (f)* termination clause; call provision; break clause; kick-out clause
Kündigungsrecht *n (n) Law* (tenancy) right of termination; right to give notice (to quit); (contract) right of cancellation
Kündigungsschreiben *n (n)* written notice (of termination); notice of dismissal (employees)
Kündigungsschutz *n (m)* protection against (unwarranted) eviction; security of tenure; **Kündigungsschutzgesetz (KSchG)** *n (n) Law* German protection from dismissal act
künftig *adj* coming; future; to come
künftig *adv* in future
Kunstharz *n (n)* synthetic resin; epoxy resin
künstlich *adj* artificial; false; imitated
Kunstmarmor *n (m)* imitation marble
Kunststein *n (m)* artificial stone; terrazzo
Kunststoff *n (m)* plastic; composition; synthetic material; **Kunststofffolie** *n (f)* plastic film; polyurethane sheet; **Kunststoffisolierung** *n (f)* plastic (foam) insulation; **Kunststoffmantelrohr** *n (n)* plastic jacket pipe; **Kunststoffmediumrohr** *n (n)* plastic medium pipe; **Kunststoffrohr** *n (n)* plastic pipe; **Kunststoffteil** *n (n)* plastic part; **Kunststoff-Verbundmantelrohr** *n (n)* plastic jacket compound pipe
Kupfer *n (n)* copper; **Kupferbedachung** *n (f)* copper roofing; **Kupferblech** *n (n)* sheet copper; **Kupferlegierung** *n (f)* copper alloy; **Kupferrohr** *n (n)* copper pipe; **Kupferschindel** *n (f)* copper shingle
Kuppel *n (f)* cupola; dome
Kuppelprodukte *n/pl (n)* byproducts
Kurbad *n (n)* spa (town)

Kurbel *n (f)* crank; crank handle
Kurbelwelle *n (f)* crankshaft
Kurort *n (m)* spa (town); health resort
Kursänderungsrisiko *n (n)* risk of change in (share) price; risk of change in interest rates
Kursaufschlag *n (n)* markup
Kursgewinnchance *n (f)* upside potential (of an investment)
Kurs-Gewinn-Verhältnis (KGV) *n (n)* price earnings ratio; P/E ratio
Kurssicherungsgeschäft *n (n)* hedge transaction; hedging strategy
Kurstreiberei *n (f)* ballooning; share pushing; rigging the market
Kursverlustrisiko *n (n)* downside potential (of investments)
Kurswert *n (m)* market value (of shares etc.); quoted value
Kurzbericht *n (m)* brief report; summary (report)
Kurzbesprechung *n (f)* notice; brief review; short meeting
Kurzbezeichnung *n (f)* brief description; code designation
kürzen *v/t* shorten (to); abridge (to); cut (to); reduce (to)
Kurzfassung *n (f)* abbreviated version
kurzfristig *adj* short-term; short-dated; current; sudden; **kurzfristige Geldmarktpapiere** *n/pl (n)* → Geldmarkt
Kurzgutachen *n (n)* short report; brief appraisal; letter report
Kurzschluss *n (m)* short-circuit
kurz und bündig *adv* concise (and precise)
Kürzung *n (f)* cut; reduction; curtailment; retrenchment (of expenditure); shortage; deduction; **erweiterte Kürzung** *n (f)* further reduction; additional cut
kurzzeitig *adj* short; short-lived; momentary
Kurzzeit-Wärmespeicher *n (m)* short-term heat storage facility
Küste *n (f)* coast; shore; seashore; **Küstengebiet** *n (n)* coastal area; littoral land; **Küstenstaat** *n (m)* coastal state; maritime country
KWK → Kraft-Wärme-Kopplung

L

l. i. f. o.-Methode *n (f)* last in – first out (LIFO) method
Labor *n (n)* laboratory
Lackfarbe *n (f)* enamel paint
lackieren *v/t* paint (to)
lackiert *adj* coated; varnished; lacquered
Ladebühne *n (f)* loading platform
Ladeeinrichtung *n (f)* charging facility
Ladegerät *n (n)* (battery) charger
Laden *n (m)* shop; store; business (colloq.); **Ladeneinrichtung** *n (f)* shop fittings; shopfitting; store fixtures; shop equipment; **Ladenfläche** *n (f)* retail space; **Ladenhüter** *n (m)* slow moving and obsolete item; shelf-warmer (colloq.); **Ladenkette** *n (f)* chain store (company), multiple store (company); **Ladenleerstände** *n/pl (m)* retail vacancy; number of empty shops; **Ladenlokal** *n (n)* lock-up shop; retail unit; **Ladenstraße** *n (f)* shopping street
Ladeplatz *n (m)* loading area; loading bay; **Laderampe** *n (f)* loading platform; loading ramp
Ladung *n (f)* lading; load; cargo; freight; electric charge; summons
Lage *n (f)* position; situation; site; location; locality; **Lage eines Gebäudes** *n (f)* situation (or position) of a building; **Lage eines Grundstücks** *n (f)* location of a property
1A-Lage *n (f)* prime location; **beste Lage** *n (f)* prime location; hundred per cent location (of a building); **einfache Lage** *n (f)* fair (or modest) location; normally on a scale of fair – medium – good – very good; **erstklassige Lagen** *n/pl (f)* choice property; prime sites; **gute Lage** *n (f)* good location; **schlechte Lage** *n (f)* poor location; (fig.) poor (economic) conditions; **sonstige Lage** *n (f)* other location; **ungeschützte Lage** *n (f)* exposed position; **verkehrsreiche Lage** *n (f)* busy area
Lageanalyse *n (f)* analysis; analysis of a situation; locational analysis
Lageänderung *n (f)* change of position; change in a location; locational change
Lagebericht *n (m)* director's report; discussion and analysis by management; situation review; financial review; position report; progress report
Lagebeschreibung *n (f)* (description of) location (e.g. in valuation reports); (description of) situation (e.g. in valuation reports)
Lagefaktor *n (m)* location factor
Lageklassenmethode *n (f)* *Val* lit. „location class method"; appraisal technique based on the assumption that the proportion of land value to total value of similar properties in similar locations is a constant (commonly used in some Cantons of Switzerland); *Syn.: Naegeli-Verfahren;* **Lageklassentabelle** *n (f) Plan, Val (esp. CH)* table of location categories
Lagemaß *n (n)* measure of location; measure of central tendency; measure of position; parameter of location
Lagenschüttung *n (f)* layer-construction; tipping in layers
lagenweise *adj* in layers; in tiers
Lageparameter *n (m)* location parameter; parameter of location
Lageplan *n (m)* site plan; location plan; layout; plan of site; plat (US)
Lager *n (n)* warehouse; store; storage; bearing; inventory; stock; **überdachtes Lager** *n (n)* covered storage area
Lagerbehälter *n (m)* silo; storage bin
Lagerbestand *n (m)* stock; goods on hand
Lagerfläche *n (f)* storage area; warehouse space; **Lagerflächen** *n/pl (f)* storage space
Lagergebäude *n (n)* warehouse; storage building; storehouse
Lagergebühren *n/pl (f)* stock holding cost; storage charges; warehouse fees
Lagerhalle *n (f)* warehouse; store; storage; storage building
Lagerhaltung *n (f)* stock; stock-keeping; storage; warehousing
Lagerhaus *n (n)* warehouse; store; depository; inventory; stock; **anmietbares Lagerhaus** *n (n)* public warehouse
Lagerhölzer *n/pl (n)* rails; (floor support) battens
Lagerisiko *n (n)* locational risk
Lagerkosten *n/pl* storage costs
Lagermiete *n (f)* warehouse rent

Lagerort *n (m)* stock location; storage location
Lagerplatz *n (n)* (outdoor) storage area; **offener Lagerplatz** *n (m)* open storage area
Lagerraum *n (m)* storeroom; storage
Lagerung *n (f)* storage; warehousing; bearing; suspension
Lagerzyklus *n (m) Econ* stock cycle; storage cycle
Lageskizze *n (f)* sketch map (of location)
Laibung *n (f)* reveal; intrados; embrasure; **äußere Laibung** *n (f)* outer reveal; **innere Laibung** *n (f)* inner reveal; soffit
Lamellenheizkörper *n (m)* finned radiator
Laminat *n (n) ArCo* laminate; **Laminatboden** *n (m)* laminated flooring; **Laminatfußboden** *n (m)* laminated flooring; **Laminatplatte** *n (f)* laminate; Formica®
Lampe *n (f)* lamp; light
Land *n (n)* land; country; state; parcel of land; parcel of real property; real estate (US); real estate tract; site; **aufgeschüttetes Land** *n (n)* made-up ground; **baureifes Land** *n (n)* land ready (or ripe) for development; development site; **kontaminiertes Land** *n (n)* contaminated land; **künstlich geschaffenes (Bau-)Land** *n (n)* reclaimed land; made land; **überschüssiges Land** *n (n)* excess land; surplus land; **unbebautes Land** *n (n)* undeveloped land, vacant land, vacant plot, raw land; **unerschlossenes Land** *n (n)* land without roads and services; unimproved land (US); raw land
Landauffüllung *n (f)* landfill; (Haldendeponie) above-ground land fill, land raising
Landbeschaffungsgesetz *n (n)* Acquisition of Land (for Military Purposes) Act; 1957, with numerous later amendments
Landbesitz *n (m)* landed property; real estate; **Landbesitzer** *n (m)* landowner; estate owner; proprietor of land
Landentschädigung *n (f)* land compensation
Landentwässerung *n (f)* land drainage
Landesbank *n (f)* regional bank; (German) state bank
Landesbauordnung (LBauO) *n (f)* German state charter governing the erection of structures
Landesentwicklung *n (f)* state development; **Landesentwicklungsplan** *n (m)* regional policy plan (on state level); state development plan
Landesgrenze *n (f)* border; frontier
Landeskunde *n (f)* applied geography; national geography; regional studies
Landespflege *n (f)* land(scape) conservation; land stewardship; landscape management
Landesplanung *n (f)* regional planning (on state level)
Landesraumordnungsprogramm *n (n)* state (or regional) planning programme
Landesstraße *n (f)* secondary road
Landesteg *n (m)* landing-stage
Landesvermessung *n (f)* land survey (authority); ordinance survey (equivalent); **amtliche Landesvermessung** *n (f)* official state survey and cartographic department (eq. to Ordnance Survey in GB)
Landesvermessungsnetz *n (n)* triangulation network; national surveying network
Landeszentralbank (LZB) *n (f)* Federal State Central Bank; German State Central Bank
Landflucht *n (f)* drift to the cities; migration from the country (to the town); off-the-farm movement (US); rural exodus; rural-urban migration
Landgericht *n (n)* German regional court; district court
Landgewinnung *n (f)* land reclamation (from the sea)
Landgut *n (n)* manor; country-seat; landed estate
Landhaus *n (n)* country house; cottage
Landkarte *n (f)* map
Landklassifizierung *n (f)* land classification
Landkreis *n (m)* second-tier local government district (roughly equivalent to county)
Landmesser *n (m)* land surveyor; surveyor
Landnutzung *n (f)* land use
Landrückgewinnung *n (f)* land reclamation
Landschaft *n (f)* landscape; scenery; geographical region; **geschützter Landschaftsbestandteil** *n (m)* „protected landscape element" (nature protection designation)
Landschaftsarchitekt *n (m)* landscape architect
Landschaftsarchitektur *n (f)* landscaping; landscape architecture
Landschaftsbild *n (n)* characteristic landscape; natural scenery
Landschaftsgestalter *n (m)* landscape engineer

Landschaftsgestaltung *n (f)* landscaping; landscape architecture
Landschaftsökologie *n (f)* landscape ecology; natural ecology
Landschaftspflege *n (f)* landscape conservation; nature protection
Landschaftsplan *n (m)* landscape plan
Landschaftsschutzgebiet *n (n)* area of outstanding natural beauty (AONB); landscape conservation area; landscape preserve; (protected) nature reserve
Landsitz *n (m)* (large) country house; manor; country estate
Landstraße *n (f)* state road; i.e. maintained by a federal state, lower in hierarchy than a → Bundesstraße; (GB) B-road; country road
Landstrich *n (m)* district; tract (of land)
Landungssteg *n (m)* landing-stage
Landverbrauch *n (m)* → Flächenverbrauch
Landvermesser *n (m)* land surveyor; surveyor
Landvermessung *n (f)* surveying; land survey; survey of land; **geodätische Landvermessung** *n (f)* geodetic surveying
Landverwalter *n (m)* land manager; estate manager
Landwert *n (m) (CH)* → Bodenwert
Landwirtschaft *n (f)* agriculture; farming; husbandry
landwirtschaftlich *n (m)* agricultural; agrarian; **landwirtschaftliche Anbaufläche** *n (f)* area under cultivation; (agricultural) acreage
Landwirtschaftsbank *n (f)* agricultural bank
Länge *n (f)* length; height; (in Yards) yardage; **Längenkreis** *n (m)* meridian
langfristig *adj* long-term; long-dated; (in the) long run; long range
Längsbalken *n (m)* stringer; longitudinal beam
Längseisen *n (n)* main bar
Längsfalz *n (f)* longitudinal joint
Längskraft *n (f)* thrust; thrust load; longitudinal axial force; **Längskraftverlauf** *n (m)* longitudinal force
Längsschnitt *n (m)* longitudinal section
Längsspannung *n (f)* longitudinal stress
Längsträger *n (m)* main girder; longitudinal support; stringer
Langzeitplanung *n (f)* long-range planning; long-term planning; **Langzeitwirkung** *n (f)* long-term effect
Lärche *n (f)* larch (tree)
Lärm *n (m)* noise; **Lärmbeeinträchtigung** *n (f)* noise pollution; noise nuisance; **Lärmbekämpfung** *n (f)* noise abatement; noise control; noise suppression; **Lärmbelästigung** *n (f)* noise pollution; noise nuisance; sound pollution; **Lärmemission** *n (f)* noise pollution; noise emission(s); **Lärmkarte** *n (f)* noise map; **Lärmminderung** *n (f)* noise reduction; **Lärmpegel** *n (m)* noise level; **Lärmquelle** *n (f)* source of noise
Lärmschutz *n (m)* noise insulation; noise protection; noise abatement; **Lärmschutzanlage** *n (f)* noise-protecting facility; noise protection system; **Lärmschutzdamm** *n (m)* noise protection barrier; **Lärmschutzeinrichtung** *n (f)* noise barrier; **Lärmschutzfenster** *n (n)* window with sound insulation; **Lärmschutzsperre** *n (f)* noise barrier; **Lärmschutzwand** *n (f)* noise barrier wall
Last *n (f)* encumbrance; burden; load; pressure; weight; **öffentliche Last** *n (f)* local land charge; public burden; public charge; (e.g. restriction on development of a property)
Laständerung *n (f)* load change
Lastannahme *n (f) ArCo* design load; load assumption
Lastarten *n/pl (f)* types of load
Lasten *n/pl (f)* encumbrances; burdens (of contract or covenant)
lastenfrei *adj* unencumbered; free and clear; free from encumbrances;
Lastenheft *n (n)* (contract) specification; contract document; specification sheet; standard conditions and contract (steel erection); product specification (steel erection)
Lastenzuschuss *n (m)* housing benefit payable to assist with the costs of owner-occupied properties → Wohngeld
Lastfaktor *n (m)* load factor
Lästigkeitsfaktor *n (f)* annoyance factor; nuisance factor
Lastkraftwagen (Lkw) *n (m)* (heavy) goods vehicle; lorry (GB); truck (US)
Lastschrift *n (f)* debit; direct debit; debit note
Lastverteiler *n (m)* dispatcher; load dispatching centre (center)
Lasur *n (f)* protective timber varnish; glaze; scumble (protective coating for timber); translucent (or transparent) ink

Laterne *n (f)* (Straßenlaterne) streetlamp; lantern; (Dachlaterne) lantern light, skylight turret
Latrine *n (f)* latrine
Latte *n (f)* batten; lath; slat; **Lattenverschlag** *n (m)* lath partition (often used to separate cellar areas); crate
Laube *n (f)* arbo(u)r; bower; cove; garden house; summer house; *Syn.: Gartenlaube*; **Laubengang** *n (m)* arcade; access balcony; exterior corridor; pergola; **Laubenganghaus** *n (n)* residential building with numerous apartments on each floor, which are accessible by an exterior corridor only; **Laubenkolonie** *n (f)* allotment (garden)
Laubsieb *n (n)* leaf grid (in swimming pool filtration system); drain grid; balloon grating
berufliche Laufbahn *n (f)* career
Laufbreite *n (f)* tread width (staircase)
Laufbrett *n (n)* barrow way; running board; gangplank
laufend *adj* current; running; continuous
Läuferschicht *n (f)* stretcher course; **Läuferverband** *n (m)* stretcher bond
Laufgang *n (m)* gangway; walkway
Laufkran *n (m)* travelling crane; gantry crane; *Syn.: Rollkran*
Laufplanke *n (f)* catwalk; gangplank
Laufplatte *n (f)* *ArCo* staircase slab, (staircase) waist slab
Laufsteg *n (m)* catwalk; gangway
Laufzeit *n (f)* term; life; running time; (time to) maturity; duration; period; **befristete Laufzeit** *n (f)* limited duration; **festgelegte Laufzeit** *n (f)* term certain; **kurzfristige Laufzeit** *n (f)* short (remaining)-term; short repayment period; **langfristige Laufzeit** *n (f)* long-term cycle; e.g. of a lease or loan; **vertragliche Laufzeit** *n (f)* contract period
Laufzeitdifferenz *n (f)* delay time; propagation skew; transition skew
Laufzeitrisiko *n (n)* term risk
Lautsprecher *n (m)* loudspeaker; **Lautsprecheranlage** *n (f)* public address (PA) system
Lautstärke *n (f)* (sound) volume
LBauO → Landesbauordnung
Leasing *n (n)* leasing; **kurzfristiges Leasing** *n (n)* operating lease; operating leasing
Leasingdauer *n (f)* term of leasing agreement
Leasinggeber *n (m)* lessor
Leasinggebühr *n (f)* leasing fee
Leasinggegenstand *n (m)* leased asset; object of leasing agreement
Leasinggesellschaft *n (f)* leasing company
Leasingnehmer *n (m)* lessee
Leasing-Provision *n (f)* (agency) commission on leasing
Leasingverhältnis *n (n)* leasing agreement
Leasingvertrag *n (m)* financial leasing agreement; leasing contract; rental agreement
Lebensdauer *n (f)* lifespan; service life; duration of life; expectation of life; life expectancy; **Lebensdauer baulicher Anlagen** *n (f)* useful economic life; **Lebensdauer eines Gebäudes** *n (f)* life of a building
technische Lebensdauer *n (f)* physical life; service life (e.g. of buildings); physical life expectancy; working life; **wirtschaftliche Lebensdauer** *n (f)* economic life-time; economically useful life
Lebenserwartung *n (f)* expectation of life; life expectancy
Lebensfähigkeit *n (f)* viability; ability to survive
Lebenshaltung *n (f)* standard of living
Lebenshaltungskosten *n/pl* cost of living; living costs; **durchschnittliche Lebenshaltungskosten** *n/pl* average cost of living
Lebenshaltungskostenindex *n (m)* cost-of-living index; consumer price index (CPI); general price level index
Lebenslauf *n (m)* curriculum vitae (CV) (GB); résumé (US)
Lebensmitteldiscounter *n (m)* discount food retailer; **Lebensmitteleinzelhandel** *n (m)* food retailing; **Lebensmitteleinzelhändler** *n (m)* food retailer; **Lebensmittelgeschäft** *n (n)* provision store
Lebensunterhalt *n (m)* livelihood; living; subsistence; keep
Lebensversicherung *n (f)* life insurance; life assurance (GB); life policy; **befreiende Lebensversicherung** *n (f)* exempt life insurance; **gemischte Lebensversicherung** *n (f)* endowment insurance; endowment assurance; combined endowment and whole-life insurance
Lebensversicherungsgesellschaft *n (f)* life insurance (or assurance) company; **Lebensversicherungswert** *n (m)* surrender

value (of a life assurance policy); repurchase value (of a life assurance policy)

Lebenszyklus *n (m)* life cycle; **Lebenszyklus einer Immobilie** *n (m)* property life cycle

Lebenszykluskosten *n/pl* life cycle costs; whole life costs (GB); life-cycle accounting; life-cycle costing

Leck *n (n)* leak; leakage; **Leckmeldesystem** *n (n)* leak detection system; **Leckmeldung** *n (f)* leakage detection; **Leckmenge** *n (f)* leakage amount; **Leckortung** *n (f)* location of leakage; **Lecküberwachung** *n (f)* leak monitoring

Leckage *n (f)* leak; leakage; **Leckageortung** *n (f)* locating leaks

Leerlaufleistung *n (f)* heat demand on no-load; idling capacity; **Leerlaufverbrauch** *n (m)* idling fuel consumption; no-load consumption; **Leerlaufwärmeverbrauch** *n (m)* standing losses

Leerstand *n (m)* void; vacancy; **Leerstand durch Mieterwechsel und Neuvermietung** *n (m)* vacancy due to changes of tenant and new lettings; absorption and turnover vacancy

Leerstandsdauer *n (f)* void period

Leerstandsfläche *n (f)* vacant space (or accommodation); unoccupied space; available space

Leerstandskosten *n/pl* vacancy costs

Leerstandsquote *n (f)* void rate; vacancy rate; vacancy ratio; **natürliche Leerstandsquote** *n (f)* natural vacancy rate; as a result of removals etc.

Leerstandsrate *n (f)* → Leerstandsquote

leer stehend *adj* unoccupied; vacant; void; tenantless; empty

Leerverkauf *n (m)* short sale; selling short

Leerzimmer *n (n)* vacant room; unfurnished room

Legalservitut *n (n) Law (CH, AUT)* legal easement to which a property is subject; e.g. rights of overflight by aircraft

Legende *n (f)* key (e.g. on a map); legend

Legierung *n (f)* alloy

Lehen *n (n)* fief; **Lehensgut** *n (n)* fief

Lehm *n (m)* clay; loam; mud; adobe; **Lehmbaustein** *n (m)* sun-dried brick (clay and straw); **Lehmgrube** *n (f)* clay pit

Lehnbesitz *n (m)* copyhold; feudal tenure

Lehne *n (f)* backrest; arm-rest

Lehnsherr *n (m)* lord of the manor; feudal lord

Lehnsmann *n (m)* vassal; liege-man; fief-tenant

Lehnswesen *n (n)* feudal system

Leibrente *n (f)* life annuity; annuity benefit; single-life annuity

Leichtbau *n (m)* lightweight construction; **Leichtbauplatte** *n (f)* lightweight building board; **Leichtbauweise** *n (f)* lightweight construction (method)

Leichtbeton *n (m)* lightweight concrete; **tragender Leichtbeton** *n (m)* → Konstruktionsleichtbeton

leichtfertig handeln *v/i* act carelessly (to)

leichtgängig *adj* smooth; smooth running

leicht handhabbar *adj* convenient; easily manageable

Leichtindustrie *n (f)* light industry

Leichtwasserreaktor *n (m)* light-water reactor

leihen *v/t* lend (to); borrow (to)

Leihhaus *n (n)* pawnshop

Leimbinder *n (m)* laminated beam

leimen *v/t* glue (to)

Leimfarbe *n (f)* distemper

Leiste *n (f)* strip; border; ledge; trim; cornice; batten; bead; fillet

leisten *v/t* perform (to); do (to); manage (to); accomplish (to)

Leistung *n (f)* capacity; output; performance; power; **Leistungen an Arbeitnehmer** *n/pl (f)* employee benefits
abgegebene Leistung *n (f)* power output; **bestellte Leistung** *n (f)* agreed power (elec); subscribed demand; **freiwillige Leistung** *n (f)* ex gratia payment; **indizierte Leistung** *n (f)* indicated power; **installierte Leistung** *n (f)* installed load; **vermögenswirksame Leistungen** *n/pl (f)* capital-forming (employee) benefits; contributions to capital formation; tax-free payments to (low-income) employees for capital accumulation purposes; **wichtige Leistungen** *n/pl (f)* important services; important benefits; major achievements

Leistungsanreiz *n (m)* achievement-oriented benefit(s)

Leistungsbereich *n (m)* range of performance

Leistungsbeschreibung *n (f)* specification; output specification; specifications

Leistungsbeurteilung *n (f)* assessment of performance; performance appraisal; performance rating; merit rating

Leistungsbewertung *n (f)* merit rating; performance evaluation; efficiency rating; appraisal of results

Leistungsfähigkeit *n (f)* efficiency; **finanzielle Leistungsfähigkeit** *n (f)* financial capacity; financial efficiency

Leistungsfortschritt *n (m)* stage of completion

Leistungsgarantie *n (f)* performance guarantee; performance bond; construction bond

Leistungsklage *n (f)* personal action; suit for fulfil(l)ment of obligations

Leistungsmessung *n (f)* performance measurement

Leistungspflicht *n (f)* liability

Leistungsphase *n (f) ArCo* development phase; one of nine subdivisions for the provision of architectural services specified by the → Honorarordnung für Architekten und Ingenieure (HOAI); including → Grundlagenermittlung (basic evaluation); → Vorplanung (preliminary planning); → Entwurfsplanung (detailed planning); → Genehmigungsplanung (application for planning consent); → Ausführungsplanung (detailed planning); → Vorbereitung der Vergabe (preparation for contract placement); → Objektüberwachung (construction management and supervision); → Objektbetreuung und Dokumentation (building supervision and documentation)

Leistungspotenzial *n (n)* achievement potential

Leistungsprämie *n (f)* incentive; incentive bonus

Leistungspreistarif *n (m)* demand price tariff; demand tariff; heat load price tariff; load tariff

Leistungsrecht *n (n)* right to the provision of benefits or services (e.g. health)

Leistungsstörung *n (f)* default

Leistungstarif *n (m)* demand price tariff; demand tariff; heat load price tariff; load tariff

Leistungsüberwachung *n (f)* performance control; performance monitoring

Leistungsumfang *n (m)* scope of work; range of activities; scope of benefits

Leistungsverzeichnis *n (n)* (Vertrag) schedule of services; articles and conditions; (ArCo) (Vertrag) standard conditions and contract; (Aufmaß) bill of quantities; (Beschreibung) specifications; specifications sheet; (Ausschreibungsunterlagen) tender documents, specifications for tenders

Leistungsvorbehalt *n (m)* lease clause providing for a rent review in certain circumstances; e.g. a rise of a given amount in the CPI; the rent is not indexed but to be renegotiated

Leistungswiderstand *n (m)* power resistance (elec.); power resistor (elec.)

Leitbild *n (n)* (role) model; overall concept; mission statement

Leiter *n (m)* director; manager; (electrical) conductor; ladder

Leiterplatine *n (f)* printed circuit board

Leitfaden *n (m)* guide; manual; main theme; **Leitfaden für Verkäufer** *n (m)* seller's guide

Leitfähigkeit *n (f)* conductivity; **Leitfähigkeitsmessung** *n (f)* conductivity measurement

Leitstand *n (m)* control center; control room

Leitstelle *n (f)* control station; control center; control room

Leitsystem *n (n)* signage; control system; guidance system

Leittechnik *n (f)* control technology; control and communication system

Leitung *n (f)* **1.** management; leading; administration; directing; control; supervision; **2.** *ArCo* conduit; line; pipe; wire; lead (elec.); mains; pipeline; **elektrische Leitungen** *n/pl (f)* wiring; **erdverlegte Leitung** *n (f)* soil covered pipeline; earth-laid pipeline; **tote Leitung** *n (f)* dead wire; **unterirdische Leitung** *n (f)* underground pipe; buried pipe; subterranean pipe

Leitungsbemessung *n (f)* pipeline design; (electrical) circuit design and specification

leitungsgebunden *adj* connected to the mains; grid-bound; pipeline-bound

Leitungsgefälle *n (n)* pipeline gradient

Leitungsgremium *n (n)* board (of directors)

Leitungskabel *n (n)* lead; (electrical) connecting wire

Leitungslänge *n (f)* length of connecting wire (e.g. telephone); pipeline length

Leitungsnetz *n (n)* supply network; mains

Leitungsneubau *n (m)* newly laid pipes; newly-laid cables; new service mains

Leitungsrecht *n (n)* pipe(line) wayleave

Leitungsrohr *n (n)* conduit
Leitungsverlegung *n (f)* pipe laying; pipe installation; **Leitungsverlegung in der Straße** *n (f)* burying (pipes) under the road
Leitungswasser *n (n)* tap water; **Leitungswasserversicherung** *n (f)* insurance for damage from mains water
Leitzins *n (m)* prime rate (US); key interest rate; (interbank) base rate
Lenkung *n (f)* steering; guidance; government; **Lenkungsausschuss** *n (m)* steering committee
Lernkosten *n/pl* learning costs
Leuchtdecke *n (f)* luminous ceiling; illuminated ceiling
Leuchte *n (f)* lamp; light (fitting)
Leuchtröhre *n (f)* fluorescent lamp (or tube)
Leuchtstoffröhre *n (f)* fluorescent lamp (or tube); **Leuchtstoffröhrenbeleuchtung** *n (f)* fluorescent lighting
Liberalisierung *n (f)* deregulation; liberalisation
Lichtanlage *n (f)* lighting system; **Lichtanschlussstelle** *n (f)* light point; **Lichtband** *n (n)* (Dach) row of windows (esp. in the roof of e.g. a factory or warehouse); lantern roof; (Beleuchtung) striplight; **Lichtdecke** *n (f)* luminous ceiling; **Lichteinfall** *n (m)* incidence of light; light leakage; **Lichthof** *n (m)* atrium; air well; areaway (US); **Lichtquelle** *n (f)* light source; **Lichtschacht** *n (m)* light well; light shaft; air shaft; **Lichtspielhaus** *n (n)* → Kino; **Lichtstärke** *n (f)* brightness; intensity of light; **Lichtsteuerung** *n (f)* light control (system); **Lichtsystem** *n (n)* lighting system
Liebhaber (eines Gebäudes) *n (m)* special purchaser; aficionado; person, who is willing to pay above (current) market value for certain property; **Liebhaberei** *n (f)* hobby activity; (tax:) activity carried out with no intention of making money; **Liebhaberpreis** *n (m)* fancy price; collector's price; special purchaser price; **Liebhaberwert** *n (m)* sentimental value; collector's value; value to a special purchaser
Lieferant *n (m)* supplier; delivery man; contractor
Lieferauftrag *n (m)* (purchase) order
Lieferbedingungen *n/pl (f)* conditions of supply; delivery terms; terms of delivery; terms of supply; **technische Lieferbedingungen** *n/pl (f)* technical supply contract terms
Lieferbeton *n (m)* ready-mixed concrete; truck-mixed concrete (US)
Lieferdatum *n (n)* delivery date
Liefereinheit *n (f)* packaging unit; delivery unit
Lieferkosten *n/pl* delivery charges; supply costs
Liefermitteilung *n (f)* advice of delivery; delivery note
liefern *v/t* deliver (to); supply (to)
Lieferposten *n (m)* supply item; lot (US)
Lieferpreis *n (m)* contract price; delivery price
Liefertermin *n (m)* delivery date
Lieferung *n (f)* supply; delivery; **Lieferung in Raten** *n (f)* delivery by instalment(s)
bedingte Lieferung *n (f)* limited delivery
Liefervertrag *n (m)* supply contract; supply agreement
Lieferzeit *n (f)* delivery time; lead time
Liegenschaft *n (f)* estate; property; real estate; **Liegenschaften** *n/pl (f)* real property; landed property; property; real estate (US); realty (US); **betrieblich genutzte Liegenschaften** *n/pl (f)* operational properties
Liegenschaftenabrechnung *n (f)* property accounts
Liegenschaftsbewertungsgesetz (LBG) *n (n) Law (Österr.)* Austrian real property valuation act; **Liegenschaftsbuch** *n (n)* cadastral register; **automatisiertes Liegenschaftsbuch (ALB)** *n (n)* digital land registry; **Liegenschaftsdienst** *n (m)* real estate service; **Liegenschaftskarte** *n (f)* cadastral map; **automatisierte Liegenschaftskarte (ALK)** *n (f)* digital land register map; **Liegenschaftskataster** *n (m)* cadastre; land survey register; **Liegenschaftsnummer** *n (f)* real estate registration number; property registration number; **Liegenschaftsverwaltung** *n (f)* real estate management; real property management; **Liegenschaftszins** *n (m)* property yield; property return; yield applied to capitalize net income in the German → Ertragswertmethode; **Liegenschaftszinssatz** *n (m)* property yield; property return; yield applied to net income in the German → Ertragswertmethode
Linde *n (f)* lime (tree); linden (tree); limewood

lindern *v/t* alleviate (to); relieve (to); mitigate (to)
lineare Interpolation *n (f) Val, Econ* linear interpolation
Linie *n (f)* line; route; trend
Linienlast *n (f)* knife-edge load (KEL)
Liquidation *n (f)* winding-up; realisation; liquidation; dissolution; realisation; **freiwillige Liquidation** *n (f)* voluntary liquidation
Liquidationsbilanz *n (f)* liquidating balance sheet; liquidation balance sheet; statement of outcome; winding-up balance sheet
Liquidationserlös *n (m)* liquidation proceeds
Liquidationsgewinn *n (m)* capital gains; capital gain from transfer
Liquidationsrechnung *n (f)* balance on liquidation
Liquidationsverfahren *n (n)* liquidation proceedings; winding-up proceedings
Liquidationsvergleich *n (m)* winding-up by creditors; arrangement with creditors in a voluntary liquidation; liquidation by arrangement
Liquidationswert *n (m)* liquidation value; forced sale value; **Liquidationswertverfahren** *n (n)* liquidation method of valuation
liquide *adj* liquid; solvent
liquidieren *v/t* liquidate (to); wind up (to)
Liquidität *n (f)* solvency; liquidity; **internationale Liquidität** *n (f)* international liquidity
Liquiditätsanlage *n (f) Fin* liquidity asset, asset held for capital liquidity; e.g. as required by law for investment funds; **Liquiditätsanlagen** *n/pl (f) Fin* liquidity portfolio; e.g. as required by law for investment funds; **Liquiditätsgrad** *n (m)* liquidity ratio; cash ratio; working capital ratio; **Liquiditätslage** *n (f)* cash position; liquidity position; **Liquiditätsplanung** *n (f)* liquidity planning; **Liquiditätsprüfung** *n (f)* liquidity audit; **Liquiditätsreserve** *n (f)* cash reserve; margin of solvency; working capital; **Liquiditätsrisiko** *n (n)* liquidity risk; **Liquiditätszufluss** *n (m)* liquidity inflow
Liste *n (f)* list; register; schedule; **schwarze Liste** *n (f)* black list
Listenpreis *n (m)* list price
Litoral *n (n)* littoral
Lizenz *n (f)* licence; license (US); **Lizenzeinnahmen** *n/pl (f)* license income; royalty income; **Lizenzgeber** *n (m)* licensor; **Lizenzgebühr** *n (f)* royalty; license fee; **Lizenznehmer** *n (m)* licensee; **Lizenzprüfung** *n (f)* licence (license) checking; **Lizenzrecht** *n (n)* licensing law; law of licensing; **Lizenzverfahren** *n (n)* license proceedings; **Lizenzvertrieb** *n (m) Mkt* franchise marketing
lobende Erwähnung *n (f)* special praise; special mention; citation
Lochsteinmauerwerk *n (n)* perforated brick masonry
Lochziegel *n (m)* perforated brick; airbrick; ventilating brick
Lockerung von gesetzlichen Bestimmungen *n (f)* deregulation; slackening of regulations
Lockvogel-Angebot *n (m)* loss-leader; low-ball offer
Loft *n (m)* loft (apartment)
Loggia *n (f)* loggia; recessed balcony
Logierhaus *n (n)* lodging house; rooming house (US)
Logistik *n (f)* distribution; (long distance) transport; logistics; **Logistikfläche** *n (f)* distribution space; transport and warehousing space
Lohn *n (m)* wages; reward; **Lohnbuchführung** *n (f)* payroll accounting; **Lohnkosten** *n/pl* labo(u)r costs; **Lohnliste** *n (f)* payroll; *Syn.: Gehaltsliste*; **gleitende Lohnskala** *n (f)* sliding (or variable) wage scale; escalator (wage) scale; **Lohnsteuer** *n (f)* income tax (on earned income); Pay-As-You-Earn (PAYE)
lohnend *adj* worthwhile; rewarding
Lokalisationsparameter *n (m)* central tendency (statistics)
Lombardsatz *n (m)* prime rate; Lombard rate
Löscheinrichtung *n (f)* fire extinguishing installation
löschen *v/t* extinguish (to); take out (to); delete (to); erase (to)
Löschung *n (f)* satisfaction (of a debt etc.); extinction; extinguishment; cancellation; discharge; unloading; **Löschung einer Dienstbarkeit** *n (f)* release of easement; **Löschung einer Grundschuld** *n (f)* release of lien; **Löschung einer Haftung** *n (f)* ces-

ser; cessation (bank); **Löschung einer Hypothek** *n (f)* satisfaction of mortgage; cancel(l)ation of a mortgage
Löschungsantrag *n (m)* application for extinguishment of an entry in the → Grundbuch; **Löschungsbestätigung** *n (f)* confirmation of cancellation; release; **Löschungsbewilligung** *n (f)* authority for cancel(l)ation; satisfaction certificate; **Löschungsvermerk** *n (m)* annotation confirming cancellation (e.g. of a land register entry)
Lösung *n (f)* solution; answer
Lot *n (n)* plumb line; plumb bob
Lötanschluss *n (m)* soldered joint; soldered connection; **Lötlampe** *n (f)* blowlamp; blowtorch
Lotterie *n (f)* lottery
Luft *n (f)* air; atmosphere; room; room to move; clearance
Luftaufnahme *n (f)* air survey; aerial photograph; air photograph
Luftbefeuchter *n (m)* humidifier
Luftbild *n (n)* aerial view; air photograph; **Luftbildaufnahme** *n (f)* air survey; aerial photograph; air photograph: **Luftbildkarte** *n (f)* aerial map; aerial photomap
luftdicht *adj* air-tight
Luftdurchgängigkeit *n (f)* air permeability
Lufteintritt *n (m)* ingress of air
Lufterhitzer *n (m)* air heater
Luftfeuchtigkeit *n (f)* atmospheric moisture; humidity
Luftheizung *n (f)* hot-air heating; **Luftheizungsanlage** *n (f)* hot-air heating system
Luftöffnung *n (f)* vent; air hole
Luftqualität *n (f)* air quality
Luftraum *n (m)* (Himmel) airspace; (ArCo) air space
Luftrechte *n/pl (n)* air rights
Luftreinhaltung *n (f)* air purification; air monitoring; air pollution control
Luftschadstoff *n (m)* air pollutant
Luftschleieranlage *n (f) ArCo* air curtain
Luftschutzraum *n (m)* air raid shelter; bunker
Lüftung *n (f)* ventilation; airing; **Lüftungsanlage** *n (f)* ventilation system; **Lüftungslamelle** *n (f)* ventilation louvre (US louver); **Lüftungsrohr** *n (n)* vent(ilation) pipe; **Lüftungsschacht** *n (m)* funnel; ventilation shaft; air shaft; **Lüftungsschlitz** *n (m)* ventilation slot; ventilation grill(e)
Luftventil *n (n)* air valve
Luftvermessung *n (f)* aerial survey
Luftverschmutzung *n (f)* air pollution
Luftvorwärmer *n (m)* air pre-heater
Luftzwischenraum *n (m) ArCo* air space
Luke *n (f)* (Durchreiche, Tür) hatch; (Dachfenster) skylight
Lux *n (n)* lux
Luxuseigentumswohnung *n (f)* owner-occupied luxury apartment; luxury condominium
Luxusgeschäft *n (n)* luxury goods business; luxury shop
Luxuslage *n (f)* exclusive location
LZB → Landeszentralbank

M

MaBV → Makler- und Bauträgerverordnung
machbar *adj* feasible; **nicht machbar** *adj* infeasible; not feasible
Machbarkeit *n (f)* feasibility; **finanzielle Machbarkeit** *n (f)* financial feasibility
Machbarkeitsstudie *n (f)* feasibility study
Machtspruch *n (m)* dictum; word
Magerbeton *n (m)* lean concrete; plain concrete; **Magerkalk** *n (m)* poor lime
Magistrat *n (m)* local city authorities
Magnesit *n (n)* magnesite
Magnetbetrieb *n (m) Ret* anchor store, retail anchor, anchor outlet (US)
magnetfrei *adj* without magnetic influence; with no magnet(s)
Magnetit *n (m)* magnetite
Magnetkupplung *n (f)* magnetic transmission; (electro) magnetic clutch
Magnetmieter *n (m)* anchor tenant; magnet store (US); key tenant (US); puller tenant; *Syn.: Ankermieter, Magnetbetrieb*
Magnetschalter *n (m)* magnetic switch
Magnetschnäpper *n (m)* magnetic catch
Magnetschutzhaube *n (f)* cover for protection against magnetic influences
Magnetventil *n (n)* magnetic valve
Mahagoni *n (n)* mahogany
mahlen *v/t* grind (to); mill (to)
Mahlwerk *n (n)* grinder; milling plant
Mahnbescheid *n (m)* default summons; summary court notice to pay a debt
Mahnbrief *n (m)* collection letter; dunning letter (US); reminder
mahnen *v/t* admonish (to); warn (to); dun (to) (US); send out reminders (to)
Mahnmal *n (n)* monument; memorial
Mahnung *n (f)* warning; reminder; demand note
Mahnverfahren *n (n)* credit control procedures; dunning procedures (US); collection proceedings
Maisonettewohnung *n (f)* maisonette; duplex apartment (US)
Makler *n (m)* estate agent; broker; realtor (US); **Makler mit Alleinauftrag** *n (m)* sole agent; *Syn.: Alleinmakler*
allein beauftragter Makler *n (m)* sole agent; **freier Makler** *n (m)* outside broker; independent broker (or agent); **vereidigte Makler** *n/pl (m)* official (sworn-in) brokers (in government approved investments only)
Maklerabrechnung *n (f)* brokerage statement; agent's (fee) account
Makleralleinauftrag *n (m)* (erweiterter Alleinauftrag) sole rights to sell (or rent), (US) exclusive listing; (einfacher Alleinauftrag) sole agency; sole brokerage rights, (US) exclusive agency listing
Maklerbüro *n (n)* estate agency
Maklercourtage *n (f)* agent's commission; brokerage commission
Maklerfaktor *n (m) Val* → Mietvervielfältiger
Maklerfirma *n (f)* brokerage firm; estate agency
Maklergebühr *n (f)* commission; agent's fee; brokerage fee; brokerage; brokerage commission (US); broker's commission (US)
Maklergeschäft *n (n)* brokerage; broker's business
Maklergewerbe *n (n)* brokerage
Maklermethode *n (f)* broker's valuation method (on the basis of yearly gross income); *Syn.: Maklerverfahren*
Maklerprovision *n (f)* courtesy (to a broker); agent's fee; brokerage; brokerage commission; broker's commission; leasing commission(s)
Makler- und Bauträgerverordnung (MaBV) *n (f)* German brokers' and commercial developers' ordinance
Maklerverfahren *n (n)* → Maklermethode
Maklervertrag *n (m)* estate agent's contract; brokerage contract; listing contract
Makrolage *n (f)* macro location; macro position; location
Makrostandort *n (m)* macro environment; macro location; location
Maler *n (m)* decorator; painter
Malerarbeit *n (f)* painting (work)
malerfertig *adj* ready-to-paint
Malerwerkzeuge *n/pl (n)* painter's tools
Management *n (n)* management; **Managementhonorar** *n (n)* management fee; **Ma-**

nagementmodell *n (n)* management scheme; management model; **Managementprovision** *n (f)* management commission; **Managementunternehmen** *n (n)* management company; **Managementvereinbarung** *n (f)* management agreement; **Managementvertrag** *n (m)* management contract

Mandant *n (m)* client

Mandat *n (n)* mandate; power of representation; (law) brief

Mangel *n (m)* defect; flaw; deficiency; shortage; deficiencies; fault; scarcity; **bauliche Mängel** *n/pl (m)* structural defects; **innewohnender Mangel** *n (m)* inherent defect; **innewohnender unsichtbarer Mangel** *n (m)* latent defect; **offensichtlicher Mangel** *n (m)* apparent defect; obvious defect; patent defect; **verborgener Mangel** *n (m)* latent defect; hidden defect; **versteckter Mangel** *n (m)* latent defect; hidden defect; inherent defect

Mängelansprüche *n/pl (m) ArCo, Law* warranty claims; claims for defects

Mängelbeseitigung *n (f)* rectification of defects; snagging; correction of defects and deficiencies; *Syn.: Mängelbehebung*

Mangelfolgeschaden *n (m)* consequential harm (or loss) caused by a defect

Mängelgewährleistungsbürgschaft *n (f)* warranty bond; maintenance bond

mangelhaft *adj* defective; faulty; unsound; unsatisfactory; poor; inadequate

Mangelhaftigkeit *n (f)* defectiveness; faultiness; unsoundness

Mängelhaftung *n (f)* liability for defects

Mängelliste *n (f)* list of faults; list of complaints; punch list; snagging list; defects list; list of defects; list of deficiencies

Mängelmanagement *n (n) ArCo* defect management

Mängelprüfungspflicht des Käufers *n (f)* caveat emptor; buyer's duty of care

Mängelrüge *n (f)* claim; complaint; notice of defects

Manometer *n (m)* pressure gauge; manometer

Mansarddach *n (n)* mansard roof; gambrel roof

Mansarde *n (f) ArCo* (Wohnung usw.) room (or apartment) with sloping ceilings; (Dach) mansard roof

Mantelgesellschaft *n (f)* shell company

Mantelreibungspfahl *n (m)* friction pile; suspended pile

Mantelrohr *n (n)* casing pipe; jacket pipe; **Mantelrohrverbindung** *n (f)* jacket pipe joint

Manufaktur *n (f)* (Fabrik) factory; (Erzeugnisse) (manufacture) product(s)

Marge *n (f)* margin; spread

Marke *n (f)* make; brand; trademark; **Markenartikel** *n (m)* branded goods; brand-name goods; **Markengesetz (MarkenG)** *n (n) Law* German trademark act; **Markenorientierung** *n (f)* brand orientation; brand awareness

Marketing *n (n)* marketing; **Marketing-Suite** *n (f)* model (office) unit; marketing suite

Markierband *n (n)* marker band

markieren *v/t* mark (to); scribe (to)

Markierung *n (f)* mark; marking

Markise *n (f)* awning; sunblind

Markt *n (m)* market; **auf dem Markt** in the market; on the market

einen Markt aufteilen *v/t* carve out a market (to); divide up a market (to); **den Markt beobachten** *v/t* investigate a market (to); follow the market (to); **auf den Markt bringen** *v/t* launch (to); put on the market (to); **den Markt erkunden** *v/t* probe a market (to); **einen Markt erobern** *v/t* capture a market (to)

Markt für Kapitalanlagen *n (m)* investment market

abgeschwächter Markt *n (m)* flagging market; **aktiver Markt** *n (m)* active market; **nicht amtlicher Markt** *n (m)* inofficial market; secondary market; **aufnahmebereiter Markt** *n (m)* receptive market; **aufnahmefähiger Markt** *n (m)* receptive market; **aufsteigende Märkte** *n/pl (m)* big emerging markets; BEMs; **aufstrebende Märkte** *n/pl (m)* emerging markets; **enger Markt** *n (m)* thin market; **flauer Markt** *n (m)* dull market; slack market; **fragmentierter Markt** *n (m)* fragmented market; **freier Markt** *n (m)* free market; open market; **frei zugänglicher Markt** *n (m)* open (-entry) market; **gedrückter Markt** *n (m)* depressed market; **geregelter Markt** *n (m)* regulated market; curb market; unlisted securities market; **grauer Markt** *n (m)* grey market (AE: gray market); **lustloser Markt** *n (m)* sluggish market; sick market

(US); **offener Markt** *n (m)* open market; market overt (or ouvert); free market; **örtlicher Markt** *n (m)* local market; **potenzieller Markt** *n (m)* potential market; **räumlicher Markt** *n (m)* physical market; **schwacher Markt** *n (m)* thin market; weak market; **uneinheitlicher Markt** *n (m)* inconsistent (or varied) market; non-uniform market; **unentdeckter Markt** *n (m)* undiscovered market; unexploited market; **variabler Markt** *n (m)* variable-price market; **vernetzte Märkte** *n/pl (m)* cross-linked markets; tightly knit markets; **wettbewerbsfähiger Markt** *n (m)* competitive market; **zweigeteilter Markt** *n (m)* two-tier market

Marktabgrenzung *n (f)* market delineation; market segment classification

Marktanalyse *n (f)* market analysis; commercial survey

Marktanpassung *n (f)* adjustment to market value; market adjustment; **Marktanpassungsfaktor** *n (m)* adjustment factor; determined by the features of the property to reflect market value effects on a cost based valuation method

Marktanteil *n (m)* market share

Marktauftritt *n (m)* market launch; launch (of a product)

Marktausblick *n (m)* market outlook

Marktausgleich *n (m)* market balance

Marktbeobachter *n (m)* market analyst

Marktbereich *n (m)* market segment

Marktbericht *n (m)* market report; **Marktbericht (zum Handel)** *n (m)* trade report

Marktbewertungsansatz *n (m) Fin* marking to market

Marktchancen *n/pl (f)* chances in the market; marketing opportunities

Marktdaten *n/pl (n)* market data

Marktdurchdringung *n (f)* market penetration

Marktenge *n (f)* narrowness of the market

Markterfordernis *n (f)* market requirement; demand(s) of the market

Markterhebung *n (f)* market inquiry; survey

Markterholung *n (f)* market recovery; market rally

marktfähig *adj* marketable; saleable

Marktfähigkeit *n (f)* marketability; **Marktfähigkeitsstudie** *n (f)* marketability study

Marktferne *n (f)* remoteness from the market

Marktforschung *n (f)* market research; **gemeinsame Marktforschung** *n (f)* syndicated market research

Marktgängigkeit *n (f)* marketability; saleability

Marktgebiet *n (n)* market territory

Marktgeltung *n (f)* market recognition; market standing (or repute)

Marktgepflogenheit *n (f)* market practice

Marktgleichgewicht *n (n)* market equilibrium

Marktgutachten *n (n)* market report; report of a market study

Marktkapitalisierung *n (f)* market capitalization

Marktkenntnis *n (f)* knowledge of the market; **lokale Marktkenntnis** *n (f)* local market knowledge

marktkonform *adj* in line with the market

Marktkräfte *n/pl (f)* market forces

Marktlage *n (f)* market condition(s); market situation; state of the market; state of trade

Marktlücke *n (f)* gap in the market

Marktmacht *n (f)* market strength

Marktmiete *n (f)* market rent; rack rent; **erzielbares Marktmietenniveau** *n (n)* current estimated rental value (ERV); market rent(al value)

unter Marktniveau vermietet *adj* underrented

Marktnotierung *n (f)* market quotation; listed price

Marktordnung *n (f)* market regulations

Marktpartner *n (m)* trading partner (i.e. usually “client”)

Marktpotenzial *n (n)* market potential

Marktpreis *n (m)* market price; current price; actual price; ruling price; **angemessener Marktpreis** *n (m)* fair market value; actual cash value; fair market price; **angepasster Marktpreis** *n (m)* adjusted market price; **notierter Marktpreis** *n (m)* quoted market price; **offener Marktpreis** *n (m)* open market price

Marktprognose *n (f)* market forecast

Marktrendite *n (f)* market yield

Marktrisiko *n (n)* market risk

Marktschwäche *n (f)* weak market

Marktschwankung *n (f)* fluctuation of the market

Marktsegmentierung *n (f)* market segmentation

Marktstudie *n (f)* market survey; market study; market analysis
Marktstützung *n (f)* market support; price support
Marktteilnehmer *n (m)* actor (in the market); market player
Markttransparenz *n (f)* market transparency
Marktuntersuchung *n (f)* field survey; market research
Marktverhältnis *n (n)* market ratio; market condition
Marktvolumen *n (n)* market volume
Marktwert *n (m)* (open) market value; value in exchange; fair value; fair market value; actual cash value; trade value; **Marktwert des Eigenkapitals** *n (m)* market value of capital resources; shareholder value
aktueller Marktwert *n (m)* (current) market value; **beizulegender Marktwert** *n (m)* fair market value; **sorgfältig ermittelter Marktwert** *n (m)* prudent valuation
Ausweis des Marktwertes *n (m)* publication of market values (IAS 40); mark(ed)-to-market
Marktwertbestimmung *n (f)* determination of market value; **Marktwertentwicklung** *n (f)* trend of market value; development of market value (over time); **Marktwertermittlung** *n (f)* determination of market value; **Marktwertsteigerung** *n (f)* increase in market value; **Marktwertverfahren** *n (n)* market value method (of valuation)
Marktwirtschaft *n (f)* market economy
Marktzyklus *n (m)* market cycle
Marmor *n (m)* marble
Marsch *n (f)* marsh; march; (colloq.) movement
Marschland *n (n)* marshes; marshland
Maschendrahtzaun *n (m)* wire mesh fence; chain link fence
Maschine *n (f)* machine; engine; aeroplane (US airplane); **Maschinenbau** *n (m)* mechanical engineering; machine building; **Maschinenfabrik** *n (f)* engineering works; **Maschinenfundament** *n (n)* machine base; machine foundation; **Maschinenhalle** *n (f)* machine room; engine room; **Maschinenpark** *n (m)* machinery; plant; **Maschinenputz** *n (m)* machine-applied plaster; **Maschinenwert** *n (m)* value of a machine; cost (price) of a machine; as an element of total costs incl. delivery, installation etc.
Maß *n (n)* quantum; measurement; degree; measure; size; **Maß der baulichen Nutzung** *n (n)* land use intensity; degree of building coverage
lichtes Maß *n (n)* clearance; clear dimension
Maßabweichung *n (f)* dimensional variation; (dimensional) deviation
Maßaufnahme *n (f)* survey; measurement
Maßband *n (n)* tape measure
Maßeinheit *n (f)* unit of measurement; measuring unit
Massenberechnung *n (f)* quantity survey
Massenbeton *n (m)* mass concrete; bulk concrete
Massenbewertung *n (f)* mass valuation; mass appraisal; group valuation; group-of-asset valuation
Massenermittlung *n (f)* taking off (quantities); determination of quantities; quantity survey
Massengut *n (n)* bulk commodity
Massenkaufkraft *n (f)* mass purchasing power; general purchasing power
Massenverkauf *n (m)* bulk sale
Massenverzeichnis *n (n)* list of goods (insolvency)
Maßgeblichkeitsprinzip *n (n)* authoritative principle; principle that commercial accounts must be the same as tax accounts
maßgerecht *adj* true to size; true to scale
maßgeschneidert *adj* made-to-measure; custom-made; **maßgeschneidertes Bauen** *n (n)* custom building; build to suit; **maßgeschneidert gebaut** *adj* custom-built; built-to-suit
massiv *adj* solid; sturdy; heavy; severe
Massivbau *n (m)* solid construction; **Massivbauweise** *n (f)* *ArCo* lit. solid structure; i.e. with masonry load-bearing walls (cf. framed structure) → Skelettbau
Massivbeton *n (m)* solid concrete; mass concrete
Massivboden *n (m)* solid floor
Massivdecke *n (f)* solid ceiling
Massiv-Stabparkett *n (n)* parquet blocks
Massivstufe *n (f)* solid step
Maßmauerwerk *n (n)* ga(u)ged brickwork
Maßnahme *n (f)* measure; step; action (against); **einleitende Maßnahmen** *n/pl (f)* preliminaries; **einseitige Maßnahme** *n*

m

(f) unilateral measure; unilateral action; **feuerungstechnische Maßnahme** *n (f)* techniques affecting combustion; **raumbedeutsame Maßnahme** *n (f)* measure significant to regional planning; **raumwirksame Maßnahme** *n (f)* regionally significant measure; relevant planning measure; **vorbereitende Maßnahmen** *n/pl (f)* preliminaries; enabling work; **wertsteigernde Maßnahmen** *n/pl (f)* improvements; measures to increase value

maßnahmenbedingt *adj* conditional on measurement

Maßstab *n (m)* scale; yardstick; ga(u)ge; criterion; benchmark; canon; standard; **Maßstab der Verteilung** *n (m)* basis of allocation; distribution criterion

maßstabsgerecht *adj* (according) to scale

Maßstabsmodell *n (n)* scale model

Maßtoleranz *n (f)* dimension(al) tolerances; dimensional allowance

Maßzahl *n (f)* measurement; dimension

Mast *n (m)* mast; pole; pylon

Masterplan *n (m)* master (development) plan

Material *n (n)* material(s); substance; **überschüssiges Material** *n (n)* surplus material

Materialermüdung *n (f)* material fatigue, fatigue of material; **Materialermüdungsfestigkeit** *n (f)* → Ermüdungsfestigkeit

Materialgemeinkosten *n/pl* material overhead costs; indirect material costs

Materialüberalterung *n (f)* physical deterioration; ageing of materials

Materialüberwachung *n (f)* inspection of materials; surveillance (of e.g. goods in a warehouse)

Materialvorschrift *n (f)* specification of material(s)

materiell *adj* material; substantial; tangible

materiell-rechtlich *adj* substantive; relating to substantive law

Mathematik *n (f)* mathematics

Matrizenanalyse *n (f)* matrix analysis (GIS)

Mauer *n (f)* wall

Mauerabdeckung *n (f)* wall covering; capping; coping; wall coping

Mauerabsatz *n (m)* wall offset

Mauerblock *n (m)* (masonry) block

Mauerecke *n (f)* quoin

Mauerfundament *n (n)* wall footing; wall foundation; *Syn.: Mauergründung*

Mauervorsprung *n (m)* spur; projection on a wall

Mauerwerk *n (n)* masonry; **feuerfestes Mauerwerk** *n (n)* fireproof masonry; refractory (brickwork); **zweischaliges Mauerwerk** *n (m)* cavity walls

Maurer *n (m)* mason; bricklayer; **Maurerarbeiten** *n/pl (f)* brickwork; masonry; masonry work; walling; **Maurerhammer** *n (m)* bricklayer's hammer; **Maurermeister** *n (m)* master bricklayer; master mason; **Maurerwerkzeuge** *n/pl (n)* bricklayer's tools

Maut *n (f)* toll; **Mautschranke** *n (f)* turnpike; tollgate; **Mautstraße** *n (f)* toll road; turnpike (road) (US)

Maximalpreis *n (m)* ceiling price

Maxime *n (f)* maxim; dictum

Mechaniker *n (m)* mechanic

Median *n (m)* median

Mediation *n (f)* mediation

Medikamentenschränkchen *n (n)* medicine chest

Meerseite *n (f)* ocean view; ocean front (esp. hotel rooms)

Mehrfachbesteuerung *n (f)* multiple taxation

Mehrfachregression *n (f) Val, Econ* multiple regression

Mehrfamilienhaus *n (n)* block of flats; apartment block; residential building with three or more (usually horizontally divided) units; multiple dwelling unit; **zweistöckiges Mehrfamilienhaus** *n/pl (n)* two-storey apartment building

Mehrfamilienhausgebiet *n (n)* district with (mainly) apartment buildings; i.e. 3 or more dwellings in each building; not directly equivalent to a US → multifamily district which normally includes terraced, duplex and semi-detached houses

Mehrgenerationenhaus *n (n)* lit. multigeneration house; (Betreutes Wohnen) an alternative to elderly persons' homes with several generations of (often unrelated) persons living under the same roof; (Treffpunkt) neighbourhood (AE neighborhood) meeting place for young and old, providing activities and services (mainly voluntary)

mehrgeschossig *adj* multistor(e)y; multistoried

Mehrgewinn *n (m)* additional profit

Mehrheit *n (f)* majority; **Mehrheitsbeteiligung** *n (f)* majority interest; **Mehrheitsgutachten** *n (n)* opinion of the majority
Mehrkernemodell *n (n)* multiple nuclei model (of town or city development)
Mehrkosten *n/pl* extra charges; additional charges; additional costs
Mehrmiete *n (f)* additional rent; top-slice; over-rent
Mehrspänner *n (m)* apartment building with several units (accessed by the same stairway) on each storey
mehrstöckig *adj* multistorey; multi-stor(e)y
Mehrwert *n (m)* value added; added value; additional value
Mehrwertigkeit *n (f)* polyvalence
Mehrwertsrevers *n (m) Law, Plan (CH)* lit. added value undertaking; planning condition removing any claim to compensation by the property owner in the event of a → Beseitigungsrevers being enforced by the planning authority
Mehrwertsteuer (MwSt) *n (f)* value added tax (VAT); sales tax (US); **Mehrwertsteuerbefreiung** *n (f)* zero rating; exemption from VAT (or sales tax); NB: German expression appears to be widely used for either meaning, despite important differences; **Mehrwertsteuerbeleg** *n (m)* VAT receipt; VAT certificate
mehrwertsteuerbefreit *adj* exempt from VAT (or sales tax); zero-rated for VAT; NB: German expression appears to be widely used for either meaning, despite important differences
Mehrzuteilung *n (f)* additional allotment; Greenshoe
Mehrzweckarena *n (f)* multi-purpose arena
Meile *n (f)* mile
Meinung *n (f)* opinion; **richterliche Meinung** *n (f)* dictum
bei einer Meinung bleiben *v/i* hold to an opinion (to)
Meistbegünstigungsklausel *n (f)* most-favo(u)red-nation clause
Meldepflicht *n (f)* (Behörden) obligation to register; (Vertrag usw.) obligation to notify or provide information
Melioration *n (f)* soil improvement; melioration
Memorandum *n (n)* memorandum; memo
Menge *n (f)* quantity; amount; bulk; set; crowd; lots of (colloq.); **Mengeneinheit** *n (f)* unit of quantity; **Mengenpreis** *n (m)* bulk price; quantity price; **Mengenrabatt** *n (m)* quantity; discount; bulk discount
Mensa *n (f)* refectory; canteen (esp. university etc.); commons (US)
Meridian *n (m)* meridian
merkantil *adj* mercantile
Merkmal *n (n)* characteristic (feature); attribute; sign; **besondere Merkmale** *n/pl (n)* special features; **körperliche Merkmale** *n/pl (n)* physical characteristics; **physische Merkmale** *n/pl (n)* physical characteristics; **wertbestimmende Merkmale** *n/pl (n)* factors (or characteristics) determining value; **wirtschaftliche Merkmale** *n/pl (n)* economic characteristics
Messbildverfahren *n (n)* photogrammetry
Messdienstunternehmen *n (n)* (heating consumption) metering service and billing provider
Messe *n (f)* trade fair; **Messegelände** *n (n)* exhibition centre; site of trade fair
messen *v/t* measure (to); gauge (to); meter (to)
Messfehler *n (m)* measurement error
Messgenauigkeit *n (f)* accuracy of measurement; measuring (or metering) precision; accuracy
Messgerät *n (n)* measuring device; gauge; meter
Messing *n (n)* brass; **poliertes Messing** *n (n)* polished brass
Messkosten *n/pl* measurement costs; esp. e.g. utility consumption
Messlatte *n (f)* surveyor's pole; (surveyor's) rod
Messung *n (f)* measurement; reading
Messverfahren *n (n)* measuring system; measuring method
Metall *n (n)* metal
Metallarbeit *n (f)* metalwork
Metallauskleidung *n (f)* metal cladding; metal lining
Metallbau *n (m)* metalwork (e.g. doors and windows); fabrication; **Metallbauwerk** *n (n)* metal fabrication
Metallfassade *n (f)* metal façade
Metallfenster *n (n)* metal window
Metallleichtbau *n (m)* lightweight metal construction
Methode *n (f)* method; **additive Methode** *n (f)* additive method; **alternativ zulässige Methode (gemäß IAS 16)** *n (f)* allowable

alternative method (under IAS 16); **bevorzugte Methode** *n (f)* preferred method; benchmark method (accounting); **deduktive Methode** *n (f)* axiomatic method; deductive axiomatic method; **direkte Methode** *n (f)* direct method; separate accounting method; **indirekte Methode** *n (f)* indirect method; **statistische Methode** *n (f)* statistical procedure; statistical method

Methodenlehre *n (f)* methodology

Methodologie *n (f)* methodology

Metrologie *n (f)* metrology

Metropole *n (f)* metropolis; **Metropolregion** *n (f)* metropolitan region; heavily-populated, important city region

Metzgerei *n (f)* butcher's (shop)

Mezzanin *n (n)* mezzanine; *Syn.: Zwischengeschoss*

Mezzanine-Finanzierung *n (f)* mezzanine financing; **Mezzanine-Kapital** *n (n)* mezzanine capital

MHG *Law* → Miethöhegesetz

Mietablösung *n (f)* commutation of rent; key money; compensation to outgoing tenant

Mietabtretung *n (f)* assignment of rent; assignment of a lease

Mietangaben *n/pl (f)* letting particulars; rent details

Mietanhebung *n (f)* rent increase; rental escalation

Mietanlagen *n/pl (f)* rental equipment

Mietanpassung *n (f)* rent review; rent adjustment; **Mietanpassungsvereinbarung** *n (f)* rent adjustment agreement

Mietanreize *n/pl (m)* incentives; rental incentives

Mietansatzverzicht *n (m)* reduction(s) in rent usually as landlord's inducements; the headline rent remains as agreed but the actual rent payable is lower for a period, often in steps

Mietarten *n/pl (f)* lease types

Mietaufstellung *n (f)* rent-roll; tenancy schedule

Mietaufwand *n (m)* rent expenses; rental expense

Mietausfall *n (m)* loss of rent; collection loss; **Mietausfallkosten** *n/pl (f)* vacancy and collection loss; unpaid rent costs; **Mietausfallrisiko** *n (n)* default risk; risk of non-payment of rent; **Mietausfallrücklage** *n (m)* void allowance; vacancy allowance; **Mietausfallversicherung** *n (f)* rental value insurance; loss of rent insurance; insurance against loss of rent; **Mietausfallwagnis** *n (n)* (allowance for) risk of rent loss; (allowance for) vacancy and collection loss

mietbar *adj* tenantable; leasable; rentable

Mietbedingungen *n/pl (f)* lease terms

Mietbeginn *n (m)* start of the term of lease

Mietbegrenzung *n (f)* rent restriction

Mietbeihilfe *n (f)* rent allowance

Mietbesitz *n (m)* tenancy; leasehold; interest

Mietbindung *n (f)* rental commitment; (period of) fixed rent

Mietbüro *n (n)* lit. rented office; furnished and ready-to-use office space; usually available on a flexible (including short period) basis

Mietdauer *n (f)* term of lease; period of lease; length of tenancy

Miete *n (f)* rent; rental; hire; leasing; lease; residential rental (US); tenancy; **Miete für Arbeitsraum** *n (f)* rent for home office (or workroom); **Miete für Reklametafeln** *n (f)* hoarding rental; rent for poster sites

Miete über Marktniveau *n (f)* premium rent, over-rent

angemessene Miete *n (f)* reasonable rent; fair rent; **beste Miete** *n (f)* premium rent; top rent; **derzeitige Miete** *n (f)* current rent (payable); **dynamische Miete** *n (f)* variable rent; rent subject to reviews/increases; **effektive Miete** *n (f)* effective rent; **erzielbare Miete** *n (f)* full annual value; market rental value; **fixe Miete** *n (f)* fixed rent; dead rent; base rent; **gewerbliche Miete** *n (f)* business (or commercial) lease; commercial rent; **höchstmögliche Miete** *n (f)* best rent; **indexgebundene Miete** *n (f)* → Indexmiete; **kostendeckende Miete** *n (f)* cost rent; rent to cover costs; **marktgerechte Miete** *n (f)* reasonable rent; rent in line with the market; **marktübliche Miete** *n (f)* fair rent; market rent(al); **maximale Miete** *n (f)* maximum rent; **nachhaltige Miete p. a.** *n (f)* sustainable annual rent; **nachhaltig erzielbare Miete** *n (f)* sustainable rental value; market rental value; **niedrige Miete** *n (f)* low rent; **ortsübliche Miete** *n (f)* normal local rent; reasonable rent; local residential rent; rent customary in this place; **preisgebundene Miete** *n (f)* price-maintained rent; controlled rent; **regulierte Miete** *n (f)* controlled rent; **rückständige Miete** *n (f)* → Mietrückstände; **stabile Mieten** *n/pl (f)* stable rents; **steigende Miete** *n (f)* rising rent; increasing rent; **symbolische Miete** *n (f)* peppercorn rent; nominal rent; **tatsächlich bezahlte Miete** *n (f)* actual rent payable; current rent paid; **tatsächliche Miete** *n (f)* actual rent; **überhöhte Miete** *n (f)* excessive rent; extortionate rent; premium rent; **variable Miete** *n (f)* variable rent; **virtuelle Miete** *n (f)* virtual rent; **zweite Miete** *n (f)* (lit.) „second rent"; additional costs of occupation e.g. heating; insurance etc.

zur Miete wohnen *v/i* lodge (to)

Mieteinheit *n (f)* rental unit

Mieteinkommen *n (n)* rental income

Mieteinnahme *n (f)* rental income; rent received

Mieteinzug *n (m)* rent collection; rent payment

mieten *v/t* rent (to); lease (to); hire (to)

Mietenmultiplikator *n (m)* rental multiplier; *Syn.: Mietvervielfältiger, Maklerfaktor*

Mieter *n (m)* tenant; renter; lodger; lessee; leaseholder; **Mieter höchster Bonität** *n (m)* prime tenant; tenant with the highest credit standing
bereitwilliger Mieter *n (m)* willing lessee (US); willing tenant; **gesetzlich geschützter Mieter** *n (m)* statutorily protected tenant

Mieteranteil *n (m)* tenant's share

Mieterausbau *n (m)* tenant's fit out

Mieterbestandsliste *n (f)* tenancy schedule; rental schedule; rent roll; *Syn.: Mieterliste*

Mieterdarlehen *n (n)* loan by (leasing) tenant to landlord; rental loan

Mietereinbauten *n/pl (m)* tenant's fixtures; tenant('s) improvements

Mieterhöhung *n (f)* rent increase; **Mieterhöhungsvereinbarung** *n (f)* rent-increase agreement; **Mieterhöhungsverlangen** *n (n)* rent increase demand

Mieterkaution *n (f)* tenant's deposit; tenant's security

Mieterliste *n (f)* tenancy schedule; rental schedule; rent roll

Mietermarkt *n (m)* tenant's market; rental market where conditions favo(u)r the demand side

Mietermix *n (m)* (retail) tenant mix

Mieter-Modernisierung *n (f)* tenant improvements

Mieternummer *n (f)* tenant number

Mieterportfolio *n (n)* portfolio of tenants

Mieterprivatisierung *n (f)* sale (usually of apartments) to the sitting tenant(s)

Mieterrisiko *n (n)* tenant risk

Mieterschutz *n (m)* security of tenure; tenant protection; **Mieterschutzbestimmungen** *n/pl (f)* security of tenure regulations; tenant protection regulations; **Mieterschutzbund** *n (m)* tenant's rights association; tenant union; **Mieterschutzgesetzgebung** *n (f)* legislation protecting tenant's rights; Housing Acts (GB)

Mieterselbstauskunft *n (f)* information disclosed by the tenant; e.g. on taking a tenancy

Mietertrag *n (m)* rental income; rental income; rentals; **sonstige Mieterträge** *n/pl (m)* miscellaneous rental revenue

Mieterumsetzung *n (f)* tenant relocation (management)

Mieterverein *n (m)* tenants' association

Mieterverzeichnis *n (n)* tenant directory

Mieterwartung *n (f)* asking rent

Mieterwechsel *n (m)* tenant turnover; change of tenant

Mietfaktor *n (m) Val* rental multiplier

Mietfläche *n (f)* rental space; lettable area; rentable square footage; rentable floor space; **festgelegte Mietflächen** *n/pl (f)* demised premises

Mietforderung *n (f)* asking rent; claim (or demand) for rent

mietfreie Zeit *n (f)* rent-free period; rental holiday (US); rent concession

Mietgarantie *n (f)* rental guarantee

Mietgebühr *n (f)* rental fee; rental tariff; rental charge

Mietgefälle *n (n)* rent gradient; difference in rents

Mietgegenstand *n (m)* the property being rented; rental unit

Mietgeld *n (n)* rent money

Mietgleitklausel *n (f)* rent indexation-clause

Mietgrundstück *n (n)* tenanted property

Mietherabsetzung *n (f)* → Mietminderung

m

Miethöhe *n (f)* rent level; level of rent; **Miethöhegesetz (MHG)** *n (n) Law* rent control Act; since 2001 incorporated in the → Bürgerliches Gesetzbuch
Mietindex *n (m)* rent index; **Mietindexierung** *n (f)* indexation of rent; (indexed) rent escalation (US)
Mietinkasso *n (n)* collection of rents; rent collection
Mietkauf *n (m)* hire purchase; instal(l)ment purchase; rental purchase (US); lease purchase (US); **Mietkaufvertrag** *n (m)* lease purchase agreement; hire purchase agreement
Mietkaution *n (f)* rent deposit; deposit
Mietkonto *n (n)* rent account
Mietkosten *n/pl* rental costs; rentals; rentals paid
Mietkürzung *n (f)* rent reduction
Mietlaufzeit *n (f)* lease terms; **gestaffelte Mietlaufzeiten** *n/pl (f)* staggered lease terms
Mietmarkt *n (m)* letting market
Mietminderung *n (f)* rent reduction
Mietnebenkosten *n/pl* ancillary rental costs; additional property expenses; (property) service charges; incidental rental expenses
Mietniveau *n (n)* rent level
Mietnomade *n (m)* tenant who moves from apartment to apartment without paying rent, by e.g. taking advantage of the delays in the German eviction procedure, often leaving the premises in poor condition
Mietobjekt *n (n)* (a) rented property
Mietoption *n (f)* lease option
Mietperiode *n (f)* rental period; length of lease
Mietpreis *n (m)* rent; rental charge; hire charge; **Mietpreisbindung** *n (f)* control of rent; rent control; **Mietpreisniveau** *n (n)* rent level; **Mietpreisschwankungen** *n/pl (f)* rent volatility; changes in rents; **Mietpreisspiegel** *n (m)* → Mietspiegel; **Mietpreisüberhöhung** *n (f)* exorbitant rent increase; excessive rent increase
Mieträume *n/pl (m)* rented premises; demised premises
Mietrecht *n (n)* landlord and tenant law; law of tenancy; rent law
auf ein Miet-/Pachtrecht verzichten *v/t* surrender a lease (to)
Mietregister *n (n)* rent roll; tenancy schedule
Mietrendite *n (f) Val* initial yield, return from rental income
Mietrichtwertkarte *n (f)* rental value map
Mietrückstände *n/pl (m)* rent arrears, back rent (US); (Buchhaltung) accrued rent(s)
Mietsache *n (f)* rental unit; demised premises; leased object; rented property; **Beschreibung der Mietsache** *n (f)* description of the demised premises
Mietsätze *n/pl (m)* rentals rates
Mietsäulenverfahren *n (n)* rental column valuation method (Kleiber); rental method
Mietshaus *n (n)* tenement (house); residential rental property; block of flats; apartment building; *Syn.: Zinshaus (österr.; norddt.)*
Mietsicherheit *n (f)* security for rent; e.g. tenant's deposit; landlord's lien on tenant's chattels
Mietskaserne *n (f)* (lit.) rental barracks; densely constructed apartment buildings, typically early 20th century
Mietspiegel *n (m)* table of levels of rent; for residential (or commercial → Gewerbemietpreisspiegel) properties published by local councils; a guide or landlords and tenants and used for determination of the → ortsübliche Vergleichsmiete; *Syn.: Mietspiegel*; **qualifizierter Mietspiegel** *n (m)* qualified table of rental; i.e. in accordance with §558 d BGB
Mietsteigerung *n (f)* rent increase; **Mietsteigerungsklausel** *n (f)* rent increase clause; rent escalator clause
mietsteigerungsfähig *adj* having the possibility of (or capability for) increased rent; reversionary
Mietsteuer *n (f)* occupancy tax
Mietüberhang *n (m)* excess rent
Mietvereinbarung *n (f)* lease agreement
Mietverhältnis *n (n)* lease; tenancy; **Ablauf des Mietverhältnisses** *n (m)* expiration of tenancy; **Beendigung eines Mietverhältnisses** *n (f)* termination of a lease (or tenancy)
Mietverhältnis auf bestimmte Zeit *n (n)* fixed-term tenancy; tenancy for a term of years
befristetes Mietverhältnis *n (n)* tenancy for a fixed term; **gewerbliches Mietver-**

hältnis *n (n)* business tenancy; **kündbares Mietverhältnis** *n (n)* terminable tenancy; **langfristiges Mietverhältnis** *n (n)* long tenancy; long lease; **reguliertes Mietverhältnis** *n (n)* regulated tenancy; controlled tenancy

Mietverlängerung *n (f)* lease extension; renewal of tenancy; **Mietverlängerungswahrscheinlichkeit** *n (f)* probability that tenant will take up an option to extend lease term

Mietverlust *n (m)* rent loss; **Mietverlustversicherung** *n (f)* → Mietausfallversicherung

Mietvertrag *n (m)* tenancy agreement; rental agreement; leasehold agreement; contract of lease; lease (contract); lease deed; rent contract; **Mietvertrag auf bestimmte Zeit** *n (m)* fixed-term tenancy; **Mietvertrag mit Staffelmiete** *n (m)* → Staffelmietvertrag; **Mietvertrag mit Umsatzklausel** *n (m)* lease with turnover rent (clause); turnover lease; **Mietvertrag mit Umsatzklausel** *n (m)* → Umsatzmietvertrag; **Mietvertrag mit Verlängerungsoption (des Mieters)** *n (m)* lease with (tenant's) option to extend; perpetual lease (US)

befristeter Mietvertrag *n (m)* fixed-term tenancy; irredeemable ground lease; **formloser Mietvertrag** *n (m)* informal lease (contract); **gewerblicher Mietvertrag** *n (m)* → Gewerbemietvertrag; **indexierter Mietvertrag** *n (m)* lease contract allowing for rent indexation; **kurzfristiger Mietvertrag** *n (m)* short lease, short-term lease; **langfristiger Mietvertrag** *n (m)* long-term lease; long-term lease agreement; long-term lease contract; **lebenslänglicher Mietvertrag** *n (m)* lease for life; life tenancy agreement; **mündlicher Mietvertrag** *n (m)* parol lease; oral lease; **verlängerter Mietvertrag** *n (m)* extended lease

Mietvertragsanalyse *n (f)* lease analysis; analysis of leases

Mietvertragsbedingungen *n/pl (f)* terms and conditions of lease agreement

Mietvertragserneuerung *n (f)* lease renewal

Mietvertragslaufzeit *n (f)* term of lease; (remaining) lease term

Mietvertragsverlängerung *n (f)* extension of term of lease; **Mietvertragsverlängerungsoption** *n (f)* lease extension option

Mietvervielfältiger *n (m) Val* rent multiplier; ratio of (net annual) rental income to sale price (or value); *Syn.: Mietenmultiplikator, Maklerfaktor*

Mietvorauszahlung *n (f)* rent paid in advance; forehand rent; rent in advance; prepayment of rent

Mietwert *n (m)* rental value; leasehold value; full rental value; letting value; **Mietwert für selbstgenutzte Liegenschaften** *n (m) Tax (CH)* → Eigenmietwert

jährlicher Mietwert *n (m)* annual (rental) value; *Syn.: Jahresmietwert*

Mietwertgutachten *n (n)* rental value appraisal (report); **Mietwertsteigerung** *n (f)* rental value growth; **Mietwertübersicht** *n (f)* overview of rental value(s)

Mietwohngrundstück *n (n)* site for (planned) construction of rental housing

Mietwohnung *n/pl (f)* rental apartment; rented flat; **Mietwohnungen** *n/pl (f)* housing for rent

Mietwohnungstausch *n (m)* tenant's exchange scheme; exchange of rented apartments

Mietwucher *n (m)* exorbitant rents; rental usury; rack renting; Rachmanism (GB)

Mietzahlung *n (f)* payment of rent; **Mietzahlung inkl. Nebenkosten** *n (f)* payment of rent including ancillary (service) charges

Mietzeit *n (f)* length of lease; term of tenancy

Mietzins *n (m)* rental; rent; *Syn.: Miete*; **Mietzinserhöhung** *n (f)* increase in rental; **Mietzinsforderung** *n (f)* rental demand

mietzinsfrei *adj* rent free

Mietzuschuss *n (m)* rent allowance; housing allowance; rent subsidy; rent supplement

Mietzuwächse *n/pl (m)* rental growth

Migration *n (f)* migration

Mikrolage *n (f)* situation

Mikrostandort *n (m)* micro environment; micro-location; situation

Milchglas *n (n)* frosted glass; opaque glass

mildern *v/t* alleviate (to); moderate (to); mitigate (to)

Milderung *n (f)* moderation; mitigation

Milieu *n (n)* environment; surroundings; **Milieuschutzsatzung** *n (f)* conservation area regulations; environment protection act

Militärfläche *n (f)* military zone; land used by the armed forces
Milliarde *n (f)* billion (US and modern GB); thousand million (former GB)
Million *n (f)* million
Mindergewinn *n (m)* reduction in profit
Minderheitenanteil *n (m)* minority interest
Minderheitsbeteiligung *n (f)* minority interest
Minderkosten *n/pl* reduced costs
mindern *v/t* reduce (to); depreciate (to); alleviate (to)
Mindernutzung *n (f)* underuse; **bauliche Mindernutzung** *n (f)* land used in intensity or density below its allowed extent
Minderung *n (f)* reduction; abatement; deterioration
Minderwert *n (m)* decreased value; inferior value; **Minderwert durch Veralterung** *n (m)* loss in value (or depreciation) through obsolescence; *Syn.: Alterswertminderung* → Überalterung
merkantiler Minderwert *n (m)* decreased (commercial) value; inferior (commercial) value; loss in value upon resale; reduced market value
Minderzahlung *n (f)* underpayment
Minderzuteilung *n (f)* interior allotment; reduced allotment
Mindestalter *n (n)* minimum age
Mindestangaben *n/pl (f)* minimum disclosure; minimum information (required)
Mindestaufenthaltsdauer *n (f)* minimum stay
Mindestbesitzdauer *n (f)* minimum holding period
Mindestbeteiligung *n (f)* minimum holding; **Mindestbeteiligungsquote** *n (f)* minimum holding quota; minimum holding requirement
Mindestdarlehensbetrag *n (m)* minimum loan; floor loan
Mindesteinlage *n (f)* minimum investment
Mindestgröße des Baugrundstücks *n (f)* minimum size of a building plot
Mindestinhalt *n (m)* minimum contents
Mindestkapital *n (n)* minimum capital
Mindestklausel *n (f)* clause setting minimum amount (of e.g. a pension)
Mindestkreditbetrag *n (m)* minimum loan; floor loan
Mindestleasingzahlungen *n/pl (f)* minimum lease payments
Mindestmiete *n (f)* minimum rent
Mindestpreis *n (m)* minimum price; reserve price; upset price; price floor
Mindestquerschnitt *n (m)* minimum cross section
Mindestrendite *n (f)* minimum rate of return; **angestrebte Mindestrendite** *n (f)* required (minimum) rate of return; **erwartete Mindestrendite** *n (f)* anticipated minimum yield; hurdle rate
Mindestverzinsung *n (f)* hurdle (interest) rate; minimum acceptable return
Mindestwert *n (m)* minimum value
Mindestzinssatz *n (m)* minimum interest rate; **Mindestzinssätze** *n/pl (m)* minimum interest rates; (interest rate) floors
Mineralbeton *n (m)* wet mix aggregate
Mineralfaser *n (f)* mineral fiber; **Mineralfasereinlage** *n (f)* mineral fiber filling; **Mineralfaserplatte** *n (f)* mineral fibre mat; mineral fibre slab
Mineralstoffdeponie *n (f)* dump (or waste disposal site) for mineral material (e.g. building rubble)
Mineralwolle *n (f)* mineral wool
Minilagerhaus *n (n)* miniwarehouse; self-storage unit
Minimierung *n (f)* minimization (US); minimisation (GB)
Minimum-Auftrag *n (m)* sales instruction where the broker retains any surplus over an agreed minimum price; net listing (US); minimum order
Mischbatterie *n (f)* mixer tap; mixing faucet (US)
Mischboden *n (m)* mixed soil
Mischdauer *n (f)* mixing time
Mischentwicklung *n (f)* mixed development
Mischer *n (m)* mixer
Mischfinanzierung *n (f)* mixed financing
Mischgebiet *n (n) Plan* mixed-use area; for residential and for commercial uses that do not interfere with or disadvantage the residential occupiers; categorization of land for development planning in accordance with the German → Baunutzungsverordnung (BauNVO)
Mischkanalisation *n (f)* combined drainage system; combined sewage system
Mischmaschine *n (f)* (cement) mixer
Mischmietverhältnis *n (n)* mixed tenancy; i.e. of residential and commercial with a space with a single contract

m

Mischnutzung *n (f)* mixed use
Mischpreis *n (m)* mixed price
Mischsystem *n (n)* combined drainage system; combined sewerage system
Mischungsverhältnis *n (n)* mix proportions; mixture ratio
Mischwald *n (m)* mixed forest; mixed woodland
Mischwassersammler *n (m)* combined sewer
Mischzins *n (m)* blended rate; effective interest rate on a repayment mortgage
Missbilligung *n (f)* disapproval; deprecation; censure; disfavo(u)r
Missbrauch *n (m)* misuse; malpractice; fraudulent use; abuse; violation; **Missbrauchsvorschriften** *n/pl (f)* anti-abuse legislation; anti-abuse rules; avoidance legislation; avoidance rules
missbräuchlich *adj* improperly (used); incorrect; abusive
Misserfolg *n (m)* failure; flop
Missstand *n (m)* deplorable state of affairs; abuse; **Missstände** *n/pl (m)* mismanagement

m

Missverhältnis *n (n)* imbalance; disproportion; discrepancy; disparity
Missverständnis *n (n)* misunderstanding; disagreement; misconception
Mitarbeiter *n (m)* employee; staff member; **unterstellter Mitarbeiter** *n (m)* subordinate
Mitbenutzungsrecht *n (n)* right of joint use
Mitbesitz *n (m)* joint possession; **Mitbesitzer** *n (m)* co-proprietor; joint owner
Mitbeteiligung *n (f)* privity; co-partnership; worker(s') participation; co-venturing
Mitbewohner *n (m)* cohabitant; flatmate; fellow lodger; inmate
Mitbürgschaft *n (f)* joint guaranty; joint surety; co-suretyship; collateral bail
Miteigentum *n (n)* co-ownership; **Miteigentumsanteil** *n (m)* co-ownership share; (resid.) apartment owner's share of common parts and of the land; **Miteigentumsquote** *n (f)* allocated proportion of a co-ownership property; used for apportionment of e.g. maintenance of common parts → Kostenverteilung
Miteigentümer *n (m)* co-proprietor; joint owner; **Miteigentümerschaft** *n (f)* co-ownership
Miterbanteil *n (m)* undivided portion of a deceased's estate owned by one of the heirs
Miterben *n/pl* co-heirs; coparcenaries
Mitgift *n (f)* dowry; dowe; marriage portion
Mitglied *n (n)* member; **Mitglieder des Aufsichtsorgans** *n/pl (n)* directors; **Mitglieder des Geschäftsführungsorgans** *n/pl (n)* directors
als Mitglied aufnehmen *v/t* affiliate (to); accept as a member (to)
Mitgliedsbeitrag *n (m)* membership subscription; membership dues (US)
Mitgliedschaft *n (f)* membership; **Mitgliedschaftsrechte** *n/pl (n)* membership rights
Mithaftung *n (f)* joint liability; secondary liability
Mitinhaber *n (m)* co-owner, co-partner; partner
Mitmakler *n (m)* joint agent (or broker)
Mitnahmegewinn *n (m)* windfall gain
mitteilen *v/t* inform (so. of sth.) (to); advise (to); tell (to)
mitteilsam *adj* communicative; talkative; forthcoming
Mitteilung *n (f)* communication; announcement; disclosure; information
Mittel *n/pl (n)* means; resources; funds; **Abfluss liquider Mittel** *n (m)* cash drain **aufgenommene Mittel** *n/pl (n)* borrowed funds; **flüssige Mittel** *n/pl (n)* available funds; liquid assets (or funds or resources); liquidity; cash; quick assets; **liquide Mittel** *n/pl (n)* cash; liquid assets; **öffentliche Mittel** *n/pl (n)* public funds; public funding
Mittel aufbringen *v/t* raise funds (to); **Mittel freisetzen** *v/t* generate cash (to)
Mittelabflüsse *n/pl (m)* cash outflows
mittelbar *adj* indirect
Mittelbeschaffung *n (f)* attracting funds; fundraising; procurement of funds
mittelfristig *adj* medium-term
Mittelgang *n (m)* central corridor; gangway; (centre) aisle
mittelgroß *adj* medium sized; middle-sized
Mittelherkunft *n (f)* source of funds
Mittelkern *n (m)* *ArCo* central core
Mittelkies *n (m)* medium gravel
Mittellinie *n (f)* halfway line; centre line; median
Mittelpfette *n (f)* middle purlin
Mittelpfosten *n (m)* mullion (Fenster)

Mittelpunkt *n (m)* centre (US center); centre (or center) point; **Mittelpunkt der Lebensinteressen** *n (m)* centre (center) of vital interests
Mittelschiff *n (n) ArCo* nave; centre span
Mittelschluff *n (m)* medium silt
Mittelsmann *n (m)* mediator; go-between; middleman
Mittelung *n (f)* average
Mittelverwendung *n (f)* application of funds
Mittelwert *n (m)* average (value); mean (value); **arithmetischer Mittelwert** *n (m)* average; arithmetic mean
Mittelwertverfahren *n (n)* valuation method taking the arithmetic mean of two methods, e.g. capitalized return value and depreciated replacement cost
Mittelzentrum *n (n) Plan* a medium-sized city; the German Mittelzentren supply the municipalities around them with middle- and low-order goods and services above and beyond those available in the surrounding Unterzentren → cf. Appendix
Mittelzufluss *n (m)* cash inflow
mitunterzeichnen *v/t* cosign (to); sign jointly (to)
Mitverschulden *n (n)* contributory negligence; contributory default; partial responsibility
Mitwirkung *n (f)* participation; cooperation; assistance; contribution; involvement; **schuldhaftes Mitwirken** *n (n)* culpable cooperation
Mitwirkung bei der Vergabe *n (f) ArCo* participation in award of contracts; seventh (of nine) → Leistungsphasen specified by the → Honorarordnung für Architekten und Ingenieure (HOAI), includes reviewing and comparing tenders received and proposing contractors to be considered by the client, after whose decision the → Bauvertrag is prepared for the chosen contractors and a → Kostenanschlag with detailed costings is provided, bidding and proposal phase
Mitwirkungspflicht *n (f)* duty to cooperate; obligation to cooperate
Mitwissen *n (n)* (joint) knowledge; connivance
Mitwohnzentrale *n (f)* letting agencies for short-term letting of furnished accommodation
Mix-Hypothek *n (f)* combination mortgage
Möbel *n/pl (n)* furniture; **Möbelhaus** *n (n)* furniture store; furniture shop; **Möbelmarkt** *n (m)* furniture market; furniture store; **Möbelschreiner** *n (m)* cabinet-maker; **Möbelspediteur** *n (m)* mover (US); removal contractor (GB); **Möbeltischlerei** *n (f)* cabinet-making
Mobiliar *n (n)* furniture; chattels; **Mobiliarhypothek** *n (f)* chattel mortgage; **Mobiliarvermögen** *n (n)* personal effects; mov(e)able property
Mobilien *n/pl (f)* mov(e)able property
Mobilität *n (f)* mobility; agility
möblierte Einheit *n (f)* furnished unit; **möblierte Räumlichkeiten** *n/pl (f)* furnished premises
Modalitäten *n/pl (f)* (exact) terms (of an agreement); modalities; details
Mode *n (f)* fashion; **junge Mode** *n (f)* young fashion
Modegeschäft *n (n)* fashion house; fashion store (US); fashion shop (GB)
Modell *n (n)* model; design; pattern; type; **Modell der Zeitbewertung** *n (n)* model (procedure) for the appraisal of working time
statisches Modell *n (n)* static model
Modellmaßstab *n (m)* model scale; difference in scale between a model and the relevant object
Modellrechnung *n (f)* model calculation
Moderator *n (m)* facilitator
modernisieren *v/t* modernise; update (to); redecorate (to)
Modernisierung *n (f)* modernization; modernisation; redecoration; **Modernisierung durch den Mieter** *n (f)* tenant improvements (TI); modernisation (carried out) by the tenant
Modernisierungsgebot *n (n)* modernization order (similar to a GB repair notice); **Modernisierungsinvestition** *n (f)* investment in modernization; **Modernisierungskosten** *n/pl* cost of modernization; modernization costs; **Modernisierungsprogramm** *n (n)* modernization program; modernisation programme; **Modernisierungsrisiko** *n (n)* risk (to value) resulting from modernization
Modeschmuck *n (m)* fashion jewelry
Modifikation *n (f)* modification; qualification

m

modifizieren *v/t* alter (to); modify (to)
Modul *n (n)* modulus; module; **Modulbauweise** *n (f)* modular construction; modular design
Modus *n (m)* method; approach; mode
Möglichkeit *n (f)* chance; possibility; opportunity
Monatsbericht *n (m)* monthly report
monetär *adj* monetary
Monitoring *n (n)* monitoring
Monopol *n (n)* monopoly; **Monopolgewinne** *n/pl (m)* monopoly profits
Montage *n (f)* erection; assembly work; installation; **abgesetzte Montage** *n (f)* split installation
Montageablauf *n (m)* sequence (or order) of assembly; **Montageanker** *n (m)* mounting anchor; wall fixing; **Montagearbeiten** *n/pl (f)* installation work; fitting(-out) work; **Montagebauweise** *n (f)* system building; precast construction; prefabricated construction; **Montagedeckel** *n (m)* access panel; **Montageplan** *n (m)* assembly schedule; assembly plan; **Montagewerkstatt** *n (f)* assembly workshop; fitting shop; **Montagezeiten** *n/pl (f)* assembly time
Monte-Carlo-Simulation *n (f)* Monte Carlo simulation
Monteur *n (m)* fitter; electrician
Monument *n (n)* monument
Moor *n (n)* moor; swamp; fen; **Moorboden** *n (m)* marshland; moor
Moral *n (f)* morals; moral standards; ethics; **Moralkodex** *n (m)* code of ethics; ethical standards
Moratorium *n (n)* moratorium
Morgen *n (m)* (obsolete) unit of area measurement; typically 2,500 to 3,400 sqm
Mörtel *n (m)* mortar; plaster; grout; **Mörtelbett** *n (n)* mortar bed; bed of mortar; **Mörtelfuge** *n (f)* mortar joint
Mosaikfußboden *n (m)* mosaic flooring
Motel *n (n)* motel
Motiv *n (n)* motive; cause
Mühle *n (f)* mill
Mühlteich *n (m)* mill pond
Mulde *n (f)* depression; trough; minimum (elec.)
Müll *n (m)* garbage; rubbish; trash (US); **Müllabfuhr** *n (f)* garbage collection; refuse collection; **Müllabladeplatz** *n (m)* rubbish tip; refuse tip; dumping ground; dump site; **wilde Müllablagerung** *n (f)* fly tipping; unlicensed disposal of waste; **Müllaufbereitung** *n (f)* conditioning of waste; waste treatment; **Müllbeseitigung** *n (f)* waste disposal; garbage disposal; **Mülldeponie** *n (f)* rubbish tip; waste disposal site; dumping site; **Müllhalde** *n (f)* → Mülldeponie; **Müllschacht** *n (m)* waste chute; **Mülltonne** *n (f)* dustbin; garbage can; garbage container; rubbish container; **Müllverbrennungsanlage** *n (f)* refuse; waste incineration plant
Multikollinearität *n (f)* multi-collinearity
Multilaterale Entwicklungsbank *n (f)* multilateral development bank
Multiplikator *n (m)* income multiplier
Münzgeld *n (n)* coin; coinage; hard cash
Muster *n (n)* sample; model; pattern; design; **Muster ohne Wert** *n (n)* sample without value; sample of no value
Musterbau *n (m)* prototype building; prototyping; **Musterbauordnung** *n (f)* model construction regulations
Mustereinheit *n (f)* model unit; show unit
Musterhaus *n (n)* show house; model unit; demonstration home
Musterklausel *n (f)* model clause
Musterlager *n (n)* sample storage; collection of samples
Mustervertrag *n (m)* model contract; sample contract; standard contract; specimen contract
Musterwohnung *n (f)* show apartment; model unit
Mutter *n (f)* (tech.) nut
Mutterboden *n (m)* topsoil
Muttergesellschaft *n (f)* parent company; holding company
Mutterunternehmen *n (n)* parent company; parent enterprise
MwSt-Freigrenze *n (f)* VAT threshold

N

Nachahmung *n (f)* copy; plagiarism; imitation; personation; reproduction

Nachaktivierung *n (f)* additional capitalization

Nachbar *n (m)* neighbour (AE: neighbor); adjacent occupant; neighbouring owner; **Nachbar eines Grundstücks** *n (m)* adjoining owner; abutter (US)

Nachbarbebauung *n (f)* adjacent buildings

Nachbarbeteiligung *n (f)* participation of neighbours (in planning approval etc.)

Nachbarerbbaurecht *n (n)* ground lease on an adjoining property (where main building overlaps the boundary)

Nachbargebäude *n (n)* neighbouring building; adjacent building

Nachbargrundstück *n (n)* adjacent property; neighbouring parcel; neighbouring plot

Nachbarrecht *n (n)* law concerning the respective interest of neighbours or occupiers of adjoining property

Nachbarschaft *n (f)* vicinity; neighbourhood; **unmittelbare Nachbarschaft** *n (f)* immediate vicinity; (immediate) neighbourhood; contiguity

Nachbarschaftsanalyse *n (f)* neighbourhood analysis

Nachbarschaftsklage *n (f)* complaint by adjacent owner (e.g. rescind a building permit)

Nachbarschaftsladen *n (m)* convenience store; corner shop

Nachbarschutz *n (m)* protection of the rights of neighbo(u)rs

Nachbearbeitung *n (f)* finishing; rectification

nachbehandeln *v/t* finish (to); rectify (to); give additional treatment (to)

Nachbesserung *n (f)* rectification of defects; finishing touches; repair(s)

Nachbetreuung *n (f)* aftercare (operations)

Nachbewertung *n (f)* revaluation; subsequent valuation; reconsideration

nachbilden *v/t* copy (to); emulate (to); reproduce (to)

Nacherfüllung *n (f)* rectification (of defects) or replacement (of faulty goods); under the new Law of Obligations (1.1.2002) must be claimed before other guarantee rights can be effective

Nachfinanzierung *n (f)* further financing; additional finance (or financing)

Nachfolge *n (f)* succession; **Nachfolgeproblem** *n (n)* succession problem

nachfolgend *adj* subsequent; consecutive(ly); *Syn.: anschließend*

Nachfolger *n (m)* successor

Nachforderung *n (f)* additional demand (or charge); additional (or supplementary) claim (ins.)

Nachforschungspflicht *n (f)* duty to investigate

Nachfrage *n (f)* demand; enquiry (or inquiry); **abgeleitete Nachfrage** *n (f)* derived demand; indirect demand; **abgeschwächte Nachfrage** *n (f)* weaker demand; flagging demand; **derivative Nachfrage** *n (f)* derived demand; **elastische Nachfrage** *n (f)* elastic demand; **hohe Nachfrage** *n (f)* high demand; **interne Nachfrage** *n (f)* domestic demand; **lebhafte Nachfrage** *n (f)* lively demand; **lokale Nachfrage** *n (f)* local demand; **niedrige Nachfrage** *n (f)* low demand; **stagnierende Nachfrage** *n (f)* stagnant demand; **starre Nachfrage** *n (f)* inelastic demand; **steigende Nachfrage** *n (f)* increasing demand; **wirksame Nachfrage** *n (f)* effective demand

Nachfrage decken *v/t* supply a (or the) demand (to)

Nachfrageinflation *n (f)* demand(-pull) inflation

Nachfragepotenzial *n (n)* demand potential; potential demand

Nachfragepreis *n (m)* bid price; demand price; asking price

Nachfragerisiko *n (n)* demand risk; risk of (additional) demand

Nachfrageschwankungen *n/pl (f)* fluctuations in demand

Nachfragestudie *n (f)* demand study

Nachfragevolumen *n (n)* demand; volume of demand

Nachfrist *n (f)* grace period; days of grace; extension of time (limit); respite

Nachgebühr *n (f)* (postal) surcharge; excess (postage)
nachhaltig *adj* lasting; lingering; sustainable
Nachhaltigkeit *n (f)* sustainability
Nachinstallation *n (f)* post install(ation)
nachjustieren *v/t* readjust (to)
Nachkalkulation *n (f)* final costing; post calculation; product costing analysis; actual cost determination
Nachkommastelle *n (f)* decimal place; position after the decimal point
Nachkommenschaft *n (f)* descendants; offspring; issue
Nachlass *n (m)* reduction; discount; bequest; estate; **restlicher Nachlass** *n (m)* residue (of estate)
nachlassen *v/t* slacken (to); deteriorate (to); discount (to); abate (to)
nachlässig *adj* careless; negligent; neglectful; slovenly
Nachlässigkeit *n (f)* negligence; carelessness; slovenliness
Nachlassplanung *n (f)* estate planning
Nachlassregelung *n (f)* estate planning
Nachlasssteuer *n (f)* estate tax; inheritance tax; estate duty
Nachlasswert *n (m)* asset forming part of a deceased's estate; value of estate
Nachmieter *n (m)* (Ersatz) substitute tenant (e.g. to be nominated to the landlord by a vacating tenant in order to avoid loss of deposit); (Nachfolger) subsequent tenant; new tenant; (Rechtsnachfolger) assignee
nachprüfbar *adj* verifiable
nachprüfen *v/t* check (to); (re-)examine (to); investigate (to)
Nachprüfung *n (f)* checking; verification; **Nachprüfungsverfahren im Vergaberecht** *n (n) Law* verification procedure under public procurement law; carried out, on application, by Vergabekammern (competent courts of the German states or federal cartel office) to investigate whether a contract-placing authority has breached the relevant law and if a tenderer is entitled to damages; only applies above the → Schwellenwert
Nachranghypothek *n (f)* second(ary) mortgage
nachrüsten *v/t* retrofit (to); extend (to); upgrade (to)
Nachschuss *n (m)* additional payment; supplementary contribution; *Syn.: Nachschusszahlung*
nachschüssig *adj* in arrear
Nachschüssigkeit *n (f)* payment in arrear
nachschusspflichtig *adj* assessable; liable
Nachspannen *n (n)* tensioning regulation
nachspannen *v/t* regulate tension (to); restress (to)
nachstellen *v/t* (re)adjust (to); reset (to)
Nachstellung *n (f)* adjustment
Nachsteuergewinn *n (m)* after-tax income; profit (income) after taxes
Nachtabsenkung *n (f)* overnight (temperature) reduction (heat economy); night economy feature
Nachteil *n (m)* disadvantage; drawback; handicap; detriment
nachteilig *adj* disadvantageous; detrimental; having negative consequences
Nachtrag *n (m)* supplement (to a contract); rider; addendum; appendix; alteration; amendment; change; codicil; correction; modification; rectification; revision; **Nachtrag zum Gutachten** *n (m)* addendum to an (appraisal) report
nachträglich *adj* subsequent; additional; later; belated
Nachtragsangebot *n (n)* revised tender; proposed alteration to a (building) contract that if agreed would result in a → Nachtrag
Nachtragung *n (f)* (amendment of) entry in a register; endorsement
Nachtspeicherheizkörper *n (m)* night-storage heater; off-peak electric heater
Nachtstrom *n (m)* off-peak electricity; **Nachtstromspeicherheizung** *n (f)* off-peak electricity heating; night storage heating; **Nachtstromversorgung** *n (f)* off-peak electricity supply
Nachttisch *n (m)* bedside table; night stand (US)
Nachunternehmer *n (m)* sub-contractor; subcontractor; sub-contractor; subcontractor; *Syn.: Subunternehmer*; **Nachunternehmervertrag** *n (m)* sub-contractor's agreement
Nachvermessung *n (f)* resurvey; fresh survey; e.g. of floor areas after completion of a building
Nachvermietung *n (f)* re-letting; assignment (of a lease)

Nachversteuerung *n (f)* subsequent taxation; recapture of depreciation
nachvollziehbar *adj* comprehensible; understandable
Nachweis *n (m)* proof; evidence; certificate; verification; **einen Nachweis führen** *v/t* prove (to)
nachweisbar *adj* verifiable; detectable
nachweisen *v/t* prove (to); account for (to); verify (to); state reasons (for) (to); substantiate (to); establish (to)
Nachweisverfahren *n (n)* verification procedure; e.g. for the control of the disposal of special or dangerous waste materials
Nachwirkungsfrist *n (f)* consequential period; during which limitations resulting from e.g. a public subsidy for residential development apply
Nachzahlung *n (f)* additional (or extra) payment; back payment; **Nachzahlungsklausel** *n (f)* additional payment clause
Nadelfilz *n (m)* needle felt
Nadelholz *n (n)* coniferous wood; softwood
Nadelplatte *n (f)* punched metal plate fastener; nail plate
Nagel *n (m)* nail; pin; **Nagelbinder** *n (m)* nailed framework; nailed truss; plank truss; **Nagelbohrer** *n (m)* gimlet; **Nageldachbinder** *n (m)* nail roof truss; **Nageleisen** *n (n)* crow bar; wrecking bar (US); **Nagelverbindung** *n (f)* nail(ed) connection
nageln *v/t* nail (to)
Nahansicht *n (f)* close(-up) view
Nahbereich *n (m)* close-up range
Nähe *n (f)* nearness; proximity; vicinity; neighbo(u)rhood
Naheinzugsbereich *n (m)* catchment area close to the property → Naheinzugsgebiet
Naheinzugsgebiet *n (n) Ret* inner catchment area; catchment area close to the property
Naherholungsgebiet *n (n)* greenbelt recreation area (in the vicinity of a city)
nähern (sich) *v/r* approach (to)
Näherungsvariable *n (f)* proxy variable
Näherungswert *n (m)* approximate value
Nahpotenzial *n (n)* local potential
Nahrungs- und Genussmittel *n/pl (n)* food and luxury products (economic sector)
Nahverkehr *n (m)* local traffic; short-distance traffic
Nahversorgung *n (f)* local (shopping) facilities
Nase *n (f)* curved slab; nosing; nose; projection; spout; **Nasenbogen** *n (m)* cusped arch
Nassdach *n (n)* wet roof; i.e. purposely allowing for growth of vegetation
Nasskern *n (m) ArCo* (timber defect) water soak; water heart
Nationalbank *n (f)* national bank
Nationalökonomie *n (f)* economics
Nationalpark *n (m)* national park
Natur *n (f)* nature; natural surroundings
Naturalleistung *n (f)* payment in kind
Naturalpacht *n (f)* rental in kind (agricultural produce); sharecropping; standing rental
Naturalrente *n (f)* dry rent; rental in kind (feudal)
Naturaltausch *n (m)* barter
Naturasphalt *n (m)* native (or natural) asphalt; mineral pitch
Naturbaustein *n (m)* (natural) building stone
naturbelassen *adj* natural finish; untreated; in (its) natural state
Naturboden *n (m)* natural soil
Naturbordstein *n (m)* natural curbstone; natural stone kerb
Naturdenkmal *n (n)* natural monument
Naturholz *n (n)* natural timber; **Naturholzfarbe** *n (f)* natural wood colo(u)r; unstained wood (colo(u)r)
Naturlandschaft *n (f)* natural landscape; unspoilt (or untouched) natural countryside
natürliche Gabe *n (f)* dower
Naturpark *n (m)* nature recreational area; nature reserve
Naturpflaster *n (n)* natural (stone) pavement
Naturschiefer *n (m)* natural slate
Naturschutz *n (m)* (nature) conservation; **Naturschutzgebiet** *n (n)* nature protection area; area of high landscape value; site of special scientific interest (SSSI); national preserved area; national park; nature reserve
Naturstein *n (m)* ashlar; stonework; natural stone; *Syn.: Quaderstein*; **Natursteinmauerwerk** *n (n)* ashlaring; ashlar masonry; natural stone masonry; **Natursteinplatte** *n (f)* natural stone slab; flag; flagstone

Naturzement *n (m)* natural cement
ND → Nutzungsdauer
Nebenabrede *n (f)* supplementary (or additional) agreement; subagreement; side letter; collateral agreement
Nebenanlage *n (f)* additional plant (or facility); subsidiary plant; extension; secondary structure
Nebenbedingung *n (f)* constraint; auxiliary condition
nebenberuflich *adj* part-time
Nebenbestimmung *n (f)* rider
Nebeneingang *n (m)* side entrance; back door
Nebenerwerbsbetrieb *n (m)* spare-time business (esp. students, housewives); part-time farm; part-time holding; spare time farming
Nebenerwerbslandwirtschaft *n (f)* part-time farm; part-time holding; spare time farming
Nebenfläche *n (f)* ancillary accommodation; ancillary space; ancillary area
Nebenfunktion *n (f)* auxiliary function; additional function
Nebengebäude *n (n)* ancillary building, auxiliary building; (Außen-/Wirtschaftsgebäude) outbuilding, outhouse; (Anbau) annex (AE), annexe (BE); (angrenzend) adjoining building
Nebengleis *n (n)* railway siding; sidetrack (US)
Nebenkosten *n/pl* additional charges; additional costs; additional expenses; accessory costs; ancillary expenses; attendant expenses; incidental expenses; incidental related costs; service charge; **Nebenkostenabrechnung** *n (f)* accounting of service charges (or additional costs) borne by the tenant; apportionment of service charges (or additional costs); **Nebenkostendeckung** *n (f)* payment to cover service charges; **Nebenkostenentwicklung** *n (f)* trend of service charges; **Nebenkostenverwaltung** *n (f)* service charge management; **Nebenkostenvorauszahlung** *n (f)* advance (payment of) service charge
Nebenlage *n (f)* secondary location; sublocation
Nebenleistung *n (f)* supplementary work; auxiliary service(s)
Nebennutzfläche (NNF) *n (f)* ancillary space
Nebennutzung *n (f)* incidental use; ancillary use; secondary use; accessory use
Nebenpflicht *n (f)* secondary obligation; collateral duty
Nebenprodukt *n (n)* by-product; spin-off (from sth.)
Nebenräume *n/pl (m)* side rooms; store rooms; (conference) break-out rooms
Nebenstelle *n (f)* branch office; (Telefone) extension
Nebenvereinbarung *n (f)* subsidiary agreement; (absolute) covenant
Nebenverteilerkasten *n (m)* sub-distribution board
Nebenzentrum *n (n) Plan, Ret* → Unterzentrum
Negativerklärung *n (f)* negative pledge
Negativklausel *n (f)* negative clause; restrictive covenant
Negativwert *n (m)* negative value
Neigung *n (f)* slope; pitch; gradient; bias; falling gradient; inclination; incline; slant; tilt; **Neigungswinkel** *n (m)* angle of inclination; pitch
Nennbetrag *n (m)* nominal amount; face value; face amount; notional amount
Nenner *n (m)* denominator
Nennkapital *n (n)* nominal capital; registered capital
Nennmaß *n (n)* basic dimension; nominal dimension; nominal size
Nennwert *n (m)* par value, par, nominal value, face value, face amount, denomination; **über dem Nennwert** above par; **zum Nennwert** at par; at par value; at face
neoklassische Synthese *n (f)* new neoclassical synthesis (econ.)
Neonbeleuchtung *n (f)* fluorescent lighting; neon lighting
Neonröhre *n (f)* neon tube, fluorescent tube, striplight
netto *adj* net; clear
Netto-Absorption *n (f)* net absorption of space (or accommodation)
Nettoanfangsrendite *n (f)* net initial yield
Nettoausschüttung *n (f)* net payment; net relevant distribution
Nettoausweis *n (m)* net recordings; net presentation
Nettobarwert *n (m)* net present value
Nettobetrag *n (m)* net amount
Nettobetriebsergebnis *n (n)* net operating earnings

Nettobetriebsgewinn *n (m)* net operating profit; net operating income; net trading profit; **angepasster Nettobetriebsgewinn** *n (m)* adjusted net trading profit; **bereinigter Nettobetriebsgewinn** *n (m)* adjusted net trading profit
Nettobetriebskapital *n (n)* net working capital
Nettobetriebskosten *n/pl* net operating expenses
Nettobuchwert *n (m)* net book value
Netto-Cashflow *n (m)* net cash flow; after-tax cash flow
Nettodarstellung *n (f)* reporting on a net basis; net presentation (of accounts)
Nettoeinkommen *n (n)* net income; net profit; take-home pay
Netto-Einzelhandelsfläche *n (f)* net retail floorspace
Nettoerlös *n (m)* net proceeds; net yield; **Nettoerlöswert** *n (m)* net realisable value
Nettoerträge *n/pl (m)* net earnings
Nettogeschäftsfläche *n (f)* gross internal area; (Ret) net retail floor space; net store area (US), net shop area (GB)
Nettogeschossfläche *n (f)* → Nettogrundfläche
Nettogewicht *n (n)* net weight
Nettogewinn *n (m)* net income; net gain; net profit; clear profit
Nettogrundfläche (NGF) *n (f)* net floor area, net floor space (DIN 277); the sum of → Nutzfläche, → Verkehrsfläche and → Funktionsfläche
Nettoinnenfläche *n (f)* net internal area; net floor area
Nettoinvestition *n (f)* net investment; **Nettoinvestitionswert des Leasingverhältnisses** *n (m)* net investment value of a leasing contract
Nettojahresmiete *n (f)* net annual rent
Nettokaltmiete *n (f)* net rent
Nettokapital *n (n)* net capital; **Nettokapitalwert** *n (m)* investment value; net capital value
Nettoleasing *n (n)* net leasing
Netto-Logisumsatz pro verfügbarem Zimmer *n (m)* revenue per available room (revpar); room yield
Nettomiete *n (f)* net rent
Nettomieteinnahme *n (f)* net rental income
Nettomietfläche *n (f)* net rentable area; net lettable area; net rentable space
Nettonutzfläche *n (f)* net (usable) area
Nettopreis *n (m)* net price
Nettorauminhalt (NRI) *n (m)* net volume
Nettorendite *n (f)* net yield
Nettorohbauland *n (n)* land for future development that has been divided into plots but not yet provided with infrastructure
Netto-Substanzwert *n (m)* net asset value
Nettoüberschuss *n (m)* net surplus (income over expenditure); **jährlicher Nettoüberschuss** *n (m)* net annual surplus (income over expenditure)
Nettoumlaufvermögen *n (n)* (net) working capital
Nettoumrechnungsdifferenzen *n/pl (f)* net exchange rate differences in the balance
Nettoumsatz *n (m)* net turnover; net sales; **Nettoumsatzrendite** *n (f)* net operating margin; net earnings as percentage of sales; **Nettoumsatzerlöse** *n/pl (m)* net turnover
Nettoveräußerungserlös *n (m)* net disposal proceeds; net realisable value; **Nettoveräußerungspreis** *n (m)* net selling price; **Nettoveräußerungswert** *n (m)* net realisable value
Nettoverkaufserlös *n (m)* net sales proceeds; net profit on sales
Nettoverkaufsfläche *n (f)* net sales area; net selling area
Nettoverkaufspreis *n (m)* net selling price
Nettoverlust *n (m)* net loss
Nettovermögen *n (n)* net equity; (average) net assets; **Nettovermögensaufstellung** *n (f)* statement of net assets; net financial statement; **Nettovermögenswert** *n (m)* net asset value
Nettowiederanlagesatz *n (m)* net reinvestment rate
Netto-Wiederbeschaffungskosten *n/pl* net replacement cost
Nettowohndichte *n (f)* net population density; i.e. number of inhabitants per hectare of net developable land
Nettozunahme *n (f)* net increase
Netz *n (n)* (distribution) grid; mains (services); network; pipework; mesh; net
Netzbaukosten *n/pl* network construction costs
Netzbewehrung *n (f)* mesh reinforcement

Netzgewölbe *n (n)* reticulated vault
Netzkostenbeitrag *n (m)* contribution towards network costs
Netzplantechnik *n (f)* critical path analysis (or planning); network analysis (or planning)
Netzschalter *n (m)* power switch; main on/off switch; master switch
Netzwerk *n (n)* network; **Netzwerkanalyse** *n (f)* network analysis; **Netzwerkplanung** *n (f)* network planning
Netzzugangsverordnung (NZV) *n (f)* German network access ordinance
Neuanlage *n (f)* new plant (or installation); new investment
Neubau *n (m)* new building; reconstruction; **Neubauwert** *n (m)* new construction value
Neubelebung *n (f)* revival; reinvigoration; revitalisation
Neubewertung *n (f)* reappraisal; reassessment; revaluation; write-up; **Neubewertungsbetrag** *n (m)* revalued amount of an asset; **Neubewertungsrücklage** *n (f)* revaluation reserve; revaluation surplus
neue Bundesländer *n/pl (n)* New Laender; the German new federal states (i.e. former GDR)
Neuentwicklung *n (f)* (new) development; redevelopment
Neuer Markt *n (m)* Neuer Markt (stock exchange); new market; emerging market
Neuerung *n (f)* innovation; change; reform
Neufestsetzung eines Preises *n (f)* re-determination of a price
Neugestaltung *n (f)* renovation; redevelopment
Neuheit *n (f)* innovation; novelty
neuheitsschädlich *adj* prejudicial to innovation (patent law)
Neuinvestment *n (n)* reinvestment; new (type of) investment
Neulandgewinnung (durch Trockenlegung) *n (f)* land reclamation
Neulasten *n/pl (f)* new burdens
Neumiete *n (f)* new rent; revised rent
Neuordnung *n (f)* reform; rearrangement; **rechtliche Neuordnung** *n (f)* legal restructuring; legal reorganisation; **tatsächliche Neuordnung** *n (f)* actual restructuring; actual reorganisation
Neuordnungsumlegung *n (f) Plan* restructuring (of development land); **Neuordnungswert** *n (m)* value after restructuring (or reallocation)
neutralisieren *v/t* neutralize (to)
Neutralität *n (f)* neutrality
Neuverhandlung *n (f)* renegotiation; **Neuverhandlung des Mietvertrags** *n (f)* lease renegotiation
Neuvermietung *n (f)* re-letting; granting a new tenancy; letting new premises
Neuverschuldung *n (f)* new borrowing; new indebtedness
Neuverteilung *n (f)* redistribution
Neuwert *n (m)* value as when new; replacement value; reinstatement value; **Neuwertfaktor** *n (m)* reinstatement value factor (buildings insurance); **Neuwertversicherung** *n (f)* new-for-old insurance; insurance reinstatement policy; **gleitende Neuwertversicherung** *n (f)* escalation insurance reinstatement policy
neuwertig *adj* as (good as) new
NF → Nutzfläche
NGF → Nettogrundfläche
NHK → Normalherstellungskosten
Nichtabzugsfähigkeit *n (f)* non-deductibility
Nichtanerkennung *n (f)* non-recognition; repudiation; disavowal
Nichtbaugebiet *n (n) Plan (CH)* area where no development is allowed
Nichtbeachtung *n (f)* non-compliance; disregard
Nichtbesicherungsklausel *n (f)* negative pledge
Nichtbesteuerung *n (f)* non-taxation; exemption from taxation; zero taxation
Nichtdiskriminierung *n (f)* non-discrimination
Nichteinhaltung *n (f)* non-compliance; default; **Nichteinhaltung der Garantie** *n (f)* breach of warranty
Nichterfüllung *n (f)* default; non-fulfilment; non-performance
nichtig *adj* futile; null; void; trivial
Nichtigerklärung *n (f)* annulment; rescission; defeasance
Nichtigkeit *n (f)* nullity; triviality; **Nichtigkeitserklärung** *n (f)* avoidance; annulment; nullification
Nichtkenntnis *n (f)* ignorance; lack of knowledge; **schuldhafte Nichtkenntnis** *n (f)* culpable ignorance; constructive notice
Nicht-Kleinkundengeschäft *n (n)* (total) non-retail (banking) business

Nicht-Marktwert *n (m)* non-market value
Nichtoffenlegung *n (f)* nondisclosure
Nichtraucherzone *n (f)* non-smoking area
Nichtveranlagungsbescheinigung *n (f)* non-assessment certificate (tax)
Niederlassung *n (f)* branch (office); (permanent) establishment; place of business
niederreißen *v/t* demolish (to); tear down (to) (US)
Niederschlag *n (m)* precipitation; rain(fall); fallout; **Niederschlagswasser** *n (n)* atmospheric water; precipitation water; (run-off) rainwater; stormwater
Niederschlagung *n (f)* quashing; suppression; waiving; abolition
Niederstwertprinzip *n (n)* lower of cost or market principle; valuation at the lower of cost or market; lowest value principle
Niedrigenergiehaus *n (n) ArCo* low-energy house (LEH); defined as a house with an annual energy requirement of less than 70 kWh per sq m. → Passivhaus
niedrig *adj* low; inferior; shallow
Niedrigpreis *n (m)* low price; cut price; thrift price (US)
Niedrigsteuerland *n (n)* low-tax country
Nießbrauch *n (m)* life estate; life interest; usufruct; beneficial enjoyment of property; beneficial interest; lifehold; lifelong right of use; usufructuary right; **Nießbrauch auf Lebenszeit** *n (m)* life interest; *Syn.: lebenslanger Nießbrauch*
Nießbrauchberechtigter *n (m)* beneficial owner; beneficial occupier; limited owner
Nießbrauchberechtigung *n (f)* beneficial ownership; beneficial enjoyment
Nießbraucher *n (m)* usufructuary; limited owner; beneficiary; life tenant
dingliches Nießbrauchsrecht *n (n)* right in rem to the usufruct
Nirosta (nichtrostender Stahl) *n (m)* stainless steel
Nische *n (f)* alcove; niche; recess
Niveau *n (n)* ground level; level; plateau; standard
nivellieren *v/t* level (to)
Nivelliergerät *n (n)* (builder's) level; (surveyor's) level; **Nivellierinstrument** *n (n)* level (surveying instrument); **Nivellierwaage** *n (f)* (spirit) level
NNF → Nebennutzfläche
nominal *adj* nominal
Nominalbetrag *n (m)* face amount; nominal value; amount e.g. of a loan
Nominalmiete *n (f)* nominal rent; headline rent
Nominalverzinsung *n (f)* nominal rate of interest
Nominalvolumen *n (n)* nominal volume; total volume
Nominalwert *n (m)* 1. nominal value; par; face value; 2. notional amount; *Syn.: Nennwert*
Nominalzins *n (m)* nominal interest; **Nominalzinssatz** *n (m)* nominal loan rate; nominal interest rate; face interest rate
nominell *adj* nominal
Nominierter *n (m)* nominee
Norm *n (f)* norm; standard
Normalableitung *n (f)* normal derivative
Normalauslastung *n (f)* normal capacity; normal workload
Normalbeton *n (m)* (standard) concrete
Normalherstellungskosten (NHK) *n/pl* standard building costs; normal construction costs; normal cost of production
Normalisierung der Marktsituation *n (f)* normalization of the market
Normalkosten *n/pl* normal costs
Normal-Null (NN) (mean) sea level; zero (reference) level
Normalpreis *n (m)* normal price; standard price
Normalrendite *n (f)* normal return; normal yield
Normalsatz *n (m)* standard rate; basic rate
Normalstreuung *n (f)* normal dispersion; normal error dispersion
Normalverteilung *n (f)* normal distribution
Normalzement *n (m)* (standard) specification cement
Normbauteil *n (m)* standard component
Normenkontrollverfahren *n (n)* judicial review proceedings (or process); action to review legal provisions
Normenzement *n (m)* (standard) specification cement
Normgebäude *n (n) Val* norm building; standard building
Normierungsvorschrift *n (f)* standardization regulations
Normung *n (f)* standardization
Notar *n (m)* notary; notary public (US)
notariell beurkunden *v/t* notarise (to); notarize (to)

Notausgang *n (m)* fire escape; emergency exit
Notbeleuchtung *n (f)* emergency lighting; escape lighting; safety lighting
Notbrücke *n (f)* temporary bridge; emergency bridge
Notenbank *n (f)* central bank
Notenwechsel *n (m)* exchange of notes
Notfall *n (m)* emergency
Notgenerator *n (m)* emergency generator
notieren *v/t* make a note of (to); take down (to)
notifizieren *v/t* notify (to)
Notifizierung *n (f)* notification
Nötigung *n (f)* intimidation; coercion; duress
Notiz *n (f)* note; memorandum
notleidend *adj* needy; cash-strapped; distressed; overdue; defaulting; → Kredite, notleidende
Notschlüssel *n (m)* emergency key; key for emergencies
Notstandsgebiet *n (n)* depressed area; disaster area
Nottreppe *n (f)* fire escape (stairs)
Notverkauf *n (m)* forced sale; distress sale; emergency sale
Notwartung *n (f)* emergency repairs
Notwasserversorgung *n (f)* emergency water supply
Notweg *n (m)* emergency route; emergency way (e.g. for access to a site with no road frontage); **Notwegerecht** *n (n)* right of access to an otherwise landlocked parcel of land; under § 917 BGB must be granted (subject to payment of compensation if demanded) by a neighbouring owner having access to a public road
Notwendigkeit *n (f)* necessity; urgency; exigency
Notwohnung *n (f)* emergency accommodation; temporary accommodation; makeshift quarters
Novation *n (f) Law* novation; renewal
NRI → Nettorauminhalt
Null-Basis-Budgetierung *n (f)* zero-based budgeting
Null-Coupon-Anleihe *n (f)* zero bond
Nullsaldo *n (n)* zero balance
Nullstellen *n/pl (f)* zeros
null und nichtig null and void
Nullwert *n (m)* nil value; zero value; zero point; null value
Nullzone *n (f)* null zone; zero bracket amount (US)
Nummer (Nr.) *n (f)* number; digit; **fortlaufende Nummer** *n (f)* consecutive number
Nussbaum *n (m)* walnut (tree); walnut (timber)
Nut *n (f)* groove; **Nut und Feder** tongue and groove
Nutzbarkeit *n (f)* usability; usefulness; **bauliche Nutzbarkeit** *n (f)* development potential
Nutzeffekt *n (m)* efficiency; (practical) use
Nutzen *n (m)* utility; advantage; value; benefit; avail; **Nutzen für die Öffentlichkeit** *n (m)* public benefit
entgangener Nutzen *n (m)* loss of use; **erwarteter Nutzen** *n (m)* expected benefit; **funktionaler Nutzen** *n (m)* functional utility; **künftiger wirtschaftlicher Nutzen** *n (m)* future economic benefit(s); **ordinaler Nutzen** *n (m)* ordinal utility; **praktischer Nutzen** *n (m)* functional utility; practical use; **wirtschaftlicher Nutzen** *n (m)* economic benefit; **zukünftiger Nutzen** *n (m)* future benefit
Nutzenentgang *n (m)* → Nutzen, entgangener
Nutzenmaximierungsannahme *n (n)* assumption of maximization of utility
Nutzer *n (m)* user; terre-tenant; resident; occupier
Nutzfläche (NF) *n (f)* floor area; usable floor area; usable floor space; usable space; useful area (US); **landwirtschaftliche Nutzfläche** *n (f)* farmland; agricultural land; **vermietbare Nutzfläche** *n (f)* lettable (usable) floor space; leasable area; rentable space; net lettable area
Nutzflächenfaktor *n (f)* efficiency ratio (gross to net area)
Nutzflächenzahl *n (f) Plan (AT)* percentage of Nutzfläche (usable area) to Nettogrundfläche (net developable area)
Nutzhöhe *n (f)* effective height; effective depth
Nutzholz *n (n)* timber; lumber (US)
Nutzlast *n (f)* payload; live load; useful load, workload; service load; load capacity; carrying capacity
Nutzleistung *n (f)* effective output (or power)
Nützlichkeit *n (f)* usefulness; utility
Nutznießer *n (m)* beneficiary; usufructuary

n

Nutznießung *n (f)* beneficial use; usufruct
Nutzung *n (f)* use; utilization; exploitation; usage; application; **alternative Nutzung** *n (f)* alternative use (value); **bauliche Nutzung** *n (f)* degree of land utilization; land use zoning; type of building use; density of development (e.g. in terms of site coverage); **beiläufige Nutzung (eines Gebäudes oder Grundstücks)** *n (f)* incidental use; **Beschränkung der Nutzung** *n (f)* usage restriction; restriction of use; **bestmögliche Nutzung** *n (f)* highest and best use; **bewährte Nutzung** *n (f)* established use; **bewilligte Nutzung** *n (f)* authorised use; **derzeitige Nutzung** *n (f)* existing use; **fortgesetzte Nutzung** *n (f)* continuing use; continued use; **genehmigte Nutzung** *n (f)* permitted use; conforming use; **gewerbliche Nutzung** *n (f)* commercial (or industrial) use; **konforme Nutzung** *n (f)* conforming use; **lagetypische Nutzung** *n (f)* use typical for the location; **übliche Nutzung** *n (f)* normal us(ag)e; **nicht vertragsgemäße Nutzung** *n (f)* use not in accordance with the contract; **wirtschaftliche Nutzung** *n (f)* economic use; **zulässige Nutzung** *n (f)* allowed use; authorised use; **zwischenzeitliche Nutzung** *n (f)* interim use
von der Nutzung ausschließen *v/t* exclude from (further) use (to); dispossess (to)
nutzungsabhängig *adj* usage-dependent; depending on amount of use
Nutzungsänderung *n (f)* change of use; alteration of use; **wesentliche Nutzungsänderung** *n (f)* material change of use
Nutzungsart *n (f)* occupancy; type of use; method of exploitation
Nutzungsausfall *n (m)* loss of use; **Nutzungsausfallversicherung** *n (f)* use and occupancy insurance
Nutzungsberechtigter *n (m)* beneficial occupier; beneficial owner; beneficiary
Nutzungsbeschränkung *n (f)* deed restriction; limitation of use; restriction of use; use restriction
Nutzungsdauer (ND) *n (f)* useful life; economic life; economic useful life; effective life; operating life; **betriebsgewöhnliche Nutzungsdauer** *n (f)* assumed useful life; economic life; useful life; **durchschnittliche Nutzungsdauer** *n (f)* average useful life; average productive life; **geschätzte Nutzungsdauer** *n (f)* estimated useful life; guideline service life (US); **maximale Nutzungsdauer** *n (f)* maximum useful life; **restliche wirtschaftliche Nutzungsdauer** *n (f)* remaining economic(ally useful) life; **technische Nutzungsdauer** *n (f)* physical life; **voraussichtliche Nutzungsdauer** *n (f)* expected useful life; **wirtschaftliche Nutzungsdauer** *n (f)* economic life
Nutzungsentgang *n (m)* loss of use; detention (legal)
Nutzungsentgelt *n (n)* user fee; compensation fee; royalty
Nutzungsentschädigung *n (f)* compensation for loss of use
Nutzungsgebühr *n (f)* royalty
Nutzungsintensität *n (f)* intensity of use
Nutzungsklassifizierung *n (f)* us(ag)e classification
Nutzungskonzept *n (n)* development concept; usage concept
Nutzungsmöglichkeit *n (f)* possibility of use for a particular purpose e.g. commercial use of a residential property; application e.g. of a technology
Nutzungsrecht *n (n)* right of use (and enjoyment); beneficial interest; lifelong right of use; usufruct; usufructuary right; life interest; **befristetes Nutzungsrecht** *n (n)* limited easement; temporary right of use; *Ant.: Dauernutzungsrecht*; **bestehende Nutzungsrechte** *n/pl (n)* existing use rights; **eingeschränktes Nutzungsrecht** *n (n)* qualified fee (estate); limited right of possession; **zeitlich begrenztes Nutzungsrecht** *n (n)* usage rights (or right of use) for a limited period (e.g. leasehold interest, software license)
Nutzungsregelung *n (f)* use (or usage) regulations
Nutzungsschwerpunkt *n (m)* main (or most important) use (or usage)
Nutzungsverhältnis *n (n)* proportion of use; ratio of net to gross; tenancy
Nutzungsvertrag *n (m)* leasing contract; licence (US license) agreement; **befristeter Nutzungsvertrag** *n (m)* fixed-term license (or leasing contract)
Nutzungswert *n (m)* rental value (of an owner-occupied property); utility value; value in use; **Nutzungswert einer Woh-**

nung *n (m)* rental value of an (owner-occupied) apartment; **Nutzungswert eines Vermögenswertes** *n (m)* value of an asset in use

Nutzungszustand *n (m)* state or conditions in which sth. will be used; extent to which a consumable has been used

Nutzwasser *n (n)* process water; industrial water

Nutzwert *n (m)* utility; value in use; use value; value of benefit; **bester Nutzwert** *n (m)* best use value; highest efficiency; **sozialer Nutzwert** *n (m)* social use value

Nutzwertanalyse *n (f)* cost-benefit analysis; (value) benefit analysis

Nutzwertkennzahl *n (f)* benefit ratio → Preis-Leistungs-Verhältnis

NV-Bescheinigung *n (f)* → Nichtveranlagungsbescheinigung

n

O

obdachlos *adj* homeless
Obdachlosenasyl *n (n)* shelter (or hostel) for the homeless; doss house (colloq.)
Obdachlosigkeit *n (f)* homelessness
Oberbau *n (m)* superstructure; work above ground
Oberbauleiter *n (m)* (building) site superintendent
Oberboden *n (m)* top soil
Oberfläche *n (f)* surface; **Oberflächenabschluss** *n (m)* surface finish (e.g. of concrete); **Oberflächenbearbeitung** *n (f)* surface finishing; **Oberflächenbehandlung** *n (f)* surface dressing; surface treatment; **Oberflächenbelag** *n (m)* paving; surface finish; metalling (of roads etc.); **Oberflächenbeschaffenheit** *n (f)* surface condition; condition of finish; **Oberflächeneigenschaft** *n (f)* surface property; surface characteristic; **Oberflächenentwässerung** *n (f)* stormwater drainage; surface drainage; **Oberflächenerdung** *n (f)* surface earthing (GB); surface grounding (US); **Oberflächenerosion** *n (f)* surface erosion; **Oberflächengestaltung** *n (f)* surface design; surface engineering; interface design; **Oberflächenqualität** *n (f)* surface quality; **Oberflächenrost** *n (m)* surface rust; **Oberflächenrüttler** *n (m)* surface vibrator; **Oberflächenschutz** *n (m)* surface protection; **Oberflächenspannung** *n (f)* surface tension; **Oberflächenversiegelung** *n (f)* surface sealing; **Oberflächenwasser** *n (n)* surface water
Obergeschoss *n (n)* upper floor; **erstes Obergeschoss** *n (n)* first floor (GB); second floor (US); **zweites Obergeschoss** *n (n)* second floor (GB); third floor (US)
Obergrenze *n (f)* cap; ceiling; upper limit
Obergurt *n (m)* top flange; top chord
Obergutachten *n (n)* deciding expert opinion; review report; based on at least two other reports
Obergutachter *n (m)* review appraiser
Oberholm *n (m)* head beam
oberirdisch *adj* overground; above-ground; overhead
Oberkante *n (f)* top edge; top level; upper edge
Oberlandesgericht (OLG) *n (n)* higher regional court in Germany
Oberlicht *n (n)* (Dachfenster) skylight, lantern light, overhead light; (über der Tür) fanlight; (Fensterteil) transom light
Oberputz *n (m)* final coat (plaster); final rendering
Oberschiedsrichter *n (m)* chief umpire; chief referee; chief arbitrator
Oberschwelle *n (f)* lintel; head piece; head plate runner
Obertor *n (n)* upper gate
Oberverwaltungsgericht *n (n)* higher administrative court in Germany
Oberzentrum *n (n) Plan, Ret* a larger city; the German Oberzentren are normally surrounded by a number of Mittelzentren, which in their turn are bordered by Unterzentren. Oberzentren serve the adjoining municipalities with high-order commodities and services (public authorities, hospitals etc.) as well as middle- and low-order goods → cf. Appendix
Objekt *n (n)* property; object; piece of real estate; item; cost object; **beleihungsfähiges Objekt** *n (n)* mortgageable property; **beliehenes Objekt** *n (n)* mortgaged property; **bewertetes Objekt** *n (n)* subject property; valuated property; **denkmalgeschütztes Objekt** *n (n)* historic structure; historic monument; **historische Objekte** *n/pl (n)* historic properties; **leer stehendes Objekt** *n (n)* empty property; vacant property
Objektanalyse *n (f)* property analysis; (detailed) property appraisal; task-oriented analysis
Objektbesichtigung *n (f)* (property) inspection; (property) viewing
Objektbesonderheiten *n/pl (f)* property characteristics; special features of a property
Objektbetreuung *n (f)* property management; **Objektbetreuung und Dokumentation** *ArCo* building supervision and documentation; last (of nine) → Leistungsphasen specified by the → Honorarordnung für Architekten und Ingenieure

(HOAI), includes compilation of all documentation relevant to the project, supervision of rectification etc.
Objektbewertung *n (f)* → Bewertung
Objektfinanzierung *n (f)* → Finanzierung
Objektgesellschaft *n (f)* property company (esp.); company formed to own and/or manage a specific property or properties
Objektgliederung *n (f)* property classification
Objektgruppen *n/pl (f)* property groups; groups of items
Objektivitätsgebot *n (n)* requirement of objectivity (e.g. in the media)
Objektkalkulation *n (f)* calculation for a particular property; (e.g. for a quotation for building work)
Objektkennzahlen *n/pl (f)* key data about a property
Objektmanagement *n (n)* facility management; property management
Objektnummer *n (f)* property number
Objektprinzip *n (n) Law* decision-making method, particularly for condominiums, on the basis of one vote per apartment or other separate unit → Teileigentum
Objektsanierung *n (f)* object redevelopment; refurbishment (of a property)
Objektüberwachung *n (f) ArCo* construction management and supervision; eighth (of nine) → Leistungsphase specified by the → Honorarordnung für Architekten und Ingenieure (HOAI); *Syn.: Bauüberwachung, Bauleitung*
Objektverwaltung *n (f)* property management
Obligation *n (f)* bond; debenture; **hypothekarisch gesicherte Obligation** *n (f)* mortgage debenture; secured bond
obligatorisch *adj* obligatory; compulsory; mandatory
Obsoleszenz *n (f)* obsolescence; *Syn.: Überalterung*
öbuvSV → öffentlich bestellter und vereidigter Sachverständiger
Ödland *n (n)* waste land
Ofen *n (m)* stove; oven; kiln; furnace
offen *adj* open; exposed; above-board; openly; frank; forthright; overt; unsealed; open-end (or open-ended)
offenbaren *v/t* reveal (to); disclose (to)
Offenbarungspflicht *n (f)* duty of disclosure
offene Handelsgesellschaft (OHG) *n (f)* general partnership; ordinary partnership
offenlegen *v/t* disclose (to); reveal (to); unfold (to)
Offenlegung *n (f)* disclosure; discovery; **Offenlegung von Dokumenten** *n (f)* discovery of documents
vollständige Offenlegung *n (f)* full disclosure;
Offenlegungsbericht *n (m)* disclosure statement; **Offenlegungspflichten** *n/pl (f)* disclosure requirements
öffentlich *adj* public; **öffentliche Auslobung** *n (f)* general offer (of a prize or reward for sth.); public competition (e.g. for an architectural proposal); **öffentliche Belange** *n/pl (m)* (matters of) public interest; public concerns; **öffentliche Daseinsvorsorge** *n (f)* public assistance; welfare; services of general interest; (esp.) public utilities (EU term referring to services provided by the state that could be e.g. privately organised); **öffentliche Erstemission** *n (f)* initial public offering (IPO); **öffentliche Fördermittel** *n/pl (n)* public subsidies; public grants; public funds (or funding); **öffentliche Hand** *n (f)* public sector; government; public authority; **öffentlicher Personennahverkehr (ÖPNV)** *n (m)* short-distance (or local) public transport; **öffentliches Bieterverfahren** *n (n)* → Bieterverfahren; **öffentliches Wohl** *n (n)* → Gemeinwohl
Öffentlichkeit *n (f)* (the) public; publicity; **Anhörung der Öffentlichkeit** *n (f)* public consultation; public hearing; **Einfluss der Öffentlichkeit** *n (m)* public influence; influence of public opinion
Öffentlichkeitsarbeit *n (f)* public relations (PR); marketing; publicity work
öffentlich-rechtlich *adj* under public law; **öffentlich-rechtliche Körperschaft** *n (f)* public body; public corporation; public-law corporation; **öffentlich-rechtliche Sicherung** *n (f)* protection by public law; safeguarding by public law
Offerte *n (f)* bid; offer; tender
Öffnung *n (f)* aperture; opening; hole; gap; vent
Öffnungsbreite *n (f)* opening width; width of an opening
Öffnungsmaß *n (n)* width of an opening; size of an opening (e.g. in a wall)

Öffnungswinkel *n (f)* opening angle
Öffnungszeiten *n/pl (f)* opening hours; opening times
Öko-Audit *n (n)* environmental audit
Ökobilanz *n (f)* life cycle assessment (LCA); ecobalance; environmental performance evaluation
Ökologie *n (f)* ecology
ökologisch *adj* ecological
ökologischer Ausgleichsraum *n (m)* ecological equilibrium area
ökonomisch *adj* economical; economic
Ökosystem *n (n)* ecosystem
Öl *n (n)* oil; **Ölabscheider** *n (m)* oil (mist) separator; **Ölbrenner** *n (m)* oil-burner; **Öldruck** *n (m)* oil-pressure; **Ölfarbe** *n (f)* oil (paint); **Ölfeld** *n (n)* oil-field; **Ölfeuerung** *n (f)* oil firing; oil burning; oil-firing system; **Ölfilter** *n (m)* oil-filter; **Ölheizung** *n (f)* oil-fired central heating; oil heating; **Ölleitung** *n (f)* oil pipeline; **Ölmühle** *n (f)* oil mill; **Ölofen** *n (m)* oil-heater; **Ölpumpe** *n (f)* oilpump; **Ölraffinerie** *n (f)* oil refinery; **Ölstand** *n (m)* oil-level; **Ölumlauf** *n (m)* oil-circulation; **Ölverbrauch** *n (m)* oil consumption; **Ölvorkommen** *n (n)* oilfields; oil resources; oil deposit; **Ölwanne** *n (f)* (oil) sump; oil pan; **Öl-Zentralheizung** *n (f)* oil-fired central heating
ölbeständig *adj* fuel-resistant; oil-resistant
ölen *v/t* lubricate (to); oil (to)
Onlinezugang *n (m)* on-line access
Opfer *n (n)* victim; sacrifice; offering; **Opfergrenze** *n (f)* sacrifice limit; i.e. of action beyond that which the parties to a contract envisaged in good faith
ÖPNV → öffentlicher Personennahverkehr
ÖPP *n (f)* → Public Private Partnership
Opportunitätskosten *n/pl* opportunity costs; alternative costs
Opportunity-Fonds *n (m)* opportunity fund
Optimierung *n (f)* optimization
Option *n (f)* option; selection; warrant; **Optionsdauer** *n (f)* option period; **Optionsprämie** *n (f)* option premium; option price; option money; **Optionspreis** *n (m)* option price, exercise price (of an option); **Optionsrecht** *n (n)* option; preemptive right; right of option; right of choice; **Optionsschein** *n (m)* warrant; **Optionsschreiber** *n (m)* optionor; option writer; grantor (or seller) of an option
ordinale Größe *n (f)* ordinal magnitude (e.g. an integer)
ordnungsgemäß *adj* according to the rules; adequate; due; orderly; proper
Ordnungsmaßnahme *n (f)* regulatory measure; administrative measure; disciplinary action (or measure)
Ordnungsmerkmal *n (n)* identification number; identification code
Ordnungswidrigkeit *n (f)* breach of the law; offence; misdemeano(u)r
Organgesellschaft *n (f)* consolidated company; subsidiary company; controlled company
Organisation *n (f)* organization; organisation; **gemeinnützige Organisation** *n (f)* non-profit organization
untergeordnete Organisationseinheiten *n/pl (f)* subordinate organizational units
Organschaft *n (f)* affiliation; tax group; fiscal unity; tax consolidation
Organträger *n (m)* controlling enterprise; parent company
Orientierung *n (f)* orientation; guidance; **Orientierungspreis** *n (m)* guide price; target price
Original *n (n)* original document; master (copy)
Ornamentglas *n (n)* pattern(ed) glass; ornament glass; figured rolled glass
Ort *n (m)* place; location; site; spot; position; **vor Ort** on-site; on the scene (of action)
Ortbeton *n (m)* cast-in-situ concrete; in-situ concrete; site concrete
orten *v/t* locate (to)
Ortgang *n (m)* gable end; verge; **Ortgangbrett** *n (n)* barge board; gable board
örtlich *adj* local
Ortsangabe *n (f)* location; place; place name; statement of place
ortsansässig *adj* local; resident
Ortsansässiger *n (m)* resident
Ortsbefund *n (m)* description of the property; schedule of condition; land description; e.g. on moving in or out of a rented property
Ortsbehörde *n (f)* local authority
Ortsbesichtigung *n (f)* external inspection; field inspection; on-site inspection; on-site visit; site survey
Ortsbild *n (n)* (overall) appearance of a town (or village); view of a place

Ortschaft *n (f)* village, (small) town; **geschlossene Ortschaft** *n (f)* built-up area
Ortsdurchfahrt *n (f)* through road (through a village or small town)
ortsfest *adj* stationary
Ortsgericht *n (n)* (district court) registry for non-contentious business (in Hessen only)
Ortslage *n (f)* site (of a property); place; location
Ortsplanung *n (f)* community planning; local planning
ortsüblich *adj* customary (for a locality)
Öse *n (f)* loop; eyelet; grommet

P

Paar *n (n)* → kinderloses Paar
Paarvergleich *n (m)* pair(ed) comparison
Pacht *n (f)* rental; rent; lease; land rent; rent for leased land; tenancy (at will); **Pacht auf Lebenszeit** *n (f)* life tenancy
dynamische Pacht *n (f)* reappraisal lease; **kündbare Pacht** *n (f)* month to month lease; tenancy at will
Pachtbedingungen *n/pl (f)* lease terms
Pachtbesitz *n (m)* leasehold; property tenure by lease
Pachtdauer *n (f)* term of lease
Pachteinkommen *n (n)* rental income
Pachteinnahmen *n/pl (f)* rent receipts
pachten *v/t* rent (to) (non-residential property); lease (to) (non-residential property)
Pächter *n (m)* tenant; lessee; renter (US); leaseholder; **Pächter einer Farm** *n (m)* tenant farmer
bereitwilliger Pächter *n (m)* willing lessee (US); willing tenant
Pachtertrag *n (m)* rental income; rentals
Pachtforderung *n (f)* rent demand
Pachtfrist *n (f)* term of lease
Pachtgegenstände *n/pl (m)* property being leased
Pachtgeld *n (n)* rent
Pachtgrundstück *n (n)* leasehold property
Pachtgut *n (n)* leasehold property; tenanted holding
Pachthof *n (m)* tenanted farm
Pachtpreis *n (m)* rent
Pachtrecht *n (n)* law of tenancy; landlord and tenant law
Pachtsätze *n/pl (m)* rents
Pachtverhältnis *n (n)* tenancy; **landwirtschaftliches Pachtverhältnis** *n (n)* agricultural tenancy
Pachtvertrag *n (m)* tenancy agreement; leasehold agreement; lease contract; contract of lease; lease (agreement)
Pachtwert *n (m)* leasehold value; letting value; rental value; utility value; **Pachtwertfindung** *n (n)* → EOP-Methode; **Pachtwertverfahren** *n (n)* *Val* rental value method
Pachtzeit *n (f)* term of lease
Pachtzins *n (m)* rent; rental rate; **ortsüblicher Pachtzins** *n (m)* comparable rent (based on a representative cross-section of local lettings)
Pachtzinsforderung *n (f)* rental demand
Paketabschlag *n (m)* package discount; **Paketbewertung** *n (f)* package valuation; **Pakethandel** *n (m)* package deal; block trading; large-lot dealing; **Paketsendung** *n (f)* parcel; package (US); **Paketverkauf** *n (f)* sale as a package deal; large-lot sale; **Paketzuschlag** *n (m)* share block premium
Palette *n (f)* pallet(te)
Palisade *n (f)* palisade; stockade
Paneel *n (n)* panel; panelling; wainscot; **Paneeldecke** *n (f)* panelled ceiling; ceiling panel(l)ing
Panoramablick *n (m)* panoramic view; **Panoramafenster** *n (n)* panoramic (or observation) window; picture window
Panzergewölbe *n (n)* strong room; (armoured) vault
Panzerglas *n (n)* bullet-proof glass
Papierfabrik *n (f)* paper mill; **Papiergeld** *n (n)* paper money; notes; bills (US); **Papierhandtuchspender** *n (m)* paper towel dispenser; **Papierkrieg** *n (m)* red tape; endless correspondence; *Syn.: Bürokratie*
Pappe *n (f)* cardboard; paperboard; pasteboard; millboard; board
Pappel *n (f)* poplar
parallel *adj* parallel; **parallele Eigenerzeugung** *n (f)* on-site cogeneration (of heat and electricity)
Parallelfachwerk *n (n)* flat truss; parallel chord truss
Parallelmarkt *n (m)* parallel (money) market; secondary market
Parallelstraße *n (f)* street running parallel (esp. to a main street)
Parameter *n (m)* parameter
Parfümerie *n (f)* perfume shop (US store); perfumery
Pari-passu-Klausel *n (f)* *Law* pari passu clause
Paritätsklausel *n (f)* parity clause
Park *n (m)* park
Park-and-Ride-Parkplätze *n/pl (m)* park-and-ride car parking spaces (US lots)
Parkanlage *n (f)* park

Parkbereich *n (m)* parking area (esp. paying); parking meter zone
Parkbeschränkung *n (f)* parking restrictions
Parkbucht *n (f)* parking bay
Parkeinnahmen *n/pl (f)* revenue from parking
Parkett *n (n)* parquet; parquet flooring; **Parkettbodenbelag** *n (m)* parquet flooring; **Parkettfußboden** *n (m)* parquet floor; parquetry
Parkfläche *n (f)* parking area; **Parkflächen** *n/pl (f)* parking facilities
Parkgebühren *n/pl (f)* parking fees
Parkhaus *n (n)* multi-storey car park (GB); parking garage (US)
Parkmöglichkeiten *n/pl (f)* parking facilities
Parkplatz *n (m)* car park; parking lot (US); parking space; carport (US); parking; parking ramp (US); **gebührenpflichtiger Parkplatz** *n (m)* (parking) meter bay; parking subject to a charge
Parkplatzanlage *n (f)* parking facilities; **Parkplatzkoeffizient** *n (m)* car parking ratio
Parkstreifen *n (m)* parking spaces marked out parallel to the kerb (US: curb)
Parkuhr *n (f)* parking meter
Partei *n (f)* party; political, or e.g. to a contract; **betroffene Parteien** *n/pl (f)* parties involved; **klagende Partei** *n (f)* plaintiff
Parteigutachter *n (m)* appraiser or assessor acting for one side in a transaction or dispute
parteiisch *adj* biased; prejudiced
Parteilichkeit *n (f)* bias
Parterre *n (n)* ground floor; first floor (US)
Partizipationsschein *n (m)* participation certificate
Partnerrisiko *n (n)* counterparty risk; default risk; partner risk
Partnerschaft *n (f)* partnership; **öffentlich-private Partnerschaft (ÖPP)** *n (f)* → Public Private Partnership
Partnerschaftsgesellschaftsgesetz *n (n)* partnership law; **Partnerschaftsregisterverordnung** *n (f)* partnership registration order
Partnerunternehmen *n (n)* partner company
Parzelle *n (f)* plot; parcel (of land); lot (of land); **eine Parzelle abstecken** *v/t* stake out a claim (to)
Parzellengrenze *n (f)* plot boundary; lot line (US)

P

Parzellenvereinigung *n (f)* plottage; land assembly; assembling parcels of land
Parzellierung *n (f)* parcelling; subdivision
Passage *n (f)* arcade; passage(way); areaway
Passantenfrequenz *n (f)* pedestrian flow, pedestrian count
passend *adj* suitable; appropriate (to); convenient; fitting
Passiva (einer Bilanz) *n/pl (n)* liabilities; **transitorische Passiva** *n/pl (n)* suspense liabilities; deferred income; deferred credit
Passivhaus *n (n) ArCo* passive house; body-heat house; zero energy house (or building); a building in which a comfortable indoor climate can be achieved in summer and in winter without needing a conventional heating or air conditioning system; the aim is an annual energy requirement of less than 15 kWh per sq m. → Niedrigenergiehaus
Passivseite *n (f)* liabilities side (of the balance sheet)
Patent *n (n)* patent; **abgelaufenes Patent** *n (n)* expired patent; extinct patent; lapsed patent; **internationales Patent** *n (n)* international patent
Patentgebühr *n (f)* royalty
Patronatserklärung *n (f)* letter of comfort; comfort letter
Pauschale *n (f)* lump sum; all-inclusive price; **Pauschalabfindung** *n (f)* lump sum settlement; **Pauschalabschreibung** *n (f)* group depreciation; **Pauschalbetrag** *n (f)* fixed amount; flat amount; lump sum (payment); **Pauschaldeckung** *n (f)* blanket coverage (insur.); broad form; maximum combined single limit (insur.); **Pauschalgebühr** *n (f)* flat rate (fee); **Pauschalleistungen** *n/pl (f)* all-inclusive services; **Pauschalmiete** *n (f)* flat rent; overall rent
Pauschalpreis *n (m)* lump sum price; all-inclusive price; flat price; flat rate (price); **Pauschalpreisvertrag** *n (m)* lump sum contract
Pauschalsteuersatz *n (m)* flat-rate tax; **Pauschaltabelle** *n (f)* flat-rate table; i.e. based on one parameter: e.g. distance or weight; **Pauschalvergabe** *n (f)* overall contract, lump sum contract; **Pauschalversicherung** *n (f)* all-in insurance; all-inclusive insurance; global cover; **Pauschalvertrag** *n (m)* lump sum contract; all-in contract

Pauschalwert *n (m)* flat (rate) value; global value; overall value; **Pauschalwertberichtigung** *n (f)* flat-rate value adjustment; general allowance; lump sum allowance; **Pauschalwertberichtigung von Forderungen** *n (f)* lump-sum valuation reserve for receivables; loan loss provision; general provision for doubtful debts

Pause *n (f)* break; pause, recess

Pausraum *n (m)* printing room

Pavillon *n (m)* pavilion; kiosk

pekuniär *adj* financial; pecuniary

pendeln *v/i* commute (to); shuttle (to); swing (to)

Pendeltür *n (f)* swing door; swinging door (US); double action door; **zweiflügelige Pendeltür** *n (f)* double swing door

Pendler *n (m)* commuter; outlier

Pension *n (f)* **1.** rooming house; boarding house; **2.** old-age pension; pension; retirement pension

Pensionsfonds *n (m)* superfund; pension fund (or trust)

Pensionsfreibetrag *n (m)* tax-free amount of a pension

Pensionsgeschäft *n (n)* repurchase agreement

Pensionsgutachten *n (n)* pension appraisal

Pensionskasse *n (f)* pension fund

Pensionsplan *n (m)* pension plan; **leistungsorientierte Pensionspläne** *n/pl (m)* defined benefit plans (pension plans: IAS 19)

Pergola *n (f)* pergola; bower; arbo(u)r

Periode *n (f)* period; cycle; **Periodenabrechnung** *n (f) Fin* accrual basis accounting (IAS 1.25); **Periodenergebnis** *n (n)* net profit or loss for the period; net profit or loss from ordinary activities; **Periodengewinn** *n (m)* net profit; accounting income; **Periodenverlust** *n (m)* net loss

periodenfremd *adj* relating to other periods

periodengerecht *adj* on an accrual basis

periodisch wiederkehrend *adj* (periodically) recurring

Periurbanisierung *n (f) Plan* urban sprawl, periurbanization

Person *n (f)* person; **juristische Person** *n (f)* artificial person; body corporate; juridical person; legal entity; legal person(ality); **als juristische Person eintragen (lassen)** *v/t* incorporate (to) **nahestehende Person** *n (f)* person close (to so.); related party; **natürliche Person** *n (f)* natural person; individual; physical person

Personal *n (n)* personnel; staff; **Personalaufwand** *n (m)* staff costs; **Personaldienstbarkeit** *n (f) Law (esp. CH)* easement affecting a parcel of land in favour of a particular person (rather than another parcel) → Grunddienstbarkeit; **Personalkörperschaft** *n (f)* public law corporation; **Personalkosten** *n/pl* labour costs; staff costs; **Personalkredit** *n (m)* personal loan; **Personalwohnheim** *n (n)* staff (residential) accommodation; (hospital) nurses' home

Personenangaben *n/pl (f)* personal details

Personengesellschaft *n (f)* business partnership; partnership

Personengruppe *n (f)* group of people; group of persons

Personennahverkehr *n (m)* → öffentlicher Personennahverkehr (ÖPNV)

Personenstandsstatistik *n (f)* vital statistics; registration statistics; births, deaths & marriages etc.

Personenvereinigung *n (f)* association of individuals; body of persons

Personenzusammenschluss *n (m)* body of persons

persönliche Habe *n (f)* personal belongings (or possessions); chattels personal

persönlich haftbar *adj* personally liable

Perspektive *n (f)* perspective; prospects; outlook; **wirtschaftliche Perspektive** *n (f)* economic outlook

Petition *n (f)* petition

Pfad *n (m)* path; pathway; alley; trail; lane

Pfahl *n (m)* stake; post; peg; pile; **Pfahlbau** *n (m)* pile dwelling; lake dwelling; building on stilts; **Pfahlfuß** *n (m)* pile foot; pile toe; **Pfahlgründung** *n (f)* pile foundation; pile group; piling; **Pfahlkopf** *n (m)* pile cap; **Pfahlwand** *n (f)* piled curtain wall

Pfand *n (n)* security; pledge; deposit; pawn; collateral

pfändbar *adj* distrainable; attachable

Pfandbesteller *n (f)* pledgor

Pfandbrief *n (m)* debenture; mortgage-backed bond

pfänden *v/t* distrain upon (to); seize (to)

Pfandentlassung *n (f)* discharge of a mortgage

Pfandgeber *n (m)* pledger; pawner; pledgor
Pfandgläubiger *n (m)* pledgee; mortgagee; lienor; holder of a lien
Pfandhaus *n (n)* pawnbroker's; pawnshop
Pfandinhaber *n (m)* pawnee; pledgee
Pfandleihe *n (f)* pawnbroking; pawnshop; pawn (or loan) office
Pfandnehmer *n (m)* pledgee; pawnee; pledge taker
Pfandrecht *n (n)* lien; **Pfandrecht an beweglichen Sachen** *n (n)* chattel mortgage; **Pfandrecht an einer bestimmten Sache** *n (n)* particular lien; special lien; **Pfandrecht an Grundstücken** *n (n)* mortgage; loan against property; **Pfandrecht des Vermieters/Verpachters** *n (n)* landlord's lien; landlord's warrant
allgemeines Pfandrecht *n (n)* general lien; **gesetzliches Pfandrecht** *n (n) Law* statutory lien; **nachrangiges Pfandrecht** *n (n)* junior lien; second-ranking pledge (or lien)
Pfandsache *n (f)* pledge; pawned object
Pfandschuldner *n (m)* pledgor; pledger; mortgagor; lienee
Pfändung *n (f)* attachment; seizure; garnishment; distress; distraint; (levy of) execution; **Pfändungsbefehl** *n (m)* warrant of distress; writ of attachment; **Pfändungsschuldner** *n (m)* judgement debtor; **Pfändungs- und Überweisungsbeschluss** *n (m)* garnishee order; third-party order; **Pfändungsverfügung** *n (f)* writ of attachment; distress warrant; writ of garnishment
Pfannenziegel *n (m)* (clay) pantile
Pfarrhaus *n (n)* parsonage; rectory; vicarage; manse
Pfeifengrundstück *n (n)* flag lot (US); site behind another property with access via a driveway; → Hinterliegergrundstück
Pfeiler *n (m)* pillar; pier; **Pfeilergründung** *n (f)* pile foundation
Pfette *n (f)* binding rafter; purlin
Pflanze *n (f)* plant
Pflanzgebot *n (n)* order to plant; planting order; requirement to carry out planting on a site
Pflaster *n (n)* paving; pavement; road surface; **Pflasterbelag** *n (m)* pavement; paving; (road) surface; **Pflasterstein** *n (m)* paving stone; cobblestone; pavior; sett
pflastern *v/t* surface (to); pave (to)

Pflegeaufwand *n (m)* nursing expense on care; maintenance expenses (e.g. of a garden)
Pflegefall *n (m)* person needing nursing care; nursing case
Pflegeheim *n (n)* nursing home
pflegen *v/t* look after (to); maintain (to); nurse (to)
Pflegestufe *n (f)* care level; assessment of the amount and degree required by a patient
Pflicht *n (f)* duty; compulsory activity; **Pflichteintragung** *n (f)* compulsory entry; compulsory listing; **Pflichtenheft** *n (n)* specification; functional specification(s)
pflichtgemäß *adj* dutiful; obligatory; in duty bound
Pflichtteil *n (m)* legal portion; legal portion of an inheritance; statutory share (US); **Pflichtteilsanspruch** *n (m)* claim of disinherited heir to his legal portion of the inheritance
Pförtner *n (m)* gatekeeper; concierge; doorman; janitor; porter; **Pförtnerdienst** *n (m)* concierge service; janitorial service; **Pförtnerhaus** *n (n)* (porter's) lodge; gate keeper's office; **Pförtnerservice** *n (m)* concierge service(s)
Pfosten *n (m)* post; pole; pile; stanchion; stud; pillar; jamb; stake; **Pfostenfundament** *n (n)* post foundation; **Pfostenriegelfassade** *n (f) ArCo* curtain wall; *Syn.: Vorhangfassade*; **Pfosten-Riegel-Konstruktion** *n (f)* post and rail construction; **Pfosten- und Balkenumrahmung** *n (f)* post and beam framing
Pfründe *n/pl* → kirchliche Pfründe
Pfusch am Bau *n (m) ArCo* jerry-building (ugs.); inferior workmanship and/or materials in construction
Photovoltaik *n (f)* photovoltaics
photovoltaisch *adj* photovoltaic
physisch *adj* physical; corporeal
Pickel *n (m) ArCo* pick(-axe); pickax (US)
Pilzbefall *n (m)* fungal decay (timber); **Pilzdach** *n (n)* mushroom roof; **Pilzdecke** *n (f)* mushroom slab
Pi-mal-Daumen-Berechnung *n (f)* rule-of-thumb calculation; rough estimate
Pinie *n (f)* (stone-)pine
Pinsel *n (m)* (paint)brush
Pionierabschlag *n (m)* pioneering allowance; pioneering discount

P

Pissoir *n (n)* urinal; **Pissoirbecken** *n (n)* urinal bowl

Plädoyer *n (n)* pleading(s); address by counsel; parol

Plakatwand *n (f)* billboard (US); (advertising) hoarding; **Plakatwerbung** *n (f)* billboard advertising (US); poster advertising

Plan *n (m)* plan; map; scheme; schedule; concept; proposition; plot; layout; design; blueprint; drawing; project

Planaufstellung *n (f) Plan* planning procedure; plan preparation; **Planaufstellungsverfahren** *n (n) Plan* → Aufstellungsverfahren

Planebenheit *n (f)* accuracy of level; evenness; planned level

planen *v/t* plan (to); arrange (to); project (to); propose (to); schedule (to); design (to); budget (to); intend (to)

Planentwurf *n (m)* draft plan

Planer *n (m)* planner; policy maker; diary

Planfeststellung(sbeschluss) *n (f)* official approval of a plan; **Planfeststellungsverfahren** *n (n)* procedure for approving a plan (e.g. a → Bebauungsplan)

Planierarbeit(en) *n/pl (f)* levelling; grading

planieren *v/t* flatten (to); bulldoze (to); level (off) (to)

Planierraupe *n (f)* bulldozer; earthmover; crawler dozer; crawler tractor; crawler

Planimeter *n (n)* planimeter

Plankostenrechnung *n (f)* standard (product) costing; standard cost accounting

Planreife *n (f)* development plan likely to be adopted in present form

Plansicherung *n (f)* protection of planning aims

Planung *n (f)* planning; design; timing; scheduling; strategy; planning stage; **formelle Planung** *n (f)* formal planning; **informelle Planung** *n (f)* informal planning; **kurzfristige Planung** *n (f)* short-term planning; **langfristige Planung** *n (f)* long-range planning; long-term planning; long-term strategy

Planungsabteilung *n (f)* planning department; **Planungsabweichung** *n (f)* planning variance; variation from plan; **Planungsatlas** *n (m)* planning atlas

planungsbedingt *adj* subject to planning (consent); conditional on planning

Planungsbehörde *n (f)* planning authority; **Planungsebenen** *n/pl (f)* levels of planning control; hierarchy of development plans; **Planungsfaktor** *n (m)* planning factor; design factor; **Planungsfehler** *n (m)* design error; mistake in the construction plans; design defect; faulty design; **Planungsgemeinschaft** *n (f)* joint planning board; joint planning authority; **Planungsgewinn** *n (m)* planning benefit; planning gain; increase in value due to planning effects; **Planungshoheit** *n (f)* planning competence; planning jurisdiction; **Planungshorizont** *n (m)* planning horizon; projection period; **Planungsperiode** *n (f)* planning horizon; projection period; **Planungsprozess** *n (m)* planning process; **Planungsraum** *n (m)* planning area; planning region; **Planungsrecht** *n (n)* planning law; **Planungsrevision** *n (f) Plan (CH)* change (or revision) of development plan; **Planungsrisiko** *n (n)* planning risk; **Planungsschaden** *n (m)* planning blight; planning damage; **Planungsstufe** *n (f)* planning stage; **Planungsträger** *n (m)* planning authority; planning agency; **Planungsverband** *n (m)* joint planning group; planning association; **Planungsvorteil** *n (m)* planning benefit; planning gain; increase in value; **Planungswertausgleich** *n (m)* betterment levy; taxation of increases in value due to planning effects; **Planunterlage** *n (f)* base plan; base map (on which information, e.g. planning, is overlaid); **Planverwirklichungsgebot** *n (n)* (strategic) plan implementation order

Planzeichen *n (n)* key symbols (on a plan); plan notations; **Planzeichenverordnung (PlanzeichenVO, PlanzV)** *n (f) Law* German regulations for the drafting of (development) plans

Plastikbeläge *n/pl (m)* plastic (floor) finishes; **Plastikhaut** *n (f)* plastic membrane; **Plastikrohr** *n (n)* plastic pipe; **Plastikschweißen** *n (n)* plastic welding

Platte *n (f)* slab; plate; sheet; tile; → Plattenbau; **Plattenbalken** *n (m)* T-beam; tie beam; tee-beam; **Plattenbalkendecke** *n (f)* slab-and-beam ceiling; coffered ceiling; **Plattenbau** *n (f)* (precast concrete) slab building, typically high-rise apartment blocks in the former GDR; **Plattenbauweise** *n (f)* (precast concrete) slab construction method; typical for e.g.

apartment blocks in the former GDR; **Plattenbelag** *n (m)* paving; tiling; pavement; flagging; **Plattendämmung** *n (f)* board insulation; **Plattenfundament** *n (n)* foundation raft; slab footing; slab foundation; **Plattengründung** *n (f)* slab foundation; raft foundation; **Platten(trenn)-wand** *n (f)* slab partition; slab wall

Plattformwaage *n (f)* weighbridge; weighing platform

Platz *n (m)* space; room; clearance; place; plaza; spot; position; slot; (city) square; course; court; seat; **öffentlicher Platz** *n (m)* (public) square; plaza (US); public place

Platzierung *n (f)* placement; placing; **Platzierungsgebühr** *n (f)* placement fee

Plausibilitätskontrolle *n (f)* plausibility check; validity check

Plombe *n (f)* (lead) seal; **elektronische Plombe** *n (f)* electronic seal; **elektronische Plombenüberwachung** *(f)* electronic seal monitoring

Podest *n (n)* platform; podium; pedestal; (half) landing; **Podestplatte** *n (f)* landing slab; **Podeststufe** *n (f)* landing step (US)

Polier *n (m)* (site) foreman

Polster *n (n)* cushion; upholstery; (fig.) reserves

Polyäthylenfolie *n (f)* polythene sheet

Polyesterfarbe *n (f)* polyester paint; **Polyesterplatte** *n (f)* polyester board

Porenbeton *n (m)* aerated concrete; cellular concrete; gas concrete; porous concrete

porig *adj* porous

porös *adj* porous; cavernous

Portal *n (n)* (main) entrance; portal; **Portalrahmen** *n (m)* portal frame

Portefeuille *n (n)* → portfolio

Portfolio *n (n)* portfolio; **gemischtes Portfolio** *n (n)* multi-asset portfolio; mixed portfolio

Umschichtung des Portfolios *n (f)* portfolio shift; portfolio regrouping

Portfolio-Analyse *n (f)* portfolio analysis; **Portfolio-Bewertung** *n (f)* mass valuation; portfolio valuation; **Portfolio-Investition** *n (f)* portfolio investment; **Portfolio-Management** *n (n)* portfolio management; **Portfolio-Matrix** *n (f)* portfolio matrix; **Portfolio-Methode** *n (f)* portfolio method; **Portfoliostrukturierung** *n (f)* asset allocation; **Portfolio-Umschichtung** *n (f)* investment shift; portfolio switching; **Portfoliozusammensetzung** *n (f)* portfolio composition; portfolio mix

Portier *n (m)* doorman; porter; janitor

Portikus *n (m)* portal

Portlandzement *n (m)* portland cement; **schnell härtender Portlandzement** *n (m)* quick setting portland cement; rapid hardening portland cement

Porto *n (n)* postage

Porzellan *n (n)* porcelain; **glasierte Porzellanfliese** *n (f)* glazed porcelain tile; glazed tile

Position *n (f)* position; standing; status; standpoint; view (opinion)

positionieren *v/t* position (to); place (to)

Postamt *n (n)* post office

Postbankguthaben *n (n)* balance on post office bank account; **Postbankkonto** *n (n)* postoffice bank account

Posten *n (m)* item; **offener Posten** *n (m)* open item; unpaid item; *Syn.: ausstehende Zahlung*; **antizipative Posten** *n/pl (m)* prepayments; **außerordentliche Posten** *n/pl (m)* extraordinary items; **monetäre Posten** *n/pl (m)* monetary items; **nicht monetäre Posten** *n/pl (m)* non-monetary items; **sonstige Posten** *n/pl (m)* other items

Postgesetz (PostG) *n (n) Law* German postal act

Postleitzahlengebiete *n/pl (n)* post(al) code areas

Potenzial *n (n)* potential; capability; **kurzfristige Potenziale** *n/pl (n)* short-term potentials; potential for short-term profits (or gains)

Potenzialanalyse *n (f)* potential analysis; **Potenzialberechnung** *n (f)* calculation of potential; **Potenzialbeurteilung** *n (f)* assessment of potential; capability assessment

Präambel *n (f)* preamble

Prachtstraße *n (f)* boulevard; avenue

prägen *v/t* characterise (to); characterize (to); mark (to); stamp (to); coin (to); influence (to)

prägnant *adj* concise; pithy

praktikabel *adj* practicable; feasible; **nicht praktikabel** *adj* impracticable; not feasible

Praktikermethode *n (f)* (lit.) practitioner's method; method of averaging two (or more) values; rule of thumb

praktisch *adj* convenient; practical; handy; applied; *adv* virtually; practically; to all intents and purposes
Prallwand *n (f)* baffle; baffle board; impact wall; deflector (plate); canopy; ricochet wall
Prämie *n (f)* award; prize; premium; bonus; option money; extra pay; **Prämie für vorzeitige Fertigstellung** *n (f)* bonus for early completion
Prämisse *n (f)* premise
Praxis *n (f)* practice; usage; experience
Präzedenzfall *n (m)* precedent; test case; **Präzedenzrecht** *n (n)* case law
Preis *n (m)* price; cost; charge; prize; reward; **Preis für Immobilien** *n (m)* property price; purchase price of property; sale price of property; **Preis pro Einheit** *n (m)* price per unit
angehobener Preis *n (m)* higher price; **angemessener Preis** *n (m)* reasonable price; **annehmbarer Preis** *n (m)* reasonable price; acceptable price; **äußerster Preis** *n (m)* ceiling price; bottom price; knockdown price; lowest price; rock-bottom price; **durchschnittlicher Preis** *n (m)* average price; **empfohlener Preis** *(m)* recommended price; suggested price; **fallende Preise** *n/pl (m)* prices going down; falling prices; **höchster Preis** *n (m)* ceiling price; maximum price; **künftige Preise und Erlöse** *n/pl (m)* future costs and revenues (or receipts); **niedrigster Preis** *n (m)* lowest price; **nominaler Preis** *n (m)* nominal price; **regelmäßiger Preis** *n (m)* normal price; regular price (US); **relativer Preis** *n (m)* relative price; **scharf kalkulierter Preis** *n (m)* closed price; **schwankende Preise** *n/pl (m)* unsteady prices; floating prices; **überhöhter Preis** *n (m)* excessive price; exorbitant price; excessive charge; **ungefährer Preis** *n (m)* approximate price; ballpark figure (or price) (US); **unterster Preis** *n (m)* bottom price
Preis angeben *v/t* quote (a price) (to); **Preis bieten** *v/t* quote (a price) (to); offer at (a price) (to); **Preise drücken** *v/t* cut prices (to); shave prices (to)
Preisabsprache *n (f)* price agreement; price fixing; price rigging
Preisabweichung *n (f)* *Fin* price variance
Preisänderung *n (f)* change in price(s); **prozentuale Preisänderung** *n (f)* percentage change in price
Preisänderungsklausel *n (f)* indexation clause; price amendment clause
Preisangebot *n (n)* quotation; tender; **ein Preisangebot machen** *v/t* quote (to)
Preisanordnung *n (f)* range of prices; rough estimate of price
Preisbildung *n (f)* pricing; price formation
Preis-Einkommens-Verhältnis *n (m)* price-to-earnings ratio
Preisentwicklung *n (f)* price development; price trend; trend of prices
Preiserhöhung *n (f)* markup; price increase
Preiserwartung *n (f)* asking price; price expectation
Preisfestsetzung *n (f)* pricing; price fixing; price making; pricing
Preisfeststellung *n (f)* price fixing
Preisforderung *n (f)* asking price; price demanded; **ursprüngliche Preisforderung** *n (f)* asking price
preisfrei *adj* free of charge; esp. bank accounts etc.
preisgebunden *adj* price-controlled; fixed price; price-maintained
Preisgestaltung *n (f)* pricing
Preisgleitklausel *n (f)* price escalator clause (US); index linked price clause; inflation proofing clause
preisgünstig *adj* low priced; good value for money
Preisindex *n (m)* price index; **allgemeiner Preisindex** *n (m)* general price level index
Preisindexierung *n (f)* price indexing; indexation
Preiskontrolle *n (f)* price control
Preis-Kosten-Schere *n (f)* (cost-)price squeeze, price-cost gap
Preislage *n (f)* price range
Preis-Leistungs-Verhältnis *n (n)* cost/performance ratio; value for money
Preislenkung *n (f)* regulation of prices
Preisliste *n (f)* price list; price schedule; scale of charges; statement of prices
Preismechanismus *n (m)* price mechanism
Preisnachlass *n (m)* rebate; discount; allowance; rake-off; **zusätzlicher Preisnachlass** *n (m)* replacement allowance
Preisnachlass gewähren *v/t* grant a price reduction (to); knock sth. off a price (to)
Preisniveau *n (n)* level of prices; price level
Preisobergrenze *n (f)* price limit; ceiling price; price capping level
Preispolitik *n (f)* price policy; pricing policy

Preisprüfung *n (f)* price check
Preisrisiko *n (n)* price risk
Preisrückgang *n (m)* price decrease; reduction in price(s); drop in price(s); decline in prices
Preisrücknahme *n (f)* price decrease; reduction in price(s); drop in price(s); decline in prices
Preisschätzung *n (f)* price estimation; rate estimation
Preisschleuderei *n (f)* (Schleuderverkauf) dumping; underselling, slashing prices, price slashing; (reckless) price cutting
Preisschwankungen *n/pl (f)* fluctuation in prices; price fluctuations
Preissenkung *n (f)* markdown; price cut; price markdown; price reduction; reduction in price
Preisspanne *n (f)* range of prices; price bracket; price margin
Preisstabilität *n (f)* price stability; stability of prices; stable prices
Preissteigerung *n (f)* markup; price rise; price increase; rise in price; **Preissteigerungsfaktor** *n (m)* price-increase factor; **Preissteigerungsrate** *n (f)* rate of price increases
Preisstellung *n (f)* quotation; pricing
Preisstopp *n (m)* price freeze; price stop
Preisstruktur *n (f)* price structure; pricing structure
Preisstudie *n (f)* pricing study
Preissturz *n (m)* plunge in prices; (sharp) drop-in prices; sharp fall in prices; slump in prices
Preisuntergrenze *n (f)* bottom price; price floor
Preisvergleich *n (m)* comparison of prices; price comparison; **interkommunaler Preisvergleich** *n (m)* inter-municipality price comparison
Preisvergleichsmethode *n (f)* comparable uncontrolled price method
Preisverzeichnis *n (n)* schedule of prices; tariff; schedule of rates
Preisvorstellung *n (f)* price expectation; asking price
preiswert *adj* good value
Prellbalken *n (m)* fender beam; **Prellpfahl** *n (m)* fender pile
Pressfuge *n (f)* press(ed) joint
Presskork *n (m)* agglomerated (composition) cork; compressed cork
Presslufthammer *n (m)* pneumatic hammer
prestigeträchtig *adj* prestigious; prestige
Preußische Kappendecke *n (f) ArCo* lit. Prussian vaulted ceiling → Schienengewölbe
Primärdaten *n/pl (n)* primary data
Primärenergieinhalt *n (m)* embodied energy; primary energy content; (of building or insulation materials)
Primärhändler *n (m)* market maker
Primärmarkt *n (m)* primary market; **Primärmarkt für Hypothekendarlehen** *n (m)* primary mortgage market
Prinzipal *n (m)* principal
Priorität *n (f)* priority; **Prioritätsprinzip** *n (n)* principle of priority
Privatanschrift *n (f)* home address
Privatbesitz *n (m)* private property
private Belange *n/pl (m)* private interests
Privateigentum *n (n)* private property; private ownership
Privathaftpflicht *n (f)* private liability; **Privathaftpflichtversicherung** *n (f)* personal liability insurance
Privathaus *n (n)* private house
Privatisierung *n (f)* privatisation; **Privatisierung von Wohnungen** *n (f)* privatisation of residential property
formelle Privatisierung *n (f)* formal privatization; *Syn.: Organisationsprivatisierung*
Privatkapital *n (n)* private capital; private investment
Privatplatzierung *n (f)* private placement
Privatrecht *n (n)* civil law; private law; **internationales Privatrecht** *n (n)* international civil law
Privatschuld *n (f)* private debt
Privatsphäre *n (f)* privacy
Privatunternehmen *n (n)* private company
Privatwirtschaft *n (f)* private enterprise; private industry; private sector
Privatwohnung *n (f)* private apartment; residential flat
Proband *n (m)* probationer
Probe *n (f)* sample; **Probenahme** *n (f)* sampling; **Probewürfel** *n (m)* test cube (e.g. concrete)
Problem *n (n)* problem; trouble; issue; **Problemgebiet** *n (n)* problem area; problem territory; **Problemimmobilie** *n (f)* distressed property; **Problemkredit** *n (m)* non-performing loan; problem lending
Produktanalyse *n (f)* product analysis

Produktion *n (f)* manufacturing; production; **industrielle Produktion** *n (f)* industrial output; industrial production
Produktionsanlage *n (f)* production plant; process plant; **Produktionsanlagen** *n/pl (f)* production facilities; manufacturing facilities
Produktionsfaktor *n (m)* factor; factor of production; **abgeleiteter Produktionsfaktor** *n (m)* derived factor of production
Produktionsfläche *n (f)* production area; production space
Produktionsgebäude *n (n)* production building
Produktionsgemeinkosten *n/pl* production overheads; **fixe Produktionsgemeinkosten** *n/pl* fixed production overheads; **variable Produktionsgemeinkosten** *n/pl* variable production overheads
Produktionshalle *n (f)* production building; factory building; production hall
Produktionskosten *n/pl* production costs
Produktionsmangel *n (m)* output shortage; insufficiency of production
Produktionsstätte *n (f)* factory; production plant
Produktionswerk *n (n)* production plant; process plant
Produktivitätsüberschuss *n (m)* excess productivity
Produzentenrente *n (f) Econ* producer('s) surplus; the difference between the actual price of a product and the amount that producers are willing to sell at
Profil *n (n)* profile; section
Profillehre *n (f)* gauge; template
Profit *n (m)* profit
profitieren *v/i* profit (to); gain (to)
Proforma-Erklärung *n (f)* pro-forma statement (or explanation)
Prognose *n (f)* forecast; prediction; prognosis; **zuverlässige Prognose** *n (f)* reliable forecast
volkswirtschaftliche Prognosedaten *n/pl (n) Econ* economic forecast (data)
Prognosezeitraum *n (m)* projection period; forecasting horizon
Programm *n (n)* program(me); scheme; schedule; agenda
lineare Programmierung *n (f)* linear programming
Progression *n (f)* progression; progressively increasing scale of rates; **Progressionsvorbehalt** *n (m)* retention of progression; clause in double-taxation treaties under which income is still taken into account for progressive tax rate purposes
Projekt *n (n)* project; undertaking; **schlüsselfertiges Projekt** *n (n)* turnkey project
Projektänderung *n (f)* alteration (or variation) in planned project
Projektant *n (m)* designer; planner
Projektbeschreibung *n (f)* project description
Projektbewertung *n (f)* project appraisal; project evaluation
Projektentwickler *n (m)* real estate developer; (project) developer; promoter
Projektentwicklung *n (f)* development; **antizyklische Projektentwicklung** *n (f)* counter cyclical development (projects); **spekulative Projektentwicklung** *n (f)* speculative development
Projektentwicklungsfinanzierung *n (f)* (project) development financing; **Projektentwicklungsgesellschaft** *n (f)* (project) development company; **Projektentwicklungsgewinn** *n (m)* development profit; profit on the development of a project; **Projektentwicklungsrechnung** *n (f)* project development calculation(s); **Projektentwicklungsstufen** *n/pl (f)* stages of development (of a project)
Projektfinanzierung *n (f)* project finance; project financing; funding of projects
Projektgruppe *n (f)* project team; task force
Projektierung *n (f)* development; project planning
Projektkosten *n/pl* project costs
Projektleiter *n (m)* project manager
Projektleitung *n (f)* project management
Projektmanagement *n (n)* project management
Projektmanager *n (m)* project manager
Projektplanung *n (f)* project planning
Projektsteuerung *n (f)* project monitoring
Projektträger *n (m)* project sponsor; initiator of a project; party responsible for a project
Projektüberwachung *n (f)* project monitoring; project supervision; **Projektüberwachungssystem** *n (n)* project control system
Prokura *n (f)* (power of) procuration; power of attorney; proxy; right of signature (e.g. for a company or organisation)

Prokurist *n (m)* authorised signatory; authorized representative; proxy; holder of a Prokura
Prolongation *n (f)* extension; renewal; prolongation; rollover
Promenade *n (f)* promenade; esplanade; boardwalk (US)
Proportionalitätsfaktor *n (m)* constant (or factor) of proportionality
Proportionalregel *n (f)* (condition of) average clause; pro rata distribution clause; **Proportionalsatz** *n (m)* flat rate
Prospekt *n (m)* brochure; prospectus; leaflet; **Prospektgesetz** *n (n)* → Verkaufs- und Prospektgesetz; **Prospekthaftung** *n (f)* liability for statements made in a prospectus
prospektiv *adv* prospective
Protest *n (m)* protest; (public) outcry; remonstration; remonstrance
Protokoll *n (n)* minutes (of a meeting); log (IT); protocol
Provision *n (f)* commission; brokerage (fee); leasing commission; courtesy (to a broker); **Provision(en) aus Vermietung(s-tätigkeit)** *n/pl (f)* agency fees on letting(s); (US) leasing commission(s); (GB) letting commission (or fees)
Provisionsanspruch *n (m) Mkt* claim to the payment of commission, claim for agent's fee(s); **Provisionsaufwendungen** *n/pl (f)* commission paid; expenditure on (fees and) commission(s); **Provisionserträge** *n/pl (m)* fee and commission income; **Provisionsschneiderei** *n (f)* churning
provisorisch *adj* provisional; temporary; makeshift; tentative
Prozent *n (n)* percentage; per cent
Prozentmiete *n (f)* percentage rent; *Syn.: Umsatzmiete*
Prozentsatz *n (m)* percentage
Prozess *n (m)* process; lawsuit; trial; law proceedings; (legal) action; litigation; **Prozessanwalt** *n (m)* counsel; trial lawyer; barrister; **Prozesskosten** *n/pl* legal costs; **Prozessvollmacht** *n (f)* power of attorney
prozesshindernde Einrede *n (f)* complete defence; absolute bar; defence (in) bar
Prüfbericht *n (m)* test report; inspection report
Prüfbescheinigung *n (f)* test certificate; inspection document; verification certificate

p

prüfen *v/t* examine (to); scrutinize (to); inspect (to); try out (to); check (to); survey (to); test (to); review (to)
Prüfer *n (m)* examiner; inspector; surveyor; tester
Prüfkosten *n/pl* testing costs; appraisal costs
Prüfprotokoll *n (n)* inspection sheet; inspection record
Prüfstatik *n (f) ArCo* structural analysis; *Syn.: Baustatik*
Prüfung *n (f)* examination; verification; investigation; scrutiny; enquiry; analysis; check; checking; inspection; survey; **behördliche Prüfung** *n (f)* official inquiry; **genaue Prüfung** *n (f)* scrutiny; close examination; close inspection; **sorgfältige Prüfung** *n (f)* careful examination; (colloq.) close going-over; due diligence; **statische Prüfung** *n (f)* static test; **wärmeschutztechnische Prüfung** *n (f)* thermal insulation test; **wiederholte Prüfung** *n (f)* reinspection
Prüfungsbeurteilung *n (f)* post-audit review
Prüfungsgrundsatz *n (m)* auditing standard; inspection principle
Prüfungshandlungen *n/pl (f)* auditing procedures
Prüfungshonorar *n (n)* audit fee
Prüfungskosten *n/pl* examination costs; audit fee
Prüfungspflicht *n (f)* audit requirement; inspection requirement
Prüfungsprogramm *n (n)* audit program(me)
Prüfungsstelle *n (f)* audit(ing) agency
Prüfungsstichtag *n (m)* audit date
Prüfungsumfang *n (m)* audit scope; scope of audit
Prüfungsvermerk *n (m)* accountant's (or auditor's) certificate; accountant's comments; audit report; audit opinion; **negativer Prüfungsvermerk** *n (m)* negative audit report; adverse accountant's certificate
Prüfungswesen *n (n)* auditing
Prüfungszeichen (Haken) *n (n)* tick mark
Prüfungszeitraum *n (m)* audit period; period under review; reporting period
Prüfzahl *n (f)* check number
Prüfzeichen *n (n)* quality mark; test mark; test symbol; check digit

Prüfzeugnis *n (n)* test certificate
Public Private Partnership (PPP) *n (f)* public private partnership; *Syn.: öffentlich-private Partnerschaft (ÖPP)*
Public Relations *n/pl* public relations
Publikumskommanditgesellschaft *n (f)* public limited partnership
Publizität *n (f)* publicity; **Publizitätsgesetz (PublG)** *n (n)* company disclosure law
Puffer *n (m)* buffer; cushion; float; **Pufferzone** *n (f)* buffer zone
Pultdach *n (n)* monopitch roof; single pitch roof; lean-to roof
Pumpbeton *n (m)* pumpcrete; pumped concrete
Pumpstation *n (f)* (water) pumping station
Punkt *n (m)* dot; full stop; period (US); point; stop; **strittiger Punkt** *n (m)* point at issue; item in dispute; moot point
Punktlast *n (f)* concentrated load; point load; single load; **Punktschätzung** *n (f)* point estimate; **Punktstrahler** *n (m)* spot light; **Punktwolke** *n (f)* scatter plot; plot of values
punktiert *adj* dotted
PUR-Hartschaum *n (m)* polyurethane rigid foam
Putz *n (m)* plaster(ing); plaster rendering; **unter Putz** in-wall; concealed; flush
Putzarbeiten *n/pl (f)* plaster and stucco work; plaster work; plastering; **Putzbalkon** *n (m)* maintenance balcony; narrow balcony providing access for repairs and e.g. window cleaning; **Putzdecke** *n (f)* plaster ceiling; **Putzfassade** *n (f)* rendered façade; **Putzflügel** *n (m)* opening part (for cleaning purposes) of a casement window; **Putzkelle** *n (f)* plaster trowel; **Putzleiste** *n (f)* corner strip bead; **Putzmörtel** *n (m)* plaster; **Putzraum** *n (m)* cleaner's room; housekeeping room
PVC-Bahn *n (f)* pvc sheet; **PVC-Fliesen** *n/pl (f)* pvc tiles; vinyl tiles; **PVC-Rohr** *n (n)* pvc pipe
PV-Faktor *n (m)* present value factor, PV-factor
Pyramide *n (f)* pyramid

Q

Quaderstein *n (m)* ashlar
Quadrant *n (m)* quadrant
Quadrat *n (n)* square; **Quadratfuß** *n (m)* square foot; foot (feet) super; sq.ft. (0.092903 sq m); **Quadratkilometer** *n (m)* square kilometre; **Quadratmeter** *n (m)* square meter (US); square metre (GB); **Quadratzahl** *n (f)* square number
Qualifikation *n (f)* qualification; **fachliche Qualifikation** *n (f)* professional qualification
Qualifikationskonflikt *n (m) Tax* conflict of qualifications; e.g. between national tax authorities
qualifiziert *adj* qualified; eligible; competent; highly trained
Qualifizierung *n (f)* qualification
Qualität *n (f)* grade; quality; **zugesicherte Qualität** *n (f)* promised quality; warrant of merchantability
Qualitätsanalyse *n (f)* qualitative analysis; analysis of quality
Qualitätsanforderungen *n/pl (f)* demands on quality; quality specifications
Qualitätsfestschreibungszeitpunkt *n (m)* quality fixing date; date at which the quality of a public renovation project is determined
Qualitätskontrolle *n (f)* quality control
Qualitätslenkung *n (f)* quality control
Qualitätsprüfung *n (f)* inspection; quality control
Qualitätssicherung *n (f)* quality assurance; **Qualitätssicherungssystem** *n (n)* quality assurance system; quality (control) system
Qualitätsstufe *n (f)* grade
Qualitätsübersicht *n (f)* review of quality; quality summary; quality survey
Quantil *n (n)* quantile
Quantum *n (n)* quantity; amount; quantum
Quartalsbericht *n (m)* quarterly report; quarterly statement; (quarterly) call report
quartalsweise *adj* quarterly
Quartier *n (n)* accommodation; lodging; quarters; → Stadtquartier
Quartiersmanagement *n (n) Plan* lit. management of (an urban) quarter; integrated approach to economic development, social empowerment and urban renewal
Quartz *n (n)* quartz
Quelle *n (f)* source; spring (i.e. water); **Quellenprinzip** *n (n)* source principle (prevention of environmental damage); **Quellenschutzgebiet (Mineral-/Thermalquellen)** *n (n)* spring water protection zone; **Quellenstaat** *n (m)* country of source; state of source; **Quellensteuer** *n (f)* withholding tax
Querbalken *n (m)* crossbeam; joist
Querband *n (n)* cross belt; cross band
Querholz *n (n)* crossbar; cross-piece
Querkraft *n (f)* shear(ing) force; transverse force; radial force
Querneigung *n (f)* banking; camber; cross fall; transverse slope; transverse gradient; lateral inclination
Querriegel *n (m)* collar beam; tie beam; crossbar
Querschnitt *n (m)* cross section; cross sectional area; profile; transverse section; width
Quersparren *n (m)* cross rafter
Querstab *n (m)* cross-staff; cross rod
Querstange *n (f)* crossbar
Querstrebe *n (f)* cross brace; cross member; cross stud
Querwand *n (f)* crosswall; transverse wall
Quittung *n (f)* receipt; acquittance; **löschungsfähige Quittung** *n (f)* deed of release; cancellation receipt
Quorum *n (n)* quorum
Quoten *n/pl (f)* quotas; **Quotenkonsolidierung** *n (f)* proportionate consolidation
Quotient *n (m)* quotient

q

R

Rabatt *n (m)* reduction; discount; allowance; **Rabattsatz** *n (m)* discount rate
Rabitzwand *n (f)* wire plaster wall; rabitz wall
Radialziegel *n (m)* compass brick; arch brick
Radlast *n (f)* wheel load; wheel pressure
Radon *n (n)* radon
Radweg *n (m)* bikeway; bicycle track
Rahmen *n (m)* frame; framework; edge; border; **unverschieblicher Rahmen** *n (m)* nonsway frame; **versteifter Rahmen** *n (m)* braced frame; trussed frame
Rahmenbedingungen *n/pl (f)* general conditions; basic conditions; underlying
Rahmenberechnung *n (f)* frame analysis; frame calculation(s)
Rahmenholz *n (n)* timber rail; framing timber
Rahmenkarte *n (f)* skeleton map; frame(work) map
Rahmenkonzept *n (n)* concept; framework
Rahmenoberteil *n (n)* top rail
Rahmenpfosten *n (m)* frame stile
Rahmenplan *n (m)* (outline) plan; framework plan
Rahmenplanung *n (f)* overall planning; strategic planning; **wasserwirtschaftliche Rahmenplanung** *n (f)* strategic planning of water resources; water resource framework planning
Rahmenstatik *n (f)* frame analysis
Rahmentragwerk *n (n)* structural frame; frame structure
Rahmentür *n (f)* framed door
Rahmenwerk *n (n)* framing; framework
Raiffeisenbank *n (f)* rural credit cooperative
Rammarbeiten *n/pl (f)* pile driving
Rampe *n (f)* ramp; (loading) platform
Rand *n (m)* border; edge; side; rim; margin; **Randbalken** *n (m)* spandrel beam; **Randbebauung** *n (f)* frontage development; linear development; ribbon development; **Randbemerkung** *n (f)* marginal note; **Randfliese** *n (f)* border tile: **Randlage** *n (f)* outskirts; peripheral location; **Randsortimente** *n/pl (n)* peripheral ranges; goods outside the normal range of a retailer; **Randziegel** *n (m)* margin tile; edge tile; **Randzone** *n (f)* peripheral area; boundary zone
Rang *n (m)* rank; rating; priority; grade
rangbereit *adv Law* according to priority (e.g. of mortages)
Rangfolge *n (f)* order of priority (or precedence); ranking; **Rangfolge von Hypotheken** *n (f)* priority of mortgages
Rangierbahnhof *n (m)* (railway) marshalling yard (GB); switching yard (US)
Rangreihenanalyse *n (f) econ.* ranking analysis
Rangrücktritt *n (m)* waiver of priority; subordination; **Rangrücktrittserklärung** *n (f)* letter of subordination; **Rangrücktrittsvereinbarung** *n (f)* subordination agreement
Rangstelle *n (f)* rank
Rasen *n (m)* green; lawn; **Rasengitterstein** *n (m)* grass paver; **Rasensprenger** *n (m)* (lawn) sprinkler; **Rasenstein** *n (m)* grass paver
Rasiersteckdose *n (f)* shaver socket
Raster *n (n)* grid; grate; grid pattern; pattern; rasterline; **Rasterleuchte** *n (f)* grid light (fitting); e.g. to reduce reflection in computer screens; **Rasterlinie** *n (f)* grid line; **Rastermaß** *n (n)* grid size; **Rasterpunkt** *n (m)* dot; matrix dot; modular point; **Rastersystem** *n (n)* bay system; grid system
Rate *n (f)* instalment; part payment; progress payment; rate
Ratenhypothek *n (f)* instal(l)ment mortgage; repayment mortgage (GB)
Ratenkauf *n (m)* hire-purchase; instal(l)ment purchase; **Ratenkaufvertrag** *n (m)* hire purchase (or instal(l)ment purchase) contract
Ratenkredit *n (m)* instal(l)ment credit
Ratenzahlung *n (f)* part payment; instal(l)ment; payment by instal(l)ments; deferred payment; **Ratenzahlungsvertrag** *n (m)* (instal(l)ment) credit sale agreement; deferred payment agreement
Rathaus *n (n)* town hall; city hall
Ratifizierung *n (f)* ratification
Rating *n (n)* (credit) rating; **Ratingagentur** *n (f)* (credit) rating agency

Rationalisierungsinvestition *n (f)* investment made to increase efficiency; rationalization investment; investment in plant modernization

Ratschlag *n (m)* (piece of) advice; (word of) advice; tip

Ratsmitglied *n (n)* councillor; councilor (US)

Rauchabzug *n (m)* flue; chimney; smoke funnel; smoke outlet

Rauchdetektor *n (m)* smoke detector

Rauchfang *n (m)* chimney hood; flue

Rauchgas *n (n)* flue gas; fumes; **Rauchgasentschwefelung** *n (f)* flue gas desulfurization (US); flue gas desulphurisation (GB); **Rauchgasreinigung** *n (f)* flue gas cleaning; flue-gas scrubbing; **Rauchgasreinigungsverfahren** *n (n)* flue gas cleaning system

rauchgasdicht *adj* flue-gas-tight

Rauchmelder *n (m)* smoke alarm; smoke detector

Rauchöffnung *n (f)* smoke outlet

Rauchrohr *n (n)* flue tube; smoke pipe; boiler tube

Rauchtest *n (m)* smoke test

Rauhfasertapete *n (f)* woodchip wallpaper

Raum *n (m)* space; room; area; volume; region; zone; **freier Raum** *n (m)* free space; open space; **gefangener Raum** *n (m)* a room (esp. residential) that can only be accessed through another (habitable) room; **ländlicher Raum** *n (m)* rural area; rural district; **leerer Raum** *n (m)* empty space; void; vacancy; **überflüssiger Raum** *n (m)* excess space; spare space; wasted space; **umbauter Raum (UBR)** *n (m)* building volume; cubic content of a building; enclosed volume; cubage; enclosed space; (in Kubikyards) yardage; cubic yardage; **ummauerter Raum** *n (m)* walled enclosure

Raumarbitrage *n (f)* arbitrage in space; i.e. difference- and equalisation arbitrage

Raumaufteilung *n (f)* room layout; floor plan; space allocation

Raumbedarf *n (m)* accommodation requirement; accommodation required; space requirements

Raumbuch *n (n)* *ArCo* a detailed schedule, often IT based, for a proposed building in which specifications of every room, including measurements, building materials, fixtures etc. are described

Raumcharter *n (m)* slot charter; tonnage affreightment

Raumdecke *n (f)* ceiling

Raumeinheit *n (f)* spatial unit; unit of volume

räumen *v/t* clear away (to); remove (to); vacate (to); surrender a lease; move out of (to); vacate rented property (to)

Raumfachwerk *n (n)* space truss; space frame; *Syn.: räumliches Fachwerk*; **Raumfachwerkträger** *n (m)* spatial lattice girder

Raumforschung (und Landesplanung) *Plan* spatial research (and planning) (academic subject area)

Raumfuge *n (f)* expansion joint; running joint

Raumgestalter *n (m)* interior designer

Raumgestaltung *n (f)* interior decoration; interior design

Raumheizungsanlage *n (f)* room heating installation; space heating installation

raumhoch *adj* floor-to-ceiling

Raumhöhe *n (f)* floor-to-ceiling height; headroom

Rauminhalt *n (m)* capacity; cubage; cubature; cubic(al) content(s); volume

Raumkoordinaten *n/pl (f)* spatial coordinates

Raumkosten *n/pl* occupancy costs; occupation costs

Raumleistung *n (f)* sales productivity; (retail) turnover (per unit area)

Räumlichkeit(en) *n/pl (f)* premises; accommodation

Raumluft *n (f)* ambient air; air inside a room (or building); **Raumluftfühler** *n (m)* ambient temperature sensor; **Raumluftqualität** *n (f)* ambient (i.e. indoor) air quality

Raummeterpreis *n (m)* price per cubic metre

Raummiete *n (f)* rental

Raumnutzung *n (f)* space utilization; land management

Raumordnung *n (f)* town and country planning; land use planning; regional planning; land use regulation; **gemeindliche Raumordnung** *n (f)* communal planning policy

Raumordnungsbehörde *n (f)* planning authority; **Raumordnungsbericht** *n (m)* regional planning report; (periodical) report on regional policy; **Raumordnungsgesetz (ROG)** *n (n)* *Law* German regional planning act; **Raumordnungsgrundsätze** *n/pl (m)* regional planning (or policy) principles; **Raumordnungskataster** *n (m)* regional planning (or policy) masterplan; 1:2500 plan showing all planning-related measures, development plans etc.; **Raumordnungsplan** *n (m)* regional development plan; regional policy plan; regional planning program(me); **Raumordnungspolitik** *n (f)* urban and regional policy; **Raumordnungsprogramm** *n (n)* regional policy programme; **Raumordnungsverfahren** *n (n)* regional planning procedure; **Raumordnungsverordnung (ROV)** *n (f)* German ordinance on regional planning

Raumplanung *n (f)* town and country planning

Raumraster *n (n)* modular space grid

raumsparend *adj* space-saving

Raumteiler *n (m)* partition; room divider

Raumteilung *n (f)* partitioning of a room

Raumtemperatur *n (f)* ambient temperature; room temperature

Raumtiefe *n (f)* (room) depth

Raumtragwerk *n (n)* space framework; space structure; space frame

Räumung *n (f)* removal; vacating; clearance; eviction; evacuation; **Räumungsanordnung** *n (f) Law* judgement for possession; possession order; **Räumungsbescheid** *n (m) Law* notice of eviction; eviction notice; *Syn.: Räumungsbefehl*; **Räumungsfrist** *n (f)* period of notice; time set for vacating rented property; **Räumungsklage** *n (f)* claim (or action) for possession, possession proceedings; claim (or action) for eviction, eviction proceedings; action for ejectment (US); (dis)possession proceedings; action for ejection; writ of entry; **Räumungsschutz** *n (m)* protection from eviction; **Räumungsurteil** *n (n)* writ of ejectment; judgement for possession; **Räumungsverkauf** *n (m)* closing-down sale; clearance sale; liquidation sale

Raumwidmung *n (f) Plan* approved purpose for which the space may be used

Raum-Zeit-Koordinaten *n/pl* spatio-temporal coordinates; space and time coordinates

Raumzellenbauweise *n (f)* modular housing (construction method)

Raute *n (f)* rhombus; lozenge (shape); diamond (shape); **Rautendach** *n (n)* rhomboid (tower) roof; **Rautenmuster** *n (n)* diamond pattern

rautenförmig *adj* diamond-shaped

Reaktion *n (f)* reaction; response

Reaktor *n (m)* reactor

Realeinkommen *n (n)* real earnings; real income

Realisationsgewinn *n (m)* gain realized by a sale; profit on realization (realisation); **Realisationswert** *n (m)* value on realization (realisation); realization (realisation) value

realisierbar *adj* realizable; able to be put into practice

Realisierbarkeit *n (f)* feasibility

realisieren *v/t* carry out (to); implement (to); put into practice (or effect) (to); convert into money (to); liquidate (to)

Realisierung *n (f)* execution (of contract); implementation; realization; realisation; **Realisierungswettbewerb** *n (m)* architectural design competition

Realitäten (österr.) *n/pl (f)* real estate

Realkredit *n (m)* real estate loan; collateral loan; loan on real estate (US); **Realkreditinstitut** *n (n)* mortgage bank; real estate credit institution

Reallast *n (f)* land charge; ground rent

Realoption *n (f)* real option

Realteilung *n (f) Law* (Erbe) physical partition of an estate between heirs, as distinct from converting it into money and dividing that; (Tax) de-facto splitting (of assets)

Realvermögen *n (n)* real property; real estate

Realverzinsung *n (f)* real yield; real interest rate

Realwerte *n/pl (m)* actual values; real values; non-monetary items; tangible items (e.g. gold, real estate)

Realzins *n (m)* true interest rate; redemption yield; real rate of interest; real rate of return; **Realzinssatz** *n (m)* real interest rate; redemption yield; real rate of interest

Rechenfehler *n (m)* miscalculation; mistake; clerical error

Rechennetzmodell *n (n)* network model

Rechenschaft *n (f)* account; **Rechenschaftsbericht** *n (m) Fin* statement of accounts, report (and accounts); **Rechenschaftspflicht** *n (f)* accountability

Rechenschieber *n (m)* slide rule
Rechenzentrum *n (n)* computer center
rechnen mit *v/i* expect (to); count on (to); rely on (to); reckon with (to)
Rechnung *n (f)* account; bill (GB); computation; check (US); invoice; sales bill; tab (colloq.); **fingierte Rechnung** *n (f)* simulated (or fictitious) account; pro forma invoice
Rechnungsabgrenzung *n (f)* accruals and deferrals; invoice accrual
Rechnungsabgrenzungsposten *n/pl (m)* accounts receivable and payable; end-of-year adjustment items; **aktive Rechnungsabgrenzungsposten** *n/pl* accrued income; **passive Rechnungsabgrenzungsposten** *n/pl (m)* accrued expenses, deferred income
Rechnungsbegleichung *n (f)* settlement of accounts; payment of bill(s)
Rechnungsdatum *n (n)* billing date; date of invoice
Rechnungsjahr *n (n) Fin,Tax* (Abrechnungszeitraum) financial year, accounting year; (tax) fiscal year, tax year, taxable year
Rechnungskonto *n (n)* (customer) account
Rechnungslegung *n (f)* accountancy; accounting; rendering of accounts; (financial) reporting; **Rechnungslegung zum Tageswert** *n (f)* current cost accounting; **Rechnungslegung zum Zeitwert** *n (f)* current value accounting
externe Rechnungslegung *n (f)* financial reporting
Rechnungslegungsgremium *n (n)* accounting standards board; **Rechnungslegungsgrundsätze** *n/pl (m)* accounting principles; **grundlegende Rechnungslegungsprinzipien** *n/pl (n)* fundamental accounting assumptions; fundamental accounting principles; **Rechnungslegungsvorschriften** *n/pl (f)* accounting regulations
Rechnungswesen *n (n)* accountancy; accounting; **externes Rechnungswesen** *n (n)* external accounting; **internationales Rechnungswesen** *n (n)* international accounting; **internes Rechnungswesen** *n (n)* internal accounting; management accounting; **periodengerechtes Rechnungswesen** *n (n)* accrual accounting; *Syn.: periodisches Rechnungswesen*
recht und billig *adv* (just and) equitable; fair
Recht *n (n)* right; law; justice; legislation; authority; authorization; interest; title
Recht auf Aussicht *n (n)* right to a view; **Recht auf Licht** *n (n)* right of light; **Recht auf Luft** *n (n)* right to air; **Recht auf vorzeitige Tilgung** *n (n)* right of early repayment; prepayment privilege; anticipation privilege; **Recht des freien Zugangs** *n (n)* right of access; easement of access
Rechte des Mieters *n/pl (n)* lessee's rights; tenant's rights
Ausübung eines Rechts *n (f)* enjoyment of a right; **Bündel von Rechten** *n (n)* bundle of rights
abdingbares Recht *n (n)* flexible law; modifiable law; **bedingtes Recht** *n (n)* contingent interest; conditional right; **beschränkt dingliches Recht** *n (n)* limited right in rem; limited real property right; **bürgerliches Recht** *n (n)* civil law; **dingliches Recht** *n (n)* right in rem (over property); real property right; **grundstücksgleiche Rechte** *n/pl (n)* rights equivalent to real property; **immaterielles Recht** *n (n)* intangible right; **innerdeutsches Recht** *n (n)* German internal (or domestic) law; **kodifiziertes Recht** *n (n)* statute law; **nachrangiges Recht** *n (n)* subordinate right; **objektives Recht** *n (n)* the law; (i.e. general law as opposed to individual rights); **öffentliches Recht** *n (n)* public law; **unbeschränktes dingliches Recht** *n (n)* absolute title; freehold; **unmittelbar anwendbares Recht** *n (n)* immediately applicable law; **verbrieftes Recht** *n (n)* legal right; chartered right (US); **vorrangige Rechte** *n/pl (n)* overriding interest; priority rights; **wirtschaftliche Rechte** *n/pl (n)* economic rights; commercial rights; **zwingendes Recht** *n (n)* cogent law; binding law; jus strictum
von Rechts wegen ex officio; by rights; ipso jure
Rechteck *n (n)* rectangle
rechteckig *adj* rectangular
Rechteckkanal *n (m)* rectangular duct
Rechteckquerschnitt *n (m)* rectangular section
rechtfertigen *v/t* justify (to); warrant (to)
Rechtfertigung *n (f)* justification; (in) defence (of sth.)
rechtlich *adj* legal; lawful; legitimate; **rechtliche Gegebenheit** *n (f)* legal fact; legal

condition; **rechtlich zulässig** *adj* legally permissible; legally allowed
rechtmäßig *adj* lawful; legal; legitimate; rightful
Rechtsanspruch *n (m)* legal claim; legitimate claim; title; legally enforceable right; legal title; **gültiger Rechtsanspruch** *n (m)* valid legal claim
Rechtsanwalt *n (m)* lawyer; solicitor (GB); attorney(-at-law) (US); barrister (GB); **Rechtsanwaltskosten** *n/pl* lawyer's fees
Rechtsbegriff *n (m)* legal concept
Rechtsbehelf *n (m)* remedy; means of recourse; (legal) remedy; **Rechtsbehelfsfrist** *n (f)* time limit for appeal; **Rechtsbehelfsverfahren** *n (n)* appeal procedure; remedial procedure
Rechtsbeistand *n (m)* legal adviser (or advisor); counsel; advocate; solicitor(s)
Rechtsbeziehung *n (f)* → unmittelbare Rechtsbeziehung; **unmittelbare Rechtsbeziehung** *n (f)* privity (of contract)
Rechtserwerb *n (m)* → abgeleiteter Rechtserwerb; **abgeleiteter Rechtserwerb** *n (m)* derived acquisition of a right or rights
rechtsfähig *adj* having legal capacity
Rechtsfähigkeit *n (f)* legal capacity; capacity to act
Rechtsform *n (f)* legal form; form of organization; legal structure
Rechtsgebilde *n (n)* legal entity; legal form; legal person(ality)
Rechtsgeschäft *n (n)* legal transaction; **bedingtes Rechtsgeschäft** *n (n)* conditional (legal) transaction; escrow
Rechtsgrundsatz *n (m)* (generally accepted) principle of law; legal rule
rechtsgültig *adj* legally valid; **als rechtsgültig anerkennen** *v/t* accept as valid in law (to); **rechtsgültig machen** *v/t* execute (to)
Rechtsgutachten *n (n)* legal opinion; counsel's opinion
rechtshängig *adj* pending; sub judice
Rechtshilfe *n (f)* legal aid; legal assistance
Rechtsinhaber *n (m)* entitled person; holder of rights
Rechtskraft *n (f)* legal force; legal validity; force of law
rechtskräftig *adj* statutory; legal(ly binding); legally valid; legally effective
Rechtslage *n (f)* legal position; legal status
Rechtsmangel *n (m)* title defect; gap in title; deficiency in title; defect of title; legal infirmity; legal imperfection in title; **Rechtsmangel (auf Besitzrecht)** *n (m)* defect in title; cloud on title; blot on title
Rechtsmängelgewährleistung *n (f)* warranty of title
Rechtsmissbrauch *n (m)* abuse of (legal) rights
Rechtsmittel *n/pl (n)* (right of) appeal; legal (means of) redress; means of recourse; (legal) remedy (or remedies); **Rechtsmittelfrist** *n (f)* time limit for (lodging) appeal; **Rechtsmittelverfahren** *n (n)* appeal procedure; remedial procedure
Rechtsnachfolge *n (f)* legal succession; succession in title; subrogation; devolution
Rechtsnachfolger *n/pl (m)* assigns; assignee; personal representative; successor (in title)
Rechtspersönlichkeit *n (f)* legal entity; legal person(ality)
Rechtsprechung *n (f)* jurisdiction; administration (or dispensation) of justice; case-law; judicature; adjudication; legal practice
Rechtsrisiko *n (n)* legal risk
Rechtsschutz *n (m)* legal protection; legal (means of) redress
Rechtsstellung *n (f)* legal status; legal position
Rechtsstreit *n (m)* lawsuit; law proceedings; legal action; litigation
Rechtstitel *n (m)* legal title; legal ownership; **bedingter Rechtstitel** *n (m)* qualified title; **gültiger Rechtstitel** *n (m)* good title
Rechtstitelversicherung *n (f)* title insurance; purchasers' policy
Rechtsträger *n (m)* legal entity; legal person(ality); contracting party; legal representative; **öffentlicher Rechtsträger** *n (m)* public body; **selbstständiger Rechtsträger** *n (m)* separate legal entity
Rechtsübergang *n (m)* transfer of title; transmission of rights
Rechtsübertragung *n (f)* subrogation
Rechts- und Beratungskosten *n/pl* legal and professional fees
Rechts- und Geschäftsfähigkeit *n (f)* legal capacity
Rechtsunfähigkeit *n (f)* legal incapacity; (legal) disability
rechtsungültig *adj* (legally) invalid
rechtsunwirksam *adj* (legally) ineffective; (null and) void

rechtsverbindlich *adj* (legally) binding
Rechtsverlust *n (m)* loss of a right
Rechtsverordnung *n (f)* legal regulation; decree-law; statutory order; statutory instrument (SI); ordinance having the force of law
Rechtsverwirkung *n (f)* estoppel; forfeiture
Rechtsvorgänger *n (m)* predecessor in title; assignor
Rechtsvorschrift *n (f)* law; regulation
rechtswidrig *adj* illegal; unlawful; illicit; tortious
rechtswirksam *adj* effective (or operative) in law
Rechtswirksamkeit *n (f)* legal effect; validity
Rechtswissenschaft *n (f)* law; jurisprudence
rechtwinklig *adj* square; perpendicular; rectangular; right angled; orthogonal
recyclingfähig *adj* recyclable
Rede *n (f)* speech; address; remark
redlich *adj* honest; upright; bona fide
Reduzierung *n (f)* reduction
Reetdach *n (n)* thatched roof; reed roof
Referenz *n (f)* reference; datum; reference; referee; credentials; **Referenztabelle** *n (f)* reference chart; reference table; **Referenzstandorte** *n/pl (m)* reference locations; **Referenzwert** *n (m)* reference value
refinanzieren *v/t* (re)fund (to); refinance (to)
Refinanzierung *n (f)* refinancing; (re)funding
Regal *n (n)* rack; shelf; shelves; **Regalfläche** *n (f)* shelf space
Regel *n (f)* rule; norm; habit; canon; standard; **gegen eine Regel verstoßen** *v/t* break a rule (to)
Regeleinrichtung *n (f)* control(ling) equipment; control system
Regelgerät *n (n)* control (unit)
Regelkreis *n (m)* control circuit; control (or closed) loop
regelmäßig *adj* periodical; regular; orderly; regulated; *adv* regularly; continously; consistently; periodically
anerkannte Regeln der Baukunst *n/pl (f)* generally accepted rules of building and construction; **anerkannte Regeln der Technik** *n/pl (f)* recognized technical standards; usually DIN standards or higher; under → VOB/B § 4 Nr. 2 Abs. 1 Satz 2, a contractor's failure to observe the standards in construction work results in a building defect (→ Baumangel) and potential guarantee claim (→ Gewährleistung)
Regelung *n (f)* regulation; adjustment; control; arrangement; settlement
Regelungstechnik *n (f)* control engineering; flow technology design
regenabweisend *adj* rain repellent; showerproof
Regenabweiser *n (m)* rain repellent; **Regenbeständigkeit** *n (f)* rain resistance
Regenerierung *n (f)* regeneration
Regenfallrohr *n (n)* rainwater (down) pipe; **Regenleiste** *n (f)* weather strip; drip mo(u)lding; stormwater deflector; **Regenrinne** *n (f)* gutter; eaves trough; stormwater gutter; **Regenrückhaltebecken** *n (n)* rainwater storage basin; stormwater storage reservoir; **Regenschutzschiene** *n (f)* water drainage channel (e.g. on windows)
regenundurchlässig *adj* rain-proof
Regenwasser *n (n)* rainwater; stormwater; **Regenwasserablauf** *n (m)* gully; rainwater outlet; stormwater drain; **Regenwasseraufbereitungsanlage** *n (f)* rainwater treatment plant; **Regenwasserfallrohr** *n (n)* rainwater (down) pipe; **Regenwasserkanal** *n (m)* surface water channel; storm sewer; **Regenwasserleitung** *n (f)* storm drain; **Regenwasser-Sammelanlage** *n (f)* rainwater storage basin; rainwater storage system; **Regenwassersammelbehälter** *n (m)* rainwater collection reservoir
Regierungsbezirk *n (m)* primary administrative division of a German state (roughly equivalent to county)
Regierungsgewalt *n (f)* governmental power
Region *n (f)* region
Regionalfaktoren *n/pl (m)* **1.** (allgemein) regional factors; **2.** (Econ) indices e.g. of economic growth in a particular region compared with the whole country; **3.** (Val) adjustment factor(s) used e.g. in → Sachwertverfahren (DRC) valuations to allow for regional variations in construction costs
Regionalisierung *n (f)* regionalisation; devolution; **Regionalisierungsfaktor** *n (m)* regionalization factor
Regionalmarkt *n (m)* regional market
Regionalplanung *n (f)* regional economic planning; regional planning
Regionalprinzip *n (n)* regional principle

Regionalstruktur *n (f)* regional structure
Regionalverträglichkeit *n (f)* regional compatibility; regional tolerance
Register *n (n)* index; register; **Registerauszug** *n (m)* extract from register; **Registerbefehl** *n (m)* register instruction (comp); **Registerblatt** *n (n)* register page; index sheet
Registrar *n (m)* registrar
Registrator *n (m)* registrar; recorder
Registrierbereich *n (m)* registration range
Regler *n (m)* regulator; control (knob); **Reglerventil** *n (n)* regulating valve
Regress *n (m)* recourse; legal redress; **ohne Regress** non-recourse; without recourse; without redress
Regressanspruch *n (m)* right of recourse; **Regressforderung** *n (f)* recourse claim; recovery claim; right of recourse
Regression *n (f)* regression; **lineare Regression** *n (f)* linear regression
Regressionsanalyse *n (f)* regression analysis; **einfache lineare Regressionsanalyse** *n (f)* simple linear regression analysis; **multiple Regressionsanalyse** *n (f)* multiple regression analysis
Regressionskoeffizient *n (m)* coefficient of regression
Regressionsschätzung *n (f)* regression estimation
regresslos *adj* non-recourse
regulieren *v/t* adjust (to); regulate (to); settle (invoice etc.) (to)
Regulierung *n (f)* regulation; adjustment; settlement (fin.); **Regulierungsbehörde für Telekommunikation und Post** *n (f)* German regulatory authority for telecommunications and posts
Regulierungskosten *n/pl* settlement costs, adjustment costs, claim expenses
Rehabilitation *n (f)* rehabilitation
rehabilitieren *v/t* rehabilitate (to)
Reibeputz *n (m)* coarse plaster; floating plaster
Reibung *n (f)* friction; rubbing; **Reibungspfahl** *n (m)* friction pile; **Reibungswinkel** *n (m)* angle of friction
Reichtum *n (m)* wealth; riches; (fig.) great variety
Reichweite *n (f)* range; reach; radius (of action)
Reihe *n (f)* row; line; queue; series; alignment; set; tier; rank
Reiheneckhaus *n (n)* end-of-terrace house (GB); corner row house (US)
Reihenhaus *n (n)* (mid)terraced house (GB); town house; sandwich house (US); row house (US); **Reihenhausgrundstück** *n (n)* plot for a row (or terrace) of houses; site of a row of houses
Reihenmittelhaus *n (n)* (mid-)terrace(d) house, inner terraced house; (BE) (mid) row house (AE)
Reinertrag *n (m)* net profit; net operating income; net proceeds; net return; (Ertragswert nach WertV) net annual income; **Reinertrag des Projektentwicklers** *n (m)* (net) developer's profit; net proceeds of development
Reinertragsvervielfältiger *n (m)* net income multiplier; i.e. property value divided by net income
Reinfall *n (m)* washout; flop; letdown
Reingas *n (n)* scrubbed gas
Reingewinn *n (m)* clear profit; net margin; pure profit; net profit; **Reingewinn vor Steuern** *n (m)* net operating income (before tax); net trading profit (before tax) **unverteilter Reingewinn** *n (m)* undistributed net profit; unappropriated earnings; unappropriated profits; earned surplus
Reinhaltung *n (f)* purification; pollution control; keeping clean
reinigen *v/t* clean (to); purify (to)
Reiniger *n (m)* cleaning agent; cleaner
Reinigung *n (f)* cleaning; (dry) cleaners; **Reinigungsplan** *n (m)* cleaning plan; cleaning schedule
Reinluft *n (f)* clean air
Reinraum *n (m) ArCo* clean room
Reinverlust *n (m)* net loss
Reinvermögen *n (n)* net worth; net assets; **Reinvermögenswert** *n (m)* net asset value
reinvestieren *v/t* reinvest (to); plough (US plow) back (to)
Reinvestition *n (f)* replacement investment; plough-back; ploughing-back; reinvestment; **Reinvestitionsrate** *n (f)* reinvestment rate
Reisebüro *n (n)* travel agency; **Reiseführer** *n (m)* guide; guidebook; **Reisekosten** *n/pl* travel expenses; **Reißbrett** *n (n)* drawing board; drafting table (US)
Reitanlage *n (f)* horse riding area (or facilities); horse riding centre; **Reithalle** *n (f)*

riding hall; (indoor) riding school; (indoor) riding arena; **Reitweg** *n (m)* bridleway

Reklamation *n (f)* claim; complaint

Reklame *n (f)* advertising; advertisement; advert(s); commercial(s); **Reklamefläche** *n (f)* advertising space; billboard (US); **Reklametafel** *n (f)* advertising hoarding; billboard (US); **Reklamewand** *n (f)* hoarding; billboard (US)

Rekonfiguration *n (f)* reconfiguration

rekonstruieren *v/t* reconstruct (to); rebuild (to)

Rekonstruktion *n (f)* redevelopment; reconstruction; **Rekonstruktionskosten** *n/pl* reconstruction cost(s); **Rekonstruktionswert** *n (m)* reconstruction value

Rekultivierung *n (f)* recultivation; reclamation; of e.g. of former refuse tips or industrial land; land restoration; **Rekultivierung von Industriebrachen** *n (f)* brownfield restoration

relevant *adj* relevant; pertinent

Relevanz *n (f)* relevance; pertinence

Reliefkarte *n (f)* relief map; contour map

Rendite *n (f)* (rate of) return; return on investment (ROI); yield; **Rendite auf das eingesetzte Kapital** *n (f)* return on capital employed (ROCE); return on investment; **Rendite nach Steuern** *n (f)* post-tax yield; **Rendite vor Steuern** *n (f)* pre-tax yield **effektive Rendite** *n (f)* true yield; true rate of return; actual yield; **fallende Rendite** *n (f)* yields dropping; **fiktive Rendite** *n (f)* notional yield; **laufende Rendite** *n (f)* running yield; current yield; flat yield; **reale Rendite** *n (f)* real rate of return; **rechnerische Rendite** *n (f)* accounting rate of return; **risikoäquivalente Rendite** *n (f)* risk-equivalent (borrowing) rate; **sinkende Rendite** *n (f)* decreasing return; **steigende Rendite** *n (f)* increasing yield; increasing return

Renditegefälle *n (n)* yield gap; **inverses Renditegefälle** *n (n)* reverse yield gap; reverse yield gap

Renditelücke *n (f)* yield gap; difference in yields

Renditeobjekt *n (n)* investment property; income-producing property

Renditeprozentsatz *n (m)* percentage capitalization rate; percentage yield

Rendite-Risiko-Profil *n (n)* risk-return profile

Renditesätze *n/pl (m)* yield rates

Renditespanne *n (f)* range of yields; yield band

Renditestruktur *n (f)* yield structure

Rennbahn *n (f)* racecourse

renovieren *v/t* redecorate (to); facelift (to) (US); refurbish (to); renovate (to); do sth. up (to) (colloq.); fix sth. up (to) (US colloq.)

Renovierung *n (f)* redecoration; renovation; refurbishment; home improvement; **Renovierung für Neuvermietung** *n (f)* redecoration before re-letting; renovation before re-letting; tenant improvements (US)

Renovierungsanstrich *n (m)* repainting; painting on top of existing paintwork; **Renovierungsdarlehen** *n (n)* home improvement loan; **Renovierungskosten** *n/pl* redecoration costs; refurbishment costs; renovation expenses; **Renovierungspflicht des Mieters** *n (f)* tenant's obligation to redecorate (or renovate); **Renovierungszuschuss** *n (m)* subsidy for renovation (e.g. from landlord to tenant, often as a rent-free period); improvement grant; home improvement grant

Rentabilität *n (f)* profitability; viability; rate of return; **Rentabilitätsanalyse** *n (f)* profitability analysis; break-even analysis; **Rentabilitätsgrenze** *n (f)* break-even point; **Rentabilitätsindex** *n (m)* profitability index; return on capital employed (ROCE); **Rentabilitätsrechnung** *n (f)* profitability calculation; assessment of profitability; **Rentabilitätsschwelle** *n (f)* break-even point; *Syn.: Gewinnschwelle*; **Rentabilitätsziel** *n (n)* target rate of return; target rate of profitability

Rente *n (f)* annuity; old-age pension; pension; regular annual payment; retirement pension; **abgeleitete Rente** *n (f)* survivor's pension; derived pension; **aufgeschobene Rente** *n (f)* deferred annuity; intercepted annuity; **ewige Rente** *n (f)* straight capitalization; perpetuity; **gestufte Rente** *n (f)* stepped annuity; **lebenslängliche Rente** *n (f)* life annuity; life pension; **nachschüssige Rente** *n (f)* annuity immediate; ordinary annuity; **sinkende Rente** *n (f)* falling annuity; **sofortige Rente** *n (f)* immediate annuity; **steigende Rente** *n (f)* increasing annuity; increasing pension; **variable Rente** *n (f)* variable annuity; **vor-**

auszahlbare Rente *n (f)* annuity (or regular payment e.g. alimony) payable in advance; **vorschüssige Rente** *n (f)* annuity due

Rentenbarwert *n (m)* annuity value; present value of an annuity

Rentenbarwertfaktor *n (m)* annuity factor; annuity value factor; present value of annuity factor; years' purchase; present value of £1 ($1) per annum; **aufgeschobener Rentenbarwertfaktor** *n (m)* years' purchase of a reversion to a perpetuity; **ewiger Rentenbarwertfaktor** *n (m)* years' purchase in perpetuity

Rentendauer *n (f)* term of annuity

Rentenendwert *n (m)* amount of annuity; accumulation of annuity; accumulated amount of annuity; amount of £1 (or $1) per annum

Rentenfonds *n (m)* annuity fund; bond fund; pension fund

Rentenrechnung *n (f)* annuity calculation; mathematics of annuities

Rentenrecht *n (n)* pension law

Rentenschuld *n (f)* rent charge

Rentenversicherung *n (f)* pension (insurance) policy; annuity insurance; pension fund; pension scheme

Rentenversorgung *n (f)* provision of (retirement) pensions; pension scheme (GB); pension plan (US)

Rentier *n (m)* annuitant; reindeer

Rentner *n (m)* pensioner; senior citizen; annuitant

Reparatur *n (f)* repair(s); **Reparaturen an Dach und Fach** *ArCo* Landlord's (liability for) structural repairs; German landlord and tenant law requires that the landlord be responsible for repairs to the structure and roof (unless agreed otherwise, at the tenant's suggestion, in the lease); **Reparaturen an der Bausubstanz** structural repairs

Reparaturaufwand *n (m)* cost of repair and maintenance

reparaturbedürftig *adj* in need of repair

Reparaturbedürftigkeit *n (f)* disrepair; (state of being in) need of repair

Reparaturdauer *n (f)* time required to undertake repair(s); period of repair

Reparaturkosten *n/pl* cost of repair(s)

Reparaturlast *n (f)* repair load; additional load factor e.g. for a roof structure

Reparaturrücklage *n (f)* reserve for repairs; sinking fund for repairs

Reparaturstunde *n (f)* (labour cost per) hour of repair work

Reparaturwerkstatt *n (f)* repair-shop; repair workshop

Reparaturzeit *n (f)* repair time; time required to undertake repair(s)

reparieren *v/t* repair (to); mend (to)

Repatriierung *n (f)* repatriation

Repräsentation *n (f)* representation; image

repräsentativ *adj* prestigious (e.g. of a building or entrance foyer); presentable; representative

Reprivatisierung *n (f)* denationalisation; reprivatisation; restitution; **Reprivatisierung von Grundstücken** *n (f)* restitution of property (real estate); denationalization of property; reprivatisation of property

Reproduktionskosten *n/pl* replacement cost(s) (US); reproduction costs; **Reproduktionskostenverfahren** *n (n)* replacement cost approach; reproduction cost method (US); **Reproduktionskostenwert** *n (m)* replacement value

Reproduktionswert *n (m)* replacement value; intrinsic value; asset value; reproduction value

Requirierung *n (f)* requisition

Reserve *n (f)* reserve; **stille Reserven** *n/pl (f)* hidden reserves; hidden assets; latent reserves; unrealized appreciation

Reserveanlage *n (f)* back-up facility (or unit); standby unit

Reservebauland *n (n)* land held for possible further development (e.g. of a factory); reserve (building) land

Reservierung *n (f)* reservation; **Reservierungspreis** *n (m)* reserve price; reservation price

Residenzpflicht *n (f)* residence restriction; compulsory residence

Residualtheorie *n (f)* residual theory (of dividents); **Residualverfahren** *n (n)* development appraisal; residual method; residual approach

Residualwert *n (m)* residual value; **Residualwertverfahren** *n (n)* residual method (of valuation); residual valuation method; development appraisal

Ressource *n (f)* resources; funds; **immaterielle Ressourcen** *n/pl (f)* intangible resources

Rest *n (m)* remnant(s); balance; carryover; residue; remainder; residual; rest; surplus
Restaurator *n (m)* restorer; conservator
restaurieren *v/t* restore (to)
restauriert *adj* restored; sometimes used to mean refurbished or redecorated
Restaurierung *n (f)* restoration; reconstruction
Restbetrag *n (m)* balance; residue; remainder; residual amount; difference; amount remaining; remaining sum
Restbuchwert *n (m)* book value; amortized balance of asset cost; depreciated book value; net book value; remaining book value; residual book value
Restdarlehen *n (n)* purchase money mortgage; second mortgage (to make up remainder of purchase price)
Restguthaben *n (n)* remaining credit balance
restituierbar *adj* restitutable; restorable; capable of restitution
Restkaufgeld *n (n)* balance of purchase price
Restlaufzeit *n (f)* maturity; remaining term (e.g. of a lease); remainder of the term; residual term (of contract)
Restlebensdauer *n (f)* remaining life expectancy; useful life remaining; unexpired life
restlich *adj* residual; remaining; residuary
Restmüllverbrennungsanlage *n (f)* residual waste incineration plant
Restnorm *n (f)* still valid part of a German standard (DIN) after the remainder has been transferred to a European Norm that does not cover all the national requirements
Restnutzungsdauer (RND) *n (f)* remaining life expectancy; useful life remaining; unexpired life
Restobligo *n (n)* remaining liability; residual liability
Restrisiko *n (n)* residual risk; remaining element of risk
Restschuldversicherung *n (f)* mortgage protection insurance; residual debt insurance
Reststoffentsorgung *n (f)* residue disposal
Restsumme *n (f)* balance; residual amount
Resttilgung *n (f)* balloon payment; capital (repayment) outstanding
Restwert *n (m)* salvage value; residual value; declining balance; recovery value; remaining value; residuary value; scrap value; terminal value; written-down value; **nicht garantierter Restwert** *n (m)* unguaranteed residual value
Restwertabschreibung *n (f)* declining balance depreciation; **Restwertmethode** *n (f)* residual method; often in the sense of a rule of thumb to estimate value of e.g. the buildings on a site; **Restwertverfahren** *n (n)* residual method of valuation; **Restwertverzinsung** *n (f)* terminal capitalization rate
Restzahlung *n (f)* final payment; payment of the balance; **ausstehende Restzahlung** *n (f)* outstanding payment; balance outstanding (e.g. of a loan)
Retentionsrecht *n (n)* right of retention
Revers *n (m)* undertaking; (Fin, esp. Swiss) letter of indemnity
Revision *n (f)* check; audit; judicial review; appeal; revision; **interne Revision** *n (f)* administrative audit; internal audit; operational audit
Revisionsbericht *n (m)* audit report; **Revisionsgremium** *n (n)* audit committee; review board; appeals board; **Revisionsplan** *n (m)* audit schedule; **Revisionsschacht** *n (m)* inspection shaft; inspection chamber; **Revisionstechnik** *n (f) Fin* auditing; **Revisionsvorlage** *n (f)* statement; case stated; **Revisionszeichnung** *n (f)* asbuilt drawing; revised drawing
revitalisieren *v/t* revitalise (to)
Revitalisierung *n (f)* revitalisation; **Revitalisierungskosten** *n/pl* revitalization costs; **Revitalisierungsrisiko** *n (n)* revitalization risk
Rezeption *n (f)* reception
Rezession *n (f)* recession
Reziproke *n (m) math* reciprocal
Richter *n (m)* judge; **beisitzender Richter** *n (m)* associate judge
Richterrecht *n (n)* common law
Richtfest *n (n)* topping out ceremony; roof wetting party; topping off party
Richtlinie *n (f)* guideline; regulation; code; instructions; **Richtlinien** *n/pl (f)* guidelines; practice statements; bylaws (US – of e.g. an association); regulations
Richtlinie der Bundesanstalt für Arbeit (BfA-Richtlinie) *n (f)* federal labour (or employment) office guideline

r

Richtpreis *n (m)* recommended price; standard price; target price
Richtschnur *n (f)* guiding principle; canon
Richtung *n (f)* direction; way; course
Richtwert *n (m)* guide(line) value; indicatory value; recommended value; benchmark; base value; standard value; **Richtwertgrundstück** *n (n)* standard plot of land; standard piece of land; plot of land on which the assessment of → Bodenrichtwert is based; **Richtwertkarte** *n (f)* guideline value map; price contour map; **Richtwertübersicht** *n (f)* (summary) schedule of standard land values (published by an official board of experts); **Richtwertzone** *n (f)* zone for which a particular → Bodenrichtwert (guideline land value) has been assessed
Riegel *n (m)* bar; bolt; catch; latch; beam; lockbolt; shutter (concrete work); waler; ranger; **Riegelwand** *n (f)* (stud) framed wall; framework wall
Rieselfeld *n (n)* sewage (or disposal) field; sewage farm
Riffelblech *n (n)* chequer plate; checker(ed) plate; metal grating; e.g. for non-slip flooring
Rille *n (f)* groove; crease; flute; furrow; chamfer; **Rillen** *n/pl (f)* furrows; grooves; creases; non-slip tread inserts; **Rillenglas** *n (n)* reed glass; rilled glass
Ringanker *n (m)* ring beam; ring girder; ring armature
Ringbalken *n (m)* ring beam; ring girder
Ring Deutscher Makler (RDM) *n (m)* association of real estate agents (brokers) in Germany; → Immobilienverband Deutschland (IVD)
ringförmig *adj* annular; ring-shaped; circular
Ringgewölbe *n (n)* annular vault
Ringkanalsystem *n (n)* perimeter canal system
Ringkorridor *n (m)* circular corridor
Ringleitung *n (f)* ring line; ring cable; ring main; loop wiring system; looped mains; closed circular pipeline
Ringträger *n (m)* ring insert; circular girder; ring girder
Rinne *n (f)* drain; channel; gutter; chute; trench; depression; **Rinnenhaken** *n (m)* gutter bracket; **Rinnenhalter** *n (m)* gutter bracket; gutter hanger; **Rinnenkasten** *n (m)* rainwater hopper; rainwater head; **Rinnenstutzen** *n (m)* gutter outlet
Rinnhaken *n (m)* gutter bracket
Rinnleiste *n (f)* weather moulding
Rinnstein *n (m)* gutter; curbstone (US); kerbstone (GB)
Rippendecke *n (f)* ribbed (beam) ceiling; ribbed floor; ribbed slab
Risalit *n (m)* *ArCo* risalit; projection at height from the façade of a building
Risiko *n (n)* risk; venture; peril; hazard; **ausdrückliches Risiko** *n (n)* express risk; **deckungsfähiges Risiko** *n (n)* coverable risk; insurable risk; **finanzielles Risiko** *n (n)* financial risk; **systematisches Risiko** *n (n)* systematic risk; **unsystematisches Risiko** *n (n)* unsystematic risk; **vermeidbares Risiko** *n (n)* systematic risk; **wirtschaftliches Risiko** *n (n)* commercial risk; economic risk
Risiko übernehmen *v/t* assume a risk (to)
Risikoabschätzung *n (f)* risk appraisal; risk assessment; risk analysis; risk evaluation
Risikoabschlag *n (m)* deduction (to allow) for risk
Risikoallokation *n (f)* risk allocation
Risikoanalyse *n (f)* risk analysis
Risikoanpassung *n (f)* risk adjustment
Risikobeteiligung *n (f)* risk participation; co-venturing
Risikobewertung *n (f)* risk assessment; risk appraisal
Risikoeinschätzung *n (f)* risk assessment
Risikofaktor *n (m)* risk factor
risikofrei *adj* risk free; free of risk
Risikogewichtung *n (n)* risk weighting
Risikohäufung *n (f)* accumulation of risk
Risikokapital *n (n)* venture capital; risk capital; **Risikokapitalgeber** *n (m)* venture capitalist; venturer
Risikokategorie *n (f)* risk category; category of risk
risikolos *adj* risk-free; without risk
Risikomanagement *n (n)* risk management; exposure management
Risikominderung *n (f)* risk reduction
Risikoprämie *n (f)* risk premium
Risikoprozentsatz *n (m)* risk percentage
risikoreich *adj* high-risk; chancy; perilous; hazardous
Risiko-Rendite-Verhältnis *n (n)* risk-return ratio

Risikoselektion *n (f)* selection of risks; risk selection
Risikovertrag *n (m)* aleatory contract; hazardous contract
Risikovorsorge *n (f)* provision for risk(s); risk management; (Fin) loan loss provision
Risikozuschlag *n (m)* risk premium; risk markup; risk loading; risk surcharge; add-on factor
Riss *n (m)* crack; fissure; **Rissbildung** *n (f)* crack formation; cracking; **Rissgefahr** *n (f)* risk of cracking; **Rissmonitor** *n (m) ArCo* crack (monitor) gauge, tell-tale
risssicher *adj* crack-proof
Ritterdach *n (n) ArCo* → Biberschwanzkronendeckung
RLM → Rohbaulichtmaß
RND → Restnutzungsdauer
Rodung *n (f)* land clearing; clearing (virgin) woodland; cleared woodland; assart
Roh-, Hilfs- und Betriebsstoffe *n/pl (m)* raw materials and supplies
Rohbau *n (m)* shell (of a building); bare masonry; carcass; shell and core; **Rohbauland** *n (n)* unserviced building land; land zoned for development in accordance with §§ 30, 33 und 34 BauGB but not (yet) capable of development due to e.g. inadequate access and/or services; **Rohbaulichtmaß (RLM)** *n (n)* interior dimensions taken from building shell; i.e. not allowing for thickness of plaster or other finishes
rohbaufertig *adj* topped-out; structurally complete
Roheinkommen *n (n)* gross income
Roheinnahme *n (f)* gross receipts; gross earnings
Rohergebnis *n (n)* gross profit or loss
Roherlös *n (m)* gross sales; gross proceeds; gross yield
Rohertrag *n (m)* gross yield; gross income; gross proceeds; gross revenue; (Ertragswert WertV) gross annual income; **nachhaltiger Rohertrag** *n (m)* sustainable gross income
Rohertragsfaktor *n (m)* gross income multiplier; gross margin factor; **Rohertragsvervielfältiger** *n (m)* gross income multiplier
Rohgewinn *n (m)* gross profit
Rohkote *n (f)* level of structure without finish; top of beam; top of slab
Rohmaterial *n (n)* raw material
Rohöl *n (n)* crude oil
Rohputz *n (m)* roughcast; coarse plaster
Rohr *n (n)* pipe; piping; conduit; canal
Rohrbau *n (m)* pipework
Röhre *n (f)* duct; pipe; tube
Rohreinfassung *n (f)* pipe collar; pipe flashing
röhrenförmig *adj* tubular
Rohrhalter *n (m)* pipe bracket
Rohrkreislauf *n (m)* closed loop
Rohrleger *n (m)* pipe layer (and jointer); pipe man; plumber; side-boom (machine)
Rohrleitung *n (f)* pipeline; pipe; **Rohrleitungsbau** *n (m)* pipeline construction; **Rohrleitungsbestand** *n (m)* pipeline inventory; **Rohrleitungselement** *n (n)* pipeline element; **Rohrleitungsnetz** *n (n)* pipeline network; pipeline system; **Rohrleitungssystem** *n (n)* piping
Rohrnetz *n (n)* pipeline network
Rohrschacht *n (m)* pipe shaft; trunking
Rohrstütze *n (f)* pipe support; pipe bracket
Rohrverbindungen *n/pl (f)* pipe connections; pipe couplings; pipe joints
Rohrzange *n (f)* pipe tongs
Rohstoff *n (m)* raw material; commodity; resource; **Rohstofflager** *n (n)* raw material store
Rohverlust *n (m)* gross loss
Rohvermögen *n (n)* gross assets
Rohwasser *n (n)* untreated water
Rollbahn *n (f)* runway (airfield); taxiway
Rolldach *n (n)* sliding roof; sunshine roof
Rollkies *n (m)* pebble gravel; round gravel
Rollladen *n (m)* roller blind; roller shutter; **Rollladenkasten** *n (m)* roller shutter box; roller shutter casing; roll shutter housing; **Rollladenschiene** *n (f)* roller shutter rail; **Rollladentor** *n (n)* roller shutter door; **Rollladentür** *n (f)* roller shutter door; **Rollladenwelle** *n (f)* roller shutter shaft (or axle)
Rollover-Kredit *n (m)* rollover credit
Rollschrank *n (m)* roll-fronted cabinet; mov(e)able cabinet (on castors or wheels)
Rollsteig *n (m)* travelator
Rollstuhlplatz *n (m)* wheelchair space; e.g. in a cinema; **Rollstuhlrampe** *n (f)* wheelchair ramp; **Rollstuhlzugang** *n (m)* wheelchair access
Rolltor *n (n)* roller shutter door (senkrecht); rolling (or sliding) gate (waagrecht)

Rolltreppe *n (f)* escalator; moving staircase; moving stairway
Rolltür *n (f)* tambour door
Rosette *n (f)* rose; rosette; cover plate
Rost *n (m)* (Belag) rust; (Gitter) grating
rosten *v/i* rust (to)
rostfrei *adj* rustproof(ed); stainless
Rostschutz *n (m)* rustproofing
Rückabwicklung *n (f)* restitution; annulment; rescission
Rückanmietung *n (f)* leaseback
Rückansicht *n (f)* back view; rear elevation
Rückauflassungsvormerkung *n (f)* priority notice protecting a claim for transfer of title back to a former owner; priority notice (in the → Grundbuch) often used for land sold by e.g. local authorities
Rückbau *n (m)* dismantling; removal; deconstruction; renaturation; revitalisation; **Rückbaugebot** *n (n)* demolition order; **Rückbaukosten** *n (f)* cost of restoring a rented property or unit to original condition (demolition of extensions, reconversion etc.) e.g. at the end of a lease; **Rückbau- und Entsiegelungsgebot** *n (n)* demolition order; **Rückbauverpflichtung** *n (f)* obligation to restore to original condition; obligation to demolish; e.g. included in temporary planning consent
Rückbesicherung *n (f)* re-securitisation
Rückbuchung *n (f)* reverse entry; back-posting; posting to a prior period; writing back
Rückenteignung *n (f)* inverse compulsory purchase; e.g. blight notice procedure
rückerstatten *v/t* reimburse (to); refund (to)
Rückerstattung *n (f)* refund; restitution; reimbursement
Rückerwerbsfrist *n (f)* statutory buy-back period (shares); statutory redemption period
Rückerwerbsrecht *n (n)* right of redemption → Rückkaufrecht
Rückfall *n (m)* reversion; backfall; backslide
Rückforderung *n (f)* recapture; reclamation; claw-back; **Rückforderungsklausel** *n (f)* clawback clause
Rückführung *n (f)* return; repatriation; feedback; recirculation; tracing back; **Rückführungsproblem** *n (n)* repatriation problem
Rückgabetermin *n (m)* due date; date for return
Rückgang *n (m)* decline; drop; fall; **drastischer Rückgang** *n (m)* sharp fall
rückgängig machen *v/t* reverse sth. (to); call sth. off (to); cancel (to); revoke (to); unwind (to) (fin.); rescind (to)
rückgewinnen *v/t* recover (to); reclaim (to)
Rückgewinnung *n (f)* recovery; reclamation; recycling; **Rückgewinnung von Rohstoffen** *n (f)* recycling (of raw materials)
Rückgriff *n (m)* recourse; retrieval; fallback; **ohne Rückgriffshaftung** non-recourse
Rückgriffsschuldner *n (m)* recourse debtor
Rückkauf *n (m)* repurchase; redemption; surrender; buy back; sale and buyback; **Rückkaufoption** *n (f)* buy-back option; repurchase option; **Rückkauf(s)recht** *n (n)* right of repurchase, right of buy-back (AE); (Fin) right of redemption; **Rückkauf(s)vereinbarung** *n (f)* repurchase agreement; **Rückkaufswert** *n (m)* cash value; surrender value; redemption value; repurchase value
Rückkehrabsicht *n (f)* return intention; intention to return; animus revertendi
Rücklage *n (f)* reserve (fund); allocation to reserves; appropriated retained earnings; surplus funds; **Rücklagen für Instandhaltungsmaßnahmen** *n/pl (f)* reserve for maintenance costs
Rücklagenbildung *n (f)* building-up of reserves; saving
Rücklassung *n (f)* leaving (behind)
Rücklauf *n (m)* return (stroke); reflux; **Rücklaufwasser** *n (n)* return(-circuit) water
Rücknahme von Anteilscheinen *n/pl (f)* redemption of share (or fund) certificates; sale of share (or fund) units
Rücknahmegebühr *n (f)* redemption fee; withdrawal fee
Rücknahmepreis *n (m)* repurchase price; redemption price; withdrawal price
Rückseite *n (f)* back; rear side; reverse (side)
rückseitig *adj* back; rear; reverse (side)
rücksichtslos *adj* inconsiderate; thoughtless; ruthless; reckless
rückspringend *adj* recessed
Rückstand *n (m)* remains; sediment; arrear; (pl. Rückstände) backlog; outstanding debts; → Mietrückstände; **mit der Miete in Rückstand geraten** (to) be in arrears of rent, (ugs.) (to) be behind with the rent
Rückstau *n (m)* backlog; backwater; **Rückstauverschluss** *n (m)* backflow preventer; barrier

Rückstellung *n (f)* accrual; accrued liability; (transfer to) reserve; provision; contingencies fund; **Rückstellung für ungewisse Verbindlichkeiten** *n (f)* contingency reserve; **Rückstellung für unterlassene Instandhaltung** *n (f)* provision for outstanding maintenance

Rücktritt *n (m)* resignation; withdrawal (from a contract); **Rücktrittsklausel** *n (f)* escape clause; cancel(l)ation clause; **Rücktrittsrente** *n (f)* pension payable on resignation (e.g. to members of parliament)

Rückübereignung *n (f)* reconveyance; reallocation of state-owned property; **Rückübereignungsantrag** *n (m) Law* application for retransfer of ownership; e.g. of commandeered properties now in state ownership

Rückübertragung *n (f)* reconveyance

rückvergüten *v/t* reimburse (to); refund (to)

Rückvergütungsvertrag *n (m)* cost reimbursement contract

Rückversicherung *n (f)* reinsurance; **proportionale Rückversicherung** *n (f)* pro-rata reinsurance; proportional reinsurance

Rückwand *n (f)* back; rear wall; backing panel

rückwärts *adj* backwards; from the back

rückwirkend *adj* retroactive; back dated; retrospective(ly); **rückwirkend anpassen** *v/t* backdate (to) revise retrospectively (to)

rückzahlbar *adj* repayable; redeemable

Rückzahlung *n (f)* repayment; redemption; refund; rebate; payback; back-pay(ment); amortization; **Rückzahlung bei Endfälligkeit** *n (f)* final redemption; redemption at term; **Rückzahlung des Kapitals** *n (f)* repayment of principal; amortization of principal

periodische Rückzahlung *n (f)* amortization; payback; payoff; payout; **vorzeitige Rückzahlung** *n (f)* early redemption; advance repayment

rückzahlungsfreie Zeit *n (f)* period without repayment(s); grace period

gesamter Rückzahlungsbetrag *n (m)* total amount repayable

Rückzahlungsdatum *n (n)* redemption date

Rückzahlungskurs *n (m)* redemption price

Rückzahlungsrecht *n (n)* right of redemption

Rückzahlungsrendite *n (f)* yield to maturity

Rückzahlungszeitraum *n (m)* pay back period

Rückzug *n (m)* withdrawal; retreat

Ruderalvegetation *n (f)* ruderal vegetation; vegetation colonising disturbed places

Ruhegeld *n (n)* pension

Ruine *n (f)* ruin; ruins

Rundbau *n (m)* rotunda; circular building

Runddach *n (n)* compass roof

Rundfenster *n (n)* roundel; wheel window; bull's eye window; rose window

Rundholz *n (n)* log; spar; round timber

Rundschreiben *n (n)* circula (letter)

Rundstempel *n (m)* round (rubber) stamp

Rund-um-die-Uhr-Handel *n (m)* all day trading

Rundumsicht *n (f)* all-round visibility; all-round view(s)

Rundungsfehler *n (m)* rounding error

Rundverfügung *n (f)* official circular; government circular; circular issued by federal and state ministers of finance, and other high administrative agencies

Ruß *n (m)* soot; lampblack

Rüster *n (f)* elm (Ulmenholz)

Rustika *n (f) ArCo* → Bossenwerk

rustikal *adj* rustic; rural; country-style (e.g. furniture) (US)

Rüstungsbetrieb *n (m)* armament factory

rutschfest *adj* antiskid; non-skid; skidproof

Rüttelbeton *n (m)* jolted concrete; vibrated concrete

Rüttelbohle *n (f)* vibrator beam; aggregate vibrator

R-Wert *n (m)* R-value

S

Saal *n (m)* hall; **Saalbau** *n (m)* hall building
Sachanlagegüter *n/pl (n)* physical assets; tangible assets
Sachanlagen *n/pl (f)* tangible assets; fixed assets; financial assets; plant and equipment; properties; property plant and equipment; **Gruppe von Sachanlagen** *n (f)* class of (tangible) assets; **bewegliche Sachanlagen** *n/pl (f)* non-real estate fixed assets; **Sachanlagen im Bau** *n/pl (f)* assets under construction
Sachanlage(n)konto *n (n) Fin* fixed assets accounts; property account
Sachanlagevermögen *n (n)* fixed assets; financial assets; plant and equipment; property; tangible (fixed) assets
Sachaufklärungsgebot *n (n)* requirement for approved appraisers to be well informed and to have professional knowledge
sachdienlich *adj* pertinent; relevant; helpful
Sache *n (f)* thing, object; **bewegliche Sache** *n (f)* chattel; chose in possession; **gemietete Sache** *n (f)* property let; subject of a lease or hire agreement; **herrenlose Sache** *n (f)* bona vacantia (ownerless property); res nullius; **unbewegliche Sachen** *n/pl (f)* immovables; landed property; plant and equipment; property; real estate (US); realty (US)
Sacheinlage *n (f)* contribution in kind; investment in kind
Sachenrecht *n (n)* right in rem; interest in property; law of property; **Sachenrechtsbereinigungsgesetz (SachenRBerG)** *n (n)* German law on the adjustment of law of property
Sachgründung *n (f)* asset formation; formation of a company by transferring assets in-kind
Sachgüter *n/pl (n)* real assets; non-monetary assets
Sachkonten *n/pl (n)* real accounts; impersonal accounts; general ledger accounts
Sachkredit *n (m)* commodity credit; collateral loan; loan on real estate (US); real estate loan
Sachkunde *n (f)* professional expertise; expert knowledge
sachkundig *adj* expert; knowledgeable; competent; well-informed
Sachleistung *n (f)* contribution in kind; payment in kind
Sachmangel *n (m)* defect as to quality; redhibitory defect; redhibitory vice; **Sachmängelgewährleistung** *n (f)* statutory warranty of quality
Sachprüfer *n (m)* examiner (e.g. in patent office)
Sach- und Haftpflichtbereich *n (m)* property and casualty business (insur.)
Sachverhalt *n (m)* issues; facts; circumstances; **bilanzunwirksame Sachverhalte** *n/pl (m)* off-balance-sheet items
Sachvermögen *n (n)* assets; tangible property; tangibles; *Syn.: dingliches Vermögen*
Sachversicherung *n (f)* property insurance; non-life insurance
Sachverständigenausschuss *n (m)* committee of experts; valuation committee; **Sachverständigenbeirat** *n (m)* advisory council of experts; **Sachverständigenbeweis** *n (m)* expert proof; expert's testimony; **Sachverständigeneid** *n (m)* expert oath; sworn by e.g. valuers on official appointment; **Sachverständigengruppe** *n (f)* expert group; group of experts; **Sachverständigengutachten** *n (n)* expert's report; expert valuation; **Sachverständigenhaftung** *n (f)* expert's liability; liability of the valuer; **Sachverständigenmeinung** *n (f)* expert's opinion; **Sachverständigenordnung (SVO)** *n (f)* ordinance of expert witnesses; regulations concerning the appointment and conduct of experts; **Sachverständigenrat** *n (m)* council of experts; **Sachverständigen- und Gutachterakkreditierung** *n (f)* accreditation of surveyors and valuers; **Sachverständigenurteil** *n (n)* expert('s) judgement; expert('s) advice; **Sachverständigenverband** *n (m)* professional association of experts; **Sachverständigenverfahren** *n (n)* expert's method; expert procedure; **Sachverständigenwissen** *n (n)* expertise; professional knowledge
Sachverständiger *n (m)* expert; valuer; **amtlich bestellter Sachverständiger** *n (m)* of-

ficial appointed expert; **gerichtlich bestellter Sachverständiger** *n (m)* court-appointed expert (or valuer); **international zertifizierter Sachverständiger** *n (m)* certified international surveyor; **öffentlich bestellter Sachverständiger** *n (m)* publicly appointed expert; **öffentlich bestellter und vereidigter Sachverständiger (öbuvSV)** *n (m)* publicly appointed and sworn-in expert; **unabhängiger Sachverständiger** *n (m)* independent appraiser; independent expert; outside expert; **vereidigter Sachverständiger** *n (m)* sworn-in appraiser; sworn-in expert; **zertifizierter Sachverständiger** *n (m)* certified appraiser; certified expert; **zugelassener Sachverständiger** *n (m)* licensed appraiser (or surveyor); approved valuer

Sachwert *n (m)* real asset; asset value; depreciated replacement cost; (Bilanz) tangible asset; (Finanzanlagen) intrinsic value; (Grundstücke und Gebäude) real value; depreciated replacement cost; (Investition, Kapitalanlage) resource-based asset; (physikalisch) material asset; (Steuerrecht) asset value; (Volkswirtschaft) *n (m)* real asset; **Sachwertermittlung** *n (f)* valuation of physical assets; valuation of tangible assets; valuation of resourced-based assets; valuation on the basis of (depreciated) replacement costs; valuation on a cost basis; **Sachwertmethode** *n (f)* depreciated replacement cost method; **Sachwertobjekt** *n (n)* (type of) property normally valued on a depreciated replacement cost basis rather than to → Ertragswert; e.g. because it does not achieve an income; **Sachwertverfahren** *n (n)* cost approach; depreciated replacement cost approach; appraisal by summation (US); asset value method; real value method; **Sachwertversicherung** *n (f)* asset value insurance

Sackgasse *n (f)* dead end; dead-end street (US); cul-de-sac (GB); no through road

Sackleinen *n (n)* sacking; hessian; burlap

Sackzement *n (m)* bagged cement

Sägemehl *n (n)* saw dust

sägen *v/i* saw (to)

Sägespäne *n/pl (m)* chippings; wood shavings

Sägewerk *n (n)* sawmill

Saisonkomponente *n (f)* seasonal component

Saldenbestätigung *n (f)* confirmation of balance; confirmation letter; **Saldenliste** *n (f)* list of current account balances; subsidiary trial balance (bookkeeping)

saldieren *v/t* balance (to); close (to); net (out) (to); set off (to); offset (to)

Saldierung *n (f)* balance; balancing; closing; netting out; offsetting

Saldo *n (m)* (account) balance; accounting balance; bottom line; **negativer Saldo** *n (m)* negative balance; **konzerninterne Salden und Transaktionen** *n/pl* intra-group balances and transactions

Saldovortrag *n (m)* balance carried forward; balance brought forward; carry-forward

Salzwasser *n (n)* salt water

Sammelabschreibung *n (f)* group depreciation; **Sammelanalyse** *n (f)* combined analysis; pooled analysis; **Sammelbecken** *n (n)* reservoir; tank; storage basin; catchment area (geog.); (fig.) repository; **Sammelbehälter** *n (m)* collecting tank; reservoir; sump; **Sammelbewertung** *n (f)* group valuation; **Sammelgebiet** *n (n)* catchment area; **Sammelgrube** *n (f)* collecting pit; receiving tank; **Sammelkanal** *n (m)* collecting duct; catch drain; collector; intercepting drain; intercepting sewer; **Sammelklausel** *n (f) Fin* dragnet clause; omnibus clause; catch-all clause; **Sammelkonto** *n (n)* collective account; absorption account; omnibus account; summary account; **Sammelstraße** *n (f)* access road; link road; **Sammelsurium** *n (n)* eclectic mixture; mixed bag; motley collection; **Sammelversicherung** *n (f)* collective insurance; group insurance

Sammler *n (m)* collector

Sammlung *n (f)* collection; assemblage; **Sammlung von Hausmüll** *n (f)* refuse collection; refuse disposal; garbage collection (US); garbage disposal (US); rubbish disposal (GB)

Sanatorium *n (n)* sanatorium; sanitarium (US)

Sand *n (m)* sand; **Sandablagerung** *n (f)* sand deposit; **Sandboden** *n (m)* sandy ground; **Sanddamm** *n (m)* sand dam; **Sandfang** *n (m)* sand filter; sand trap; **Sandgrube** *n (f)* sand pit (quarry); **Sandmischung** *n (f)* sand mix; **Sandschicht** *n (f)* sand layer; **Sandstein** *n (m)* sandstone; **Sandton** *n (m)* sandy clay

sandhaltig *adj* arenaceous; sandy
sandig *adj* arenaceous
Sandwichplatte *n (f)* sandwich board; sandwich panel
sanieren *v/t* refurbish (to); revitalize (to); rehabilitate (to); redevelop (to)
Sanierung *n (f)* (Erneuerung) redevelopment; revitalization; (Finanzen) refinancing; recapitalization; (Gebäude) refurbishment; renovation; (Stadtteil) urban renewal; redevelopment; (Umwelt) restoration; rehabilitation; (von belasteten Altstandorten) brownfield redevelopment; brownfield regeneration; (Wiederherstellung des ursprünglichen Gebäudezustands) restoration; **Sanierung von belasteten Altstandorten** *n (f)* decontamination of polluted sites esp. old industrial properties; **städtebauliche Sanierung** *n (f)* urban improvement; urban redevelopment; urban renewal
Sanierungsaufwand *n (m)* cost of Sanierung; expenditure (in terms of money and/or effort) on Sanierung
Sanierungsbedürftigkeit *n (f)* need for refurbishment (or redevelopment)
sanierungsbeeinflusst *adj* affected by urban renewal measures
Sanierungsgebiet *n (n)* improvement area; general improvement area (GIA); action area; redevelopment area; (urban) renewal area
Sanierungskosten *n/pl* cost of Sanierung (refurbishment, redevelopment etc.)
Sanierungsmaßnahme *n (f)* urban renewal measure; redevelopment measure
Sanierungspflicht *n (f)* obligation to refurbish or redevelop
Sanierungsplan *n (m)* redevelopment plan; urban renewal plan
Sanierungsprojekt *n (n)* refurbishment project; redevelopment project; brownfield development
Sanierungssatzung *n (f)* redevelopment bye-law(s); redevelopment order
Sanierungsträger *n (m)* redeveloper; redevelopment contractor; organization sponsoring redevelopment
Sanierungsverfahren *n (n)* refurbishment method; clean-up method (contaminated land); redevelopment procedure; **förmliches Sanierungsverfahren** *n (n)* formal procedure for comprehensive redevelopment; **vereinfachtes Sanierungsverfahren** *n (n)* simplified reconstruction (or redevelopment) procedure
Sanierungsvermerk *n (m)* endorsement concerning redevelopment (in the → Grundbuch)
Sanitäranlagen *n/pl (f)* sanitary facilities; **Sanitärbereich** *n (m)* sanitary area; **Sanitärgebäude** *n (n)* sanitary building; **Sanitärinstallation** *n (f)* plumbing work; sanitary installations; **Sanitärräume** *n/pl (m)* sanitary areas; bathrooms and toilets; **Sanitärtechnik** *n (f)* public health engineering; sanitary engineering; **Sanitärzelle** *n (f)* sanitary module; bathroom (and toilet)
Sanktion *n (f)* sanction
Satellitenstadt *n (f)* satellite town; overspill town; new town
Satteldach *n (n)* double pitch roof; gable roof; pitched roof; ridge roof
Satzung *n (f)* statute; articles of incorporation; articles of association; charter; bylaws (US); corporate articles; memorandum of association (GB); **gemeindliche Satzung** *n (f)* local statute; communal bye-law; community statute
Sauberkeitsschicht *n (f)* granular sub-grade course; blinding layer
Saugpumpe *n (f)* suction pump
Säule *n (f)* column; **Säulenhalle** *n (f)* columned hall; **Säulenverfahren** *n (n)* term and reversion method (of valuation); column method
Säumnis *n (f)* delay; dilatoriness; default; tax delinquency; **Säumnisurteil** *n (n)* default judgement
Sauna *n (f)* sauna
SB-Markt *n (m)* → Selbstbedienungsmarkt
Schacht *n (m)* well; duct; canal; inspection chamber; manhole; shaft; **Schachtabdeckung** *n (f)* manhole covering; **Schachtbauweise** *n (f)* shaft construction; **Schachtbegehung** *n (f)* shaft inspection; **Schachtdeckel** *n (m)* manhole cover; **Schachteinstieg** *n (m)* manhole; well-cover
Schachtelprivileg *n (n)* affiliation privilege (tax); participation exemption (tax); intercorporate dividend exemption (tax)
Schaden *n (m)* damage; injury; harm; loss or damage (insur); prejudice; detriment; **fahrlässig verursachte Schäden** *n/pl (m)*

loss (or damage) caused by negligence; negligent waste; **immaterieller Schaden** *n (m)* immaterial damage; intangible damage; **materieller Schaden** *n (m)* material damage; **tatsächlicher (Vermögens-) Schaden** *n (m)* actual damages; actual loss; **verborgener Schaden** *n (m)* concealed damage; **versteckter Schaden** *n (m)* hidden damage; concealed damage

Schadenregulierer *n (m)* loss assessor; loss adjuster; claim(s) adjuster; adjuster (insur.)

Schadensachverständiger *n (m)* assessor (insur.); adjuster (insur.); claim(s) expert (insur.)

Schadensanalyse *n (f)* damage analysis; failure analysis

Schadensbeseitigungskosten *n/pl* damage repair costs; costs of repairing damage

Schaden(s)ersatz *n (m)* restitution; award of damages; compensation (for damages); indemnity; restitution; **Schaden(s)ersatz für immaterielle Schäden** *n (m)* compensation for immaterial damage; **Schaden(s)ersatz für materielle Schäden** *n (m)* special damages

angemessener Schaden(s)ersatz *n (m)* fair damages; adequate compensation; **erhöhter Schaden(s)ersatz** *n (m)* enhanced damages; aggravated damages; **pauschalierter Schaden(s)ersatz** *n (m)* → Vertragsstrafe; **verschärfter Schaden(s)ersatz** *n (m)* punitive damages

Schaden(s)ersatz leisten *v/t* indemnify (to); pay compensation (to); make amends (to); pay damages (to)

Schaden(s)ersatzanspruch *n (m)* claim for damages; claim to compensation; **Schaden(s)ersatzhaftung** *n (f)* liability to pay compensation; **Schaden(s)ersatzklage** *n (f)* claim for damages; action for compensation; **Schaden(s)ersatzpauschale** *n (f)* lump sum damages; lump sum compensation; **Schaden(s)ersatzpflicht** *n (f)* liability for damages; obligatory indemnification (insur.); **Schaden(s)ersatzrecht** *n (n)* law of tort; **Schaden(s)ersatzzahlung** *n (f)* payment of compensation; reparation

Schadensfall *n (m)* event of damage or loss; damage event (insur.)

Schadensforderung *n (f)* claim; notice of loss or damage

Schadensminderung *n (f)* mitigation of loss; reduction in losses; loss minimization

Schadensschätzung *n (f)* estimate of damage; assessment of loss

Schadensstatistik *n (f)* claims record; damage statistics; loss statistics

Schadensumfang *n (m)* extent of the damage

Schaden(s)versicherung *n (f)* indemnity insurance

schadhaft *adj* damaged; defective; faulty

schädigen *v/t* damage (to); impair (to); harm (to)

Schädigung *n (f)* damage; injury; impairment

schädlich *adj* harmful; noxious; deleterious; detrimental

Schädlingsbefall *n (m)* pest infestation; pest attack; **Schädlingsbekämpfung** *n (f)* pest control; **Schädlingsplage** *n (f)* pest infestation; pest attack

Schadloshaltungsklausel *n (f) Law* indemnity clause; hold-harmless clause (US)

Schadstoff *n (m)* harmful (or noxious) substance; pollutant; contaminant; **schadstoffbelastetes Erdreich** *n (n)* polluted soil; polluted ground

Schadstoffablagerung *n (f)* pollutant deposition; build-up of pollutants

Schaffung *n (f)* creation; establishment; origination (US); **Schaffung der Baufreiheit** *n (f)* clearing operations; site clearance and preparation for development

Schalarbeiten *n/pl (f)* shuttering work

Schale *n (f)* shell; **äußere Schale** *n (f)* external skin; outer leaf (of a cavity wall); **innere Schale** *n (f)* internal skin

Schalenbauweise *n (f)* shell construction

Schalenbeton *n (m)* shell concrete

Schalendach *n (f)* shell roof; **Schalendachkonstruktion** *n (f)* shell structure roofs

Schalenkonstruktion *n (f)* shell structure

Schall *n (m)* sound; **Schalldämmung** *n (f)* sound insulation; **Schallisolationsmaterial** *n (n)* acoustic insulating materials; **Schallpegel** *n (m)* sound level; noise level; **Schallquelle** *n (f)* source of sound (or noise); **Schallschutz** *n (m)* noise insulation; sound insulation; sound proofing; **Schallschutzeinrichtung** *n (f)* noise protection installation; **Schallschutzfenster** *n (n)* noise protection window; **Schallstärke** *n (f)* sound intensity

schalldicht *adj* soundproof
Schalplan *n (m)* formwork drawing; plan of formwork
Schalter *n (m)* **1.** switch; interruptor; contactor; **2.** counter; desk
Schalterdeckel *n (m)* switch cover plate
Schalterhalle *n (f)* banking hall; booking hall (e.g. station or airport)
Schaltjahr *n (n)* leap year
Schaltplan *n (m)* wiring diagram; circuit diagram
Schalttafel *n (f)* switchboard; switch panel; control panel
Schalung *n (f)* shutter; formwork; shuttering
Schalwand *n (f)* shuttering panel; wall form
Schamottestein *n (m)* firebrick; fireclay brick
Schankwirtschaft *n (f)* public house; bar; tavern; licensed premises
scharfkantig *adj* sharp-edged
Schattenpreis *n (m)* opportunity cost
Schatzanweisung *n (f)* exchequer bond; treasury bill; treasury warrant; treasury discount paper
schätzbar *adj* assessable
Schätzbetrag *n (m)* estimated amount
schätzen *v/t* value (to); appraise (to); assess (to); determine (to); estimate (to); guess (to)
schätzenswert *adj* commendable; estimable
Schätzer *n (m)* valuer; estimator; assessor; appraiser (US); **gerichtlich bestellter Schätzer** *n (m)* court-appointed valuer; **unabhängiger Schätzer** *n (m)* external valuer; independent appraiser; independent valuer
Schätzgebühr *n (f)* appraisal fee
Schätzkosten *n/pl* estimated costs
Schatzmeister *n (m)* treasurer
Schätzung *n (f)* valuation; appraisal; estimate; guess; assessment; appreciation; **Schätzung des Bodenwerts** *n (f)* estimate of land value
amtliche Schätzung *n (f)* official appraisal; official estimate; **beste Schätzung** *n (f)* best estimate; **grobe Schätzung** *n (f)* rough estimate; **vorläufige Schätzung** *n (f)* preliminary estimate; **vorsichtige Schätzung** *n (f)* safe estimate; cautious estimate
Schätzungsmethode *n (f)* method of estimation; method of assessment
Schätzungsrahmen *n (m)* assessment guidelines; framework of assessment; also: scheme of soil evaluation → Flurbereinigung
Schatzwechsel *n (m)* treasury bill (US); treasury note(s)
Schätzwert *n (m)* appraised value; assessed value; assessment; estimated value; **Schätzwert für Wohnimmobilien** *n (m)* assessed value of residential properties
Schaubild *n (n)* diagram; chart; figure; graph; plot
Schaufel *n (f)* shovel; spade
Schaufenster *n (n)* shopfront; **Schaufensterauslage** *n (f)* window display; **Schaufensterdekoration** *n (f)* window decoration(s)
Schaukasten *n (m)* display cabinet; showcase
Schaumbeton *n (m)* aerated concrete; cellular concrete; **Schaumstoff** *n (m)* expanded material; cellular material; foam; foam rubber; plastic foam
Scheck *n (m)* cheque (GB); check (US); **beglaubigter Scheck** *n (m)* certified cheque (or check)
Scheckbetrug *n (m)* cheque (US check) fraud; kiting; **Scheckfälschung** *n (f)* forgery of cheques (US checks)
Scheibenbauweise *n (f)* *ArCo* timber frame construction; (i.e. with elements consisting of a timber frame and one or more skins e.g. of plywood); platform frame construction (US); type of construction (timber frame or brick) using horizontal load-bearing elements to give freedom of internal layout
Scheidewand *n (f)* partition; (fig.) barrier
Scheidung *n (f)* divorce; separation; dissolution
Scheinauktion *n (f)* mock auction; **Scheinbestandteil** *n (m)* temporary element of a property that does not form part of e.g. the freehold; e.g. contractor's huts on a building site; **Scheineigentum** *n (n)* apparent title; colour of title; **Scheineigentümer** *n (m)* reputed owner; apparent owner; **Scheingeschäft** *n (n)* bogus transaction; colourable transaction; dummy transaction; sham deal; **Scheingesellschaft** *n (f)* dummy company; sham com-

S

pany; **Scheinkauf** *n (m)* fictitious purchase; mock (or sham) purchase; **Scheinvertrag** *n (m)* fictitious contract; sham contract; **Scheinwiderstand** *n (m)* impedance

Scheitelpunkt *n (m)* vertex; apex; zenith

Scheitern *n (n)* failure; breakdown; defeat; frustration

Schenkung *n (f)* gift; endowment; donation; **Schenkung(s)steuer** *n (f)* gift tax; **Schenkungsurkunde** *n (f)* deed of gift; deed of donation; gift letter (US)

Scheune *n (f)* barn

Schicht *n (f)* layer; stratum; **wasserführende Schicht** *n (f)* water-bearing stratum

Schichtenmauerwerk *n (n)* coursed (rubble) masonry

Schichtplatte *n (f)* plywood; laminated board

Schichtung *n (f)* → soziale Schichtung

Schiebebühne *n (f)* traverser; sliding stage; transfer table; **Schiebefenster** *n (n)* sash window; sliding window; **Schiebefensterrahmen** *n (m)* window sash; **Schiebeflügelrahmen** *n (m)* sash; **Schiebeleiter** *n (f)* extension ladder; sliding ladder; **Schiebeluke** *n (f)* sliding hatch (cover); **Schiebetor** *n (n)* sliding gate; **Schiebetür** *n (f)* sliding door

Schiedsantrag *n (m)* request (or application) for arbitration

Schiedsausschuss *n (m)* arbitration committee

Schiedsgericht *n (n)* court of arbitration; arbitration tribunal; **Schiedsgerichtsbarkeit** *n (f)* arbitral jurisdiction; arbitration; **Schiedsgerichtsklausel** *n (f)* arbitration clause; **Schiedsgerichtsordnung** *n (f)* rules of arbitration; arbitration code; **Schiedsgerichtsvereinbarung** *n (f)* agreement to arbitrate; arbitration settlement; **Schiedsgerichtsverfahren** *n (n)* arbitration; arbitration tribunal procedure

Schiedsgutachten *n (n)* arbitration report

Schiedsgutachter *n (m)* arbitrator; adjudicator

Schiedsklausel *n (f)* arbitration clause

Schiedskommission *n (f)* arbitration commission; arbitration committee; arbitration panel

Schiedsobmann *n (m)* umpire; decides between the opinion of two or more conflicting arbitrators

Schiedsort *n (m)* place of arbitration

Schiedsparteien *n/pl (f)* parties to an arbitration

Schiedsrichter *n (m)* referee; arbiter; arbitrator

Schiedsspruch *n (m)* award; arbitrator's award; arbitral award; arbitration award

Schiedsvereinbarung *n (f)* arbitration agreement

Schiedsverfahren *n (n)* arbitration; arbitration procedure; conciliation; mediation; settlement in arbitration proceedings

Schiedsvermittlung *n (f)* arbitration; arbitration procedure; conciliation; mediation

Schiedsvertrag *n (m)* arbitration agreement

schief *adj* skew; inclined; oblique; slant; leaning; slanting; lopsided; awry; (colloq.) cock-eyed

Schiefer *n (m)* slate; **Schieferbedachung** *n (f)* slate roofing; slate roof cladding; **Schieferdecker** *n (m)* roof slater; **Schieferplatte** *n (f)* slate

schiefwinklig *adj* oblique angled

Schiene *n (f)* rail; bar; track; busbar; guide rail

Schienengewölbe *n (n)* *ArCo* Lit. „railed vault"; type of vaulted ceiling comprising a number of barrel- (or tunnel-) vaulted bays supported on parallel steel girders, often re-cycled railway rails; *Syn.: Preußische Kappendecke, Berliner Gewölbe*

Schiffswerft *n (f)* shipyard

Schikane *n (f)* harassment; bullying; vexatiousness; victimisation

Schild *n (n)* sign; nameplate; signpost; roadsign

Schimmel *n (m)* fungus; mo(u)ld; mildew

Schindel *n (f)* shingle; clapboard; **Schindeldach** *n (n)* shingle roof

Schirmdach *n (n)* umbrella roof

Schlachterei *n (f)* butcher's shop; slaughterhouse; *Syn.: Metzgerei, Fleischerei*

Schlachthaus *n (n)* abattoir; slaughter house

Schlachthof *n (m)* abbatoir; slaughter house

Schlackenbeton *n (m)* clinker concrete; cinder concrete; slag concrete; **Schlackenwolle** *n (f)* slag wool; **Schlackenzement** *n (m)* slag cement; slagment

Schlafzimmer *n (n)* bedroom; **Schlafzimmerschrank** *n (m)* wardrobe; bedroom cupboard; (clothes) closet (US)

S

Schlag *n (m)* impact; blow; shock; strike; knock
Schlamm *n (m)* sludge; mud; silt
Schlauch *n (m)* tube; hose(pipe); **Schlauchanschluss** *n (m)* hose connection
Schlechterfüllung *n (f)* default; faulty performance; defective performance
schlecht gebaut *adj* badly constructed; jerry-built
Schleichweg *n (m)* shortcut; rat run
Schleife *n (f)* loop; bow
schleifen *v/t* grind (to); hone (to); sharpen (to); abrade (to); burnish (to); sand(paper) (to)
Schleiflack *n (m)* (polishing) varnish; **Schleifmaschine** *n (f)* grinder; grinding machine; **Schleifmittel** *n (n)* abrasive
Schleppdach *n (n)* monopitch roof; lean-to roof
Schleuderpreis *n (m)* give-away price; knockdown price; price cut to the bone
Schlichtbauweise *n (f)* (plain and) simple construction
schlichten *v/t* mediate (to); settle by arbitration (to)
Schlichter *n (m)* mediator; arbiter; adjudicator; arbitrator; troubleshooter
Schlichtung *n (f)* mediation; arbitration; settlement; reconciliation; **Schlichtungsvereinbarung** *n (f)* conciliation agreement; arbitration agreement; **Schlichtungsvertrag** *n (m)* conciliation agreement; arbitration agreement
Schlick *n (m)* sludge; alluvium; alluvion
Schließanlage *n (f)* locking system; master-keyed system
Schließblech *n (n)* striking plate
Schließfach *n (n)* locker; safe deposit box
Schließung *n (f)* closure; shutting; shutdown; closing down
Schließvorrichtung *n (f)* locking facility; locking system
Schlitz *n (m)* slit; slot; trench
Schloss *n (n)* lock; palace, castle
Schlosser *n (m)* locksmith; mechanic; fitter
Schlot *n (m)* chimney; smokestack
Schlupfwinkel *n (m)* hideout; haunt; den (fig.)
Schluss *n (m)* close; closing; conclusion; finish; termination; **Schlussabrechnung** *n (f)* final account; final billing; **Schlussfolgerung** *n (f)* conclusion; inference; **Schlussplädoyer** *n (n)* summing up; closing statement; **Schlussprotokoll** *n (n)* final protocol; **Schlussrechnung** *n (f)* final account for services; final statement; account settlement; **Schlusszahlung** *n (f)* final payment
Schlüssel *n (m)* key
schlüsselfertig *adj* turnkey
Schlüsselgeld *n (n)* key money; compensation to outgoing tenant
Schlüsselgrundstück *n (n)* key site; key lot (US)
schmälern *v/t* curtail (to); reduce (to); impair (to)
Schmälerung *n (f)* curtailment; reduction; derogation; impairment; disparagement
Schmied *n (m)* blacksmith; smith; **Schmiedearbeit** *n (f)* forging; (wrought) ironwork; blacksmith work; forged steelwork; **Schmiedeeisen** *n (n)* wrought iron; forging steel; **Schmiedewerkzeug** *n (n)* blacksmith's tools
Schmiergeld *n (n)* bribe; sweetener; payoff
schmierig *adj* grubby; greasy; smutty; smudgy; grimy
Schmutz *n (f)* dirt; filth; smut; soil
Schmutzfleck *n (m)* dirty mark; smudge
schmutzig *adj* dirty; smutty
Schmutzwasser *n (n)* sewage; soil water; wastewater; **Schmutzwasserkanal** *n (m)* sewer; wastewater drain; **Schmutzwasserleitung** *n (f)* sewer; wastewater drain; **Schmutzwasserstrang** *n (m)* main sewer
Schnäppchen *n (n)* bargain
Schneelast *n (f)* snow load
Schneeräumung *n (f)* snow removal
Schnellimbiss *n (m)* snack bar; fast-food restaurant
Schnellrestaurant *n (n)* cafeteria; snack bar; fast-food restaurant
Schnellschussgutachten *n (n)* quick and dirty valuation (or report); rushed valuation
Schnellstraße *n (f)* dual carriageway; highway; divided highway (US); freeway (US); expressway (US); thruway (US)
Schnitt *n (m)* intersection; sectional view; cut; serration
Schnittholz *n (n)* sawn timber; lumber (US); trimmed timber
Schnittkräfte *n/pl (f)* static forces; internal forces; stress resultants
Schnurgerüst *n (n)* batter board; profile board

Schonfrist *n (f)* grace period; period of grace
Schönheitsreparaturen *n/pl (f)* basic repairs; (internal) decorative repairs
schöpferisch *adj* creative; productive
Schornstein *n (m)* chimney; stack; **Schornsteineinfassung** *n (f)* chimney flashing; **Schornsteinkappe** *n (f)* chimney cap; **Schornsteinzunge** *n (f)* midfeather
Schottenbauweise *n (f)* crosswall construction
Schotter *n (m)* gravel; ballast; broken stone; crushed stone
schraffiert *adj* hatched
Schraffur *n (f)* hatching
schräg *adj* sloping; slanting; bevel(l)ed; diagonal; oblique; skew(ed)
Schrägdach *n (n)* pitched roof
Schräge *n (f)* slant; bevel; skew(ness)
Schrägwand *n (f)* batter wall
Schrank *n (m)* cupboard; cabinet; closet (US)
Schranke *n (f)* bar; barrier; level-crossing; boom; limit; gate; bound (maths)
Schranktürschloss *n (n)* cupboard lock; drawer lock
Schraube *n (f)* screw, bolt; **Schraubenmutter** *n (f)* nut
Schrebergarten *n (m)* allotment (garden)
Schreibkraft *n (f)* typist; clerical staff
Schreibwaren *n/pl (f)* stationery; writing materials
Schreiner *n (m)* joiner; carpenter; **Schreinerarbeit** *n (f)* joinery (work); carpentry work; **Schreinerhammer** *n (m)* claw hammer; joiner's hammer
Schriftformerfordernis *n (f) Law* requirement for written form
Schriftstück *n (n)* paper; document; deed; instrument in writing
Schritt *n (m)* foot; footfall; measure (fig.); move; pace; step; pitch; stride; unit interval; iteration
Schrotthändler *n (m)* scrap merchant
Schrottimmobilie *n (f)* junk property; property (or real estate investments) sold at inflated prices and/or with false guarantees of letting prospects
Schrottplatz *n (m)* scrap yard
Schrottwert *n (m)* scrap value; salvage value
Schrumpfung *n (f)* shrinking; shrinkage
Schub *n (m)* thrust; impulse; shear; batch; advance; **Schubbewehrung** *n (f)* shear reinforcement; web reinforcement; **Schubfestigkeit** *n (f)* shearing strength
Schubkarren *n (m)* wheel barrow
Schublade *n (f)* drawer; **Schubladenboden** *n (m)* drawer bottom; **Schubladenfront** *n (f)* drawer front
Schufa (Schutzgemeinschaft für allgemeine Kreditsicherung) *n (f) Org, Fin* credit protection/reference agency
Schuld *n (f)* debt; liability; blame; **schuldhaftes Mitwirken** *n (n)* culpable cooperation
Schuldanerkenntnis *n (n)* acknowledgement of indebtedness; acceptance of a debt; **schriftliche Schuldanerkenntnis** *n (f)* recognizance; written acknowledgement of a debt; note (US); promissory note (US)
Schuldbrief *n (m) Law (esp. CH)* mortgage note; borrower's note; differing from a → Grundpfandverschreibung mainly in that it is a negotiable instrument whilst the latter can only be transferred on written assignment
Schulden *n/pl* debt(s); outstanding debts; **kurzfristige Schulden** *n/pl* current liabilities; **langfristige Schulden** *n/pl* long-term debt; non-current liabilities
Schuldenaufschlüsselung *n (f)* debt breakdown; itemisation of debts
Schuldenbefreiung *n (f)* release from debt
Schuldenbereinigung *n (f)* settlement of debts; debt restructuring
Schuldendeckung *n (f)* debt coverage; **Schuldendeckungsgrad** *n (m)* debt (coverage) ratio
Schuldendienst *n (m)* debt service; debt servicing; **jährlicher Schuldendienst** *n (m)* annual debt service; **konstanter Schuldendienst** *n (m)* level debt service (US); constant mortgage amortization; constant loan repayment
Schuldenerlass *n (m)* waiving of debts; quittance; debt relief; forgiveness of a debt; remission of debt
Schuldenfaktor *n (m)* debt factor
schuldenfrei *adj* clear; free and clear; free from (or of) debt; without debt
Schuldenlast *n (f)* debt burden; total debt
Schuldenrückzahlung *n (f)* repayment of debts
Schuldensaldo *n (m)* debit balance
Schuldinstrument *n (n)* debt instrument

Schuldner *n (m)* debtor; obligor; **zahlungsunfähiger Schuldner** *n (m)* bad debtor; defaulting debtor; insolvent debtor
Schuldnerkündigungsrecht *n (n)* call option
Schuldposten *n/pl* accounts payable; debit; liabilities
Schuldrecht *n (n)* law of contract; law of obligation; **Schuldrechtsänderungsgesetz (SchuldRÄndG)** *n (n)* German law on the adjustment of law of contract
Schuldschein *n (m)* bond; debenture; promissory note; certificate of debt
Schuldübernahme *n (f)* assumption of debt; assumption of liabilities; **befreiende Schuldübernahme** *n (f)* assumption of debt in discharge of the old debtor **Schuldübernahmeklausel** *n (f)* assumption clause
Schuldumschaffung *n (f)* novation
Schuldverhältnis *n (n)* obligation
Schuldverschreibung *n (f)* debenture; bond; treasury bond; **begebbare Schuldverschreibung** *n (f)* negotiable (debenture) bond; **kommunale Schuldverschreibung** *n (f)* local authority bond; municipal bond; municipal note; **ungedeckte Schuldverschreibung** *n (f)* naked debenture
Schuldzinsen *n/pl (m)* interest on debts
Schule *n (f)* school; **Schulhof** *n (m)* playground; schoolyard (US)
Schulungsraum *n (m)* class room; training room
Schürfrecht *n (n) Law* (minerals) unproven property, on which estimated mineral reserves have not yet been attributed; real property for which estimated reserves of minerals have not been attributed; a mineral deposit is first explored (unproven property) and than exploited (developed property).
Schüttmaterial *n (n)* fill material; ballast
Schüttung *n (f)* ballast; fill; embankment
Schutz *n (m)* safeguard; protection; **Schutz Dritter** *n (m)* third-party cover
Schutzanstrich *n (m)* finish(ing) coat; protective coat (paint)
Schutzdach *n (n)* canopy; shelter; (Windfang) porch
schützen *v/t* protect (to); defend (to); cover (to); preserve (to)
Schutzfläche *n (f)* safety zone; area of coverage (fire protection)
Schutzfrist *n (f)* retention period; term of copyright
Schutzgebiet *n (n)* preservation area; conservation area; protected area
Schutzhülle *n (f)* casing; protective cover; protective sheath(ing)
Schutzhülse *n (f)* sleeve; protective ring (elec.)
Schutzisolierung *n (f)* protective insulation
Schutzklasse *n (f)* protection class; protection category
Schutzklausel *n (f)* protective clause
Schutzleiste *n (f)* protective strip; guard strip; nosing
Schutzplatte *n (f)* backing board; apron
Schutzrecht *n (n)* proprietary right; trade mark right; **gewerbliches Schutzrecht** *n (n)* industrial property right
Schutzrohr *n (n)* protective conduit
Schwachstromarmaturen *n/pl (f)* low-voltage fittings
Schwankung *n (f)* variation; fluctuation; **Schwankungsbreite** *n (f)* range of variation
Schwarzbeton *n (m)* bituminous concrete
Schwarzdecke *n (f)* blacktop; tarmac
Schwarzkauf *n (m)* purchase with "under-the-table" payment (e.g. to evade tax)
Schwebebahn *n (f)* aerial cableway; cable railway; suspended railway (GB); suspended railroad (US)
schwebend *adj* pending; floating
Schwedisches Dach *n (n) ArCo* → Biberschwanzkronendeckung
Schweigepflicht *n (f)* professional discretion; duty of discretion
Schweinezyklus *n (m)* exaggerated (boom and bust) market cycle resulting from producers' (or developers') delayed and/or over-reaction to up- or downswing conditions; „bullwhip effect", „pig cycle"
Schweißbrenner *n (m)* welding torch
Schweißverbindung *n (f)* welded joint
Schwelle *n (f)* sill; threshold; sleeper; tie (US)
schwellen *v/t* swell (to); rise (to)
Schwellenpreis *n (m)* threshold price
Schwellenwert *n (m)* threshold value, contract value; as at 1 January 2010 contracts for public works with a Schwellenwert over 4.845 million EUR / 3,927,260 million GBP (excl. VAT) must be put out to tender Europe-wide, below that level a national

S

tender procedure is allowed → Nachprüfungsverfahren

Schwemmland *n (n)* alluvial land; bottomland (US)

Schwenkarm *n (m)* swivel arm

Schwerbeton *n (m)* dense concrete; heavy-(weight) concrete

Schwergewichtsstützmauer *n (f)* gravity retaining wall

Schwerindustrie *n (f)* heavy industry

Schwerpunkt *n (m)* centre of gravity; emphasis; focal point

Schwestergesellschaft *n (f)* affiliate; affiliated company; associated company; sister company

Schwesternwohnheim *n (n)* nurses' home; nurses' hostel (US)

Schwierigkeit *n (f)* difficulty; problem; complication; **Schwierigkeitsstufe** *n (f)* level of difficulty; used e.g. in setting appropriate fee scales

Schwimmbecken *n (n)* swimming pool

Schwingflügel *n (m)* horizontally pivoted sash; **Schwingflügelfenster** *n (n)* pivot window

Schwinggatter *n (n)* kissing gate

Schwingtor *n (n)* tilt-up door; tip-up door; up and over door

Schwitzwasser *n (n)* condensate; condensation water; perspiration

Schwund *n (m)* contraction; shrinkage; dwindling

Scoringverfahren *n (n)* scoring procedure(s)

Segeltuch *n (n)* canvas; sailcloth

Segment *n (n)* segment; **geografisches Segment** *n (n)* geographical segment

Segmentberichterstattung *n (f)* reporting by market segment; segment information (accounts)

Segmentergebnis *n (n)* segment result

Segmentierung nach Kreditlebenszyklus *n (f)* segmenting (risk) by credit vintage (or stage of life cycle); **primäre Segmentierungsebene** *n (f)* primary segment; **sekundäre Segmentierungsebene** *n (f)* secondary level of segmentation

segmentspezifisch *adj* specific to a particular segment

Sehenswürdigkeit *n (f)* place of interest; landmark; sight (worth seeing)

Sehne *n (f)* chord (maths)

Seidenglanzlack *n (m)* semi-gloss enamel; silk-finish paint

Seifenschüssel *n (f)* soap dish

Seite *n (f)* side; page; party; aspect; **Seitenansicht** *n (f)* side view; side elevation; print preview (comp); **Seitenfenster** *n (n)* side window; **Seitenfläche** *n (f)* lateral surface; side face; **Seitengebäude** *n (n)* outhouse (GB); side building; **Seitenlicht** *n (n)* side-light; **Seitentür** *n (f)* side-door; **Seitenwand** *n (f)* side wall

Sekretärin *n (f)* secretary

Sektor *n (m)* sector; **öffentlicher Sektor** *n (m)* public sector; **sekundärer Sektor** *n (m)* secondary sector; **tertiärer Sektor** *n (m)* tertiary sector

selbstabdichtend *adj* self-sealing

Selbstbedienungsladen *n (m)* self-service shop; *Syn.: SB-Laden;* **Selbstbedienungsmarkt** *n (m)* supermarket; *Syn.: SB-Markt;* **Selbstbedienungsstation** *n (f)* self-service filling station; self service gas station (US); **Selbstbedienungsverbrauchermarkt** *n (m)* (self-service) hypermarket; (self-service) superstore; *Syn.: SB-Verbrauchermarkt;* **Selbstbedienungswarenhaus** *n (n)* self-service store; *Syn.: SB-Warenhaus*

Selbstbestimmung *n (f)* self-determination; **Selbstbestimmungsrecht** *n (n)* right of self-determination

Selbstbeteiligung *n (f)* (insurance) excess; contribution (insur.); deductible (US); co-insurance by the insured

Selbstbeurteilung *n (f)* self-assessment; self-rating

selbsternannt *adj* self-styled; would-be

Selbsthilfe *n (f)* self-help

Selbstkosten *n/pl* prime costs; original costs; cost of sales; **Selbstkostenpreis** *n (m)* (at) cost price

Selb(st)ständiger *n (m)* self-employed person

selbsttragend *adj* self-supporting

Selbstüberwachung *n (f)* self-monitoring; automatic self-test

Selbstversicherung *n (f)* self-insurance

Selbstverwaltung *n (f)* autonomy; self-administration; self-government; **kommunale Selbstverwaltung** *n (f)* local autonomy; communal self-administration; community self-administration; subsidiarity; **gemeindliche Selbstverwaltungsaufgabe** *n (f)* communal functions governed by the principle of self-government

Selektion *n (f)* selection; screening

S

Seltenheitswert *n (m)* scarcity value
Seminarräume *n/pl (m)* seminar room; training rooms
Sendung *n (f)* package; parcel; consignment; batch
Seniorenheim *n (n)* home for the aged; old people's home; nursing home; life-care facility (US); **Seniorenresidenz** *n (f)* life-care facility (US); home for the elderly; sheltered housing; **Seniorenwohnungen** *n/pl (f)* elderly housing (apartments); sheltered housing
Senkblei *n (n)* plumb line; lead (naut.); plumb bob; **Senkgrube** *n (f)* cesspool; cesspit; sinkhole; **Senkkasten** *n (m)* caisson
senkrecht *adj* vertical; perpendicular; plumb
Senkung *n (f)* lowering; lessening; subsidence; sinking; depression; decrement
Sensitivitätsanalyse *n (f)* sensitivity analysis;
Servicefläche *n (f)* general purpose accommodation; for e.g. showrooms, workshops etc. usually occupied with office accommodation but fitted out to a lower standard
flächendeckendes Servicenetz *n (n)* region-wide service network
Servicewohnanlage *n (f)* serviced apartments
Service-Wohnung *n (f)* serviced apartment; serviced flat
Servitut *n (n)* easement; real servitude; servitude; **Servitutenprotokoll** *n (n) Law (CH)* official register of easements and servitudes maintained by the → Grundbuchamt
Sessel *n (m)* armchair; easy chair; lounge chair
Setzriss *n (m)* settlement crack
Setzung *n (f)* settlement (of a building); subsidence
Sheddach *n (n)* shed roof; northlight roof; sawtooth roof
Shoppingcenter *n (n)* shopping centre; (US) shopping center, (shopping) mall; *Syn.: Einkaufszentrum*
sicher *adj* safe; secure; firm
Sicherheit *n (f)* safety; security; collateral; earnest money (US); surety; guaranty; security deposit; **Sicherheit für eine Forderung** *n (f)* security for a debt
akzessorische Sicherheit *n (f)* accessory security; collateral security; **dingliche Sicherheit** *n (f)* collateral security; **finanzielle Sicherheit** *n (f)* financial security (or collateral); **hypothekarische Sicherheit** *n (f)* mortgage collateral; **physische Sicherheit** *n (f)* physical collateral; **vergleichbare Sicherheiten** *n/pl (f)* comparable securities; **zusätzliche Sicherheit** *n (f)* collateral; additional security
Sicherheiten anschaffen *v/t* supply collateral (to); provide security (to); **Sicherheiten bestellen** *v/t* furnish collateral (to); **Sicherheiten gewähren** *v/t* secure (to); **Sicherheiten leisten** *v/t* furnish security (to)
Sicherheitenspiegel *n (m)* collateral sheet
Sicherheitsabschlag *n (m)* haircut (finan.); safety factor deduction; security discount
Sicherheitsabstand *n (m)* safe distance; safety margin
Sicherheitsbeleuchtung *n (f)* security lighting, emergency illumination; emergency lighting; safety lighting
Sicherheitserfordernisse *n/pl (n)* security requirements; safety requirements
Sicherheitsglas *n (n)* shatterproof glass; safety glass; laminated safety glass
Sicherheitsleistung *n (f)* surety; bail; payment bond
Sicherheitsleuchte *n (f)* safety light
Sicherheitsmarge *n (f)* safety margin; solvency margin; **Sicherheitsmargensatz** *n (m)* haircut
Sicherheitsreserve *n (f)* contingency fund (or reserve); safety margin
Sicherheitsrücklage *n (f)* contingency fund; reserve for contingencies
Sicherheitssystem *n (n)* security system
Sicherheitstechnik *n (f)* security technology; safety technology
Sicherstellung *n (f)* securing; providing a surety (or indemnity)
Sicherung *n (f)* fuse; protection; safety device; safeguard; safeguarding; backing-up (comp); **Sicherung der Bauleitplanung** *n (f)* development controls
Sicherungsabtretung *n (f)* assignment by way of security; **Sicherungsbeziehung** *n (f)* hedge; **Sicherungseigentum** *n (n)* owner of collateral security; ownership by way of security; preferred security interest; **Sicherungsgegenstand** *n (m)* collateral security; **Sicherungsgeschäft** *n (n)*

hedge; hedging activity; **Sicherungsgrundschuld** *n (f)* mortgage securing; land charge securing a loan; **Sicherungshypothek** *n (f)* conventional mortgage; legal mortgage; **Sicherungsinstrument** *n (n)* hedging instrument; **Sicherungsnehmer** *n (m)* secured party; **Sicherungspfandrecht** *n (n)* equitable lien; charging lien; **Sicherungsrecht** *n (n)* security interest; **Sicherungsübereignung** *n (f)* chattel mortgage; transfer of property by way of security; **Sicherungsvermögen** *n (n) Fin, insur.* restricted assets (Anlageverordnung); cover fund(s), premium reserve fund; previously referred to as Deckungsstockvermögen; → Deckungsstock; **Sicherungswert** *n (m)* back-up value

Sicht *n (f)* sight; view; visibility

sichtbar *adj* visible; exposed; noticeable

Sichtbeton *n (m)* exposed concrete; exposed concrete finish

Sichtdreieck *n (n)* vision splay

Sichteinlagen *n/pl (f)* demand deposits (bank); sight deposits (bank)

Sichtfläche *n (f)* visible area

Sichtlinie *n (f)* sight line; line-of-sight

Sichtmauerstein *n (m)* face brick; face brick; **Sichtmauerwerk** *n (n)* exposed brickwork (or masonry); fair-faced brickwork; face brickwork

Sichtschutzwand *n (f)* screen wall

Sichtziegel *n (m)* facing brickwork; exposed brickwork

Sickeranlage *n (f)* french drain; soakaway; **Sickerdole** *n (f)* soakaway; sand drain; **Sickergraben** *n (m)* rubble drain; seepage trench; **Sickergrube** *n (f)* settlement pit; soakage pit; soakaway; **Sickerschacht** *n (m)* soakaway; absorbing well; seepage draft

Sickerung *n (f)* seepage; percolation

Sickerwasser *n (n)* percolation water; diffused surface water; seepage water; gravitational water

Siedlung *n (f)* settlement; housing development; residential area; housing estate; **Siedlungsabfalldeponie** *n (f)* housing estate waste dump; **Siedlungsdichte** *n (f) Plan* population density of built-up area; quotient of total population and area of → Siedlungs- und Verkehrsfläche (built-up areas and transport infrastructure); **Siedlungsgebiet** *n (n)* residential land; residential area; housing area (US); **Siedlungsgrenze** *n (f)* border (or edge) of a housing estate or residential area; **Siedlungsplanung** *n (f)* planning of settlements; residential planning; **Siedlungsstruktur** *n (f)* residential structure (e.g. of a country or region); structure of development of housing estates; **Siedlungs- und Verkehrsfläche** *n (f) Plan* area occupied by built-up areas (residential and commercial) and transport infrastructure; **Siedlungshäuser** *n/pl (n)* housing estate; estate-type houses

Signalisierung *n (f)* signal(l)ing; alarm indication

Signalsystem *n (n)* signal system

Signatur *n (f)* signature

Signifikanztest *n (m)* (statistics) test of significance

Silo *n (m)* silo; storage bin

Sims *n (m)* cornice; ledge; **Simsbrett** *n (n)* fascia board; window board

simulieren *v/t* simulate (to)

sinken *v/i* go down (to); drop (to); fall (to); descend (to); come down (to); de-escalate (to) (US)

Situation *n (f)* situation; position

situationsgebunden *adj* related to (or dependent on) situation

Situationsmerkmal *n (n)* character of a situation; characteristic(s) of a situation

Sitz *n (m)* seat; headquarters (registered office); place of residence; **Sitz der Geschäftsleitung** *n (m)* corporate headquarters; **Sitz einer Firma** *n (m)* place of registration; registered office; place of business; **Sitz eines Unternehmens** *n (m)* place of business

satzungsmäßiger Sitz *n (m)* registered office

Sitzbank *n (f)* bench

Sitzordnung *n (f)* seating arrangement(s); seating plan

Sitzstreik *n (m)* sit-in; sit-down strike

Sitzung *n (f)* meeting; session; conference; sitting

Skala *n (f)* scale; range; **Skaleneffekte** *n/pl (m)* economies of scale; **abnehmende Skalenerträge** *n/pl (m)* diseconomies of scale

Skelett *n (n)* framework; skeleton; **Skelettbau** *n (m)* framed structure; frame(d) construction

Skizze *n (f)* sketch; (rough) layout; draft; (sketch) design; outline; **vorläufige Skizze** *n (f)* preliminary sketch
skizzenhaft *adj* sketchy; rough
skizzieren *v/t* sketch (to); outline (to); delineate (to)
Skonto *n (n)* discount; cash discount; **gewährte Skonti** *n/pl (n)* discounts allowed (or granted)
Slum *n (m)* slum(s); ghetto (US)
Smogwetterlage *n (f)* smog (weather) conditions
Sockel *n (m) ArCo* base; footing; mounting; plinth; **Sockelbalken** *n (m)* plinth beam; **Sockelfliese** *n (f)* base tile; skirting tile; **Sockelgeschoss** *n (n)* (GB) lower ground floor; semi-basement; often used for buildings on sloping sites where one side of a lower floor is at ground level and the other at basement level; *Syn.: Souterrain*; **Sockelleiste** *n (f)* baseboard (US); skirting (board (GB); **Sockelleitung** *n (f)* under floor pipeline; **Sockelmauer** *n (f)* plinth wall
Sofa *n (n)* settee; sofa
Sohlenkote *n (f)* invert level
Solaranlage *n (f)* solar collector system; solar power plant
Solarheizung *n (f)* solar heating; **aktive Solarheizung** *n (f)* active solar heating; **passive Solarheizung** *n (f)* passive solar heating
Solartechnik *n (f)* solar engineering; solar technology
Solawechsel *n (m)* (negotiable) promissory note; sole bill (of exchange); note (fin.); *Syn.: Eigenwechsel*
Solidaritätszuschlag *n (m)* "solidarity" surcharge; additional income tax originally intended to contribute towards German reunification
solide *adj* respectable; firm; sound
Sollanspruch *n (m)* calculated freeholder's share (based on original ownership) in a land reallocation (Flächenumlegung)
Soll-Ist-Vergleich *n (m)* comparison of budget with actual figures; comparison of performance to budget; target-performance comparison
Sollkosten *n/pl* target costs; budget costs; **Sollkostenrechnung** *n (f)* target cost calculation; budget cost calculation
Sollmiete *n (f)* expected rental income
Sollsaldo *n (n)* debit balance
Sollwert *n (m)* target value; desired value; reference value
Sollzinsen *n/pl (m)* debit interest; debtor interest; interest expense
Sollzinssatz *n (m)* debit interest rate; borrowing rate
Solvenz *n (f)* solvency; ability to pay; capacity to pay
Sommerhaus *n (n)* holiday home; vacation home (US); summerhouse; gazebo; **Sommerpreise** *n/pl (m)* summer prices (hotels etc.)
Sonderabfalldeponie *n (f)* special waste dump; landfill (site) for hazardous waste
Sonderabgabe *n (f)* surcharge; additional tax (or duty)
Sonderabschreibung *n (f)* additional capital allowance; special depreciation; special tax allowance; extraordinary depreciation; extraordinary write-off
Sonderangebot *n (n)* special offer; action price; (US) premium offer
Sonderausstattung *n (f)* extras; special equipment; optional equipment; upgrades (US)
Sonderbaufläche *n (f)* area zoned for special type of development (e.g. wind energy, retail in a mainly residential area)
Sonderbedingungen *n/pl (f)* special terms and conditions
Sonderbelastung *n (f)* special charge; particular financial burden
Sonderbevollmächtigter *n (m)* person authorized to carry out a specific function, attorney ad hoc; special agent
Sondereigentum *n (n)* (resid.) → Alleineigentum (individual freehold ownership) in a particular (condo or commonhold) apartment, plus → Teileigentum (part ownership) of non-habitable rooms
Sonderfachgebiet *n (n)* specialist area (esp. academic)
Sondergebiet *n (n)* special zone (for planning purposes)
Sonderimmobilien *n/pl (f)* special (types of) property
Sonderkonditionen *n/pl (f)* special conditions; special terms
Sondermüll *n (m)* hazardous waste; toxic waste; special refuse (or waste)
Sondernachlass *n (m)* special rebate or discount

Sondernutzung *n (f)* special use (e.g. private use of part of a public area); separate use; **Sondernutzungsrechte** *n/pl (n)* rights of separate use (e.g. of part of a → Gemeinschaftseigentum); special use rights
Sonderpreis *n (m)* action price; exceptional price; preferential price; special price
Sondertilgung *n (f) Fin* extraordinary redemption (payment), premature repayment
Sonderumlage *n (f)* special assessment; special payment (e.g. for additional repair costs)
Sondervereinbarung *n (f)* special agreement
Sondervergütung *n (f)* bonus; extra pay; special allowance (remuneration)
Sondervoraussetzung *n (f)* special assumption; special condition(s)
Sonderwert *n (m)* special value
Sonderwirtschaftszone *n (f)* special economic zone
Sonderwünsche *n/pl (m)* special requests; special requirements; extras
Sonderzentrum *n (n)* special centre (or facilities); speciality center
Sonnenblende *n (f)* awning; sunblind; **Sonnenenergie** *n (f)* solar energy; **Sonnenfarm** *n (f)* solar (energy) farm; **Sonnenheizungsanlage** *n (f)* solar heating installation; **Sonnenschutzvorrichtung** *n (f)* sun protection (installation)
Sorgfalt *n (f)* care; scrupulousness; **erforderliche Sorgfalt** *n (f)* due diligence; due care; **verkehrsübliche Sorgfalt** *n (f)* due diligence; normal degree of care
sorgfältig *adj* careful; conscientious; diligent; thorough
Sorgfaltspflicht *n (f)* duty of care; **allgemeine Sorgfaltspflicht** *n (f)* common duty of care
Sorgfaltspflichtverletzung *n (f)* negligence; infringement of the duty of care
Sortiment *n (n)* (retail) range; sales mix; assortment; product line; **Sortimentsabgrenzung** *n (f)* limitation of the range of goods sold; **Sortimentsschutz(klausel)** *n (m (f)) Law* exclusion clause prohibiting competition with a stated range of product lines e.g. in a shop lease, preventing the landlord from operating or letting premises to a retailer offering a product range that may be in competition with the tenant; sometimes linked with a → Konkurrenzausschluss
Souterrain *n (n)* lower ground floor (GB); semi basement
Sozialabgaben *n/pl (f)* social insurance contributions
Sozialaufwand *n (m)* (employer's) social insurance expenditure
Sozialbindung (des Eigentums) *n (f)* social obligation (of property owners)
Sozialbrache *n (f)* abandoned farmland; social fallow
sozialer Brennpunkt *n (m) Plan* social problem hotspot; **soziale Schichtung** *n (f)* social stratification
Sozialgebäude *n (n)* community building; staff (welfare) facilities; social facilities
Sozialgesetzgebung *n (f)* social legislation
Sozialhilfe *n (f)* public assistance
Sozialökonomie *n (f)* social economics
Sozialplan *n (m)* redundancy (compensation) scheme; redundancy program(me)
Sozialräume *n/pl (m)* staff rooms; common rooms
Sozialstruktur *n (f)* social structure
Sozialversicherung *n (f)* social security; **Sozialversicherungsabzüge** *n/pl (m)* social security deductions; **Sozialversicherungsbeiträge** *n/pl (m)* national insurance contributions (GB); social security contributions (US); **Sozialversicherungsleistungen** *n/pl (f)* social security benefits; National Insurance benefits (GB)
Sozialwohnung *n (f)* municipal housing unit; council flat (or house)
Sozietät *n (f)* (professional) partnership (esp. lawyers); co-partnership
Sozio-Demografie *n (f)* social demography
Spachtel *n (m)* spatula; **Spachtelmasse** *n (f)* filler; surfacer; stopper; spackle
spachteln *v/t* fill (to); surface (to); level out (to)
Spalt *n (m)* crack; gap; split
Spalte *n (f)* cleft; crevice; gap; column (maths)
Spaltung *n (f)* split; division; demerger
Spannbeton *n (m)* pre-stressed concrete
Spanne *n (f)* range; margin; spread
Spannteppich *n (m)* wall-to-wall carpet; fitted carpet
Spannung *n (f)* stress; tension; strain; **Spannungsklausel** *n (f)* indexation clause; rise or fall clause

Spannweite *n (f)* spread; width; span; scope; range
Spanplatte *n (f)* chipboard
Sparbank *n (f)* (mutual) savings bank
Spareinlagen *n/pl (f)* savings deposits
sparen *v/t* save (up) (to)
Sparkasse *n (f)* savings and loan association; municipal bank; savings bank
Sparren *n (m)* rafter; **Sparrendach** *n (n)* rafter roof; timber roof
Sparsamkeit *n (f)* thrift(iness); economy
Sparte *n (f)* line of business; division; branch; **Spartenberichterstattung** *n (f)* reporting by sector (or line-of business)
Spaßbad *n (n)* → Erlebnisbad
Spätindikator *n (m)* lagging indicator
Spedition *n (f)* (freight) forwarding; haulage; shipping; **internationale Spedition** *n (f)* international (freight) forwarder; international transport company
Speicher *n (m)* loft; attic; warehouse; **Speichergebäude** *n (n)* loft building; warehouse; **Speicherheizung** *n (f)* night storage heating; storage heating
Speier *n (m)* gargoyle; spout
Speisen und Getränke *n/pl* food and beverages; **Speisekammer** *n (f)* larder; pantry; **Speisesaal** *n (m)* dining room; **Speisewasser** *n (n)* feeder water; **Speisezimmer** *n (n)* dining room
Spekulant *n (m)* speculator
Spekulation *n (f)* speculation; **Spekulationsgeschäft** *n (n)* speculative transaction (or investment); gamble; **Spekulationsgewinn** *n (m)* gain from speculative transactions; speculative gain; **Spekulationskapital** *n (n)* venture capital; **Spekulationsverlust** *n (m)* loss from speculative transactions
Spende *n (f)* grant; donation; contribution
Spengler *n (m)* sheet-metal worker; tinsmith; plumber; **Spenglerarbeiten** *n/pl (f)* sheet metalwork; tinsmith work
Sperrbeton *n (m)* waterproof concrete; water-repellent concrete
Sperre *n (f)* barrier; ban; blockade; prohibition
Sperrfrist *n (f)* waiting period; retention period
Sperrholz *n (n)* plywood; **gestreiftes (gekämmtes) Sperrholz** *n (n)* combed (striated) plywood; **Sperrholztürblatt** *n (n)* plywood door facing
Sperrmüllabfuhr *n (f)* bulky waste collection
Sperrung *n (f)* obstruction; suspension; blocking; inhibition; closure
Sperrvermerk *n (m)* *Law* (Grundbuch) restriction notice; inhibition; non-negotiability clause
Spesen *n/pl* expenses
Spezialbanken *n/pl (f)* special(ised) banks; **Spezialfinanzierung** *n (f)* special fund; specialised financing; **Spezialfonds** *n (m)* special fund; **Spezialgebiet** *n (n)* speciality; special field; **Spezialgeschäft** *n (n)* specialist dealer; speciality shop; **Spezialimmobilie** *n (f)* special use property; special purpose property; specialised property
Spezialität *n (f)* speciality; specialty (US)
Spezialkreditinstitut *n (n)* special lending agency; special credit institution; **Spezialversicherung** *n (f)* special risk(s) insurance
Spezifikation *n (f)* specification
nicht spezifikationsgerecht *adj* not as specified
spezifisch *adj* specific
Spezifizierung *n (f)* specification
Spiegel *n (m)* mirror; **Spiegelschrank** *n (m)* bathroom cabinet; mirrored cupboard (or wardrobe)
Spielplatz *n (m)* playground
Spielraum *n (n)* elbow room; clearance; latitude
Spindel *n (f)* spindle; newel (post); **Spindelkappe** *n (f)* newel cap; **Spindeltreppe** *n (f)* spiral staircase; solid newel stair
Spinnerei *n (f)* cotton mill; (colloq.) nonsense
Spiralbewehrung *n (f)* spiral reinforcement; helical reinforcement
Spitzboden *n (m)* pitched roof; **Spitzbogen** *n (m)* pointed arch
Spitze *n (f)* peak; point; top; summit; **Spitzenenergie** *n (f)* peak load energy; **Spitzenkennzahl** *n (f)* key ratio; key performance indicator; **Spitzenlage** *n (f)* prime location; peak location; **Spitzenmiete** *n (f)* prime rent; top rent; (überhöhte Miete) premium rent; **Spitzenpreis** *n (m)* top price; **Spitzenreiter** *n (m)* front-runner; best-seller; **Spitzenrendite** *n (f)* top yield; **Spitzentechnologie** *n (f)* high technology; state-of-the-art technology; **Spitzenwert**

n (m) peak value; **Spitzenzinssatz** *n (m)* top rate of interest

spitzwinklig *adj* acute (angled)

Splittersiedlung *n (f) Plan* dispersed settlement; scattered settlement; scattered rural dwellings

Splitting *n (n)* splitting (fin.); split-up (US); stock split (US)

Sportanlage *n (n)* sports ground; exercise facilities; sports facility; **Sporteinrichtungen** *n/pl (f)* sports facilities; **Sporthalle** *n (f)* sports hall; gymnasium; gym; **Sportplatz** *n (m)* sports field; sports ground; running track; **Sportzentrum** *n (n)* sports centre; recreation centre

Sprengung *n (f)* blowing up; breakup (e.g. of a meeting)

Sprengwerk *n (n)* strutted frame

Sprinkler *n (m)* sprinkler; **Sprinkleranlage** *n (f)* sprinkler system

Spritzbeton *n (m)* sprayed concrete; shotcrete; **Spritzputz** *n (m)* machine-applied plaster; sprayed plaster; gunned plaster (US); **Spritzverfahren** *n (n) ArCo* spray application; *Syn.: Sprühauftrag*

Sprosse *n (f)* tread; rung; glazing bar; transom

Sprühauftrag *n (n) ArCo* (paint etc.) spray application; *Syn.: Spritzverfahren;* **Sprüher** *n (m)* sprayer; sparge; **Sprühkopf** *n (m)* shower head

Spülbecken *n (n)* sink

Spüle *n (f)* sink; sink-unit

spülen *v/t* wash (to); flush (to); rinse (to); irrigate (to)

Spülensiphon *n (m)* sink trap

Spülhilfe *n (f)* rinse aid

Spülleitung *n (f)* flush pipe

Spundwand *n (f)* sheet piling; sheet pile wall; **Spundwandgründung** *n (f)* sheet pile foundation

Staatenloser *n (m)* stateless person

Staatsangehörigkeit *n (f)* nationality; citizenship

Staatsanleihen *n/pl (f)* government securities; gilt-edged securities; treasuries; government bonds

Staatsanwalt *n (m)* public prosecutor; district attorney (US); **Staatsanwaltschaft** *n (f)* public prosecutor's; public prosecutor's office; district attorney's office (US)

Staatsbedienstete(r) *n (f/m)* government official; federal employee

Staatsbefugnis *n (f)* power of government; government authority

Staatseigentum *n (n)* public (or state) property; public (or state) ownership

Staatsgut *n (n)* crown land

Staatspapiere *n/pl (n)* government securities; *Syn.: Staatsanleihen*

Staatsstraße *n (f)* term used in Saxony and Bavaria for road maintained by the federal state; (Switz.) road maintained by a Canton; *Syn.: Landstraße*

Stab *n (m)* rod; stick; bar

stabil *adj* stable; steady; solid; robust; sturdy

Stabparkett *n (n)* wood strip flooring; **Stabplatte** *n (f)* blockboard; battenboard

Stacheldrahtzaun *n (m)* barbed wire fence

Stadt *n (f)* town; municipality; city; **kreisfreie Stadt** *n (f)* county borough (approximate equivalent); municipality independent of → Landkreis powers

außerhalb der Stadt out-of-town; rural

Stadtarmut *n (f) Econ* urban poverty; *Syn.: städtische Armut*

Stadtbezirk *n (m)* municipal district (e.g. UK ward, US municipal borough)

Stadtbild *n (n)* townscape; cityscape; (face of the) town

Städtebau *n (m)* urban development; town planning; **geordnete städtebauliche Entwicklung** *n (f)* systematic town and country planning procedure; **städtebauliche Entwicklungsmaßnahme** *n (f)* town development measure; urban development measure; **städtebauliche Neugestaltung** *n (f)* urban redesign; urban redevelopment; **städtebauliche Planung** *n (f)* urban planning; town planning; **städtebaulicher Entwicklungsbereich** *n (m)* urban development area; **städtebaulicher Plan** *n (m)* urban development plan; **städtebaulicher Vertrag** *n (m)* planning agreement; **städtebauliches Sanierungsprogramm** *n (n)* urban redevelopment program(me); **städtebauliche Missstände** *n/pl (m)* problem (or substandard) properties; town planning defects; buildings or uses of land that are dangerous to health or safety or that prevent the optimal development of an area

Städtebauförderung *n (f)* urban regeneration, promotion of urban development, urban development assistance; **Städtebauförderungsgesetz (StBauFG)** *n (n) Law*

urban renewal and development act in Germany
stadteinwärts *adj* townwards; into town
Stadtentwicklung *n (f)* urban development; town development; **Stadtentwicklungsgebiet** *n (n)* urban development area; **Stadtentwicklungsplan** *n (m)* town development plan; urban development plan; **Stadtentwicklungsplanung** *n (f)* urban development planning; urban development concept
Städter *n (m)* city dweller(s); townsfolk; townspeople
Stadterneuerung *n (f)* urban renewal; urban regeneration
Stadterweiterungsplan *n (m)* town enlargement plan; town extension plan
Städtewachstum *n (n)* urban growth
Stadtgebiet *n (n)* municipal district; urban area
Stadtgrundstück *n (n)* urban site; (an) urban property
Stadthaus *n (n)* town house
städtisch *adj* civic; municipal; urban; city
Stadtmarketing *n (n)* promotion of a town (or city); town (or city) marketing
Stadtmauer *n (f)* town wall; city wall
Stadtmitte *n (f)* town centre; city centre
Stadtökonomie *n (f)* urban economics
Stadtpark *n (m)* municipal park
Stadtplan *n (m)* town map
Stadtplaner *n (m)* town planner
Stadtplanung *n (f)* town planning; urban planning; **Stadtplanungsamt** *n (n)* town (or city) planning office; town (or city) planning department; town (or city) planning authority; **Stadtplanungsverordnung** *n (f)* planning regulation; zoning code; zoning ordinances
Stadtquartier *n (n)* a district of a town or city; lit. „urban quarter"
Stadtrand *n (m)* periphery; outskirts; **Stadtrandlage** *n (f)* edge-of-town (location); peripheral location
Stadtrat *n (m)* municipal council; town council
Stadtregion *n (f)* conurbation; metropolitan area; agglomeration
Stadtrendite *n (f)* economic advantages arising from the activities of a communal housing corporation
Stadtsanierung *n (f)* urban renewal; urban redevelopment; urban regeneration
Stadtstraße *n (f)* urban road
Stadtstruktur *n (f)* urban structure; town structure; urban composition
Stadtteil *n (m)* suburb; **Stadtteillage** *n (f)* suburban location
Stadttheater *n (n)* municipal theatre
Stadttor *n (n)* town gate
Stadtumbau *n (m) Plan* urban renewal, urban redevelopment
Stadt-Umland-Wanderung *n (f)* urban-rural migration
Stadtverschönerung *n (f)* urban landscaping; urban improvement; city beautification (US)
Stadtversorgung *n (f)* public utilities; city supply
Stadtverwaltung *n (f)* town (or city) council; municipal authority; municipal government
stadtwärts *adj* townwards; towards (the) town (or city)
Stadtwerke *n/pl (n)* municipal utilities; public utility company; city's department of works
Stadtzentrum *n (n)* town centre; city centre
Staffelbauordnung *n (f)* land use regulations; zoning ordinance; **Staffelgeschoss** *n (n) ArCo, Plan* upper storey of a building that is set-back from one or more façades, with a smaller floor area than a → Vollgeschoss; (Wohnungen) penthouse (level); **Staffelmiete** *n (f)* stepped rent; graduated rent; step-up lease (US); **Staffelmietvertrag** *n (m)* lease contract with stepped rent (or predetermined rent increase); step-up lease (US); **Staffelpreis** *n (m)* graduated price; sliding (scale) price; differential price; **Staffeltarif** *n (m)* graduated tariff; stepped tariff; **Staffelung der Laufzeiten** *n (f)* spacing out the periods of validity; spreading the maturity dates; **Staffelzinsen** *n/pl (m)* graduated interest
Stagflation *n (f)* stagflation
Stahl *n (m)* steel; **verzinkter Stahl** *n (m)* galvanised iron
Stahlarbeiten *n/pl (f)* steelwork
Stahlbalken *n (m)* joist; steel beam
Stahlbau *n (m)* steel construction; structural steel work; **Stahlbaufirma** *n (f)* steelwork company; steelwork fabricator (US); **Stahlbautechnik** *n (f)* structural steel engineering

S

Stahlbeton *n (m)* reinforced concrete; **Stahlbetondecke** *n (f)* reinforced concrete slab; reinforced concrete floor (or ceiling); **Stahlbetonplatte** *n (f)* reinforced concrete slab; **Stahlbetonrahmen** *n (m)* reinforced concrete frame; **Stahlbetonskelett** *n (n)* reinforced concrete frame

Stahlblech *n (n)* sheet iron; sheet steel

Stahleinlagen *n/pl (f)* reinforcement bars

Stahlfaserbeton *n (m) ArCo* steel fibre reinforced concrete

Stahlhobel *n (m)* jack plane; steel plane

Stahlkammer *n (f)* strongroom; (bank) vault

Stahlkonstruktionen *n/pl (f)* steel structures

Stahlleichtbau *n (m)* lightweight steel construction

Stahlmantelrohr *n (n)* steel jacket pipe; **Stahlmantelrohrleitung** *n (f)* steel jacket pipeline

Stahlrippendecke *n (f)* slab and joist ribbed roof (or floor)

Stahlrohr *n (n)* steel pipe; steel tube; **verzinktes Stahlrohr** *n (n)* galvanized steel pipe

Stahlskelettbau *n (m)* steel skeleton construction (or structure); steel frame construction; **Stahlskelettbauweise** *n (f)* steel frame construction

Stahlstütze *n (f)* stanchion; steel upright

Stahlträger *n (m)* girder; (rolled) steel girder

Stahl- und Metallarbeiten *n/pl (f)* steel- and metalwork

Stahlwerk *n (n)* steel mill; steelworks

Stall *n (m)* barn; stable; cowshed; **Stallgeld** *n (n)* stallage; stable (or stabling) fee(s); **Stallhaltung** *n (f)* stabling; housing (of e.g. cows); **Stallmiete** *n (f)* stallage; stable (or stabling) fee(s)

Stallung *n (f)* stabling; stable(s)

Stamm *n (m)* (tree)trunk; log

Stammaktie *n (f)* common stock; equity share (GB); ordinary (share) (GB); ordinary stock (US); original stock

Stammeinlage *n (f)* initial contribution; original investment; capital invested; paid-in capital stock

Stammhaus *n (n)* head office; parent company

Stammkapital *n (n)* (nominal) capital; capital stock; original funds; share capital

Stampfasphalt *n (m)* compressed asphalt; **Stampfbeton** *n (m)* compressed concrete; tamped concrete

Standard *n (m)* standard; level

Standardabweichung *n (f)* standard deviation

Standardklauseln *n/pl (f)* standard terms and conditions; boilerplate clauses (US)

Standardkonditionen *n/pl (f)* standard terms and conditions; boilerplate clauses (US)

Standardkosten *n/pl* standard cost; specification cost; **Standardkostenabweichung** *n (f)* standard cost variance; **Standardkostenmethode** *n (f)* standard cost method

Standardladenlokal *n (n)* standard shop unit; normal-sized shop unit

Standardpreis *n (m)* standard price

Standardtext *n (m)* standard text; boilerplate (US)

Standardvertrag *n (m)* standard (form of) contract (or agreement); boilerplate; standard-form contract

Standardvorgehen *n (n)* standard procedure; default mode

Standardwert *n (m)* default value; standard value; standard land value

Ständertrennwand *n (f) ArCo* stud (partition) wall; **Ständerwand** *n (f)* stud wall; stud partition

Standesbeamter *n (m)* registrar

Standesordnung *n (f)* code of ethics; code of practice

Standgeld *n (n)* stallage; stabling fee; garage fee; (trade fair) stand fee

Standhahn *n (m)* pillar tap; pillar faucet (US)

Standlinie *n (f)* baseline

Standort *n (m)* location; locality; site; situation; **beliebter Standort** *n (m)* preferred location; **betrieblicher Standort** *n (m)* plant location; **genehmigungsfähiger Standort** *n (m)* location for which approval could be granted; **kontaminierter Standort** *n (m)* contaminated site; problem site

Standort verlagern *v/t* relocate (to); **Standort verlegen** *v/t* relocate (to)

Standortanalyse *n (f)* situational analysis; site (suitability) analysis; location analysis

Standortbedingungen *n/pl (f)* site conditions; conditions applying to the locality; locational conditions

Standortbestimmung *n (f)* determination of location; site determination

Standortbewertung *n (f)* locational assessment; evaluation of location

Standortbindung *n (f)* attachment to a location; commitment to a location
Standortdaten *n/pl (n)* location data; site data
Standortfaktor *n (m)* location factor
Standortforschung *n (f)* locational research
standortgebunden *adj* location-specific
Standortgemeinde *n (f)* municipality in whose area a location is situated
Standortgunst *n (f)* locational advantage; locational goodwill
Standortgutachten *n (n)* site appraisal (report)
Standortinnovation *n (f)* changing location (esp. abroad)
Standortkonzept *n (n)* locational concept
Standortplanung *n (f)* locational planning
Standortpolitik *n (f)* local (or regional) economic policy; structural policy
Standortpräferenz *n (f)* locational preference
Standortqualität *n (f)* quality of location
Standortrisiko *n (n)* locational risk; risk
Standortsicherung *n (f)* locational provision; location policy; strengthening local factors
Standortsuche *n (f)* site search; site finding
Standorttheorie *n (f)* location theory
Standortverlagerung *n (f)* relocation of a company
Standortverlegung *n (f)* change of location
Standortvermessung *n (f)* field survey
Standortverschiebung *n (f)* locational change
Standortvorteil *n (m)* locational advantage
Standortwahl *n (f)* siting; choice of location; locational choice; site selection
Standortwechsel *n (m)* relocation (of a company)
Standrohr *n (n)* standpipe
standsicher *adj* stable
Standsicherheit *n (f)* stability; steadiness
Standsockel *n (m)* pedestal
Stange *n (f)* rod; pole; post; rail
Stapel *n (m)* pile; stack; (comp.) batch; **Stapelhalle** *n (f)* (stacking) warehouse; stacking bay; **Stapelparker** *n (m)* parklift, car lift; **Stapelplatz** *n (m)* stacking ground; open storage area; **Stapelsystem** *n (n)* batch system; block system
Starkstrom *n (m)* high voltage (electric) current; power current
Startbahn (Flughafen) *n (f)* runway
Startdatum *n (n)* start date
Startkapital *n (n)* start-up capital
Start- und Landeplätze *n/pl (m)* runways
Statik *n (f)* statics; structural analysis
Statiker *n (m)* structural engineer; stress analyst
statisch *adj* static; structural; **statische Größen** *n/pl (f)* static measurements (or magnitudes); **statisch unbestimmt** *adj* statically indefinite; **statisch zulässig** *adj* statically allowable
Statistik *n (f)* statistics
statistisch *adj* statistical
Statistisches Bundesamt *n (n)* German federal statistic office
stattgeben *v/i* grant (to); allow (to); accede to (to)
Statut *n (n)* statute; regulation
Staub *n (m)* dust; powder; **Staub- und Lärmschutz** *n (m)* dust and noise control
Staudamm *n (n)* barrage; (embankment) dam; retaining dam
Staumauer *n (f)* concrete dam; retaining wall
Stauwand *n (f)* dam; retaining wall
Steckdose *n (f)* power outlet; power socket; plug socket; **Steckdosenanschlüsse** *n/pl (m)* power points (plugs)
Steckeisen *n (n)* starter bar; splice bar
Stecker *n (m)* (electric) plug
Steckmuffe *n (f)* connecting sleeve
Steg *n (m)* footbridge; plank; catwalk; rack; bar; base; web; **Stegbewehrung** *n (f)* web reinforcement
Stehlampe *n (f)* standard lamp; floor lamp (US)
Steife *n (f)* brace; strut; prop; stay
Steifigkeit *n (f)* rigidity; stiffness
Steigeisen *n (n)* climbing iron; climbing spur
steigen *v/i* increase (to); rise (to); climb (to); go up (to)
steigern *v/t* increase (to); raise (to); improve (to)
Steigerung *n (f)* increase; progression; augmentation; advance; **starke Steigerung** *n (f)* strong rise
Steigerungsrate *n (f)* rate of increase; (esp. US) rate of escalation
Steigleiter *n (f)* (vertical) ladder; cat ladder
Steigleitung *n (f)* rising main
Steigrohr *n (n)* standpipe; riser pipe

Steigung *n (f)* rise; ascent; inclination; gradient; grade; pitch; upgrade; **Steigungsverhältnis** *n (n)* rise-run ratio
Steilabfall *n (m)* drop; bluffline; escarpment
Steildach *n (n)* high-pitched roof; steep roof; high-peaked roof (US)
Steilheit *n (f)* steepness; abruptness
Stein *n (m)* stone; rock
Steinbau *n (m)* stone construction; stone structure; **Steinbauwerk** *n (n)* stone building (or structure)
Steinbearbeitung *n (f)* stoneworking
Steinbruch *n (m)* quarry; rock quarry; stone pit; stone quarry
Steindamm *n (m)* stone dam; stone embankment
Steingut *n (n)* stoneware
Steinholzfußboden *n (m)* magnesite flooring; xylolite flooring
Steinmetz *n (m)* stone dresser; stonemason; stonecutter
Steinpflaster *n (n)* stone paving
Steinputz *n (m)* stone plaster
Steinschindel *n (f)* artificial slate; stone shingle
Steinschüttung *n (f)* loose boulders; rock fill; enrockment rubble
Steinverband *n (m)* stone bond
Steinwolle *n (f)* rock wool
Steinzeug *n (n)* stoneware; pottery; **Steinzeugfliese** *n (f)* stoneware tile; **Steinzeugrohr** *n (n)* stoneware pipe
Stellage *n (f)* double option; put and call; rack
Stelle *n (f)* place; job; spot; position; authority; agency; **freie Stelle** *n (f)* (job) vacancy; **offene Stelle** *n (f)* (job) vacancy; **unbesetzte Stelle** *n (f)* vacancy; **undichte Stelle** *n (f)* leak, leakage
interne Stellenausschreibung *n (f)* internal job vacancy advert; in-house job posting
Stellengesuch *n (n)* job application; (advert.) situations vacant
Stellplatz *n (m)* parking space; carport (US, not GB); parking lot (US)
Stellplatzablöse *n (f)* planning charge payable when a development provides less than the required number of parking spaces; *Syn.: Stellplatzabgabe*
Stellplatzpflicht *n (f)* obligatory provision of a specified number of parking spaces
Stellungnahme *n (f)* (statement of) opinion; comment; **gutachterliche Stellungnahme** *n (f)* advisory opinion; (statement of) expert opinion; valuation certificate
Stellvertreter *n (m)* representative; delegate; attorney-in-fact; deputy; substitute; **Stellvertreter im Betrieb** *n (m)* assistant; proxy
Stellvertretung *n (f)* representation; agency; substitution; **verdeckte Stellvertretung** *n (f)* undisclosed agency
Stellwerk *n (n)* signal box; switch tower (US)
Stemmeisen *n (n)* crowbar; (mortice) chisel
Stempelgebühr *n (f)* stamp duty; transfer duty; **Stempelsteuer** *n (f)* stamp duty; stamp tax
Sterbetafel *n (f)* mortality chart; mortality table; life table; survival table
Sterblichkeitstabelle *n (f)* life-table; expectation-of-life table(s)
stetig *adj* continuous; constant; steady
Stetigkeit *n (f)* consistency; continuity; steadiness
Steuer *n (f)* tax; levy; duty; **Steuern auf Haus- und Grundbesitz** *n/pl (f)* property taxes; real estate taxes
aktivische latente Steuern *n/pl (f)* deferred taxes on the assets side; **anrechenbare Steuer** *n (f)* tax allowable; tax credit; **einbehaltene Steuer** *n (f)* withholding tax; tax withheld; **indirekte Steuer** *n (f)* indirect tax; **latente Steuern** *n/pl (f)* deferred taxes; **passivische latente Steuern** *n/pl (f)* deferred tax liabilities; **zu viel gezahlte Steuer** *n (f)* overpaid tax
internationales Steuerabkommen *n (n)* international tax agreement
Steuerabzug *n (m)* tax deduction
Steueranrechnung *n (f)* tax credit; crediting of taxes; **ausländische Steueranrechnung** *n (f)* foreign tax credit; **fiktive Steueranrechnung** *n (f)* deemed tax credit; notional tax assessment; tax sparing credit; **indirekte Steueranrechnung** *n (f)* indirect tax credit; credit for underlying taxes
Steueraufkommen *n (n)* inland (US internal) revenue; tax revenue; tax yield
Steueraufwendungen *n/pl (f)* tax expenditures
Steuerausgleich *n (m)* tax equalization
steuerbar *adj* taxable
Steuerbeamter *n (m)* tax official; tax inspector; assessor of taxes
steuerbefreit *adj* tax-exempt

Steuerbefreiung *n (f)* exemption from tax; tax exemption

Steuerbegünstigung *n (f)* tax concession(s); tax incentive; tax reduction for particular purposes

Steuerbehörde *n (f)* inland (US internal) revenue; tax authorities

Steuerbelastung *n (f)* tax burden

Steuerbemessung *n (f)* tax assessment; **Steuerbemessungsgrundlage** *n (f)* tax base; taxable base; **Steuerbemessungswert** *n (m)* assessed value for tax purposes; taxable value

Steuerberater(in) (StB) *n (m/f)* accountant; tax adviser; tax consultant

Steuerbescheid *n (m)* (notice of) tax assessment; tax assessment notice; **rechtskräftiger Steuerbescheid** *n (m)* final notice of tax assessment

Steuerbetrug *n (m)* tax fraud

Steuerbilanz *n (f)* tax balance sheet; balance sheet for tax purposes; taxable result

Steuerdelikt *n (n)* tax offence (US offense)

Steuereinnahmen *n/pl (f)* tax take; (government) tax receipts

Steuerentstrickung *n (f)* taxation of assets when moved outside national boundaries

Steuererklärung *n (f)* tax return

Steuererleichterung *n (f)* tax relief; tax reduction

Steuerermäßigung *n (f)* tax allowance; tax relief; tax reduction

Steuerersparnis *n (f)* tax saving

Steuerfestsetzung *n (f)* tax assessment

steuerfrei *adj* tax-free; exempt from tax

Steuerfreibetrag *n (m)* tax allowance; tax exemption limit; **Steuerfreigrenze** *n (f)* tax threshold; tax exemption limit

Steuergeheimnis *n (n)* secrecy in tax matters; tax secrecy

Steuerguthaben *n (n)* tax credit

Steuergutschrift *n (f)* tax credit

Steuerhinterzieher *n (m)* tax evader; (colloq.) tax dodger

Steuerhinterziehung *n (f)* tax evasion

Steuerhoheit *n (f)* fiscal jurisdiction; jurisdiction to impose tax; tax sovereignty

Steuerjahr *n (n) Tax* tax year; year of assessment; fiscal year; taxable year

Steuerkarte *n (f)* tax card

Steuerklasse *n (f)* tax bracket

Steuerlast *n (f)* tax burden

steuerlich *adj* fiscal; **steuerlich absetzbar** *adj* allowable (against tax); deductible; **steuerlich abzugsfähig** *adj* tax deductible; **steuerlich anerkannt** *adj* accepted (or recognized) for tax purposes

steuerlich veranlagen *v/t* assess for taxation (to)

Steuerliste *n (f)* list of taxable persons; tax book; assessment roll

Steuermarke *n (f)* tax stamp; revenue stamp; dog-licence disk

Steuermessbescheid *n (m)* base assessment; for → Grundsteuer (local taxation) to which the local → Hebesatz (multiplier) will be applied; **Steuermessbetrag** *n (m) Tax* taxable amount for → Gewerbesteuer (trade tax); calculated from the → Gewerbeertrag (taxable profit) using the → Steuermesszahl (assessment factor); **Steuermesszahl** *n (f) Tax* assessment factor applied to → Gewerbeertrag to calculate the taxable amount → Steuermessbetrag for → Gewerbesteuer (trade tax)

Steuernachlass *n (m)* tax allowance

Steueroase *n (f)* tax haven; tax shelter

Steuerpaket *n (n)* tax package; control packet

Steuerpfandrecht *n (n) (CH)* tax lien

Steuerpfändung *n (f)* distraint for (nonpayment of) tax

Steuerpflicht *n (f)* liability to pay taxes; **beschränkte Steuerpflicht** *n (f)* limited tax liability; non-resident taxation; **unbeschränkte Steuerpflicht** *n (f)* unlimited tax liability; taxation as resident

steuerpflichtig *adj* taxable; dutiable; assessable; **steuerpflichtiges Einkommen** *n (n)* taxable income

Steuerpflichtiger *n (m)* taxpayer

Steuerpolitik *n (f)* fiscal policy

Steuerprogression *n (f)* progressive taxation

Steuerprüfung *n (f)* tax audit

Steuerrecht *n (n)* tax law(s); **internationales Steuerrecht** *n (n)* international tax law(s)

Steuerreform *n (f)* tax reform(s)

Steuersatz *n (m)* taxrate; **anzuwendender Steuersatz** *n (m)* applicable tax rate

Steuerschätzung *n (f)* estimated tax assessment; tax estimation

Steuerschuld *n (f)* tax(es) due (payable); tax liability

Steuersparmodell *n (n) Tax* tax saving scheme; tax shelter
Steuertarif *n (m)* tax-rate table; **proportionaler Steuertarif** *n (m)* proportional tax-rate table
Steuertatbestand *n (m)* taxable event
Steuertransparenz *n (f)* tax transparency
Steuerumgehung *n (f)* tax avoidance (i.e. using legal methods to reduce amount of tax payable); tax evasion (illegal)
Steuerung *n (f)* control; **interne Steuerung** *n (f)* internal control
Steuerveranlagung *n (f)* tax assessment
Steuervergünstigung *n (f)* tax relief; tax break; preferential tax treatment; tax concession; tax privilege
Steuervermeidung *n (f)* tax avoidance
Steuerverschiebung *n (f)* deferral of tax
Steuerverwaltung *n (f)* tax administration; Inland Revenue (GB); internal revenue service (US)
Steuerwert *n (m)* assessed value for tax purposes; tax(able) value
Steuerzahler *n (m)* taxpayer
Stichprobe *n (f)* sample; random sample; random test; sample audit; spot check; **Stichprobeneinheit** *n (f)* sample unit; **Stichprobenerhebung** *n (f)* sampling; sample (or sampling) survey; **Stichprobengröße** *n (f)* sample size; **Stichprobenverfahren** *n (n)* sampling procedure; **Stichprobenziehung** *n (f)* sampling procedure
Stichstraße *n (f)* no through road (BE), dead end street (AE); access road
Stichtag *n (m)* cut-off date; appointed day; key date; reporting date; deadline; **letzter Stichtag** *n (m)* (final) deadline; cutoff date; last due date; **nächster Stichtag** *n (m)* next due date
Stichtagskurs *n (m)* closing rate; current rate; rate on day of reference; period-end (exchange) rate
letzter Stichtagswert *n (m)* reading at last cutoff date
Stiel *n (m)* handle; shaft; stem
Stift *n (m)* pen; crayon; bolt; pin; stud; spike
Stifter *n (m)* founder; donor; sponsor
Stiftung *n (f)* endowment; donation; foundation; trust; **wohltätige Stiftung** *n (f)* charitable trust
Stiftungskapital *n (n)* endowment (funds)
Stiftungsurkunde *n (f)* deed of foundation

S

Stillhalter *n (m)* optionor; option writer
Stilllegung *n (f)* closure; shutdown; stoppage; **Stilllegungsverfügung** *n (f)* discontinuance order
stillschweigend *adj* silent; tacit; implied
Stillstand *n (m)* standstill; stoppage; stagnation
Stimmenthaltung *n (f)* abstention
Stirnbrett *n (n)* barge board; fascia board; eaves board
Stock *n (m)* floor; level of a building; stor(e)y
Stockwerk *n (n)* stor(e)y; floor; level; deck; **Stockwerkeigentum** *n (n) Law (CH)* condominium ownership, (GB) commonhold
Stoffbespannung *n (f)* fabric covering
Stoffdach *n (n)* fabric roof
Stopppreis *n (m)* ceiling price; legally permitted maximum price; stop price; upper price limit
stören *v/t* disrupt (to); interrupt (to); inconvenience (to); interfere (to); intervene (to)
Störfall *n (m)* breakdown; hazardous incident; failure; disturbance
stornieren *v/t* cancel (to); countermand (to); delete (to); reverse (to); rescind (to)
Stornierung *n (f)* cancellation; reversal; rescission; revocation
Stornobuchung *n (f)* reverse entry; reverse posting; offsetting entry
Stornogebühr *n (f)* cancellation charge
Störung *n (f)* disturbance; interruption; nuisance; interference; **Störung des Gebrauchs** *n (f)* nuisance to (or interference with) the use of sth.
Stoßfuge *n (f)* butt joint
Stoßplatte *n (f)* butt plate; push plate (door)
Strafgesetzbuch (StGB) *n (n)* German criminal code
Straftat *n (f)* crime; criminal offence; felony (US)
Straftäter *n (m)* offender; delinquent
Strahlenschutzbeton *n (m)* leaded concrete; (radiation) shielding concrete
Strahlungsheizung *n (f)* radiant heating
Strand *n (m)* beach; shore; **Strandkies** *n (m)* beach gravel
Straße *n (f)* street; road; avenue; **gebührenpflichtige Straße** *n (f)* toll road; turnpike (US); **öffentliche Straße** *n (f)* public highway; public road (or roadway); adopted highway; **verkehrsreiche Straße** *n (f)* busy street

Straßenabstand *n (m)* distance from the road (of e.g. buildings)
Straßenabwässer *n/pl (n)* runoff water from roads
Straßenanlieger *n (m)* frontager (US); riparian owner (or occupier); **Straßenanliegerbeitrag** *n (m)* frontage assessment; frontage contribution; e.g. to infrastructure costs of new developments
Straßenbahnlinie *n (f)* tram(way) route; streetcar line (US)
Straßenbahnnetz *n (n)* tram(way) network (GB); light railway network; streetcar system (US)
Straßenbau *n (m)* road construction; **Straßenbaulast** *n (f)* duty of public authorities to build and maintain roads; **Straßenbaustelle** *n (f)* road works; **Straßenbauarbeiten** *n/pl (f)* road works; road construction
Straßenbefestigung *n (f)* road-building and surfacing; pavement
Straßenbegleitgrün *n (n)* wayside greenery; wooded or landscaped area alongside a road
Straßenbegrenzungslinie *n (f)* road line; street boundary line; street line
Straßenbelag *n (m)* road surface; road metal; pavement
Straßenbeleuchtung *n (f)* street lighting; streetlights
Straßenböschungen *n/pl (f)* roadside embankments
Straßencafé *n (n)* pavement café (GB); sidewalk café (US)
Straßenentwässerung *n (f)* road drainage
Straßenfluchtlinie *n (f)* line of a road; road alignment; street line; building line
Straßenfront *n (f)* (road) frontage; front footage (US)
Straßengestaltung *n (f)* road design; street design; road building
Straßenkreuzung *n (f)* crossroads; intersection (US); junction (GB); street crossing
Straßenland *n (n)* highway land (including parking areas); road land
Straßenmarkierung *n (f)* road marking(s)
Straßennetz *n (n)* road network; highway network
Straßenoberbau *n (m)* road superstructure; road surface
Straßenpflaster *n (n)* road surface; road metal; pavement
Straßenplanung *n (f)* road planning
Straßenrand *n (m)* roadside
Straßenrinne *n (f)* gutter
Straßentunnel *n (m)* road tunnel
Straßenunterbau *n (m)* road bed
Straßenunterführung *n (f)* underbridge; underpass
Straßenverengung *n (f)* bottleneck; narrowing of a road
Straßenverkehrskarte *n (f)* traffic circulation map
Stratum *n (n)* stratum
Strebe *n (f)* bracket; bracing; brace; strut; **Strebepfeiler** *n (m) ArCo* buttress; abutment pier
Strecke *n (f)* way, route, stretch; **Streckenführung** *n (f)* route; route mapping (or tracing); **Streckenlast** *n (f)* distributed load; uniform load
streichen *v/t* paint (to); apply (to); delete (to)
streichfähig *adj* brushable; spreadable
Streichfähigkeit *n (f)* brushability
Streichung *n (f)* cancellation; deletion; cutting; axing
Streichverfahren *n (n)* (paint etc.) brush application; *Syn.: Streichauftrag*
Streifen *n (m)* strip; stripe; sector; **Streifenfundament** *n (n)* continuous footing; strip foundation; strip footing
Streitfrage *n (f)* dispute; controversy; issue
Streitwert *n (m)* amount involved (in a dispute); value of matter in dispute
Streulagen *n/pl (f)* scattered locations
Streuung *n (f)* diversification; dispersion; scattering; **Streuung von Anlagen** *n (f)* spreading of investments; **Streuung von Kaufpreisen** *n (f)* spread of purchase prices
Streuungsmaß *n (n)* measure of dispersion; quantile
Streuungsparameter *n/pl (m)* distribution parameters; e.g. variance; standard deviation
Stroh *n (n)* straw; thatch; **Strohdach** *n (n)* thatched roof; **Strohmann** *n (m)* front man; straw man (US)
Strom *n (m)* electricity; (electric) current; stream; (large) river; **Stromführung** *n (f)* power supply; **Stromkosten** *n/pl* electricity costs; **Stromkreis** *n (m)* circuit; power circuit; **Stromkreislauf** *n (m)* (electrical) circuit; **Stromleiter** *n (m)* conductor;

Stromleitung *n (f)* power supply line; electrical connection; transmission line; **Stromnetz** *n (n)* electricity network; grid; **Strompreis** *n (m)* electricity price; **Stromschiene** *n (f)* contact rail; bus bar; **Stromspannung** *n (f)* voltage

Stromversorgung *n (f)* power supply; electricity supply; **unterbrechungsfreie Stromversorgung (USV)** *n (f)* uninterruptible power supply (UPS); **Stromversorgungsnetz** *n (n)* electricity grid; mains; **Stromversorgungsunternehmen** *n (n)* electricity supplier; electricity utility

Strömung *n (f)* flow; stream; flux; **freie Strömung** *n (f)* free flow; **laminare Strömung** *n (f)* laminar flow

Struktur *n (f)* structure; set-up; fabric; **geografische Struktur** *n (f)* geographical configuration; **gesellschaftsrechtliche Struktur** *n (f)* corporate structure

allgemeine Strukturdaten *n/pl (n)* general economic data

strukturiert *adj* structured

Strukturierung *n (f)* structuring; **räumliche Strukturierung** *n (f)* spatial structuring; geographical structuring

strukturschwach *adj* economically undeveloped

Stuck *n (m)* stucco; plaster (of Paris); **Stuckatur** *n (f)* stucco work; **Stuckdecke** *n (n)* stucco ceiling; **Stuckgips** *n (m)* stucco; plaster (of Paris)

Stück *n (n)* piece; **Stückpreis** *n (m)* unit price; **Stückkosten** *n/pl* unit cost(s); **Stückländereien** *n/pl (f)* small agricultural and forestry holdings; small pieces of (usually tenanted) land

Stückelung *n (f)* denomination; division into shares; unitisation

Studentenwohnheim *n (n)* (GB) hall of residence; (US) dorm(itory)

Studiengang *n (m)* course of studies

Studierzimmer *n (n)* study (room)

Studio *n (n)* studio; efficiency apartment

Stufe *n (f)* step; rung; tier; grade; tread; **verzogene Stufe** *n (f)* dancing step

Stufenbreite *n (f)* tread width; width of (a) step

stumpfwinklig *adj* obtuse angled

Stundenhotel *n (n)* hotel that (also) lets rooms by the hour; sleazy hotel

Stundenlohnbasis *n (f)* remuneration on an hourly rate

Stundung *n (f)* deferment; moratorium; extension; **Stundungsvereinbarung** *n (f)* extension agreement (or clause)

Sturmfenster *n (n)* storm window; **Sturmhaken** *n (m)* door hook; casement stay; **Sturmschadenversicherung** *n (f)* storm and tempest insurance

Sturz *n (m)* lintel; **gemauerter Sturz** *n (m)* brick lintel

durchlaufender Sturzbalken *n (f)* lintel beam

Stütze *n (f)* support; stilt; buttress; **Stützbalken** *n (m)* stringer; joist; (supporting) beam; wall plate; **Stützenraster** *n (n)* column grid; layout of supporting columns or pillars; **Stützenverkleidung** *n (f)* pillar cladding; **Stützkonstruktion** *n (f)* loadbearing structure; supporting structure; **freie Stützlänge** *n (m) ArCo* (z.B. Brücke) unsupported span; **Stützmauer** *n (f)* retaining wall; supporting wall; **freie Stützweite** *n (f)* clear span

stützenfrei *adj* unobstructed; free of pillars or columns

Stützung *n (f)* support; backing (e.g. currency)

Styroporplatte *n (f)* (expanded) polystyrene sheet; styrofoam sheet

Subjektidentität *n (f)* subject identity; taxpayer identity

subsidiär *adj* subsidiary; in the second degree

Subsidiarität *n (f)* subsidiarity; **Subsidiaritätsklausel** *n (f)* subsidiarity clause

Substanz *n (f)* substance; capital

Substanzerhaltung *n (f) Fin, ArCo* maintenance of invested capital; (accounting) current cost approach; (investment) total return approach, capital maintenance; preservation/conservation of building fabric

Substanzerhöhung *n (f)* capital growth

Substanzschädigung *n (f)* (structural) damage; loss of capital

Substanzsteuern *n/pl (f)* capital-based taxes; taxes on capital; taxes on non-income

Substanzverringerung *n (f)* depletion; real-asset loss; depreciation in value of wasting assets

Substanzverzehr *n (m)* depletion; real-asset loss; depreciation in value of wasting assets

Substanzwert *n (m)* physical value; intrinsic value; asset value; net asset value; replacement cost of assets; **Substanzwertverfahren** *n (n)* appraisal by summation; net asset value procedure
Substituierung *n (f)* substitution
Substitution *n (f)* substitution; replacement
subsumieren *v/t* subsume (to)
Subsumption *n (f)* subsumption
Subunternehmer *n (m)* sub-contractor; **Subunternehmervertrag** *n (m)* subcontract
Suburbanisierung *n (f)* suburbanisation
Subvention *n (f)* subsidy; subvention; grant
Suchkriterium *n (n)* search criterion
Südlage *n (f)* south-facing situation (or position); southern exposure
Suite *n (f)* suite
Sukzessivlieferung *n (f)* delivery by install-ment(s); successive delivery
Summand *n (m)* addend; summand (maths)
Summe *n (f)* sum; amount (of); total
Summenkurve *n (f)* ogive
Summentabelle *n (f)* cumulative table; table of totals
Summenverteilung *n (f)* cumulative (sum) distribution
Summenwirkung *n (f)* cumulative effect; compound effect; compound action
Summenzuwachs *n (m)* reversionary bonus
Summer *n (m)* buzzer
summierbar *adj* summable; capable of summation
Summierung *n (f)* summation
Sumpf *n (m)* swamp; marsh; fen; bog; (quag)mire; **Sumpfboden** *n (m)* marshy ground; marshland; swampy ground; **Sumpfgebiet** *n (n)* marshland; swampland; **Sumpfland** *n (n)* wetland; marshland; swampland
Supermarkt *n (m)* supermarket
Supposition *n (f)* supposition
Surrogation *n (f)* surrogation; surrogating
Suspensionsklausel *n (f)* suspension clause
Süßwaren *n/pl (f)* sweets; candy (US); **Süßwasser** *n (n)* fresh water
SVO → Sachverständigenordnung
Swapgeschäft *n (n)* swap (contract)
Syndizierung *n (f)* syndication
Synthese *n (f)* synthesis → neoklassische Synthese
System *n (n)* system; **dualistisches System** *n (n)* dual system of corporate management; **elektronische Systeme** *n/pl (n)* electronic systems; **maschinelle Systeme** *n/pl (n)* mechanical systems; **metrisches System** *n (n)* metric system
Systematik *n (f)* system; method; systematics
Systembau *n (m)* systems building
Systemtechnik *n (f)* system(s) engineering; system technology
Szenario *n (n)* scenario; **Szenarioanalyse** *n (f)* scenario analysis

T

TA *n* → Technische Anleitung

Tabelle *n (f)* scale; table; spreadsheet; list; tabulation; schedule

Tabellenkalkulation *n (f)* spreadsheet; **Tabellenkalkulationsprogramm** *n (n)* spreadsheet programme

Tabellenmietspiegel *n (m)* rental table; schedule of rental values

Tafel *n (f)* board; slab; panel

Tafelbauweise *n (f)* (timber frame) panel construction

Tafelglas *n (n)* sheet glass; plate glass

Täfelung *n (f)* panel(l)ing; wainscoting

Tafelwand *n (f)* panel wall

Tagelohnarbeit *n (f)* day work

Tagesgeld *n (n)* call money; overnight money; daily allowance

Tageskurs *n (m)* current rate (of exchange); current price; **zum Tageskurs** at value

Tageslicht *n (n)* daylight; **Tageslichtbeleuchtung** *n (f)* daylight illumination; daylighting; **Tageslichtquotient** *n (m)* daylight factor

Tagespreis *n (m)* actual market price; current price

Tageswert *n (m)* market value; current value

Tagungsort *n (m)* conference venue

Talaue *n (f)* floodplain

Tangente *n (f)* tangent; expressway; ring road

t

Tankstelle *n (f)* gasoline service station (US); gas station (US); filling station; service station; **Tankstellennetz** *n (n)* network of petrol stations; gas station network (US)

Tanne *n (n)* fir (tree)

Tante-Emma-Laden *n (m)* corner shop; Mom-and-Pop store (US); "Ma and Pa" corner store (US)

Tantieme *n (f)* profit share; royalties

Tapete *n (f)* wallpaper

Tapezierarbeit *n (f)* wallpapering (work); **Tapezierer** *n (m)* decorator; paperhanger; upholsterer

Tarif *n (m)* scale of charges; rate; tariff; **Tarifbindung** *n (f)* commitment to the rules of a collective (wage) agreement; **Tarifform** *n (f)* form of tariff; **Tarifvertrag** *n (m)* collective bargaining (wage) agreement; wage settlement

Tat *n (f)* act; deed; action; offence

Tätigkeit *n (f)* action; activity; employment; function; occupation; profession; **betriebliche Tätigkeit** *n (f)* operating activities; **freiberufliche Tätigkeit** *n (f)* activity as an independent professional; self-employment; **gemeinschaftlich geführte Tätigkeit** *n (f)* jointly controlled operations; **selb(st)ständige Tätigkeit** *n (f)* self-employment; **wirtschaftliche Tätigkeit** *n (f)* economic activity

Tatsache *n (f)* fact; **wertaufhellende Tatsachen** *n/pl (f)* adjusting events after the balance sheet date (IAS 10.3); **wertbeeinflussende Tatsachen** *n/pl (f)* non-adjusting events after the balance sheet date

Tatsachenbehauptung *n (f)* allegation; factual claim; statement of facts

tatsächlich *adj* real; de facto; actual

Tauchlack *n (m)* dipping paint; dipping varnish

Tauchverfahren *n (n)* dip application; immersion process

Taupunkt *n (m)* dew point

Tausch *n (m)* swap; barter; exchange; **Tauschgeschäft** *n (n)* exchange (deal); (colloq.) swap; **Tauschhandel** *n (m)* barter; bartering; **Tauschwert** *n (m)* exchange value; exchangeable value; value in exchange

tauschen *v/t* exchange (to); swap (to)

Täuschung *n (f)* deception; deceit; **arglistige Täuschung** *n (f)* wilful deception; wilful deceit

Taxator *n (m)* assessor; appraiser; estimator; evaluator; valuer

taxieren *v/t* estimate (to); value (to); appraise (to); assess (to); evaluate (to)

Taxierung *n (f)* assessment; appraisal; valuation; appraisement; determination of taxable income by estimate; estimate; estimation; evaluation

Taxwert *n (m)* appraised value; estimated value

Technik *n (f)* technology; technique; **regenerative Techniken** *n/pl (f)* regenerative technologies

Techniker *n (m)* (technical) engineer; technician; technologist
Technikräume *n/pl (m)* (building) plant rooms; technical rooms
technisch *adj* engineering; technical; technological
Technische Anleitung zum Schutz gegen Lärm (TA Lärm) *n (f)* technical directive on noise abatement
Technische Anleitung zur Reinerhaltung der Luft (TA Luft) *n (f)* technical directive on air pollution control
technische Gebäudeausrüstung (TGA) *n (f)* *ArCo* building services
Technischer Überwachungsverein (TÜV) *n (m)* technical inspection agency (or authority)
technischer Zeichner *n (m)* tracer; draftsman (US); draughtsman
Technologiepark *n (m)* technology park
Teeküche *n (f)* kitchenette; (tea) kitchen; **Teeraum** *n (m)* tea room
Teerpappe *n (f)* roofing felt; tar paper; asphaltic felt; tarred felt; **Teerstraße** *n (f)* tarred road; metalled road; blacktop
Teich *n (m)* pond; pool
Teil *n (m)* part
Teilabnahme *n (f)* acceptance of part of a project in course of development; by agreement, at the request of the client. Under → VOB/B § 12 Nr. 2a the section accepted must be self-contained → Bauabnahme
Teilabrechnung *n (f)* partial account
Teilannahme *n (f)* partial acceptance
Teilbaugenehmigung *n (f)* partial building permit; e.g. for excavation to start or for individual buildings or construction phases
Teileigentum *n (n)* part ownership; (resid.) ownership of part of a co-owned otherwise residential property used for commercial purposes (e.g. office) and therefore not treated as → Wohnungseigentum
teilen *v/t* divide (to); split (up) (to); share (out) (to)
Teilenteignung *n (f)* compulsory purchase of part of a property
Teilfertigstellung *n (f)* partial completion; completion of part (of a project); construction in progress; part-completed construction; partial completion esp. to an agreed level e.g. for contract payment
Teilfinanzierung *n (f)* part(ial) financing
Teilfläche *n (f)* area; partial area; fractional tract of land
Teilfreigabe *n (f)* partial opening (e.g. road scheme); partial clearance
Teilgebiet *n (n)* branch; sub area
Teilgewinnrealisierungsmethode *n (f)* unit-of-delivery method; **Teilgewinnrealisierungsmethode nach dem Leistungsfortschritt** *n (f)* percentage of completion method (IAS 11)
Teilgrundriss *n (m)* part (of a) plan
teilhaben *v/t* participate (to); share (in) (to)
Teilhaber *n (m)* partner; co-partner; **aktiver Teilhaber** *n (m)* active partner
Teilhaberrente *n (f)* derived pension; partner's pension
Teilleistung *n (f)* part(ial) performance
Teillieferung *n (f)* part delivery; delivery by instal(l)ment(s) → Sukzessivlieferung; **Teillieferungsvertrag** *n (m)* installment contract; contract for successive delivery
Teilmarkt *n (m)* submarket; sub-segment
Teilnehmer *n (m)* participant; those present (e.g. at a meeting)
Teilräumung *n (f)* partial eviction; partial clearance
Teilreproduktionswert *n (m)* net asset value
Teilschlusszahlung *n (f)* payment for a completed and accepted section of project in course of development after a → Teilabnahme; subject to → VOB/B § 16 Nr. 4
Teilung *n (f)* division; partition; divide; fragmentation; (parcel) subdivision; **Teilungserklärung** *n (f)* condominium declaration; shared ownership deed; **Teilungsgenehmigung** *n (f)* approval for subdivision (of e.g. a building plot); **Teilungsvereinbarung** *n (f)* deed of partition; agreement to divide sth.; **Teilungsvertrag** *n (m)* partition agreement, shared ownership deed, deed of separation
Teilversicherung *n (f)* co-insurance or co-assurance
teilweise Erfüllung *n (f)* → Erfüllung
Teilwertabschreibung *n (f)* → ausschüttungsbedingte Teilwertabschreibung
Teilwertberichtigung *n (f)* partial write-down; partial adjustment of value

Teilzahlung *n (f)* instalment; part payment; **Teilzahlungskredit** *n (m)* hire purchase credit; instalment credit; **Teilzahlungskreditinstitut** *n (n)* finance house; acceptance corporation (US)

Teilzeiteigentum *n (n)* timeshare (ownership)

Telefon *n (n)* telephone; **Telefonzelle** *n (f)* telephone box; call box; telephone booth (US); **Telefonzentrale** *n (f)* switchboard; **Telefongebühren** *n/pl (f)* telephone charges

Telekommunikationsgesetz (TKG) *n (n) Law* German telecommunications act

Temperatur *n (f)* temperature

Tendenz *n (f)* trend; tendency; slant; **fallende Tendenz** *n (f)* downtrend; downward tendency; downward trend; **steigende Tendenz** *n (f)* uptrend; upward trend

tendenziös *adj* tendentious

Tennishalle *n (f)* covered tennis-court; indoor tennis court

Teppich *n (m)* carpet

Teppichboden *n (m)* fitted carpet; wall-to-wall carpeting; **Teppichbodenleiste** *n (f)* carpet strip (as skirting / baseboard)

Termin *n (m)* date; appointment; deadline; due date; hearing (court); **festgesetzter Termin** *n (m)* term day; appointed day **einen Termin setzen** *v/t* set a deadline on (to)

Termingeschäft *n (n)* time bargain; forward contract; futures (trading); **standardisiertes Termingeschäft** *n (n)* standardized futures contract

Terminüberwachung *n (f)* progress control; deadline monitoring; follow-up of orders

Terminverkauf *n (m)* forward sale; futures sale; forward rate agreement

t

Termitenschutz *n (m)* termite shield; protection against termites

Terotechnologie *n (f)* terotechnology (economic management of physical assets)

Terrakotta *n (f)* terracotta

Terrasse *n (f)* terrace; patio; **Terrassenentwässerung** *n (f)* terrace drainage

Terrazzo *n (m)* terrazzo; venetian mosaic

Territorialitätsprinzip *n (n)* principle of territoriality

Testament *n (n)* will; testament; **mündliches Testament** *n (n)* nuncupative will; oral will

nicht testamentarisch geregelt *adj* intestate

gerichtliche Testamentseröffnung *n (f) Law* commencement of the procedure of execution of a will; official notification of a will and its content to the beneficiaries by the Nachlassgericht (probate court), a division of the Amtsgericht (district court); analogous to the probate system in common law countries

Testamentvollstrecker *n (m)* executor (of a will); administrator (of a will)

Textilfabrik *n (f)* textile mill; textile factory

TGA *ArCo* → technische Gebäudeausrüstung

Theke *n (f)* counter; bar

Themengastronomie *n (f)* theme restaurants

Theorie *n (f)* theory; **volkswirtschaftliche Theorie** *n (f)* economic theory

Thermostat *n (m)* thermostat

Tiefbau *n (m)* civil engineering; underground construction engineering; heavy engineering; **Tiefbautechnik** *n (f)* civil engineering; underground construction engineering

Tiefbrunnen *n (m)* deep well

Tiefgarage *n (f)* underground parking (lot); (underground) parking garage; underground garage; underground car park

Tiefkühlraum *n (m)* freezer room; deep-freeze store

Tiefspülkasten *n (m)* low level (WC) cistern

tilgbar *adj* redeemable; repayable

tilgen *v/t* pay off (a debt) (to); amortize (to); retire (a debt) (to) (US); redeem (to); liquidate (to); delete (to); erase (to)

Tilgung *n (f)* repayment; liquidation; acquittance; amortization; liquidation; payback; redemption; erasure; deletion; **Tilgung einer Hypothek** *n (f)* repayment (or redemption) of a mortgage; satisfaction of mortgage (US); **Tilgung von Verbindlichkeiten** *n (f)* repayment of debts **außerplanmäßige Tilgung** *n (f)* unbudgeted repayment(s); **endfällige Tilgung** *n (f)* bullet repayment; repayment of loan principal at end of loan period (e.g. interest only loan or mortgage); **planmäßige Tilgungen** *n/pl (f)* scheduled repayments; **vorzeitige Tilgung** *n (f)* anticipated redemption; **zusätzliche Tilgung** *n (f)* additional repayment of principal

Tilgungsanleihe *n (f)* redemption loan; amortisation loan

Tilgungsanteil *n (m)* capital repayment component; redemption component
Tilgungsbedingungen *n/pl (f)* terms of amortization; terms of repayment
Tilgungsdarlehen *n (n)* repayment loan/ mortgage; redeemable loan; self-amortizing loan/mortgage; direct reduction loan
Tilgungsdauer *n (f)* repayment period; redemption period
Tilgungsfonds *n (m)* sinking fund; redemption fund; amortization fund
Tilgungshypothek *n (f)* repayment mortgage; direct reduction mortgage; constant payment mortgage; amortization mortgage; redemption mortgage
Tilgungslebensversicherung *n (f)* endowment mortgage (insurance); mortgage redemption life insurance (US)
Tilgungsleistung *n (f)* redemption payment; amortisation payment
Tilgungsmodalitäten *n/pl (f)* repayment terms
Tilgungsplan *n (m)* repayment schedule; redemption schedule; amortization schedule; amortisation plan; schedule of redemption
Tilgungsrate *n (f)* repayment instal(l)ment; amortization rate; mortgage amortization payment
Tilgungsrücklage *n (f)* reserve for redemption; amortization fund
Tilgungssumme *n (f)* capital outstanding
Tilgungstermin *n (m)* redemption date
Tilgungsvereinbarung *n (f)* redemption agreement
Tilgungszahlungen *n/pl (f)* repayments of principal
Tilgungszeitraum *n (m)* repayment period; redemption period; amortization term
Tischler *n (m)* carpenter; joiner; *Syn.: Schreiner*; **Tischlerarbeit** *n (f)* carpentry; joinery; **Tischlerei** *n (f)* carpentry; joinery; carpenter's workshop; **Tischlerleim** *n (m)* joiner's glue; **Tischlerplatte** *n (f)* block board; CLV board (US); coreboard
Titel *n (m)* title; slogan
Tochtergesellschaft *n (f)* subsidiary; **Tochterunternehmen** *n (n)* subsidiary
Toilette *n (f)* toilet; WC; lavatory; bathroom (US); **Toilettenanlage** *n (f)* sanitary facilities; **Toilettenpapierhalter** *n (m)* toilet roll holder; **Toilettenschrank** *n (m)* bathroom cabinet; bathroom chest; **Toilettenräume** *n/pl (m)* toilets; bathrooms (US); rest rooms (US)
Ton *n (m)* clay; **Tonerde** *n (f)* clay; alumin(i)um oxide; alumina; **Tongestein** *n (n)* claystone; argillite; argillaceous rock; **Tongrube** *n (f)* clay pit; **Tonrohr** *n (n)* clay pipe; earthenware pipe; **Tonsandstein** *n (m)* clayey sandstone; argillaceous sandstone
tonig *adj* clayey; argillaceous
Tonnendach *n (n)* barrel roof; arched roof; compass roof; **Tonnengewölbe** *n (n) ArCo* barrel vault, tunnel vault; cradle vault, cylindrical vault; **Tonnenlager** *n (n)* (roller) bearing
Topographie *n (f)* topography
Tor *n (n)* gate; portal; gateway; door (esp. garage etc.)
Tordurchfahrt *n (f)* road access under a gateway
Torf *n (m)* peat; turf; **Torfmoor** *n (n)* peat bog; **Torfmull** *n (m)* peat dust; sphagnum; loose garden peat
torfhaltig *adj* peaty
Torkretbeton *n (m)* gunite; sprayed concrete
torkretieren *v/t* gun (to)
Torpfosten *n (m)* gate post
Torriegel *n (m)* gate latch
Torsion *n (f)* torsion
Torweg *n (m)* gateway
Totalstatistik *n (f)* census; results for a whole population (stats)
Totalunternehmer *n (m) ArCo* general contractor; also carrying out planning and architectural services for a development project possibly but not necessarily including application for planning consent
Trabantenstadt *n (f)* satellite town
Trafostation *n (f)* transformer station; substation
Tragbalken *n (m)* supporting beam; girder
tragbar *adj* portable; handheld; acceptable; tolerable
Tragekonstruktion *n (f)* load-bearing structure
tragend *adj* load bearing; supporting; **nicht-tragend** *adj* non-structural; non-(load) bearing
Träger *n (m)* girder; beam; truss; **wandartiger Träger** *n (m)* deep beam
Trägeranordnung *n (f)* arrangement of girders; **Trägerbrücke** *n (f)* girder bridge;

t

Trägergewebe *n (n)* backing mesh (or weave); base fabric; **Trägermitte** *n (f)* mid-span; **Trägerpfosten** *n (m)* fence post; support (esp. for crash barriers, guard rails etc.); girder post; **Trägerschalung** *n (f)* formwork
Tragfähigkeit *n (f)* bearing capacity; load bearing capacity
Trägheit *n (f)* inertia
Tragkonstruktion *n (f)* load bearing structure; supporting structure
Tragkraft *n (f)* load bearing capacity
Traglast *n (f)* load; limit load; ultimate load; **Traglastverfahren** *n (n)* limit design; elastic-plastic analysis; plastic theory
Tragplatte *n (f)* bearing plate; base plate
Tragrahmen *n (m)* supporting frame; bearing structure
Tragsäule *n (f)* pillar; supporting column
Tragschicht *n (f)* bearing course; base course
Tragvermögen *n (n)* carrying capacity; load bearing capacity; loading capacity
Tragwerk *n (n)* structure; girder; truss; load bearing structure
Trakt *n (m)* part (of a large building); wing; block
Tranche *n (f)* tranche
Transaktion *n (f)* transaction; **erzwungene Transaktion** *n (f)* forced transaction
Transaktionskosten *n/pl* transaction costs; **Transaktionsvolumen** *n (n)* transaction volume; (real estate) total financial value of a transaction or transactions; (fin.) number of transactions in a specified time
Transmissionswärmeverlust *n (m)* heat loss due to transmission (through walls etc.)
Transparentpapier *n (n)* tracing paper
Transportbelastung *n (f)* handling load; transport load; **Transportbeton** *n (m)* ready-mix(ed) concrete; truck concrete (US); **Transportleitung** *n (f)* transmission pipeline; **Transportmischer** *n (m)* mixer conveyor; (concrete) mixer truck
Trapez *n (n)* trapezium; trapezoid
Trasse *n (f)* alignment; (railway) line; route; (esp. railway); (railway) track; **Trassenlänge** *n (f)* length of pipeline; length of section (railway)
trassieren *v/t* trace out (to); lay out (to); route (to); map (to); draw (e.g. a bill of exchange) (to)
Trassierung *n (f)* tracking; route planning; routing; layout; e.g. of roads or service connections
Trasszement *n (m)* trass cement
Tratte *n (f)* (drawn) bill of exchange; bank draft; banker's draft
Traufblech *n (n)* eaves flashing
Traufbohle *n (f)* fascia board; eaves board; gutter board
Traufbrett *n (n)* fascia (board); eaves board; gutter board
Traufe *n (f)* eaves
Traufel *n (f)* (plasterer's) float
Traufenbrett *n (n)* eave(s) drip; eaves board
Traufhöhe *n (f)* eaves height
Traufkante *n (f)* eaves
Trauflatte *n (f)* tilting fillet; eave fillet; fascia fillet
Traufrinne *n (f)* eaves gutter
Traufstein *n (m)* margin tile
Traverse *n (f)* cross-beam; crossbar; tie beam; **obere Traverse** *n (f)* top transom; top cross-beam; **untere Traverse** *n (f)* bottom transom; lower cross-beam
Treffpunkt *n (m)* meeting place; venue
Treibhauseffekt *n (m)* greenhouse effect
Treiböl *n (n)* fuel oil
Treibriegel *n (m)* lever bolt
Trendanalyse *n (f)* trend analysis
Trennfuge *n (f)* joint; interstice; slit
Trennkanalisation *n (f)* two-pipe (drainage) system
Trennstelle *n (f)* cut-off point; production break; section point
Trennung *n (f)* division; severance; separation; segregation
Trennwand *n (f)* partition (wall); division; party (or parting) wall; dividing wall; slurry wall (underground construction) (US)
Treppe *n (f)* stairs; staircase; **vorkragende Treppe** *n (f)* cantilever(ed) staircase; **zweiläufige Treppe** *n (f)* double-flight staircase
Treppenabsatz *n (m)* landing; stair head; stair landing; **oberster Treppenabsatz** *n (m)* stair head; stair landing
Treppenaufgang *n (m)* (flight of) stairs (or steps); staircase; stairway
Treppenauge *n (f)* open well; round stair; well; well hole
Treppenflucht *n (f)* flight of stairs; staircase; stairway
Treppengeländerpfosten *n (m)* baluster; (banister) spindle

Treppenhaus *n (n)* stairwell; staircase; stairs
Treppenlauf *n (m)* flight of stairs
Treppenläufer *n (m)* stair carpet; runner
Treppenlaufplatte *n (f) ArCo* → Laufplatte
Treppenlift *n (m)* stairlift (for disabled people)
Treppenpfosten *n (m)* newel (post)
Treppenpodest *n (n)* landing
Treppenspindel *n (f)* stair newel
Treppenstufe *n (f)* stair; step
Treppenwange *n (f)* stair stringer
Tresor *n (m)* safe; bank vault
Treu und Glauben *n (m)* good faith; bona fide
Treuerabatt *n (m)* loyalty discount
Treuevergütung *n (f)* loyalty bonus; patronage bonus
Treugeber *n (m)* truster; trustor; settlor; grantor
Treuhand *n (f)* trust; trustee relationship; **Treuhandabrechnung** *n (f)* calculation presentation or settlement of trust accounts; **Treuhandanstalt** *n (f)* trust company; institutional trustee; German state privatisation agency; **Treuhandbedingungen** *n/pl (f)* escrow requirements; **Treuhänder** *n (m)* trustee; fiduciary; feoffee to uses; custodian; bailee; escrow (holder); **Treuhanderklärung** *n (f)* declaration of trust; **Treuhandfonds** *n (m)* trust fund; **Treuhandgesellschaft** *n (f)* trust; trust company; corporate fiduciary; **Treuhandkonto** *n (n)* trust account; escrow account; fiduciary account; US also: back-to-back escrow; **Treuhandkosten** *n/pl* escrow costs; trust charges; **Treuhandurkunde** *n (f)* trust instrument; deed of trust
Treuhandverhältnis *n (n)* trust; **fingiertes Treuhandverhältnis** *n (n)* constructive trust; **gesetzliches Treuhandverhältnis** *n (n)* statutory trust relationship (insur.); involuntary trust
Treuhandvermögen *n (n)* trust estate; trust (property); **Treuhandvertrag** *n (m)* trust deed; trust agreement; deed of trust; escrow agreement; **Treuhandverwahrung** *n (f)* escrow; holding in trust; **Treuhandverwalter** *n (m)* escrow agent; trustee; fund manager
treuhänderisch *adj* discretionary; fiduciary; in trust; with a trust deed
Treuverwaltung *n (f)* trusteeship
Triangulation *n (f)* triangulation
Trinkwasser *n (n)* drinking water; potable water; **Trinkwasserschutzgebiet** *n (n)* protected water catchment area
Tritt *n (m)* step; stair; tread; **Trittfläche** *n (f)* tread; **Trittschall** *n (m)* impact noise; subsonic noise; sound of footsteps; **Trittschalldämmung** *n (f)* impact noise insulation; subsonic noise insulation
Tritthöhe *n (f)* rise (of stairs)
trittsicher *adj* slidproof; slip resistant
Triumphbogen *n (m)* triumphal arch
Trockenbau *n (m)* dry mortarless construction; **Trockenbauweise** *n (f)* dry construction
Trockenbereich *n (m)* dry area; dry part
Trockenfäule *n (f)* dry rot
trockengemauert *adj* laid-dry; dry-stone
Trockenlegung *n (f)* drainage; reclamation
Trockenputz *n (m)* dry lining
Trockenzeiten *n/pl (f)* drying times
T-Rohr *n (n)* T-pipe
Tropfnase *n (f)* weather drip; weather groove; window drip
Trübung *n (f)* cloudiness; turbidity
T-Träger *n (m)* T-beam; T-girder
Tünche *n (f)* whitewash
tünchen *v/t* whitewash (to); lime wash (to); lime white (to); whiten (to)
Tunnel *n (m)* tunnel; **Tunnelabschnitt** *n (m)* tunnel section; **Tunnelauskleidung** *n (f)* tunnel lining; **Tunnelbau** *n (m)* tunnelling; **Tunnelbauverfahren** *n (n)* tunnelling technique; **Tunneldecke** *n (f)* tunnel soffit; tunnel roof; **Tunneleinfahrt** *n (f)* tunnel portal; **Tunneleingang** *n (m)* tunnel portal; **Tunnelrecht** *n (n)* right (to build and/or maintain) a tunnel; tunnel easement
Tür *n (f)* door; **einflügelige Tür** *n (f)* single door; single-leaf door; single-wing door; **verglaste Tür** *n (f)* glazed door; **zweiflügelige Tür** *n (f)* double door; double-leaf door
Türangel *n (f)* (door) hinge; **Türanschlag** *n (m)* (door) swing; door stop; side on which a door is hinged, i.e. left or right, and direction of opening; **Türbeschläge** *n/pl (m)* door fittings; door furniture; door trim; **Türblatt** *n (n)* door leaf; **Türdrücker** *n (m)* door handle; doorknob; **Türflügel** *n (m)* door leaf; door wing; **Türfüllung** *n (f)* door panel; **Türfutter** *n (n)* door casing (US); jamb lining; door lining; **Türgröße** *n (f)*

door size; **Türgucker** *n (m)* door viewer; judas hole; spy hole; **Türkantenschoner** *n (m)* edge plate; door edge protector; **Türkantriegel** *n (m)* flush lever bolt; **Türklopfer** *n (m)* door knocker; **Türknauf** *n (m)* door knob; **Türlaibung** *n (f)* door reveal; door surround; **Türluftschleieranlage** *n (f) ArCo* air curtain; **Türoberlicht** *n (n)* fanlight; transom light; **Türöffner** *n (m)* door opener; **Türöffnung** *n (f)* doorway; **Türpfosten** *n (m)* door jamb; door post; jamb; door jamb; door post; jamb; **Türpuffer** *n (m)* doorstop; door bumper (US); **Türquerriegel** *n (m)* lock rail; **Türrahmen** *n (m)* door frame; **Türriegel** *n (m)* barrel bolt; (door) bolt; **Türschließer** *n (m)* door closer; **Türschwelle** *n (f)* threshold; doorsill; **Türstopper** *n (m)* door stop; doorstopper; **Türsturz** *n (m)* brow piece; door lintel; **Türverkleidung** *n (f)* door panel; door cladding; **Türzarge** *n (f)* door frame; door buck (US); door case; door casing

Turm *n (m)* tower; **Turmansatz** *n (m)* stump; **Türmchen** *n (n)* turret; **Turmfuß** *n (m)* tower base; **Turmhelm** *n (m)* spire; **Turmkran** *n (m)* tower crane; **Turmpfeiler** *n (m)* tower pillar; **Turmschaft** *n (m)* main section of a tower; **Turmspitze** *n (f)* spire

Turnhalle *n (f)* gymnasium; sports hall

TÜV → Technischer Überwachungsverein

t

U

U-Bahnhof *n (m)* underground railway station; tube station (GB London); subway station (US)
Überalterung *n (f)* obsolescence; (excessive) ageing; **funktionelle Überalterung** *n (f)* functional obsolescence; **technische Überalterung** *n (f)* technical obsolescence; **wirtschaftliche (Wertminderung durch) Überalterung** *n (f)* economic obsolescence
Überangebot *n (n)* oversupply
Überausnutzung *n (f)* over-development; over-improvement; over-exploitation (e.g. of natural resources)
Überbau *n (m)* superstructure; structure extending over a boundary
überbauen *v/t* overbuild (to); build over (to)
Überbeanspruchung *n (f)* overstressing; overloading
Überbelastung *n (f)* overload
Überbelegung *n (f)* overcrowding; overoccupation; oversubscription
Überbestand *n (m)* overstock; production surplus; long position
überbewerten *v/t* overvalue (to); overestimate (to); overrate (to)
überbewertet *adj* overvalued; overrated
Überbewertung *n (f)* overvaluation; overestimation
Überblick *n (m)* overview; view; summary; survey
Überbrückung *n (f)* bridging; spanning; stop-gap; bypass (elec); jumper (cable) (elec); **Überbrückungsfinanzierung** *n (f)* bridge financing; gap financing (US); interim financing; **Überbrückungskredit** *n (m)* bridging loan (or credit); bridge loan (US); gap loan (US); tide-over credit (US); interim loan (or credit)
Überdachung *n (f)* roofing; roofed-over construction
Überdeckung *n (f)* cover(ing); overlap; shelter; excess cover (insur.)
Überdimensionierung *n (f)* overdimensioning; oversizing
Überdruck *n (m)* overpressure; excess pressure; positive pressure
übereignen *v/t* assign (to); make sth. over (to); transfer (to)
Übereignung *n (f)* transfer; assignment; conveyance; **Übereignungsurkunde** *n (f)* bill of sale; deed of assignment; cession deed; **Übereignungsvertrag** *n (m)* bill of sale
Übereinkommen *n (n)* agreement; understanding; arrangement; convention
Übereinstimmung *n (f)* agreement; accordance; conformity; consensus
überentwickeln *v/t* overdevelop (to)
Übererlösklausel *n (f) Mkt* surplus proceeds clause; agency clause in which the agent is paid a commission equal to the amount the sale exceeds the agreed asking price
Überfahrtrecht *n (n)* vehicular right of way
überfällig *adj* overdue; behind time; past due
Überführung *n (f)* conviction; transfer; transportation; delivery; overpass; flyover; viaduct
Überfüllung *n (f)* overcrowding; congestion
Übergabe *n (f)* hand(ing)-over; surrender; transfer; delivery; demise; **ordnungsgemäße Übergabe** *n (f)* orderly transfer; clean transfer (US)
Übergabestation *n (f)* supplier's service installation; transfer station; transmission station; **Übergabestelle** *n (f)* handover point; point of transfer
Übergang *n (m)* (level) crossing; footbridge; transition; **Übergangsfinanzierung** *n (f)* bridge finance; bridge financing; bank accommodation; **Übergangsfrist** *n (f)* transitional period; change-over period; **Übergangsperiode** *n (f)* transitional period; heating period between seasons; **Übergangsregelung** *n (f)* temporary (or interim) arrangement; transitional regulation; **Übergangsvereinbarung** *n (f)* provisional agreement; interim agreement; **Übergangsvorschriften** *n/pl (f)* transitional provisions; provisional regulations; **Übergangszeit** *n (f)* transitional period; transition time; **Übergangszone** *n (f)* transition zone; **Übergangszustand** *n (m)* state of transition; transient state

übergeben *v/t* hand over (to); (sur)render (to); entrust (to)
Übergeber *n (m)* presenter; assigner; assignor; bailor
Übergewinn *n (m)* excess profit; surplus profit; **Übergewinnmethode** *n (f)* excess earnings method
Übergriff *n (m)* encroachment; infringement
Übergröße *n (f)* outsize
Überhang *n (m)* overhang; projection; surplus (fig.); excess (fig.)
Überheizung *n (f)* overheating
Überhitzer *n (m)* super heater
Überhitzung *n (f)* superheating
Überhöhung *n (f)* banking; camber; elevation
überholen *v/t* recondition (to); overhaul (to); overtake (to)
überholt *adj* outdated; antiquated; superseded (by)
Überlappung *n (f)* overlap(ping); lap; **Überlappungsfuge** *n (f)* (over)lap joint
Überlassung *n (f)* assignment; transfer; lease; leaving (in a will); handing-over; disclosure; abandonment
Überlastung *n (f)* overload(ing); congestion; stress; overwork
Überlauf *n (m)* overflow; overrun; spill; spillway; **Überlaufkanal** *n (m)* overflow channel; spill port; **Überlaufkante** *n (f)* lip; overflow edge; **Überlaufrinne** *n (f)* overflow gutter; **Überlaufrohr** *n (n)* downspout; overflow pipe; spillway pipe
Überlebensfall *n (m)* survivorship
Überlegung *n (f)* consideration; reflection; point of view; **reifliche Überlegung** *n (f)* due consideration; (on) second thought(s)
Überlegungen anstellen *v/t* consider (to); make observations (to); **Überlegungen vortragen** *v/t* give one's view on (to); give one's view about (to)
Überleitungsrechnung *n (f)* offsetting and reconciliation; restatement (e.g. in IAS); bridge (US) e.g. forecast to actual; **quantifizierte Überleitungsrechnung** *n (f)* quantified reconciliation
übermietet *adj* over-rented
Übernachtungskosten *n/pl* overnight (hotel) expenses
Übernahme *n (f)* takeover; taking over; acquisition; adoption; transfer; buy-out; assumption; acceptance; **Übernahme einer Hypothekenschuld** *n (f)* assumption of mortgage; **Übernahme zum Buchwert** *n (f)* acquisition (or transfer) at book value; **Übernahme zum Nettobuchwert** *n (f)* acquisition (or transfer) at net book value
Übernahmeangebot *n (n)* takeover bid
Übernahmekodex *n (m)* German takeover code; in 2002 replaced by „Wertpapiererwerbs- und Übernahmegesetz"
Übernahmeverlangen *n (n)* blight notice (requiring purchase of a property no longer callable of beneficial use); purchase notice (served on the local authority under Paragraph 168, BauGB)
übernehmen *v/t* take over (to); take on (to); assume (to); adopt (to); accept (to)
überörtlich *adj* non-local; regional; above local level
Überproduktion *n (f)* overproduction
überprüfen *v/t* check; (to); examine (to); verify (to); scrutinize (to); review (to)
Überprüfung *n (f)* check; examination; scrutiny; inspection; reinspection; verification; screening; **richterliche Überprüfung** *n (f)* judicial review; **Überprüfung durch Gleichrangige** *n (f)* peer review; peer appraisal
Überprüfungsgutachten *n (n)* review report; second opinion (report)
überregional *adj* national; nationwide
überreichen *v/t* hand over (to); hand out (to); present (to)
Überschattung *n (f)* (over)shadowing
überschätzen *v/t* overestimate (to); overrate (to)
Überschlag *n (m)* estimate; flashover; **grober Überschlag** *n (m)* rough estimate
überschlägig *adj* approximate; rough(ly estimated)
Überschlagsrechnung *n (f)* rough estimate
Überschneidung *n (f)* intersection; overlap; overlapping; coincidence; clash (fig.)
überschreiten *v/t* exceed (to); cross (to); violate (law) (to); transgress (to)
Überschreitung der Befugnisse *n (m)* → Befugnisüberschreitung
Überschuldung *n (f)* excessive indebtedness; overindebtedness; overextension; liabilities exceeding assets; (absolute) insolvency; capital deficit; debt overload
Überschuss *n (m)* excess; surplus; profit; **Überschussrechnung** *n (f)* bookkeeping; basis accounting; cash accounting

Überschwemmungsgebiet *n (n)* flood plain; **Überschwemmungsversicherung** *n (f)* flood insurance
Übersendung *n (f)* transmission; consignment; remittance
Übersicherung *n (f)* excessive collateral; overcollateralization
Übersicht *n (f)* overview; survey; scheme; chart; drawing up; list; listing; tabulation; overall view; schedule; **Übersichtskarte** *n (f)* general map; key map; base map; **Übersichtsplan** *n (m)* block plan; key plan; general plan; key map; outline map
Übersichtlichkeit *n (f)* clarity; clear arrangement
Übersiedlung *n (f)* relocation; moving
Überstand *n (m)* nosing; projection; projecting end; excess length
überstehend *adj* projecting; surmounting
übersteigen *v/t* exceed (to); cross (to); climb over (to)
Übertiefe *n (f)* excessive depth; above-average depth
übertragbar *adj* transferable; negotiable
Übertragbarkeit *n (f) Fin* negotiability; *Syn.: Begebbarkeit*
übertragen *v/t* transfer (to); assign (to); negotiate (to)
Übertragung *n (f)* vesting; transmission; transfer; assignment; alienation; demise; rendering; **rechtswirksame Übertragung eines Anspruches** *n (f)* formal closing; **Übertragung der Urkunde** *n (f)* backing; endorsement (of a loan contract); **Übertragung eines Stimmrechts** *n (f)* enfranchisement; grant of voting rights; **Übertragung von Grundbesitz** *n (f)* grant (or transfer) of real estate; conveyance
Übertragungsurkunde *n (f)* transfer deed; grant deed; deed of assignment; deed of bargain and sale; deed of conveyance; transfer document
übertreiben *v/t* exaggerate (to); overstate (to); carry sth. too far (to); overdo (to)
Übertreibung *n (f)* exaggeration; overstatement
übertreten *v/t* transgress (to); violate (to); overstep (to); go over (to)
Übervermietung *n (f)* over-rent
Überversicherung *n (f)* overinsurance; double insurance
überwachen *v/t* supervise (to); guard (to); monitor (to); bird dog (US)
Überwachung *n (f)* supervision; surveillance; monitoring; observation
Überwachungsanlage *n (f)* monitoring equipment; closed-circuit television
Überwachungskosten *n/pl* supervisory costs; monitoring costs
überwälzen *v/t* transfer (to); pass on (to); shift (to)
Überwälzung *n (f)* pass-through; transfer
überweisen *v/t* remit (to); transfer (money) (to)
Überweisung *n (f)* remittance; referral; transfer
Überzahlung *n (f)* overpayment; excess payment
Überzug *n (m)* inverted beam; upstand beam; suspender beam
üblich *adj* usual; customary; common; conventional
übrig *adj* residual; left over; remaining
Übung *n (f)* practice; exercise
U-Eisen *n (n)* channel iron; U-iron
Ufer *n (n)* shore; seashore; (river)bank; **Uferlinie** *n (f)* shore line
Uhrwerk *n (n)* clock; watch; mechanism; works
Ulme *n (f)* elm
umändern *v/t* change (to); alter (to); remodel (to)
umarbeiten *v/t* change (to); modify (to); remodel (to); redesign (to)
umbasieren *v/t* rebase (to); e.g. the index of retail prices
Umbau *n (m)* structural alteration; conversion; reconstruction; rebuilding; alterations (to a building); **Umbaufinanzierung** *n (f)* financing the conversion or remodelling (etc.) of a property
Um- und Einbauten *n/pl (m)* (building) alterations and improvements (lit. and fixtures)
umbauen *v/t* adapt (to); convert (to); remodel (to); reconstruct (to); rebuild (to); alter (to); build around (to); enclose (to)
umbaut *adj* enclosed; built around
Umbauung *n (f)* conversion; alteration; enclosure
Umbemessung *n (f)* redesign (e.g. of structure); recalculation; reassessment
Umbewertung *n (f)* reclassification; revaluation
Umbuchung *n (f)* transfer; reclassification; change of reservation

Umfang *n (m)* scope; extent; scale; range; size; circumference (lit.); girth; **Umfang der Vertretungsbefugnis** *n (m)* scope of authority (to represent e.g. a company)
umfangreich *adj* large-scale; extensive; spacious; voluminous
umfassen *v/t* comprise (to); contain (to); enclose (to)
umfassend *adj* comprehensive; extensive; complete; overall
Umfassung *n (f)* enclosure; perimeter; **Umfassungsbalken** *n (m)* perimeter beam; **Umfassungsmauer** *n (f)* enclosing wall; perimeter wall; **Umfassungswand** *n (f)* enclosing wall; perimeter wall; **Umfassungszaun** *n (m)* perimeter fence; *Syn.: Einfassungszaun*
Umfeld *n (n)* periphery; environment; surrounding area; **wirtschaftliches Umfeld** *n (n)* economic environment
Umfeldanalyse *n (f)* environmental analysis
Umfeld- und Lagebewertung *n (f)* environmental assessment (e.g. of a site)
Umfrage *n (f)* inquiry; survey
umgebend *adj* ambient; surrounding; environmental
Umgebung *n (f)* vicinity; neighbourhood; surroundings; **Umgebungsbebauung** *n (f)* nearby development; development in the surroundings; **Umgebungsinfrastruktur** *n (f)* infrastructure of the locality; **Umgebungstemperatur** *n (f)* ambient temperature
umgedreht *adj* reversed; inverted; upside down
Umgegend *n (f)* surrounding area; environment
umgegliedert *adj* reclassified; recategorised; reformatted; renumbered
Umgehung *n (f)* avoidance; evasion; by-passing; **Umgehungsstraße** *n (f)* by-pass; ring road; beltway (US)
umgelegt *adj* apportioned; allocated
umgestalten *v/t* remodel (to); reconfigure (to); redesign (to)
Umgestaltung *n (f)* transformation; reshaping; rearrangement; remodelling; reconfiguration; alterations (to a building)
Umgruppierung *n (f)* reclassification; regrouping
umhüllen *v/t* enclose (to); cover (to); wrap up (to); sheathe (to)

U

Umhüllung *n (f)* casing; cladding; wrapping; sheathing
umkehrbar *adj* reversible
umkehren *v/t* turn round (to); turn back (to); reverse (to)
Umkehrschluss *n (m)* converse argument
umkippen *v/t* tip over (to); tip up (to)
umkonstruieren *v/t* redesign (to); rebuild (to)
Umkreis *n (m)* vicinity; surroundings; radius
Umlage von Kosten *n (f)* assignment of costs; apportionment of costs; cost allocation
Umlagekosten *n/pl* allocated costs; transferable costs
Umland *n (n)* external service area; surrounding area; hinterland
Umlaufkapital *n (n)* circulating capital; capital equipment; current assets; working capital; **Umlaufrendite** *n (f)* current yield; flat yield; running yield; **Umlaufvermögen** *n (n)* circulating assets; current assets; floating assets; working capital; **Umlaufwasser** *n (n)* circulation water; thermal fluid
umlegbar *adj* allocatable; apportionable; **nicht umlegbar** *adj* non-allocatable; non-apportionable
umlegen *v/t* apportion (to); allocate (to); move (to); transfer (to); **anteilsmäßig umlegen** *v/t* prorate (to)
Umleghebel *n (m)* lever; shift lever
Umlegung *n (f)* allocation; apportionment; distribution; consolidation and reallocation or reorganisation; esp. parcels of land → Flächenumlegung; **Umlegung der Mehrkosten** *n (f)* apportionment of additional costs; **freiwillige Umlegung** *n (f)* voluntary reallocation (of land)
Umlegungsanordnung *n (f)* land reallocation order
Umlegungsausschuss *n (m)* land reallocation committee
umlegungsbedingt *adj* conditional on allocation
Umlegungsbeschluss *n (m)* land reallocation resolution; resolution by the → Umlegungsstelle, showing all parcels affected by an → Umlegung
Umlegungsgebiet *n (n)* land reallocation area
Umlegungskarte *n (f)* land reallocation map; → Flächenumlegung: showing the

new boundaries and parcel areas after an → Umlegung
Umlegungsmasse *n (f)* combined area of land to be reallocated in an → Umlegung
Umlegungsmaßstab *n (m)* allocation factor
Umlegungsplan *n (m)* land reallocation plan
Umlegungsstelle *n (f)* land reallocation agency; land reallocation office
Umlegungsvermerk *n (m)* entry in the land register concerning a reallocation process; indicating that a parcel of land is, or will be, affected by a reallocation process → Umlegung; Flächenumlegung
Umlegungsverzeichnis *n (n)* reallocation register; showing details of parcels included in an → Umlegung
Umlegungsvorteil *n (m)* increase in value resulting from a land reallocation (→ Umlegung)
Umleimer *n (m)* edging strip; lipping; edge veneer
Umleitung *n (f)* diversion; redirection; detour; bypass
Umluft *n (f)* air circulation; recirculated air
Ummantelung *n (f)* envelope; jacket; sheathing; insulating
umplanen *v/t* reschedule (to)
umrahmen *v/t* frame (to); border (to)
Umrahmung *n (f)* framing; setting; cartouche
Umrandung *n (f)* border; edge
umrechnen (Währungen) *v/t* carry out a currency conversion (to)
Umrechnung *n (f)* conversion; **Umrechnung auf Jahresbasis** *n (f)* annualization
Umrechnungsart *n (f)* conversion category; currency conversion key (banking); **Umrechnungsfaktor** *n (m)* conversion factor; exchange ratio; **Umrechnungsgewinn** *n (m)* gain on currency conversion; exchange rate gain(s); **Umrechnungskoeffizient** *n (m)* conversion coefficient; conversion factor; **Umrechnungskurs** *n (m)* exchange rate; rate of exchange; conversion rate; **Umrechnungssatz** *n (m)* conversion ratio; conversion rate; **Umrechnungstabelle** *n (f)* conversion table; **Umrechnungsverhältnis** *n (n)* exchange ratio; ratio of conversion; **Umrechnungswert** *n (m)* exchange value
umreißen *v/t* sketch (to); outline (to); pull (or knock) down (to)
Umriss *n (f)* outline; sketch; contours; **Umrisskarte** *n (f)* outline map; skeleton map; **Umrissplanung** *n (f)* outline planning; rough planning; **Umrisszeichnung** *n (f)* outline drawing; sketch
Umrüstung *n (f)* adaptation; modification; refitting; retrofitting
Umsatz *n (m)* turnover; revenue; sales; (market) absorption; **interner Umsatz** *n (m)* inter-company sales; internal deliveries; internal turnover; intra-group sales; **wirtschaftlicher Umsatz** *n (m)* net sales; sales on an accrual basis
umsatzabhängig *adj* dependent on sales; turnover-dependent
Umsatzerlöse *n/pl (m)* (net) sales; turnover; revenue; income from sales
Umsatzerwartung *n (f)* sales forecast
Umsatzgewinnrate *n (f)* net income percentage of sales; net operating margin; profit on sales; profit percentage
Umsatzhäufigkeit *n (f)* turnover frequency
Umsatzkennziffer *n (f) Ret* index of retail turnover (based on place of purchase)
Umsatzkosten *n/pl* cost of sales; **Umsatzkostenverfahren** *n (n)* cost of sales method; cost of sales accounting
Umsatzmiete *n (m)* turnover rent; percentage rent; **Umsatzmieterträge** *n/pl (m)* income from turnover rent(s); **Umsatzmietvertrag** *n (m)* percentage lease; participating lease
Umsatzpacht *n (f)* turnover rent; percentage rent; participating lease; overage
Umsatzpotenzial *n (n)* sales potential
Umsatzrendite *n (f)* net income percentage of sales; net operating margin; profit on sales
Umsatzrentabilität *n (f)* net profit ratio; sales profitability; net operating margin
Umsatzsteuer (USt) *n (f)* value-added tax (VAT); turnover tax; purchase tax; sales tax (US); **kumulative Umsatzsteuer** *n (f)* cumulative turnover tax; cumulative sales tax
Umsatzsteuer-Durchführungsverordnung *n (f)* German turnover tax implementing order; **Umsatzsteuergesetz (UStG)** *n (n) Law* German turnover tax act; **Umsatzsteueroption** *n (f)* option to subject a property to → Umsatzsteuer (VAT)
Umsatzumlenkung *n (f)* sales shift; changes in turnover

U

Umsatzverlust *n (m)* drop in sales; fall in turnover
Umsatzwachstum *n (n)* increase in sales; turnover growth
Umsatzziele *n/pl (n)* sales targets
Umsatzzuwachs *n (m)* sales increase; turnover increase
Umschichtung des Portfolios *n (f)* portfolio shift; portfolio regrouping
Umschlagsgeschwindigkeit *n (f)* turnover rate; speed of turnover
Umschlagshäufigkeit *n (f)* turnover rate; sales rate
Umschreibung *n (f)* transfer; alienation
umschulden *v/t* refinance (to); convert a debt (to)
Umschuldung *n (f)* rescheduling (of debts); debt restructuring; refinancing; refunding; **Umschuldungsverfahren** *n (n)* debt restructuring mechanism; debt rescheduling procedure
Umschwung am Markt *n (m)* turn in the market
umsetzen *v/t* convert (to); relocate (to); transpose (to); sell (to); turn over (to)
Umsetzung *n (f)* conversion; transposition
umsiedeln *v/t* relocate (to); resettle (to)
Umsiedlung *n (f)* relocation; resettlement
Umstand *n (m)* fact; circumstance; **außergewöhnliche Umstände** *n/pl (m)* exceptional circumstances; **preisbeeinflussende Umstände** *n/pl (m)* circumstances affecting value; **wertbeeinflussende Umstände** *n/pl (m)* factors influencing value
Umstellung *n (f)* rearrangement; regrouping; changeover; switch
umstritten *adj* disputed; contested
umstrukturieren *v/t* restructure (to); redesign (to)
umtauschen *v/t* exchange (to); take back to the shop (to)
umverteilen *v/t* redistribute (to)
Umwälzleistung *n (f)* circulating capacity; **Umwälzpumpe** *n (f)* circulation pump
umwandeln *v/t* change (to); transform (to); reorganize (to); convert (to)
Umwandlung *n (f)* change; transformation; conversion; commutation; reconversion; reorganisation
Umwandlungsgesetz (UmwG) *n (n) Law* German reorganization act
Umwandlungssteuergesetz (UmwStG) *n (n) Law* German reorganization tax act
Umwehrung *n (f)* railings, safety fences etc. (to protect workers from falling)
Umwelt *n (f)* environment; outside world; surroundings; **Umweltbedingungen** *n/pl (f)* environmental conditions; environmental factors; **Umweltbelastung** *n (f)* pollution; environmental impact; **Umweltbeobachtung** *n (f)* environmental observation; monitoring of the environment; **Umweltbetriebsprüfung** *n (f)* environmental audit; **Umweltbewusstsein** *n (n)* ecological awareness; environmental awareness; **Umwelteinschätzung** *n (f)* environmental assessment; **Umweltfaktor** *n (m)* ecological factor; environmental factor; **Umweltfragen** *n/pl (f)* environmental issues; environmental matters; **Umweltgefahr** *n (f)* environmental hazard; **Umwelthaftungsgesetz (UmweltHG)** *n (n) Law* German environmental liability act; **Umweltkatastrophe** *n (f)* ecological disaster; environmental disaster; **Umweltplanung** *n (f)* environmental planning; ecological planning; **Umweltpolitik** *n (f)* environmental policy; **Umweltrecht** *n (n)* environmental law; **Umweltrisiko** *n (n)* environmental risk; **Umweltschutz** *n (m)* environmental protection; conservation; pollution control; environmental defense (US); **Umweltschutzbehörde** *n (f)* environmental protection agency; **Umweltschutzbestimmung** *n (f)* environmental regulation(s); **Umweltüberwachung** *n (f)* environmental monitoring; **Umweltverbindlichkeiten** *n/pl (f)* environmental liabilities; environmental obligations; **Umweltverschmutzung** *n (f)* pollution; environmental pollution
Umweltverträglichkeit *n (f)* environmental compatibility; **Umweltverträglichkeitsprüfung (UVP)** *n (f)* environmental impact assessment; assessment of environmental effects; **Bericht zur Umweltverträglichkeitsprüfung (UVP-Bericht)** *n (m)* environmental impact report (or statement); **Gesetz über die Umweltverträglichkeitsprüfung (UVPG)** *n (n) Law* German associated companies act; **Umweltverträglichkeitsstudie** *n (f)* environmental impact assessment (or study)
umweltfeindlich *adj* ecologically harmful; hostile to the environment
umweltfreundlich *adj* ecologically sound; environmentally friendly

U

umweltschädlich *adj* environmentally damaging; harmful to the environment
Umwidmung *n (f)* rededication
Umzäunung *n (f)* enclosure; (boundary) fence; fencing
Umzäunungspfahl *n (m)* → Zaunpfahl
umziehen *v/i* move (home) (to); relocate (to)
Umzonung *n (f)* change in zoning; re-zoning
Umzug *n (m)* removal; relocation; **Umzugskosten** *n/pl* moving expenses; relocation expenses; **Umzugskosten-Beihilfe** *n (f)* relocation benefit; relocation grant; **Umzugsmanagement** *n (n)* relocation management (service)
unabänderlich *adj* irrevocable; unalterable
Unabhängigkeit *n (f)* independence
unachtsam *adj* careless; tunwary; inadvertent; disrespectful; heedless
Unachtsamkeit *n (f)* inattentiveness; carelessness; negligence
Unanfechtbarkeit *n (f)* finality of decision; incontestability
unangebracht *adj* inappropriate; mistimed; incongruous
unannehmbar *adj* unacceptable
unantastbar *adj* unimpeachable; indefeasible; inviolable
unanwendbar *adj* inapplicable; non-applicable
unarmiert *adj* non-reinforced
unaufmerksam *adj* inattentive; careless; thoughtless; inadvertent
unbebaut *adj* undeveloped (land); unimproved (US); not covered with buildings
Unbedenklichkeitsbescheinigung *n (f)* certificate of compliance; (tax) clearance certificate; (colloq.) clean bill of health; **steuerliche Unbedenklichkeitsbescheinigung** *n (f)* tax clearance certificate
Unbedenklichkeitserklärung *n (f)* statement of clearance; certificate of conformity; statement of no objection
unbedeutend *adj* insignificant; negligible; minor; immaterial
unbefestigt *adj* unsurfaced (road)
unbefleckt und handelbar *adj* clear and marketable
unbefristet *adj* open-end (or open-ended); for an unlimited period; unlimited (time)
Unbefugter *n (m)* unauthorized person; trespasser; *Syn.: Eindringling*
unbefugtes Betreten *n (n)* trespass; **unbefugtes Eindringen** *n (n)* unauthorized entry; infiltration; intrusion; breaking-in
unbehandelt *adj* untreated
unbelastet *adj* unencumbered; unloaded; unstressed
unbelüftet *adj* nonventilated; unvented
unberechenbar *adj* incalculable; unpredictable
unberechtigt *adj* undue; unauthorized; → wissentlich unberechtigt
unbeschädigt *adj* undamaged; intact; sound
unbeschränkt *adj* unrestricted; unlimited; open-end (or open-ended)
unbestimmbar *adj* indefinable; indeterminate; undeterminable; vague
unbestimmt *adj* vague; uncertain; indefinite; indeterminate; equivocal
Unbestimmtheit *n (f)* uncertainty; vagueness; indeterminacy; **Unbestimmtheitsgrad** *n (m)* level of uncertainty; degree of indeterminacy
unbeweglich *adj* immobile; immovable; motionless
unbewehrt *adj* non-reinforced; unreinforced; unarmoured
unbewohnbar *adj* uninhabitable; unfit for human habitation; **für unbewohnbar erklären** *v/t* declare unfit for (human) habitation (to); condemn (to)
Unbewohnbarkeit *n (f)* unfitness for human habitation
unbewohnt *adj* unoccupied; vacant; tenantless; uninhabited
unbillig *adj* unreasonable; unfair; inequitable
Unbilligkeit *n (f)* inequity; unfairness
Undichtigkeit *n (f)* leakage; leakiness
undurchdringbar *adj* impenetrable
undurchführbar *adj* impracticable; unworkable; unfeasible
undurchlässig *adj* impermeable; impervious
Undurchlässigkeit *n (f)* impermeability; imperviousness
uneben *adj* uneven; rough; bumpy (road)
uneinbringbar *adj* irrecoverable
Uneinbringlichkeit *n (f)* *Tax* uncollectibility
uneingeschränkt *adj* unrestricted; unlimited; absolute
Uneinigkeit *n (f)* disagreement; discord; dissension; (at) variance

unelastisch *adj* inelastic
unentschieden *adj* undecided; open; unsettled; pending
unethisch *adj* unethical
unfähig *adj* incapable; incompetent
Unfallversicherung *n (f)* accident insurance; casualty insurance (US)
unfertig *adj* unfinished; incomplete; inchoate
ungedeckt *adj* exposed; unsecured; uncovered
ungefähr *adj* approximate; rough; about; around; more-or-less
Ungenauigkeit *n (f)* inaccuracy; inexactness; imprecision
ungeprüft *adj* unexamined; not checked
ungern *adv* unwillingly; reluctantly; grudgingly
ungeschützt *adj* unprotected; exposed; open
ungesichert *adj* unsecured; insecure
Ungewissheit *n (f)* uncertainty
ungewöhnlich *adj* exceptional; unusual; remarkable
ungezieferbeständig *adj* vermin proof; vermin resistant
ungiftig *adj* non-poisonous; non-toxic
ungleichförmig *adj* variable, asymmetrical; non-uniform
Ungleichgewicht *n (n)* imbalance; disequilibrium
ungleichschenklig *adj* scalene; with unequal lengths
ungleichseitig *adj* scalene; with unequal sides
ungültig *adj* invalid, inoperative (law); (null and) void
ungültig werden *v/i* expire (to); become void (or invalid) (to)
Ungültigkeit *n (f)* nullity; invalidity (e.g. contract); **Ungültigkeitserklärung** *n (f)* cancellation; annulment; rescission
ungünstig *adj* unfavourable; inopportune; unfortunate; detrimental
unheilbar *adj* incurable; (fig.) irreparable
Universalbanken *n/pl (f)* universal banks; **Universalgrundierung** *n (f)* all-purpose primer (paint)
Universität *n (f)* university
unklar *adj* unclear; uncertain; indistinct; equivocal
unkörperlich *adj* incorporeal; immaterial
unlöslich *adj* insoluble
unmittelbar *adj* direct; immediate; imminent; **unmittelbar angrenzend** *adj* immediately adjoining; (colloq.) next (door) to; fronting and abutting
unmoralisch *adj* unethical; immoral
Unnutzbarkeit *n (f)* → Überalterung
unparteiisch *adj* unbiased; disinterested; impartial
Unparteilichkeit *n (f)* impartiality; neutrality; independence
unpassend *adj* unsuitable; inappropriate; out-of-place; improper
unpfändbar *adj* unseizable, exempt from seizure, judgement proof
Unpfändbarkeit *n (f)* state of being → unpfändbar
unregelmäßig *adj* irregular; erratic; uneven
unrentabel *adj* unprofitable
Unrichtigkeit *n (f)* incorrectness
unscharf *adj* blunt; blurred; unsharp; fuzzy; out of focus
Unsicherheit *n (f)* uncertainty; insecurity
Untätigkeit *n (f)* inactivity; idleness
unteilbar *adj* indivisible
Unteilbarkeit *n (f)* indivisibility
Unterausnutzung *n (f)* under-utilization; under-development; underimprovement (US)
Unterbau *n (m)* substructure; foundation(s); roadbed; backing concrete; subconcrete
unterbauen *v/t* underpin (to); shore up (to)
Unterbaugruppe *n (f)* subassembly
Unterbaurecht *n (n)* subsurface (development) right(s)
Unterbeteiligung *n (f)* sub-participation
Unterbeton *n (m)* subconcrete; concrete blinding; foundation soling
unterbewerten *v/t* undervalue (to); underrate (to)
Unterbewertung *n (f)* underestimate; undervaluation
Unterboden *n (m)* subfloor; subsoil; underfloor; **Unterbodenkanal** *n (m)* underfloor trunking; underfloor duct; **Unterbodenschacht** *n (m)* underfloor duct
Unterbrechung *n (f)* interruption; discontinuance; break; suspension
Unterbreitung *n (f)* submission
Unterbringung *n (f)* accommodation; housing; **vorübergehende Unterbringung** *n (f)* temporary housing; temporary accommodation

Unterdecke *n (f)* ceiling joist construction (or layout)
unterdimensionieren *v/t* undersize (to); underdesign (to)
Untererbbaurecht *n (n)* sub-ground lease; sub-building lease
unterfangen *v/t ArCo* underpin (to); *Syn.: unterbauen*
Unterfangung *n (f) ArCo* underpinning
Unterflurhydrant *n (m)* underground hydrant; (street) hydrant; **Unterflurkanal** *n (m)* buried duct; underfloor duct
unterführen *v/t* pass under (to)
Unterführung *n (f)* subway; underground crossing; underpass
Unterfüllung *n (f)* subsealing; underfilling
unterfüttern *v/t* line (to)
Unterfütterung *n (f)* firring; furring; interfacing; interlining
Untergeschoss *n (n)* basement; basement stor(e)y; lower ground floor (GB); **zweites Untergeschoss** *n (n)* subbasement; second basement
untergetaucht *adj* submerged; disappeared; gone underground (into hiding)
Untergliederung *n (f)* subdivision; breakdown
Untergrenze *n (f)* lower limit
Untergrund *n (m)* subsoil; footing; base; undercoat; underground; soil; subgrade (US); **felsiger Untergrund** *n (m)* rocky subsoil; **feuchter Untergrund** *n (m)* damp subsoil; damp base (for painting or tiling); **steiniger Untergrund** *n (m)* stony ground
Untergrundverhältnisse *n/pl (n)* sub-soil conditions
Untergurt *n (m)* bottom boom; bottom chord (US); lower flange; **Untergurtstab** *n (m)* bottom chord member
unterhalten *v/t* maintain (to); keep up (to); support (to); entertain (to)
Unterhaltungskosten *n/pl* maintenance charges; maintenance costs; maintenance expenses; management costs
unterhöhlen *v/t* hollow out (to); undercut (to); undermine (to)
Unterholz *n (n)* undergrowth; underwood; coppice
unterirdisch *adj* subterranean; below ground; under ground
Unterkante *n (f)* bottom edge; bottom line
Unterkonstruktion *n (f)* support structure; substructure
Unterkunft *n (f)* lodging; dwelling; accommodation; housing
Unterlage *n (f)* base; underlay; substratum; **beweiskräftige Unterlage** *n (f)* substantiating document; probative document
Unterlagen *n/pl (f)* data; documents; documentation; manuals; information (about/on)
Unterlagsblech *n (n)* back plate
Unterlassen *n (n)* forbearance; failure to do sth.; nondisclosure; default; **schuldhaftes Unterlassen** *n (n)* non-feasance; culpable default (or neglect)
unterlassen *v/t* omit (to do sth.) (to); desist (from doing sth.) (to); refrain (from doing sth.) (to)
Unterlassung *n (f)* forbearance; default; omission; failure to do sth.; **pflichtwidrige Unterlassung** *n (f)* nonfeasance; **gerichtliche Unterlassungsanordnung** *n (f)* judicial injunction; cease and desist order (US); **Unterlassungsanspruch** *n (m)* injunctive relief; claim (or petition) for restraint; **Unterlassungsdienstbarkeit** *n (f)* restrictive covenant (e.g. not to develop a property); **Unterlassungsverfügung** *n (f)* cease and desist order; perpetual injunction
unterlegen *v/t* underlay (to); put under (to); highlight (to)
Unterlegfolie *n (f)* roofing membrane; damp-proofing membrane
Untermakler *n (m)* sub-broker; subagent
untermauern *v/t* underpin (to); shore up (to); substantiate (e.g. a theory) (to)
Untermiete *n (f)* subletting; underlease; sublease; sandwich lease; **Untermieter** *n (m)* subtenant; sublessee; undertenant; underlessee; lodger; **Untermietverhältnis** *n (n)* sublease; underlease; subtenancy; **Untermietvertrag** *n (m)* sublease; sandwich lease
Unternehmen *n (n)* undertaking; firm; company; business; **angegliedertes Unternehmen** *n (n)* affiliated company; associated enterprise; **angeschlossenes Unternehmen** *n (n)* affiliated company; associated enterprise; **arbeitendes Unternehmen** *n (n)* going concern; active company; **assoziierte Unternehmen** *n/pl (n)* associated companies; associates; **erworbenes Unternehmen** *n (n)* bought-in company; **gemeinnütziges Unternehmen** *n (n)* non-

profit corporation; **innovatives Unternehmen** *n (n)* innovative company (or enterprise); **internationales Unternehmen** *n (n)* international enterprise; international corporation; multinational enterprise; supranational enterprise; **privatrechtliches Unternehmen** *n (n)* private(-law) company; **rechtlich selb(st)ständiges Unternehmen** *n (n)* independent entity; **risikoreiches Unternehmen** *n (n)* venture; **verbundenes Unternehmen** *n (n)* affiliated company; associated enterprise

Unternehmensanleihe *n (f)* corporate bond

Unternehmensausgliederung *n (f)* (corporate) spin-off

Unternehmensberater *n (m)* management consultant

Unternehmensbereich *n (m)* segment of a business

Unternehmensbewertung *n (f)* appraisal of a business; business valuation; evaluation of an enterprise as a whole

Unternehmenserwerb *n (m)* (corporate) acquisition

Unternehmensfortführung *n (f)* going concern

Unternehmensführung *n (f)* management; corporate governance

Unternehmensgewinn *n (m)* business income; corporate profit

Unternehmensgruppe *n (f)* group of companies

Unternehmensimmobilie *n (f)* company (or corporate) property; corporate real estate

unternehmensintern *adj* in-company; in-plant; internal; interoffice; intra-company; intra-plant

Unternehmenskauf *n (m)* purchase of a company

Unternehmenskosten *n/pl* corporate costs

Unternehmenspublizität *n (f)* corporate disclosure; corporatebusiness reporting; company publicity

Unternehmenssektor *n (m)* corporate sector

Unternehmensteuerreform *n (f)* *Tax* reform of corporate taxation

Unternehmensübernahme *n (f)* take over; buy-out

Unternehmenswert *n (m)* company (or enterprise) value; going concern value; shareholder value

Unternehmensziel *n (n)* corporate objective

Unternehmenszusammenschluss *n (m)* amalgamation; merger; combine; (business) combination

Unternehmer *n (m)* entrepreneur; businessman; operator; employer; **selb(st)ständiger Unternehmer** *n (m)* independent contractor

Unternehmergewinn *n (m)* entrepreneurial profit

unternehmerisch *adj* entrepreneurial

Unternehmung *n (f)* firm; undertaking; enterprise; venture; business; venture; business

Unternutzung *n (f)* underuse

Unterordnung *n (f)* subordination

Unterpächter *n (m)* sublessee; underlessee (non-residential)

Unterputz *n (m)* backing plaster; first coat (of plaster or render); pricking-up coat; undercoat (of plaster or render); **Unterputzinstallation** *n (f)* concealed installation; flush mounting; in-wall mounting (US); **Unterputzkabel** *n (n)* concealed cable; in-wall cable (US); **Unterputzmischbatterie** *n (f)* concealed mixer tap; concealed mixing faucet (US); **Unterputzmontage** *n (f)* flush mounting; in-wall mounting

Unterrichtung *n (f)* instruction; notification; notice; information (about/on)

Untersagungsverfügung *n (f)* (prohibitory) injunction; prohibition-decree

Unterschätzung *n (f)* underestimation; underrating

unterscheiden *v/t* distinguish (between) (to); make a distinction (to); differ (to)

Unterschicht *n (f)* backing; substratum; undercoating; (econ.) lower classes; (econ.) underclass

Unterschied *n (m)* difference; distinction; discrepancy; disagreement; **negativer Unterschiedsbetrag** *n (m)* negative balance; negative (debt) difference

Unterschlagung *n (f)* fraud; embezzlement; concealment

unterschreiben *v/t* sign (to); underwrite (to); subscribe (to)

Unterschrift *n (f)* signature; **zur Unterschrift vorlegen** *v/t* present for signature (to)

Unterschriftsbeglaubigung *n (f)* authentication (or confirmation) of a signature

Unterschriftsleistung *n (f)* signature; signing (a document)
Untersicht *n (f)* bottom view; soffit; underview; underside; **Untersichtkote** *n (f)* soffit level
Unterspannbahn *n (f) ArCo* sarking felt
unterspannt *adj* trussed (with sag rods)
unterspülen *v/t* erode (to); wash away (to); scour (to)
Unterspülung *n (f)* undermining; scour; undercutting
unterstützen *v/t* support (to); back up (to); assist (to)
Unterstützer *n (m)* backer; facilitator; supporter
Unterstützung *n (f)* support; assistance; (social security) benefit; backing; **finanzielle Unterstützung** *n (f)* financial support (or backing); **interne Unterstützung** *n (f)* internal support; internal assistance
untersuchen *v/t* investigate (to); analyse (to); inspect (to); examine (to); scrutinize (to)
Untersuchung *n (f)* examination; scrutiny; investigation; analysis; inspection; **Untersuchung der Eigentumsverhältnisse** *n (f)* investigation of ownership (e.g. by lawyers); title search
bautechnische Untersuchung *n (f)* structural survey; **detaillierte Untersuchung** *n (f)* detailed investigation; due diligence; **statische Untersuchung** *n (f)* static investigation; **vorbereitende Untersuchung** *n (f)* preliminary survey; preliminary analysis; preliminary investigation
Untersuchungsdesign *n (n)* survey design; method(s) of investigation
unterteilen *v/t* divide (into) (to); classify (to); split into (to); split up (to); subclassify (to)
Unterteilung *n (f)* division; subdivision
Untertunnelung *n (f)* tunnelling; building a tunnel
untervermieten *v/t* sublet (to)
Untervermieter *n (m)* sublessor; intermediate landlord
untervermietet *adj* sublet; underlet
Untervermietung *n (f)* underlease; sublease; subletting
Unterverpächter *n (m)* sublessor
Unterversicherer *n (m)* sub-underwriter; reinsurer
Untervertrag *n (m)* subcontract
Untervertreter *n (m)* sub-agent
Untervertretung *n (f)* under-representation; sub-agency
Unterwasser *n (n)* runoff water; tail water; **Unterwasserbeton** *n (m)* underwater concrete; submerged concrete; **Unterwassergründung** *n (f)* underwater foundation; **Unterwassertunnel** *n (m)* underwater tunnel
Unterzeichner *n (m)* (the) undersigned; signatory
Unterzeichnung *n (f)* signing; signature; underwriting; execution
Unterzentrum *n (n) Plan, Ret* a town or village; Unterzentren serve rural municipalities with low-order goods and services (for daily needs) → cf. Anhang
Unterzug *n (m)* ceiling joist; beam; downstand beam; bearer; **Unterzugbalken** *n (m)* binding joist; binder
ununterbrochen *adj* unbroken; uninterrupted; continuous
Unveränderbarkeit *n (f)* immutability
unveränderlich *adj* unchanging; constant; stable; invariable
unveräußerlich *adj* indefeasible; inalienable
unverbindlich *adj* non-binding; without obligation
Unvereinbarkeit *n (f)* incompatibility; incongruity; infringement
unverkäuflich *adj* not for sale; unsaleable
unvermietet *adj* untenanted; unlet
unverpachtet *adj* untenanted; unlet
unverputzt *adj* unplastered; unrendered
unverrotbar *adj* antirot; imputrescible; rotproof
unverwüstlich *adj* indestructible; inexhaustible; resilient
unvollständig *adj* incomplete; partial; fragmentary; inchoate
unvoreingenommen *adj* unbiased; objective; unprejudiced
Unvoreingenommenheit *n (f)* impartiality; objectivity; freedom from prejudice
Unvorhergesehenes *n (n)* unexpected (event or circumstances)
unvorteilhaft *adj* disadvantageous; unfavourable
unwahrscheinlich *adj* improbable; unlikely; incredible
unwesentlich *adj* unimportant; insignificant; immaterial; minor

unwichtig *adj* not important; minor; insignificant
unwiderleglich *adj* irrefutable; incontrovertible; conclusive
unwiderruflich *adj* irrevocable
Unwirksamkeit *n (f)* ineffectualness; inoperability; nullity
Unzulänglichkeit *n (f)* inadequacy; deficiency; shortcoming
unzumutbar *adj* unreasonable; unacceptable; too much to expect
Urbanisierung *n (f)* urbanisation
Urbanität *n (f)* urbanity; urbaneness
Urheber *n (m)* author; initiator; **Urheberrecht** *n (n)* copyright; proprietary right; **Urheberrechtsgesetz (UrhG)** *n (n)* German copyright law; **Urheberrechtslizenz** *n (f)* copyright licence (US license)
urheberrechtlich *adj* copyright; proprietary
Urinalbecken *n (n)* urinal
Urkunde *n (f)* document; deed; instrument; engrossment; certificate; **amtliche Urkunde** *n (f)* official document; **beglaubigte Urkunde** *n (f)* authenticated document; **beweiserhebliche Urkunde** *n (f)* evidentiary document; **gesiegelte Urkunde** *n (f)* deed; **konstitutive Urkunde** *n (f)* constitutive instrument; **notarielle Urkunde** *n (f)* deed; **vollstreckbare Urkunde** *n (f)* directly enforceable instrument; executory deed; enforcable writ of execution
Urkundenausfertigung *n (f)* execution of instrument; engrossment
Urkundeneinsicht *n (f)* inspection (or examination) of documents
Urkundensammlung *n (f)* archives; collection of documents; file of documents
Urkundsperson *n (f)* notary; commissioner of oaths
Urlaub *n (m)* holiday (GB); vacation (US); **Urlaubsgebiet** *n (n)* holiday (US vacation) resort
Ursache *n (f)* cause, reason; occasion; **Ursachenanalyse** *n (f)* cause analysis; analysis of causes
Ursprung *n (m)* origin(s); beginning; source; **Ursprungsprinzip** *n (n)* origin principle; i.e. of dealing with pollution at its source
Urteil *n (n)* judgement; opinion; ruling; decree; adjudication; verdict; **Urteilsvermögen** *n (n)* judgement; discernment; discrimination
USV → unterbrechungsfreie Stromversorgung
U-Verschluss *n (m)* U-trap; U-connector; running trap (US)
UVP → Umweltverträglichkeitsprüfung

V

Vakuumbeton *n (m)* vacuum concrete; **Vakuumheizung** *n (f)* vacuum heating

Valuta *n/pl* foreign exchange; currency; valuta; value; interest (or value) date; **Valutadatum** *n (f)* value date

valutieren *v/t* set a due date (to); state the value date (to)

Vandalismus *n (m)* vandalism

Variante *n (f)* variant; alternative; option; variation

Varianz *n (f)* variance; **Varianz der Grundgesamtheit** *n (f)* parent population variance

Variierung *n (f)* variation

Vegetation *n (f)* vegetation

Ventil *n (n)* valve; vent; outlet

Ventilationssystem *n (n)* ventilation system

Ventilator *n (m)* fan; ventilator; blower; **Ventilatorheizung** *n (f)* downflow heater; fan heater

ventilieren *v/t* air (to); ventilate (to); consider (or weigh up) (a problem) (to)

Verabredung *n (f)* appointment; agreement

Veralten *n (n)* → Obsoleszenz

Veralterung *n (f)* → Obsoleszenz

veraltet *adj* obsolete; out-dated; out-of-date; antiquated

Veranda *n (f)* porch (US); veranda(h)

veränderlich *adj* variable; changeable

verändern *v/t* change (to); alter (to); reform (to); vary (to)

Veränderung *n (f)* variation; change; modification; alteration; **Veränderung gegenüber dem Vorjahr** *n (f)* year-to-year change; year-on-year change

bauliche Veränderung *n (f)* structural alteration; conversion; **demografische Veränderung** *n (f)* demographic shift

Veränderungsrate *n (f)* rate of change; **Veränderungssperre** *n (f)* freeze on development; (BauGB §14) demolition and building alteration in a planning area; (general) barrier (or block) on change(s)

verankern *v/t* anchor (to); establish (to); tie (to)

Verankerung *n (f)* anchor; anchorage; embodiment (law etc.); **Verankerungskraft** *n (f)* anchorage force; **Verankerungsteil** *n (n)* anchor element; guy rope; stay rope

veranlagen *v/t* assess (to); → steuerlich veranlagen

Veranlagung *n (f) Tax* (tax) assessment; **Veranlagungsjahr** *n (n)* year of assessment; **Veranlagungsliste** *n (f)* assessment roll; roll of taxpayers; **Veranlagungsverfahren** *n (n)* assessment procedure; **Veranlagungszeitraum** *n (m)* assessment period

Veranlassung *n (f)* cause; inducement; reason; instigation (of so.); **zur weiteren Veranlassung** for further action

veranschlagt *adj* estimated

verantwortlich *adj* liable, accountable; responsible

Verantwortlichkeit *n (f)* responsibility; liability; accountability

Verantwortung *n (f)* liability; responsibility; **Verantwortungsbereich** *n (m)* area of authority; field of responsibility

Verarbeitung *n (f)* processing; workmanship; finish; (fig.) quality; **Verarbeitungskosten** *n/pl* processing costs

Veräußerer *n (m)* alienator; vendor; transferor; grantor

veräußern *v/t* alienate (to); sell (to); divest (to)

Veräußerung *n (f)* alienation; transfer; sale; disposal; realization; realisation; **rechtsgeschäftliche Veräußerung** *n (f) Law* disposal (by sale, gift, assignment etc.)

Veräußerungsbefugnis *n (f)* power of alienation; power of conveyance; power of sale; jus disponendi; **Veräußerungsbeschränkung** *n (f)* limitation of (the right to) alienation; **Veräußerungsgewinn** *n (m)* capital gain; capital profit; gain on disposal; gain on sale; gain(s) realized by sale; **Veräußerungsgewinnsteuer** *n (f)* capital gains tax; **Veräußerungskosten** *n/pl* costs of disposal; **Veräußerungsnebenkosten** *n/pl* costs of disposal; **Veräußerungspflicht** *n (f)* duty of disposal; **Veräußerungsverlust** *n (m)* capital loss; loss on sale; **Veräußerungswert** *n (m)* sale value; realisable value; realization (realisation) value; salvage value

Verband *n (m)* association; bond; organization; syndicate; cooperative; professional body; union
Verband Deutscher Makler (VDM) *n (m)* former association of real estate brokers in Germany; → Immobilienverband Deutschland (IVD)
Verbesserung *n (f)* improvement; correction; betterment; **Verbesserung der Kreditqualität** *n (f)* credit enhancement
verbinden *v/t* connect (to); tie (together) (to); link (to); combine (to)
verbindlich *adj* compulsory; binding; mandatory; obligatory; engaging; obliging
Verbindlichkeit *n (f)* obligation; liability; commitment; negative asset; **fällige Verbindlichkeit** *n (f)* liability due; matured liability; **finanzielle Verbindlichkeit** *n (f)* financial liability; **kurzfristige Verbindlichkeit** *n (f)* current liability; floating debt; current debt
Verbindlichkeiten *n/pl (f)* debts; liabilities; payables; (Kreditoren) accounts payable; **aufgelaufene Verbindlichkeiten** *n/pl (f)* accruals; accrued liabilities; **bedingte Verbindlichkeiten** *n/pl (f)* contingent liabilities; **befristete Verbindlichkeiten** *n/pl (f)* term liabilities; **langfristige verzinsliche Verbindlichkeiten** *n/pl (f)* long-term interest-bearing liabilities; **vorrangige Verbindlichkeiten** *n/pl (f)* senior debt; antecedent debt
Verbindung *n (f)* association; bond; compound; linkage; junction; joinder; bonding; connection; interface; link; **fortlaufende Verbindung** *n (f)* continuous compounding; continuous connection; **lösbare Verbindung** *n (f)* detachable connection; **rechtwinklige Verbindung** *n (f)* square joint; right-angled joint
Verbindungseisen *n (n)* lap bar; link bar; **Verbindungsgang** *n (m)* connecting passage; vestibule; alley; **Verbindungsleitung** *n (f)* connecting pipe; connecting cable; onconnecting line; coupler; **Verbindungsmittel** *n (n)* fastener; connecting material(s); adhesive; **Verbindungsraum** *n (m)* connecting room; **Verbindungsstück** *n (n)* connector; connecting piece; link
Verblendstein *n (m)* face brick; facing brick
Verblendung *n (f)* veneer; facing; tile hanging
Verbohlung *n (f)* planking

V

Verbot *n (n)* prohibition; ban; interdiction; proscription
Verbrauch *n (m)* consumption; usage; **aktueller Verbrauch** *n (m)* current consumption; **kumulierter Verbrauch** *n (m)* cumulative consumption
Verbraucher *n (m)* consumer; **Verbraucheranlage** *n (f)* consumer('s) installation; **Verbrauchermarkt** *n (m) Ret* hypermarket; superstore; cash-and-carry; consumer market; **Verbraucherpreisindex** *n (m)* consumer price index; cost of living index; general price level index; **Verbraucherschutzorganisation** *n (f)* consumer protection agency; consumer's association
verbrauchsabhängig *adj* based on consumption, according to consumption
Verbrauchsberechnung *n (f)* consumption calculation
Verbrauchsdaten *n/pl (n)* consumption data
Verbrauchserfassung *n (f)* measurement of consumption; esp. e.g. heating
Verbrauchsfaktor *n (m)* consumption factor
verbrauchsgerecht *adj* based on consumption; according to consumption e.g. of utilities; appropriate for the intended use; *Syn.: verbrauchsabhängig*
Verbrauchsgüter *n/pl (n)* consumer goods; convenience goods
verbrauchsorientiert *adj* according to usage, depending on consumption
Verbrauchsregistrierung *n (f)* registration (or recording) of consumption
Verbrauchsschwerpunkt *n (m)* high demand area (e.g. for electricity); centre of consumption
Verbrauch(s)steuer *n (f)* consumption tax; excise (tax); excise duty; purchase tax (GB); sales tax (US)
Verbrauchswert *n (m)* consumption; consumption value; **verschlüsselte Verbrauchswerte** *n/pl (m)* coded consumption readings
Verbrechen *n (n)* crime; felony; misdeed
verbriefen *v/t* securitise (to); confirm in writing (to); charter (to)
Verbriefung *n (f)* securitisation
verbuchen *v/t* book (to); enter in the books (to); post (to)
Verbund *n (m)* bond; compound; composite; laminate; interconnection; linkage; **Verbundabsatz** *n (m) Mkt* cross selling;

Verbundfenster *n (n) ArCo* coupled casement window; **Verbundvorteile** *n/pl (m)* economies of scope
verbunden *adj* associated; combined; joined; indebted
verchromt *adj* chromium-plated
verdampfen *v/t* evaporate (to); vaporize (to)
Verdampfer *n (m)* evaporator; vaporiser; carburetor
verdichten *v/t* compress (to)
Verdichtung *n (f)* compression; condensation; compaction; intensification of development; urbanization; **Verdichtungsachse** *n (f)* axis of development; **Verdichtungsraum** *n (m)* conurbation; urban agglomeration; densely populated area; urbanized area; **maschinelle Verdichtungstechnik** *n (f)* machine sealing technique
Verdingungsverordnung für die Vergabe von Leistungen (VOL) *n (f)* German official contracting terms for the award of contracts for service provision
Verdingungverordnung für Bauleistungen (VOB) *n (f)* → Vergabe- und Vertragsordnung für Bauleistungen (VOB)
Verdrahtung *n (f)* wiring
Verdrängen von Wettbewerbern *n (n)* suppression of competitors; squeezing (out the competition)
Verdrängungswettbewerb *n (m)* elimination of competition; predatory competition; crowding out
Verdrehung *n (f)* rotation; torsion; twist(ing); (fig.) distortion of facts
Verdübelung *n (f)* dowelled joint; dowelling
Vereidigter *n (m)* juror; affiant (US)
Vereidigung *n (f)* adjuration; swearing-in (ceremony)
Verein *n (m)* society; association; club; **gemeinnütziger Verein** *n (m)* friendly society; non-profit association; charity
Verein Deutscher Ingenieure (VDI) *n (m)* association of German engineers
vereinbaren *v/t* agree (to); arrange (with so. for sth.) (to); stipulate (to)
Vereinbarung *n (f)* agreement; arrangement; convention; understanding; contract; stipulation; **Vereinbarung nach Treu und Glauben** *n (f)* gentlemen's agreement; gentleman's agreement
ausdrückliche Vereinbarung *n (f)* express covenant; explicit agreement; **freiwillige Vereinbarung** *n (f)* voluntary agreement; non-obligatory agreement; **gültige Vereinbarung** *n (f)* valid agreement; **langfristige Vereinbarung** *n (f)* long-term agreement; **schriftliche Vereinbarung** *n (f)* written agreement; **stillschweigende Vereinbarung** *n (f)* implied (or implicit) agreement; **vertragliche Vereinbarung** *n (f)* contractual agreement; stipulation; covenant; **vorläufige Vereinbarung** *n (f)* provisional arrangement; **wesentliche Vereinbarungen** *n/pl (f)* essential conditions (of an agreement); major contract arrangements; **wettbewerbsbeschränkende Vereinbarung** *n (f)* agreement that restricts competition
vereinigt *adj* combined; unified; aggregate
Vereinigung *n (f)* society; associations; cooperative; professional body; unification; **Vereinigungswert** *n (m) Val, Dev* plottage value, marriage value
vereint *adj* combined; united
vereinzelt *adj* isolated; scattered; sporadic
Vereitelung *n (f)* frustration; thwarting; (crime) prevention
vererben *v/t* bequeath (to)
Verfahren *n (n)* procedure; method; process; proceedings; **alternatives Verfahren** *n (n)* alternative procedures; alternative method; **anhängiges Verfahren** *n (n)* pending (related) case; lis pendens (lat.); **betriebswirtschaftliches Verfahren** *n (n)* operational procedure; **halbtrockenes Verfahren** *n (n)* semi-dry process; **iteratives Verfahren** *n (n)* iterative procedure; iterative method; **klassisches Verfahren** *n (n)* conventional procedure; **(nicht) offenes Verfahren** *n (n)* → Vergabeverfahren; **offenes Verfahren** *n (n)* open procedure, public tender; *Syn.: öffentliche Ausschreibung*; **statistisches Verfahren** *n (n)* statistical procedure; statistical method; **umfassendes Verfahren** *n (n)* comprehensive procedure; comprehensive approach
Verfahrensantrag *n (m)* petition; procedural motion; interlocutory application
Verfahrensrecht *n (n)* procedural law
Verfahrensweise *n (f)* method; approach; practice; procedure(s); policy
Verfall *n (m)* maturity; expiry; forfeiture; breakup; decline; decay; disrepair; dilapidation; dereliction; deterioration; waste; **Verfallklausel** *n (f)* acceleration clause (clause providing for accelerated insur-

ance payment); **Verfallsdatum** *n (n)* maturity; **Verfall(s)tag** *n (m)* law day; **Verfallszeit** *n (f)* due date; shelf life; decay time

verfallen *adj* derelict; expired

Verfassungsrecht *n (n)* constitutional law

verfechten *v/t* advocate (to)

Verfechter *n (m)* advocate; champion; promoter

Verflechtung *n (f)* linkage; complication; integration; interweaving; **Verflechtungsbereich** *n (m)* sphere of influence

Verflüssigung von Vermögenswerten *n (f)* liquidation of assets

verfolgen *v/t* → gesetzlich verfolgen; **gerichtlich verfolgen** *v/t* sue (to); take sb. to court (to) (colloq.)

Verformung *n (f)* deformation; distortion; forming; working

verfügbar *adj* available; disposable; at (or on) call

Verfügbarkeit *n (f)* availability; accessibility; **Verfügbarkeitsfaktor** *n (m)* availability factor

verfügen *v/t* decree (to); dispose (to); order (to); will (to); **gerichtlich verfügen** *v/t* enact (to)

verfügen (über) *v/t* have (available) (to); have at one's disposal (to); be provided with (to); draw upon (to)

Verfügung *n (f)* order; enactment; disposition; decree; disposal (of); **einstweilige Verfügung** *n (f)* injunction; provisional (or interlocutory) injunction; interim injunction; interdict; restraining order; **einstweilige Verfügung auf Unterlassung** *n (f)* prohibitory injunction; mandamus; preliminary injunction; **gerichtliche Verfügung** *n (f)* injunction; order of the court; adjudication order; civil process; executed writ; **testamentarische Verfügung** *n (f)* testamentary disposition; **unentgeltliche Verfügung** *n (f)* voluntary disposition

Verfügungsbeschränkung *n (f)* restraint on disposal; restriction on powers of disposition; **Verfügungsgewalt** *n (f)* control; discretionary power; power of disposition; **Verfügungsmacht** *n (f)* authority to dispose; control; power of disposition; **Verfügungssperre** *n (f)* restraint on disposal; automatic stay (of execution) (US)

Verfüllmaterial *n (n)* backfill; filling material

Verfüllung *n (f)* backfilling; filler

Vergabe *n (f)* award (e.g. of a contract); placing; allocation; **Vergabe von Aufträgen** *n (f)* (öffentlich/legal) public procurement; award of a public contract mostly refers to contracts from public bodies; (allgemein/general) award of contract; placing of instructions; **Vergabe von Verträgen** *n (f)* award of contract; mostly refers to contracts from public bodies

Vergabebekanntmachung *n (f)* tender notice; invitation to tender; particularly by public bodies

Vergabehandbuch *n (n)* Federal handbook for contract allocation

Vergabekammer *n (f)* court responsible for public procurement actions including → Nachprüfungsverfahren im Vergaberecht

Vergaberecht *n (n) Law* public procurement law(s); the entirety of all the regulations governing public purchasing of goods and services

Vergabe- und Vertragsordnung für Bauleistungen Teil B (VOB/B) *n (f)* order governing the placing and content of contracts for building work, including model clauses; formerly: Verdingungsordnung für Bauleistungen

Vergabeverfahren *n (n)* procurement procedure; contract award procedure; mostly refers to contracts from public bodies; **nicht offenes Vergabeverfahren** *n (n)* restricted procedure

vergeblich *adj* futile; (in) vain; fruitless; useless

Vergehen *n (n)* (non-indictable) offence; offense (US); malfeasance; misdemeano(u)r; tort

verglasen *v/t* glaze (to)

verglast *adj* (fully) glazed

Verglasung *n (f)* glazing

Vergleich *n (m)* comparison; agreement; settlement; **außergerichtlicher Vergleich** *n (m)* compromise; out-of-court settlement; private settlement; **zwischenbetrieblicher Vergleich** *n (m)* inter-company comparison; *Syn.: Betriebsvergleich*

einen Vergleich schließen *v/t* come to a compromise (to); come to a (mutual) agreement (to)

vergleichbar *adj* comparable

Vergleichbarkeit *n (f)* comparability

vergleichen *v/t* compare (to); check against (to)

V

Vergleichsanalyse *n (f)* comparative analysis; comparison analysis
Vergleichseinheit *n (f)* unit of comparison
Vergleichselement *n (n)* element of comparison
Vergleichsfaktorenverfahren *n (n) Val* comparable factors valuation (procedure)
Vergleichsgrundstück *n (n)* comparable property; comparative property
Vergleichsmethode *n (f)* comparison method; comparative approach; comparative method; market value approach; conciliation procedure; court composition proceedings
Vergleichsmiete *n (f)* comparable rent; **ortsübliche Vergleichsmiete** *n (f)* (local) comparable rent; determined using the → Mietpreisspiegel; used for e.g. determining maximum levels of rent increase for residential properties
Vergleichsmietenprinzip *n (n)* comparative rent principle
Vergleichsobjekt *n (n)* comparable property
Vergleichspreis *n (m)* comparative price; reference price; **Vergleichspreisverfahren** *n (n)* comparable method of valuation; sales comparison method; sales comparison approach
Vergleichsübersicht *n (f)* comparative overview; (comparative) summary
Vergleichsverfahren *n (n)* conciliation proceedings; court composition proceedings; comparative approach; comparative method; market (value) approach; method of comparison
Vergleichsvorschlag *n (m)* scheme of arrangement
Vergleichswert *n (m) Val* comparative value, abbreviation for → Vergleichswertverfahren; (Richtwert) standard value; (Bezugswert) reference value, base, benchmark; **Vergleichswertanpassung** *n (f) Val* adjustment made to the results of the → Vergleichswertverfahren; **Vergleichswertmethode** *n (f) Val* → Vergleichswertverfahren; **Vergleichswertverfahren** *n (n) Val* comparable method (of valuation), comparison approach, comparative method: (Verkaufspreise) sales comparison approach/method; (Miete) rental comparison approach/method
Vergleichszahl *n (f)* comparable figure; comparative figure; benchmark figure
vergraben *v/t* bury (to)
vergrößern *v/t* enlarge (to); expand (to); extend (to); augment (to)
Vergrößerung *n (f)* growth; expansion; augmentation; enlargement
Vergünstigung *n (f)* privilege; (tax) allowance; preferential treatment
vergüten *v/t* compensate (to); reimburse (to); indemnify (to); improve (to); refine (to)
Vergütung *n (f)* payment; compensation; consideration; remuneration; allowance; reward; improvement; **angemessene Vergütung für Teilleistungen** *n (f)* appropriate consideration or remuneration; quantum meruit; **ergebnisabhängige Vergütung** *n (f)* incentive fee; profit share
Verhaltenskodex *n (m)* code of conduct
Verhaltensregeln *n/pl (f)* rules of conduct; code of conduct
Verhältnis *n (n)* proportion; ratio; percentage; relationship; **Verhältnis von Aufwand zum Ertrag** *n (n)* expense-to-income ratio; **Verhältnis von Fremdkapital zu Eigenkapital** *n (n)* leverage; debt-equity ratio **persönliche Verhältnisse** *n/pl (n)* personal circumstances; **rechtliche Verhältnisse** *n/pl (n)* legal status; legal conditions; **ungewöhnliche Verhältnisse** *n/pl (n)* unusual circumstances; special conditions; unusual relationships; **zivilrechtliches Verhältnis** *n (n)* privity; relationship covered by civil law
Verhältnisanalyse *n (f)* (ratio) analysis; **Verhältniszahl** *n (f)* ratio; relative
verhandeln *v/t* negotiate (to); bargain (to)
Verhandlung *n (f)* negotiation(s); (criminal law) hearing; trial; **Verhandlungsauftrag** *n (m)* negotiating brief; negotiating mandate; **Verhandlungsführer** *n (m)* chief negotiator; **Verhandlungsort** *n (m)* venue; place of hearing; **Verhandlungspartei** *n (f)* party to negotiations; **Verhandlungsverfahren** *n (n)* negotiated procedure
verhängen *v/t* impose (to); cover (to); drape (to)
verhindern *v/t* hinder (to); prevent (to); preclude (to)
Verhinderung *n (f)* prevention; frustration; hindrance; prohibition
verifizieren *v/t* verify (to)
Verjährung *n (f)* lapse of time (legal); limitation; statute of limitation(s); prescrip-

tion; **Verjährungsfrist** *n (f)* statutory period of limitation
Verkabelung *n (f)* cabling; wiring
verkalkt *adj* scaled; furred (up) (boiler etc.)
Verkalkung *n (f)* furring up
Verkauf *n (m)* sale; selling; disposal; realization; realisation; **Verkauf auf Ratenzahlung** *n (m)* instalment sale; **Verkauf auf Rechnung** *n (m)* sale on account; **Verkauf durch Versteigerung** *n (m)* auction sale; **Verkauf gegen bar** *n (m)* cash sale; **Verkauf mit gleichzeitiger Rückmiete** *n (m)* sale and leaseback; sale-leaseback (US); **Verkauf mit Rückkaufsrecht** *n (m)* sale with the option to repurchase; **Verkauf und Rückanmietung** *n (m)* sale and leaseback; sale-leaseback (US); **Verkauf vor Fertigstellung** *n (m)* presale; sale before completion (of construction); **Verkauf wegen Geschäftsaufgabe** *n (m)* closing-down sale; winding-up sale
freihändiger Verkauf *n (m)* sale by private treaty
zum Verkauf stehen up for sale (to be)
verkaufen *v/t* sell (to)
Verkäufer *n (m)* salesman (PC salesperson; US sales clerk); vendor, seller; selling agent; **Verkäufer einer Option** *n (m)* writer (seller) of an option
bereitwilliger Verkäufer *n (m)* willing seller; willing vendor
Verkäufermarkt *n (m)* seller's market
verkäuflich *adj* for sale; saleable
Verkäuflichkeit *n (f)* marketability; saleability
Verkaufsabschluss *n (m)* closing the sale; sales completion; actual sale
Verkaufsangebot *n (n)* offer (to sell); offer for sale; sales offer
Verkaufsauffassung *n (f)* sales concept; concept of saleability
Verkaufsauftrag *n (m)* order to sell; instructions to sell
Verkaufsbedingungen *n/pl (f)* conditions of sale; terms of sale
Verkaufsbeleg *n (m)* receipt; sales voucher
Verkaufsbeschränkung *n (f)* restrictions on sale; sales restriction
Verkaufsbestätigung *n (f)* confirmation of sale; sales confirmation
Verkaufsbüro *n (n)* sales office; selling agency
Verkaufsfläche *n (f)* sales area; trading area; shop floor; net retail floorspace; selling area; **Verkaufsflächenstruktur** *n (f)* structure of sales area; structure (or layout) of sales space
Verkaufsförderungsmix *n (m)* promotional mix
Verkaufsgespräch *n (n)* pitch
Verkaufsgruppe *n (f)* sales department; sales group
Verkaufsjournal *n (n)* sales ledger; sales register
Verkaufskosten *n/pl* selling expenses; costs of sale
Verkaufsobjekt *n (n) Mkt* (a) property being offered for sale
Verkaufsoption *n (f)* sales option; put (option)
Verkaufsorder *n (f)* order to sell; sales instruction
Verkaufspreis *n (m)* sale price; selling price; **angepasster Verkaufspreis** *n (m)* adjusted sales price; **geschätzer Verkaufspreis** *n (m)* estimated sale price; estimated realization (realisation) price
Verkaufsprospekt *n (n)* (sales) brochure; prospectus; (sales) literature
Verkaufsraum *n (m)* showroom; saleroom (GB); sales room; selling floor (US)
Verkaufsschild *n (n) Mkt* „for sale" board (GB), „for sale" sign (US)
Verkaufs- und Prospektgesetz *n (n) Law* German securities sales prospectus act
Verkaufsunterlagen *n/pl (f)* (sales) documentation; (sales) literature; (sales) details; particulars (GB); sales records
Verkaufsurkunde *n (f)* bill of sale; sales document (e.g. from a notary)
Verkaufsvertrag *n (m)* sale(s) contract; sale agreement
Verkaufswert *n (m)* sale value; selling value; (for bank lending purposes) prudently assessed market value; sustainable value
Verkaufswettbewerb *n (m)* sales contest
verkauft *adj* sold; disposed of; (sale) closed
Verkehr *n (m)* dealings; contact; business; traffic
Verkehrsachse *n (f)* transport axis; road axis
Verkehrsader *n (f)* arterial roady; trunk road; traffic artery (US)
Verkehrsanbindung *n (f)* transport connection, communications, access to transport
Verkehrsanlagen *n/pl (f)* transport facilities

V

Verkehrsaufkommen *n (n)* volume of traffic
Verkehrsberuhigung *n (f)* traffic calming; traffic reduction; traffic abatement (US)
Verkehrsbetriebe *n/pl (m)* transport services; transportation services (US)
Verkehrsdichte *n (f)* traffic density
Verkehrsentwicklung *n (f)* traffic growth; traffic development
Verkehrsfläche *n (f)* public thoroughfare; land occupied by roads (or other transport facilities); **Verkehrsfläche (VF) (in Gebäuden)** *n (f)* circulation space (in a building)
Verkehrsführung *n (f)* traffic direction (system); traffic redirection (e.g. for road works)
verkehrsgünstig *adj* convenient for transport(ation) facilities
Verkehrsinsel *n (f)* traffic island; central refuge
Verkehrsknotenpunkt *n (m)* traffic junction; interchange; (air travel) hub
Verkehrslage *n (f)* accessibility, road situation; traffic situation
Verkehrslast *n (f)* live load
Verkehrsleistungen *n/pl (f)* transport(ation) services
Verkehrsleitssystem *n (n)* traffic guidance system
Verkehrsmittel *n/pl (n)* means of transport; **öffentliche Verkehrsmittel** *n/pl (n)* public transport → ÖPNV
Verkehrsnetz *n (n)* traffic network
Verkehrsplan *n (m)* traffic plan; plan of transport(ation) facilities
Verkehrsschild *n (n)* traffic sign
Verkehrssicherheit *n (f)* road safety; **Verkehrssicherheitseinrichtungen** *n/pl (f)* road safety facilities
Verkehrsstau *n (m)* congestion; (traffic) hold-up (US); traffic jam
Verkehrssteuer *n (f)* transfer tax; transaction tax; traffic tax; congestion charge
Verkehrsstrom *n (m)* flow of traffic; traffic flow
Verkehrsverbindung *n (f)* transport link
Verkehrswert *n (m)* (current) market value; sale(s) value; fair market value; **außerlandwirtschaftlicher Verkehrswert** *n (m)* non-agricultural (market) value (of e.g. farm- or woodland with development potential); **landwirtschaftlicher Verkehrswert** *n (m)* market value of agricultural land; market value for agricultural purposes
Verkehrswertermittlung *n (f)* determination of → Verkehrswert; estimation of → Verkehrswert; **Verkehrswertgutachten** *n (n)* valuation report to → Verkehrswert; **Verkehrswertmethode** *n (f)* (current) market value method; sale(s) value method; method of appraisal used by the German fiscal authorities for tax purposes; **Verkehrswertschätzung** *n (f)* estimation of → Verkehrswert
Verkehrswirtschaft *n (f)* transport economics; transport(ation) industry (or sector)
verkeilen *v/t* wedge (to); become wedged (to)
verketten *v/t* chain (to); link (together) (to); concatenate (to)
Verkettung *n (f)* chaining; linkage; concatenation
verkitten *v/t* cement (to); seal (to); putty (to)
verklagen *v/t* sue (to); bring charges against (to); have someone up (to); have the law on somebody (to); proceed against a person (to); take (a person) to court (to)
verkleben *v/t* glue (to); vement (to); plaster up (to); caulk (to); stick together (to)
Verklebung *n (f)* glueing; adhesion; bonding
verkleiden *v/t* face (to); jacket (to); surface (to); cover (to); line (to)
Verkleidung *n (f)* covering; envelope; casing; cladding; apron; facework; facing; **obere Verkleidungsleiste** *n (f)* head casing; upper cladding bar
Verkleidungsmaterial *n (n)* sheeting
verkleinern *v/t* lessen (to); reduce in size (to); scale down (to); zoom out (to)
Verkleinerungsmaßstab *n (m)* scale (of reduction)
Verknappung *n (f)* scarcity; shortage
verknüpft *adj* associated; linked; related; knotted
verkörpern *v/t* embody (to); typify (to); represent sth. (to)
verkürzen *v/t* shorten (to); curtail (to); reduce (to); abbreviate (to)
Verkürzung *n (f)* shortening; cutailment; reduction; **Verkürzung der Arbeitszeit** *n (f)* reduction in working hours

Verladekosten *n/pl* loading charges
verladen *v/t* load (to); ship (to); (colloq.) sell so. down the river (to)
Verladepapiere *n/pl (n)* shipping documents
Verladung *n (f)* loading
Verlag *n (m)* publisher; publishing house
Verlagerung *n (f)* shift(ing); transfer; relocation; **Verlagerung von Arbeitsplätzen (ins Ausland)** *n (f)* relocation of jobs (abroad)
verlängern *v/t* extend (to); renew (to)
Verlängerung *n (f)* lengthening; extension; renewal; prolongation; rollover; **Verlängerung der Laufzeit** *n (f)* extension of term; **Verlängerung des Mietverhältnisses** *n (f)* extension (or renewal) of tenancy; extension (or renewal) of a lease; **Verlängerung von Fristen** *n (f)* extension of time (limit)
Verlängerungsantrag *n (m)* request for extension
Verlängerungsklausel *n (f) Law* continuation clause; automatic extension clause; common clause in long-term leases whereby the contract is automatically extended by a given period provided neither party gives notice
Verlängerungsoption *n (f)* extension (or renewal) option
Verlängerungsrecht *n (n)* right to extend (or renew)
verlangsamen *v/t* slow down (to); retard (to); decelerate (to)
Verlangsamung *n (f)* slowing-down
Verlässlichkeit *n (f)* reliability; dependability
verlasten *v/t* shift (to); unload (to)
Verlattung *n (f)* lattice; lathing
Verlauf *n (m)* progression; process; trend; course; gradient; slope; **zeitlicher Verlauf** *n (m)* behaviour over time; temporal course
Verlaufsziel *n (n)* year-on-year target; target relative to a benchmark or reference value
Verleger *n (m)* publisher
Verlegeverfahren *n (n)* laying system; method of laying (e.g. pipes):
Verlegung *n (f)* relocation; moving; transfer
Verlegungstiefe *n (f)* placing depth
Verleih *n (m)* hire; rental
verleihen *v/t* award (to); bestow upon (to); impart (to); lend (out) (to); loan (to)
Verleiher *n (m)* lender; conferrer
Verleihung *n (f)* bestowal; vesting; conferment; award; lending out; hiring
Verleimung *n (f)* glueing; bonding
verletzen *v/t* injure (to); offend (against) (to); neglect (to); violate (to)
Verletzung *n (f)* infringement; breach; violation; injury; **Verletzung der beruflichen Sorgfaltspflicht** *n (f)* professional negligence; (lit.) breach of professional duty of care; **Verletzung der Berufspflicht** *n (f)* malpractice; breach of professional duty; **Verletzung der Instandhaltungspflicht** *n (f)* breach of duty to maintain (or repair); **Verletzung einer Sorgfaltspflicht** *n (f)* breach of duty of care; **Verletzung von Treuhandpflichten** *n (f)* breach of trust; **Verletzung wesentlicher Formvorschriften** *n (f)* infringement of an essential procedural requirement
erhebliche Verletzung *n (f)* material breach
Verlosung *n (f)* drawing of lots; lottery; raffle
Verlust *n (m)* loss; **Verlust aus Kapitalvermögen** *n (m)* capital loss; **Verlust bei Ausfall** *n (m)* loss given default (LGD); **Verlust des Arbeitsplatzes** *n (m)* loss of employment; loss of job; **Verlust eines Rechts** *n (m)* loss of a right
abzugsfähige Verluste *n/pl (m)* allowable losses (tax); **aufgelaufener Verlust** *n (m)* accumulated deficit; **erwarteter Verlust** *n (m)* expected loss; **nicht realisierter Verlust** *n (m)* unrealized loss; **tatsächlicher Verlust** *n (m)* actual loss; **unerwarteter Verlust** *n (m)* unexpected loss; **vollständiger Verlust** *n (m)* dead loss; complete loss
Verlust abdecken *v/t* cover a loss (to); **Verlust ausweisen** *v/t* show a loss (to); **Verluste ausgleichen** *v/t* make up for losses (to); balance out losses (to); **Verlust erleiden** *v/t* experience a loss (to); suffer (or sustain) a loss (to)
Verlustabzug *n (m)* loss deduction (tax); **Verlustabzugsverbot** *n (n)* prohibition of deduction for losses (tax)
Verlustausweis *n (m)* (indication of a) loss
Verlusterwartung *n (f)* (annual) loss expectancy; expected loss
Verlustfaktor *n (m)* loss factor
verlustfrei *adj* without loss; loss-free; lossless
Verlustgeschäft *n (n)* losing bargain; (money-) losing deal

V

Verlustquote bei Ausfall *n (f)* loss given default (LGD)
Verlustrückgang *n (m)* reduction in loss
Verlustrückstellung *n (f)* contingency reserve; loss provision
Verlustübernahme *n (f)* transfer of losses; loss assumption
Verlustverrechnung *n (f)* off-setting loss(es); compensating for loss(es)
Verlustvortrag *n (m)* accumulated deficit; loss carried forward; loss carryforward; **Verlustvortrag aus dem Vorjahr** *n (m)* loss brought forward from previous fiscal year
Verlustwert *n (m)* rate of loss; loss value
Verlustzone *n (f)* (in the) red
Verlustzuweisung *n (f)* *Tax* loss allocation; **Verlustzuweisungsgesellschaft** *n (f)* *Tax* loss company; tax shelter company
Vermächtnis *n (n)* legacy; bequest; will; **Vermächtnisnehmer** *n (m)* legatee
vermarkten *v/t* market (to); launch (to); put on the market (to)
Vermarktung *n (f)* marketing; **Vermarktungskosten** *n/pl* marketing costs; selling costs; distribution costs; **Vermarktungsrisiko** *n (n)* marketing risk; (re)sale risk; **Vermarktungszeitraum** *n (m)* marketing period
vermauern *v/t* block up (to); brick up (to); wall up (to)
vermehren *v/t* increase (to); augment (to); proliferate (to)
Vermehrung *n (f)* increase; augmentation
vermeiden *v/t* avoid (to); evade (to); preclude (to); obviate (to)
Vermeidung *n (f)* avoidance
Vermerk *n (m)* annotation; memorandum; note; comment; qualifier
vermessen *v/t* measure (to); survey (to)
Vermesser(in) *n (m/f)* surveyor; land surveyor
Vermessung *n (f)* measuring; surveying; survey; measurement
Vermessungsamt *n (n)* official agency for surveying
Vermessungsingenieur *n (m)* surveyor; land surveyor; **öffentlich bestellter Vermessungsingenieur (öbVI)** *n (m)* publicly appointed surveyor
(amtliche) Vermessungskarte *n (f)* official survey (map)
Vermessungsplan *n (m)* survey; survey plan
Vermessungssystem *n (n)* → geodätisches Vermessungssystem
Vermessungswesen *n (n)* surveying; surveying and mapping
vermietbar *adj* lettable; rentable
Vermietbarkeit *n (f)* lettability, leasability
vermieten *v/t* rent (to); lease (to); hire (out) (to); let (out) (to)
Vermieter *n (m)* lessor; landlord (of property); (mainly US) hirer; **bereitwilliger Vermieter** *n (m)* willing lessor (US); willing landlord
Vermieterin *n (f)* lessor; landlord (if e.g. a company); landlady (non-PC)
Vermieterpfandrecht *n (n)* *Law* lessor's lien; landlord's lien; the landlord's right to seize the tenant's goods and chattels in the event of outstanding payments of rent etc.
Vermieterwechsel *n (m)* change of landlord/lessor; e.g. through sale of the freehold interest, insolvency etc.; the new landlord must normally accept all rights and responsibilities of the existing lease(s)
vermietet *adj* leased; let; **voll vermietet** *adj* fully leased; fully let; **unter Marktniveau vermietet** *adj* underrented; let below market value
Vermietung *n (f)* renting (out); rental; let; hiring (out); letting; leasing; tenancy; lease; **Vermietung von Grundstücken** *n (f)* property letting; real estate leasing; rental of real property; **Vermietung von Investitionsgütern** *n (f)* leasing of capital assets; **Vermietung zum Marktmietniveau** *n (f)* rack rent (GB)
möblierte Vermietung *n (f)* furnished tenancy
Vermietungsdauer *n (f)* term of lease; lease length
Vermietungsleistung *n (f)* letting performance; volume of space let; take-up (of space); absorption (of space)
Vermietungsmakler *n (m)* letting agent; rental agent; leasing broker (US)
Vermietungsmarkt *n (m)* letting market; leasing market
Vermietungsprospekt *n (m)* letting brochure; letting details; leasing brochure
Vermietungsprovision *n (f)* leasing commission; rental commission; agent's fees on letting

Vermietungsquote *n (f)* proportion (percentage) of space let; occupancy rate
Vermietungsschild *n (n) Mkt* "to let" board (GB), "for lease" sign (US)
Vermietungsstand *n (m)* amount of space let; occupancy rate (or level)
vermindern *v/t* decrease (to); reduce (to); diminish (to)
Verminderung *n (f)* decrease; reduction; lessening; **Verminderung der Miete** *n (f)* rent reduction
vermischen *v/t* mix (to); blend (to)
Vermischung *n (f)* mixing; blending; commingling
vermitteln *v/t* obtain (to); procure (to); impart (to); (act as a) broker (to); (act as an) agent (to); arbitrate (to); conciliate (to); mediate (to); communicate (to); connect (to); interfere (to); intervene (to)
Vermittler *n (m)* intermediary; facilitator; broker; agent; negotiator; conciliator; mediator; middle-man
Vermittlung *n (f)* agency; mediation; intermediation; negotiation; exchange; arbitration; procurement; intervention; **Vermittlung von Geschäften** *n (f)* business negotiation; procurement of business transactions
Vermittlungsagent *n (m)* application agent
Vermittlungsangebot *n (n)* offer to negotiate; offer to act as intermediary (esp. job search)
Vermittlungsapparat *n (m)* switchboard
Vermittlungsausschuss *n (m)* Arbitration Commission (EU); conciliation committee; conference managers (or committee)
Vermittlungsgebühr *n (f)* commission; brokerage (fee); finder's fee; introduction charge(s)
Vermittlungsgeschäft *n (n)* brokerage; agency; (pl) agency transactions
Vermittlungsmakler *n (m)* intermediary broker; negotiating broker
Vermittlungsperson *n (f)* mediator; facilitator; middleman
Vermittlungsprovision *n (f)* commission; brokerage (fee)
Vermittlungsverfahren *n (n)* conciliation procedure; mediation process
Vermittlungsvertreter *n (m)* broker; merchandise broker; procurement agent
Vermittlungsvorschlag *n (m)* offer of mediation; compromise proposal
vermodern *v/i* decay (to); rot (to); mo(u)lder (to)
Vermögen *n (n)* wealth; fortune; property; assets; patrimony; capital; estate; funds; means; ability; powers; **Vermögen der Gesellschaft** *n (n)* corporate assets; partnership assets; **Vermögen einer Unternehmung** *n (n)* assets of a business; assets of an enterprise
betriebsnotwendiges Vermögen *n (n)* operating assets; **nicht betriebsnotwendiges Vermögen** *n (n)* assets not essential to the running of the business; non-operational assets; **bewegliches Vermögen** *n (n)* personalty; personal estate; mov(e)able property; tangible property; **bilanzfähiges Vermögen** *n (n)* balance sheet asset; **forstwirtschaftliches Vermögen** *n (n)* forestry assets; **gebundenes Vermögen** *n (n) Fin, insur.* regulated assets (Anlageverordnung); **gemeinschaftlich geführtes Vermögen** *n (n)* jointly controlled assets; **immaterielles Vermögen** *n (n)* intangible property; intangible assets; **landwirtschaftliches Vermögen** *n (n)* agricultural assets; **langfristiges Vermögen** *n (n)* noncurrent assets; long-term capital; long-term assets; **unbewegliches Vermögen** *n (n)* immovable property; real estate; **vererbbares dingliches Vermögen** *n (n)* corporeal hereditament; **vererbbares Vermögen** *n (n)* (in)heritable property; real estate; **verpfändetes Vermögen** *n (n)* mortgaged property; hypothecated property
Vermögen beschlagnahmen *v/t* sequester assets (to); confiscate (or seize) assets (to); **Vermögen konfiszieren** *v/t* sequester assets (to); confiscate (or seize) assets (to)
vermögend *adj* wealthy; rich; well-off; well-to-do; moneyed (or monied)
Vermögensabgabe *n (f)* capital levy; property levy; conscription of wealth
Vermögensanalyse *n (f)* financial analysis; investment analysis
Vermögensanlage *n (f)* investment; productive investment
Vermögensanlagen *n/pl (f)* financial assets; (capital) investments
Vermögensarten *n/pl (f)* asset classes
Vermögensaufstellung *n (f)* financial statement; property analysis; statement of affairs; statement of net assets; summary of property

Vermögensbemessung *n (f)* assessment of wealth (esp. for wealth tax); estimation of net worth
Vermögensberater *n (m)* investment consultant
Vermögensbewertung *n (f)* asset valuation; valuation of net assets; valuation of property; assessment of value (esp. tax); **steuerliche Vermögensbewertung** *n (f)* asset valuation for tax purposes
Vermögensbilanz *n (f)* financial statement; asset and liability statement; net asset position; (fund) balance sheet
Vermögensbildung *n (f)* wealth creation; capital formation; formation of wealth; **Vermögensbildungsgesetz (VermBG)** *n (n)* German law promoting capital formation by employees
Vermögenseinkommen *n (n)* investment income; passive income
Vermögenserträge *n/pl (m)* investment income
Vermögensfonds *n (m)* investment fund(s); property fund(s); (capital) holdings
Vermögensgegenstand *n (m)* capital asset; asset; item of property; **immaterielle Vermögensgegenstände** *n/pl (m)* intangible assets
Vermögenslage *n (f)* financial position; financial situation; net worth position; **Vermögens- und Ertragslage** *n (f)* assets; financial and earnings position
Vermögensmanagement *n (n)* asset management
Vermögensmasse *n (f)* estate; bulk of an estate; total assets
Vermögensnachteil *n (m)* pecuniary loss; pecuniary disadvantage; property loss
Vermögensplanung *n (f)* asset planning; estate planning
Vermögensportfolio *n (n)* asset portfolio; investment portfolio
Vermögensrechnung *n (f)* capital account; asset and liability statement; statement of net assets; wealth estimation
Vermögensrecht *n (n)* proprietary right (i.e. a right capable of valuation in money terms); law(s) controlling or having a bearing on financial assets or rights; **immaterielle Vermögensrechte** *n/pl (n)* incorporeal property
Vermögensregister *n (n)* register of assets; property register
Vermögensrisiko *n (n)* value at risk (VaR)
Vermögensschaden *n (m)* financial loss; pecuniary loss; economic loss; property loss; pecuniary detriment
Vermögensstatus *n (m)* financial status; statement of assets and liabilities as of a specified date
Vermögen(s)steuer (VSt) *n (f)* wealth tax; capital tax; net capital tax; property tax (US); net assets tax; net worth tax; **Vermögensteuererklärung** *n (f)* wealth tax return; return for net worth tax; **Vermögensteuergesetz (VStG)** *n (n)* German wealth tax law; **Vermögensteuerpflicht** *n (f)* liability to pay wealth (or net worth) tax; **Vermögensteuerrichtlinien (VstR)** *n/pl (f)* German wealth tax directives; **Vermögensteuerveranlagung** *n (f)* wealth tax assessment; **Vermögensteuervorauszahlungen** *n/pl (f)* wealth tax prepayment; advance payment of wealth tax
Vermögensstruktur *n (f)* structure of investments; asset structure
Vermögensüberprüfung *n (f)* means test(ing); poverty test
Vermögensübersicht *n (f)* asset statement; statement of assets and liabilities; balance sheet (overview)
Vermögensübertragung *n (f)* asset transfer; assignment of property; **Vermögensübertragungssteuer** *n (f)* capital transfer tax
Vermögensumverteilung *n (f)* redistribution of wealth
Vermögens- und Finanzplaner *n (m)* Certified Financial Planner
Vermögensunterlagen *n/pl (f)* asset documentation; asset records
Vermögensvergleich *n (m)* comparison of asset value; e.g. at two different dates for imputed income calculation
Vermögensverhältnisse *n/pl (n)* financial circumstances
Vermögensverteilung *n (f)* distribution of wealth; division of assets
Vermögensverwalter *n (m)* asset manager; trustee; administrator (of an estate); committee of the estate (e.g. on incapacity) (US); custodian (of an estate); manager of an estate
Vermögensverwaltung *n (f)* asset management; property management; investment

management; portfolio management; property administration; trust administration; **Vermögensverwaltungsgesellschaft** *n (f)* property management company

Vermögenswert *n (m)* asset; asset value; property asset; **anrechenbarer Vermögenswert** *n (m)* chargeable asset

Vermögenswerte *n/pl (m)* assets; resources; property holdings; effects (bank); **bankfähige Vermögenswerte** *n/pl (m)* eligible assets; negotiable assets; **betriebliche Vermögenswerte** *n/pl (m)* operating assets; **finanzielle Vermögenswerte** *n/pl (m)* financial assets; **gemeinschaftliche Vermögenswerte** *n/pl (m)* corporate assets; **immaterielle Vermögenswerte** *n/pl (m)* incorporeal property; intangible property; **materielle Vermögenswerte** *n/pl (m)* corporeal property; tangible assets; **qualifizierte Vermögenswerte** *n/pl (m)* qualifying assets

Vermögenswerte einbringen *v/t* bring in assets (to)

vermögenswirksame Leistungen *n/pl (f)* capital-forming (employee) benefits; contributions to capital formation; tax-free payments to (low-income) employees for capital accumulation purposes

Vermögenszuwachs *n (m)* capital appreciation; accession; accretion; capital growth; gain; profit; **Vermögenszuwachssteuer** *n (f)* property increment tax; capital yields tax; capital gains tax

vermörteln *v/t* fix in mortar (to)

Vermörtelung *n (f)* mortar jointing

Vermutung *n (f)* supposition; speculation; assumption; presumption; expectation; **gesetzliche Vermutung** *n (f)* legal presumption

vernachlässigen *v/t* neglect (to); ignore (to)

Vernachlässigung *n (f)* neglect

vernageln *v/t* nail (to)

vernetzt *adj* networked

Vernetzung *n (f)* networking; linking-up

veröffentlichen *v/t* publish (to); release (publication, information etc.) (to); issue (to)

Veröffentlichung *n (f)* publication; announcement; release

Verordnung *n (f)* decree; regulation(s); ordinance; enactment; order; by(e)law; **Verordnung über Wertpapierverkaufsprospekte** *n (f)* German ordinance on securities sales prospectuses

städtische Verordnung *n (f)* byelaw; bylaw (US)

verpachten *v/t* rent (out) (to); let (to); lease (to); hire out (to)

Verpächter *n (m)* lessor; landlord (of property); **bereitwilliger Verpächter** *n (m)* willing lessor (US); willing landlord

Verpachtung *n (f)* lease; leasing; letting

verpacken *v/t* wrap (up) (to); pack (to); package (to)

Verpackung *n (f)* packing; packaging; **Verpackungseinheit** *n (f)* unit; packaging unit; packing unit

verpfänden *v/t* mortgage (to); pledge (to); pawn (to)

verpfändet *adj* mortgaged; hypothecated; pledged; pawned; bonded

Verpfändung *n (f)* hypothecation; pledge; pledging; pawning; **Verpfändungsvertrag** *n (m)* (contract of) pledge

verpflichtend *adj* binding; compulsory; obligatory

verpflichtet *adj* obliged; beholden; bound; committed; indebted; obligated

Verpflichtung *n (f)* bond; covenant; onus; debt; commitment; undertaking; obligation; liability; **Verpflichtung Dritter** *n (f)* liability of a third-party; e.g. to pay compensation or to provide family maintenance

bindende Verpflichtung *n (f)* covenant; commitment; **faktische Verpflichtung** *n (f)* constructive obligation; **feste Verpflichtung** *n (f)* firm commitment; **finanzielle Verpflichtung** *n (f)* financial obligation; financial commitment; **gegenseitige Verpflichtung** *n (f)* mutual obligation; **gegenwärtige Verpflichtung** *n (f)* current obligation; **gesamtschuldnerische Verpflichtung** *n (f)* joint obligation; **moralische Verpflichtung** *n (f)* moral obligation; **rechtliche Verpflichtung** *n (f)* legal obligation; **vertragliche Verpflichtung** *n (f)* contractual obligation; covenant; **wirtschaftliche Verpflichtung** *n (f)* constructive obligation; commercial liability

Verpflichtungsklage *n (f)* action for a declaratory judgement; action to obligate the issue of an administrative act

verpressen *v/t* grout (to); inject (grouting) (to); press (to)

V

Verputz *n (m)* plaster(ing); plasterwork; plaster render; render; **Verputzarbeit** *n (f)* plastering; rendering; **Verputzmaschine** *n (f)* plastering machine
verputzen *v/t* plaster (to); render (to)
Verputzer *n (m)* plasterer
verrechnen *v/t* settle (to); credit (to an account) (to); **anteilsmäßig verrechnen** *v/t* allocate (to); prorate (to); distribute (to)
verrechnen (mit) *v/t* offset (or set off) (against) (to)
Verrechnung *n (f)* clearing (cheque/check); settlement; charging; **Verrechnung von Kosten** *n (f)* cost allocation
anteilmäßige Verrechnung *n (f)* proration; proportional distribution
Verrechnungskonto *n (n)* clearing account; offset account; settlement account (bank)
Verrechnungspreis *n (m)* transfer price; settlement price; (econ.) transfer pricing (method); **interner Verrechnungspreis** *n (m)* inter-company billing price
Verrechnungspreisgestaltung *n (f)* transfer pricing; inter-segment pricing
Verrechnungsstelle *n (f)* clearing house; clearing bank; billing point
Verriegelung *n (f)* locking (system); locking mechanism; interlock(ing); **Verriegelungsbolzen** *n (m)* locking bolt; lock bolt; lock pin
Verringerung *n (f)* reduction; **stufenweise Verringerung** *n (f)* progressive reduction (or decrement); gradual lowering; phased (or step-by-step) reduction
Verrohrung *n (f)* piping; tubing
Versagung eines Bestätigungsvermerkes *n (f)* adverse auditor's report; refusal to give an auditor's certificate
Versagungsvermerk *n (m)* adverse auditor's report
Versammlung *n (f)* meeting; gathering; assembly; **Versammlungsstätte** *n (f)* lit. meeting place; buildings with areas for more than 200 persons and e.g. open-air theatres and sports arenas with more than 1,000 visitors, subject to additional fire precaution and escape route regulations under the → Bauordnung
Versand *n (m)* goods outward(s), goods issue, outgoing shipments, dispatch, despatch; *Syn.: Warenausgang;* **Versandkontrolle** *n (f)* dispatch control; shipping control (US)
versäumen *v/t* neglect (to); miss (sth.) (to); omit (to do sth.)
Versäumnis *n (n)* neglect; default; failure (to do sth.)
verschalen *v/t* face (to); line (to); shutter (to); board (to)
Verschalung *n (f)* shoring; casing; lining; sheathing; shuttering
verschieben *v/t* postpone (to); adjourn (to); delay (to); remove (to); relocate (to); move (or shift) (to); move illegally (to)
Verschiebung *n (f)* postponement; adjournment; shift(ing); offset(ting); relocation
verschiedenartig *adj* heterogeneous; various; different (kinds of); a variety of
Verschiedenheit *n (f)* difference; discrepancy; disparity; diversity
Verschlag *n (m)* shed; shack; boarding; (packing) crate
Verschlechterung *n (f)* deterioration; worsening; **Verschlechterung des Materials** *n (f)* deterioration in quality (of digital pictures etc.)
verschleifen *v/t* grind (down) (to); smooth off (to)
Verschleiß *n (m)* abrasion; attrition; deterioration; wear (and tear); physical obsolescence; **Verschleißfestigkeit** *n (f)* resistance to wear(-and-tear); abrasion resistance
verschleißfest *adj* hardwearing; wear-resistant
verschließen *v/t* shut (to); close (to); lock (up) (to)
Verschlimmerung *n (f)* deterioration; change for the worse
Verschluss *n (m)* lock; latch; seal; clasp; fastener; (camera) shutter
Verschlüsselung *n (f)* (en)coding; encryption
verschmelzen *v/t* merge (to); melt (to); fuse (to); amalgamate (to); blend (to)
Verschmelzung *n (f)* merger; legal merger; fusion; amalgamation; **Verschmelzungsmehrwert** *n (m)* merger-related added value; merger surplus; surplus on merger
verschmutzt *adj* dirty; polluted; contaminated
Verschmutzung *n (f)* pollution; contamination; soiling
verschneiden *v/t* adulterate (to); water down (to); dilute (to); mix (or blend) (to); cut sth. badly (to)

Verschönerung *n (f)* improvement (esp. in appearance); embellishment
verschrauben *v/t* screw (on) (to)
Verschraubung *n (f)* threaded connection; screw joint
Verschrotten *n (n)* scrapping; junking (US)
Verschulden bei Vertragsschluss *n (n)* precontractual liability; *Syn.: culpa in contrahendo*
Verschuldung *n (f)* indebtedness; debts; encumbrance; **aufgelaufene Verschuldung** *n (f)* accumulated debt; accrued debts; **internationale Verschuldung** *n (f)* international indebtedness
Verschuldungsgrad *n (m)* leverage ratio; leverage; gearing; debt-equity ratio; debt ratio; capital gearing
Verschuldungskapazität (eines Projekts) *n (f)* debt service capacity (of a project)
Verschwendung *n (f)* waste; extravagance
Verschwiegenheit *n (f)* discretion; reticence; secrecy; (of a place) seclusion
versenden *v/t* dispatch (to); send (to); ship (to) (US)
Versender *n (m)* sender; dispatcher; despatcher; forwarder; consignor
versenkt *adj* countersunk; recessed
Versetzbarkeit *n (f)* ability to be moved; mobility; (employees) liability to be relocated
Verseuchung *n (f)* contamination; infection; **Verseuchungsgefahr** *n (f)* risk of contamination
Versicherer *n (m)* underwriter; insurer
versichern *v/t* insure (to); **ausreichend versichern** *v/t* insure adequately (to); take out adequate insurance (to)
versichert *adj* insured; covered by insurance; assured; affirmed; carriage (shipping) and insurance paid
Versicherung *n (f)* insurance; assurance; affirmation; underwriting; insurance company; **abgekürzte Versicherung** *n (f)* term assurance; **eidesstattliche Versicherung** *n (f)* affidavit; statutory declaration; affirmation in lieu of oath; identity certificate (US)
eine Versicherung abschließen *v/t* take out an insurance-policy (to)
Versicherungen *n/pl (f)* assertions; assurances; insurance companies
Versicherungsagent *n (m)* insurance agent
Versicherungsaufsichtsgesetz (VAG) *n (n)* *Law* German act on the supervision of insurance undertakings
Versicherungsbegünstigter *n (m)* beneficiary of an insurance
Versicherungsbewertung *n (f)* insurance valuation
Versicherungsdeckung *n (f)* insurance cover
Versicherungsgesellschaft *n (f)* insurance company
Versicherungskosten *n/pl* insurance costs; insurance charges; insurance expenses
Versicherungsmathematiker *n (m)* actuary; *Syn.: Aktuar*
versicherungsmathematisch *adj* actuarial; *Syn.: versicherungstechnisch, versicherungsstatistisch*; **versicherungsmathematische Annahme** *n (f)* actuarial assumption
Versicherungspolice *n (f)* (insurance) policy; certificate of insurance
Versicherungsprämie *n (f)* (insurance) premium
Versicherungsschutz *n (m)* (insurance) cover(age); insurance protection; **erweiterter Versicherungsschutz** *n (m)* extended (insurance) coverage; **zusätzlicher Versicherungsschutz** *n (m)* extended coverage; additional insurance cover
Versicherungsschutz gewähren *v/t* provide (insurance) cover (to); provide insurance protection (to); grant insurance cover (to); grant insurance protection (to)
Versicherungssteuer *n (f)* insurance tax; (insurance) premium tax
Versicherungssumme *n (f)* sum insured; sum assured; insured capital; face amount (insured); insurance sum
Versicherungsunternehmen *n (n)* insurance company
Versicherungsvertrag *n (m)* insurance contract
Versicherungswert *n (m)* insurance value; insured value; face value (of insurance policy); insurable value; value insured
Versicherungswesen *n (n)* insurance industry (or business); actuarial science
versickern *v/i* seep away (to)
Versickerung *n (f)* seepage; infiltration; leaching; **Versickerungsgraben** *n (m)* seepage trench; seepage pit
versiegeln *v/t* seal (to)
versiegelt *adj* sealed; under seal (e.g. document)
Versöhnung *n (f)* reconciliation

Versorger *n (m)* supplier; distributor; bread-winner; provider
Versorgung *n (f)* supply; provision (of public utilities)
Versorgungsanlage *n (f)* public utility installations; supply installation; supply plant
Versorgungsbetriebe *n/pl (m)* (public) utilities; statutory undertakers
Versorgungseinrichtung *n (f)* utility (equipment); public welfare facility; **öffentliche Versorgungseinrichtungen** *n/pl (f)* public utilities
Versorgungsfläche *n (f)* area for a public utility; utility area
Versorgungsgebiet *n (n)* supply area; service area
Versorgungskosten *n/pl* utility costs; costs of providing energy, water etc.
Versorgungsleitung *n (f)* service pipe; supply line; supply pipe; **öffentliche Versorgungsleitungen** *n/pl (f)* (mains) connections; public utility lines; service mains
Versorgungsnetz *n (n)* supply system; supply network
Versorgungsrecht *n (n) Law* (monopoly) right to provide utilities; usually in the form of an easement in favour of e.g. a local service provider
Versorgungsrente *n (f)* annuity (esp.) payment granted to a family on death of the bread-winner
Versorgungsschacht *n (m)* supply shaft; supply duct
Versorgungsstrukturen *n/pl (f)* structure of care provision
Versorgungstechnik *n (f)* building services engineering; supply (or utilities) engineering
Versorgungsunternehmen *n (n)* municipal utility; (public) utility; supply company; **städtische Versorgungsunternehmen** *n/pl (n)* municipal utility
Versorgungswerke *n/pl (n)* special public-sector pension and welfare schemes, membership of which is often compulsory for certain self-employed professionals (e.g. doctors, lawyers, architects etc.); private (e.g. life) insurance providers often offering special terms to other professional groups
Versorgungszeitraum *n (m)* supply period
verspachteln *v/t* fill (to); seal (to)
Verspannung *n (f)* bracing; tension
verspätet *adj* late; belated
Verspätung *n (f)* delay
Versprechen *n (n)* pledge; binding promise; **bindendes Versprechen** *n (n)* pledge; binding promise; **rechtsverbindliches Versprechen** *n (n)* absolute covenant
verstaatlichen *v/t* nationalize (to)
Verstädterung *n (f)* urbanization
verständigen *v/t* advise (to); inform (to); communicate (to)
Verständigungsvereinbarung *n (f)* memorandum of understanding; mutual (or bilateral) agreement; **Verständigungsverfahren** *n (n)* mutual agreement (and arbitration) procedure
verständlich *adj* understandable; intelligible
Verständlichkeit *n (f)* intelligibility; comprehensibility; audibility
Verständnis *n (n)* comprehension; understanding; appreciation; grasp
verstärken *v/t* reinforce (to); strengthen (to); boost (to); amplify (to)
Verstärkung *n (f)* reinforcement; strengthening; **Verstärkungsband** *n (n)* reinforcement tape; gaffer tape; gaffa tape; duct tape; duck tape (US); **Verstärkungsblech** *n (n)* reinforcement plate; reinforcement sheet; **Verstärkungspfeiler** *n (m)* strengthening pillar; counterfort; **Verstärkungsrippe** *n (f)* reinforcing rib
versteifen *v/t* brace (to); stiffen (to); strut (to); harden (to)
Versteifung *n (f)* bracing; stiffening; strutting; hardening; **Versteifungsrippe** *n (f)* stiffening rib; bracing (or strengthening) rib
Versteigerer *n (m)* auctioneer
Versteigerung *n (f)* auction; public sale; sale by auction; **gerichtliche Versteigerung** *n (f)* (auction) sale by order of the court
verstellbar *adj* adjustable
verstemmen *v/t* caulk (to)
verstopfen *v/t* plug (to); block (up) (to); clog (to)
verstopft *adj* clogged; clogged up; congested; blocked
Verstopfung *n (f)* congestion; obstruction; plugging
verstorben *adj* deceased; late
Verstoß *n (m)* breach, violation
verstoßen *v/t* violate (to); infringe (to); contravene (to); expel (to)

verstreben *v/t* strut (to); brace (to)
Verstrebung *n (f)* struts; bracing; **Verstrebungsbalken** *n (m) ArCo* stiffening beam
verstreichen *v/t* elapse (to); spread (to)
Versuch *n (m)* attempt; test; experiment
Vertäfelung *n (f)* (wall) panelling; wainscoting
vertagen *v/t* adjourn (to); hold over (to)
verteidigen *v/t* defend (to)
Verteidiger *n (m)* advocate; counsel for the defence (US defense)
verteilen *v/t* divide (to); allocate (to); **neu verteilen** *v/t* redistribute (to); reallocate (to)
Verteiler *n (m)* (heating) manifold; **Verteilerbewehrung** *n (f)* reinforcement distribution; **Verteilereisen** *n (n)* spacer bar; spreader bar; **(elektrischer) Verteilerkasten** *n (m)* distribution board; distribution box; **Verteilerstab** *n (m)* distribution bar; distribution rod
Verteilung *n (f)* allotment; distribution; sharing; spreading; **Verteilung von Kosten** *n (f)* cost allocation; assignment of costs; attribution of costs; cost distribution; **Verteilung von Risiko (und Verlust)** *n (f)* sharing of risk (and loss)
Verteilungsfunktion *n (f)* distribution function; **Verteilungsgrundsatz** *n (m)* principle of redistribution; **Verteilungsmasse** *n (f)* total area of land available for reallocation in an → Flächenumlegung; after deduction of areas for roads and services, public purposes etc.; **Verteilungsmaßstab** *n (m)* basis of reallocation of land from a → Flächenumlegung; normally based on either area or value of the original parcels; **Verteilungsmethode** *n (f)* method of allocation; method of association; **Verteilungszahl** *n (f)* distribution factor; a method of allocating parliamentary seats by proportional representation
Verteilzentrum *n (n)* distribution centre
vertiefen *v/t* deepen (to); delve (to); depress (to); recess (to)
Vertiefung *n (f)* deepening; depression; channel; frog (of a brick); hollow
vertikal *adj* vertical
Vertikalanordnung *n (f)* vertical alignment; vertical arrangement; **Vertikallast** *n (f)* vertical load; **Vertikalstab** *n (m)* upright; vertical bar; vertical member; **Vertikalverband** *n (m)* vertical brace (or bracing)

V

Vertrag *n (m)* contract; agreement; convention; compact; indenture; covenant; **Vertrag mit Vorbehaltsklausel** *n (m)* conditional agreement
aleatorischer Vertrag *n (m)* aleatory contract; **ausdrücklicher Vertrag** *n (m)* explicit contract; **bedingter Vertrag** *n (m)* conditional agreement; conditional contract; qualified covenant; **befristeter Vertrag** *n (m)* contract of limited duration; **bilateraler Vertrag** *n (m)* bilateral contract; **erfüllter Vertrag** *n (m)* executed contract; **fingierter Vertrag** *n (m)* simulated (or fictitious) contract; **formbedürftiger Vertrag** *n (m)* formal contract; contract required to be made in writing or in a particular format; **förmlicher Vertrag** *n (m)* deed; contract under seal; specialty contract (US); **formloser Vertrag** *n (m)* informal agreement; simple contract; **gegenseitiger Vertrag** *n (m)* bilateral contract; **gesiegelter Vertrag** *n (m)* contract under seal; **handelsüblicher Vertrag** *n (m)* usual commercial contract; **kurzfristiger Vertrag** *n (m)* short-term contract; **langfristiger Vertrag** *n (m)* long-term contract; long-term agreement; **mündlicher Vertrag** *n (m)* verbal contract; parol contract; oral contract; **nichtiger Vertrag** *n (m)* void contract; naked contract; **obligatorischer Vertrag** *n (m)* executory contract; consensual contract; **rechtsverbindlicher Vertrag** *n (m)* binding agreement; **rechtswidriger Vertrag** *n (m)* illegal contract; **rechtswirksamer Vertrag** *n (m)* valid agreement; **schuldrechtlicher Vertrag** *n (m)* contractual agreement under the law of obligations; **schwebend unwirksamer Vertrag** *n (m)* pending (apparently) invalid contract; **stillschweigender Vertrag** *n (m)* implied contract; **zweiseitiger Vertrag** *n (m)* bilateral contract; bilateral agreement
einen Vertrag abschließen *v/t* enter into a contract (to)
vertraglich *adj* contractual; by contract; under contract; by agreement; as agreed; **vertraglich abgesichert** *adj* covered by contract; confirmed by contract; **vertraglich festgelegt** *adj* (as) contracted; stipulated by contract; (as) contracted; contractually agreed
vertraglich festlegen *v/t* agree by contract (to); stipulate (to)

Vertragsablauf *n (f)* expiration of a contract; (de)termination of contract
Vertragsabrede *n (f)* contractual agreement; covenant
Vertragsabschluss *n (m)* conclusion of a contract; signing of a contract; exchange of contracts (GB); **Vertragsabschlusskosten** *n/pl* initial expense; initial direct cost
Vertragsannullierung *n (f)* cancellation of a contract (or an agreement)
Vertragsauflösung *n (f)* termination of a contract; contract termination
Vertragsbedingungen *n/pl (f)* contract terms; terms of (the) contract; conditions of (a) contract
Vertragsbeendigung *n (f)* expiration of a contract; expiry date (of a contract)
Vertragsbeginn *n (m)* beginning of (a) contract; commencement of (the) contractual relationship
Vertragsbegünstigter *n (m)* beneficiary of a contract; assignee
Vertragsbestandteil *n (m)* integral part of the contract
Vertragsbestimmungen *n/pl (f)* provisions of a contract; articles of agreement; policy provisions (insur.)
Vertragsbeziehung *n (f)* privity of contract
Vertragsbruch *n (m)* breach of contract
Vertragsdauer *n (f)* contractual period; term (length) of the contract
Vertragsentwurf *n (m)* draft agreement
Vertragserfüllung *n (f)* fulfilment of a contract; discharge of a contract; **annähernde Vertragserfüllung** *n (f)* substantial performance; **Unmöglichkeit der Vertragserfüllung** *n (f)* impossibility of performance of a contract
Vertragserneuerung *n (f)* renewal of a contract; policy renewal (insur.); lease renewal
Vertragsfrist *n (f)* contract period
vertragsgemäß *adj* according to contract; in accordance with the contract
Vertragsgestaltung *n (f)* drafting of contracts; form of contract; framing of (a) contract
Vertragsklausel *n (f)* contract(ual) clause; stipulation; covenant
Vertragskontinuität *n (f)* continuity of contracts
Vertragsmiete *n (f)* contract rent; headline rent
Vertragsparteien *n/pl (f)* parties to a contract (or an agreement)
Vertragsrecht *n (n)* law of contract
Vertragsrücktritt *n (m)* cancellation of a contract; contract repudiation; withdrawal from a contract; rescission
Vertragsstaat *n (m)* treaty state
Vertragsstrafe *n (f)* contract penalty; contractual penalty; allowed under German law: often referred to as "liquidated damages" in common-law countries where contract penalties are not legal; although unlike liquidated damages, which should be a genuine pre-estimate of the loss incurred and may be declared invalid if excessive, a Vertragsstrafe may be any amount agreed between the parties as a penalty; **Vertragsstrafe bei Terminüberschreitung** *n (f)* contractual penalty for delay or failure to meet a deadline
Vertragsunterlagen *n/pl (f)* contract documents
Vertragsunterzeichnung *n (f)* signing of a contract
Vertragsvereinbarung *n (f)* contract term
stillschweigende Vertragsverlängerung *n (f)* tacit renewal of a contract
Vertragsverletzung *n (f)* breach of contract; **positive Vertragsverletzung** *n (f)* contract default; **wesentliche Vertragsverletzung** *n (f)* fundamental breach of contract
Vertragswert *n (m)* contract value
Vertrauen *n (n)* confidence; trust; belief; **gegenseitiges Vertrauen** *n (n)* mutual trust
Vertrauensgrenze *n (f)* confidence limit; trust boundary
Vertrauensindex *n (m)* confidence index
Vertrauensklausel *n (f)* confidentiality clause
Vertrauensniveau *n (n) stat.* confidence level; *Syn.: Konfidenzniveau*
Vertrauensschaden *n (m)* infidelity (insur.); losses resulting from breach of contract; fidelity guaranty claim (US); **Vertrauensschaden(s)versicherung** *n (f)* fidelity insurance; (blanket) crime insurance
Vertrauensschutz *n (m)* protection for those relying on existing law (e.g. for provision of pensions)
Vertrauensverhältnis *n (n)* mutual trust; confidential relationship; fiduciary relationship

V

vertraulich *adj* confidential; in confidence
vertreiben *v/t* expel (to); drive (or turn) out (to); sell (to); merchandise (to); market (to)
Vertreibung *n (f)* eviction; expulsion
vertreten *v/t* represent (to); support (to); defend (to)
Vertreter *n (m)* representative; agent; deputy; salesman; (PC) salesperson; attorney; **gesetzlicher Vertreter** *n (m)* statutory (or legal) agent; advocate; attorney; legal representative; attorney; legal representative; **ständiger Vertreter** *n (m)* permanent representative
Vertretung *n (f)* representation; agency; substitution; standing-in-for; **exklusive Vertretung** *n (f)* sole agency
Vertretungsbefugnis *n (f)* power of representation; **Vertretungsmacht** *n (f)* authority (or authorization) as an agent; (empowerment) as an agent; **Vertretungsvertrag** *n (m)* agency agreement; agency contract
Vertrieb *n (m)* distribution; sales (and marketing) department
Vertriebsausrichtung *n (f)* sales direction; sales orientation
Vertriebseinrichtungen *n/pl (f)* distribution facilities; marketing facilities
vertriebsfördernd *adj Mkt* acting as an aid to marketing; promotional
Vertriebskanal *n (m)* marketing method; sales channel
Vertriebskosten *n/pl* cost of distribution; distribution expenses; marketing costs; selling costs; selling expenses; **internationale Vertriebskosten** *n/pl* international marketing costs; international distribution costs
Vertriebsrecht *n (n)* (sole) selling right
verunreinigt *adj* contaminated; polluted; dirty
Verunreinigung *n (f)* pollution; contamination; impurity
Verursacherprinzip *n (n)* polluter pays principle; i.e. the party causing pollution is held responsible for the (cost of rectifying) damage to the environment; (law) causation principle
verurteilen *v/t* convict (to); condemn (to); sentence so. (to)
Verurteilung *n (f)* conviction; denunciation; sentence (law); condemnation (i.e. punishment)
vervielfältigen *v/t* copy (to); multiply (to); duplicate (to), clone (to)
Vervielfältiger *n (m)* multiplier; years' purchase or annuity factor (valuation)
Verwahrer *n (m)* custodian; depositary; bailee
Verwahrung *n (f)* caveat; storage; (safe) custody; detention; flashing; **Verwahrungskonto** *n (n)* client(s') account
verwalten *v/t* administer (to); conduct (to); manage (to)
Verwalter *n (m)* manager; estate manager; administrator; service agent; managing agent; **ansässiger Verwalter** *n (m)* resident manager
Verwalterbestellung *n (f) Law* appointment of a (property) manager; esp. of e.g. a housing condominium, under a statutory procedure subject to a vote by the unit owners → Hausverwalter
Verwaltung *n (f)* administration; management; administrative authority
Verwaltungsakt *n (m)* administrative act; administrative order
Verwaltungsanordnung *n (f)* government regulation; administrative directive; administrative order
Verwaltungsaufwand *n (m)* administrative (or administration) cost(s); administrative expense(s); **allgemeine Verwaltungsaufwendungen** *n/pl (f)* general administrative expenses
Verwaltungsbehörde *n (f)* administrative agency; administrative authority; government agency
Verwaltungsfachmann *n (m)* (business) administrator; administration expert
Verwaltungsgebäude *n (n)* administration building; (colloq.) admin (building)
Verwaltungsgebühr *n (f)* administration charge; administrative fee; handling charge; carrying charge; management fee; governmental fee
Verwaltungsgemeinkosten *n/pl* administrative overheads
Verwaltungsgericht *n (n)* German administrative court; **Verwaltungsgerichtshof** *n (m)* German higher administrative court
Verwaltungsgrundsätze *n/pl (m)* administrative principles
Verwaltungskosten *n/pl* administrative overheads (or expenses); management costs; **allgemeine Verwaltungskosten**

n/pl general administrative expenses; general administrative overheads
Verwaltungspraxis *n (f)* administrative practice; administrative experience; case law
Verwaltungsrat *n (m)* governing board; advisory board; advisory council
Verwaltungsrecht *n (n)* administrative law
Verwaltungsverfahrensgesetz (VwVfG) *n (n) Law* administrative procedures act
Verwaltungsvorschrift *n (f)* administrative act (or action); code of conduct; administrative regulation
Verwaltungszentrale *n (f)* administrative centre; centre of management; registered office
Verwaltungszentrum *n (n)* administration center; administrative centre
verwalzen *v/t* mill (to); (colloq.) handle (to)
verwandeln *v/t* change (to); convert (to)
verwandt *adj* related
Verwarnung *n (f)* caution; warning
Verwechslung *n (f)* mix-up; mistake; confusion
verweigern *v/t* refuse (to)
Verweigerungsrecht *n (n)* right of refusal
Verweildauer *n (f)* retention time; storage period; **Verweilzeit** *n (f)* holding time; dwell time
Verweis *n (m)* reference; reprimand; caution
Verweisung *n (f)* (an ein Schiedsgericht) reference to arbitration; **Verweisungsklausel** *n (f) Mkt* clause in an agency/brokerage contract requiring the principal to involve the agent in negotiations with all interested parties, whether or not introduced by the agent; *Syn.: Hinzuziehungsklausel*
verwendbar *adj* useable; applicable
verwenden *v/t* use (to); apply (to); put (effort into) (to)
Verwendung *n (f)* use; application; utilization; expenditure; **kommerzielle Verwendung** *n (f)* commercial use
verwerfen *v/t* reject (to); dismiss (to); quash (to); overrule (to)
Verwerfungsfläche *n (f)* fault plane
Verwerfungszone *n (f)* fault zone
verwerten *v/t* dispose (to); utilize (to); exploit (to); make (good) use of (to); realize (to); recycle (to)
Verwertung *n (f)* use; exploitation; realization; realisation; utilization; **Verwertung von Vermögenswerten** *n (f)* liquidation (of assets)
Verwertungsquote *n (f)* recycling rate
Verwertungsstrategie *n (f) PfoMgt* disposal strategy
verwindungsfrei *adj* without torsion; no-torsion
Verwirkung *n (f)* forfeit; forfeiture; **Verwirkungsklausel** *n (f)* forfeit(ure) clause; defeasance clause
verwittern *v/i* weather (to); disintegrate (to)
Verwitterung *n (f)* weathering; disintegration
Verwundbarkeit *n (f)* vulnerability
verzahnen *v/t* interlock (to); dovetail (to); indent (to); gear (to)
Verzahnung *n (f)* dovetailing; interlock(ing); indenting; gearing; gear tooth system; cogging
Verzapfung *n (f)* mortice (US mortise) joint; mortising
Verzeichnis *n (n)* schedule; index; directory; register; table of contents; **amtliches Verzeichnis** *n (n)* official register; **öffentliches Verzeichnis** *n (n)* open directory, public directory
Verzerrung *n (f)* distortion
Verzicht *n (m)* waiver; surrender; resignation; renunciation; release; quitclaim; abandonment; disclaimer; **Verzicht auf eine Dienstbarkeit** *n (n)* release of easement; abandonment of easement
Verzichterklärung *n (f)* waiver; disclaimer
Verzichtleistung *n (f)* waiver; disclaimer; renouncement
Verzichtsklausel *n (f)* waiver clause; abandonment clause
Verzierung *n (f)* decoration; ornament; ornamentation
Verzinkung *n (f)* galvanization; zinc plating
verzinnen *v/t* tin (to); tin-plate (to)
verzinslich *adj* interest bearing
Verzinsung *n (f)* interest payment; interest rate; yield; **Verzinsung einer Anlage** *n (f)* investment yield
angemessene Verzinsung *n (f)* fair rate of return; **angestrebte Verzinsung** *n (f)* target yield; **laufende Verzinsung** *n (f)* current yield; running yield; flat yield
Verzögerung *n (f)* delay; time lag; lag; **zeitliche Verzögerung** *n (f)* time lag; (time) delay
Verzögerungsmittel *n (n)* retarding agent

Verzollungswert *n (m)* declared value
Verzug *n (m)* delay; default; arrears
Verzweigung *n (f)* bifurcation; branching; junction; (fig.) ramifications
Vestibül *n (n)* anteroom; vestibule
V-Fuge *n (f)* V-joint
Viadukt *n (n)* viaduct
Vibrationsramme *n (f)* vibrating tamper (US); vibratory (pile) driver; vibratory ram
Videoüberwachung *n (f)* video surveillance, CCTV (closed circuit television)
Viehschaden *n (m)* damage feasant; cattle damage
vielgeschossig *adj* high-rise; having more than 6 storeys
Vielzahl *n (f)* multitude; huge number
Viereck *n (n)* square; quadrilateral; quadrangle (maths)
viereckig *adj* square; four-sided
Vierfamilienhaus *n (n)* building with 4 apartment units; quadraplex (quad) (US)
vierflügelig *adj* four-leaved; with four wings
Vierkantlochung *n (f)* square hole(s); square perforation(s); **Vierkantstab** *n (m)* square bar; square-section (steel)
Vierpunktlagerung *n (f)* four-point bearing
vierseitig *adj* four-sided; quadrilateral
Viertel *n (n)* district; quarter; neighbourhood
vierteljährlich *adj* quarterly
Viertelstab *n (m)* quarter round (moulding)
Vierung *n (f)* intersection; crossing
Villa *n (f)* villa; mansion
Vindikation *n (f)* right of a freeholder to make a claim for possession against an unauthorised occupier
Vinyllack *n (m)* vinyl lacquer
Visiereinrichtung *n (f)* sights (e.g. telescope); **Visiergerüst** *n (n)* sight rail; **Visierkreuz** *n (f)* *ArCo* boning rod
Vitalisierung *n (f)* vitalization; revitalization
Vitrine *n (f)* showcase; display cabinet
Vizepräsident *n (m)* vice president
VOB/B → Vergabe- und Vertragsordnung für Bauleistungen Teil B
Vogelperspektive *n (f)* bird's-eye view; high-angle shot
Volatilität *n (f)* volatility
Völkerbund *n (m)* League of Nations
Volkseinkommen *n (n)* national income
Volkswirtschaft *n (f)* (national) economy; economics; **Volkswirtschaftslehre** *n (f)* economics
volkswirtschaftliche Gesamtrechnung *n (f)* national accounting; national accounts
Vollamortisationsleasing *n (n)* full pay-out leasing
Vollanrechnungsverfahren *n (n)* full imputation system; full offset (of corporate taxation)
Vollbinder *n (m)* *ArCo* perpend (stone); perpender; perpent stone
vollenden *v/t* accomplish (to); achieve (to); finalize (to); complete (to); finish (to)
Vollendungsgarantie *n (f)* *ArCo, Law* completion bond; *Syn.: Erfüllungsgarantie*
Vollerhebung *n (f)* full census; census of the whole population
Vollfinanzierung *n (f)* full financing; 100% mortgaging; mortgaging out (US)
Vollgeschoss *n (n)* entire floor; full stor(e)y; **Vollgeschosswohnung** *n (f)* apartment occupying a whole floor of a building
Vollholz *n (n)* solid wood
volljährig *adj* of (full) age
Volljährigkeit *n (f)* (age of) majority; age of consent
Vollkostenbasis *n (f)* absorbed (cost) basis; full cost basis; **Vollkostenkalkulation** *n (f)* full cost pricing
Volllast *n (f)* full load
Volllinie *n (f)* continuous line; firm line
Vollmacht *n (f)* power of attorney; warrant; proxy; mandate; letter of attorney; authority; power of representation; **beschränkte Vollmacht** *n (f)* limited power of attorney; **stillschweigend erteilte Vollmacht** *n (f)* implied agency; implied authority
Vollmachtgeber *n (m)* principal; constituent; mandantor
Vollmachtübertragung *n (f)* delegation of authority
Vollpension *n (f)* full board accommodation
Vollplatte *n (f)* solid slab
Vollständigkeit *n (f)* completeness
Vollstein *n (m)* solid brick; full brick; full block
vollstrecken *v/t* execute (to)
Vollstreckung *n (f)* execution; **Vollstreckungsbefehl** *n (m)* writ of execution; **Vollstreckungsgläubiger** *n (m)* judgement creditor; **Vollstreckungspfandrecht** *n (n)* involuntary lien; **Vollstreckungsschuldner** *n (m)* judgement debtor; **Vollstreckungstitel** *n (m)* sheriff's deed; executory title

Vollstreckung aussetzen *v/t* stay execution (to)
Vollvermietung *n (f)* full letting; full lease-up (US)
Vollwandträger *n (m)* plate girder; solid-web girder
vollwertig *adj* full; complete; perfect; up to standard
Vollwertversicherung *n (f)* full value insurance
Vollzapfen *n (m)* full pivot
Vollziegel *n (m)* solid brick
vollziehen *v/t* execute (to); carry out (to); perform (to)
Volumen *n (n)* volume; bulk; content; cubage; cubical content
Volute *n (f)* volute; scroll
Voranalyse *n (f)* preliminary analysis
Voranfrage *n (f)* preliminary enquiry; preliminary inquiry; preliminary request
Voranschlag *n (m)* estimate; preliminary analysis
Voranstrich *n (m)* precoat; primer; priming; undercoat
Vorarbeit *n (f)* preliminary work; groundwork
Vorarbeiter *n (m)* (assistant) foreman; chargehand; gang boss (US); overseer
vorausblickend *adj* prospective; forward-looking
vorausgeplant *adj* planned in advance
Voraussage *n (f)* forecast; prediction
vorausschauend *adj* anticipatory; far-sighted; foresighted; with regard to the future; prospective
voraussetzen *v/t* assume (to); take for granted (to); imply (to); hypothesise (to); require (to)
Voraussetzung *n (f)* condition; prerequisite; requirement; premise; assumption; supposition
Vorausverpflichtung *n (f)* advance commitment
Vorauszahlung *n (f)* advance payment; cash in advance; up-front money (US); pre-payment; payment on account
Vorbehalt *n (m)* reservation; qualification; proviso; caveat; retention; **Vorbehaltsklausel** *n (f)* proviso (clause); salvo; **Vorbehaltsnießbrauch** *n (m)* retention of right of use (or occupation) after transfer of a property; **Vorbehaltspreis** *n (m)* reserve price; fall-back price; upset price (US); reservation price
vorbehaltlich *adj* subject to
vorbehandeln *v/t* pretreat (to); preprocess (to)
Vorbehandlung *n (f)* pretreatment
vorbelasten *v/t* preload (to)
Vorbemerkung *n (f)* preliminary notes
Vorbereitung *n (f)* preparation; **Vorbereitung der Vergabe** *n (f) ArCo* preparation for contract placement; sixth (of nine) → Leistungsphasen specified by the → Honorarordnung für Architekten und Ingenieure (HOAI), includes drawing up building specifications and inviting tenders from contractors
Vorbereitungsarbeiten *n/pl (f)* preparatory operations; enabling work; **Vorbereitungskosten** *n/pl* preparation costs; preparatory costs
Vorbescheid *n (m)* official letter; preliminary answer; provisional decree; preliminary ruling; preliminary determination; e.g. of compliance with building law
Vordach *n (n)* canopy; porch roof; projecting roof
Vorderansicht *n (f)* front view; front elevation; **Vorderfläche** *n (f)* (front) face; **Vorderfront** *n (f)* front elevation; façade; forward area; **Vorderkante** *n (f)* front edge; leading edge; **Vorderlandfläche** *n (f)* area of a parcel of land (esp. of above-average depth) nearest the road frontage (depth e.g. 35-40 m) valued in relation to full → Bodenrichtwert whereas the rear area would be discounted; **Vorderseite** *n (f)* face; front
Vordruck *n (m)* form; (pre-)printed form; blank
Voreigentümer *n (m)* predecessor in (freehold) title; previous owner
voreingenommen *adj* prejudiced; biased
Voreinstellung *n (f)* default (comp.); presetting; zoning
Vorentwicklungsphase *n (f)* predevelopment stage
Vorentwurf *n (m)* schematic design; preliminary design; preliminary architectural plan; preliminary draft
Voreröffnungsphase *n (f)* pre-opening (period)
Vorfahrtsrecht *n (n)* right of way (ROW); priority
Vorfall *n (m)* incident
Vorfälligkeitsentschädigung *n (f)* prepayment penalty; pay-off penalty; early re-

V

payment penalty; early redemption charge; break costs; prematurity compensation (US); **Vorfälligkeitsklausel** *n (f)* early repayment (or redemption) clause; acceleration clause (US); prepayment clause (US)
vorfertigen *v/t* precast (to); prefabricate (to)
Vorfertigung *n (f)* pre-fabrication
Vorfilter *n (m)* precleaner; prefilter
Vorfinanzierung *n (f)* advance financing; prefinancing; preliminary financing
Vorfluter *n (m)* discharge system; receiving watercourse; receiving water; runoff ditch
Vorführung *n (f)* presentation; demonstration; showing
Vorgabe *n (f)* guideline; **landesplanerische Vorgaben** *n/pl (f)* state (or regional) planning guidelines
Vorgarten *n (m)* front garden (GB); front yard (US); **Vorgartenland** *n (n)* front garden area; front garden land; front yard area (US)
vorgefertigt *adj* prefabricated
Vorgehen *n (n)* action; procedure
vorgesehen *adj* planned; intended; provided; scheduled
Vorgesellschaft *n (f)* company prior to registration; provisional corporation
vorgespannt *adj* prestressed; tensioned
Vorgutachten *n (n)* preliminary report
Vorhaben *n (n)* scheme; intention; purpose; proposition; project; proposal; **genehmigungsfreies Vorhaben** *n (n)* permitted development; **privilegierte Vorhaben** *n/pl (n)* privileged (planning) proposals; favoured (planning) proposals
Vorhaben- und Erschließungsplan *n (m)* projects and infrastructure plan
Vorhalle *n (f)* entrance hall; vestibule; foyer; lobby
Vorhaltezeit *n (f)* hold-back time; derivative time
vorhanden *adj* available; extant; existing
Vorhängeschloss *n (n)* padlock
Vorhangfassade *n (f)* curtain wall; **Vorhangschiene** *n (f)* curtain rail; **Vorhangstange** *n (f)* curtain rod
vorhergehend *adj* previous; preceding; antecedent
vorherrschend *adj* predominant; prevailing
Vorhof *n (m)* forecourt
Vorjahr *n (n)* previous year; **Vorjahresperiode** *n (f)* (the same) period of the previous year; **Vorjahresverbrauch** *n (m)* last year's consumption; **Vorjahreswert** *n (m)* last year's value
Vorkalkulation *n (m)* cost estimate; preliminary costing
Vorkassenzone *n (f) Ret* supermarket (or hypermarket) foyer; sales and display area outside the checkouts
Vorkaufsrecht *n (n)* right of pre-emption; right of first refusal; option; (right of) preemption; first right to buy; pre-emptive right; **Vorkaufsrecht des Mieters bzw. Pächters** *n (n)* tenant's right of first refusal; leasehold enfranchisement; on sale of the freehold to a third party (BGB § 577) **limitiertes Vorkaufsrecht** *n (n)* limited right of first refusal on purchase; **preislimitiertes Vorkaufsrecht** *n (n)* price-limited preemptive right
Vorklärbecken *n (n)* pre-treatment (sedimentation) tank; primary settlement basin
Vorkommen *n/pl (n)* incidences; occurrences; **Vorkommenswahrscheinlichkeit** *n (f)* probability of occurrence
Vorkommnis *n (n)* incident; occurrence
Vorkonsolidierung *n (f)* pre-consolidation
vorkragen *v/i* corbel (to); project (to)
Vorkragung *n (f)* overhang, projection, corbel, corbelling
Vorlack *n (m)* sanding sealer; priming varnish; undercoating varnish
vorladen *v/t* summon (to); subpoena (to)
Vorladung *n (f)* (writ of) summons; subpoena; citation
Vorlage *n (f)* presentation; submission; model; pattern; **bei Vorlage** at sight; on demand; on presentation
Vorlagepflicht *n (f)* duty to disclose; liability to discover
Vorlauf *n (m)* advance; forerun; flow pipe; supply
vorläufig *adj* provisional; temporary; tentative
Vorlauftemperatur *n (f)* supply temperature; flow temperature; **gleitende Vorlauftemperatur** *n (f)* variable flow temperature
vorlegen *v/t* present (to); submit (to); bring forward (to); provide (to)
vorliegen *v/i* be available (to); be on hand (to)
Vormauerung *n (f)* brick facing; beam-filling; dwarf wall

Vormauerziegel *n (m)* face brick; facing brick; well-burnt brick
Vormerkung *n (f)* priority notice; caution; marking; reservation
Vormund *n (m)* guardian; **Vormundschaftsgericht** *n (n)* guardianship court; court of protection
Vornorm *n (f)* preliminary standard; initial standard; tentative standard
vornummeriert *adj* pre-numbered
Vorort *n (m)* suburb; periphery; outskirts
Vor-Ort-Analyse *n (f)* on-site analysis; **Vor-Ort-Beschreibung** *n (f)* on-site description
Vorplanung *n (f) ArCo* schematic design (phase); preliminary planning of a development project; second (of nine) → Leistungsphasen specified by the → Honorarordnung für Architekten und Ingenieure (HOAI), includes e.g. preparation of sketch plans and elevations; preliminary cost estimate; and clarification of the position regarding planning consent with the appropriate authority
Vorplatz *n (m)* forecourt; areaway (US); front yard (US)
Vorprojektierung *n (f)* preliminary study
Vorrang *n (m)* priority; precedence; pre-eminence; seniority; **Vorrang haben (vor)** *v/i* take (or have) priority (to); take (or have) precedence (over) (to)
vorrangig sein (vor) *v/i* take (or have) priority (to); take (or have) precedence (over) (to)
Vorrat *n (m)* supply; store; stock(s); reserve(s); stockpile; **Vorratsgelände** *n (n)* expansion land; reserve land; **Vorratsgesellschaft** *n (f)* (off-the-)shelf company; **Vorratsraum** *n (m)* store room; **Vorratsvermögen** *n (n)* stock value; inventory (value)
Vorraum *n (m)* anteroom; lobby; foyer
Vorrecht *n (n)* privilege; priority
Vorrede *n (f)* opening words; preface; preamble
Vorreiber *n (m)* casement fastener; sash lock
Vorreiniger *n (m)* precleaner
Vorrichtung *n (f)* device; fixture; appliance; gadget
Vorsatzbeton *n (m)* face concrete; facing concrete
Vorschau *n (f)* preview; briefing; **Vorschaurechnung** *n (f)* budget; forecast
Vorschlag *n (m)* proposition; proposal; suggestion; (piece of) advice
vorschlagen *v/t* propose (to); suggest (to)
Vorschlaghammer *n (m)* sledge hammer
vorschreiben *v/t* enjoin (to); dictate (to); regulate (to); stipulate (to); prescribe (to)
Vorschrift *n (f)* regulation; rule; provision; prescription; precept; **baurechtliche Vorschriften** *n/pl (f)* building regulations
vorschriftsgemäß *adj* according to (the) regulations
Vorschuss *n (m)* advance; retainer; front money; **Vorschusskonto** *n (n)* advance account; imprest account; **Vorschussverbindlichkeit** *n (f)* advance commitment
vorschüssig *adj* in advance; payable in advance
Vorschüssigkeit *n (f)* requirement to pay in advance
vorsetzen *v/t* move forward (to); forward space (to); serve (so. with sth.) (to)
Vorsicht *n (f)* caution; care; prudence; circumspection
Vorsichtsmaßnahme *n (f)* precaution(ary measure); caveat; safeguard
Vorsichtsprinzip *n (n)* principle of prudence
Vorsitz *n (m)* chairmanship; (PC) chair; presidency
Vorsitzender *n (m)* chairman (PC chairperson or chair); president; **Vorsitzender der Geschäftsführung** *n (m)* chairman of the (management) board; chief executive officer; **Vorsitzender des Aufsichtsrates** *n (m)* chairman of the supervisory board
Vorsorgefonds *n (m)* provident fund
vorspannen *v/t* prestress (to); precompress (to); tension (to)
Vorspannung *n (f)* precompression; prestressing
Vorspiegelung falscher Tatsachen *n (f)* false pretences; fraudulent misrepresentation; wilful mispresentation
vorspringend *adj* protruding; projecting; prominent
Vorsprung *n (m) ArCo* overhang; jut; nose; projection; prominence
Vorstadt *n (f)* suburb; suburbia; periphery; outer city (US); outer town (US); outskirts (GB)
vorstädtisch *adj* suburban
Vorstand *n (m)* board of management; managing committee; board of governors

Vorstandsbezüge *n/pl (m)* directors' remuneration
Vorstandsmitglied *n (n)* director; board member; member of the board of management; **stellvertretendes Vorstandsmitglied** *n (n)* deputy member of the board of management; deputy member of the executive board (US)
Vorstandssprecher *n (m)* board spokesman (PC spokesperson); spokesman of the managing board
Vorstandsvorsitzender *n (m)* chairman of the executive board (US); chairman of the management board (GB); Chief Executive Officer; managing director (of a company); president (of a company) (US)
Vorstellung *n (f)* introduction; presentation; representation; interview; **Vorstellungsgespräch** *n (n)* (job) interview
Vorsteuer *n (f)* input tax; input VAT; **Vorsteuerabzug** *n (m)* input tax deduction; **Vorsteuererstattung** *n (f)* reimbursement of input tax (VAT); **Vorsteuerertrag** *n (m)* pre-tax income; **Vorsteuerkapitalrendite** *n (f)* pre-tax return on capital; **Vorsteuerrendite** *n (f)* pre-tax return
Vorstreichfarbe *n (f)* undercoat; primer (paint)
Vorstudie *n (f)* preliminary feasibility study; preliminary study
vortäuschen *v/t* feign (to); fake (to); simulate (to)
Vorteil *n (m)* advantage; profit; benefit; avails; → geldwerter Vorteil; **Vorteilhaftigkeit** *n (f)* advantage(ousness); profitability; benefit; **Vorteilsausgleich** *n (m)* set-off for betterment; balance of advantages; offset against compensation for advantages; **Vorteilskriterium** *n (n)* criterion of return (or benefit); yardstick of profitability
vorteilhaft *adj* advantageous; positive; beneficial; profitable
Vortrag noch nicht genutzter steuerlicher Verluste *n (m)* carry forward of unused tax losses
Vortragsstil *n (m)* lecture style
vortreiben *v/t* drive (a tunnel) (to); drift (to) (mining)
Vorurteil *n (n)* prejudice; bias
vorvermieten *v/t* prelet (to); prelease (to)
vorvermietet *adj* pre-let
Vorvermietung *n (f)* pre-letting; forward commitment
Vorversuch *n (m)* pilot test; preliminary test
Vorvertrag *n (m)* provisional agreement; letter of intent; tentative agreement; **Vorvertrag mit Anzahlung** *n (m)* provisional contract with (payment of) deposit; binder (US)
Vorwandinstallation *n (f)* pre-wall (or on-wall) installation (e.g. of sanitary fittings)
Vorwärmer *n (m)* pre-heater
Vorwegnahme *n (f)* anticipation; **Vorwegnahme der Entscheidung** *n (f)* anticipation of decision; i.e. before an → Umlegungsplan is finalized
vorwegnehmen *v/t* anticipate (to)
Vorwirkung *n (f)* direct effect; preliminary effect (of e.g. legislation before it comes into force); **Vorwirkung der Enteignung** *n (f)* blight due to proposed compulsory purchase (US condemnation)
Vorwort *n (n)* foreword; preface; preamble
Vorwurf *n (m)* reproach; accusation; charge; remonstrance
vorzeitig *adj* prematurely; early
Vorzug *n (m)* advantage; asset; precedence; preference; priority; virtue
Vorzugsaktie *n (f)* preference share; preferred stock (US); **kumulative Vorzugsaktien** *n/pl (f)* cumulative preference shares
Vorzugskonditionen *n/pl (f)* concessionary terms; preferential terms
Vorzugsrendite *n (f)* preferential yield
Vulkan *n (m)* volcano; **Vulkanfiber** *n (f)* vulcanized fibre (US fiber)
vulkanisiert *adj* vulcanized
Vulkanit *n (m)* vulcanite

W

waagrecht *adj* horizontal; level

Wabe *n (f)* honeycomb; **Wabenkern** *n (m)* honeycomb core; **Wabenstruktur** *n (f)* honeycomb structure; **Wabenträger** *n (m)* open web girder

Wachgebäude *n (n)* gatehouse; (military) barracks (building); esp. at the entrance to a factory or other site

wachsen *v/t* wax (to)

Wachstum *n (n)* growth; increase; expansion; augmentation; **Wachstum des BIP** *n (n)* (real) GDP growth

durchschnittliches Wachstum pro Jahr *n (n)* annual average growth; **internes Wachstum** *n (n)* internal growth; **verlangsamtes Wachstum** *n (n)* slower economic growth

Wachstumsgebiet *n (n)* growth area

Wachstumsmarkt *n (m)* growth market; emerging market

Wachstumsprognose *n (f)* growth forecast; forecast of economic growth

Wachstumsrate *n (f)* growth rate; rate of expansion; rate of increase; **implizierte Wachstumsrate** *n (f)* implied growth rate

Wachstumsrendite *n (f)* growth yield; long-term yield

Wächter *n (m)* guard; watchman; keeper; warden

Wagnis *n (n)* risk; venture; peril; hazard; *Syn.: Risiko*; **Wagniskapital** *n (n)* risk capital; venture capital

Wahl *n (f)* choice; selection; election; **Wahlrecht** *n (n)* option; electoral law; suffrage

Wahrscheinlichkeit *n (f)* probability; **Wahrscheinlichkeit des Schadensfalls** *n (f)* probability of a claim (insur.)

Wahrscheinlichkeitsanalyse *n (f)* probability analysis

Wahrscheinlichkeitsdichtefunktion *n (f)* probability density function

Währung *n (f)* currency; **harte Währung** *n (f)* hard currency

Währungsabwertung *n (f)* currency devaluation; depreciation in value of a currency

Währungsbeziehungen (internationale) *n/pl (f)* (international) monetary relations

Währungseinheit *n (f)* monetary unit

Währungsfonds *n (m) Org* → Internationaler Währungsfonds (IWF)

Währungsgesetz (WährG) *n (n)* German currency (reform) law

Währungsklausel *n (f)* currency clause; exchange clause

Währungskrise (internationale) *n (f)* (international) monetary crisis

Währungsordnung (internationale) *n (f)* (international) monetary system

Währungsunion *n (f)* monetary union

Wald *n (m)* forest; wood; woodland; **Waldbodenpreis** *n (m)* price paid for prairie value of woodland (i.e. without timber); **Waldbodenwert** *n (m)* prairie value of woodland (i.e. disregarding timber); **Waldfläche** *n (f)* wooded area; woodland; **Waldgebiet** *n (n)* woodland; tract of forest; **Waldrand** *n (m)* edge of the forest; **Waldsterben** *n (n)* death of the forest; forest dieback; **Wald- und Forstwirtschaft** *n (f)* forestry; **Waldwertermittlung** *n (f)* appraisal (or valuation) of woodland; **Waldwertermittlungsrichtlinien (WaldR)** *n/pl (f)* German administrative regulations for valuation of woodland; **Waldwiese** *n (f)* (forest) glade; **Waldwirtschaft** *n (f)* forestry

waldreich *adj* rich in woods and forests; well-wooded

Waldung *n (f)* wooded area; woodland; forest

Wall *n (m)* bank; parapet; rampart; wall

Walm *n (m)* hip; **Walmdach** *n (n)* hip roof; hipped roof; **Walmsparren** *n (m)* hip rafter

Walze *n (f)* roller; **Walzenwehr** *n (n)* roller weir; **Walzglas** *n (n)* rolled glass; **Walzwerk** *n (n)* mill; rolling mill

Wand *n (f)* wall; (cliff) face; **gemeinsame Wand** *n (f)* common wall; **nichttragende Wand** *n (f)* non-bearing wall; **tragende Wand** *n (f)* (load) bearing wall; main wall; **verputzte Wand** *n (f)* plastered wall; rendered wall; **zweischalige Wand** *n (f)* cavity wall

Wandanker *n (m)* wall tie

Wandanschluss *n (m)* wall fillet; wall connector; junction of wall and e.g. roof or

floor; wall mounting; wall socket; **Wandanschlussblech** *n (n)* wall flashing; **Wandanschlussleiste** *n (f)* fillet; e.g. between a door frame and an uneven wall; **Wandanschlussprofil** *n (n)* wall fillet (or profile)
Wandanstrich *n (m)* wall coat; wall paint
Wandbatterie *n (f)* wall-mounted mixer faucet (US); wall-mounted mixer tap
Wandbaustoffe *n/pl (m)* walling materials
Wandbehang *n (m)* wall hanging
Wandbelag *n (m)* wall finish; vertical tilework; wall covering
Wanddicke *n (f)* wall thickness
Wanddruck *n (m)* wall pressure
Wanddurchbruch *n (m)* wall opening
Wanddurchführung *n (f)* wall bushing; wall duct
Wandelanleihe *n (f)* convertible bond; convertible loan stock
Wandelgang *n (m)* colonnade; gallery; ambulatory; cloister
Wandelschuldverschreibung *n (f)* convertible bond; convertible loan stock (or debenture)
Wanderung *n (f)* → interregionale Wanderung
Wandfarbe *n (f)* wall paint
Wandfläche *n (f)* wall area
Wandfliese *n (f)* wall tile; **Wandfliesensockel** *n (m)* half-tiled wall
Wandfuge *n (f)* wall joint (tiling)
Wandfundament *n (n)* wall footing
Wandhalterung *n (f)* wall bracket; wall holdfast
Wandhängeschrank *n (m)* wall-hung cupboard
Wandinnenseite *n (f)* interior wall surface
Wandisolierung *n (f)* wall insulation
Wandkasten *n (m)* wall cupboard; wall fitting
Wandkonsole *n (f)* wall bracket
Wandleuchte *n (f)* wall lamp; wall-mounted light fixture
Wandnische *n (f)* wall recess; niche
Wandpfeiler *n (m)* pilaster; wall pillar; *Syn.: Pilaster*
Wandplatte *n (f)* wallboard; wall panel
Wandputz *n (m)* wall plaster
Wandsafe *n (m)* wall safe
Wandscheibe *n (f)* shear panel
Wandschrank *n (m)* wall cupboard; walk-in cupboard; closet (US); wall closet (US); built-in cupboard (GB)
Wandstärke *n (f)* wall thickness
Wandsteckdose *n (f)* wall socket
Wandsystem *n (n)* walling system (esp. partitioning); wall system
Wandteppich *n (m)* hangings; tapestry
Wandtürpuffer *n (m)* wall-mounted door stop
Wandverglasung *n (f)* wall glazing
Wandverkleidung *n (f)* wall cladding; wall covering
Wandwange *n (f)* wall string
Wange *n (f)* cheek; side plate; string board; stringer; **Wangentreppe** *n (f)* stringer staircase
Wanne *n (f)* bath(tub); oil sump; **Wannenausbildung** *n (f)* tanking
Ware *n (f)* product
Waren *n/pl (f)* goods; **Waren des täglichen Gebrauchs** *n/pl (f)* convenience goods (lit. goods for daily use)
Warenausgang *n (m)* goods outward(s), goods issue, outgoing shipments, dispatch, despatch; *Syn.: Versand*
Warenbestand *n (m)* stock on hand; trading stock; inventory
Wareneingang *n (m)* incoming goods, incoming shipments, goods inward; goods reception (department)
Wareneinsatz (Gewinn- und Verlustrechnung) *n (m)* cost of sales; goods and material employed
Warenempfangsschein *n (m)* goods receipt
Warenhaus *n (n)* department store
Warenkredit *n (m)* commercial credit; commercial loan; credit on goods
Warenlager *n (n)* warehouse; (Asia) godown
Warenrohgewinn *n (m)* gross trading profit
Warentermingeschäft *n (n)* commodity futures; commodity futures trading
Warenzeichen *n (n)* brand; trademark
Warmdach *n (n)* warm roof; roof with insulation above and between rafters; nonventilated flat roof
Wärmeabgabe *n (f)* heat supply; (quantity of) heat supplied; thermal output; heat loss
Wärmeabnehmer *n (m)* heat consumer; heat customer
Wärmeausdehnung *n (f)* thermal expansion
Wärmeaustausch *n (m)* heat exchange; interchange of heat

Wärmebedarf *n (m)* heat demand; heat required
Wärmebelastung *n (f)* thermal load; thermal pollution
Wärmebereitstellungskosten *n/pl* heat supply costs
wärmebeständig *adj* heat proof; heat-resistant
Wärmebeständigkeit *n (f)* heat resistance; thermal stability
Wärmebezugskosten *n/pl* costs of heat consumed
Wärmebilanz *n (f)* thermal balance
Wärmebrücke *n (f)* thermal bridge
Wärmecontracting *n (n)* heat contracting; an external, third-party contractor provides the heating for a building, supplying the building with heating energy and arranging financing; operational management, administration, maintenance and servicing of the heating system; → Contracting
Wärmedämmschicht *n (f)* heat-insulating layer
Wärmedämmstoff *n (m)* heat-insulating material
Wärmedämmung *n (f)* thermal insulation; heat insulation; **Wärmedämmungsarbeiten** *n/pl (f)* heat insulation work
Wärmedehnung *n (f)* heat expansion; thermal expansion
Wärmedehnzahl *n (f)* coefficient of thermal expansion
Wärmedienstleistung *n (f)* heat service
Wärmedurchgangskoeffizient *n (m)* heat transfer coefficient; thermal transmission coefficient;
Wärmedurchgangswiderstand *n (m)* (total) thermal resistance
Wärmedurchgangszahl *n (f)* heat transfer coefficient (k-value)
Wärmedurchlasswiderstand *n (m)* thermal resistance
Wärmeeinspeisung *n (f)* heat input
wärmeempfindlich *adj* heat-sensitive; thermosensitive
Wärmeendenergieverbrauch *n (m)* final heat energy consumption
Wärmeenergie *n (f)* thermal energy; heat energy
Wärmeentwicklung *n (f)* heat build-up; generation of heat
Wärmeermüdung *n (f)* thermal fatigue
Wärmeerzeugung *n (f)* heat generation; heat production; **Wärmeerzeugungskosten** *n/pl* heat generation costs
Wärmefluss *n (m)* heat flux; **Wärmeflussrichtung** *n (f)* heat flow
Wärmefühler *n (m)* heat detector; thermal sensor
wärmegedämmt *adj* thermally insulated
Wärmehaushalt *n (m)* heat balance; thermal efficiency
Wärmeisolierung *n (f)* heat insulation
Wärmekapazität *n (f)* heat capacity; thermal capacity
Wärmeklasse *n (f)* insulation standard; insulation class (IEC 85)
Wärmelast *n (f)* average thermal load
Wärmeleistung *n (f)* heat output; thermal output; thermal performance; **bereitgestellte Wärmeleistung** *n (f)* standby heat capacity
Wärmeleitfähigkeit *n (f)* heat conductivity; thermal conductivity; U-value
Wärmeleitung *n (f)* thermal conduction
Wärmeleitzahl *n (f)* thermal transmittance coefficient; coefficient of thermal conductivity
Wärmelieferer *n (m)* heat supplier
Wärmelieferung *n (f)* heat supply; *Syn.: Wärmeversorgung*
Wärmeliefervertrag *n (m)* heat supply contract
Wärmemarkt *n (m)* heat (supply) market
Wärmemenge *n (f)* amount of heat; quantity of heat; **abgegebene Wärmemenge** *n (f)* heat supplied; quantity of heat supplied
Wärmemessgerät *n (n)* heat measuring device; thermometer
Wärmemessung *n (f)* heat metering
Wärmepumpe *n (f)* heat pump
Wärmequelle *n (f)* heat source
wärmereflektierend *adj* heat-reflecting
Wärmeregler *n (m)* thermostat
Wärmerückgewinnung *n (f)* heat recovery
Wärmeschutz *n (m)* heat insulation; thermal insulation; **Wärmeschutzglas** *n (n)* heat protection glass; thermal insulation glass
Wärmespeicher *n (m)* heat accumulator; thermal store
Wärmespeicherung *n (f)* heat storage; thermal energy storage
Wärmesperre *n (f)* heat barrier

Wärmestrahlung *n (f)* thermal radiation
Wärmeströmung *n (f)* thermal convection; heat flow
Wärmetarif *n (m)* heat tariff
Wärmeträger *n (m)* heat carrier; heat transfer medium; **Wärmeträgermedium** *n (n)* heat carrier; heat transfer medium; heat transfer fluid
Wärmeüberschuss *n (m)* excess heat
Wärmeübertragung *n (f)* heat transfer
Wärme- und Kältetechnik *n (f)* heating and refrigeration engineering
Wärmeverbrauch *n (m)* heat consumption
Wärmeverformung *n (f)* deformation under heat
Wärmeverlustberechnung *n (f)* calculation of heat loss; computation of heat loss
Wärmeverluste *n/pl (m)* heat losses
Wärmeversorgung *n (f)* heat supply; *Syn.: Wärmelieferung*; **Wärmeversorgungsunternehmen** *n (n)* heat supply company
Wärmezähler *n (m)* heat meter; **anschließbare Wärmezähler** *n (m)* connectable heat meters
Wärmezentrale *n (f)* heat(-transfer) station
Warmmiete *n (f)* rent inclusive of heating
Warmwasser *n (n)* hot water; **Warmwasserbereiter** *n (m)* water heater; instantaneous water heater; **Warmwasserbereitungsanlage** *n (f)* water-heating installation; **Warmwassergerät** *n (n)* (hot) water heater; geyser; **Warmwasserheizsystem** *n (n)* hot water heating system; **Warmwasserheizung** *n (f)* hot water heating system; hydronic system (US); **Warmwasserheizungsanlage** *n (f)* hot water heating system; **Warmwasserkessel** *n (m)* hot water boiler; **Warmwasserkostenverteiler** *n (m)* hot water cost allocator; **Warmwasserleitung** *n (f)* hot water pipe; **Warmwasserspeicher** *n (m)* hot water tank; hot water accumulator; hot water boiler; **Warmwasserversorgung** *n (f)* hot water supply
Warnanlage *n (f)* alarm system; warning system
Warnpflicht *n (f)* duty to warn
Warnschild *n (n)* danger sign
Warnung *n (f)* warning; alarm
Warteliste *n (f)* waiting list
warten *v/t* maintain (to); service (to); wait (to)
Wartezeit *n (f)* waiting period
Wartung *n (f)* servicing; maintenance; repair; upkeep; service **Wartung und Reparatur** *n (f)* maintenance and repair **vorbeugende Wartung** *n (f)* planned maintenance; preventive maintenance;
Wartungsanlage *n (f)* servicing facility
Wartungsdienst *n (m)* maintenance service
Wartungsfreundlichkeit *n (f)* maintainability; ease of maintenance
Wartungsgebühr *n (f)* maintenance charge
Wartungskosten *n/pl* maintenance costs; maintenance charges
Wartungsvertrag *n (m)* service contract; maintenance contract; maintenance agreement; service contract
Waschanlage *n (f)* car wash
Waschbecken *n (n)* wash basin
waschbeständig *adj* washable; washproof
Waschbeton *n (m)* washed concrete; exposed aggregate concrete
waschfest *adj* washable; washproof
Waschküche *n (f)* laundry room; utility room (GB)
Waschputz *n (m)* acid washed plaster; scrubbed plaster
Waschräume *n/pl (m)* washroom(s); lavatories; rest rooms (US)
Waschtisch *n (m)* vanity (unit); washstand
Wasserabdichtung *n (f)* waterproofing
Wasserabgabe *n (f)* water consumption; **Wasserabgaben** *n/pl (f)* water charges; water rates
Wasserablaufrinne *n (f)* stormwater gutter
Wasserabsenkung *n (f)* lowering of the water table
wasserabsorbierend *adj* water-absorbing
Wasserabsorption *n (f)* water absorption
Wasseranschluss *n (m)* water connection; water supply; **Wasser- und Gasanschluss** *n (m)* water and gas connection
Wasserarmatur *n (f)* water valve; water fitting
Wasseraufbereitung *n (f)* water conditioning; water purification; water treatment; **Wasseraufbereitungsanlage** *n (f)* water processing plant; water treatment plant
Wasseraufnahme *n (f)* water absorption
Wasserbauprojekt *n (n)* hydraulic engineering project; dam construction project
Wasserbedarf *n (m)* water demand
Wasserbehälter *n (n)* basin; cistern; reservoir; water supply reservoir

Wasserbeschaffenheit *n (f)* water quality; water condition
wasserbeständig *adj* water-resistant
Wasserbindungsvermögen *n (n)* water-retention capacity
Wasserdampf *n (m)* water vapo(u)r; **Wasserdampfdurchlässigkeit** *n (f)* waste vapour permeability
wasserdicht *adj* waterproof; watertight
Wasserdichtigkeit *n (f)* impermeability; watertightness
Wasserdruck *n (m)* water pressure; hydraulic thrust
Wasserdurchlass *n (m)* water flow; water throughput (boiler etc.); culvert
wasserdurchlässig *adj* permeable to water; pervious to water; not watertight
Wassereindringung *n (f)* water penetration
Wassereintritt *n (m)* water entry; water intake; water inflow
Wassereinzugsgebiet *n (n)* (water) catchment area; (geol.) watershed; water intake area
Wasserenthärter *n (m)* water softener
Wasserentnahme *n (f)* abstraction of water; **Wasserentnahmerecht** *n (n)* water (abstraction) right
Wasserentsalzung *n (f)* desalination
Wassererwärmungsanlage *n (f)* water heating system
Wasserfarbe *n (f)* water-based paint
Wasserfläche *n (f)* surface of water; sheet of water; water area
wassergebunden *adj* water-bound (road construction)
Wassergefahr *n (f)* danger from water (flooding; dam burst etc.)
Wassergehalt *n (m)* water content
wassergesättigt *adj* waterlogged
Wassergewinnung *n (f)* water extraction; water supply; **Wassergewinnungsanlage** *n (f)* water catchment installation; water supply facility
Wasserglasfarbe *n (f)* silicate paint
Wasserglaskitt *n (m)* waterglass putty
Wassergüte *n (f)* water quality
Wasserhahn *n (m)* tap; faucet (US); spigot; water tap
Wasserhaltung *n (f)* water control; mine drainage; dewatering; water removal
Wasserhaushaltsgesetz (WHG) *n (n) Law* German federal water act
Wasserhebung *n (f)* drainage; dewatering; mine pumping
Wasserkraft *n (f)* hydroelectric power; hydroelectricity; water power; **Wasserkraftwerk** *n (n)* hydro-electric power station
Wasserlauf *n (m)* watercourse
Wasserleitung *n (f)* water pipe(s); water line (US); **Wasserleitungsinstallation** *n (f)* water-supply facilities; piping
wasserlöslich *adj* (water-)soluble
Wassermenge *n (f)* amount of water; quantity of water
Wassermesser *n (m)* water meter
Wassermühle *n (f)* water mill
wässern *v/t* water (to); irrigate (to)
Wassernase *n (f)* water drip; weather drip; weather groove; drip cap; water-shedding groove; drip mould
Wassernutzungsrecht *n (n)* water (use) law; water right(s)
Wasseroberfläche *n (f)* water surface
Wasserrecht *n (n)* water law; water right(s)
Wasserreservoir *n (n)* water reservoir; water storage tank
Wasserrohr *n (n)* water pipe
Wassersäule *n (f)* head of water; water column
Wasserscheide *n (f)* watershed; divide (US)
Wasserschenkel *n (m)* weather bead; drip cap
Wasserschicht *n (f)* water layer
Wasserschutzgebiet *n (n)* (drinking) water protection area; protected water catchment area; water protection zone; **Wasserschutzgesetz** *n (n) Law* water protection act; clean water act (US)
Wasserspannung *n (f)* water tension; matric suction
Wasserspeicher *n (m)* cistern
Wasserspeier *n (m)* rainspout; water spout; gargoyle
Wasserspender *n (m)* water dispenser
Wassersperre *n (f)* water barrier
Wasserspiegel *n (m)* water table; water level
Wasserspülung *n (f)* (water) flushing; (toilet) flushing system
Wasserstand *n (m)* water level; **Wasserstandsanzeiger** *n (m)* water gauge; water level indicator
Wasserstrahl *n (m)* water jet; jet of water
Wasserstraße *n (f)* waterway; canal

Wassertank *n (m)* water tank; cistern
Wassertiefe *n (f)* water depth
Wasserturm *n (m)* water tower
Wasserüberlauf *n (m)* water overflow pipe; water outlet
Wasseruhr *n (f)* water meter
Wasserumwälzung *n (f)* water circulation
wasserundurchlässig *adj* impermeable to water; water tight
Wasserverschmutzung *n (f)* water pollution; *Syn.: Wasserverunreinigung, Gewässerverschmutzung*
Wasserversorgung *n (f)* water supply; **Wasserversorgungsanlage** *n (f)* water supply plant; water supply system
Wasserverteilung *n (f)* water distribution
Wasserwaage *n (f)* spirit level
Wasserwerk *n (n)* water works
Wasserwirtschaft *n (f)* water supply and distribution
Wasserzähler *n (m)* water meter
Wasserzementfaktor *n (m)* water-cement ratio
Wasserzementwert *n (m)* water-cement ratio
Wasserzirkulation *n (f)* water circulation
Wasserzuführung *n (f)* water intake; water supply
Wasserzulauf *n (m)* water intake
Watt *n (n)* tideland; tidal flat; mud flat
Wattierung *n (f)* padding; wadding
WC *n (n)* toilet; WC; **wandhängendes WC** *n (n)* wall-hung toilet; wall-mounted toilet; **WC-Anlage** *n (f)* toilet (installations); **WC-Brille** *n (f)* toilet seat; **WC-Deckel** *n (m)* toilet (seat) lid; toilet flap (GB); toilet cover (US); **WC-Kabine** *n (f)* toilet cubicle; **WC-Zelle** *n (f)* toilet cubicle
WE → Wohneinheit
Weberei *n (f)* weaving mill; textile mill
Wechsel *n (m)* change; swap; note; bill of exchange; bill; **fälliger Wechsel** *n (m)* bill due; payable bill (of exchange); expired bill
Wechselbalken *n (m)* header; trimmer; trimmer beam
Wechselbiegefestigkeit *n (f)* alternate bending strength
Wechselgeld *n (n)* change
Wechselgesetz (WechselG) *n (n)* German law on bills of exchange
Wechselkurs *n (m)* exchange rate; **Wechselkursgewinn** *n (m)* foreign exchange gain; **Wechselkursverlust** *n (m)* foreign exchange loss
Wechsellast *n (f)* alternating load
Wechselmakler *n (m)* bill broker; discount broker
Wechselschalter *n (m)* toggle switch; alteration (or changeover) switch
wechselseitig *adj* mutual; reciprocal
Wechselstab *n (m)* marking rod
Wechselstrom *n (m)* alternating current (AC); **Wechselstromwiderstand** *n (m)* impedance
Wechselwirkung *n (f)* interaction; interplay
Weg *n (m)* way; path; route; walk; road; course; **öffentlicher Weg** *n (m)* public path; **offizieller Weg** *n (m)* official channel; approved method; proper path
WEG *Law* → Wohnungseigentumsgesetz
Wegbefestigung *n (f)* pavement; (road) surfacing
Wegekoffer *n (m) ArCo* pavement bed; sidewalk bed (US)
Wegerecht *n (n)* way-leave; right of way; right of passage; easement of access; access right; **öffentliches Wegerecht** *n (n)* public right of way (ROW); public easement
weglassen *v/t* leave out (to); omit (from) (to)
Weglassung *n (f)* omission
Wegplatte *n (f)* stepping stone; flagstone; sidewalk flag (US)
Wegunterführung *n (f)* (pedestrian) subway; (pedestrian) underpass; undergrade crossing
Wegzugsbesteuerung *n (f)* exit tax; taxation of capital appreciation on taking up residence abroad
Wehr *n (n)* dam; weir; barrage
Weichasphalt *n (m)* mastic asphalt
Weichfaserplatte *n (f)* softboard; particle board
Weichholz *n (n)* softwood
Weichmacher *n (m)* softener; plasticizer; softening agent
Weichschaum *n (m)* flexible foam (plastic); soft foam (plastic)
Weide *n (f)* pasture; meadow; willow (tree); **Weideland** *n (n)* grassland; pasture; lea; ley; pasture land; pasturage; rangeland (US); **Weiderecht** *n (n)* grazing rights; right of pasture; right of common; common of pasture

Weiher *n (m)* pond
Weinhändler *n (m)* wine merchant; wine store
Weißasbest *n (m)* chrysotile; white asbestos
Weißblech *n (n)* tinplate; tin foil (eng.)
weißen *v/t* whiten (to); whitewash (to)
weiße Wanne *n (f) ArCo* watertight basement construction using → impervious concrete or → waterproof concrete
Weißkalk *n (m)* white lime; fat lime; calcium hydroxide
Weißleim *n (m)* white glue; PVA glue
Weisung *n (f)* directive; instructions; order; **Weisungsbefugnis** *n (f)* authority to issue directives
Weite *n (f)* width; diameter; distance; range; **lichte Weite** *n (f)* clearance; clear width
Weiterbildung *n (f)* continuing education
Weitergabe *n (f)* transmission; relaying; pass-through; transfer
weitergeben *v/t* transmit (to); hand on (to); relay (to); impart (to)
weiterleiten *v/t* forward (to); transfer (to); transmit (to); pass on (to); remit (to)
Weiterverkauf *n (m)* resale
Weitervermietung *n (f)* re-letting
Weiterverwertung *n (f)* recycling; reclamation
weitgespannt *adj* comprehensive; broad
weitläufig *adj* extensive; spacious; ample; rambling
weitsichtig *adj* far-sighted
Weitwinkelspion *n (m)* viewer; wide-angle door viewer
Wellasbestplatte *n (f)* corrugated asbestos sheet
Wellblech *n (n)* corrugated iron; corrugated sheet
Welldach *n (n)* corrugated roof
Welldraht *n (m)* corrugated wire; **Welldrahtglas** *n (n)* wired glass; corrugated wired glass
Welle *n (f)* corrugation; wave; shaft; spindle; **Wellenberg** *n (m)* peak; crest of a wave; top of a corrugation
Welleternit *n (m)* corrugated fibre cement
Wellfaserzement *n (m)* corrugated fibre (or asbestos) cement
Wellpappe *n (f)* corrugated cardboard
Wellrohr *n (n)* corrugated tube
welsche Haube *n (f)* imperial roof
Welteinkommen *n (n)* worldwide income; **Welteinkommensbesteuerung** *n (f)* taxation on the basis of worldwide income
weltstädtisch *adj* cosmopolitan
Weltwährungsfonds *n (m)* International Monetary Fund (IMF)
Wendefläche *n (f)* turning area; turnaround area (US)
Wendeflügel *n (m)* vertically pivoted sash
Wendehammer *n (m)* turning area (at the end of a cul-de-sac or dead-end street)
Wendelstufe *n (f)* spiral winder; tapered tread; winder
Wendeltreppe *n (f)* spiral stairs; spiral staircase; corkscrew stairs (US); helical staircase
Wendelung *n (f)* turn (in a staircase)
Wendemöglichkeit *n (f)* turning space; space to turn around
Wendeplatz *n (m)* turning space
Wendepunkt *n (m)* turning point; watershed; solstice
Wendigkeit *n (f)* manoeuverability; mobility
Werbebeschränkung *n (f)* advertising restriction; restriction on advertising
Werbebrief *n (m)* sales letter; advertising letter; promotional letter; (colloq.) junk mail
Werbekosten *n/pl* advertising charges; publicity expenses
Werbemedium *n (n)* advertising medium
Werbemittel *n (n)* advertising medium (pl. media)
werben *v/i* advertise (to); promote (to); recruit (to)
Werbeschrift *n (f)* prospectus; advertising brochure; literature (GB)
Werbeträger *n (m)* advertising medium (pl. media)
Werbung *n (f)* advertising; publicity; advertisement; **irreführende Werbung** *n (f)* misleading advertising; **übertriebene Werbung** *n (f)* puffing (in advertising); exaggerated advertising; **unlautere Werbung** *n (f)* false advertising; unfair advertising
Werbungskosten *n/pl Tax* professional outlay; tax allowable expenses; income-related expenses; expenses incurred with the generation of income
Werk *n (n)* work; (Fabrik) factory, plant
Werkbank *n (f)* workbench

Werkmeister *n (m)* foreman; master-workman; clerk of (the) works
Werkplan *n (m)* working drawing
Werksanlage *n (f)* plant; factory buildings
Werksbesichtigung *n (f)* plant tour (US); factory visit (GB); tour of the factory
werkseitig eingebaut *adj* factory-fitted
Werksgelände *n (n)* factory site; works (premises)
Werksgrundstück *n (n)* plant site; works (site)
Werkshalle *n (f)* plant building; factory building; shed; (GB colloq.)
Werkskosten *n/pl* manufacturing cost(s); factory costs
Werkstatt *n (f)* workshop; (vehicle repair) garage; machine shop; workroom
Werkstein *n (m)* building stone; cutstone; quarry stone; **Werksteinmauerwerk** *n (n)* ashlar masonry; ashlaring; hewn stone masonry; natural stone masonry
Werkstoff *n (m)* material(s); raw materials; **Werkstofflager** *n (n)* materials store; workshop store(s)
Werkstor *n (n)* plant gate; factory gate
Werksverkauf *n (m)* factory outlet; factory gate
Werkswohnung *n (f)* tied cottage; tied accommodation; factory-owned apartment; factory-owned flat
Werktag *n (m)* business day; working day
werktags *adv* on working days (i.e. Monday to Saturday)
Werkvertrag *n (m)* contract for work and services
Werkzeug *n (n)* tool; instrument; implement
Wert *n (m)* value; importance; quality; merit; use; **Wert der baulichen Anlagen** *n (m)* value of the buildings (and structural works); **Wert der baulichen Außenanlagen** *n (m)* value of external works; **Wert der besonderen Betriebseinrichtung** *n (m)* value of (special) plant and machinery; **Wert der Gesamtheit** *n (m)* entirety value; **Wert der Grundgesamtheit** *n (m)* population value (stats.); universe value (stats.) (US); **Wert der Unternehmung** *n (m)* enterprise value; value of the company (or undertaking)
absoluter Wert *n (m)* absolute value (maths); numerical value; **angeblicher Wert** *n (m)* stated value; declared value; **angemessener Wert** *n (m)* fair value; **aufgezinster Wert** *n (m)* compounded value; **äußerer Wert** *n (m)* face value; **außergewöhnlicher Wert** *n (m)* exceptional (or unusual) value; **beizulegender Wert** *n (n)* fair value; **berichteter Wert** *n (m)* reported value; **bestimmter Wert** *n (m)* assigned value; definite value; **bewegliche Werte** *n/pl (m)* mov(e)able assets; **erhöhter Wert** *n (m)* increased value; elevated value; **fiktiver Wert** *n (m)* imputed value; notional value; **gemeiner Wert** *n (m)* actual cash value; (fair) market value; trade value; **geschätzter Wert** *n (m)* appraised value; assessed value; estimated amount; **häufigster Wert** *n (m)* mode (stats.); **immaterieller Wert** *n (m)* intangible value; **innerer Wert** *n (m)* intrinsic value; **intrinsischer Wert** *n (m)* intrinsic value; **kapitalisierter Wert** *n (m)* capitalized value; **objektiver Wert** *n (m)* economic value; objective value (i.e. as opposed to subjective value); **rückwirkender Wert** *n (m)* retrospective value; **spekulativer Wert** *n (m)* speculative value; **strategischer Wert** *n (m)* strategical value; **subjektiver Wert** *n (m)* value to the owner; subjective value; subjective worth; **symbolischer Wert** *n (m)* nominal amount; nominal value; **umfassender Wert** *n (m)* overall value; **unterstellter Wert** *n (m)* imputed value; supposed value; **veranschlagter Wert** *n (m)* imputed value; **veräußerbare Werte** *n/pl (m)* saleable (financial) assets; **vorläufiger Wert** *n (m)* tentative value; **wahrscheinlichster Wert** *n (m)* probable value; **wiederherstellbarer Wert** *n (m)* replaceable asset; **wirtschaftlicher Wert** *n (m)* economic value; **zufälliger Wert** *n (m)* adventitious value; **zukünftiger Wert** *n (m)* future value
an Wert verlieren *v/i* go down in value (to); drop in value (to); **Wert beilegen** *v/t* attribute value to (to); attach importance to (to); **Wert feststellen** *v/t* assess (to); **Wert legen auf** *v/t* attach importance to (to); emphasize (to); set store by (to); set value on (to); **Wert steigern** *v/t* increase (the) value (to)
Wertabhängigkeit *n (f)* value dependency
Wertabschätzung *n (f)* appraisal; estimation of value
Wertabschöpfung *n (f)* absorption of (surplus) value; adjustment levy

Wertangabe *n (f)* declaration of value; declared value
Wertansatz *n (m)* amount stated; valuation; value
Wertaufholung *n (f)* reversal of an impairment (loss) (IAS 36, 39), reversal of a write-down; **Wertaufholungsgebot** *n (n)* requirement to reinstate original values (IAS 36.117)
Wertbegriff *n (m)* concept of value
Wertberechnung *n (f)* calculation of value; calculation of worth
Wertberichtigung *n (f)* accumulated depreciation; write-down; reserve; provision; valuation allowance; value adjustment; write-off; **Wertberichtigung auf Anlagevermögen** *n (f)* depreciation (or value adjustment) of fixed assets; **Wertberichtigung auf uneinbringliche Forderungen** *n (f)* provision for bad debts
Wertbestimmung *n (f)* valuation; evaluation; definition of value
Wertbildung *n (f)* accumulation of value
Wertdefinition *n (f)* value definition; definition of value
Wertebereich *n (m)* range of value
Werteinfluss *n (m)* influence on value; value influence
Wertentwicklung *n (f)* growth; performance; **zukünftige Wertentwicklung** *n (f)* future performance; prospective change (esp. gain) in value
Werterhaltungsgarantie *n (f)* guarantee that sth. will maintain its value
Werterhöhung *n (f)* increase in value; **entwicklungsbedingte Werterhöhung** *n (f)* increase in value due to development (US: land improvement); **umlegungsbedingte Werterhöhung** *n (f)* increase in value due to reallocation
Wertermittlung *n (f)* appraisal; valuation; appraisement; assessment; estimate; estimation; evaluation; **Wertermittlung bei mehreren Beteiligten (BewG § 3)** *n (f)* valuation of an asset owned by more than one person
Wertermittlungsformular *n (n)* appraisal form; pro-forma valuation; **Wertermittlungsgrundsätze** *n/pl (m)* basis of valuation; valuation guidelines; **Wertermittlungsgutachten** *n (n)* appraisal report; valuation report; **Wertermittlungslehre** *n (f)* methodology of appraisal; methodology of valuation; esp. as an academic discipline; **Wertermittlungsrichtlinien (WertR)** *n/pl (f)* German administrative regulations for valuation; **Wertermittlungsstichtag** *n (m)* date of valuation; valuation date; **Wertermittlungsverfahren** *n (n)* valuation method; **Wertermittlungsverordnung (WertV)** *n (f)* German federal ordinance for valuation; **Wertermittlungsvorschriften** *n/pl (f)* valuation regulations; valuation provisions; **Wertermittlungszeitpunkt** *n (m)* valuation date; time (i.e. date) of carrying out the valuation
Wertfaktor *n (m)* valuation factor; factor of value
Wertfeststellung *n (f)* assessment of value; ascertainment of value
Wertglättung *n (f)* value smoothing
Wertgrenze *n (f)* limit; value limit
Wertgrenzprodukt *n (n)* marginal revenue product (econ.); value of marginal product
Wertgröße *n (f)* value
Wertgutachten *n (n)* valuation (report); appraisal (report); valuation (or appraisal) certificate
Wertklausel *n (f)* valuation clause
Wertkontingent *n (n)* amount; value; value allocation
Wertkorrektur *n (f)* value adjustment (IAS)
Wertlehre *n (f)* theory of value (econ.); **funktionale Wertlehre** *n (f) Val* axiology, which reflects the reason for an appraisal and the characteristic features of the property as well as the investor's perspective enabling the appraisal to be on a provable, comprehensible base
wertlos *adj* worthless; useless
wertmäßig *adj* by value; in terms of value; in value; on a value basis; in value
Wertmaßstab *n (m)* measure of value; standard of value; basis of reallocation (→ Flächenumlegung)
Wertminderung *n (f)* decrease in value; decreasing value; diminution (or deterioration) in value; depreciation; decline in value; impairment of value; loss in value; **Wertminderung wegen Alters** *n (f)* → Alterswertminderung; **Wertminderung wegen Baumängeln und Bauschäden** *n (f)* deduction (from value) for building defects and structural damage

dauernde Wertminderung *n (f)* permanent diminution in value; permanent impairment of value; **lineare Wertminderung** *n (f)* linear depreciation; *Syn.: lineare Abschreibung*; **technische Wertminderung** *n (f)* depreciation in value; depreciation of structures; diminution of value of physical facilities; physical obsolescence; physical depreciation; **wirtschaftliche Wertminderung** *n (f)* economic obsolescence; functional obsolescence

Wertminderungsaufwand *n (m)* impairment charge (IAS); impairment loss recognised (IAS)

Wertnachweis *n (m)* evidence of value; proof of value

Wertobergrenze *n (f)* maximum value; maximum value limit

Wertpapier *n (n)* commercial paper; (investment) security; stock security; **begebbare Wertpapiere** *n/pl (n)* negotiable instruments; transferable instruments; **erstklassige Wertpapiere** *n/pl (n)* giltedged securities; **festverzinsliche Wertpapiere** *n/pl (n)* fixed-interest securities; investment bonds; **hypothekarisch gesicherte Wertpapiere** *n/pl (n)* mortgage-backed securities; commercial mortgage-backed securities; **indossable Wertpapiere** *n/pl (n)* endorsable securities; **inländische Wertpapiere** *n/pl (n)* domestic securities; **mündelsichere Wertpapiere** *n/pl (n)* gilt-edged securities; **zinstragendes Wertpapier** *n (n)* interest-bearing security

Wertpapierbestand *n (m)* (investment) portfolio; stock of securities

Wertpapierbörse *n (f)* stock exchange; securities exchange

Wertpapierdepot *n (n)* securities account; custody account; deposit of securities; mutual fund

Wertpapiererwerbs- und Übernahmegesetz (WpÜG) *n (n) Law* German act on securities acquisition and takeovers

Wertpapierhandelsgesetz (WpHG) *n (n) Law* German securities trading act

Wertpapiermakler *n (m)* stockbroker

Wertpapiermarkt *n (m)* stock market; market for securities

Wertparadoxon *n (n)* value paradox (econ.); paradox of value

Wertprognose *n (f)* forecast of value

WertR → Wertermittlungsrichtlinien

Wertschätzung *n (f)* valuation; appraisal; **Wertschätzungsgebühr** *n (f)* valuation fee; valuation charge

Wertschöpfung *n (f)* value added; added value; **volkswirtschaftliche Wertschöpfung** *n (f)* aggregate value added

Wertschwankungen *n/pl (f)* fluctuations in value

Wertsicherungsklausel *n (f)* (rent) adjustment clause; escalation clause (US); fluctuation clause; index(ation) clause

Wertspanne *n (f)* range (of value)

Wertsteigerung *n (f)* increase in value; value enhancement; betterment; accretion; appreciation in value; capital growth; gain (or rise) in value; **realisierte Wertsteigerung** *n (f)* realized appreciation; **sanierungsbedingte Wertsteigerung** *n (f)* increase in (land) value attributable to (or resulting from) urban renewal

Wertsteigerungsklausel *n (f)* clause specifying (an) increase(s) in value; rent review clause; escalator clause (US)

Wertsteigerungsrendite *n (f) Val* return from capital growth, return from value appreciation

Wertstellung (der Rechnung) *n (f)* value date (of an invoice); **Wertstellungstag** *n (m)* validity date; value date; accounting reference date; date of value; valuation date

Wertsteuer *n (f)* ad valorem tax; tax based on value

Werttheorie *n (f)* theory of value; value theory

Wertumlegung *n (f)* value apportionment; transfer of value (esp. as part of a → Flächenumlegung)

Wertung *n (f)* evaluation; estimate; valuation; judgement; appraisal; assessment; rating; **Wertungsgesichtspunkt** *n (m)* basis of judgement (or evaluation)

Wertunterschiede *n/pl (m)* differences in value

Werturteil *n (n)* value judgement; **zulässiges Werturteil** *n (n)* fair comment

WertV → Wertermittlungsverordnung

Wertveränderung *n (f)* change in value

Wertverhältnis *n (n)* relative value; relationship to value; **allgemeine Wertverhältnisse** *n/pl (n)* economic factors influencing value; general relativity of prices

Wertverlust *n (m)* decrease in value; loss of value; depreciation; devaluation; fall; impairment; *Syn.: Wertminderung;* → Überalterung

Wertverschiebung *n (f)* value shifting; shift of value; (fig.) shift of emphasis

wertvoll *adj* valuable

Wertzahlen (BewG § 90) *n/pl (f)* factors of adjustment applied in the course of valuation for taxation purposes

Wertzertifikat *n (n)* certificate of value

Wertzuwachs *n (m)* increase in value; capital growth; capital gain; accretion; appreciation in value; incremental value; rise in value; increment

Wertzuwachssteuer *n (f)* increment value tax

wesentlich *adj* essential; basic; major; material; substantial

Wesentlichkeit *n (f)* materiality; essentiality; fundamentality

Wettbewerb *n (m)* competition; **räumlicher Wettbewerb** *n (m)* spatial competition; **wesentlicher Wettbewerb** *n (m)* substantial competition; **zunehmender Wettbewerb** *n (m)* increasing competition

Wettbewerb ausschalten *v/t* exclude competition (to); **Wettbewerb beschränken** *v/t* restrict competition (to); **Wettbewerb erhalten** *v/t* maintain competition (to); **Wettbewerb fördern** *v/t* promote competition (to); **Wettbewerb lähmen** *v/t* disable (colloq. hamstring) the competition (to); **Wettbewerb regeln** *v/t* regulate competition (to)

wettbewerblicher Dialog *n (m)* competitive dialogue procedure

Wettbewerbsanalyse *n (f)* competitive market analysis; competition analysis

Wettbewerbsausschluss *n (m)* exclusion of competition; market foreclosure

Wettbewerbsbehörde *n (f)* competition authority

wettbewerbsbeschränkender Zusammenschluss *n (m)* merger or takeover that restricts competition

Wettbewerbsbeschränkung *n (f)* restraint of competition; restraint of trade

Wettbewerbsdruck *n (m)* competitive pressure

wettbewerbsfähig *adj* competitive; **wettbewerbsfähig bleiben** *v/i* stay competitive (to)

Wettbewerbsfähigkeit (internationale) *n (f)* international competitiveness; **Wettbewerbsfähigkeit erhalten** *v/t* keep one's competitive edge (to); maintain competitiveness (to)

wettbewerbsfeindlich *adj* anticompetitive; **wettbewerbsfeindliches Verhalten** *n (n)* anti-competitive behaviour

Wettbewerbsförderung *n (f)* promotion of competition

Wettbewerbsfreiheit *n (f)* freedom of competition; freedom to compete

Wettbewerbsgesetze *n/pl (n)* competition laws

Wettbewerbsinteresse *n (n)* competing interest

Wettbewerbsklausel *n (f)* agreement (or contract) in restraint of trade; non-competition clause; covenant in restraint of trade; restraint of competition clause

Wettbewerbslage *n (f)* competitive position

Wettbewerbsmarkt *n (m)* competitive market

Wettbewerbsnachteil *n (m)* competitive disadvantage

wettbewerbsneutral *adj* not affecting competition; neutral with regard to competition

Wettbewerbsneutralität herstellen *v/t* eliminate competitive distortion (to); establish a level playing field (to) (fig.)

Wettbewerbspolitik *n (f)* competition policy

Wettbewerbspreis *n (m)* competitive price; free market price

Wettbewerbsprodukt *n (n)* competitive product

Wettbewerbsregelung *n (f)* regulations on competition

Wettbewerbsschutz *n (m)* protection of (fair) competition; competition policy

Wettbewerbssituation *n (f)* competitive situation

Wettbewerbsverbot *n (n)* covenant not to compete; prohibition of competition

Wettbewerbsvergleich *n (m)* competitive comparison

Wettbewerbsverhalten *n (n)* competitive behaviour; competitive conduct

Wettbewerbsvorteil *n (m)* competitive advantage

wettbewerbswidrig *adj* anti-competitive

Wettbüro *n (n)* betting office; turf accountant (GB); betting shop
wetterbeständig *adj* weather-resistant; weather-proof
Wetterbrett *n (n) ArCo* (Dach) soffit board; (Wand) weatherboarding
Wetterdach *n (n)* penthouse; lean-to roof
Wetterschenkel *n (m)* water drip; weather board; weather drip; weather groove
Wetterschürze *n (f)* weather boarding
Wetterschutzabdeckung *n (f)* cover for weather protection
Wetterschutzdach *n (n)* shelter roof; weather protection roof
Wetterseite *n (f)* exposed side; weather side
WF → Wohnfläche
Wickelfalzrohr *n (n)* folded spiral-beam tube; slip joint (extension) tube
wickeln *v/t* wind (to); wrap (to)
Widerklage erheben *v/t* advance a counterclaim (to)
Widerlager *n (n)* abutment (of a bridge)
Widerlagerstein *n (m)* skewback
widerlegen *v/t* refute (to); disprove (to); rebut (to); deraign (to)
Widerlegung *n (f)* refutation
Widerruf *n (m)* withdrawal; retraction; countermand; revocation; rescission; disclaimer; cancellation; avoidance; repeal
widerrufen *v/t* revoke (to); retract (to); rescind (to); countermand (to); repeal (to)
Widerrufsrecht *n (n)* right of withdrawal; right of revocation; right to annul; right to cancel; right to revoke
Widerspruch *n (m)* appeal; contradiction; disagreement; discrepancy; inconsistency; protest; **Widerspruch einlegen** *v/t* file an objection (to); enter an objection (to)
widerspruchsfrei *adj* consistent; mutually accepted
Widerspruchsklage *n (f)* third-party action against execution
Widerstand *n (m)* resistance; opposition; **Widerstandsfähigkeit** *n (f)* resistance; robustness; **Widerstandswert** *n (m)* resistance value
widerstandsfähig *adj* resistant; robust
widerwillig *adj* reluctant; unwilling
Widmung *n (f)* dedication
Wiederanlagerabatt *n (m)* reinvestment discount
Wiederanlagerecht *n (n)* reinvestment privilege; right to reinvest (dividends etc.)
Wiederanlagezinssatz *n (n)* reinvestment rate
wieder anlegen *v/t* reinvest (to)
wieder ansteigen *v/i* rebound (to)
Wiederaufbau *n (m)* reconstruction; rebuilding
wieder aufbauen *v/t* reconstruct (to); rebuild (to)
wiederauffinden *v/t* retrieve (to)
Wiederaufnahme *n (f)* resumption; reopening
Wiederaufstockung des Kapitals *n (f)* issue of additional stock
wiederbeleben *v/t* revitalise (to)
Wiederbelebung *n (f)* revitalisation; revival
Wiederbeschaffung *n (f)* recovery; reinstatement; replacement
Wiederbeschaffungskosten *n/pl* (current) replacement cost (US); recovery costs; costs of reproduction (US)
Wiederbeschaffungspreis *n (m)* market price; replacement price
Wiederbeschaffungsrestwert *n (m)* written-down current replacement cost
Wiederbeschaffungswert *n (m)* replacement value; compensation value; (current) replacement cost (US)
wiedereingliedern *v/t* rehabilitate (to); reincorporate (to); reintroduce (to)
Wiedereingliederung *n (f)* reintegration; rehabilitation
wiedereinsetzen *v/t* reinstate (to); restore (to); rehabilitate (to); re-employ (to)
Wiedereinsetzung *n (f)* rehabilitation; reinstatement; reconstitution
Wiedereinstellung *n (f)* re-employment; reinstatement; re-engagement; rehiring
Wiedereintragung *n (f)* re-entry
Wiedereintritt *n (m)* re-entry; re-entrance
wiedererlangen *v/t* recover (to); regain (to)
Wiedererlangung *n (f)* recovery; redemption
Wiedereröffnung *n (f)* reopening
Wiedergabe *n (f)* reproduction; account; report
wiedergewinnen *v/t* regain (to); recover (to)
Wiedergewinnung *n (f)* recovery; repossession; retrieval; reclamation; payoff; recycling; **Wiedergewinnungsanlage** *n (f)* reclamation plant; recycling plant; resource recovery plant; **Wiedergewinnungsfaktor**

n (m) annuity factor; capital recovery factor
Wiedergutmachung *n (f)* amends; compensation; redress; indemnification
wiederherstellen *v/t* restore (to); rebuild (to); reconstruct (to); revive (to)
Wiederherstellung *n (f)* restoration; restitution; replacement; reinstatement; rehabilitation; regeneration; redevelopment; **Wiederherstellung der Stromversorgung** *n (f)* reconnection of (electrical) power
Wiederherstellungsklausel *n (f)* replacement clause; reinstatement clause (insur.); **Wiederherstellungskosten** *n/pl* reproduction costs; reinstatement cost(s); cost(s) of reconstruction; restoration costs; **Wiederherstellungswert** *n (m)* reinstatement value; reproduction value
Wiederholung *n (f)* repetition; repeat; revision; reiteration
Wiederinbesitznahme *n (f)* repossession
Wiederinkraftsetzung *n (f)* reenactment; reinstatement (of e.g. a law)
Wiederkäufer *n (m)* repurchaser
Wiederkaufsrecht *n (n)* right of repurchase
wiederkehrend *adj* recurrent; recurring; circular
Wiederurbarmachung *n (f)* land reclamation; (rehabilitation and) recultivation
Wiederverkauf *n (m)* resale; reselling; **Wiederverkauf einer Immobilie** *n (m)* property resale
Wiederverkäufer *n (m)* retailer; reseller; trade (colloq.); **Wiederverkäuferrabatt** *n (m)* retailer('s) discount; trade discount
Wiederverkaufspreis *n (m)* resale price; reselling price; retail price; trade price; **Wiederverkaufspreismethode** *n (m)* resale price method
Wiederverkaufsrecht *n (n)* right of resale
Wiederverkaufswert *n (m)* resale value; **Wiederverkaufswert einer Immobilie** *n (m)* property resale value
voraussichtlicher Wiederverkaufswert *n (m)* prospective resale value
wiedervermieten *v/t* re-let (to)
Wiedervermietung *n (f)* re-letting
wieder verwendbar *adj* reusable
wieder verwenden *v/t* reuse (to)
Wiederverwendung *n (f)* reuse; recycling
wieder verwertbar *adj* recyclable; reusable
Wiederverwertung *n (f)* recovery; recycling
Wiese *n (f)* meadow; grassland; meadow land; → grüne Wiese
Wiesenland *n (n)* grassland; meadow land
Wildpflanze *n (f)* wild flower
Wildtier *n (n)* wild animal
Wildvogel *n (m)* wild bird
wilhelminisch *adj* (buildings) from the Wilhelminien period; roughly equivalent to the Victorian period; → Gründerzeithaus
Wille *n (m)* will; volition; **Willenserklärung** *n (f)* declaration of intent(ion); letter of intent
willkürlich *adj* arbitrary; random; voluntary
Windaussteifung *n (f)* sprocket (piece); wind bracing; **Windbelastung** *n (f)* wind load(ing); **Winddruck** *n (m)* wind pressure
Winde *n (f)* hoist; winch
Windenergie *n (f)* wind energy; **Windfang** *n (m)* porch; draft lobby (US); → Schutzdach; **Windlast** *n (f)* wind load; **Windmühle** *n (f)* windmill; **Windrad** *n (n)* windmill; wind turbine; **Windrispe** *n (f)* cross lath; wind brace; **Windrute** *n (f)* sprocket piece; cross lath; **Windschutz** *n (m)* wind protection; windbreak; **Windsog** *n (m)* wind suction; wind uplift; **Windstrebe** *n (f)* wind brace; **Windverband** *n (m)* lateral bracing; wind bracing
wind- und wasserdicht *adj* wind and water tight
Windung *n (f)* bend; whorl; worm; (screw-) thread; turn; winding
Winkel *n (m)* angle; corner; chevron; **rechter Winkel** *n (m)* right angle
Winkelband *n (n)* angle hinge; **Winkeleckleiste** *n (f)* nosing; corner bead; angle bead; **Winkelfenster** *n (n)* corner window; splayed window; **Winkelgrad** *n (m)* degree (of angle); **Winkellasche** *n (f)* angle (tie) bracket; **Winkelprofil** *n (n)* angle section; angle bar; **Winkelstück** *n (n)* corner plot (of land); (elbow) bend; **Winkelstufe** *n (f)* angled step; **Winkelstütze** *n (f)* angle plate; angle bracket; corner support
Wintergarten *n (m)* conservatory; winter garden
Wirbel *n (m)* whirlpool; vortex; **Wirbelströmung** *n (f)* turbulence; turbulent flow
wirksam *adj* effective; operative; **wirksam werden** *v/i* become effective (to); become operative (to); come into force (to); take effect (to)

Wirkung *n (f)* effect; impact; action; force; consequence; **Wirkung eines Vertrages** *n (f)* effect of a contract; operation of a contract; **Wirkung gegenüber Dritten** *n (f)* effect as against third parties; operation against third parties; **Wirkung kraft Gesetzes** *n (f)* effect by virtue of law **rechtliche Wirkung** *n (f)* legal effect; **toxische Wirkung** *n (f)* toxic effect

Wirkungsgrad *n (m)* efficiency; effectiveness; coefficient; degree of efficiency; efficiency factor

Wirkungsverzögerung *n (f)* delayed response; carryover effect

Wirt *n (m)* host; landlord (of a pub etc.); proprietor

Wirtin *n (f)* hostess; landlady (of a pub etc.); proprietress

Wirtschaft *n (f)* economy; trade and industry; management; housekeeping; public house; saloon (US)

wirtschaftlich *adj* economic; financial; efficient; profitable; **wirtschaftlich abhängig** *adj* economically dependent; **wirtschaftlich selb(st)ständig** *adj* economically independent

wirtschaftliche Betrachtung *n (f)* commercial (re)view; economic examination; **wirtschaftliche Betrachtungsweise** *n (f)* economic analysis; commercial approach

Wirtschaftlichkeit *n (f)* profitability; cost effectiveness; economic efficiency; operating (or operational) efficiency; **Wirtschaftlichkeitsanalyse** *n (f)* profitability analysis; economic analysis; feasibility study; **Wirtschaftlichkeitsberechnung** *n (f)* evaluation of economic efficiency; calculation of profitability; **Wirtschaftlichkeitsprinzip** *n (n)* economic principle; efficiency rule; **Wirtschaftlichkeitsrechnung** *n (f)* calculation of profitability; assessment (or evaluation) of economic efficiency; capital budgeting; capital expenditure evaluation; efficiency calculation; estimate of operating economy; estimate of investment profitability; feasibility study; investment analysis

Wirtschaftsaufschwung *n (m)* boom; economic upswing; economic upturn

Wirtschaftsbelebung *n (f)* economic recovery; revival of the economy

Wirtschaftsbereich *n (m)* sector of the economy; industrial sector

Wirtschaftsbeziehungen *n/pl (f)* economic relations; trade relations

Wirtschaftsdaten *n/pl (n)* economic data

Wirtschaftseinheit *n (f)* economic unit

Wirtschaftsergebnis *n (n) Fin* operating result; economic result

Wirtschaftsfachverband *n (m)* business association; trade association

Wirtschaftsforschung *n (f)* economic research

Wirtschaftsgebäude *n (n)* farm building, agricultural building, outbuilding

Wirtschaftsgebiet *n (n)* economic area; economic territory

Wirtschaftsgeschehen *n (n)* economic events; economic affairs; economic matters

Wirtschaftsgesellschaft *n (f)* economic society

Wirtschaftsgesetz *n (n)* economic law

Wirtschaftsgut *n (n)* asset; economic good; economic unit; **abnutzbares Wirtschaftsgut** *n (n)* wasting assets; **immaterielle Wirtschaftsgüter** *n/pl (n)* intangible assets; **kurzlebiges Wirtschaftsgut** *n (n)* wasting assets; short-lived item; **materielle Wirtschaftsgüter** *n/pl (n)* physical assets; material commodities

Wirtschaftsindikator *n (m)* (economic) indicator

Wirtschaftsjahr *n (n)* (accounting) financial year; (tax) fiscal year

Wirtschaftskraft *n (f)* economic power

Wirtschaftskreislauf *n (m)* business cycle; economic cycle

Wirtschaftskrise *n (f)* economic crisis

Wirtschaftslage *n (f)* economic climate; economic situation; economic position

Wirtschaftsleben *n (n)* business life; economic life; business (world)

Wirtschaftsleistung *n (f)* economic output; economic performance

Wirtschaftsplan *n (m)* budget; economic plan; **Wirtschaftsplanung** *n (f)* economic planning

Wirtschaftspolitik *n (f)* economic policy; **internationale Wirtschaftspolitik** *n (f)* international economic policy; **interventionistische Wirtschaftspolitik** *n (f)* hands-on economic policy; interventionist economic policy; **interventionsfreie Wirtschaftspolitik** *n (f)* non-interventionist economic policy

wirtschaftspolitische Ziele *n/pl (n)* economic (policy) goals; economic (policy) targets
Wirtschaftsprüfer (WP) *n (m)* auditor; certified public accountant (US); chartered public accountant; chartered accountant (GB); **internationale Wirtschaftsprüfungsgesellschaft** *n (f)* international accounting firm (or group)
Wirtschaftsraum *n (m)* economic region; area of economic activity; utility room
Wirtschaftsrechnung *n (f)* economic calculation; economic analysis
Wirtschaftsrecht *n (n)* commercial law; economic law; business law
Wirtschaftsreform *n (f)* economic reform
Wirtschaftssektor *n (m)* economic sector; business sector
Wirtschaftsstrafgesetz (WiStG) *n (n) Law* economic offences act
Wirtschaftsstruktur *n (f)* economic structure
Wirtschaftssystem *n (n)* economic system
Wirtschaftsunternehmen *n (n)* business enterprise
Wirtschaftsverband *n (m)* federation; industrial association; trade association
Wirtschaftsverfassung *n (f)* constitution of the economy
Wirtschaftsverwaltung *n (f)* economic administration
Wirtschaftswachstum *n (n)* economic growth
Wirtschaftswert *n (m)* economic value
Wirtschaftswissenschaften *n/pl (f)* economics (as an academic subject); economic science
Wirtschaftszentrum *n (n)* commercial centre; economic centre; centre of commerce
Wirtschaftszweig *n (m)* (branch of) trade; branch of industry; sector of the economy
Wirtshaus *n (n)* pub(lic house); saloon (US); inn
wischbeständig *adj* wipe-resistant; resistant to wiping
Wissen *n (n)* knowledge; **beträchtliches Wissen** *n (n)* considerable knowledge
Wissenschaftspark *n (m)* science park
witterungsbeständig *adj* weather-resistant; weatherproof; stainless
Witterungsverhältnisse *n/pl (n)* weather (or atmospheric) conditions
Wochenendhaus *n (n)* cabin; weekend house; second home (holiday house); → Datscha; **Wochenendhausgebiet** *n (n)* area of weekend cottages; weekend home area
Wohl der Allgemeinheit *n (n)* common welfare; communal well-being; public welfare; *Syn.: Allgemeinwohl*
Wohlfahrt *n (f)* welfare (services); charity; **Wohlfahrtsverband** *n (m)* charity
Wohlstand *n (m)* prosperity; wealth; affluence
wohltätig *adj* charitable; for a good cause
Wohnanlage *n (f)* housing estate; housing development; condominium
Wohnbaufläche *n (f)* land for housing development; residential (development) zone
Wohnbauten *n/pl (m)* residential buildings
Wohnbevölkerung *n (f)* resident population
Wohnbezirk *n (m)* residential area; housing estate; residential quarter; residential section (US)
Wohnbindungsgesetz (WoBindG) *n (n) Law* German act on controlled rents
Wohnblock *n (m)* block of flats (GB); apartment block (US)
Wohndichte *n (f)* population density; *Syn.: Bevölkerungsdichte*
Wohneigentum *n (n)* houses; home ownership; condominium; residential property; proprietorship (of houses); **Wohneigentumsquote** *n (f)* home ownership rate
Wohneinheit (WE) *n (f)* accommodation unit; housing unit; dwelling unit; unit of residential accommodation
wohnen *v/i* dwell (to); live (to); reside (to); room (to) (US); stay (to); **betreutes Wohnen** *n (n)* assisted living; sheltered accommodation (e.g. for older people)
Wohnen am Wasser residential development on or near a waterfront (sea, river, harbour etc.)
Wohnflächenvermessung *n (f)* measurement of residential floor space (or area)
Wohnfläche (WF) *n (f)* living space; (residential) floor area; living area; **Wohnflächenberechnung** *n (f)* calculation (or schedule) of residential floor area(s); **Wohnflächenverordnung** *n (f) Law* German statutory regulations for the calculation of residential floor area

Wohn- und Nutzfläche *n (f)* usable area; (lit.) residential and usable area
Wohngebäude *n (n)* residential building; apartment building; residential premises
Wohngebiet *n (n)* residential area; housing area; residential zone; **allgemeines Wohngebiet** *n (n)* general residential area; **besonderes Wohngebiet** *n (n)* special residential area; an area having established residential uses and other types of buildings that give it a particular character; categorization of land for development planning in accordance with the German → Baunutzungsverordnung (BauNVO); **reines Wohngebiet** *n (n) Plan* (solely) residential area; categorization of land for development planning in accordance with the German → Baunutzungsverordnung (BauNVO)
Wohngegend *n (f)* residential area; residential district
Wohngeld *n (n)* housing benefit; paid by the state: rent benefit for rented housing, maintenance benefit for owner-occupied housing
Wohngemeinschaft *n (f)* flat sharing; apartment sharing (community) (US); **eine Wohngemeinschaft bilden** *v/t* set up a flat share (to); set up an apartment sharing (community) (US)
Wohngrundstück *n (n)* residential site; residential plot; house plot; residential lot (US); **Wohn- und Geschäftsgrundstück** *n (n)* mixed commercial and residential property; site for a mixed (commercial and residential) development
wohnhaft *adv* resident; domiciled
Wohnhaus *n (n)* residential building; apartment building; apartment house; dwelling house; tenement; **Wohn- und Geschäftshaus** *n (n)* combined business and residential property (esp. retail) → Geschäftshaus
Wohnheim *n (n)* residential home; rooming house (US); (students') hostel (US); dormitory (US); hall of residence (GB)
Wohnhochhaus *n (n)* (residential) high-rise (building); tower (apartment) block; skyscraper (US)
Wohnhotel *n (n)* apartment hotel; block of service flats
Wohnimmobilie *n (f)* residential real estate; residential property; **Wohnimmobilienmakler** *n (m)* (residential) estate agent; house agent; (residential) realtor (US); residential broker (US)
Wohnimmobilienbestand *n (m) PfoMgt* (investment) residential portfolio; (housing association etc.) stock of residential properties
Wohnkomfort *n (m)* home amenities; comfort of the home
Wohnkomplex *n (m)* housing estate; apartment complex; housing development
Wohnküche *n (f)* kitchen/living room; kitchen-cum-living room; parlo(u)r kitchen
Wohnlage *n (f)* residential area; (residential) location
wohnlich *adj* homely; comfortable; cosy; liveable; snug
Wohnlichkeit *n (f)* cosiness; coziness
Wohnmöglichkeit(en) *n(pl) (f)* living accommodation; residential accommodation; housing facilities
Wohnnutzung *n (f)* residential use
Wohnort *n (m)* (place of) residence; location; habitation; **Wohnortveränderung** *n (f)* change of residence; moving house
Wohnraum *n (m)* living space; living area; living quarters
Wohnraumbedarf *n (m)* demand for housing; housing requirements
Wohnraummangel *n (m)* housing shortage
Wohnrecht *n (n)* right of residence
Wohnschlafzimmer *n (n)* bedsit(ter); bed-sitting room
Wohnsiedlung *n (f)* housing estate; housing development
Wohnsitz *n (m)* (place of) residence; dwelling; domicile; abode; domicile; habitual residence; home; **fester Wohnsitz** *n (m)* permanent residence; fixed abode; domicile; **fiktiver Wohnsitz** *n (m) Tax* fictitious residence; **gesetzlicher Wohnsitz** *n (m)* legal residence; domicile; **herrschaftlicher Wohnsitz** *n (m)* gentleman's residence; mansion; **ständiger Wohnsitz** *n (m)* (place of) residence; permanent residence (e.g. in a country); **steuerlicher Wohnsitz** *n (m)* fiscal domicile; residence for tax purposes
einen Wohnsitz aufheben *v/t* discontinue a residence (to); **Wohnsitz begründen** *v/t* establish a residence (to)
Wohnsitzbestätigung *n (f) (CH)* residence certificate; → Wohnungsnachweis

W

Wohnsitzbesteuerung *n (f)* residence taxation

Wohnsitzprinzip *n (n)* residence principle

Wohnsitzstaat *n (m)* state of residence

Wohnsitzveränderung *n (f)* change of residence; removal

Wohnsitzwechsel *n (m)* change of residence; transfer of residence

Wohnstätte *n (f)* demand for housing; housing requirements; **ständige Wohnstätte** *n (f)* (permanent place of) residence

Wohnstraße *n (f)* residential street (or road)

Wohnstube *n (f)* sitting room

Wohnturm *n (m)* tower (apartment) block; (residential) high-rise (building)

Wohnumfeld *n (n)* residential neighbourhood; residential surroundings; particularly in relation to e.g. amenities or shortcomings

Wohn- und Geschäftsgebäude *n (n)* mixed retail and residential building

Wohnung *n (f)* residence; habitation; dwelling; apartment (US); flat (GB); **genossenschaftlich genutzte Wohnungen** *n/pl (f)* cooperative apartments; **leere Wohnung** *n (f)* empty flat; unoccupied apartment; **unterbelegte Wohnung** *n (f)* underoccupied accommodation; insufficiently occupied accommodation

Wohnung kündigen *v/t* give notice (to quit an apartment) (to); **Wohnung vermieten** *v/t* let lodgings (to); let accommodation (to)

Wohnungsabnahme *n (f) Fin* handback of an apartment; usually involving a → landlord's inspection

Wohnungsamt *n (n)* housing administration; housing board; housing office

Wohnungsbau *n (m)* housing; house building; housing construction; residential construction; **kostengünstiger Wohnungsbau** *n (m)* starter housing; affordable housing; low-budget housing development; **öffentlich geförderter Wohnungsbau** *n (m)* subsidized housing; council housing; social housing; social housebuilding; **sozialer Wohnungsbau** *n (m)* public housing; low-income housing; council housing; social housing; social housebuilding; subsidized housing; low-cost house-building; **steuerbegünstigter Wohnungsbau** *n (m)* housebuilding with tax incentives; tax-favoured housebuilding; tax-sheltered housebuilding (US)

Wohnungsbaudarlehen *n (n)* home loan; house-building loan

Wohnungsbaufinanzierung *n (f)* housing finance; home financing

Wohnungsbauförderung *n (f)* housing subsidy; subsidy for house building

Wohnungsbaugenossenschaft *n (f)* housing association; housing cooperative; co-operative housing association; residential building cooperative

Wohnungsbaugesellschaft *n (f)* housing society; housing association; house-building association; **gemeinnützige Wohnungsbaugesellschaft** *n (f)* housing society; housing association; housing trust

Wohnungsbaugesetz (WoBauG) *n (n) Law* German act on public subsidies for the construction of low-rental apartments

Wohnungsbaukredit *n (m)* home loan; housing loan; house-building loan; **Wohnungsbaukreditanstalt** *n (f)* housing finance institution

Wohnungsbauprämiengesetz (WoPG) *n (n) Law* German statute providing for bonus payments on savings contracts; for financing the construction of residential property, particularly for lower income groups

Wohnungsbedarf *n (m)* demand for housing; housing requirements

Wohnungsbedingungen *n/pl (f)* housing conditions

Wohnungsbesetzer *n (m)* squatter

Wohnungsbesetzungsrecht *n (n)* right to nominate tenants (e.g. by an employer or a local authority)

Wohnungsbesichtigung *n (f)* flat inspection; apartment viewing

Wohnungsbestand *n (m) PfoMgt* housing stock; sometimes used to differentiate between existing and → neu erstellt (newly constructed) properties

Wohnungsbewirtschaftung *n (f)* housing policy; provision of housing; housing management

Wohnungsbindungsgesetz (WoBindG) *n (n) Law* German act on controlled rents

Wohnungsdichte *n (f)* residential density; density of dwellings; density of dwelling units (US)

Wohnungseigentum *n (n)* apartment ownership; condo(minium) property (US); commonhold ownership (GB); flat ownership; simple ownership of a condominium; freehold flat (GB); **Wohnungseigentumsgesetz (WEG)** *n (n) Law* condominium act; regulates the freehold ownership of individual apartments, → Teileigentum and → Gemeinschaftseigentum in condominium properties; **Wohnungseigentumsverwalter** *n (m)* administrator of a condominium

Wohnungseigentümer *n (m)* flat owner; apartment owner; **Wohnungseigentümergemeinschaft** *n (f)* condominium owners' association; **Wohnungseigentümerversammlung** *n (f)* → Eigentümerversammlung

Wohnungseinheit *n (f)* individual residential unit; unit of accommodation

Wohnungserbbaurecht *n (n)* residential building (or ground) lease

Wohnungsgemeinnützigkeit *n (f)* non-profit-making character of a housing company; charitable status of a housing association

Wohnungsgenossenschaft *n (f)* housing cooperative; housing trust; housing association

Wohnungsgröße *n (f)* size of a flat or apartment

Wohnungsgrundbuch *n (n)* land register for condominium (commonhold) apartments

Wohnungsinhaber *n (m)* tenant; occupant

Wohnungskredit *n (m)* housing credit; housing finance

Wohnungsmakler *n (m)* estate agent; residential broker; accommodation agent

Wohnungsmangel *n (m)* housing shortage

Wohnungsmarkt *n (m)* housing market

Wohnungsmiete *n (f)* rent; flat rental; residential rent; **Wohnungsmietverhältnis** *n (n)* residential tenancy

Wohnungsnachfrage *n (f)* housing demand

Wohnungsnachweis *n (m)* residence certificate; *Syn.: Wohnsitzbestätigung (CH)*

Wohnungsneubauten *n/pl (m)* new construction of residential buildings; newly constructed housing

Wohnungsnot *n (f)* housing shortage; lack of housing

Wohnungsprivatisierung *n (f)* privatisation of residential property

Wohnungsproblem *n (n)* housing problem

Wohnungsräumung *n (f)* house clearance; house clearing

Wohnungsrecht *n (n)* housing law; dwelling right

auf Wohnungssuche sein *v/i* be house-hunting (to)

Wohnungstausch *n (m)* exchange of dwellings; (colloq.) house (or flat) swap

Wohnungstrennwand *n (f)* partition wall (esp. between apartments)

Wohnungsübergabe *n (f) Fin* handover of an apartment (to a new tenant)

Wohnungsunternehmen *n (n)* housing company; housing firm

Wohnungsverhältnisse *n/pl (n)* housing conditions

Wohnungsvermittlungsgesetz *n (n) Law* federal law governing residential letting agency (esp. fees)

Wohnungsverwaltung *n (f)* housing authority; apartment (or flat) management

Wohnungswesen *n (n)* housing; **gemeinnütziges Wohnungswesen** *n (n)* community housing; non-profit housing

Wohnungswirtschaft *n (f)* housing industry; housing economics; residential trade

Wohnungszuschuss *n (m)* rent allowance

Wohnungszuweisung *n (f)* housing allocation (esp. e.g. after divorce)

Wohnungszwangswirtschaft *n (f)* controlled economy for housing

Wohnverhältnisse *n/pl (n)* housing conditions; **gesunde Wohn- und Arbeitsverhältnisse** *n/pl (n)* healthy living and working conditions

Wohnviertel *n (n)* residential area; residential district; residential quarter

Wohnvorort *n (m)* residential suburb

Wohnweg *n (m)* local road; residential street

Wohnzimmer *n (n)* living room

wölben *v/t* curve (to); vault (to); arch (to); bulge (to); bend (to)

Wölbung *n (f)* arch; bulge; curvature; vault; cove

Wolkenkratzer *n (m)* skyscraper

wortgetreu *adj* literal; word-for-word; verbatim (lat.)

wortwörtlich *adv* verbatim (lat.)

Wrasen *n (m)* vapour; expelled moisture; **Wrasenabzug** *n (m)* air chimney; air flue; cooker hood (GB); range hood (US); **Wrasenrohr** *n (n)* vapour pipe
Wucher *n (m)* usury; profiteering; **Wuchermiete** *n (f)* extortionate rent; rack rent
Wulst *n (m)* bead; bulge; flange; torus
Wunsch *n (m)* wish; desire
wünschen *v/t* wish (to); want (to); desire (to); require (to)
Würfel *n (m)* cube; **Würfelmuster** *n (n)* checkered pattern; check

XYZ

Yachthafen *n (m)* marina
Zähigkeit *n (f)* viscosity; tenacity; toughness
Zahl *n (f)* number; figure; digit; **ausreichende Zahl** *n (f)* adequate number; **imaginäre Zahl** *n (f)* imaginary number (maths)
zahlbar *adv* payable; **zahlbar in Raten** payable in instalment(s)
Zahlenkombinationsschloss *n (n)* combination lock
Zähler *n (m)* counter; meter; **Zählerkasten** *n (m)* meter board; meter box; meter cupboard; **Zählerraum** *n (m)* meter room; **Zählerstand** *n (m)* meter reading; **Zählerwerk** *n (n)* meter; meter factory; **Zählerwert** *n (m)* (meter) reading
Zahllast *n (f)* tax payable
Zahlstelle *n (f)* paying office; sub-branch (bank); disbursing agent; paying agent
Zahltag *n (m)* pay day
Zahlung *n (f)* payment; settlement; satisfaction; discharge; **Zahlung bei Auftragserteilung** *n (f)* cash with order; **Zahlung bei Erhalt der Ware** *n (f)* cash on delivery; payment on delivery; **Zahlung bei Lieferung** *n (f)* cash on delivery; payment on delivery; **Zahlung durch einen Dritten** *n (f)* pass through; **Zahlung vor Fälligkeit** *n (f)* payment before maturity
(nicht) abzugsfähige Zahlungen *n/pl (f)* (non-)deductible payments; **anteilmäßige Zahlungen** *n/pl (f)* pro-rata payments; **bargeldlose Zahlung** *n (f)* cashless payment; **internationale Zahlungen** *n/pl (f)* international payments; international settlements; **periodische Zahlung** *n (f)* periodic payment; **planmäßige Zahlungen** *n/pl (f)* scheduled payments; **rückständige Zahlungen** *n/pl (f)* arrears
Zahlung einstellen *v/t* stop payment (to); suspend payment (to); **Zahlung leisten** *v/t* make (a) payment (to); effect payment (to); pay (to); **fällige Zahlungen leisten** *v/t* meet payments when due (to); **Zahlung verweigern** *v/t* refuse payment (to)
Zahlungsabkommen *n (n)* payments agreement; **internationales Zahlungsabkommen** *n (n)* international payments agreement
Zahlungsabwicklung *n (f)* handling of payments; processing of payments
Zahlungsanweisung *n (f)* instruction to pay; order to pay; money order
Zahlungsart *n (f)* method of payment; disbursement type
Zahlungsaufforderung *n (f)* demand note; call; demand for payment; request to pay
Zahlungsaufschub *n (m)* moratorium; respite
Zahlungsauftrag *n (m)* payment order; **internationaler Zahlungsauftrag** *n (m)* international payment order
Zahlungsausfall *n (m)* collection loss; bad debt(s); **Zahlungsausfallrate** *n (f)* delinquency rate
Zahlungsbedingungen *n/pl (f)* terms of payment
Zahlungsbereitschaft *n (f)* payment reserves; willingness to pay
Zahlungsbilanz *n (f)* balance of payments; external accounts
Zahlungseingang *n (m)* receipt of payment; incoming payments
Zahlungseinstellung *n (f)* stoppage of payments; suspension; bankruptcy
Zahlungsempfänger *n (m)* payee
Zahlungserinnerung *n (f)* (payment) reminder; prompt note (US)
zahlungsfähig *adj* solvent; able to pay
Zahlungsfähigkeit *n (f)* ability to pay; solvency; liquidity
Zahlungsfrist *n (f)* period allowed for payment; time limit for payment
Zahlungsgarantie *n (f)* payment bond; payment guarantee
Zahlungsklauseln *n/pl (f)* payment clauses; payment terms
Zahlungsmittel *n/pl (n)* means of payment; cash; **gesetzliches Zahlungsmittel** *n (n)* legal tender; lawful money (US); **zahlungsmittelgenerierende Einheit** *n (f)* cash-generating unit
Zahlungsmittelabfluss *n (m)* cash outflow; outflow of funds; **Zahlungsmitteläquivalente** *n/pl (n)* cash equivalents; **Zahlungsmittelüberschuss** *n (m)* cash flow; **Zahlungsmittelzufluss** *n (m)* cash inflow

Zahlungsort *n (m)* place of payment; domicile
Zahlungspapiere *n/pl (n)* financial documents
Zahlungspflichtiger *n (m)* payer; person responsible for payment
Zahlungsrate *n (f)* instalment; payment
Zahlungsrückstand *n (m)* arrear; late payment; backlog of payment; (in) arrears with payment
Zahlungsschwierigkeiten *n/pl (f)* financial difficulties; (colloq.) liquidity (or cash flow) problems
Zahlungsstockung *n (f)* temporary cessation of payment; liquidity crunch
Zahlungssystem *n (n)* payments system
Zahlungstag *n (m)* date of payment; pay day; settlement day
Zahlungstermin *n (m)* payment date; time for payment
Zahlungsüberweisung *n (f)* payments transfer
zahlungsunfähig *adj* unable to pay; bankrupt; insolvent; illiquid
Zahlungsunfähigkeit *n (f)* illiquidity; insolvency; inability to pay; **Zahlungsunfähigkeitsrisiko** *n (n)* risk of insolvency; default risk
Zahlungsverhalten *n (n)* payment history
Zahlungsverjährung *n (f)* limitation of payments; prescription of tax payments
internationaler Zahlungsverkehr *n (m)* international payments; international settlements
Zahlungsverpflichtung *n (f)* financial obligation; financial commitment; liability (to pay)
Zahlungsverweigerung *n (f)* refusal of payment; refusal to pay
Zahlungsverzug *n (m)* late payment; delayed payment; default of payment; delay in paying (a debt)
Zahlungsvorgang *n (m)* payments transaction; payment process
Zahlungswährung *n (f)* currency of payment
Zahlungsweise *n (f)* form of payment; method of payment; mode of payment; payment method
Zahlungsziel *n (n)* due date; credit; date of payment; period of payment; term of payment; time allowed for payment; **Zahlungsziel einräumen** *v/t* allow a credit period (or term) (to); allow time for payment (to)
Zahlweise *n (f)* method of payment
Zahnspachtel *n (m)* serrated trowel; toothed trowel; toothed spatula
Zahnung *n (f)* cogging; toothing
Zange *n (f)* pliers; pincer; tongs; forceps; nipper(s)
Zapfen *n (m)* plug, peg, pin, tenon; **Zapfenloch** *n (n)* mortice; mortise (US); **(Zapfen- und) Zapfenlochverbindung** *n (f)* mortice and tenon joint; **Zapfenstreichmaß** *n (n)* mortice gauge; mortice gage; **Zapfenverbindung** *n (f)* mortice and tenon joint
Zarge *n (f)* frame; **Zargenrahmen** *n (m)* window casing; window frame; door frame
Zaun *n (m)* fence; **Zaunpfahl** *n (m)* fence post
Zebrastreifen *n (m)* zebra crossing, crosswalk
Zechenstilllegung *n (f)* pit closure; mine shutdown
Zedent *n (m)* assignor; assigner; cedent; ceding company
Zehnt *n (m)* (a) tenth; (the) tenth; tithe
Zeichen *n (n)* sign; character; symbol; mark; indication
Zeichenbrett *n (n)* drawing board (GB); drafting table (US)
Zeichenpapier *n (n)* drawing paper; tracing paper
zeichnen *v/t* draw (to); sketch (to); plot (to); outline (to)
Zeichner *n (m)* → technischer Zeichner
Zeichnung *n (f)* sketch; plan; chart; draft; design; diagram; drawing; subscription; **maßstabsgerechte Zeichnung** *n (f)* scale(d) drawing; drawing to scale
Zeichnungsbetrag *n (m)* subscription money; amount of subscription; **Zeichnungsgrenze** *n (f)* line (insur.); underwriting limit; **Zeichnungsnummer** *n (f)* drawing number; **Zeichnungspolitik** *n (f)* underwriting policy; underwriting procedures; **Zeichnungsurkunde** *n (f)* letter of subscription; (official) prospectus; **Zeichnungsvollmacht** *n (f)* authority to sign
Zeile *n (f)* line; row; **Zeilenbebauung** *n (f)* ribbon development
abgelaufene Zeit *n (f)* elapsed time; **absehbare Zeit** *n (f)* foreseeable future; **unbestimmte Zeit** *n (f)* indefinite period
Zeit schinden *v/t* stall (to); play for time (to)

Zeitabschnitt *n (m)* period (of time); time interval
Zeitabweichung *n (f)* time difference; time variance
zeitanteilig *adj* pro rata temporis (lat.); prorated on a time basis
Zeitbestimmung *n (f)* determination of time; time setting; limitation of time
Zeitbezugsmethode *n (f)* temporal method
Zeitbürgschaft *n (f)* (loan) guarantee valid for a limited period
Zeitkosten *n/pl* time costs
zeitlich unbegrenzt *adj* permanent; unlimited in time
Zeitmietvertrag *n (m)* tenancy (or lease) for a fixed period
Zeitplan *n (m)* schedule; timetable
Zeitplanung *n (f)* (time) scheduling
Zeitpunkt *n (m)* time; point in time; date
Zeitrahmen *n (m)* time frame
Zeitraum *n (m)* time span; period; period of time
Zeitreihe *n (f)* time series; **Zeitreihenanalyse** *n (f)* time series analysis
Zeitrente *n (f)* annuity certain; temporary annuity
Zeitspanne *n (f)* period of time
Zeittabelle *n (f)* timeline schedule
Zeitüberschreitung *n (f)* time overrun; timeout (US)
Zeitungsanzeige *n (f)* newspaper advertisement; (colloq.) newspaper ad (US); advert (GB)
Zeitverzögerung *n (f)* (time) delay; time lag
zeitweilig *adj* temporary; intermittent
Zeitwert *n (m)* current (market) value; actual cash value; present value (insur.); depreciated costs (insur.); time value; **Zeitwert des Geldes** *n (m)* time value of money
Zeitwertversicherung *n (f)* old-for-old insurance; actual cash value insurance; insurance at current market value
Zeitzugabe *n (f)* (time) allowance
Zelle *n (f)* cell; cubicle; box; booth; **Zellenbauweise** *n (f)* cellular construction; cellular design; **Zellenmodul** *n (n)* modular unit; **Zellenstruktur** *n (f)* cellular structure
Zellenbau *n (m)* cellular construction
Zellstoff *n (m)* paper pulp; cellulose; **Zellstoffwatte** *n (f)* cellulose wadding
Zeltdach *n (n)* tetrahedron roof; pyramid roof; tent roof
Zeltstoff *n (m)* tent canvas
Zement *n (m)* cement; **Zementbeton** *n (m)* cement concrete; **Zementbrei** *n (m)* (cement) grout; cement paste; **Zementersatz** *n (m)* cement substitute; substitute for cement; **Zementestrich** *n (m)* cement floor; cement screed; **Zementfestigkeit** *n (f)* cement strength; **Zementgehalt** *n (m)* cement content; content of cement; **Zementglattstrich** *n (m)* trowel finish(ed) cement; **Zementgüte** *n (f)* cement grade; **Zementkalkputz** *n (m)* lime-cement plaster; **Zementkorn** *n (n)* cement grain; **Zementleim** *n (m)* cement paste; **Zementmilch** *n (f)* slurry; cement sludge; (cement) laitance; **Zementmörtel** *n (m)* cement mortar; **Zementmühle** *n (f)* cement mill; **Zementpaste** *n (f)* cement paste; cement grout; **Zementpflaster** *n (n)* cement paving; concrete paving; **Zementplatte** *n (f)* cement tile; **Zementputz** *n (m)* cement slab; cement flagstone; **Zementschlamm** *n (m)* cement slurry; cement sludge; cement mud; **Zementstaub** *n (m)* cement dust; **Zementverpressung** *n (f)* cement injection; **Zement-Wasser-Verhältnis** *n (n)* cement-water ratio; **Zementwerk** *n (n)* cement works; cement mill; cement plant
zementgebunden *adj* cement-bonded; cement-based
zementhaltig *adj* cement based
zementieren *v/t* cement (to)
Zementierung *n (f)* cementation; (cement) grouting
Zenit *n (m)* zenith; apex
Zensus *n (m)* census; **Zensusdaten** *n/pl (n)* census data; census information
Zentralabteilung *n (f)* corporate department (e.g. of finance or personnel etc.); headquarters (department); central division; staff unit
zentralbeheizt *adj* centrally heated
Zentrale *n (f)* head office (GB); headquarters; control room; (telephone) exchange
Zentralheizung *n (f)* central heating; **Zentralheizungsanlage** *n (f)* central heating plant; central heating installation
Zentralisation *n (f)* centralization
Zentralisierung *n (f)* centralization
Zentralität *n (f)* centrality; central place hierarchy; functional range index; **Zentralitätsindex** *n (f)* *Ret* → Zentralitätskenn-

ziffer; **Zentralitätskennziffer** *n (f) Ret* index of retail centrality; *Syn.: Zentralitätsindex, Kaufkraftbindungsquote*
Zentralkern *n (m)* central core
Zentralschließanlage *n (f)* (central) master key locking system
Zentralverschluss *n (m)* central lock(ing)
Zentralwert *n (m)* median
zentriert *adj* centered
Zentrum *n (n)* centre; center; downtown (US)
zerbrechlich *adj* fragile; breakable
Zerfall *n (m)* collapse; ruin; breakup; disintegration; disaggregation; decay
Zerkleinerer *n (m)* crusher; pulverizer
zerkleinern *v/t* reduce to small pieces (to); break up (to); crush (to); pulverize (to)
Zerkleinerung *n (f)* crushing; grinding; reducing
zerlegen *v/t* dismantle (to); break down (to); carve up (to); classify (to); disassemble (to); itemize (to); split up (to)
Zerlegung *n (f)* analysis; segmentation; degradation; decomposition (maths); disassembly; **Zerlegungsmaßstab** *n (m)* allocation formula for the calculation of commercial tax by comparison of overall salaries with salaries paid in individual municipalities (GewStG § 29)
zermahlen *v/t* mill (to); grind (to)
Zerrbalken *n (m)* tie beam; flexible foundation beam
Zerschlagungswert *n (m)* break-up value; split-up value
Zersiedelung *n (f)* urban sprawl
Zerstörung *n (f)* destruction; ruin; demolition; **mutwillige Zerstörung** *n (f)* wanton destruction; **vorsätzliche Zerstörung** *n (f)* deliberate destruction; wilful waste
zertifizieren *v/t* certify (to)
Zession *n (f)* cession; assignment; assignation
Zessionar *n (m)* assignee; assign; legal successor
Zeuge *n (f)* witness; **vereidigter Zeuge** *n (m)* deponent
Zeugenaussage *n (f)* evidence; deposition; testimony
Zeugenbeweis *n (m)* evidence (of a witness)
Zeugengebühr *n (f)* allowance paid to witnesses
Zeugenstand *n (m)* witness box; witness stand (US)
Zeugnis *n (n)* reference; attestation; testimony; certificate; evidence; letter of reference; testimonial (GB); reference; certificate; chit (GB); letter of reference; testimonial (GB)
Ziegel *n (m)* brick; tile; **Ziegelbau** *n (m)* clay brick building; **Ziegeldecker** *n (m)* roofer; roof tiller; **Ziegelerde** *n (f)* brick earth; red clay; brick clay; **Ziegelformat** *n (n)* brick format; size and shape of a brick (or tile); **Ziegelgewölbe** *n (n)* brick vaulting; **Ziegelgröße** *n (f)* brick size; brick format; **Ziegelmaß** *n (n)* brick dimension(s); brick size; **Ziegelmauer** *n (f)* brick wall; **Ziegelofen** *n (m)* brick kiln; **Ziegelpflaster** *n (n)* brick paving; brick pavement; **Ziegelsplitt** *n (m)* brick chippings; crushed brick aggregate; **Ziegelsplittbeton** *n (m)* broken brick concrete; crushed brick aggregate concrete; **Ziegelstein** *n (m)* brick; stock brick; **Ziegelwand** *n (f)* brick wall
Ziehgriff *n (m)* (door) handle; (door) pull
Ziehung *n (f)* drawing; sampling
Ziel *n (n)* destination; finish; goal; objective; purpose; target
Zielanalyse *n (f)* goal analysis; target analysis
Zielanwendung *n (f)* target application; destination application
Zielfestsetzung *n (f)* goal setting
Zielgruppe *n (f)* target group; **Zielgruppenpotenzial** *n (n)* target group potential; **Zielgruppenansprache** *n (f)* (direct) address to the target group
Zielrendite *n (f)* target rate of return
Zielsetzung *n (f)* aim(s); objective (target); purpose; goal(s)
Zielverzinsung *n (f)* target yield; target interest rate
Zielvorstellung *n (f)* objective
Zierbeschläge *n/pl (m)* decorative fittings; ornamental fittings; **Zierbeton** *n (m)* ornamental concrete; **Zierbogen** *n (m)* decorative arch; **Zierdecke** *n (f)* decorated ceiling; **Zierfliese** *n (f)* decorative tile; **Ziergiebel** *n (m)* gablet; attached gable; **Ziergitter** *n (n)* decorative railing; **Zierleiste** *n (f)* moulding; decorative batten; fillet; decorative batten; decorative batten; fillet; **Ziermauer** *n (f)* decorative wall
Ziffer *n (f)* figure; number; digit
Zillmerung *n (f)* zillmerising (insur.)
Zimmer *n (n)* room; **bewohnbares Zimmer** *n (n)* habitable room; **freies Zimmer (im**

Hotel) *n (n)* vacancy (hotel room); unoccupied room
Zimmeranzahl *n (f)* number of rooms
Zimmerarbeiten *n/pl (f)* carpentry (work); carpenter's work
Zimmerdurchschnittspreis *n (m)* average room rate
Zimmerer *n (m)* carpenter; *Syn.: Schreiner, Tischler*
Zimmererlös *n (m)* room revenue
Zimmerflucht *n (f)* suite (of rooms)
Zimmerhandwerk *n (n)* carpentry;
Zimmermann *n (m)* carpenter; *Syn.: Schreiner, Tischler*; **Zimmermannsarbeit** *n (f)* carpentry (work); **Zimmermannshammer** *n (m)* carpenter's hammer
Zimmervermittlung *n (f)* accommodation agent; accommodation bureau
Zink *n (n)* zinc; **Zinkfarbe** *n (f)* zinc paint
Zinn *n (n)* tin; pewter; **Zinnblech** *n (n)* tinplate; sheet tin
Zinne *n (f)* pinnacle; merlon; **Zinnenturm** *n (m)* battlement tower; castellated tower
Zins *n (m)* interest (rate); rate of interest; **effektiver Zins** *n (m)* actual interest; effective interest; **kalkulatorischer Zins** *n (m)* imputed interest; **variabler Zins** *n (m)* variable interest rate; floating (interest) rate
Zinsabgrenzung *n (f)* accrued interest
Zinsabschlag(s)steuer *n (f)* withholding tax; tax on interest (payments); advance levy on income derived from securities
Zinsanalyse *n (f)* interest rate analysis
Zinsänderungsrisiko *n (n)* interest rate risk; risk of interest rate changes
Zinsanspruch (gegen Treuhänder) *n (m)* imputed interest; equitable rate of interest
Zinsanteil *n (m)* interest component
Zinsaufwand (ohne Saldierung mit Zinserträgen) *n (m)* gross interest incurred before subtracting capitalized interest and interest income
Zinsaufwendungen *n/pl (f)* interest costs; interest expense(s); interest paid
Zinsausfall *n (f)* loss of interest
Zinsbelastung *n (f)* interest load
Zinsberechnung *n (f)* calculation of interest
Zinsdauer *n (f)* length of term
Zinsdeckung *n (f)* coverage; interest coverage; times interest earned ratio
Zinseinkünfte *n/pl* returns on interest; interest earned; interest earnings; interest income; interest received; investment income
Zinsen *n/pl (m)* interest; **ohne Zinsen** ex interest; without interest
Zinsen aus Bausparguthaben *n/pl (m)* interest from building society savings accounts; **Zinsen aus Hypotheken und Grundschulden** *n/pl (m)* interest from mortgages and land charges; **Zinsen aus Teilschuldverschreibungen** *n/pl (m)* interest on convertible bonds; **Zinsen und zinsähnliche Aufwendungen** *n/pl* interest payable and similar expenses
angefallene Zinsen *n/pl (m)* accrued interest; **aufgelaufene Zinsen** *n/pl (m)* accrued interest; rolled-up interest; **einfache Zinsen** *n/pl (m)* simple interest; ordinary interest; **gestundete Zinsen** *n/pl (m)* deferred interest (payment); **interne Zinsen** *n/pl (m)* internal interest; **kalkulatorische Zinsen** *n/pl (m)* imputed interest
Zinsen senken *v/t* lower the rate of interest (to); **Zinsen tragen** *v/t* bear interest (to); yield interest (to)
Zinsergebnis *n (n)* net interest income profit/loss
Zinsertrag *n (m)* interest earned; interest earnings; interest income; interest received; investment income; **Zinserträge aus Darlehen** *n/pl (m)* interest (yield) from loans; **Zinserträge aus Wertpapieren** *n/pl (m)* interest yield on securities
Zinsertragsbilanz *n (f)* interest income statement; **Zinsertragskurve** *n (f)* yield curve
Zinserwartungen *n/pl (f)* interest-rate expectations
Zinseszins *n (m)* interest upon interest; compound interest; **aufgelaufene Zinseszinsen** *n/pl (m)* accrued compound interest
Zinseszinsrechnung *n (f)* compound interest calculation
Zinsforderungen *n/pl (f)* interest receivable; outstanding interest
zinsfrei *adj* free of interest; paying no interest
Zinsfuß *n (m)* interest rate; rate of interest; **interner Zinsfuß** *n (m)* internal rate of return (IRR); actuarial return; dcf rate of return; time-adjusted rate of return; **interne Zinsfuß-Methode** *n (f)* internal rate of return method; discounted cash flow method

Zinsgarantie *n (f)* guaranteed interest; interest payment guaranty
Zinsgutschrift *n (f)* credit for accrued interest
Zinshaus *n (n)* → Mietshaus
Zinshöhe *n (f)* interest rate; level of interest rates
Zinshypothek *n (f)* interest-only mortgage
Zinskonditionen *n/pl (f)* terms of interest
Zinskosten *n/pl* interest costs; interest expenses
zinslos *adj* interest-free
Zinsniveau *n (n)* level of interest rates; **Zinsniveau senken** *v/t* lower the interest rate level (to); peg interest rates at a lower level (to)
Zinsperiode *n (f)* conversion period; interest period
Zinsrechnung *n (f)* calculation of interest; computation of interest; **interne Zinsrechnung** *n (f)* internal-interest accounting
Zinsrisiko *n (n)* (interest) rate risk
Zinssaldo *n (m)* interest balance
Zinssatz *n (m)* rate of interest; interest rate; yield; **effektiver Zinssatz** *n (m)* effective interest rate; actual rate of interest; annual equivalent rate (AER); **festgeschriebener Zinssatz** *n (m)* fixed interest rate; locked-in interest rate; **interner Zinssatz** *n (m)* internal rate of return; actuarial return; dcf rate of return; time-adjusted rate of return; yield method (GB); **investitionsorientierter Zinssatz** *n (m)* investment oriented rate of interest (or rate of return); **nominaler Zinssatz** *n (m)* nominal interest rates; **risikoloser Zinssatz** *n (m)* risk-free (interest) rate; **variabler Zinssatz** *n (m)* variable interest rate; floating (interest) rate; **veränderlicher Zinssatz** *n (m)* variable (or floating) interest rate
Zinsschein *n (m)* (interest) coupon; interest warrant
Zinsschranke *n (f) Tax* lit. interest barrier; tax regulation(s) to restrict earnings stripping; → Zinsschrankenregelung; **Zinsschrankenregelung** *n (f) Tax* earnings stripping rule(s); e.g. to prevent the payment of excessive tax-deductible interest by a corporation to a related person, in whose hands the interest is (wholly or partially) tax exempt; part of the → Unternehmensteuerreform 2008
Zinssenkung *n (f)* interest rate cut; lowering of interest rates
Zinsspanne *n (f)* interest margin; interest spread; margin of interest; **Zinsspannenrechnung** *n (f)* (interest) margin costing
Zinsstruktur *n (f)* interest rate structure; term structure of interest rates; **inverse Zinsstruktur** *n (f)* inverse interest rate structure
Zinssubvention *n (f)* interest subsidy
Zinsswap *n (m)* interest rate swap
Zinstage *n/pl (m)* interest days
Zinstausch *n (m)* interest rate swap; cross-currency swap
Zinstermin *n (m)* coupon date; due date for interest payment; interest date; **Zinsterminkontrakt** *n (m)* future rate (FR) agreement; interest-rate futures
Zinsüberschuss *n (m)* interest surplus; net interest received; net interest revenue; surplus on interest earnings
Zinsuntergrenze *n (f)* floor
Zinsverbindlichkeiten *n/pl (f)* interest payable; **aufgelaufene Zinsverbindlichkeiten** *n/pl (f)* accrued interest payable
Zinsvergünstigung *n (f)* interest rate subsidy; preferential (or reduced) rates of interest
Zinsverlust *n (m)* interest loss; loss of interest
Zinszahlung *n (f)* payment of interest
Zinszuschuss *n (m)* interest rate subsidy
Zinszyklus *n (m)* interest rate cycle
Zirkel *n (m)* (pair of) compasses; dividers
Zirkulation *n (f)* circulation
Zisterne *n (f)* cistern; tank
Zitat *n (n)* quotation; quote; citation
Zivilprozess *n (m)* (law)suit; civil action; **Zivilprozessordnung (ZPO)** *n (f)* German code of civil procedure
Zivilrecht *n (n)* civil law; private law
zivilrechtlich *adj* according to civil law; subject to private law
Zoll *n (m)* (customs) duty; customs; **spezifischer Zoll** *n (m)* specific duty
Zollabkommen *n (n)* customs (or tariff) agreement
Zollamt *n (n)* customs office
Zollgrenzbezirk *n (m)* frontier district; customs district
Zolllager *n (n)* bonded warehouse; customs warehouse; **öffentliches Zolllager** *n (n)* public (customs or bonded) warehouse

zollpflichtig *adj* dutiable; liable to duty
Zollstock *n (m)* yardstick; folding rule(r)
Zollverschlusslager *n (n)* bonded store; bonded warehouse
Zone *n (f)* zone; region; area; **Zoneneinteilung** *n (f)* division into zones; **Zonentheorie** *n (f)* theory of zoning; zoning theory
Zubau *n (m)* → Anbau
Zubehör *n (n)* appurtenances; accessories; attachment; fittings; **Zubehörlager** *n (n)* accessories store
Zubringer *n (m)* feeder (services) for power, water, etc.; **Zubringerstraße** *n (f)* feeder road; access road; slip road
Zufahrt *n (f)* driveway; (vehicular) entrance; access; access road; **Zufahrtsrampe** *n (f)* access ramp; **Zufahrtstor** *n (n)* access gate; **Zufahrtstraße** *n (f)* access road; service road
Zufallsabweichung *n (f)* deviate; deviation
Zufallsauswahl *n (f)* random sampling; random selection
zufallsbedingt *adj* accidental; chance; random
Zufallskomponente *n (f)* random component
Zufallsstichprobe *n (f)* random sample
Zufallsverteilung *n (f)* random distribution
Zufallszahlen *n/pl (f)* random numbers
Zuflucht *n (f)* recourse; resort; harbo(u)rage
Zufluss von Kapital *n (m)* inflow of capital
Zufuhr *n (f)* supply; intake
Zuführung von Finanzmitteln *n (f)* provision of finance
Zugabe *n (f)* bonus; addition; extra; gift
Zugang *n (m)* entry; entrance; access; **Zugangsberechtigung** *n (f)* right of access; access authorisation; **Zugangsbewertung** *n (f)* initial measurement; initial recognition; **Zugangsrecht** *n (n)* access right; **Zugangsvereinbarung** *n (f)* access agreement; **Zugangsvoraussetzungen** *n/pl (f)* entry requirements; entrance conditions
Zugänglichkeit *n (f)* accessibility; availability
Zuganker *n (m)* tie; tension bar; tie bar; tie rod; stay
Zugarmierung *n (f)* tensile reinforcement
Zugband *n (n)* tie; tieback
zugbelastbar *adj* tensile
Zugbewehrung *n (f)* tensile reinforcement
Zugentlastung *n (f)* traction relief; strain relief
zugesichert *adj* assured; guaranteed
Zugeständnis *n (n)* concession; acknowledgement; accommodation
zugeteilt (anteilsmäßig) *adj* apportioned; allotted
Zugewinn *n (m)* gain; surplus; increase; **Zugewinnausgleich** *n (m)* apportionment of gains (esp. on divorce)
Zugfestigkeit *n (f)* tensile strength
Zugglied *n (n)* tension bar; tie bar; tension member
Zugkraft *n (f)* traction; tensile force; attraction; drag
Zuglast *n (f)* tensile load; hauled load
Zugluft *n (f)* draught (air current); draft (US); **Zugluftschutz** *n (m)* draught excluder
Zugpfahl *n (m)* tension pile
Zugriff *n (m)* grasp; access; pull; **Zugriffsmöglichkeit** *n (f)* accessibility; **Zugriffsrecht** *n (n)* right of access; access privilege
Zugschalter *n (m)* pull switch
Zugschnur *n (f)* (pull) cord
Zugspannung *n (f)* tensile stress
Zugstab *n (m)* tie; tension bar; tension member; tension rod
Zugstrebe *n (f)* (diagonal) tie
Zugverhältnisse *n/pl (n)* draught conditions; flue conditions
zukünftig *adj* coming; prospective; future; expectant
Zukunftserfolgswert *n (m)* future value; earning-capacity value
zukunftsweisend *adj* trend-setting; forward-looking
Zukunftswert *n (m)* future value
Zulage *n (f)* (fin.) bonus, supplementary allowance; (Gehalt) allowance, extra pay; (Lohnerhöhung) pay increase; premium
zulassen *v/t* admit (to); allow (to); certificate (to); license (to)
zulässig *adj* → rechtlich zulässig
Zulassung *n (f)* permission; licence (US license); admission; homologation; **Zulassungsausschuss** *n (m)* admission(s) committee; **Zulassungsbescheid** *n (m)* admission certificate; certificate of approval; official listing notice; **Zulassungsgrundsätze** *n/pl (m)* admission requirements; admission standards; **Zulassungsnummer** *n (f)* approval number; **Zulassungspapiere** *n/pl (n)* registration papers

Zuleitung *n (f)* supply (pipe or line); feed pipe (or line); **konfektionierte Zuleitung** *n (f)* assembled feed line; (ready) manufactured feed line
Zuleitungsrohr *n (n)* inlet pipe; supply pipe; feed pipe
Zuluft *n (f)* supply air; input air
zumauern *v/t* block up (to); brick up (to); wall in (to); wall up (to)
Zumutbarkeit *n (f)* reasonableness; equity; appropriateness; acceptability; **Zumutbarkeitsschwelle** *n (f)* threshold (or limit) of reasonability
Zunahme *n (f)* increase; rise; increment; accretion; augmentation
zunehmen *v/i* increase (to); go up (to); augment (to)
zunehmend *adj* increasing; growing; incremental
Zuordnung *n (f)* assignment; allocation; classification; attribution; **funktionale Zuordnung** *n (f)* functional classification; **paarweise Zuordnung von Elementen** *n (f)* pairing of elements
Zuordnungstabelle *n (f)* allocation table; assignment table; symbol table
zuputzen *v/t* plaster in (to)
direkt zurechenbar *adj* directly attributable
zurechenbare Kenntnis *n (f)* constructive notice; imputed notice; imputed knowledge
zurechnen *v/t* add (to); ascribe (to); allocate (to); attribute (to)
Zurechnung von Kosten *n (f)* allocation; assignment of costs; attribution; carrying; cost allocation; transfer
Zurückbehalt *n (m)* retention; withholding
Zurückbehaltung *n (f)* retention; holdback; stoppage (of wages); **Zurückbehaltungsrecht** *n (n)* right of retention; possessory lien; lien
zurückerstatten *v/t* refund (to); reimburse (to)
zurückfordern *v/t* claim back (to); reclaim (to); call in (to)
zurückgehen *v/i* retreat (to); fall (back) (to); go back (to)
zurückgesetzt *adj* recessed; placed on waiting list
zurückgewinnen *v/t* regain (to); recover (to)
Zurückgewinnung *n (f)* recapture; recoupment
zurückhalten *v/t* withhold (to); keep back (to); hold back (to); retain (to)
Zurückhaltung *n (f)* restraint; reserve; modesty
zurückkaufen *v/t* buy back (to); buy in (to); redeem (to)
zurücksetzen *v/t* recess (to); reset (to); set back (to); put back (to)
zurückstellen *v/t* put back (to); put aside (for the time being) (to); defer (to)
Zurückstellung von Baugesuchen *n (f)* postponement of applications for building consent
zurücktreten *v/i* cancel (to); pull out of (to); repudiate (to); rescind (to); resign (to); retire (to); step down (as/from) (to); withdraw (from) (to)
zurückverweisen *v/t* refer back (to); remit (to); recommit (to); remand (to)
Zurückweisung *n (f)* repudiation; rejection; turning back
zurückzahlen *v/t* pay off (to); pay back (to); refund (to); reimburse (to); repay (to); return (to)
Zurückzahlung *n (f)* repayment; reimbursement
zurückziehen *v/t* withdraw (to); abandon (to); pull back (to); go back on (to)
Zusage *n (f)* promise; assent; **feste Zusage** *n (f)* firm promise; definite commitment; **unwiderrufliche Zusage** *n (f)* irrevocable consent; irrevocable promise
Zusammenarbeit *n (f)* cooperation; collaboration; teamwork; **internationale Zusammenarbeit** *n (f)* cross-border collaboration; international cooperation
zusammenarbeiten *v/i* act in concert (to); act jointly (to); band together (to); collaborate (to); cooperate with (to); join forces (to); pull together (to); team up (to); work together (to)
Zusammenbau *n (m)* assembly; assembling; erection
zusammenbauen *v/t* assemble (to); put together (to)
Zusammenbruch *n (m)* breakdown; collapse; complete failure; **ökologischer Zusammenbruch** *n (m)* ecological collapse; ecological disaster; **wirtschaftlicher Zusammenbruch** *n (m)* economic ruin; economic breakdown
zusammenfallen *v/i* collapse (to); coincide (to); overlap (to)

zusammenfassen *v/t* summarize (to); combine (to); consolidate (to); integrate (to); sum up (to)
Zusammenfassung *n (f)* summary; abstract; brief outline; aggregation
zusammenfügen *v/t* join (together) (to); fit together (to)
Zusammenfügung *n (f)* junction; connecting track
Zusammenführung *n (f)* consolidation; combination
zusammengesetzt *adj* compound; made up of; composite
Zusammenhalt *n (m)* → sozialer Zusammenhalt; **sozialer Zusammenhalt** *n (m)* social cohesion
Zusammenhang *n (m)* connection; association; correlation
zusammenhängend *adj* connected; related; coherent
zusammenklappbar *adj* collapsible; folding
Zusammenlegung *n (f)* merger; consolidation; fusing; grouping; **Zusammenlegung mehrerer Grundstücke** *n (f)* combination of sites; plottage (US)
zusammenpassen *v/t* match (to); go (well) together (to); (fig.) add up (to)
Zusammenschluss *n (m)* union; association; business link; merger; combination
zusammensetzen *v/t* assemble (to); compose (to); compound (to); put together (to)
Zusammensetzung *n (f)* compound; composition; ingredients; structure
Zusammentragen *n (n)* assembly; collection; collation
Zusammenveranlagung *n (f)* joint assessment (tax); aggregation
zusammenziehen *v/t* pull together (to); contract (to); shrink (to)
Zusatz *n (m)* addition; supplement; appendix; addendum; amendment; codicil; **Zusatzabkommen** *n (n)* supplementary (or collateral) agreement; **Zusatzbelastung** *n (f)* additional load(ing); **Zusatzbestimmung** *n (f)* additional provision; supplementary provision; **Zusatzdividende** *n (f)* additional dividend; **Zusatzeinrichtung** *n (f)* option; additional component(s); accessories; auxiliary facility; removable fixture(s); special device; **Zusatzfinanzierung** *n (f)* front-end financing; supplementary (or additional) financing; **Zusatzgebühr** *n (f)* additional charge; extra fee; top-up fee; **Zusatzgewinn** *n (m)* added profit; **Zusatzheizung** *n (f)* supplementary heating; **Zusatzkapital** *n (n)* additional capital; **Zusatzklausel** *n (f)* rider; **Zusatzkosten** *n/pl* additional costs; added costs; **Zusatzleistung** *n (f)* additional service; additional contribution; additional performance; additional demand; **Zusatzmiete** *n (f)* additional rent; **Zusatzmittel** *n (n)* addition; additive; **Zusatzpumpe** *n (f)* ancillary pump; booster pump; **Zusatzrente** *n (f)* supplementary pension; **Zusatzsteuer** *n (f)* surtax; additional tax; add-on tax (US); **Zusatzstoff** *n (m)* additive; **Zusatzvertrag** *n (m)* accessory contract; supplementary agreement; contract amendment
zusätzlich *adj* additional; added; extra; supplementary; further; collateral
Zuschlag *n (m)* surcharge; award; increase; bonus; supplement; agio; loading (insur.); acceptance (of a bid or tender); extra pay; aggregate (in concrete etc.); **Zuschlag an den Meistbietenden** *n (m)* knocking-down to the highest bidder
Zuschlag erhalten *v/t* accept a bid (or tender) (to); award a (building) contract (to); obtain a contract (to); win a contract (to)
Zuschlagserteilung *n (f)* award of a contract; adjudication
Zuschlagskalkulation *n (f)* calculation of additional costs; overhead (percentage cost) calculation; target pricing; surcharge calculation
Zuschlagsprämie *n (f)* additional premium
Zuschlagssatz *n (m)* indirect production cost rate
Zuschnitt *n (m)* layout; cut; blank
Zuschreibung *n (f)* write-up; accretion; appreciation; appreciation in value; capital growth; gain; impairment loss reversed; increase in value; profit; reinstated depreciation; rise in value; **Zuschreibung von Gegenständen des Anlagevermögens** *n (f)* write-up of fixed assets
Zuschuss *n (m)* (Subvention) subsidy, grant; (Beihilfe) allowance; bonus; (Beitrag) contribution; (Gehalt) extra pay; premium; **Zuschüsse aus öffentlichen Mitteln** *n/pl (m)* subsidies from public funds
staatliche Zuschüsse *n/pl (m)* government grants; government subsidies

zusichern *v/t* guarantee (to); warrant (to)
Zusicherung *n (f)* covenant; assurance; warranty; promise; guarantee; **stillschweigende Zusicherung** *n (f)* implied warranty; **vertragliche Zusicherung** *n (f)* (contractual) warranty; (contractual) assurance; covenant
Zustand *n (m)* condition; state; situation; state of affairs; **baufälliger Zustand** *n (m)* (state of) disrepair; derelict condition; dilapidated condition; **baulicher Zustand** *n (m)* state of repair; (structural) condition; **beitragsrechtlicher Zustand** *n (m)* status as regards liability to pay contributions (e.g. for provision of roads and services); **brauchbarer Zustand** *n (m)* tenantable repair; usable condition; **stabiler Zustand** *n (m)* steady state; **unbelasteter Zustand** *n (m)* no-load condition
Zustandekommen eines Vertrages *n (n)* formation of a contract
zuständig *adj* relevant; appropriate; responsible (for sth.); in charge (of sth.); competent; **zuständig sein für** *v/i* be responsible for (to)
Zuständigkeit *n (f)* responsibility; competence; powers; jurisdiction; scope of authority
Zuständigkeitsbereich *n (m)* (sphere of) responsibility; area of authority; jurisdiction; **regionaler Zuständigkeitsbereich** *n (m)* regional area of authority
Zustandsänderung *n (f)* change in state
Zustandsmerkmale (einer Immobilie) *n/pl (n)* characteristic conditions (of a property)
Zustandsstörer *n (m)* disturber of public order; someone who is disturbing the peace
Zustandsstufen (WertV) *n/pl (f)* class of state of (readiness for) development of land (according to the German valuation code)
Zustandsverantwortlicher *n (m)* person responsible for the condition of a property
zustellen *v/t* deliver (to); notify by service (to); serve sth. upon so. (to); block up (to)
Zustellgebühr *n (f)* delivery charge; carriage; delivery fee; fee for service; postage and packing charge
Zustellung *n (f)* delivery; service; serving; **förmliche Zustellung** *n (f)* official notification
Zustellungsbescheid *n (m)* notice of service; notice of an offence
zustimmen *v/i* agree (to); assent (to); consent (to); approve (to); concur (to); fall in with (to)
Zustimmung *n (f)* agreement; compliance; acceptance; assent; approval; consent; sanction; **beiderseitige Zustimmung** *n (f)* mutual consent; mutual agreement; **stillschweigende Zustimmung** *n (f)* tacit approval
zuteilen *v/t* allocate (to); allot (to); scale down (to); pay out (to); **erneut zuteilen** *v/t* reallocate (to); reservice (to)
Zuteilung *n (f)* apportionment; allotment; allocation; assignment; ration; **Zuteilungswert** *n (m)* allocation value (esp. → Flächenumlegung); allotment value
zuträglich *adj* good; beneficial (to sth.); conducive (to sth.)
zutreffend *adj* appropriate; applicable; fitting; correct
Zutritt *n (m)* entry; admission; entrance; access
Zutrittrecht *n (n)* right of access; **Zutritt (-srecht) des Vermieters/Verpächters** *n* landlord's right of access
zuverlässig *adj* reliable; dependable; trustworthy; safe
Zuverlässigkeit *n (f)* reliability; dependability; trustworthiness; safety; **Zuverlässigkeitsbewertung** *n (f)* reliability analysis; dependability analysis; **Zuverlässigkeitsrechnung** *n (f)* calculus of reliability; **Zuverlässigkeitstheorie** *n (f)* reliability theory
Zuwachs *n (m)* increment; growth; gain; accrual; accretion; **geringer Zuwachs** *n (m)* marginal increase; marginal growth
Zuwachsfaktoren *n/pl (m)* growth factors
Zuwachsrate *n (f)* → Wachstumsrate
Zuwegung *n (f)* access road; access path
zuweisen *v/t* assign (to); allocate (to); allot (to); appropriate (to); **erneut zuweisen** *v/t* reallocate (to); reassign (to)
Zuweisung *n (f)* allotment; assignment; allocation
Zuwendung *n (f)* allocation; allotment; benefit; bonus; donation; gratuity; allowance; **Zuwendungen an Arbeitnehmer** *n/pl (f)* employee benefits; **Zuwendungen der öffentlichen Hand** *n/pl (f)* government grants (esp. under IAS 20)

ertragsbezogene Zuwendungen *n/pl (f)* grants related to income; **steuerfreie Zuwendungen der öffentlichen Hand** *n/pl (f)* non-taxable government grants

Zwang *n (m)* compulsion; obligation; coercion; duress; constraint; force; **wirtschaftlicher Zwang** *n (m)* economic pressure

Zwänge *n/pl (m)* constraints; necessities; enforcements; coercions

Zwangsanleihe *n (f)* forced loan; mandatory loan

Zwangsauflösung *n (f)* compulsory liquidation; forced liquidation

Zwangsbeiträge *n/pl (m)* compulsory dues; compulsory contributions

Zwangsenteignung *n (f)* (compulsory) expropriation; condemnation (US)

Zwangserwerb *n (m)* forced acquisition; forced purchase

Zwangsgeld *n (n)* fine; penalty payment

Zwangshypothek *n (f)* compulsory mortgage to enforce payment of debts; judgement lien; forced registration of a mortgage

Zwangslage *n (f)* predicament; dilemma; exigency; plight

zwangsläufig *adj* inevitable; unavoidable

Zwangsliquidation *n (f)* compulsory liquidation

Zwangsmaßnahme *n (f)* coercive measure; sanction(s)

Zwangsräumung *n (f)* eviction; actual eviction; ouster; **Zwangsräumungsanordnung** *n (f)* writ of possession

Zwangsvergleich *n (m)* compulsory settlement; legal settlement in bankruptcy

Zwangsverkauf *n (m)* forced sale; compulsory sale (or purchase); execution sale (US); foreclosure sale; judicial sale; winding-up sale; **Zwangsverkaufswert** *n (m)* forced sale value

zwangsversteigern *v/t* sell by public auction under compulsion (to)

Zwangsversteigerung *n (f)* compulsory auction, judicial sale; forced sale; execution sale (US); foreclosure sale (US); **Zwangsversteigerungswert** *n (m)* forced (auction) sale value; crash value (US)

Zwangsverwaltung *n (f)* forced administration of property; receivership; insolvency administration

zwangsvollstrecken *v/t* foreclose (to); levy an execution (to) (US)

Zwangsvollstreckung *n (f)* judicial sale; judicial foreclosure; execution; distraint; compulsory execution; levy on property; levy upon property; **Zwangsvollstreckung in das bewegliche Vermögen** *n (f)* levy of execution on mov(e)able property; **Zwangsvollstreckung in das Vermögen** *n (f)* execution against property

Zwangsvollstreckung durchführen *v/t* proceed to the forced sale of collaterals (to); execute against the judgement debtor's property (to); levy upon the judgement debtor's property (to)

zwangsweise *adj* compulsory; **zwangsweise Entfernung** *n (f)* ouster

Zweck *n (m)* purpose; **für den Zweck geeignet** *adj* fit for the purpose

Zweckbindung *n (f)* earmarking (of funds); appropriation

zweckdienlich *adj* useful; appropriate; expedient; serviceable; fit for the purpose

Zweckeignung *n (f)* fitness for purpose

Zweckentfremdung *n (f)* misuse; change of use (e.g. office to residential); misallocation; **Zweckentfremdungsverbot** *n (n)* *Law* regulation preventing landlords from letting their residential units for other purposes; applied esp. in times of shortage of residential accommodation, can be brought into force by municipalities

zweckgebaut *adj* purpose-built

zweckgebunden *adj* earmarked; for a specific purpose; appropriated

Zweckgesellschaft *n (f)* company formed for a specific purpose; special purpose entity

zwecklos *adj* useless; pointless; futile

Zweckmäßigkeit *n (f)* suitability; practicability; functional utility

Zweifamilienhaus *n (n)* duplex house; two-family home; duplex (US); house with two (horizontally divided) apartments

Zweig *n (m)* branch; section; twig; **Zweigbetrieb** *n (m)* branch; **Zweigbüro** *n (n)* branch office; **Zweigniederlassung** *n (f)* subsidiary; branch office; regional office; branch establishment; **Zweigstelle** *n (f)* branch (office); plant; **Zweigstellennetz** *n (n)* network of branches (or branch offices); **Zweigwerk** *n (n)* branch factory; subsidiary plant

zweihüftig *adj* (Büro) layout with offices on both sides of a central corridor; (Halle) two-bay

zweijährlich *adj* biannual
Zweikammerstein *n (m)* two-cell hollow block
Zweikreissystem *n (n)* dual accounting system
zweilagig *adj* two-ply
zweiläufig *adj* two-flight
zweimal jährlich *adj* biannual
Zweimanngesellschaft *n (f)* two-man company
zweimonatlich *adv* bimonthly; every other month
Zwei-Säulen-Prinzip *n (n)* dual pillar principle
zweischichtig *adj* two-ply; two-layer; double-layer; two-shift (working)
zweischiffig *adj* two-bay; two-span
Zweispänner *n (m)* apartment building with two units on each storey, accessed by the same stairway; **Zweispännerhaus** *n (n)* semi-detached house; duplex house (US)
zweistellig *adj* two-digit; double-digit
zweistielig *adj* one-bay; double-sawn (timber)
zweistöckig *adj* two-storey
Zweitakkreditiv *n (n)* secondary credit
Zweitanfertigung *n (f)* second version; reproduction
Zweiterhebung *n (f)* second sample; second survey
zweites Konsultationspapier *n (n)* second consultative paper (or document)
Zweitgutachten *n (n)* second opinion; appraisal review
Zweithypothek *n (f)* second mortgage
zweitklassig *adj* second rate; second-class
Zweitmarkt *n (m)* secondary market
zweitrangig *adj* secondary, of secondary importance, second-rate, second-tier
Zweitschrift *n (f)* duplicate; second copy
Zweitschuldner *n (m)* secondary debtor
Zweitwohnsitz *n (m)* second domicile; second home
Zweitwohnung *n (f)* second home; pied-à-terre
zweiwöchentlich *adj* two-weekly; fortnightly (GB)
Zwerggiebel *n (m)* gablet; small gable
Zwinge *n (f)* cramp
zwingen *v/t* coerce (to); press (to); force (to); compel (to)
zwingend *adj* compelling; imperative; absolute; urgent; mandatory; obligatory
Zwischenablesung *n (f)* midway (meter) reading (e.g. on change of tenant)
Zwischenabrechnung *n (f) (CH)* interim calculation of service charges (→ Nebenkostenabrechnung); e.g. on transfer of occupation or ownership
Zwischenbericht *n (m)* half-yearly report; interim (financial) report; intermediate report; **Zwischenberichterstattung** *n (f)* interim financial reporting; **Zwischenberichtsperiode** *n (f)* interim (report) period
Zwischenbescheid *n (m)* interim comments; provisional reply; intermediate statement
Zwischenbewertung *n (f)* interim valuation
Zwischenbilanz *n (f)* interim financial statement; interim balance sheet
Zwischenboden *n (m)* raised floor; false floor; intermediate floor
Zwischendecke *n (f)* suspended ceiling; false ceiling; drop ceiling; intermediate ceiling
Zwischendividende *n (f)* fractional dividend payment; interim dividend; quarter dividend
Zwischenfall *n (m)* incident; event (esp. causing delay or difficulty)
Zwischenfeld *n (n)* middle ground; intermediate area
Zwischenfinanzierung *n (f)* gap financing (US); bridge finance; bridge financing; interim financing; intermediate finance; intermediate financing; **Zwischenfinanzierungsdarlehen** *n (n)* bridging loan; construction loan; ADC loan (acquisition-development-construction loan) (US); *Syn.: Zwischenfinanzierungskredit*
Zwischengeschoss *n (n)* mezzanine (floor); entresol; subfloor
Zwischengesellschaften *n/pl (f)* intermediate (or interposed) companies
Zwischengewinne *n/pl (m)* interim profits; accrued but unrealised gains; inter-company profits
Zwischenhändler *n (m)* middleman; intermediary; middleman; intermediary
Zwischenkäufer *n (m)* intermediate buyer
Zwischenkonto *n (n)* intermediate account; suspense account
Zwischenkredit *n (m)* bridge loan; gap loan; bridging loan; bridge-over; bridging; interim loan; intermediate loan; temporary credit

Zwischenlage *n (f)* intermediate layer; pad; underliner
Zwischenlager *n (n)* entrepot; intermediate bearing; intermediate store; transfer station; **Zwischenlagerplatz** *n (m)* intermediate storage site; (refuse) transfer station
Zwischenlagerung *n (f)* intermediate storage
Zwischenlösung *n (f)* interim solution
Zwischenmakler *n (m)* intermediate broker
Zwischenmauer *n (f)* party wall
Zwischennutzung *n (f)* interim use; temporary use
Zwischenpodest *n (n)* intermediate landing; half landing
Zwischenraum *n (m)* space; gap; interspace; clearance; interval
Zwischenschein *n (m)* interim certificate; provisional certificate
Zwischenschicht *n (f)* intermediate layer
Zwischensparren-Dämmung *n (f)* insulation fitted between rafters
Zwischenstelle *n (f)* relay station; intermediate station; intermediary
Zwischenstück *n (n)* connecting piece; adapter; spacer block
Zwischenstütze *n (f)* intermediate support; pillar
Zwischensumme *n (f)* subtotal
Zwischentermin *n (m)* provisional deadline; intermediate appointment
Zwischenträger *n (m)* intermediate beam; joist; informant; (colloq.) telltale
Zwischenverkauf *n (m)* intermediate sale
Zwischenverkäufer *n (m)* intermediate seller
Zwischenvermietung *n (f)* interim letting; interim tenancy
Zwischenvertrag *n (m)* provisional agreement
Zwischenwand *n (f)* partition; dividing wall; **frei stehende Zwischenwand** *n (f)* self supporting partition
Zwischenwert *n (m)* intermediate value
Zwischenzahlung *n (f)* interim payment
Zwischenzielvariable *n (f)* intermediate target variable
Zwischenziele *n/pl (n)* intermediate goals; sub-goals; interim goals; intermediate destinations
Zwischenzinsen *n/pl (m)* interim interests
Zyklopenmauerwerk *n (f)* cyclopean masonry
Zyklus *n (m)* loop; cycle; series
Zylinder *n (m)* cylinder; chimney

Anhang
appendix

Anhang / *Appendix*

Ansicht eines frei stehenden Einfamilienhauses
View of a detached house

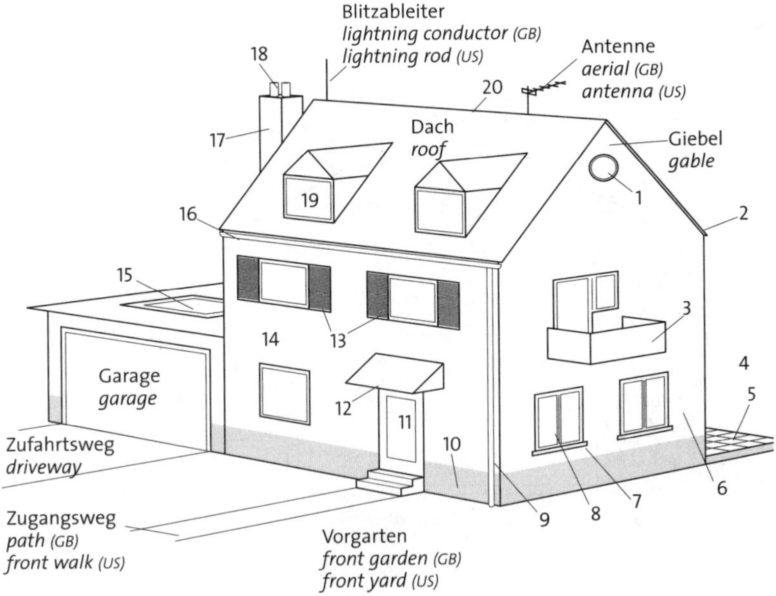

1 Belüftungsfenster	*gable vent*
2 Traufe	*eaves*
3 Balkon	*balcony*
4 Garten	*back garden (GB), back yard (US)*
5 Terrasse	*terrace (GB), porch (US)*
6 Hausseite, Seitenwand	*flank wall*
7 Fensterbank	*window sill*
8 Flügelfenster	*casement window*
9 Fallrohr	*downpipe*
10 Sockel	*base*
11 Haustür	*front door*
12 Vordach	*canopy*
13 Fensterladen	*shutters*
14 Hausfront	*frontage*
15 Dachfenster	*skylight*
16 Regenrinne	*gutter*
17 Schornstein	*chimney*
18 Kaminaufsatz	*chimney pot*
19 Gaupe, Gaube	*dormer*
20 First	*ridge*

Querschnitt durch ein mehrgeschossiges Gebäude
Cross section through a multi-storey building

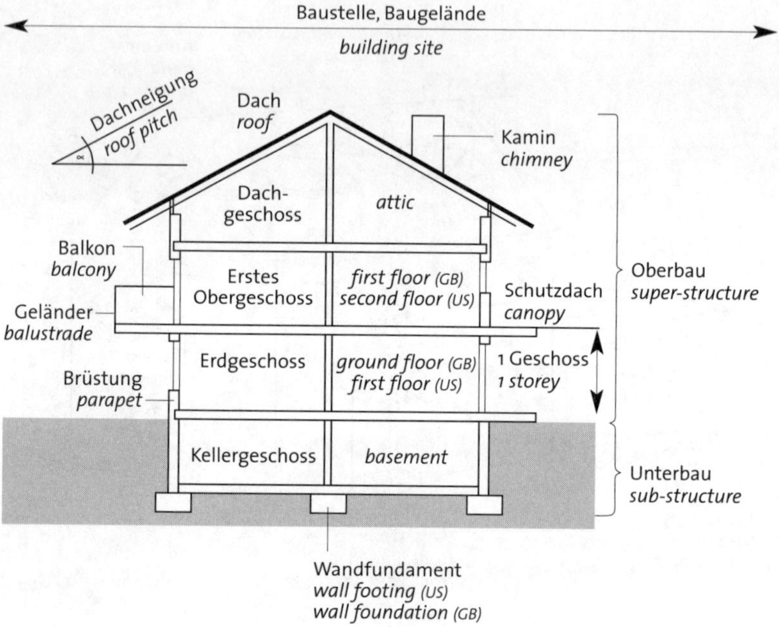

Grundriss: Erdgeschoss
Floor plan: ground floor (GB), first floor (US)

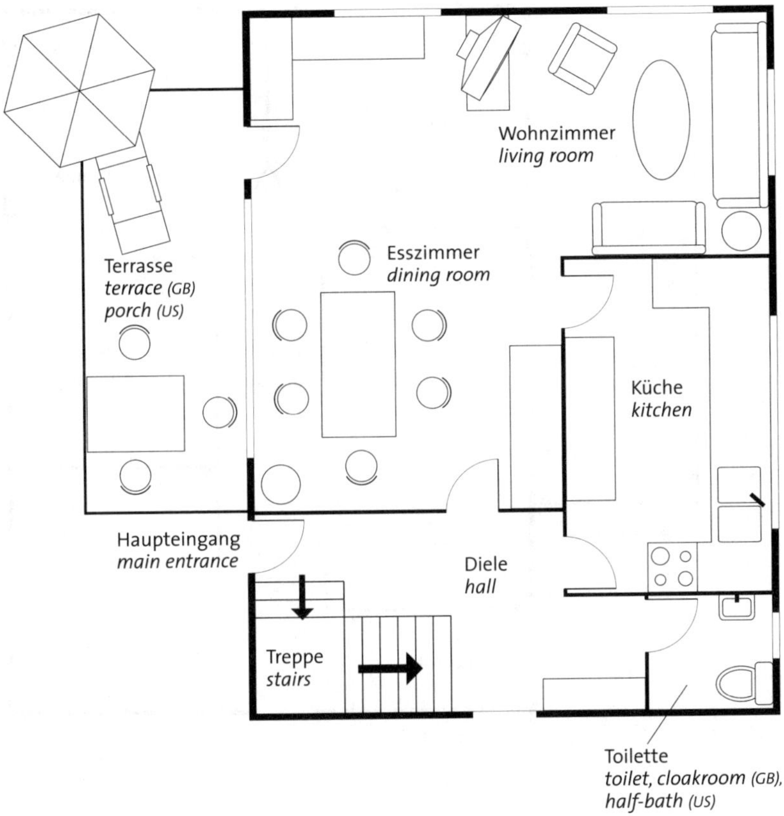

Grundriss: Obergeschoss
***Floor plan: first floor** (GB), **second floor** (US)*

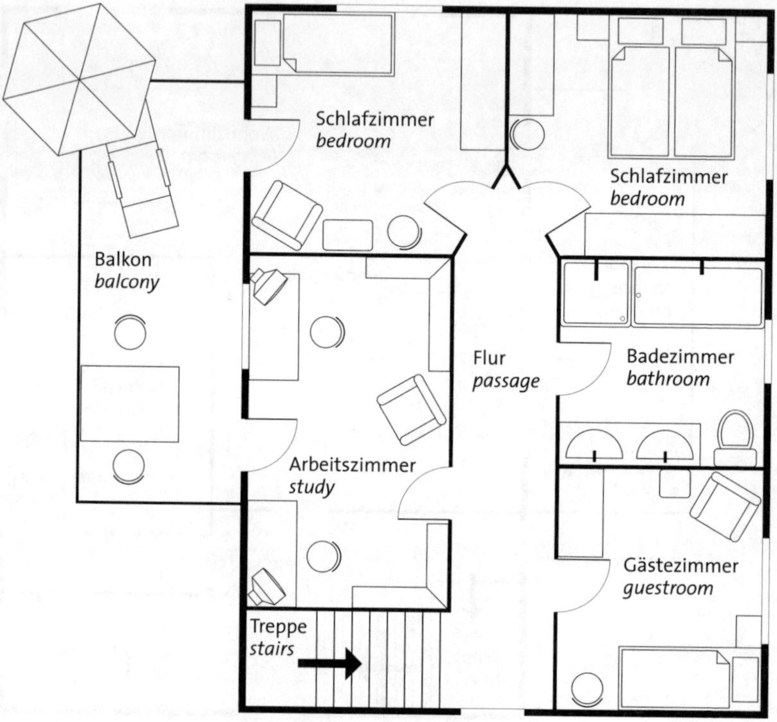

Küche
Kitchen

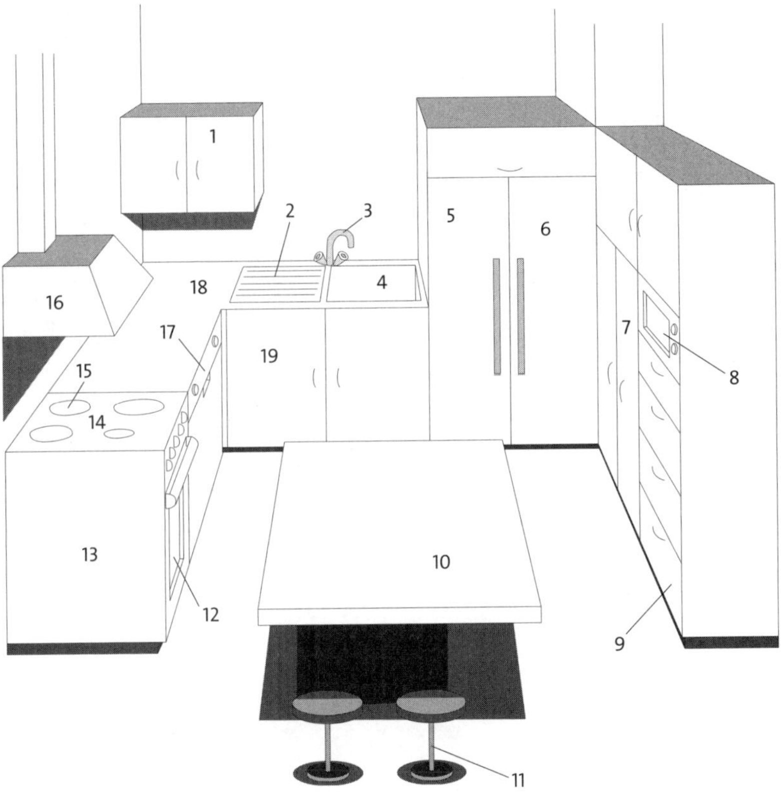

1 Oberschrank	*wall cupboard (GB)* *wall cabinet (US)*	10 Tisch	*table*
2 Abtropfbrett	*draining board*	11 Hocker	*stool*
3 Wasserhahn	*tap (GB), faucet (US)*	12 Backofen	*oven*
4 Spüle	*sink*	13 Herd	*cooker (GB), range (US)*
5 Gefrierschrank	*freezer*	14 Kochmulde	*hob*
6 Kühlschrank	*fridge (GB), refrigerator (US)*	15 Kochplatte	*ring*
7 Hochschrank	*cupboard*	16 Dunstabzugs-haube	*cooker hood*
8 Mikrowellen-herd	*microwave oven (GB), microwave (US)*	17 Geschirrspüler	*dishwasher*
9 Schublade	*drawer*	18 Arbeitsplatte	*work surface*
		19 Unterschrank	*base cabinet*

Badezimmer
Bathroom

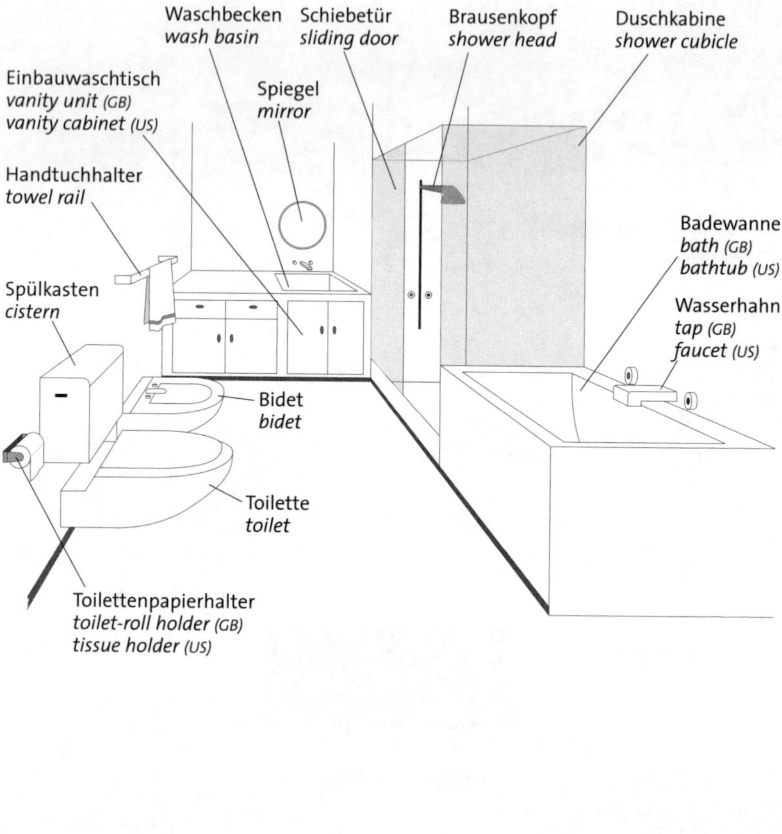

Haustür
Front door

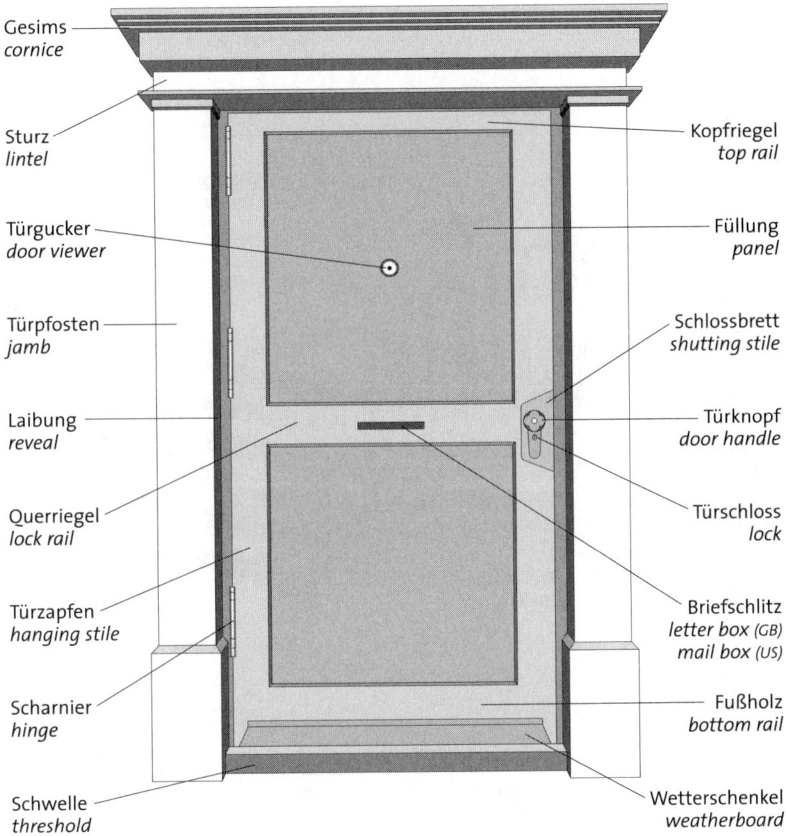

Treppe
Stairs

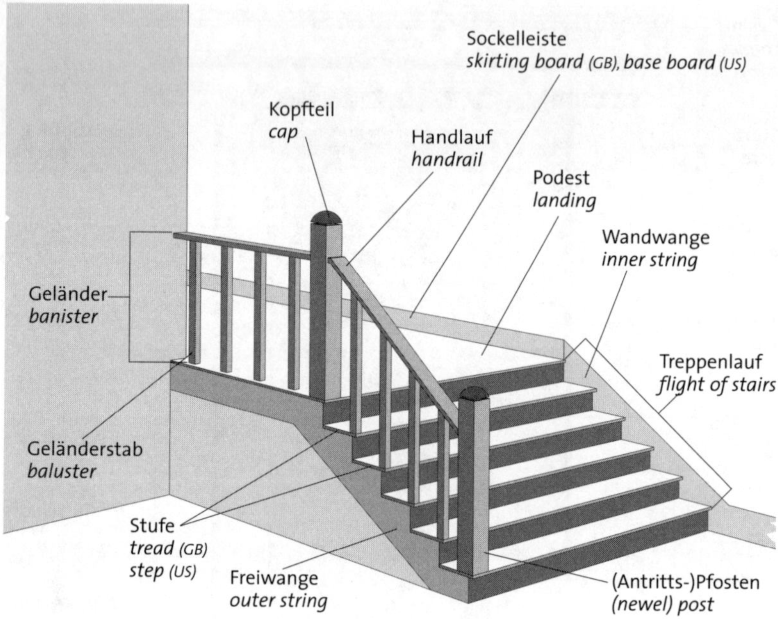

Treppenstufe
tread (GB), step (US)

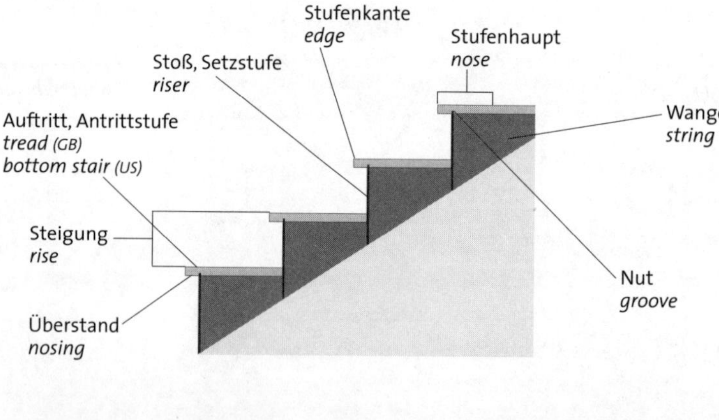

Fensterformen
Window types

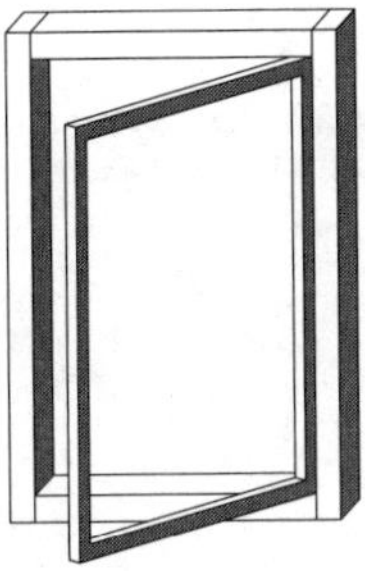

Drehflügelfenster
casement window

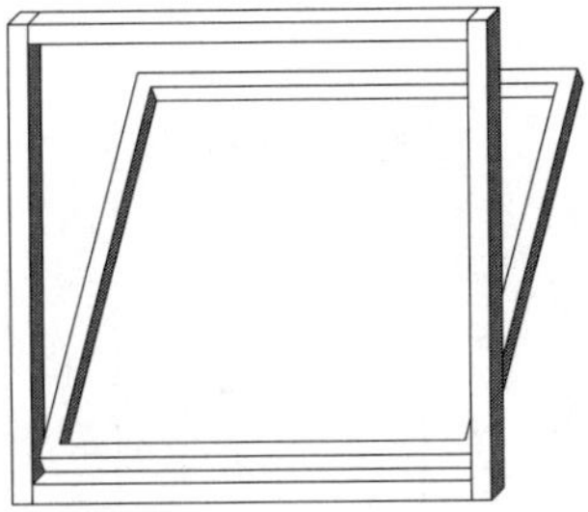

(Dreh-)Kippflügelfenster
hopper window

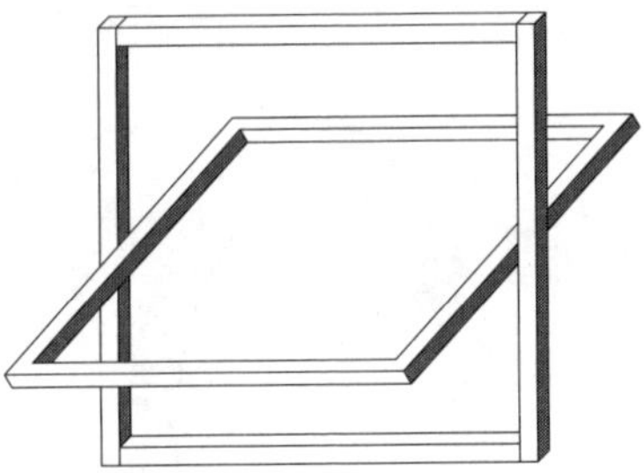

Schwingflügelfenster
vertically pivoted window

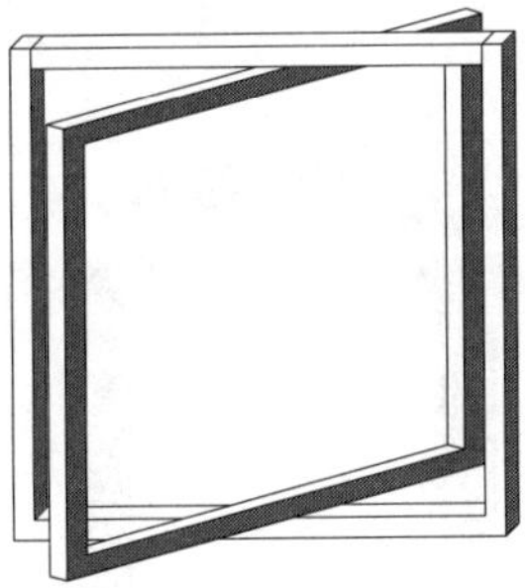

Wendeflügelfenster
horizontally pivoted window

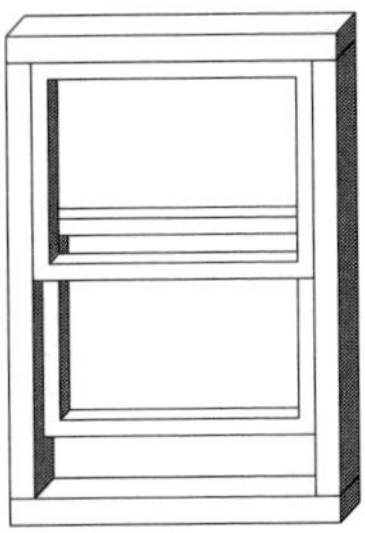

Vertikales Schiebefenster
sash window (GB), hung window (US)

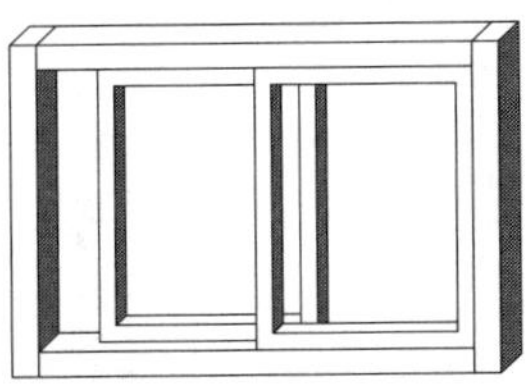

Horizontales Schiebefenster
sliding window

Bogenformen, Tür- und Fensterabschlüsse
Arches, door and window openings

Türsturz, Fenstersturz
lintel

Sturzbogen, scheitrechter Bogen
flat arch lintel

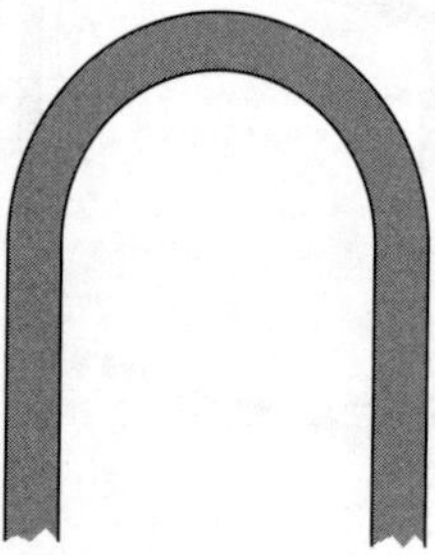

Rundbogen
round arch

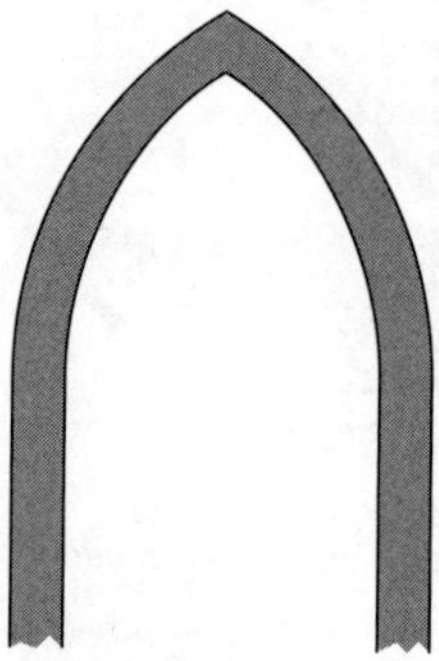

Spitzbogen
pointed arch

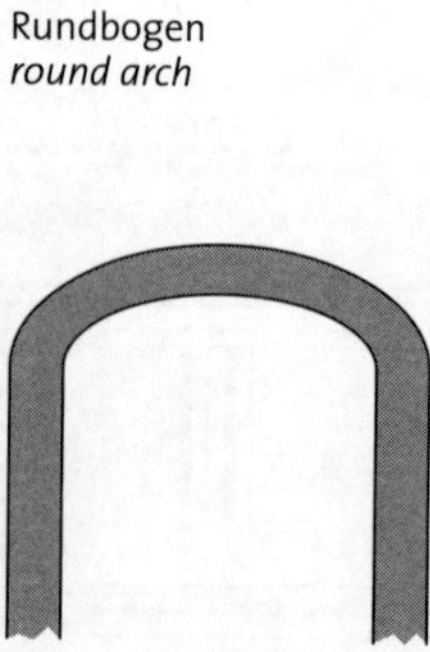

Flachbogen, Segmentbogen, Stichbogen
segmental arch

Dachformen
Types of roof

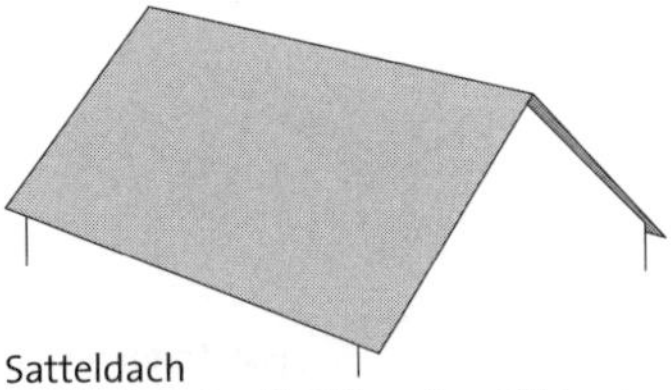

Satteldach
pitched roof, gable(d) roof, saddleback roof

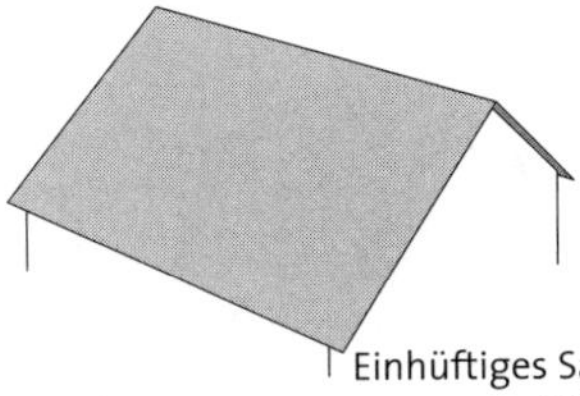

Einhüftiges Satteldach
saltbox roof

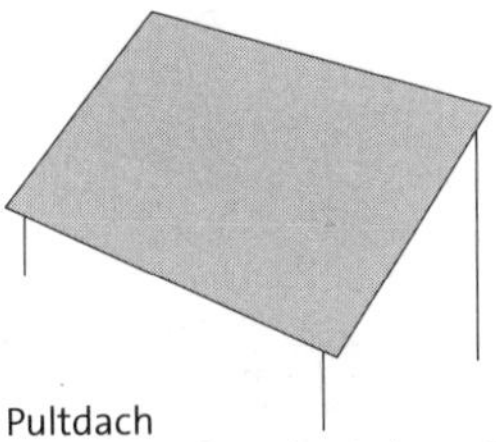

Pultdach
lean-to roof, single-pitch roof, shed roof

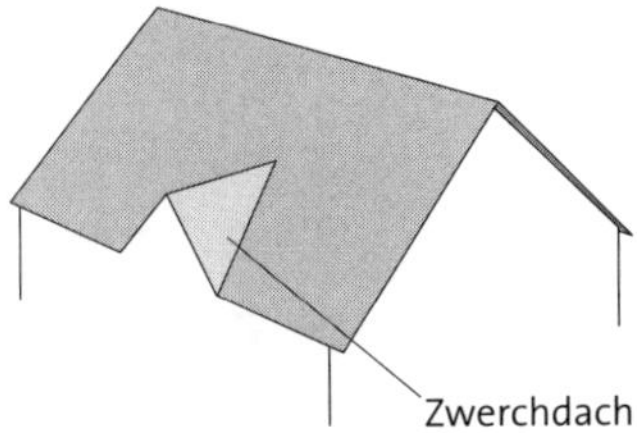

Zwerchdach
transverse roof

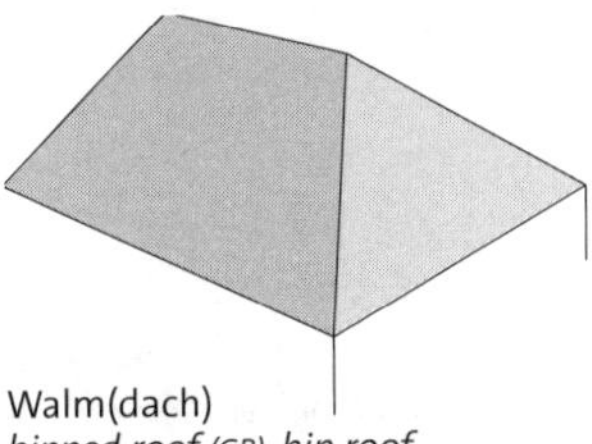

Walm(dach)
hipped roof (GB), hip roof

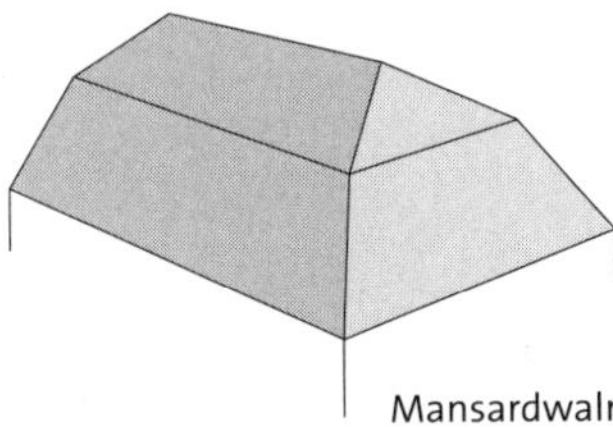

Mansardwalm(dach)
mansard roof

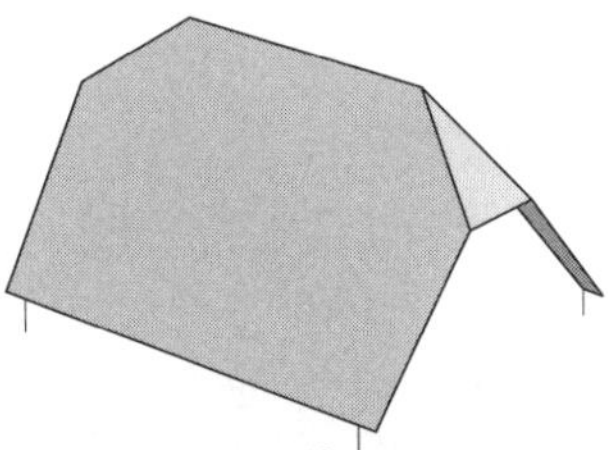

Krüppelwalm(dach)
half-hipped roof, hipped gable roof (GB), hip-on-gable (US), partial hip

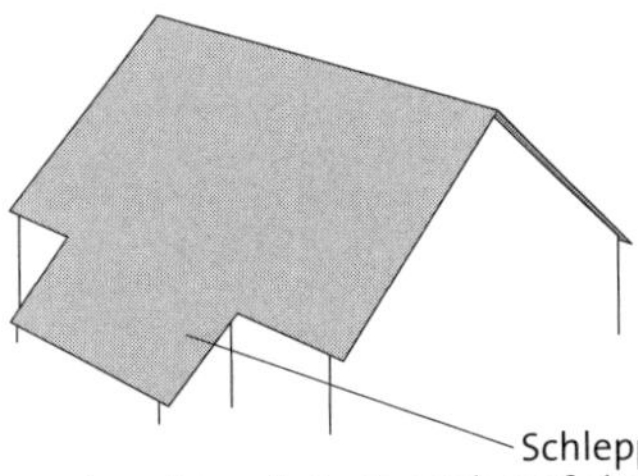

Schleppdach
lean-to roof, single-pitch roof, shed roof

Dachformen
Types of roof

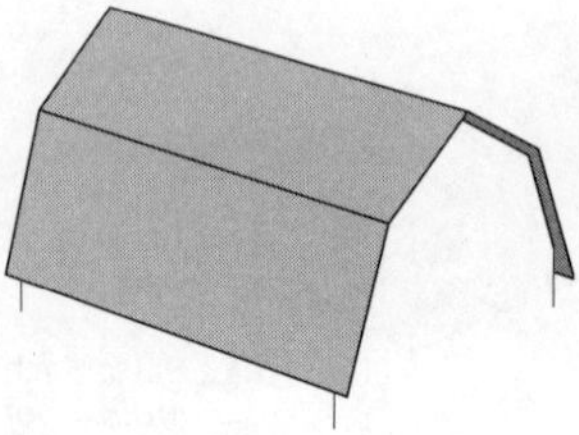

Mansarddach
gambrel roof, mansard roof

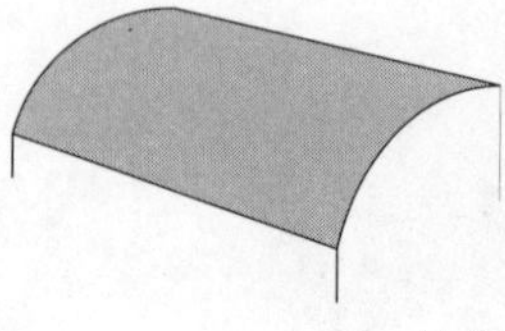

Halbtonnendach
half barrel roof

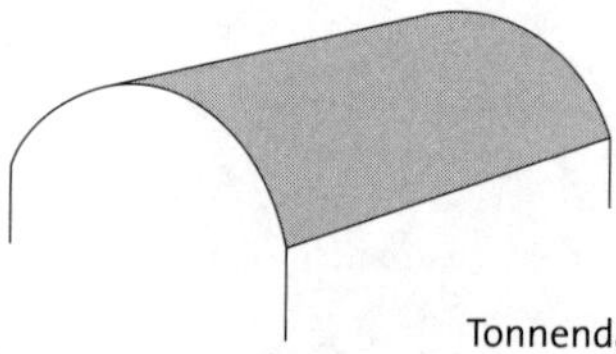

Tonnendach
barrel roof (GB), arched roof, compass roof

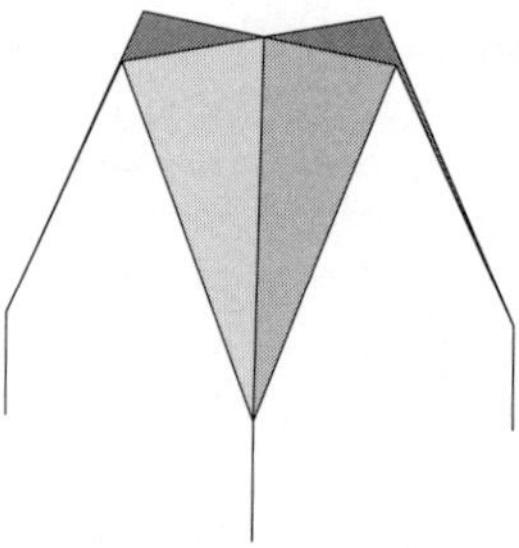

Kreuzdach
gable-and-valley roof

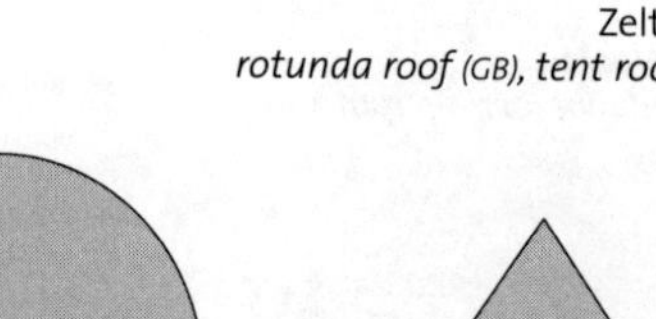

Zeltdach
rotunda roof (GB), tent roof (US)

Pyramiden-, Spitz-, Zeltdach
pavilion roof, tent roof,
pyramidal hipped roof (GB)

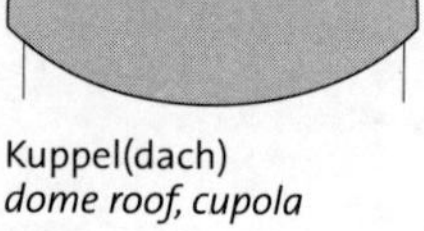

Kuppel(dach)
dome roof, cupola

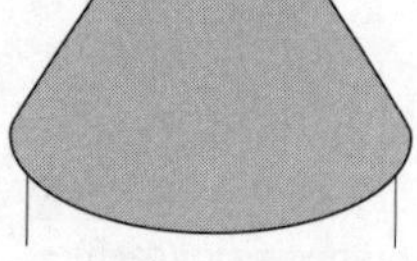

Kegeldach
conical roof

Dachformen
Types of roof

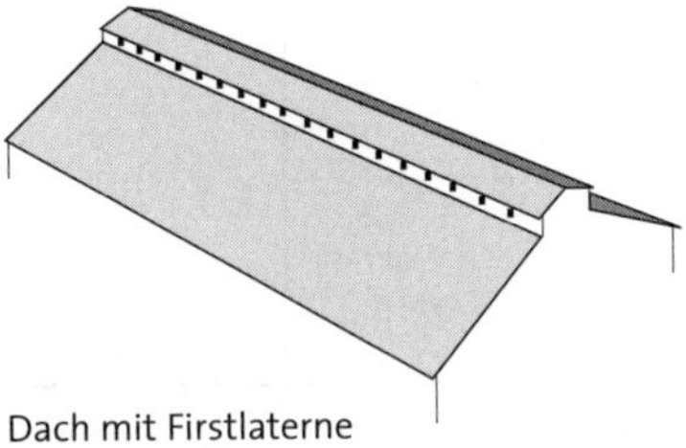

Dach mit Firstlaterne
monitor roof

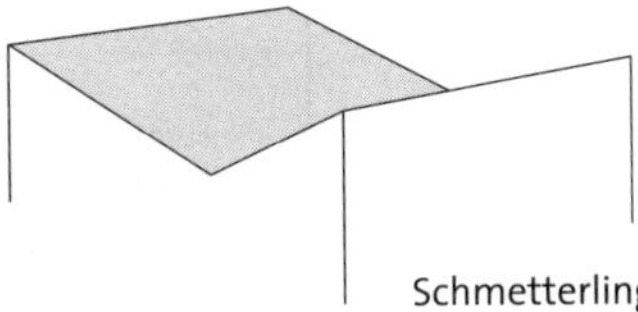

Schmetterlingsdach
butterfly roof

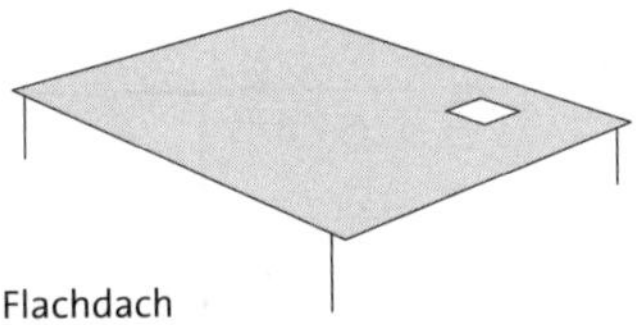

Flachdach
flat roof

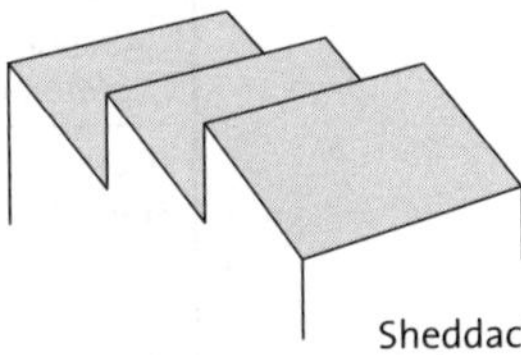

Sheddach
sawtooth roof, northlight roof

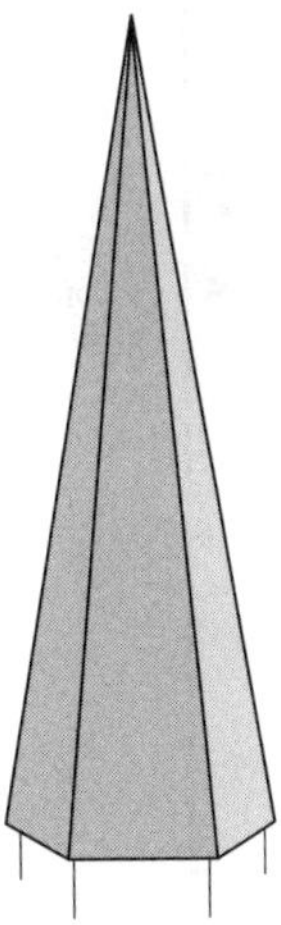

Helmdach, Spitzhelm
helm roof, spire

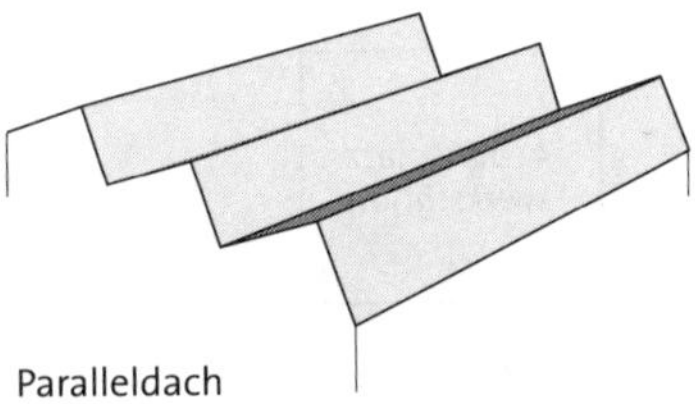

Paralleldach
sawtooth roof, shed roof

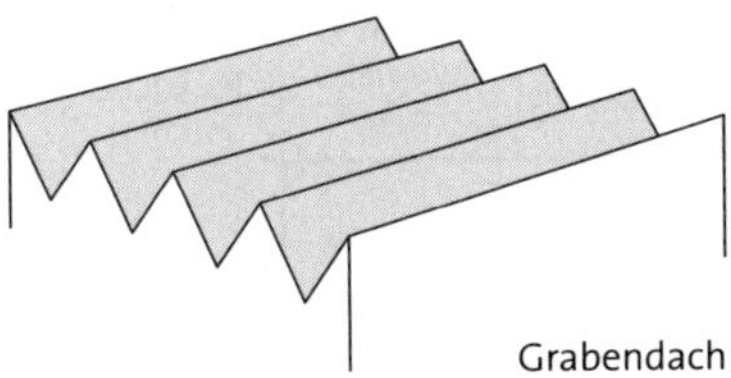

Grabendach
valley roof

Grundriss eines Bürogeschosses
Floor plan of an office floor

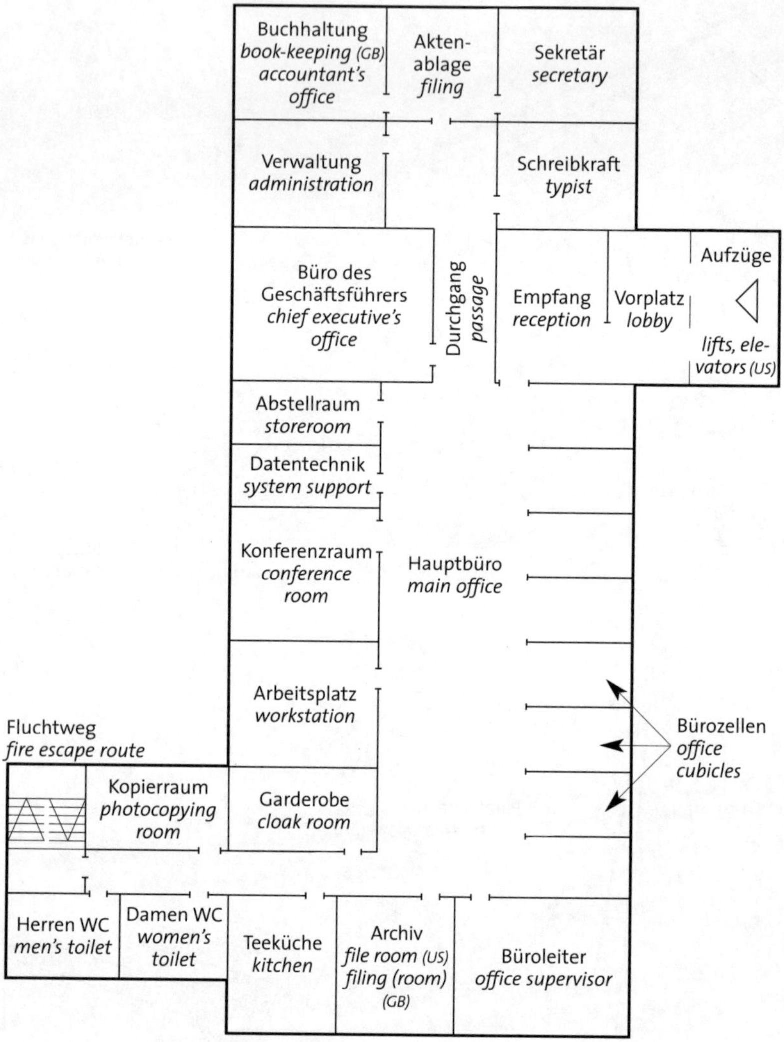

Städte und Dörfer
Cities, towns and villages

unspezifisch/not specific

English	German	Definition
city	Großstadt	GB (official definition): a town (Stadt) with a cathedral/eine Stadt mit einer Kathedrale US/GB: a city is larger than a town/ eine größere Stadt
town	eine größere Stadt	smaller than a city and larger than a village/kleinere Stadt, üblicherweise kleiner als die city, aber größer als ein Dorf
village	Dorf	

nach Größe/by size

English	German	Definition
megalopolis (US)	„Megalopolis"	> 8 Mio. inhabitants/Einwohner
megacity (US)	„Megastadt"	> 5 Mio. inhabitants/Einwohner
metropolis	Metropole	> 1 Mio. inhabitants/Einwohner also: a city with a certain central function in a specific category (e.g. Kulturmetropole = city that is very important in respect of its cultural reputation) auch: in Hinsicht auf eine spezifische Zentralität
(large) city (US)/ city (GB)	Großstadt	> 100.000 inhabitants/Einwohner
medium-sized town intermediate city (US)	Mittelstadt	20.000–100.000 inhabitants/Einwohner
(small) town	Kleinstadt	5.000–20.000 inhabitants/Einwohner
market town, country town	Landstadt	2.000–5.000 inhabitants/Einwohner
village	Dorf	< 2.000 inhabitants/Einwohner
hamlet	kleine Ortschaft, Weiler	just a few houses/besteht aus wenigen Häusern

Anhang

Städte und Dörfer
Cities, towns and villages

nach politischer Einordnung/by political function

English	German	Definition
national capital	Hauptstadt	seat of national government
"regional capital" state capital comp. Capitals of the federal state states in the USA	Landeshauptstadt	seat of state/regional government capital (administrative centre) of a (German) federal state
municipality/ regional city (US)	Gemeinde Bezirk Kommune	regional authority; often a town or city; Gebietskörperschaft

Städte und Dörfer
Cities, towns and villages

nach Zentralität (Einzelhandel) / in terms of retail or planning

German	Definition
Oberzentrum*	Oberzentren sind in der Regel umgeben von mehreren Mittelzentren. Neben dem Grundbedarf und dem periodischen Bedarf kann in Oberzentren auch der spezifische Bedarf gedeckt werden. *The German Oberzentren are normally surrounded by a number of Mittelzentren, which in their turn are bordered by Unterzentren. Oberzentren serve the adjoining municipalities with high-order commodities and services (public authorities, hospitals etc.) as well as middle- and low-order goods.*
Mittelzentrum*	Mittelzentren bieten die Versorgung an Waren, Dienstleistungen und Infrastrukturangeboten, die durch die umgebenden Unterzentren nicht gedeckt werden kann (Grundversorgung und periodischer Bedarf). *The German Mittelzentren supply the municipalities around them with middle- and low-order goods and services above and beyond those available in the surrounding Unterzentren.*
Unterzentrum*	Unterzentren dienen ländlichen Kommunen als Anlaufpunkte für die Versorgung des allgemeinen Bedarfs an Dienstleistungen, Gütern und Infrastruktureinrichtungen (Grundbedarf). *Unterzentren serve rural municipalities with low-order goods and services (for daily needs).*

*Die Einteilung von Städten nach Ober-, Mittel- und Unterzentren wurde erstmals vom deutschen Geographen Walter Christaller in der 30er Jahren des 20. Jahrhunderts entwickelt. In Deutschland ist diese Einteilung u.a. ausschlaggebend bei Raumordnungsverfahren und wird daher von den entsprechenden Planungsbehörden (meist auf Landesebene) vorgenommen. Im englischen Sprachraum existiert kein analoger Begriff. Am ehesten kann man in Bezug auf den Einzelhandel Begriffe „High Order Centre", „Middle Order Centre" und „Low Order Centre" verwenden, womit jedoch keine Städte, sondern Einzelhandelslagen gemeint sind. Ein High Order Centre kann somit das Zentrum einer Stadt sein, oder aber ein außerstädtisches Einkaufszentrum mit einem entsprechend breit gefächerten Sortiment.

**The classification of German cities into Oberzentren, Mittelzentren and Unterzentren was established by the German geographer Walter Christaller at the beginning of the 1930s. Amongst other applications this classification plays a decisive role in town and country planning matters and is therefore always acknowledged by planning authorities (mostly at the administrative level of the German Länder – federal states). There is no analogous system in the English-speaking world. The closest comparison is with the categorization of retail facilities into high order centre, middle order centre and low order centre (US center). In contrast to the German terms, which always refer to towns and cities, the English terms describe only retail locations. So, for example, a „high order centre" might be the CBD of a city but alternatively could be a regional „out of town" shopping centre or superstore.*

Berufliche Funktionsbezeichnung / Positionen im Unternehmen
Job titles / company officers

1. Kursiv gesetzte Ausdrücke *(e. g. Member of the Board of Management)* sind allgemein anerkannte Übersetzungen für Berufsbezeichnungen, die keine exakte Entsprechung im jeweils anderen Land haben, z.B. *Supervisory Board* = Aufsichtsrat.
2. Alle anderen Übersetzungen sind die nach allgemeinem Sprachgebrauch üblichen Bezeichnungen, z.B. Vorsitzender = Managing Director or Chief Executive Officer (CEO).
3. Mit einem Stern (*) markierte Ausdrücke bezeichnen eine nach deutschem Gesellschaftsrecht spezifische Funktion und besitzen keine direkte Entsprechung im britischen oder amerikanischen Englisch.

1. *Expressions in italics (e. g. Member of the Board of Management) are generally accepted translations for institutions/offices for which there are not always direct equivalents, or which may not exist in the target country, e. g. Supervisory Board = Aufsichtsrat.*
2. *The other expressions represent the nearest everyday use translation, e.g. Vorsitzender = Managing Director or Chief Executive Officer (CEO).*
3. *Expressions marked with an asterisk (*) are very specific in function under German company law and have no real equivalent in British or American English.*

Deutsch	**English**	**American**
Aktiengesellschaft (AG)	**Public Limited Company (Plc)**	**Stock Corporation**
Mitglied des Vorstandes	Director *Member of the Board of Management*	Executive Vice President *Member of the Executive Board* *Member of the Board of Management*
Stv. Mitglied des Vorstandes	*Deputy Member of the Board of Management*	*Deputy Member of the Executive Board* *Deputy Member of the Board of Management*
Vorsitzender des Vorstandes	Managing Director Chief Executive Officer *Chairman of the Board of Management*	President and Chief Executive Officer Chief Executive Officer President Chairman of the Executive Board *Chairman of the Board of Management*
Stv. Vorsitzender des Vorstandes	*Vice Chairman of the Board of Management*	Deputy Chairman of the Executive Board *Deputy Chairman of the Board of Management*

Deutsch	English	American
Sprecher des Vorstandes	Managing Director Chief Executive Officer *Chairman of the Board of Management*	President and Chief Executive Officer Chief Executive Officer President *Chairman of the Executive Board* *Chairman of the Board of Management*
Mitglied des Aufsichtsrates	*Member of the Supervisory Board*	*Member of the Supervisory Board*
Vorsitzender des Aufsichtsrates	*Chairman of the Supervisory Board*	*Chairman of the Supervisory Board*
Stv. Vorsitzender des Aufsichtsrates	*Vice Chairman of the Supervisory Board*	*Deputy Chairman of the Supervisory Board*
Generalbevollmächtigter	General Manager	General Manager
Arbeitsdirektor	Director of Labour Relations	Executive for Labor Relations
Prokurist	*Authorised Officer* (with power of attorney)*	*Authorized Officer* (with power of attorney)*
Handlungsbevoll-mächtigter	Assistant Manager* (with commercial authority)	Assistant Manager* (with commercial authority)
Aufsichtsrat	*Supervisory Board*	*Supervisory Board*
Verwaltungsrat	*Administrative Board*	*Administrative Board*
Vorsitzender des Verwaltungsrates	Chairman of the Administrative Board	Chairman of the Administrative Board
Beirat	Advisory Board	Advisory Board
Hauptversammlung	Shareholders' Meeting General Meeting	Stockholders' Meeting Shareholders' Meeting

Deutsch	English	American
Gesellschaft mit beschränkter Haftung (GmbH)	**Private Limited Company (Ltd)**	**Closed Corporation/ Privately-Held Corporation**
Geschäftsführer	Managing Director	General Manager/ Managing Director
Vorsitzender der Geschäftsführung	Managing Director *Chairman of the Board of Directors*	Chief Executive Officer President *Chairman of the Board of Management*
Prokurist	Authorised Officer* (with power of attorney)	Authorized Officer* (with power of attorney)
Handlungsbevoll-mächtigter	Assistant Manager* (with commercial authority)	Assistant Manager* (with commercial authority)
Aufsichtsrat	*Supervisory Board*	*Supervisory Board*
Beirat	Advisory Committee	Advisory Committee
Gesellschafter-versammlung	Shareholders' Meeting/ General Meeting	Stockholders' Meeting
Gesellschafter	Shareholder/Member	Shareholder/Stockholder
OHG	**Partnership**	**Partnership**
Gesellschafter	Partner	Partner
Geschäftsführender Gesellschafter	Managing Partner	Managing Partner
Kommanditgesellschaft	**Limited Partnership**	**Limited Partnership**
Komplementär	General Partner	General Partner
Persönlich haftender Gesellschafter	General Partner	General Partner
Kommanditist	Limited Partner	Limited Partner
Geschäftsführender Gesellschafter	Managing Partner	Managing Partner

Deutsch	English	American
GmbH & Co. KG	**Limited Partnership with Limited Company as General Partner**	**Limited Partnership with Limited Company as General Partner**
Einzelkaufmann, Einzelfirma, Einzelunternehmung	Sole Proprietor/ Sole Trader	Sole Proprietor
Geschäftsinhaber	Proprietor	Proprietor
Geschäftsteilhaber	Co-owner/Co-Proprietor	Co-owner
Alleininhaber	Sole Proprietor	Sole Proprietor
Sonstige Titel	**other titles**	
Präsident	President	President
Ehrenpräsident	Honorary President	Honorary President
Generaldirektor	General Manager	General Manager
Stellvertretender Generaldirektor	Assistant General Manager	Assistant General Manager
Direktor	Manager	Manager
Abteilungsdirektor	Division Manager	Division Manager
Bevollmächtigter	Authorised Representative	Authorized Representative
Leiter der Rechtsabteilung	Head of Legal Department	Head of Legal Department/ General Counsel
Leiter der Personalabteilung	Head of Personnel Department Personnel Manager	Head of Personnel Department Personnel Manager
Betriebsdirektor	Production Manager	Production Manager
Werksleiter	Works Manager	Plant Manager
Hauptabteilungsleiter	Head of Division	Head of Division
Bereichsleiter	Head of Department	Head of Department
Betriebsleiter	Production Manager	Production Manager

Anhang

Ausgewählte mathematische Symbole
Selected mathematical symbols

Deutsch/German	Symbol	Englisch/English
multiplizieren (mit)	x or •	multiplied (by)
dividieren (durch)	÷ or :	divided (by)
plus; addieren; hinzuzählen; positiv	+	plus; added to; positive
minus; abziehen von; negativ	-	minus; subtracted from; negative
ist equivalent zu; gleich; Ergebnis	= or ::	is equivalent to; equals
näherungsweise; schätzungsweise	$\cong$	is approximately equal to; approximates
ungleich; nicht gleich; nicht gleichwertig	≠	unequal; does not equal, not equivalent to
größer als	>	greater than
kleiner als	<	less than
größer als oder gleich	$\geq$ or $\geqq$	greater than or equal to
kleiner als oder gleich	$\leq$ or $\leqq$	less than or equal to
Funktion von x	f (x)	function of x
Exponentialfunktion	$e^x = exp^x$	exponential function
Quadratwurzel von x	$\sqrt{x}$	square root of x
Logarithmusfunktion	log^x	logarithmic function
inverse Zahl	f^{1} or $\frac{1}{f}$	inverse, reciprocal
Summe	$\sum$	summation
(Zahl) x hoch n	x^n	x raised to the power of n; n is referred to as the exponent

Maße in Großbritannien, den Vereinigten Staaten von Amerika und Deutschland im Überblick:
Comparison view of measurement units in Great Britain, the United States of America and Germany:

Großbritannien, Vereinigte Staaten **Great Britain, United States**		**Deutschland** **Germany**
Bezeichnung term	Abkürzung abbreviation	Metrisches Maß metric equivalent
line	–	2,12 mm
inch (Zoll)	in	25,40 mm
foot (Fuß)	ft	30,48 cm
yard	yd	91,44 cm
mile	mi	1,6093 km
nautical mile	naut mi	1,855 km
statute mile	stat mi	1,6093 km
square inch	sq in	6,452 cm^2
square foot	sq ft	929,029 cm^2 = 0,0929 m^2
square yard	sq yd	8.361,26 cm^2 = 0,8361 m^2
square mile	sq mi	258,9988 ha^2 = 2.589.988 m^2
cubic inch		16,387 cm^3
cubic foot		0,028232 m^3
cubic yard		0,7646 m^3
acre		4046,8 m^2

Umrechnungstabellen für Flächenmaße

Conversion tables for square measures

Einheit/unit	Quadratmeter square metre/ meter, sq m, m^2	square inch sq in, in^2	square foot sq ft, ft^2	square yard sq yd, yd^2
1 m^2	1	1 550,0	$10{,}763\overline{9}$	1,1960
1 in^2	$0{,}6452 \cdot 10^{-3}$	1	$6{,}9444 \cdot 10^{-3}$	$0{,}771\overline{6} \cdot 10^{-3}$
1 ft^2	0,0929	144	1	0,1111
1 yd^2	0,836126	1 296	9	1

Einheit	Hektar ha	rood	acre	square mile $mile^2$
1 ha	1	9,8843	2,4711	$3{,}8610 \cdot 10^{-3}$
1 rood	0,1012	1	0,25	$0{,}3906 \cdot 10^{-3}$
1 acre	0,40468	4	1	$1{,}5625 \cdot 10^{-3}$
1 $mile^2$	258,9988	2560	640	1

1 Ar = 1 a = 100 m^2, 1 ha = 100 a, 1 km^2 = 100 ha,
1 acre = 4 roods = 10 sq chains = 4840 yd^2 = 4046,856 m^2

Striche über den Zahlen kennzeichnen eine Periode.
Recurring decimals are indicated by a bar over the number.

Umrechnungstabellen für Längenmaße
Conversion tables for linear measures

Einheit	Meter m	inch in	foot ft	yard yd
1 m	1	39,3701	$3{,}280\overline{8}$	$1{,}093\overline{6}$
1 in	0,0254	1	0,0833	0,0277
1 ft	0,3048	12	1	0,3333
1 yd	0,9144	36	3	1

Einheit	Kilometer km	furlong fur	mile mile	Seemeilen; naut mile sm; n mile
1 km	1	4,9710	0,6214	0,5400
1 fur	0,2012	1	0,125	0,1086
1 mile	1,6093	8	1	0,8690
1 sm = 1 n mile	1,852	9,2062	1,1508	1

1 ft = 12 in, 1 yd = 3 ft = 36 in, 1 fathom = 2 yd,
1 rod = 1 pole = 1 perch = 5,5 yd. = 5,0292 m,
1 link = 0,201 168 m, 1 chain = 4 rods = 22 yd = 100 links = 20,1168 m,
1 fur = 10 chains = 220 yd = 1000 links = 201,168 m,
1 mile = 8 fur = 80 chains = 1760 yd = 1609,344 m, 1 mil = 0,001 in = 0,0254 mm.

Striche über den Zahlen kennzeichnen eine Periode.
Recurring decimals are indicated by a bar over the number.

Richtlinien zur Berechnung der Mietfläche für gewerblichen Raum (MF-G)

DIN	gif *	
BGF	MF-0	MF-G
NF	Fahrzeugabstellflächen (Stellplätze)	Gemeinschaftsräume, Pausenräume, Sozialräume Warteräume, Speiseräume, Hafträume, Büroräume, Großraumbüros, Besprechungsräume, Konstruktionsräume, Schalterräume, Bedienungsräume Aufsichtsräume, Bürotechnikräume Werkhallen, Werkstätten, Labors, Räume für Tierhaltung und Pflanzenzucht Küchen, Sonderarbeitsräume Lagerräume, Archive, Sammlungsräume, Kühlräume Annahme- und Ausgaberäume Verkaufs- und Ausstellungsräume Differenzstufen (max. 3 Stufen) Unterrichts- und Übungsräume, Bibliotheksräume, Sporträume, Versammlungsräume Bühnen, Studioräume, Schauräume, Sakralräume Räume mit medizinischer Ausstattung für Fahrzeugabstellflächen (Stellplätze) Operationen, Diagnostik und Therapie, Bettenräume Sanitärräume, Garderoben, Abstellräume Räume für Technik von zentralen Versorgern (z. B. Kraftwerk, Sendezentrale) Schutzräume Loggien, Balkone, überdachte Gebäudegrundflächen Nutzbare Dachflächen
TF	Abwasseraufbereitung und -beseitigung, Wasserversorgung Heizung und Brauchwassererwärmung Brennstofflagerung Gase und Flüssigkeiten Elektrische Stromversorgung Fernmeldetechnik Raumlufttechnische Anlagen Aufzugs-und Förderanlagenmaschinenräume Schachtflächen Hausanschluss und Installation, Abfallverbrennung	Technische Anlagen mit individueller Mieteranforderung

Standard for calculating the Rental Area of Commercial premises (RA-C)

DIN 227	Types of area pursuant to gif *	
GFS	RA-0 (no rental area)	RA-C (rental area)
UA	Parking area (parking spaces)	Common rooms, break rooms, staff rooms Waiting rooms, dining rooms, cells Office rooms, landscaped offices, conference rooms Designers' rooms, banking halls, service rooms Supervision rooms, office technology rooms Sheds, workshops, laboratories, rooms for animal husbandry and plant breeding Kitchens, special workrooms Storage rooms, filing areas, disposal rooms, refrigerated rooms Rooms for reception and delivery Salesrooms and exhibition rooms Steps (max. 3) connecting two different floor levels Class and exercise rooms, library rooms, sports rooms, assembly rooms Stages, studios, showrooms, ecclesiastical rooms Rooms with medical equipment for surgery, diagnosis and therapy, rooms for storing hospital beds Sanitary areas, cloakrooms, store rooms Rooms for technical equipment of public utilities (e.g. power plant, master control room) Shelters Loggias, balconies, roofed-over areas Usable roof surfaces
TA	Waste water treatment and disposal Water supply Heating and hot water generating system Fuel storage Gases and liquids Electric power supply Telecommunication engineering Ventilation and air conditioning Power rooms for lifts and conveyors Shaft areas Services connection and installation, incinerator	Technical operating areas based upon individual tenant demands

DIN	gif *	
BGF	MF-0	MF-G
VF	Überwiegend der Flucht und Rettung dienende Wege, Treppen und Balkone **Flächen ohne individuelle Mieteranforderung:** Feste und bewegliche Treppen und Rampen und deren Zwischenpodeste Aufzugsschächte, Abwurfschächte (jeweils je Geschoss) Fahrzeugverkehrsflächen	Flure, Eingangshallen, Foyers (außer in Einkaufszentren) Etagenpodeste von Treppen **Flächen mit individueller Mieteranforderung:** Feste und bewegliche Treppen und Rampen und deren Zwischenpodeste Aufzugsschächte, Abwurfschächte (jeweils je Geschoss) Laderampen, -bühnen
KGF	Außenwände und -stützen Innenwände und -stützen die konstruktiv (tragend oder aussteifend) notwendig sind Umschließungswände von die MF-0 umgebenden TF, VF	Leichte Trennwände oder andere versetzbare oder veränderbare Konstruktionen Mietbereichstrennwände zwischen MF-G-Flächen KGF, die aufgrund individueller Mieteranforderungen erforderlich wird

BGF = Brutto-Grundfläche
NF = Nutzfläche
TF = Technische Funktionsfläche
VF = Verkehrsfläche
KGF = Konstruktions-Grundfläche

* Die Beispiele zeigen einige typische Nutzungsfälle ohne Anspruch auf Vollzähligkeit. Die Regelungen des Richtlinientextes gehen im Zweifel diesem Mietflächenschema vor.

Quelle: gif Gesellschaft für Immobilienwirtschaftliche Forschung e.V.

DIN 227	Types of area pursuant to gif *	
GFS	RA-0 (no rent area)	RA-C (rent area)
CA	Routes, staircases and balconies mainly used for escape and rescue purposes **Areas without individual tenant demand:** Stationary and mobile flights of stairs and ramps and their intermediate landings Lift shafts, refuse chutes (each per floor) Circulation areas for vehicles	Corridors, entrance halls, foyers (except in shopping centres) Floor landings of flights of stairs **Areas with individual tenant demand:** Stationary and mobile flights of stairs and ramps and their intermediate landings Lift shafts, refuse chutes (each per floor), Loading ramps and platforms
SFS	Exterior walls and columns Structurally required (load bearing or bracing) interior walls and columns Enclosing walls of TA and CA surrounding RA-0	Light partition walls or other displaceable or modifiable constructional elements Partitions in rental units between RA-C areas SFS resulting from individual tenant demands

GFS = Gross floor space
UA = Utilization area
TA = Technical operating area
CA = Circulation area
SFS = Structural floor space

* These are some non-exclusive examples of typical cases of utilization. In case of doubt, the definitions of the RA-C standard take priority over the diagram shown above.

Source: gif Gesellschaft für Immobilienwirtschaftliche Forschung e.V.

Die Autoren
the authors

Prof. Dr. Karl-Werner Schulte HonRICS CRE

Professor Dr. Karl-Werner Schulte wurde 1986 auf eine Professur für Allgemeine Betriebswirtschaftslehre, insbesondere Investition und Finanzierung, an der EUROPEAN BUSINESS SCHOOL Schloß Reichartshausen (ebs) in Oestrich-Winkel berufen. 1994 wechselte er auf den Stiftungslehrstuhl Immobilienökonomie der ebs. Mehrere Jahre war er Head of ebs Department of Real Estate. Zusammen mit fast allen Departmentkollegen wechselte er im Herbst 2006 an die International Real Estate Business School (IRE|BS) der Universität Regensburg, wo er eine Honorarprofessur für Immobilienwirtschaft annahm. Seit 1990 ist er Wissenschaftlicher Leiter und seit 1992 Geschäftsführender Gesellschafter und Wissenschaftlicher Leiter der IRE|BS Immobilienakademie (ehemals ebs IMMOBILIENAKADEMIE). International ist er derzeit als IRES International Real Estate Society Director für den Aufbau von Real Estate Education and Research in Afrika zuständig. Besondere Auszeichnungen sind seine Wahl zum Präsidenten der Gesellschaft für Immobilienwirtschaftliche Forschung (gif), zum Präsidenten der European Real Estate Society (ERES), zum Präsidenten der International Real Estate Society (IRES), seine Ernennung zum Honorary Member of the Royal Institution of Chartered Surveyors (HonRICS) sowie zum Counselor of Real Estate (CRE). Als Mitglied in zahlreichen Beiräten und Editorial Boards namhafter Immobilienunternehmen und immobilienökonomischer Zeitschriften verbindet Professor Dr. Karl-Werner Schulte die praktische und theoretische Seite der Immobilienökonomie.

Prof. Dr. Karl-Werner Schulte was appointed as Professor of General Business Economics, specialising in Investment and Finance, at the European Business School (ebs) International University Schloss Reichartshausen, in Oestrich-Winkel in 1986. In 1994 he moved to the Chair of Real Estate Economics at the European Business School (ebs). For many years he was head of the ebs Department of Real Estate. Together with nearly all his departmental colleagues, in autumn 2006 he moved to the International Real Estate Business School (IRE|BS) of the University of Regensburg, where he took up an honorary professorship in real estate economics. Since 1990 he has been academic director and since 1992 also a managing partner of the IRE|BS Immobilienakademie (formerly the ebs Immobilienakademie – real estate academy). Internationally he is currently the IRES International Real Estate Society Director responsible for the promotion of Real Estate Education and Research in Africa. His particular distinctions include election as President of the Gesellschaft für Immobilienwirtschaftliche Forschung e.V. (gif – society of real estate researchers), as President of the European Real Estate Society (ERES), President of the International Real Estate Society (IRES) and his appointment as an Honorary Member of the Royal Institution of Chartered Surveyors (HonRICS). As a member of the advisory boards of numerous well-known real estate organisations and editorial boards of eminent real estate economics journals, Professor Dr. Karl-Werner Schulte combines the practical and theoretical aspects of real estate economics.

Anthony Lee BA (Hons) PGCE

Anthony Lee schloss 1972 sein Studium mit den Schwerpunkten Englisch und American Literature an der University of Kent at Canterbury (GB) mit dem Bachelor ab. Zwei Jahre später erwarb er am Institute of Education and der University of London seinen Master in Pädagogik der englischen Sprache für Hochschulen und Universitäten. Als er 1980 seine Funktion an der European Business School (ebs) International University Schloß Reichartshausen antrat, hatte er sich bereits als Trainer, Berater und Autor in Großbritannien, Deutschland und Frankreich etabliert. An der European Business School hat er das Zentrum für Wirtschaftssprachen gegründet, aufgebaut und bis 2003 geleitet. Dort ist er jetzt Head of English und Vorsitzender des IMBUSCO (Institute for Multilingual Business Communication an der ebs e.V.). Die enge Zusammenarbeit mit der ebs Immobilienakademie begann 1990 und hat zu einer Reihe von Projekten im Bereich Management Communication und immobilienwirtschaftliche Fachsprache wie Übersetzungen, Intensivseminare und Sprachkurse geführt.

Anthony Lee was awarded his Bachelor of Arts Degree in English and American Literature at the University of Kent at Canterbury (GB) in 1972. Two years later he was awarded his Masters degree in English Language Teaching for colleges and universities. By the time he took up his post at the European Business School (ebs) International University Schloss Reichartshausen in 1980, he had already established himself as a trainer, consultant and author in the UK, Germany and France. At the European Business School (ebs) he founded the Centre for Business Languages, which he further developed and led until 2003. He is now Head of English and Chairman of IMBUSCO (Institute for Multilingual Business Communication at the ebs e.V.). His close cooperation with the ebs Immobilienakademie (real estate academy) began in 1990. He has managed a long series of projects in the field of management communication and specialist real estate language, such as translations, intensive seminars and language courses.

Eduard Paul MRICS

Dipl.-Kfm. Eduard Paul, Chartered Surveyor, Assoc. MAI und von der IHK Nürnberg für Mittelfranken öffentlich bestellter und vereidigter Sachverständiger für die Bewertung von bebauten und unbebauten Grundstücken, ist aufgrund seiner umfangreichen Bewertungs- und Beratungserfahrung und vielfältiger Fachveröffentlichungen ein ausgewiesener Immobilienexperte. Seine Schwerpunkte sind die Erstellung von Wertermittlungsgutachten nach nationalen und internationalen Standards sowie entscheidungsorientierte Beratungen bei der Wertfindung sowie Cashflow-Entwicklung von Immobilien.

Dipl.-Kfm. (business diploma) Eduard Paul, Chartered Surveyor, Assoc. MAI and publicly appointed and sworn-in valuer of developed and undeveloped property at the Chamber of Commerce Nuremberg for central Franconia, is a proven real estate expert, on the strength of his comprehensive valuation and consultancy experience. His work centres on the provision of valuation reports in accordance with national and international standards and on decision-oriented consultancy on the appraisal and cash-flow development of property.

Sonja Gier

Dipl-Kfm. Sonja Gier studierte Betriebswirtschaftslehre mit den Schwerpunkten Immobilienökonomie und Bank- und Finanzmanagement an der European Business School (ebs) International University Schloß Reichartshausen, Oestrich-Winkel und Informatik and der James Madison University, Harrisonburg, VA. Von 2000 nis 2005 war sie wissenschaftliche Assistentin am Stiftungslehrstuhl Immobilienökonomie an der European Business School (ebs) International University Schloß Reichartshausen. Seit 2006 ist Dr. Gier bei Credit Suisse im Bereich Real Estate Investment Banking tätig.

Dipl-Kfm. (business diploma) Sonja Gier studied business economics, with a focus on real estate economics and banking and finance management at the European Business School (ebs) International University Schloss Reichartshausen, Oestrich-Winkel and information science at James Madison University, Harrisonburg, VA. From 2000 to 2005 she was an academic assistant at the Chair of Real Estate Economics at the European Business School (ebs) International University Schloss Reichartshausen. Dr. Gier has been working in the Real Estate Investment Banking department of Credit Suisse since 2006.

Alec H. Evans FRICS

Chartered Surveyor, gebürtiger Engländer, freiberuflicher Bewertungsgutachter, Übersetzer und Autor. Verfügt über mehr als 30 Jahre Erfahrung in der Immobilienbranche in Deutschland, Großbritannien und Frankreich. Er war als Senior Lecturer für Bewertung und EDV-Anwendungen bei der Universität Portsmouth (GB) und als Geschäftsführer und Leiter Bewertung bei DTZ Zadelhoff Consulting GmbH, Frankfurt, tätig. Alec Evans ist Autor zahlreicher Fachveröffentlichungen und hält Vorlesungen in Deutschland z.B. an der European Business School über Themen wie Immobilienbewertung und über Business English. Alec Evans schreibt regelmäßig für die Immobilien Zeitung.

Alec H. Evans FRICS, Chartered Surveyor, independent valuer, translator and author has well over 30 years experience in the real estate profession in Germany, the UK and France. He was formerly Senior Lecturer in Valuation and Computer Applications at the University of Portsmouth (GB) and director and Head of Valuation at DTZ Zadelhoff Consulting GmbH, Frankfurt. Alec Evans is the author of numerous technical publications and regularly lectures in Germany, e.g. at the European Business School, on valuation-related topics and Business English. He is a regular columnist in Immobilien Zeitung.

Abkürzungen / *Abbreviations*

Themen / topics

agric.	Landwirtschaft / agriculture
ArCo	Architektur und Bau / architecture, construction
Econ	Volkswirtschaft / economics
Dev	Projektentwicklung / development
elec.	Elektrizität / electricity
geogr.	geographisch / geographical
Fin	Finanzen und Investitionen / finance & investment
insur.	Versicherung / insurance
Law	Recht / law
math. / maths	Mathematik / mathematics
Mkt	Marketing / marketing, sales
PfoMgt	Vermögensverwaltung / portfolio management
Plan	Raum- und Stadtplanung / town & country planning
PptMgt	Immobilienmanagement / property management
Org	Institutionen / organisations
Ret	Einzelhandel / shopping, retail
stat.	Statistik / statistics
Tax	Steuern / tax
tech.	technisch / technical
Val	Immobilienbewertung / analysis & appraisal (valuation)